der neue
hacker's guide

der neue
hacker's guide

sicherheit im internet
und im lokalen Netz

anonymous

übersetzt von
christian alkemper
marion thomas

new technology

Markt+Technik Verlag

Die Deutsche Bibliothek – CIP-Einheitsaufnahme

Ein Titeldatensatz für diese Publikation ist bei
Der Deutschen Bibliothek erhältlich.

Autorisierte Übersetzung der amerikanischen Originalausgabe:
Maximum Security, 3rd ed. 2001 © by Sams Publishing

Umwelthinweis:
Dieses Buch wurde auf chlorfrei gebleichtem Papier gedruckt.
Die Einschrumpffolie – zum Schutz vor Verschmutzung – ist aus
umweltverträglichem und recyclingfähigem PE-Material.

10 9 8 7 6 5 4 3 2 1

05 04 03 02 01

ISBN 3-8272-5931-2

Übersetzung: Christian Alkemper, Dipl.-Übersetzer (BDÜ), Karlsruhe, Marion Thomas, München
Lektorat: Boris Karnikowski, bkarnikowski@pearson.de
Fachlektorat: Wilhelm Dolle, Marburg
Herstellung: Claudia Bäurle, cbaeurle@pearson.de
Sprachliches Lektorat: Friederike Daenecke, Zülpich
Satz: reemers publishing services gmbh, Krefeld (www.reemers.de)
Druck und Verarbeitung: Bercker, Kevelaer
Printed in Germany

Inhaltsverzeichnis

Teil I

Einleitung

Kapitel 1

Warum dieses Buch geschrieben wurde …

Der »Neue Hacker's Guide« wurde schlicht und einfach geschrieben, weil es einen Bedarf für ihn gibt. Ich möchte diesen Bedarf in diesem einleitenden Kapitel ein wenig beleuchten.

Jeden Tag gehen Tausende von Institutionen, Unternehmen und Einzelpersonen online. Für dieses Phänomen gibt es eine ganze Reihe von Namen, aber gemeinhin spricht man vom »Internetboom«. Dieser Boom hat die Struktur des Internets drastisch verändert.

Vor zehn Jahren noch wurden die meisten Server von Leuten gewartet, die zumindest über grundlegendes Wissen zu Sicherheitsfragen verfügten. Dadurch konnte das Eindringen Unbefugter in Netzwerke natürlich nicht unterbunden werden, aber in Relation zur Anzahl potenzieller Ziele kamen solche Angriffe doch recht selten vor.

Heutzutage werden Internetserver jedoch von »normalen« Benutzern betrieben, von denen die meisten nur minimale Erfahrungen mit Sicherheitsproblemen haben. Die Anzahl lohnenswert erscheinender Ziele ist mittlerweile gigantisch und wächst weiterhin täglich. Trotz dieser kritischen Situation werden die Menschen jedoch – zumindest hier in Amerika – von den einschlägigen Unternehmen angespornt; diese versichern fortwährend, dass das Internet eine sichere Angelegenheit sei und man sich wirklich keine Sorgen machen müsse. Ist das wahr? Nein.

Entweder ist es wahr, dass Werbefachleute bereits lügen, bevor sie den Mund aufmachen, oder sie haben absolut keine Ahnung, wovon sie reden. Die Wahrheit ist, dass das Internet *nicht einmal ansatzweise* sicher ist.

Was die Angelegenheit noch schlimmer macht, ist die Tatsache, dass die Wortführer in der EDV-Branche den Werbeabteilungen oft dabei behilflich sind, den Leuten Sand in die Augen zu streuen. Sie stellen beachtliche Behauptungen über ihre Sicherheitsprodukte auf und tragen so dazu bei, den Durchschnittskunden glauben zu machen, dass alles in Ordnung sei. Die Wirklichkeit aber ist, so fürchte ich, erbarmungslos: Jahr für Jahr knacken Hacker oder Cracker massenweise Sicherheitsmechanismen, die als Industriestandard gelten.

Der »Neue Hacker's Guide« ist als Werkzeug für diejenigen gedacht, die dieses Problem angehen wollen. Ob Sie das Buch als Initialzündung, als Landkarte oder einfach nur als Referenz benutzen, ist unerheblich – es soll allen zur Seite stehen, die sich mit Sicherheitsfragen auseinander setzen müssen. In dieser neuen Auflage haben wir darauf geachtet, Informationen bereitzustellen, die nicht nur in der aktuellen Situation wichtig sind, sondern auch in den nächsten Jahren relevant bleiben werden. Wahrscheinlich wird ein Teil des vorgestellten Materials in einiger Zeit veraltet sein, aber die hier vorgestellte *Methodik* ist zeitlos.

Unsere Ergänzungen basieren auf dem Werk des ursprünglichen Autors und führen eine Reihe seiner Konzepte einen Schritt vorwärts. Wir hoffen, dass das Ergebnis dieser schwierigen Arbeit eine neue Stufe erklimmen wird und dass wir den Leser mit allen Werkzeugen ausstatten können, die er benötigt, um sich dem Albtraum zu stellen, dem die Datensicherheitsunternehmen sich zur Zeit ausgesetzt sehen.

1.1 Der Bedarf an Datensicherheit

Warum wird das Problem mit der Datensicherheit als derart schwerwiegend eingeschätzt? Ich könnte jetzt über Trends in der Hackergemeinde reden, über die steigende Anzahl unerlaubter Websitemodifikationen, über die dauernden Attacken gegen Regierungsstellen und Organisationen, über Industriespionage und noch viel mehr; ich möchte dieses Problem aber lieber von einer etwas sachlicheren Seite her angehen. Also: Warum sollten wir überhaupt Grund haben, uns so aufzuregen?

Stellen Sie sich also erst einmal die Frage, ob der Datenbestand Ihrer Organisation überhaupt wertvoll ist. Personaldaten, Kreditkartennummern, Gehalts- und Kontaktlisten, Werbestrategien, Berichte aus den Entwicklungsabteilungen, geistiges Eigentum, Gewinnberichte und -aussichten: All diese Daten stellen doch einen gewissen Wert dar, oder?

Werfen wir als Nächstes einen Blick auf Systeme, die heutzutage von Computern abhängig sind:

- Transportsysteme
- persönliche und organisationsbezogene Finanzdaten und Überweisungssysteme
- Systeme zur Kreditkartenverarbeitung
- Sprachausgabesysteme
- das öffentliche Telefonnetz
- Notfallrufnummern wie etwa »110«
- Luftleitsysteme
- Systeme zur Speicherung und Übertragung von Patientendaten
- Antriebssysteme
- Systeme zur Zahlungsabwicklung
- Systeme für den Verkauf von Reisefahrkarten

So, und jetzt nehmen wir einmal ein, dass ich als Hacker in all diese Systeme eindringen könnte. Was könnte ich mit dieser Fähigkeit anstellen? Nun, ich könnte mir z.B. die Krankengeschichte beliebiger Personen ansehen, könnte Geld von Ihrem Konto (und womöglich von einer ganzen Menge anderer Konten) oder Ihre Kreditkarte stehlen oder im Telefonnetz Schabernack treiben und für Ihren Telefonanschluss eine Gebühr von 17,81 DM pro Einheit konfigurieren (oder den Anschluss einfach abklemmen). Ich könnte mir selbst eine Fahrkarte ausstellen oder Ihrem Nachbarn den Strom abdrehen, oder ich könnte anhand Ihrer Kreditkartenvorgänge und Ihrer Telefondaten Rückschlüsse auf Ihr ganz alltägliches Verhalten ziehen. Mit anderen Worten, ich könnte Ihnen ganz schön auf den Geist gehen.

Man kann das aber noch weiter treiben. Ich könnte mit Hilfe der erschwindelten Daten Ihre Identität annehmen, unter Ihrem Namen Kreditkarten erwerben und Ihre Kreditwürdigkeit für die nächsten zwanzig Jahre ruinieren, indem ich Ihr Geld verschwende und verjuble. Ich könnte ambitionierte Jungunternehmer aus dem Bereich des E-Commerce aus dem Geschäft katapultieren – Arbeitslosigkeit für die Firmenmitarbeiter und Millionenverluste für die Anleger wären die Folge. Ich könnte die Krankengeschichte von Patienten derart verändern, dass sie infolge einer Fehlbehandlung krank würden oder gar sterben könnten. Ich könnte die Luftleitsysteme beeinflussen und versuchen, Flugzeuge zusammenstoßen zu lassen.

Ich kenne zwar niemanden, der all diese Scherze realisiert hat, aber jeder Einzelne davon wurde zumindest schon einmal ausprobiert, teils sogar mit Erfolg. Noch einmal: Die meisten genannten Fälle *sind geschehen.*

Sie sind nicht überzeugt?

Okay, lassen wir das mal eine Sekunde lang im Raume stehen und gehen davon aus, dass Sie weder in einem Krankenhaus noch auf einem Flughafen oder in einer Atomraketenkontrollstation, sondern bei einem Global Player arbeiten (was nicht heißen soll, dass das folgende Szenario nicht auch auf kleinere Organisationen anwendbar wäre). Stellen Sie sich nun vor, dass ich einer Ihrer Mitarbeiter bin und eine Mordswut auf Sie habe (warum das so ist, spielt jetzt keine Rolle). Ich gehe nun hin und setze in Ihren internen Systemen ein paar Trojaner aus, die automatisierte und verteilte DoS-Angriffe (Denial of Service, Ablehnung von Diensten) auf Ihre Firmendatenbank und die Produktionsserver starten. Ich schleuse in regelmäßigen Abständen versteckte Agenten in Ihre Datenbestände ein und beschädige Datensätze nach Belieben. Ich kappe ein paar Ihrer wichtigsten WAN-Leitungen. Und ich nehme all diese Maßnahmen so vor, dass alles am gleichen Tag beginnt.

Wie sähe das Ergebnis aus? Nun, Ihre Firma wäre weltweit wenigstens für ein paar Tage lahm gelegt. Ferner wären Sie monatelang damit beschäftigt, all die kleinen Teufel zu jagen und zu beseitigen, die ich Ihnen hinterlassen habe. Könnte das – eventuell – ein Problem sein?

Sie sind immer noch nicht überzeugt?

Es ist egal, ob Sie sich jetzt als potenzielles Zielobjekt betrachten oder nicht. Wenn Sie das Buch ausgelesen haben, werden Sie wissen, dass jeder ein potenzielles Zielobjekt ist – so einfach ist das. Sie sind entweder Bestandteil des Problems oder Bestandteil der Lösung – in diesem Krieg gibt es keine neutralen Beobachter. Lernen Sie, wie Sie sich schützen können, und hoffen Sie, dass Sie niemals Opfer der beschriebenen Attacken werden.

1.2 Die Wurzel allen Übels

Es ist eine einfache Tatsache, dass wir uns, wenn wir die Computerumgebung in unserer Organisation sichern wollen, einer ganzen Reihe von Herausforderungen stellen müssen. Die meisten Probleme lassen sich einer der folgenden Kategorien zuordnen:

- Fehlkonfiguration des Netzwerks oder von Hosts
- Mängel bei Betriebssystemen und Anwendungen
- unzureichende Qualitätskontrolle durch die Hersteller
- fehlende Qualifizierung von Fachleuten und Endanwendern

Schauen wir uns die einzelnen Punkte doch mal genauer an.

1.2.1 Fehlkonfiguration des Netzwerks oder von Hosts

Die Hauptursache für Sicherheitslücken sind Fehlkonfigurationen. Durch sie kann jede beliebige Site jederzeit zum Absturz gebracht werden, unabhängig von den getroffenen Sicherheitsmaßnahmen. (Der Server des amerikanischen Justizministeriums beispielsweise wurde trotz installierter Firewall geknackt – was zeigt, dass eine falsch konfigurierte Firewall so viel wert ist wie gar keine.)

Fehlkonfigurationen können an jeder Stelle des Vertriebsweges vom Hersteller bis in Ihr Büro auftreten. Es gibt z.B. Netzwerk-Utilities, die, wenn sie aktiviert werden, riesige Sicherheitslöcher aufreißen. Viele Softwareprodukte werden standardmäßig mit solchermaßen aktivierten Utilities ausgeliefert. Die daraus resultierenden Risiken bleiben erhalten, bis Sie die jeweiligen Utilities deaktivieren oder richtig konfigurieren.

Ein gutes Beispiel hierfür sind Utilities für den Netzwerkdrucker. Diese könnten bei einer Erstinstallation aktiviert sein und damit das System unsicher machen. Um sie zu deaktivieren, müssen Sie jedoch erst einmal von ihrer Existenz wissen.

Erfahrene Netzwerkadministratoren mögen darüber lachen. Wie, bitte schön, kann es denn sein, dass jemand nicht weiß, welche Utilities auf seinem Rechner laufen? Hierauf gibt es eine einfache Antwort. Denken Sie an Ihre bevorzugte Textverarbeitung: Wie gut kennen Sie sich wirklich damit aus? Wenn Sie routinemäßig Makros in einer Textverarbeitungsumgebung schreiben, sind Sie ein fortgeschrittener Anwender und damit Mitglied einer recht kleinen Gemeinschaft. Im Gegensatz dazu benutzen die meisten Anwender nur die Grundfunktionen einer Textverarbeitung: Text, Tabellen, Rechtschreibprüfung usw. Natürlich ist dagegen nichts einzuwenden, aber die meisten Textverarbeitungsprogramme verfügen über viele komplexe Funktionen, die dem Gelegenheitsanwender schlichtweg entgehen.

HINWEIS
Eine oft zitierte Maxime in Computerkreisen lautet: »80 Prozent der Leute nutzen nur 20 Prozent aller Möglichkeiten eines Programms.«

Ein Beispiel: Haben Sie seinerzeit das DOS-basierte WordPerfect benutzt, und wenn ja: Wussten Sie, dass es ein Utility namens `grab` beinhaltete, das über die Befehlszeile die Erstellung von Screenshots in jedem beliebigen DOS-Programm ermöglichte? Zu jener Zeit war eine derartige Funktion bei einer Textverarbeitung völlig neu. `grab` war extrem mächtig, wenn es mit einem verwandten Utility namens `convert` gekoppelt wurde. `convert` wandelte verschiedene Grafikdateiformate in `.wpg`-Dateien um – ein Format, das dann in ein WordPerfect-Dokument importiert werden konnte. Beide Utilities wurden über eine Befehlszeileneingabe im Verzeichnis *c:\wp* aufgerufen; keines war direkt aus der WordPerfect-Umgebung zugänglich. Trotz ihrer Leistungsfähigkeit waren diese zwei Utilities kaum bekannt.

Ganz ähnlich wissen die meisten Anwender wohl nur sehr wenig über das Innenleben ihres bevorzugten Betriebssystems. Für die meisten stünde der Aufwand, sich entsprechendes Wissen anzueignen, in keinem Verhältnis zum erzielbaren Nutzen. Im Laufe der Zeit schnappen sie natürlich das eine oder andere auf – vielleicht lesen sie regelmäßig Computerzeitschriften, in denen Tipps und Tricks veröffentlicht werden, oder sie vertiefen ihr Grundwissen im Rahmen einer beruflichen Schulung oder Weiterbildung. Wie auch immer man sein Wissen erwirbt, fast jeder weiß etwas Cooles über sein Betriebssystem zu berichten.

Es ist aber schwierig, auf der Höhe der Zeit zu bleiben. Die Softwareindustrie ist eine dynamische Branche, und Anwender sind in der Regel zwei Jahre hinter der Entwicklung zurück. Diese Verzögerung beim Erlernen neuer Technologien trägt ebenfalls zum Sicherheitsproblem bei. Wenn die Entwickler eines Betriebssystems ihr Produkt modifizieren, dann wissen viele Benutzer auf einmal nicht mehr, wie es geht. Microsoft Windows 95 ist ein gutes Beispiel: Nach seiner Freigabe bot Windows 95 eine neuartige Unterstützung verschiedener Protokolle – Protokolle, mit denen der gewöhnliche Windows-Anwender nicht vertraut war (und der Übergang zu einem System, das auf einer Registrierdatenbank basiert, war ein ganz schöner Sprung). Es ist also möglich (und auch wahrscheinlich), dass Anwender sich der Existenz einiger obskurer Netzwerk-Utilities nicht bewusst sind.

Das ist das eine Szenario: Utilities sind aktiviert, und der Benutzer weiß davon nichts. In aktiviertem Zustand können diese Utilities Sicherheitslöcher unterschiedlichen Ausmaßes öffnen. Wenn ein derart konfigurierter Computer an das Internet angeschlossen wird, dann ist ein Angriff quasi vorprogrammiert.

Solche Probleme sind schnell behoben. Die Lösung besteht darin, die in Frage kommenden Utilities oder Dienste zu deaktivieren oder angemessen zu konfigurieren. Einige typische Beispiele für Fehlkonfigurationen sind nachfolgend aufgelistet:

- Utilities für den Netzwerkdrucker
- Utilities zur Fernkonfiguration von Systemen
- Utilities für die gemeinsame Nutzung von Dateien
- voreingestellte Kennwörter
- CGI-Beispielprogramme und -Skripten

Von den aufgelisteten Beispielen stellen Standarddienste (Dateifreigabe, Netzwerkdrucker und Beispielskripten) mit bekannten Sicherheitslücken das größte Problem dar.

Es gibt aber auch das umgekehrte Problem: Sie wissen vielleicht nicht, dass die Aktivierung bestimmter Dienste oder Utilities Ihre Sicherheitssituation verbessern könnte. Viele Betriebssysteme verfügen über eingebaute Sicherheitsfunktionen. Diese Funktionen können sehr wirksam sein, wenn sie aktiviert werden, sind jedoch bis dahin völlig wertlos. Sie sehen, es läuft wieder alles auf Ihren Wissensstand hinaus: Wer nicht genug weiß, leidet ohne Not.

Aber auch hier ist das Ende der Fahnenstange noch nicht erreicht. Dem modernen Netzwerkadministrator stellen sich noch andere Probleme. Manche Sicherheits-Utilities sind schlichtweg unbrauchbar. Denken Sie beispielsweise einmal an Sicherheitsprogramme, die Zugriffsrechte für Dateien vergeben und den Zugang für Anwender je nach Sicherheitsstufe, Tageszeit usw. einschränken. Vielleicht kann Ihr kleines Netzwerk bei aktivierter Zugangsbeschränkung gar nicht flüssig und effektiv laufen. Wenn dies so ist, müssen Sie das Risiko eben in Kauf nehmen und vielleicht andere Sicherheitsmaßnahmen treffen, um das Manko auszugleichen. Im Wesentlichen sind diese Punkte die Basis jeder Sicherheitstheorie: Sie müssen das Maß einschätzen, in dem Ihre Netzwerkdaten gefährdet sind, und vor diesem Hintergrund das Risiko gegen praktizierbare Sicherheitsmaßnahmen abwägen.

Sie werden feststellen, dass die meisten Probleme im Bereich der Netzwerksicherheit aus einem Mangel an Wissen heraus entstehen. Aus diesem Grund werde ich in diesem Buch immer wieder auf das Thema Fortbildung hinweisen.

HINWEIS
Es liegt allein an Ihnen, die Probleme, die durch mangelndes Wissen hervorgerufen werden, zu beseitigen, indem Sie sich oder Ihre Mitarbeiter im Rahmen qualifizierter Schulungen weiterbilden (oder anders gesagt: Wenn Ihr Administrator nicht genug auf dem Kasten hat, gibt es in Ihrem Netzwerk für Cracker einiges zu holen).

1.2.2 Mängel bei Betriebssystemen und Anwendungen

Als ob die Komplexität fortschrittlicher Sicherheitsfunktionen in Verbindung mit der Tatsache, dass Betriebssysteme mit Dutzenden standardmäßig aktivierter Dienste ausgeliefert werden, nicht schon schlimm genug wäre, müssen wir uns noch einer weiteren Herausforderung stellen: den Sicherheitslücken, die durch mangelhafte Programmierung verursacht werden. Diese liegen leider (sofern es sich nicht gerade um Open-Source-Produkte handelt) außerhalb unserer Kontrolle, was insbesondere aufgrund einer Tatsache bedauerlich ist: Herstellerseitiges Unvermögen ist eine der häufigsten Ursachen für Sicherheitsprobleme. Das kann jeder bestätigen, der auf einer Mailingliste für Bugs und Bugfixes steht: Täglich werden neue Fehler oder Programmiermängel in Netzwerksoftware aufgespürt, und täglich werden diese in Form von Hinweisen oder Warnungen im Internet angezeigt. Unglücklicherweise werden diese Hinweise und Warnungen nicht von allen Anwendern gelesen.

Systemmängel müssen hier nicht in Unterkategorien eingestuft werden; es reicht aus, einen Systemfehler wie folgt zu definieren:

- Er schwächt das Programm so, dass es zu Fehlern im Arbeitsablauf kommt (sei es unter normalen oder extremen Bedingungen).
- Er ermöglicht es Crackern, diese Schwäche (bzw. den fehlerhaften Arbeitsablauf) auszunutzen, um das System zu beschädigen oder Kontrolle darüber zu erlangen.

Es gibt hauptsächlich zwei Arten von Systemfehlern. Der erste, den ich Primärfehler nenne, ist ein Fehler innerhalb der Sicherheitsstruktur Ihres Betriebssystems oder Ihrer Anwendung. Es handelt sich hierbei um einen Fehler, der in einer sicherheitsrelevanten Komponente steckt. Wenn ein Cracker diesen Fehler ausnutzt, erhält er in einem einzigen Schritt unautorisierten Zugang zu dem System oder seinen Daten.

Exkurs: Der SSL-Fehler von Netscape

Im Januar 1996 deckten Ian Goldberg und David Wagner, zwei Informatikstudenten an der University of California, einen schwerwiegenden Fehler im Verschlüsselungssystem des Netscape Navigators auf. In dem Artikel »Randomness and the Netscape Browser« erläutern sie, inwieweit Netscapes Implementierung des Verschlüsselungsprotokolls SSL (Secure Sockets Layer) fehlerhaft ist. Dieser Fehler würde es ermöglichen, sichere Nachrichten im World Wide Web abzufangen und zu knacken. Hierbei handelt es sich um ein ausgezeichnetes Beispiel für einen Primärfehler.

Es gibt natürlich auch Sekundärfehler. Ein Sekundärfehler ist jeder Fehler, der dazu führt, dass ein Programm, das eigentlich nichts mit Sicherheitsaspekten zu tun hat, trotzdem eine Sicherheitslücke an einer anderen Stelle des Systems öffnet. Mit anderen Worten: Die Programmierer haben darauf geachtet, dass das Programm funktioniert – nicht jedoch darauf, dass es sicher ist; während der Programmierung denkt in der Regel niemand an eventuelle Sicherheitslücken.

Sekundärfehler treten weitaus häufiger auf als Primärfehler, und zwar insbesondere auf Plattformen, die nicht unbedingt als sicherheitsorientiert gelten. Ein Beispiel für einen Sekundärfehler ist jeglicher Fehler in einem Programm, das besondere Zugangsprivilegien erfordert, um seine Aufgaben auszuführen (also ein Programm, das mit *Root*- oder *Superuser*-Privilegien läuft). Wenn ein Cracker ein solches Programm erfolgreich angreift, dann kann er sich seinen Weg durch das Programm bahnen, um einen speziellen, privilegierten Zugang zu Dateien und Diensten zu bekommen.

Ob Primär- oder Sekundärfehler, Systemfehler stellen eine besondere Bedrohung für die Internetgemeinde dar, wenn sie in täglich benutzten Programmen wie etwa FTP- oder Telnet-Anwendungen auftauchen. Diese hochsensiblen Anwendungen bilden das Herz des Internets und könnten nicht so einfach entfernt werden, wenn ein Sicherheitsmangel in ihnen vorhanden ist.

Stellen Sie sich zum besseren Verständnis dieser Idee einmal vor, jemand würde entdecken, dass Microsoft Word vollkommen unsicher ist. Würden die Leute aufhören, es zu verwenden? Natürlich nicht. Millionen Büros rund um die Welt arbeiten mit Word. Es gibt jedoch einen erheblichen Unterschied zwischen einem schwerwiegenden Sicherheitsfehler in Microsoft Word und einem ebensolchen im Apache Webserver. Der Fehler in Apache würde eine Gefahr für Hunderttausende Server (und damit Millionen von Mail- und Zugangskonten) darstellen. Aufgrund der Größe des Internets und der Dienstleistungen, die dort heute angeboten werden, sind Fehler innerhalb seiner Sicherheitsstruktur von internationaler Bedeutung.

Um den wahren Umfang dieses Problems erfassen zu können, sollten Sie einmal einen Blick auf einige Dienste werfen, bei denen in den Jahren 1999 und 2000 Sicherheitslücken entdeckt wurden, die Angriffe auf der *Root*- bzw. der Administratorenebene ermöglichen:

- der FTP-Daemon `wu-ftpd`, der Bestandteil vieler BSD- und Linux-Distributionen ist
- der `imapd`-Daemon der Universität Washington
- `bind` von ISC (eine DNS-Implementation)
- zahlreiche Dienste von Sun Solaris
- Microsoft IIS
- das Konfigurations-Utility `Linuxconf`
- SSH (Secure Shell)

Und das sind nur ein paar Beispiele. Während dieses Buch geschrieben wurde, wurden laut SAC (»Security Alert Consensus«, ein wöchentlich von verschiedenen Sicherheitsfachgruppen herausgegebener Newsletter) etwa zehn bis dreißig neue Sicherheitslücken *pro Woche* entdeckt. Wir werden uns im Verlaufe dieses Buches sehr eingehend mit der Suche nach Sicherheitslücken und ihrer Publikation beschäftigen; fürs Erste ist es jedoch ausreichend zu wissen, dass, wenn ein Sicherheitsproblem in `sendmail`, FTP, DNS, SSH oder anderen für das Internet unentbehrlichen Elementen entdeckt wird, Programmierer so genannte Patches (kleine Programme oder Erweiterungen des Quellcodes) erstellen, die solche Probleme vorübergehend lösen. Die Patches werden dann zusammen mit detaillierten Sicherheits- und Installationshinweisen im großen Stil über das Internet verteilt. Das bringt uns zum nächsten Faktor: den Nachlässigkeiten der Hersteller.

1.2.3 Unzureichende Qualitätskontrolle durch die Hersteller

Vor zwei Jahren war ich mal dabei, als Vertreter von Microsoft sich mit einem ihrer Großkunden trafen. Während dieses Treffens kam auch das Thema des in Excel versteckten Flugsimulators auf den Tisch: Der Kunde wollte wissen, was bitte schön ein Flugsimulator in einer Tabellenkalkulation zu suchen habe, wie groß sein Anteil am Gesamtprogramm sei, welche Speicherressourcen er benötige und welche Auswirkungen er sonst auf die Workstations des Kunden habe. Vor allem aber wollte der Kunde wissen, wie es der Flugsimulator geschafft hatte, sich an der Qualitätskontrolle von Microsoft vorbeizuschmuggeln. Ein paar Codezeilen sind eins, aber ein vollständiger Flugsimulator ist etwas ganz anderes. Microsofts Antwort? Sie wussten die ganze Zeit, dass der Simulator vorhanden war und dass die nur so zum Spaß erfolgte Programmierung eines solchen »Ostereis« durch die Entwickler in Redmond von der Firmenleitung geduldet wurde. »Es ist halt ein Teil unserer Entwicklungsphilosophie«, meinten die Vertreter von Microsoft.

> **HINWEIS**
> Sie kennen dieses kleine Gimmick, das in Microsoft Excel eingebettet ist, nicht? Starten Sie Excel in einer Version, die Bestandteil von Office 97 ist. Klicken Sie auf [F5] (GEHE ZU), geben Sie in das Fenster den Verweis `X97:L97` ein, und klicken Sie dann auf OK. Betätigen Sie die [⇆]-Taste, und klicken Sie dann bei gehaltenen [Strg]- und [⇧]-Tasten einmal auf die Schaltfläche DIAGRAMM-ASSISTENT (das ist die mit den bunten Balkengrafiken). Voilà: Schon startet der Flugsimulator.

Das Erste, was mir dabei einfiel, war »So ein Sch...«. Was aber würden die Leute von Microsoft noch sagen? Entschuldigung? So etwas dürfe natürlich nicht passieren? Wir haben ein paar tausend Codezeilen übersehen, die ganz zufällig ein kleines Videospiel sind?

Als dann ein im Untergrund berühmt-berüchtigter und äußerst gewitzter Cracker namens »Rain Forrest Puppy« (oder kurz »rfp«) im Frühling des Jahres 2000 publik machte, dass der Satz »Netscape Engineers are Weenies« (»Netscape-Entwickler sind Hohlköpfe«) als Schlüssel verwendet worden war und als Pseudohintertür für Server diente, auf denen die Servererweiterungen für FrontPage 98 liefen, war ich *sehr* gespannt, wie Microsoft sich diesmal entschuldigen würde. War auch dies ein Teil der Entwicklungsphilosophie? Hintertüren und Tiefschläge gegen die Entwicklungsabteilung der Konkurrenz?

Es kam dann so, dass Microsoft zunächst zugab, von der Existenz dieses Ostereis zu wissen, dann aber schnell dazu überging, dieses Problem durch ein noch größeres zu tarnen, das kurz darauf bekannt wurde. Sehen Sie doch mal im aktualisierten Bulletin zu dieser Frage nach, das Sie unter `http://www.microsoft.com/technet/security/bulletin/ms00-025.asp` finden; hier ist nirgendwo von dem Wort »Weenie«, von Hintertüren und anderen üblen Tricks die Rede. Offensichtlich wurde dieses Problem unter den Teppich gekehrt.

> **HINWEIS**
> Noch eine Anmerkung zu der Geschichte mit dem Excel-Ei. Als die Vertreter von Microsoft ihrem Kunden zur Entschuldigung sagten, sie hätten ohnehin davon gewusst, verlangte dieser eine Liste mit anderen Hintertüren und Ostereiern, von denen er annahm, dass sie Microsoft bekannt seien. Microsoft stimmte zu, lieferte eine solche Liste aber niemals ab. Macht einen ganz schön nachdenklich, oder?

Wenn schon der größte Softwareanbieter der Welt nicht kontrollieren kann, was alles Eingang in seinen Code findet, könnte man dann noch annehmen, das es für den Rest der Industrie irgendeine Hoffnung gibt? Es ist eine simple Tatsache, dass viele Softwarehersteller nicht über ein ausreichendes Qualitätskontroll- und Qualitätssicherungssystem verfügen. Microsoft ist leicht anzugreifen, weil die Firma so unglaublich *viele* Softwareprodukte im Sortiment hat, aber in Wahrheit ist der gleiche Vorwurf auch an viele andere Anbieter zu richten. Und wissen Sie, wer im Endeffekt für diese Nachlässigkeiten bezahlt? Wir – die Kunden. Wir sind diejenigen, die den Rüffel bekommen, wenn derlei Unachtsamkeiten genutzt werden, um in unsere Netzwerke einzubrechen. Allerdings bleibt anzumerken, dass die meisten Kunden nach Angaben der Hersteller mehr Funktionen wollen – nicht mehr Sicherheit. Sollte dies nicht stimmen, so bitte ich die Leser dieses Buches, ihre Stimme zu erheben und sich Gehör zu verschaffen. Sagen Sie Ihren Herstellern, wie es Ihnen wirklich geht.

Wir wollen noch einen Blick auf ein paar ganz besondere Beispiele für solche Unachtsamkeiten und deren Auswirkungen werfen.

Probleme bei Allaire ColdFusion

1999 versprach ein erfolgreiches Jahr für die Firma Allaire zu werden. Ihr Produkt ColdFusion hatte die Industrie im Sturm erobert, denn dieses Programm rüstete Webentwickler mit einigen sehr leistungsfähigen und dennoch einfach zu bedienenden Werkzeugen zur Erstellung von Websites aus, die an Datenbank-Backends angebunden werden konnten. Im Frühjahr 1999 jedoch berichtete Rain Forest Puppy von einer Reihe von Problemen in Zusammenhang mit den CGI-Beispielskripten, die Bestandteil von ColdFusion waren. Angreifer konnten mit Hilfe dieser Skripten Code auf anfälligen Computern ausführen, geschützte Dateien finden und den attackierten Rechner letztendlich lahm legen. Nur wenige Monate später berichtete die Hackergruppe L0pht von weiteren Problemen. Administratoren sollten solche Beispielskripten eigentlich sowieso nicht auf Produktionsservern installieren, aber wieder einmal hatte die Einfältigkeit den Sieg davongetragen. Schon bald knackten Hacker und Cracker auf der ganzen Welt ColdFusion-Server in Massen, und bei Allaire herrschte ein drastischer Erklärungsnotstand.

Allaires Reaktion erfolgte sehr spät – wohl weil dies das erste Mal war, dass die Firma die Knute der Datensicherheitsgemeinde zu spüren bekam. Schließlich beschloss man, Warnhinweise zu den Problemen zu veröffentlichen, in denen den Kunden dringend nahe gelegt wurde, die Skripten zu entfernen und Patches auf die Server aufzuspielen. Aber es war bereits zu spät: Hunderte und Aberhunderte von Rechnern waren bereits betroffen, und diese Tendenz setzte sich bis zum Jahresende fort.

Schließlich verebbte das Chaos, und die Angreifer wandten sich wieder anderen Angriffszielen zu. Danach wurden die internen Sicherheitsbestrebungen bei Allaire intensiviert, neue und sicherere Versionen von ColdFusion veröffentlicht, die Presse zu Testberichten über diese neuen Versionen überredet und eine Popularitätskampagne gestartet, um die Benutzer der Software emotional an die Firma zu binden und das Vertrauen zu steigern. Heute steht Allaire an vorderster Front, wenn es um Sicherheitsfragen geht, hat dafür aber auch teuer bezahlen müssen. Als die SANS-Gruppe (System Administration, Networking, and Security) im Juni 2000 ihren aktuellen Bericht zu den zehn häufigsten Sicherheitslücken im Internet veröffentlichte, war ColdFusion dort schon wieder vertreten, denn das Problem war *wirklich* beachtlich gewesen – obwohl bereits ein Jahr vergangen war, seit die Sache publik geworden war, erinnerte man sich immer noch daran. Es war schlicht und einfach so, dass die Sicherheitslücke umfangreiche Schäden hinterlassen hatte, und verschiedene Organisationen litten teils noch immer darunter. Auch heute noch stößt man da und dort auf Server, die aufgrund der Verwendung einer alten Version von ColdFusion anfällig sind, und Administratoren, die Opfer der Angriffe von 1999 gewesen waren, haben Allaire oft bis heute nicht vergeben.

Glücklicherweise hat man bei Allaire aus den Fehlern gelernt, und die Kunden profitieren davon. Diejenigen allerdings, deren Server aufgrund der früheren Probleme von ColdFusion geknackt worden waren, haben die Zeche dafür bezahlt.

Microsoft PPTP

Ein anderes Beispiel für ein Produkt, das zwar in wesentlich geringerem Umfang Angriffspunkt von Crackern, aber trotzdem zweifelsfrei fehlerhaft war, war die Implementierung des PPTP-Protokolls (Point-to-Point Tunneling Protocol, P2P-Tunnelprotokoll) durch Microsoft. *PPTP* ist ein Protokoll, das benutzt wird, um VPNs (Virtual Private Networks, virtuelle private Netzwerke) über das Internet zu realisieren. VPNs ermöglichen einen sicheren, verschlüsselten Datenverkehr zwischen den Netzwerkknoten von Unternehmen und machen so Festverbindungen überflüssig (mit Hilfe von VPNs können Unternehmen das Internet quasi als globale Festverbindung nutzen).

Microsofts Implementierung von PPTP wurde als eine der solidesten Sicherheitsmaßnahmen auf dem Markt gepriesen. PPTP hat ein oder zwei Preise gewonnen und wurde in Computerzeitschriften oft als Standardlösung der Industrie beschrieben. So weit, so gut.

Einen Monat, bevor die zweite Auflage dieses Buches in Druck ging, wurde Microsofts PPTP von zwei wohl bekannten Fachleuten auf dem Gebiet der Verschlüsselungstechnologie geknackt: Bruce Schneier und Mudge. Die Pressemitteilung hierüber schockte die Sicherheitswelt:

> *Weiß es Microsoft nicht besser? Man sollte es eigentlich nicht annehmen. Aber die Fehler, die Microsoft begangen hat, sind nicht etwa spitzfindig; es handelt sich um Fehler, die man höchstens von blutigen Anfängern im Verschlüsselungsbusiness erwarten würde. Die Verschlüsselung wird hier in einer Art und Weise genutzt, die ihre Wirksamkeit völlig negiert. Die Dokumentation weist 128-Bit-Schlüssel aus, tatsächlich wird aber nichts genutzt, das auch nur annähernd dieser Schlüssellänge entspricht. Kennwörter werden von derart schlechten Hash-Funktionen geschützt, dass die meisten auf sehr einfache Art und Weise geknackt werden können. Und der Kontrollkanal wurde so schlampig realisiert, dass praktisch jeder einen Microsoft-PPTP-Server zum Absturz bringen kann. (Aus: Frequently Asked Questions, Microsoft PPTP Implementation. Counterpane Technologies.* `http://www.counterpane.com/pptp-faq.html`*)*

Hört sich nicht so an, als sei Microsofts PPTP sehr sicher, oder? Experten fanden fünf verschiedene Fehler in der Implementierung, unter anderem Mängel im Kennwort-Hashing, in der Authentifizierung und der Verschlüsselung. Kurz gesagt, sie enthüllten, dass Microsofts Implementierung von PPTP einer Katastrophe gleichkam.

Ich wette, dass Sie diese Informationen nie gesehen haben. Dann geht es Ihnen wie vielen anderen EDV-Beschäftigten in Unternehmen weltweit. Sie glauben, dass die von ihnen eingesetzten Produkte sicher seien – schließlich ist Microsoft ein großes anerkanntes Unternehmen. Wenn die sagen, ihr Produkt sei sicher, dann muss das wohl stimmen. Dies ist heute die Ansicht von Otto Normaladministrator, und deswegen gehen Tausende von Unternehmen ein immenses Risiko ein.

> **HINWEIS**
> Fehler dieser Art werden jederzeit gemacht. Hier ein amüsantes Beispiel: Kürzlich erst wurde entdeckt, dass die Verschlüsselungsfunktion von Microsofts Windows NT erfolgreich abgeschaltet werden kann. Diese Form der Attacke ist mittlerweile als der »Sie-sind-jetzt-in-Frankreich-Angriff« bekannt geworden. Er funktioniert so: Frankreich erlaubt Privatpersonen keinen Zugang zu komplexer Verschlüsselung. Wenn Windows NT also annimmt, dass Ihr Standort Frankreich ist, dann wird die Funktion des Betriebssystems zur komplexen Verschlüsselung ausgeschaltet. Nicht sehr sicher, oder?

Fazit: Sie sind auf sich allein gestellt. Das heißt, es liegt an Ihnen, geeignete Maßnahmen zu treffen, um Ihre Daten zu schützen. Verlassen Sie sich niemals darauf, dass Softwarehersteller diese Aufgabe für Sie übernehmen, sonst können Sie ganz schnell ganz tief fallen.

Die Reaktion der Hersteller

Softwarehersteller reagieren eigentlich immer schnell, wenn es ein Problem gibt, aber deswegen sollten Sie sich nicht in Sicherheit wähnen. Softwarehersteller wollen ihre Software verkaufen. Sie finden es nicht toll, wenn jemand eine Lücke in ihrem System entdeckt – bestenfalls bedeutet eine bekannt gewordene Schwachstelle Einbußen an Gewinn und Prestige. Dementsprechend schnell reagieren Hersteller mit beruhigenden Aussagen, um die Ängste der Anwender zu zerstreuen. Es aber kann manchmal sehr lange dauern, bis der Fehler dann tatsächlich behoben wird.

Die Gründe dafür können vielfältig sein, und oft trägt der Hersteller keine Schuld. Manchmal ist eine sofortige Fehlerbehebung nicht möglich, etwa wenn

- das betreffende Programm wesentlicher Bestandteil des Betriebssystems ist,
- die Anwendung weit verbreitet oder gar ein Standard ist oder
- die Anwendung Software eines Drittanbieters ist, der unzureichenden Support bietet, nicht mehr im Geschäft oder auf andere Weise nicht erreichbar ist.

In solchen Fällen kann ein Patch (oder eine andere Lösung) kurzfristig Abhilfe schaffen. Damit das System aber wieder effektiv arbeiten kann, müssen alle Benutzer auch wissen, dass dieser Patch zur Verfügung steht. Man sollte annehmen, dass es Aufgabe des Herstellers ist, die Öffentlichkeit darüber zu informieren. Fairerweise muss man sagen, dass die Hersteller solche Patches an Sicherheitsgruppen und Mailinglisten weitergeben. Aber sie gehen oft nicht den zusätzlichen Schritt, die Allgemeinheit zu informieren, weil sich dies in vielen Fällen nicht bezahlt macht.

Auch in diesem Punkt hängt also wieder alles von Ihrem Wissensstand ab. Anwender, deren Wissen über Netzwerk-Utilities, Sicherheitslücken und Patches auf dem neuesten Stand ist, haben nichts zu befürchten. Anwender, die nicht über dieses Wissen verfügen, werden oft zu unfreiwilligen Opfern. Das ist der wichtigste Grund dafür, dass dieses Buch geschrieben wurde. Mit einem Wort: Kontinuierliche Weiterbildung im Bereich Sicherheit ist die beste Sicherheitsmaßnahme.

1.2.4 Fehlende Qualifikation von Fachleuten

Auch wenn es keine Hersteller und Programmierer gäbe, die fehlerhaften Code auf die Öffentlichkeit losließen, auch wenn es keine Betriebssysteme gäbe, bei denen alle möglichen Dienste aktiviert wären und standardmäßig ausgeführt würden, auch wenn nicht überall irgendwelche Beispielskripten installiert und eine

Menge Fehlkonfigurationen vorgenommen und Fehler gemacht würden – wir hätten immer noch ein dickes Problem: Es gibt nicht genug Leute mit ausreichender Erfahrung in Sachen Datensicherheit. Die Leiter der Rechenzentren haben heutzutage immense Schwierigkeiten, kompetente Netzwerker, Systemadministratoren und Programmierer zu finden, und Sicherheitsfachleute sind noch rarer gesät.

Was die Sache noch schlimmer macht: Es gibt keine Fortbildungsmöglichkeiten, die Sie sofort zum Fachmann machen – man muss die Sache schrittweise angehen. Zunächst sollten Sie Kompetenz auf dem Gebiet der Router, Switches und Firewalls entwickeln. Lernen Sie die I/O-Möglichkeiten von UNIX und Windows NT kennen. Machen Sie sich über solche Themen wie Verschlüsselung und Programmierung sachkundig, und erwerben Sie *handfestes* Wissen zu TCP/IP. Nun können Sie damit *anfangen*, sich in die Verwicklungen der Sicherheitsfragen, die Reaktion auf Angriffe und ähnliche Aktivitäten einzuarbeiten, die zumeist zu später Stunde durchgeführt werden und sehr stressreich sind.

Neugierig geworden?

Der Mangel an Fachpersonal trägt dazu bei, dass Datensicherheitsprogramme in den Organisationen entweder falsch konfiguriert oder gar nicht benutzt werden. Richtlinien sind nur unvollständig oder nicht vorhanden. Unternehmen sind online, ohne dass sich jemand die Mühe macht zu überprüfen, ob nicht vielleicht eine Bedrohung vorliegt. Rechner werden ohne Patches betrieben, Entwicklungsbestrebungen verlaufen im Sande, Protokolle bleiben ungelesen und die Benutzer ungeschult. Kurz gesagt, wir kriegen das, was wir verdienen.

Es müsste aber nicht so sein. Wenn Administratoren und Benutzer ihre sicherheitsrelevanten Zuständigkeiten ernst nähmen, dann bräuchten wir keine Heerscharen von allwissenden Sicherheitsgurus. Wir hoffen auf den Tag, an dem Sicherheitsmaßnahmen genauso normal sind wie die Ausführung von Systemsicherungen – eben Bestandteil der Arbeit eines guten Systemadministrators. Allerdings: Wir fürchten, dass es bis zu diesem Tag noch lange hin ist.

Das Amüsante an der ganzen Angelegenheit ist, dass die meisten von uns, die als Datensicherheitsexperten bezeichnet werden, mehr oder minder zufällig hier gestrandet sind. Im Laufe der Zeit wird es allerdings zunehmend einfacher werden, Wissen auszutauschen und schneller zu lernen. Es werden mehr Bücher veröffentlicht, es finden mehr Konferenzen statt, mehr Dokumente werden verfasst, die Qualität der Datensicherheitsportale und -sites nimmt ständig zu, und auch die relevanten Mailinglisten im Internet werden immer besser. Immer mehr Menschen bewerben sich um Zertifizierungen von Sicherheitsprogrammen und verbessern auf diese Weise ihre Qualifikation. Mit anderen Worten: Es ist heute einfacher zu lernen, denn es gibt wesentlich mehr Lehrende und Lernende als noch vor zwei oder drei Jahren.

Allerdings sei festgehalten, dass auch in den nächsten paar Jahren ein Mangel an guten Sicherheitsfachleuten bestehen wird.

1.3 Warum Fortbildung im Bereich Sicherheit wichtig ist

Die Sicherheitsbranche hat immer versucht, Informationen zum Thema Sicherheit vom ganz normalen Anwender fernzuhalten. Deshalb ist die Position eines Sicherheitsspezialisten in der Computerwelt auch mit so viel Prestige verbunden. Sicherheitsspezialisten werden als Hohepriester mit esoterischem Wissen verehrt, das sich normale Menschen niemals aneignen könnten. Es gab einmal eine Zeit, in der diese Vorgehensweise ihren Sinn hatte; schließlich sollten Anwender nicht mehr als ein Basiswissen nötig haben. Nur haben die normalen Anwender heutzutage dieses Basiswissen erreicht.

Heute brauchen wir alle zumindest ein wenig Bildung in Sachen Sicherheit. Wir hoffen, dass dieses Buch, das sowohl ein Handbuch für Cracker als auch ein Nachschlagewerk zum Thema Sicherheit im Internet ist, diejenigen Sachverhalte an die Oberfläche zerrt, die besprochen werden müssen. Darüber hinaus haben wir dieses Buch geschrieben, um das Bewusstsein für das Thema Sicherheit in der Öffentlichkeit zu erhöhen.

Ob Sie wirklich betroffen sind, hängt von Ihrer Lebenssituation ab. Sind Sie Kaufmann, dann ist die Antwort einfach: Um im Internet Handel treiben zu können, müssen Sie für einen sicheren Datenverkehr sorgen. Niemand wird Ihre Dienste im Internet in Anspruch nehmen, wenn er sich nicht sicher fühlt. Das bringt uns zur Sicht des Verbrauchers. Wenn Cracker es schaffen, an sensible Finanzdaten zu gelangen, warum sollte man dann irgendetwas über das Internet kaufen? Natürlich gibt es neben dem Händler und dem Käufer noch einen Dritten, der sich mit der Sicherheit der Daten befassen muss: den Softwarehersteller, der das Werkzeug liefert, das diesen Handel ermöglicht. Diese drei Beteiligten (und ihre Gründe für das Streben nach Sicherheit) können wir gut verstehen. Aber es gibt auch noch einige nicht so offensichtliche Gründe für mehr Sicherheit.

Die Privatsphäre ist ein wichtiger Aspekt. Das Internet stellt den ersten fassbaren Beweis dafür dar, dass eine »Orwell'sche Gesellschaft« tatsächlich existieren könnte. Jedem Benutzer sollte klar sein, dass nichtverschlüsselte Kommunikation über das Internet völlig unsicher ist. Ebenso sollte sich jeder Anwender bewusst sein, dass die Behörden – und nicht die Cracker – die größte Bedrohung darstellen. Obwohl das Internet eine wundervolle Quelle sowohl für Recherchen als auch für Unterhaltung ist, ist es nicht Ihr Freund (zumindest dann nicht, wenn Sie irgendetwas zu verbergen haben).

Es gibt noch ein paar weitere Gründe, den Wissensstand im Bereich Sicherheit voranzutreiben. Im Folgenden stelle ich diese kurz dar.

1.3.1 Die Wirtschaft

Denken Sie im Moment nicht an dramatische Szenarien wie Wirtschaftsspionage und internationale Agentenringe. Das Thema bietet zwar Stoff für anregende Diskussionen, aber derlei kommt nur selten vor (zumindest in Relation zu anderen

Problemen, die mit Datensicherheit zu tun haben). Statt dessen möchte ich mich auf eine sehr reale Materie konzentrieren: E-Commerce.

Moderne E-Commerce-Anwendungen bestehen aus zahlreichen Komponenten, sind aber normalerweise in drei primäre Teile unterteilt: Webseiten (Frontend), verbindende Anwendungen und Datenbanken (Backend). Für den Zugriff auf die Datenbank werden in jedem Fall eine oder mehrere Sprachen benötigt, damit die Daten von der Datenbank auf die Webseite gelangen können. Wir haben dabei bereits recht komplexe Situationen gesehen – bei einer Lösung sogar einen sechsstufigen Prozess. Wenn der Benutzer einer Site ein Formular ausgefüllt hat und auf die Schaltfläche SENDEN klickt, passiert Folgendes:

- Die Suchbegriffe des Benutzers werden extrahiert und durch ein Perl-Skript verarbeitet.
- Das Skript gibt diese Variablen an ein Agentenprogramm weiter, das als Schnittstelle zu einem proprietären Datenbankpaket entwickelt wurde.
- Das proprietäre Datenbankpaket gibt das Ergebnis an ein Perl-Skript zurück, das die Daten für die HTML-Ausgabe formatiert.

Dieser einfache Vorgang berührt die Bereiche von Netzwerkadministratoren, die für die Verbindung zwischen den Rechnern sorgen, von Systemadministratoren, die die Rechner warten, von Datenbankadministratoren, die mit der Konfiguration und Wartung der Datenbank beauftragt sind, und von Anwendungsentwicklern, die die Programme und Skripten verfassen. Man muss kein Genie sein, um zu erkennen, dass der Prozess ziemlich schnell unglaublich komplex werden kann. Auf jeder Betriebsebene gibt es potenzielle Sicherheitslöcher.

Zwar beschäftigen einige Organisationen vielleicht einen Datensicherheitsbeauftragten (die meisten tun dies nicht), aber man kann von dieser Person sicher nicht erwarten, dass sie all diese Löcher im Blick hat und mit links stopft. Schlimmer noch: Anzunehmen, dass alle diese Gruppen (System-, Netzwerk- und Datenbankadministratoren sowie Anwendungsentwickler) all ihre Aufgaben mit einem Sicherheitskontext im Hinterkopf ausführen, ist mehr als gewagt.

Verwaltungsangestellte sind manchmal schnell dabei, wenn es darum geht, die Finanzierung von Sicherheitseinrichtungen in einem Unternehmen abzulehnen (oder einzuschränken). Sie betrachten die Kosten dafür vor allem deshalb als unnötig, weil sie das Risiko mit all seinen Konsequenzen nicht sehen. Die Wahrheit ist: Ein oder mehrere begabte Cracker könnten – innerhalb von Minuten oder Stunden – mehrere Jahre Datenerfassung zunichte machen.

Fortbildungen sind für Unternehmen ein relativ günstiger Weg, um zumindest ein minimales Sicherheitsniveau zu erreichen. Die Kosten, die den Unternehmen jetzt dafür entstehen, machen sich später vielleicht vielfach bezahlt.

1.3.2 Schulen und Universitäten

Auch wenn wir alle immer so gern darauf pochen, dass an allem die Hersteller mit ihrer schlampigen Programmierung schuld sind: Auch der Informatikunterricht an Schulen und die Studiengänge an den Universitäten tragen das ihrige zur Situation bei. Ich habe mich oft mit Schülern und Studenten unterhalten und sie gefragt, ob ihre Lehrer Themen wie Pufferüberläufe, Netzwerkabgrenzung und alltägliche Techniken der Informationssicherheit im Unterricht ansprächen. Die Antwort lautete einstimmig »Nein« – solche Themen werden nur selten im Unterricht behandelt. In ganz Amerika habe ich diese Frage gestellt – und stets die gleiche Antwort erhalten.

Heute gibt es einen Mangel an talentierten Fachkräften. Damit aber nicht genug: Die nächste Programmierergeneration, die derzeit herangezogen wird, ist nicht darin geschult, die Fehler zu vermeiden, die die heutige Generation begeht. Dies gilt zumindest für den Bereich Sicherheit.

1.3.3 Behörden

Volksmund und gesunder Menschenverstand sagen uns, dass Behörden über mehr und spezielleres Wissen im Bereich Computersicherheit verfügen. Leider ist dies schlichtweg nicht wahr (mit der denkwürdigen Ausnahme der amerikanischen Nationalen Sicherheitsbehörde NSA). Sie werden sehen, dass auch Behörden in ihrem Streben nach Sicherheit vor Misserfolgen nicht gefeit sind.

In den folgenden Kapiteln werden immer wieder Beispiele angeführt werden, die zeigen, wie schlecht die Sicherheitsmaßnahmen sind, die heutzutage für Server der US-Regierung getroffen werden. Es ist schon erstaunlich, zu welch sensiblen Daten sich Hacker Zugang verschaffen können.

Es gibt verschiedene regierungsamtliche Behörden und Institutionen, die sehr persönliche Daten über amerikanische Bürger gesammelt haben. Was noch wichtiger ist, sie besitzen Daten, die in Zusammenhang mit der nationalen Sicherheit als äußerst vertraulich betrachtet werden müssen. Diese Informationen sollten zumindest geschützt werden.

Doch es ist nicht nur die US-Regierung, die ihre Netzwerke besser schützen müsste. Der Rest der Welt ist ebenfalls gefährdet. Ein gutes Beispiel hierfür ist ein Zwischenfall, der sich vor ein paar Jahren in Indien ereignete. Auf dem Höhepunkt der Spannungen zwischen Indien und Pakistan (beide Staaten erklärten sich lautstark zu Atommächten) geschah etwas Denkwürdiges: Ein paar Cracker – einige erst fünfzehn Jahre alt – loggten sich in eine Kernforschungseinrichtung in Indien ein und fingen private E-Mails von Kernphysikern ab. Mit diesem Angriff noch nicht zufrieden, gingen die Jugendlichen noch einen Schritt weiter. Am 8. Juni 1998 berichtete Bill Pietrucha von *Newsbytes* Folgendes:

> *Newsbytes hat in Erfahrung gebracht, dass eine Gruppe jugendlicher Hacker (besser bekannt als »Cracker«), die in das Bhabba Atomic*

Research Center (BARC) in Indien eingebrochen ist, das gleiche nun in Pakistan zu tun beabsichtigt. Die Gruppe, die sich »MilW0rm« nennt, besteht aus etwa einem halben Dutzend Teenagern aus aller Welt im Alter von 15 bis 18 Jahren. Unter den Jugendlichen ist ein früheres Mitglied der Hackergruppe »Enforcer«, die in diesem Jahr bereits in Netzwerke des US-Militärs und der NASA einbrachen. Der Einbruch in das Kernforschungszentrum wurde Newsbytes heute von BARC-Offiziellen bestätigt.

Bemerkenswert, oder? Das ist nicht das Ende der Geschichte. Nur 24 Stunden später drangen die gleichen Teenager in das Netzwerk einer Nukleareinrichtung in der Türkei ein.

Viele Leute amüsierten sich über die Eskapaden der Teenager, aber es gibt auch eine Kehrseite ihrer Aktivitäten. Einer der jungen Cracker meinte spaßeshalber, es wäre doch »witzig« gewesen, eine gefälschte E-Mail von Indien nach Pakistan zu senden, die den geplanten nuklearen Erstschlag vonseiten Indiens angekündigt hätte. Zwar hätte der Empfänger einer derartigen Nachricht nichts unternommen, bevor sie nicht von anderen Quellen bestätigt worden wäre, aber das Fazit aus dieser Geschichte ist klar: Am Anfang des 21. Jahrhunderts ist der Informationskrieg mehr als ein amüsantes Diskussionsthema – er ist Realität.

Haben Sie schon Angst? Wenn ja, dann ist es an der Zeit, Ihre Furcht ein bisschen zu lindern und Ihnen eine Gutenachtgeschichte zu erzählen: Ein kurzer Ausflug in die Gedankenwelt eines Crackers…

1.4 Aus der Sicht des Betrachters

Unsere Gutenachtgeschichte geht so:

Während meine Linux-Firewall hochfährt, stöbere ich ein wenig in meinen aufgezeichneten Diagrammen. Dann suche ich nach dem Notizbuch, in dem ich meine Fortschritte dokumentiert habe, während sich im Hintergrund meine Firewall einwählt und das vertraute Piepen meines Modems zu hören ist, das die Baudrate aushandelt. Natürlich habe ich in meinem Apartment einen DSL-Anschluss, aber meine nächtlichen Eskapaden tarne ich lieber mit geknackten Zugangskonten bei diversen Providern. Natürlich weiß ich, dass bei der Telefongesellschaft aufgezeichnet wird, wann ich wo anrufe, aber das ist doch eigentlich eher ein weiterer Stein, der eventuellen Verfolgern im Weg liegt. Außerdem habe ich ein Dutzend Provider lokal geknackt und benutze eine Verbindung nur selten öfter als einmal im Monat.

Das Modem stellt die Verbindung her und synchronisiert sich, und meine Firewall-Richtlinien bilden vor mir einen dicken Schutzschild. Jetzt kann's losgehen. Jetzt schalte ich meine anderen Geräte ein: Ein paar alte Pentium-Rechner, die ich billig von einer Firma in der Nähe bekommen habe, und einen Satz frischer PIIIs, die ich gestern zusammengebaut habe. Letzte

Nacht habe ich mit irgendeinem Entwicklernetzwerk irgendwo in Holland Feierabend gemacht – glaube ich. Egal, spielt keine Rolle, wo es sich befindet, solange es nützlich ist. Als ich hinkam, stand es schon offen wie ein Scheuentor, es war nur schwer zu finden. Gott sei Dank gibt es ARIN.

Mein Zielobjekt: Ein Hersteller von Software für Mobiltelefone. Ich habe nicht viel Ahnung von Mobiltelefonen, aber vor ein paar Monaten bin ich neugierig geworden, denn die Typen scheinen ein lohnenswertes Ziel zu sein. Ich habe aber noch nicht einmal an ihre Tür geklopft, weil ich erst mal eine Pufferzone brauche – eine Polsterung sozusagen. Ich rechne mir aus, dass sie, wenn ich über ein gutes Dutzend Organisationen gehe, zwar vielleicht meine Angriffe sehen werden, aber finden werden sie mich nie. Vielleicht können sie mich über die ersten drei oder vier Organisationen zurückverfolgen, aber bevor sie auch nur in meine Nähe kommen, bin ich schon lange weg. So, wo war ich stehen geblieben? Ach ja, das Entwicklernetzwerk in Holland.

Jetzt werfe ich `nmap` *in die Schlacht und gebe das Ergebnis mal in Whisker ein, um anfällige CGI-Beispielskripten aufzuspüren. Die Ergebnisse habe ich in 30 Sekunden. Scheint so, als hätten diese Nieten ihre IIS-Server noch nicht gepatcht – das ist immer noch dieses RDS/MDAC-Loch. Brüllend vor Lachen starte ich meinen* `msadcpl`*-Exploit, weil ich's einfach nicht glauben kann: Das Problem ist jetzt seit mehr als einem Jahr bekannt, und die haben es immer noch nicht behoben. Tja – Pech gehabt.*

Nach zwei Minuten bin ich drin und entdecke gleich, dass einer der Rechner ein Domänencontroller unter Windows NT ist. Allein in dieser Domäne sind mehr als tausend Konten. Wenn ich die knacken kann, dann werden die Betreiber ein bisschen brauchen, um mich wieder rauszuschmeißen – bei Zugriff auf so viele Benutzerkonten. Ich fertige eine Sicherungskopie der NT-SAM an, lade diese herunter und fahre dann fort.

Von hier aus geht's weiter zu einem Anbieter von Datenspeicherungsdienstleistungen, denn ich weiß, dass ich hier massenhaft HP/UX- und Solaris-Rechner finden werde. Eigentlich bevorzuge ich UNIX-Computer, aber wenn es sein muss, komme ich auch mit NT klar. Mit Whisker und `nmap` *starte ich eine neue Reconnaissance-Phase. Was für Daten hatte der Anbieter doch gleich gespeichert? Krankengeschichten? Einerlei: Mehr Konten, mehr Territorium, größere Pufferzone.*

Ich denke eine Sekunde lang darüber nach, ob es einen Präzedenzfall geben wird, wenn die zweite Firma die erste wegen Fahrlässigkeit auf Schadensersatz verklagt. Aber das ist ja nicht mein Problem – der Gedanke geht so schnell, wie er gekommen ist. Mit »John the Ripper« hole ich mir die gespiegelten Kennwort-Hashes und die SAM-Datenbank auf meine PIIIs. Ich nehme einen Schluck Red Bull mit Wodka, dann geht's ans Werk: Das Knacken der Kennwörter kann schon ein paar Stunden dauern.

Aber meine Zeit wird kommen – die Pentium 3-Cluster brauchen nur ein Weilchen, um die Kennwörter zu finden. Und die Zeit spielt schließlich für mich.

Wer ich bin?

Es spielt keine Rolle, wer ich bin, wie alt ich bin oder von wo aus ich agiere. Ihr findet mich nicht, weil Ihr mich nicht einordnen könnt. Ihr solltet Euch also lieber Sorgen darüber machen, wie nah ich schon an Euch dran bin, wie ich an Eure Daten komme, Eure Systeme benutze und was ich tun werde, wenn ich die Kontrolle über Euer Netzwerk übernommen habe…

Kapitel 2

Wie Sie dieses Buch verwenden...

2.1 Dieses Buch verwenden? Puh...!

Die meisten Computerbücher haben dieses berüchtigte Wie-Sie-dieses-Buch-verwenden-Kapitel. Wenn es Ihnen so geht wie uns, dann haben Sie ein solches Kapitel wahrscheinlich noch nie gelesen – schließlich besteht die beste Möglichkeit zur Nutzung eines Buches darin, es zu lesen, und was sollte dem noch hinzuzufügen sein? Nun: Sie werden überrascht sein.

Dieses Buch ist völlig anders strukturiert als gewöhnliche Computerbücher. Es unterscheidet sich in der Tat so sehr von anderen Büchern, dass es verschiedene Ansätze gibt, mit ihm zu arbeiten. Dieses Kapitel stellt diese Ansätze kurz vor und zeigt Ihnen, wie Sie am meisten aus dem »Neuen Hacker's Guide« herausholen können.

2.1.1 Die allgemeine Struktur dieses Buches

Der »Neue Hacker's Guide« bietet Ihnen weit über 1.000 URLs (Internetadressen). Unter diesen Adressen finden Sie wichtige Informationen zum Thema Sicherheit, u.a. über

- kostenlose und kommerzielle Sicherheitstools,
- allgemeine und technische Berichte,
- Sicherheitshinweise,
- Quellcodes für Exploits und
- Patches.

Wir schrieben den »Neuen Hacker's Guide« auf diese Weise, um Ihnen ergänzende Informationen zur Verfügung zu stellen. Sie bekommen also nicht nur fast 1.000 Seiten Text, der lediglich unsere rhetorische Begabung unter Beweis stellen soll: Sie bekommen vielmehr einen umfassenden Wegweiser zu Onlineressourcen zum Thema Sicherheit im Internet.

Die Links führen zu Sites im Internet, auf denen Sie ständig aktualisierte Informationen zur Internetsicherheit finden. Im Idealfall werden Sie nach der Lektüre dieses Buches nie wieder ein anderes Buch über Sicherheit kaufen müssen. Statt dessen werden Sie wissen, wo Sie aktuelle Sicherheitsinformationen online finden.

Das Buch wurde ferner so geschrieben und strukturiert, dass Sie die *Methodik* der zugrunde liegenden Datensicherheitsmaßnahmen erfassen können. Das bedeutet, dass das in diesem Buch vorhandene Material zwar relativ schnell veraltet sein wird; die Techniken jedoch, die Sie hier erlernen können, haben eine beinahe zeitlose Gültigkeit.

Aus diesen Gründen hat der »Neue Hacker's Guide« viele Vorteile gegenüber Konkurrenzwerken. Natürlich können Sie ihn von der ersten bis zur letzten Seite lesen und somit ein solides Basiswissen über Sicherheitsaspekte im Internet erlangen. Der tatsächliche Zweck dieses Buches besteht aber darin, Sie mit Internetsicherheitswerkzeugen zu versorgen und Ihnen zu zeigen, wie Sie diese einsetzen können, um Ihre Umgebung zu schützen.

2.2 Ansätze für das Arbeiten mit diesem Buch

Es gibt drei grundsätzliche Möglichkeiten, dieses Buch zu verwenden:

- Sie wollen Grundlagen zum Thema Internetsicherheit erwerben.
- Sie wollen ein bestehendes Netzwerk sichern.
- Sie wollen für Forschungen im Bereich Sicherheit recherchieren.

Jede Möglichkeit erfordert einen unterschiedlichen Rezeptionsansatz. Schauen wir uns diese Ansätze kurz an.

2.2.1 Grundlegendes zur Datensicherheit lernen

Wenn Sie den »Neuen Hacker's Guide« gekauft haben, um sich Grundlagenwissen über die Internetsicherheit anzueignen, dann können Sie sich freuen: Das Buch eignet sich gut zu diesem Zweck. Um den größtmöglichen Nutzen daraus zu ziehen, lesen Sie das Buch von der ersten bis zur letzten Seite. Jedes Mal, wenn Sie auf eine Onlinereferenz treffen, machen Sie eine Lesepause und laden das entsprechende Dokument herunter. Es ist zwar nicht unbedingt notwendig, alle angegebenen Dokumente zu lesen, um die Prinzipien der Datensicherheit zu erlernen, aber mit Sicherheit ist keines davon überflüssig.

Die Datensicherheit verlässt langsam das Reich der schwarzen Magie und entwickelt sich allmählich zu einer durchschaubaren Wissenschaft. Allerdings ist dieser Bereich noch jung – sehr jung. Aus diesem Grund finden Sie hier echte Experten neben unfähigen Blendern – die meisten Leute jedoch verfügen über durchschnittliche Kenntnisse. Wenn Sie das Buch ausgelesen und das meiste davon verstanden haben, dann liegen Sie zweifelsohne bereits in der Spitzengruppe. Zu diesem Zeitpunkt sollte dann auch schon wieder die nächste Auflage des »Neuen Hacker's Guide« erscheinen. Wir würden Ihnen allerdings davon abraten, Quellcodes herunterzuladen, solange Sie in Sachen C-Programmierung, Dateierstellung und Compiler noch nicht fit sind. Wenn Sie ein Neuling auf dem Gebiet der Datensicherheit sind, werden Sie höchstwahrscheinlich nicht einmal ein Zehntel der in diesem Buch erwähnten Programme brauchen.

2.2.2 Eine bestehende Netzwerkumgebung sichern

Wenn Sie den »Neuen Hacker's Guide« gekauft haben, um ein bestehendes Netzwerk zu sichern, dann ist diese neue Auflage eine wahre Fundgrube für Sie. Sie werden feststellen, dass wir eine ganze Menge Änderungen vorgenommen haben, die sich in erster Linie mit Firmennetzwerken und Angriffsstrategien beschäftigen. Wenn Sie die vielen Hinweise und Tipps sehen, die über die verschiedenen Kapitel verteilt sind, dann überspringen Sie sie nicht – lesen Sie sie! Profitieren Sie von unseren Erfahrungen, und lernen Sie aus unseren Fehlern. Zwar würden Sie bestimmt davon profitieren, das ganze Buch zu lesen, aber natürlich gibt es ein paar Teile, die wichtiger sind als andere. Teil 2 (»Sicherheitskonzepte«) beispielsweise sollte unbedingt gelesen werden, Teil 4 (»Aus dem Nähkästchen der Verteidiger«) kann zur Suche und Einschätzung von Tools benutzt werden. Im sechsten Teil (»Plattformen und Sicherheit«) schließlich werden Sie wohl recht lange schmökern – immerhin finden Sie hier viele einfache Tricks, um Ihr System effizient vor unberechtigtem Zugriff zu schützen.

HINWEIS
Sie werden sicher viel Zeit damit verbringen, die im Buch erwähnten Tools herunterzuladen. Um Ihnen ein bisschen Zeit zu ersparen, hier ein kleiner Tipp: Wenn Sie sich die beiliegende CD-ROM ansehen, werden Sie auf \ eine Datei namens *URLs.html* finden, in der alle Internet-Adressen nach Kapiteln geordnet abgelegt sind. Laden Sie diese Datei in Ihren Browser, und Sie können gleich loslegen, ohne erst eine Menge URLs eintippen zu müssen.

2.2.3 Verwendung des Buches zu Forschungszwecken

Wenn Sie den »Neuen Hacker's Guide« gekauft haben, um seriöse Forschungen im Bereich Sicherheit zu betreiben, werden Sie wiederum anders vorgehen. Die Mehrzahl der zusätzlichen Verweise, Produkt- und Anbieterinformationen befindet sich am Ende der jeweiligen Kapitel. Dadurch sollten diejenigen Leser, die nach bestimmten zusätzlichen Ressourcen suchen, leichter auf die gewünschten Informationen zugreifen können; außerdem sollte nun der Eindruck, den die erste Auflage des Buchs bei manchen Lesern hinterließ (nämlich dass es sich um eine Art »Gelbe Seiten für Datensicherheit« handele), nicht mehr spürbar sein.

Sie finden hier massenhaft Referenzen zu Drittanbieterprogrammen (in den vorherigen Auflagen gab es nicht so viele Verweise auf kommerzielle Tools), und wir haben teilweise auch Erfahrungen mit Software verarbeitet, die in der Testumgebung der amerikanischen Fachzeitschrift »Network Computing Magazine« gesammelt wurden.

Geben Sie die URLs in einen Spider oder ein Utility wie etwa `wget` ein, und ziehen Sie sich dann alle externen Ressourcen herunter, auf die wir verwiesen haben. Viel Spaß.

2.3 Der Aufbau des Buches

In diesem Abschnitt beschreiben wir die verschiedenen Teile des Buches und die dort behandelten Themen.

2.3.1 Teil I: »Einleitung«

Teil I stellt das Buch vor und wurde für Neulinge auf dem Gebiet der Internetsicherheit geschrieben. Ferner werden hier einige der Probleme eingeführt, mit denen wir uns auseinander setzen müssen, und es wird die Frage beantwortet, warum wir uns mit ihnen auseinander setzen müssen. Sie finden hier Antworten u. a. darauf,

- warum dieses Buch geschrieben wurde und
- warum Sicherheit wichtig ist.

2.3.2 Teil II: »Sicherheitskonzepte«

Teil II behandelt die Grundlagen der Datensicherheit, umfasst eine Checkliste für die Bereinigung einer Netzwerkumgebung und spricht die frühe Entwicklung des Internets an. Sie finden hier u. a.

- ein paar Grundlagen über Strategien zur Erzielung von Datensicherheit,
- einen kurzen Trip durch den Untergrund,
- eine schnelle Einführung in TCP/IP,
- Gründe dafür, warum es mit der Sicherheit im Internet nicht zum Besten steht,
- eine Antwort auf die Frage, wie sich die Kriegsführung im Internet auf Einzelpersonen wie auch auf Netzwerke auswirkt,
- Definitionen für Hacker und Cracker sowie
- einen Blick auf die potenziellen Opfer und auf die Gründe dafür, dass sie potenzielle Opfer sind.

2.3.3 Teil III: »Das 1 x 1 des Hackens«

Teil III enthält eine detailliertere Beschreibung der Hackerszene. Hier werden die Inhalte der Werkzeugkiste untersucht, die der Hacker benutzt. Der Teil macht Sie vertraut mit Munition und Waffen, die im Internet genutzt werden. Er berichtet über die starke Verbreitung dieser Waffen und darüber, wer sie kreiert, wer sie benutzt, wie sie funktionieren und wie Sie von ihnen profitieren können. Ferner finden Sie hier aus erster Hand Erklärungen zu Exploits und eine Beschreibung der bedeutsamsten Probleme, mit denen das Internet in den Jahren 1999 und 2000 konfrontiert wurde. Themen sind hier u. a.

- die Verwendung von Exploits,
- die Evolution von Exploits und das »0-Tag-Phänomen«,
- Spoofing und Tarnung sowie
- die Wahrheit über verschiedene Hackerlegenden.

2.3.4 Teil IV: »Aus dem Nähkästchen der Verteidiger«

Im vierten Teil werden die Tools, Utilities und Produkte untersucht, mit denen Sie Ihr Territorium gegen feindliche Angriffe verteidigen können. Wir werden die folgenden Produkte und Konzepte betrachten:

- Firewalls
- Scanner
- IDS (Intrusion Detection Systems, Angriffserkennungssysteme)
- Protokollierungs- und Überwachungsprogramme
- Kennwortknacker
- Sniffer

2.3.5 Teil V: »Virtuelle Massenvernichtungswaffen«

In Teil V geht es um die niederträchtigste Software, die Sie im EDV-Sektor finden können: Programme, die zur Zerstörung von Systemen und Netzwerken benutzt werden. Wir befassen uns mit

- Viren und Würmern,
- DoS-Tools und
- Trojanern.

2.3.6 Teil VI: »Plattformen und Sicherheit«

Teil VI behandelt die Entwicklung von Strategien zum Schutz bestimmter Rechnertypen und Betriebssysteme vor feindlichen Aktivitäten. Folgende Plattformen werden abgedeckt:

- Betriebssysteme von Microsoft
- UNIX
- Novell NetWare
- IOS von Cisco
- VAX/VMS
- Macintosh

2.3.7 Teil VII: »Die Fäden laufen zusammen«

Teil VII formuliert eine umfassende Strategie zur Datensicherheit, die alle vorangegangenen Teile mit einbezieht. Es werden aber auch noch weitere Themen detailliert beschrieben, so z.B.

- die Formulierung von Richtlinien und Prozessen,
- Betrachtungen zur Architektur von Netzwerken,
- Probleme bei der Anwendungsentwicklung,
- die interne Sicherheit und
- die Strukturierung dieser irrsinnigen Menge verfügbarer Informationen.

2.4 Die Grenzen dieses Buches

Dieses Buch deckt weite Bereiche ab, stößt aber auch an Grenzen. Bevor wir diese Grenzen aufzählen, wollen wir jedoch noch eine wichtige Bemerkung machen: Datensicherheit ist ein komplexes Feld. Wenn Sie damit beauftragt sind, ein Netzwerk zu sichern, machen Sie einen großen Fehler, wenn Sie sich nur auf dieses Buch verlassen. Es ist noch kein Buch geschrieben worden, das die Erfahrung, die Intuition und den gesunden Menschenverstand eines guten System- oder Netzwerkadministrators ersetzen kann. Und sehr wahrscheinlich wird ein solches Buch niemals geschrieben werden. Nach dieser Anmerkung wollen wir uns nun den Grenzen dieses Buchs zuwenden: seiner Aktualität und seinem Nutzen.

2.4.1 Aktualität

Die erste Grenze dieses Buches bezieht sich auf seine Aktualität. Inwieweit der Punkt Aktualität den Nutzen beeinflussen wird, den Sie aus diesem Buch ziehen, hängt von verschiedenen Faktoren ab. Viele Leute arbeiten nicht mit der aktuellsten und besten Software oder Hardware, da wirtschaftliche und administrative Gründe dies nicht erlauben. Aus diesem Grund gibt es beispielsweise mit dem Internet verbundene LANs, in denen unter anderem auch Rechner unter Windows für Workgroups laufen. Ferner gibt es auch Anwender, die SPARC-Workstations unter SunOS 4.1.3 benutzen. Da ältere Software und Hardware verbreitet sind, bleibt eine ganze Menge des hier verwendeten Materials aktuell (ein gutes Beispiel hierfür sind Rechner, auf denen ein älteres Betriebssystem, in dem mittlerweile mehrere Sicherheitslöcher entdeckt wurden, neu installiert wurde).

Seien Sie jedoch versichert, dass die hier gegebenen Informationen zum Zeitpunkt der Abfassung des Buches so aktuell wie möglich sind. Wenn Sie nicht wissen, ob sich die für Sie relevanten Informationen geändert haben, setzen Sie sich mit dem jeweiligen Anbieter in Verbindung. Die *Methoden* jedoch, die Sie in diesem Buch vorfinden werden, haben kein Verfallsdatum. Obwohl die Schwachstellen, die wir in diesem Buch etwa in Bezug auf Microsoft-Produkte beschreiben, früher oder später ausgebessert sein werden, sind wir guter Dinge, dass Microsoft uns auch weiterhin mit neuen, noch geschmackvolleren Problemen versorgen wird. Das Gleiche gilt auch für andere Hersteller und Softwareanbieter. Die Details mögen sich ändern; die Strategien jedoch werden annähernd dieselben bleiben. Lernen Sie die Strategien, dann wird der Rest zur Routinearbeit.

2.4.2 Nutzen

Obwohl dieses Buch viele praktische Beispiele enthält, ist es keine Bedienungsanleitung zum Knacken von Internetservern. Es ist richtig, dass wir viele Beispiele dafür aufführen, wie man in Systeme eindringt, und sogar einige Utilities zur Verfügung stellen, die dies ermöglichen; dennoch wird dieses Buch aus dem Leser keinen Meisterhacker oder -cracker machen. Es geht nichts über Erfahrung, und die kann dieses Buch nicht ersetzen.

Dieses Buch soll Ihnen ein solides Basiswissen zum Thema Internetsicherheit vermitteln. Wenn Sie zu Beginn über nur wenig Wissen zu diesem Thema verfügen, werden Sie genügend Informationen erhalten, um Ihr Netzwerk sowohl knacken als auch sichern zu können.

2.5 Was Sie noch über den »Neuen Hacker's Guide« wissen sollten

Hier noch ein paar Hinweise zu diesem Buch:

- **Links und Homepages.** In der ersten Auflage dieses Buches führten viele Links direkt zu den entsprechenden Dokumenten und umgingen die Homepages der Anbieter. Das haben wir in dieser Auflage ein wenig geändert. Wenn ein Anbieter verlangt, dass Sie sich vor dem Herunterladen eines Tools registrieren, dann wird der URL für die Registrierungsseite angegeben. Das ist nur fair.
- **Die Produkte.** In diesem Buch werden Hunderte von Produkten erwähnt. Wir stehen zu keinem der jeweiligen Anbieter in irgendeiner Beziehung, sondern erwähnen sie ausschließlich, weil wir sie für nützlich halten.
- **Fehler und dergleichen.** Wenn Sie falsche Informationen über Ihr Produkt in diesem Buch entdecken, kontaktieren Sie bitte den Verlag unter `support@pearson.de`.

2.6 Der Inhalt der CD-ROM

Auf der CD-ROM finden Sie allerlei spezielles Material, darunter

- eine Datenbank mit Sicherheitshinweisen von Microsoft,
- eine Datenbank mit Hinweisen zu Schutzverletzungen von Microsoft,
- ein Literaturverzeichnis über Bücher zum Thema Sicherheit,
- eine Liste über sicherheitsrelevante RFCs,
- eine Liste verbreiteter TCP/IP-Dienste,
- eine Liste mit Herstellern und Consultants.

Lesen Sie für nähere Informationen *liesmich.txt in* \.

Insbesondere weil Sie in jedem Bereich der CD-ROM eine Menge Weblinks finden, sollten Sie damit eigentlich gleich loslegen können (wir verweisen Sie nochmals auf die Datei *URLs.html* auf \). Leider hat die Methodik, Inhalte auf einer CD-ROM abzulegen, aber auch ihre Nachteile. Sie benötigen eine Menge weiterer Tools, um das Maximum aus dem Buch herauszuholen, beispielsweise

- einen Webbrowser,
- einen FTP-Client,
- Packer,
- Reader sowie
- einen Compiler (für die Kompilierung von Quellcode).

In den nächsten Abschnitten finden Sie Internetadressen, über die Sie frei erhältliche Tools für jede der oben genannten Kategorien bekommen.

2.6.1 FTP-Clients

Zwar können Sie die meisten der in diesem Buch erwähnten Dateien auch über einen Webbrowser herunterladen, trotzdem kann es sich als ratsam erweisen, einen FTP-Client zur Verfügung zu haben. Tabelle 2.1 enthält Internetadressen von FTP-Clients für die meisten Betriebssysteme.

Client	Betriebssystem	URL
EmTec FTP	OS/2	`http://www.musthave.com`
Fetch	Macintosh	`http://www.dartmouth.edu/pages/softdev/fetch.html`
FtpTool	Linux	`http://rufus.w3.org/linux/RPM/FByName.html`
Gibbon FTP	OS/2	`http://www.gibbon.com/catalog/catalog.html`

Tabelle 2.1: FTP-Clients für verschiedene Betriebssysteme

Client	Betriebssystem	URL
NetFinder	Macintosh	http://www.ozemail.com.au/~pli/netfinder/
WS_FTP	Windows	http://www.ipswitch.com

Tabelle 2.1: FTP-Clients für verschiedene Betriebssysteme (Forts.)

2.6.2 Packer

Wenn Sie ein Glückspilz sind, dann hat Ihre Internetverbindung eine Übertragungsrate von 1,5 Mbps. Leider sind die meisten Anwender keine Glückspilze, sondern surfen mit einem 28,8- oder 56k-Modem. Bei dieser Übertragungsrate ist das Internet geradezu erschütternd langsam. Dateien, die zum Download angeboten werden, werden aus diesem Grund meistens komprimiert, wodurch die Dateigröße verringert wird. Diese komprimierten Dateien werden als »gepackte Dateien« oder »Archive« bezeichnet. Logischerweise verkürzt eine solche Maßnahme die Downloadzeit.

Archive werden durch so genannte Packer erzeugt. Leider gibt es kein Standardkomprimierungsformat. Daher kann es Schwierigkeiten geben, wenn beispielsweise Dateien, die mit einem Macintosh komprimiert wurden, auf einem PC entpackt werden sollen. Da viele der Onlinereferenzen in diesem Buch auf Archive verweisen, brauchen Sie eine Anwendung, die möglichst alle Archivformate entpacken kann. In Tabelle 2.2 finden Sie Internetadressen für verschiedene Archivierungstools.

Programm	Plattform	Beschreibung und URL
Winzip	Windows	Winzip entpackt die folgenden Archivformate: ARC, ARJ, BinHex, gzip, LZH, MIME, TAR, UNIX compress und UUencode und gilt als Industriestandard für die Windows-Plattformen. Sie erhalten es unter http://www.winzip.com/.
Zip98Plus	Windows	Zip98Plus entpackt die folgenden Archivformate: ARC, ARJ, ARJSFX, CAB, GZIP, LHA, LHASFX, RAR, TAR, ZIP, ZIPSFX und ZOO. Zip98Plus erhalten Sie unter http://download.mycomputer.com/detail/0/69.html.
StuffIt	Macintosh	StuffIt entpackt die folgenden Archivformate: ARC, ARJ, BinHex, gzip, Macbinary, StuffIt, UUencode und ZIP. StuffIt erhalten Sie unter http://www.aladdinsys.com/expander/index.html.

Tabelle 2.2: Verbreitete Packer

2.6.3 Viewer und Reader

Als wir die Informationen für dieses Buch zusammentrugen, waren wir darum bemüht, möglichst nur solche Websites zu finden, die HTML-Dokumente anbieten. Dies war jedoch nicht immer möglich. Glücklicherweise stellen die meisten Autoren im Web ihre Dokumente heute im PDF-Format zur Verfügung, einem architekturneutralen Dokumentformat von Adobe. Alles, was Sie brauchen, um ein PDF-Dokument lesen zu können, ist ein kostenloser PDF-Reader für Ihre Plattform.

HINWEIS

PDF steht für »Portable Document Format«. Nach jahrelangen Forschungsarbeiten entwickelte Adobe PDF und reagierte damit auf den Bedarf nach einer universellen Satztechnik. PostScript war der Vorgänger von PDF und sehr leistungsfähig; allerdings benötigen einige PostScript-Dokumente einen PostScript-Drucker. PDF behebt dieses Problem.

Sie werden sich vielleicht fragen, warum nicht all diese allgemeinen und technischen Berichte in ASCII geschrieben werden; schließlich ist ASCII ein allgemein gültiger Standard und wird auf jeder Plattform problemlos gelesen. Der Grund hierfür ist, dass in ASCII-Textdokumente keine Diagramme, Skizzen oder Fotos eingefügt werden können. Da viele technische Berichte aber Diagramme (etwa einer Netzwerktopologie) enthalten, eignet sich ASCII schlecht für diese Aufgabe.

Ferner werden Sie sich auch fragen, warum all diese Berichte nicht in HTML geschrieben werden (insbesondere, weil jeder Internetbenutzer HTML lesen kann). Dafür gibt es mehrere Gründe. Erstens haben die HTML-Spezifikationen zwar in den letzten Jahren große Fortschritte gemacht, aber die meisten HTML-Pakete halten sich nicht strikt an diese Standards, und sie sind für HTML-Autoren auch nicht zwingend. HTML-Seiten sehen nicht auf allen Plattformen, ja nicht einmal in allen Browsern gleich aus. Ein anderer wichtiger Grund ist, dass das Verfassen von HTML-Dokumenten entsprechende Kenntnisse voraussetzt. Die Autoren technischer Berichte haben in der Regel nicht die Zeit, sich dieses Wissen anzueignen. Natürlich existieren Webdesignprogramme, bei denen HTML-Kenntnisse nicht benötigt werden, aber sich in die Benutzung solcher Editoren einzuarbeiten ist zeitaufwändiger, als ein Dokument in der bevorzugten Textverarbeitung zu schreiben. (Zugegeben, es gibt heute verbesserte Exportfilter: PageMaker und Microsoft Word etwa ermöglichen den Export von Dokumenten in HTML; aber diese Filter sind nicht perfekt, und es gibt keine Garantie dafür, dass das Dokument exakt so aussieht, wie es beabsichtigt wurde.)

Sie müssen darauf vorbereitet sein, verschiedene Dateiformate zu verarbeiten. Das ist leichter, als es klingt. Die meisten Anbieter kommerzieller Textverarbeitungsprogramme wissen um diese Situation und stellen daher frei verfügbare Reader bereit. Reader sind Programme, die ein Dokument lesen können, das in diesem oder jenem Format geschrieben wurde (Adobe beispielsweise bietet einen PDF-Reader an, Microsoft einen Word-Reader usw.). Tabelle 2.3 stellt eine Liste von Internet-Adressen für Textverarbeitungsreader zur Verfügung.

Reader	Beschreibung und URL
Adobe Acrobat	Der Adobe Acrobat Reader zeigt PDF-Dateien an. Er steht für DOS, Windows, Windows 95/98, Windows NT/2000, UNIX, Macintosh und OS/2 zur Verfügung. Erhältlich ist er unter http://www.adobe.com/supportservice/custsupport/download.html.
GSView	GSView ist ein Utility, das PostScript- und GhostScript-Dateien (*.PS) liest. GSView gibt es für Linux, Unix, OS/2, Windows 3.11, Windows 95 und Windows NT. Sie bekommen es unter http://www.cs.wisc.edu/~ghost/.
PowerPoint Viewer	Der PowerPoint Viewer ermöglicht das Betrachten von Präsentationen, die mit Microsoft PowerPoint erstellt wurden (*.PPT). PowerPoint Viewer für Windows 95 und Windows NT gibt es unter ftp://ftp.microsoft.com/Softlib/mslfiles/pptvw32.exe.

Tabelle 2.3: Reader für verbreitete Textverarbeitungsformate

2.7 Programmiersprachen

Viele Links in diesem Buch führen Sie zu Quellcodes. Ein Quellcode ist ein roher Programmcode, der, wenn er kompiliert oder übersetzt wird, ein funktionierendes Computerprogramm bildet. Um von den Quellcodes, die Sie hier finden, profitieren zu können, brauchen Sie die entsprechenden Compiler oder Interpreter. Diese Tools und die Adressen, unter denen Sie sie bekommen, sind in Tabelle 2.4 aufgelistet.

Sprache	Beschreibung und URL
C und C++	C und C++ sind populäre Programmiersprachen, die häufig zur Netzwerkprogrammierung eingesetzt werden. Viele der Programme, an die Sie über die Links in diesem Buch gelangen, sind in C oder C++ geschrieben. Sie können einen Freeware C/C++-Compiler über die Free Software Foundation erhalten. Es gibt eine Version für UNIX unter http://www.gnu.org/software/gcc/gcc.html sowie eine Version für DOS unter http://www.delorie.com/djgpp/.
Perl	Perl (»Practical Extraction and Report Language«) ist ebenfalls eine populäre Programmiersprache, die im Bereich der Netzwerkprogrammierung weit verbreitet ist. Perl-Programme können auf einer Vielzahl von Plattformen ausgeführt werden, werden aber meistens für UNIX, Macintosh und Windows NT geschrieben. Viele der in diesem Buch erwähnten Programme benötigen zur korrekten Ausführung einen Perl-Interpreter. Perl kann unter http://www.perl.com/latest.html kostenlos heruntergeladen werden.

Tabelle 2.4: Compiler und Interpreter

Sprache	Beschreibung und URL
Java	Java ist eine vielseitige Programmiersprache, die von Sun Microsystems entwickelt wurde. Einige der Programme, die in diesem Buch erwähnt werden, erfordern für die korrekte Ausführung eine Java-Runtime-Umgebung. Java ist unter `http://www.javasoft.com/` frei erhältlich.
JavaScript	JavaScript ist eine Programmiersprache, die ursprünglich Bestandteil der Netscape-Browser Navigator und Communicator war. JavaScript kann dazu benutzt werden, heimtückischen Code (aber auch legitime Sicherheitsapplikationen) zu entwickeln. Heute ist JavaScript in alle gängigen Browser (Netscape Communicator, Internet Explorer usw.) integriert.
VBScript	VBScript ist eine Skriptsprache, die von Microsoft zur Manipulation von Webbrowserumgebungen entwickelt wurde. VBScript und die dazugehörige Dokumentation sind Bestandteil aller neueren Windows-Versionen; Sie können es bei Bedarf aber auch unter `http://msdn.microsoft.com/scripting/default.htm?/scripting/vbscript/download/vbsdown.htm` herunterladen.

Tabelle 2.4: Compiler und Interpreter (Forts.)

2.8 Fazit

Das war's schon. Das Buch ist grundlegend überholt worden, und wir sind der Ansicht, dass uns das gut gelungen ist. Viel Spaß.

Teil II

Sicherheitskonzepte

Kapitel 3

Der Fahrplan zur Absicherung Ihres Unternehmens

In diesem Kapitel werden wir Sie mit dem Rüstzeug ausstatten, das Sie benötigen, um den ständigen Angriffen auf Ihre Daten standhalten zu können. In diesem Krieg spielt der Zufall eine wesentliche Rolle – und zwar nur selten zugunsten des Verteidigers. Wenn Sie darauf hoffen wollen, diesen Krieg siegreich zu beenden, dann brauchen Sie eine ernst zu nehmende Strategie. Dieses Kapitel soll eine Einführung in diese Strategie sein – der Fahrplan zur Absicherung Ihrer Daten.

3.1 Offensive vs. defensive Modelle

Es gibt unter Consultants, die im Sicherheitsbereich tätig sind, ein Sprichwort: »Der Kunde, den man am leichtesten von der Notwendigkeit von Sicherheitsdienstleistungen überzeugen kann, ist derjenige, der gerade Opfer eines Angriffs geworden ist.« Das ist traurig, aber leider wahr: Es ist eine Tatsache, dass die meisten Unternehmen erst auf eine Bedrohung reagieren, wenn diese unmittelbar bevorsteht, oder wenn – schlimmer noch – bereits ein Schaden angerichtet worden ist. Wenn Sie Ihre alten Betriebssysteme beispielsweise erst patchen, *nachdem* ein Angreifer Ihre Kundendaten gestohlen hat, dann bringt Ihnen diese Maßnahme das Vertrauen Ihrer Kundschaft nicht mehr zurück. Wenn Sie die Verbindungsprotokolle durchsehen, *nachdem* ein Vertragsnehmer die Daten Ihrer Entwicklungsabteilung an die Konkurrenz in Japan oder Amerika geschickt hat, dann ist Ihr Wettbewerbsvorteil unwiederbringlich verloren. Und wenn Sie dem Manager Ihrer Firma den Tipp geben, extrem sensible Daten zu verschlüsseln, *nachdem* sein Laptop gestohlen wurde, dann bringt das definitiv auch nichts mehr...

Zwar sind all diese taktischen Maßnahmen sehr empfehlenswert und durchweg positiv einzuschätzen, nur: So werden die Probleme auch nicht gelöst, bevor sie auftreten. Allein aus diesem Grunde werden Sicherheitsprogramme, die den vorhandenen Schaden begrenzen sollen, nur unmaßgeblich erfolgreich sein. Der Schlüssel zur wirksamen Datensicherheit liegt in einem *offensiven* Vorgehen gegen die Bedrohungen – also in dem Versuch, Schwachstellen zu eliminieren, bevor sie gegen Sie verwendet werden können. Nur durch Definition und Implementierung von Sicherheitsmaßnahmen im Vorhinein haben Organisationen eine Chance gegen die scheinbar endlosen Angriffe gegen Datensysteme, die für unsere Zeit so typisch sind.

Das ist natürlich leichter gesagt als getan. Wenn Sie jedoch solche offensiven Sicherheitsmaßnahmen adäquat ausführen, dann werden Sie bald das Licht am Ende des Tunnels sehen. Für ein offensiv ausgerichtetes Sicherheitsprogramm müssen Sie

- den Wertebestand der Firma feststellen,
- die Anzahl der Sicherheitslücken und Schwachstellen verringern,
- Systeme und Infrastrukturgeräte absichern,

- Sicherheitsrichtlinien entwickeln, implementieren und durchsetzen,
- Standards für die Betriebssystemkonfiguration entwickeln, implementieren und durchsetzen,
- Administratoren, Manager und Entwickler in relevanten Bereichen der Informationssicherheit schulen,
- IR-Modelle (zur Reaktion auf problematische Vorfälle) implementieren,
- Programme zur Identifikation von Bedrohungen implementieren,
- Self-Audit-Programme (zur Selbstüberwachung) implementieren und
- lernen, lernen, lernen und lernen.

Wenn Sie all diese Maßnahmen durchdrücken können, dann katapultieren Sie Ihre Firma ganz nach vorn und werden aufhören, gegen Windmühlen zu kämpfen.

3.2 Einschätzung Ihrer momentanen Situation

Bei der Sicherheitsadministration geht es nicht darum, absolute Sicherheit zu erzielen. Das ist nicht möglich; es wird – zumindest, soweit es Computerumgebungen betrifft – niemals »absolute« Sicherheit geben. Aber es besteht die Möglichkeit, die Risiken durch die Entfernung von Schwachstellen und Sicherheitslücken effektiv zu minimieren.

Als Erstes verspüren die meisten Leute, denen die Verantwortung für die Sicherheit einer Computerumgebung übertragen wird, vor allem eins: Panik. Wenn diese sich ein wenig gelegt hat, wollen sie sich erst einmal ein Bild davon machen, wie der momentane Stand der Dinge ist. Den Zustand des Territoriums zu erkennen, ist wichtig, sonst kann man keine geeigneten Schritte zu dessen Schutz unternehmen. Aus diesem Grund beginnen die meisten Sicherheitsmaßnahmen mit einer mehr oder minder umfangreichen Einschätzung der Lage. Unabhängig davon, ob diese Einschätzung von einer externen Spezialfirma oder von gut ausgebildeten Mitarbeitern Ihrer Firma vorgenommen wird, sollte sie auf jeden Fall den aktuellen Zustand der folgenden Bereiche berücksichtigen:

- Sicherheitsrichtlinien
- Netzwerksicherheit
- Systemsicherheit
- Sicherheit der Netzwerkanwendungen
- Sicherheitsbewusstsein der Mitarbeiter
- Sicherheitsbewusstsein der Geschäftsführung
- Schulungsmaßnahmen zum Bereich Datensicherheit

Organisationen verpflichten oftmals externe Consulting-Firmen, um einige oder alle der oben angeführten Faktoren zu bewerten. Zwar gibt es nur wenige Organisationen, bei denen diese Maßnahmen exakt definiert werden und effizient durchgeführt werden, aber es ist trotzdem wichtig, den Zustand dieser Maßnahmen adäquat zu dokumentieren. Die Dokumentation kann später einer Vielzahl von anderen Zwecken dienen, etwa zur Herstellung von Statusberichten, zur Beschreibung des Absicherungsfortschritts, zur Beantragung zusätzlicher Gelder für Sicherheitseinrichtungen und zur Identifikation derjenigen Bereiche, die am dringendsten Hilfe benötigen. Egal, wer den Überblick dokumentiert und wie er es tut: Wenn Sie wissen, wo Sie stehen, dann können Sie leichter definieren, wo Sie hinwollen.

Diese Neuauflage des »Neuen Hacker's Guide« kann Ihnen bei der Ermittlung einer Vielzahl dieser Daten und Angaben helfen. In Kapitel 11 beispielsweise finden Sie eine Reihe von Bewertungsprogrammen, mit denen Sie die Sicherheitslücken in Ihrem System aufspüren können. Teil VI (»Plattformen und Sicherheit«) hilft Ihnen bei der Absicherung der jeweiligen Betriebssysteme, und Kapitel 26 schließlich erleichtert die Schritte zur Definition von Richtlinien.

3.3 Werte ermitteln

Es gibt leider nur wenige Organisationen, die sich die Zeit nehmen, den Bestand Ihrer Werte zu ermitteln, obwohl das eigentlich sehr wichtig wäre. Aber was fällt eigentlich alles unter den Begriff »Werte«? Nehmen wir z.B. ein E-Commerce-System, das aus einem Dutzend Webservern, ein paar Datenbankservern, einem Gateway und verschiedenen Geräten zur Unterstützung der Infrastruktur besteht; eine solche mittelgroße Umgebung kostet – sagen wir mal – hardwareseitig etwa 500.000 €. Der Verkehrswert der Rechner und Systeme ist also recht einfach zu ermitteln. Wie aber sieht es mit den Kosten aus, die bei einem umfassenden Ausfall des Systems entstehen? Einnahmeausfälle müssten auf Stunden- oder Tagesbasis ebenso berechnet werden wie die Kosten zur Lösung des Problems und weitere ausfallbedingte Kosten.

Um dieses Beispiel nun noch ein wenig fortzuführen, nehmen wir ferner an, dass die Kundendatei und die Daten für die Verkaufserwartungen auf einem einzelnen internen Datenbankserver liegen. Auch hier ist der finanzielle Wert der Hardware leicht einzuschätzen, aber was wäre, wenn dieser Server geknackt und die Daten gestohlen würden? In diesem Fall gäbe es ein Risiko für abstraktere, aber nichtsdestoweniger bedeutsame Werte: das Vertrauen der Kunden, das Ansehen in der Industrie und möglicherweise sogar die gesetzliche Haftung. Der Wert des Servers und der darauf liegenden Daten liegt also – auch unter Berücksichtigung der ideellen Ebene – weitaus höher, als zunächst veranschlagt wurde.

Warum spielt das eine Rolle? Dazu müssen wir noch einmal zum Konzept der Risikoverwaltung zurückkehren. In einer idealen Welt wäre jeder Server, jedes Netzwerkgerät und jeder Datenbankeintrag ausreichend gesichert. Leider leben wir nicht in einer solchen Welt. Die Wirklichkeit bestärkt uns in der Annahme, dass wir unsere Schlachten klug wählen müssen, denn wir können nur eine begrenzte Anzahl davon schlagen. Indem sie die *wichtigen* Werte ermitteln und diese bevorzugt schützen, können die Unternehmen die Effizienz ihrer Maßnahmen zur Risikominderung maximieren.

Bitte beachten Sie, dass es bereits eine ganze Menge Bücher zu den Bereichen Werteermittlung, Datenklassifizierung und Risikoanalyse gibt. Zwar kann dieses Buch viele Bereiche einer wirklichen Risikoermittlung nicht abdecken, aber es gibt ein paar wesentliche Gebiete auf dem Feld der Informationstechnologie, bei denen Sie anfangen können. Die folgenden Bereiche etwa gelten als »extrem sensibel«:

- Gehaltsinformationen
- Ergebnisse aus Forschung und Entwicklung
- Quellcodes
- Werbestrategien
- Finanzdaten
- Verkaufszahlen
- Kundendaten
- Gewinnberichte
- verschiedene proprietäre Daten

Denken Sie daran, dass es bestimmte Daten und Systeme gibt, die wichtiger sind als andere. Welche Daten und Systeme wirklich wertvoll sind, müssen die Sicherheitsbeauftragten und die Geschäftsleitung festlegen. Noch einmal: Wählen Sie klug, welche Schlachten Sie schlagen wollen; wenn Sie nur an wenigen Fronten Krieg führen können, dann stellen Sie sicher, dass dies die Fronten sind, die wirklich von Bedeutung sind.

WEGWEISER
Brooke Paul, einer der Koautoren dieses Buchs, hat eine Einführung in die Risikoeinschätzung bei Computernetzwerken verfasst, die Ihnen vielleicht hilfreich erscheint. Sie finden den Text unter `http://www.networkcomputing.com/1121/1121f3.html`.

3.4 Werte schützen

Die meisten Organisationen beginnen mit der Ermittlung von Sicherheitsrisiken an der Peripherie (normalerweise mit den Firewalls) und arbeiten sich dann nach innen vor. Die Peripherie ist sicher wichtig, aber die enge Sichtweise dieser Strategie hat definitiv zu der traurigen Situation beigetragen, in der wir uns heute befinden.

Vor langer Zeit schon ist in der Datensicherheitsszene ein heiliger Krieg um die Frage entbrannt, welche Gefahr größer ist: die einer internen oder die einer externen Bedrohung. Die Verfechter der »Interntheorie« führen an, dass die schlimmsten finanziellen Verluste, die dokumentiert sind, aufgrund von internen Angriffen entstanden sind. Ihre Gegner hingegen verweisen auf die drastisch ansteigende Zahl externer Angriffe. Tatsache ist, dass wir bis jetzt nicht genug Fakten kennen, um zu sagen, wer in dieser Frage Recht hat. Zahlreiche Spekulationen basieren auf Berichten wie etwa dem von CSI (Computer Security Institute, Institut für Computersicherheit) und FBI herausgegebenen Jahresbericht, dessen statistische Grundlage jedoch derart dünn ist, dass sich hieraus keine allgemein gültigen Rückschlüsse ziehen lassen.

WEGWEISER
Den CSI/FBI-Jahresbericht gibt es nicht in elektronischer Form. Sie können ihn allerdings unter `http://www.gocsi.com/fbi_survey.htm` anfordern.

Eines jedoch ist sicher: Wenn Sie sich nur an der Peripherie schützen, dann ist Ihre Organisation für einen Schaden prädestiniert, wenn

- ihr peripherer Schutz brüchig wird und/oder
- ein Angriff von innen erfolgt.

Organisationen sollten bestrebt sein, sowohl ihre Peripherie als auch ihre internen Werte zu verteidigen. Dies sollte auf der Basis einer tief greifenden Verteidigungsstrategie geschehen. Im vierten Teil dieses Buches (»Aus dem Nähkästchen der Verteidiger«) finden Sie eine ganze Reihe von Technologien, die Ihnen bei dieser Aufgabe behilflich sein können. Es sollte aber bereits hier festgehalten werden, dass sich Unternehmen und Organisationen unnötigen Risiken aussetzen, wenn sie keine mehrstufigen Sicherheitsmaßnahmen durchführen.

3.4.1 Sicherheitslücken erkennen und entfernen

Eine der meistverwandten Einbruchsmethoden ist die Nutzung bekannter Sicherheitslücken bei Betriebssystemen und Netzwerken – Sicherheitslücken, die sich in der Regel durch das Aufspielen von Patches oder minimale Konfigurationsänderungen bereits schließen lassen. Aus diesem Grund ist es für Organisationen wichtig, Prozesse zu implementieren, die Sicherheitslücken auf einer regelmäßigen Basis erkennen, einschätzen und möglichst unschädlich machen. Der Erkennungsprozess sollte auf zwei Ebenen ablaufen:

- Erkennung neuer und auch bekannter Sicherheitslücken mit Hilfe eines Security-Scanners (siehe auch Kapitel 11)
- Anweisung an einen oder mehrere Mitarbeiter, die einschlägigen Mailinglisten und Newsgroups wöchentlich auf veröffentlichte Sicherheitslücken hin zu überprüfen und gegebenenfalls Patches herunterzuladen und aufzuspielen (Hinweise dazu, wie Sie in dem Informationswust die Übersicht behalten, finden Sie in Kapitel 25)

Wenn Sie diese Maßnahmen nicht *beide* verwirklichen, dann ist das Risiko groß, dass Ihre Firma für einen der Angriffe anfällig ist, die derzeit in der Sicherheitsszene gängig sind.

WEGWEISER
Eine der einfachsten Möglichkeiten, auf dem neuesten Stand zu bleiben, ist die Abonnierung des SAC (»Security Alert Consensus«, eines wöchentlich von verschiedenen Sicherheitsfachgruppen herausgegebenen Newsletters). Dieser Newsletter listet alle im Laufe der vergangenen Woche entdeckten Sicherheitslücken auf und wird an mehr als 100.000 Abonnenten verschickt. Da sich der SAC auf mehr als 70 Informationsquellen stützt, ist er sehr vollständig. Weitere Informationen finden Sie unter `http://www.sans.org/nwcnews/`.

3.4.2 Standards implementieren

Kleinere bis mittelgroße Organisationen müssen manchmal mehrere unterschiedliche Plattformen bedienen. Bei großen Organisationen hingegen sind dies meist Dutzende. Es ist nichts Ungewöhnliches, wenn sich die EDV-Abteilung mit der Unterstützung von Systemen unter Solaris, Windows NT, NetWare, Linux, HP/UX, AIX, AS/400 und OS/390 befasst. Alle diese Systemtypen verfügen über individuelle Sicherheitsfunktionen und ebenso über individuelle Sicherheitslücken. Die Organisationen müssen sich dieser Tatsache bewusst sein und die Systeme deswegen auf eine sichere Art und Weise betreiben.

Was also können Organisationen gegen die Myriaden potenzieller Sicherheitslücken tun? Ein Ansatz ist die Standardisierung von Betriebssystemkonfigurationen und -implementierungen und die Beachtung von Herstellermitteilungen zu Patches und Updates. Zwar hat ein Produktionsserver funktionsabhängig immer eine Ebene individueller Einstellungen, aber die meisten Systeme lassen sich doch mit einer Grundkonfiguration versehen. Wenn nun diese Grundkonfiguration aus sicherheitstechnischer Sicht gut gerüstet ist, dann wird es dem Administrator leichter fallen, seine Rechner zu schützen.

Sie finden eine solche Grundkonfiguration beispielsweise, indem Sie sich mit allen Systemadministratoren und Sicherheitsbeauftragten zusammensetzen und einen Konsens darüber erzielen, wie die »sichere« Konfiguration eines bestimmten Betriebssystems aussieht. In diesem Zusammenhang müssen natürlich auch notwendige Patches, Service Packs und Konfigurationsänderungen berücksichtigt werden, die die Sicherheit des erörterten Betriebssystems verbessern. Man muss immer daran denken, dass kein Betriebssystem von Haus aus sicher ist; diesen Fehler begehen allzu viele Organisationen und zahlen dafür einen hohen Preis.

Wenn Sie mehr über Sicherheitslücken bestimmter Plattformen (UNIX, Microsoft Windows, NetWare usw.) und über die Sicherung dieser Plattformen wissen wollen, dann sollten Sie Teil VI dieses Buches (»Plattformen und Sicherheit«) lesen.

3.4.3 Richtlinien und Prozesse entwickeln und implementieren

Die Durchsetzung von Richtlinien ist zwar konservativer als ein flottes Intrusion-Detection-System, stellt aber ungeachtet dessen den Grundstein jeder guten Datensicherheitsstrategie dar. Sicherheitsbeauftragte sollten Richtlinien als Basis aller Schutzbestrebungen in ihrer Umgebung auffassen. Werden keine Richtlinien genehmigt, dann ist es oft extrem schwer, Sicherheitsoperationen durchzusetzen und gegen internen Widerstand zu verteidigen. Richtlinien sind manchmal Ihre letzte Rettung.

Jede Organisation sollte Richtlinien formulieren und einsetzen, die die folgenden Bereiche regeln:

- zulässige Verwendung
- Klassifikationen von Datenwerten
- das Zugänglichmachen und das Zerstören von Daten
- Rollen und Kompetenzen
- Kontrolle über Änderungen
- Datenwiederherstellung im Katastrophenfall

Der schwierigste Teil einer erfolgreichen Richtlinienimplementierung besteht darin, die Zustimmung der Organisations- oder Unternehmensführung zu erhalten. Leider stehen Richtlinien ohne diese Zustimmung auf tönernen Füßen und sind praktisch nicht durchsetzbar. In Kapitel 26 finden Sie mehr Informationen über Richtlinien und Prozesse.

3.5 IR

Heutzutage ist die Fähigkeit, auf Sicherheitsbedrohungen oder damit in Zusammenhang stehende Vorfälle reagieren zu können, von zunehmender Bedeutung. Die Effektivität, mit der eine Organisation auf eine vorhandene Bedrohung reagiert, kann den Unterschied zwischen einer vereitelten Attacke und der Schlagzeile in der Zeitung von morgen ausmachen. Leider machen sich viele Organisationen diesen Zusammenhang erst klar, wenn es bereits zu spät ist; diesem Umstand kann man aber durch ein offensives IR-Modell (Incident Response, Problemreaktion) abhelfen. Die Implementierung von IR-Richtlinien und -Prozessen hilft nicht nur dabei, Ärger zu vermeiden, sondern spart überdies Zeit und Geld.

Zwar schreien die Herausforderungen, die heutzutage auf dem Feld der Datensicherheit auftreten, geradezu nach einer definierten IR-Strategie, aber einen Bedarf an einer solchen Strategie gibt es »im richtigen Leben« schon seit mehr als hundert Jahren. Bevor wir also einen Blick auf den Bedarf werfen, wollen wir kurz die Erfolgsgeschichte eines der ältesten Sicherungsmittel skizzieren. Die Rede ist vom Tresor.

Tan, ein Mitglied der Hackergruppe L0pht, hat in den späten 90ern einen Bericht publiziert, in dem er eine Art »Internet-TÜV« fordert. Er zog einige interessante Vergleiche zwischen einer solchen Institution und der amerikanischen Variante des TÜVs, den UL (Underwriters Laboratories, Testlaboratorien der Versicherungsträger). Am Anfang seines Exposees beschreibt er kurz die Geschichte der UL:

> *Die Underwriters Laboratories wurden 1894 von dem Elektrizitätsinspektor William H. Merrill aus Boston gegründet. Im Jahr zuvor hatte es bei den Behörden in Chicago zunehmend Zweifel an der Verbreitung dieser seltsamen Gleichstromschaltungen und dieser modernen, noch gefährlicheren Erfindung des Wechselstroms gegeben. Diese neuen und unbekannten Technologien bedrohten unsere Gesellschaft, weil sie immer wieder Brände verursachten, und man fragte sich bald, ob man diese Gefahr jemals in den Griff kriegen würde. Man wandte sich an Merrill, woraufhin dieser ein Ein-Zimmer-Labor einrichtete, in dem Gerätschaften im Gesamtwert von 350 US-Dollar betrieben wurden. Am 24. März 1894 veröffentlichte Merrill dann seinen ersten Bericht.*
>
> *In Boston hatten die Träger der verschiedenen Versicherungen sein Anliegen, eine Prüfeinrichtung aufzubauen, in der elektrische Geräte einer neutralen Prüfung unterzogen und bei Erfolg zertifiziert werden konnten, noch zurückgewiesen; in Chicago jedoch wurde er mit offenen Armen empfangen. Er nutzte seine Chance, baute eine solche Institution auf und erfuhr innerhalb weniger Monate Unterstützung auf der nationalen Ebene.*
>
> *Bis heute haben die UL mehr als 12.500 Produkte in aller Welt getestet. Sie sind eine international anerkannte Zertifizierungsstelle für Technik und Sicherheit. Das UL-Zeichen steht für einen hohen Grad an Vertrauen zwischen den Kunden und den Herstellern und hat die Einführung Hunderter Erfindungen ermöglicht, die andernfalls für den allgemeinen Gebrauch nicht geeignet gewesen wären.*

WEGWEISER
Sie finden Tans Artikel unter `http://www.l0pht.com/~tan/ul/CyberUL.html`.

Heute testen die UL eine Vielzahl von Produkten, darunter auch Industrietresore. Der bekannte Verschlüsselungsexperte Bruce Schneier hat oft angemerkt, dass ein Teil der UL-Bewertung anzeigt, wie lange ein Einbrecher braucht, um den jeweiligen Safe zu öffnen. Eine Bewertung von TL-15 etwa verweist darauf, dass es 15 Minuten dauert, um mit Hilfe von Werkzeugen (engl. »**T**oo**L**s«) wie etwa Sägen, Hammer, Bohrer mit Karbidspitze usw. den Tresor zu knacken; die Wertung TRTL-30 hingegen bezeichnet eine Öffnungszeit von 30 Minuten unter Zuhilfenahme von Werkzeugen und einer Taschenlampe (engl. »**T**o**R**ch«). In der richtigen Welt sind solche Angaben wichtig, denn sie zeigen, wie lange eine Organisation Zeit hat, auf einen Einbruch zu reagieren. Wenn Sie beispielsweise sicher wissen, dass die Polizei oder Ihre Wachgesellschaft einen Einbruch in weniger als fünf Minuten bemerken und darauf reagieren kann, dann sollte ein Tresor mit TL-15-Wertung für Sie ausreichend sein; wenn Sie allerdings auch Angriffe von Profilangfingern unterbinden wollen, die vielleicht schon 20 Minuten an Ihrem Tresor arbeiten, bevor jemand wahrnimmt, was vor sich geht, dann sollten Sie ein Produkt mit TRTL-30-Wertung vorziehen.

Wenn wir diese Methodik nun auf die Ebene der Datensicherheit übertragen, dann sehen wir, dass ein paar Probleme auf uns zukommen. Tan schreibt in seinem Artikel:

> *Das erste Problem ist offensichtlich: Wenn im echten Leben ein Sicherheitssystem erledigt wurde, dann wird das spätestens erkannt, wenn am Montagmorgen die ersten Mitarbeiter in die Firma kommen und sehen, dass der Safe offen steht und das Geld weg ist. Auf der Cyberebene ist ein Angriff für die Mitarbeiter am Montagmorgen normalerweise* ***nicht*** *so offensichtlich. Aufgrund dieser Tatsache haben Tresorknacker nur vergleichsweise wenig Zeit, an ihr Ziel zu gelangen. Cracker hingegen haben unbegrenzt Zeit, ein System zu knacken. Wenn Safeknacker den Tresor geöffnet haben, dann* ***entfernen*** *sie in der Regel etwas, das danach »fehlt«. Cracker hingegen* ***kopieren*** *Objekte (sofern ihre Motive nicht eher politischer als finanzieller Natur sind) und lassen die ursprünglichen Objekte und das System intakt. Da Cyberangriffe immer besser durchdacht sind, müssen Intrusion-Detection-Lösungen ausgereift sein und wesentlich häufiger eingesetzt werden als derzeit, sofern der Faktor »Zeit« in diesem Prozess wieder eine Rolle spielen soll.*

Hiermit hat der Autor uneingeschränkt recht. Und was die Sache noch schlimmer macht: Tan geht davon aus, dass Sie

- irgendetwas haben, das die Systeme kontinuierlich überwacht, und
- die Fähigkeit besitzen, auf Einbruchsversuche angemessen zu reagieren, wenn und wann immer diese durchgeführt werden.

Die meisten Organisationen erfüllen diese Voraussetzungen nicht.

Wenn Unternehmen nicht in der Lage sind, Angriffe sofort zu erkennen und angemessen zu reagieren, dann werden die Angreifer immer die Oberhand behalten. Um effizient gegen Eindringlinge vorgehen zu können, sollten Sicherheitsadministratoren generell

- wichtige Werte überwachen,
- Intrusion-Detection-Systeme implementieren (siehe auch Kapitel 12) und
- eine zuverlässige IR-Lösung implementieren.

Außerdem sollten alle Organisationen zumindest definieren,

- wer für die schnelle Reaktion auf Gefahren für die Sicherheit verantwortlich ist,
- welche Eskalationsprozesse gegebenenfalls unternommen werden und
- wer auf der Liste der Personen steht, die angerufen werden müssen, wenn eine Entscheidung getroffen werden muss, die für das Unternehmen von immenser Tragweite sein könnte.

Auch hier können offensive Maßnahmen an der IR-Front den Organisationen viel Zeit und Geld sparen.

WEGWEISER
Hier finden Sie zwei gute Einführungen in den Bereich IR:

»Allaire's Incident Response Guide« (Allaires IR-Führer) unter `http://www.allaire.com/DocumentCenter/Partners/ASZ_ASWPS_Incident_Response.pdf`

»The SANS Computer Security Incident Handling Step-by-Step Paper« (Die SANS-Schritt-für-Schritt-Anleitung zur Vorgehensweise bei Vorfällen, die die Computersicherheit betreffen) unter `http://www.sansstore.org/`

3.6 Benutzer und Administratoren schulen

Bei vielen Organisationen habe ich immer Administratoren getroffen, die sagen: »Sicherheit – das ist doch nicht meine Sache. Damit sollen sich die Leute von der Sicherheitsabteilung herumschlagen.« So albern diese Feststellung auch klingen mag, viele altgediente System- und Netzwerkadministratoren würden sie heute immer noch unterschreiben. Es ist sicher nicht leicht, damit klarzukommen, aber man muss mit dieser Herausforderung arbeiten (oder sie zumindest umgehen) können, um Erfolg zu haben. Offen gesagt fällt die Sicherheit in jedermanns Bereich – und ist auch jedermanns Problem. Es muss nur eine einzige Sicherheitslücke vorhanden sein, nur eine einzige schwache Verbindung, und schon kann die gesamte Kette durchbrochen werden.

Diese Botschaft in den Köpfen der Leute zu verankern, ist unglücklicherweise leichter gesagt als getan. Nachfolgend finden Sie ein paar Tipps, um diese Aufgabe zumindest ansatzweise zu lösen:

- Vergewissern Sie sich, dass die in der Organisation gültigen allgemeinen Sicherheitsrichtlinien *allen* Mitarbeitern mitgeteilt wurden.

- Starten Sie eine Bewusstseinskampagne, um sicherzustellen, dass die »normalen« Benutzer sich der Bedrohung bewusst sind, und um die Maßnahmen zur Datensicherheit in der Organisation zu erhärten.
- Finden Sie einen Freiwilligen auf der Ebene der Geschäftsführung, der bereit ist, Memos zu verfassen, in denen die Bedeutung effektiver Sicherheitspraktiken unterstrichen wird und die dann an die gesamte Belegschaft ausgegeben werden. Auch hier gilt: Alles Gute kommt von oben.
- Erstellen Sie Tabellen, aus denen klar hervorgeht, wie die Verantwortlichkeiten in Ihrer Organisation verteilt sind. Wenn die Geschäftsführung hinter Ihnen steht, können Sie widerspruchslos konstatieren, dass die Sicherheit zu den Pflichten *aller* Beteiligten gehört.

3.7 ... und daraus nun ein Päckchen schnüren

So erschreckend jede einzelne der Aufgaben scheint, die in diesem Kapitel beschrieben wurde: Vergessen Sie nie, dass die Maßnahmen, die zu ihrer Realisierung ergriffen werden müssen, *gleichzeitig* erfolgen müssen. Wenn Sie z.B. erst einmal Ihre Peripherie schützen, während ein interner Angreifer ans Werk geht, dann hat die Maßnahme gar nichts gebracht. Genauso können Sie Ihre Systeme nicht besonders wirksam – etwa gegen DoS-Angriffe – verteidigen, wenn es mit Ihrer Netzwerksicherheit zum Schlechten steht. Und wenn Sie all Ihre technologischen Maßnahmen in trockenen Tüchern haben, dann gibt es immer noch Benutzer in Ihrer Organisation, die schwerwiegende Fehler in sicherheitsrelevanten Bereichen begehen können.

Sie fühlen sich überfordert? Dazu besteht absolut kein Grund. Es gibt nur wenige Organisationen, die es geschafft haben, sich mit all diesen Themen auseinander zu setzen, und aus genau diesem Grund sind tief greifende Verteidigungsstrategien so populär: Sie helfen bei der Reduzierung von Schwachpunkten. Indem Sie Ihre Sicherheitsstrategie um möglichst viele dieser grundlegenden Konzepte herum aufbauen, können Sie mehrere Schutzebenen erstellen. Die Gesamtstärke der Sicherung Ihrer Firma hängt letztendlich davon ab, wie viele der genannten Maßnahmen Sie zu realisieren versuchen und wie viele davon dann auch greifen.

Dieses Buch soll Ihnen bei möglichst vielen der zu behandelnden Themenbereiche eine Hilfe sein. Verwenden Sie es, um festzustellen, was Sie schützen wollen. Verwenden Sie es, um sich über die verschiedenen Datensicherheitstechnologien und darüber zu informieren, wie diese Ihr Leben leichter machen. Verwenden Sie es, um Kenntnisse über die Absicherung von Betriebssystemen, Netzwerken und Anwendungen zu erlangen. Verwenden Sie es, um sich eine ganzheitliche Sicht der Datensicherheitslandschaft zu verschaffen und um zu lernen, wie Sie dieses Wissen im digitalen Zeitalter umsetzen.

3.8 Fazit

Damit Datensicherheitsmodelle funktionieren, müssen in den Organisationen Technologie und Disziplin miteinander kombiniert werden. In unserer Zeit operiert die Sicherheitsszene mit außergewöhnlicher Geschwindigkeit – wer nicht mitkommt, bleibt auf der Strecke. Wenn niemand in einer Organisation sich mit den Grundlagen der Sicherheit befasst und ein offensives Sicherheitsmodell entwickelt, dann wird diese Organisation immer hinter dem Stand der Dinge zurück sein – und das ewige Spiel zwischen Angreifer und Verteidiger am Ende verlieren.

Dieses Buch präsentiert viele grundsätzliche Prinzipien, die zum Betrieb einer sicheren Computerumgebung unabdingbar sind. Ferner werden hier einige Grundlagen erläutert, beispielsweise wie IP-Netzwerke funktionieren, wie Sicherheitslücken genutzt werden und wie man Betriebssysteme einerseits angreifen und andererseits schützen kann. Im nächsten Kapitel geht es um eine der wesentlichsten Komponenten, die jeder, der sich mit dem Thema Sicherheit beschäftigt, kennen muss: TCP/IP.

Kapitel 4

Eine kurze Einführung in TCP/IP

In diesem Kapitel lernen Sie einige der verschiedenen Protokolle (d.h. Datenübertragungsmethoden) kennen, die im Internet verwendet werden. Dazu gehören das TCP-Protokoll (Transmission Control Protocol, Protokoll zur Übertragungssteuerung) und das IP-Protokoll (Internet Protocol, Internetprotokoll). Das Kapitel stellt keine ausführliche Abhandlung über TCP/IP dar, sondern soll Ihnen lediglich ein ausreichendes Verständnis dieser Protokolle vermitteln, sodass Sie von den Informationen in den nachfolgenden Kapiteln profitieren können. Sie finden in diesem Kapitel Verweise auf andere Dokumente und Ressourcen, mit denen Sie Ihr Wissen über TCP/IP vertiefen können.

4.1 Was ist TCP/IP?

Der Terminus »TCP/IP« bezeichnet zwei im Internet benutzte Netzwerkprotokolle: Das Transmission Control Protocol und das Internet Protocol. Allerdings sind TCP und IP nur zwei Protokolle, die zu einer weitaus größeren Sammlung von Protokollen gehören: Der TCP/IP-Protokollfamilie.

Die TCP/IP-Protokollfamilie dient zur Verbindung unterschiedlicher Betriebssysteme und Netzwerkkomponenten. Sie stellt eine Standardmethode zur systemübergreifenden Übertragung von Daten dar und wird sowohl im Internet als auch in der Welt der privaten Netzwerke verwendet. Die Protokolle dieser Familie ermöglichen vielen Diensten, mit denen der moderne Netzwerkanwender arbeitet, die Datenübertragung. Zu diesen gehören:

- E-Mail
- Dateiübertragungen
- Messaging-Dienste
- Zugriff auf das WWW

4.1.1 Das OSI-Referenzmodell

Das OSI-Referenzmodell (Open Systems Interconnection, Verbindung offener Systeme) wurde als Standardisierungsvehikel zur Beschreibung verschiedener Netzwerktechnologien entwickelt. Seine sieben Schichten repräsentieren die Architektur für Datenkommunikationsprotokolle. Jede Schicht im OSI-Modell bezeichnet eine bestimmte Netzwerkfunktion. Das OSI-Modell kann man sich als einen Stapel vorstellen, auf dem die einzelnen Schichten aufeinander liegen. Die Dienste, die eine Schicht ausführt, werden durch die Protokolle dieser Schicht definiert. Das OSI-Modell und seine Schichten zu verstehen ist sehr hilfreich, wenn man ergründen will, wie die einzelnen Komponenten des TCP/IP-Netzwerks und die Anwendungen interagieren. Die sieben Schichten des OSI-Stapels sind die folgenden:

- **Schicht 7: Anwendungsschicht.** Die oberste Schicht des OSI-Modells ist die Anwendungsschicht. Sie legt fest, wie Anwendungen systemübergreifend miteinander im Netzwerk interagieren.
- **Schicht 6: Darstellungsschicht.** Diese Schicht beinhaltet die Protokolle, die Bestandteil des Betriebssystems sind. Sie legt fest, wie Daten für die Anzeige formatiert werden. Die Datenverschlüsselung und -übersetzung findet in dieser Schicht statt.
- **Schicht 5: Sitzungsschicht.** Diese Schicht koordiniert die Kommunikation zwischen den Endpunkten. Der Sitzungsstatus, der für Sicherheits-, Protokollierungs- und Administrationsfunktionen benötigt wird, wird in dieser Schicht eingerichtet und aufrecht erhalten.
- **Schicht 4: Transportschicht.** Diese Schicht steuert den systemübergreifenden Datenfluss, definiert die Struktur von Daten in Meldungen und führt Fehlerprüfungen durch.
- **Schicht 3: Netzwerk- oder Vermittlungsschicht.** Diese Schicht definiert die Protokolle für das systemübergreifende Datenrouting. In dieser Schicht findet die Endpunktadressierung statt; hier wird sichergestellt, dass die Daten auch am gewünschten Zielort eintreffen.
- **Schicht 2: Datenübertragungs- oder Sicherungsschicht.** Diese Schicht beschreibt die Regeln für das Übertragen von Daten von einem Knoten an einen anderen innerhalb eines Netzwerks.
- **Schicht 1: Physikalische oder Medienschicht.** Diese Schicht bestimmt die Hardwareverbindungen und die Datenstromverschlüsselung für die Übertragung. Sie ist die einzige Schicht, die die physikalische Übertragung von Daten zwischen Netzwerkknoten betrifft.

TCP/IP ist älter als das OSI-Referenzmodell, und auch wenn sich TCP/IP in die OSI-Architektur einpassen lässt, so sind doch nicht alle OSI-Schichten für die Beschreibung von TCP/IP relevant. In Hinsicht auf TCP/IP sind die wichtigsten OSI-Schichten die Anwendungs-, die Transport-, die Netzwerk- und die Datenübertragungsschicht. Jeder dieser Schichten sind spezielle Protokolle zugeordnet, die wir im Verlaufe dieses Kapitels näher beschreiben werden. Für die einzelnen Schichten sind folgende Protokolle gebräuchlich:

- Anwendungsschicht: HTTP (Hypertext Transfer Protocol, Übertragungsprotokoll für Hypertext)
- Transportschicht: TCP
- Netzwerkschicht: IP
- Datenverknüpfungsschicht: ARP (Address Resolution Protocol, Protokoll zur Adressauflösung)

Diese Protokolle lassen sich in zwei Typen unterteilen, nämlich in Netzwerk- und Anwendungsprotokolle (siehe auch Abbildung 4.1).

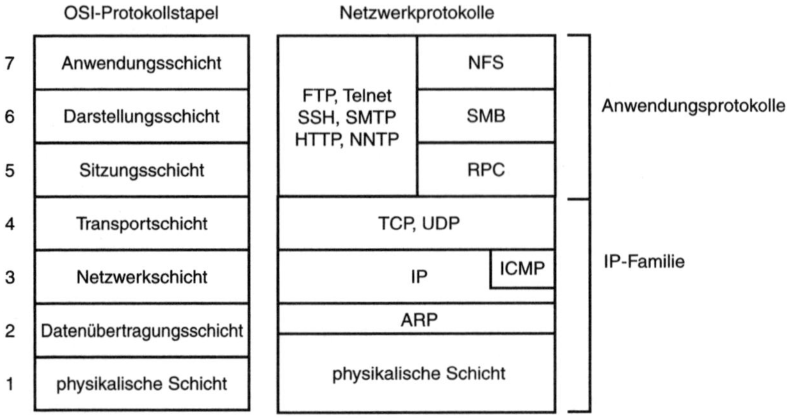

Abbildung 4.1: OSI- und IP-Protokollstapel

Protokolle in der Netzwerkschicht

Protokolle in der Netzwerkschicht dienen zur Verwaltung von Datenübertragungsmechanismen. Ihre Aktivitäten sind dem Endanwender in der Regel verborgen. Das IP-Protokoll beispielsweise ist für die Auslieferung von Datenpakten zuständig, die zwischen Benutzern und Remotecomputern ausgetauscht werden. Dies geschieht auf der Grundlage einer Vielzahl von Daten, deren wichtigste die IP-Adressen der beiden beteiligten Rechner sind. Basierend auf der IP-Adresse und anderen Angaben stellt IP einen Dienst bereit, der die Daten auf bestmögliche Weise an das gewünschte Ziel leitet. Während des gesamten Vorgangs interagiert IP mit anderen Protokollen auf der Netzwerkebene, die sich um die Datenübertragung kümmern. Wenn der Benutzer keine Netzwerk-Utilities hat (etwa einen Sniffer oder eine andere Software zum Lesen von IP-Datagrammen), dann wird er die Tätigkeit von IP im Netzwerk niemals erkennen können.

Protokolle auf der Anwendungsschicht

Anders als Netzwerkschichtprotokolle sind Protokolle in der Anwendungsschicht für den Benutzer durchaus sichtbar. Das HTTP-Protokoll beispielsweise ist ein interaktives Protokoll, d.h. die Ergebnisse der Datenverbindung und -übertragung werden in dem Moment sichtbar, in dem sie stattfinden. Solche Daten können beispielsweise als Fehlermeldungen oder Statusberichte für die Übertragung angezeigt werden – etwa die Anzahl der Bytes, die zu einem gegebenen Zeitpunkt übertragen werden.

4.1.2 Die Geschichte von TCP/IP

Im Jahre 1969 gab die DARPA (Defense Advanced Research Projects Agency, US-amerikanische Behörde für Forschungsprojekte im Verteidigungsbereich) die Entwicklung eines Netzwerks für ihre Forschungszentren in Auftrag. Der wichtigste Gesichtspunkt dabei war die Garantie, dass dieses Netzwerk einen Nuklearangriff unbeschadet überstehen konnte; es musste in der Lage sein, die Kommunikation auch nach einem atomaren Erstschlag der Sowjetunion weiterhin zu ermöglichen. Es gab noch ein paar weitere Anforderungen an das Netzwerk, deren wichtigste die Möglichkeit war, es dezentral betreiben zu können. Der Prototyp dieses als »ARPANET« bezeichneten Systems basierte größtenteils auf Forschungen, die in den Jahren 1962 und 1963 durchgeführt worden waren.

Das ursprüngliche ARPANET arbeitete zwar prinzipiell zufrieden stellend, brach jedoch mit schöner Regelmäßigkeit zusammen. Außerdem erwies sich die langfristige Erweiterung des Netzwerks als recht kostspielig. Aus diesem Grund entwickelte man bis Mitte der Siebziger eine zuverlässigere Protokollsuite: TCP/IP.

TCP/IP hatte gegenüber anderen Protokollen zwei grundlegende Vorteile: Es war schlank, und es konnte weitaus preiswerter implementiert werden als die übrigen zu jener Zeit vorhandenen Alternativen. Aufgrund dieser Eigenschaften wurde TCP/IP zunehmend beliebter. Im Jahre 1983 war TCP/IP fester Bestandteil der UNIX-Distribution 4.2 der Berkeley Software Distribution (auch als »BSD UNIX« bekannt). Die Implementierung in den kommerziellen UNIX-Ausprägungen folgte sehr bald, TCP/IP etablierte sich als Standard für das Internet – und blieb dies bis heute (weitere Informationen zur Geschichte des Internets finden Sie in Anhang B).

Heutzutage wird TCP/IP nicht nur für die Internetkommunikation, sondern auch für viele andere Zwecke eingesetzt. Firmennetzwerke beispielsweise basieren häufig auf TCP/IP. In solchen Umgebungen kann TCP/IP eine Reihe beträchtlicher Vorteile gegenüber anderen Netzwerkprotokollen ausspielen. TCP/IP funktioniert mit der überwiegenden Mehrheit der Hardwarekomponenten und Betriebssysteme. Man kann auf der Basis dieses Protokolls schnell und problemlos heterogene Netzwerke mit Macintosh-Rechnern, IBM-kompatiblen PCs, UNIX-Servern, Mainframes, MIPS-Maschinen usw. konfigurieren, und alle beteiligten Computer können mit ihren Gegenübern dank dieser gemeinsamen Protokollfamilie kommunizieren. All diese Gründe sprechen für die Beliebtheit von TCP/IP.

4.1.3 Die RFCs

Die Protokolle der TCP/IP-Suite werden in der Regel in Dokumenten definiert, die als RFCs (Requests For Comments, Grundlagenpapiere) bezeichnet werden. Der Vorgang zur Billigung von RFCs wird durch die IESG (Internet Engineering Steering Group, Steuergruppe für Internettechnologien) verwaltet, und zwar auf der Basis von Empfehlungen, die von der IETF (Internet Engineering Task Force) ausgesprochen werden. Jeder kann RFCs verfassen und vorschlagen. Ferner unterscheiden sich RFCs dahingehend von anderen Netzwerkstandards, dass sie im Internet frei verfügbar sind und von jedermann kommentiert werden dürfen.

WEGWEISER
Umfassende Informationen zu Standardisierungsvorgängen im Internet finden Sie unter `http://info.internet.isi.edu/in-notes/rfc/files/rfc2026.txt`.

Die IETF ist in erster Linie für die Bildung von Arbeitsgruppen zuständig, die sich mit strategischen Aspekten von TCP/IP beschäftigen. Standard-RFCs sind häufig das Ergebnis monatelanger Diskussionen in diesen Arbeitsgruppen, die sich aus Leuten zusammensetzen, die sich für einen bestimmten Aspekt des Internets interessieren. Die Arbeitsgruppen stellen oft Entwürfe (»Drafts«) für RFCs vor und geben diese dann zur Diskussion frei. Die Debatten finden dann in Mailinglisten statt, an denen jeder Interessierte teilnehmen kann.

Nicht alle RFCs legen TCP/IP-Standards fest. Einige RFCs beinhalten Hintergrundinformationen, andere wiederum stellen Dokumentationen oder Tipps zur Verwaltung von TCP/IP-Netzwerken bereit, dokumentieren Schwächen von Protokollen oder sind manchmal auch nur als Witz gemeint. Die wesentlichen RFCs zur Definition von TCP/IP-Standards sind:

- RFC 768: UDP-Protokoll (User Datagram Protocol)
- RFC 791: IP-Protokoll
- RFC 792: ICMP-Protokoll (Internet Control Message Protocol)
- RFC 793: TCP-Protokoll
- RFC 1122: Anforderungen an Internethosts – Kommunikationsebene
- RFC 1123: Anforderungen an Internethosts – Anwendung und Support

WEGWEISER
Umfassendere Informationen über Internetprotokolle und zugehörige RFCs finden Sie in RFC-Archiven. Ein solches Archiv stellt beispielsweise die IETF unter `http://www.ietf.org/rfc.html` bereit.

4.1.4 TCP/IP-Implementierungen

Der De-facto-Standard für TCP/IP-Implementierungen sind die Implementierungen der BSD-Versionen 4.x – der zugehörige Code wurde zum Ausgangspunkt für viele weitere Implementierungen. Es sind eine Menge Implementierungen erhältlich, so etwa zahlreiche BSD-Derivate (z.B. FreeBSD, OpenBSD oder NetBSD). Auch das UNIX sehr ähnliche Betriebssystem Linux beinhaltet Quellcode für eine TCP/IP-Implementierung. Quellcodes für Nicht-UNIX-Implementierungen sind ebenfalls verfügbar. Zu den Lösungen für MS-DOS und Windows gehören WATTCP/WATT-32 und KA9Q.

4.1.5 Wie funktioniert TCP/IP?

Konform zum OSI-Modell arbeitet TCP/IP mit einem Protokollstapel. Dieser Stapel stellt die Summe aller Protokolle dar, die zur Übertragung von Daten zwischen zwei Rechnern benötigt werden (siehe auch Abbildung 4.2), und beschreibt gleichzeitig den Weg, den die Daten aus dem einen Computer heraus und in den anderen Computer hinein nehmen.

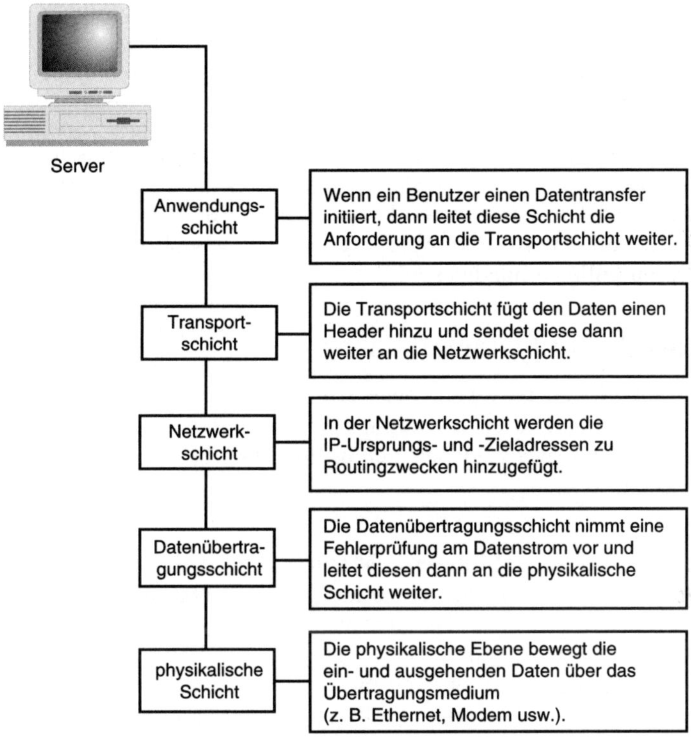

Abbildung 4.2: Der TCP/IP-Protokollstapel

Nachdem die Daten durch den Stapel gewandert sind, gelangen sie zum Zielcomputer oder -netzwerk; dort wird der Vorgang in umgekehrter Reihenfolge ausgeführt (d.h. die Daten treffen auf die physikalische Ebene und wandern dann den Stapel hinauf). Während dieses Vorgangs läuft sowohl auf dem Ursprungs- als auch auf dem Zielrechner ein komplexes Fehlersuchsystem ab.

Jede Schicht des Stapels kann Daten an die benachbarte Schicht senden bzw. von ihr empfangen. Ferner sind jeder Schicht mehrere Protokolle zugeordnet, die dem Benutzer verschiedene Dienste zur Verfügung stellen. Wenn zwei Anwendungen über ein Netzwerk miteinander kommunizieren, dann wandern die Daten der einen Anwendung den Stapel des sendenden Systems hinab und den des empfangenden Systems wieder hinauf, bis sie bei der zweiten Anwendung eintreffen. Während die Daten so den Stapel hinunterwandern, werden jedem Paket – oder genauer: dem Header jedes Pakets – weitere Daten hinzugefügt; diese Header-Informationen kann man sich als Umschlag vorstellen, in dem die Daten der vorhergehenden Schicht verpackt sind. Wenn das Paket dann den Stapel des Empfängersystems hinaufwandert, werden die jeweiligen Kopfdaten verarbeitet und entfernt, bevor die Daten an die nächste Schicht weitergegeben werden – etwa so wie jemand, der einen Umschlag öffnet, um den darin liegenden Brief lesen zu können.

4.2 Die einzelnen Protokolle

Die Datenübertragung via TCP/IP erfolgt über den Protokollstapel. In jeder Schicht des TCP/IP-Stapels stellen einzelne Protokolle bestimmte Netzwerkdienste bereit. Diese Protokolle lassen sich in Protokolle auf der Netzwerkebene und solche auf der Anwendungsebene unterteilen, wobei auf beiden Ebenen viele Einzelprotokolle vorhanden sind.

4.2.1 Protokolle auf Netzwerkebene

Die Protokolle auf Netzwerkebene ermöglichen einen transparenten Datenübertragungsvorgang. Dieser Vorgang ist für den Endanwender nicht sichtbar, sofern er keine Utilities (wie zum Beispiel Sniffer) zur Überwachung von Systemprozessen einsetzt.

TIPP

Sniffer sind Vorrichtungen, die solche Prozesse überwachen können. Ein Sniffer ist eine (Hardware- oder Software-)Vorrichtung, die jedes Paket lesen kann, das über das Netzwerk geschickt wird. Sniffer werden in der Regel eingesetzt, um Netzwerkprobleme einzugrenzen, die für den normalen Benutzer nicht sichtbar sind, sich aber negativ auf die Netzwerkleistung auswirken. Sniffer können jegliche Aktivität zwischen Protokollen auf der Netzwerkebene lesen, darüber hinaus aber auch ein erhebliches Sicherheitsrisiko darstellen. In Kapitel 15 werden Sie mehr über Sniffer erfahren.

Zu den wichtigen TCP/IP-Protokollen auf der Netzwerkebene gehören die folgenden:

- ARP (Address Resolution Protocol)
- ICMP (Internet Control Message Protocol)
- IP (Internet Protocol)
- TCP (Transmission Control Protocol)
- UDP (User Datagram Protocol)

Alle diese Protokolle sollen in den nächsten Abschnitten beschrieben werden. Wir orientieren uns dabei an der aufsteigenden Stapelreihenfolge, d.h. beginnend mit der Datenverknüpfungsebene bis hin zur Transportebene.

WEGWEISER
Für umfassendere Informationen über Protokolle (oder den Protokollstapel im Allgemeinen) empfehle ich Ihnen die Titel »TCP/IP Illustrated, Volume 1« von W. Richard Stevens (Addison Wesley, ISBN 0-201-63346-9) und »TCP/IP Netzwerk-Administration« von Craig Hunt (O'Reilly, ISBN 3-89721-110-6).

Das ARP-Protokoll

Das ARP-Protokoll erfüllt die wichtige Aufgabe, IP-Adressen in MAC-Adressen (Media Access Control, d.h. Hardwareadressen) zu übersetzen. Die Erfüllung dieser Aufgabe ist von wesentlicher Bedeutung bei der Übertragung von Daten zwischen den Hosts eines lokalen Netzwerks oder hinaus in das Internet. Bevor Nachrichten (oder andere Daten) gesendet werden, werden sie in IP-Paketen verstaut – dies sind Datenblöcke, die für den Transport über das Internet adäquat formatiert sind. Die IP-Pakete enthalten die numerischen Netzwerkadressen des sendenden und des empfangenden Computers. Jetzt muss noch die Hardwareadresse (d.h. die Datenverknüpfungsadresse) des Zielrechners bestimmt werden; an dieser Stelle greift das ARP-Protokoll ein.

Eine ARP-Anforderung wird als Broadcast in das lokale Netz gesendet. Ist die Ziel-IP-Adresse im lokalen Netzwerk aktiv, dann gibt der Zielhost seine Hardwareadresse zurück. Sobald der sendende Computer die Nachricht mit der Hardwareadresse erhält, kann die Übertragung beginnen. Die Hardwareadresse muss innerhalb desselben physikalischen Netzwerks eindeutig sein.

WEGWEISER
Weiter gehende Informationen über das ARP-Protokoll finden Sie in RFC 826 (`http://info.internet.isi.edu/in-notes/rfc/files/rfc826.txt`).

Das ICMP-Protokoll

Das ICMP-Protokoll stellt Fehler- und Steuermeldungen bereit, die zwischen zwei (oder mehr) Computern oder Hosts ausgetauscht werden. Diese Hosts können mit Hilfe des ICMP-Protokolls Daten gemeinsam nutzen. In dieser Hinsicht ist ICMP ein wichtiger Helfer bei der Diagnose von Netzwerkproblemen. ICMP beinhaltet nützliche Meldungen wie etwa die folgenden:

- Bestätigungs- und Antwortmeldungen zum Austesten der Netzwerkverfügbarkeit
- Umleitungsmeldungen für effizienteres Routing
- Timeout-Meldungen, mit denen ein Sender darüber informiert wird, dass ein Datenpaket die gestattete Aufenthaltszeit im Netz überschritten hat und verfallen ist

Es gibt verschiedene Typen von ICMP-Paketen. Die beiden häufigsten sind ICMP_ECHO_REQUEST und ICMP_ECHO_REPLY; sie dienen zur Überprüfung einer Netzwerkverbindung, um sicherzustellen, dass ein Host oder eine Netzwerkkomponente aktiv und erreichbar ist.

TIPP
Die wahrscheinlich bekannteste Implementation des ICMP-Protokolls ist das Netzwerk-Utility ping. Dieser Befehl wird meist dazu verwendet, um festzustellen, ob ein Remotecomputer erreichbar ist. Die Funktionsweise ist einfach: Wenn ein Benutzer einen ping-Befehl an einen entfernten Rechner sendet, wird eine Serie von ICMP_ECHO_REQUEST-Paketen vom Computer des Benutzers an den Remoterechner geleitet. Erhält der Computer des Benutzers keine Antwortpakete zurück, dann erzeugt das Programm normalerweise eine Fehlermeldung, die darauf hinweist, dass der Remotecomputer ausgefallen ist und/oder nicht erreicht werden kann.

WEGWEISER
Weiter gehende Informationen über das ICMP-Protokoll finden Sie in RFC 792 (http://info.internet.isi.edu/in-notes/rfc/files/rfc792.txt).

Das IP-Protokoll

Das IP-Protokoll ermöglicht allen Protokollen der TCP/IP-Suite die Übertragung von Datenpaketen, stellt also das Kernstück des Vorgangs dar, in dessen Verlauf die Daten das Internet durchqueren. Das IP-Datagramm (oder »IP-Paket«) ist das Datenübertragungsvehikel in TCP/IP-Netzwerken. Die Struktur eines Datagramms ist in Abbildung 4.3 gezeigt.

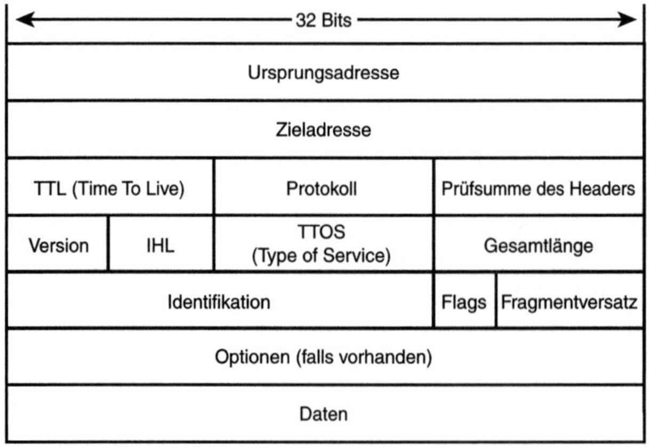

Abbildung 4.3: Das IP-Datagramm

Das IP-Datagramm ist aus mehreren Teilen zusammengesetzt. Der erste Teil ist der so genannte Header, der aus wesentlichen Netzwerkdaten sowie den IP-Adressen von Ausgangs- und Zielcomputer besteht. Der übrige Teil des Datagramms enthält dann die zu sendenden Daten.

Einer der wesentlichen Aspekte bei IP-Netzwerken ist die Tatsache, dass in ihnen Daten mit einer Anzahl von Protokollen (TCP, UDP usw.) versandt werden können. Jedes Protokoll erfüllt eine bestimmte Funktion; die wesentlichen davon werden wir in Kürze betrachten. Außerdem ermöglicht IP die Fragmentierung und spätere Wiederzusammensetzung von Daten. In der Datenverknüpfungsschicht können Netzwerke Daten nur in Blöcken bestimmter Größe transportieren; diese Größenordnung bezeichnet man als MTU (Maximum Transmission Unit, maximale Übertragungseinheit). Sind die zu versendenden Daten größer als der MTU-Wert, dann müssen die Daten in entsprechend kleinere Blöcke unterteilt, nachfolgend gesendet und schließlich am anderen Ende wieder zusammengesetzt werden. IP stellt alle für die Aufspaltung, Nachverfolgung und Zusammensetzung der Daten benötigten Mechanismen zur Verfügung. In manchen Fällen – wenn geeignete Sicherheitsmaßnahmen nicht oder falsch implementiert wurden – liegt bei diesem Vorgang jedoch eine Manipulation der Daten im Bereich des Möglichen.

Ein IP-Datagramm enthält auch ein TTL-Feld (Time To Live, Gültigkeitsdauer). Hierbei handelt es sich um einen numerischen Wert, der heruntergezählt wird, während das Datagramm das Netzwerk durchwandert. Wird der Wert »0« erreicht, dann wird das Datagramm verworfen. Hierdurch wird sichergestellt, dass das Netzwerk nicht durch Datagramme blockiert wird, die ihre Zielorte nicht innerhalb einer angemessenen Zeitspanne auffinden können. TTL-Zähler gibt es auch für viele andere Pakettypen, und einige Netzwerk-Utilities (wie etwa `traceroute`) verwenden den Wert zu Diagnosezwecken.

IP-Netzwerkadressierung

Die IP-Adresse ist eine eindeutige Kennung für ein System innerhalb eines Netzwerks. Sie hat eine Länge von 32 Bits und wird normalerweise in Form von vier Zahlen dargestellt, die durch Dezimalpunkte getrennt sind (z.B. »32.96.111.130«). Jedes Byte (hier auch als »Oktett« bezeichnet) der IP-Adresse hat einen Wert zwischen 0 und 255. Diese Art der Darstellung von IP-Adressen ist für die menschliche Auffassung wohl die geeignetste.

Ein fortlaufender Bereich von IP-Adressen bildet ein IP-Netzwerk. Dieses wird durch die Kombination von IP-Adresse und Netzwerkmaske gekennzeichnet. Eine Netzwerkmaske (oder – kürzer – »Netzmaske«) stellt einen 32-Bit-Wert ähnlich der IP-Adresse dar und definiert gemeinsam mit dieser die Grenzen eines IP-Netzwerks. Diese Kombination erfordert die Konvertierung von IP-Adresse und Netzmaske in das Binärformat und die nachfolgende Verknüpfung mittels binärer Arithmetik. Beachten Sie, dass die erste Adresse in einem fortlaufenden IP-Adressbereich die Netzwerkadresse bezeichnet, die letzte Adresse des Bereichs hingegen die Broadcast-Adresse des Netzwerks.

Die Netzwerkschicht wird unter TCP/IP als Unicast-Schicht betrachtet – im Gegensatz etwa zur Datenübertragungsschicht, in der ARP in einem Broadcast-Modus operiert. »Unicast« bedeutet, dass die IP-Kommunikation zwischen genau zwei Endpunkten in Form einer Point-to-Point-Verständigung stattfindet. Das IP-Datagramm kann jedoch an die Broadcast-Adresse des Netzwerks gerichtet werden, wird also in einem solchen Fall auch an alle Knoten im Netz geschickt und von diesen jeweils bearbeitet. Verschiedene netzwerkbasierte Denial-of-Service-Angriffe (DoS-Angriffe) profitieren von diesen Broadcasting-Fähigkeiten unter IP.

WEGWEISER
Weiter gehende Informationen über das IP-Protokoll finden Sie in RFC 760 (`http://info.internet.isi.edu/in-notes/rfc/files/rfc760.txt`).

Das TCP-Protokoll

Das TCP-Protokoll ist eines der wichtigsten Protokolle, die im Internet Anwendung finden. Es ist in der Transportschicht des Stapels aktiv und ermöglicht so wesentliche Funktionen wie Dateiübertragungen und Remotesitzungen. TCP realisiert solche Funktionen über eine Technik namens »zuverlässige Kommunikation«. In dieser Hinsicht ist es weitaus verlässlicher als andere Protokolle der Familie (zum Beispiel UDP), da es Mechanismen zur sequenziellen Sendung und zur korrekten Empfangsbestätigung bei der Datenübertragung beinhaltet.

Wie IP hat auch TCP seine eigene Paketstruktur (siehe Abbildung 4.4), die aus Ausgangs- und Zielports besteht, die die Dienste identifizieren. Weitere wesentliche Bestandteile eines TCP-Pakets sind die Sequenznummer, verschiedene Flags und die Prüfsumme. Die Sequenznummer überwacht die TCP-Verbindung und die Reihenfolge, in der die Daten gesendet werden. Die Flags steuern den Verbindungsstatus, d.h. ob die Verbindung aufgebaut, verwendet oder getrennt wird. Es gibt insgesamt sechs Flags, die gemeinsam den Status einer TCP-Verbindung beschreiben; die wichtigsten hiervon sind SYN, ACK und FIN. Die Prüfsumme im TCP-Paket stellt sicher, dass die Daten während der Übertragung nicht beschädigt wurden.

Das TCP-System basiert auf einer virtuellen Duplexverbindung zwischen dem anfordernden Rechner (d.h. dem Client) und dem Zielrechner (Server). Die Verbindung wird über einen dreiteiligen Vorgang geöffnet, der als Threeway Handshake bezeichnet wird. Der Prozess folgt in der Regel dem in Abbildung 4.5 dargestellten Modell.

Der Threeway Handshake läuft wie folgt ab:

1. Der Client schickt ein TCP-SYN-Paket an den Server und teilt ihm so mit, dass er eine Verbindung aufbauen möchte. Hierbei handelt es sich um ein TCP-Paket, bei dem lediglich das SYN-Flag aktiviert ist. Ferner enthält das Paket eine ISN-Nummer (Initial Sequence Number, Startsequenznummer), die benutzt wird, um die Verbindung verfolgen zu können.

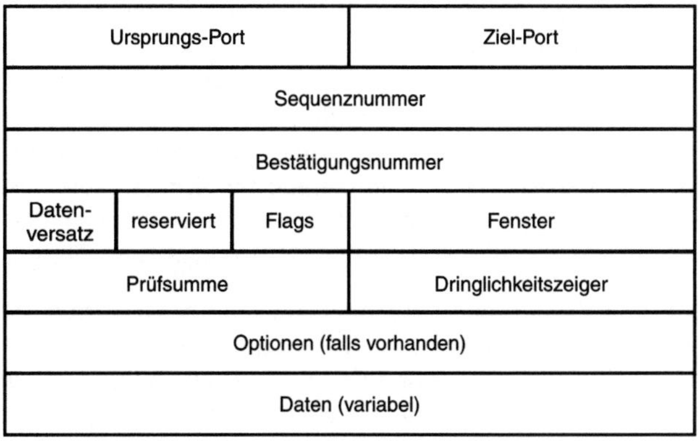

Abbildung 4.4: Die Paketstruktur von TCP

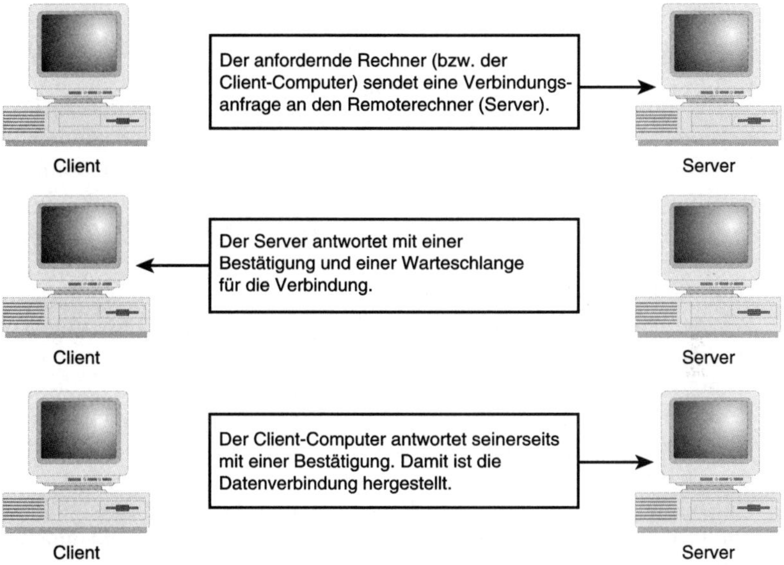

Abbildung 4.5: Herstellung einer TCP-Verbindung

2. Der Server antwortet mit einem TCP-SYN-Paket mit eigener ISN. Er bestätigt ferner den Empfang des vom Client gesendeten SYN-Pakets, indem er zusätzlich das ACK-Flag setzt und eine ISN übermittelt, die um den Wert »1« höher ist als die des Clients.

3. Der Client bestätigt das TCP-SYN-ACK-Paket des Servers durch Übermittlung einer ISN, die um den Wert »1« höher ist als die des Servers. In diesem Paket und in allen folgenden ist dann nur noch das ACK-Flag gesetzt.

Während dieses Vorgangs werden noch keine Daten ausgetauscht; sobald er jedoch abgeschlossen ist, steht eine Verbindung für die Datenübertragung zwischen Client und Server bereit. Hierbei handelt es sich um eine Verbindung zur Vollduplexübertragung, d.h. Daten können gleichzeitig in beide Richtungen übermittelt werden. Auf diese Weise können etwa bei laufender Dateiübertragung (oder Remotesitzung) Fehler, die am Zielrechner aufgetreten sind, sofort an den sendenden Computer übermittelt werden.

TCP verfügt über sehr umfassende Fehlerprüfmethoden. Für jeden gesendeten Datenblock wird eine Prüfsumme berechnet, und die Sequenznummer wird um den Wert »1« erhöht. Für jeden erfolgreich übermittelten Datenblock sendet der empfangende Host eine ACK-Meldung an den Absender, die besagt, dass die Übertragung einwandfrei verlaufen ist. Umgekehrt tritt, wenn die Sendung nicht korrekt eingetroffen ist, eines der beiden folgenden Ereignisse ein:

- Der sendende Computer erhält eine Fehlermeldung.
- Der sendende Computer erhält gar nichts.

Bei Auftreten eines Fehlers werden die Daten gewöhnlich erneut gesendet; im Falle eines schwerwiegenden Fehlers hingegen – etwa wenn die Verbindung abgerissen ist – wird die Übertragung abgebrochen.

Die Daten werden auch dann erneut gesendet, wenn der Sender nach einer bestimmten Zeitspanne keine Bestätigung für ein Paket erhalten hat. Dieser Prozess wird so oft wie nötig wiederholt, um den Transfer erfolgreich abzuschließen.

Abbau einer TCP-Verbindung

Wie der geneigte Leser wohl schon ahnt, stellt TCP nicht nur ein Protokoll für den Aufbau einer Verbindung bereit, sondern auch für den Abbau einer solchen Verbindung. Die Herstellung einer TCP-Verbindung erfordert drei Schritte, das Beenden hingegen vier. Da eine TCP-Verbindung bidirektional arbeitet, muss die Übertragung für jede Richtung separat beendet werden. Dies geschieht mit Hilfe des TCP-FIN-Pakets, das ähnlich verwendet wird wie ein TCP-SYN-Paket zur Herstellung einer Verbindung. Wenn der Client eine Verbindung abbaut, sendet er ein TCP-FIN-Paket an den Server. Der Server antwortet mit einem TCP-ACK-Paket und bestätigt, dass die Verbindung abgebaut wird. Da es sich aber um eine Duplexverbindung handelt, schickt der Server nun ebenfalls ein TCP-FIN-Paket an den Client. Der Client bestätigt seinerseits den Empfang dieses Pakets und schließt damit den TCP-Verbindungsvorgang ab.

> **WEGWEISER**
> Weiter gehende Informationen über das TCP-Protokoll finden Sie in RFC 793 (`http://info.internet.isi.edu/in-notes/rfc/files/rfc793.txt`).

Das UDP-Protokoll

Das UDP-Protokoll ist ein einfaches, verbindungsloses Protokoll in der Transportschicht. Tatsächlich ist es derart einfach gestrickt, dass die gesamte Definition nur drei Seiten umfasst. Anders als TCP gewährleistet UDP keine zuverlässige Übertragung, und da es verbindungslos ist, verfügt es auch nicht über Funktionen zur Herstellung oder Beendigung von Verbindungen. Es tut nichts anderes, als mit Hilfe der Prüfsumme die Integrität der Daten zu prüfen. Auch wenn es den Anschein hat, dass UDP TCP unterlegen ist, ist es dennoch für bestimmte Anwendungsbereiche besser geeignet, da es sehr wenig Ressourcen beansprucht: Wenn nur kleine Datenmengen übertragen werden, ist der mit dem Auf- bzw. Abbau der Verbindung und der zuverlässigen Auslieferung verbundene Mehraufwand wahrscheinlich höher als die erneute Übertragung des gesamten Datensatzes. In diesem Fall ist UDP das effizienteste Protokoll der Transportschicht.

WEGWEISER
Weiter gehende Informationen über das UDP-Protokoll finden Sie in RFC 768 (`http://info.internet.isi.edu/in-notes/rfc/files/rfc768.txt`).

4.2.2 Protokolle auf der Anwendungsebene

Jedes Mal, wenn ein Rechner Dienste eines anderen Rechners anfordert, legt er ein bestimmtes Ziel und eine Übertragungsmethode fest. Als Ziel wird die IP-Adresse des Zielrechners definiert, als Übertragungsmethode das Transportprotokoll (z.B. TCP oder UDP). Ferner bestimmt der anfordernde Computer die Anwendung, die auf dem Ziel kontaktiert werden soll; letzteres geschieht mit Hilfe eines Systems von so genannten Ports.

Genauso, wie Computer im Internet durch eine eindeutige IP-Adresse identifiziert werden, gibt es auch für jede Anwendung eine eindeutige Adresse: den Port. Der Port definiert die Art des Dienstes, der angefordert bzw. bereitgestellt wird. Die fragliche Anwendung ist dann an den jeweiligen Port gebunden, und sobald eine Verbindungsanfrage an diesen Port gestellt wird, reagiert die entsprechende Serveranwendung darauf.

Auf einem durchschnittlichen Internetserver gibt es Tausende von Ports, auch wenn die meisten davon in der Regel nicht aktiv sind. Aus Gründen der Zweckdienlichkeit und Effizienz wurde ein Standardsystem für die Portzuweisung entwickelt (d.h. ein Systemadministrator kann den Diensten zwar Ports frei zuordnen, aber in der Realität werden die so genannten »gängigen« Ports vergeben). Tabelle 4.1 zeigt ein paar dieser gängigen Ports und die ihnen zugewiesenen Anwendungen.

Dienst oder Anwendung	Port
HTTP (Hypertext Transfer Protocol)	TCP-Port 80
DNS (Domain Name System)	UDP-/TCP-Port 53
Telnet	TCP-Port 23

Tabelle 4.1: Gängige Ports und die zugewiesenen Dienste oder Anwendungen

Dienst oder Anwendung	Port
FTP (File Transfer Protocol)	TCP-Ports 20 und 21
SMTP (Simple Mail Transfer Protocol)	TCP-Port 25
SSH (Secure Shell)	TCP-Port 22

Tabelle 4.1: Gängige Ports und die zugewiesenen Dienste oder Anwendungen (Forts.)

Alle in Tabelle 4.1 beschriebenen Ports werden Protokollen und Diensten auf der Anwendungsebene zugewiesen, d.h. sie sind für den Benutzer sichtbar, und er kann mit ihnen interagieren. Wir werden die Anwendungen in den folgenden Abschnitten näher betrachten.

WEGWEISER
Eine umfassende Liste aller Port-Zuweisungen können Sie von `ftp://ftp.isi.edu/in-notes/iana/assignments/port-numbers` herunterladen. Das Dokument ist extrem umfangreich und hinsichtlich der Beschreibung der gängigen Ports sehr informativ.

Das HTTP-Protokoll

Das HTTP-Protokoll ist das wohl bekannteste Protokoll, denn es ermöglicht das Surfen im Internet. Wie in RFC 1945 kurz dargelegt, ist HTTP...

> *... ein einfaches und schnelles Protokoll auf Anwendungsebene für verteilte, kollaborative Informationssysteme auf Hypermedienbasis. Es ist ein originäres, zustandsloses und objektorientiertes Protokoll, das dank der Erweiterbarkeit seiner Anforderungsmethoden (Befehle) für viele Aufgaben wie Namensserver und verteilte Objektverwaltungssysteme eingesetzt werden kann. Ein Merkmal von HTTP ist die Wahl der Datendarstellung, was einen Aufbau von Systemen unabhängig von den übertragenen Daten ermöglicht.*

WEGWEISER
RFC 1945 wurde mittlerweile durch RFC 2068 ersetzt, das Sie unter `http://info.internet.isi.edu/in-notes/rfc/files/rfc2068.txt` finden. RFC 2068 ist eine Neuauflage der HTTP-Spezifikation.

HTTP hat das Aussehen des Internets grundlegend verändert, denn es hat das WWW dem gemeinen Volk zugänglich gemacht. Mit einem ganz normalen Browser wie dem Netscape Navigator oder dem Microsoft Internet Explorer können Sie die Aktivitäten von HTTP beobachten. Je nach unterstützter HTTP-Version kontaktiert Ihr Browser für jedes Datenelement (Text, Grafiken und Sound) einer Internetseite den Server. Zunächst wird ein Text aufgerufen, dann eine Grafik, dann eine Audiodatei usw. Unten links im Browserfenster sehen Sie eine Statusleiste. Beobachten Sie diese einmal, wenn Sie eine Seite herunterladen; Sie werden sehen, dass das Spielchen mit Anforderung und Serverantwort immer wieder stattfindet – und das oft mit sehr hoher Geschwindigkeit.

HTTP läuft normalerweise über den TCP-Port 80. Das Protokoll schert sich nicht besonders um die Vertraulichkeit der übermittelten Daten, denn diese werden unverschlüsselt übertragen. Sie können die Übertragung durch Verwendung von HTTPS, d.h. der Übertragung von HTTP-Daten über eine sichere Verbindung (Secure-Socket-Layer-Verbindung, kurz »SSL«), sicherer gestalten. HTTPS läuft gewöhnlich über den Port 443 und verwendet ebenfalls TCP.

DNS

Das DNS (Domain Name System, Domänennamensystem) stellt Dienste bereit, die Hostnamen in IP-Adressen und umgekehrt konvertieren. Ähnlich wie das ARP-Protokoll, das einen Mechanismus zur Übertragung von Adressen zwischen der Datenübertragungs- und der Netzwerkschicht (d.h. Hardwareadresse einerseits und IP-Adresse andererseits) ermöglicht, übersetzt DNS Adressen von der Netzwerkschicht zur Anwendungsschicht (also IP-Adresse und Hostname). Da man IP-Adressen nicht gerade als benutzerfreundlich bezeichnen kann, wurde DNS entwickelt, um einen menschengerechten Benennungsstandard für Systeme zu entwickeln. Wenn Sie also eine Adresse in der Form `www.adresse.de` in Ihrem Browser eingeben, muss dieser Domänenname in eine IP-Adresse konvertiert werden, mit der die Netzwerkschicht etwas anfangen kann.

DNS kennt zwei Betriebsmodi. Der erste dient vorzugsweise der Kommunikation mit Clients, die eine Auflösung von Namen in Adressen benötigen. Da dies eine vergleichsweise simple Aufgabe ist, erfolgt die Übertragung in diesem Modus via UDP. DNS-Server müssen aber auch große Blöcke mit DNS-Einträgen senden können, um die Arbeitslast und die Administrationsaufgaben im Zusammenhang mit der Namensauflösung zu verteilen; diese größeren Übertragungen, die als DNS-Zonenübertragungen bezeichnet werden, finden mit Hilfe von TCP statt.

DNS ist ein viel diskutiertes Thema, und zahlreiche Entwürfe und RFCs wurden entwickelt, um den Funktionsumfang und die Sicherheit dieses Systems zu verbessern.

> **WEGWEISER**
> Die wesentlichen RFCs mit Bezug auf DNS sind die RFCs 1034 und 1035. Sie finden Sie unter `http://info.internet.isi.edu/in-notes/rfc/files/rfc1034.txt` und `http://info.internet.isi.edu/in-notes/rfc/files/rfc1035.txt`.

Alle modernen Betriebssysteme, die TCP/IP verarbeiten können, werden mit einem DNS-Client (der auch als »Auflösungsdienst« bezeichnet wird) ausgeliefert. Ein Clientprogramm zur direkten Abfrage eines DNS-Servers gehört ebenfalls meist schon zum Lieferumfang. Zu UNIX und den Microsoft-Systemen Windows NT und Windows 2000 beispielsweise gehört das Programm `nslookup`. Dieser DNS-Client erlaubt die interaktive Verbindung mit einem DNS-Server und die Abfrage verschiedener DNS-Daten.

Der meistverbreitete DNS-Server ist der BIND-DNS-Server (Berkeley Internet Name Domain). Entwickelt und unterstützt vom ISC (Internet Software Consortium), ist BIND für die meisten UNIX-Systeme ebenso verfügbar wie für Microsoft Windows NT. DNS wird normalerweise via UDP oder TCP über Port 53 ausgeführt.

Telnet

Telnet wird am besten in RFC 854 (Protokollspezifikation) beschrieben:

> *Zweck des Telnet-Protokolls ist die Bereitstellung einer allgemeinen, bidirektionalen und byteorientierten Kommunikationsmethode mit acht Datenbits. Das Hauptziel ist die Realisierung einer Standardmethode zur Verbindung von Endgeräten oder endgerätbasierten Prozessen.*

Telnet ermöglicht einem Benutzer nicht nur die Anmeldung an einem Remotehost, sondern auch die Ausführung von Befehlen auf diesem Host. So kann etwa ein Benutzer in Hamburg eine Telnetverbindung zu einem Rechner in Berlin herstellen und diesen dann so bedienen, als ob er selbst in Berlin wäre.

Denjenigen, die mit Telnet nicht vertraut sind, sei gesagt, dass sich das Prinzip recht gut mit dem einer Mailbox vergleichen lässt. Telnet eignet sich hervorragend als terminalbasierte Frontend-Anwendung etwa für Datenbanken. Beispielsweise lässt sich via Telnet oder tn3270 (einer Telnet-Variante, die ein 3270-Terminal von IBM simuliert) auf viele Universitätskataloge zugreifen. Abbildung 4.6 zeigt ein Beispiel für einen Zugriff auf einen solchen Katalog.

Obwohl Anwendungen mit grafischer Oberfläche die Welt im Sturm erobert haben, ist Telnet – im Wesentlichen eine textbasierte Anwendung – nach wie vor unglaublich populär. Telnet bietet dem Benutzer eine Reihe von Funktionen (z.B. das Abrufen von E-Mails), ohne im großen Stil Netzwerkressourcen zu belegen.

Zur Benutzung von Telnet muss der Benutzer zunächst den Befehl zum Aufruf seines Telnet-Clients eingeben, gefolgt vom Zielhost. Unter UNIX sieht das dann so aus:

```
% telnet www.adresse.de
```

Dieser Befehl startet eine Telnet-Sitzung, kontaktiert den Host `www.adresse.de` und fordert eine TCP-Verbindung an Port 23 an. Die Verbindung wird – je nach Konfiguration des Zielhosts – entweder zugelassen oder verweigert. Unter UNIX ist der Telnet-Client schon seit Ewigkeiten Bestandteil des Betriebssystems, und auch die verschiedenen Windows-Varianten von Microsoft werden seit mehr als zehn Jahren mit Telnet-Funktion ausgeliefert.

Telnet ist ein einfaches Protokoll und bietet ziemlich wenig Sicherheit. Alle Daten einer Telnet-Sitzung – einschließlich der Anmeldekennung und des Kennworts – werden unverschlüsselt übertragen. Jeder, der einen Sniffer hat und auf das Netzwerk zwischen dem Client und dem Server zugreifen kann, wäre in der Lage, wichtige Daten wie etwa das Kennwort abzuhören.

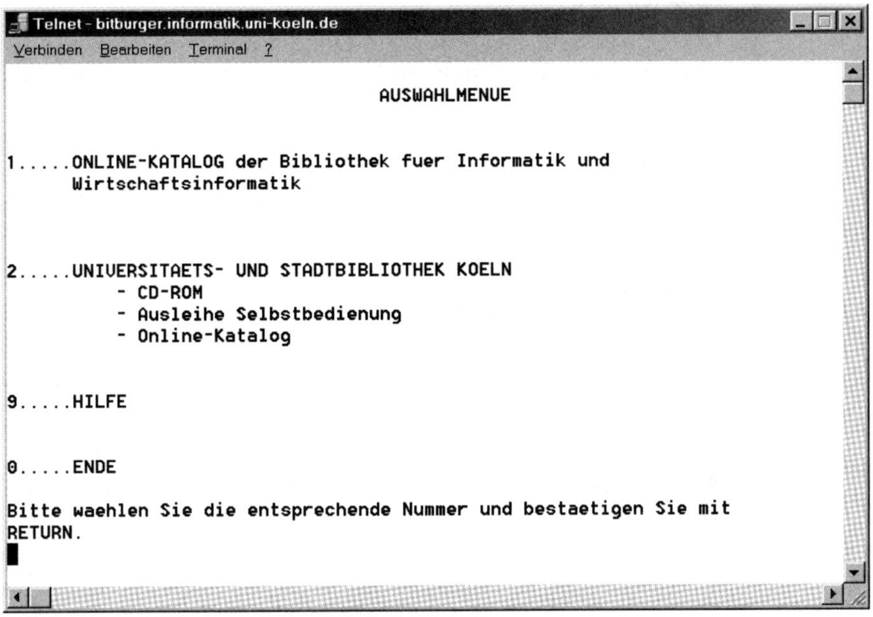

Abbildung 4.6: Beispiel für eine Telnet-Sitzung

SSH (das wir im Verlauf dieses Kapitels noch behandeln werden) bietet ähnliche Dienste wie Telnet an, ist aber aufgrund der Fähigkeit, die Daten zwischen Client und Server zu verschlüsseln, als sehr viel sicherer zu betrachten.

Telnet wird normalerweise über den TCP-Port 23 ausgeführt.

Das FTP-Protokoll

FTP ist die Standardmethode zur Übertragung von Dateien von einem System auf ein anderes. Die Zielsetzung ist in RFC 765 beschrieben:

> *Sinn und Zweck von FTP sind erstens die Förderung der gemeinsamen Nutzung von Dateien (Computerprogrammen und/oder Daten), zweitens die Erleichterung der indirekten (d.h. über Programme realisierten) oder impliziten Verwendung entfernter Computer, drittens die Erübrigung der hostübergreifenden Verwendung unterschiedlicher Dateispeicherungssysteme und viertens die zuverlässige und effiziente Datenübertragung. Zwar kann ein Benutzer FTP direkt über ein Terminal bedienen, aber es ist in erster Linie zur Verwendung durch Programme gedacht.*

Seit mehr als zwanzig Jahren haben Entwickler eine schier endlose Masse an Dateiübertragungsmethoden erprobt. In diesem Zeitraum war FTP immer wieder umfassenden Änderungen unterworfen. Die erste Definition entstand im April 1971, und die vollständige Spezifikation kann man in RFC 114 nachlesen.

WEGWEISER
RFC 114 enthält zwar die erste Definition von FTP, aber als etwas realitätsbezogener wird sich wohl RFC 959 erweisen, nachzulesen unter `http://info.internet.isi.edu/in-notes/rfc/files/rfc959.txt`.

FTP-Clients

Dateiübertragungen mit FTP sind mit jedem passenden FTP-Client möglich. Einige gebräuchliche Clients finden Sie in Tabelle 4.2.

Betriebssystem	Clients
UNIX	integriert; LLNLXDIR2.0, FTPtool, NCFTP
Microsoft Windows 95/98	integriert; WS_FTP, Netload, Cute-FTP, Leap FTP, SDFTP, FTP Explorer
Microsoft Windows NT/2000	siehe Einträge für Windows 95/98
Microsoft Windows 3.x	Win_FTP, WS_FTP, CU-FTP, WSArchie
Macintosh	Anarchie, Fetch, Freetp
OS/2	Gibbon FTP, FTP-IT, Lynn's Workplace FTP

Tabelle 4.2: FTP-Clients für verschiedene Betriebssysteme

Die FTP-Dateiübertragung tritt generell in einer Client/Server-Umgebung auf. Der anfordernde Rechner startet zunächst einen der in Tabelle 4.2 genannten Clients. Hierdurch wird eine Anfrage generiert, die an den FTP-Zielserver geleitet wird (dies ist in der Regel ein Host in einem anderen Netzwerk). Normalerweise erfolgt die Anforderung über Port 21. Damit eine Verbindung hergestellt werden kann, muss auf dem Zielserver ein FTP-Dienst ausgeführt werden.

FTPD: Ein FTP-Serverprogramm

FTPD ist der FTP-Standardserver für UNIX. Sein Funktionsumfang ist recht simpel: Er muss lediglich auf empfangene Anfragen reagieren und diese bearbeiten. Ein FTP-Server wird standardmäßig mit den meisten UNIX-Distributionen ausgeliefert; entsprechende Programme für andere Betriebssysteme sind in Tabelle 4.3 aufgelistet.

Betriebssystem	Serverprogramm
UNIX	integriert (FTPD); WUFTD
Microsoft Windows 95/98	WFTPD, Microsoft FrontPage, WAR FTP Daemon, Vermilion
Microsoft Windows NT/2000	Serv-U, OmniFSPD, Microsoft Internet Information Server

Tabelle 4.3: FTP-Server für verschiedene Betriebssysteme

Betriebssystem	**Serverprogramm**
Microsoft Windows 3.x	WinQVT, Serv-U, Beames & Whitside BW Connect, WFTPD FTP Server, WinHTTPD
Macintosh	Netpresenz, FTPd
OS/2	Penguin

Tabelle 4.3: FTP-Server für verschiedene Betriebssysteme (Forts.)

FTPD wartet zunächst auf eine Verbindungsanfrage. Wird eine solche Anfrage empfangen, fordert das Programm zur Eingabe eines Anmeldenamens auf. Der Benutzer muss nun entweder einen gültigen Anmeldenamen und ein Kennwort angeben oder sich anonym anmelden (sofern der Server anonyme Sitzungen gestattet).

Ist der Benutzer einmal angemeldet, kann er Dateien herunterladen. Ferner kann er in bestimmten Fällen und bei entsprechend eingestellten Sicherheitsparametern auf dem Server auch Dateien hochladen.

Ähnlich wie Telnet ist auch FTP ein unsicheres Protokoll. Weder der Benutzername noch das Kennwort oder die Dateien werden verschlüsselt. Eine sichere Methode des Dateitransfers bietet SSH mit den Funktionen `scp` oder `sftp`.

FTP verwendet die Ports 20 oder 21 über TCP.

Das SMTP-Protokoll

SMTP ist das Protokoll, das für die serverübergreifende Übertragung von E-Mails und auch für deren Übermittlung von Clients an Server verantwortlich ist. Die Zielsetzung ist kurz und knapp in RFC 821 zusammengefasst:

> *Der Zweck des SMTP-Protokolls ist die zuverlässige und effiziente Übertragung von E-Mail.*

SMTP ist ein extrem einfach gestricktes Protokoll. Der Benutzer führt einen SMTP-kompatiblen Client aus und schickt eine Anfrage an einen SMTP-Server. Der Client gibt dann eine ganze Reihe von Anweisungen aus, die signalisieren, dass er E-Mails an einen Empfänger senden will, der irgendwo im Internet erreichbar ist. Wenn der SMTP-Dienst einen solchen Vorgang zulässt, dann wird eine Bestätigungsmeldung an den Clientrechner verschickt. Auf diese Weise beginnt eine SMTP-Sitzung. Der Client kann dann unter anderem die Identität des Empfängers, seine eigene IP-Adresse und die zu sendende Nachricht (in Textform) übergeben.

Trotz der sehr einfachen Beschaffenheit von SMTP ist der elektronische Postdienst die Quelle zahlloser Sicherheitslöcher. Die Konfiguration eines SMTP-Servers kann je nachdem, welche Optionen ein Administrator unterstützen will oder muss, ziemlich komplex sein. Eine Kombination aus Bugs in SMTP-Serveranwendungen und schwieriger Konfiguration hat zahlreiche Sicherheitsprobleme aufgeworfen, die wir im Verlauf dieses Buches eingehend betrachten werden.

Die meisten Netzwerkbetriebssysteme beinhalten SMTP-Dienste. Die meisten UNIX-Distributionen werden mit `sendmail` als SMTP-Server ausgeliefert, während Microsoft seinen komplexeren Netzwerksystemen IIS (Internet Information Services, Internetinformationsdienste) beilegt.

SMTP wird über den TCP-Port 25 ausgeführt.

WEGWEISER
Weiter gehende Informationen über SMTP finden Sie in RFC 821 (`http://info.internet.isi.edu/in-notes/rfc/files/rfc821.txt`).

Das SSH-Protokoll

Das SSH-Protokoll (Secure Shell, sichere Oberfläche) ist ein relativ neuer Bestandteil der TCP/IP-Suite. Anders als die zuvor behandelten Anwendungsprotokolle wurde SSH bereits flächendeckend implementiert, ohne den RFC-Prozess zuvor vollständig durchlaufen zu haben. Dies liegt in erster Linie daran, dass es einen enormen Bedarf an mit Telnet und FTP vergleichbaren Diensten gab, die *sicher* sein sollten.

Es existieren zwei Versionen des SSH-Protokolls sowie eine Reihe von Implementierungen. Die erste, weit verbreitete Version war SSH1, das 1995 in einem Draft definiert wurde. Während ich dieses Buch verfasse, ist eine IETF-Arbeitsgruppe mit der Entwicklung einer SSH-Spezifikation der zweiten Generation beschäftigt. Basierend auf den Drafts dieser Arbeitsgruppe wurde bereits eine Anzahl von SSH2-Implementationen vervollständigt.

WEGWEISER
Informationen zu dieser IETF-Arbeitsgruppe finden Sie nebst der aktuellen Fassungen der Internet-Drafts unter `http://www.ietf.org/html.charters/secsh-charter.html`.

SSH ermöglicht es dem Benutzer, sich über ein Netzwerk an einem anderen Computer anzumelden, Befehle auf einem Remotecomputer auszuführen (wie Telnet) und computerübergreifend Dateien zu verschieben (wie FTP). Es bietet eine starke Authentifizierung und sichere verschlüsselte Kommunikation auch über unsichere Netzwerke. SSH ist als Ersatz für Telnet und andere Fernzugriffsprotokolle wie `rlogin`, `rsh` und `rcp` gedacht. Ferner ist mit `scp` und `sftp` auch ein Ersatz für FTP vorhanden.

SSH-Clientimplementierungen sind für eine Vielzahl von Plattformen vorhanden. Die Einzelheiten entnehmen Sie bitte Tabelle 4.4.

Betriebssystem	Clients
UNIX	SSH Communications, F-Secure, OpenSSH, Lsh, MindTerm
Microsoft Windows 95/98	SSH Communications, F-Secure, PuTTY, TeraTerm, FiSSH, SecureCRT, Cygwin32, MindTerm

Tabelle 4.4: SSH-Clients für verschiedene Betriebssysteme

Betriebssystem	Clients
Microsoft Windows NT/2000	siehe unter Windows 95/98
Macintosh	F-Secure, NiftyTelnet 1.1 SSH, MindTerm
OS/2	MindTerm

Tabelle 4.4: SSH-Clients für verschiedene Betriebssysteme (Forts.)

Außerdem sind auch SSH-Serverimplementierungen vorhanden, wenn auch nicht für so viele Plattformen wie bei den Clients.

Betriebssystem	Server
UNIX	SSH Communications, F-Secure, OpenSSH, Lsh
Microsoft Windows 95/98	SSH Communications, F-Secure, Cygwin32
Microsoft Windows NT/2000	siehe unter Windows 95/98

Tabelle 4.5: SSH-Server für verschiedene Betriebssysteme

4.3 IPSec, IPv6, VPNs und was die Zukunft sonst noch bringt...

Das hier beschriebene IP-Protokoll hat die Versionsnummer 4 (kurz »IPv4«). Es wurde vor vielen Jahren entwickelt, und auch wenn es sich als überraschend leistungsfähig und ausbaubar erwiesen hat, wurde es nicht für alle denkbaren Dienste erstellt, die wir heute im Internet benötigen. Einige der Beschränkungen, denen IPv4 unterliegt, sind nachfolgend aufgelistet:

- **Einschränkungen bei den Adressierungsfähigkeiten.** Aufgrund des explosionsartigen Wachstums des Internets besteht bereits jetzt ein kritischer Mangel an verfügbaren IP-Adressen. Wenn das Internet so weiterwächst und immer mehr Geräte internetfähig werden, wird man auch einen größeren IP-Raum benötigen.
- **Fehlende Prioritätenabstufung.** Es gibt derzeit keine Möglichkeit, bestimmten Arten von Datenverkehr im Web eine höhere Priorität zuzuweisen. Beispielsweise hat ein Datenpaket, das Audio- und Videodaten für die Echtzeitwiedergabe enthält, das gleiche »Gewicht« wie eine E-Mail. Wenn Echtzeitdaten allerdings ein paar Sekunden zu spät beim Empfänger eintreffen, wird dieser das sehr wohl bemerken, während dies bei Diensten, die nicht echtzeitfähig sind (also etwa E-Mail), niemandem auffallen wird.
- **Mangelnde Sicherheitsfunktionen.** Die aktuelle IP-Version ermöglicht keine Authentifizierung, ferner ist die Vertraulichkeit gesendeter Daten nicht garantiert.

In den letzten Jahren wurden bereits mehrere Vorschläge bekannt, die sich dieser Problematiken annehmen. Die Knappheit an IP-Adressen wird seit einiger Zeit mit Hilfe von Adressübersetzungsmethoden überbrückt, aber der Zeitpunkt, zu dem dies auch nichts mehr hilft, ist bereits abzusehen. Außerdem ist bekannt, dass die Adressübersetzung die Regeln diverser Protokolle bricht, die in Datagrammen eindeutige, nicht änderbare IP-Adressen erwarten.

Ansätze zur Prioritätenabstufung sind zwar bereits für IPv4 vorhanden, allerdings beschränkt auf LANs. Diese Methoden würden im Internet nicht funktionieren, da es hier keine zentrale Behörde gibt, die den Datenfluss steuern könnte.

Schließlich müssen Sicherheitsfunktionen im Internet implementiert werden, wenn wir vertrauliche Daten (etwa Kontostände und -bewegungen, medizinische Untersuchungsberichte, persönliche Daten usw.) über das Web versenden oder sicherstellen wollen, dass niemand in unsere Systeme zu Hause und am Arbeitsplatz eindringen kann, während diese mit dem Internet verbunden sind.

Gerade hinsichtlich der Sicherheitsfragen wurde für IPv4 bereits eine Menge erreicht. IPSec (IP Security, IP-Sicherheit) wurde entwickelt, um Sicherheitsdienste auf der IP-Ebene anzubieten. Es stellt Methoden zur Authentifizierung und Datenverschlüsselung auf der Netzwerkebene bereit, die aber nicht allgemein verfügbar sind. IPSec kann heutzutage beispielsweise zur Einrichtung von VPNs (Virtual Private Networks, virtuellen privaten Netzwerken) genutzt werden – das sind verschlüsselte logische Privatnetzwerke, die über das Internet realisiert werden. Allerdings stehen solche Erweiterungen dem normalen Internetuser nicht zur Verfügung, und außerdem sind auch in IPSec einige der (zugegeben) eher unbekannteren Sicherheitsfragen von IPv4 nach wie vor ungelöst, so z.B. die Adressübersetzung.

WEGWEISER
Informationen zur IP-Sicherheit finden Sie in RFC 2401 unter `http://www.ietf.org/rfc/rfc2401.txt`. Ferner können Sie auch die Website der entsprechenden Arbeitsgruppe unter `http://www.ietf.org/html.charters/ipsec-charter.html` besuchen.

Glücklicherweise beschäftigt man sich schon seit einiger Zeit mit der Entwicklung eines zukunftssicheren IP-Protokolls. Voilà: Auftritt IPv6! IPv6 wird im Umfeld der IETF heiß diskutiert, und zahlreiche RFCs sind während der letzten paar Jahre im Zuge der Vorbereitung auf eine neue Ära des Internetwachstums entstanden.

IPv6 verspricht Lösungen für das Problem der eingeschränkten IP-Adressierung, für die adäquate Datenflusskontrolle und Prioritätensetzung und für Sicherheitsfragen auf der Netzwerkebene. Ferner wird IPv6 auch ein paar nette Kleinigkeiten beinhalten, so etwa die automatische Konfiguration von Netzwerksystemen, die Vereinfachung von Datagrammen, höhere Leistungsfähigkeit und verbesserte Erweiterbarkeit. Allerdings ist IPv6 noch nicht besonders weit gediehen, und es wird wohl noch ein paar Jahre brauchen, bis die IPv6-Standards sich wirklich durchgesetzt haben – und vielleicht noch ein paar Jahre länger, bis die Internetprovider ihre Dienste auf IPv6 umstellen werden.

WEGWEISER
Informationen zu IPv6 (manchmal auch als »IPng« – für »next generation« – bezeichnet) finden Sie in RFC 2460 unter `http://www.ietf.org/rfc/rfc2460.txt` sowie auf der Website der entsprechenden IETF-Arbeitsgruppe unter `http://www.ietf.org/html.charters/ipngwg-charter.html`.

4.4 Fazit

TCP/IP *ist* das Internet. Es ist eine komplexe Sammlung von Hunderten Protokollen, und diese wächst jedes Jahr noch weiter an. Aber viele der wesentlichen Protokolle, die im Internet benutzt werden, weisen ein oder mehrere Sicherheitslöcher auf.

In diesem Kapitel haben wir die folgenden relevanten Eigenschaften von TCP/IP kennen gelernt:

- Die TCP/IP-Protokollsuite umfasst alle Protokolle, die den Datentransfer über das Internet ermöglichen.
- Die TCP/IP-Suite erlaubt schnelle und zuverlässige Netzwerkverbindungen, die ein Netzwerk nicht allzu sehr belasten.
- TCP/IP ist auf praktisch allen Computerplattformen implementiert.
- TCP/IP weist in der aktuellen Version 4 eine Reihe von Sicherheitsmängeln auf.

So, jetzt wissen Sie ein wenig mehr über TCP/IP. Wenden wir uns nun einem etwas anregenderen Thema zu: Hackern und Crackern.

Kapitel 5

Hacker und Cracker

In diesem Kapitel möchte ich Ihnen erläutern, welche Ansätze und Vorgehensweisen Hacker und Cracker verfolgen, um ein Netzwerk zu attackieren. Ferner finden Sie hier auch einen Überblick über die Hitliste der zehn gefährlichsten Sicherheitslücken, die von der Gruppe SANS (System Administration, Networking, and Security; Systemadministration, Netzwerke und Sicherheit; `http://www.sans.org`) aufgestellt wurde.

5.1 Hacker und Cracker – wo ist der Unterschied?

Damit man die Vorgehensweise eines Hackers oder Crackers versteht, muss man begreifen, was ein Hacker oder ein Cracker ist. Der Unterschied zwischen Hackern und Crackern war jahrelang Gegenstand hitziger Debatten im Web; meinen Beitrag dazu finden Sie hier.

Wenn man mich also fragen würde, wo ich die Grenze zwischen Hackern und Crackern ziehen würde, dann wären meine Definitionen die folgenden:

- Ein Hacker ist ein Individuum, das sich in hohem Maße für die geheimnisvollen und verborgenen Arbeitsabläufe von Computerbetriebssystemen interessiert. Hacker sind oft Programmierer und verfügen insofern über fortgeschrittenes Wissen über Betriebssysteme und Programmiersprachen. Hin und wieder entdecken sie Löcher in diesen Systemen und oft auch die Gründe für diese Löcher. Hacker gieren nach Wissen, teilen ihre Erkenntnisse freimütig mit anderen und werden niemals – niemals! – mit Absicht Daten beschädigen oder gar ganze Rechner lahm legen.
- Im Vergleich hierzu handelt es sich beim Cracker um eine Person, die in böswilliger Absicht in Rechnersysteme eindringt oder deren Integrität anderweitig beschädigt. Nachdem sie sich unberechtigten Zugriff verschafft haben, zerstören Cracker oft wichtige Daten, enthalten befugten Benutzern Dienste vor oder verursachen ganz einfach Probleme auf dem Zielsystem. Diese Cracker sind leicht an ihrer heimtückischen Handlungsweise zu erkennen. Manchmal verhalten sie sich auch so unauffällig wie möglich und richten sich versteckt auf dem Rechner ein, um ihn dann unbemerkt für Angriffe auf weitere Rechner zu benutzen.

Soviel zu dieser grundlegenden Unterscheidung und dem Selbstverständnis dieses Buches.

5.2 Der Werkzeugkasten

Es gibt verschiedene Werkzeuge, mit denen ein Cracker oder Hacker in Ihr Netzwerk eindringen kann. Dabei handelt es sich teils um Programme, teils um Methoden.

5.2.1 Reconnaissance

»Reconnaissance« bezeichnet im Englischen den Begriff des Auskundschaftens, wie man ihn aus Indianer- oder Spionageromanen kennt. Warum benutzen Cracker diese Methode? Nun, das Auskundschaften ist ja nichts anderes als der Prozess des Sammelns von Informationen über ein oder mehrere Zielobjekte. Ein gewiefter Einbrecher wird sein Zielobjekt – das Haus, das er ausrauben will – vor der Tat auskundschaften: Er wird beispielsweise feststellen, wann die Besitzer zu Hause sind, wie belebt die Straße ist und ob vielleicht sogar mal ein Streifenpolizist zu sehen ist. Dadurch erhält der Ganove einen guten Eindruck davon, welche Tageszeit für seine Missetat am geeignetsten ist.

Ein Cracker, der einen Angriff auf ein Netzwerk oder eine Website plant, wird die gleiche Vorgehensweise wählen. Es gibt für die Reconnaissance eine Menge von Arbeitsmitteln, von denen wir uns im Folgenden ein paar ansehen wollen.

Social Engineering

Der erste (und wahrscheinlich am meisten unterbewertete) Ansatz ist das so genannte *Social Engineering*. Unter diesem Begriff versteht man eine Vorgehensweise, bei der Leute derart getäuscht, gelenkt oder manipuliert werden, dass sie Informationen preisgeben, die für sie oder Dritte, eine Firma oder eine Organisation schädlich sind. Solche Informationen können dann bei der Planung, Organisation oder Durchführung eines Angriffs verwendet werden.

> **HINWEIS**
> Ira Winkler hat ein hervorragendes Buch namens »Corporate Espionage« (Industriespionage; ISBN: 0-7615-0840-6) verfasst, in dem das Social Engineering und viele andere taktische Ansätze zur Informationssammlung beschrieben werden. Ferner wird hier auch beschrieben, wie Sie sich vor solchen Angriffen schützen können. Mehr Informationen zu Ira Winkler finden Sie unter `http://www.thetrainingco.com/html/BioIraWinkler.html`.

Wie funktioniert nun Social Engineering? Nehmen wir einmal an, Cracker A möchte das Softwareunternehmen ABC123 GmbH attackieren, um ein paar Benutzernamen und Kennwörter in Erfahrung zu bringen und vielleicht auch um herauszufinden, welche Sicherheitsmaßnahmen ABC123 implementiert hat. Er ruft also bei der offiziellen Telefonnummer von ABC123 an und erklärt der freundlichen Dame am anderen Ende der Leitung, dass er neu bei der Firma sei und zudem auswärts tätig wäre; nun bräuchte er die Durchwahl zum Support, um sein Mailkonto und sein Kennwort konfigurieren zu können. Daraufhin erhält er die Nummer. Dann ruft er beim Support an, erläutert die Situation und bittet um ein Kennwort und Angaben dazu, wie er das Netzwerk von außen erreichen kann. Der Supportmitarbeiter gibt bereitwillig Auskunft und stellt die Anforderung nicht einmal in Frage. Warum auch? Die meisten Supportmitarbeiter wagen es nicht, es auf eine Konfrontation ankommen zu lassen, etwa nach dem Motto »Niemals einen Kunden verärgern«.

Dieses einfache Szenario gibt dem Angreifer bereits genug Daten an die Hand, um einen Angriff ungesehen durchführen zu können. Die nachfolgend aufgeführten Methoden funktionieren ähnlich wie das Social Engineering:

- **Abfall durchwühlen.** Hierbei macht sich der Angreifer über den Mülleimer oder den Papierkorb des Opfers her und sucht dort nach Abfall, der Informationen enthält – etwa IP-Adressen, abgelaufene Kennwörter und vielleicht sogar einen Netzwerkplan. Hierbei handelt es sich im wahrsten Sinne des Wortes um ein »schmutziges« Geschäft, das aber sehr effektiv sein kann.
- **Hochstapelei.** Ein Cracker tut so, als sei er jemand von hoher Wichtigkeit und nutzt die daraus entstehende Autorität, um an die gewünschten Informationen zu gelangen.

Diese Ansätze führen meist zu sehr guten Ergebnissen, und es gibt noch viel mehr Methoden, die zu beschreiben aber den Rahmen dieses Buches sprengen würde. Denken Sie immer daran, dass es Leute gibt, die solche Praktiken anwenden und damit Ihre Sicherheit oder die Ihrer Firma bedrohen.

Portscanner

Dieser Abschnitt gibt einen technischen Überblick über Portscanner und Sniffer. Portscanner sind Programme, die den TCP/IP-Stapel eines Computers nach Ports (Anschlüssen) absuchen, die den Status LISTEN aufweisen. Wie Sie ja im vorangegangenen Kapitel bereits gesehen haben, umfasst TCP/IP eine ganze Reihe von Protokollen, die die Kommunikation über das Internet ermöglichen. Die TCP/IP-Protokollfamilie kennt 65.535 Ports. Die Ports 1 bis 1023 gelten dabei als »Well-Known-Ports« (»gängige Ports«), und auf vielen Systemen können nur Benutzer mit Administratorprivilegien Programmen diese Ports zuweisen. Die Ports 1024 bis 49151 sind registrierte Ports, die verbleibenden Ports 49152 bis 65535 werden als dynamische und/oder private Ports bezeichnet.

> **WEGWEISER**
> Eine Liste mit den Port-Nummern finden Sie online unter `http://www.isi.edu/in-notes/iana/assignments/port-numbers`.

Das TCP-Protokoll wird in RFC 793 behandelt, wo viele Ports festgeschrieben sind, die Socketprogrammierer beachten müssen. Ferner ist hier definiert, wie TCP die verschiedenen Pakete (mit den Statusbits FIN, ACK, RST, PSH, URG und SYN) liest. Damit Sie die Funktionsweise von Portscannern verstehen, müssen Sie RFC 793 (`http://www.ietf.org/rfc/rfc0793.txt?number=793`) verinnerlichen; hier wird definiert, wie das TCP-Protokoll auf diese Pakete antwortet:

> *Wenn der Status der Verbindung auf einem Port CLOSED ist (ein fiktiver Status, denn dies bedeutet einfach, dass der TCP-Block – und damit eine Verbindung – nicht vorhanden ist), dann werden alle Daten des empfangenen Pakets verworfen. Ein empfangenes Paket, das eine RESET-Meldung (RST) enthält, wird verworfen. Ein empfangenes Paket, das keine RST-Meldung enthält, verursacht das Senden einer RST-Meldung als Reaktion*

auf den Empfang. Die Werte des Bestätigungs- und Sequenzfeldes werden selektiert, damit der TCP-Sender, der das irreguläre Paket übermittelt hat, die RESET-Meldung akzeptiert.

Ist der Status hingegen LISTEN (das Programm hinter dem Port wartet auf eine eingehende Verbindung), dann prüfen Sie zunächst auf Vorhandensein einer RST-Meldung; eine eingehende RST-Meldung sollte ignoriert werden. Als Nächstes prüfen Sie auf Vorhandensein einer ACK-Meldung; Bestätigungen, die über Verbindungen mit LISTEN-Status erhalten werden, sind generell als negativ zu betrachten. Für jedes empfangene ACK-Paket sollte ein adäquates RST-Paket erstellt werden. Die dritte Überprüfung bezieht sich auf eine SYN-Meldung (Synchronize sequence numbers); ist das SYN-Bit gesetzt, dann überprüfen Sie die Sicherheitsparameter des eingehenden Paketes. Wenn diese Sicherheitsparameter nicht exakt mit denen des TCB (Transmission Control Block, Übertragungskontrollblock) übereinstimmen, dann senden Sie eine RST-Meldung und beginnen von vorn.

Dieser Auszug aus RFC 793 sagt uns, wie Ports mit dem Status CLOSED bzw. LISTEN auf bestimmte TCP-Flags reagieren. Mit diesem Wissen können Entwickler Programme schreiben, die sowohl offene als auch geschlossene Ports erkennen. Dies sind die Programme, die man dann als »Portscanner« bezeichnet.

Sehen wir uns einmal ein paar »prominente« Portscanner an und überprüfen wir, was diese können (und was sie nicht können).

WEGWEISER
Informationen über TCP/IP finden Sie im Web unter `http://www.ietf.org/rfc/rfc0793.txt?number=793` und `http://www.ietf.org/rfc/rfc0793.txt?number=791`.

Weitere Informationen über das Verhalten von TCP/IP kann man unter `http://www.insecure.org/nmap/nmap-fingerprinting-article.html` nachlesen.

nmap

`nmap` ist der derzeit wahrscheinlich meistverbreitete und -genutzte Portscanner überhaupt. Er ist eine Entwicklung von Fyodor (mehr zu ihm unter `www.insecure.org`) und wurde dank des offen gelegten Quellcodes von Mitgliedern der gesamten Internetgemeinde immer weiterentwickelt. `nmap` erlaubt dem Benutzer die Einstellung zahlreicher Optionen für den Scanprozess. Listing 5.1 zeigt die Ergebnisse des Befehls `nmap -h`. Dies ist ein hervorragender Ausgangspunkt für `nmap`. Weitere Informationen zu `nmap` finden Sie unter `http://www.insecure.org/nmap/nmap_manpage.html`.

```
Nmap V. 2.54BETA7 Usage: nmap [Scan Type(s)] [Options] <host or net list>
Some Common Scan Types ('*' options require root privileges)
-sT TCP connect() port scan (default)
* -sS TCP SYN stealth port scan (best all-around TCP scan)
* -sU UDP port scan
-sP ping scan (Find any reachable machines)
* -sF,-sX,-sN Stealth FIN, Xmas, or Null scan (experts only)
-sR/-I RPC/Identd scan (use with other scan types)
Some Common Options (none are required; most can be combined):
* -O Use TCP/IP fingerprinting to guess remote operating system
-p <range> ports to scan. Example range: '1-1024,1080,6666,31337'
-F Only scans ports listed in nmap-services
-v Verbose. Its use is recommended. Use twice for greater effect.
-P0 Don't ping hosts (needed to scan www.microsoft.com and others)
* -Ddecoy_host1,decoy2[,...] Hide scan using many decoys
-T <Paranoid|Sneaky|Polite|Normal|Aggressive|Insane> General timing policy
-n/-R Never do DNS resolution/Always resolve [default: sometimes resolve]
-oN/-oX/-oG <logfile> Output normal/XML/grepable scan logs to <logfile>
-iL <inputfile> Get targets from file; Use '-' for stdin
* -S <your_IP>/-e <devicename> Specify source address or network interface
--interactive Go into interactive mode (then press h for help)
Example: nmap -v -sS -O www.my.com 192.168.0.0/16 '192.88-90.*.*'
```

Listing 5.1: Ergebnisse von nmap -h

Listing 5.1 beweist, wie einfach nmap zu konfigurieren ist und welche Optionen vorhanden sind. Ich möchte einfach ein paar Schalter herausgreifen, ihre Funktionsweise beschreiben und erläutern, wie sie zur Reconnaissance verwendet werden können.

Der Schalter -sT ist wahrscheinlich der auffälligste Schalter (weil er sich längst nicht so gut tarnt wie die anderen). Er weist nmap an, eine vollständige Verbindung mit dem Zielcomputer herzustellen. Diese Form des Portscanning ist sehr leicht aufzudecken (ein Verbindungsaufbau wird von den meisten Betriebssystemen mitprotokolliert), und ein Angreifer, der es ernst meint, wird sie wahrscheinlich nicht verwenden.

HINWEIS

Im Sommer 2000 haben ein paar Analytiker, die der SANS-Gruppe angehören, ein Buch über die Erkennung von Signaturen zusammengestellt, die Eindringlinge hinterlassen. Das Buch heißt »Intrusion Signatures and Analysis« (Analyse von Einbruchsignaturen; ISBN: 0-7357-1063-5) und ist eine hervorragende Referenz für jeden, der sich in die Themen »Erkennen von Eindringlingen« und »Einbruchsignaturen« einarbeiten möchte.

Der Schalter `-sF` sendet FIN-Pakete an den Zielcomputer. Wie funktioniert das? Wenn ein Computer ein FIN-Paket empfängt, dann stehen ihm mehrere Möglichkeiten offen, darauf zu reagieren:

- Wenn der Port den Status LISTEN hat, dann antwortet der Computer nicht.
- Wenn der Port den Status CLOSED hat, dann antwortet der Computer mit einem RESET.
- Wenn eine Verbindung vorhanden ist, dann beginnt der Computer mit dem Abbau dieser Verbindung (sofern das FIN-Paket zu der bestehenden Verbindung »passt«, darum interessiert uns diese Möglichkeit momentan nicht).

Die Reaktion des Rechners auf den Schalter `-sF` sagt `nmap`, welche Ports geöffnet sind. Listing 5.2 zeigt uns die Ergebnisse eines Scans mit diesem Schalter, wie sie sich dem Benutzer darstellen.

```
Starting nmap V. 2.54BETA7 ( www.insecure.org/nmap/ )
Interesting ports on (192.168.1.3):
```

> **HINWEIS**
> Die 4000 gescannten Ports, die hier nicht angezeigt werden, haben den Status CLOSED.

```
Port        State     Service
47017/tcp   open      unknown
TCP Sequence Prediction: Class=random positive increments
Difficulty=3980866 (Good luck!)
Remote operating system guess: Linux 2.1.122 - 2.2.16
Nmap run completed -- 1 IP address (1 host up) scanned in 5 seconds
```

Dieser Scan wurde an einem Linux-Computer vorgenommen, bei dem der *t0rn*-Rootkit ausgeführt wurde (Port 47017 ist ein falscher Fünfziger). Hier die Ergebnisse:

```
20:00:48.813047 > 192.168.1.5.47257 > 192.168.1.1.473: F 0:0(0) win 1024 (ttl
48, id 31728)
             4500 0028 7bf0 0000 3006 8b89 c0a8 0105
             c0a8 0101 b899 01d9 0000 0000 0000 0000
             5001 0400 6e1a 0000
20:00:48.813153 > 192.168.1.5.47257 > 192.168.1.1.663: F 0:0(0) win 1024 (ttl
48, id 56669)
             4500 0028 dd5d 0000 3006 2a1c c0a8 0105
             c0a8 0101 b899 0297 0000 0000 0000 0000
             5001 0400 6d5c 0000
20:00:48.813188 > 192.168.1.5.47257 > 192.168.1.1.1458: F 0:0(0) win 1024
(ttl 48, id 23854)
             4500 0028 5d2e 0000 3006 aa4b c0a8 0105
             c0a8 0101 b899 05b2 0000 0000 0000 0000
             5001 0400 6a41 0000
```

Listing 5.2: Ergebnisse von `nmap -sF`

Bei Verwendung eines Sniffers würde man diesen Code zu sehen bekommen. Was man hier nicht sieht, sind die RESET-Meldungen, die von den überprüften Ports zurückgeschickt werden. Dieser Ansatz wird von vielen Crackern benutzt, um ein Zielobjekt auszukundschaften, insbesondere weil er wesentlich schwerer zu erkennen ist als der oben beschriebene Schalter `-sT`.

Der Schalter `-sS` sendet SYN-Pakete, um festzustellen, ob ein Port (oder eine Gruppe von Ports) geöffnet ist. Dieser Scan wird normalerweise als »*Halfopen*-Scan« bezeichnet. Der Name ergibt sich aus der Vorgehensweise: `nmap` schickt ein SYN-Paket an einen Port. Wenn der Port offen ist, dann antwortet er mit einem SYN/ACK-Paket. Wenn dieses Paket wiederum von `nmap` empfangen wird, dann schickt `nmap` einen RESET. Aus diesem Grund ist, wenn man »halboffene« Pakete verschickt, die Chance, entdeckt zu werden (theoretisch) geringer. Viele Cracker verwenden diesen Ansatz, um offene Ports aufzufinden, obwohl manchmal derlei Aktivitäten protokolliert werden (tatsächlich sollten die meisten Firewalls und Erkennungssysteme heutzutage solche Versuche aufzeichnen).

Der letzte Schalter, den ich hier besprechen möchte, ist `-sX`. Bei diesem Paket setzt `nmap` die Flags FIN, URG und PSH. Unter normalen Umständen ist dies keine gewöhnliche Flagkombination; eine Zusammensetzung wie etwa FIN, URG und ACK wäre normal, nicht aber FIN, URG und PSH. Der Grund für eine solche Kombination ist dennoch offensichtlich: Hiermit lassen sich einige ältere Firewalls und Schutzsysteme umgehen.

Was das mit Reconnaissance zu tun hat? `nmap` ist einfach ein tolles Tool dafür. Dank all seiner Schalter und Optionen erschwert es einem Firewall-Administrator oder einem Schutzsystem die korrekte Erkennung *aller* möglichen Scans erheblich.

> **WEGWEISER**
> Sie haben Blut geleckt? Mehr zu `nmap` finden Sie unter `www.insecure.org`.

`HPING`

Ein anderer exzellenter Portscanner zum Auskundschaften ahnungsloser Opfer ist `HPING`. Hierbei handelt es sich wahrscheinlich um eines der besten Tools, denn es ist sehr weit reichend zu konfigurieren. Listing 5.3 ist die Ausgabe der Onlinehilfe von `HPING` und zeigt viele der Optionen, die für das Tool verfügbar sind.

> **WEGWEISER**
> Mehr Informationen zu `HPING` (und zu dem in Entwicklung befindlichen Nachfolger `HPING3`) finden Sie unter `www.kyuzz.org/antirez/hping.html`.

```
Usage   HPING Host   Options
-h      --help       Show this help
-v      --version    Show version
-c      --count      Packet count
-i      --interval   Wait (uX for X microseconds, for example, -i u1000)
-n      --numeric    Numeric output
```

```
-q       --quiet         Quiet
-I       --interface     Interface name (otherwise, default routing interface)
-V       --verbose       Verbose mode
-D       --debug         Debugging info
-z       --bind          Bind Ctrl+Z to ttl (default to dst port)
-Z       --unbind        Unbind Ctrl+Z
Modes
Default  default mode    TCP
-0       --rawip         RAW IP mode
-1       --icmp          ICMP mode
-2       --udp           UDP mode
-9       --listen        Listen mode
IP
-a       --spoof         Spoof source address
-t       --ttl           ttl (default 64)
-N       --id            id (default random)
-W       --winid         Use win* id byte ordering
-r       --rel           Relativize id field (to estimate host traffic)
-f       --frag          Split packets in more frag. (can pass weak acl)
-x       --morefrag      Set more fragments flag
-y       --dontfrag      Set dont fragment flag
-g       --fragoff       Set the fragment offset
-m       --mtu           Set virtual mtu; implies --frag if packet size > mtu
-o       --tos           Type of service (default 0x00); try --tos help
-G       --rroute        Includes RECORD_ROUTE option and display the route buffer
-H       --ipproto       Set the IP protocol field, only in RAW IP mode
ICMP
-C       --icmptype      ICMP type (default echo request), try --icmptype help
-K       --icmpcode      ICMP code (default 0)
         --icmp-help     Display help for other ICMP options
UDP/TCP
-s       --baseport      Base source port (default random)
-p       --destport      [+][+]<port> destination port(default 0) Ctrl+Z inc/dec
-k       --keep          Keep still source port
-w       --win           winsize (default 64)
-O       --tcpoff        Set fake TCP data offset (instead of tcphdrlen / 4)
-Q       --seqnum        Show only TCP sequence number
-b       --badcksum      Send packets with a bad IP checksum
-M       --setseq        Set TCP sequence number
-L       --setack        Set TCP ack
-F       --fin           Set FIN flag
-S       --syn           Set SYN flag
-R       --rst           Set RST flag
-P       --push          Set PUSH flag
-A       --ack           Set ACK flag
-U       --urg           Set URG flag
-X       --xmas          Set X unused flag (0x40)
```

```
-Y      --ymas        Set Y unused flag (0x80)
        --tcpexitcode Sse last tcp->th_flags as exit code
TS
-d      --data        Data size (default is 0)
-E      --file        Data from file
-e      --sign        Add 'signature'
-j      --dump        Dump packets in hex
-J      --print       Dump printable characters
-B      --safe        Enable "safe" protocol
-u      --end         Tell you when --file reached EOF and prevent rewind
-T      --traceroute  (Implies --bind)
        traceroute mode
```

Listing 5.3: Liste der Optionen von HPING

Bereits aus dieser Hilfedatei ist ersichtlich, wie weit reichend HPING zu konfigurieren ist. Ein Cracker kann praktisch jedes einzelne Bit im TCP/IP-Header modifizieren und damit bei den Scantechniken wirklich kreativ werden. Auch erlaubt das Tool dem Cracker, Daten in das Paket zu integrieren, die er selbst gebastelt hat, d.h. er kann beliebigen Code auch heimtückischster Art einfügen – etwa um Pufferspeicher zum Überlauf zu bringen oder Systeme mit Trojanern zu infizieren – und die Pakete dann auf das Netzwerk loslassen. Wenn Sie HPING nicht haben, sollten Sie es unbedingt herunterladen und ausgiebig testen.

Es gibt eine Menge weiterer Portscanner in freier Wildbahn, die wir hier nicht alle behandeln können. Portscanner sind für Cracker nicht nur ein Tool, das an die Türen von Computernetzwerken klopft, sondern sie erleichtern die Ermittlung der im Zielnetzwerk verwendeten Betriebssysteme und Dienste. Mit solcherlei Informationen ausgestattet, kann der Cracker dann mit seinen bevorzugten Utilities in das Netzwerk eindringen. Computerfachleute können und müssen solche Programme benutzen, um die Sicherheit von Systemen einschätzen zu können: Der Systemadministrator sollte die Chance haben, Sicherheitslücken zu entdecken, bevor dies ein potenzieller Angreifer tut.

Passive Betriebssystemidentifikation

Der folgende Abschnitt enthält Anmerkungen zur Kunst der passiven Betriebssystemidentifikation. Die passive Betriebssystemidentifikation ist eine Methode, die sowohl unter Crackern als auch unter Sicherheitsfachleuten zunehmend populärer wird. Sie gestattet die Identifikation des Betriebssystems durch die Analyse des TCP/IP-Stapels. Ein Cracker kann sich nicht besser tarnen als mit dieser Vorgehensweise, denn er benötigt lediglich einen Paket-Sniffer und etwas Zeit und muss keine seltsamen Datenpakete an das Zielobjekt senden, um herauszufinden, mit welchem Betriebssystem er es zu tun hat.

Fast alle Betriebssysteme haben Standardeinstellungen, und darunter natürlich auch TCP/IP-Standardeinstellungen. Nehmen wir mal Linux (Kernel 2.2): Wenn Sie einen Blick auf den Inhalt des in Listing 5.4 abgebildeten Verzeichnisses

/proc/sys/net/ipv4 werfen, werden Sie eine Vielzahl von Parametern entdecken, die Standardeinstellungen enthalten, die das System für seine tägliche Arbeit benötigt. Das Listing zeigt die TCP/IP-Parameter von Linux.

```
Conf
icmp_destunreach_rate
icmp_echo_ignore_all
icmp_echo_ignore_broadcasts
icmp_echoreply_rate
icmp_ignore_bogus_error_responses
icmp_paramprob_rate
icmp_timeexceed_rate
igmp_max_memberships
ip_always_defrag
ip_autoconfig
ip_default_ttl
ip_dynaddr
ip_forward
ip_local_port_range
ip_masq_debug
ip_no_pmtu_disc
ipfrag_high_thresh
ipfrag_low_thresh
ipfrag_time
neigh
route
tcp_fin_timeout
tcp_keepalive_probes
tcp_keepalive_time
tcp_max_ka_probes
tcp_max_syn_backlog
tcp_retrans_collapse
tcp_retries1
tcp_retries2
tcp_rfc1337
tcp_sack
tcp_stdurg
tcp_syn_retries
tcp_syncookies
tcp_timestamps
tcp_window_scaling
```

Listing 5.4: Das Verzeichnis /proc/sys/net/ipv4

Schauen wir uns ein paar dieser Parameter einmal näher an, um zu sehen, was diese bewirken und wie sie sich auf das Betriebssystem auswirken:

- `ip_default-ttl`: Dieser Parameter setzt den TTL-Standardwert auf 64. Er kann auf einem Linux-Rechner durch Eingabe von `echo 128 >> /proc/sys/net/ipv4/ip_default_ttl` geändert werden.
- `ip_forward`: Zwar ermöglicht dieser Parameter nicht direkt die passive Erkennung des Betriebssystems, aber er hat trotzdem starke Auswirkungen auf die Betriebssystemsicherheit. Standardmäßig hat `ip_forward` den Wert »0«, d.h. die IP-Weiterleitung ist deaktiviert; wenn Sie jedoch den Wert »1« zuweisen, wird die Weiterleitung aktiviert.
- `ip_local_port_range`: Dieser Parameter bezeichnet den Ausgangsportbereich, der von Linux verwendet wird. Standardmäßig ist hier der Bereich zwischen 1024 und 4999 eingetragen. Das ist gut zu wissen, wenn Sie feststellen wollen, ob ein Paket regulär ist oder nicht.
- `tcp_sack`: Dieser Parameter teilt dem Betriebssystem mit, ob es den *Selective Acknowledgement*-Standard nach RFC 2883 unterstützt. Da Linux diesen Standard tatsächlich unterstützt, hat der Parameter den Wert »1«.
- `tcp_timestamps`: Dieser Parameter teilt dem Betriebssystem mit, ob es Zeitstempel unterstützt. Auch hier hat der Parameter den Wert »1«, weil Linux Zeitstempel standardmäßig unterstützt.
- `tcp_window_scaling`: Dieser Parameter teilt dem Betriebssystem mit, ob es die Skalierungsfunktion für Sende- und Empfangspuffer (Fenster) des TCP/IP-Stapels unterstützt. Der Wert bei Linux ist »1«.

Listing 5.4 zeigt einige Parameter an, die mit der passiven Betriebssystemidentifizierung in Zusammenhang stehen können. Auch wenn wir hier nur über Linux gesprochen haben, so haben doch alle Betriebssysteme ihren jeweiligen Satz mit Standardeinstellungen. Ein gutes Beispiel ist hier etwa Windows: Windows 98, NT und 2000 verwenden alle einen TTL-Wert von 128.

WEGWEISER

Neben den oben angesprochenen Punkten lässt sich auch über ICMP (Internet Control Message Protocol) eine Menge über einen Computer oder ein Netzwerk herausfinden. Beinahe jeder Rechner in einem Netzwerk beherrscht (einen Teil) dieses Protokolls, um auf Fehlermeldungen und Netzwerkprobleme reagieren zu können. Zum Beispiel werden hier Meldungen erzeugt, wenn ein Rechner nicht erreichbar ist oder wenn die Daten an einen Rechner langsamer geschickt werden sollen, weil er sie nicht schnell genug annehmen bzw. verarbeiten kann. ICMP hat allerdings auch eine hohe sicherheitstechnische Relevanz. Mehr dazu erfahren Sie unter `www.sys-security.com`.

Sehen wir uns kurz ein paar andere Betriebssysteme und ihre TCP/IP-Einstellungen an:

- Microsoft (Windows 98, NT)

  Paketgröße (nur Header): 44 Bytes (Standard)

  SYN- oder SYN|ACK-Pakete: setzen automatisch das *Don't Fragment*- und das MSS-Flag (*Maximum Segment Size*)

  TTL: 128

- Microsoft (Windows 2000)

  Paketgröße (nur Header): 48 Bytes (Standard)

  SYN- oder SYN|ACK-Pakete: setzen automatisch die Flags *Don't Fragment, Maximum Segment Size, Selective Acknowledgment* sowie zwei NOPs

  TTL: 128

- Linux (Red Hat 6.2)

  Paketgröße (nur Header): 60 Bytes (Standard)

  SYN- oder SYN|ACK-Pakete: setzen automatisch die Flags *Don't Fragment, Maximum Segment Size, Selective Acknowledgment*, NOPs, *Timestamp* und *Window Scaling* (gilt für das erste SYN- oder SYN|ACK-Paket; Linux reagiert dann je nach Typ des Computers, der die erste SYN-Anfrage stellte)

  TTL: 128 (TTL: 255 bei RESET-Paketen)

Mit diesem Wissen können Sie Betriebssysteme ganz einfach identifizieren, indem Sie den Netzwerkverkehr überwachen. Sie müssen allerdings bedenken, dass Ihre Analyse nutzlos ist, wenn der Systemadministrator oder ein Cracker einen oder mehrere dieser Parameter geändert hat. Aus diesem Grund ist die passive Betriebssystemidentifizierung nicht hundertprozentig zuverlässig – aber wenn man das so sieht, was ist dann schon hundertprozentig zuverlässig? Listing 5.5 zeigt zwei Pakete, mit deren Hilfe wir das Betriebssystem schnell ermitteln können.

```
15:59:52.533502 > my_isp.net.1100 > 134.11.235.232.www: S
325233392:325233392(0) win 32120 <mss 1460,sackOK,timestamp 88950
0,nop,wscale 0> (DF) (ttl 64, id 505)
                 4500 003c 01f9 4000 4006 0522 xxxx xxxx
                 860b ebe8 044c 0050 1362 aaf0 0000 0000
                 a002 7d78 7887 0000 0204 05b4 0402 080a
                 0001 5b76 0000 0000 0103 0300

16:00:14.188756 >my_isp.net.1105 > 134.11.235.232.www: R
346737591:346737591(0) win 0 (ttl 255, id 544)
                 4500 0028 0220 0000 ff06 860e xxxx xxxx
                 860b ebe8 0451 0050 14aa cbb7 0000 0000
                 5004 0000 973c 0000
```

Listing 5.5: Betriebssysteme identifizieren

In Listing 5.5 sind zwei Pakete abgebildet, ein SYN- und ein RST-Paket. Bei näherer Betrachtung des SYN-Pakets fallen folgende Aspekte auf:

- Der TTL-Wert beträgt 64.
- Die Parameter `mss`, `sackOK`, `nop` und `wscale` sind ebenso gesetzt wie das `df`-Flag. Achten Sie auch auf die Headergröße (`3Ch`, also 60 Bytes).
- Schauen Sie sich jetzt den Ausgangsport an. Der Port 1100 befindet sich im Standard-Portbereich zwischen 1024 und 4999.

All diese Anzeichen lassen nur einen Schluss zu: Wir haben es hier mit Linux zu tun. Sehen wir uns noch kurz das RST-Paket an. Der TTL-Wert beträgt 255. Wenn Red Hat Linux ein RST-Paket sendet, dann weist es standardmäßig einen TTL-Wert von 255 zu, während beim Aufbau einer Verbindung der TTL-Wert 64 verwendet wird. Ein anderes Kennzeichen von RST-Paketen von Linux ist ihre Größe; normalerweise ist ein Red Hat-Paket 60 Bytes groß; wenn hingegen das RST-Flag gesetzt ist, dann beträgt die Paketgröße lediglich 40 Bytes.

Und was hat das alles nun mit Reconnaissance zu tun? Nun, wenn ein Cracker irgendeine der aufgeführten Methoden verwendet, kann er sehr wertvolle Informationen über ein Computernetzwerk erhalten. Hierzu gehören die Zuweisungen in diesem Netzwerk, IP-Adressen, der Grad der Sicherheitsimplementierungen und die Feststellung verschiedener Betriebssysteme.

5.3 Exploits und die SANS-Hitliste

In diesem Abschnitt geht es um Exploits – das sind Programme, die von Crackern ausgeführt werden und Schwachstellen in der Systemsicherheit ausnutzen. Außerdem werden wir einen Blick auf die Hitliste mit den zehn schwerwiegendsten Sicherheitslücken im Internet werfen, die die SANS-Gruppe aufgestellt hat.

5.3.1 Exploits

Wenn Sie herausfinden wollen, welche Tore geöffnet und welche geschlossen sind, dann ist die Reconnaissance von größter Wichtigkeit. Der nächste Schritt des Crackers besteht aber nun darin, tatsächlich in das Computernetzwerk einzudringen. Dies tut er, indem er Schwachstellen in Betriebssystemdiensten ausnutzt.

Den richtigen Exploit zu finden kann einem ganz schön Kopfschmerzen bereiten – es gibt so unglaublich viele davon. Exploits sind nicht alle gleich, sondern in der Regel von einem bestimmten Betriebssystem abhängig. Nur weil es einen Drucker-Exploit für Linux gibt, heißt das noch lange nicht, dass dieser unter Solaris läuft; umgekehrt gilt das gleiche.

WEGWEISER

Wenn Sie immer über die neuesten Exploits und Sicherheitslücken informiert sein wollen, dann schreiben Sie sich in die BUGTRAQ-Mailingliste ein (`http://www.securityfocus.com/forums/bugtraq/intro.html`).

Damit ich Ihnen besser erklären kann, was genau ein Exploit eigentlich ist und wie er aussieht, führe ich an dieser Stelle das Ausgabelisting eines Exploits sowie einige Pakete auf, die damit in Zusammenhang stehen. Zunächst möchte ich Ihnen jedoch ein paar Hintergrundinformationen zum von mir ausgewählten Exploit geben. Im Spätherbst des Jahres 2000 wurden zunehmend Aktivitäten zur Überwachung des Ports 515 beobachtet, die durch einen Exploit im Line Printer Daemon von Red Hat Linux 7.0 verursacht wurden. Auch jetzt – zum Zeitpunkt der Abfassung dieses Buches – fängt meine Firewall immer wieder Anfragen an diesen Dienst ab.

WEGWEISER

Den von mir verwendeten Exploit finden Sie unter `http://www.netcat.it`.

Hier sind die versprochenen Listings, versehen mit ein paar Anmerkungen:

```
+++ www.netcat.it remote exploit for LPRng/lpd

+++ Exploit information
+++ Victim: 192.168.1.25
+++ Type: 0 - RedHat 7.0 - Guinesss
+++ Eip address: 0xbffff3ec
+++ Shellcode address: 0xbffff7f2
+++ Position: 300
+++ Alignment: 2
+++ Offset 0

+++ Attacking 192.168.1.25 with our format string
+++ Brute force man, relax and enjoy the ride ;>
```

Aus der Zeichenkette `Type 0 - RedHat7.0 - Guinesss` können wir ersehen, dass der Exploit einen Zeilendrucker unter Red Hat 7.0 attackiert. Wollen Sie mal sehen, wie dieser Angriff für *tcpdump* aussieht?

```
18:34:19.991789 > 192.168.1.5.2894 > 192.168.1.25.printer: S
4221747912:4221747912(0) win 32120 <mss 1460,sackOK,timestamp 4058996
0,nop,wscale 0> (DF) (ttl 64, id 11263)
             4500 003c 2bff 4000 4006 8b4e c0a8 0105
             c0a8 0119 0b4e 0203 fba2 c2c8 0000 0000
             a002 7d78 8bb1 0000 0204 05b4 0402 080a
             003d ef74 0000 0000 0103 0300
18:34:19.993434 < 192.168.1.25.printer > 192.168.1.5.2894: S
397480959:397480959(0) ack 4221747913 win 32120 <mss 1460,sackOK,timestamp
393475 4058996,nop,wscale 0> (DF) (ttl 64, id 3278)
```

```
                4500 003c 0cce 4000 4006 aa7f c0a8 0119
                c0a8 0105 0203 0b4e 17b1 13ff fba2 c2c9
                a012 7d78 5ee7 0000 0204 05b4 0402 080a
                0006 0103 003d ef74 0103 0300
18:34:19.993514 > 192.168.1.5.2894 > 192.168.1.25.printer: . 1:1(0) ack 1 win
32120 <nop,nop,timestamp 4058996 393475> (DF) (ttl 64, id 11264)
                4500 0034 2c00 4000 4006 8b55 c0a8 0105
                c0a8 0119 0b4e 0203 fba2 c2c9 17b1 1400
                8010 7d78 8dac 0000 0101 080a 003d ef74
                0006 0103
18:34:19.999662 < 192.168.1.25.printer > 192.168.1.5.2894: P 1:31(30) ack 1
win 32120 <nop,nop,timestamp 393476 4058996> (DF) (ttl 64, id 3279)
                4500 0052 0ccf 4000 4006 aa68 c0a8 0119
                c0a8 0105 0203 0b4e 17b1 1400 fba2 c2c9
                8018 7d78 3e5b 0000 0101 080a 0006 0104
                003d ef74 6c70 643a 203a 204d 616c 666f
                726d 6564 2066 726f 6d20 6164 6472 6573
                730a
18:34:19.999686 > 192.168.1.5.2894 > 192.168.1.25.printer: . 1:1(0) ack 31
win 32120 <nop,nop,timestamp 4058997 393476> (DF) (ttl 64, id 11265)
                4500 0034 2c01 4000 4006 8b54 c0a8 0105
                c0a8 0119 0b4e 0203 fba2 c2c9 17b1 141e
                8010 7d78 8d8c 0000 0101 080a 003d ef75
                0006 0104
18:34:20.000863 < 192.168.1.25.printer > 192.168.1.5.2894: F 31:31(0) ack 1
win 32120 <nop,nop,timestamp 393476 4058997> (DF) (ttl 64, id 3280)
                4500 0034 0cd0 4000 4006 aa85 c0a8 0119
                c0a8 0105 0203 0b4e 17b1 141e fba2 c2c9
                8011 7d78 8d8b 0000 0101 080a 0006 0104
                003d ef75
18:34:20.000878 > 192.168.1.5.2894 > 192.168.1.25.printer: . 1:1(0) ack 32
win 32120 <nop,nop,timestamp 4058997 393476> (DF) (ttl 64, id 11266)
                4500 0034 2c02 4000 4006 8b53 c0a8 0105
                c0a8 0119 0b4e 0203 fba2 c2c9 17b1 141f
                8010 7d78 8d8b 0000 0101 080a 003d ef75
                0006 0104
18:34:20.049095 > 192.168.1.5.2894 > 192.168.1.25.printer: P 1:424(423) ack
32 win 32120 <nop,nop,timestamp 4059002 393476> (DF) (ttl 64, id 11267)
                4500 01db 2c03 4000 4006 89ab c0a8 0105
                c0a8 0119 0b4e 0203 fba2 c2c9 17b1 141f
                8018 7d78 54c5 0000 0101 080a 003d ef7a
                0006 0104 4242 f0ff ffbf f1ff ffbf f2ff
                ffbf f3ff ffbf 5858 5858 5858 5858 5858
                5858 5858 5858 5858 252e 3137 3675 2533
                3030 246e 252e 3133 7525 3330 3124 6e25
                2e32 3533 7525 3330 3224 6e25 2e31 3932
```

Schauen wir doch mal, was hier passiert. Wir sehen zunächst, dass die Hosts `192.168.1.5` und `192.168.1.25` eine Verbindung herzustellen versuchen – ganz nach dem typischen Muster mit Threeway Handshake. In der nächsten Sequenz stellen wir dann fest, dass `192.168.1.5` versucht, den Exploit gegen `192.168.1.25` einzusetzen. Zum guten Ende verschiebt dann `192.168.1.5` 423 Datenbytes auf `192.168.1.25`. Der Exploit macht eine Weile so weiter, bis er schließlich in der Lage ist, eine Brute-Force-Attacke zu reiten.

Nach Abarbeitung des Exploits erhielt ich von `192.168.1.25` eine Shell (nicht, dass ich diese benötigt hätte) und konnte von nun an tun und lassen, was ich wollte.

Exploits sind die Eintrittskarte, mit der Cracker in ein System gelangen. Um sich gegen sie zu schützen, müssen Sie Ihre Betriebssysteme mit den entsprechenden Patches aktualisieren – das gilt für *alle* Systeme!

5.3.2 Die Top Ten von SANS

Die von der SANS-Gruppe herausgegebene Top Ten der schwerwiegendsten Sicherheitslücken im Internet ist eine Liste mit denjenigen zehn Exploits, die am häufigsten in Computernetzwerken aufzufinden sind. Was diese Liste so wertvoll macht, ist die Tatsache, dass die SANS-Gruppe hierzu auch eine Aufzählung der zugehörigen CVE-Einträge (Common Vulnerabilities and Exposures, häufig auftretende Sicherheitslücken und Schwachstellen) herausgibt, so dass Betroffene sich bei Bedarf besser informieren können. Diese Liste wurde von der SANS-Gruppe mit Hilfe zahlreicher Sicherheitsfachleute und der Sicherheitsgemeinde im Internet zusammengestellt.

> **WEGWEISER**
> Die CVE-Datenbank finden Sie unter `http://www.cve.mitre.org/`.
>
> Weitere Informationen zur Top Ten der SANS-Gruppe können Sie über `http://www.sans.org/topten.htm` abrufen.

Der erste in der Liste genannte Exploit arbeitet gegen `BIND`. `BIND` ist ein von DNS-Servern zur Adressauflösung verwendetes Programm, das im gesamten Internet eingesetzt wird. In den letzten paar Jahren wurde eine ganze Reihe von Sicherheitslöchern in den verschiedenen `BIND`-Versionen aufgedeckt. Jeder, der mit `BIND` arbeitet, muss sicherstellen, dass er immer die aktuellste Version samt aller Patches verwendet, um möglichst alle bekannten Sicherheitslöcher zu schließen. Noch am 29. Januar 2001 gab Network Associates bekannt, dass neue Sicherheitslücken bei den `BIND`-Versionen 4 und 8 entdeckt worden waren. Hierzu wurden bereits Patches erstellt, die Sie von der Website Ihres Anbieters herunterladen können.

WEGWEISER
Wenn Sie sich das von Network Associates veröffentlichte Dokument zu Gemüte führen wollen, finden Sie es unter `http://www.pgp.com/aboutus/press/pr_template.asp?PR=/PressMedia/01282001-A.asp&Sel=900`. Alternativ können Sie auch den CERT-Hinweis unter `http://www.cert.org/advisories/CA-2001-02.html` lesen.

Platz 2 in der SANS-Rangliste sind »anfällige CGI-Programme«. Diese werden schon seit Jahren verwendet und sind die Hauptursache für das Eindringen in »prominente« Websites (d.h. Sites großer Firmen und bedeutender Institutionen), was immer wieder für viel Aufsehen sorgt. Viele CGI-Programme lassen nach der Installation nämlich anfällige Beispielprogramme zurück und ermöglichen es heimtückischen Benutzern, an Administratorrechte zu kommen. Mit diesen Privilegien kann der Angreifer dann tun und lassen, was er will (z.B. die Website verändern). Ich habe nachfolgend ein paar Links aufgeführt, über die Sie an weitere Informationen zu CGI-Angriffen gelangen können. Diese Liste ist *nicht* vollständig; falls Sie befürchten, dass Sie ein potenzielles Opfer sein könnten, suchen Sie bitte auch selbstständig nach weiteren Informationen.

WEGWEISER
Sie finden Hinweise zu CGI-Angriffen unter `http://www.cert.org/advisories/CA-1997-24.html`, `http://www.cert.org/advisories/CA-1996-11.html` oder `http://www.cert.org/advisories/CA-1997-07.html`.

Der dritte Exploit betrifft anfällige RPCs (Remote Procedure Calls, Fernprozessaufrufe). Mit Hilfe von RPCs können C-Programme Prozeduren, die auf anderen Rechnern liegen, über das Netzwerk aufrufen. Die meisten Hersteller bieten inzwischen Patches an, um die RPCs auf das Nötigste zu beschränken. Nichtsdestoweniger an dieser Stelle der Ratschlag: Wenn Sie sie nicht brauchen, dann schießen Sie sie ab. Führen Sie zu diesem Zweck `ps-ef|grep rpc` aus, suchen Sie die Prozesskennung (PID), und starten Sie dann `kill -9` *PID*. Bei den meisten UNIX-Systemen können Sie die RPC-Dienste auch gleich beim Systemstart deaktivieren, indem Sie nämlich die Startdatei (in */etc/rc.d/*) von `S` (Startdatei) auf `K` (Kill) umschalten. Mit dem Befehl `rpcinfo -p` finden Sie heraus, welche RPC-Programme ausgeführt werden.

WEGWEISER
Weitere Informationen über RPC-Angriffe finden Sie unter `http://www.cert.org/incident_notes/IN-99-04.html`.

Der vierte Exploit in der Top Ten der SANS-Gruppe sind die Sicherheitslöcher im RDS (Remote Data Service, Remotedatendienst) von Microsoft IIS (um ganz ehrlich zu sein, bin ich überrascht, dass nicht mehr Sicherheitslöcher von Microsoft in dieser Hitliste stehen). Dieser Exploit ist schnell abgehandelt: Laden Sie sich einen Patch für den IIS herunter!

WEGWEISER
Mehr zu den Sicherheitslöchern des RDS finden Sie unter `http://www.wiretrip.net/rfp/p/doc.asp?id=29&iface=2`.

Auf Platz 5 stehen `sendmail`- und MIME-Angriffe. Diese Sicherheitslücken basieren auf dem Überlauf von Pufferspeichern und auf Weiterleitungsstrategien, die den sofortigen Zugriff auf das Stammverzeichnis ermöglichen. Es gibt mehrere Möglichkeiten, diese Problembereiche abzusichern. Zunächst einmal müssen Sie natürlich die korrekten Patches für Ihre `sendmail`/`mail`-Server aufspielen. Wenn bei Ihnen keiner dieser Dienste benötigt wird, können Sie sie auch deaktivieren (das passiert analog zu der oben für die RPCs beschriebenen Prozedur).

WEGWEISER
Mehr Informationen zu `sendmail`-Sicherheitslöchern finden Sie unter `http://www.cert.org/advisories/CA-97.05.sendmail.html`.

Der sechste Exploit fußt auf den Anfälligkeiten von `sadmind` und `mountd` und gilt gleichermaßen für Linux- und Solaris-Rechner.

WEGWEISER
Mehr Informationen zu `sadmind`- und `mountd`-Sicherheitslöchern finden Sie unter `http://www.cert.org/advisories/CA-99-16-sadmind.html` bzw. `http://www.cert.org/advisories/CA-1998.12.mountd.html`.

Der siebte Exploit ist das globale Filesharing über die NetBIOS-Ports 135 bis 139 – das wahrscheinlich größte Problem, das ein Benutzer haben kann, der über ein Kabelmodem oder eine DSL-Leitung mit dem Internet verbunden ist. Die meisten Leute verstehen das Konzept des Filesharing nicht und lassen es infolgedessen aktiviert. Auch Napster ist eine heikle Angelegenheit. Zwar ist Napster hier nicht aufgeführt, aber die Idee dahinter bedingt eine Freigabe von Verzeichnissen, und am Ende haben Sie möglicherweise mehr von Ihrer Festplatte freigegeben, als Ihnen lieb ist. Wie man dagegen vorgehen kann? Beachten Sie die folgenden Vorschläge von der SANS-Seite (`http://www.sans.org/topten.htm`):

- Wenn Sie bereitgestellte Laufwerke freigeben, dann stellen Sie sicher, dass wirklich nur die notwendigen Verzeichnisse freigegeben sind.
- Erhöhen Sie die Sicherheit durch eine Beschränkung der Verzeichnisfreigabe auf bestimmte IP-Adressen, da DNS-Namen sich mittels Spoofing ermitteln lassen. Das ist zwar auch bei IP-Adressen möglich, dort aber nicht ganz so einfach und auch leichter zu erkennen.
- Stellen Sie bei allen Systemen sicher, dass alle Freigaben mit komplexen Kennwörtern gesichert sind.
- Verhindern Sie bei Windows NT-Systemen die anonyme Zählung von Benutzern, Gruppen, Systemkonfigurationen und Registrierungsschlüsseln über eine »`null session`-Verbindung«.

Blockieren Sie ferner eingehende Verbindungen zum NetBIOS-Sitzungsdienst (TCP-Port 139) am Router oder am NT-Host, und ziehen Sie die Implementierung des Registrierungsschlüssels `RestrictAnonymous` für mit dem Internet verbundene Hosts in Betracht, die eigenständig oder in nicht vertrauenswürdigen Domänen betrieben werden.

Der achte Exploit beruht auf schwachen Kennwörtern. Muss ich noch etwas dazu sagen? Jedes Mal, wenn ich damit beauftragt werde, eine Risikoeinschätzung zu erstellen, stoße ich als Erstes auf schwache Kennwörter. Beachten Sie also bitte bei der Entwicklung von Kennwörtern die folgenden einfachen Grundregeln:

- Stellen Sie sicher, dass das Kennwort mindestens acht Zeichen lang ist.
- Vergewissern Sie sich, dass das Kennwort eine Kombination aus Zahlen, Buchstaben und Sonderzeichen darstellt.
- Wählen Sie ein Kennwort, das nicht in der Wörterbuchdatei gespeichert ist.

WEGWEISER
Weitere Hinweise zur Komplexität von Kennwörtern finden Sie unter `http://www.cert.org/tech_tips/passwd_file_protection.html`.

Der neunte Exploit zielt auf einen Überlauf von IMAP- oder POP-Puffern oder deren falsche Konfiguration. Auch hier besteht der beste Schutz gegen derartige Angriffe darin, diese Dienste zu deaktivieren, sofern sie nicht benötigt werden. Andernfalls sollten Sie immer die aktuellsten Patches aufspielen.

WEGWEISER
Hinweise zur Sicherheit von IMPA und POP finden Sie unter `http://www.cert.org/advisories/CA-1998.09.imapd.html`, `http://www.cert.org/advisories/CA-1998.08.qpopper_vul.html` oder `http://www.cert.org/advisories/CA-1997.09.imap_pop.html`.

Der letzte Exploit der SANS-Hitliste schließlich sind SNMP-Community-Standardzeichenketten, die die Werte »public« oder »private« haben. SNMP (Simple Network Management Protocol, einfaches Netzwerkverwaltungsprotokoll) dient zur Überwachung und Verwaltung eines Netzwerks. In Verbindung mit schwachen Kennwörtern lassen sich solche Sicherheitslücken bereits durch einfachste Administrationsmaßnahmen steuern.

WEGWEISER
Weitere Informationen zu SNMP und den Community-Zeichenketten finden Sie unter `http://www.cisco.com/univercd/cc/td/doc/cisintwk/ito_doc/snmp.htm#xtocid210315`.

Denken Sie immer daran, dass dies nicht die einzigen Sicherheitslücken im Internet sind. Ein Cracker kann zu jeder Zeit irgendeinen (neuen) Exploit aus dem Ärmel schütteln.

5.4 Fazit

In diesem Kapitel haben wir eine Menge Themen abgedeckt, darunter die passive Betriebssystemidentifikation, Social Engineering, diverse Tools und die SANS-Hitliste. Das Ziel des Kapitels war es, Ihnen ein Verständnis für die Denk- und Vorgehensweise eines Crackers zu vermitteln, der es auf ein Netzwerk abgesehen hat. Dank des Internets wird unsere Welt immer kleiner, und die Cyberkriminalität ist auf dem Vormarsch, weswegen der Schutz Ihrer Privatsphäre und Ihrer Daten eine zunehmend größere Herausforderung darstellt. Das Wissen darum, wie ein Hacker oder Cracker arbeitet, kann bei der Abwehr solcher Leute eine große Hilfe sein. Oder, wie es ein Sicherheitsexperte einmal formuliert hat: »Sicherheit ist kein Produkt, sondern ein dauerhafter Vorgang«. Mit welchen Produkten auch immer Sie arbeiten, vergessen Sie niemals, die aktuellsten Patches aufzuspielen und alle Dienste zu deaktivieren, die Sie nicht benötigen.

Kapitel 6

Das Internet heute: Eine Welt im Kriegszustand

Seit 1973 werden regelmäßig Internetsites geknackt. Obwohl es zugegebenermaßen schwierig ist, das Internet der späten Siebziger und der Achtziger mit dem Netzwerk zu vergleichen, das wir heute unter diesem Namen kennen, kann man durchaus mit Berechtigung feststellen, dass die Tendenz bei solchen Angriffen eher zunehmend ist. In diesem Kapitel wollen wir Sie auf eine Reise durch die chaotischen Zustände mitnehmen, die heute im Internet herrschen, und auch einen Ausblick auf das wagen, was uns noch bevorstehen könnte. Wir werden sehen, dass Einbrüche in jede Art von Organisation – von kleinen Bildungseinrichtungen bis hin zum amerikanischen Verteidigungsministerium – nicht nur möglich sind, sondern bereits stattgefunden haben. Es gibt Beweise dafür, dass internetbasierte Angriffe mit dem Ziel durchgeführt werden können, Organisationen und Behörden aus politischen Gründen kaltzustellen. Unsere modernen Sicherheitstechnologien sind komplex, aber noch immer lassen sich Angriffe über das Internet vergleichsweise leicht zum Erfolg führen. In diesem Kapitel werden wir auch sehen, wer aus welchem Grund attackiert wird.

6.1 Hacker, Cracker und andere Bösewichte

Zwar sprechen die meisten Leute, wenn von illegalen Einbrüchen in Computernetzwerke die Rede ist, vom Hacken, aber richtiger wäre eigentlich der Terminus Knacken. Ein Zielnetzwerk ist in dem Moment geknackt, in dem jemand unerlaubten Zugriff darauf hat. Es gibt verschiedene Kategorien dieses Zustandes; ein paar Beispiele:

- Der Angreifer erhält nur Zugriff und nichts weiter (Zugriff bezeichnet in diesem Fall den unerlaubten Eintritt in ein Netzwerk, bei dem – zumindest – ein Anmeldename und ein Kennwort abgefragt werden).
- Der Angreifer erhält Zugriff und zerstört, verfälscht oder modifiziert Daten.
- Der Angreifer erhält Zugriff und erlangt die Kontrolle über das System oder einen Teil des Systems, der privilegierten Benutzern vorbehalten ist.
- Der Angreifer erhält keinen Zugriff, versendet aber in großem Stil Mails über das geknackte System (Versender von Werbemails verwenden diese Methode häufiger).
- Der Angreifer erhält keinen Zugriff, kann jedoch Prozesse implementieren, die zu einem permanenten oder temporären Ausfall, Neustart, Absturz oder einem anderen Nichtbetriebszustand des Netzwerks führen. Diese Form des Angriffs wird normalerweise als DoS-Angriff bezeichnet.

Moderne Sicherheitsmethoden haben das Knacken schwierig gemacht. Allerdings gibt es zwischen den Wörtern »schwierig« und »unmöglich« noch einen himmelweiten Unterschied. Cracker haben heutzutage Zugriff auf eine Fülle von Sicherheitsinformationen, von denen die meisten frei im Internet verfügbar sind. Der Wissensstand von Crackern und echten Sicherheitsexperten unterscheidet sich nicht wesentlich; in der Tat ist es wohl sogar so, dass keine Seite über Informationen verfügt, die nicht auch die andere Seite hat. Das macht diesen Wettstreit so interessant.

Wir werden im Verlaufe dieses Kapitels sehen, dass das Knacken von Computersystemen zum Volkssport geworden ist. Es ist inzwischen derart verbreitet, dass jeder, der behauptet, dass das Internet eine sichere Sache sei, mit extremstem Misstrauen beäugt werden sollte. Um diesen Punkt zu belegen, will ich einmal mit staatlichen Körperschaften beginnen – schließlich sind Verteidigungseinrichtungen und Nachrichtendienste als Basis der nationalen Sicherheitsinfrastruktur mehr als alle anderen Gruppen darauf angewiesen, dass ihre Netzwerke sicher sind.

6.2 Regierungen im Krieg

Wenn ich Sie fragen würde, wer Ihre Freunde sind, würden Sie mit Sicherheit ohne Zögern antworten können. Das liegt daran, dass menschliche Beziehungen auf gemeinsamen Interessen und auf Zuneigung fußen – einfachen Eigenschaften sehr persönlicher Art. Auch wenn ich Sie fragen würde, wer die Freunde der Vereinigten Staaten wären, können Sie sicher ohne Zögern antworten. In diesem Fall jedoch wäre Ihre Antwort mit an Sicherheit grenzender Wahrscheinlichkeit falsch.

In diplomatischen Kreisen bezeichnet das Wort »Verbündeter« jede fremde Nation, deren territoriale, ideologische oder wirtschaftliche Interessen sich mit denen des eigenen Landes decken. Wir vergeben die Bezeichnung »Verbündeter« auf der Basis verschiedener Abkommen, mündlicher Versicherungen und hin und wieder auch verbindlicher Verträge an diesen oder jenen fremden Staat.

Die Amerikaner beispielsweise bezeichnen Frankreich und Israel als Verbündete. Diese Staaten befinden sich jeweils in einem Teil der Welt, an dessen Schutz die USA interessiert sind, und alle drei Staaten teilen die Ansichten über Demokratie (die Franzosen haben beispielsweise mit den Amerikanern gegen das faschistische Deutschland gekämpft, und die Amerikaner haben Israel bei der Repatriierung von Juden unterstützt, die aus der Sowjetunion vertrieben worden waren). Wenn also Frankreich und Israel die Freunde Amerikas sind, warum um alles in der Welt setzen sie dort Spione ein?

Im letzten Jahrzehnt waren die Vereinigten Staaten das Ziel umfassender Technologie- und Industriespionage, die zum Großteil von Freunden und Verbündeten des Landes ausgeführt wurde. Im Jahre 1997 benannte die American Society for Industrial Security (Amerikanische Gesellschaft für Industriesicherheit) eine Reihe von Nationen, die regelmäßig Industriespionage gegen die USA betreiben. Dabei standen die folgenden Länder ganz oben auf der Liste:

- Frankreich
- Deutschland
- Israel
- China
- Südkorea

Vier davon gelten als Verbündete der Vereinigten Staaten.

WARNUNG
Fliegen Sie mit Air France? Wenn ja, dann sollten Sie am Telefon nicht zu viel erzählen. Vor einiger Zeit kam heraus, dass Air France den Telefonverkehr von Transitreisenden zwischen Europa und dem amerikanischen Kontinent abhört.

Die Spionageaktivitäten Frankreichs nehmen in dieser Rangliste einen besonderen Platz ein. Am 12. Januar 1998 berichtete die Los Angeles Times, dass der französische Geheimdienst mehr als 70 Unternehmen aus Amerika bespitzele, darunter etwa Boeing und Texas Instruments. Wie die meisten anderen Staaten, die in Amerika Spionageaktionen durchführen, verwenden auch die Franzosen die folgenden nachrichtendienstlichen Methoden:

- Abhöraktionen
- Einbrüche in Computernetzwerke
- Diebstahl proprietärer Informationen

Betrachten Sie Frankreich immer noch als Verbündeten der Vereinigten Staaten?

Was ich hier behaupte, schockiert Sie wahrscheinlich. Aber drehen wir die Sache doch mal um: Wenn Sie Bürger von Frankreich, Israel, Deutschland oder Südkorea sind, dann muss ich Ihnen leider mitteilen, dass auch Ihre Landsleute rund um die Uhr von der US-Regierung überwacht werden. Jede Industrienation tut dies. So einfach ist das: Staaten haben ihre eigene wirtschaftliche und politische Tagesordnung. Und diese Tagesordnung wiegt mehr als Verträge mit Verbündeten. Mit anderen Worten: Wir können weder den Franzosen noch den Amerikanern oder den anderen Ländern vorwerfen, dass sie es auf diesem Wege probieren.

Das Problem ist, dass sich die Zeiten geändert haben, und zwar drastisch. Seit 10.000 Jahren implizieren Spionage, Sabotage und Kriegsführung menschliche Aktivitäten. Auch das Antlitz des Spions hat sich in dieser Zeit nur wenig geändert. Egal, ob er ein Infiltrator war, ein Saboteur oder ein Maulwurf, er war immer auch ein Mensch.

Aber die Regeln dieses Spiels haben sich geändert. Telekommunikation und Computertechnologie haben dafür gesorgt, dass elektronische Spionage und Kriegsführung nicht mehr die Domäne fantasiereicher Autoren sind, sondern brutale Wirklichkeit. Aus diesem Grund müssen feindliche Nationen heute keine menschlichen Spione mehr schicken; sie versenden Pakete – und warum auch nicht? Pakete sind billiger. Pakete rauchen und trinken nicht (jedenfalls nicht, soweit bekannt ist), sie sind keine Spielernaturen und können nicht über ihren Ruf, sexuelle Indiskretionen oder Kriminalakten diskreditiert werden. Was aber das Wichtigste ist: Pakete sind unsichtbar (zumindest für diejenigen, die unzureichende Sicherheitsvorkehrungen treffen).

Von hier aus ist es nur noch ein kleiner Schritt hin zu der Vorstellung, dass das Internet ein perfektes Spionagewerkzeug ist. Leider haben viele staatliche Behörden dies erst sehr spät bemerkt; bis dato galt das Szenario der Internetspionage als Spross der Trivialliteratur, als maßlos übertriebenes Hirngespinst von Militär- und Spionageexperten, die sich so etwas in Ermangelung eines richtigen Feindes spaßeshalber ausdenken.

6.2.1 Kann das Internet zur Spionage genutzt werden?

Vielleicht sollte man besser fragen, *wie oft* das Internet zur Spionage genutzt wird. Analytiker debattieren nun schon seit geraumer Zeit darüber, ob das Internet für Spionagezwecke nutzbar ist. Diese Debatte ist allerdings müßig, denn eine solche Nutzung ist schon heute Realität. Das Raumtransportprogramm der Sowjetunion beispielsweise basierte auf amerikanischen Technologiedaten, die über das Internet gestohlen wurden. Die verschiedenen Entwicklungskomponenten wurden online bei diversen Universitäten eingesammelt. In seinem Dokument »How Soviets Stole a Shuttle« schreibt Robert Windrem:

> *Die Onlineakquise war, wie die NSA (Nationale Sicherheitsbehörde der USA) berichtet, derart umfassend, dass die Sowjets zwei Ostwest-Forschungszentren in Wien und Helsinki als Tarneinrichtungen benutzen mussten, um alle Daten nach Moskau zu schleusen, wo diese die Drucker »praktisch unentwegt« am Laufen hielten. Der Nachrichtensendung des Senders NBC wurden Aussagen sowjetischer Geheimdienstler zugespielt, laut denen die Russen dank der Onlinespionage Milliarden für ihr Raumfahrtprogramm eingespart hätten.*

Die Sowjets haben die Tauglichkeit des Internets für geheimdienstliche Tätigkeiten schon vor langer Zeit erkannt. Es kursiert eine Legende über die Zerschlagung eines KGB-Spionagerings im Internet, der selbiges für den Diebstahl amerikanischer Geheimnisse nutzte. Ich spreche von der Geschichte Clifford Stolls, eines Astronomen, der seinerzeit an der Universität in Berkeley (Kalifornien) tätig war.

Stoll arbeitete eigentlich daran, die Ursache für einen Buchhaltungsfehler über die beeindruckende Summe von 75 Cents festzustellen. Während seiner Arbeit entdeckte er, dass jemand in die Computer der Universität eingedrungen war. Anstatt den Eindringling zu stellen, beobachtete Stoll ihn. Was er sah, war sehr beunruhigend.

Der Eindringling benutzte Stolls Server jedoch nur als Einstiegspunkt. Die tatsächlichen Ziele waren Computer von Militäreinrichtungen, darunter Server des

Pentagons. Der Eindringling suchte nach Informationen über Amerikas Vorkehrungen gegen einen Nuklearangriff. Stoll erkannte, was das war: Spionage. Daher kontaktierte er das FBI. Zu Stolls Überraschung gingen die FBI-Agenten jedoch über die ganze Angelegenheit hinweg und verweigerten jegliche Hilfestellung. Daraufhin begann Stoll eigene Nachforschungen. Was folgte, ist mittlerweile eines der bekanntesten Kapitel in der Geschichte des Internets.

Nach einer Analyse der über das Telefonsystem verknüpften Verbindungen konnte Stoll den Spion bis nach Deutschland zurückverfolgen. Seine Beweise sollten schließlich das FBI, die CIA und den Bundesnachrichtendienst auf den Plan rufen. Im März 1989 wurde Clifford Stoll zugestanden, einen Ring deutscher Spione geknackt zu haben, die amerikanische Geheimnisse aus dem Internet stahlen und an den KGB verkauften (eine interessante Bemerkung am Rande: Die deutschen Spione erhielten für ihre Dienste nicht nur Geld, sondern auch große Mengen Kokain).

WEGWEISER
Die ganze Geschichte lesen Sie in Clifford Stolls Buch »Kuckucksei« (ISBN: 3-596-13984-8).

6.2.2 Die Bedrohung kommt näher…

Solche Fälle sind faszinierend, vermitteln aber nur einen kleinen Einblick in das, was uns noch bevorsteht. Heutzutage sind feindselige Nationen bereits dabei, Möglichkeiten zu eruieren, wie das Internet für einen Angriff nutzbar zu machen ist. Die neue Bedrohung besteht daher nicht in simpler Spionage, sondern in einer regelrechten Kriegsführung über das Internet. Sind wir dafür bereit? Irgendwie vielleicht.

Der Begriff Informationskrieg spukt schon seit einigen Jahren in den klugen Köpfen der Verteidigungsbehörden herum. Neuere Studien besagen, dass die erste reale Informationskriegsattacke innerhalb der nächsten zwanzig Jahre erfolgen wird. Die meisten Nationen bereiten sich schon darauf vor:

> *Verteidigungsbehörden und Sicherheitsexperten sind der Ansicht, dass über 120 Nationen Ansätze für einen Informationskrieg entwickeln. Diese Methoden ermöglichen es unseren Feinden, sensible Datensysteme der Verteidigungsbehörden oder öffentliche Netzwerke, die die Verteidigungsbehörden unbedingt zu Kommunikationszwecken brauchen, zu kontrollieren oder zu zerstören. Terroristen und andere Gegner sind heute in der Lage, von jedem beliebigen Ort der Welt aus nicht zurückverfolgbare Angriffe zu starten. Sie könnten überlebenswichtige Systeme – z.B. Waffen-, Befehls- und Steuersysteme – mit raffinierten Computerviren infizieren und dadurch Fehlfunktionen auslösen. Ebenso könnten sie die Kommunikation zwischen unseren Streitkräften unterbrechen und unsere Versorgungs- und Logistikkanäle beeinträchtigen, indem sie Schlüsselsysteme der Verteidigungsbe-*

> *hörden angreifen (»Information Security: Computer Attacks at Department of Defense Pose Increasing Risks« Testimony, 22.05.1996, GAO/T-AIMD-96-92).*

Die meisten Strategiepapiere zur Internetkriegsführung legen den Schwerpunkt auf den Informationskrieg im Rahmen einer akuten Kriegssituation. Einige Experten in den USA haben jedoch erkannt, dass wir uns nicht unbedingt im Krieg befinden müssen, um angegriffen zu werden:

> *Die Vereinigten Staaten sollten erkennen, dass ihre Datensysteme anfällig für Angriffe sind. Sie sollten weiterhin davon ausgehen, dass Attacken einer feindlichen Nation ohne vorherige formelle Kriegserklärung ausgeführt werden können. Das ist das, womit wir im Jahre 2020 – oder vielleicht auch früher – rechnen müssen (»A Theory of Information Warfare; Preparing For 2020« von Colonel Richard Szafranski, USAF).*

Die Frage lautet: Wenn sie uns angreifen, was können sie uns tun? Die Antwort wird Sie möglicherweise überraschen.

Die PCCIP (President's Commission on Critical Infrastructure Protection, eine Kommission für die Untersuchung von Sicherheitsschwachstellen in nationalen Netzwerken, im Internet zu finden unter `http://www.info-sec.com/pccip/web/index.html`) hat einige Schlüsselressourcen benannt, die über das Internet angegriffen werden können, darunter:

- Daten- und Kommunikationssysteme
- Elektrizitätssysteme
- Gas- und Öltransport und -Lagerung
- Banken- und Finanzwesen
- Transportwesen
- Wasserversorgungssysteme
- Notdienste
- Regierungsdienste

Im Jahr 2000 veröffentlichte die PCCIP einen Bericht mit vorläufigen Ergebnissen. Auch sie zog den Schluss, dass wir ohne Vorwarnung angegriffen werden können:

> *Potenziell schwerwiegende Cyberattacken können ohne erkennbare logistische Vorbereitungen erdacht und geplant werden. Das Auskundschaften verläuft unsichtbar, die Attacken werden heimlich geprobt und dann innerhalb von Minuten oder gar Sekunden ausgeführt, ohne dass Identität oder Standort des Angreifers offenbar werden.*

WEGWEISER
Eine deutschsprachige Seite über den Bericht finden Sie beispielsweise unter `http://www.ixmagazin.de/tp/deutsch/special/info/6837/1.html`.

Ist es wirklich so schlimm?

6.2.3 Wer hält die Karten in der Hand?

Technologie ist eine gleichermaßen seltsame wie wunderbare Sache. Je nachdem, wer sie einsetzt, kann die gleiche Technologie, die uns Godzilla bringt, auch dazu benutzt werden, Massenvernichtungswaffen zu entwickeln. Aus diesem Grund ist der Technologieexport aus den Vereinigten Staaten seit über fünfzig Jahren streng reglementiert.

Während dieses Zeitraums haben allerdings kommerzielle Entwicklungen erheblichen Einfluss auf den Vertrieb bedeutender Technologien genommen. Vor dreißig Jahren beispielsweise hatte die amerikanische Regierung alle Karten in der Hand, und der durchschnittliche US-Bürger hatte fast nichts. Heutzutage hat der durchschnittliche US-Bürger Zugang zu derart fortschrittlichen Technologien, dass seine Ausstattung den Möglichkeiten der Regierung durchaus nahe kommt.

Verschlüsselungstechnologien sind ein gutes Beispiel hierfür. Viele Amerikaner benutzen Verschlüsselungsprogramme, um ihre privaten Daten vor neugierigen Augen zu schützen. Einige dieser Verschlüsselungsprogramme (wie Pretty Good Privacy) ermöglichen eine Verschlüsselung nach Militärstandard. Diese ist komplex genug, um von amerikanischen Geheimdiensten nicht geknackt werden zu können (zumindest nicht innerhalb eines angemessenen Zeitraums, und Zeit ist oft der entscheidende Faktor).

HINWEIS
Verschlüsselungstechnologien haben schon mehrere juristische Untersuchungen durchkreuzt. Im Fall des berühmten Crackers Kevin Mitnick hatte die Staatsanwaltschaft ein Problem: Mitnick hat den größten Teil seiner persönlichen Daten verschlüsselt. David Thomas von »Online Journalism« berichtete:

Die verschlüsselten Daten stellten immer noch ein Problem für das Gericht dar. Die Behörden sind zwar im Besitz der verschlüsselten Dateien, haben aber keine Ahnung über deren Inhalt. Die Verteidigung gibt an, dass die Daten möglicherweise entlastendes Material beinhalten könnten, aber die Enthüllung der Inhalte gegenüber der Regierung würde Mitnicks Rechte verletzen, da nach amerikanischem Recht keine Pflicht zur Selbstbelastung besteht. Die Staatsanwaltschaft ließ hingegen verlauteten, dass sie die verschlüsselten Dateien nicht gegen Mitnick verwenden werde, dass sie aber eine Rückgabe der Beweismittel verweigerte, da sie nicht wisse, welche Informationen in den Dateien zu finden sind. Das Gericht unterstützte schließlich den Standpunkt der Staatsanwaltschaft. Richter Pfaelzer beschrieb Mitnick als »extrem clever, weil er alle

> *Beteiligten in eine solche Lage bringen konnte«, wies aber darauf hin, dass, »solange er (Mitnick) die Schlüssel in der Hand hält,... das Gericht hinsichtlich dieses Sachverhalts nichts unternehmen« werde.*

Fortschrittliche Technologien haben sich mittlerweile ihren Weg in die Allgemeinheit gebahnt. In vielen Fällen haben Hacker und Cracker sich die zugehörigen Methoden vorgenommen und sie verbessert. Währenddessen bewegt sich die Regierung, behindert durch eine einschränkende und archaische Gesetzgebung, sehr gemächlich. So hat der private Sektor die Regierung auf einigen Forschungsgebieten schon eingeholt (und in manchen Fällen sogar überholt).

Dies ist eine Angelegenheit, die die ganze Nation betrifft und mittlerweile eine heftige Debatte ausgelöst hat. Denken Sie nur einmal an den Mitnick-Fall: Glauben Sie, dass die Regierung ein Anrecht auf Mitnicks Kryptographieschlüssel hat, um herauszufinden, was sich in diesen Dateien verbirgt? Diese Frage ist schwer zu beantworten. Wenn Mitnick ein Recht dazu hat, Informationen in seinem Besitz vor anderen zu verbergen, dann steht dieses Recht auch jedem anderen zu.

Es gibt jetzt allerdings noch eine wichtigere Frage: Inwieweit beeinflusst die Verbreitung solcher Technologien unsere Vorbereitung auf Internetattacken?

6.2.4 Kann Amerika seine nationale Dateninfrastruktur schützen?

Vom militärischen Standpunkt aus gesehen sind die USA wohl jeder Nation der Erde weit überlegen. Allerdings kann man dies in Bezug auf einen Informationskrieg nicht sagen.

Im März 1997 griff ein schwedischer Cracker ein Notrufsystem in Florida an und deaktivierte es. Elf Länder waren betroffen. Der Cracker hielt die Operatoren zum Narren, indem er sie miteinander verband (oder die Dienste insgesamt blockierte).

> **HINWEIS**
> Dieser Fall war nicht der erste eines Crackers, der einen Notrufdienst abstellte. In New Jersey stand deswegen eine Gruppe junger Cracker vor Gericht. Auf die Frage nach dem Motiv antworteten sie: »Wir wollten in Notrufsysteme eindringen und sie mit Viren infizieren, um Chaos anzurichten.«
>
> Ein anderer, sehr bestürzender Fall trug sich im März 1997 zu. Im amerikanischen Bundesstaat Massachusetts knackte ein Teenager das Netzwerk eines Flughafens. Während des Angriffs waren der Kontrollturm und die Kommunikationseinrichtungen sechs Stunden lang außer Gefecht gesetzt (Gleiches galt für die Flughafenfeuerwehr). Laut Berichten über diesen Vorfall waren ...
>
> *... die öffentliche Sicherheit und Unversehrtheit durch den Ausfall, der sich aus der Unterbrechung der Telefonverbindungen zum Kontrollturm, zur Flughafenfeuerwehr und anderen betroffenen Einrichtungen wie etwa der Flughafensicherung, dem Wetterdienst und verschiedenen pri-*

vaten Luftfrachtunternehmen ergab, bis etwa gegen 15:30 Uhr bedroht. Ebenfalls aufgrund dieses Ausfalls waren der Hauptsender, der mit dem Tower verbunden ist, und ein Schaltkreis, der es Flugzeugen ermöglicht, mit Hilfe eines elektrischen Signals die Rollbahnbeleuchtung einzuschalten, für den gleichen Zeitraum nicht aktiviert (Transport News vom März 1998).

Die Einführung moderner Mikrocomputer hat das Gleichgewicht der Kräfte für immer geändert. Die durchschnittlichen Pentium- und Alpha-Prozessoren sind mächtiger, als es viele Großrechner vor fünf Jahren waren. Wenn man neben diesem Umstand noch das Clustering von Linux und verteilte Verarbeitungslösungen betrachtet, dann kann man sich leicht vorstellen, dass es möglich ist, mit vergleichsweise preiswerter Hardware die Verarbeitungskapazitäten eines Systems zu erzielen, wie es noch vor kurzer Zeit staatlichen Behörden und Forschungseinrichtungen vorbehalten war.

Eine Nation der Dritten Welt könnte theoretisch eine Bedrohung für unsere nationale Dateninfrastruktur darstellen. Mit modernen Mikrocomputern (und einigen Hochgeschwindigkeitsverbindungen) könnte eine solche Nation mit einem Kostenaufwand, der das Staatsbudget nicht sprengen würde, durchaus einen erfolgreichen Informationskrieg gegen Amerika führen. Sicherlich wird es im Laufe der nächsten paar Jahre zu den ersten Fällen ernst zu nehmenden Cyberterrorismus kommen.

Außerdem bedroht bereits die Existenz fortschrittlicher Technologien unsere militärische Zukunft in der »echten« Welt. Nationen wie Russland und China haben sich auf militärischem Gebiet langsamer entwickelt, weil ihnen diese Technologien nicht zur Verfügung standen. Ihre Raketen sind weniger zuverlässig, weil ihre technologische Basis weniger weit entwickelt war. Amerikas Verteidigungsprogramm war derart weit fortgeschritten, dass es selbst im Falle von Zugeständnissen im Rüstungswettlauf eigentlich gar keine Zugeständnisse gab: Die USA erklärten sich beispielsweise erst dann dazu bereit, ihre Atomtests einzustellen, als sie eine Technologie entwickelt hatten, die es ihnen ermöglichte, solche Tests mit Hilfe von Computern authentisch zu simulieren.

In dem Maße, wie feindlich gesonnene Nationen Zugang zu besseren Computertechnologien erhalten, verbessern sich auch ihre Waffen – aber es sind nicht nur Waffen, die zählen. Es ist die Kombination aus Waffen, Kommunikation und Informationen, die den Unterschied zwischen den Kräften ausmacht. Wenn es feindlichen Kräften gelingt, unsere Daten zu ändern oder uns den Zugang zu ihnen zu versperren, dann können sie daraus einen erheblichen taktischen Vorteil auf militärischem Gebiet erzielen und dadurch Mankos auf anderen Gebieten wieder wettmachen. Shane D. Deichman schreibt in seinem Bericht »On Information War«:

> *Ein wesentliches Element des Informationskriegsszenarios ist die Tatsache, dass die Beteiligten keinen Status als Supermacht besitzen müssen. Jede Macht (d.h. sogar solche, die nicht als Nationalstaat anerkannt sind)*

> *kann mit einem Minimum an Technologie anfällige C2-Netzwerke zerschlagen und wesentliche Datendienste blockieren. Im Gegensatz zu einer »Datenkontrollstrategie«, die darauf abzielt, alle Bereiche des Informationsspektrums zu kontrollieren, ist eine Strategie der »Datenverweigerung« (d.h. die Zugangsverweigerung zu wichtigen Informationen) für die US-Streitkräfte realitätsbezogener.*

Eine andere Frage hingegen, die eher selten gestellt wird, lautet: »Ist die amerikanische Regierung für den Schutz der gesamten Infrastruktur in den Vereinigten Staaten verantwortlich?« Gegenfrage: Tun die Unternehmen, die sich etwa um die Telefonnetzsysteme kümmern, dieses nicht, *um damit gutes Geld zu verdienen*? Sollte also der Schutz solcher Systeme nicht in *ihrem* ureigensten Interesse liegen?

Sollte er doch eigentlich, nicht wahr? Abgesehen davon, dass die Regierung der USA mehr Probleme und Aufgaben als genug hat, sind Organisationen, die von der Regierung eine Lösung ihrer Sicherheitsprobleme fordern, auf dem falschen Dampfer. Die Datensicherheit ist das Problem aller. Willkommen im Club!

6.2.5 Wie kann ein Informationsangriff aussehen?

Es hat noch keinen Informationskrieg gegeben. Zwar hat der verteilte DoS-Angriff aus dem Februar 2000 vielen Leuten die Augen geöffnet, aber es ist nach wie vor schwer zu sagen, wie ein Angriff genau ausgeführt werden könnte. Die verantwortlichen Militärs sind nicht bereit, Einzelheiten bekannt zu geben. Wir können uns aber – wie schon viele vor uns – den Spekulationen hingeben.

> **WEGWEISER**
> Im Februar 2000 wurde eine der bedeutendsten Sites mit Hilfe von Tools, die einen dezentralen DoS-Angriff ermöglichen, sang- und klanglos aus dem Internet geworfen. Dieser Angriff machte in praktisch jeder Nachrichtensendung Schlagzeilen. Einen der ersten Berichte finden Sie unter `http://www.computerworld.com/cwi/story/0,1199,NAV47_ST043010,00.html`.

Spezialisten beispielsweise der Rand Corporation haben sich bereits einige Gedanken zu dem Thema gemacht. Sie haben einen Bericht veröffentlicht, der verschiedene Fragen zum strategischen Zustand der USA stellt und einige Empfehlungen für eine intensivere Beschäftigung mit dem Thema enthält:

> *Wir schlagen analytische Simulationen vor, um zu bestimmen, wie der Cyberkrieg und seine verschiedenen Modalitäten im 21. Jahrhundert aussehen könnten, wenn moderne Technologien weiterentwickelt, zuverlässiger und in noch stärkerem Umfang an das Internet gekoppelt sein werden als heute. Diese Simulationen sollten solche Gegner in Betracht ziehen, die den USA sowohl auf Haupt- als auch auf Nebenschauplätzen gegenüberstehen könnten.* ***Der Cyberkrieg wird kommen!*** *(John Arquilla und David Ronfeldt: »International Policy Department.«, RAND. 1993. Taylor & Francis. ISBN 0-14959-339-0).*

Es ist nicht weiter überraschend, dass Militär- und Geheimdienstanalytiker durch das reine Verstehen der Arbeitsweise des Internets (und durch Beobachtung des Benutzerverhaltens der Amerikaner) sehr viel lernen.

Ein großer Teil der gegenwärtigen Forschungsarbeiten zielt auf eine Definition der möglichen Bedrohungen, die das Internet für politische Strukturen darstellt. Charles Swett, Mitarbeiter der Abteilung für Strategische Studien im Pentagon, hat den Wissensstand auf diesem Gebiet um ein gutes Stück vorangetrieben. In seinem Bericht »Strategic Assessment: The Internet« führt er aus, wie das Internet die amerikanische Innenpolitik beeinflussen wird. Er weist darauf hin, dass bestimmte Gruppen das Internet für eine gruppeninterne Vernetzung benutzen können, und gibt ein besonderes Beispiel:

> *Ein anderes etwas überraschendes Beispiel ist eine Nachricht, die am 16. Dezember 1994 ins Internet gesetzt wurde und zu landesweiten Protesten gegen den Vertrag der Republikanischen Partei mit Amerika aufrief. In der Nachricht hieß es, dass der »Vertrag mit Amerika« im Endeffekt ein Klassen-, Rassen-, Geschlechter- und Generationenkrieg sei und dass die Empfänger dieser Nachricht »Tausende zu Demonstrationen in den Gemeinden des ganzen Landes aufrufen«, »die Gefängnisse durch das Ausüben zivilen Ungehorsams füllen« und an anderen störenden Aktionen teilnehmen sollten.*

Swett sagte voraus, dass dies letztlich zu innenpolitischen Bedrohungen führen wird. Er denkt jedoch auch, dass diese Gruppen ihrerseits wiederum anfällig für Angriffe sind:

> *Politische Gruppen, die ihre Aktionen über das Internet koordinieren, sind anfällig für Störungen solcher Aktionen durch gefälschte Nachrichten, die ihnen von gegnerischen Gruppen zugespielt werden.*

HINWEIS

Mr. Swett hatte mehr Recht, als er dachte, denn was er beschreibt, ist bereits passiert. In den vergangenen Jahren sind im Usenet mehrere Konflikte zwischen Scientologen und ihren Gegnern ausgebrochen. Diese Kriege wurden von einigen ziemlich rätselhaften Ereignissen begleitet. In einer Phase einer besonders heftigen Auseinandersetzung, als die Scientologen schon von ihren Gegnern überwältigt schienen, passierte eine merkwürdige Sache:

Gegen Ende des Jahres 1994 begannen Nachrichten aus der Gruppe *alt.religion.scientology* zu verschwinden, manchmal versehen mit der Erklärung, dass eine solche Nachricht »aufgrund einer Verletzung des Urheberrechts gelöscht werden musste«. Bis heute ist es nicht klar, wer hinter der Ausführung dieser »Cancelbots« (so werden Löschautomaten genannt) steckt. Die Church of Scientology wies jegliche Verantwortung von sich. Die Antiscientologen begannen, den anonymen Teilnehmer ironisch »Cancelbunny« zu nennen, eine Bezeichnung, die sich aus einem Kaninchen in einer damals allseits bekannten Batteriewerbung und dem Namen des bekannten Internetbenutzers »Cancelmoose« zusammensetzt, der es sich zur Aufgabe gemacht hatte, einen »Cancelbot«-Prozess zu entwickeln, der gegen Spamming im Internet eingesetzt werden sollte. Aber wer oder was auch immer der »Cancelbunny« gewesen sein mag, seine Bemühungen wurden durch die Entwicklung einer anderen Softwarewaffe mit dem treffenden Namen »Lazarus« schnell pariert. Lazarus lässt gelöschte Nachrichten wieder auferstehen; genauer gesagt, macht er den ursprünglichen Absender und alle Teilnehmer einer Newsgroup darauf aufmerksam, dass eine bestimmte Nachricht gelöscht wurde. Es bleibt dem Absender überlassen, die Nachricht erneut zu senden, wenn der Löschbefehl nicht von ihm initiiert worden ist (David G. Post: »The First Internet War; The State of Nature and the First Internet War: Scientology, its Critics, Anarchy, and Law in Cyberspace«. Reason Magazine, April 1996[1]).

Swett beendet seinen Bericht mit mehreren Beobachtungen zur Überwachung des allgemeinen Internetverkehrs auf einer groß angelegten Basis:

> *Die Überwachung dieses Datenverkehrs müsste durch automatische Filter unterstützt werden, die nur solche Nachrichten zur menschlichen Analyse durchlassen, die gewissen Relevanzkriterien genügen.*

Was Swett hier beschreibt (vielleicht, ohne es zu bemerken), ist ein komplexes und automatisiertes innenpolitisches Geheimdienstsystem. Kurz gesagt: Willkommen im Jahre 1984! Aller Wahrscheinlichkeit nach werden die ersten Versuche, das Internet zur Sicherung und Formung politischer Überzeugungen zu nutzen, gegen das Volk eines Landes gerichtet sein.

Das alles betrifft einen theoretischen, innenpolitischen Informationskrieg. Aber was ist mit dem eigentlichen Internetkrieg? Was sind mögliche Ziele? Die Rand Corporation weiß auch hier eine Antwort. In ihrem Bericht »Information Warfare: A Two-Edged Sword« schreiben ihre Spezialisten:

> *Der Informationskrieg hat keine Fronten. Potenzielle Schlachtfelder sind alle Bereiche, auf die über vernetzte Systeme zugegriffen werden kann – z.B. Öl- und Gaspipelines, Stromleitungsnetze, Telefonschaltwerke. Alles in allem kann man nicht mehr sagen, dass Amerika gegen Angriffe von außen gefeit ist.*

WEGWEISER

Weitere Informationen finden Sie unter `http://www.rand.org/publications/RRR/RRR.fall95.cyber/infor_war.html`.

---

1. ©1996 David G. Post. Text darf als Ganzes oder zu Teilen nur unter Beibehaltung dieses Hinweises verbreitet werden.

In ihrem Dokument beschreiben die Autoren einen fiktiven Angriff in nicht allzu ferner Zukunft. Sie sagen die folgenden Ereignisse voraus:

- stundenlanger Ausfall der Elektrizitäts- und Telefonsysteme in den Vereinigten Staaten
- Entgleisungen oder Zusammenstöße von Fracht- und Personenzügen
- brennende Erdölraffinerien
- Zusammenbruch des gesamten Finanzwesens einschließlich automatischer Einzugssysteme
- strategische Schläge durch gut organisierte inländische Extremisten
- Versagen computergesteuerter Waffensysteme

Experten halten es für möglich, dass dies innerhalb von Stunden passieren könnte – ein gespenstiger Gedanke. Ist es möglich? Sind wir wirklich so abhängig von Technologien, oder will uns die Regierung nur das Geld aus der Tasche ziehen?

Die Wahrheit ist: Wir *sind* so abhängig von Technologien.

6.3 Die Situation bei den staatlichen Stellen

Sites einer Regierung waren seit Bestehen des Internets immer beliebte Ziele für Angriffe (das gilt gerade für die amerikanische Regierung). Ein Grund dafür ist die massive Berichterstattung der Presse, die einem solchen Ereignis folgt. Cracker lieben die Aufmerksamkeit der Medien, also ist ihre Philosophie: Wenn Du schon eine Website knackst, dann eine, bei der es jeder sieht.

Man sollte meinen, dass die Internetsites der Regierung über bessere Sicherheitsfunktionen verfügen als kommerzielle Sites. Die Medien reagieren daher aggressiver, wenn eine solche Site geknackt wird. Und Cracker, die eine Site der Obrigkeit erfolgreich attackieren, gewinnen größeres Ansehen unter ihresgleichen (ob verdientermaßen oder nicht).

Wenn Sie Beweise dafür wollen, dass die Sites der Regierung regelmäßig geknackt werden, dann brauchen Sie gar nicht lange zu suchen. Ein Bericht zur Sicherheit der Verteidigungsnetzwerke, herausgegeben im Jahre 1997 vom GAO (Government Accounting Office, Rechnungsbehörde der amerikanischen Regierung), zog die Schlussfolgerung, dass...

> *... im letzten Jahr etwa eine Viertelmillion Angriffe gegen die Verteidigungsnetze ausgeführt wurden. Ferner attackiert die DISA (Defense Information Systems Agency, Behörde für Verteidigungsdatensysteme) die Verteidigungsnetze zu Testzwecken – mit einer Erfolgsquote von 65%. Nach offiziellen Angaben aus dem Verteidigungsministerium haben Angreifer Zugang zu sensiblen Daten bekommen und diese beschädigt; Datenbestände wie auch Software wurden gestohlen, modifiziert oder zerstört. Die Angreifer haben unerwünschte Dateien und Hintertüren installiert, die die*

normalen Schutzmaßnahmen aushebeln und auch zukünftig unautorisierten Zugriff ermöglichen. Sie haben ganze Systeme und Netzwerke heruntergefahren oder stillgelegt und Benutzern, die zur Ausführung wesentlicher Aufgaben von den automatischen Systemen abhängig sind, den Zugang zu Diensten entzogen. Zahlreiche Funktionen der Verteidigungsnetzwerke sind bereits betroffen gewesen, darunter etwa Waffen- und Computerforschungseinrichtungen, Logistik, Finanzwesen, Nachschub, Personalverwaltung, die militärischen Gesundheitsbehörden und die Soldverwaltung.

WEGWEISER

Den Bericht »Information Security: Computer Attacks at Department of Defense Pose Increasing Risks« ([Chapter Report, 05/22/96, GAO/AIMD-96-84]; Kapitel 0:3.2, Absatz 1), aus dem der obige Absatz stammt, finden Sie online unter `http://www.securitymanagement.com/library/000215.html`.

Der gleiche Bericht zeigt auch auf, dass trotz einer Anzahl von jährlich 250.000 Angriffen nur jeder fünfhundertste entdeckt und gemeldet wird.

HINWEIS

Frühere Berichte präsentieren ähnliche Ergebnisse. Zum Beispiel griff die DISA zwischen 1992 und 1995 etwa 38.000 Verteidigungsnetzwerke an. In mehr als 65 Prozent dieser Netzwerke konnte erfolgreich eingedrungen werden. In 96 Prozent aller Fälle (also in etwa 24.700 Fällen) wurde der Angriff nicht entdeckt. Die amerikanische Air Force hingegen scheint besser auf der Hut zu sein als die Kollegen vom Heer: Unter normalen Bedingungen wird bei der gesamten Army etwa jeder einhundertvierzigste Angriff erkannt; die Air Force hingegen entdeckt nach Angaben einer Studie (die sich auf den Zeitraum von 1992 bis 1995 bezieht) jeden achten Angriffsversuch.

Regierungsbehörden versuchen verständlicherweise, diese Tatsachen herunterzuspielen, aber einige derartige Zwischenfälle sind schwer zu verschweigen. 1994 etwa verschafften sich Cracker uneingeschränkten Zugang zu einem Waffenforschungslabor im Staat New York. Über einen Zeitraum von zwei Tagen hinweg konnten die Angreifer wichtige Daten zur nationalen Sicherheit herunterladen, u. a. Funkaufzeichnungen aus Kriegszeiten. Diese Informationen sind extrem sensibel und könnten, wenn sie missbraucht werden, das Leben amerikanischer Militärangehöriger gefährden. Wenn Cracker mit ihrer relativ bescheidenen Ausstattung auf derartige Informationen zugreifen können, dann könnten feindlich gesinnte ausländische Regierungen (mit wesentlich leistungsfähigeren Computersystemen) sicher noch wesentlich weiter kommen.

HINWEIS

Man kann darüber streiten, ob es bereits ausländische Regierungen gibt, die über ausreichend technisches Wissen für einen Angriff auf die amerikanische Netzwerkinfrastruktur verfügen (Berichte der GAO weisen indes darauf hin, dass inzwischen 120 Länder Programme für einen Informationskrieg ausgearbeitet haben). Es ist allerdings bekannt, dass ungeachtet der Einschränkungen beim Technologietransfer viele Staaten dabei sind, sich Know-how und Material für einen solchen Angriff zu beschaffen, der auch Erfolgsaussichten haben könnte. China z.B. erwarb vor einiger Zeit High-End-Workstations von Silicon Graphics, die zur 3D-Modellierung dienen sollten; letztendlich aber wurden die Rechner in Chinas Nuklearprogramm eingesetzt.

Dieses Phänomen ist nicht neu, und doch hat die Regierung nur wenig getan, um die Situation zu verbessern. Tatsache ist, dass in den letzten Jahren einige sehr brisante Websites der Regierung geknackt wurden. 1996 beispielsweise wurden sowohl die CIA als auch das amerikanische Justizministerium Opfer von Crackern.

Im Falle der CIA übernahm ein Cracker am 18. September 1996 die Kontrolle über die Site und ersetzte die Begrüßungsgrafik durch ein neues Bild, auf dem zu lesen stand: »The Central Stupidity Agency«. Daneben fanden sich Links zu einer Hackergruppe in Skandinavien. Auf der Site des Justizministeriums präsentierten Cracker am 17. August 1996 ein Foto von Adolf Hitler als Generalstaatsanwalt der Vereinigten Staaten.

Zwar sind diese beiden Vorfälle aufgrund ihrer Zielobjekte bemerkenswert, tatsächlich aber sind Hunderte, wenn nicht Tausende von Sites der amerikanischen Regierung in den letzten Jahren angegriffen worden. In einem Fall fielen an einem einzigen Tag 26 behördliche Sites Crackern zum Opfer.

WEGWEISER

Wie behördliche und regierungsamtliche Sites in Großbritannien, den USA und Australien gleichzeitig attackiert wurden, lesen Sie im Bericht »Online Gang Defaces 26 Government Sites« unter `http://www.computerworld.com/cwi/story/0,1199,NAV47_STO43010,00.html`.

Aber die Bundesbehörden sind in den Staaten nicht die einzigen Ziele. Im Oktober 1996 wurde die Homepage des Obersten Gerichtshofs im Staat Florida geknackt. Normalerweise werden hier aktuelle Gerichtsurteile veröffentlicht; die Cracker entfernten diese Informationen jedoch und ersetzten sie durch Pornografie (woraufhin man laut Angaben des Gerichts eine ungewöhnlich hohe Anzahl von Besuchern verzeichnen konnte).

Derartige Angriffe kommen immer häufiger vor, und bisher hat die Verfügbarkeit von modernsten Sicherheitstechnologien darauf kaum Einfluss gehabt. Warum? Es liegt nicht an den Technologien, sondern an den Leuten; die Site des Justizministeriums beispielsweise war zwar durch eine Firewall geschützt, die aber war falsch konfiguriert. Um Ihnen zu veranschaulichen, wie verwundbar die Server der Regierung sind, stelle ich Ihnen noch ein paar aktuelle Fälle vor.

6.3.1 DISN: Das Netzwerk der Verteidigungsdatensysteme

Im April 1998 knackte eine Gruppe namens »Masters of Downloading« (nicht zu verwechseln mit den »Masters of Destruction«) das DISN (Defense Information Systems Network, Netzwerk der Verteidigungsdatensysteme). Nach erfolgreichem Angriff kopierten sich die Eindringlinge Software, deren Einsatz dem DISN vorbehalten ist (interessanterweise steuert das DISN beispielsweise wichtige Militärsatelliten). Die Nachrichtenagentur Reuters berichtete:

> *Mitarbeiter des Verteidigungsministeriums sagten, dass die entwendete Software DEM (DISN Equipment Manager, DISN-Inventarverwaltung) der Schlüssel zum amerikanischen Netzwerk für GPS-Militärsatelliten sei; die Software werde beispielsweise benutzt, um die Ziele von Raketenangriffen exakt festzulegen, Truppen zu lenken und Bedingungen am Boden festzustellen (nachzulesen unter* `http://www.news.com/News/Item/0,4,21357,00.html`*).*

Derart lebenswichtige Daten könnten in den Händen einer feindlichen Macht fatale Folgen haben. Zu den DISN-Diensten gehören etwa ...

> *... Infrastruktur, Satellitenkommunikation (militärisch und kommerziell), Telekommunikation in Einsatzgebieten sowie eine Übersicht über einsatzbereites Gerät. All diese Dienste geben den kriegsführenden Oberbefehlshabern die Möglichkeit, jederzeit, überall und zu jedem Zweck eine Verbindung mit der Dateninfrastruktur des Verteidigungsministeriums herzustellen und vollen Zugriff darauf zu erhalten... (nachzulesen unter* `http://www.disa.mil/DISN/disns54.html`*).*

Die Leute des DISN müssen ihre Hausaufgaben machen. Derzeit scheint die amerikanische Sicherheit in hohem Maße gefährdet.

6.3.2 Die Navy und die NASA

Ebenfalls im April 1998 wurden Hosts der amerikanischen Marine und der NASA durch umfassende DoS-Angriffe ausgeschaltet. Obwohl keine Daten beschädigt wurden oder verloren gingen, waren die Hosts für Minuten (teilweise sogar für Stunden) unbedienbar und nicht erreichbar. Vieler dieser Hosts standen in wichtigen militärischen und technologischen Forschungseinrichtungen. Hier einige der Opfer:

- Forschungszentrum Ames
- Flugforschungszentrum Dryden
- Raumfahrtforschungszentrum Goddard
- Forschungseinrichtung für Düsenantriebe
- Kennedy-Raumfahrtzentrum
- Forschungszentrum Langley

- Forschungszentrum Lewis
- Marshall-Raumfahrtzentrum
- Flughafen Moffett (Kalifornien)
- NASA-Hauptquartier
- Raumfahrtzentrum Stennis

Als für die Sicherheitslücke verantwortlicher Hersteller veröffentlichte Microsoft eine Meldung darüber. Darin stand Folgendes zu lesen:

> *Seit dem 2. März 1998 gab es mehrere Berichte über böswillige netzwerkbasierte DoS-Angriffe gegen Systeme, die mit dem Internet verbunden sind. Wir wurden von Kunden und Sicherheitsprüfungsorganisationen wie CIAC und CERT über diese Vorfälle unterrichtet, die auch mit dem Internet verbundene Microsoft Windows NT- und Windows 95-Systeme betrafen (nachzulesen unter* `http://www.microsoft.com/security/netdos.htm`*).*

»Mehrere Berichte« ist eine nette Untertreibung. Tatsächlich fielen Hunderte von Hosts aus, und Tausende von Benutzern waren betroffen. Zusätzlich zu den Computern von NASA und Navy wurde eine ganze Reihe von Universitätsrechnern abgeschaltet. Hier einige Beispiele:

- University of California in Berkeley
- University of California in Los Angeles
- University of California in San Diego
- University of California in Irvine
- Cornell University
- MIT
- University of Texas in Austin
- University of Washington
- University of Wisconsin in Madison

Die Attacke war eine neue Art von DoS-Angriffen, die im Januar 1998 auftauchte. In Kapitel 16 (»DoS-Angriffe«) erfahren Sie mehr über die Methoden dieses Angriffs.

6.3.3 Die Pentagon-Attacken

Im Februar 1998 wurden wichtige Hosts des Pentagons geknackt. Dieser Angriff wurde von den Behörden als »die bestorganisierte und systematischste Attacke« bezeichnet, die je gegen ein militärisches Netzwerk initiiert wurde. Der israelische Teenager Ehud Tenenbaum hatte sein Vorgehen meisterlich geplant. Berichten zufolge leitete er zwei kalifornische Teenager an und zeigte ihnen verschiedene Möglichkeiten, um die Sicherheitsmaßnahmen des Pentagons zu umgehen. Die Jugendlichen setzten dieses Wissen sogleich in die Tat um, und innerhalb weniger Tage drangen die drei in Hunderte von Netzwerken in ganz Amerika ein.

HINWEIS
Tenenbaum deckte auch eine Reihe von Schwachstellen im Netzwerk des israelischen Parlaments auf, der Knesset. Man weiß nur wenig über den Angriff gegen dieses Netzwerk, aber es steht fest, dass es geknackt wurde.

Der erfolgreiche Angriff gegen die Pentagon-Rechner hatte etwas extrem Beängstigendes, weil er offenbarte, dass jeder ohne große Probleme von einem beliebigen Ort aus amerikanische Verteidigungsnetzwerke kaltstellen konnte. Zwar ist es richtig, dass keiner der betroffenen Rechner geheime oder sensible Daten enthielt, aber wir Amerikaner sind der Ansicht, dass im Idealfall keines der hoch geschätzten Netzwerke unserer Regierung Sicherheitslücken aufweisen sollte.

Was aber noch beängstigender war, waren die ersten Reaktionen Israels auf den Angriff. Die israelische Regierung nahm die Sache auf die leichte Schulter und rühmte Herrn Tenenbaum für seine Talente, die es ihm ermöglicht hatten, die Sicherheitsvorkehrungen amerikanischer Netzwerke zu durchbrechen.

Gleichzeitig kam zum Schaden noch der Spott hinzu. Eine Gruppe junger Cracker, die sich als Verbündete Tenenbaums ausgaben, drohten für den Fall einer Verhaftung ihres »Kollegen« damit, weitere Server abzuschießen. Tenenbaum wurde schließlich unter Hausarrest gestellt, der Fall wird derzeit vor Gericht behandelt.

6.3.4 Andere geknackte Sites der US-Regierung

Attacken auf Ziele wie die NASA, das Pentagon und die amerikanische Navy ziehen eine umfangreiche Berichterstattung durch die Medien nach sich. Aber auch weniger wichtige Internetsites der Regierung werden regelmäßig geknackt – nur erfahren wir einfach nichts davon. Mittlerweile sind wir an einem Punkt angelangt, an dem sich die Ermittlung aller geknackten Sites der amerikanischen Regierung fast zum Fulltimejob auswächst. In der ersten Auflage des »Neuen Hacker's Guide« ist etwa ein halbes Dutzend Sites aufgelistet, die in den späten Neunzigern Crackern zum Opfer gefallen waren. Heute werden solche Angriffe *jeden Monat* zu Dutzenden ausgeführt. Allein die pure Anzahl verschlägt einem die Sprache.

WEGWEISER
Natürlich könnte ich hier geknackte Regierungssites auflisten, bis ich schwarz werde, aber diese Aufgabe nimmt mir erfreulicherweise eine tolle, immer aktuelle Site ab: Unter `http://www.attrition.org` finden Sie ein extrem umfangreiches Archiv verunstalteter Websites. Zwar sind sol-

che Vorfälle meist nicht so schlimm wie ein richtiger Einbruch, aber die Liste zeigt ganz klar, dass es mit der Sicherheit bei der US-Regierung nicht besonders weit her zu sein scheint.

6.3.5 Sicherheitsmaßnahmen der Regierung

In der Vergangenheit hat die US-Regierung viele Leute und Faktoren für ihr Problem verantwortlich gemacht, darunter

- die hohe Verbreitung automatisierter Crackingsoftware,
- den rasenden technologischen Fortschritt sowie
- die verdammten Teenager.

In der Realität ist keiner dieser Faktoren allein verantwortlich. Die Industrie hat auf diese Fehleinschätzung schon reagiert, aber auch die Regierung selbst muss nun zugeben, dass die Verteidigungsnetzwerke mit völlig überkommenen internen Sicherheitsmaßnahmen arbeiten. Diese Maßnahmen dienen nicht der Sicherheit, sie *verhindern* sie. Um den Grund dafür zu demonstrieren, möchte ich noch einmal auf den bereits erwähnten GAO-Bericht zurückkommen. Darin räumt die Regierung ein:

> *Militär und Verteidigungsbehörden haben eine ganze Reihe von Richtlinien zur Datensicherung herausgegeben, aber diese sind altmodisch, widersprüchlich und unvollständig.*

Der Bericht listet beispielhaft eine Reihe von Bestimmungen der Verteidigungsbehörden auf. Er zitiert aus der Direktive 5200.28, dem bedeutendsten Dokument zum Bereich Richtlinien, das das Verteidigungsministerium herausgegeben hat (dieses Dokument namens »Security Requirements for Automated Information Systems« stammt übrigens vom 21. März 1988). Wir wollen uns einen Teil dieser Direktive einmal ansehen. Da heißt es in Paragraph D, Abschnitt 5:

> *Sicherheitsmerkmale sowohl kommerziell gefertigter als auch seitens der Regierungsbehörden entwickelter Produkte sind auszuwerten und im Falle einer Beurteilung als zuverlässige Computerprodukte in die EPL (Evaluated Products List, Liste der bewerteten Produkte) aufzunehmen. Bewertete Produkte sind solche, die den Sicherheitskriterien des National Computer Security Center (NCSC) der NSA entsprechen; diese Kriterien sind definiert als »Sicherheitsabteilung«, »Sicherheitsklasse« und »Sicherheitsmerkmal« (beispielsweise B, B1, Zugangskontrolle) und in DoD 5200.28-STD (Reference K) beschrieben.*

Das Hauptproblem der Regierung wird durch die Bestimmungen dieses Abschnitts begründet. Die EPL ist eine Liste von Produkten, die gemäß den Vorgaben des Verteidigungsministeriums unter sicherheitstechnischen Gesichtspunkten bewertet wurden (die NSA ist eigentlich für die Kontrolle dieser Bewertung zuständig). Die in der Liste aufgeführten Produkte können Sicherheitszertifikate unterschiedlichen Grades aufweisen.

WEGWEISER
Sie finden die »Security Requirements for Automated Information Systems« im Internet unter `http://www.c3i.osd.mil/bpr/bprcd/485x.htm`.

Bevor Sie fortfahren, sollten Sie vielleicht erst einen Blick auf die EPL werfen. Sie finden diese unter `http://www.radium.ncsc.mil/tpep/epl/epl-by-class.html`.

Das Erste, was Ihnen auffallen wird, ist die Tatsache, dass die meisten der Produkte alt sind. Schauen Sie sich z.B. die Auflistung für das »Trusted XENIX« an (das ist ein UNIX-basiertes Betriebssystem von Trusted Informations Systems).

WEGWEISER
Sie finden diese Auflistung unter `http://www.radium.ncsc.mil/tpep/epl/entries/CSC-EPL-92-001-A.html`.

Trusted XENIX wird als sicheres System geführt, das die Anforderungen der Regierung erfüllt (Stand: September 1993). Und jetzt sehen Sie einmal, für welche Plattformen dieses Produkt als sicher definiert ist; hier ein Auszug aus der Liste:

- AST 386/25 und Premium 386/33
- HP Vectra 386
- NCR PC386sx
- Zenith Z-386/33

Diese Architekturen sind uralt. Bis Produkte Einzug in die EPL finden, sind sie oft schon hoffnungslos überaltert (der Prüfungsprozess ist langwierig und teuer – und das nicht nur für den Hersteller, sondern auch für das amerikanische Volk, das letztendlich die Zeche dafür zahlt). Daraus aber lässt sich ableiten, dass die überwiegende Mehrheit der Geräte, Programme und Sicherheitsmaßnahmen, die im Verteidigungsministerium eingesetzt werden, ebenfalls absolut rückständig sind.

Nun zur Frage der internen Schulungen. Sind die Mitarbeiter der Verteidigungsbehörden in modernsten Sicherheitstechnologien geschult, und können sie diese anwenden? Nein. Wieder zitiere ich aus dem GAO-Bericht:

> *Sprecher des Verteidigungsministeriums geben im Allgemeinen zu, dass Schulungen nötig seien, die auf Seiten des Benutzers ein Bewusstsein für Sicherheitsprobleme schaffen sollen; bedauerlicherweise aber seien diejenigen, die für die Implementierung von Software zuständig seien, sich eines Sicherheitsrisikos in der Regel nicht bewusst und würden infolgedessen nicht immer genügend Ressourcen zur Verfügung stellen.*

In der Vergangenheit gab es für angemessene Schulungen schlichtweg kein Geld. Daher blieben die Mitarbeiter der Verteidigungsbehörden mehrheitlich unkundig und konnten nicht einmal erkennen, wenn es einen Angriff gab, geschweige denn dessen Herkunft bestimmen.

Diese Situation geriet im Laufe der Jahre außer Kontrolle. Jetzt aber hat die Regierung die Sache in die Hand genommen, und obwohl sie vielleicht etwas spät dran ist, stehen nun zumindest die notwendigen Mittel zur Verfügung. Mittlerweile wurden auf allen Ebenen der Administration Expertengruppen eingesetzt. Schauen wir uns einige davon an.

6.3.6 NIPC: Das National Infrastructure Protection Center

Im Februar 1998 gab Generalstaatsanwältin Janet Reno die Bildung des NIPC (National Infrastructure Protection Center, Nationales Zentrum für den Infrastrukturschutz) bekannt, einer Untersuchungsorganisation, die hauptsächlich Mitarbeiter des an das FBI angeschlossenen CIITAC (Computer Investigations and Infrastructure Threat Assessment Center, Zentrum für Untersuchungen im Computerbereich und zur Einschätzung infrastruktureller Bedrohungen) beschäftigt. Das NIPC verfolgt Netzwerkattacken und versucht, langfristige Lösungen etwa zur Enttarnung von Eindringlingen zu entwickeln. Ein weiteres Ziel des NIPC ist die internationale Zusammenarbeit von Ermittlungsbehörden.

Hier ein paar interessante Artikel über das CIITAC, das NIPC und ähnliche Organisationen:

- Jim Lehrer: »Hacking Around«. In: »The NewsHour with Jim Lehrer«, März 1998. `http://www.pbs.org/newshour/bb/cyberspace/jan-june98/hackers_5-8.html`
- »U.S. to Set Up Interagency Defense Against Cyberattacks«. Sunworld Online, Februar 1998. `http://www.sun.com/sunworldonline/swol-03-1998/swol-03-if.html#2`
- Gayle Kesten: »Attorney General Announces Crime Center To Tackle Cyberattacks«. 28. February 1998. `http://www.techweb.com/wire/story/TWB19980228S0004`
- Lewis Koch: »Open Sources: NIPC's Film Debut«. ZDNET, 8. Mai 2000. `http://www.zdnet.com/intweek/stories/news/0,4164,2567603,00.html`

6.3.7 Fazit zu den Sicherheitslücken bei behördlichen Systemen

Bis heute sind die Sicherheitsmaßnahmen der Regierung größtenteils unzureichend gewesen. Zwar werden die Bemühungen der PCCIP, des NIPC und des CIITAS die Situation zweifellos verbessern, aber es muss noch sehr viel mehr getan werden.

Solange Beschäftigte der Behörden nicht richtig geschult werden, werden weiterhin regelmäßig staatliche Sites geknackt werden. Sicherheit ist machbar, und wenn die Regierung es allein nicht schafft, entsprechende Sicherheitsmaßnahmen zu implementieren, dann muss sie Spezialisten aus dem Privatsektor anheuern, die es können.

6.4 Die Situation in der Privatwirtschaft

Wir haben gesehen, dass Server der Behörden erfolgreich angegriffen werden können. Wie aber steht es um den privatwirtschaftlichen Sektor? Sind amerikanische Wirtschaftsunternehmen – ob große oder kleine – immun gegen Cyberattacken? Wohl kaum. Tatsächlich werden Sites in der Privatwirtschaft noch wesentlich häufiger geknackt. In praktisch jeder Übersicht zum Thema Datensicherheit kann man nachlesen, dass die Anzahl der Vorfälle stetig steigt, und Sites, die Auflistungen geknackter Websites enthalten (etwa `http://www.attrition.org` oder `http://defaced.alldas.de`), berichten jeden Monat von Hunderten solcher Fälle. Schlimmer noch: Die »Umarbeitung« von Websites durch Cracker ist für die Opfer sehr peinlich, aber nach Ansicht aller führenden Experten sind derartige Fälle rein quantitativ nur die Spitze des Eisbergs.

Werbestrategen, die E-Commerce an den Mann bringen sollen, versichern uns umgehend, dass solche Vorfälle harmlos sind. Sie behaupten beispielsweise, dass Kreditkarten- und persönliche Daten vollkommen sicher seien. Ob sie damit recht haben? Nein. Absolut nicht!

6.4.1 Der Fall StarWave oder: Beutezug im Cyberspace

Im Juli 1997 kam es zum ersten bekannt gewordenen Angriff gegen ein mit dem Internet verbundenes System, der die Beschaffung von Kreditkartendaten zum Zweck hatte. Das Ziel der Cracker waren keinesfalls Peanuts; vielmehr ging es darum, die Kreditkartennummern von Leuten abzufangen und weiterzugeben, die die Sites so bedeutsamer Organisationen wie NBA und ESPN besuchten.

Verantwortlich für den Schutz dieser Daten war die Site von StarWave. StarWave ist ein bekanntes Unternehmen, das eine ganze Reihe kommerzieller Sites hostet, darunter etwa die von ABC News. Im Juli 1997 jedoch waren die Verantwortlichen bei StarWave offensichtlich noch nicht auf ein Sicherheitsloch vorbereitet.

Der oder die Cracker ermittelten die Kreditkartennummern und sandten sie dann via E-Mail an die jeweiligen Kunden von NBA und ESPN, um ihnen zu demonstrieren, wie gut (oder besser: schlecht) ihre Kreditkartendaten geschützt waren. Der E-Mail war eine Nachricht hinzugefügt, deren relevanter Teil wie folgt lautete:

> *Ganz offensichtlich hält es StarWave nicht für angebracht, die Kreditkartennummern von Einzelpersonen zu schützen (wir haben selten eine derart schlechte Sicherheitsimplementierung gesehen).*

Die Verantwortlichen bei StarWave reagierten schnell und erklärten, dass die Sicherheitslücke nur von zu vernachlässigender Bedeutung sei. Außerdem änderten sie die Systemkennwörter und haben mittlerweile auch eine zusätzliche Verschlüsselungsebene eingefügt. Die Tatsache jedoch bleibt bestehen: Kreditkartendaten von Benutzern sind bekannt geworden.

6.4.2 Das Kreditkartenproblem nimmt zu

Verfechter des E-Commerce werden nicht müde zu versichern, dass die StarWave-Geschichte ein Einzelfall war. Viele wagen sogar zu behaupten, dass es nur sehr wenige bestätigte Fälle des Diebstahls von Kreditkartennummern im Internet gebe und dass die Bedrohung nur theoretischer Natur sei. Die Zeit aber hat sie alle gründlich widerlegt.

Nehmen wir etwa den Fall Carlos Felipe Salgado. Salgado benutzte ein Sniffer-Programm (über solche Programme erfahren Sie in Kapitel 15 alles Notwendige), um Tausende von Kreditkartennummern über das Internet zu stehlen. In einer eidesstattlichen Erklärung äußerten sich FBI-Agenten wie folgt:

> *Zwischen, am oder um den 2. Mai und den 21. Mai 1997 hat der Angeklagte Carlos Felipe Salgado Jr. alias »Smak« innerhalb des Staates und des nördlichen Distrikts Kaliforniens sich bewusst und in betrügerischer Absicht mit Hilfe unerlaubter Mittel Zugang zu innerstaatlichen Geschäftseinrichtungen, d.h. zu über 100.000 gestohlenen Kreditkartennummern verschafft und sich durch dieses Verhalten mehr als 1.000 US-$ widerrechtlich angeeignet.*

Die von Salgado benutzte Methode ist unter Crackern nicht unbekannt:

> *Während routinemäßig durchgeführter Wartungsarbeiten an den Internetservern entdeckten Techniker am Freitag, dem 28. März 1997, dass jemand in die Server eingedrungen war. Nähere Untersuchungen durch die Techniker zeigten, dass ein »Packet Sniffer« im System installiert worden war. Das Programm wurde dazu benutzt, Benutzernamen und -kennwörter abzufangen. [...] Das FBI traf »Smak« zur vereinbarten Stunde am ausgemachten Ort. »Smak« übergab eine verschlüsselte CD, die über 100.000 gestohlene Kreditkartennummern enthielt. Nach Bestätigung der Richtigkeit der Kreditkarteninformationen durch Entschlüsselung der Daten wurde »Smak« vom FBI verhaftet.*

Attacken unter Verwendung von Sniffern sind der wahrscheinlich am häufigsten verwendete Weg, um Kreditkartendaten (und zusammengehörende Benutzernamen und Kennwörter) abzufangen. Sie sind derart verbreitet, dass Jonathan Littman (der Autor eines Bestsellers über Hacker) als Reaktion auf den Salgado-Fall Folgendes schrieb:

> *Tatsache Nr. 1: Die Vorgehensweise war ein alter Hut – derartige Angriffe kommen etwa so häufig vor, wie ein Hund sich selbst beschnüffelt. Den*

> *Packet Sniffer, den Carlos Felipe Salgado Jr. alias »Smak« auf dem Server eines Internetproviders in San Diego installiert hat, benutzen Hacker schon seit Jahren. Mein Provider in Nordkalifornien wurde vor zwei Monaten angegriffen und letzte Woche wieder. Was glauben Sie wollte dieser Hacker installieren? (Jonathan Littman: »Take No Solace in This Sting«. ZDNET News.* `http://www.zdnet.com/zdnn/content/zdnn/0523/zdnn0007.html`*)*

Leider war das erst der Anfang. Die Sache begann Ausmaße anzunehmen:

- 1995 wurden 50.000 Telefonkartennummern von einem MCI-Server gestohlen. Diese Nummern wurden dann dazu benutzt, Anrufe in einem Wert von 50 Millionen Dollar zu tätigen.
- Im November 1996 stahl jemand einen Server von VISA in Kalifornien und strich damit 300.000 Kreditkartennummern auf einen Schlag ein.
- Im Mai 1997 stahl jemand eine Festplatte aus einem Server von Levi-Strauss. Der Dieb machte sich mit 40.000 Kreditkartennummern (und anderen persönlichen Kundendaten) aus dem Staub.
- Im Januar 1999 stahlen Diebe 485.000 Kreditkartennummern und versteckten diese auf der Website einer amerikanischen Regierungsbehörde. Da die Site tatsächlich in erster Linie für die Speicherung von Daten benutzt wurde, wurden die Kreditkartennummern erst sehr viel später entdeckt.
- Im Januar 2000 wurden 300.000 Kreditkartennummern beim Onlinemusikgeschäft CD Universe geklaut. Es war der umfassendste Diebstahl dieser Art, der bis dato bekannt geworden war.
- Im März 2000 blies man weltweit zur Jagd auf einen Cracker namens »Curador«, der von verschiedenen E-Commerce-Sites 26.000 Kreditkartennummern entwendet hatte. Curador wurde noch im gleichen Monat gefasst.
- Im Dezember 2000 berichtete Egghead.com von einem Angriff, aufgrund dessen möglicherweise bis zu 3,7 Millionen Kreditkartennummern öffentlich zugänglich gewesen sein könnten. Die Firma veröffentlichte kurz darauf ein Statement, laut dem man der Ansicht sei, dass der Einbrecher nicht auf die Kreditkartennummern zugegriffen habe, aber offensichtlich war ihnen ein ganz schöner Schreck in die Glieder gefahren.
- Im März 2001 gaben FBI und NIPC eine Warnmeldung heraus, laut der Diebe aus Russland und der Ukraine in den Besitz von mehr als einer Million Kreditkartennummern gelangt seien.

Sie bemerken die Tendenz? Das Problem nimmt an Bedeutung zu. Dies sind nur einige Gründe dafür, dass das Internet ein gefährliches Pflaster für Geschäfte ist. Leider gibt es täglich eine neue Geschichte, die noch unglaublicher ist als die vom Vortag.

6.4.3 Die Tendenzen

Zuverlässige Statistiken über das Umgehen von Sicherheitsmaßnahmen durch Cracker sind schwer zu bekommen. Es gibt jedoch ein paar gute Quellen, etwa den »Computer Crime and Security Survey« des CSI (Computer Security Institute, Institut für Computersicherheit). Das CSI-Gutachten wird jährlich erstellt, und die Ergebnisse für 1999 sind gerade herausgekommen. Sie können diese im Web unter `http://www.gocsi.com/prelea_000321.htm` nachlesen.

Zusammengefasst kann man sagen, dass die Ergebnisse des Jahres 1999 eine weitere Zunahme im Bereich der Computerkriminalität zeigen. 90 Prozent der Befragten berichteten von geknackten Sicherheitsbarrieren (zum Vergleich: 1998 waren es 64 Prozent gewesen, 1997 sogar nur 48 Prozent). Fast drei Viertel der Befragten hatten unter aggressiven DoS-Angriffen zu leiden, und eine gleichgroße Anzahl hatte mit anderen externen Angriffen zu kämpfen. Und 59 Prozent gaben an, dass es das Internet war, über das sich die Angreifer Zutritt verschafft hatten.

Das CSI-Gutachten ist nicht das einzige, das einen Anstieg der Angriffe im Internet registriert. Die wahrscheinlich faszinierendste Studie wurde von einer schillernden und anarchistischen Figur erstellt: dem Forscher Dan Farmer.

Dan Farmers Studie

1996 verwendete Farmer das Tool SATAN (ein Programm, das die Suche nach Sicherheitslücken automatisiert), um umfassende Studien im Internet durchzuführen. Für die Studie mit dem Titel »Shall We Dust Moscow? Security Survey of Key Internet Hosts and Various Semi-Relevant Reflections« überprüfte Farmer 2.200 Internethosts. Der Zweck der Untersuchung war einfach: Er wollte herausfinden, wie viele Hosts für entfernte Angriffe anfällig waren.

Die Studie stieß auf widersprüchliche Reaktionen, da Farmer niemanden um Erlaubnis fragte, bevor er ein Zielobjekt untersuchte. Außerdem wählte er als Zielobjekte keine normalen Sites aus, sondern Sites etwa von Banken und Kreditinstituten, Behörden und anderen wichtigen Einrichtungen, bei denen man eigentlich erstklassige Sicherheitseinrichtungen erwarten würde. Hier einige Ergebnisse:

- Farmer fand heraus, dass unglaubliche 1.700 Sites (das sind 65 Prozent aller getesteten Sites) anfällig für Angriffe waren, die unter Crackern weithin bekannt sind.
- Viele der getesteten Ziele verfügten über Firewalls und andere grundlegende Sicherheitsmaßnahmen – Maßnahmen, die Administratoren als zentrale Komponenten des Sicherheitskonzepts betrachteten und auf die sie sich voll verließen.

Wenn Sie selbst einen Blick auf Farmers Ergebnisse werfen wollen – bitte schön: `http://www.trouble.org/survey/`

Die Datensicherheitsstudie von Ernst & Young

Wenn Ihr Unternehmen Sie beauftragt hat, einen Sicherheitsplan aufzustellen, dann suchen Sie sicher nach weiteren brauchbaren Statistiken. Kein Problem: Es gibt eine Menge derartiges Material. Eine gute Quelle ist die Studie zur Datensicherheit von Ernst & Young. Sie finden sie online unter `http://www.ey.com/global/vault.nsf/US/2nd_Annual_Global_Information_Security_Survey/$file/FF0157.pdf`.

Die Studie von Ernst & Young unterscheidet sich ein wenig von den vorher erwähnten Arbeiten. Zunächst einmal befasst sie sich mit Menschen (eigentlich handelt es sich um die Ergebnisse einer Befragung von mehr als 4.300 IT-Managern). Den Befragten wurde ein umfassender Fragenkatalog zum Thema »Sicherheit im Internet« und zu Sicherheitsaspekten betreffs des E-Commerce vorgelegt.

Eine Erkenntnis zog sich wie ein roter Faden durch diese Studie: Die meisten Administratoren und IT-Fachleute (und sogar deren Vorgesetzte) betrachten Sicherheit mittlerweile als bedeutsames Thema. Die Studie zeigt aber auch, dass ungeachtet dieser Tatsache Websites mehrheitlich nicht genügend gesichert sind. Interessant sind auch die folgenden Zahlen:

- Mehr als 35 Prozent der Befragten beabsichtigten nicht, mittel- und langfristig Verschlüsselungstechnologien einzusetzen.
- Mehr als 49 Prozent hatten keine Firewalls implementiert.
- Bei mehr als 75 Prozent gab es niemanden, der im Falle eines Einbruchs in der Lage gewesen wäre, umgehend geeignete Maßnahmen zu ergreifen.

Sollte man in Ihrem Unternehmen eine ähnliche Einstellung zum Thema Sicherheit haben, dann ist es höchste Zeit, etwas zu tun.

6.5 Eine Warnung

Viele Unternehmen, die einen Webserver einrichten wollen, haben das Gefühl, dass Sicherheit nicht so wichtig ist. Sie nutzen beispielsweise das Angebot eines Internetproviders und geben die Verantwortung und Belastung damit an diesen weiter. Schließlich kennen Provider sich aus und werden niemals geknackt, nicht wahr? Falsch. Die Systeme von Internetprovidern werden fortwährend geknackt.

> **WEGWEISER**
> Sie sind übrigens auch dann nicht sicher, wenn Sie Ihre Site über eine Universität betreiben. Im Dezember 2000 beispielsweise berichtete der Anbieter SecurityFocus.com auf seiner Website über einen Angriff gegen die Universität Washington. Der oder die Langfinger entwendeten medizinische Daten von mehr als 5.000 Patienten der Universitätsklinik. Mehr dazu lesen Sie unter `http://www.securityfocus.com/news/122`.

Wenn Ihr Unternehmen einen Anschluss an das Internet plant und Sie dort für den EDV-Bereich zuständig sind, dann konzentrieren Sie sich auf das Wesentliche. Machen Sie alle Beteiligten darauf aufmerksam, dass die Sicherheit eine wichtige Angelegenheit ist, sonst werden Sie einmal der Gelackmeierte sein. Sie sollten misstrauisch sein, wenn Ihnen ein Provider beteuert, dass es keinerlei Grund zur Sorge gebe. Heutzutage werden sogar Firewalls geknackt, und zwar mit denselben alten Methoden, mit denen die meisten Server geknackt werden: durch das Ausnutzen menschlicher Fehler.

6.6 Fazit

Wir haben festgestellt, dass jede Website geknackt werden kann. Dazu gehören auch Sites von

- Banken,
- Kreditvereinigungen,
- militärischen Einrichtungen,
- Universitäten und
- Internetprovidern.

Glauben Sie nicht, dass sich dieses Klima so schnell ändert. Neue und effiziente Tools für den Cracker werden mit zunehmender Geschwindigkeit entwickelt. Neue Viren und Werkzeuge werden tagtäglich auf den Markt geworfen, und diese Werkzeuge – einst das Spielzeug von Hackern und Crackern – sind nun regelrechte Waffen. Diese Waffen werden sowohl von Staaten, die die nationale Dateninfrastruktur anderer Länder zerstören wollen, als auch von Teenagern verwendet, die ihren Kick darin suchen, beliebte Websites eine Zeit lang auszubooten.

Es gibt an der Front des Informationskrieges mehrere wesentliche strategische Ziele, aber die beiden folgenden sind besonders herausragend:

- Blockierung von Diensten auf dem Zielcomputer
- Zerstörung der Zielsysteme

Die DoS-Angriffe und Viren von heute werden sehr wahrscheinlich die Grundlage des Waffenarsenals von morgen bilden. Wenn man bedenkt, dass jeder solche Tools überall kosten- und problemlos bekommen kann, dann muss man der nahen Zukunft mit Sorge entgegensehen.

6.6.1 Internetressourcen zum Informationskrieg

Die folgenden Dokumente konzentrieren sich auf die Kriegsführung im Internet. Die meisten der Autoren sind heute an Forschungen auf diesem Gebiet beteiligt.

John D. Howard: »An Analysis Of Security Incidents On The Internet«. http://www.cert.org/research/JHThesis/index.html

John Arquilla und David Ronfeldt (RAND Corp., International Policy Department): »Cyberwar and Netwar: New Modes, Old Concepts, of Conflict«. http://www.rand.org/publications/RRR/RRR.fall95.cyber/cyberwar.html

David S. Alberts: »Defensive Information Warfare«. http://www.ndu.edu:80/ndu/inss/books/diw/index.html

John M. Deutch (CIA): »Foreign Information Warfare Programs and Capabilities«. http://www.odci.gov/cia/public_affairs/speeches/archives/1996/dci_testimony_062596.html

Philippe Baumard: »From InfoWar to Knowledge Warfare: Preparing for the Paradigm Shift«. http://www.indigo-net.com/annexes/289/baumard.htm

Bruce W. Fowler und Donald R. Peterson: »Induced Fragility in Information Age Warfare«. http://lionhrtpub.com/orms/orms-4-97/warfare.html

»Information Security: Computer Attacks at Department of Defense Pose Increasing Risks«. Herausgegeben von der Rechnungsbehörde der amerikanischen Regierung. http://www.access.gpo.gov/cgi-bin/getdoc.cgi?dbname=gao&docid=f:ai96084.txt

Glenn Buchan: »Information War and the Air Force: Wave of the Future? Current Fad?«. http://www.rand.org/publications/IP/IP149/

Lawrence T. Greenberg, Seymour E. Goodman und Kevin J. Soo Hoo: »Information Warfare and International Law«. http://www.dodccrp.org/iwilindex.htm

Brian C. Lewis: »Information Warfare«. http://www.fas.org/irp/eprint/snyder/infowarfare.htm

Kent Anderson (Global Technology Research, Inc): »Intelligence-Based Threat Assessments for Information Networks and Infrastructures«. http://www.aracnet.com/~kea/Papers/threat_white_paper.shtml

David C. Gompert: »Keeping Information Warfare in Perspective«. http://www.rand.org/publications/RRR/RRR.fall95.cyber/perspective.html

Lawrence E. Casper, Irving L. Halter, Earl W. Powers, Paul J. Selva, Thomas W. Steffens und T. LaMar Willis: »Knowledge-Based Warfare: A Security Strategy for the Next Century«. http://www.dtic.mil/doctrine/jel/jfq_pubs/1813.pdf

Vizeadmiral Arthur K. Cebrowski (U.S. Navy) und John J. Garstka: »Network-Centric Warfare: Its Origin and Future«. http://www.usni.org/Proceedings/Articles98/PROcebrowski.htm

Matthew G. Devost: »Political Aspects of Class III Information Warfare: Global Conflict and Terrorism«. http://www.mnsinc.com/mdevost/montreal.html

Matthew G. Devost: »The Digital Threat: United States National Security and Computers«. http://www.mnsinc.com/mdevost/hackers4.html

David S. Alberts: »The Unintended Consequences of Information Age Technologies«. http://www.ndu.edu/ndu/inss/books/uc/uchome.html

6.6.2 Bücher zum Informationskrieg

Winn Schwartau: »Information Warfare: Chaos on the Electronic Superhighway« (ein engagiertes Werk vom Besitzer der Domäne http://www.infowar.com). 1996. ISBN: 1-56025-132-8.

Roger C. Molander, Andrew S. Riddile und Peter A. Wilson: »Strategic Information Warfare: A New Face of War«. 1996. ISBN: 0-83302-352-7.

M. J. Mazarr: »The Military Technical Revolution: A Structural Framework«. 1993. ISBN: 0-89206-218-5.

John Arquilla und David Ronfeldt: »The Advent of Netwar«. 1996. ISBN: 0-83302-414-0.

R. Thomas Goodden: »Cyberwar: Security, Strategy, and Conflict in the Information Age«. 1996. ISBN: 0916159264.

David S. Alberts: »Defensive Information Warfare«. 1996. ISBN: 9-99600-792-8.

Alan D. Campen: »The First Information War: The Story of Communications, Computers, and Intelligence Systems in the Persian Gulf War«. 1992. ISBN: 0-91615-924-8.

James Adams: »Information Warfare: How Computers Are Fighting the New World Wars«. 1998. ISBN: 0-68483-452-9.

Edward L. Waltz: »Introduction to Information Warfare«. 1998. ISBN: 089006511X.

»U.S. Information Warfare Jane's Special 1997 – 1998«. Herausgegeben von Jane's Information Group.

Gary F. Wheatley und Richard E. Hayes: »Information Warfare and Deterrence«. 1996. ISBN: 9-99664-621-1.

Martin C. Libicki: »What Is Information Warfare?«. 1995. ISBN: 9-99668-061-4.

Teil III

Das 1 x 1 des Hackens

Kapitel 7

Spoofing

In diesem Kapitel lernen Sie etwas über Spoofing – was das ist und wie man sich vor dieser Art der Attacke schützen kann.

7.1 Was ist »Spoofing«?

Das Geheimnis der Kreativität ist das Wissen darum, wie man seine Quellen verbirgt. (Albert Einstein)

Was Spoofing ist, lässt sich mit einem einzigen Satz sagen: eine ausgeklügelte Methode zur Authentifizierung eines Computers an einem anderen Computer mit Hilfe gefälschter Datenpakete, die vorgeben, von einem anderen, vertrauenswürdigen Absender zu stammen.

Dieser Definition lässt sich bereits entnehmen, dass Spoofing ein recht komplizierter Vorgang ist. Trotzdem werden Sie am Ende dieses Kapitels verstanden haben, wie Spoofing funktioniert und wie Sie sich davor schützen können.

7.2 Grundprinzipien der Internetsicherheit

Wenn es um die Sicherheit von Internetverbindungen geht, werden Sie immer wieder auf zwei Begriffe stoßen:

- Vertrauensstellungen
- Authentifizierung

Eine Vertrauensstellung ist die Beziehung zwischen zwei Computern, die sich miteinander verbinden dürfen. Unter Authentifizierung versteht man den Vorgang, in dessen Verlauf sich diese beiden Computer gegenseitig identifizieren.

Vertrauensstellungen und Authentifizierungen stehen normalerweise in einem umgekehrten Verhältnis zueinander, d.h. wenn zwei Rechner einander uneingeschränkt vertrauen, ist keine rigorose Authentifizierung erforderlich; wenn hingegen nur eine schwache oder gar keine Vertrauensstellung zwischen den Computern besteht, dann wird eine strengere Authentifizierung benötigt.

Wenn man es genau betrachtet, gehen Menschen ganz ähnlich vor. Steht beispielsweise Ihr bester Freund vor der Haustür, dann würden Sie ihn sofort hereinbitten. Warum auch nicht – schließlich vertrauen Sie ihm. Wenn allerdings ein Fremder bei Ihnen klingelt, würden Sie ihn wohl erst einmal fragen, wer er denn ist.

7.2.1 Authentifizierungsmethoden

Auch wenn es Ihnen nicht bewusst ist: Sie werden ständig authentifiziert – beispielsweise immer, wenn Sie einen Benutzernamen und ein Kennwort eingeben müssen, um einen der folgenden Dienste zu benutzen:

- Ihre Internetverbindung
- FTP-Sites
- Telnet-Dienste und Benutzerkonten

Auch die meisten Websites, die Sie abonnieren können, verlangen heutzutage die Eingabe von Benutzernamen und Kennwort. Alltäglich werden Sie mit starken Authentifizierungsmethoden konfrontiert. Sie wissen, was das bedeutet? Das Internet vertraut Ihnen nicht!

Die Authentifizierung menschlicher Benutzer impliziert also ein Kennwortprinzip. Einige Authentifizierungsmodelle verwenden eine simple Kombination aus Benutzernamen und Kennwort, während andere weitaus komplexer auftreten – etwa mit Challenge-Systemen und nur einmalig nutzbaren Kennwörtern. Im Endeffekt ist das Ergebnis aber immer gleich: Entweder der Benutzer gibt das korrekte Kennwort ein – oder aber nicht.

Computer können je nach vorhandener Vertrauensstellung auch anders authentifiziert werden, beispielsweise über den Hostnamen oder eine IP-Adresse. RHOSTS-Einträge sind ein übliches Verfahren, um eine Rechnerauthentifizierung zu realisieren.

7.2.2 RHOSTS

Mit dem RHOSTS-System lässt sich eine Vertrauensstellung zwischen Rechnern herstellen. Im Solaris-Handbuch liest sich das so:

> *Die Dateien /etc/hosts.equiv und .rhosts stellen die Datenbank zur »Fernauthentifizierung« für* `rlogin(1)`, `rsh(1)`, `rcp(1)` *und* `rcmd(3N)` *bereit. In den Dateien sind Remotehosts und -benutzer aufgeführt, die als »vertrauenswürdig« betrachtet werden. Diese vertrauenswürdigen Benutzer können ohne Eingabe eines Kennworts auf das lokale System zugreifen.*

HINWEIS

`hosts.equiv`-Dateien sind im Wesentlichen `.rhosts`-Konfigurationsdateien für das Gesamtsystem. Sie werden im Stammverzeichnis abgelegt und gelten für den gesamten Host. Im Gegensatz dazu sind `.rhosts`-Dateien benutzerbezogen, gelten also nur für bestimmte Benutzer und Verzeichnisse. Aus diesem Grund sollte es Benutzern nicht gestattet werden, eigene `.rhosts`-Dateien zu erstellen – bereits eine solche Maßnahme schließt eine Reihe kleinerer Sicherheitslöcher im System.

Eine `.rhosts`-Datei kann beispielsweise so aussehen:

```
node1.sams.hacker.net hund
node2.sams.hacker.net katze
node3.sams.hacker.net maus
node4.sams.hacker.net elefant
```

Die Datei legt fest, dass die vier aufgeführten Rechner (und die Benutzer *hund*, *katze*, *maus* und *elefant*) nun als vertrauenswürdig eingestuft werden; sie können also über die r-Dienste auf den lokalen Rechner zugreifen, ohne zuvor einer Kennwortauthentifizierung unterzogen zu werden.

Um den Vorgang abzuschließen (und eine bidirektionale Vertrauensstellung zu bilden), müssen die entsprechenden rhost-Einträge auf allen vier Rechnern gespeichert werden.

HINWEIS

Die r-Dienste bestehen aus den folgenden Anwendungen:

rlogin (Remote Login, Fernanmeldung). Arbeitet ähnlich wie Telnet und ermöglicht eine Fernanmeldesitzung.

rsh (Remote Shell, Shell für den Remotecomputer). Ermöglicht dem Benutzer die Ausführung von Shell-Befehlen auf dem Remotecomputer.

rcp (Remote Copy, Dateikopie auf dem Remotecomputer). Ermöglicht dem Benutzer, lokale Dateien auf den Remotecomputer zu kopieren und umgekehrt.

rcmd (Remote Command, Befehlseingabe für den Remotecomputer). Hiermit können privilegierte Benutzer Befehle auf dem Remotecomputer ausführen lassen.

Alle vier r-Dienste überprüfen die Vertrauensstellungen mit Hilfe der in den Dateien */etc/hosts.equiv* und .rhosts vorhandenen Schemata. Sind diese Dateien leer oder nicht vorhanden, dann existieren keinerlei Vertrauensstellungen – Spoofing ist in einem solchen Fall (bei Ausnutzung der Vertrauensstellungen) nicht möglich.

Die zum Verbindungszeitpunkt durchgeführte Authentifizierung basiert ausschließlich auf der IP-Ausgangsadresse. Dieses Modell ist mangelhaft, wie auch Steve M. Bellovin in seinem Artikel »Security Problems in the TCP/IP Protocol Suite« (Sicherheitsprobleme bei der TCP/IP-Protokollsuite) erläutert:

> *Falls verfügbar, ist die Umleitung der Ausgangs-IP-Adresse der erste Ansatzpunkt für einen Angriff. Nehmen wir einmal an, dass der Zielhost für Antwortdaten die umgekehrte Route nutzt, die eine TCP-Anforderung durch den Ausgangshost genommen hat. Das ist gar nicht so unwahrscheinlich: Wenn der Initiator der Verbindung aus irgendeinem Grund eine bestimmte Route verwenden möchte – etwa, weil die automatisch ausgewählte Route unterbrochen ist –, dann würden die Antwortdaten diesen Initiator bei Verwendung einer anderen Route womöglich nicht erreichen.*
>
> *Der Angreifer kann nun eine beliebige Ausgangs-IP-Adresse verwenden, etwa die eines vertrauenswürdigen Rechners im lokalen Netzwerk des Zielhosts. Damit erhält er dann Zugriff auf alle Einrichtungen, die diesem Rechner zur Verfügung stehen.*

WEGWEISER
Sie finden diesen Artikel im Internet unter `http://www.research.att.com/~smb/papers/ipext.pdf`.

Bis jetzt haben wir die folgenden Tatsachen kennen gelernt:

1. Vertrauensstellungen und Authentifizierungen stehen in einem umgekehrten Verhältnis zueinander – mehr Vertrauen impliziert eine weniger strenge Authentifizierung.
2. Die erste Authentifizierung basiert bei Vertrauensstellungen auf der Ausgangsadresse.
3. Die Authentifizierung anhand der IP-Ausgangsadresse ist unzuverlässig, denn IP-Adressen (und auch die meisten Felder in einem IP-Header) lassen sich fälschen.
4. Damit Spoofing einen Vorteil bringt, muss eine Vertrauensbeziehung welcher Art auch immer existieren.

Aus diesen Aspekten können Sie bereits schlussfolgern, warum IP-Spoofing in Crackerkreisen eine so unglaubliche Popularität genießt. Früher galten die meisten Crackerangriffe dem Kennwortprinzip: Der Cracker erschlich sich eine */etc/passwd*-Datei und knackte diese. Er identifizierte zumindest eine Kombination aus Benutzernamen und zugehörigem Kennwort (und – wenn möglich – noch zusätzlich das *Root*-Kennwort) und ging dann seinen dunklen Geschäften nach. Beim Spoofing jedoch werden während der Attacke weder der Benutzername noch das Kennwort übergeben – die Bresche wird auf einer ganz anderen Ebene geschlagen.

Ein weiterer Grund dafür, dass das IP-Spoofing so berüchtigt geworden ist, besteht darin, dass es sich als zentrales Element für andere Angriffsformen verwenden lässt. Ein Beispiel dafür ist das Session Hijacking (etwa »Verschleppen einer Sitzung«), das im nächsten Abschnitt beschrieben wird.

7.3 Wie Spoofing funktioniert

Die Tatsache, dass die Authentifizierung der Ausgangsadresse als mangelhaft bezeichnet werden muss, macht an sich IP-Spoofing noch nicht möglich. Warum das so ist? Für eine Verbindung ist etwas mehr als nur die richtige IP-Adresse erforderlich. Genauer gesagt, ist ein vollständiger Dialog zwischen den Rechnern nötig.

Das Ganze wird etwas verständlicher, wenn man die Schritte separat aufführt:

- IP ist für die Paketübertragung zuständig. Die via IP durchgeführte Paketübertragung ist unzuverlässig, d.h. es gibt keine hundertprozentige Garantie dafür, dass die Pakete unversehrt ankommen; Pakete können verloren gehen, beschädigt werden usw. Der wesentliche Punkt ist: IP leitet die Pakete von A nach B. Aus diesem Grund besteht der erste Schritt bei der Herstellung einer Verbindung darin, die Pakete intakt beim richtigen Host ankommen zu lassen.

- Sind die Pakete erst einmal eingetroffen, dann übernimmt TCP. TCP ist zuverlässiger und umfasst Funktionen zur Integritätsprüfung der Pakete. Diese Prüfung wird an jedem einzelnen Paket durchgeführt. TCP bestätigt beispielsweise erst einmal den Empfang eines Pakets und schickt dann eine Meldung hinterher, dass dieses Paket korrekt erhalten und verarbeitet wurde.

Die Überprüfung der Pakete läuft bei TCP sequenziell ab. Wenn z.B. fünf Pakete gesendet wurden, dann werden die Pakete 1, 2, 3, 4 und 5 in der Reihenfolge ihres Eintreffens bearbeitet. Jedem Paket wird als Kennung eine Nummer zugewiesen, die die beiden beteiligten Hosts zur Fehlerprüfung und -meldung verwenden.

In seinem Artikel »Sequence Number Attacks« (Angriffe über die Sequenznummer) beschreibt Rik Farrow einen Angriff unter Benutzung von Sequenznummern:

> *Die Sequenznummer wird benutzt, um den Datenempfang zu bestätigen. Zu Beginn einer TCP-Verbindung sendet der Client ein TCP-Paket mit einer ISN (Startsequenznummer), aber ohne Bestätigung (da es ja noch nichts zu bestätigen gibt). Wenn am anderen Ende der Verbindung eine Serveranwendung ausgeführt wird, schickt der Server ein TCP-Paket mit eigener ISN sowie eine Bestätigung – nämlich der vom Client gesendeten ISN plus 1 – zurück. Erhält der Client dieses Paket, dann schickt er seine eigene Bestätigung zurück: die ISN des Servers plus 1. Insofern müssen für den Aufbau einer TCP-Verbindung drei Pakete verschickt werden.*

TIPP

Den vollständigen Artikel von Rik Farrow finden Sie online unter `http://www.nwc.com/unixworld/security/001.txt.html`.

Der Angreifer steht also jetzt vor zwei Problemen: Erstens muss er die Ausgangsadresse fälschen und zweitens mit dem Zielhost einen Sequenzdialog herstellen. Letzteres macht den Angriff zu einer echten Herausforderung, denn der Sequenzdialog ist keineswegs beliebig. Der Zielhost setzt die ISN, und der Angreifer muss mit der richtigen Antwort kontern.

Das macht die Sache noch komplizierter, denn der Angreifer muss die korrekte Sequenzantwort erraten, da er keinesfalls wirklich Pakete vom Zielhost bekommt. In seinem Aufsatz »A Weakness in the 4.2BSD UNIX TCP/IP Software« (Schwächen der TCP/IP-Software im BSD-UNIX 4.2) erläutert Robert Morris:

> *BSD 4.2 arbeitet mit einer globalen ISN, die einmal pro Sekunde um 128 sowie nach Beginn jeder Verbindung um jeweils 64 erhöht wird; jede neue Verbindung fängt mit dieser ISN an. Wird ein SYN-Paket mit gefälschter Ausgangs-IP von einem Host gesendet, dann schickt der Zielhost die Antwort an den Host, von dem er annimmt, dass dies der Ausgangshost ist*

(d.h. nicht an den betrügerischen Host). Der hinterlistige Host muss nun die Sequenznummer, die in diesem verlorenen Paket enthalten war, entdecken oder erraten, um die Bestätigung senden und den TCP-Zielanschluss in den Status ESTABLISHED (Verbindung hergestellt) versetzen zu können.

WEGWEISER
Den Artikel von Morris finden Sie unter `ftp://ftp.research.att.com/dist/internet_security/117.ps.Z`.

Das klingt vielleicht etwas verwirrend, daher möchte ich die Vorgehensweise näher erläutern. Gehen wir einmal von den folgenden Voraussetzungen aus:

- Der Cracker weiß, dass die Hosts `192.168.6.42` und `192.168.18.2` in einem Vertrauensverhältnis zueinander stehen.
- Er plant einen Angriff auf `192.168.6.42`.
- Aus diesem Grund muss er sich als `192.168.18.2` tarnen.
- Um sich als `192.168.18.2` zu tarnen, fälscht er diese Adresse.

Das Problem dabei ist, dass alle Antworten von `192.168.6.42` tatsächlich an `192.168.18.2` (und nicht an den Rechner des Crackers) gesendet werden. Aus diesem Grund kann der Cracker den Paketaustausch nicht beobachten – er befindet sich im Blindflug (deswegen bezeichnet man diese Vorgehensweise auch als »blindes« Spoofing). Praktischer ist das »sehende« Spoofing, bei dem der Angreifer den Datenverkehr beobachten kann – etwa, weil er sich in dem Netzwerkabschnitt befindet, in dem die Daten ausgetauscht werden.

Blindes Spoofing stellt für den Angreifer eine wirklich schwierige Aufgabe dar. Was geschieht, wenn unser Host `192.168.18.2` auf die Pakete des Zielhosts antwortet, während der Angreifer seinen Angriff durchführen will? In diesem Fall könnte er den Versuch vergessen. Er muss also vor Beginn der Attacke noch einen letzten zusätzlichen Schritt durchführen, nämlich `192.168.18.2` in den Schlaf singen...

HINWEIS
`192.168.18.2` vorübergehend aus dem Verkehr zu ziehen, ist kein großes Problem. Eine von vielen Methoden wäre zum Beispiel, dass der Cracker den Rechner lediglich mit einer Flut von SYN-Anfragen bombardiert. Auf diese Weise werden alle Verbindungswarteschlangen von `192.168.18.2` bis zum Anschlag gefüllt – der Computer ist eine Zeit lang nicht in der Lage, zusätzlich eingehende Verbindungsanfragen zu bearbeiten. Diese Art des Angriffs funktioniert, weil Verbindungsanfragen auf eine ganz bestimmte Weise bearbeitet werden: Jedes Mal, wenn eine Anfrage empfangen wird, versucht der Zielrechner, den vollständigen Threeway Handshake durchzuführen. Schließlich läuft die erlaubte Zeitspanne für den Zielrechner ab, und die Anfrage wird aus der Warteschlange ent-

fernt. Erst jetzt ist wieder Platz für eine weitere Anfrage. Alle Anfragen werden dabei in der Reihenfolge ihres Eintreffens bearbeitet. Wird der Zielhost also mit Hunderten von Anfragen überhäuft, dann geht eine Menge Zeit ins Land, bis er wieder eingehende Anfragen bearbeiten kann.

An dieser Stelle wollen wir noch einmal rekapitulieren, was wir bis jetzt wissen.

7.3.1 Der schnelle Weg zum erfolgreichen Spoofing...

Nachfolgend sind alle Schritte aufgelistet, die bei einer erfolgreichen Spoofing-Attacke ausgeführt werden müssen:

1. Der Cracker muss seine Zielhosts identifizieren.
2. Er muss den Host stilllegen, der zu sein er vorgeben will.
3. Er muss die Adresse des Hosts kennen, der zu sein er vorgeben will.
4. Er muss eine Verbindung zum Zielhost herstellen und sich dabei als der Computer ausgeben, den er gerade stillgelegt hat.
5. Er muss die korrekte Sequenznummer erraten, die vom Zielhost angefordert wird.

Die ersten vier Schritte sind einfach. Schwierig wird es beim Erraten der Sequenznummer, die der Zielhost wissen will. Hierzu nun muss der Cracker einen Testlauf durchführen:

- Er kontaktiert den gewünschten Zielhost und fragt um eine Verbindung an.
- Der Zielhost antwortet mit einem Wust von Sequenznummern.
- Der Cracker protokolliert diese Sequenznummern und trennt die Verbindung dann.

Als Nächstes untersucht der Cracker diese protokollierten Sequenznummern. Er versucht im Verlaufe dieser Analyse, Regelmäßigkeiten auszumachen. Er weiß beispielsweise, dass die Sequenznummern gleichförmig durch einen Algorithmus hochgezählt werden, der speziell für diesen Zweck entwickelt wurde. Seine Aufgabe besteht darin, die Logik dieses Algorithmus zu enthüllen, zumindest aber die numerischen Werte zu bestimmen, um die die Sequenznummern erhöht wurden. Wenn er das weiß, kann er zuverlässig vorhersagen, welche Sequenznummern für die Authentifizierung benötigt werden. Jetzt ist er zum Angriff bereit.

Spoofing ist insgesamt eine außergewöhnliche Angriffsmethode. Was allerdings noch außergewöhnlicher ist: Die Tatsache, dass Spoofing funktioniert, ist Sicherheitsexperten bereits seit 1985 bekannt.

7.3.2 ... und wie man sich dann ein bequemeres Sicherheitsloch öffnet

Nachdem die Verbindungs- und Authentifizierungsvorgänge abgeschlossen sind, muss der Cracker sich einen etwas bequemeren Durchlass öffnen, um das System bearbeiten zu können – er will sich ja nicht jedes Mal von neuem via Spoofing hineinzwängen müssen. Also baut er sich einen eigenen Eingang. Die einfachste Möglichkeit hierzu besteht in der Modifikation der `.rhosts`-Datei; diese wird so geändert, dass das mittlerweile angezählte System Verbindungsanfragen von beliebiger Stelle ohne Authentifizierung akzeptiert.

Danach trennt der Cracker die bestehende Verbindung und stellt eine neue her. Er kann sich nun ohne Kennworteingabe anmelden und das System nach Belieben kontrollieren.

7.3.3 Wer kann ein Opfer von Spoofing werden?

IP-Spoofing kann nur gegen Systeme eingesetzt werden, auf denen bestimmte Dienste ausgeführt werden. UNIX-Systeme jeglicher Couleur sind vielversprechende Ziele (was aber nicht heißen soll, dass Rechner unter anderen Betriebssystemen gegen Spoofing gefeit sind – mehr dazu weiter unten).

Erfahrungsgemäß sind die folgenden Konfigurationen und Dienste anfällig:

- jedes System, auf dem Sun RPC ausgeführt wird
- jeder Netzwerkdienst, der mit IP-Adressauthentifizierung arbeitet
- das *X Window*-System des MIT
- die `r`-Dienste

Damit Sie verstehen, was genau das heißt, folgende Anmerkung: Die meisten Netzwerkdienste nutzen die IP-Authentifizierung, und auch wenn RPC, X und die `r`-Dienste Probleme nur für UNIX-basierte Betriebssysteme aufwerfen, so sind doch andere Betriebssysteme keineswegs immun gegen Spoofing.

Windows NT beispielsweise ist anfällig für die Masche mit der Sequenznummer. Sitzungen können »entwendet« werden, wenn ein Cracker die TCP-Sequenznummer errät. Im Grunde genommen ist diese Angelegenheit ein Spoofing-Problem, das nicht nur RPC, sondern eine Vielzahl von Netzwerkdiensten betrifft. Sogar NetBIOS- und SMB-Verbindungen sind potenzielle Opfer. Entsprechenden Code finden Sie unter `http://www.engarde.com/software/seqnumsrc.c`.

WEGWEISER
Sun RPC basiert auf dem Standard für Remoteprozeduraufrufe (Remote Procedure Calls, RPC) von Sun Microsystems, der es Benutzern erlaubt, Systemaufrufe zu versenden, die transparent und netzwerkübergreifend funktionieren. In RFC 1057 (»RPC: Remote Procedure Call Protocol Specification«), das über `http://www.ietf.org/rfc/rfc1057.txt` heruntergeladen werden kann, finden Sie weitere Informationen.

7.3.4 Wie häufig tritt Spoofing auf?

Früher war Spoofing selten. Seit Anfang 1995 jedoch sind solche Angriffe immer häufiger geworden. In diesem Zusammenhang ist folgende Meldung des DDN (Defense Data Network, Datennetzwerk für Verteidigungszwecke) interessant:

> *ASSIST hat Hinweise zu einer Vielzahl kürzlich erfolgter Spoofing-Attacken erhalten, die sich gegen Internet-Sites auf der ganzen Welt gerichtet haben. Ein Großteil der Zielsysteme waren Namensserver, Router und andere Netzwerksysteme. Die Angriffe waren größtenteils erfolgreich.*

WEGWEISER
Den Gesamttext dieser Meldung finden Sie online unter `http://csrc.ncsl.nist.gov/secalert/ddn/1995/sec-9532.txt`.

Vor 1995 war Spoofing eine eher begrenzte Angelegenheit. Jeder, der einen solchen Angriff starten wollte, benötigte umfassendes Hintergrundwissen zu TCP/IP, Sockets und Netzwerkprogrammierung im Allgemeinen. Das stimmt heute leider so nicht mehr.

Nachdem der Beweis für die Funktionsfähigkeit des Spoofings erbracht worden war (zuvor war dies nur graue Theorie), griff die Idee sofort um sich. Inzwischen sind Fertiglösungen weit verbreitet. Im Folgenden liste ich ein paar nützliche Spoofing-Utilities auf.

7.3.5 Programme für Spoofing und Session Hijacking

1644

Autor: Vasim V.

Sprache: C

Kompilierungsplattform: FreeBSD

Zielplattform: UNIX

Voraussetzungen: C-Compiler, IP-Headerdateien, FreeBSD

URL: `http://www.insecure.org/sploits/ttcp.spoofing.problem.html`

Hunt

Autor: Pavel Krauz

Sprache: C

Kompilierungsplattform: Linux

Zielplattform: Linux

Voraussetzungen: C-Compiler, Linux

URL: `http://lin.fsid.cvut.cz/~kra/index.html`

ipspoof
Autor: unbekannt

Sprache: C

Kompilierungsplattform: UNIX

Zielplattform: UNIX

Voraussetzungen: C-Compiler, IP-Headerdateien, UNIX

URL: `http://www.rootshell.com/archive-j457nxiqi3gq59dv/199707/ipspoof.c`

Juggernaut
Autor: route

Sprache: C

Kompilierungsplattform: UNIX

Zielplattform: UNIX

Voraussetzungen: C-Compiler, IP-Headerdateien, UNIX

URL: `http://staff.washington.edu/dittrich/talks/qsm-sec/P50-06.txt`

rone
Autor: unbekannt

Sprache: C

Kompilierungsplattform: Linux

Zielplattform: UNIX

Voraussetzungen: C-Compiler, IP-Headerdateien, Linux

URL: `http://www.net-security.sk/network/spoof/rbone.tar.gz`

Spoofit
Autor: Brecht Claerhout

Sprache: C

Kompilierungsplattform: Linux

Zielplattform: UNIX

Voraussetzungen: C-Compiler, IP-Headerdateien, Linux 1.3 oder höher

URL: `http://rootshell.com/archive-j457nxiqi3gq59dv/199707/IP-spoof.txt.html`

synk4.c (»Syn Flooder« von Zakath)
Autor: Zakath mit Ultima

Sprache: C

Kompilierungsplattform: Linux

Zielplattform: UNIX

Voraussetzungen: C-Compiler, IP-Headerdateien, Linux

URL: `http://rootshell.com/archive-j457nxiqi3gq59dv/199707/synk4.c.html`

> **HINWEIS**
> Es gibt auch ein Spoofing-Programm für das UDP-Protokoll. Dieses können Sie unter `http://www.deter.com/unix/software/arnudp.c` herunterladen.

7.4 IP-Spoofing: Onlineressourcen

Im Web gibt es eine ganze Reihe von Dokumenten über IP-Spoofing. Hier ein paar der besseren:

Robert T. Morris: »A Weakness in the 4.2BSD UNIX TCP/IP Software«. Technical Report, AT&T Bell Laboratories. `ftp://research.att.com/dist/internet_security/117.ps.Z`

Rik Farrow: »Sequence Number Attacks«. (UnixWorld.) `http://www.nwc.com/unixworld/security/001.txt.html`

Steve Bellovin: »Security Problems in the TCP/IP Protocol Suite«. `ftp://research.att.com/dist/internet_security/ipext.ps.Z`

Steve Bellovin: »Defending Against Sequence Number Attacks. Request for Comments 1948«. AT&T Research. May 1996. `http://andrew2.andrew.cmu.edu/rfc/rfc1948.html`

Brecht Claerhout: »A Short Overview of IP Spoofing«. `http://rootshell.com/archive-j457nxiqi3gq59dv/199707/IP-spoof.txt.html` (hervorragende Abhandlung dieses Themas durch einen Freelancer)

Management Analytics: »Internet Holes – Eliminating IP Address Forgery«. `http://all.net/journal/netsec/9606.html`

Bill Woodcock (von der Firma Zocalo Engineering): »Ask Woody about Spoofing Attacks«. `http://www.netsurf.com/nsf/v01/01/local/spoof.html`

`route@infonexus.com` (Michael Schiffman): »IP-Spoofing Demystified Trust-Relationship Exploitation«. `http://www.fc.net/phrack/files/p48/p48-14.html`

7.5 Wie kann ich Spoofing-Angriffe verhindern?

Indem Sie Ihr Netzwerk so konfigurieren, dass es Pakete aus dem Internet zurückweist, die von einer lokalen Adresse zu stammen vorgeben. Dies geschieht auf Routerebene. Umgekehrt hat es sich als empfehlenswert erwiesen, auch Pakete abzuwimmeln, die innerhalb Ihres Netzwerks versandt wurden, aber so tun, als kämen sie von einem externen Host.

> **HINWEIS**
> Obwohl Router einen Ansatz zur Lösung des Spoofing-Problems darstellen, arbeiten auch sie mit der Ausgangsadresse. Auf diese Weise stellen sie nur einen Schutz gegen diejenigen Pakete dar, die behaupten, aus dem internen Netzwerk zu kommen. Wenn Ihr Netz (aus irgendeinem nicht ersichtlichen Grund) fremde Hosts als vertrauenswürdig erachtet, dann können auch Router Sie nicht vor Spoofing-Angriffen schützen, die von diesen Hosts ausgehen.

Es gibt verschiedene Produkte zur Abwehr von Spoofing. Hier sind nur ein paar davon aufgeführt:

- **NetVision Synchronicity für Windows NT.** Die Synchronicity-Produktfamilie ermöglicht die gleichzeitige Verwaltung von NDS- und NT-Objekten und -Systemen. Ein Spoofing-Schutz ist integriert. Mehr Informationen finden Sie unter `http://www.netvision.com/products/synchronicity.html`.
- **Cisco PIX Firewall.** PIX ist Ciscos wichtigstes Produkt für Internet BXsecurity und stellt eine ausgereifte Firewall mit integrierten Anti-Spoofing-Funktionen dar. Sehen Sie unter `http://www.cisco.com/warp/public/cc/pd/fw/sqfw500` nach.

Es gibt auch Produkte, mit denen Sie die Anfälligkeit Ihres Netzwerks für IP-Spoofing überprüfen können. Mehr Informationen zu diesen auch als »Scanner« bezeichneten Tools finden Sie in Kapitel 11 (»Scanner«).

> **WARNUNG**
> Auch die Verwendung einer Firewall schützt Sie nicht automatisch vor Spoofing. Wenn Sie nämlich zulassen, dass interne Adressen über die Firewall hinweg auf das Netzwerk zugreifen, dann sind Sie nach wie vor verwundbar. Ein weiteres Problem stellt sich, wenn die Firewall Proxies ausführt und diese Proxies die Authentifizierung auf der Basis der IP-Ausgangsadresse vornehmen (die Authentifizierung unterscheidet sich nämlich nicht wesentlich von anderen Ausformungen der IP-basierten Authentifizierung).

Eine weitere Schutzmaßnahme ist die stringente Überwachung des Netzwerks. Versuchen Sie Pakete zu finden, die vorgeben, aus Ihrem Netzwerk zu stammen, jedoch an der Firewall oder der ersten Netzwerkschnittstelle, auf die sie treffen, Eintritt verlangen. Der folgende Absatz ist ein Auszug aus einem Bulletin zur

Netzwerksicherheit des DIS (Defense Information System), das Sie online unter `http://csrc.ncsl.nist.gov/secalert/ddn/1995/sec-9532.txt` finden:

> *Es gibt mehrere Paketklassen, nach denen Sie Ausschau halten sollten. Die einfachste ist ein beliebiges TCP-Paket, bei dem die Netzwerkanteile (d.h. die Klassen A, B oder C oder ein Präfix entsprechend der CIDR-Spezifikation) der Ausgangs- und der Zieladresse identisch sind, wobei beide nicht aus dem lokalen Netzwerk stammen. Derartige Pakete würden das Ausgangsnetzwerk normalerweise nicht verlassen, sofern nicht ein Routingproblem aufgetreten ist, das weiterer Untersuchung bedarf, oder die Pakete tatsächlich von außerhalb des Netzwerks stammen. Letzteres kann zwar etwa bei mobiler IP-Überprüfung auftreten, aber die wahrscheinlichere Ursache ist der Spoofing-Angriff eines Crackers.*

Abschließend möchte ich festhalten, dass Spoofing sich auch mit Hilfe von Protokollierungsmaßnahmen aufspüren lässt (und das obendrein in Echtzeit) – wenn Sie genug Zeit und Geld dafür haben. Ein guter Ausgangspunkt hierfür ist der Vergleich mehrerer Verbindungen zwischen vertrauenswürdigen Hosts. Gehen wir beispielsweise einmal von einer Sitzung aus, an der die einander vertrauenden Hosts A und B teilnehmen. Auf beiden Hosts sollten Vorgänge ablaufen, die auf diese aktive Sitzung hinweisen; zeigt einer der beiden Hosts jedoch keine Aktivitäten, dann ist eine Spoofing-Attacke im Gange.

7.6 Ausgefallene Varianten

IP-Spoofing ist nur eine Form des Spoofings. Es gibt andere Methoden, beispielsweise das ARP- und das DNS-Spoofing. Wir wollen kurz darauf eingehen.

7.6.1 ARP-Spoofing

ARP-Spoofing ist ein Ansatz, bei dem der ARP-Cache modifiziert wird. Das funktioniert wie folgt: Der ARP-Cache beinhaltet Daten für die Zuordnung von Hardware- zu IP-Adressen. Der Zweck der Übung besteht darin, zwar die eigene Hardwareadresse zu behalten, sich aber die IP-Adresse eines vertrauenswürdigen Hosts zuzulegen. Diese Daten werden gleichzeitig an den Zielhost gesandt und im Cache abgelegt. Von diesem Zeitpunkt an werden Pakete des Zielhosts an Ihre Hardwareadresse geleitet (d.h. der Zielhost »glaubt«, dass Ihr Rechner der vertrauenswürdige Host ist).

Bei dieser Angriffsform gibt es jedoch ein paar schwerwiegende Einschränkungen. Beispielsweise könnte die List misslingen, wenn intelligente Hubs und ein paar Router überquert werden müssen. Aus diesem Grunde arbeitet das ARP-Spoofing nur unter bestimmten Bedingungen zuverlässig, und sogar dann kann es auf den lokalen Netzwerkabschnitt beschränkt bleiben. Außerdem werden Cacheeinträge recht schnell ungültig; Sie müssen diese Einträge bei der Implementierung des Angriffs also immer wieder aktualisieren.

Kann man sich gegen ARP-Spoofing schützen? Definitiv ja. Es gibt ein paar Dinge, die Sie tun sollten – beispielsweise Ihre Adresszuordnungen in Stein meißeln. Das allerdings kann unangenehme Folgen haben. Paul Buis erklärt in seiner Abhandlung »Names and Addresses« (Namen und Adressen), wie es geht:

> *Viele Betriebssysteme verfügen ... über Mittel und Wege, die Einträge im ARP-Cache »statisch« zu machen, damit sie nicht alle paar Minuten ungültig werden. Ich empfehle die Verwendung dieser Möglichkeit zur Vermeidung des ARP-Spoofing; allerdings müssen Sie den Cache jedes Mal manuell aktualisieren, wenn sich eine Hardwareadresse ändert.*

WEGWEISER
Den gesamten Artikel finden Sie unter `http://www.cs.bsu.edu/homepages/peb/cs637/nameadd/`.

Eine andere Möglichkeit ist die Verwendung von ARPWATCH. ARPWATCH ist ein Utility, das Ihre IP/Ethernet-Zuordnungen überwacht. Wenn Änderungen dieser Zuordnung erkannt werden, schlägt das Programm via E-Mail Alarm. Ferner werden die Daten auch protokolliert – das erleichtert das Ausfindigmachen des Schurken.

ARPWATCH erhalten Sie unter `ftp://ftp.ee.lbl.gov/arpwatch.tar.gz`.

HINWEIS
Um ARPWATCH einsetzen zu können, benötigen Sie UNIX, C und AWK, denn das Tool ist nur als Quellcode erhältlich. Allerdings liegt es vielen neueren Linux-Distributionen als Binärpaket bei und kann auf Wunsch gleich mit installiert werden.

7.6.2 DNS-Spoofing

Beim DNS-Spoofing kompromittiert der Cracker den DNS-Server und modifiziert die Zuordnungstabellen für Hostnamen und IP-Adressen. Diese Änderungen werden in die Datenbanken mit den Übersetzungstabellen auf dem DNS-Server geschrieben. Fordert ein Client nun eine Adressauflösung an, dann erhält er die falsche Adresse: Diese ist nun der IP-Adresse eines Rechners zugeordnet, der vollständig unter Kontrolle des Crackers ist.

Die Wahrscheinlichkeit, dass so etwas geschieht, ist eher gering; wenn es aber passiert, dann hat dies weit reichende Folgen. Das seltene Auftreten derartiger Angriffe sollte nicht dazu verleiten, unvorsichtig zu werden – ich habe ja bereits weiter oben eine Meldung des DDN zitiert, die eine Angriffswelle gegen DNS-Rechner beschrieb. Auch den folgenden Rat des CIAC (Computer Incident Advisory Capability, Beratungsgremium für Vorfälle im Computerbereich) sollte man unbedingt beachten:

> *Auch wenn Sie die Risiken eingehen wollen, die mit der Verwendung dieser Dienste einhergehen, sollten Sie die Auswirkungen gefälschter DNS-Daten in Betracht ziehen. ... Eindringlinge könnten beim BIND-Dienst eine Aus-*

gabe falscher Namensangaben verursachen, und es gibt Systeme und Programme, für die diese Angaben zwecks Authentifizierung unentbehrlich sind; die Cracker könnten solche Systeme also hintergehen und sich dadurch unberechtigten Zugriff erschleichen.

WEGWEISER
Der vorhergehende Absatz ist einer Warnung des CIAC entnommen, die unter dem Titel »Domain Name Service Vulnerabilities« (Anfälligkeiten von DNS-Servern) im Internet unter `http://ciac.llnl.gov/ciac/bulletins/g-14.shtml` zu finden ist.

Das DNS-Spoofing ist inzwischen – zumindest für ein paar Plattformen – auch in automatisierten Varianten erhältlich. Ein von Nimrod (unter Verwendung eines von Johannes Erdfelt verfassten Quellcodes) geschriebenes Utility namens *Jizz* können Sie unter `http://packetstorm.securify.com/Exploit_Code_Archive/jizz.c` herunterladen.

Es gibt eine interessante Abhandlung namens »Java Security: From HotJava to Netscape and Beyond« (Java-Sicherheit: Von HotJava zu Netscape und darüber hinaus), die von Drew Dean, Edward W. Felten und Dan S. Wallach verfasst wurde und sich dem Thema DNS-Spoofing widmet. Hier wird eine Methode erklärt, durch die ein Java-Applet den Rechner des Angreifers aufruft – genauer gesagt, den geknackten DNS-Server. Auf diese Weise ist es definitiv möglich, DNS-Lookups von einem DNS-Standardserver zu einem nicht vertrauenswürdigen Server umzuleiten. Man kann sich leicht klar machen, wie der Angreifer von hier aus über die Clientcomputer oder das ganze Netzwerk herfallen kann (dieser Bug wurde allerdings mit Version 1.02 behoben).

WEGWEISER
»Java Security: From HotJava to Netscape and Beyond« finden Sie online unter `http://www.cs.princeton.edu/sip/pub/oakland-paper-96.pdf`.

DNS-Spoofing ist allerdings recht einfach zu erkennen. Wenn Sie einem Ihrer DNS-Server diesbezüglich misstrauen, dann fragen Sie einmal die anderen maßgeblichen DNS-Server im Netzwerk ab. Sofern der ursprünglich angegriffene Server nicht schon vor einiger Zeit unbrauchbar gemacht wurde, wird Ihnen der Beweis für das Spoofing geradezu ins Gesicht springen, denn die anderen Server werden Abfrageergebnisse abliefern, die sich von denen des geknackten Servers erheblich unterscheiden.

Manchmal sind solche Serverabfragen aber nicht ausreichend, beispielsweise wenn der Server schon vor einiger Zeit geknackt wurde; inzwischen wurden die gefälschten Adresstabellen nämlich vielleicht schon an andere DNS-Server im Netzwerk verteilt. Wenn Sie Ungereimtheiten bei der Namensauflösung bemerken, dann sollten Sie ein Skripting-Tool namens DOC (Domain Obscenity Control) einsetzen. In der Dokumentation zu dem Skript heißt es:

DOC ist ein Programm, das Fehlverhalten von Domänen aufdeckt, indem es Anfragen an die jeweiligen DNS-Server sendet und auf der Basis der Abfrageergebnisse eine Reihe von Analysen durchführt.

WEGWEISER
DOC können Sie sich unter `ftp://coast.cs.purdue.edu/pub/tools/unix/sysutils/doc/doc.2.0.tar.Z` herunterladen.

Andere Ansätze zur Verhinderung von DNS-Spoofing sind etwa DNS-Schemata mit Reverse-Lookups (umgekehrte Abfragen). Bei solchen Schemata, die oft lediglich als Tests für normale Forward-Lookups dienen, versucht der Dienst, die Ergebnisse des Forward-Lookups mit denen eines Reverse-Lookups in Einklang zu bringen. Die Methode hat jedoch nur geringen Wert, denn mit hoher Wahrscheinlichkeit hat der Cracker die Forward-Lookup-Tabellen und die Reverse-Lookup-Tabellen gleichermaßen modifiziert. Weitere Informationen zur Konfiguration Ihres DNS-Servers finden Sie unter `http://www.dns.net/dnsrd/` oder `http://www.cert.org/advisories/CA-1999-14.html`.

7.7 Fazit

Spoofing ist im Moment recht populär und der Angreifer ist, sofern der Angriff von außerhalb des Netzwerks durchgeführt wird, schwer zu überführen. Sie sollten also zumindest augenscheinlich lokale Abfragen abwehren, die von außerhalb des Netzwerks gestellt werden. Ferner sollten Sie wie üblich die entsprechenden Protokollierungsmittel einsetzen. Schließlich möchte ich Ihnen noch empfehlen, alle diesbezüglichen Warnungen zu beachten, und zwar insbesondere diejenigen, die vom Hersteller Ihres Routers ausgegeben werden. Neuartige Angriffe, die auf Spoofing basieren, tauchen in der Regel alle paar Monate auf.

Kapitel 8

Anonym bleiben

Es gibt eine ganze Menge von Werkzeugen zum Schutz Ihrer Daten: Digitale Zertifikate, Paketfilter, starke Verschlüsselung, Firewalls, Virenwächter, VPNs, Hardwarelösungen und, und, und... die Liste ließe sich beliebig fortsetzen. Sie alle bieten Ihnen in gewissem Umfang eine Garantie dafür, dass Ihre Website und Ihr Netzwerk sicher sind. Doch wie sieht es eigentlich bei weitaus näher liegenden Aspekten aus? Welche Möglichkeiten haben Sie überhaupt, Ihre Anonymität zu wahren, wenn Sie online sind? Es gibt viele Ansätze, um Ihre Identität im Internet zu verbergen; wir werden diese im folgenden Kapitel durchleuchten.

8.1 Stufen der Preisgabe

Sofern Sie keine geeigneten Schritte unternehmen, kann, wenn Sie im Internet surfen, Ihre Identität früher oder später aufgedeckt werden. Welche Informationen über Ihre Person dabei genau preisgegeben werden, hängt von verschiedenen Faktoren ab:

- Netzwerkverbindung
- verwendeter Browser
- Datenverkehr
- implementierte Plug-Ins und Anwendungen

Sie werden aufgrund dieser Faktoren für zwei verschiedene Ausprägungen von »Nachrichtendiensten« sichtbar:

- menschliche Spione
- Spionagenetze

Sehen wir uns die beiden doch einmal an.

8.1.1 Menschliche Spione

Auch Sie werden ausspioniert. Von Menschen. Diese Individuen können mit Hilfe von Spionage Ihre Identität feststellen, Ihre Bewegungen verfolgen oder Sie sogar bei einer kriminellen Handlung ertappen. Menschliche Spionage ist die älteste Form der Spionage (und Spione behaupten sogar, sie sei das *wahre* älteste Gewerbe der Welt).

Spionage gibt es in zweierlei Ausformung, nämlich in einer indirekten und einer direkten.

- Das Hauptziel der indirekten Spionage ist das Sammeln von Daten, ohne dass ein direkter Kontakt hergestellt werden müsste.
- Die direkte Spionage besteht in der Kontaktaufnahme mit der auszuspionierenden Person, der Erschleichung des Vertrauens dieser Person und der kontinuierlichen Informationssammlung.

Das Internet ist ein hervorragendes Werkzeug für die indirekte Spionage. Nehmen wir als Beispiel doch einmal Ihre Beiträge in den verschiedenen Newsgroups: Diese sind öffentlich zugänglich – bekannte und unbekannte Personen können gleichermaßen darauf zugreifen. Andere wiederum können Ihre Beiträge regelmäßig mitlesen und auf diese Weise nach und nach eine ganze Menge über Sie in Erfahrung bringen. Das gibt Ordnungshütern natürlich die einzigartige Möglichkeit an die Hand, indirekte Spionage ganz bequem mit Hilfe von Suchmaschinen durchführen zu können.

Vor dreißig Jahren war die Situation noch ganz anders. Begeben wir uns doch einmal in das Amerika der frühen Siebzigerjahre des vorigen Jahrhunderts. In diesem Amerika waren die Siebziger eine Zeit politischer Unruhen. Es entstanden viele radikale Organisationen, von denen die eine oder andere sogar den gewaltsamen Umsturz propagierte. Die amerikanischen Geheimdienste reagierten darauf mit indirekten und direkten Spionageaktionen, die von Menschen ausgeführt wurden. Um beispielsweise Anhänger der »Students for a Democratic Society« auszukundschaften, schickte das FBI seine Leute per pedes zu deren Versammlungen (teils waren diese Agenten Angestellte des FBI, teils zivile Informanten – eine Rolle spielte das nicht). Diese Agenten mischten sich nun auf diesen Versammlungen unters Volk, notierten sich beispielsweise Autokennzeichen oder schrieben die Namen von Anwesenden auf. Sogleich gingen dann FBI-Mitarbeiter hin und versuchten diesen Namen Gesichter, Fingerabdrücke und Adressen zuzuordnen – durch Überprüfung der Kennzeichen, Revision von Verbrecherkarteien und Befragung weiterer Informanten.

Solche Methoden werden heutzutage nicht mehr gebraucht. Statt dessen erlaubt das Internet den Nachrichtendienstlern, die öffentliche Meinung aus ihren gemütlichen Büros heraus zu überwachen – und das sogar ohne Gesetzesübertretung. Man braucht keinen Durchsuchungsbefehl, um die Aktivitäten einer verdächtigen Person im Internet zu studieren, d.h. jeder Geheimdienst kann sich Programme und Tools aus dem Internet beschaffen, um Daten über Dritte zu sammeln. Gleichermaßen braucht auch niemand eine Erlaubnis, um mit Hilfe des Internets Listen mit Leuten zusammenzustellen, die verdächtig sind, in illegale oder umstürzlerische Aktivitäten verwickelt zu sein; eine solche Erlaubnis wird erst fällig, wenn solche Daten auf privaten Systemen – etwa eines Internetproviders – abgelegt sind. Mit Hilfe einer gerichtlichen Befugnis kann ein Nachrichtendienst jedoch beispielsweise auf die Protokolldateien des Providers, gespeicherte E-Mails (soweit vorhanden) und beliebige andere Daten zugreifen, die in Zusammenhang mit einem Verdächtigen stehen.

Wenn Sie radikale politische Ansichten vertreten, dann sollten Sie diese für sich behalten (oder einen Fortgeschrittenenkurs für Kryptografie besuchen), denn die modernen Suchmaschinen sind in der Lage, Newsgroup-Beiträge sogar nach Personengruppen (wie beispielsweise nach Mitgliedern einer kriminellen Vereinigung) zu kategorisieren. Sie können Ihren letzten Heller darauf verwetten, dass

Kirk Lyons, Rechtsanwalt amerikanischer Neonazis (sein Klientenverzeichnis liest sich wie ein »Wer ist wer?« der Rassisten in den USA), strikt vom FBI überwacht wird.

Seien Sie also gewarnt: Das Usenet ist keinesfalls ein Forum, in dem Sie Ihr Recht auf freie Meinungsäußerung entfalten sollten, sondern vielmehr ein Ort, wo Sie sich der ganzen Welt ungeschützt ausliefern. Und das ist erst der Anfang: 60 Prozent aller Websites, die Sie besuchen, protokollieren Ihre Bewegungen (und bei den großen Kommerzsites sind es wohl sogar 80 Prozent). Die Fortschritte bei der digitalen Schnüffelei ermöglichen es inzwischen fast jedem, der einen Computer bedienen kann, zum elektronischen Spitzel zu werden.

Vor kurzem hat das FBI *Carnivore* vorgestellt. *Carnivore* ist ein System, das sich in ein Computernetzwerk hängt und dann die gesamte Netzwerkkommunikation überwacht. Das System hat zu einem Aufschrei bei amerikanischen Anwälten geführt, vorzugsweise weil es geeignet ist, nicht nur einen einzelnen (oder eine Gruppe von) Verdächtigen zu belauern, der (oder die) zu Recht überwacht wird, sondern den *gesamten* Datenverkehr aufzuzeichnen, der in diesem System auftritt. Neulich wurden dann – erzwungen auf der Basis des amerikanischen Grundrechts auf Informationsfreiheit – etwa 600 Dokumente veröffentlicht, die mit *Carnivore* im Zusammenhang stehen. Aus diesen Informationen hat *SecurityFocus.com* einen interessanten Überblick zusammengestellt:

> *Dokumente, die dem EPIC (Electronic Privacy Information Center, Informationszentrum zum Schutz der Privatsphäre im Bereich digitaler Daten) infolge des Rechts auf Informationsfreiheit zugekommen sind, legen dar, dass »Carnivore« in der Lage ist, alle Aktivitäten des Überwachungsobjekts (vulgo: Verdächtigen) im Internet zu überwachen und – in Kombination mit anderen Tools des FBI – Webseiten so zu rekonstruieren, wie sie das Überwachungsobjekt beim Surfen im Internet zu sehen bekam.*

Zugegeben, das ist praktisch zum Aufspüren und Überwachen illegaler Aktivitäten von Verdächtigen, aber was ist mit all den unschuldigen Benutzern, deren Privatsphäre unbemerkt verletzt wurde? Das FBI teilt der Öffentlichkeit jedenfalls nicht mit, was es mit den von *Carnivore* gesammelten Daten anstellt.

WEGWEISER

Wenn Sie am *Carnivore*-System interessiert sind, dann sollten Sie sich den Artikel »Carnivore Details Emerge« von Kevin Poulsen unter `http://www.securityfocus.com/news/097` nicht entgehen lassen. Viele weitere Informationen finden Sie auch auf der Site des EPIC unter `http://www.epic.org/privacy/carnivore/foia_documents.html`.

8.2 Wie das Surfen im Web die Privatsphäre gefährdet

Als es noch keine Browser gab, konnte man nur über eine Befehlszeileneingabe auf das Internet zugreifen – eine sehr schlichte und für die meisten Leute unzumutbare Oberfläche. Mit den Browsern kam die Wende, denn nun wurde das Internet zur »Sendung mit der Maus«: Jedem, der halbwegs mit einem Zeigegerät umgehen konnte, stand das WWW offen. Der Erfolg war überwältigend: Praktisch über Nacht strömten die User in Scharen in das Internet.

Als diese Welle losbrach, merkten die Marketingstrategen auf; die erste Frage lautete: »Wie kann man mit dem Web Kohle machen?« Verschiedene Firmen gaben unterschiedliche Antworten auf diese Frage (eine davon ist z.B. der viel gepriesene E-Commerce: Der Kunde erwirbt Produkte oder Dienstleistungen von zu Hause aus über das Web).

Von Anfang an war man sehr erpicht darauf, Methoden zu entwickeln, die nicht nur aufdecken sollten, was der Kunde kauft, sondern wofür er sich sonst noch so interessiert (Stichwort: Zielgruppenwerbung). Heute gibt es mehr als ein Dutzend Ansätze hierfür, und Sie werden auf den folgenden Seiten sehen, wie bekannte und unbekannte Personen ungesehen Ihre Privatsphäre durchschnüffeln.

8.2.1 Internetstruktur und Privatsphäre

Ich will mit einer grundsätzlichen Aussage beginnen, die Sie nie wieder vergessen dürfen: Als das Internet entwickelt wurde, da wurde als Letztes an die Privatsphäre gedacht! Es gibt in der Tat viele Standardprogramme, die speziell zur Überwachung und Identifizierung von Benutzern entwickelt wurden. Wir werden gleich einige davon aufzählen und näher betrachten, aber zuerst will ich einen kurzen Überblick darüber geben, wie Benutzerdaten auf Servern gespeichert werden.

8.2.2 Wie Daten auf Servern gespeichert werden

Es gibt im Internet zwei allgemeine Formen der Identifikation: Ihre E-Mail-Adresse und Ihre IP-Adresse. Beide enthüllen Ihre Identität und stellen für einen Spion einen guten Ausgangspunkt für seine Tätigkeit dar.

Insbesondere Ihre Mailadresse führt direkt zu Ihrem richtigen Namen: Auch wenn Ihr Internetprovider Windows NT zum Hosten einiger Websites benutzt, wird er UNIX letztlich als Basisplattform verwenden; das tun praktisch alle Provider. Der Grund hierfür liegt darin, dass UNIX (in Verbindung mit einem Protokoll namens RADIUS) die Verwaltung von DFÜ-Konten erheblich vereinfacht (nebenbei beinhaltet es auch eine E-Mail-Unterstützung, die bei mehreren hundert oder tausend Konten wesentlich besser funktioniert als die von Windows NT).

Auf UNIX-Systemen werden viele Benutzerdaten in einer Datei namens `passwd` gespeichert, die sich im Verzeichnis */etc* befindet. Diese Datei enthält Anmeldenamen, Benutzernamen und manchmal auch die Kennwörter (wenn auch nur in verschlüsselter Form). Ein Eintrag in der Datei `passwd` sieht etwa so aus:

```
jdoe:x:65536:1:John Doe:/export/home/jdoe:/sbin/sh
```

Wenn Sie den Eintrag genau betrachten, werden Sie feststellen, dass die einzelnen Felder durch Doppelpunkte voneinander getrennt sind. Beachten Sie jetzt einmal die Felder 1, 5 und 6; diese Felder haben im echten Leben die folgenden Bedeutungen:

- Benutzername (`jdoe`)
- echter Name (`John Doe`)
- Basisverzeichnis (`/export/home/jdoe`)

Diese Daten sind eminent wichtig, und UNIX benötigt sie für viele Aufgaben; sie werden beispielsweise überprüft, wenn Sie sich anmelden, E-Mails abholen oder sich wieder abmelden. Leider sind sie aber auch der allgemeinen Öffentlichkeit zugänglich – dank eines Utilitys namens *finger.*

8.2.3 finger

finger ist ein Dienst, der auf allen UNIX-Systemen zu finden ist. Sein Zweck besteht darin, Remotehosts Benutzerdaten zu übermitteln, und er basiert – wie alle TCP/IP-Dienste – auf dem Client/Server-Modell.

Wenn ein UNIX-System hochgefahren wird, werden je nach Konfiguration etwa ein Dutzend Remotedienste geladen (z.B. ein Webserver, ein FTP-Server, ein Telnet-Server usw.). Der *finger*-Server heißt `fingerd` und wird normalerweise als »Finger-Daemon« bezeichnet.

Der Finger-Daemon wartet auf lokale oder externe Abfragen von Benutzerdaten. Empfängt er eine solche Abfrage, dann leitet er alle Daten weiter, die derzeit für das abgefragte Objekt vorhanden sind (das abgefragte Objekt sind in diesem Fall Sie).

Auf UNIX-Systemen kann eine *finger*-Abfrage über die Eingabeaufforderung erfolgen. Die Abfrageergebnisse werden dann vom Client am lokalen Terminal angezeigt. Eine *finger*-Abfrage an der Eingabeaufforderung sieht so aus:

```
$finger -l jdoe@john-doe.com
```

Auf Deutsch bedeutet das: »Schlag mal unter `jdoe` nach, und sag mir dann alles, was du über ihn weißt.« Wenn ein Benutzer eine solche Abfrage stellt, dann wird der Finger-Daemon von `john-doe.com` kontaktiert. Dieser durchsucht seinen Datenbestand und rückt am Ende die folgenden Informationen heraus:

```
Login name: jdoe                        In real life: John Doe
Directory: /                            Shell: /sbin/sh
Last login Tue May 18 19:53 on pts/22
New mail received Mon May 18 04:05:58 1997;
  unread since Mon May 18 03:20:43 1997
No Plan.
```

Jahrelang waren solche Informationen UNIX- und VAX-VMS-Benutzern vorbehalten. Damit ist jetzt aber Schluss – heute gibt es Finger-Clients (d.h. Programme, die *finger*-Abfragen erlauben) für alle Plattformen. Tabelle 8.1 listet ein paar davon auf.

Client	**Plattform**	**Download unter**
InkFinger	Windows	`http://www.inkland.f9.co.uk/ifinger/inkf122.exe`
Total Finger	Windows	`http://www.mrfrosty.co.uk/files/tfinger.exe`
Tray Finger	Windows	`ftp://ftp.igsnet.com/pub/trayfinger.exe`
IPNetMonitor	Mac OS (PPC)	`http://www.sustworks.com/cgi-bin/ftp.pl?file=IPNetMonitor_245.hqx`
IPNetMonitor	Mac OS (68K)	`http://www.sustworks.com/cgi-bin/ftp.pl?file=IPNetMonitor68K_221.sit.hqx`
Gibbon Finger	OS/2	`ftp://ftp.gibbon.com/pub/gcp/gcpfng10.zip`
Thumb	OS/2	`http://www.catherders.com/dirs/PCB/OS2LAN/THUMB10.ZIP`

Tabelle 8.1: Finger-Clients für Benutzer ohne UNIX oder Windows NT

HINWEIS
Da Windows NT mittlerweile über einen *finger*-Support verfügt, braucht man hier kein Drittanbieterprodukt mehr. Um eine *finger*-Abfrage von einem NT-Rechner aus zu starten, muss man nur die Eingabeaufforderung öffnen und den Befehl `finger` *`zielobjekt@zielhost.de`* eingeben.

Mittlerweise gestatten die meisten Systemadministratoren keine *finger*-Abfragen mehr in ihren Netzwerken (und zwar auch keine internen Abfragen mehr). Sind diese Abfragen hingegen erlaubt, dann sind sie in der Regel keinerlei Beschränkungen unterworfen. Das erlaubt Remotebenutzern, nicht nur Sie, sondern jeden Benutzer im System zu identifizieren; diese müssen hierzu nur den folgenden Befehl eingeben:

```
finger @mein_zielhost.de
```

Der Klammeraffe arbeitet genau so wie das Sternchen in regulären Suchausdrücken; der Befehl bedeutet nichts anderes als »Sag mir alles über alle Benutzer, die derzeit angemeldet sind«.

Während ich dieses Kapitel verfasse, kommt mir die Idee, dass ein Beispiel hierfür nicht unangemessen wäre; ich richte also eine *finger*-Abfrage an das Reed College in Portland (USA). Das Ergebnis sieht wie folgt aus:

```
finger @reed.edu
[reed.edu]
Login       Name               TTY Idle    When           Office
copeland D. Jeremy Copeland   *p1    12 Tue 19:24  Box 169     775 6945
boothbyl Lawrence E. Boothby   p3 121d Sun 09:05
mab      Mark Bedau            p4       Tue 19:32
copeland D. Jeremy Copeland    p6     4 Tue 19:29  Box 169     775 6945
slam     Greg (don't call me   p7   13d Wed 08:36  Box 470     or Coleman
slam     Greg (don't call me   p8   18d Fri 07:29  Box 470     or Coleman
mayer    Ray Mayer            *p9    2d Mon 16:59  (fac)
mcclellj Joshua J McClellan    pf    4d Fri 14:45  (813)
slam     Greg (don't call me   pe    6d Wed 08:19  Box 470     or Coleman
mcclellj Joshua J McClellan    q0    4d Fri 16:12  (813)
moored   Dustin B Moore        q2 6:32 Tue 13:05  (1172)
obonfim  Osiel Bonfim          q3 3:02 Mon 16:07
rahkolar Rahua Rahkola         q6    46 Tue 18:34
obonfim  Osiel Bonfim          q9 2:59 Tue 09:45
mcclellj Joshua J McClellan    qb    4d Fri 15:00  (813)
jwitte   John Witte           *qc 4:00 Tue 15:14
lillieb  Ben Lillie            r3    58 Tue 13:11  P04
szutst   Tobi A. Szuts        *r7     5 Tue 14:51  (819)
mcclard  Ron McClard          *re 1:22 Mon 10:55  (x218)
queue    Print Queue Display   qd    8d Mon 15:42
jimfix   James D. Fix         *qf    32 Tue 13:04
mcclellj Joshua J McClellan    r6 3:50 Mon 10:47  (813)
```

Sieht nicht wirklich so aus, als ob diese Leute eine geschützte Privatsphäre hätten, oder? Tatsache ist, dass 99 Prozent der Listen, die ich hier oder dort im Internet eingesammelt und dann untersucht habe, die echten Namen der Benutzer enthüllten. Wenn Sie glauben, dass Ihre Anonymität dadurch gewahrt bleibt, dass nur Ihr Firmenname angegeben wird, sehen Sie genau hin! Gleich in der ersten Zeile

```
copeland D. Jeremy Copeland   *p1    12 Tue 19:24  Box 169     775 6945
```

sehen Sie den vollen Namen der Person, ihren Anmeldenamen, die E-Mail-Adresse (`Copeland@reed.edu`) und eine Telefonnummer. Mit Hilfe der Suchmaschine Google (`http://www.google.de`) habe ich dann sofort Mr. Copelands persönliche Website am Reed College ausfindig machen können. Aus seinem Standort schließe ich ferner, dass er auch in Portland lebt. Auf eine schnelle Anfrage bei WorldPages (`http://www.worldpages.com`; in Deutschland können

Sie alternativ beispielsweise `http://www.teleauskunft.de` verwenden, hier gibt es sogar einen Karten- und Routendienst) erhielt ich als Antwort vier Ergebnisse, die zu dieser Person passten – alle mit Anschrift und Telefonnummer. Schutz der Privatsphäre? Vergessen Sie's.

Wenn Sie mit *finger* anfangen und bei WorldPages enden, können Sie die Anschrift einer beliebigen Person (einschließlich einer Wegbeschreibung) in weniger als dreißig Sekunden bekommen. Und wenn Ihnen jetzt jemand aufbinden will, dass *finger* kein Risiko für den Schutz Ihrer Privatsphäre darstellt, dann drücken Sie ihm dieses Buch in die Hand. *finger* bringt einen Fremden direkt bis vor Ihre Haustür!

Lösungen für dieses Problem

Es gibt Lösungen für das Problem mit dem *finger*-Dienst. Bevor Sie sich jetzt aber die Mühe machen, eine solche Lösung zu finden, sollten Sie erst einmal feststellen, ob Sie als Zielobjekt überhaupt in Frage kommen.

Es gibt zwei Möglichkeiten festzustellen, ob Sie ein potenzielles Opfer sind:

- Sie führen eine *finger*-Abfrage durch, die Sie selbst zum Ziel hat.
- Sie sehen in der Datei `/etc/passwd` auf dem Server Ihres Providers nach.

Geben Sie eine der folgenden Befehlszeilen ein, um die Überprüfung durchzuführen:

```
grep ihr_benutzername /etc/passwd
ypcat passwd || cat /etc/passwd | grep ihr_benutzername
```

Diese Befehle zeigen Ihnen die Daten in der Datei `/etc/passwd` auf dem Server an. Das sieht dann etwa so aus:

```
jdoe:x:65536:1:John Doe:/export/home/jdoe:/sbin/sh
```

Wenn Sie ein potenzielles Ziel für eine *finger*-Abfrage sind, dann können Sie Folgendes tun, um möglichst wenig über sich preiszugeben:

- Ändern Sie mit dem Utility `chfn` die Daten, die Außenstehenden über Sie zur Verfügung stehen.
- Ist der Einsatz von `chfn` nicht möglich, dann bitten Sie den Systemadministrator, Ihre Daten zu ändern.
- Ist beides nicht möglich, dann kündigen Sie Ihr aktuelles Konto, und beantragen Sie ein neues.

HINWEIS

Vielleicht sind Sie etwas überrascht über den Vorschlag, Ihr Konto zu kündigen. Aber bedenken Sie: Es waren schließlich Sie, der die Daten für die Datei `/etc/passwd` angegeben hat. Und zwar damals, als Sie das Konto beantragt haben. Wenn Sie keinen Zugriff auf `chfn` haben und Ihr

Administrator die Daten nicht ändern will, dann bleiben diese so lange auffindbar, bis Sie das Konto auflösen. Wenn Sie das tun und dann ein neues Konto eröffnen, können Sie genau festlegen, welche Informationen über Sie auf dem Server gespeichert werden.

Andererseits: Wenn es Ihnen nichts ausmacht, dass jemand diese Daten in die Hände bekommt, und Sie lediglich wissen wollen, wer derjenige ist, dann brauchen Sie MasterPlan.

8.2.4 MasterPlan

Das von Laurion Burchall geschriebene Utility MasterPlan verwendet eine aggressivere Methode, um herauszukriegen, wer Ihre Daten via *finger* abfragt. Jedes Mal, wenn eine solche Abfrage erkannt wird, fängt MasterPlan den Hostnamen und die Benutzerkennung des abfragenden Rechners ab. Diese Daten werden in einer Datei namens `finger_log` gespeichert. Ferner bestimmt MasterPlan auch, wie häufig Ihre Daten auf diese Weise abgefragt werden – so können Sie feststellen, ob jemand Sie »clocken« möchte (unter Clocking versteht man einen Vorgang, bei dem Benutzer A die Gepflogenheiten von Benutzer B mit Hilfe verschiedener Netzwerk-Utilities – beispielsweise mit *finger* oder den `r`-Diensten – ausbaldowern will).

TIPP

Die *r*-Befehle umfassen unter anderem eine Reihe von Netzwerkprogrammen, die Ihnen Daten über Benutzer eines Remotehosts auf dem Präsentierteller servieren.

Beim Clocking verwendet der Schnüffler ein automatisiertes Skript, um sein Zielobjekt alle paar Minuten oder Stunden via *finger* abzufragen. Gründe für derartige Nachforschungen gibt es viele. Man könnte beispielsweise ein Profil erstellen: Wie oft meldet sich der Benutzer an? Wie oft überprüft er seine E-Mail? Von wo aus meldet sich der Benutzer vorzugsweise an? Aus diesen Informationen können neugierige Zeitgenossen schließen, wann Sie sich zu anderen Zeitpunkten wo im Netz aufhalten könnten.

Hier ein Beispiel: Ein mir bekannter Cracker wollte die E-Mails einer in Amerika recht bekannten Journalistin einsehen, die über Hacker schreibt. Die Journalistin hatte verschiedene Internetkonten und wechselte häufig von einem zu einem anderen (d.h. sie verkettete Ihre Verbindungen – so wollte sie ihre private E-Mail-Adresse geheim halten).

Der Cracker setzte ein Clocking-Skript auf die Journalistin an und konnte ihre private, unveröffentlichte Mailadresse auf diese Weise knacken. Er drang dann in ihr Netzwerk ein und fing ihre Mails ab; der Postverkehr bestand aus Diskussionen zwischen der Journalistin und einem Softwaretechniker in Großbritannien, bei denen es sich um einen Crack drehte, der viel Staub aufgewirbelt hatte (die Mail wurde später in vielen Crackergruppen im Web veröffentlicht).

MasterPlan kann Muster identifizieren, die – zumindest, soweit es um *finger*-Abfragen geht – typisch für das Clocking sind. Das Utility ist klein und einfach zu konfigurieren. Der C-Quellcode liegt ihm bei, und die aktuelle Version lässt sich auf den meisten UNIX-Systemen problemlos kompilieren (Ausnahmen sind Ultrix und NeXT). Für Linux-Benutzer angenehm ist die Tatsache, dass eine vorkompilierte Binärdatei mit den meisten Distributionen geliefert wird. Die Standarddistribution von MasterPlan finden Sie unter `ftp://ftp.netspace.org/pub/Software/Unix/masterplan.tar.Z`, die für Linux vorkompilierte Version unter `ftp://ftp.netspace.org/pub/Software/Unix/masterplan-linux.tar.Z`.

HINWEIS
MasterPlan verhindert nicht, dass Fremde Ihre Daten über *finger* abfragen; es dient lediglich dazu, diese Leute zu identifizieren und festzustellen, wie oft solche Anfragen gestellt werden. Leider ist MasterPlan zur Zeit nur für UNIX verfügbar und wird auch nicht mehr weiterentwickelt.

Sie haben sich nun gegen *finger*-Abfragen abgesichert und sind jetzt gegen all die gierigen Geschäftsleute gefeit, die Ihren Namen in Erfahrung bringen wollen. Schade, schade, schade – leider ist auch dies wieder eine irrige Ansicht, denn *finger* ist nur der Anfang. Es gibt ein Dutzend andere Möglichkeiten, mit Hilfe Ihrer Mailadresse und Ihres Namens Informationen über Sie zu finden.

8.2.5 Was es sonst noch so gibt...

An Ihren Namen kommt man auch dann vergleichsweise leicht, wenn Ihr Provider *finger*-Abfragen unterbindet. Wenn ein Spitzel eine solche Anfrage stellt und dann merkt, dass diese nicht funktioniert, wendet er sich direkt an Ihren Mailserver. Die meisten Server akzeptieren Telnet-Verbindungen an Port 25 (das ist der Port, über den `sendmail` ausgeführt wird). Eine solche Verbindung sieht dann etwa so aus:

```
220 shell. Sendmail SMI-8.6/SMI-SVR4 ready at Wed, 19 Feb 1997 07:17:18 -0800
```

Wenn ein Außenstehender einen Prompt öffnen kann, dann gibt er nur den folgenden Befehl ein und hat sofort Ihren Namen:

```
expn benutzername
```

Der Befehl `expn` zeigt bei Eingabe des Benutzernamens die E-Mail-Adressen und die echten Namen an. Die Antwort sieht dann ungefähr so aus:

```
benutzername < benutzername@zielhost.de> Echter Name
```

Das erste Feld zeigt Ihren Benutzernamen bzw. die Benutzerkennung, dann folgen die Mailadresse und zum Schluss Ihr »echter« Name.

Systemadministratoren können die Funktion `expn` zwar deaktivieren, aber das tun nur die wenigsten. Ist die Funktion aktiv, dann kann jeder immer noch an Ihren echten Namen herankommen, wenn dieser gespeichert ist. Auch hier empfiehlt es sich, den echten Namen aus der Datei `passwd` zu entfernen.

> **HINWEIS**
> Leider kann ein Schnüffler auch bei deaktivierter `expn`-Funktion die Existenz Ihres Kontos immer noch mit dem Befehl `vrfy` überprüfen – falls Ihr Server diesen Befehl unterstützt.

Wie Sie sehen, stellt *finger* ein echtes Problem für den Schutz Ihrer Privatsphäre dar. Und dies ist erst der Anfang.

8.3 Browsersicherheit

Mit dem Aufkommen des E-Commerce wurden verschiedene Methoden entwickelt, um Ihre Bewegungen zu verfolgen. Dabei wurden drei zentrale Ansätze mit Hilfe Ihres Browsers realisiert:

- Ausspionieren der IP-Adresse und des Browsercaches
- Cookies
- Bannerwerbung und Webwanzen

Auf den ersten Blick erscheinen diese Techniken eher harmlos. Wenn Sie allerdings Ihre Anonymität wahren wollen, dann sollten Sie Maßnahmen ergreifen, um sich gegen sie zu schützen. Sehen wir uns die Ansätze einmal an.

8.3.1 Die IP-Adresse und den Browsercache ausspionieren

Jedes Mal, wenn Sie einen Webserver besuchen, hinterlassen Sie eine Spur. Diese Spur wird zwar auf unterschiedliche Weise von den verschiedenen Servern aufgezeichnet, aber aufgezeichnet wird sie immer. Ein typischer Protokolleintrag auf einem Apache-Server unter UNIX sieht etwa so aus:

```
153.35.38.245 [01/May/1998:18:12:10 -0700] "GET / HTTP/1.1" 401 362
```

Beachten Sie den ersten Eintrag: die IP-Adresse. Alle Webserverpakete sind in der Lage, die IP-Adressen der Besucher zu protokollieren. Die meisten Webserver gehen sogar noch weiter und speichern Ihren Hostnamen und manchmal sogar den Benutzernamen. Suchen Sie doch einmal die folgende Website auf, um zu sehen, was ein Server so alles über Sie in Erfahrung bringen kann:

`http://www.agentz.com/browsers/cgitest.cgi`

Ein Freund von mir, der bei einem Internetdienstleister arbeitet, besuchte diese Site. Der Server erzählte ihm Folgendes über ihn:

```
The host SERVER_NAME, DNS alias, or IP address is: "www.ixd.com"
The name and revision of the SERVER_SOFTWARE is: "Netscape-Enterprise/2.0a"
The name and revision of the SERVER_PROTOCOL is: "HTTP/1.0"
```

```
The SERVER_PORT number for this server is: "80"
The SERVER_ADMINistrator E-Mail address is: ""
The name and revision of cgi GATEWAY_INTERFACE is: "CGI/1.1"
The extra PATH_INFO included on the URL is: ""
The actual extra PATH_TRANSLATED is: ""
The server DOCUMENT_ROOT directory is: ""
The cgi SCRIPT_NAME is: "/cgi-bin/cgi-test.cgi"
The query REQUEST_METHOD is: "GET"
The QUERY_STRING from Form GET is: ""
The CONTENT_TYPE of the Form POST data is: ""
The CONTENT_LENGTH of the Form POST data is: ""
The name of the REMOTE_HOST making the request is: "ppp-208-19-49-
216.isdn.jetlink.net"
The IP REMOTE_ADDRress of the remote host is: "208.19.49.216"
The authentication (AUTH_TYPE) method is: ""
The authenticated REMOTE_USER is: ""
The remote user (REMOTE_IDENT) for (rfc 931) is: ""
The MIME types that the client will (HTTP_ACCEPT):"image/gif, image/x-
xbitmap, image/jpeg, image/pjpeg, image/png, */*"
The client's browser type (HTTP_USER_AGENT) is: "Mozilla/4.04 [en] (Win95; U)"
The page (HTTP_REFERER) that client came from:
"http://altavista.digital.com/cgi-bin/
query?pg=q&text=yes&q=%22test%2ecgi%22&stq=10"
The E-Mail address (HTTP_FROM) of the client is: ""
```

Beachten Sie, dass der Server nicht nur die IP-Adresse meines Freundes, sondern sogar die Einwahlleitung kannte:

```
The name of the REMOTE_HOST making the request is: "ppp-208-19-49-
216.isdn.jetlink.net"
```

Noch wesentlicher ist in diesem Zusammenhang allerdings, dass der Server die Seite feststellen konnte, von der aus mein Freund sich zu *agentz.com* begeben hatte:

```
The page (HTTP_REFERER) that client came from: "http://altavista.digital.com/
cgi-bin/query?pg=q&text=yes&q=%22test%2ecgi%22&stq=10"
```

Das Skript, mit dem all diese Informationen ermittelt wurden, heißt *test-cgi*. Es wird zur Erkennung der wesentlichen Umgebungsvariablen auf Client- wie auch auf Serverseite verwendet (und stellt außerdem – wie es nun einmal so ist – ein erhebliches Sicherheitsrisiko dar, weswegen es die meisten Internetprovider von ihren Servern entfernen).

Mit solchen Skripten und Protokollierungen können Webmaster präzise feststellen, wo Sie sich befinden, welche Netzwerkadresse Sie haben und wo Sie herkommen. Fühlen Sie sich noch wohl? Dann gleich weiter zu den Cookies.

8.3.2 Cookies

Cookies. Klingt doch niedlich, oder? Ist es aber nicht – zumindest dann nicht, wenn Sie – wie ich – Wert auf Ihre Privatsphäre legen. Viel wurde in der Vergangenheit aus berufenem Munde verlautbart, um öffentliche Befürchtungen hinsichtlich der Cookies zu beschwichtigen: Cookies könnten gar nicht viel ausrichten, sie seien alles in allem doch recht harmlos. Sind sie das? Ich glaube kaum.

Wenn Sie eine Website besuchen, können Informationen über Sie in Cookies gespeichert werden. Bei Netscape wird dies so erklärt:

> *Mit diesem einfachen Ansatz erhalten wir ein leistungsfähiges Werkzeug, das die Entwicklung einer Vielzahl neuer Anwendungen für internetbasierte Umgebungen erlaubt. E-Commerce-Anwendungen etwa können Daten über bereits ausgewählte Produkte speichern, gebührenpflichtige Dienste können Registrierungsdaten auf dem Clientrechner ablegen und den Kunden so von der Aufgabe entbinden, die Kennung jedes Mal neu einzugeben, und Websites können benutzerspezifische Voreinstellungen speichern und beim nächsten Besuch erneut aufrufen.*

WEGWEISER
Den Artikel namens »Persistent Client State HTTP Cookies«, aus dem der obige Auszug stammt, finden Sie unter `http://home.netscape.com/newsref/std/cookie_spec.html`.

Cookies ähneln den Stempeln, die Sie auf die Hand gedrückt bekommen, wenn Sie in die Disko gehen. Sie können sich damit frei im Club bewegen, ein wenig tanzen, etwas trinken oder mal für ein paar Minuten rausgehen. Solange sich der Stempel auf Ihrer Hand befindet, müssen Sie weder erneut zahlen noch wird man Ihnen den Eintritt verweigern. Mit Hilfe von Cookies können sich Webserver an Sie, Ihr Kennwort, Ihre Vorlieben usw. erinnern; diese Informationen werden dann automatisch abgerufen, sobald Sie den Server wieder besuchen. Das Problem bei den Cookies besteht nicht darin, dass solche Daten abgerufen werden; heikel ist nur der Umstand, von wo diese Daten abgerufen werden: von Ihrer Festplatte!

Das funktioniert wie folgt: Wenn Sie eine Website besuchen, schreibt der Server ein Cookie auf Ihre Festplatte. Das Cookie wird in einer speziellen Datei abgelegt.

HINWEIS
Windows speichert Cookies – je nach verwendetem Browser und Betriebssystemversion – an unterschiedlichen Orten. Cookies einiger Browserversionen werden in einer Datei namens `cookies.txt` abgelegt. Andere Versionen (oder der Microsoft Internet Explorer) speichern die Cookies einzeln im Verzeichnis *c:\windows\cookies* ab (beim Macintosh heißt die Datei übrigens `MagicCookie`).

Hier sehen Sie ein paar typische Einträge einer Cookie-Datei:

```
www.webspan.net    FALSE    /~frys    FALSE    859881600    worldohackf
   2.netscape.com    TRUE    /    FALSE    946684799
NETSCAPE_ID
1000e010,107ea15f.adobe.com    TRUE    /    FALSE    946684799    INTERSE
207.171.18.182 6852855142083822www.ictnet.com    FALSE    /    FALSE
946684799    Apache    pm3a-4326561855491810745.microsoft.com    TRUE
    /    FALSE    937422000    MC1
GUID=260218f482a111d0889e08002bb74f65.msn.com    TRUE    /    FALSE
937396800    MC1    ID=260218f482a111d0889e08002bb74f65comsecltd.com
FALSE    /    FALSE    1293753600    EGSOFT_ID
207.171.18.176-3577227984.29104071
.amazon.com    TRUE    /    FALSE    858672000    session-id-time
855894626.amazon.com    TRUE    /    FALSE    858672000
  session-id  0738-6510633-772498
```

Die Datei ist echt – ich habe sie mir von der Festplatte eines Mitarbeiters besorgt. Sie werden feststellen, dass die einführenden Zahlen der GUID (Feld 6) eine IP-Adresse darstellen (ich habe zwischen der IP-Adresse und dem Rest der Zeichenkette ein Leerzeichen eingefügt, damit Sie die IP-Adresse erkennen können; in der Realität ist die Zeichenkette fortlaufend). Sie sehen also, dass zum Setzen eines Cookies meist auch die Aufzeichnung Ihrer IP-Adresse gehören kann.

Die Befürworter von Cookies beharren darauf, dass Cookies harmlos und nicht geeignet sind, einen Benutzer zu identifizieren; aus diesem Grunde seien sie rundweg positiv zu bewerten. Dies stimmt nicht, wie D. Kristoll und L. Montulli in RFC 2109 erläutern:

> *Der Ursprungsserver könnte einen* `set cookie`*-Header erzeugen, um die Bewegungen des Benutzers auf dem Server zu überwachen. Es gibt Benutzer, die – auch wenn ihre Identität dabei nicht enthüllt würde – ein solches Verhalten als unerwünschte Datensammlung betrachten; immerhin könnte die Anonymität preisgegeben werden, wenn ein solchermaßen registrierter Benutzer nachfolgend ein Formular ausfüllt, in das er identifizierende Daten einträgt.*

Cookies werden heute routinemäßig zur Benutzerauthentifizierung verwendet. Das ist lästig und wurde auch umgehend als Problem erkannt. RFC 2109 fährt fort:

> *Der Benutzer sollte mit Hilfe von Agenten in die Lage versetzt werden, die Tilgung von Cookies zu steuern. Ein selten verwendetes Cookie könnte als »Voreinstellungsdatei« für Netzwerkanwendungen dienen, und der Benutzer möchte es vielleicht behalten, auch wenn es vielleicht das am längsten nichtbenutzte Cookie ist. Eine mögliche Implementation wäre etwa ein Dialogfeld, das die dauerhafte Speicherung eines Cookies (oder natürlich auch seine sofortige Zerstörung) mit Hilfe eines Kontrollkästchens ermöglichen würde.*

Trotz dieser frühzeitigen Warnungen vor Cookies sind die gängigen Browser immer noch so konfiguriert, dass Cookies standardmäßig angenommen werden. Schlimmer noch: Zwar haben die meisten Browser eine Option, die vor der Annahme von Cookies warnt, aber diese Option ist in der Regel nach der Installation erst einmal deaktiviert. Wenn Sie den Netscape Communicator benutzen, wählen Sie doch spaßeshalber mal den Eintrag EINSTELLUNGEN im Menü BEARBEITEN aus. Klicken Sie dann im Fenster EINSTELLUNGEN auf die Option ERWEITERT, und Sie sehen: Das entsprechende Kontrollkästchen ist nicht markiert. Der Microsoft Internet Explorer wird mehr oder minder im gleichen Zustand ausgeliefert.

Denken Sie jetzt mal einen Moment nach: Wie viele Besitzer neuer Computer wissen um die Existenz von Cookies? Sollten sie nicht zumindest darüber *informiert* werden, dass eine solche Informationssammlung stattfindet? Meiner Meinung nach schon.

TIPP

Um Cookies im Internet Explorer zu deaktivieren, wählen Sie die INTERNETOPTIONEN im Menü EXTRAS. Nun öffnet sich ein neues Fenster. Klicken Sie dort auf die Registerkarte SICHERHEIT. Hier können Sie wahlweise die Sicherheitsstufe *Hoch* aktivieren, oder Sie klicken auf STUFE ANPASSEN; daraufhin öffnet sich ein Fenster, in dem Sie Cookies deaktivieren können.

Wie man gegen Cookies vorgeht

Cookies lassen sich mit Hilfe so genannter Cutter leicht verwalten und aus der Welt schaffen. Cutter sind Programme, die Ihnen volle Kontrolle über die Cookies geben: Sie können sie betrachten, löschen oder auch zurückweisen, wenn bestimmte Bedingungen erfüllt sind. Tabelle 8.2 führt eine Reihe von Cuttern auf und zeigt Ihnen, wo Sie sie herunterladen können.

Cutter	Plattform	URL
Cookie Pal	Windows	`http://www.kburra.com/cplsetup.exe`
Cookie Crusher	Windows	`http://www.rbaworld.com/Programs/Cookie-Cruncher/`
Cookie Monster	Macintosh	`http://www.geocities.com/Paris/1778/CookieMonster151.sit`
NoMoreCookies	Macintosh	`ftp://ftp.zdnet.com/pub/private/sWlIB/internet/world_wide_web/nomcooks.hqx`
ScapeGoat	Macintosh	`ftp://zdftp.zdnet.com/pub/private/sWlIB/internet/world_wide_web/scapegt.hqx`

Tabelle 8.2: Cutter für Windows und Macintosh

HINWEIS
Benutzer von Windows oder Macintosh-Computern können Ihre Cookies bzw. das Verzeichnis, in dem sich diese befinden, mit einem Schreibschutz versehen und dadurch verhindern, dass Cookies auf der Festplatte gespeichert werden. UNIX-Benutzer sollten die Datei `cookies.txt` löschen und eine symbolische Verknüpfung erzeugen, die auf `/dev/null` verweist.

Wenn Sie mehr über Cookies erfahren wollen, sollten Sie sich den einen oder anderen der folgenden Artikel zu Gemüte führen:

- Stephen T. Maher, Law Products Magazine: »A Cookies Monster?«. `http://www.usual.com/article6.htm`
- »Cookies and Privacy FAQ«. `http://www.cookiecentral.com/n_cookie_faq.htm`
- Dan Goodin, CNET: »Are Cookie Files Public Record?«. `http://www.news.com/News/Item/0,4,17170,00.html`
- Junkbusters: »How Web Servers' Cookies Threaten Your Privacy«. `http://www.junkbusters.com/ht/en/cookies.html`
- »HTTP State Management Mechanism« (Hierbei handelt es sich um das RFC 2109, das die technischen Aspekte und die Funktionsweise von Cookies beschreibt). `http://www.ics.uci.edu/pub/ietf/http/rfc2109.txt`

Sie sollten ferner Folgendes wissen: Cookies und das Skript *test-cgi* sind nicht die einzigen Möglichkeiten, Informationen über Sie zu sammeln; es existieren andere, weniger auffällige Vorgehensweisen. Viele JavaScripts und Perl-Skripten sind in der Lage, nicht nur Ihre IP-Adresse, sondern auch den Typ Ihres Browsers, Ihr Betriebssystem und viele Daten mehr zu »holen«. Betrachten Sie einmal das folgende JavaScript:

```
<script language=javascript>
    function Get_Browser() {
    var appName = navigator.appName;
    var appVersion = navigator.appVersion;
    document.write(appName + " " + appVersion.substring
(0,appVersion.indexOf(" ")));
    }
</script>
```

Mit Hilfe dieses Codes werden Ihr Browser und dessen Programmversion abgefragt. Skripten wie dieses werden auf Tausenden von Sites überall im Internet eingesetzt. Eine sehr beliebte Variante ist etwa das »*Book 'em, Dan-O*-Skript«. Dieses Perl-Skript ermittelt die Uhrzeit Ihres Seitenzugriffs, den Browsertyp und die IP-Adresse.

WEGWEISER
Das *Book 'em, Dan-O*-Skript wurde von einer Person verfasst, die sich »Spider« nennt. Es steht bei Matt's Script Archive unter `http://worldwidemart.com/scripts/dano.shtml` zum Download bereit.

Ähnliche Programme gibt es in einer Vielzahl von Programmiersprachen, darunter auch Java. Ein speziell für diese Zwecke entwickeltes Java-Applet finden Sie unter `http://www.teklasoft.com/java/applets/connect/socket.html`.

8.3.3 Werbebanner und Webwanzen

Zweifelsohne haben Sie schon jede Menge Websites besucht, auf denen sich Bannerwerbung befindet. Das Internet hat den Traum vieler Werbestrategen wahr gemacht, denn hier sind die Möglichkeiten der Ermittlung und Aufzeichnung von Verbraucherdaten praktisch unbegrenzt. Heute wird beinahe jede bedeutendere Website durch Bannerwerbung, Wanzen und zielorientierte Werbung verschmutzt – und das auf Kosten Ihrer Anonymität. Werbebanner sind ein notwendiges Übel der neuen Internetwirtschaft; aber haben Sie gewusst, dass diese ach so unschuldigen Bildchen auch zur Ermittlung von Benutzerdaten und zur Lieferung demografischer Informationen an die Werbefirma verwendet werden können?

Es gibt mehrere Ansätze hierfür, aber die Funktionsweise ist generell wie folgt: Ein Benutzer besucht eine populäre Website, auf der sich ein solches »ermittelndes« Werbebanner befindet. Beim Laden der Seite wird die benötigte Grafik direkt von einem Webserver geholt, der von der Werbefirma betrieben wird. Und jedes Mal, wenn das passiert, kann der Werbeserver eine Menge Daten über den Benutzer ermitteln, der die Seite lädt. Dank Cookies und raffinierter JavaScripts und CGIs verschickt der unbedarfte Besucher möglicherweise seine IP-Adresse oder persönliche Daten, die er zuvor auf einer anderen Website eingegeben hat. Und nicht nur das: Der Werbeserver kann womöglich noch ein Cookie auf dem Computer des Benutzers ablegen, das es ihm gestattet, diese Person in Zukunft noch näher unter die Lupe zu nehmen.

Der neueste Trend bei der Verletzung Ihrer Privatsphäre sind Webwanzen. Eine solche Wanze ist normalerweise eine kleine, transparente Grafik im GIF-Format (1x1 Pixel groß), die ähnlich wie ein ermittelndes Werbebanner arbeitet. Wird eine Seite geladen, dann wird eben auch diese – unsichtbare – Wanze geladen, die dann in der Lage ist, die gleichen Daten zu senden wie ein Werbebanner. Der größte Unterschied zum Werbebanner ist hierbei der Tarnungsaspekt: Sie können eine Webwanze nicht sehen – es sei denn, Sie werfen einen Blick auf den Quellcode der Seite. Hier ein Beispiel von der Website von ZDNet:

```
<img src="http://ads3.zdnet.com/i/g=r001&c=a56998&idx=2001.01.04.21.48.58/
http://images.zdnet.com/adverts/imp/dotclear.gif"
```

Dieser HTML-Code zeigt eine Grafik auf der Seite von ZDNet an – allerdings keine gewöhnliche: Hierbei handelt es sich um eine Wanze, die die Besucher der

Site überwacht. Beachten Sie die Parametereinstellungen für Höhe und Breite der Grafik und das Fehlern des ALT-Parameters. Sobald die Grafik geladen wird, beginnt der Werbeserver bei ZDNet mit der Aufzeichnung aller Daten, für die er programmiert ist. Und ZDNet steht damit nicht allein: Ich habe eine x-beliebige Website geladen und auch dort sofort die Wanze gefunden.

WEGWEISER
Online sind einige gute Artikel über die Ausbreitung von Webwanzen und Werbebannern mit Ermittlungsfähigkeiten zu finden. In jedem Fall sollten Sie die Abhandlung »Nearly Undetectable Tracking Device Raises Concerns« von Stefanie Olsen lesen, die Sie unter `http://news.cnet.com/news//0-1007-200-2247960.html` finden.

Wofür brauchen diese Unternehmen die Daten eigentlich? Warum verletzen sie unsere Privatsphäre – ohne Erlaubnis oder gar Zustimmung? Werbung. Das Zauberwort heißt Werbung. Damit Produkte zielgerichtet beworben und an Verbraucher verkauft werden können, benötigt man detaillierte demografische und statistische Angaben. Solche Informationen erleichtern den Werbefirmen das Anpeilen bestimmter Käuferschichten. Wenn Sie beispielsweise viele Websites besuchen, auf denen es um Computer geht, dann werden Sie feststellen, dass sich die Werbebanner, die Sie sehen, immer häufiger um Computer und zugehörige Produkte und Dienstleistungen drehen. Und nebenbei kann man, wenn man den Einsatz von Werbebannern und Webwanzen auf seiner Site ermöglicht, noch eine ganze Menge Geld verdienen.

Wie Sie sich vor Werbebannern und Wanzen schützen

Zum Glück gibt es eine Menge Lösungen zur Bekämpfung neugieriger Cookies, Werbebanner und Webwanzen. Heutzutage sind zahlreiche Softwareprogramme erhältlich, die als Proxy unerwünschte Daten blockieren. Ein Proxy ist eine Art Software, die sich zwischen Ihren Webbrowser und das Internet setzt. Alle Daten aus dem Internet werden durch diese Software bearbeitet und je nach Beschaffenheit beschleunigt, ausgefiltert oder umgeleitet. Mein persönlicher Favorit ist der Internet Junkbuster (die Entwickler von Junkbuster haben vor kurzem auch eine abgespeckte Version namens Guidescope herausgebracht; der Schutzgrad ist mit dem von Junkbuster identisch, aber Guidescope ist benutzerfreundlicher und wesentlich einfacher zu installieren und zu konfigurieren).

Junkbuster agiert als Proxyserver für Ihren gesamten Internetdatenverkehr. Wenn Sie Webseiten laden, durchsucht das Programm den empfangenen Code nach gängigen Mustern für Werbebanner und Webwanzen. Bevor der Code Ihren Browser erreicht, wird er entschärft, und alle der Privatsphäre abträglichen Banner und Wanzen werden ausgemerzt. Dadurch wird nicht nur Ihre Anonymität gewahrt, sondern das Surfen im Web wird auch wesentlich beschleunigt, und Sie werden feststellen, dass es wesentlich leichter ist, sich auf die gewünschten Informationen zu konzentrieren, wenn die bunten und nervtötenden Bilder und Banner nicht mehr vorhanden sind. Nebenbei lassen sich Junkbuster und Guidescope noch so konfigurieren, dass Cookies abgewehrt werden.

HINWEIS
Wenn Ihnen Ihre Privatsphäre wichtig ist, dann sollten Sie sich ein paar Minuten Zeit nehmen, um einen Blick auf die Website von Junkbuster zu werfen. Sie finden dort eine Menge Hinweise dazu, wie Sie sich vor unerwünschter E-Mail, Post und Telefonwerbung schützen können. In Deutschland finden Sie ein ähnliches Angebot unter `http://www.robinsonliste.de`.

Mehr Informationen über den Internet Junkbuster und Guidescope finden Sie unter `http://www.junkbusters.com` und `http://www.guidescope.com`.

8.4 E-Mail und Newsgroups

Ich habe bereits weiter oben in diesem Kapitel erwähnt, dass die Angabe Ihrer Mailadresse in Newsgroup-Beiträgen verwendet werden kann, um Sie auszuspionieren. In diesem Abschnitt werde ich diese These beweisen.

Ihre Mailadresse ist nichts anderes als eine Zeichenkette. Wenn diese auf einer Webseite (oder in deren Quellcode) auftaucht, dann kann sie von Suchmaschinen erfasst werden. Wenn ein Spion Ihre Mailadresse hat, dann ist Schluss mit lustig. Schlimmer noch: Wenn er anhand der Mailadresse Ihren Namen ermittelt hat, dann kann er – soweit vorhanden – Ihre anderen Mailkonten ausfindig machen.

Ich habe über ein praktisches Anwendungsbeispiel nachgedacht und bin dabei auf Folgendes gekommen: Ich suche nach jemandem, der seine Mailadresse häufig wechselt und andere Mailadressen routinemäßig als Fronts verwendet (»Fronts« sind Drittanbieter, die Daten für Sie versenden; durch Nutzung von Fronts können Sie verhindern, dass Ihre Mailadresse ermittelt wird, denn im Header der Mail erscheint nur die Adresse des jeweiligen Fronts).

Objekt meiner Untersuchung ist ein anrüchiges Subjekt namens Kirk D. Lyons. Da der Name den meisten von Ihnen wohl nicht geläufig sein dürfte, sei gesagt, dass Mr. Lyons Anwalt ist; er ist für ein Rechtsarchiv in den Staaten tätig, und eines seiner Hobbys ist es, die Verteidigung von Mitgliedern rechtsradikaler und rassistischer Gruppen zu übernehmen. Insbesondere in den letzten zehn Jahren tauchte sein Name immer wieder in Zusammenhang mit einigen erwähnenswerten Vorfällen auf, beispielsweise dem Bombenanschlag auf ein Bundesgebäude in Oklahoma City, der Belagerung und Erstürmung eines Gebäudes in Ruby Ridge (Idaho), das dem bekannten Rassisten Randy Weaver gehörte (und in deren Verlauf Weavers Frau und sein Sohn ums Leben kamen) und einer ähnlichen Aktion in Waco (Texas), bei der im Jahre 1993 zahlreiche Menschen ums Leben kamen und die auch heute noch vielen in Erinnerung sein dürfte.

HINWEIS
Die folgende Übung ist kein Eingriff in die Privatsphäre von Mr. Lyons. Alle Daten stammen aus öffentlich zugänglichen Quellen im Internet. Vielmehr erinnern die Ergebnisse meiner Untersuchung an die Resultate

einer ähnlichen Vorgehensweise, die in einem Artikel beschrieben wurde, der im Jahr 1997 in der Juniausgabe des »Time Magazine« erschien. In diesem Artikel beschrieb ein Journalist dieser Zeitschrift, wie er im Web Daten über die kalifornische Senatorin Dianne Feinstein sammelte. Er leistete dabei hervorragende Arbeit und schaffte es sogar, Frau Feinsteins Sozialversicherungsnummer in Erfahrung zu bringen. Der Artikel mit dem Titel »My Week as an Internet Gumshoe« (Eine Woche als Internetschnüffler) kann unter `http://www.pathfinder.com/time/magazine/1997/dom/970602/technology.my_wek.html` nachgelesen werden.

Der erste Schritt bei der Sammlung von Daten über eine Person besteht darin, ihre E-Mail-Adresse in Erfahrung zu bringen. Um Mr. Lyons Adresse herauszufinden, reicht eine rudimentäre Suchmaschine aus (auch wenn Altavista und Google die weitreichendsten Suchoptionen bieten). Diese Vorgehensweise nahm ich als Ausgangspunkt – immerhin habe ich Mr. Lyons niemals kennen gelernt und weiß auch sonst recht wenig über ihn.

Ich begann meine Suche also bei Altavista (`http://www.altavista.com`; deutsche Version unter `http://www.altavista.de`). Altavista ist eine der leistungsfähigsten Suchmaschinen im Web. Sie akzeptiert verschiedene Arten der Anfrage, die sich auch auf Webseiten (d.h. HTML-Seiten), Grafiken, Video und andere Arten digitaler Medien beschränken lassen. Danach rief ich die Seite von Google (`http://www.google.com`; deutsche Version unter `http://www.google.de`) auf. Google ist eine noch recht neue, aber verblüffend leistungsfähige Suchmaschine. Lassen Sie sich nicht von der nüchternen und einfach gestrickten Oberfläche täuschen: Google hat sich extrem schnell quasi aus dem Nichts zu einer der besten Suchmaschinen entwickelt, die im Moment zu haben sind.

Ich habe mich aus einem ganz bestimmten Grund für Altavista entschieden: Die Suchmaschine führt eine auf exakte Übereinstimmung des Suchbegriffs ausgerichtete Suche durch, die sogar die Groß-/Kleinschreibung beachtet, d.h. die als Suchergebnisse zurückgegebenen Seiten enthalten alle den exakten Suchbegriff. Es gibt keine »ungefähren« Übereinstimmungen – dadurch finden nach dem Durchsuchen von Millionen von Seiten oft alle passenden URLs auf einer einzigen Seite Platz.

Um eine solche exakte Suche zu erzwingen, müssen Sie die zu suchende Zeichenkette in Anführungsstriche setzen. Ich begann meine Suche mit folgender Zeichenkette:

```
"Kirk D. Lyons"
```

Als Ergebnis erhielt ich etwa 200 Übereinstimmungen zurück, die ich dann nach interessanten Gegebenheiten durchsah. Die meisten Ergebnisse waren verschiedene Artikel und Veröffentlichungen teils von, teils über Mr. Lyons. Ich fand eine etwas ältere E-Mail-Adresse, die von Mr. Lyons und einem seiner Kollegen gemeinsam genutzt wurde: `unreconfed@cheta.net`. Die Suche nach dieser

Adresse war recht unergiebig, insofern wandte ich mich den Newsgroups zu. Unter `http://groups.google.com/usenet/`[1] konnte ich Tausende von Beiträgen durchsuchen. Dabei stieß ich auf Kirk persönlich, der die angegebene Mailadresse bei einem Beitrag verwendet hatte. Was hier interessant war, war die Tatsache, dass die Headerdaten der Mail intakt waren, was eine Reihe von Rückschlüssen zuließ:

```
Return-Path: unreconfed@cheta.net
Received: from lexington.ioa.net
  (IDENT:root@lexington.ioa.net [208.131.128.7])
  by mail.hal-pc.org (8.9.1/8.9.0) with ESMTP id DAA09388
for <abnrngrs@hal-pc.org>; Thu, 4 Nov 1999 03:23:08 -0559 (CST)
  Received: from 1861 (ppp227.arden.dialup.ioa.com [205.138.38.236])
  by lexington.ioa.net (8.9.3/8.9.3) with SMTP id EAA29654;
Thu, 4 Nov 1999 04:19:27 -0500
Message-ID: <1bed01bf26a5$a5ea0560$cb268acd@1861>
To: <Undisclosed.Recipients@lexington.ioa.net>
From: "Kirk D. Lyons or Dr. Neill H. Payne" <unreconfed@cheta.net> Subject:
HELP
```

Hieraus können wir ersehen, wer die Adresse verwendet, von wo aus die Verbindung hergestellt wurde und welcher Internetprovider zur Übertragung des Beitrags verwendet wurde. Ich kann ferner konstatieren, dass dies ein Einwahlkonto ist – wahrscheinlich mit Sitz in Arden (North Carolina). Weitere Untersuchungen gaben Anlass zu der Feststellung, dass Lyons sehr stark am amerikanischen Bürgerkrieg interessiert war. Mit Hilfe dieser Informationen stolperte ich kurz darauf über Mr. Lyons' Nebenjob: Die Firma Different Drummer beliefert Interessierte u.a. mit Kostümen aus der Zeit des Bürgerkriegs; hier fand ich dann auch so wesentliche Daten wie die Adresse, eine Telefon- und eine Faxnummer sowie die E-Mail-Adresse der Firma.

Auf den ersten Blick sind dies vielleicht nicht unbedingt viele Informationen; sie reichen jedoch aus, um sich Unternehmensdaten und Steuereinträge, Auskünfte über Eigentumsverhältnisse und weitere öffentlich zugängliche Daten von Mr. Lyons aus dem Web zu ziehen. Egal, in welchem Umfang Sie eine solche Untersuchung durchziehen wollen: Es gibt praktisch keine Grenzen. Innerhalb weniger Minuten hatte ich mit Hilfe von Suchmaschinen eine Menge Erkundigungen über Mr. Lyons einziehen können.

Anfangs scheint das ja alles nicht wichtig zu sein. Wahrscheinlich denken Sie: »Na und?« Aber rufen Sie sich einmal in Erinnerung, was ich zu Beginn dieses Kapitels geschrieben habe: Vor zwanzig Jahren hätte das FBI mehrere Tausend Dollar ausgegeben, um an genau diese Daten zu kommen.

---

1. *deja.com* wurde vor kurzer Zeit von Google übernommen. Die Newsgroups kann man jetzt unter `http://groups.google.com` durchsuchen.

Das Usenet ist ein tolles Werkzeug, um menschliche Netzwerke (d.h. Gruppen von Gleichgesinnten) aufzubauen. Wenn Sie zu einer solchen Gruppe gehören und kontroverse oder unpopuläre Ansichten vertreten, dann sollten Sie diese Ansichten nicht in Newsgroups verbreiten.

Sie können zwar – mit Hilfe des Eintrags `x-no-archive: yes` in der ersten Zeile Ihres Beitrags – verhindern, dass dieser Beitrag archiviert wird, aber Sie können nichts dagegen tun, dass jemand den Beitrag kopiert und dann auf einem Webserver speichert. Durch die Eingabe politischer Ansichten, die nur von wenigen geteilt werden, (und die Ermunterung dieser wenigen anderen, auf den Beitrag zu antworten,) können Sie Ihre Anschauungen unabsichtlich vor aller Welt enthüllen. Wenn Ihre Beiträge archiviert werden, sind sie für alle Ewigkeiten verfügbar – dank der ehrenwerten Mithilfe von den Leuten bei Google Groups.

8.4.1 Google Groups (früher DejaNews)

Google Groups ist eine besondere Suchmaschine, die ausschließlich das Usenet durchsucht. Nach Angaben des Betreibers reicht das Archiv zurück bis zum März 1995, und man sei ständig dabei, Lücken zu füllen und ältere News-Beiträge in die Datenbank zu integrieren; irgendwann einmal sollen alle Beiträge verfügbar sein, die seit 1979 eingereicht wurden.

Google Groups verfügt über ein ausgefuchstes Indiziersystem. Sie können sich beispielsweise automatisch ein Profil für den Autor eines Usenet-Beitrags anfertigen lassen (d.h. die Suchmaschine erzeugt eine Liste mit Newsgroups, bei denen der betreffende Autor in letzter Zeit Beiträge eingereicht hat). Auf diese Weise können Dritte sofort auf Ihre Interessen schließen. Schlimmer noch: Sie können Sie tatsächlich finden.

Wie ich bereits erwähnte, erscheint Ihr echter Name zwar nicht in den Beiträgen, ist aber in der Datei `/etc/passwd` auf dem UNIX-Server vorhanden, der als Gateway zum Internet dient. Um Sie zu finden, können beispielsweise die folgenden Schritte durchgeführt werden:

1. Der Schnüffler sieht Ihre Beiträge zum Usenet. Ihre E-Mail-Adresse ist – anders als Ihr echter Name – im Klartext abgedruckt.
2. Der Schnüffler versucht, Ihre Adresse mit Hilfe einer *finger*-Abfrage herauszufinden – glücklicherweise untersagt Ihr Provider solche Abfragen.
3. Also startet der Schnüffler eine Telnet-Sitzung am Port 25 Ihres Servers. Er führt den Befehl `expn` aus – und erhält Ihren richtigen Namen.

Mit dieser Information muss der Schnüffler nun erst einmal herausfinden, wo Sie wohnen. Hierzu benutzt er den WHOIS-Dienst.

8.4.2 Der WHOIS-Dienst

Der WHOIS-Dienst (zentral erreichbar über `rs.internic.net`) beinhaltet die Domänenregistrierungsdaten aller amerikanischen nichtmilitärischen Internetsites.

> **HINWEIS**
> Das deutsche Äquivalent zur InterNIC ist die DeNIC, erreichbar unter `http://www.denic.de`. Auch hier ist eine Abfrage im Stile des WHOIS-Dienstes möglich.

Die Registrierungsdatenbank enthält umfassende Informationen über jede Internetseite, darunter den Domänennamen, die Serveradressen, Kontaktpersonen, die Telefonnummer und die Anschrift. Hier sehen Sie eine WHOIS-Abfrage für Netcom, einen in Amerika populären Internetprovider mit Sitz im nördlichen Kalifornien:

```
NETCOM On-Line Communication Services, Inc (NETCOM-DOM)
   3031 Tisch Way, Lobby Level
   San Jose, California 95128
   US
   Domain Name: NETCOM.COM
   Administrative Contact:
      NETCOM Network Management  (NETCOM-NM)  dns-mgr@NETCOM.COM
      (408) 983-5970
   Technical Contact, Zone Contact:
      NETCOM DNS Administration  (NETCOM-DNS)  dns-tech@NETCOM.COM
      (408) 983-5970
   Record last updated on 03-Jan-97.
   Record created on 01-Feb-91.
   Domain servers in listed order:
   NETCOMSV.NETCOM.COM          192.100.81.101
   NS.NETCOM.COM                192.100.81.105
   AS3.NETCOM.COM               199.183.9.4
```

Schauen Sie sich die Daten einmal genau an. Der Schnüffler entnimmt ihnen, dass Netcom seinen Sitz in Kalifornien hat (beachten Sie die Angabe der Hausanschrift ganz oben in der WHOIS-Ausgabe sowie die Telefonnummern der Kontaktpersonen).

Mit diesen Angaben macht sich unser Schnüffler auf zu WorldPages (`http://www.worldpages.com`). WorldPages ist eine gigantische Datenbank, die die Namen, Mailadressen und Telefonnummern mehrerer Millionen Internetbenutzer umfasst.

Hier setzt unser Schnüffler nun den ermittelten Namen als Suchstring ein und gibt Kalifornien als Staat an. Sofort erhält er eine Liste mit mehreren Ergebnissen, bei denen Namen, Adresse und/oder Telefonnummer übereinstimmen. Nun kann er – je nachdem, wie häufig der gesuchte Name ist – vor einem Problem stehen. Wenn der Name etwa »John Smith« (deutsch etwa: »Michael Müller«) lautet, dann muss unser Schnüffler weitere Untersuchungen durchführen. Nehmen wir jedoch einmal an, dass Ihr Name nicht »John Smith« ist – dass der Name zwar häufig, aber nicht *so* häufig vorkommt. Der Schnüffler entdeckt drei Adressen in unterschiedlichen kalifornischen Städten: eine beispielsweise in Sacramento, eine in Los Angeles und eine in San Diego. Wie kann er nun feststellen, welche Adresse davon die Ihre ist? Ganz einfach: Er bedient sich des Utilitys `host`.

Dieses kleine Programm listet alle Rechner eines gegebenen Netzwerks und ihre relativen Standorte auf. Bei großen Netzwerken ist es nichts Ungewöhnliches, dass der Provider Rechner auf mehrere Standorte innerhalb eines Landes oder Staates verteilt. Der Befehl `host` stellt fest, welche Workstations sich wo befinden, d.h. es ist eine vergleichsweise triviale Aufgabe, eine nach Städten geordnete Liste aller beteiligten Rechner zu erhalten. Diese Rechner sind manchmal sogar nach den Städten benannt, in denen sie stehen; ein Eintrag könnte demnach wie folgt aussehen:

```
chatsworth1.zielprovider.com
```

Chatsworth ist eine Stadt in Südkalifornien. Aus diesem Eintrag ist ersichtlich, dass `chatsworth1.zielprovider.com` sich mit sehr hoher Wahrscheinlichkeit in der Stadt Chatsworth befindet.

Nun muss unser Schnüffler sich nur noch einmal Ihren Usenet-Artikel vornehmen. Er erkennt anhand des Quellcodes Ihres Beitrags den Weg, den dieser genommen hat – das sieht dann etwa so aus:

```
news2.cais.com!in1.nntp.cais.net!feed1.news.erols.com!howland.erols.net!ix.ne
tcom.com!news
```

Durch diesen Pfad erkennt der Schnüffler, über welchen Server der Artikel verschickt wurde. Diese Information wird dann mit dem Wert des NNTP-Postinghosts kombiniert:

```
grc-ny4-20.ix.netcom.com
```

Der Schnüffler extrahiert den Namen des sendenden Servers (d.h. den ersten Eintrag im Pfad). Dieser ist in der Regel als Hostname und nicht als IP-Adresse angegeben; um den Vorgang abzuschließen, benötigt der Schnüffler jedoch die IP-Adresse. Aus diesem Grund startet er mit dem Postinghost eine Telnet-Sitzung. Bei Beginn der Sitzung wird die numerische IP-Adresse via DNS abgefragt und kann dann über `stdout` ausgegeben werden. Nun verfügt der Schnüffler über die IP-Adresse des Rechners, der den Beitrag ursprünglich angenommen hat. Diese Adresse wird dann mit der bei der Hostabfrage erhaltenen Ausgabeliste verglichen und enthüllt auf diese Weise die Stadt, in der der Computer steht.

TIPP

Wenn die erhaltenen Informationen kein eindeutiges Ergebnis bringen, kann der Schnüffler auch andere Methoden einsetzen, z.B. eine `traceroute`-Abfrage. Wenn die Route zu einem Computer in einer anderen abgefragt wird, dann hat diese Abfrage unvermeidlicherweise auch eine Reihe von Gateways zum Ergebnis, die die Daten überqueren; hierbei handelt es sich um Knotenpunkte, über die alle Daten geleitet werden, die in eine Stadt kommen bzw. diese verlassen. Hierbei handelt es sich um Schaltstellen, die von Telekommunikationsgesellschaften betrieben werden. Die meisten dieser Stellen tragen Städtenamen (bekannte Punkte in den Staaten sind Bloomington und Los Angeles, in Deutschland etwa Frankfurt, Karlsruhe oder München). Wenn also der Name des sendenden Rechners nicht in der Ausgabeliste der `host`-Abfrage auftaucht, lässt sich mit Hilfe von `traceroute` immer noch der ungefähre Standort des Computers herausfinden.

Nachdem unser Schnüffler Ihre Person nun anhand dieser Daten erfolgreich eingrenzen konnte, begibt er sich wieder zu WorldPages und wählt Ihren Namen aus. Innerhalb von Sekunden erscheint eine grafische Darstellung Ihrer unmittelbaren Nachbarschaft. Ihre Wohnung ist auf dieser Karte mit einem Kreis markiert. Der Schnüffler weiß nun genau, wo Sie wohnen und wie man zu Ihnen kommt. Nun kann er weitere interessante Informationen über Sie sammeln.

HINWEIS

Dank restriktiverer Datenschutzgesetze ist es in Deutschland nicht ohne weiteres möglich, Daten zu sammeln, wie sie über einen US-amerikanischen Staatsbürger im Internet erhältlich sind – das beginnt beim Geburtsdatum und der Sozialversicherungsnummer und reicht bis zum Wahlverhalten der Person (d.h. es gibt im Web tatsächlich Angaben darüber, ob und welcher Partei ein Amerikaner seine Stimme gegeben hat). Dies sollte aber auch hierzulande kein Grund sein, unvorsichtig zu agieren.

Viele Leute unterschätzen das Risiko. Ihrer Meinung nach sind solche und andere persönliche Informationen auch über andere Quellen zugänglich. Das mag sein; prekär ist die Tatsache, dass das Internet all diese Daten zusammenbringt. Die Datenintegration ermöglicht solche Datensammlungen im großen Stile, und hier beginnen die Probleme.

Es sei angemerkt, dass vollständige Anonymität im Internet möglich ist – wenn auch normalerweise nicht mit legalen Mitteln. Mit ausreichend Zeit etwa könnten die Behörden auch Mails zurückverfolgen, die über einen anonymen Remailer versandt wurden (wobei sich diese Aufgabe als umso komplexer erweisen würde, je mehr Remailerdienste involviert wären). Die Ursache hierfür ist die Struktur des Internets selbst. Ralf Hauser und Gene Tsudik etwa schreiben in ihrem Artikel »On Shopping Incognito« (Unerkannt einkaufen):

> *Von Anfang an richtete sich das Wesen aktueller Netzwerkprotokolle und -anwendungen gegen die Wahrung der Anonymität. Die übergroße Mehrheit [dieser Protokolle] hat eine Sache gemeinsam: Auf treudoofe Weise übermitteln sie Daten zur Endpunktidentifikation. »Endpunkt« verweist in diesem Zusammenhang auf einen Benutzer (samt eindeutiger Kennung), eine Netzwerkadresse oder einen Organisationsnamen. Die Adresse des Absenders beispielsweise befindet sich im Header jeder E-Mail. Dateitransfers (z.B. FTP), Remoteanmeldung (Telnet) und Hypertextbrowser (WWW) enthüllen Adressen, Hostnamen und Kennungen ihrer Benutzer.*

Bleibt noch die Frage, ob Benutzer überhaupt ein Recht auf Anonymität genießen. Ich bin mir ziemlich sicher, dass sie das tun – es gibt ganz gewiss eine Vielzahl von Gründen, die für die Anonymität im Web sprechen. Nachfolgend finden Sie einen Auszug aus dem Artikel »Anonymity for Fun and Deception: The Other Side of *Community*« (Anonymität für Kurzweil und Täuschung: Die andere Seite der *Gemeinde*):

> *Es gibt ein paar Gemeinschaften im Internet, die Anonymität brauchen, da ihre Mitglieder sich andernfalls nicht beteiligen würden. Die Rede ist beispielsweise von den Anonymen Alkoholikern oder anderen Selbsthilfegruppen, etwa von AIDS-Kranken oder Drogenabhängigen – immer dann, wenn das Risiko der sozialen Ausgrenzung oder gar der Verfolgung durch die Justiz besteht, wenn die Identität der Mitglieder enthüllt wird, ist Anonymität gefragt.*

Dieses Thema taucht in der hitzigen Debatte über den Datenschutz im Internet immer wieder auf. Sogar zahlreiche Mitglieder der Bürgerlichen erkennen an, dass Anonymität ein wichtiges Element ist, um die Redefreiheit im Web zu bewahren – nicht nur hier in Amerika, sondern auch und gerade andernorts. Auch in Kreisen der Justiz erfährt diese Frage zunehmende Aufmerksamkeit. Ein exzellenter Artikel darüber wurde von A. Michael Froomkin verfasst, der als Rechtsanwalt und Dozent viel Aufmerksamkeit genießt. In »Anonymity and Its Enmities« (Die Anonymität und ihre Widersacher) schreibt Professor Froomkin:

> *Für Personen, die ein autoritäres Regime kritisieren wollen oder den Umsturz planen, sind Remailer von unschätzbarem Wert. Tatsächlich könnte, sofern die Möglichkeit einer Verbreitung von Nachrichten über das Internet gegeben ist, die anonyme E-Mail zum modernen Äquivalent des anonymen Flugblatts werden. Weitere Vorteilsnehmer wären dann etwa alle Kritiker von Unternehmen, Religionsgemeinschaften oder anderen Bewegungen, deren Vergeltung sie fürchten müssten, und Personen, die in öffentlichen Foren Fragen zu Themen stellen, die sie nicht behandeln würden, wenn die Möglichkeit bestünde, dass ihr Beitrag zurückverfolgt würde.*

WEGWEISER
»Anonymity and Its Enmities« ist eine hervorragende Quelle für Links zu juristischen Analysen der Anonymität im Web. Der Aufsatz ist eine schier unglaubliche Ressource, insbesondere für Journalisten. Sie finden ihn unter `http://warthog.cc.wm.edu/law/publications/jol/froomkin.html`.

Allerdings glaubt nicht jeder, dass Anonymität eine gute Sache ist. Es gibt Menschen, die der Ansicht sind, dass Anonymität im Internet früher oder später zu totaler Anarchie führen wird. Ein (wenn man den Urheber in Betracht zieht) recht ironisches Zitat findet sich in Martha Seigels »Computer Anarchy: A Plea for Internet Laws to Protect the Innocent« (Computeranarchie: Aufruf zur Schaffung von Internetgesetzen zum Schutze der Unschuldigen):

> *Die Leute brauchen im Cyberspace das gleiche Maß an Sicherheit und Ordnung, wie sie es auf ihren Straßen und in ihren Häusern vorfinden. Der derzeitige Zustand des Internets zeigt mehr als deutlich, dass eine allgemeine Anarchie nicht funktioniert. Wenn die Regierungen keine Möglichkeit finden, in diesem wachsenden und sich stetig verändernden Internet Ordnung zu schaffen, dann wird schon bald das pure Chaos herrschen.*

Falls Sie nicht wissen, warum das ironisch sein soll: Die Autorin ist in den Kreisen der Computeranarchie keine Fremde. Sie stand seinerzeit auf der »Internet Blacklist of Advertisers« (schwarze Liste der Werbeunternehmen), denn sie hatte gegen Netzwerkrichtlinien verstoßen, die sich gegen das Spamming (Massenversand von E-Mails mit werbendem Inhalt) im Usenet richteten. Diese schwarze Liste ist dazu gedacht, unangemessene Werbung in Newsgroups oder via Junk-Mail zu verhindern; hier werden die Übeltäter namentlich genannt und ihre Vergehen beschrieben, damit Leute, die die Liste lesen, die Täter auf die eine oder andere Weise bestrafen. Der folgende Abschnitt ist ein Auszug aus der »Anklage«, die sich gegen die Anwaltskanzlei von Mrs. Seigel, Cantor & Seigel richtet:

> *Die berühmten »Greencard«-Anwälte. Im Jahre 1994 haben sie wiederholt Nachrichten in fast alle Newsgroups verschickt, in denen sie anboten, beim Einzug in die amerikanische Greencard-Lotterie behilflich zu sein (Randbemerkung: Die Firma verlangte für ihre Dienste 100 US-Dollar; dabei ist die Teilnahme an der Lotterie kostenlos – man muss lediglich einen Brief mit Angaben zur Person zur richtigen Zeit an den richtigen Ort schicken). Als die daraufhin einsetzende E-Mail-Bombardierung ihren Provider dazu zwang, das Mailkonto zu schließen, drohten Cantor & Seigel, ihn zu verklagen, bis er schließlich einwilligte, alle Antworten an sie weiterzuleiten.*

WEGWEISER
Die »Internet Blacklist« finden Sie im Web unter `http://math-www.uni-paderborn.de/~axel/BL/blacklist.html`.

Grau jedoch ist alle Theorie. Vielleicht werden Anonymisierungsfunktionen schon bald im Zuge der Umstellung auf eine bargeldlose Gesellschaft implementiert. All die Jäger und Sammler, die im Internet ihre schäbige Arbeit verrichten, sollten sich also beeilen. Schon in Kürze kann die Analyse des Verbraucherverhaltens der Vergangenheit angehören – zumindest, was das Web angeht. Bei der Mehrzahl elektronischer Zahlungssysteme, die für das Internet entwickelt werden (und teils bereits serienreif sind), ist Anonymität ein sehr wesentlicher Aspekt.

WEGWEISER
Es gibt bereits eine Reihe elektronischer Zahlungssysteme, denn in diesem Bereich wurden in den letzten Jahren umfassende Forschungen durchgeführt. Einige der Unternehmen, die derzeit solche Systeme entwickeln, sind eCash Technologies, Zero-Knowledge Systems, CyberCash und Millicent.

Ich habe lange darüber nachgedacht, wie diese Systeme tatsächlich die Anonymität von Transaktionen gewährleisten können. Der Grund dafür, warum ich das hier anspreche, ist einfach der, dass ja Datensätze vorhanden sein, Protokolldateien erzeugt, Transaktionen autorisiert und Menschen mit einbezogen werden müssen, die das System kontrollieren. Aus diesem Grund sind »anonyme« Transaktionen in Wirklichkeit gar nicht so anonym – was mich dazu bewegt, eine Warnung auszusprechen.

8.5 Eine Warnung

Die Technik verändert das Aussehen unserer Gesellschaft rapide, und die Privatsphäre bleibt bei diesem Prozess zusehends auf der Strecke. Das Internet trägt in hohem Maße zu dieser Entwicklung bei.

Viele Banken benutzen bereits biometrische Systeme, um Kunden zu identifizieren – ein gespenstischer Vorgang. Damit Sie Ihr Geld abheben können, werden Ihre Netzhaut oder Ihr Fingerabdruck von einem Scanner abgetastet, der Sie authentifiziert. Diese Technologie wird in Amerika in Zusammenhang mit PCs massiv beworben, und die Verkaufsaussichten der Branche sind gigantisch. Und haben Sie nicht auch langsam die Nase voll davon, jedes Mal, wenn Sie Ihren Rechner starten oder sich ins Internet einwählen, ein Kennwort eingeben zu müssen?

Die biometrische Authentifizierung wird bald beim E-Commerce Einzug halten. Bevor Sie dieses Buch zur Seite legen, möchte ich Sie bitten, sich einmal vorzustellen, welches Klima in zehn Jahren herrschen könnte. Jeder Benutzer – jeder! – hat eine eindeutige digitale Kennung, die auf einem kryptografischen Wert basiert. Dieser Wert wird eine 32- oder 64-Bit-Zahl sein, die auf den physikalischen Charakteristika Ihrer rechten Hand basiert. Ohne diese Kennung können Sie weder etwas kaufen noch etwas verkaufen. Wenn es einmal soweit ist, dann erinnern Sie sich daran, wie Sie zum ersten Mal etwas darüber gelesen haben…

8.5.1 Internetressourcen

Zum guten Schluss folgen hier noch ein paar Leseempfehlungen zur Privatsphäre, die Sie im Internet finden.

Privacy & Anonymity on the Internet FAQ
(Häufig gestellte Fragen zu Privatsphäre und Anonymität im Internet)

Autor: L. Detweiler

Inhalt: Zahlreiche Quelltexte zur Privatsphäre und Anonymität im Internet. Ein Muss für alle Benutzer, die zum ersten Mal mit dieser Problematik in Berührung kommen.

URL: `http://www.prz.tu-berlin.de/~derek/internet/sources/privacy.faq.02.html`

Anonymous Remailer FAQ
(Häufig gestellte Fragen zu Remailern)

Autor: Andre Bacard

Inhalt: Eine nicht allzu technische Beschreibung von Remailern: Wie sie funktionieren und wo sie zu finden sind. Bacard hat auch das »Computer Privacy Handbook« (Handbuch Privatsphäre im Computerbereich) verfasst, das in Amerika als »beängstigendstes Buch des Jahres« ausgezeichnet wurde.

URL: `http://www.andrebacard.com/remail.html`

Anonymous Remailers
(Remailer-Adressen)

Autor: Francis Litterio

Inhalt: Adressliste für anonyme Remailer im Web

URL: `http://world.std.com/~franl/crypto/remailers.html`

How-To Chain Remailers with PGP Encryption
(Wie man mehrere Remailer mit Hilfe der PGP-Verschlüsselung verkettet)

Autor: anonym

Inhalt: Eine sachliche Beschreibung, wie man Remailer verketten kann und dadurch eine absolut anonyme, verschlüsselte Nachricht verschickt.

URL: `http://www.email.about.com/internet/email/library/weekly/aa042400a.htm`

Privacy on the Internet

(Privatsphäre im Internet)

Autoren: David M. Goldschlag, Michael G. Reed und Paul F. Syverson vom »Naval Research Laboratory Center for High Assurance Computer Systems«

Inhalt: Gute Einstiegslektüre, die alle wesentlichen Aspekte erläutert, die in diesem Kapitel beschrieben wurden.

URL: `http://www.itd.nrl.navy.mil/ITD/5540/projects/onion-routing/inet97/index.htm`

Anonymous Connections and Onion Routing

(Anonyme Verbindungen und verdecktes Routing)

Autor: David M. Goldschlag, Michael G. Reed und Paul F. Syverson vom »Naval Research Laboratory Center For High Assurance Computer Systems«

Inhalt: Verlaufszusammenfassung eines Symposiums über Sicherheit und Anonymität, das 1997 in den Vereinigten Staaten stattfand. Das Papier stellt eine umfassende Analyse anonymer Verbindungen und der Abwehr von Zurückverfolgung und Datenverkehrsanalysen dar. Auch die Anfälligkeiten solcher Systeme werden berücksichtigt. Pflichtlektüre!

URL: `http://www.itd.nrl.navy.mil/ITD/5540/projects/onion-routing/OAKLAND_97.ps`

Special Report: Privacy in the Digital Age

(Sonderreport: Die Privatsphäre im digitalen Zeitalter)

Autor: Susan Stellin

Inhalt: CNET-Artikel, der zahlreiche Links enthält, die auf Quellen zur Privatsphäre im Internet verweisen.

URL: `http://www.cnet.com/Inhalt/Features/Dlife/Privacy/`

The Electronic Frontier Foundation

(Stiftung zur Begrenzung der elektronischen Medien)

Autor: nicht bekannt

Inhalt: Umfassende Quellensammlung zur Privatsphäre im elektronischen Zeitalter.

URL: `http://www.eff.org/`

The Electronic Privacy Information Center (EPIC)

(EPIC – Informationszentrum zum Schutz der Privatsphäre im Bereich digitaler Daten)

Autor: nicht bekannt

Inhalt: Zivilrechtliche Betrachtungen. Diese Seite ist unverzichtbar, wenn es um die Beschaffung von Rechtsinformationen zu den Themen Privatsphäre und Anonymität im Web (und anderswo) geht.

URL: `http://epic.org/`

Computer Professionals for Social Responsibility (CPSR)

(CPSR – Computerfachleute für eine soziale Verantwortung)

Autor: nicht bekannt

Inhalt: Eine Gruppe, die ethische Fragen in Zusammenhang mit der Verwendung von Computern diskutiert.

URL: `http://www.cpsr.org/`

The Anonymizer

(Der »Anonymisierer«)

Autor: nicht bekannt

Inhalt: Auf dieser Site wird anonymes Surfen kostenlos angeboten. Die Anwendung fungiert als Vermittler zwischen Ihnen und den von Ihnen besuchten Seiten. Im Wesentlichen handelt es sich um einen etwas komplexeren Proxy-Dienst. Dieser gestattet auch Verkettungen, ferner wird Ihre IP-Adresse aus den Protokollen getilgt.

URL: `http://www.anonymizer.com/`

8.5.2 Artikel, Vorträge und relevante Websites

Richard M. Smith: »Data Spills in Banner Ads« (14. Februar 2000). `http://users.rcn.com/rms2000/privacy/banads.htm`

Jonathan D. Wallace: »Nameless in Cyberspace: Anonymity on the Internet« (1996). `http://www.cato.org/pubs/briefs/bp-054es.html`

R. Hauser und G. Tsudik: »On Shopping Incognito«. Zweiter USENIX-Workshop zum Thema E-Commerce (November 1996). `http://www.isi.edu/~gts/paps/hats96.ps.gz`

Ceki Gulcu: »The Anonymous E-Mail Conversation«. Technischer Bericht am Eurecom Institute (Juni 1995).

Ralf C. Hauser: »Control of Information Distribution and Access«. Technischer Bericht am Fachbereich Computerwissenschaft, Universität Zürich (September 1995).

Stephen T. Kent: »Internet Privacy Enhanced Mail«. In: »Communications of the ACM«, 36. Jahrgang, Nr. 8 (August 1993).

Alireza Bahreman und J. D. Tygar: »Certified Electronic Mail« (1994). ftp://ftp.cert.dfn.de/pub/pem/docs/CEM.ps.gz

Dr. John A. Line: »E-Mail Security«. Beitrag zum UKERNA Computer Security Workshop (15/16. November 1994). ftp://ftp.cert.dfn.de/pub/pem/docs/UKERNA-email-security.ps.gz

»How Companies Track Your Movements on the Internet«. http://www.privacy.net/track/ provided by privacy.net

Federal Bureau of Investigation: »FBI Information on Carnivore«. http://www.fbi.gov/programs/carnivore/carnivore.htm

M.R. Anderson: »Electronic Fingerprints: Computer Evidence Comes of Age«. In: »Government Technology Magazine« (Ausgabe von November 1996).

David Chaum: »Achieving Electronic Privacy«. In: »Scientific American«, S. 96ff. (August 1992).

M.R. Anderson: »Erased Files Often Aren't.« In: »Government Technology Magazine« (Ausgabe von Januar 1997).

M. Betts: »FBI Seeks Right to Tap All Net Services«. In: »ComputerWorld«, Jahrgang XXVI, Nr. 23 (8. Juni 1992).

Kapitel 9

Schluss mit den Ammenmärchen

Dank des explosiven Wachstums des Internets ist mehr oder weniger jeder bereits mit dem Bereich Computersicherheit konfrontiert worden – egal, ob er mit Computern arbeitet oder nicht. Überall hören und lesen wir von Viren, Crackern, destruktiver Software und anderen Gefahren. Insofern ist es auch keine Überraschung, dass es eine mindestens genauso große Menge von Lügen, Ammenmärchen und Übertreibungen gibt, die immer wieder angeführt werden, wenn von den Bedrohungen die Rede ist, denen Sie ausgesetzt sind, wann immer Ihr Rechner eingeschaltet und mit dem Internet verbunden ist. Sie sollten sich dieser Gefahren zwar bewusst sein, aber ebenso wichtig ist es, dass Sie merken, wenn jemand maßlos übertreibt oder Sie gar hinters Licht führen will.

Haben Sie jemals den Film »Das Netz« gesehen? Darin geht es um eine Gruppe Cracker, die die Identität eines Unschuldigen gelöscht hat, um sich selbst zu schützen. Durch Verwendung des Internets konnten sie das Leben Ihres »Opfers« nur mit Hilfe von Tastatur und Maus zerstören. Was Sie (und viele andere) vielleicht nicht bemerken, ist die Tatsache, dass ein solches Szenario in der vernetzten Welt von heute weder sehr wahrscheinlich noch plausibel ist. Hollywood ist hingegangen und hat die schwarze Kunst des Crackings auf einen strahlenden Schild gehoben: Hier kann jeder praktisch jeden Aspekt des menschlichen Lebens vom Rechner aus kontrollieren. Die Wahrheit könnte nicht ferner liegen.

In diesem Kapitel werde ich Ihnen erläutern, wann und wo Sie anfällig sein können, wer die Angriffe tatsächlich aus welchen Gründen verübt und mit welchen Risiken Sie im richtigen Leben konfrontiert werden. Ich hoffe, dass Sie dadurch besser verstehen, wie die Bereiche Internet oder Netzwerksicherheit Sie tatsächlich tangieren.

9.1 Wann treten Angriffe auf?

Wie oft habe ich diesen Satz gehört? »Sicher ist ein Computer nur, wenn er ausgeschaltet und der Stecker aus der Steckdose gezogen ist.« Zugegeben: Das ist nicht ganz falsch – in dem Moment, in dem ein Computer aktiv wird und eine Verbindung zu einem Netzwerk herstellt, wird er zum potenziellen Zielobjekt. Andererseits heißt das natürlich nicht, dass Sie, wenn Sie sich mit dem Internet verbinden, gleich gefunden, getestet und attackiert werden; es gibt noch eine Reihe anderer Faktoren, die hierbei eine Rolle spielen. Von diesen soll zunächst die Rede sein.

9.1.1 Warum man Ziel eines Angriffs wird

In dem Augenblick, in dem Sie sich mit dem Internet verbinden, öffnen Sie – unwissentlich – ein Tor für potenzielle Angreifer. Damit Sie aber zum Zielobjekt werden, müssen Sie erst einmal von einem Cracker entdeckt werden, der Sie dann auch noch interessant genug finden muss, um Sie als Opfer in Betracht zu ziehen. Manchmal werden Sie zufällig angegriffen, wenn jemand eine Software einsetzt, die Adressen nach dem Zufallsprinzip aussucht und dann einen Angriff verübt. Diese willkürliche Auswahl kommt aber weniger häufig vor als die Entdeckung und der darauf folgende gezielte Angriff. Wenn Sie entdeckt werden, ist die Vorgehensweise zu Feststellung, wer Sie sind, wo Sie sich befinden und wie anfällig Sie sind, fast immer die gleiche. Der Angreifer arbeitet mit einem Portscanner (etwa nmap), in den er einen großen IP-Adressblock zur Überprüfung eingibt. Das Programm gibt dann Angaben darüber zurück, welche Computer es in diesem Adressbereich gefunden hat, welche Ports geöffnet sind und (im Falle von nmap) welches Betriebssystem auf dem entfernten Host ausgeführt wird. Dank dieser Daten hat der Angreifer nun mehrere potenzielle Ziele zur Auswahl. Anhand der Angaben zu Betriebssystemen und offenen Ports kann er den Bereich der Zielobjekte auf der Basis ihm bekannter Sicherheitslücken weiter einschränken. Diese Art des Checks wird häufig ausgeführt, bevor der tatsächliche Versuch eines Angriffs erfolgt.

Das nachfolgende Listing zeigt die Ausgabe von nmap nach der Überprüfung einer meiner Workstations. Es macht deutlich, wie einfach es ist, eine Menge Daten über einen einzelnen Rechner zu sammeln.

```
 [root@server user]# nmap -vO 10.0.0.15
Starting nmap V. 2.53 by fyodor@insecure.org ( www.insecure.org/nmap/ )
No tcp,udp, or ICMP scantype specified, assuming vanilla tcp connect() scan.
Use -sP if you really don't want to portscan (and just want to
 see what hosts are up).

Host  (10.0.0.15) appears to be up ... good.
Initiating TCP connect() scan against  (10.0.0.15)
Adding TCP port 554 (state open).
Adding TCP port 5900 (state open).
Adding TCP port 1433 (state open).
Adding TCP port 445 (state open).
Adding TCP port 1025 (state open).
Adding TCP port 427 (state open).
Adding TCP port 139 (state open).
Adding TCP port 135 (state open).
Adding TCP port 25 (state open).
Adding TCP port 5800 (state open).
The TCP connect scan took 1 second to scan 1523 ports.
For OSScan assuming that port 25 is open and port 1 is closed and neither are
firewalled
Interesting ports on  (10.0.0.15):
(The 1513 ports scanned but not shown below are in state: closed)
Port        State       Service
25/tcp      open        smtp
135/tcp     open        loc-srv
139/tcp     open        netbios-ssn
427/tcp     open        svrloc
445/tcp     open        microsoft-ds
554/tcp     open        rtsp
```

```
1025/tcp   open       listen
1433/tcp   open       ms-sql-s
5800/tcp   open       vnc
5900/tcp   open       vnc

TCP Sequence Prediction: Class=random positive increments
                         Difficulty=9491 (Worthy challenge)
Sequence numbers: B896EAF2 B897E041 B8988355 B89936FB B89A1722 B89B1A0A
Remote operating system guess: Windows 2000 RC1 through final release
Nmap run completed -- 1 IP address (1 host up) scanned in 43 seconds
[root@server user]#
```

Wie Sie sehen, läuft dieser Computer unter Windows 2000. Auf ihm werden ein SQL-Serverdienst, ein Mailserver und viele weitere Dienste ausgeführt. Wenn der Möchtegerncracker über diese Informationen verfügt, ist es ihm ein Leichtes, ein paar Onlinerecherchen zu Sicherheitslücken und Exploits für Ihr System oder Ihre Software durchzuführen. Häufig beinhalten die dabei gefundenen Informationen auch Quellcodes oder Beispiele zur Nutzung der Exploits, was dem Cracker die Arbeit erheblich erleichtert. Es gibt im Internet frei verfügbare Programme, die automatisch innerhalb kürzester Zeit beliebige Remotecomputer auf Hunderte bekannter Sicherheitslücken hin überprüfen; selbst ungeübte Cracker können durch den Einsatz solcher Programme ihre Erfolgsaussichten erhöhen, weil sie schneller auf leichter verwundbare Opfer stoßen.

Natürlich kann ein Angreifer auch jemand sein, der Sie als Opfer bereits ausgesucht hat. Dafür kann es viele Gründe geben, etwa gekränkte Eitelkeit, Abneigung, Datendiebstahl oder Bereicherung. In dieser Situation muss der Angreifer keine Zeit mit dem Durchsuchen großer IP-Adressblöcke verschwenden, um ein Opfer zu finden; er hat ja bereits eines in Aussicht. Je nach Motivation wird er höchstwahrscheinlich beträchtliche Nachforschungen anstellen, bevor er einen ersten hinterhältigen Angriff ausführt. Von der Frage, was für ein Typ von Zielobjekt Sie sind, hängt auch ab, wie vorsichtig der Cracker zu Werke geht und wie gut er sich tarnt, um nicht erkannt zu werden. Wenn die Rechner, an denen Sie arbeiten, etwa beim Bundesnachrichtendienst stehen, dann wird jeder Angreifer, der verrückt genug ist, diese Systeme anzugreifen, zuvor eine Menge Zeit und Hirnschmalz darauf verwenden, eine geeignete Strategie zu entwickeln.

Auch die Frage, wer Sie sind oder für wen Sie arbeiten, spielt eine wesentliche Rolle, wenn es darum geht, warum oder wie oft Sie zum Zielobjekt werden. Wenn Sie zu Hause oder in einem kleinen Büro arbeiten, dann ist die Wahrscheinlichkeit, dass Sie als Ziel ausgewählt werden, eher gering, sofern Sie nicht über irgendetwas verfügen, was die Zeit und den Aufwand wert sein könnte. Wenn Sie allerdings Systemadministrator bei Microsoft sind, dann sieht die Sache schon ganz anders aus. In den Protokolldateien von Unternehmen wie Microsoft werden tagtäglich Tausende erfolgloser Angriffsversuche aufgezeichnet. Die Gründe dafür sind recht offensichtlich. Erst einmal kennt man natürlich den Namen, denn praktisch jeder, der einmal an einem Computer gearbeitet hat, hat schon den

Namen »Microsoft« gehört. Mit einem erfolgreichen Angriff gegen Microsoft könnte sich so mancher Cracker unter seinesgleichen einige Meriten verdienen. Außerdem ist Microsoft auch eine der reichsten Computerfirmen der Welt. Der finanzielle und intellektuelle Wert von Quellcodes und Designs, Finanzdaten und Unternehmensinformationen, die auf den Systemen von Microsoft liegen, ist zweifelsohne sehr hoch. Einige der eher dubiosen Konkurrenzunternehmen von Microsoft würden einen Haufen Geld hinblättern, um an solche Informationen zu kommen.

WEGWEISER
Im Oktober 2000 wurde Microsoft Opfer eines Angriffs über das Internet. Offenbar hatte ein Mitarbeiter eine E-Mail geöffnet, deren Anhang einen Trojaner enthielt; dieser wurde dann vom Angreifer benutzt, um in das Firmennetzwerk von Microsoft eindringen zu können. Zwar behauptet Microsoft steif und fest, dass kein Schaden angerichtet worden sei, aber die Gerüchte, dass Quellcodes und andere proprietäre Daten öffentlich zugänglich gewesen seien, sind nie ganz verstummt. Die ganze Geschichte können Sie unter `http://www.abcnews.go.com/sections/tech/DailyNews/microsoft_hacked001027.html` nachlesen.

An dieser Stelle sollte außerdem angemerkt werden, dass Sie sich selbst zu einem Zielobjekt machen können, indem Sie an einem beliebten Netzwerkdienst wie etwa einem IRC-Channel teilnehmen. IRC ist oftmals die Ausgangsbasis und das Schlachtfeld vieler großer und kleiner Crackergruppen. IRC-Netzwerkoperatoren müssen oft weite Wege gehen, um den Missbrauch Ihrer Systeme zu minimieren. Zur Vergeltung nehmen die Angreifer häufig IRC-Provider und unschuldige Benutzer dieses Dienstes unter Beschuss. Das amerikanische IRC-Netz Undernet, einer der größten kostenlosen IRC-Dienste weltweit, ist seit einiger Zeit Opfer fortwährender Attacken. Die Situation hat sich mittlerweile derart zugespitzt, dass die Betreiber inzwischen bereit sind, den Stecker endgültig zu ziehen...

WEGWEISER
Weitere Informationen zu den Angriffen gegen Undernet finden Sie unter `http://www.newsfactor.com/perl/story/6655.html`.

9.1.2 Einwahlverbindung vs. Standleitung

Wie Sie Ihre Verbindung zum Internet herstellen, spielt ebenfalls eine Rolle bei der Frage, wie leicht Sie aufzuspüren und aufs Korn zu nehmen sind, und für jede Methode gibt es auch hier eine Vorgehensweise. Zu den beliebtesten Verbindungsmethoden gehören einerseits Einwahlverbindungen mit Modems oder via ISDN und andererseits Standleitungen über DSL oder ein Kabelmodem.

Wenn Sie via Modem eine Verbindung mit einem Internetprovider herstellen, dann wählen Sie sich normalerweise in eine Modembank bei diesem Provider ein, woraufhin dessen System sich eine IP-Adresse aus einem Adresspool heraussucht und Ihnen diese zuweist. Die Adresse ist notwendig, um eine TCP/IP-Verbindung herzustellen, und jeder mit dem Internet verbundene Host benötigt mindestens eine eindeutige Adresse. Der unmittelbare Vorteil dieser Methode besteht darin, dass Sie jedes Mal, wenn Sie sich einwählen, um sich mit dem Internet zu verbinden, eine andere IP-Adresse zugewiesen bekommen; dadurch wird es wesentlich schwerer, Sie als Zielobjekt zu erkennen. Auf der anderen Seite ist eine Einwahlverbindung langsam, unzuverlässig und – in den meisten Fällen – extrem anfällig gegen DoS-Angriffe; wir werden im Verlaufe dieses Kapitels noch darauf zu sprechen kommen.

Mittelfristig werden die Einwahlverbindungen aber aussterben. Mit Kabelmodems, DSL und anderen Technologien für Hochgeschwindigkeitsverbindungen zum Internet wird bald jeder praktisch von überall her eine sehr schnelle und wesentlich stabilere Internetverbindung herstellen können. In vielen Fällen wird es sich dabei um Standleitungen handeln, d.h. sobald Ihr Rechner eingeschaltet ist, ist er auch mit dem Internet verbunden. Für den Endanwender hat das viele Vorteile – es ist sicher extrem praktisch, sich vor den Computer zu setzen und direkt online zu sein. Aber dadurch erhöhen Sie auch die Wahrscheinlichkeit, einem Angreifer aus dem Internet zum Opfer zu fallen, der in Ihren Rechner eindringt oder diesen offline setzt, in beträchtlichem Maße. Zu einer Standleitung gehört eine statische IP-Adresse. Das ist zwar praktisch für diejenigen Benutzer, die eine Remoteverbindung zu ihrem Computer herstellen wollen, erhöht aber gleichzeitig die Chancen, dass dieser Computer im Internet immer wiedergefunden werden kann; wenn ein Angreifer etwa gegen Ihr System vorgeht, dann kann er seine Arbeit bei Bedarf unterbrechen und später fortsetzen. Aber auch wenn Sie keine statische IP-Adresse haben, wird die Adresse einer solchen Dauerverbindung doch zu selten geändert, als dass dieser Umstand die Suche nach Ihnen erschweren würde.

> **TIPP**
> Ich habe eine Zeitlang ein Kabelmodem verwendet, von dem mein Provider mir beim Vertragsabschluss versicherte, es würde die IP-Adresse alle paar Stunden *automatisch* wechseln. Während der gesamten Laufzeit der Verbindung hat sich die Adresse jedoch nie geändert…

9.1.3 Welche Betriebssysteme anfällig sind

Jeder, der einen Computer zu irgendeinem Zweck benutzt, wird früher oder später ein Betriebssystem finden, das er praktisch findet und mit dem er gut klarkommt. Der Durchschnittsbenutzer von Computern trifft diese Auswahl allerdings nur selten unter sicherheitsrelevanten Gesichtspunkten. Solche Benutzer ziehen etwa eine bestimmte Oberfläche vor oder entscheiden sich aufgrund der Verfügbarkeit bestimmter Anwendungen für ein Betriebssystem. Und wenn der Bereich Sicherheit eine Rolle spielt, werden viele Leute dazu verleitet anzunehmen, dass das Betriebssystem Ihrer Wahl »irgendwie« sicherer sei als die anderen. In Wahrheit aber ist jedes Betriebssystem auf die eine oder andere Weise verwundbar. Computerbenutzer neigen dazu, »ihr« Betriebssystem gegenüber anderen eisern zu verteidigen, und sie kritisieren andere Systeme *insbesondere* wegen ihrer (Un-)Fähigkeiten auf dem Gebiet der Systemsicherheit. Es macht aber letztlich keinen Unterschied, ob Sie mit Windows, Linux oder irgendeinem anderen Betriebssystem arbeiten: Sie sind verwundbar!

Es gibt Betriebssysteme, die als sichere Systeme entwickelt wurden. OpenBSD beispielsweise ist so ein Betriebssystem, das mit dem Ziel entwickelt wurde, das sicherste Betriebssystem überhaupt zu werden. Aber auch wenn dieses Betriebssystem in seiner Standardversion mehr als drei Jahre ohne einen Remote-Exploit überdauert hat (zweifelsohne eine wirklich beträchtliche Leistung, obwohl dies in erster Linie daran liegt, dass nur sehr wenige Dienste aktiviert sind), so sind doch einige Sicherheitslücken aufgetreten, die lokale Angriffe ermöglichen. Generell ist ein Rechner unter OpenBSD zwar sehr sicher, aber arbeiten kann man mit ihm auch nicht richtig.

Windows-Anwender werden oft Opfer von Hohn und Spott seitens der Sicherheitsfachleute, Skriptkids und Cracker. Aus diesem Grund haben viele Windows-Benutzer eine Art Sicherheitsparanoia entwickelt und glauben heute, dass jeder eine Verbindung zu ihren Rechnern herstellen, in diese eindringen und dort alle möglichen Schäden verursachen könne. In den meisten Fällen stimmt das aber nicht.

Bei Windows-Versionen, die für den normalen Anwender gedacht sind – also Windows 95/98 oder Windows ME –, werden in einer Standardinstallation keine Netzwerkdienste installiert. Das bedeutet, dass aber auch gar nichts auf dem Rechner ausgeführt wird, was eingehende Netzwerkverbindungen akzeptiert. Und sogar Windows NT 4 Workstation und Server und Windows 2000 werden standardmäßig mit sehr wenigen bis gar keinen aktivierten Netzwerkdiensten installiert.

Bevor bei Ihnen aber jetzt die Sektkorken knallen, weil Sie Windows-Anwender sind, muss ich Sie schon wieder auf den Boden der Tatsachen zurückholen: Sobald Sie unter Windows auch nur irgendeine Netzwerkverbindung herstellen, sind die Türen weit geöffnet. Windows installiert dann gemeinsam mit dem Netzwerkadapter oder im Zuge der DFÜ-Netzwerkkonfiguration eine Reihe unnötiger Komponenten: Dienste wie etwa die Datei- und Druckerfreigabe und manchmal sogar die Internetverbindungsfreigabe werden aktiviert, ohne dass der Benutzer etwas davon erfährt. Manche Benutzer brauchen diese Dienste vielleicht, aber für eine einfache Internetverbindung werden sie schlichtweg nicht benötigt.

Windows-Benutzer leiden auch unter weiteren himmelschreienden Sicherheitsproblemen, die bei anderen Systemen noch nicht einmal vorkommen. Viren, bösartige Skripten, Trojaner und Hintertüren sowie eine schwache Implementierung des TCP/IP-Stapels machen Windows für eine ungeheuer große Anzahl von Attacken anfällig. Außerdem installiert Windows neben anderen Netzwerkkomponenten oftmals auch dann die Datei- und Druckerfreigabe über TCP/IP und NetBIOS, wenn Sie diese als DFÜ-Benutzer gar nicht brauchen. In einer normalen Netzwerkumgebung können Windows-Benutzer mit Hilfe dieses Dienstes Dateien und

Drucker gemeinsam mit anderen Anwendern im gleichen Netzwerk benutzen. Obwohl nur wenige Leute diese Funktion nutzen oder überhaupt benötigen, wird sie nur von den wenigsten deaktiviert. Auf diese Weise aber wird eine Tür geöffnet, durch die jeder Internetbenutzer eindringen und Schindluder treiben kann.

Es gibt noch nicht viele Leute, die UNIX-Varianten – also etwa Linux, FreeBSD, NetBSD oder OpenBSD – als Betriebssysteme für Desktopcomputer betrachten, denn solche Betriebssysteme werden gemeinhin nur auf Servern genutzt. Allerdings: Die Beliebtheit solcher Betriebssysteme auf Workstations steigt zunehmend. In den Standardinstallationen sind bei UNIX-Systemen alle möglichen Dienste – beispielsweise Telnet, FTP oder `httpd` (der Webserverdienst) – aktiviert, und dazu gehören auch extrem anfällige Daemons für herkömmliche Dienste und Betriebssysteme. Es liegt also an Ihnen als Endanwender, die Sicherheitslage nach der Installation einzuschätzen und alle notwendigen Änderungen vorzunehmen (auch wenn mittlerweile immer mehr Linux-Anbieter dazu übergegangen sind, bekanntermaßen verwundbare Dienste in der Standardinstallation nicht mehr zu aktivieren). Ein durch adäquate Konfiguration sauber abgesichertes Open-Source-Betriebssystem kann eine extrem zuverlässige und sichere Alternative zu teuren kommerziellen Lösungen darstellen.

Macintosh-Computer und das dazugehörige Betriebssystem MacOS sind heute nicht mehr so beliebt wie Mitte der Achtzigerjahre, aber sie sind immer noch weit verbreitet, und Mac-User sind in Sicherheitsfragen genauso verbohrt wie alle anderen auch. Das MacOS ist zu einem sehr robusten und leistungsfähigen Betriebssystem herangewachsen, weist aber natürlich auch Sicherheitslücken auf. Macs können Viren genauso leicht zum Opfer fallen wie jedes Windows-System. Je nachdem, welche Version von MacOS bei Ihnen installiert ist, können Sie auch aufgrund von Schwachstellen bei der Web- und der Dateifreigabe von Apple zur Zielscheibe werden. Sofern Sie diese Funktionen also nicht definitiv benötigen, sollten Sie sie dauerhaft deaktivieren.

9.1.4 Meine Firewall wird die Schweine schon aufhalten!

Firewalls sind im Bereich der Systemsicherheit der absolut letzte Schrei! Eine Firewall ist ein (wahlweise Hardware- oder Software-)Agent, der zwischen Ihrem Computer und einem anderen Netzwerk wie etwa dem Internet sitzt. Eine Firewall kann so konfiguriert werden, dass der Zugriff auf interne Dienste und Daten vom externen Netzwerk aus nicht möglich ist. Wenn sie angemessen konfiguriert ist, stellt eine Firewall ein fantastisches Mittel zur Verteidigung Ihrer Ressourcen gegen externe Angriffe dar; Firewalls sind jedoch nicht die Ultima Ratio! Firewalls ermöglichen nämlich durchaus eine Datenkommunikation, und aus diesem Grund ist das Loch nicht vollständig gestopft. Viele Firewalls erlauben die Konfiguration eines Dienstproxies, über den riskante Dienste ausgeführt werden können, aber hierbei sollte es sich um einen *geschützten* Proxy handeln.

Vor kurzem habe ich für einen Kunden, der eine handelsübliche High-End-Firewall benutzte, eine Sicherheitsüberprüfung durchgeführt. Auf dem Server wurde ein Telnet-Proxydienst ausgeführt, und über diesen konnte ich in das Netzwerk des Kunden eindringen und unter Verwendung der Firewall als Zugriffspunkt auf alle Ressourcen zugreifen. Der Telnet-Dienst erlaubte es externen Benutzern, mit einem einfachen Telnet-Client ohne Authentifizierung durch die Firewall zu greifen, ohne sich die Finger zu verbrennen. Der Grund war, dass die Leute, die dieses System benutzten, es falsch konfiguriert und es auf diese Weise jedem Angreifer leicht gemacht hatten, in das Netzwerk zu gelangen. Die meisten Leute haben noch nicht bemerkt, dass zu einer gut gesicherten Umgebung mehr gehört als eine überteuerte Firewall. Und deren Effizienz nimmt noch dazu mit der Zunahme von Viren, Trojanern und bösartigen Skripten in E-Mails rapide ab, denn Mails werden ja ordnungsgemäß durch die Firewall geleitet. Wird dahinter die Gefahr erkannt, dann kann es bereits zu spät sein. Mehr Informationen zu Firewalls finden Sie im folgenden Kapitel.

9.2 Welche Arten von Angreifern es gibt

Es gibt so viele verschiedene Definitionen für Leute, die Ihr Netzwerk angreifen wollen, wie es Angriffe selbst gibt. Und es gibt viele Namen: Hacker, Cracker, Skriptkids, Black Hats und White Hats usw. Ich werde nachfolgend die häufigsten Typen beschreiben.

9.2.1 Skriptkids: Die größte Bedrohung?

Der zur Zeit häufigste und auch erfolgreichste Typ des Hackers ist das Skriptkid. Die Bezeichnung rührt schlichtweg von der Tatsache her, dass es sich hierbei meist um junge Leute handelt, die keine erfahrenen Cracker sind, sondern im Internet Skripten suchen und verwenden, die andere – bewanderte – Cracker verfasst und der Internetgemeinde zur Verfügung gestellt haben. Typischerweise haben Mama und Papa ihrem Sohnemann einen AOL-Account eingerichtet, und das erste Wort, das er in eine Suchmaschine eingegeben hat, war »Hacker«. Dank der Glorifizierung der Hacker und Cracker in den Medien und im Internet und der relativen Sicherheit, die diese Art des Verbrechens impliziert, sind gerade Teenager schnell versucht, in diese dunkle und faszinierende Welt einzutauchen. Es gibt Tausende von Websites, die diese jungen, neugierigen Leute als Ausgangspunkt nehmen können.

Die meisten der Angriffe, die von Skriptkids ausgeführt werden, verlaufen erfolglos; bisweilen reichen sie aus, um das Opfer ein bisschen zu ärgern. Aufgrund ihrer unbarmherzigen Ausdauer jedoch stoßen Skriptkids früher oder später auf einen anfälligen Computer – sie brechen dort ein, richten Schäden an und attackieren von dort aus weitere Rechner. Skriptkids sind in der Sicherheitsgemeinde ziemlich unbeliebt, denn mehr als jeder andere Crackertyp sind sie darauf erpicht, Systeme anzugreifen und Daten zu zerstören. Sogar professionelle Cracker sprechen mit Verachtung von dieser Gruppe.

9.2.2 Black Hats: Die Bösen

Black Hats werden in der Hackergemeinde normalerweise als die »Bösen« betrachtet. Diese Leute haben in der Regel viel Ahnung von Computern, Programmierung sowie Netzwerksicherheit und -administration. Es sind Cracker, die nur selten gefasst werden; sie nehmen sich Zeit und wählen bestimmte Systeme aus bestimmten Gründen als Zielobjekte aus. Dies sind oft die Leute, die die Sicherheitslücken finden, von denen Sie und ich so häufig lesen, und es sind die gleichen Leute, die den zugehörigen Exploit dann in eine Codeform bringen, mit deren Hilfe das entsprechende System angegriffen wird und man sich Zutritt verschaffen kann (und der letztendlich von den Skriptskids benutzt wird, um ahnungslose Opfer zu attackieren).

Black Hats reden nicht oft über ihre Kenntnisse oder Aktivitäten, und brüsten tun sie sich damit schon gar nicht. Ihre Natur ist eher verschlossen. Es gibt Leute, die sie als die »Ninja des Internets« bezeichnen. Gruppen von Black Hats halten häufig Symposien ab, auf denen sie ihr Wissen teilen und voneinander lernen. Viele Sicherheitsexperten nehmen gern an solchen Konferenzen teil (wie übrigens auch die diversen Nachrichtendienste). Es ist wohl keine Überraschung, dass die Cracker auf diesen Kongressen nicht ihre echten Namen benutzen.

9.2.3 White Hats: Die Guten

Auf der anderen Seite des Spektrums finden wir die White Hats. Das sind oftmals Sicherheitsfachleute, die sehr hart an der Entwicklung, Erprobung und am Verfügbarmachen von Informationen, Software und Patches arbeiten, die den Benutzern die Sicherung ihrer Systeme erleichtern sollen. Firmen wenden sich häufig an White Hats, wenn es um die Entwicklung einer Sicherheitsimplementation oder um deren Verbesserung geht. Viele White Hats haben Ihre Karriere auf der anderen Seite – als Black Hats – begonnen, sich aber irgendwann dafür entschieden, ihr Wissen in den Dienst der Sicherheitsgemeinde zu stellen. Eine Menge von ihnen betreibt professionelle Sicherheitsfirmen.

9.3 Welche Betriebssysteme Cracker benutzen

Wie ich bereits erwähnte, wird jeder, der einen Computer benutzt, früher oder später eine Vorliebe für ein bestimmtes Betriebssystem entwickeln. Meiner Meinung nach sollten Sie das Betriebssystem benutzen, das Ihre Ansprüche am besten befriedigt – schließlich hat jedes Betriebssystem Vor- und Nachteile. Hier nun werde ich erklären, warum Cracker ein bestimmtes Betriebssystem benutzen; Hinweise zu speziellen, betriebssystemimmanenten Sicherheitslücken finden Sie in Teil VI dieses Buches.

9.3.1 Windows

Windows-Betriebssysteme gehören zweifelsohne zu den beliebtesten Systemen. Sie sind einfach zu benutzen und auf der überwiegenden Mehrzahl der ausgelieferten Rechnersysteme bereits installiert. Windows wurde in viele Sprachen übersetzt und wird von Anwendern auf der ganzen Welt eingesetzt. Die meisten Benutzer würden es wohl nicht als ein von Crackern bevorzugtes Betriebssystem betrachten, aber es wird tatsächlich in diesem Bereich benutzt. Die meisten Skriptkids etwa verwenden Windows. Es gibt viele Cracker-Utilities u.ä., die für Windows geschrieben wurden. Normalerweise sind diese Anwendungspakete aber nicht leistungsfähig genug, um in die Mehrzahl der Systeme einzudringen. Die meisten dieser Utilities werden für Mailbombing, Portscanning, DoS- und IRC-Angriffe eingesetzt. Windows ist für intelligente Angreifer nur von beschränktem Wert, weswegen ich es hier nur kurz anreiße.

9.3.2 Linux/NetBSD/FreeBSD

Die Open-Source-Bewegung hat der Internetgemeinde und Computerbenutzern in aller Welt eine Vielzahl robuster und zuverlässiger Betriebssysteme beschert. Die am häufigsten auftretenden Typen sind Linux, FreeBSD und NetBSD; sie werden von Crackern im Untergrund und Sicherheitsfachleuten gleichermaßen benutzt.

Open-Source-Betriebssysteme sind aus dem einfachen Grund sehr beliebt, dass der Endbenutzer vollen Zugriff auf den Quellcode des gesamten Betriebssystems hat. Indem der Benutzer das System untersucht, kann er lernen und verstehen, wie es funktioniert, wie es sicher gemacht wird, aber auch, wie er vorhandene Sicherheitslücken auf anderen Computern nutzen kann. Ein weiterer Vorteil der Open-Source-Systeme ist die Geschwindigkeit, mit der Patches veröffentlicht werden. In den meisten Fällen folgt der Veröffentlichung eines Sicherheitsproblems bei einem solchen Betriebssystem die Bekanntgabe des Patches praktisch auf dem Fuße (d.h. innerhalb von einer Stunde oder weniger). Auf diese Weise hat der Endanwender jeden Faktor der Systemsicherheit jederzeit im Griff.

Die meisten Cracker, die Open-Source-Systeme wie Linux benutzen, haben im Zuge der Wartung ihrer eigenen Systeme gelernt, wie man Sicherheitslücken ausschlachtet.

Ein weiterer Vorteil eines Open-Source-Betriebssystems ist die Tatsache, dass der Cracker vollen Zugriff auf die Netzwerkprotokollstapel hat und deswegen Pakete bei Bedarf leicht und effizient manipulieren kann. Dieser Umstand gestattet es dem Benutzer, sehr ausgefuchste Exploits zu komponieren, die es auf sehr spezielle Schwächen anderer Systeme abgesehen haben. Die meisten freien Betriebssysteme werden mit einem kostenlosen Compiler wie etwa `gcc` (`http://gcc.gnu.org`) ausgeliefert, mit dessen Hilfe der Benutzer auch eigenen Code verfassen, kompilieren und über das Internet vertreiben kann. `gcc` ist einer der leistungsfähigsten C/C++-Compiler überhaupt; er ist kostenlos und wurde bereits auf verschiedenste Plattformen portiert.

Für Open-Source-Betriebssysteme gibt es nicht nur alle möglichen Utilities – die meisten davon sind auch noch kostenlos. Viele Tools, die Portscanning ausführen, Pakete abfangen und analysieren, Sicherheitsprüfungen vornehmen usw., wurden direkt für diese Betriebssysteme verfasst und sind in den meisten Fällen nicht für Windows- oder Macintosh-Betriebssysteme verfügbar.

Ein weiterer Grund für den Einsatz von Open-Source-Betriebssystemen ist deren Hauch von Exklusivität. Auf Leute, die niemals mit einem POSIX-kompatiblen Betriebssystem wie Linux oder FreeBSD in Berührung gekommen sind, wirkt deren Komplexität abschreckend; Benutzer, die es auf sich nehmen, die Bedienung eines so leistungsfähigen Betriebssystems wie Linux zu erlernen, genießen viel Respekt bei allen, die Hemmungen haben, sich auf diesem Gebiet zu betätigen.

9.3.3 OpenBSD

OpenBSD gilt als das sicherste Betriebssystem, das kostenlos all denjenigen zur Verfügung steht, die nicht bei staatlichen Behörden arbeiten. Es handelt sich bei OpenBSD um eine BSD-basierte (Berkeley Software Design), kostenlose und sichere Version des Betriebssystems UNIX. Wie ich bereits früher erwähnte, hat dieses Betriebssystem eine lange und sehr erfolgreiche Sicherheitshistorie hinter sich und eignet sich aus diesem Grund hervorragend als Betriebssystem für Cracker. Jeder Cracker, der etwas auf sich hält, muss natürlich auch die Sicherheit seiner eigenen Systeme überwachen, und welches Betriebssystem würde sich besser dafür eignen als das mit den besten Sicherheitseigenschaften. Auch bei OpenBSD handelt es sich um ein Open-Source-System. Es gelten hier also die gleichen Vorteile, die ich bereits oben für Linux, FreeBSD und NetBSD erwähnte. Utilities und andere Programme, die für diese Betriebssysteme geschrieben wurden, laufen nach der Kompilierung auch unter OpenBSD einwandfrei. Wenn Sie den größtmöglichen Grad an Systemsicherheit erzielen wollen, dann sollten Sie einer Standardinstallation von OpenBSD unbedingt den Vorzug geben.

9.4 Gibt es »typische« Attacken?

Aus der Sicht des Opfers gibt es meines Erachtens keine Art der Netzwerkattacke, die als »typisch« bezeichnet werden kann. Wie auch immer der Angriff durchgeführt wurde, allein die Tatsache, das Opfer eines Crackers geworden zu sein, kann einen schon ziemlich in Rage bringen – ähnlich, wie auch der Einbruch in die eigene Wohnung einen in Wut bringen und zur Verzweiflung treiben kann.

Es gibt natürlich einige häufig auftretende Angriffe, denen man landläufig jederzeit zum Opfer fallen kann. Zu den Angriffen, mit denen der Durchschnittsbenutzer immer rechnen muss, gehören DoS-Angriffe, Viren, bösartige Skripten und Trojaner, aber auch das Tagging der eigenen Website. Wir werden all diese Angriffstypen in den folgenden Abschnitten erläutern; detaillierte Informationen werden Sie im Teil V dieses Buches finden. Außerdem werden wir noch einen kurzen Blick auf interne Angriffe werfen.

9.4.1 DoS-Angriffe

DoS-Angriffe (Denial of Service, Dienstablehnung) gehören derzeit zu den prekärsten Problemen im Bereich Netzwerksicherheit. Eine DoS-Attacke ist die gewollte Überlastung eines Netzwerkdienstes oder einer Verbindung mit Hilfe eines übermäßigen oder störenden Datenstroms, der schließlich zu einem Ausfall der Verbindung oder des Dienstes führt. In den späten 90ern und den Jahren 2000/2001 fielen viele bekannte Internetfirmen und -dienstleister solchen Angriffen zum Opfer. Die Angreifer verwendeten häufig die so genannte DDoS-Methode (Distributed DoS, verteilte DoS), bei der mehrere Rechner gleichzeitig und koordiniert eine DoS-Attacke gegen einen Host oder ein Netzwerk starten.

Je nach Geschwindigkeit Ihrer Internetverbindung sind Sie möglicherweise anfälliger als andere. Da es bei einem DoS-Angriff darum geht, die Verbindung zum Remotenetzwerk zu überlasten, ist die Wahrscheinlichkeit, dass ein Opfer offline genommen werden kann, umso höher, je langsamer die Verbindung ist. Ein 56k-Modem beispielsweise ist leicht ein Opfer einer DoS-Attacke; werden ausreichend viele Daten auf diese Verbindung geschickt, dann kann der »normale« Netzwerkverkehr kaum mehr fließen, woraus sich anfangs schwerwiegende Verzögerungen bei der Datenübertragung und letztendlich die Trennung der Verbindung ergeben.

Eines der größten Probleme bei diesem Angriffstyp ist die Schwierigkeit, den Verursacher aufzustöbern und ihm in seinem Treiben Einhalt zu gebieten. Im Fall einer DDoS-Attacke ist es noch weitaus schwieriger festzustellen, wer genau Sie angreift, denn hier haben Sie es ja mit vielen angreifenden Rechnern zu tun. Unglücklicherweise gibt es auch nicht viele Möglichkeiten, einen solchen Angriff zu parieren. Die meisten Firmen, die über einen Internetzugang verfügen, verwenden eine einzige Verbindungsleitung. Wenn diese Leitung für einen bestimmten Zeitraum mit ausreichend viel Daten bombardiert wird, fällt die Verbindung (oder das System an deren Ende) irgendwann aus.

Normalerweise verursacht diese Art des Angriffs keinen direkten Schaden auf dem betroffenen System. Wenn das betroffene Unternehmen jedoch davon abhängig ist, dass die Kundschaft Zugriff auf die Website hat, dann besteht aufgrund von Ausfallzeiten und Wiederherstellungskosten die Gefahr finanzieller Verluste, ganz zu schweigen vom Zorn aufseiten der Kunden und Mitarbeiter.

9.4.2 Viren, Trojaner sowie bösartige Skripten und Webinhalte

Fast jeder kennt Computerviren – es gibt sie immerhin schon fast so lange wie Computer und Betriebssysteme. Ein Virus ist ein kleines Programm, das dazu gedacht ist, sich selbst zu replizieren und dann von einem System zum nächsten weiterzureisen. Die meisten Viren sind normalerweise nicht bösartig, eher lästig. Es sind zwar ein paar wirklich gefährliche Computerviren im Umlauf, aber die Wahrscheinlichkeit, dass Sie auf einen solchen Virus treffen, ist eher gering. Tatsächlich wird der Begriff »Virus« inzwischen auch zur Bezeichnung böswilliger Skripten verwendet.

Solche Skripten, die oftmals in Microsoft Visual Basic verfasst sind, breiten sich meist als Mailanhänge von Rechner zu Rechner aus, sind aber manchmal auch in eine Webseite eingebettet. Wenn ein nichts ahnender Besucher die Seite lädt, dann wird auch das Skript geladen und irgendwo auf dem Hostcomputer installiert, ohne dass der Benutzer dies bemerkt. Von hier aus repliziert es sich zunächst, wirft seine Bomben ab und versucht dann, sich an alle Benutzer weiterzuverschicken, die im Adressbuch des Opfers gespeichert sind. Vielen Viren gelingt dies, ohne dass der Benutzer darauf Einfluss nehmen kann oder überhaupt etwas merkt. Wer nun eine solche Nachricht empfängt, überprüft zunächst den Absender und stellt in der Regel fest, dass dies jemand ist, dem er vertraut. Arglos wird dann der Mailanhang geöffnet, woraufhin der Vorgang von vorn beginnt.

Im Zeitalter des Internets sind E-Mails die bevorzugte Verbreitungsmethode für böswillige Viren und Skripten. Die Mailclients von Microsoft, Outlook und Outlook Express, sind wohl die Programme, die für diese Art des Viren- oder Skripttransports am anfälligsten sind. Es empfiehlt sich, einen sichereren Mailclient zu verwenden und gegenüber *jedem* Mailanhang misstrauisch zu sein.

»Back Orifice« heißt ein Trojaner (siehe auch Kapitel 18: »Trojanische Pferde«), der im Internet für jede Menge Wirbel gesorgt hat. Entwickelt und optimiert von einer Crackergruppe namens »Cult of the Dead Cow« (Kult der toten Kuh), legte Back Orifice die Schwächen der Microsoft-Betriebssysteme im Bereich Sicherheit schonungslos offen. Nachdem es sich auf einem Rechner installiert hat, verbirgt es sich und seinen Prozess derart clever, dass der Benutzer keine Ahnung hat, was vor sich geht. Wenn das Programm ausgeführt wird, braucht der Angreifer nur sein Clientprogramm zu starten und eine Verbindung zum infizierten Rechner herzustellen, und schon hat er volle Kontrolle und uneingeschränkten Zugriff auf alle Daten des Opfers. Die Probleme, die sich daraus ergeben, sind offensichtlich. Back Orifice ist oftmals so aufgebaut, dass es nach außen hin wie ein harmloses Programm erscheint, das man bedenkenlos auf seinen Computer herunterladen kann; es tritt aber auch als Mailanhang auf. Der Benutzer startet das Programm nichts ahnend, woraufhin Back Orifice (oder ein anderer Trojaner) unbemerkt im Hintergrund installiert wird, während der Benutzer durch irgendein nettes oder interessantes Frontend abgelenkt wird.

HINWEIS

Die meisten Viren und Trojaner werden nur auf Windows- und Macintosh-Systemen aktiv. Dies liegt in der Natur dieser Systeme begründet: Sicherheit ist bei den meisten verbraucherorientierten Systemen zweit- bis drittrangig. Solche Betriebssysteme wie etwa einige Windows-Versionen verfügen über keinerlei Sicherheitseinrichtungen auf der Dateisystem- oder Kernelebene, weswegen ein Trojaner oder ein Virus sich frei im System bewegen und dort tun und lassen kann, was ihm beliebt.

9.4.3 Tagging oder: Die Kunst, eine Website zu verunstalten

Wer sich in der Jugendkultur auskennt, kann sich bereits denken, worum es geht: »Tags« ist eine andere Bezeichnung für die Graffitis, die wir in den Städten an vielen Betonmauern finden, und Tagging ist das elektronische Äquivalent der Graffitisprayerei. Diese Art des Angriffs richtet zwar gewöhnlich keine Schäden an, ist aber für das Opfer sehr frustrierend und ärgerlich. Wenn es auf Ihrer Website viel Verkehr gibt und nun ein Cracker daherkommt und Ihre Site mit fehlerhaften, beleidigenden oder sozial inakzeptablen Inhalten verunstaltet, dann sehen natürlich alle Leute, die Ihre Site besuchen, eben diese »falschen« Inhalte. Wenn Sie beispielsweise eine E-Commerce-Site betreiben und Ihre Kunden so etwas sehen, dann könnten sie die Integrität Ihrer Systeme anzweifeln und sich anderen Anbietern zuwenden; dies aber würde ganz ohne Zweifel zu beträchtlichen Verlusten bei der Organisation führen, die Ziel des Angriffs war.

Tagging wird insbesondere bei kleinen Crackergruppen oder -cliquen zunehmend populärer. Es ähnelt den Umtrieben von Jugendbanden in den großen amerikanischen Städten, nur werden hier keine Waffen und Spraydosen verwendet, um die Opfer in Bedrängnis zu bringen, sondern eben Exploits und Tags. Ein derart in eine Site integriertes Tag ist oft nichts anderes als ein Gruß an die Kumpels oder andere Cracker und ein mehr oder minder ironischer Hinweis an den Systemadministrator, die Sicherheitseinstellungen seines Systems zu optimieren. Ich habe sogar Tags gesehen, bei denen der Angreifer seine E-Mail-Adresse hinterlassen hat, verbunden mit der Einladung an den Administrator, sich mit dem Cracker in Verbindung zu setzen und über die Schwachstellen des Systems zu diskutieren.

> **WEGWEISER**
> Wenn Sie an Beispielen von Website-Tagging interessiert sind, dann schauen Sie doch mal unter `http://www.attrition.org/mirror/attrition/` nach. Sie finden dort eine Auflistung verschiedener »getagter« Sites einschließlich des ursprünglichen Inhalts der jeweiligen Seite und des Betriebssystems, unter dem der Webserver läuft.

9.4.4 Interne Attacken

Die meisten Leute – und darunter natürlich die Internetbenutzer, die sich von zu Hause aus einwählen – werden sich nur wenig Sorgen über interne Angriffe machen müssen. Andererseits kommen interne Angriffe häufiger vor als jede Form des externen Angriffs. Das liegt meist einfach daran, dass die für den Angriff verantwortliche Person bereits – wahlweise direkt oder über das Netzwerk – Zugriff auf das oder die beabsichtigten Ziele hat.

Außerdem ist der Aufwand zur Ausführung eines internen Angriffs weitaus geringer. Der Angreifer weiß bereits sehr viel über das System und die installierte Software, was es viel einfacher macht, die Sicherheit zu beeinträchtigen und Probleme zu verursachen. Diese Vorgehensweise finden wir natürlich bevorzugt in Büros oder Firmenumgebungen. Aus welchen Gründen auch immer versäumen es die meisten Administratoren in solchen Umgebungen, die potenziellen Gefahren zu sehen und entsprechende Vorsichtsmaßnahmen gegen ein solches – absolut nicht ungewöhnliches – Szenario zu ergreifen.

9.5 Wer sind die Opfer?

Wie ich bereits weiter oben erwähnt habe, gibt es kein »typisches« Opfer von Netzwerkangriffen. Bei der sehr großen Anzahl von Systemen im Internet ist die Menge potenzieller Ziele oder Opfer endlos. Es gibt andererseits aber Computer oder Systeme, bei denen die Wahrscheinlichkeit, dass sie angegriffen werden, höher liegt als bei anderen, und die Methoden und Motive sind hierbei sehr unterschiedlich. Warum bestimmte Opfer ausgewählt werden, werden wir weiter unten untersuchen; erst einmal jedoch wollen wir sehen, wer tatsächlich die häufigsten Opfer von Angriffen im Internet sind. Im Verlaufe der nächsten Absätze wird Ihnen dann wahrscheinlich klar werden, warum genau diese Ziele ausgewählt werden.

9.5.1 Privatpersonen und kleine Unternehmen

Privatpersonen und kleine Unternehmen, die online sind, sind ebenso anfällig wie große E-Commerce-Firmen; der größte Unterschied besteht darin, dass sie wohl eher unter DoS-Angriffen und Viren zu leiden haben.

Im Verlauf der letzten Jahre ist die Anzahl der Privatpersonen und Unternehmen, die über eine Standleitung mit dem Internet verbunden sind, drastisch angestiegen, wodurch die Wahrscheinlichkeit eines Angriffs erhöht wird. Dazu kommt noch, dass die Sicherheit im Internet für die meisten dieser Benutzer kein wichtiges Thema darstellt. In den meisten kleinen und mittleren Betrieben gibt es keinen Systemadministrator, und sie können es sich auch nicht leisten, einen Sicherheitsfachmann mit der Überprüfung ihrer Systeme zu beauftragen. Privatpersonen, die zu Hause am Rechner sitzen, fallen ohnehin in die Kategorie der gelegentlichen Benutzer, die keine oder nur wenige Erfahrungen mit dem Bereich Computersicherheit haben. Die meisten von ihnen fühlen sich relativ sicher, weil auf ihren Systemen ein veralteter Virenscanner läuft oder sie eine Personal Firewall installiert haben – denn die sind ja im Bereich der Systemsicherheit der absolut letzte Schrei!

9.5.2 Große Unternehmen und Global Players

In letzter Zeit wurden immer wieder auf die eine oder andere Weise Angriffe auf die Systemsicherheit prominenter Firmen durchgeführt. Unternehmen wie Yahoo, eBay, Nike und Microsoft wurden Opfer von Eindringlingen, DoS-Angriffen sowie von Tagging; und es wurden sogar Kundendaten und Kreditkartennummern entwendet. Wenn solche Firmen schon verwundbar sind, warum wollen uns dann Tag für Tag so viele Leute weismachen, dass wir irgendwie immun seien? Sogar ein paar sehr bekannte Netzwerksicherheitsfirmen wurden – mit unterschiedlichem Erfolg – angegriffen. Fast täglich liest man in den Zeitungen von einem anderen *Dot.Com*-Unternehmen, das Crackern zum Opfer gefallen ist. Ehrlich gesagt fällt es mir angesichts solcher Fakten schwer, online zu gehen und mich dabei sicher zu fühlen.

9.5.3 Behörden und militärische Einrichtungen

Glauben Sie's mir oder nicht, die Computersysteme der Regierungen und Armeen egal welcher Länder gehören zu den beliebtesten Angriffszielen von Crackern weltweit. Hierbei handelt es sich um hochsensible, aber gleichermaßen reizvolle Ziele, und jeder Angreifer, der sich an sie heranmacht, geht ein beträchtliches Risiko ein. In den Vereinigten Staaten beispielsweise ist bereits der Versuch strafbar, sich mit internen Datensystemen der Regierung oder des Militärs zu verbinden oder dort auf Daten zuzugreifen. Hierbei handelt es sich um einige der am besten geschützten Systeme auf dem Planeten. Das Verteidigungsministerium der USA vermerkt tagtäglich Tausende von Attacken gegen die eigenen Systeme. Interessanterweise verlaufen einige dieser Angriffe tatsächlich erfolgreich und werden nicht bemerkt, und hin und wieder wurden bereits vertrauliche Daten gestohlen oder Websites modifiziert. Viele Angriffe gegen Computer einer Regierung gehen von anderen Ländern aus, was eine Identifikation und Strafverfolgung der Beteiligten erheblich erschwert.

9.5.4 Kreditinstitute

Wenn es um die Auswahl eines Zielobjekts geht, dann erscheint mir ein Kreditunternehmen doch wesentlich sinnvoller als jedes andere potenzielle Opfer. Jemanden, der aus seiner Crackerarbeit Kapital schlagen will, verstehe ich wesentlich besser als jemanden, der alles dafür tut, dass die Verbindung eines anderen Benutzers beendet wird.

Wir wollen gleich zu Anfang festhalten, dass Banken und andere Finanzeinrichtungen einige der besten Sicherheitsfachleute auf der Welt beschäftigen. Der Betrieb in einem solchen Unternehmen basiert in hohem Maße auf Computern und Netzwerken, und auch die Kapitalbewegungen, die von einem Institut zu einem anderen erfolgen, dürfen nicht vergessen werden. Hier *darf* Sicherheit nicht zweitrangig sein. Wenn es um Geld geht (und um den guten Ruf eines Instituts), dann sparen die Banken nicht am falschen Ende: Man will gewährleisten, dass alles so wasserdicht und crackersicher wie nur irgend möglich ist. Was natürlich nicht heißen soll, dass Banken noch keine Opfer gewesen sind – das ist schon mehrfach vorgekommen. Banken wussten Sicherheitsexperten schon lange zu schätzen, bevor es Computer und Netzwerke gab. Darum ist es kein Wunder, dass sie hart für die Sicherheit der Finanzen ihrer Kunden arbeiten.

HINWEIS
Die überwiegende Mehrzahl der Angriffe gegen Banken und andere Finanzeinrichtungen erfolgt von innen. Aufgrund der sehr hohen Sicherheitsstandards sind auch diese nur selten erfolgreich, und der Gauner landet in aller Regel hinter schwedischen Gardinen.

9.6 Welche Motive hinter den Angriffen stehen

Vielleicht fragen Sie sich jetzt, warum Leute solche Dinge tun. Was sind die Motive? Wie bei jeder Form des Verbrechens versucht der Angreifer, seine Bedürfnisse (wie auch immer diese aussehen mögen) zu erfüllen, und die Motivation hierzu ist unterschiedlich. Zweifelsohne gehört hierzu der Kick, den das Einbrechen in ein fremdes Computersystem und der Zugriff auf die dortigen Daten verleiht. Viele, die erwischt werden, sagen aus, dass es allein dieser Rausch ist, der sie zu ihrem Treiben gebracht hat. Wir wollen allerdings erst einmal einen Blick auf die folgenden Beweggründe werfen:

- Eitelkeit
- Niederträchtigkeit und Zerstörungswut
- politische Meinungsäußerung
- Diebstahl und Bereicherung
- Wissen

9.6.1 Eitelkeit – der elitäre Ansatz

Der wahrscheinlich häufigste Grund für Cyberangriffe ist der Wunsch, in der Crackergemeinde eine gewisse Berühmtheit zu erlangen. Das gilt insbesondere für Skriptkids und ungeübte Cracker, die gern in die Fußstapfen etwa eines Kevin Mitnick treten wollen.

WEGWEISER
Kevin Mitnick ist ein sehr bekannter Cracker, der in den frühen Neunzigern in 25 Fällen des Einbruchs in behördliche Computer und der Erschleichung von Telekommunikationsleistungen schuldig gesprochen wurde. Er verbrachte fast fünf Jahre in amerikanischen Staatsgefängnissen und hat weltweit eine ganze Reihe Nachahmer gefunden. Weitere Informationen finden Sie unter `http://www.kevinmitnick.com`.

Leider scheint es, obwohl die Konsequenzen doch mittlerweile bekannt sein dürften, nicht so, als ob Cracker deswegen davon abließen, fremde Systeme zu knacken. Die Sucht nach Ruhm ist nach wie vor Ursache der lächerlichsten und unvernünftigsten Computerverbrechen unserer Zeit. Man findet solche Leute vorzugsweise in obskuren IRC-Channels, wo sie sich gegenüber anderen Skriptkids damit brüsten, wie unglaublich toll sie doch seien. Die meisten sind männliche Teenager mit einem Computer, einer Internetverbindung und viel zu viel Freizeit.

Wenn man es hingegen positiv betrachtet, dann handelt es sich um erfahrene Computerbenutzer, die ihre Pubertät irgendwann hinter sich lassen und vielleicht später einmal exzellente Sicherheitsexperten oder White Hats werden. Mit denjenigen jedoch, die von der »dunklen Seite der Macht« angezogen werden, nimmt es, wie Sie bereits ahnen werden, ein anderes Ende. Wohin Eitelkeit und die Verbreitung des eigenen Crackernamens führen können, zeigt die Geschichte eines bekannten sechzehnjährigen Crackers aus Kanada, der sich selbst als »Mafiaboy« bezeichnete; Mafiaboy wurde zahlreicher Computerverbrechen überführt und wird wohl sehr wahrscheinlich in Bälde eine längere Freiheitsstrafe antreten.

9.6.2 Niederträchtigkeit und Zerstörungswut

Die meisten Leute nehmen zwar an, dass die Mehrzahl der Angriffsversuche zerstörerischer Natur sind, aber dies ist eigentlich eine sehr ungenaue Beschreibung, denn der Schadensgrad erstreckt sich von kleinen Unannehmlichkeiten bis hin zur totalen Zerstörung. Betrachten wir ein paar häufiger vorkommende Fälle.

Pure Bosheit

Es gibt Leute, die sind ganz offensichtlich böse. Das gilt auch für den einen oder anderen Cracker. Solche Typen haben Spaß daran, Dinge zu beschädigen oder gar zu zerstören, die ihnen nicht gehören. Sie lassen sich am besten mit Krawallmachern vergleichen, die Fensterscheiben einwerfen und Häuser anstecken. Die Gründe hierfür ergeben häufig keinen Sinn, oder es gibt einfach keine Ursache – der Angreifer lässt schlicht und einfach Ärger, Wut oder Frust an jemandem aus, der gar nichts dafür kann. Wenn solche Leute in ein Computersystem einsteigen, dann setzen sie destruktive Viren aus, löschen wichtige Systemdateien oder persönliche Dokumente oder ganz einfach alle Daten von der Festplatte des Systems, wodurch es unbrauchbar wird. Hat der Besitzer seine Daten nicht regelmäßig gesichert, dann kann der Verlust sehr schwerwiegend sein.

Verärgerte Mitarbeiter

Ein anderer Typ von Mensch, auf den Sie besser nicht treffen sollten, ist der verärgerte Mitarbeiter. Die meisten Menschen gehen mit Ärger und Frust auf der Arbeit auf eine konstruktive und reife Weise um, aber es gibt immer noch ein paar Zeitgenossen, die nur austeilen, aber nicht einstecken können. Und wenn die Firma, bei der der Betreffende arbeitet, stark von ihren Computern abhängig ist, dann fallen diese Computer oft seinem Frust zum Opfer. Ich habe interne Angriffe bereits kurz in diesem Kapitel erwähnt, aber wenn der Angreifer einen persönlichen Rachefeldzug gegen seinen Arbeitgeber führt, dann ist das wesentlich schlimmer, denn für die Firma steht viel auf dem Spiel. Heutzutage haben die meisten Unternehmen, die mit Computern arbeiten, Sicherheitsrichtlinien, die detailliert die Konsequenzen beschreiben, mit denen Mitarbeiter zu rechnen haben, die die Systemsicherheit auf welche Weise auch immer verletzen. In der Regel müssen neue Mitarbeiter bei ihrer Einstellung unterschreiben, dass sie diese Richtlinien zur Kenntnis genommen haben; wenn aber der Ärger groß ist, dann denkt der Mitarbeiter, während er die Daten seines Brötchengebers systematisch zerstört, natürlich nicht mehr daran. Wir werden weiter unten noch auf solche Leute zurückkommen, wenn es um das Motiv der Bereicherung geht.

9.6.3 Politische Meinungsäußerungen

Es wurde bereits weiter oben angemerkt, dass jede Regierung dieser Welt ein potenzielles Opfer von Computerattacken ist. Oft gehen diese Angriffe von anderen Ländern aus, aber ebenso häufig sind die Übeltäter auch Bürger des eigenen Landes. Kürzlich erst wurden viele Länder in Europa und der Dritten Welt Opfer groß angelegter, politisch motivierter Angriffe gegen Regierungen, staatliche Einrichtungen und das Militär. Während des Krieges der NATO gegen Serbien starteten viele kleine Gruppen in aller Welt Attacken gegen serbische Computernetzwerke, von denen die meisten erfolglos blieben – allerdings nur deswegen, weil die physikalischen Verbindungen aufgrund der Kampfhandlungen ohnehin bereits unterbrochen waren. Im Januar 1999 wurde die indonesische Regierung beschuldigt, eine durchorganisierte Attacke gegen Computer in Irland ausgeführt zu haben, um die gesamte Domäne Osttimor – etwa 3000 Benutzer – vollständig lahm zu legen (was dann auch gelang). Israelis und Palästinenser bekämpften einander in einer Monate währenden »Cyberschlacht«. China wurde Opfer mehrerer Attacken – wohl aufgrund seiner problematischen Haltung in der Frage der Menschenrechte. Der moderne Soldat ist ein Computer mit Internetanschluss. Das neue Schlachtfeld ist der Cyberspace. Die Kriege, die dort geführt werden, sind aber genauso ernst zu nehmen wie alle anderen Kriege der Geschichte.

9.6.4 Bereicherung

Jeder will doch mehr Geld, oder? Warum also sollten Cracker da anders sein als andere? Das Bild des digitalen Diebes im 21. Jahrhundert wird zunehmend Furcht erregend und unfasslich. Das riesige, weltumspannende Computernetzwerk Internet ähnelt in vielerlei Hinsicht dem Wilden Westen im Amerika des 19. Jahrhunderts. Heute, wo so viel Geld auf elektronischem Wege von einem Computer zum anderen bewegt wird, ist es nur eine Frage der Zeit gewesen, bis zwielichtiges Volk Mittel und Wege fand, um seine gierigen Finger in die »Schatzkiste Internet« zu stecken.

Wie bereits oben gesagt wurde, sind moderne Unternehmen im Kredit- und Finanzwesen in hohem Maße von Computersystemen abhängig. Die Kunden erwarten heute, dass sie auch vom heimischen Wohnzimmer aus auf ihre Daten zugreifen und diese ändern können; Homebanking – die volle Kontrolle über das eigene Girokonto mit Hilfe eines Webbrowsers – gehört heute schon zur Normalität.

Tausende von Unternehmen bieten ihr gesamtes Sortiment auch online an, so dass der Kunde zum Einkauf nichts weiter benötigt als einen Computer, eine Internetverbindung und eine Kreditkartennummer. All dies sind Errungenschaften der letzten Jahre, und weil alles so schnell ging, sind die Technologie und die Standards weit davon entfernt, ausgereift oder gar sicher zu sein. Dies ist für jeden Cracker, der weiß, wo er suchen muss, wahrlich eine Goldgrube. Die gängigen Probleme sollen in den folgenden Abschnitten beschrieben werden.

Diebstahl oder unberechtigte Überweisung von Geldern

Geld kann die Welt auf elektronischem Wege innerhalb von 24 Stunden zweimal umrunden. Die digitale Wirtschaft boomt, aber sie ist auch fragil und ebenso anfällig gegenüber Verbrechern wie eine normale Bank. Außerdem scheint es wesentlich einfacher zu sein, eine Bank nicht mit einem Revolver, sondern mit Hilfe eines Rechners auszurauben. Diebstahl »elektronischen« Geldes fand auch schon statt, bevor es das Internet gab – meist ausgeführt von einem Mitarbeiter, der Zugriff auf die entsprechenden Systeme hatte. In fast jedem Fall, von dem ich bislang gelesen habe, hat der Dieb einfach ein Pseudokonto eingerichtet und einen Vorgang initiiert, an dessen Ende die Übertragung von Geldern auf dieses Konto stand. Nach einiger Zeit, wenn ein gewisses Sümmchen zusammengekommen war, wurde das Geld dann auf ein normales Konto übertragen oder abgehoben. Diese Vorgehensweise war vielfach sehr erfolgreich. Je nachdem, wie der Dieb vorging, entdeckten die Opfer den Verlust ihres Geldes oft erst nach einiger Zeit – und danach war es meist zu spät. Die Banken waren gegen solche Verluste versichert, aber die Kosten für diese Versicherungen wurden im Endeffekt wieder auf die ehrlichen Kunden abgewälzt. Mit dem Internet nun eröffnen sich ganz neue Möglichkeiten für Diebstahl. Es hat bereits eine ganze Reihe von Fällen solcher illegaler Transfers gegeben, bei denen sich die Tatsache, dass hierbei Staatsgrenzen überschritten werden, negativ auf die Möglichkeiten der Wiederbeschaffung und der Strafverfolgung auswirkt.

WEGWEISER

Lesen Sie David H. Freedmans Artikel »How to Hack a Bank« unter `http://www.forbes.com/asap/2000/0403/056.html`. Freedman beschreibt hier unter anderem den Fall eines 24-jährigen Hackers aus Russland, der die Citibank um zehn Millionen US-Dollar erleichtert hat. Er verbüßt zur Zeit seine Freiheitsstrafe in den Vereinigten Staaten.

Diebstahl geistigen Eigentums und Industriespionage

Ein noch verbreiteteres (und oft unentdecktes) Verbrechen findet jeden Tag bei Firmen in aller Welt statt. Wenn man sieht, wie viel Geld investiert wird, um wichtige Daten eines Unternehmens auf Computern zu speichern, dann ist leicht zu verstehen, warum der Diebstahl solcher Daten und der Verkauf an einen Konkurrenten ein erfolgreicher Wirtschaftszweig geworden ist. Täter sind hier in aller Regel Mitarbeiter des bestohlenen Unternehmens; es kommt aber auch vor, dass das Konkurrenzunternehmen zwielichtige Gestalten anheuert, damit diese dann in die Zielfirma einbrechen und wichtige Geschäftsgeheimnisse und andere Firmendaten entwenden. Mit diesen Daten ist der Auftraggeber dann seinem Kontrahenten einen Schritt voraus und kann eine Menge Kapital daraus schlagen. Und nun stellen Sie sich einmal vor, um wie viel einfacher ein solches Vorhaben heute geworden ist, wo jeder über das Internet vernetzt ist. Da die meisten Organisationen Daten mittlerweile in digitaler Form speichern, braucht es nur eine einfache Dateiübertragung oder einen E-Mail-Anhang, und das hart erarbeitete geistige Eigentum einer Firma kann ungesehen aus deren Bereich geschmuggelt werden.

Softwareunternehmen sind hier besonders anfällig. Viele dieser Firmen stecken Millionen in die Entwicklung von Softwarepaketen, die sie dann anderen Unternehmen verkaufen. Die Preise solcher Produkte rangieren zwischen ein paar Hundert und Hunderttausenden von Mark. Nun ist es inzwischen fast die Regel, dass irgendein Mitarbeiter einer Softwarefirma ein solches Programm an die Warez-Gemeinde schickt (das sind Leute, die im großen Stile Raubkopien zum kostenlosen Download anbieten), und schon Stunden später ist das Produkt weltweit zu bekommen. Die meisten Leute, die Software illegal vervielfältigen, machen zwar keinen Gewinn mit der Nutzung oder dem Handel, aber am Ende wird die geraubte Software in anderen Unternehmen eingesetzt, die nicht über eine gültige Lizenz für den Einsatz verfügen. Das bedeutet, dass eine Firma mit Hilfe eines Produkts Geld verdient, für das sie nicht einen Pfennig gezahlt hat; das Unternehmen, das die Software herstellt, wurde also bestohlen.

Die Raubkopierergemeinde im Internet umspannt den gesamten Globus. Geben Sie das Wort `warez` doch einfach mal in Ihre Lieblingssuchmaschine ein, und klicken Sie dann auf eines der Suchergebnisse. Aber Vorsicht: Auf vielen dieser Seiten werden Sie ausschließlich Werbebanner für Sites mit pornografischen und anderen bedenklichen Inhalten finden.

> **WEGWEISER**
> Das Internet ist voll von Warez-Gruppen, -Sites und Raubkopien. Mehr über das Treiben der Raubkopierer und die möglichen Auswirkungen auf die Wirtschaft im Internet lesen Sie in einem Artikel, den Sie unter `http://www.findarticles.com/m0NEW/2000_April_6/61411395/p1/article.jhtml` finden.

Auch Finanzdaten einer Organisation können einen Diebstahl wert sein. In den richtigen (oder besser: falschen) Händen sind Produkt-, Kunden- und andere Geschäftsdaten von unschätzbarem Wert.

Kreditkartendiebstahl

Die meisten Leute nutzen das Internet heute als Marktplatz, auf dem Waren und Dienstleistungen aller Couleur angeboten und gekauft werden. Die überwiegende Anzahl der Transaktionen findet dabei mit Kreditkarten statt. Die Firma, die die Produkte und Dienstleistungen anbietet, erhält diese Kreditkartendaten und speichert sie in elektronischer Form, um die Bestellung des Kunden vollständig bearbeiten zu können. Die meisten Websites offerieren Kreditkartentransaktionen über SSL-Verbindungen (Secure Sockets Layer), bei denen die vom Kunden an den Anbieter gesendeten Daten verschlüsselt werden. Nachdem die Daten nun in Besitz der Firma sind, können sie auf vielfältige Art und Weise gespeichert werden. In der Regel erfolgt diese Speicherung nicht in einer gesicherten Umgebung; die Daten können also Crackern oder Mitarbeitern mit krimineller Energie in die Hände fallen.

In der letzten Zeit war über Diebstähle von Kreditkartendaten eine ganze Menge zu lesen. Einmal hatte das bestohlene Unternehmen die Daten sogar unverschlüsselt auf genau dem Webserver abgelegt, über den auch die Verkäufe abgewickelt wurden! Der Dieb musste also lediglich in das System einbrechen und eine einfache Textdatei entwenden, die alle Kundendaten enthielt. Im übrigen spielt es auch keine Rolle, wer Sie sind – die Daten von Microsoft-Chef Bill Gates wurden bereits zweimal zu verschiedenen Gelegenheiten entwendet.

Vielleicht fragen Sie sich, wie diese Kreditkartennummern jemandem anderes als dem Kartenbesitzer von Nutzen sein können. Was viele Leute nicht begreifen, ist die Tatsache, dass ein mit Hilfe von Kreditkarten ausgeführter Betrug ein Kinderspiel und der Gauner nur schwer dingfest zu machen ist. Und mit dem Internet ist die Sache noch einfacher geworden. Die meisten Unternehmen akzeptieren die Angabe einer Kreditkartennummer als Bezahlung, ohne sich zu vergewissern, dass die Person, die die Karte benutzt, auch die ist, die sie zu sein vorgibt. Alles was der Dieb tun muss, ist, sich eine Lieferadresse zu beschaffen, einkaufen zu gehen und mit der Kreditkartennummer zu bezahlen, die Waren dann an der Lieferadresse einzusammeln und sich aus dem Staub zu machen.

Da das Internet so frei zugänglich und anonym ist, ist es nicht schwer, an jemandes Kreditkartennummer heranzukommen und dann in relativer Sicherheit damit einzukaufen. Angesichts der gigantischen Zunahme einschlägiger Betrugsfälle im Internet hat es allen Kreditkartenfirmen vor Entsetzen die Sprache verschlagen. Erschwerend kommt hinzu, dass die meisten Leute Kreditkarten haben, mit denen man auf der Bank Geld abheben und Beträge überweisen kann, was gewieften Betrügern noch mehr Möglichkeiten eröffnet. Es gibt sogar Leute, die solchen Verbrechern gutes Geld für Kreditkartennummern zahlen, was Betrug noch einträglicher macht als ehedem.

9.6.5 Wissen

Wir haben auf den letzten Seiten eine ganze Reihe von Gründen angeführt, die jemanden dazu bewegen können, ein Computersystem zu knacken. Ein Grund, der nicht so häufig augenfällig wird, ist die einfache Suche nach Wissen. Viele Cracker unterliegen dem Drang herauszubekommen, wie ein System funktioniert, wie man in dieses System eindringen kann und wie man es sicherer machen könnte. Diesen Leuten geht es nicht darum, ihre Eitelkeit oder ihre Zerstörungslust zu befriedigen – es ist der Kick des Spiels, den sie suchen. Der Einbruch in ein gut gesichertes Computersystem ähnelt einer aufregenden Schachpartie: Benötigt werden Intelligenz, abstraktes Denken, Neugier und Geduld. Viele dieser Cracker knacken Systeme, um ihre Fähigkeiten als Administrator oder Programmierer zu verbessern. Sie teilen ihre Erkenntnisse anderen Mitgliedern der

Sicherheitsgemeinde freimütig mit und fördern das kollektive Wissen, das so wichtig für alle ist, die im Bereich der Datensicherheit arbeiten.

Es gibt aber auch Cracker, die das gewonnene Wissen einsetzen, um andere Systeme vermehrt anzugreifen. Die Informationen, die sie durch das Eindringen in Fremdnetzwerke erhalten, werden häufig über das Internet an andere Leute mit ähnlicher Einstellung weitergegeben, wodurch sich das Problem noch vergrößert. Es ist fast wie ein ewiges Spiel: Eine Seite gegen die andere, wobei die Guten immer versuchen, den Bösen einen Schritt voraus zu sein.

9.6.6 Einbruch für den Einbruch

Auf den ersten Blick scheint die Phrase vom »Einbruch für den Einbruch« keinen Sinn zu machen; Sie werden aber gleich feststellen, dass dem durchaus so sein kann. Viele Angreifer knacken Systeme einzig und allein aus dem Grund, vom geknackten System aus Angriffe gegen weitere Systeme zu starten. Das birgt eine ganze Menge von Vorteilen, zum Beispiel wenn der Cracker mehrere Systeme kontrolliert, die er der Reihe nach miteinander verkettet. Man kann sich das etwa so vorstellen wie Perlen an der Schnur: Jede Perle repräsentiert ein geknacktes System, und die Schnur ist die Verbindung der einzelnen Rechner zum jeweils nächsten. Die Vorzüge sind einleuchtend: Je weiter der Angreifer von seiner eigenen Basis entfernt ist und je mehr Rechner zwischen den Computer des Angreifers und den Computer geschaltet sind, über den der Angriff tatsächlich ausgeführt wird, desto schwieriger wird es, die wahre Identität des Angreifers zu ermitteln. Jeder Rechner in der Kette macht die Aufgabe des Sicherheitsfachmanns schwieriger, den Schuldigen zu finden. Wenn die beteiligten Computer dann noch in verschiedenen Ländern stehen und die Verbindungen nationale, politische und sprachliche Grenzen überschreiten, dann ist es oft nicht einmal den Versuch wert, den Cracker aufzuspüren. Die meisten geübten Angreifer verwenden derartige Methoden, um ihre Identität effizient zu vertuschen (und weil gerade Einzelpersonen die Gefahr unterschätzen, werden deren Rechner, sofern sie über eine feste IP-Adresse verfügen, oft und gern geknackt). In der Regel ist dies ein ausreichender Schutz, bringt den Angreifern aber zumindest genug Zeit, um weitere Spuren zu verwischen, falls wirklich jemand auf die Idee käme nachzuforschen.

9.7 Fazit

In diesem Kapitel haben wir gesehen, inwieweit und für wen Sie ein potenzielles Opfer sein könnten, wenn es um die Sicherheit des Netzwerks geht. Es gibt offenbar zahllose Variationen und Methoden, die gegen Sie eingesetzt werden können, aber auch technische Einschränkungen hinsichtlich des Ziels und des Ausmaßes eines solchen Angriffs. Wir leben im Zeitalter der digitalen Paranoia, und deswegen gibt es viele Unheilsverkünder in der Welt. Um Anerkennung, Geld oder beides zu bekommen, verbreiten viele Leute, die nicht wissen, wovon sie reden, lächerliche Gerüchte und Mythen über Computer und das Internet.

Wie wir gesehen haben, gibt es viele Möglichkeiten, zum Opfer der Sicherheitslücken im Internet zu werden. Jemand kann Sie aufs Korn nehmen. Frustration, Datenverlust und finanzielle Einbußen können die Folge sein. Ihre Privatsphäre kann ohne großen Aufwand verletzt werden. Andererseits können Sie sich aber auch effektiv verteidigen. Das wichtigste, was Sie tun können, ist: Bleiben Sie auf dem Laufenden hinsichtlich der Gefahren, die Ihnen drohen, und der Schritte, die Sie durchführen müssen, um sich Hacker und Cracker vom Leib zu halten. Es ist außerdem fast genauso wichtig zu wissen, welche Gefahren Ihnen und Ihrem System *nicht* drohen, und zu merken, wenn jemand versucht, Sie zu attackieren.

Wie bei allem in der Welt gilt auch hier: Nur weil Sie sicherheitsrelevante Problemstellungen ignorieren, verschwinden diese nicht. Die Nutzung eines Computers impliziert heutzutage eine gewisse persönliche Verantwortung, und Sie sind der einzige, der Ihre Angelegenheiten in die Hand nehmen und Sie schützen kann. Das soll jetzt nicht heißen, dass Sie eine Hypothek auf Ihr Haus aufnehmen sollten, um eine absolute Hochleistungs-Firewall zu kaufen, mit der Sie Ihre Kabelmodem- oder DSL-Verbindung schützen; nehmen Sie hinsichtlich der Sicherheit Ihres Computersystems eine offensive Haltung ein, und lesen Sie regelmäßig die einschlägigen Veröffentlichungen, dann sind Sie allen, die Ihnen etwas wollen, immer einen Schritt voraus.

Teil IV

Aus dem Nähkästchen der Verteidiger

Kapitel 10

Firewalls

In diesem Kapitel geht es um Firewalls: Was sie sind, wie sie funktionieren und wer sie herstellt.

> *Sicherheit ist kein Produkt, sondern ein dauerhafter Vorgang. (Bruce Schneier, Sicherheitsexperte)*

Firewalls gibt es schon sehr lange, und sie gelten inzwischen in den meisten Organisationen als Säule aller Datensicherungsstrategien. Aber obwohl Firewalls zugegebenermaßen von grundlegender Wichtigkeit sind, behaupte ich, dass alle Organisationen, die sich bei der Erfüllung ihrer Sicherheitsanforderungen ausschließlich auf Firewalls verlassen, völlig schwachköpfig sind. Firewalls sind nicht todsicher. Um es genauer zu sagen: Viele insbesondere der verbreiteten Firewall-Plattformen sind mittlerweile den gleichen Mechanismen zum Opfer gefallen, von denen Betriebssysteme und Anwendungen schon seit Ewigkeiten heimgesucht werden. Seien Sie also gewarnt!

Auch wenn Teile dieses Kapitels für den einen oder anderen Veteranen an der Administratorenfront kalter Kaffee sein dürften: Vieles, was Sie hier lesen werden, wird Ihnen neu sein. Wir werden sehen, was Firewalls sind, was sie tun und – besonders wichtig! – was sie nicht tun. Am Ende des Kapitels werden Sie die Grundlagen der Firewalls verstanden haben und wissen, wo und warum Firewalls nutzbringend eingesetzt werden können. Ich werde Ihnen ferner zeigen, wo Sie weitere Informationen zu diesem Thema finden und warum die Auffassung »Wir sind sicher. Wir haben eine Firewall.« so häufig hanebüchener Blödsinn ist.

10.1 Was ist eine Firewall?

Eine Firewall ist eine Einrichtung, die auf Netzwerkebene als Zugriffssteuerungsmechanismus für ein oder mehrere bestimmte Netzwerke eingesetzt wird. In den meisten Fällen dienen Firewalls dazu, Unbefugten den Zugriff auf ein internes Netzwerk zu verweigern. Firewalls können aber auch verwendet werden, um innerhalb von LANs sichere Subnetze (z.B. für Zugriffe auf sensible Dokumente wie etwa Lohnlisten, die Zahlungsabwicklung oder auch für eine Entwicklungsabteilung) zu schaffen. Meistens sind Firewalls eigenständige Computer, Router oder Hardwaregeräte. In letzterem Fall läuft auf diesen Geräten meist eine spezielle Software unter einem proprietären Betriebssystem. Die PIX-Serie von Cisco Systems ist ein Beispiel für eine Hardwarelösung.

Firewalls sind als Kontrollpunkte für Ihr Netzwerk gedacht. Wenn Verbindungsanfragen gestellt werden, dann werden diese von der Firewall bearbeitet: Basierend auf einem vordefinierten Satz von Regeln (die auch als »Richtlinien« bezeichnet werden) wird festgelegt, ob der Datenaustausch zulässig ist. Nur Verbindungsanfragen autorisierter Hosts an autorisierte Zielobjekte werden verarbeitet; alle anderen Anfragen werden verworfen.

HINWEIS
Da die Hochgeschwindigkeitsstandleitung zum Internet ihren Siegeszug um die Welt bereits angetreten hat, werden sich die verschiedenen Organisationen zunehmend mit Problemen in Zusammenhang mit Remotebenutzern befassen müssen. Zukunftsorientierte Sicherheitsdienste sollten bereits jetzt an die Entwicklung »persönlicher« Firewalls denken, um sich dieser wachsenden Bedrohung beizeiten stellen zu können. Auch wenn entsprechende Produkte – etwa von Network Associates, InfoExpress und F-Secure – noch vergleichsweise neu sind, wird ihre Bedeutung bei der Abwehr externer Angriffe schon bald drastisch zunehmen. Allerdings hängt die Schutzwirkung solcher »persönlicher« Firewalls sehr stark vom Wissen des Benutzers (auch wenn die Hersteller dies gerne unter den Tisch fallen lassen) und vom Betriebssystem ab. Da zum Beispiel Windows 95, 98 und ME keine unterschiedlichen Benutzerrechte unterstützen, haben diese Produkte hier keinerlei Schutzwirkung beispielsweise gegen Trojaner, da diese die Firewall einfach ausschalten oder umgehen können.

Die meisten Firewalls erreichen dies, indem sie die Ursprungs- und die Zieladressen einschließlich der Portnummern überprüfen. Wenn Sie beispielsweise nicht wollen, dass Benutzer von `www.mcp.com` über Port 21 eine Verbindung zu Ihrer FTP-Site `ftp.ihre_site.de` herstellen, dann können Sie Verbindungsanfragen von `206.246.131.227` unterbinden. Am anderen Ende wird dann eine Meldung wie etwa »Verbindung abgelehnt« angezeigt (oder es wird gar keine Meldung angezeigt; der Versuch des Verbindungsaufbaus wird schlichtweg ignoriert).

In einigen Literaturquellen wird eine Firewall anderes definiert, als ich dies hier tun möchte. Dort ist eine Firewall ein Konzept und keine spezielle Hard- oder Softwarelösung. Oft steht der Begriff »Firewall« auch für eine ganze Ansammlung von Komponenten (und deren Wartung und Pflege).

10.2 Weitere Eigenschaften verschiedener Firewall-Produkte

Firewalls analysieren eingehende Pakete verschiedener Protokolle. Auf Grundlage dieser Analyse führen sie dann bei Bedarf unterschiedliche Aktionen aus. Firewalls sind also in der Lage, unter Berücksichtigung verschiedener Bedingungen Bewertungen vorzunehmen (»Wenn ich auf diesen Pakettyp treffe, dann werde ich dies und jenes tun«).

Diese Bedingungen werden Regeln genannt. Wenn Sie eine Firewall implementieren, dann konfigurieren Sie für diese Firewall Regeln, die sich aus in Ihrer Organisation gültigen Zugriffsrichtlinien ergeben. Nehmen wir einmal an, in Ihrem Unternehmen gäbe es eine Buchhaltungs- und eine Verkaufsabteilung. Die Firmenpolitik sieht vor, dass nur Mitglieder der Verkaufsabteilung auf die

FTP-Site zugreifen dürfen. Um diesen Standpunkt durchzusetzen, erstellen Sie für Ihre Firewall eine Regel: Verbindungsanfragen an die FTP-Site, die aus der Buchhaltung stammen, werden abgewiesen.

Auf diese Weise stellen Firewalls für Netzwerke annähernd das dar, was Benutzerrichtlinien für Betriebssysteme sind. Windows NT etwa ermöglicht es Ihnen festzulegen, welche Benutzer auf eine bestimmte Datei oder ein Verzeichnis zugreifen können; dies ist eine benutzerabhängige Zugriffssteuerung auf der Betriebssystemebene. Ähnlich erlaubt es Ihnen eine Firewall, derartige Zugriffsrechte für Ihre vernetzten Workstations oder Ihre Website festzulegen.

Allerdings ist die Zugriffsüberwachung nur ein Teil dessen, was moderne Firewalls können. Vor mehr als zwei Jahren bereits haben Hersteller damit begonnen, ein All-in-One-Prinzip zu implementieren (viele Hersteller sind sogar dazu übergegangen, Spezialprodukte aus dem Sortiment zu nehmen und nur noch solche Komplettpakete anzubieten). Zu den neuen Merkmalen von Firewalls gehören die folgenden:

- **Ausfilterung von Inhalten.** Es gibt inzwischen eine Reihe von Organisationen, die den Zugriff ihrer Benutzer auf bestimmte Websites (z.B. Sites mit webbasierten Maildiensten, Underground-, Broker- und Pornografieseiten usw.) unterbinden wollen. Funktionen zur Filterung von Inhalten und Diensten können bei der Realisierung dieses Ziels hilfreich sein und gleichzeitig gegen einige Typen böswilliger ActiveX-Codes und Java-Applets schützen.
- **VPNs (virtuelle private Netzwerke).** VPNs werden verwendet, um Daten sicher von einem Punkt A zu einem Punkt B zu übertragen – und zwar über unsichere Netzwerke (wie das Internet) hinweg. Obwohl bereits eine ganze Reihe ausgewiesener VPN-Anwendungen erhältlich sind, implementieren Hersteller wie Checkpoint oder Cisco VPN-Dienste in ihren Firewall-Produkten, beispielsweise für C2B-VPNs oder zur Verbindung zweier LANs.
- **NAT (Network Address Translation, Netzwerkadressübersetzung).** Die Netzwerkadressübersetzung wird oft für die Zuordnung im Internet unzulässiger oder reservierter Adressblöcke (siehe auch RFC 1918) zu gültigen Blöcken benutzt (man kann so beispielsweise die Adresse `10.0.100.3` auf die Adresse `206.246.131.227` umleiten). Obwohl NAT nicht unbedingt als Sicherheitsmerkmal bezeichnet werden kann, sind die ersten NAT-Einrichtungen, die von Firmen erworben werden, in aller Regel Firewall-Produkte.
- **Lastausgleich.** Unter diesem Terminus versteht man die Kunst, den Datenverkehr zu segmentieren und diese Segmente dann geordnet zu verteilen. Zwar ist der Lastausgleich bei Firewalls eine Sache für sich, aber es gibt verschiedene Firewall-Produkte, die dabei behilflich sind, Web- und FTP-Datenverkehr auf verschiedene Netzwerkleitungen zu verteilen.
- **Fehlertoleranz.** Einige der anspruchsvolleren Firewalls – etwa PIX von Cisco und die Produktkombination von Nokia und Checkpoint – unterstützen bereits recht ausgefuchste Fehlertoleranzfunktionen. Diese Funktionen, die oft

auch als »HA-Funktionen« (High Availability, hohe Verfügbarkeit) bezeichnet werden, gestatten oft einen paarweisen Betrieb von Firewalls, wobei eines der Geräte in Wartestellung steht, falls das andere einmal ausfallen sollte.

- **Intrusion Detection (Erkennung von Eindringlingen).** Dieser Terminus kann vielerlei umfassen, aber mittlerweile haben viele Hersteller damit begonnen, einen ganz anderen Produkttyp in ihre Firewalls zu integrieren. Das ist prinzipiell zwar kein Problem, aber wahrscheinlich werden viele Benutzer schon bald genervt sein, weil die eigentliche Firewall durch diese Zusatzfunktionen extrem belastet wird.

Zwar kann die Aussicht, all diese Funktionen mit einem einzigen Programmpaket verwalten zu können, sehr attraktiv sein, aber man sollte diese All-in-One-Mentalität mit sehr viel Skepsis betrachten. Firewalls sind immer als wesentliche Pfeiler von Sicherheitsmodellen zu betrachten. Unter der (in der Netzwerkwelt sehr beliebten) Prämisse, die Dinge einfach zu halten (das so genannte KISS-Prinzip: »Keep it small and simple!«), könnte man allerdings anmerken, dass ein Sicherheitsprodukt wohl nicht erste Wahl wäre, wenn es mit Funktionalität überladen ist. Aber wir brauchen darüber gar nicht zu diskutieren: Die neuesten Sicherheitslöcher bei Firewalls haben uns den Beweis dafür bereits geliefert. Lesen Sie weiter.

10.3 Firewalls sind nicht narrensicher

Auch wenn die meisten Hersteller uns glauben machen möchten, dass ihre Produkte gegen die Probleme immun sind, mit denen sich Betriebssystem- und Anwendungsprogrammierer herumschlagen müssen, ist es eine unbestrittene Tatsache, dass noch das kleinste Bit anfällig ist. Sie wünschen ein paar Beispiele für Probleme, die in Zusammenhang mit Firewalls aufgetreten sind? Bitte schön:

- Mai 1998: Es wird festgestellt, dass einige reservierte Passwörter in Checkpoints Firewall-1 integriert sind, die, wenn sie zur Repräsentation eines Netzwerkobjekts verwendet werden, eine klaffende Sicherheitslücke öffnen (das Objekt selbst wird als »nicht definiert« interpretiert und ist, sofern keine anderen Änderungen vorgenommen wurden, über jede Adresse erreichbar). Nähere Hinweise zu diesem Sicherheitsloch finden Sie unter `http://www.checkpoint.com/techsupport/config/keywords.html`.
- Juni 1998: Es kommt heraus, dass die *Private Link*-Funktion von Ciscos PIX mit einer mit nur 48 Bit recht schwachen Verschlüsselung arbeitet. Es ist durchaus vorzustellen, dass sich ein solcher Schlüssel knacken lässt. Dazu berichtet die CIAC:

  PIX Private Link ist eine optionale Funktion, die in PIX-Firewalls von Cisco installiert werden kann. PIX Private Link erstellt IP-VPNs über nicht vertrauenswürdige Netzwerke (wie das Internet) mit Hilfe von Tunneln, in denen die Daten nach dem DES-Standard (Data Encryption

Standard, Standard für Datenverschlüsselung) im ECB-Modus (»Electronic Codebook«) verschlüsselt werden. Ein Fehler bei der Befehlsabarbeitung der Konfigurationsdatei reduziert die effektive Schlüssellänge von den nominalen 56 auf 48 Bit. Wenn einem Angreifer die Details dieses Fehlers in der Befehlsabarbeitung bekannt sind, dann kennt er bereits von Anfang an die Werte von acht Bits; die effektive Schlüssellänge beträgt aus Sicht des Angreifers dann nur mehr 48 Bit. Diese Reduzierung der effektiven Schlüssellänge reduziert die Arbeit, die bei einem Brute-Force-Angriff auf die Verschlüsselung anfallen würde, um den Faktor 256, d.h. ein sachkundiger Angreifer kann den Schlüssel durchschnittlich 256-mal schneller finden als bei einem richtigen 56-Bit-Schlüssel.

Cisco hat für diesen Bug eine Lösung gefunden. Mehr dazu finden Sie online unter `http://www.cisco.com/warp/public/770/pixkey-pub.shtml`.

- Juli 1999: Es werden Probleme mit `ipchains` bekannt, dem nativen Paketfilter-Code von Linux. Externe Angreifer können diese Schwachstelle nutzen, um Daten an vermeintlich gesperrte Ports senden zu können. Weiteres erfahren Sie unter `http://www.securityfocus.com/bid/543`.
- Mai 2000: Bei der Firewall Gauntlet von Network Associates wird ein Pufferüberlauf entdeckt, über den zunächst berichtet wird, dass Eindringlinge mit seiner Hilfe destruktiven Code in der Firewall selbst ausführen können – und zwar von außen! Es stellt sich allerdings heraus, dass der Bug nicht Bestandteil des Originalcodes der Firewall ist; statt dessen wurde der Übeltäter über das Inhaltsfiltersystem von Cyber Patrol in den Code gebracht (Network Associates hatte dieses Produkt aufgekauft und dann unbesehen in Gauntlet integriert). Trotzdem muss eine Reihe von Organisationen, die mit neueren Versionen von Gauntlet arbeiten, sich dieses Problems annehmen. Die ganze Geschichte können Sie unter `http://www.securityfocus.com/bid/1234` nachlesen.
- Juni 2000: Eine DoS-Attacke wird aufgedeckt, die mit Hilfe fragmentierter Pakete in der Lage ist, alle Firewall-1-Firewalls von Checkpoint zu deaktivieren. Zum Zeitpunkt der Abfassung dieses Buchs gibt es hierzu einen Workaround, aber das grundlegende Problem ist noch nicht behoben. Mehr dazu finden Sie unter `http://www.securityfocus.com/bid/1312`.
- Juni 2000: Ein weiterer DoS-Angriff auf Firewall-1 wird bekannt, diesmal richtet er sich gegen den Mailhandler. Auch hier gibt es zum Zeitpunkt der Abfassung dieses Buchs noch keinen Patch. Weitere Informationen erhalten Sie online unter `http://www.securityfocus.com/bid/1416`.
- Juli 2000: Während der Black-Hat-Konferenzen über Computersicherheit berichten die beiden bedeutenden Sicherheitsexperten John McDonald und Thomas Lopatic von mehreren Sicherheitslücken, die sie in Checkpoints Firewall-1 aufgestöbert haben (Details unter `http://www.dataprotect.com/bh2000/blackhat-fw1.html`). Dies ist insofern von Wichtigkeit, als dieses Produkt zu den meistverkauften Firewalls der Welt gehört.

Diese Liste ist keinesfalls vollständig; es handelt sich vielmehr nur um eine kleine Auswahl der Probleme, die in letzter Zeit in Zusammenhang mit Firewalls aufgetreten sind. Beachten Sie außerdem, dass einige dieser Probleme sich *direkt* auf Funktionen beziehen, die nicht zu den Grundfunktionen einer Firewall gehören, sondern von den Herstellern nachträglich hinzugefügt wurden, etwa Inhaltsfilter oder Einkapselung (für den VPN-Einsatz).

Ob sich die Hersteller dazu durchringen können, Sicherheitsprobleme mit der gleichen Bestimmtheit anzugehen wie die Erweiterung Ihrer Produkte, bleibt abzuwarten. Allerdings muss man ihnen auch zugute halten, dass die Mehrheit ihrer Kunden nicht mehr Sicherheit zu wünschen scheint, sondern wirklich nur mehr Funktionen. Deswegen stelle ich Ihnen an dieser Stelle die Frage: Was ist bei einem Firewall-Produkt Ihrer Ansicht nach wichtiger? Tun Sie uns allen einen Gefallen, und teilen Sie Ihre Ansicht dem Hersteller Ihrer Wahl mit!

10.4 Firewalls unter die Haube geschaut

In einem esoterischen Sinn existieren die Komponenten einer Firewall in den Gedanken der Person, die diese Komponenten entwickelt. Zu Beginn ihres Daseins ist eine Firewall mehr ein Konzept als ein Produkt; sie ist eine Idee, die sich um einen Mechanismus zur Zugriffssteuerung dreht, der den Transport von Daten von und zu Ihrem Netzwerk ermöglicht.

Allgemeiner gesprochen besteht eine Firewall aus Software und Hardware. Die Software kann proprietärer Natur sein, Shareware oder sogar Freeware. Als Hardware kann jedes Gerät verwendet werden, das die Software unterstützt.

Firewall-Technologien lassen sich in der Regel einer von drei Kategorien zuordnen:

- auf Paketfiltern basierende Firewalls (Router, Cisco IOS, Linux bis Kernel 2.2 etc.)
- auf SPFs basierende Firewalls (Checkpoint Firewall-1, Cisco PIX, Linux ab Kernel 2.4 etc.)
- proxybasierte Firewalls (Network Associates Gauntlet, Axent Raptor etc.)

Sehen wir sie uns doch einmal der Reihe nach an.

10.4.1 Firewalls, die auf Paketfiltern basieren

Auf Paketfiltern basierende Firewalls sind in der Regel Router, die über Funktionen zur Paketfilterung verfügen. Ein einfacher Router mit dieser Funktionalität erlaubt es Ihnen, den Zugriff auf Ihre Website auf der Basis verschiedener Variablen zu gestatten bzw. zu verweigern. Zu diesen Variablen gehören u. a.:

- Ursprungsadresse
- Zieladresse

- Protokoll
- Portnummer

Routerbasierte Firewalls werden zunehmend beliebter, denn sie sind leicht zu implementieren (anschließen, ACL anlegen – fertig). Router stellen außerdem eine integrierte Lösung dar. Und wenn Ihr Netzwerk ständig mit dem Internet verbunden ist, brauchen Sie sowieso einen Router. Warum also nicht zwei Fliegen mit einer Klappe schlagen?

Andererseits weisen routerbasierte Firewalls jedoch ein paar Defizite auf. Zunächst einmal sind sie in der Regel nicht auf die Abwehr bestimmter Arten von DoS-Angriffen vorbereitet. Viele DoS-Technologien, die zur Zeit im Internet kursieren, fußen auf Taktiken wie der Deformierung von Paketen, der Bombardierung mit SYN-Paketen oder der Erzwingung anderer TCP/IP-basierter Unregelmäßigkeiten. Einfache Router sind nicht dafür ausgelegt, solchen Angriffsvarianten standzuhalten.

Zweitens sind die meisten Router (noch) nicht in der Lage, Sitzungsstatusdaten nachzuverfolgen (Linux unterstützt diese Funktion zum Beispiel erst seit Kernel 2.4). Administratoren sind dazu gezwungen, alle Ports über 1024 offen zu halten, damit TCP-Sitzungen und TCP-Sitzungsverhandlungen ordnungsgemäß durchgeführt werden können. Zwar stellt dies im Grunde genommen kein Sicherheitsrisiko dar (denn über diese Ports sollten ohnehin keine Dienste im *Listen*-Zustand ausgeführt werden), aber ich rate generell davon ab, nicht benötigte Ports geöffnet zu lassen.

Schließlich kann die Verwendung von ACLs (Access Control Lists, Zugriffssteuerungslisten) auf hochwertigen Routern, die zur Unterstützung extrem stark genutzter Netzwerke verwendet werden, zu Leistungseinbußen und einer höheren CPU-Belastung führen. Bei den meisten Verbindungen mit niedrigen Geschwindigkeiten (wie etwa T1-Schaltungen), die über weniger leistungsfähige Router wie beispielsweise die der 2500er Serie von Cisco laufen, führt eine Paketfilterung normalen Ausmaßes jedoch nicht zu außerordentlichen Einbußen.

> **HINWEIS**
> Man hatte lange angenommen, dass die Verwendung von ACLs auf Routern deren Performance hochgradig schmälern würde. Zwar halte auch ich es nicht für eine gute Idee, eine ACL mit hundert Regeln auf einem Cisco 7000-System einzusetzen, das ein gutes Dutzend ATM-Verbindungen regelt, aber wenn Sie auf einem Router für langsame Verbindungen (10 Mbps oder langsamer) ein paar aufs Wesentliche beschränkte ACLs benutzen, dann wirkt sich das nicht großartig aus. Zwei Cyberanarchisten namens »rpf« und »NightAxis« haben Grundlagenforschungen zu diesem Thema betrieben und diese unter `http://www.wiretrip.net/rfp/` veröffentlicht; danach haben sich auch noch ein paar andere daran versucht. Generell kann man durch intelligentes Aufstellen der Regeln (vor allem bei der Reihenfolge der Abarbeitung) eine Menge Performance

gewinnen. Denken Sie daran, dass sogar die vergleichsweise leistungsschwachen Router von Ciscos 2500er-Serie auf den Chipsätzen 68030 und 68040 von Motorola beruhten, und die neueren Modelle arbeiten mit den noch anspruchsvolleren RISC-Chips. Router sind leistungsfähiger, als man gemeinhin annimmt. Probieren Sie es aus – und Sie werden es sehen.

TIPP
Die meisten Netzwerkadministratoren verwenden ACLs auf ihren peripheren Routern in Verbindung mit einer potenteren Firewall und haben auf diese Weise einen Mehrschichtansatz entwickelt.

10.4.2 SPF-basierte Firewalls

SPFs (Stateful Paket Filters, zustandsorientierte Paketfilter) basieren grundsätzlich auf dem Konzept der Paketfilterung, erweitern dieses aber noch um einige Aspekte. Auf diesem Modell beruhende Firewalls überwachen die Sitzungen und Verbindungen mit Hilfe interner Zustandstabellen und können dementsprechend sofort reagieren. Aus diesem Grund sind SPF-basierte Produkte flexibler als reine Paketfilterlösungen. Außerdem schützen die meisten SPF-basierten Firewalls auch vor bestimmten DoS-Angriffen und stellen für SMTP-basierte Maildienste und andere sicherheitsrelevante Funktionen erweiterte Sicherheitsvorkehrungen bereit.

Checkpoint leistete seinerzeit mit der Einführung der SI-Technologie (Stateful Inspection, zustandsorientierte Inspektion) Pionierarbeit, denn diese verfeinerte den SPF-Ansatz noch einmal. SI erlaubt Administratoren die Aufstellung von Regeln für eine Firewall, mit denen nicht nur Adressen und Ports, sondern der tatsächliche Datenstrom untersucht werden kann.

HINWEIS
Da SPF-basierte Firewalls den Sitzungsstatus überwachen, erlauben Sie das standardmäßige Schließen aller Ports über 1024; diese Ports werden dann nur bei Bedarf geöffnet. Das mag zwar simpel klingen, ist aber tatsächlich für die meisten Administratoren der Grund, SPF als Mindestanforderung an eine Firewall-Lösung zu betrachten.

10.4.3 Proxybasierte Firewalls

Die proxybasierte Firewall (manchmal auch als Anwendungsgateway oder Anwendungsproxy bezeichnet) ist ein weiterer Ansatz. Wenn ein Remotebenutzer ein Netzwerk kontaktiert, das sich hinter einer proxybasierten Firewall verschanzt, dann schaltet sich die Firewall als Proxy dazwischen. Bei dieser Vorgehensweise werden IP-Pakete nicht direkt an das interne Netzwerk weitergeleitet; statt dessen erfolgt eine Art Übersetzung, bei der die Firewall gleichermaßen als Medium und Dolmetscher fungiert.

Sie fragen, wo hier der Unterschied zu Paketfilterung und SPF liegt? Gute Frage (und sicher eine, die viele Leute stellen würden). Paketfilter und SPF-Prozesse untersuchen eingehende und ausgehende Pakete auf den Netzwerk- und Sitzungsebenen (siehe hierzu auch Kapitel 4: »Eine kurze Einführung in TCP/IP«). Sie überprüfen die Ursprungs- und Zieladressen sowie die Ports und die Statusflags, vergleichen sie mit ihren Regelwerken und Tabellendaten und entscheiden auf dieser Basis, ob die Pakete weitergeleitet werden. Proxybasierte Firewalls dagegen untersuchen den Datenstrom zusätzlich auch auf der Anwendungsebene. Ein Paket trifft an der Firewall ein und wird an einen anwendungsspezifischen Proxy übergeben, der die Gültigkeit des Pakets und die auf der Anwendungsebene selbst gestellte Anforderung kontrolliert. Empfängt eine proxybasierte Firewall beispielsweise eine Webanforderung (HTTP), dann wird der Datenblock mit der HTTP-Anforderung an einen HTTP-Proxyprozess übergeben. Eine FTP-Anforderung würde von einem FTP-Proxyprozess, eine Telnet-Anforderung von einem Telnet-Proxyprozess verarbeitet usw. Der Client hinter einer solchen proxybasierten Firewall kann also einen Server niemals direkt kontaktieren, sondern kontaktiert statt dessen die Firewall, die sich ihrerseits wieder mit dem Server verbindet. Der Server schickt seine Pakete an die Firewall, und diese sendet die angeforderten Daten in (neuen) Paketen an den Client. Es besteht also nie direkter Kontakt zwischen dem Client und dem Server hinter der Firewall. Bei nicht proxybasierten Firewalls werden die Pakete (nach bestimmten Regeln) nur durch die Firewall hindurch geleitet – hier besteht also ein direkter Kontakt zwischen dem Client und dem Server.

Dieses Konzept einer »protokollweisen« Herangehensweise ist sicherer als Paketfilterung und SPF, weil die Firewall die Anwendungsprotokolle selbst kennt (HTTP, FTP, SMTP, POP usw.). Für einen Eindringling ist es schwieriger, an einem Wächter vorbeizukommen, der mehr beobachtet als nur die Ports und die IP-Adressen. Dass sich das nur auf das *Konzept* bezieht, meine ich allerdings wörtlich; im richtigen Leben war diese Herangehensweise der Ausgangspunkt einer ganzen Anzahl von Problemen.

Proxybasierte Firewalls sind langsamer als SPF-basierte Lösungen. Bei den meisten Netzwerken (d.h. solche mit einer Bandbreite von 10 Mbps oder weniger) ist der Unterschied zu vernachlässigen, aber die Leistungsfähigkeit stark genutzter Netze (T3-Netzwerke mit 45 Mbps, T3-Mehrfachnetze, deren Raten sich auf die 100 Mbps zu bewegen, usw.) kann enorm in Mitleidenschaft gezogen werden. Diese Diskrepanz mag im Zuge der technischen Entwicklungen in absehbarer Zeit abnehmen, aber zur Zeit sind rein proxybasierte Lösungen für hochfrequentierte Netze noch ein Problem.

HINWEIS

Bei Network Associates wird an einer Hybridlösung aus proxy- und SPF-basierter Firewall gearbeitet: der *Adaptive Proxy Technology*. Inwieweit dieser neue Ansatz bahnbrechend sein wird, ist zurzeit noch nicht absehbar, aber unter `http://www.nai.com/asp_set/buy_try/try/whitepapers.asp` können Sie sich schon einmal ein Bild davon machen.

> Durch geschickte Kombination vorhandener (freier) Komponenten kann sich ein erfahrener Administrator jedoch schon seit längerer Zeit eine solche Firewall zusammenstellen. Als neuere Beispiele seien hier Linux (erst ab Kernel 2.4, SPF mit `iptables`) und SQUID (als HTTP- und FTP-Proxy) genannt.

Überdies gibt es bei proxybasierten Lösungen nicht nur Leistungs-, sondern auch Eignungsprobleme. Nehmen wir einmal an, es wird ein neues Protokoll zur Steuerung Ihrer Kaffeemaschine entwickelt; nennen wir es der Einfachheit halber einmal Filterkontrollsystem (FKS). Weiterhin gehen wir davon aus, dass das FKS-Protokoll TCP verwendet und über den Port 666 ausgeführt wird. Administratoren von SPF-Firewalls müssten nun einfach eine neue Regel aufstellen, die Datenübertragungen über den TCP-Port 666 erlaubt – das war's schon. Wer aber jetzt mit einer proxybasierten Firewall arbeitet, steht nun vor einem Problem: Sie haben (noch) keinen Proxy für FKS, denn es ist ein brandneues Protokoll. Auch wenn ein paar proxybasierte Lösungen (etwa Gauntlet von Network Associates) über einen generischen Proxy verfügen, der solche Probleme lösen kann, sehen wir uns jetzt trotzdem wieder mit einer völligen Paketfilterung konfrontiert, die den Zweck eines Proxies zunichte macht.

Gehen wir noch einen Schritt weiter und sagen wir, dass der Hersteller der proxybasierten Firewall einen FKS-Proxy schreibt – damit wäre Ihr Kaffee gerettet. Kurz darauf jedoch wollen die Studenten, die Ihr Chef für den Helpdesk eingestellt hat, sich mit einer Runde DOOM die Zeit vertreiben und spielen eine alte Kopie auf den Netzwerkserver auf. DOOM läuft über den Port 666 – und kann zwar über die SPF-basierte Firewall gespielt werden, nicht jedoch über die proxybasierte Variante, da sich das Protokoll von dem der Kaffeemaschine unterscheidet.

Wir werden im Verlauf dieses Kapitels noch sehen, wie sich dieses Verhalten erfolgreich missbrauchen lässt, aber an dieser Stelle soll der Hinweis ausreichend sein, dass der proxybasierte Ansatz – theoretisch – zwar etwas sicherer ist, andererseits aber auch ganz schön nervtötend sein kann.

10.5 Firewalls und ihre Tücken

Ein Problem bei Firewalls ist sicher, dass sich die Sicherheitseinstellungen derart stringent formulieren lassen, dass die Datenübertragung im Netzwerk darunter leidet. Es gibt beispielsweise Untersuchungen, deren Ergebnisse darauf hinauslaufen, dass der Einsatz einer restriktiven Firewall in Umgebungen, in denen die Benutzer in hohem Maße auf die Verfügbarkeit verteilter Anwendungen angewiesen sind, nicht ratsam ist – solche Netze können dank der strikten Sicherheitsrichtlinien, die von Firewalls auferlegt werden, tatsächlich lahm gelegt werden. Zwar sind sie dann sicherer, aber die Funktionalität leidet darunter. Manchen Lesern mag das lediglich unpraktisch erscheinen, aber die langfristigen Folgen können weitaus gefährlicher sein. Früher oder später beispielsweise stehen alle Administratoren vor dem gleichen Problem: Benutzer X benötigt die Anwendung Y, aber die Anforderung dieser Anwendung impliziert eine ganze Reihe sicherheitsrelevanter Probleme. Dieses Dilemma berührt nicht nur eine ganze Reihe von Datensicherungsprinzipien, sondern kann auch einige organisatorische Grenzen sprengen. Wenn es dem Administrator organisatorisch nicht gelingt, die Verwendung der Anwendung Y zu unterbinden, dann ist ein Präzedenzfall geschaffen, der sich organisationsweit auswirken kann; die Sicherheitsabteilung kommt unter die Räder wirtschaftlicher Interessen, und früher oder später tut sich in der Firewall ein erstes kleines Loch auf. Kluge Organisationen und Firmen hingegen werden solche Situationen individuell untersuchen und in jedem Fall neu entscheiden. Leider arbeiten wir nicht alle für »kluge« Organisationen und Firmen…

Mit Firewalls können Sie ganz schön Schiffbruch erleiden; Sie sollten wissen, wie Sie solche Klippen umschiffen können und was zu tun ist, wenn das Schiff bereits leckgeschlagen ist. Wenn z.B. irgendein verbohrter Bürohengst die Genehmigung durchdrückt, Dritten den Zugang zu den Gehaltslisten über das Internet zu gestatten, dann sollten Sie nicht Däumchen drehen, sondern alles tun, um den Schaden zu begrenzen. Verschieben Sie die Gehaltsdateien in ein separates Netzwerksegment, ziehen Sie die Implementierung stärkerer Protokollierungsfunktionen auf Systemebene in Betracht, setzen Sie im fraglichen Netzwerkabschnitt ein IDS (Intrusion Detection System, System zur Erkennung unerlaubter Zugriffe) ein usw. Oftmals kann sich, wenn Sie Ihre Karten zur richtigen Zeit ausspielen, ein scheinbarer Verlust später in einen Sieg verwandeln.

TIPP

Auch wenn uns Benutzer manchmal mehr wie lästige Fliegen erscheinen als wie ein notwendiges Übel: Sie müssen sich immer wieder vergegenwärtigen, dass ein Netzwerk aus genau einem Grund da ist: Es soll Verbindungen schaffen. Zwar ist die Sicherheit ein wichtiger Teil der Verantwortung, die der Administrator trägt, aber die Einsatzfähigkeit des Netzes ist es allemal auch; schließlich und endlich sind wir alle in echten Schwierigkeiten, wenn die Benutzer ihren Job nicht mehr erledigen können. Gute Administratoren wissen, wann eine Schlacht geschlagen werden muss und wann man sich besser in sein Schneckenhaus zurückziehen sollte…

Ein anderes, gewichtigeres Problem ist das falsche Gefühl von Sicherheit. Den Administratoren, die darauf vertrauen, dass ihre Firewalls sie vor allem Unbill schützen, steht ein böses Erwachen bevor. Ein Teil der Herausforderung bei der Implementierung einer Firewall besteht darin, ein Gefühl von Sicherheit zu verbreiten, ohne es jedoch zu übertreiben. Was für eine Aufgabe! Der Grund für die hohe Bedeutung dieser Balance besteht darin, dass Sie, wenn Sie keine weitere Sicherungsebene einbauen, gleichsam alle Eier in die gleiche Kiste legen. Wenn Ihre Firewall überrannt ist, dann ist die Zerstörung des internen Netzwerks ein Kinderspiel. Firewalls sind ein *Teil* des Sicherungsmodells; sie sind keinesfalls *das* Sicherungsmodell, denn auch sie weisen Unzulänglichkeiten auf. Denken Sie immer daran, dass mehrstufige Sicherheitsmodelle das Ei des Kolumbus sind.

Es gibt Hoffnung. Vor fünf Jahren haben wir mit unseren Vorgesetzten darum gerungen, Firewalls implementieren zu dürfen – heute dürfen wir sie bereits davon überzeugen, dass eine Firewall allein nicht mehr reicht. Wir kommen voran.

10.6 Firewall-Appliances

Seit der Begriff »Appliance« 1999 von den Marketingabteilungen aller wesentlichen Hersteller zum Schlagwort des Jahres gemacht wurde, hat das Wort für viel Aufhebens gesorgt. Das Konzept einer Appliance ist einfach und doch sehr erstrebenswert, handelt es sich doch um ein in eine Hardware- oder Softwarelösung integriertes Wächterprogramm, das betriebsfertig geliefert wird. Bis dato hatte es sich bei konventionellen Firewalls in der Regel um Softwareprodukte gehandelt, die auf einem (verbreiteten) Betriebssystem ausgeführt wurden. Vor der Installation der Firewall musste das zugrunde liegende Betriebssystem zunächst installiert, dann konfiguriert und nachfolgend gesichert werden. Im Gegensatz dazu lockten Firewall-Appliances mit der so genannten Solid State-Technologie (d.h. »ohne bewegliche Teile«) und hochgradig optimierten Kerneln, die auch die anspruchsvollste Paketverarbeitung unterstützten. Oder so ähnlich.

HINWEIS
Der Begriff »Solid State« stammt aus der Elektrotechnik und bezeichnet eigentlich die Transistortechnik als Gegensatz zur Röhrentechnik (im Deutschen wird gelegentlich auch der Begriff »Festkörpertechnologie« verwendet). Er wurde jedoch in den letzten Jahren von Herstellern und Werbefachleuten gleichermaßen im englischsprachigen Raum verwässert und wird dort nun für alle Produkte verwendet, an denen es »keine beweglichen Teile« gibt.

Allerdings wurde bald offensichtlich, dass eine Appliance keinesfalls ein Synonym zu *Solid State* darstellte, denn die Hersteller boten Appliances an, die auf Festplatten und versteckten Betriebssystemen basierten. Das Gerede von der starken Optimierung wurde von Leuten in die Welt gesetzt, die noch BSD-Kernel auf Lager hatten und mangelhaften Firewall-Code implementierten. Leider ist es mittlerweile wahrscheinlich sogar noch besser zu behaupten, dass der Term »Appliance« den Unterschied zwischen Objekten beschreibt, die man aus dem Fenster werfen kann (CD-ROM-Laufwerk oder Handbuch), und solchen, die man hinaus*treten* muss (z.B. ein Rechner in einem 2-HE-Gehäuse).

Was jetzt nicht heißen soll, dass nicht auch ein paar gute Appliances zu bekommen sind. Bei Nokia beispielsweise portierte man den Code der Firewall-1 von Checkpoint auf das firmeneigene IPSO-Betriebssystem (ein Betriebssystem mit BSD-Wurzeln, das für Routingaufgaben optimiert wurde) und produzierte damit die Firewall-Appliances der IP-Serie. Die Modelle arbeiteten mit hoher Zuverlässigkeit und extrem guter Leistung. Aufgrund dessen beschloss man bei Cisco, eine *Solid State*-Variante von PIX herzustellen. Sowohl Ciscos PIX als auch Nokias IP haben x86-Hardware von Intel unter der Haube. Auch Geräte wie die Netscreen-Firewalls sind schon immer gleichermaßen in einem schlanken Gehäuse oder als Appliance erhältlich gewesen.

Sie wollen wissen, ob Sie auf eine Firewall-Appliance umsteigen sollen? Nun, das hängt grundsätzlich davon ab, was Sie wirklich brauchen. Es gibt Menschen, die es schätzen, UNIX-Standardbefehle auf ihren Firewalls einsetzen zu können, um etwa Protokolle zu betrachten oder Tabellen zu durchsuchen; für solche Leute ist eine Appliance eher etwas, das einem ständig im Weg steht. Sie erhöhen jedoch, indem Sie ein Standardbetriebssystem wie Microsoft Windows NT, Windows 2000, Linux oder SUN Solaris einsetzen, das Risiko einer Fehlkonfiguration des Betriebssystems; hierdurch kann der Firewall-Rechner selbst ein anfälliges Ziel werden. Dem einen oder anderen erscheint der Appliance-Ansatz narrensicherer, und auch die Leistungsfähigkeit solcher Geräte wird sich bald mit derjenigen von Firewalls mit SPARCs messen können (falls das nicht sogar bereits der Fall ist). Vielleicht betrachten Sie aber auch die Verwendung eines Standardbetriebssystems als Vorteil, weil Sie dann selbst noch bestimmte Parameter optimieren können.

10.7 Firewalls implementieren

So weit, so gut. Aber wahrscheinlich fragen Sie sich jetzt: »Welche Firewall ist denn nun die beste, und wie implementiere ich sie?« Ach, wäre das Leben doch nur so einfach! Die kurze Antwort lautet, dass es keine ultimative Lösung gibt. Was es allerdings gibt, sind ein paar gute Tipps und Empfehlungen, die bei der Entscheidungsfindung sehr hilfreich sein können, und ich werde mein Bestes geben, um Sie gleich auf den richtigen Weg zu führen.

Beginnen wir mit ein paar Überlegungen *vor* dem Erwerb:

1. Erkennen und dokumentieren Sie Ihre Anforderungen. Muss Ihre Firewall Token Ring unterstützen oder nur Ethernet? Muss sie NAT (Network Address Translation) beherrschen? Wie viele Schnittstellen brauchen Sie? Muss die Firewall auf einer bestimmten Plattform laufen? Viele Leute lassen sich viel zu schnell von extrem guten Benchmarks und Merkmalslisten beeindrucken. Wenn Sie aber ihre Firewall nicht zum Schutz Ihres Toasters brauchen und keine fünfzehn OC12-Leitungen an Ihrem System anliegen, dann brauchen Sie weder das schnellste noch das schönste Produkt. Bedenken Sie immer, wozu Sie Ihre Firewall in erster Linie brauchen: um den Datenverkehr in Ihr Netzwerk und aus ihm heraus zu kontrollieren.

2. Begreifen Sie, dass Firewall-Plattformen sich ändern – es gibt keine »überlegene« Firewall-Plattform. Ein Hersteller X mag seit einiger Zeit die beste

Empfehlung sein, aber die neueste Version seines Programms wird von der Kritik zerrissen. Die Händler Y und Z hatten letztes Jahr noch großartige Produkte im Sortiment, aber in diesem Jahr ist alles anders, weil die Hauptentwickler beim Bungeejumping in Kasachstan ums Leben gekommen sind – wer weiß das schon? Lesen Sie die Tests in den einschlägigen Magazinen wie *iX*, *Gateway* und *Internet World*, lesen Sie diverse Newsgroups wie `de.comp.security.firewall` oder `de.comp.security.misc`, reden Sie mit Ihren Kumpels, und vor allem: *Testen Sie die Produkte, wenn irgend möglich!* Stellen Sie sich eine Firewall als neues Auto vor: Wenn es sich nicht gut anfühlt, dann werden Sie es wohl kaum ein paar Jahre lang fahren wollen, oder?

3. Erkennen Sie Ihre Grenzen. Wenn Sie bisher vorzugsweise mit Windows NT gearbeitet und keinerlei Ahnung von UNIX haben, dann würde ich Ihnen nicht unbedingt empfehlen, eine UNIX-basierte Firewall zu erstehen, bei der Sie eine Menge Arbeit über die Befehlszeile erledigen müssten. Viele Fehler, die in Zusammenhang mit Firewalls vorkommen, sind »Betriebsfehler«, d.h. die Fehlfunktion tritt nicht bei der Firewall selbst auf, sondern beim Administrator. Erkennen Sie Ihre Einschränkungen. Wenn Sie oder Ihre Mitarbeiter nicht wissen, wie man die Firewall bedient, oder wenn die Technologie viel zu kompliziert für Sie ist, dann kommen Sie nur in Teufels Küche. Wählen Sie also nicht das Produkt mit der ansprechendsten Benutzeroberfläche aus, aber auch keines, für dessen Bedienung Sie einen Abschluss in Philosophie benötigen. Wenn Sie nicht das entsprechende Know-how haben, schließen Sie einen entsprechenden Servicevertrag ab. Eine schlecht (oder gar nicht) gewartete Firewall verliert recht schnell ihre Wirksamkeit.

4. Kaufen Sie sich ein Produkt, das zumindest von der ICSA zertifiziert ist, und zwar vorzugsweise ein solches, das bereits weithin einen guten Ruf genießt. Papier ist geduldig: Nur weil »Firewall« drauf steht, muss ein Produkt nicht unbedingt sicher sein. Kaufen Sie ein Produkt, das sich bereits auf anderen Feldern wacker geschlagen hat.

HINWEIS

Ein Kunde meines Arbeitgebers – eine Lottogesellschaft – hatte unser Team engagiert, um einen Blick auf eine neue Firewall-Appliance zu werfen, die er möglicherweise in Zukunft einsetzen wollte. Bevor er jedoch seinen Stammhändler wechselte und Unsummen für die Geräte ausgab (die er in großen Mengen zu kaufen beabsichtigte), wollte er auf Nummer Sicher gehen und die Appliance von einem Dritten testen lassen. Was soll ich sagen? Drei Tage lang prügelten wir auf die Geräte ein und stellten dabei nicht nur fest, dass wir in der Lage waren, alle Laufwerke über die Webadministrationsoberfläche zu formatieren, sondern auch, dass der Hersteller, der uns die Appliances geliefert hatte, Raubkopien eines populären Grafikpakets auf der Festplatte gespeichert hatte (Auweia!). Manchmal ist »zu gut, um wahr zu sein« tatsächlich zu gut, um wahr zu sein.

Bevor Sie eine Firewall kaufen, sollten Sie Ihr eigenes Netzwerk, Ihre Benutzer und deren Bedürfnisse gewissenhaft untersuchen. Sie sollten ferner eine visuelle Darstellung der Verbindungen erstellen, die die Firewall durchqueren werden, und die Ergebnisse dokumentieren. Das hilft Ihnen nicht nur dabei, ein Anforderungsprofil anzufertigen, sondern erlaubt eine umfassende Analyse der Frage, warum bestimmte Öffnungen in der Firewall vorhanden sein müssen und welche Prozesse und Leute hinter diesen Öffnungen stecken. Wenn diesbezügliche Fragen in einigen Jahren auftauchen sollten, dann haben Sie (oder Ihr Nachfolger) etwas, worauf Sie sich stützen können.

Es gibt fünf Schritte, denen Sie beim Aufbau einer Firewall folgen sollten:

1. Bestimmen Sie Ihre Bedürfnisse in Bezug auf Topologie, Anwendungen und Protokolle.
2. Analysieren Sie die Vertrauensverhältnisse und Kommunikationswege in Ihrer Organisation.
3. Testen Sie Firewall-Produkte, und treffen Sie dann eine Entscheidung für ein Produkt.
4. Planen Sie die Implementierung der Firewall durch, und führen Sie diese dann aus.
5. Unterziehen Sie Ihre Firewall-Richtlinien einer strengen Überprüfung.

10.7.1 Topologie-, Anwendungs- und Protokollanforderungen bestimmen

Ihr erster Schritt besteht darin, die Bedürfnisse in Bezug auf Topologie, Anwendungen und Protokolle zu bestimmen. Dieser Schritt kann – abhängig von der Größe und der Zusammensetzung Ihres Netzwerks – schwerer sein, als er sich anhört. Natürlich ist diese Aufgabe leichter, wenn Sie ein komplett homogenes Netzwerk haben (was aber nur selten der Fall ist) und lediglich die wesentlichen Protokolle unterstützen müssen: SMTP, HTTP, FTP usw. Wenn Sie so etwas Ihr Eigen nennen, schätzen Sie sich glücklich: Die vor Ihnen liegende Aufgabe ist vergleichsweise leicht.

Gehören Sie jedoch zur Mehrheit der Unternehmen und Organisationen, dann müssen Sie eine Mischung verschiedenster Plattformen, Protokolle und Anwendungen unterstützen. Das mag recht einfach erscheinen, kann Sie aber ganz schnell in Bedrängnis bringen. Nehmen wir mal an, Ihre Anwendungsentwickler treten an Sie heran: »Wir brauchen Zugriff auf unsere Lotus-Notes-Server über das Internet. Ist doch machbar, oder?«. Klingt ganz einfach. Aber sehen wir uns die Sache ein bisschen näher an. Welche Art von Zugriff denn? »Nun, wir müssen

Daten auf die Datenträger unseres Lieferanten replizieren, und wir müssen extern auf unsere Lotus-Notes-Clients zugreifen können.«

Tja. Das ist schon ein wenig mehr als »Zugriff auf unsere Lotus-Notes-Server«. Das klingt so, als müssten wir die Ports unterstützen, mit denen die Notes-Clients arbeiten (TCP-Port 1352). Wir müssen ferner die Ports unterstützen, die am Replikationsvorgang beteiligt sind (falls die Entwickler Zugriff über die Internetschnittstelle benötigen), und wir müssen den HTTP-Port (normalerweise Port 80) unterstützen. Und dann noch die Remoteverwaltung?

»Klar, wir wollen natürlich PCAnywhere zur Remoteverwaltung der Server benutzen.«

Autsch! Sie sehen: Einfache Fragen können schnell komplexer werden, als es anfangs den Anschein hat. Planen Sie entsprechend! Sie müssen *tief* in die Strukturen Ihrer Organisation eintauchen. Reden Sie mit jedem, der die Firewall verwenden oder von ihr abhängen wird.

TIPP

Es klingt vielleicht ein wenig nach Speichellecken, aber in der Phase der Anforderungsermittlung sollten Sie in Ihrer Organisation ruhig so laut und aufdringlich wie möglich agieren. Auf diese Weise haben Sie, wenn ein Benutzer oder ein Projektteam nach der Implementierung der Firewall mit absonderlichen Bedürfnissen oder Funktionsanforderungen an Sie herantritt, genug Spielraum, um begründen zu können, warum die entsprechende Funktionalität nicht implementiert wurde – etwa nach dem Motto: »Warum haben Sie mir das nicht gesagt, als ich damals gefragt habe, wer welche Funktionen braucht?« Sie werden sich wundern, wie viel Luft zum Atmen Ihnen diese Taktik geben kann.

Unternehmen, die im E-Commerce aktiv sind, trennen ihre Produktnetzwerke fast immer von den internen LAN-basierten Netzwerkdiensten. Nehmen wir beispielsweise einmal an, dass Sie eine neue E-Commerce-Site erstellen, auf der Sie neue, FKS-aktivierte Toaster-Kaffeemaschinen-Kombinationen anbieten. Webserver und Gateways zur Zahlungsabwicklung (so genannte »Merchant-Gateways«) müssen rund um die Uhr aktiv sein, ferner brauchen Sie Mailserver und Supportsysteme (d.h. Anwendungsserver, Datenbankserver usw.). Höchstwahrscheinlich werden Sie nun darauf aus sein, die lebenswichtigen Systeme (Webserver, Gateways) von den weniger elementaren internen Diensten wie dem SMTP-Gateway (für E-Mail), den internen FTP-Sites, dem Proxyserver etc. zu trennen, die zwar jeden Tag, aber nicht 24 Stunden lang zur Verfügung stehen müssen. Hier stoßen wir schnell auf ein topologisches Problem: Wie viele Schnittstellen wird Ihre Firewall brauchen, um diese Konfiguration zu unterstützen? Besser noch: Wie viele Firewalls werden Sie brauchen? Benötigen Sie für den Ernstfall Redundanzsysteme? Muss die Firewall auch erweiterte HA-Protokolle (wie HSRP oder VRRP) unterstützen?

Stellen Sie diese Fragen besser im Vorhinein, sonst enden Sie womöglich bei einer unpassenden Lösung.

10.7.2 Vertrauensverhältnisse und Kommunikationswege in der Organisation analysieren

Ebenso wichtig wie das Verständnis für Anwendungen und Protokolle, die den aus Ihrer Organisation ausgehenden Datenverkehr verursachen, ist die Umsetzung interner (d.h. »eingehender«) Prozesse. Dafür gibt es eine Reihe von Gründen: Erstens müssen die Anwendungen, die Sie unterstützen wollen, ja funktionieren. Wenn Sie die mittlere Stufe Ihrer dreistufigen E-Commerce-Lösung (d.h. Ihre Anwendungsserver) in den Netzwerkabschnitt verschieben, der mit der Firewall geschützt ist, und die Server so von den zugehörigen Datenbankservern abschneiden, dann werden sich verärgerte Benutzer bei Ihnen die Klinke in die Hand geben (und die Anwendung haben Sie dann auch noch kaputtgemacht). Wenn aber umgekehrt ein Server, auf den über das Internet zugegriffen werden kann, uneingeschränkten Zugriff auf Ihre internen Netze und Infrastrukturen hat, dann fordern Sie das Schicksal geradezu heraus: Wenn es irgendjemandem gelingt, in diesen Rechner einzudringen, werden Ihre schlimmsten Albträume wahr.

Auch hier müssen Sie bereits im Vorhinein offen und ehrlich zu allen Beteiligten sein, was natürlich auch zu Diskussionen mit einzelnen Abteilungen führen kann. Bestimmte Netzwerkabschnitte könnten etwa gegenseitige Zugriffsmöglichkeiten auf Ressourcen benötigen. Um die totale Zerstörung Ihres derzeitigen Systems zu umgehen, sollten Sie zuerst eine detaillierte Analyse dieser Beziehungen durchführen.

TIPP

Sie sollten dabei äußerst einfühlsam vorgehen. Vielleicht treffen Sie auf Benutzer (oder gar Vorgesetzte) mit der Meinung: »Wir machen das schon seit zehn Jahren so. Warum was ändern?« Sie müssen mit solchen Leuten arbeiten. Es ist dabei nicht notwendig, dass diese den Vorgang vollkommen verstehen; aber wenn Ihre Sicherheitsmaßnahmen sich drastisch auf die Arbeitsumgebung dieser Mitarbeiter auswirken, dann sollten Sie ihnen schon erklären, warum das so ist.

Dies ist aber auch ein Bereich, in dem die Formulierung aufrichtiger Richtlinien hilfreich sein kann. Wenn solche Richtlinien Gültigkeit haben, *bevor* Sie sich in potenzielle Konflikte stürzen, dann sind Ihre Chancen, mit heiler Haut aus den Meetings zu kommen, wesentlich größer: Manager neigen dazu, nicht an solchen Richtlinien herumzukritteln, wenn diese »von oben« kommen.

10.7.3 Firewall-Produkte erproben und auswählen

Der nächste Schritt besteht darin, basierend auf den Ergebnissen Ihrer Untersuchungen über das Netzwerk und seine Benutzer verschiedene Firewall-Produkte zu testen und sich dann für eines zu entscheiden. Bevor Sie sich die einzelnen Erzeugnisse näher ansehen, sollten Sie eine Liste unentbehrlicher Eigenschaften aufstellen, auf deren Basis später die definitive Kaufentscheidung gefällt werden wird (diese Liste wird sich ohnehin häufig automatisch aus Ihren Anforderungen ergeben). Wenn die Liste fertig ist, bietet es sich an, alle in Erwägung gezogenen Produkte in einer Testumgebung einer ausgiebigen Prüfung zu unterziehen. Nun hat leider nicht jeder eine solche Testumgebung und genug Zeit zur Verfügung, um ein paar Wochen lang mit abgefahrenen Sicherheitsfunktionen herumspielen zu können. Falls dies bei Ihnen dennoch der Fall sein sollte, nutzen Sie es weidlich, und denken Sie ab und zu einmal an uns, die wir nicht so glücklich sind.

Die zweitbeste Möglichkeit besteht darin, sich eine Produktdemo zu besorgen und dann entweder zu jemandem zu gehen, der eine Testumgebung hat, oder sich mit der Frage an den Händler zu wenden, wie man sein Produkt in einer realistischen Umgebung aufs Korn nehmen kann. Wenn Sie einen guten Händler haben, dann kann er Ihnen sehr wahrscheinlich weiterhelfen.

Zu den geläufigen Kriterien, anhand derer man sich für oder gegen eine Firewall entscheiden kann, gehören die folgenden:

- **Kapazität.** Unterstützt die Firewall den von Ihnen geschätzten Datendurchsatz? Ist noch Luft für eine Steigerung vorhanden? Mit T3-Leitungen (45 Mbps) oder noch langsameren Verbindungen sollte eigentlich jede Firewall klarkommen.
- **Funktionsumfang.** Auch wenn weiter oben von aufgeblasenen Produktpaketen bereits die Rede war: Der Funktionsumfang ist und bleibt ein wesentliches Merkmal. Vergewissern Sie sich, dass die Firewall alles kann, was Sie brauchen. Bleiben Sie aber hinsichtlich des Verwendungszwecks realistisch: Wenn Sie Ihren Toaster nicht mit der Firewall verwalten wollen, dann brauchen Sie keine FKS-aktivierte Toastersteuerung.
- **Verwaltungsoberfläche.** Sie müssen mit dem Ding arbeiten können. Wenn Sie sich mit der Benutzeroberfläche nicht wohl fühlen oder sie womöglich nicht verstehen, dann sind die Chancen groß, dass irgendetwas daneben gehen wird. Vermeiden Sie Betriebsfehler – nehmen Sie etwas, das Ihnen gefällt. Unterschätzen Sie nicht die Einfachheit und Übersichtlichkeit einfacher Text-Interfaces. Ein Produkt benötigt nicht unbedingt eine tolle Oberfläche, um leicht bedienbar zu sein.
- **Preis.** Lacht da jemand? Der Preis ist ein entscheidender Faktor. Auch wenn viele Leute sich für Checkpoints Firewall-1 entscheiden: Bereits eine Grundversion des Produkts zur Implementierung auf einem Notebook kostet fünf- bis zehnmal so viel wie andere Lösungen. Schauen Sie sich die Alternativen an: Manchmal reicht auch der zweitbeste Anwärter aus, um für einen wesentlich geringeren Preis nur unwesentlich weniger Sicherheit zu erzielen. Wenn Sie einen fähigen und mit Firewalls erfahrenen Administrator haben, können Sie sogar kostenlose Open-Source-Komponenten einsetzen (diese stehen kommerziellen Produkten in nichts nach).

- **Produkt- und Herstellerimage.** Wie schnell hat der Hersteller auf bekannt gewordene Sicherheitslücken seiner Produkte reagiert? Ist das Produkt bekannt? Wie lange ist es schon auf dem Markt, und wie lange ist der Hersteller bereits aktiv? Hat sich das Produkt gut verkauft, und wie sieht es mit der Resonanz seitens der Benutzer aus?

Berücksichtigen Sie als Informationsquellen auch unabhängige Testlabors und anerkannte Fachzeitschriften, in denen Firewalls *unter realistischen Bedingungen* getestet werden.

10.7.4 Firewalls implementieren und testen

So, jetzt haben Sie Ihre Firewall gekauft. Richten Sie nun Ihr Augenmerk auf eine angemessene Implementierung des Produkts und der zugehörigen Regeln – auf diese Weise werden Sie schnell zum Erfolg kommen. Zunächst einmal sollten Sie sicherstellen, dass die Firewall selbst gesichert ist. Wenn es sich um eine Appliance handelt, dann könnten Sie Glück haben: Normalerweise können Sie hier nichts weiter tun, als die werksseitig eingestellten Kennwörter zu ändern. Wenn Sie sich allerdings für eine NT- oder UNIX-basierte Firewall entschieden haben, dann stellen Sie sicher, dass das von Ihnen verwendete Betriebssystem möglichst kugelsicher ist. Weitere Informationen hierzu finden Sie in den Kapiteln 19 (»Microsoft«), 20 (»UNIX«) und 21 (»NetWare«).

Im nächsten Schritt geht es nun darum, die neue Firewall in Ihre Produktionsumgebung einzugliedern. In einer geeigneten Umgebung können Sie, wenn Sie hierbei mit Umsicht vorgehen, diese Eingliederung vornehmen, indem Sie einen Server nach dem anderen hinter die Firewall setzen; allerdings ist dies leider oft nicht so einfach. Sie sollten zumindest mit ein paar Problemen rechnen und auch Ausfallzeiten für das Netzwerk mit einkalkulieren (ebenso wie die Konfrontation mit einigen ziemlich unwirschen Benutzern). Die Wahrscheinlichkeit, dass alles beim ersten Anlauf klappt, geht gegen Null – es sei denn, Ihre Netzwerkumgebung ist extrem einfach gestrickt oder Sie sind ein Meister in der Formulierung von Regeln. Wenn Sie es wirklich schaffen, dann ziehe ich den Hut – Sie wären einer der Ersten! Wenn nicht, dann gehen Sie nicht zu hart mit sich ins Gericht, denn Ihnen ist absolut nichts Ungewöhnliches zugestoßen. Die Implementierung ist vielleicht nicht so kompliziert wie Raketentechnologie, aber sie ist sicher auch keine reine Kesselflickerei.

Abschließend müssen Sie Ihre Regelsätze testen. Ich empfehle hierbei umfangreiche Testläufe. Der Test verläuft in zwei Phasen:

- Test des Regelsatzes von außen
- Test des Regelsatzes von innen

Sie sollten unter anderem die Verwendung des Tools NMAP (siehe Kapitel 12: »Intrusion-Detection-Systeme«) in Betracht ziehen, um Snapshots Ihres Netzwerks aus einer internen (d.h. innerhalb der Firewall) und einer externen Sicht (d.h. von außerhalb der Firewall) heraus anfertigen zu können. Stellen Sie sicher, dass insbesondere die externe Sicht dem entspricht, was Sie erwarten.

Vor allem aber: Denken Sie immer daran, *Zugriffe standardmäßig zu verweigern!* Wenn Sie etwas nicht kennen, dann darf es nicht durch die Firewall. Es ist besser, sich durch einen Wust von Protokollen und Anwendungsabhängigkeiten zu wühlen, als unbedarft große Löcher in Ihre Firewall zu reißen, die freien Zutritt in die geheimsten Bereiche Ihrer Organisation ermöglichen. Denken Sie minimalistisch!

TIPP

Auch bei Firewalls gibt es das Prinzip des »Set & Forget« – hier allerdings ist es ein Problem. Man implementiert die Firewall, testet sie ausgiebig und vergisst danach ihre Existenz. Einer der wichtigsten Aspekte *nach* der Implementierung der Firewall ist die regelmäßige Durchsicht der aufgezeichneten Firewall-Protokolle. Dadurch erkennen Sie nicht nur potenzielle Probleme und Tendenzen Ihrer Konfiguration, sondern werden beizeiten gewarnt, wenn jemand vor Ihrer Schwelle steht. Wenn ein potenzieller Eindringling pfeifend ums Haus schleicht und Fenster und Türen begutachtet, dann wird das in den Protokollen vermerkt. Nutzen Sie Ihre Protokolle – denn sie sind Ihre Freunde!

10.8 Beispiele für das Versagen von Firewalls

Diesen Abschnitt möchte ich mit der Feststellung beginnen, dass er nicht dazu gedacht ist zu beschreiben, wie man Firewalls umgehen kann; es geht eigentlich mehr um das Gegenteil. Ich bin darauf aus, Ihnen ein paar einfache und verständliche Beispiele dafür zu geben, wie Firewalls Sie in falscher Sicherheit wiegen können. Ich wage ferner sogar zu behaupten, dass es sich hierbei nicht um die Firewalls handelt, die versagt haben, sondern um menschliches Versagen aufgrund zu großer Hoffnungen, die in Firewalls gesetzt wurden.

Ich setze hier voraus, dass Ihnen das Tool `netcat` bekannt ist (mehr dazu erfahren Sie in Kapitel 12: »Intrusion-Detection-Systeme«).

10.8.1 Das Oje-wo-ist-denn-mein-Webserver-hin-Problem

Folgende Situation: Sie haben eine SPF-basierte Firewall, die über Port 80 eingehenden Datenverkehr an einen einzelnen NT-Webserver zulässt. Dieser NT-Server sitzt hinter der Firewall, und die meisten der eher unnötigen Dienste auf ihm haben Sie beendet (will sagen: Die Workstation-, Server-, FTP- und Gopher-Dienste sind deaktiviert). Ihr peripherer Router ist gesichert, und auch die Firewall ist adäquat konfiguriert und abgesichert.

Trotz dieser scheinbar so sicheren Konfiguration kann ein Eindringling via Telnet in weniger als zwei Minuten auf die Administrations-Shell Ihres geschützten NT-Webservers zugreifen.

Standardmäßig installiert Microsoft IIS (Internet Information Server – der native Webdienst von Windows NT) eine ganze Reihe geschmackloser Beispielskripten. In Kombination mit dem RDS/MSADC-Problem kann der Unbefugte nun über HTTP-Standardanforderungen Befehle auf dem NT-Server ausführen (siehe auch Kapitel 19: »Microsoft«). Bei einem Angriff, bei dem das Perl-Exploit `msadc.pl` in Kombination mit `netcat` und dem Befehl `echo` gegen einen NT-Server mit IIS-Installation eingesetzt wird, kann der Eindringling

- ein FTP-Skript erstellen, das eine Kopie von `netcat` findet,
- dieses FTP-Skript mit Hilfe von `msadc.pl` und `ftp -s -a <skriptname>` ausführen,
- ein Skript erstellen, um den Webserver herunterzufahren und `netcat` mittels `nc -l -p 80 -e cmd.exe` an Port 80 zu binden, und
- über Port 80 eine Telnet-Verbindung zum Webserver herstellen (`telnet 10.0.0.2 80`) und sich so mit einer aktiven Kopie von `netcat` verbinden (siehe Abbildung 10.1).

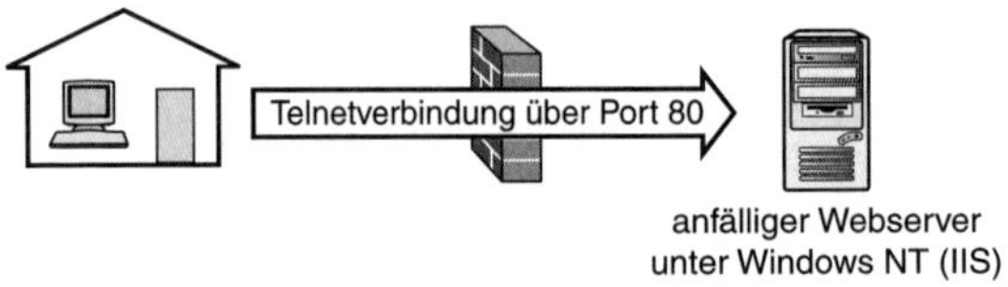

Abbildung 10.1: Firewall, die ausschließlich eingehende Daten über Port 80 gestattet

Der Bösewicht hat es also trotz einer sicher erscheinenden Konfiguration geschafft, sich eine Administrationsoberfläche auf Ihrem NT-Computer aufzubauen. Was ist schief gelaufen? Firewalls sind kein Ersatz für Sicherheitsfeatures an den Endpunkten. Ihre Firewall-Konfiguration mag noch so rigoros sein (der nächste Schritt wäre die Abtrennung des Netzwerks): Besteht eine offene Sicherheitslücke an einem einzigen Endknoten, dann war die ganze Arbeit für die Katz.

Eine proxybasierte Firewall hätte die `netcat`-Shell abgeblockt, weil der Telnet-Datenstrom über Port 80 als ungültige HTTP-Anforderungen betrachtet worden wäre. Allerdings wäre die proxybasierte Firewall auch nicht in der Lage gewesen, den RDS/MSADC-Angriff zurückzuschlagen; hierbei handelt es sich nämlich *tatsächlich* um gültige Daten, und der Angreifer hätte seine Attacke entsprechend modifizieren können. Allerdings wollen wir uns hier nicht auf SPF-basierte Firewalls einschießen.

HINWEIS

Eine weitere Anmerkung: Auch wenn sie von nur wenigen Administratoren in Betracht gezogen wird, kann die Sperrung des ausgehenden Datenverkehrs eine gute Sache sein. Als mein Team mal wieder einen

Probeangriff durchführte, sahen wir uns plötzlich mit einem erfahrenen Administrator konfrontiert, der den ausgehenden FTP-Zugriff von seinen dem Internet zugänglichen Webservern aus unterbunden hatte. Wir konnten dann zwar Befehle auf dem Zielrechner ausführen, indem wir uns ein paar fehlerhafte CGI-Skripten zunutze machten, waren aber nicht in der Lage, unser Einbruchwerkzeug (wie `netcat`) via FTP abzurufen. Diese Maßnahme verlängerte unseren Angriff erheblich.

10.8.2 Mit SSH Regelsätze umgehen

Diese Situation sieht ein bisschen anders aus. Nehmen wir an, dass unsere Netzwerkrichtlinien die Verwendung nicht verschlüsselter POP-Daten untersagen, die von außerhalb der Organisation stammen, da hierbei unverschlüsselte Kennwörter übertragen werden. Gehen wir ferner davon aus, dass wir mit Hilfe unserer proxybasierten Firewall den externen POP-Zugriff auf die POP-Mailserver der Organisation unterbinden (d.h. externe Benutzer können ihre E-Mail von zu Hause aus nicht überprüfen) und dass wir die Nutzung von SSH (Secure Shell) bei ausgehenden Daten gestatten.

Eines Tages nun stellen wir fest, dass einer unserer etwas schlaueren Benutzer sein POP-Mailkonto von zu Hause aus überprüft. Schlimmer noch, wir entdecken kurz darauf, dass er dies mit Hilfe eines Kabelmodems über das Internet tut; er schickt sein Kennwort also unverschlüsselt über das Internet, was unserer Sicherheitsphilosophie definitiv zuwiderläuft. Wie aber konnte das geschehen, wo eingehende POP-Daten doch an der Firewall ausgefiltert werden sollten?

Es gibt bei den meisten SSH-Clients ein nettes kleines Feature namens Tunneling. Das Tunneling ermöglicht den nahtlosen Transport anderer Verbindungstypen über aufgebaute SSH-Sitzungen. In unserem Szenario hätte der Benutzer aus der Organisation heraus eine ausgehende SSH-Sitzung mit einem Server seines Internetproviders initiiert und einen »lauschenden« Tunnel über Port 1828 auf dem Server des Providers konfiguriert, der die Sitzung auf den POP-Server zurückleitet. Dieser Tunnel würde es dem Benutzer nun gestatten, sich von zu Hause aus mit dem internen POP-Server zu verbinden, nachdem er seinen POP-Client dahingehend modifiziert hat, dass er die Verbindung zum Provider über den Port 1828 (statt 110) herstellt. Solange die SSH-Sitzung aktiv bleibt, funktioniert der Tunnel (siehe Abbildung 10.2).

Unser talentierter Benutzer hat den Regelsatz clever umgangen. Obwohl die POP-Anforderung (eben weil es sich um eine SSH-Sitzung handelt) in verschlüsselter Form vom Rechner des Providers empfangen wird, ist der Weg zum Provider immer noch offen. Wo also liegt unser Fehler? Nun, kombinieren wir einmal die Tatsache, dass proxybasierte Firewalls nicht in verschlüsselte Datenströme hineinsehen können, mit dem sehr praktischen SSH-Tunneling, und schon haben wir die Lösung. Naive Administratoren sind vielleicht geneigt, die Firewall selbst für das Problem verantwortlich zu machen, aber genau betrachtet liegt die Ursache darin, dass auch Firewalls ihre Unzulänglichkeiten aufweisen – und eine solche sind eben eingehende SSH-Tunnel.

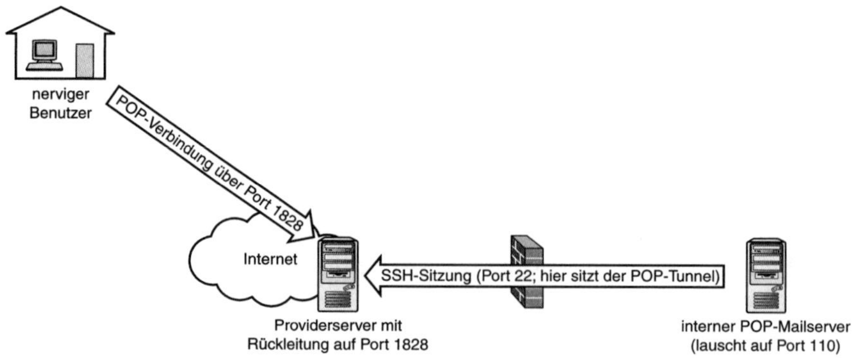

Abbildung 10.2: Firewall, die eingehenden POP-Verkehr (über Port 110) unterbindet

Das waren nur zwei Beispiele. Glauben Sie mir, es gibt noch viel mehr!

> **HINWEIS**
> Die Unfähigkeit, in verschlüsselten Tunneln zu lauschen, bezieht sich auch auf SSL. Und tatsächlich war mein Team dank des restriktiven Proxies unseres Auftraggebers einmal von den eigenen Mailkonten abgeschnitten. Dieser Proxy gestattete allerdings ausgehenden SSL-Verkehr. Spaßeshalber modifizierte ein Mitglied meiner Mannschaft den frei verfügbaren SSH-Client *putty*, um SSH über SSL zu »tunneln«. Und siehe da: Schon hatten wir eine E-Mail-Verbindung, und der Firewall-Administrator schaute etwas dumm aus der Wäsche. Auch in den nächsten Jahren wird die Datenverschlüsselung für Sicherheitsadministratoren gleichermaßen ein Segen und ein Fluch sein.

10.9 Eine Firewall mit dem Firewall Toolkit bauen

Obwohl es mittlerweile ein wenig angestaubt ist, ist das Firewall Toolkit (kurz »FWTK«) von TIS eine gute Anwendungsübung und eine wirklich gangbare Firewall-Lösung. TIS wurde zwar inzwischen von Network Associates aufgekauft, aber das Toolkit hat glücklicherweise überlebt. Das FWTK ist eine anwendungsproxybasierte Firewall, ist für den nichtkommerziellen Gebrauch kostenlos und beinhaltet unter anderem Proxies für die folgenden Dienste:

- Telnet
- FTP
- rlogin
- sendmail
- HTTP
- *X Window*-System

Für jeden dieser Proxies müssen Sie Regeln spezifizieren. Zu diesem Zweck müssen Sie unter Linux bzw. UNIX drei Dateien bearbeiten:

- `/etc/services`. Diese Datei ist auf Ihrem System bereits vorhanden. Sie bestimmt, welche Dienste Ihr Rechner unterstützt und über welche Ports diese Dienste laufen (d.h. hier stellen Sie die Ports ein, über die Ihre Proxies laufen).
- `/etc/inetd.conf`. Auch diese Datei befindet sich bereits auf Ihrem Computer – es ist die Konfigurationsdatei für `inetd`. Die Datei bestimmt, welcher Server aktiviert wird, wenn ein bestimmter Dienst extern angefordert wird (d.h. hier legen Sie die Proxies fest und ersetzen mit ihnen die Standardserver). Bei Linux-Distributionen, die den *xinetd* benutzen, stehen die zu ändernden Dateien unter */etc/xinetd.d/*.
- `/usr/local/etc/netperm-table`. Dies ist eine FWTK-Datei. In ihr bestimmen Sie, wer die von Ihnen angebotenen Dienste in Anspruch nehmen kann.

Sie können zwei Berechtigungsschemata verwenden:

- Was nicht ausdrücklich zugelassen ist, wird verweigert.
- Was nicht ausdrücklich verweigert ist, wird zugelassen.

Ich empfehle die erste Variante, denn sie ist stringenter.

Es ist ein Kinderspiel, den Zugriff mit dem FWTK zu gestatten bzw. zu verweigern. Sie können umfassende Adressmasken und Hosts definieren, denen der Zugriff verweigert wird. Sternchen werden verwendet, um ganze Adressbereiche zu bezeichnen:

```
http-gw[1]:   userid          root
http-gw:      directory       /somewhere
http-gw:      timeout 90
http-gw:      default-httpd   www.myserver.net
http-gw:      hosts           192.168.0.* -log { read write ftp }
http-gw:      deny-hosts      *
```

Wie Sie sehen, müssen Sie Zugriffsregeln für jeden Dienst konfigurieren. Dies ist ein Nachteil bei der Verwendung von Anwendungsgateways. Ein anderer Nachteil besteht darin, dass jede Anwendungssitzung über einen Proxy laufen muss, wodurch die Arbeit in einer solchen Umgebung für interne Benutzer schwerfällig und ermüdend sein kann (interne Benutzer müssen nämlich auch ihren ausgehenden Datenverkehr über den Proxy laufen lassen; dies führt zu einer ziemlichen Mehrbelastung des Systems, da eingehender Verkehr sich auch auf die Ressourcen auswirken kann, die für den ausgehenden Verkehr benötigt werden). Man sollte auch immer bedenken, dass die benutzten Anwendungen entweder proxyfähig sein müssen oder dass man so genannte transparente Proxies benutzen muss.

---

1. `http-gw` ist der HTTP-Proxy.

Außerdem sind, wie schon in diesem Kapitel angesprochen, nicht alle Anwendungen bzw. Protokolle proxytauglich.

Anwendungsgateways sind angemessen, wenn Sie wenig oder keinen ausgehenden Datenverkehr durch interne Benutzer haben – z.B. wenn Ihre Site Kunden außerhalb der Firewall mit archivierten Daten versorgt. Ein typisches Beispiel hierfür wären Kunden, die eine Bezugsgebühr bezahlen, um technische Daten auf dem Server abrufen zu können. Hierbei handelt es sich um sensible Daten, die niemand außer Ihren Kunden finden sollte. In diesem Fall wäre der Einsatz eines Anwendungsgateways perfekt.

Weniger angemessen sind Anwendungsgateways für Unternehmen, Universitäten, Internetprovider und andere Umgebungen, in denen erweiterte Kommunikationsmöglichkeiten (und mehr Schnittstellen mit der allgemeinen Öffentlichkeit) benötigt werden. In solchen Umgebungen können Sie nie sicherstellen, dass Benutzer sich immer über bestimmte Server oder Netzwerke anmelden; sie können sich vielmehr über eine Vielzahl von IP-Adressen anmelden. Wenn Sie – beispielsweise als Internetprovider mit der Domäne `provider.de` – ein Anwendungsgateway benutzen und dann eine interne Benutzerverbindung innerhalb der Domäne autorisieren müssen, dann müssen Sie (sofern die Adresse nicht statisch ist) allen Benutzern von `provider.de` den Zugriff erlauben.

Wenn Sie noch keine Firewall gekauft haben (oder einfach mehr darüber erfahren wollen), dann sollten Sie sich das FWTK holen. Sie werden viel über die Funktionsweise von Firewalls (und vor allem über Proxies) lernen, indem Sie das FWTK konfigurieren und dann testen.

WEGWEISER

Wie Sie an das FWTK kommen, erfahren Sie unter `ftp://ftp.tis.com/pub/firewalls/toolkit/README`.

Voraussetzung für das FWTK sind ein UNIX-System und ein C-Compiler. Außerdem sind Konfigurationsprobleme in Zusammenhang mit einigen älteren Linuxdistributionen bekannt, obwohl das FWTK mit SunOS und BSD einwandfrei arbeitet. Wenn Sie solche Probleme schnell lösen wollen, dann sei Ihnen das Dokument »Creating a Linux Firewall Using the TIS Toolkit« von Benjamin Ewy ans Herz gelegt. Sie finden es online unter `http://www2.linuxjournal.com/cgi-bin/frames.pl/lj-issues/issue25/1204.html`. Patches für das FWTK in Verbindung mit Linux finden Sie unter `ftp://ftp.tisl.ukans.edu/pub/security/firewalls/fwtkpatches.tgz`.

HINWEIS

Eine andere beliebte Firewall in dieser Klasse ist SOCKS. SOCKS ist von großer Bedeutung, denn es hat sich mittlerweile gut etabliert und viele Browserpakete (u.a. der Netscape Navigator) enthalten eine Unterstützung für SOCKS. Eine verständliche Beschreibung der SOCKS zugrunde liegenden Technologie finden Sie unter `http://www.socks.nec.com`.

10.10 Kommerzielle Firewalls

Im nächsten Abschnitt finden Sie Angaben zu Anbietern von Firewalls, ihren Produkten und gegebenenfalls deren spezielle Eigenschaften. Diese Liste enthält keine Empfehlungen, sondern ist lediglich als Orientierungshilfe gedacht.

10.10.1 BorderManager

BorderManager ist die führende Firewall für Novell-Umgebungen, schützt aber auch UNIX- und NT-basierte Netzwerke. Das Produkt bietet ein zentralisiertes Management, komplexe Filter und eine schnelle Echtzeitanalyse des Netzwerkverkehrs. Außerdem verfügt BorderManager über eine Funktion zum Aufbau von »Mini-Firewalls«, die interne Angriffe von Abteilungen oder lokalen Netzwerken innerhalb Ihrer Organisation abwehren.

Typ: SPF-basiert

Hersteller: Novell Inc.

Unterstützte Plattform: Novell NetWare

Weitere Informationen finden Sie unter `http://www.novell.com/products/bordermanager/index.html`.

10.10.2 FireBOX

Typ: SPF-basiert

Hersteller: Watchguard

Unterstützte Plattform: UNIX

Weitere Informationen finden Sie unter `http://www.watchguard.com`.

10.10.3 Firewall-1

Firewall-1 von Checkpoint ist eine der weltweit am häufigsten eingesetzten Firewalls. Das Produkt beinhaltet Paketfilter, komplexe Inhaltsüberprüfungen, integrierten Schutz gegen Spoofing, Optionen für VPNs, einen in Echtzeit arbeitenden Virenscanner und eine ganze Reihe anderer Optionen. Kaum eine andere Firewall auf dem Markt weist eine solche Funktionsvielfalt auf. Aber kaum eine Firewall ist auch so teuer.

Typ: SI-basiert

Hersteller: Check Point Software Technologies Ltd.

Unterstützte Plattformen: Windows NT, Windows 2000, Linux und UNIX

Weitere Informationen finden Sie unter `http://www.checkpoint.com/`.

10.10.4 FireWall Server

Typ: proxybasiert

Hersteller: BorderWare

Unterstützte Plattformen: nach Bedarf (proprietäre Software, die auf Intel-Hardware läuft)

Weitere Informationen finden Sie unter `http://www.borderware.com`.

10.10.5 Gauntlet Internet Firewall

Erinnern Sie sich an das FWTK? Es bildete die Grundlage für Gauntlet. Die aktuelle Version von Gauntlet stellt einen Hybridansatz aus Anwendungsproxy und Paketfilter dar, dazu kommen Funktionen für VPNs, Inhaltsfilter und ein Virenscanner.

Typ: hybrid (proxy- und SPF-basiert)

Hersteller: Network Associates

Unterstützte Plattformen: UNIX, Windows NT

Weitere Informationen finden Sie unter `http://www.pgp.com/products/gauntlet/default.asp`.

10.10.6 GNAT Box Firewall

GNAT ist eine Firewall-Appliance. Sie können sie entweder über eine Befehlszeile oder eine webbasierte Oberfläche bedienen. GNAT kann eingehenden Verkehr basierend auf IP-Ursprungsadresse, Zieladresse, Port, Netzwerkschnittstelle und Protokoll filtern.

Typ: SPF-basiert

Hersteller: Global Technology Associates

Unterstützte Plattformen: keine (Appliance)

Weitere Informationen finden Sie unter `http://www.gnatbox.com/`.

10.10.7 Guardian

Guardian ist eine NT-basierte Firewall.

Typ: SPF-basiert

Hersteller: NetGuard Inc.

Unterstützte Plattform: Windows NT

Weitere Informationen finden Sie unter `http://www.netguard.com`.

10.10.8 NetScreen

NetScreen ist eine Firewall-Lösung, die IPSec-, DES- und dreifache DES-Verschlüsselung unterstützt.

Typ: SPF-basiert

Hersteller: NetScreen Technologies Inc.

Unterstützte Plattformen: keine (Appliance)

Weitere Informationen finden Sie unter `http://www.netscreen.com/`.

10.10.9 PIX Firewall

PIX ist momentan neben Firewall-1 das wohl verbreitetste Firewall-Produkt. Diese Appliance ist tatsächlich frei von allen beweglichen Teilen. Sie unterstützt IPSec und kann wahlweise über Telnet oder SSH oder über die Administrationsoberfläche CSPM (Cisco Security Policy Manager) von Cisco verwaltet werden.

Typ: SPF-basiert

Hersteller: Cisco Systems Inc.

Unterstützte Plattformen: keine (Appliance)

Weitere Informationen finden Sie unter `http://www.cisco.com/warp/public/751/pix/`.

10.10.10 Raptor Firewall

Typ: proxybasiert

Hersteller: Axent

Unterstützte Plattformen: Solaris und Windows NT

Weitere Informationen finden Sie unter `http://www.raptor.com/products/datasheets/prodsheet.html`.

10.10.11 SideWinder

Typ: proxybasiert

Hersteller: Secure Computing

Unterstützte Plattform: UNIX (angepasste Version wird mit dem Produkt ausgeliefert)

Weitere Informationen finden Sie unter `http://www.securecomputing.com`.

10.10.12 Sonicwall

Typ: SPF-basiert

Hersteller: SonicSystems

Unterstützte Plattformen: keine (Appliance)

Weitere Informationen finden Sie unter `http://www.sonicwall.com`.

10.11 Fazit

Firewalls sind nie hundertprozentig sicher. Jeder, der sich in Sicherheitsfragen bevorzugt auf sie verlässt, wird irgendwann verlassen sein. In vielen Fällen jedoch sind Firewalls absolut notwendig und können sich als recht nützlich erweisen. Der Erfolg einer Firewall hängt von der angemessenen Verwendung der Funktionalitäten, einer sauberen Konfiguration und einer adäquaten Überwachung ab. Wie bei allen sicherheitsrelevanten Produkten ist es unabdingbar, vor dem Kauf einen Test durchzuführen. Wenn Sie das System selbst testen können: großartig. Falls nicht, wenden Sie sich an Dritte oder an anerkannte Sicherheitsexperten, um mehr Informationen zu erhalten.

10.11.1 Bücher und Veröffentlichungen

Chris Hare und Karanjit Siyan: »Internet Firewalls and Network Security« (2. Auflage 1996). New Riders. ISBN: 1-56205-632-8.

Scott Fuller und Kevin Pagan: »Internet Firewalls« (1997). Ventana Communications Group Inc. ISBN: 1-56604-506-1.

D. Brent Chapman und Elizabeth D. Zwicky: »Building Internet Firewalls 2nd Ed.« (Juli 2000). O'Reilly & Associates. ISBN: 1-56592-871-7. Deutsche Version: »Einrichten von Internet Firewalls« (2001)«. O'Reilly & Associates. ISBN: 3-89721-169-6.

William R. Cheswick und Steven M. Bellovin: »Firewalls and Internet Security: Repelling the Wily Hacker« (1994). Addison-Wesley Professional Computing. ISBN: 0-201-63357-4.

Larry J. Hughes, jr.: »Actually Useful Internet Security Techniques« (1995). New Riders. ISBN 1-56205-508-9. 1995.

»Internet Security Resource Library: Internet Firewalls and Network Security, Internet Security Techniques, Implementing Internet Security« (1995). New Riders. ISBN: 1-56205-506-2.

Steven M. Bellovin und William R. Cheswick: »Network Firewalls« (1994). *In: »IEEECM«, 32(9) vom September 1994, S. 50 ff.*

Matt Blaze und Steve Bellovin: »Session-Layer Encryption«. Protokoll des Usenix-Sicherheitsworkshops vom Juni 1995.

Uwe Ellermann: »IP v6 Release and Firewalls«. In: »14th Worldwide Congress on Computer and Communications Security«, Kapitel »Protection« (S. 341 ff.), Juni 1996.

10.11.2 Internetressourcen

»Firewalls FAQ«. `http://www.faqs.org/faqs/firewalls-faq.`

»de.comp.security.firewall FAQ« (FAQ der deutschsprachigen Newsgroup de.comp.security.firewall). `http://www.iks-jena.de/mitarb/lutz/usenet/Firewall.html.`

Steven M. Bellovin: »There Be Dragons«. Protokoll des Dritten Usenix UNIX-Sicherheitssymposiums in Baltimore (USA) im September 1992. AT&T Bell Laboratories, Murray Hill, New Jersey (USA), 15. August 1992. `http://www.zeuros.co.uk/generic/resource/firewall/papers.htm.`

John P. Wack und Lisa J. Carnahan: »Keeping your site comfortably secure: An Introduction to Internet Firewalls«. National Institute of Standards and Technology. `http://csrc.ncsl.nist.gov/nistpubs/800-10/.`

David Sidwell und die Oracle Corporation: »SQL*Net and Firewalls« `http://www.zeuros.co.uk/generic/resource/firewall/papers.htm.`

Craig Rowland: »Covert Channels in the TCP/IP Protocol Suite«. Rotherwick & Psionics Software Systems Inc. `http://csrc.ncsl.nist.gov/nistpubs/800-10.ps.`

Frederick M. Avolio und Marcus J. Ranum: »A Network Perimeter with Secure External Access«. Dieses Dokument beschreibt die Implementierung einer Firewall – und zwar angeblich im Weißen Haus! `http://www.alw.nih.gov/Security/FIRST/papers/firewall/isoc94.ps.`

Steven M. Bellovin: »Packets Found on an Internet«. Interessante Analyse von Paketen, die am Anwendungsgateway von AT&T aufgetaucht sind. `ftp://ftp.research.att.com/dist/smb/packets.ps.`

Treese/Wolman: »X Through the Firewall, and Other Application Relays.« Digital Equipment Corp. Cambridge Research Lab. `ftp://crl.dec.com/pub/DEC/CRL/tech-reports/93.10.ps.Z.`

S. Bradner und J. McQuaid: »Benchmarking Methodology for Network Interconnect Devices (RFC 1944).« `http://archives.neohapsis.com/archives/rfcs/rfc1944.txt.`

Kapitel 11

Scanner – Tools zur Erkennung von Sicherheitslücken

Heutzutage, wo Sicherheitslücken mit kontinuierlich steigender Häufigkeit bekannt gegeben werden, haben die Organisationen bei der Bekämpfung von Schwachstellen in ihren Systemen eine schwere Schlacht zu schlagen. Eine Reihe von kommerziellen und Freewarelösungen, die die Erkennung solcher Sicherheitslücken automatisieren sollen, sind als Versuch zu werten, den Organisationen bei dieser endlosen Aufgabe behilflich zu sein. Diese Erkennungstools werden als Scanner bezeichnet und sind in vielerlei Form und Größe und mit unterschiedlichen Erkennungsqualitäten erhältlich. Wir werden einige der Vor- und Nachteile bei der Verwendung von Scannern in diesem Kapitel beschreiben und überprüfen, an welcher Stelle ihre Verwendung hilfreich sein kann. Außerdem werden wir etwas Licht auf die Frage werfen, was bei der Auswahl eines solchen Tools zu beachten ist, damit es im immer währenden Krieg gegen unerwünschte Eindringlinge bestehen kann.

11.1 Die Geschichte der Scanner

Drehen wir das Rad der Zeit zurück in die frühen Neunziger des letzten Jahrhunderts. Das Internet ist aus dem Ei gekrochen und wuchert nun in den Universitäten fröhlich vor sich hin. CERT funktioniert endlich. Das World Wide Web ist mehr oder weniger ein Experiment, das sich langsam in das Territorium von Gopher einschleicht. Die Hersteller leugnen stetig alle Sicherheitsprobleme, doch die ersten UNIX-Administratoren spüren allmählich den Zorn cleverer Angreifer. Die Sicherheitspraktiken im Internet, wie wir sie heute kennen, stecken noch in den Kinderschuhen, aber die Pläne für unsere modernen Tools liegen bereits in vielen Schubladen, die nur darauf warten, geöffnet zu werden.

Im Jahre 1992 tüftelt ein Informatikstudent namens Chris Klaus an Sicherheitskonzepten für das Internet. Er entwickelt ein Scanner-Tool namens Internet Security Scanner (ISS), das zur Fernanalyse von UNIX-Systemen im Hinblick auf eine Anzahl häufig auftretender Sicherheitslücken verwendet werden kann. Chris beschreibt dies mit eigenen Worten:

> *ISS ist ein Projekt, an dem ich zu arbeiten begann, als ich damit anfing, mich für Sicherheitsfragen zu interessieren. Als ich hörte, dass Cracker und Hacker in die Systeme der NASA und aller möglichen Universitäten in der ganzen Welt eingedrungen waren, wollte ich die Mysterien der Sicherheitseinrichtungen lösen und wissen, wie diese Leute es hinbekamen, sich Zutritt zu derart teuren Rechnern zu verschaffen, von denen ich immer angenommen hatte, dass sie sicher seien. Ich suchte im Internet nach diesbezüglichen Informationen – etwa nach Phrack oder den Ratschlägen des CERT.*
>
> *Das meiste, was ich fand, war vage und beinhaltete keine Erklärungen dazu, wie es Angreifern gelang, in die meisten Systeme einzudringen. Es wurde Administratoren allenfalls geraten, die Kennwortsicherheit zu erhöhen und die Sicherheits-Patches der Hersteller aufzuspielen. Es gab keine*

> *richtigen Hinweise darauf, wie ein Eindringling eine Site betrachtete, die er attackieren wollte. Nachdem ich mit ein paar Sicherheitsexperten geredet und die Warnungen des CERT gelesen hatte, machte ich mich also auf die Suche nach Sicherheitslücken in meiner Domäne.*
>
> *Zu meiner Überraschung stellte ich fest, dass zwar viele Rechner ausreichend gesichert waren, dass es aber innerhalb der Domäne noch genug Computer gab, die Sicherheitslöcher aufwiesen; über diese Löcher hätte sich jeder Zugriff verschaffen können, der dies gewollt hätte, und vom angegriffenen »schwachen« Rechner aus dann auf den Rest der Domäne zugreifen können. (Chris Klaus 1993; Quelle: Die Datei »Read me« zum ISS 1.0)*

Zwar ist der Zyniker in mir versucht zu fragen, was sich seitdem geändert hat (denn viele von Chris' damaligen Beobachtungen sind auch heute noch zutreffend), aber ISS war ganz sicher einer der ersten Scanner – wenn nicht sogar der erste überhaupt –, der en masse im Internet zur Fernerkennung von Sicherheitslücken eingesetzt wurde. Das Tool suchte nach ein paar Dutzend bekannter Schwachstellen und markierte sie dann als zu lösendes Problem. Es gab zwar ein paar Leute, die ob der Leistungsfähigkeit, die das Tool gerade in den falschen Händen haben könnte, etwas nervös wurden, aber die meisten Administratoren begrüßten es mit offenen Armen.

Ein paar Jahre später entwickelten Dan Farmer und Wietse Venema ein ähnliches Tool namens SATAN (Security Administrator Tool for Analyzing Networks, Tool für Sicherheitsadministratoren zur Analyse von Netzwerken). SATAN tat im Grunde genommen das gleiche wie ISS, wies aber bereits einige Fortschritte auf, etwa einen ausgereifteren Erkennungsalgorithmus, eine webbasierte Oberfläche und eine größere Anzahl durchgeführter Prüfungen. Anders als bei ISS jedoch war die bevorstehende Veröffentlichung von SATAN ein absolutes Medienereignis. Der Hype um das Programm war so groß, dass das Magazin *TIME* ihm und Dan Farmer im April 1995 sogar einen Artikel widmete. Und das CERT veröffentlichte gar ein Advisory über SATANs Fähigkeiten (CA-1995-06). Viele Leute hatten Angst, dass SATAN das Internet über Nacht in das totale Chaos stürzen würde.

Dies war offensichtlich nicht der Fall, denn die Veröffentlichung des Programms hatte abgesehen von der Tatsache, dass sich der Verkehr im Internet ein paar Tage lang erhöhte, weil viele Leute es sich herunterluden, keine weiteren Folgen.

> **HINWEIS**
>
> Es ist schon merkwürdig: Farmer verlor wegen SATAN seinen Job bei SGI, während Klaus es schaffte, mit Hilfe von ISS einen monströsen Konzern aufzubauen, der mehrere Millionen mit Sicherheitsprodukten gemacht hat: Internet Security Systems (ISS).

Seitdem ist die Szene gewachsen, und die Produkte sind immer ausgereifter geworden. Heute sind mehr als ein Dutzend Scanner erhältlich, alle mit jeweiligen Stärken und Schwächen. Die grundlegenden Konzepte haben sich jedoch seit den Zeiten von ISS und SATAN nicht geändert.

11.2 Wie Scanner funktionieren

Wie Sie in den Kapiteln über Microsoft und UNIX noch sehen werden, gibt es Sicherheitslücken in vielerlei Ausprägung. Man kann jedoch zwei grundlegende Varianten von Sicherheitslücken auf der Betriebssystemebene unterscheiden: lokal (d.h. auf der Hostebene) und extern (d.h. via Remotezugriff) zugängliche Schwachpunkte.

Für solche Schwachpunkte gibt es eine Menge von Methoden, mit denen man die Aufgabe, Anfälligkeiten zu erkennen, automatisieren kann. Man kann beispielsweise einen Portscanner wie etwa `nmap` verwenden, das Betriebssystem bestimmen und dann alle offenen Ports protokollieren. Der Benutzer erhielte dann eine Liste mit Ports (21, 25, 53, 80 usw.) und einen Betriebssystemtyp (z.B. Linux-Kernel 2.2). Es gibt bei dieser Vorgehensweise allerdings ein paar Probleme, denn der Benutzer bekommt zwar tonnenweise Daten (d.h. Portinformationen), aber keine Hinweise dazu, welche Dienste tatsächlich anfällig sind – er erhält also quasi nur einen Systemplan, und es bleibt ihm überlassen herauszufinden, welche diese »horchenden« Dienste sind und ob sie anfällig sind oder nicht. Angenommen, mein Datensatz teilt mir mit, dass auf dem Rechner X Linux 2.2 ausgeführt wird und ein Dienst vorhanden ist, der an Port 21 lauscht; ich weiß dann immer noch nicht, ob ich aufgrund irgendeines `wu-ftpd`-Pufferüberlaufs anfällig bin oder nicht. Tatsächlich weiß ich nicht einmal, ob `wu-ftpd` auf dem System überhaupt ausgeführt wird – vielleicht wird statt dessen `ProFTPd` oder `glftpd` verwendet. Das bedeutet aber, dass ich sogar dann, wenn ich mich auf einen bestimmten Port eingeschossen habe, immer noch feststellen muss,

- welcher Dienst an diesem Port lauscht,
- welche Version dieser Dienst hat und
- ob Sicherheitslücken in Zusammenhang mit diesem Dienst in der erkannten Version bekannt sind.

Das lässt sich vielleicht bei einem Dutzend Rechnern realisieren, aber was ist mit den mittel- bis sehr großen Organisationen, in denen Tausende von Computern vorhanden sind? Der Schwierigkeitsgrad verschiebt sich ziemlich schnell von »schwierig« zu »nicht durchführbar«.

Ein praktischerer Ansatz bestünde darin, auf der Basis des gerade beschriebenen Modells mit Portscanning und Betriebssystemidentifikation ein erweitertes Modell zu entwickeln, bei dem die Typen der horchenden Dienste und ihre Versionen erkannt werden. Damit wäre ein weiteres Puzzlestückchen eingesetzt. In dem obigen Beispiel mit dem Pufferüberlauf wüssten wir dann,

- dass der Server auf dem Linux-Kernel 2.2 basiert,
- dass der Port 21 horcht und
- welcher Dienst in welcher Version vorliegt.

Nehmen wir einmal an, dass Ihr Dienstabfrageprozess Ihnen so mitteilt, dass Sie `wu-ftpd` in der Version 2.4.2 benutzen. Dies bringt Sie ein ganzes Stück näher ans Ziel, denn jetzt müssten Sie nur noch feststellen, ob für `wu-ftpd` 2.4.2 Sicherheitslücken bekannt sind.

HINWEIS
Beachten Sie den Unterschied zwischen »Portscanning« und »Scanning« im Sinne von »Schwachstellenerkennung«. Zwar suchen die meisten Programme der letzteren Gattung tatsächlich nach offenen TCP- und UDP-Ports, aber das ist nur eines ihrer Merkmale. Im Gegensatz dazu können Portscanner wie `nmap` zwar einige interessante Bravourstücke vollbringen (etwa die Betriebssystemerkennung), aber sie verfügen in der Regel nicht über eine Datenbank mit Sicherheitslücken. Kurz gesagt, führen die meisten Programme zur Schwachstellenerkennung das Portscanning noch ein paar Schritte weiter.

Die letzte verbleibende Komponente in diesem Prozess ist also die Nachforschung – Sie müssen herauskriegen, welche Dienste verwundbar sind. Dies ähnelt in vielerlei Hinsicht dem, was auch ein Angreifer tut: Ports scannen, abfragen, nachforschen und die Ergebnisse dann nutzen. In diesem Fall stellen wir übrigens fest, dass `wu-ftpd` v2.4.2 tatsächlich anfällig für eine bekannte Angriffsform ist.

Wenn man die schiere Anzahl bekannter Produktsicherheitslücken (Schätzungen sprechen von 2.000 bis 3.000 bisher bekannt gewordenen Fällen) berücksichtigt, ist die Aussicht, ein umfassendes System zur ordnungsgemäßen Erkennung und Überprüfung *all* dieser Anfälligkeiten herstellen müssen, ziemlich beängstigend. Die größte Herausforderung (und damit auch das stärkste Argument für die Verwendung einer automatisierten Lösung) ist das Auffinden und Verwalten von Daten über alle Sicherheitslücken.

Zwar gibt es Unterschiede bei der Implementierung der einzelnen Lösungen, aber Sie können aus den Beispielen schon ersehen, dass es bei den meisten Ansätzen eine Reihe von Gemeinsamkeiten gibt:

- **Datenbanken zu Sicherheitslücken.** Schwachstellenscanner verfügen über interne Datenbanken, mit deren Hilfe sie Sicherheitslücken bei Remotesystemen korrekt erkennen können.
- **Erkennungsmechanismus.** Die Aufgabe des technischen Innenlebens eines Scanners besteht darin, Dienste, Subsysteme und Schwachpunkte zu erkennen. Manche Scanner sind aufgrund ihrer Struktur nicht in der Lage, viele unterschiedliche Rechner zu überprüfen.
- **Berichterstellung.** Ein Problem aufzuspüren ist das eine, es in angemessener Form mitzuteilen, jedoch etwas anderes. Wenn es darum geht, wie die Resultate der Erkennung dem Benutzer mitgeteilt werden, gibt es krasse Unterschiede zwischen den verschiedenen Produkten.

Es gibt Scanner, die nicht in dieses Schema passen, aber sie sind eher die Ausnahme als die Regel.

HINWEIS
Ein drastischerer und – unbestritten – wesentlich gefährlicherer Ansatz ist die Entwicklung eines Tools, das nach Schwachstellen sucht und *tatsächlich* versucht, diese auszunutzen (die erste Version von SNIs Ballista beispielsweise ging diesen Weg). Theoretisch würde dies das Problem der Fehldiagnosen ein für allemal lösen (wobei an dieser Stelle Fehldiagnosen gemeint sind, bei denen falscher Alarm geschlagen wird; es geht hier also nicht um unentdeckte Sicherheitslücken). Der Einsatz eines solchen Tools könnte jedoch zu einem ziemlichen Chaos führen. Würde beispielsweise der *BIND NXT*-Bug zu einem Angriff genutzt werden, so würde dies dazu führen, dass der DNS-Server sich aufhängt; wenn also dieser spezielle Exploit implementiert werden würde, dann würden alle DNS-Server, auf denen anfällige Versionen von `BIND` ausgeführt werden, bei *jedem* Scan ihren Dienst quittieren! Es gibt in der Tat einer Reihe von Scannern, die potenziell gefährliche Schwachstellen testen und den Host damit zum Absturz bringen; allerdings werden solche Optionen in der Regel erst nach einem Hinweis an den Benutzer aktiviert.

11.3 Auswahlkriterien für Scanner

Wie bei jeder Kaufentscheidung steht vor der Entscheidung für das richtige Produkt die Frage nach den jeweiligen Anforderungen. Wenn Sie beispielsweise automatisierte Ermittlungs- und Reparaturvorgänge wünschen, dann muss ein in Frage kommender Scanner diese Fähigkeit haben. Wenn Sie eine umfassende NetWare-Umgebung haben, dann sollten Sie sicherstellen, dass der Scanner NetWare-spezifische Überprüfungen vornimmt. Wenn Sie 50 oder 100 Hosts scannen müssen, dann ist die Effizienz nicht wesentlich; wenn Sie allerdings Tausende Rechner möglichst gleichzeitig überprüfen wollen, dann muss sichergestellt sein, dass der Scanner damit klarkommt. Auch hier hängen viele Aspekte wiederum davon ab, was genau Sie von Ihrem Schwachstellenscanner erwarten.

Es gibt aber auch noch ein paar allgemein gültige Faktoren, die bei jedem Produkt zu berücksichtigen sind. Nachfolgend sind ein paar Punkte aufgelistet, die bei der Auswahl eines Scanners unbedingt zu beachten sind:

- **Vollständigkeit der Schwachstellenüberprüfung.** Natürlich ist der Umfang der Datenbank nicht alles, aber trotzdem sollten Sie die Anzahl der erkannten Schwachstellen berücksichtigen. Ein Scanner sollte zumindest nach den bekannten Schwachstellen suchen, die Probleme auf der Basis- oder Administratorenebene verursachen können.
- **Genauigkeit der Schwachstellenüberprüfung.** Es ist natürlich wichtig, dass ein Scanner einen vollständigen Überprüfungssatz beinhaltet; dieser muss aber auch zuverlässig abgearbeitet werden. Wenn eine Reihe von Lücken übersehen wird, dann ist das ebenso ärgerlich wie das Durchsieben eines

Berichts, in dem Hunderte nichtvorhandener Schwachstellen aufgelistet sind. Ähnlich wie IDS-Systeme haben auch diverse Scanner oft Probleme mit Fehlalarmen.

- **Umfang der Schwachstellenüberprüfung.** Es sollte angemerkt werden, dass die meisten Schwachstellenscanner entwickelt wurden, um Anfälligkeiten auf Remotesystemen zu erkennen, nicht jedoch auf dem lokalen System (d.h. auf Hostebene). Es gibt aber ein paar Produkte wie etwa ISS oder Webtrends, deren Agenten auf der Systemebene nach lokalen Anfälligkeiten suchen – Anfälligkeiten, die von Remotescannern oft nicht erkannt werden. Zwar können diese Systemagenten oft eine größere Menge von Schwachstellen erkennen, aber sie müssen installiert werden – in umfangreichen Umgebungen kann dies zum Albtraum werden.
- **Updates.** Auch wenn Scanner immer einen Schritt hinter bekannt gewordenen Sicherheitslücken zurück sind, sollten sie regelmäßig (mindestens jedoch einmal im Monat) aktualisiert werden. Halten Sie nach einem Scanner Ausschau, dessen Hersteller über eine veritable Forschungsabteilung verfügt, die konsequent Updates für ihr Produkt bereitstellt.
- **Berichterstellung.** Es ist natürlich wichtig, Sicherheitslücken aufzuspüren, aber fast ebenso wichtig ist es, das vorliegende Problem zu beschreiben und eine angemessene Lösung vorzuschlagen. Gleiches gilt für eine genaue Klassifizierung erkannter Sicherheitslücken in schwerwiegende und weniger schwerwiegende Probleme. Dies ist insbesondere für größere Organisationen wichtig, in denen in der Regel speziell ausgebildete Systemadministratoren mit der Lösung solcher Probleme befasst sind.
- **Fragen zur Preisgestaltung und Lizenzierung.** Einige der verfügbaren Programme werden pro Knoten lizenziert, andere pro untersuchtem Server, und wieder andere sind kostenlos. Bei einigen Scannern ist die Lizenzierung vergleichsweise problemlos (z.B. bei Network Associates), während andere wie ISS ein ausgesprochen kompliziertes System aufweisen. An dieser Stelle exakte Preisangaben und Lizenzierungsinformationen anzubieten wäre reine Zeitverschwendung, denn die Anbieter ändern ihre Konditionen fortwährend. Trotzdem empfehle ich Ihnen, die Lizenzbestimmungen vor dem Erwerb eines Produktes sorgfältig zu untersuchen, denn in einigen Fällen ist die Preisgestaltung unverhohlener Nepp. Im Zweifelsfall können Sie immer noch auf Nessus zurückgreifen – das kostet nichts.

Kein Scanner, den ich kenne, erfüllt alle oben angeführten Voraussetzungen vollständig, aber der ISS Internet Security Scanner und Nessus kommen dem Optimum schon ziemlich nahe.

WEGWEISER

Im Januar 2001 hat eine Expertenfirma im Auftrag der amerikanischen Fachzeitschrift Network Computing eine umfassende Analyse dieser Tools durchgeführt. Auf der Basis der gegebenen Anforderungen landeten der Internet Security Scanner und Nessus ganz oben auf der Scannerrangliste. Lesen Sie die ganze Geschichte unter `http://www.nwc.com/1201/1201f1b1.html` nach.

11.4 Grundlegende Mängel

So ziemlich jedes Sicherheitstool, das in diesem Buch beschrieben wird, weist eine Anzahl grundlegender Probleme auf, und auch Scanner sind hier keine Ausnahme. Das Wissen um ihre Schwächen ist genauso wichtig wie das um ihre Stärken.

Die Hauptmängel solcher Produkte lassen sich in drei Kategorien unterteilen: Vollständigkeit, Aktualität und Genauigkeit. Testberichte haben ergeben, dass viele von ihnen eine recht große Menge bekannter Anfälligkeiten aufdecken, aber kein Produkt konnte *alle* identifizieren. Zu dem Zeitpunkt, als dieses Kapitel geschrieben wurde – im vierten Quartal des Jahres 2000 –, gab es noch immer eine Anzahl von in der Top Ten der SANS aufgeführten Sicherheitslücken, die von diesen Programmen nicht bemerkt wurden.

WEGWEISER
Sie finden die Top Ten der häufigsten Schwachstellen auf der SANS-Website unter `http://www.sans.org/topten.htm`. Zwar handelt es sich hierbei um keine umfassende Liste, aber hier ist eine ganze Reihe häufig auftretender Sicherheitslücken aufgeführt.

Zweitens werden die meisten dieser Produkte einmal pro Quartal aktualisiert, wenn nicht seltener. Wenn eine Sicherheitslücke also im Januar bekannt gegeben wird, dann kann Ihr Scanner sie frühestens Ende März entdecken – zweieinhalb Monate lang sind Sie also hinsichtlich der Erkennung dieser Lücke auf sich selbst gestellt. Nun sollten Ihre Bemühungen zur Erkennung interner Bedrohungen sowieso Priorität vor einem solchen Problem haben, aber der Punkt ist, dass solche Scanner als bevorzugtes Mittel zur Erkennung *extern* nutzbarer Schwachstellen schlichtweg untauglich sind.

Ein weiteres Problem besteht darin, dass in modernen Scannern einfache Prüftechnologien zur Ermittlung der Dienstversionen implementiert sind – es werden lediglich die Diensteigenschaften abgefragt. Solche Ansätze sind natürlich für die meisten Umgebungen ausreichend, es lassen sich aber auch interessantere Situationen vorstellen. Beispielsweise lassen sich die Dienstversionen von SMTP- und FTP-Servern einfach dadurch ermitteln, dass man eine Telnet-Verbindung mit den entsprechenden Ports 25 und 21 herstellt.

Beachten Sie, dass auf diesen beiden Rechnern offensichtlich Microsoft Exchange 5.5 bzw. die Version 4.0 des FTP-Dienstes von Microsoft ausgeführt wird. Viele Dienste – etwa `BIND`, `sendmail` und `wu-ftpd` – gestatten es den Administratoren jedoch mittlerweile, die Versionshinweise (»Banner«) in den Eigenschaften zu ändern. Zwar stellt die Umbenennung eines Banners (etwa in

»Franks FTP-Favorit V1.0«) an sich kein Sicherheitsrisiko dar, würde aber die meisten Schwachstellenscanner ziemlich durcheinander bringen. Die seltsame und befremdliche Moral von dieser Geschichte ist, dass Sie die Voreinstellungen nicht ändern dürfen, wenn Sie wollen, dass Ihre Scanner effizient arbeiten.

Abschließend sei festgehalten, dass all diese Produkte mit Fehlalarmen zu kämpfen haben. Insbesondere in großen und heterogenen Netzwerken werden Schwachstellenscanner häufig falschen Alarm schlagen und Schwachstellen bemängeln, die schlichtweg nicht vorhanden sind. Zwar ist dies im Zweifelsfalle besser als umgekehrt, verursacht aber trotzdem einen Mehraufwand, weil man immer wieder mit der Jagd auf ein Phantom beschäftigt ist.

11.5 Empfehlenswerte Scanner

In einer gerechten Welt würden Entscheidungen für den Erwerb von Technologien auf einer angemessenen Anforderungsermittlung, einer umfassenden Erprobung und einem realistischen Budget basieren. Ich habe allerdings leider feststellen müssen, dass sich die meisten Leute nur selten den Luxus leisten können, die Dinge richtig anzugehen. Aus genau diesem Grund habe ich nachfolgend diejenigen Schwachstellenscanner aufgelistet, die meines Erachtens die Speerspitze dieser Technologie darstellen. Das soll nicht heißen, dass Konkurrenzprodukte nicht in der Lage seien, eine ebenso gute Arbeit zu verrichten; es handelt sich im Folgenden ganz einfach um meine persönlichen Favoriten, die ich auf der Basis meiner Erfahrungen und Erprobungen ermittelt habe. Ich möchte Sie aber nichtsdestoweniger ermuntern, bei der Ermittlung eines für Sie angemessenen Produkts selbst Informationen einzuziehen; dennoch sollte die folgende Produktliste als Ausgangsbasis verwendet werden.

11.5.1 Axent NetRecon

NetRecon vervollständigt die aus Firewalls und IDS-Systemen bestehende Produktfamilie von Axent. Die Stärken von NetRecon liegen in der Benutzeroberfläche, der exzellenten Berichterstellung, einer moderat dimensionierten Datenbank und der Fähigkeit zur so genannten »Zweitverwertung« (d.h. die Anwendung von Erkenntnissen, die bei der Arbeit an einem Server gewonnen wurden, auf einen zweiten Server). Dieses letzte Merkmal verwende ich selbst zwar nur selten, aber es ist auch nur bei wenigen Produkten vorhanden.

NetRecon hat sich nicht als so umfassend erwiesen wie Nessus, der Cybercop Scanner oder ISS, aber es ist immer noch ein recht komplexer Schwachstellenscanner mit hohem Nutzwert. Die Resultate des Erkennungsvorgangs lassen sich auch dem Enterprise Security Manager von Axent übergeben, der für umfassendere Risikobewertungen eingesetzt werden kann.

Anbieter: Axent/Symantec

Firmensitz: Rockville (USA)

Plattform: Windows

Produkt: NetRecon

URL: `http://www.axent.com`

11.5.2 ISS Internet Scanner

Die Firma ISS wurde seinerzeit zur Entwicklung des Internet Scanners gegründet, und das Programm galt sehr lange als Industriestandard bei den Schwachstellenscannern. Der Internet Scanner verfügt über eine exzellente Berichterstellung, eine umfassende Sicherheitslückenüberprüfung und vor allem über eine sehr praktische Oberfläche; der Hersteller hat offensichtlich ebenso viel Zeit auf deren Optimierung verwandt wie auf die Erkennungsmechanismen selbst (beispielsweise gibt das Programm bei jeder Schwachstellenprüfung eine erkleckliche Menge an Hintergrundinformationen aus).

Der Internet Scanner verwendet ein auf Microsofts ODBC basierendes Backend, um Erkennungsdaten zu speichern, die später für eine Tendenzbestimmung verwendet werden können. Ähnlich wie die Integration von NetRecon in den ESM integriert sich der Internet Scanner mit ISS Decisions. Dieses Programm kann in Verbindung mit anderen Sicherheitsprodukten (Firewalls, IDS-Programmen usw.) verwendet werden, um auf der Basis der Scannerdaten ein umfangreicheres Bild der Systemanfälligkeiten und Schwachstellen zu zeichnen.

Zwar gab es beim Internet Scanner nie so viele Probleme mit Fehlalarmen wie bei anderen Produkten, aber auch hier kam es immer wieder zu Nachlässigkeiten in der Updatepolitik. Der zweite Nachteil, den ich in Zusammenhang mit diesem Produkt erwähnen möchte, ist, dass der Internet Scanner nach meinem Empfinden mit Einführung der Versionen 6.x weniger stabil geworden ist. Ich hatte eine Reihe von Problemen bei umfangreichen Scanvorgängen, und gelegentlich musste ich die interne Datenbank vollständig löschen und wieder von vorn anfangen, um das Programm zur Arbeit zu bewegen. Allerdings ist dem Internet Scanner eine gute Wiederherstellbarkeit zu bescheinigen.

An dieser Stelle sei angemerkt, dass ISS noch zwei weitere Scanner herstellt, nämlich den System Scanner und den Database Scanner. Diese sind allerdings agentenbasiert und nicht in der Lage, Remotescans durchzuführen.

Anbieter: Internet Security Systems, Inc.

Firmensitz: Atlanta, GA (USA)

Plattform: Windows NT Workstation 4.0

Produkt: Internet Scanner

URL: `http://www.iss.net`

11.5.3 Network Associates Cybercop Scanner

Die Basis des Cybercop Scanners war ein Produkt namens Ballista, in dessen Besitz Network Associates durch den Aufkauf der Firma SN (Secure Networks) kam. Der Cybercop Scanner weist nicht nur eine beeindruckende Anzahl von Schwachpunktanalysen und brauchbare Berichterstellungsfunktionen auf, sondern wird sogar mit einer Anzahl erstaunlich nützlicher Tools ausgeliefert. Zwei der interessantesten sind CASL und der SMB Grinder. CASL ermöglicht die Konstruktion von IP-Paketen mit Hilfe einer grafischen Oberfläche, während der SMB Grinder ähnliche Fähigkeiten zur Knacken von Kennwörtern aufweist wie L0phtcrack.

Der große Nachteil von Cybercop besteht darin, dass einige fundamentale Schwachstellenprüfungen fehlen. Außerdem kann man das Lizenzierungssystem als recht bizarr bezeichnen – Network Associates versucht das Produkt normalerweise auf einer Pro-Knoten-Basis (und nicht auf der Basis der gescannten Server) zu verkaufen. Auf diese Weise gelangt man – abhängig von der Sternenkonstellation und der Provision des Verkäufers – preislich schnell in Schwindel erregend hohe Bereiche.

Anbieter: Network Associates, Inc.

Firmensitz: Santa Clara, CA (USA)

Plattform: Windows NT und UNIX

Produkt: Cybercop Scanner

URL: `http://www.nai.com`

11.5.4 Das Open-Source-Projekt Nessus

Nessus wurde von Renaud Deraison verfasst, einem in Paris lebenden Open-Source-Autor. Er hatte Linux im Alter von 16 Jahren für sich entdeckt und ist seitdem als Hacker aktiv. 1996 begann Renaud, an Sicherheitskonferenzen teilzunehmen und entwickelte daraufhin ein starkes Interesse an diesbezüglichen Themen. Daraus ergab sich auch eine Partnerschaft mit zwei anderen Hackern, die 1997 zusammen ihr erstes Auditing-Tool schrieben. Nach Abschluss dieses Projekts plante Renaud Anfang 1998 Nessus.

Nessus wird immer mehr zum Linux auf dem Feld der Schwachstellenscanner. Vor ein paar Jahren war das Programm noch keiner Erwähnung wert, aber dank der Open-Source-Gemeinde hat es mittlerweile zur kommerziellen Konkurrenz nicht nur aufgeschlossen, sondern sie in bestimmter Hinsicht bereits überholt.

Das Programm basiert auf einem umfangreichen Plug-In-Modell, das es den Mitgliedern der Nessus-Gemeinde ermöglicht, Erkennungsmodule nach Belieben hinzuzufügen. Dadurch erhält Nessus einen Entwicklungsvorsprung, denn jede nicht vorhandene Erkennung kann von jedem beliebigen Benutzer mit etwas Zeit und ein wenig Geschick bei der Abfassung von Code entwickelt werden.

Nessus verwendet ein Modell mit Konsole und Erkennungsmechanismus; genauer gesagt kann die Bedienkonsole auf dem gleichen Computer vorhanden sein wie der Erkennungsmechanismus, muss es aber nicht. Diese verteilte Architektur macht das Programm erstaunlich flexibel, denn Sie müssen sich nicht in unmittelbarer Nähe des Erkennungsmechanismus befinden, um diesen steuern zu können.

Zu dem Zeitpunkt, als dieses Buch geschrieben wurde, kannte Nessus mehr als 500 Sicherheitslücken, die teilweise noch nicht von den kommerziellen Scannern erkannt wurden. Je nachdem, wie die Entwicklung von Nessus weiterverläuft, könnte dieses Programm die handelsüblichen Varianten noch im Jahr 2001 überholen.

Anbieter: – (frei verfügbar)

Firmensitz: – (ursprünglich in Frankreich veröffentlicht)

Plattform: UNIX (Windows-Konsole vorhanden)

Produkt: Nessus

URL: `http://www.nessus.org`

11.5.5 Whisker

Whisker wurde von einem Hacker namens »Rain Forest Puppy« (kurz »rfp«) geschrieben, der sich eine Nische bei der Entdeckung webbasierter Schwachstellen geschaffen hat. Das Programm entspricht nicht ganz unserer Definition eines Scanners, da es sich auf die Entdeckung anfälliger CGI-Skripten spezialisiert hat. Tatsächlich sucht es *ausschließlich* nach solchen CGI-Skripten, aber die Liste der erkannten Skripten ist weitaus umfassender als die aller kommerziellen Scanner zusammen. Aus diesem Grund lege ich Ihnen die Verwendung von Whisker zusätzlich zu einem normalen Scanner dringend ans Herz.

Anbieter: – (frei verfügbar bei *rfp labs*)

Firmensitz: Chicago (USA)

Plattform: Windows und UNIX

Produkt: Whisker

URL: `http://www.wiretrip.net/rfp/`

11.6 Weitere Scanner

Nachfolgend finden Sie eine Liste mit Scannern auf dem aufsteigenden Ast (wenn auch nicht so umfassend wie die vorherige). Ich möchte Sie ermutigen, die Fortschritte dieser Produkte zu beobachten und sie zu testen, wann immer dies möglich ist.

11.6.1 BindView HackerShield

Anbieter: BindView

Firmensitz: Houston (USA)

Plattform: Windows

Produkt: HackerShield

URL: `http://www.bindview.com`

11.6.2 Cisco NetSonar

Anbieter: Cisco Systems

Firmensitz: San Jose (USA)

Plattform: Windows

Produkt: NetSonar

URL: `http://www.cisco.com`

11.6.3 SAINT

Anbieter: World Wide Digital Security, Inc.

Firmensitz: Bethesda, MD (USA)

Plattform: UNIX

Produkt: SAINT

URL: `http://www.wwdsi.com`

11.6.4 SARA

Anbieter: – (frei verfügbar)

Firmensitz: -

Plattform: UNIX

Produkt: SARA

URL: `http://www.arc.com`

11.6.5 Webtrends Security Analyzer

Anbieter: Webtrends

Firmensitz: Portland (USA)

Plattform: Windows und UNIX

Produkt: Security Analyzer

URL: `http://www.webtrends.com`

11.7 Fazit

Zwar sind Scanner definitiv keine allumfassende Lösung zur Erkennung von Schwachstellen und zur Systemabsicherung, aber sie können dennoch extrem wertvoll sein. Wie bei jedem anderen Sicherheitstool auch sollten Sie sich jedoch über die Beschränkungen dieser Produkte im Klaren sein. Scanner sind immer einen Schritt hinter bekannt gewordenen Schwachstellen zurück, sie weisen Mängel in der Berichterstellung auf und sind oft etwas schwachbrüstig, was die Größe ihrer Datenbanken angeht. Dennoch kann die Verwendung eines Scanners in Verbindung mit einem soliden Arsenal von Prozessen zur Systemsperrung und ausreichend Ehrgeiz bei der Erkennung solcher Schwachstellen eine gute Strategie zur Lösung des Gesamtproblems darstellen.

Kapitel 12

Intrusion-Detection-Systeme

Die Erkennung von Angriffen ist einer der wichtigsten Bereiche auf dem Gebiet der Datensicherheit. Zwar ist die Vorstellung einer Technologie, die feindliche Eindringlinge sofort erkennt, meldet und möglicherweise sogar stoppt, extrem anziehend, andererseits aber ist diese Idee auch noch ziemlich neu. Dieses Kapitel soll Ihnen eine Einführung in IDS-Produkte (Intrusion-Detection-Systems, Einbruchserkennungssysteme) vermitteln und auch die Vor- und Nachteile bei der Implementierung der einen oder anderen Lösung aufzeigen. Ferner werden wir erläutern, unter welchen Gesichtspunkten man ein IDS für die eigene Umgebung auswählt, was solche Systeme können und was sie *nicht* können.

12.1 Intrusion Detection: Eine Einführung

Der Begriff Intrusion Detection hat für viele Leute unterschiedliche Bedeutungen. An dieser Stelle wollen wir ihn aus Gründen der Verständlichkeit definieren als das »Erkennen unerlaubter Handlungen seitens eines Unbefugten (etwa eines feindlich gesonnenen Nutzers oder eines Einbrechers) zum Zwecke des Zugriffs auf ein System«. Aus Sicht dieser Definition gibt es eine ganze Menge beliebter Methoden zur Erkennung von Eindringlingen, z.B. das Überprüfen von System-, Web-, Anwendungs-, Firewall- und Router-Protokolldateien auf feindliche oder ungewöhnliche Aktivitäten. Es gibt Systemadministratoren, die binäre Integritätsprüfungen (wie AIDE oder Tripwire) implementieren und dann hoffen, erfolgreiche Angreifer beim Deponieren von Trojanischen Pferden auf den geknackten Servern zu erwischen (weitere Informationen zu Tripwire finden Sie in Kapitel 20: »UNIX«). Andere Administratoren wiederum schauen die Ereignisprotokolle einfach nach fehlgeschlagenen Benutzeranmeldungen durch.

Zwar sind all diese Ansätze sicher hilfreich, aber es ist sehr schwierig (wenn nicht gar unmöglich), sie täglich durchzuführen. Bei mehreren hundert Rechnern ist die Aufgabe bereits quasi unlösbar. Hier kommen nun IDS-Systeme ins Spiel.

Die heutigen IDS-Systeme basieren auf zwei Modellen, die das US-Verteidigungsministerium in den späten 80er- und frühen 90er-Jahren erarbeiten ließ: auf dem IDES-Modell (Intrusion Detection Expert System, Einbruchserkennungsfachsystem) und auf dem DIDS-Modell (Distributed Intrusion-Detection-System, verteiltes IDS). Diese Systeme gehörten zu den ersten, die tatsächlich implementiert wurden. Heute werden die meisten IDS mit identischer Zielsetzung entwickelt: Sie sollen den Prozess der Suche nach Eindringlingen automatisieren oder zumindest vereinfachen. Dabei reicht die Bandbreite der Möglichkeiten von so einfachen Dingen wie der Echtzeiterkennung von Portscanning in Firewall-Protokolldateien bis hin zu komplexen Sachverhalten wie der Überprüfung des reinen Netzwerkdatenstroms mit Hilfe von Inspektionsroutinen, um etwa Pufferüberläufe ausfindig zu machen.

Die traditionellen IDS-Klassifizierungsschemata ordnen die meisten IDS einer von zwei Klassen zu: Die einen suchen nach Missbrauch, die anderen nach Systemanomalien. Wir werden uns in diesem Kapitel schwerpunktmäßig mit zwei

Implementationen der Missbrauchserkennungsvarianten beschäftigen: den NIDS (netzwerkbasierte IDS) und den HIDS (hostbasierte IDS). Es sei angemerkt, dass eine ganze Reihe anderer IDS-Modelle existieren, die aber weitaus weniger Verbreitung erfahren haben. Die meisten heutzutage erhältlichen IDS-Implementationen lassen sich einer der folgenden Kategorien zuordnen:

- **NIDS.** In ihrer aktuellen Ausprägung tun NIDS-Vorrichtungen nichts anderes, als rohe Datenpakete zu untersuchen – es sind sozusagen gedopte Sniffer. Der Datenverkehr wird mitgehört und auf eine Reihe bekannter Angriffsmuster und -signaturen hin durchsucht. NIDS-Vorrichtungen vergleichen diese Signaturen mit den Daten aller Pakete, die sie zu sehen bekommen, in der Hoffnung, Einbrecher auf frischer Tat zu ertappen. Sie lassen sich passiv einsetzen, ohne dass an Systemen oder Netzwerken größere Änderungen vorgenommen werden müssten.
- **HIDS.** Derartige Systeme können von Anbieter zu Anbieter variieren, gehen aber in aller Regel bei ihrer Analyse systemzentriert vor. Die meisten HIDS-Vorrichtungen verfügen über Komponenten, die Systemprotokolle untersuchen und Benutzeranmeldungen und -prozesse überwachen. Einige der etwas fortschrittlicheren Systeme verfügen sogar über eingebaute Funktionen zum Abfangen von Trojanercode. HIDS sind agentenbasiert, d.h. es muss auf den Systemen, die sie schützen sollen, ein Programm installiert werden. Das führt zwar auf mehreren Ebenen zu größerer Effizienz, gestaltet den Einsatz und die Administration jedoch weitaus aufwändiger.
- **AIDS.** AIDS (anomaliebasierte IDS) sind ein bisschen seltsam und werden häufig eher als »Konzept« denn als tatsächliches Modell bezeichnet. Die Philosophie hinter AIDS-Ansätzen besteht darin, im Verhalten der Benutzer und im Auftreten von Datenverkehr im Netzwerk wiederkehrende Muster zu bestimmen und dann nach Abweichungen von diesen Mustern zu suchen. Ein Benutzer beispielsweise, der sich normalerweise nur montags bis freitags zu den Geschäftszeiten anmeldet, nun aber am Sonntagmorgen um drei Uhr früh eine Verbindung herzustellen versucht, würde von einem AIDS als Anomalie betrachtet werden. Theoretisch könnte ein AIDS erkennen, dass etwas nicht stimmt, ohne zu wissen, *was* nicht stimmt.

Die meisten gängigen IDS-Typen sind den HIDS- und NIDS-Modellen zuzuordnen. Es gibt zwar funktionsfähige AIDS-Systeme, aber diese werden nur selten außerhalb von Behörden- und Universitätskreisen eingesetzt.

> **HINWEIS**
> Viele Leute, die mit dem Bereich IDS nicht vertraut sind, verwechseln die Technologie häufig mit Einrichtungen zur Zugriffssteuerung wie etwa Firewalls. In ihrer derzeitigen Ausprägung jedoch dienen IDS-Systeme keineswegs zur Zugriffssteuerung; zwar kann eine Reihe von ihnen für eine Interaktion mit Firewalls konfiguriert werden, aber das ist nicht ihr primärer Zweck. Anfänger sollten sich IDS deswegen nicht als Tür oder Türschloss vorstellen, sondern eher als eine Alarmanlage.

12.1.1 Wer IDS-Systeme verwenden sollte

Zwar ist die IDS-Technologie sicher sehr interessant, aber bevor Sie jetzt in Nachforschungen zu diesem Bereich eintauchen, sollten Sie sich erst einmal fragen, ob der Einsatz eines IDS in Ihrer Organisation überhaupt sinnvoll ist. Wenn es in einer Organisation schon an den fundamentalsten Sicherheitsvorkehrungen fehlt – Firewalls, Prozessen zum geordneten Herunterfahren des Betriebssystems oder Virenschutz –, dann sollte die Implementierung einer IDS-Lösung zweitrangig sein. Eine solche Implementierung sollte erst vorgenommen werden, wenn alle anderen wesentlichen Maßnahmen zur Datensicherheit bereits in Gang gebracht worden sind (siehe hierzu auch Kapitel 3: »Der Fahrplan zur Absicherung Ihres Unternehmens«) oder wenn sehr spezifische Probleme und Mängel zu beheben sind. Wenn Sie z.B. eine neue E-Commerce-Aktion starten wollen, die Sie einfach nicht angemessen sichern können, dann kann ein IDS zumindest dabei behilflich sein, mehr als ein Auge darauf zu haben. Es gibt auch Leute, die IDS-Systeme als Analyse-Tool für ihre Firewall-Regelsätze einsetzen. Wenn Ihr Netzwerk allerdings ein Sammelsurium von Sicherheitslücken ist, dann wird Ihnen ein IDS lediglich zeigen, was Sie eh schon wissen: dass Sie nämlich Probleme haben, die ein IDS für Sie nicht lösen kann. Denken Sie daran, dass die Mehrzahl auch moderner IDS-Systeme lediglich reaktiven Charakter hat; diese Einrichtungen *lösen* keine Probleme.

Wenn Sie jedoch mittel- oder langfristig ein IDS einsetzen wollen, dann können Sie anhand der folgenden Abschnitte eine begründete Produktentscheidung treffen.

12.2 NIDS

NIDS sind grundsätzlich so gebaut, dass sie im Netzwerkdatenverkehr nach bekannten Angriffsmustern oder »Signaturen« suchen. Diese Aufgabe wird durch eine Überprüfung jedes einzelnen Pakets wahrgenommen, das den überwachten Netzwerkabschnitt passiert. Zu diesem Zweck wird die Netzwerkkarte in den Promiscuous-Modus versetzt, woraufhin jedes Paket zur Analyse an den laufenden IDS-Vorgang weitergeleitet wird.

Einer der praktischsten Aspekte beim NIDS-Modell ist die Tatsache, dass NIDS-Vorrichtungen passiver Natur sind. In den meisten Fällen ist sich der Rest des Systems ihrer Existenz nicht einmal bewusst. Dazu kommt noch, dass für den Einsatz von NIDS-Vorrichtungen kein Systemadministrator benötigt wird (hier stoßen wir bereits auf einen gewichtigen Nachteil umfangreicher HIDS-Implementierungen; im Übrigen relativiert sich dieser Punkt dadurch, dass die Installation und die Abstimmung des IDS auf das zu untersuchende Netzwerk sehr wohl von einem Systemadministrator erledigt werden müssen).

Das NIDS-Modell ist zwar recht effizient, aber es gibt hierbei ein paar Faktoren, die nicht unerwähnt bleiben sollten. Zunächst einmal basieren die Angriffssignaturen auf *bekannten* Angriffstypen, d.h. die meisten Angriffe, für die die Vorrichtung nicht programmiert wurde, würden gegebenenfalls unbemerkt stattfinden. Bedingt durch diese Tatsache hinken die Benutzer solcher Systeme immer einen Schritt den Angreifern hinterher – ein Spiel, das die meisten schon fast verloren haben. Als beispielsweise der `BIND NXT`-Bug 1999 im Internet zuschlug, gab es kein einziges NIDS-Produkt, das in der Lage gewesen wäre, die Nutznießung dieser Sicherheitslücke zu bemerken. Warum? Weil es sich um eine neue Sicherheitslücke handelte und die IDS-Programmierer noch keine entsprechende Prüfung in die Signaturbibliothek integriert hatten. Nach und nach erstellten die Anbieter dann Signaturen für diese Form des Angriffs, aber die Aktualisierungen erfolgten in der Regel Wochen, wenn nicht Monate später, als bereits umfassender Schaden angerichtet war.

WEGWEISER
Eine Beschreibung der `BIND NXT`-Sicherheitslücke finden Sie nebst anderer `BIND`-Schwachstellen unter `http://www.isc.org/products/BIND/bind-security-19991108.html`.

Kurz gesagt: Wenn ein IDS nicht regelmäßig aktualisiert wird, dann wird es auf neue Angriffe und Tendenzen (ähnlich wie die im vorigen Kapitel beschriebenen Scanner) nicht reagieren können. Leider werden NIDS-Systeme auch dann noch einen Schritt zurück sein, wenn Anbieter und Administratoren gleichermaßen daran arbeiten, NIDS-Systeme auf dem neuesten Stand zu halten.

Ein weiteres Problem, das negative Auswirkungen im NIDS-Modell hat, ist der verbreitete Einsatz von Switches. Es liegt in der Natur von Switches, dass sie den Datenverkehr reduzieren – und damit auch den Datenverkehr, der überprüft werden kann. Die Effizienz von NIDS-Systemen beruht auf der Möglichkeit, den gesamten Netzwerkverkehr zu überwachen. Und wenn eine NIDS-Vorrichtung den gesamten Datenverkehr gar nicht erst zu Gesicht bekommt, dann kann sie ihn auch nicht überprüfen. Aus diesem Grund muss das NIDS in einem Netzwerk mit Switches an deren Monitor-Port angeschlossen werden.

Die Effektivität von NIDS-Vorrichtungen hängt auch vom Umfang des Datenverkehrs ab. Es gibt zwar ein paar anspruchsvollere Lösungen wie Enterasys Dragon oder BlackICE von Network ICE, die die 100-Mbps-Schallmauer bereits durchbrochen haben, aber die meisten Vorrichtungen haben mit hohen Bandbreiten ihre Probleme. Eine geeignete Wahl von Regeln zur Überprüfung des Datenstroms hingegen ermöglicht auch die Anpassung des Systems an derart hohe Bandbreiten. Wenn ich zum Beispiel weiß, dass in meinem Netzwerk keine Netscape-Browser verwendet werden, dann ist es witzlos, nach Pufferüberläufen für diesen Browsertyp suchen zu lassen.

Ein letztes großes Problem ist die Umgehung von IDS-Systemen mit Hilfe einer Paketaufspaltung oder anderer gescheiter Tricks. Es gibt mittlerweile eine gewisse Anzahl von Dokumenten und Studien, die detailliert erläutern, wie man IDS-Systeme ins Leere laufen lässt. Hierbei geht es um verschiedene Angriffsmethoden wie die Neusequenzierung oder die Fragmentierung von Paketen, mit denen sich NIDS-Einrichtungen zum Narren halten lassen. Die Anbieter bieten für viele dieser Fälle zwar Lösungen an, aber Umgehungsstrategien werden für zahlreiche NIDS-Lösungen auch weiterhin ein Problem darstellen.

WEGWEISER
Timothy Newsham und Thomas Ptacek, zwei bekannte Sicherheitsexperten, haben 1998 ein bedeutendes Dokument zur Frage der Umgehung von IDS-Systemen veröffentlicht. Es wird auch heute noch vielfach zitiert, weil viele Anbieter es versäumt haben, die Probleme zu lösen, die Newsham und Ptacek aufgeworfen haben. Sie finden den Artikel unter `http://www.robertgraham.com/mirror/Ptacek-Newsham-Evasion-98.html`.

12.3 HIDS-Systeme

Das HIDS-Modell unterscheidet sich vom NIDS-Modell in einer Vielzahl von Aspekten. Zuallererst einmal geht das Hostmodell wesentlich offensiver zu Werke. Wo NIDS-Vorrichtungen sich passiv verhalten, benötigen HIDS-Systeme Agentenprogramme, die auf allen überwachten Systemen installiert sein müssen. Das ist bei ein paar Dutzend Rechnern kein Problem, aber wenn der Agent auf ein paar hundert oder – schlimmer noch – ein paar tausend Computern installiert werden muss, dann macht das einen Haufen Arbeit. Der potenzielle Aufwand bei der Implementierung und Administration einer großen Zahl von Agenten hat viele Organisationen dazu gebracht, HIDS-Vorrichtungen auf den wichtigsten Computern einzusetzen und den Rest mit Hilfe von NIDS-Systemen zu sichern.

HINWEIS
Sie sollten nicht befürchten, dass Sie zwischen HIDS- und NIDS-Systemen wählen müssen. Die meisten Anbieter stimmen darin überein, dass die ideale IDS-Lösung auf einem integrierten Ansatz beruht, der beide Modelle berücksichtigt. Tatsächlich ist dieses holistische Modell mittlerweile nicht nur allgemein anerkannt, sondern in Produkten etwa von ISS, Symantec, CyberSafe und Enterasys bereits implementiert.

Es gibt ein paar HIDS-Modelle, deren Funktionsumfang größer ist als der von anderen. Einige Produkte untersuchen beispielsweise Systemprotokolle nach fundamentalen Vorgängen, etwa fehlgeschlagenen Anmeldungen, neu erstellten Benutzerkonten oder Zugriffsverletzungen. Andere suchen in den Kernel-Meldungen nach bestimmten Aktivitäten, die möglicherweise feindselig sind. Noch ambitioniertere Lösungen halten nach Installationsroutinen von Trojanern und Hintertüren Ausschau und sind sogar in der Lage, hinterhältige Prozesse zu beenden.

Solche Features begeistern natürlich und mögen auch durchaus ihren Nutzen haben, doch auch das HIDS-Modell ist nicht ohne Probleme. HIDS-Agenten zum Beispiel haben den gleichen Pferdefuß wie das NIDS-Modell: Sie suchen nach *bekannten* Problemen. Wenn ein HIDS-Agent beispielsweise auf die Entdeckung des bekannten Trojaners Back Orifice getrimmt ist, dann wird er diesen bei Vorhandensein auch aufspüren. Wenn aber nun ein neues Trojanisches Pferd die Bühne betritt, dann hat der Agent keine Chance, dieses zu finden, bis ein entsprechendes Update verfügbar ist.

Ein weiteres (wenn auch in den meisten Umgebungen zu vernachlässigendes) Problem ist die Prozessorbelastung. HIDS-Agenten sind aktive Prozesse und verbrauchen aufgrund dessen auch CPU-Zyklen. Auf Rechnern mit nur wenigen Prozessen ist dies – wie gesagt – nicht wesentlich; auf Maschinen jedoch, bei denen um jeden Zyklus gerungen wird, kann ein geschäftiger HIDS-Agent der Tropfen sein, der das Fass zum Überlaufen bringt.

All diese Mängel werden jedoch durch den Vorteil aufgewogen, dass bei der Implementierung von HIDS-Einrichtungen die Systemprotokolle zusammengefasst und untersucht werden. Diese Funktionalität ist von unschätzbarem Wert, denn in den meisten Organisationen bleiben die Protokolle ungelesen, bis etwas passiert ...

12.4 Auswahlkriterien für IDS-Systeme

Sie sollten bei der Lektüre der folgenden Abschnitte zwei wesentliche Punkte beachten. Erstens gibt es zur Zeit noch kein »ultimatives« IDS zur Lösung *aller* Probleme (und ich bezweifle, dass es so etwas jemals geben wird). Der Bereich IDS präsentiert sich sehr unterschiedlich. Produkte wie RealSecure von ISS sind leicht zu installieren und weisen eine Reihe von Funktionen auf, haben aber in Umgebungen mit großen Bandbreiten ihre Probleme. Dragon von Enterasys erbringt eine ansprechende Leistung und wird von vielen UNIX-Enthusiasten bevorzugt, aber die Benutzeroberfläche und die Komplexität des Produkts (und die damit verbundene Lernkurve) halten die meisten NT-Administratoren von dieser Lösung ab. Die simple Leistungsfähigkeit und Schlichtheit von BlackICE eignet sich insbesondere für kleine Organisationen, aber wenn Sie Hunderttausende von Ereignissen verwalten müssen, dann ist Ciscos IDS-Lösung mit dem CSPM (Cisco Security Policy Manager) die empfehlenswertere Lösung. Prinzipiell kann man sagen, dass die Entscheidung für eine IDS-Lösung nur auf der Basis der in der jeweiligen Organisation vorhandenen Gegebenheiten und Anforderungen gefällt werden kann.

Der zweite Punkt, den ich anmerken möchte, ist die Tatsache, dass sich die Konstellationen auf dem Markt praktisch jedes Jahr ändern:

- Cisco Systems beispielsweise hat es innerhalb eines Jahres geschafft, von einer der schlechtesten Benutzeroberflächen (einem OpenView-Nachbau) zu einer der besten zu gelangen: CSPM.
- Innerhalb von drei Jahren hat ein und dasselbe Produkt zweimal den Namen und den Besitzer gewechselt: ID-track wurde von einer Firma namens Internet Tools entwickelt, dann von Axent aufgekauft, erweitert und zu »NetProwler« umbenannt, gehört aber heute – nach der Fusion von Axent und Symantec – dem letztgenannten Unternehmen.
- 1998 galt NFR Security als technologischer Marktführer, im Jahre 2001 nun hinkt diese Firma der Entwicklung ein wenig hinterher.

Was ich sagen will, ist: Lesen Sie die Anmerkungen in diesem Kapitel, die in den einschlägigen Magazinen veröffentlichten Testberichte und alles, was Sie im Internet darüber finden können, aber beachten Sie immer auch das Alter der Informationen. Die Probleme selbst weisen eine gewisse Konstanz auf, aber die Frage, wer sie wie effizient löst, wird in sechs Monaten möglicherweise ganz anders beantwortet werden als heute. Produkte wie etwa Firewalls sind in aller Regel recht ausgereift und unterscheiden sich hauptsächlich durch Funktionsumfang, Geschwindigkeit und Preis, aber auf dem IDS-Markt sieht das ganz anders aus; die einzige Konstante hier ist die Veränderung.

12.4.1 Allgemeine Kriterien

Wenn Sie ein IDS-System erwerben, dann müssen Sie wissen, dass Sie zwei Dinge gleichzeitig bekommen: ein Produkt *und* einen Anbieter, der das Produkt zu aktualisieren hat. Zwar ist der Anbieter (oder – im Fall von Open-Source-Lösungen – das Programmiererteam) immer ein zu berücksichtigender Faktor, aber auf dem Markt der IDS-Produkte gilt dies in noch erheblicherem Maße. Da Zeit bei IDS-Systemen eine derart große Rolle spielt und die Abhängigkeit des Anwenders von Produktupdates so wesentlich ist, wird auch das beste System zur Farce, wenn es nicht regelmäßig und adäquat gewartet wird. Aus diesem Grund sollten Sie genau prüfen, wie oft und umfassend der von Ihnen in die engere Wahl einbezogene Anbieter seine Produkte aktualisiert.

Produktseitig gibt es bei vielen IDS-Systemen Funktionen und Aspekte, die für andere Systeme nicht gelten. Viele der Funktionen, um die in der Werbung viel Brimborium gemacht wird, sind... nun ja ... *nett.* Unterziehen Sie die wesentlichen Komponenten einer strengen Prüfung, und schauen Sie erst dann nach den Gimmicks. Die wesentlichen Komponenten, auf deren Basis Sie sich für ein bestimmtes IDS-Produkt entscheiden sollten, sehen Sie in der folgenden Liste:

- **Wirkungsumfang.** Einer der wichtigeren Aspekte bei IDS-Systemen ist die Fähigkeit, ein möglichst breites Feld von Angriffen abzudecken. Ein leistungsfähiges Backend, diverse Anpassungsmöglichkeiten und eine schlanke Bedienoberfläche mögen gute Verkaufsargumente sein – wenn das Produkt nur eine Handvoll Angriffe erkennt, dann bringt es nichts. Vergewissern Sie sich, dass eine von Ihnen in Betracht gezogene NIDS-Lösung mit einem umfassenden Satz von Angriffssignaturen ausgestattet ist. Bei HIDS müssen Sie sicherstellen, dass das Produkt mehr tut, als nur ein paar Logdateien zu inspizieren, und dass es auch alle vorhandenen Plattformen unterstützt: Wenn Ihr HIDS-Agent nur auf Windows NT-Rechnern arbeitet, Sie aber auch über Solaris- und Linux-Computer verfügen, dann ist die umfassende Wirkung nicht gewährleistet.
- **Wirkungseffizienz.** Dieser Faktor ist ohne umfassende Tests schwer zu überprüfen, aber Sie sollten wissen, dass nicht alle Signaturen mit der gleichen Sorgfalt erstellt werden. Fehlalarme sind bei den meisten NIDS ein gewichtiges Problem und können die Effizienz des Systems insbesondere in umfang-

reichen Umgebungen ad absurdum führen. Der Markt wird in den nächsten Jahren zunehmend nach Produkten verlangen, bei denen die Wahrscheinlichkeit von Fehlalarmen minimiert ist.

- **Robuste Architektur.** Bei IDS-Systemen gibt es viele Faktoren, und es ist von hoher Bedeutung, dass sowohl die Methodik selbst als auch deren »Verpackung« unter Berücksichtigung der Leistungsfähigkeit entwickelt worden sind. Methodiken bzw. Agenten sollten sowohl mit Angriffen als auch mit Umgehungsversuchen umgehen können; solche Umgehungsversuche sind zwar immer ein Problem insbesondere von NIDS gewesen, aber es gibt inzwischen ein paar Anbieter, die Einsicht gezeigt und sich mit diesem Problem auseinander gesetzt haben. Weniger einsichtige Anbieter hingegen ignorieren das Problem, wodurch allerdings nicht nur die Produkteffizienz, sondern auch die Glaubwürdigkeit des Herstellers unter Sicherheitsfachleuten leidet.

- **Skalierbarkeit.** Es gibt viele Faktoren, die die Skalierbarkeit von IDS bestimmen, aber die beiden wesentlichen sind die Überwachung in Umgebungen mit hoher Bandbreite und die Datenverwaltung. Die Bandbreitenproblematik ist insbesondere bei NIDS zu berücksichtigen, denn viele Lösungen in diesem Bereich weisen Unzulänglichkeiten in Umgebungen auf, in denen bei hoher Netzwerkbandbreite zahlreiche Sitzungen gleichzeitig stattfinden. Was die Datenverwaltung betrifft, so haben einige Produkte mit der Überwachung, Speicherung und Präsentation umfangreicher Alarmierungsdaten zu kämpfen. Wenn Sie also beispielsweise in einem komplexen Netzwerk mit umfangreichem Datenverkehr (und entsprechend vielen Alarmmeldungen) ein paar Dutzend NIDS oder HIDS einsetzen, dann schieben diese eine Menge Daten zurück in die zentralen Datenbanken und/oder auf die zentralen Rechner. Es gibt Backend-Systeme, die unter dieser Last zusammenbrechen; schlimmer noch: Es werden manchmal derart viele Daten erzeugt, dass es den Sicherheitsmitarbeitern schlichtweg nicht möglich ist, sich durch die Meldungen zu kämpfen. An dieser Stelle sollte allerdings festgehalten werden, dass diese Einschränkungen nicht für alle Umgebungen gelten. Wenn Sie nur ein paar Agenten einsetzen wollen, die lediglich einige wenige T1-Verbindungen überprüfen sollen, dann werden Sie hinsichtlich der Bandbreiten und der Datenverwaltung keine Probleme haben.

- **Oberfläche.** Die Erkennung von Angriffen ist die eine Sache, aber die Fähigkeit, die zugehörigen Daten verständlich und effizient zu präsentieren, ist ebenso wichtig für ein IDS. Wenn es Sicherheitsmitarbeitern nicht möglich ist, schnell und problemlos auf Alarmdaten zuzugreifen, dann ist die Gesamteffektivität eines IDS in Frage gestellt. Bei der Auswahl von IDS-Systemen sollten Sie die Verwaltungsoberfläche in einer wirklichkeitsgetreuen Umgebung ausgiebig testen. Seien Sie ganz sicher, dass Sie mit der Oberfläche und der Bedienung klarkommen und umgehend auf alle benötigten Informationen zugreifen können. Die Oberfläche, die zur Steuerung und Überwachung der IDS-Vorrichtung dient, ist fast genauso wichtig wie die Vorrichtung selbst.

- **Updatepolitik.** Wie auch bei Scannern muss, sobald neue Angriffe auf der Bildfläche auftauchen, möglichst umgehend eine Reaktion seitens des Herstellers in Form eines Updates erfolgen. Die Verwendung einer IDS-Lösung mit veralteten Daten ähnelt dem Betrieb eines Flughafens ohne Radaranlagen. Zwar sind Updates insbesondere bei NIDS-Lösungen wichtig, aber sie sollten auch bei den anderen Modellen nicht unberücksichtigt bleiben.
- **Anpassungsfähigkeit.** Einige IDS-Produkte erlauben in unterschiedlichem Umfang eine Anpassung an die jeweilige Umgebung, während sich andere recht statisch und unflexibel präsentieren. Es gibt sicher Organisationen, bei denen die Anpassungsfähigkeit keine große Rolle spielt, da sie das IDS in der Standardkonfiguration problemlos betreiben können; bei anderen hingegen ist die Anpassungsfähigkeit ein absolut zwingendes Kriterium. Sie sollten in jedem Fall bei der Auswahl eines Anbieters Ihre jetzigen *und* zukünftigen Bedürfnisse berücksichtigen – die Tatsache, dass Sie die Möglichkeit, Signaturen selbst zu schreiben, heute nicht benötigen, bedeutet nicht, dass dies nicht morgen schon notwendig sein könnte.
- **Notwendige Kenntnisse.** IDS-Vorrichtungen sollten wie jede andere IT-Komponente im Unternehmen betrachtet, d.h. ausschließlich von entsprechend geschulten Personen betrieben werden. Leider gehören die Kosten für die Unterhaltung eines IDS und für die Schulung von Personal zu den Faktoren, die von Administratoren und Entscheidungsträgern gleichermaßen immer wieder vernachlässigt werden.

12.5 SNORT und andere Open-Source-Lösungen

Es gibt eine ganze Reihe von Open-Source-Lösungen im IDS-Bereich, die einen Blick wert sind. Die verbreitetste Lösung ist SNORT von Martin Roesch. SNORT wird häufig als das »Linux im IDS-Bereich« beschrieben. Die Vorzüge des Programms sind eine extrem aktive Entwicklergemeinde, ein umfassender Signatursatz und eine große und treue Benutzergemeinde. SNORT verwendet ein NIDS-Modell, verfügt über eine umfangreiche Sammlung von Plug-Ins und wird von zahlreichen Anwendungen unterstützt. Das CERT-Team beispielsweise hat eine webbasierte Frontend-Oberfläche für SNORT erstellt, die auf den Namen ACID (Analysis Console for Intrusion Databases, Analysekonsole für IDS-Datenbanken) hört. ACID bietet Administratoren und Sicherheitsfachleuten eine benutzerfreundlichere Ausgabe der SNORT-Daten (die reguläre Ausgabevariante ist – sagen wir mal – recht schlicht gehalten). Auch SiliconDefense hat mit SnortSnarf ein Tool entwickelt, das die Resultate von SNORT in Form übersichtlicher Webseiten ausgibt. SNORT wird unter UNIX ständig weiterentwickelt, aber es gibt auch Windows-Varianten.

WEGWEISER
SNORT finden Sie unter http://www.snort.org, SnortSnarf unter http://www.silicondefense.com und ACID unter http://www.cert.org/kb/acid/.

Zwei weitere populäre Open-Source-Lösungen für IDS sind Argus und SHADOW. Beide basieren auf UNIX. Argus ist ein einfaches Überwachungs-Tool für Datenverkehr, während SHADOW bei behördlichen und militärischen Einrichtungen schon seit längerem sehr beliebt ist.

WEGWEISER
Eine umfassende Liste von Open-Source-Tools für HIDS und NIDS finden Sie auf der Website von SecurityFocus unter der URL http://www.securityfocus.com/templates/tools_category.html?category=16 und http://www.securityfocus.com/templates/tools_category.html? category=17.

Es gibt bei Open-Source-Programmen zwar Komponenten, die hinter den kommerziellen Pendants zurückstehen, aber einige Bestandteile von Lösungen wie insbesondere SNORT sind extrem fortgeschritten. Es wird in den kommenden Jahren interessant sein zu sehen, ob sich die Erfolge von Open-Source-Initiativen wie FreeBSD und Linux auf dem Gebiet der IDS-Systeme wiederholen können.

12.6 IDS-Produkte

Nachfolgend finden Sie eine Auflistung beliebter IDS-Lösungen. Ich habe versucht, die wichtigsten Hersteller aufzuführen, aber es sei noch einmal daran erinnert, dass die IDS-Industrie noch sehr jung ist, und neue Anbieter drängen fast monatlich auf den Markt. Sie können diesen Abschnitt als Richtschnur benutzen, aber führen Sie in jedem Fall noch einmal Onlinerecherchen durch, bevor Sie sich für ein Produkt entscheiden.

12.6.1 Anzen Flight Jacket

Die NIDS-Produkte von Anzen basieren auf der NIDS-Engine von NFT. Anzen hat eigentlich nichts anderes getan, als um das Standardprodukt von NFR einen Satz von Signaturen aufzubauen. Denken Sie also daran, dass alle Vorteile (und auch eine Reihe von Nachteilen), die in Zusammenhang mit Produkten von NFR genannt werden, auch für Flight Jacket Gültigkeit haben. Zu dem Zeitpunkt, als dieses Buch geschrieben wurde, bot Anzen keine HIDS-Lösung an.

Hersteller: Anzen

Firmensitz: Ann Arbor (USA)

Plattform: Hardware

Produkt: Anzen Flight Jacket

URL: http://www.anzen.com

12.6.2 Axent/Symantec NetProwler/Intruder Alert

Die IDS-Strategie von Axent stellt einen integrierten Ansatz des HIDS Intruder Alarm und des NIDS NetProwler dar. Zwar lassen sich die beiden Programme über eine einheitliche Plattform bedienen, aber hier enden die Ähnlichkeiten bereits. NetProwler wies schon immer einige interessante Funktionen auf, die man bei anderen IDS nicht findet, hat aber unter mangelndem Backend-Support zu leiden und kommt aufgrund dessen mit vielen NIDS-Umgehungstechniken nicht klar. Außerdem läuft das Programm nur unter Windows NT. Die HIDS-Lösung Intruder Alert dagegen gilt als eines derjenigen Programme auf dem Markt, die die umfangreichste Liste unterstützter Betriebssysteme aufweisen.

Hersteller: Axent/Symantec

Firmensitz: Rockville (USA)

Plattform: Windows, verschiedene UNIX-Versionen

Produkte: NetProwler, Intruder Alert

URL: `http://www.axent.com`

12.6.3 Cisco Secure IDS

Als Cisco Systems in den späten 90ern das in Texas ansässige Unternehmen Wheelgroup aufkaufte, erwarb die Firma damit auch das NIDS NetRanger, das nachfolgend als Grundlage der Produktreihe »Secure IDS« diente. Dabei sind mehrere Systeme zu unterscheiden, beginnend am unteren Ende der Skala mit x86-basierten Geräten (z.B. Cisco 4210) über die Industrievorrichtungen (Cisco 4230) bis hin zu Erweiterungsmöglichkeiten für vorhandene Systeme wie etwa einem Einschub für die Serie der 6500-Switches von Catalyst. Zwar sind Ciscos NIDS-Systeme bereits sehr leistungsfähig, aber mit dem CSPM (Cisco Security Policy Manager) setzte das Unternehmen neue Maßstäbe für die Administration von IDS: Diese Oberfläche verwaltet Tausende von Ereignissen und bietet großen Organisationen eine *wirklich* skalierbare Lösung. Zu dem Zeitpunkt, als dieses Buch geschrieben wurde, bot Cisco allerdings keine HIDS-Lösung an.

Hersteller: Cisco Systems

Firmensitz: San Jose (USA)

Plattform: Hardware

Produkt: Cisco Secure IDS

URL: http://www.cisc.com

12.6.4 CyberSafe Centrax IDS

CyberSafe bietet mit Centrax eine integrierte HIDS/NIDS-Lösung an, die über eine gemeinsame Oberfläche verwaltet wird. Das Programm ist in erster Linie Windows-basiert, unterstützt aber auch bestimmte UNIX-Plattformen (wenn auch nur eingeschränkt). Die NIDS-Engine gilt zwar in Fachkreisen hinsichtlich der Anzahl vorhandener Signaturen als eher schwach, dafür aber hat CyberSafe eine der leistungsfähigsten HIDS-Implementierungen auf dem Markt.

Hersteller: CyberSafe, Inc.

Firmensitz: Issaquah (USA)

Plattform: Windows NT, UNIX (Solaris und AIX)

Produkt: Centrax

URL: `http://www.cybersafe.com`

12.6.5 Enterasys Dragon IDS

Enterasys erwarb das IDS-System Dragon mit der Übernahme der Firma Network Security Wizards im Jahre 2000. Dragon ist ein UNIX-basiertes System, das zur einfachen Überwachung von Umgebungen mit hoher Bandbreite entwickelt wurde. Dragon ist traditionell zwar weniger imposant als andere IDS-Lösungen, dafür aber weitaus robuster. Organisationen, die eine in hohem Maße anpassungsfähige und extrem potente NIDS-Lösung suchen und über Erfahrungen im UNIX-Bereich verfügen, werden Dragon wahrscheinlich sehr mögen. Andere, die weniger hohe Anforderungen haben oder Windows bevorzugen, sollten sich hingegen eher andere Lösungen ansehen. Enterasys bietet auch einen HIDS-Agenten an, der sich auch in eine vorhandene Dragon-Implementierung einbinden lässt, aber dieses Programm ist noch recht neu.

Hersteller: Enterasys Networks, Inc.

Firmensitz: Andover (USA)

Plattform: Hardware, UNIX

Produkt: Dragon

URL: `http://www.enterasys.net`

12.6.6 ISS RealSecure

ISS war einer der ersten Hersteller, die die Bedienung seiner HIDS- und NIDS-Produkte über eine integrierte Oberfläche ermöglichte. RealSecure verfügt über eine der am leichtesten zu bedienenden Verwaltungskonsolen, und die Server- und Netzwerksensoren sind im Laufe der Jahre wirklich ausgereift. RealSecure läuft auf einer Vielzahl von Plattformen (z.B. Windows NT und zahlreichen UNIX-Versionen) und verfügt über einen der umfassendsten Signatursätze, die derzeit erhältlich sind. Natürlich hat auch RealSecure seine Nachteile; so haben etwa die NIDS-Engines schon immer mit Umgebungen mit hohen Bandbreiten zu kämpfen gehabt, und die Backend-Datenbank, auf die die Verwaltungsplattform aufsetzt, basiert nach wie vor auf MDB-Dateien für Microsoft Access. Wenn es aber um niedrige Bandbreiten und eine Windows-basierte Bedienung geht, dann ist RealSecure kaum zu schlagen.

Hersteller: Internet Security Systems, Inc.

Firmensitz: Atlanta (USA)

Plattform: Windows NT, Windows 2000, Solaris, HP/UX, AIX

Produkt: RealSecure

URL: `http://www.iss.net`

12.6.7 Network ICE BlackICE Sentry

Network ICE ist im Bereich IDS eigentlich ein Newcomer, hat auf dem Markt aber schon unübersehbare Spuren hinterlassen. Das NIDS-Produkt BlackICE Sentry ist eine NT-basierte Lösung, die eine umfassende Signaturdatenbank mit einer zugänglichen Oberfläche kombiniert. Gerade unter Heimanwendern gilt BlackICE als Favorit, denn die Beobachtung all der Angriffe, die über Kabel- oder DSL-Verbindungen auf den heimischen Computer losgelassen werden, kann sich schon als recht kurzweiliger Zeitvertreib erweisen. Die größte Schwäche von BlackICE war schon immer die zentrale Konsole in Verbindung mit den Verwaltungsfunktionen: Die Bedienung einer einzelnen Instanz von BlackICE ist leicht, aber wenn man ein paar Dutzend Instanzen verwalten muss, dann ist das schon immer recht aufwändig gewesen.

Hersteller: Network ICE, Inc.

Firmensitz: San Mateo (USA)

Plattform: Windows NT

Produkt: BlackICE

URL: `http://www.networkice.com`

12.6.8 NFR Security Intrusion Detection System

NFR gilt schon lange als eine der ersten Adressen, wenn es um die Bekämpfung vieler bekannter NIDS-Umgehungsstrategien geht. Das Intrusion-Detection-System dieses Herstellers ist ein NIDS-basiertes Produkt, das mit Hilfe des Einsatzes von »ncode«, einer von NFR entwickelten Skriptsprache, in hohem Maße anpassungsfähig ist. Diese Lösung wird von erfahrenen Veteranen an der IDS-Front vielfach in Umgebungen mit geringen Bandbreiten eingesetzt. Das Intrusion-Detection-System kann zwar mit verschiedenen Typen von Paketfragmentierungsangriffen umgehen, sieht aber in Umgebungen mit hoher Bandbreite häufig alt aus.

Hersteller: NFR Security, Inc.

Firmensitz: Rockville (USA)

Plattform: Hardware

Produkt: NFR IDS

URL: `http://www.nfr.com`

12.7 Fazit

Die IDS-Technologie kann ein mächtiger Verbündeter sein. Wenn Organisationen keinerlei Möglichkeit haben, Angriffe zu erkennen und angemessen darauf zu reagieren, dann haben böswillige Angreifer eine größere Erfolgschance. Andererseits aber ist die IDS-Technologie weit davon entfernt, ausgereift zu sein. Organisationen, die beabsichtigen, ein IDS einzusetzen, sollten ihre Anforderungen ermitteln und dokumentieren, und sie sollten auch darauf eingestellt sein, bereits in naher Zukunft andere Betriebssysteme unterstützen zu müssen. IDS sind keinesfalls der Weisheit letzter Schluss, aber ihr Nutzen kann durch eine intelligente Implementierung offenbar werden.

12.8 Lektüre zur Vertiefung

12.8.1 Internetressourcen

»The IDS Frequently Asked Question (FAQ) list« (`http://www.ticm.com/kb/faq/idsfaq.html`) ist ein hervorragender Ausgangspunkt für den Anfänger.

Ferner interessant ist sicher auch die ARACHNIDS-Datenbank: Ein aufschlussreicher Open-Source-Ansatz für die Erstellung von IDS-Signaturen durch eine Entwicklergemeinde (`http://www.whitehats.com/ids/index.html`).

»Talisker's IDS page« (`http://www.networkintrusion.co.uk/`). Der Betreiber der Site, Talisker, hat immer Informationen zu den neuesten IDS-Produkten und Updates zur Hand. Es gibt wohl kaum ein IDS-Produkt, das er nicht kennt.

Zwei sehr informative Mailinglisten für Expertendiskussionen zum Thema IDS sind die »SecurityFocus IDS List« und die IDS-Liste der University of Australia. Archive dieser Mailinglisten finden Sie unter `http://archives.neohapsis.com/archives/sf/ids/` bzw. `http://archives.neohapsis.com/archives/ids/`.

12.8.2 Bücher

Paul Proctor: »The Practical Intrusion Detection Handbook«. Prentice Hall, 2001. ISBN: 0-13-025960-8. Eines der besten Anwendungsbücher, das ich je gelesen habe.

Cooper, Northcutt, Fearnow, Frederick: »Intrusion Signatures and Analysis«. New Riders Publishing. ISBN: 0735710635. Ein weiteres hervorragendes Werk zur Anwendung von IDS-Systemen.

Rebecca Bace: »Intrusion Detection«. Macmillan Technical Publishing, 2000. ISBN: 1-57870-185-6. Rebecca Bace gewährt nicht nur einen umfassenden Einblick in Geschichte und Gegenwart der IDS-Szene, sondern beschreibt auch verschiedene Modelle und Theorien.

Kapitel 13

Protokollierungs- und Auditing-Tools

In diesem Kapitel werden wir erläutern, warum Protokolle (Log-Dateien) wichtig sind, wie eine Protokollierungsstrategie entwickelt wird und wie man häufig vorkommende Fallstricke umgeht. Wir werden Ihnen ferner Tools vorstellen, die Ihnen eine optimale Nutzung und Bewertung aufgezeichneter Protokolle ermöglichen, ohne dass Ihnen dabei schwindlig wird.

13.1 Warum überhaupt protokollieren?

Protokolle erweisen sich wie viele andere Faktoren auch als zweischneidiges Schwert. Je nachdem, in welcher Situation Sie sich befinden, können Protokolle Ihre letzte Rettung sein oder Sie ins Verderben stürzen. Die Bedeutung der Protokollierung wird jedoch in der Regel unterschätzt.

Protokolle sind für eine Reihe von Dingen nützlich. Sie können bei der Eingrenzung und Lösung von Problemen hilfreich sein, Anomalien im Netzwerk aufdecken oder auch vor Gericht Verwendung finden, um bestimmte Sachverhalte zu beweisen oder zu entkräften. Sie können beispielsweise als System- und Netzwerkadministrator mit Hilfe von Protokollen nachweisen, was Sie alles getan haben, um Ihr Netzwerk zu sichern. Wenn Sie aber keine Strategie zur Protokollierung entwickelt haben, dann werden Sie das bitter bereuen.

13.2 Protokolle aus Crackersicht

Wenn Ihr Betriebssystem bereits über eine integrierte Protokollierungsunterstützung verfügt, dann kommen Sie vielleicht in Versuchung, von der Verwendung zusätzlicher Protokollierungstools abzusehen. Sie sollten dieser Versuchung widerstehen, denn Sie können Ihren Protokolldateien nicht immer vertrauen. Tatsächlich gehört die Manipulation von Protokolldateien zu den ersten Dingen, die Cracker lernen. Diese Praxis ist derart weit verbreitet, dass es heute Tools gibt, die den Prozess automatisieren. Hier nur ein paar davon:

- **UTClean.** UTClean ist ein Utility, das jeglichen Hinweis auf Ihre Anwesenheit in `wtmp`, `wtmpx`, `utmp`, `utmpx` und `lastlog` löscht. Sie finden UTClean unter `http://packetstorm.securify.com/Exploit_Code_Archive/utclean.c`.
- **remove.** remove tilgt alle Spuren Ihrer Anwesenheit in den Dateien `utmp`, `wtmp` und `lastlog`. Sie finden das Programm unter `http://packetstorm.securify.com/UNIX/penetration/log-wipers/remove.c`.
- **marry.** Mit marry können Sie Einträge in den Protokollen `utmp`, `wtmp` und `lastlog` editieren. Dieses Tool können Sie unter `http://packetstorm.securify.com/UNIX/penetration/log-wipers/marry.c` herunterladen.

Je mehr unterschiedliche Protokollierungsfunktionen Sie einsetzen, desto schwieriger machen Sie es einem Angreifer, sein Vorgehen zu verschleiern.

HINWEIS

`wtmp`, `wtmpx`, `utmpx` und `lastlog` zeichnen Benutzerdaten auf, so etwa das Datum und die Uhrzeit des Zeitpunkts, zu dem dieser oder jener Benutzer auf ein System zugegriffen hat. Wenn Sie beispielsweise eine `last`-Ausgabe nach dem Benutzer `root` durchsuchen, dann sieht die Ausgabe wie folgt aus:

```
root      console  Fri Jun 19 17:01 - down   (00:01)
root      console  Fri Jun 12 12:26 - down  (4+02:16)
root      console  Tue May 19 10:45 - down   (01:50)
root      console  Fri May  1 11:23 - down   (00:02)
root      console  Fri Apr 24 09:56 - 09:56  (00:00)
root      console  Mon Mar 23 02:53 - down   (00:01)
root      console  Mon Mar 23 02:43 - down   (00:01)
```

Nach einem Angriff kann der Administrator anhand dieser Protokolle überprüfen, wer wann auf den fraglichen Rechner zugegriffen hat.

WEGWEISER

Ferner sollte auch angemerkt werden, dass so genannte **Rootkits** (Pakete, die entwickelt werden, um die Spuren eines Eindringlings zu verwischen oder Hintertüren bereitzustellen) normalerweise ebenfalls Protokollmanipulatoren enthalten. Eine der größten Sammlungen von Rootkits finden Sie unter `http://packetstorm.securify.com/UNIX/penetration/rootkits/`.

13.3 Wie man eine Protokollierungsstrategie entwickelt

Um Cracker davon abzuhalten, die Einträge in Ihren Protokolldateien zu manipulieren, sollten Sie eine Protokollierungsstrategie entwickeln. Die leichteste Möglichkeit, dies zu realisieren, besteht darin, Protokolle auf Einmalspeichermedien zu generieren oder auf einen gesicherten Protokollierungsserver zu kopieren. Einige Administratoren haben ihre UNIX-Rechner so konfiguriert, dass diese ihre Protokolle an einen seriellen Port senden, an den ein autarkes Gerät angeschlossen ist. Diese Lösung ist zwar sehr sicher, allerdings nicht besonders gut zu skalieren.

Eine etwas besser skalierbare Lösung basiert auf der Verwendung des `syslog`-Protokolls. `syslog` ist ein auf praktisch jeder UNIX-Plattform nativ verfügbarer Dienst, der dank zahlreicher in letzter Zeit veröffentlichter Add-Ons mittlerweile auch auf anderen Plattformen (wie etwa Windows NT) vorhanden ist. Es gibt zwar sicherere Alternativen zu `syslog`, aber der Dienst ist inzwischen bei Router- und Firewall-Produkten weit verbreitet. Diese Omnipräsenz gibt Administratoren einen kleinsten gemeinsamen Nenner für die Zentralisierung aller Protokollierungsaufgaben an die Hand. Beispielsweise könnten Administratoren all ihre Hosts so konfigurieren, dass diese ihre Protokolle auf einen zentralisierten Protokollserver schreiben, auf dem syslog ausgeführt wird; die Sicherheitsmitarbeiter hätten dann eine zentrale Anlaufstelle für die Koordinierung von Protokolldaten (siehe Abbildung 13.1).

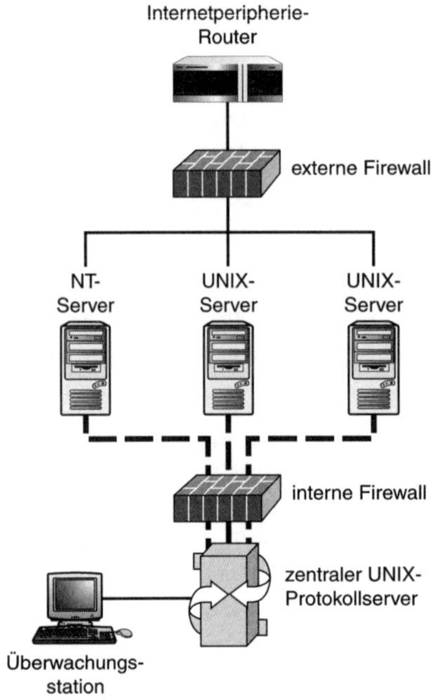

Abbildung 13.1: Zentralisierte Protokollierung

Wenn der syslog-Server korrekt konfiguriert ist, dann erlaubt er eingehende Daten nur über den UDP-Port 514 (d.h. den syslog-Port). Wenn Sie die Systemprotokolle an einen separierten, sicheren Rechner schicken, dann erschweren Sie Eindringlingen die Manipulation der Protokolldaten *erheblich*. Allerdings hat die Protokollierung auf einem Remoterechner den Nachteil, dass die syslog-Daten über UDP verschickt werden. Da UDP ein verbindungsloses Protokoll ist (vgl. Kapitel 4) und die vollständige Übertragung der Daten nicht sicherstellt, können Protokolleinträge verloren gehen.

WEGWEISER

Adiscon stellt ein tolles Utility namens Event Reporter für Windows NT her. Mit dem Event Reporter können Sie die Ereignisprotokolle von Windows NT an einen syslog-basierten Server übermitteln. Weitere Informationen finden Sie unter http://www.eventreporter.com.

WEGWEISER

Im Jahr 2000 betrat überdies ein neues Programm die Bühne: SRS (Secure Remote Streaming). SRS wurde mit der Absicht entwickelt, `syslog` zu ersetzen und gleichzeitig höchsten Sicherheitsansprüchen zu genügen. Es wird nicht so häufig eingesetzt wie `syslog`, aber als sicherere Alternative ist es gewiss einen Blick wert: `http://www.w00w00.org/files/SRS/`.

Zusätzlich zur Zentralisierung Ihrer Protokolle sollten Sie auch die Verwendung zumindest eines Protokollierungsprogramms oder Parsers eines Drittanbieters in Betracht ziehen. Dieser Ansatz bietet mehrere Vorteile: Zunächst einmal ist zwar die Mehrheit der Crackergemeinde mit den Protokollierungsfunktionen der einzelnen Betriebssysteme vertraut, aber es gibt nur weniger Cracker, die ausreichende Kenntnisse oder Mittel haben, um die Protokollierungssoftware eines Drittanbieters zu umgehen. Zweitens erstellt eine gute Drittanbietersoftware ihre Protokolle getrennt von denen des Betriebssystems. Wenn Sie die entsprechenden Daten vergleichen und Unterschiede zwischen den Betriebssystem- und den Drittanbieterprotokollen erkennen, wissen Sie sofort, dass jemand versucht hat, Ihr System zu knacken.

Das gilt natürlich insbesondere dann, wenn Sie Ihre Drittanbieterprotokolle isolieren. Nehmen wir einmal an, Sie verwenden das Protokollierungstool eines Drittanbieters, um im Nachhinein die Integrität der Betriebssystemprotokolle verifizieren zu können. Es ist zwar teuer, diese Drittanbieterprotokolle auf einmal beschreibbaren Medien zu speichern, aber Sie stellen so sicher, dass Sie zumindest über einen Satz zuverlässiger Protokolle verfügen – und Zuverlässigkeit ist hier doch das A und O, nicht wahr?

HINWEIS

Entwickler arbeiten fortwährend an Methoden, um Cracker davon abzuhalten, Protokolldateien zu manipulieren. Unter BSD 4.4 etwa wurden die so genannten **Secure Levels** eingeführt, um Kernel- und Systemdateien vor Manipulation durch Eindringlinge zu schützen (Secure Levels können so konfiguriert werden, dass selbst `root` die Daten nicht ändern kann); im Juni 1998 wurde das Schema allerdings geknackt (dieses Problem beschränkt sich im Übrigen sicher nicht auf UNIX; Protokolldateien von Windows NT-Servern beispielsweise können beschädigt und massenweise mit Fehlern versehen werden, wenn sie zuvor mit Hilfe eines Utilities namens `coke` angegriffen worden sind). Für Linux bietet das LIDS (Linux Intrusion Detection System, http://www.lids.org) Funktionen an, die den Secure Levels von BSD entsprechen.

Die Nutzung eines Drittanbieterprodukts ist eine empfehlenswerte Vorgehensweise, wenn Ihre integrierten Protokollierungs-Utilities versagen. Bei manchen Solaris-Versionen etwa beschneidet die `tmpx`-Datei eingehende Hostnamen, weswegen alle über `last` erhaltenen Daten fehlerhaft und unvollständig werden.

Wenn man es von der anderen Seite her betrachtet, dann ist es heutzutage eine unter Crackern recht verbreitete Praxis, Protokollierungstools *vor* dem eigentlichen Angriff außer Gefecht zu setzen. Wenn auf dem Zielrechner beispielsweise eine Solaris-Version ausgeführt wird, die nicht mit Sicherheits-Patches aktualisiert wurde, dann können Sie `syslogd` ganz einfach ausschalten, indem Sie ihm eine externe Nachricht mit einer nichtexistenten IP-Adresse als Absender übermitteln. Ähnlich kann, sofern `syslogd` für die Annahme von Remote-Nachrichten konfiguriert wurde, jeder einen falschen Eintrag in die Protokolldatei einfügen.

Aus all diesen Gründen sollten Sie den Einsatz alternativer Protokollierungssysteme in Betracht ziehen. Die nächsten Abschnitte stellen Ihnen einige empfehlenswerte Lösungen kurz vor.

13.4 Tools zur Netzwerküberwachung und zur Datensammlung

Die folgenden Tools dienen nicht nur zur übersichtlichen Darstellung von Daten aus Protokolldateien, sondern sammeln auch Daten aus verschiedenen Quellen. Beachten Sie, dass einige dieser Tools sich bereits im Grenzbereich zu den im vorherigen Kapitel beschriebenen IDS bewegen. Es wird sicher interessant sein, zu sehen, inwieweit diese beiden Softwaretypen mittelfristig interagieren werden.

13.4.1 SWATCH (The System Watcher)

SWATCH wurde entwickelt, um die in UNIX-Systemen integrierten Protokollierungs-Utilities zu ergänzen. SWATCH bietet daher Protokollierungsmöglichkeiten, die die des konventionellen `syslog` weit übertreffen, so etwa Echtzeitüberwachung, -protokollierung und -berichtserstellung. Da SWATCH in Perl geschrieben wurde, ist es sowohl portierbar als auch erweiterbar.

SWATCH hat mehrere beachtliche Merkmale:

- Eine »Backfinger«-Funktion zur Ermittlung von `finger`-Daten eines angreifenden Hosts
- Unterstützung der direkten Meldung (d.h. Sie erhalten sofort Bescheid, wenn etwas passiert)
- Eine konditionale Befehlsausführung (in der Form »Wenn du diese und jene Bedingung in einer Protokolldatei erfüllt findest, dann tue dies und jenes.«)

Ein weiterer Vorteil besteht darin, dass SWATCH mit lokalen Konfigurationsdateien arbeitet. Dankenswerterweise kann es auf einem Rechner mehrere Konfigurationsdateien geben; daher können, obwohl SWATCH ursprünglich nur für Systemadministratoren gedacht war, alle lokalen Benutzer mit entsprechenden Privilegien das Programm nutzen.

Autor: Stephen E. Hansen und E. Todd Atkins

Plattform: UNIX (Perl wird benötigt)

URL: `http://packetstorm.securify.com/UNIX/IDS/swatch-3.0b4.tar.gz`

13.4.2 Watcher

Der Programmierer Kenneth Ingham hat Watcher während seiner Zeit im Rechenzentrum der University of New Mexico entwickelt. Als seinerzeit das Rechenzentrum erweitert wurde, war der Protokollierungsprozess, der bis dahin verwendet worden war, nicht mehr angemessen. Ingham suchte nun nach einem Weg, um die Überprüfung der Protokolldateien zu automatisieren. Das Ergebnis dieser Bemühungen war Watcher.

Watcher analysiert verschiedene Protokolldateien und Prozesse und sucht nach extrem ungewöhnlichen Aktivitäten (der Autor hat diesen Prozess hinreichend elaboriert, so dass Watcher die doch recht unterschiedlichen Ergebnisse von Befehlen wie `ps` interpretieren kann, ohne gleich Alarm auszulösen).

Watcher läuft auf UNIX-Systemen und benötigt einen C-Compiler.

Kenneth Ingham Consulting

1601 Rita Dr. NE

Albuquerque, NM 87106-1127

Tel.: +1 – 505-262-0602

E-Mail: `ingham@i-pi.com`

URL: `http://www.i-pi.com/watcher.html`

13.4.3 lsof (List Open Files)

Version 4 von lsof überwacht nicht einfach nur geöffnete Dateien (einschließlich Netzwerkverbindungen, Pipes, Datenströmen usw.), sondern auch die Prozesse, die diese Dateien besitzen. Das Programm läuft auf vielen UNIX-Systemen, darunter u. a.:

- AIX
- BSDI BSD/OS
- NetBSD 1.[23] für Systeme auf Intel- und SPARC-Basis
- FreeBSD
- Digital UNIX (DEC OSF/1)
- HP-UX
- IRIX

- Linux
- NEXTSTEP 3.1 für NEXTSTEP-Architekturen
- SCO UnixWare
- Solaris und SUN OS

Autor: Vic Abell

Plattform: UNIX

URL: `ftp://vic.cc.purdue.edu/pub/tools/unix/lsof/`

13.4.4 Private-I

Private-I hat zwei wesentliche Funktionen: Es dient zunächst einmal als Archivierungsprogramm für die Backend-Protokolle von Routern, die mit Cisco IOS arbeiten, von PIX- und Checkpoint-Firewalls sowie von VPN-Vorrichtungen von RedCreek. Zweitens ist es aber auch in der Lage, auf der Basis bekannter Firewall- und IOS-Ereigniscodes Echtzeitalarmierungen zu erzeugen. Da Private-I so aufgebaut ist, dass es die anbieterspezifischen Ereigniscodes verarbeitet, die es über `syslog` bekommt, kann es Administratoren sofort auf eventuelle Probleme aufmerksam machen und auch informative Berichte erstellen.

OpenSystems.com

55 West St.

Walpole, MA 02081, USA

Tel.: +1 – 508-668-2460

URL: `http://www.opensystems.com`

13.4.5 WebSense

WebSense ist zwar vorzugsweise für seine Überwachungsmöglichkeiten bekannt, aber das Produkt bietet auch mächtige Protokollierungsmöglichkeiten (diese wurden vor kurzem sogar noch erweitert, als eine enge Kooperation mit den PIX-Firewalls von Cisco implementiert wurde).

WebSense, Inc.

World Headquarters

10240 Sorrento Valley Rd.

San Diego, CA 92121, USA

Tel.: +1 – 858-320-8000

Fax: +1 – 858-458-2950

E-Mail: `info@websense.com`

URL: `http://www.websense.com/`

13.4.6 Win-Log Version 1

Win-Log ist ein sehr einfaches Utility für Windows NT. Es protokolliert Zeitpunkt, Häufigkeit und Dauer der Verwendung von Windows NT. Mit diesem Programm können Sie beispielsweise auch dann feststellen, ob jemand Ihren Rechner neu gestartet hat, wenn dieser Jemand versucht hat, das Ereignisprotokoll auszutricksen.

iNFINITY Software

E-Mail: `jcross@griffin.co.uk`

URL: `http://www.isoft.demon.co.uk/`

13.4.7 NOCOL/NetConsole Version 4

NOCOL/NetConsole Version 4.0 ist eine Suite eigenständiger Anwendungen, die viele unterschiedliche Überwachungsaufgaben ausführen. Alle Produkte basieren auf einer Curses-Oberfläche, die auf einer ganzen Reihe von Terminals problemlos ausgeführt werden kann (es wird kein X-Window benötigt). Die Suite ist erweiterbar, umfasst Perl-Unterstützung und funktioniert in Netzwerken mit AppleTalk und Novell.

NOCOL/NetConsole v4

URL: `ftp://ftp.navya.com/pub/`

13.5 Tools zur Analyse von Protokolldateien

Mit den folgenden Tools können Sie Protokolldateien untersuchen, Daten aus diesen extrahieren und Berichte erstellen.

13.5.1 NestWatch

NestWatch kann Protokolldateien aller größeren Webserver und mehrerer Firewalls importieren. Es läuft unter Windows NT und kann HTML-Berichte erstellen und diese an Server Ihrer Wahl verteilen.

Scandinavian Security Center

Hermodsvej 5A, 2.

DK-8230 Aabyhoej, Dänemark

Tel.: +45 – 8744-7800

Fax: +45 – 8744-7820

E-Mail: `scansec@sscnet.com`

URL: `http://www.sscnet.com/nestwatch.html`

13.5.2 NetTracker

NetTracker analysiert Firewall- und Proxy-Dateien. Das Programm beinhaltet umfassende Filter- und Berichterstellungsfunktionen und kann Daten im Excel- und Access-Format speichern. Ferner kann es allgemeine Zugangsprotokolldateien analysieren und benutzerdefinierte Berichte so formatieren, dass diese grafisch dargestellt werden können. NetTracker läuft unter Windows 95 und Windows NT. Eine Testversion mit einer Laufzeit von 30 Tagen finden Sie im Web.

Sane Solutions, LLC

35 Belver Ave., Suite 230

North Kingstown RI 02852, USA

Tel.: +1 – 401-295-4809

E-Mail: `info@sane.com`

URL: `http://www.sane.com/products/NetTracker/`

13.5.3 LogSurfer

LogSurfer ist ein mächtiges Analysetool. Das Programm untersucht unverschlüsselte Protokolldateien und kann auf der Basis des Vorgefundenen (und natürlich der von Ihnen definierten Regeln) verschiedene Aktionen durchführen. Zu diesen Aktionen gehört etwa die Erstellung einer Warnmeldung, die Ausführung eines externen Programms und sogar die Extraktion von Teilen der Protokolldateien und deren Weiterleitung an externe Befehle oder Prozesse. LogSurfer benötigt einen C-Compiler, da es nur im Quellcode vorliegt.

Universität Hamburg

Fachbereich Informatik, DFN-CERT

Oberstraße 14b

20144 Hamburg

URL: `ftp://ftp.cert.dfn.de/pub/tools/audit/logsurfer/`

13.5.4 WebTrends für Firewalls und VPNs

WebTrends ermöglicht eine kombinierte Analyse von Weblinks, Internetnutzung und Datenverkehrsanalyse für die folgenden Firewalls:

- Firewall-1
- NAI/TIS Gauntlet
- Raptor

- Cisco PIX
- Lucent Managed Firewall
- IBM eNetwork Firewall
- Novell Proxy-Server
- Netscape Proxy-Server
- Microsoft Proxy

WebTrends läuft unter Windows 95 und Windows NT und generiert auf der Basis dieser Analysen sehr beeindruckende Statistiken. Die Ausgabe kann in einer Vielzahl konventioneller Datenbankformate exportiert werden.

WebTrends Corporation

851 SW 6th Ave.

Suite 1200

Portland, OR 97204, USA

Tel.: +1 – 503-294-7025

Fax: +1 – 503-294-7130

E-Mail: `sales@webtrends.com`

URL: `http://www.webtrends.com`

13.5.5 Analog

Analog ist das wahrscheinlich einzige wirklich plattformübergreifende Analysetool für Protokolldateien. Es ist derzeit für die folgenden Betriebssysteme erhältlich:

- Macintosh
- OS/2
- Windows 95/NT
- UNIX
- VAX/VMS
- RISC/OS
- BeOS
- BS2000/OSD

Analog ist nicht nur plattformübergreifend, sondern unterstützt von Haus aus auch eine ganze Reihe von Sprachen, darunter Englisch, Portugiesisch, Französisch, Deutsch, Schwedisch, Tschechisch, Slowakisch, Slowenisch, Rumänisch und Ungarisch.

Analog bietet außerdem DNS-Reverse-Lookups (wenn auch sehr langsame), verfügt über eine integrierte Skriptsprache (ähnlich den Shell-Sprachen) und unterstützt AppleScript zumindest rudimentär. Schließlich unterstützt Analog die Protokolldateiformate der meisten konventionellen Webserver, z.B. Apache, NCSA, WebStar, IIS, W3 Extended, Netscape und Netpresenz.

Autor: Stephen Turner

University of Cambridge Statistical Laboratory

URL: `http://www.statslab.cam.ac.uk/~sret1/analog/`

13.6 Spezielle Protokollierungsprogramme

Die folgenden Utilities sind eher der Vollständigkeit halber aufgeführt. Sie mögen zwar nützlich sein, aber ihre Funktionalität wird bereits durch die netzwerkbasierten IDS weitgehend abgedeckt. Trotzdem sei Ihnen ans Herz gelegt, diese Utilities herunterzuladen und auszuprobieren.

13.6.1 Courtney

Courtney ist ein Perl-Skript, das zur Erkennung und Protokollierung von SATAN-Angriffen geschrieben wurde. In der Dokumentation zu Courtney heißt es:

> *Courtney erhält seine Eingaben von* `tcpdump` *und ermittelt die Anzahl neuer Dienste, die ein Rechner innerhalb eines bestimmten Zeitrahmens startet. Wenn ein Rechner sich innerhalb dieses Zeitrahmens mit zahlreichen Diensten verbindet, identifiziert Courtney diesen Rechner als einen potenziellen SATAN-Host.*

Zu den Systemanforderungen gehören `libpcap-0.0`, `tcpdump-3.0` und `perl5`.

Autor: Marvin J. Christensen

URL: `http://packetstorm.securify.com/UNIX/audit/courtney-1.3.tar.Z`

HINWEIS
Tools wie die Portscanner `NMAP` und `STROBE` öffnen prinzipbedingt viele Socket-Verbindungen in kürzester Zeit. Dieses Verhalten ist sehr ungewöhnlich und kann leicht von Aktivitäten legitimer Benutzer unterschieden werden. Tools wie Courtney verlassen sich mehr auf das Verhalten eingehender Hosts (und ihren eigenen Regelkreis) als auf den Typ übertragener Daten.

13.6.2 Gabriel

Gabriel dient dem gleichen Zweck wie Courtney, nämlich der Protokollierung von und der Warnung vor SATAN-Angriffen. Gabriel ist jedoch völlig anders konzipiert und verteilt mit Hilfe eines Servers und einer Reihe von Clients fortwährend Statusberichte. Diese Berichte zeigen verschiedene Muster der Ressourcenbelegung durch entfernte Hosts. Wenn ein Host eine unangemessene Menge von Ressourcen belegt (oder eine ungewöhnlich große Anzahl von Verbindungen anfordert), dann wird dieser Host als möglicher Angreifer gekennzeichnet (es sei in diesem Zusammenhang angemerkt, dass Gabriel größtenteils auf der Basis von `syslog` arbeitet).

Um Gabriel ausführen zu können, benötigen Sie ein generisches UNIX-System, einen C-Compiler und Network-Include-Dateien.

Los Altos Technologies, Inc.

01 First Street, Suite 790

Los Altos, CA 94022, USA

Tel.: +1 – 800.999.UNIX

Fax: +1 – 650-623-0848

E-Mail: `info@lat.com`

URL: `http://www.lat.com/gabe.htm`

13.7 Fazit

Sie sollten die Bedeutung detaillierter Protokolldateien niemals unterschätzen. Solche Dateien sind nicht nur dann wichtig, wenn Sie einen Einbruch in Ihr Netzwerk untersuchen, sondern sie sind, wenn es darum geht, den Angreifer vor Gericht zu stellen, auch ein wichtiges Beweismittel. Rudimentäre Protokolldateien nützen Ihnen gar nichts.

In den letzten Jahren endeten die meisten Prozesse gegen Cracker mit einem Vergleich, denn meistens handelte es sich bei den Eindringlingen um Kids, die »nur ein bisschen Spaß haben« wollten. Aber diese gütlichen Einigungen werden zunehmend verschwinden, denn immer mehr *echte* Verbrecher richten sich im Internet ein. Diese Gauner wissen nur zu gut, dass es sehr schwierig ist, ein Vergehen vor Gericht zu beweisen (und zwar insbesondere dann, wenn die Staatsanwaltschaft nur wenig Erfahrung mit Fällen von Internetkriminalität hat). Wenn das Gericht einen Angeklagten verurteilen will, muss es stichhaltige Beweise liefern. Die einzige Möglichkeit, wie Sie solche Beweise beibringen können, besteht darin, absolut zuverlässige Protokollierungsmethoden zu verwenden.

Verbrechen, die über das Internet begangen werden, unterscheiden sich erheblich von anderen Delikten. Bei einem Raubüberfall beispielsweise kann das Opfer den Täter durch Gegenüberstellung identifizieren. Im Falle eines Einbruchs können Fingerabdrücke den Sünder überführen. Im Internet dagegen haben Sie weder eine Beschreibung des Täters noch Fingerabdrücke. Daher ist es nahezu unmöglich, einen Fall gegen einen Cracker aufzubauen, wenn Sie keine Protokolldateien vorweisen können.

Kapitel 14

Kennwortknacker

In diesem Kapitel werden wir uns mit Kennwortknackern und anderen Programmen beschäftigen, die entwickelt wurden, um kennwortbasierende Schutzmaßnahmen zu unterlaufen. Zwar gehört das Knacken von Kennwörtern zu den am häufigsten eingesetzten Methoden der Cracker, aber gerade deswegen ist es auch für System- und Netzwerkadministratoren wichtig, die Vor- und Nachteile des Kennwortschutzes zu verstehen. Zu wissen, wo und warum Kennwörter versagen, ist bei der Implementierung von Sicherheitsmaßnahmen in einer Organisation unabdingbar. Oftmals sind Kennwörter nicht nur die erste, sondern die einzige Schutzmaßnahme, die zur Verteidigung des eigenen Datenbestandes ergriffen wird. Wir werden in diesem Kapitel sehen, wie Kennwörter gespeichert werden, wie man sie entwendet und knackt, und was Sie tun können, um die Risiken zu minimieren, die mit der Verwendung von Kennwörtern einhergehen.

14.1 Wie man Kennwörter knackt: Eine Einführung

Kennwörter oder »Kennphrasen« werden für alle möglichen Zwecke verwendet, von der Netzwerkanmeldung zur Überprüfung des Mailkontos über den Dokumentenschutz (etwa von Word-Dokumenten oder Excel-Tabellen) bis hin zur Sicherung von Schlüsseln PKI-gesicherter Organisationsnetzwerke (Public Key Infrastructure, Infrastruktur öffentlicher Schlüssel). Man übertreibt nicht, wenn man behauptet, dass der Kennwortschutz in Unternehmen und Organisationen aller Art weit verbreitet ist.

Nun gibt es als Kennwortknacker bezeichnete Programme, deren Aufgabe es ist, geschützte Kennwörter aufzudecken – normalerweise mit Hilfe einer automatisierten Suchmethode. Es gibt zwar ein paar Anwendungen oder schlecht entwickelte Infrastrukturvorrichtungen, die Kennwörter verschlüsseln, aber heutzutage arbeiten alle wesentlichen Betriebssysteme mit einem Kennwort-Hash. Die Unterschiede zwischen der Verschlüsselung und der Hash-Codierung eines Kennworts werde ich im Verlauf dieses Kapitels noch erläutern, an dieser Stelle aber soll es ausreichend sein festzuhalten, dass es zur Speicherung von Kennwörtern zwei verschiedene Ansätze gibt.

Zwar gibt es immer noch einige schlechte (d.h. reversible) Verschlüsselungsmechanismen, aber die modernen Hash-Codierungen arbeiten *unidirektional*, d.h. sie lassen sich nicht umkehren, weswegen eine Entschlüsselung nicht möglich ist. Es mag sich so anhören, als sei die Verwendung der Hash-Codierung eine bombensichere Lösung, aber im Grunde genommen braucht man in einem solchen Fall nur ein bisschen mehr Zeit, um den Schutz zu knacken. Um die Herausforderungen zu umgehen, die eine Hash-Codierung darstellt, verwenden Kennwortknacker schlicht und einfach den gleichen Algorithmus, der zur Verschlüsselung des ursprünglichen Kennworts verwendet wurde. Die entsprechenden Tools führen eine vergleichende Analyse durch (wie das genau funktioniert, werden wir im Laufe dieses Kapitels noch sehen) und versuchen dann einfach, ihre Vermutungen mit dem ursprünglichen verschlüsselten Kennwort in Übereinstimmung zu bringen.

Viele Kennwortknacker sind nichts anderes als Ratemaschinen – Programme, die mit sehr hoher Geschwindigkeit ein Wort nach dem anderen ausprobieren. Solche Programme gehen nach der Theorie vor, dass man früher oder später auf das richtige Wort (bzw. die richtige Phrase) treffen wird. Diese Theorie ist insofern nicht töricht, als wir Menschen faule Kreaturen sind: Wir machen uns nur selten die Mühe, uns wirklich komplexe Kennwörter auszudenken. Aber das ist auch nicht immer Schuld des Anwenders:

> *Wenn überhaupt, dann sind Benutzer nur selten geübt in der Auswahl eines sinnvollen Kennworts. Wenn ein Kennwort etwa Bestandteil einer Wörterbuchdatei ist, dann ist die Gefahr, dass es geknackt wird, extrem hoch, und die meisten Benutzer wissen einfach nicht, wie sie ein »sicheres« Kennwort wählen. Diejenigen, die es wissen, sind oft der Ansicht, dass ihr Kennwort vor Entdeckung geschützt ist, wenn es nicht in der Datei /usr/dict/words steht. Viele Benutzer glauben auch, dass die Sicherheit ihres Kontos kein Thema für sie ist, weil sie ja doch keine privaten Dateien online haben, aber sie bedenken dabei nicht, dass sie es einem böswilligen Cracker durch das Bereitstellen eines Zugriffspunktes ermöglichen, im gesamten System Schaden anzurichten. (Aus: Daniel V. Klein: »A Survey of, and Improvements to, Password Security«. Software Engineering Institute, Carnegie-Mellon University, Pennsylvania. Datierung lt. Angabe der PostScript-Datei: 22. Februar 1991.)*

Es muss an dieser Stelle festgehalten werden, dass dieser Steht-nicht-im-Wörterbuch-Ansatz heute auch nicht mehr der Weisheit letzter Schluss ist. Die Suchlisten von Kennwortknackern beinhalten mittlerweile auch Tausende berühmter Namen, Figuren, Musikgruppen, Slang- und Kraftausdrücke sowie eine Ansammlung kulturell häufig genutzter Termini, die sich in konventionellen Wörterbüchern befinden können, aber nicht müssen. Wir werden den Wirkungsgrad und die Vielseitigkeit dieser Brute-Force-Methode später noch unter die Lupe nehmen, aber als Faustregel sei bereits angemerkt, dass man möglichst überhaupt keine Art von *Wort* nehmen sollte; der Ausdruck »808state« beispielsweise würde von den meisten Kennwortknackern relativ schnell ermittelt werden, denn er besteht nicht nur aus einem englischen Wort (»state«) und einer Zahl (»808«), sondern ist identisch mit dem Namen einer Band aus Manchester namens »808 State«, die recht populär ist. Komplexere (»stärkere«) Kennwörter lassen sich durch Verwendung einer Kombination von Buchstaben, Zahlen und Sonderzeichen entwickeln. Hierbei haben sich Akronyme besonders bewährt, etwa so: »Ein Mann lernt seit zwei Jahren Datensicherheitstechnologien!« – das ließe sich beispielsweise in »1MLS2JDST!« umsetzen. Dieses Kennwort ist *viel* schwerer zu erraten, aber nicht halb so schwer zu merken.

Das Problem der zu einfachen Kennwörter besteht beharrlich weiter, und das ungeachtet der Tatsache, dass es recht einfach wäre, Anwendern die notwendigen Kenntnisse zu vermitteln. Es ist erstaunlich, dass ein derart wesentlicher Aspekt immer wieder ignoriert wird, obwohl sich das Problem doch leicht lösen ließe. Dieser Umstand ist für den Bereich Sicherheit von zentraler Bedeutung:

Das Ausnutzen schlecht gewählter und schwach geschützter Kennwörter ist eine der weitverbreitetsten Ausprägungen von Angriffen, die Cracker gegen die Systemsicherheit durchführen. Fast jedes Mehrbenutzersystem nutzt Kennwörter zum Schutz vor unautorisiertem Zugriff, aber vergleichsweise wenige verwenden diese Kennwörter korrekt. Das Problem ist universell und nicht systemspezifisch. Die Lösungen wären einfach, billig und auf jeden Rechner unabhängig von Betriebssystem und Hardware anwendbar. Jeder könnte sie verstehen, und man bräuchte keinen Administrator oder Systemprogrammierer, um sie zu implementieren. (Aus: K. Coady: »Understanding Password Security for Users On and Offline«. New England Telecommuting Newsletter, 1991).

TIPP

Ein weiterer Aspekt, der sich negativ auf die Sicherheit auswirken kann, ist die Überlastung des Benutzers. Wenn ein Anwender sich zu komplexe oder zu viele Kennwörter merken muss, dann erhöht dies die Wahrscheinlichkeit, dass er sie irgendwo notieren, schwächere Kennwörter benutzen oder eine Vielzahl unsicherer Gewohnheiten annehmen wird, die sich in Ihrer Systemumgebung verheerend auswirken können. An dieser Stelle können zentralisierte Authentifizierungssysteme, Verzeichnisdienste und Einzelanmeldungen die Lösung sein. Damit werden nicht nur die Betriebskosten gesenkt und die Komplexität verringert, sondern Ihre gesamte Sicherheitsphilosophie kann hierdurch gestärkt werden.

14.1.1 Das Einmaleins der Kennwortverschlüsselung

Die etymologische Wurzel des Wortes »Kryptographie« ist sehr bezeichnend. Die Komponente »Krypto-« stammt vom griechischen Wort *kryptos*. *kryptos* beschreibt alles, was versteckt, verborgen, verschleiert, geheim oder rätselhaft ist. Die zweite Komponente »-graphie« ist von *graphia* abgeleitet, was »Schrift« bedeutet. Der Terminus »Kryptographie« benennt also die Kunst der Geheimschrift. In seinem Papier »Cryptography and Encryption« gibt Yaman Akdeniz eine hervorragende und präzise Definition der Kryptographie:

Kryptographie, definiert als die »Wissenschaft und Lehre der Geheimschrift«, bezieht sich auf die Art und Weise, in der Kommunikation und Daten durch Codes, Chiffren und andere Methoden verschlüsselt werden können, um eine Offenlegung ihrer Inhalte durch Abhören oder Abfangen zu verhindern, sodass nur bestimmte Leute die richtige Nachricht erkennen können. (Aus: Yaman Akdeniz: »Cryptography and Encryption«. In: »Cyber-Rights & Cyber-Liberties«. Großbritannien, August 1996. Download unter `http://www.leeds.ac.uk/law/pgs/yaman/cryptog.htm`. *Institut für Strafrecht am Fachbereich Jura der University of Leeds, Großbritannien.)*

Um Ihnen den Prozess der Kryptographie veranschaulichen zu können, möchte ich ihn einmal auf das absolut Wesentliche reduzieren. Stellen Sie sich vor, Sie haben sich einen eigenen Verschlüsselungscode ausgedacht, bei dem jeder Buchstabe des Alphabets einer Zahl entspricht (siehe Abbildung 14.1).

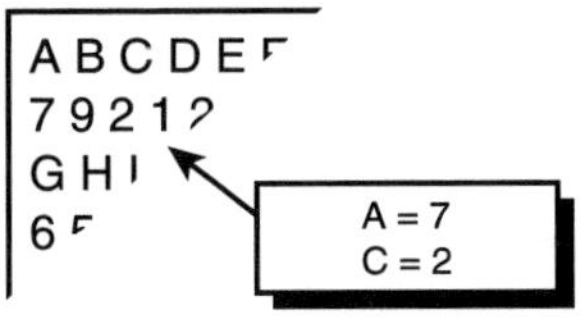

Abbildung 14.1: Beispiel für einen sehr einfach gestrickten Code

Abbildung 14.1 zeigt den Code in Form einer Tabelle oder Legende. Unter jedem Buchstaben steht die zugeordnete Zahl, d.h. A=7, C=2 usw. Dies ist bereits ein Verschlüsselungscode. Wenn Sie eine Nachricht nach diesen Regeln schreiben, kennen nur Sie und der Empfänger den tatsächlichen Inhalt der Nachricht.

Leider kann ein derartiger Code sehr einfach geknackt werden. Wenn zum Beispiel jeder Buchstabe ein festes numerisches Gegenstück hat, benutzen Sie nur 26 verschiedene Zahlen (vielleicht 1 bis 26, obwohl Sie auch willkürliche Zahlen verwenden könnten). Eine lexikalische Analyse würde Ihren Code innerhalb weniger Sekunden offen legen (es gibt Softwareprogramme, die eine solche Analyse mit sehr hoher Geschwindigkeit durchführen, indem sie nach Mustern suchen, die für eine bestimmte Sprache üblich sind; zum Beispiel ist allein die Häufigkeitsverteilung von Buchstaben einer gegebenen Sprache charakteristisch – der Buchstabe *e* kommt im Deutschen beispielsweise viel häufiger vor als der Buchstabe *m*).

ROT-13

Eine andere, etwas komplexere Methode besteht darin, jeden Buchstaben basierend auf einer aufsteigenden oder absteigenden Standardmethode durch einen anderen Buchstaben zu ersetzen. Ein System, das auf diese Art und Weise arbeitet, ist die ROT-13-Verschlüsselung (das Kürzel »ROT« leitet sich vom Wort »rotieren« ab). ROT-13 ersetzt einen Buchstaben durch einen anderen, der in der Buchstabenfolge dreizehn Stellen weiter hinten steht (siehe Abbildung 14.2).

Hierbei handelt es sich ebenfalls um eine sehr ineffiziente Methode, Nachrichten zu codieren oder zu verschlüsseln (obwohl es zu Zeiten des Römischen Reiches noch funktionierte – bei Cäsar hieß diese Formel »drei Schritte vor«). Einige Programme können dieses Muster schnell identifizieren. Das heißt jedoch nicht, dass Techniken wie ROT-13 völlig nutzlos sind. Warum dies so ist, möchte ich kurz zeigen, und dabei stoßen wir bereits auf den ersten wesentlichen Aspekt der Verschlüsselung:

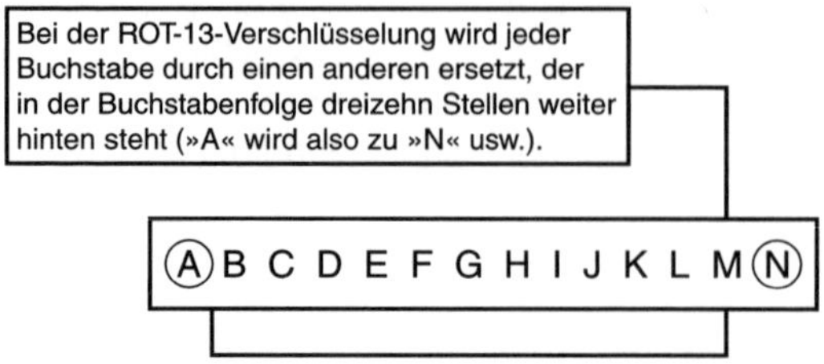

Abbildung 14.2: Buchstabencodierung nach ROT-13

> *Jede Form von Verschlüsselung kann unter bestimmten Bedingungen nützlich sein. Diese Bedingungen hängen von der Zeit, der Vertraulichkeit der zu übermittelnden Informationen und der Identität desjenigen ab, vor dem Sie diese Informationen verbergen möchten.*

Anders gesagt, können Techniken wie ROT-13 unter den »richtigen« Umständen recht nützlich sein. Hier ist ein Beispiel: Nehmen wir an, ein Cracker möchte ein neues Verfahren zum Knacken von Systemen im Usenet veröffentlichen: Er hat ein Sicherheitsloch gefunden und will darüber informieren, solange es dieses Loch noch gibt. Um zu verhindern, dass Sicherheitsspezialisten das Sicherheitsloch ebenso schnell wie Cracker entdecken, codiert er seine Nachricht mit Hilfe von ROT-13.

Viele Organisationen laden routinemäßig und im großen Stil Nachrichten aus den einschlägigen Newsgroups herunter. Auf diese Weise sammeln sie Informationen über die Cracker-Gemeinde. Einige Gruppen benutzen sogar konventionelle Suchmaschinen, um Cracker-Methoden aufzuspüren. Solche Suchmaschinen suchen nach regulären Ausdrücken (d.h. Wörtern oder Sätzen). Zum Beispiel gibt der Suchende eine Kombination der folgenden oder ähnlicher Wörter ein:

- »crack«, »Cracker«, »knacken«
- »hack«, »Hacker«, »hacken«
- »vulnerability«, »Schwachstelle«, »Sicherheitsloch«
- »Exploit«

Wenn die richtige Wortmischung eingegeben wird, erhält der Suchende eine Fülle von Informationen. Wenn ein Cracker jedoch ROT-13 benutzt, kann die Suchmaschine die entsprechende Nachricht nicht finden. Zum Beispiel wird die Nachricht

> *Guvf zrffntr jnf rapbqrq va EBG-13 pbqvat. Obl, qvq vg ybbx fperjl hagvy jr haeniryrq vg!*

von einer konventionellen Suchmaschine sicher nicht erkannt. Dabei heißt dies nichts anderes als:

> *This message was encoded in ROT-13 coding. Boy, did it look screwy until we unraveled it! (Diese Nachricht wurde mit ROT-13 codiert. Du meine Güte, sah das komisch aus, bis wir es entschlüsselten!)*

Die meisten modernen Mailprogramme und Newsreader unterstützen die ROT-13-Verschlüsselung und -Entschlüsselung (so z.B. FreeAgent von Forte oder der Messenger im Netscape Communicator). Zugegeben, dies ist eine sehr rudimentäre Form der Verschlüsselung, aber sie demonstriert das Prinzip. Lassen Sie uns nun ans Eingemachte gehen.

DES und Crypt

Heutzutage laufen auf Internetservern viele verschiedene Betriebssysteme. Viele Jahre lang war jedoch UNIX der Platzhirsch, und daher wurden die meisten Kennwortknacker für UNIX entworfen. Lassen Sie also uns mit UNIX beginnen und uns dann weiter vorarbeiten.

Bei UNIX werden die Anmeldenamen und Kennwörter aller Benutzer in einer von zwei Dateien gespeichert: entweder in der Datei *passwd*, die normalerweise im Verzeichnis */etc* zu finden ist, oder in der Datei *shadow*, die im gleichen Verzeichnis abgelegt ist. Die Dateien enthalten verschiedene Felder, von denen uns hier zwei interessieren sollen: der Anmeldename und das hash-codierte Kennwort.

> **TIPP**
>
> Das Kennwort-Shadowing ist die bevorzugte Art und Weise zur Speicherung von Kennwort-Hashs. Die Datei *etc/shadow* ist nur dem *root*-Konto und den Systemdiensten zugänglich – anders als die Datei *etc/passwd*, die von jedem Benutzer gelesen werden kann. Wenn es in Ihrer Umgebung immer noch Systeme gibt, die ihre Hashs in der Datei *etc/passwd* speichern, dann sollten Sie diese Systeme entweder aktualisieren oder baldmöglichst aus Ihrer Umgebung entfernen.

Der Anmeldename wird unverschlüsselt, d.h. in lesbarem Deutsch gespeichert, das Kennwort hingegen wird in verschlüsselter Form gespeichert. Der Verschlüsselungsprozess wird unter Nutzung von Crypt(3) durchgeführt, einem Programm, das auf dem DES-Standard (Data Encryption Standard, Datenverschlüsselungsstandard) basiert.

Die erste Version von DES wurde von IBM entwickelt; heute wird es auf vielen UNIX-Plattformen zur Kennwortverschlüsselung eingesetzt. DES wird sowohl vom amerikanischen National Bureau of Standards (Nationale Normenbehörde) als auch von der Sicherheitsbehörde NSA gefördert. Tatsächlich gilt DES seit 1977 als allgemein anerkannte Methode zum Schutz sensibler Daten. Abbildung 14.3 zeigt einen kurzen zeitlichen Überblick der Entwicklung von DES.

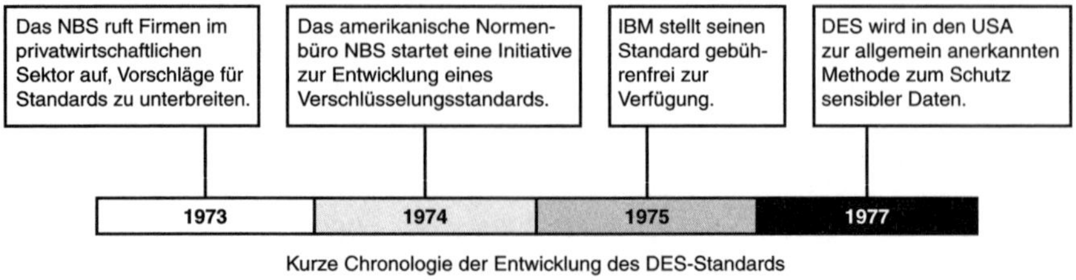

Abbildung 14.3: Eine kurze Geschichte des DES-Standards

DES wurde entwickelt, um bestimmte, nicht als Verschlusssache betrachtete Daten zu schützen, die in den amerikanischen Bundesbehörden auftreten können. Die Bundesdatenverarbeitungsnormenpublikation Nr. 74 mit dem Titel »Guidelines for Implementing and Using the NBS Data Encryption Standard« führt wie folgt aus:

> *Da allgemeine Verschlüsselungstechnologien außerhalb des nationalen Sicherheitsbereichs nicht verfügbar waren und Sicherheitsmaßnahmen einschließlich der Verschlüsselung für nicht als geheim eingestufte Applikationen benötigt wurden, die mit Computersystemen der Regierung in Zusammenhang standen, initiierte das National Bureau of Standards (NBS) 1973 ein Computersicherheitsprogramm, das die Entwicklung eines Verschlüsselungsstandards für Computerdaten beinhaltete. Da Regierungsstandards auch Auswirkungen auf den privatwirtschaftlichen Sektor haben, förderte das NBS das Interesse auf Seiten der Industrie und der Anwendergemeinde im Sinne einer Zusammenarbeit mit diesen Gruppen.*

Informationen über die ursprüngliche Entwicklung von DES sind rar; Berichten zufolge machte IBM auf Ersuchen der NSA bestimmte diesbezügliche Dokumente zur Verschlusssache. Der Quellcode für Crypt(3) (das ist die aktuelle DES-Implementierung unter UNIX) ist jedoch weitgehend verfügbar. Das ist insofern von Bedeutung, als trotz all der Zeit, die seit der Verfügbarmachung des Quellcodes von Crypt ins Land gegangen ist, noch niemand eine Möglichkeit gefunden hat, mit Crypt verschlüsselte Informationen durch Reversion wieder zu entschlüsseln.

Es gibt mehrere Versionen von Crypt, die alle etwas unterschiedlich funktionieren. Generell jedoch läuft der Vorgang wie folgt ab:

1. Ihr Kennwort wird unverschlüsselt (oder, wie es im Kryptographie-Jargon heißt, »im Klartext«) aufgezeichnet.
2. Ihr Kennwort wird als Schlüssel zur Codierung einer Reihe von insgesamt 64 Nullen benutzt. Der daraus resultierende codierte Text wird als Chiffrentext bezeichnet – dies ist der unleserliche Code, der sich aus der Verschlüsselung von Klartext ergibt. Auch der Chiffrentext wird manchmal als Hash bezeichnet, aber dieser Terminus passt an dieser Stelle eigentlich nicht richtig.

HINWEIS
Die unidirektionale Hash-Codierung wird häufig als Alternative zur tatsächlichen Kennwortverschlüsselung verwendet. Durch Nutzung von Hash-Algorithmen wie MD5 oder SHA-1 lässt sich ein digitaler Abdruck erzeugen, der das Kennwort selbst nicht enthält. Hierin besteht ein Unterschied zum Verschlüsselungsvorgang, denn die resultierenden Daten enthalten das eingegebene Kennwort in keiner Form, weswegen es unmöglich ist, dieses eingegebene Kennwort aus dem Resultat zu erschließen. Mittlerweile gibt es eine ganze Reihe von UNIX-Systemen, die MD5 den Vorzug vor der Verschlüsselung mit Crypt/DES geben. Wenn Sie an Methoden der unidirektionalen Hash-Codierung (oder an der Kryptographie im allgemeinen) interessiert sind, dann müssen Sie Bruce Schneiers Buch »Applied Cryptography« (ISBN 0-471-12845-7) gelesen haben (dt. Ausgabe »Angewandte Kryptographie«; ISBN: 3-89319-854-7).

Bestimmte Versionen von Crypt – namentlich Crypt(3) – gehen noch weiter. Zum Beispiel wird der verschlüsselte Text nach Abschluss dieses Prozesses noch weitere Male verschlüsselt, und immer wird Ihr Kennwort als Schlüssel benutzt. Dies ist eine ziemlich starke Verschlüsselungsmethode, die sich nur sehr schwer knacken lässt. Es wird z.B. geschätzt, dass ein und dasselbe Kennwort auf 4.096 verschiedene Arten codiert werden kann. Ein durchschnittlicher Benutzer, der das System nicht kennt, könnte wahrscheinlich ein Leben lang erfolglos versuchen, DES zu knacken. Um Ihnen diesen Sachverhalt zu verdeutlichen, gebe ich hier eine Schätzung des amerikanischen Normen- und Technologieinstituts wieder:

> *Der kryptographische Algorithmus [DES] verwandelt einen binären 64-Bit-Wert in einen eindeutigen binären 64-Bit-Wert, der auf einer 56-Bit-Variablen basiert. Wenn die komplette 64-Bit-Eingabe benutzt wird (d.h. keines der eingegebenen Bits in den jeweiligen Blocks vorgegeben ist) und die 56-Bit-Variable zufällig gewählt wird, kann keine andere Vorgehensweise als das Ausprobieren aller möglichen Schlüssel unter Verwendung der bekannten DES-Ein- und Ausgabe sicherstellen, dass der Schlüssel gefunden wird. Da es über 70.000.000.000.000.000 (siebzig Quadrillionen) mögliche Schlüssel mit einer Breite von 56 Bit gibt, ist die Wahrscheinlichkeit, einen bestimmten Schlüssel auf diese Art und Weise zu finden, in den typischen Risikoumgebungen praktisch gleich Null. (Aus: »Federal Information Processing Standards Publication 46-2: Data Encryption Standard (DES)«. NIST, 30. Dezember 1993. Download unter* `http://csrc.nist.gov/fips/fips46-2.txt`*).*

Jetzt könnte man natürlich annehmen, dass DES völlig unangreifbar sei. Das stimmt jedoch auch wieder nicht: Zwar können die Daten nicht über Reversion decodiert werden, aber mit Hilfe eines vergleichenden Prozesses lassen sich DES-verschlüsselte Kennwörter dennoch ermitteln. Das funktioniert wie folgt:

1. Sie besorgen sich eine Wörterbuchdatei (das ist eine normale Datei mit einer Liste von Wörtern); solche Dateien werden üblicherweise auch als Wortlisten bezeichnet.
2. Die in dieser Datei enthaltenen Wörter verschlüsseln Sie mit Hilfe von DES.
3. Jedes verschlüsselte Wort wird nun mit dem Zielkennwort verglichen. Wenn Sie zwei gleiche finden, beträgt die Wahrscheinlichkeit, dass Sie das Ursprungskennwort gefunden haben, 98 Prozent.

Der Prozess an sich ist sowohl einfach als auch extrem stupide – aber dennoch sehr effektiv. Programme, die zum Knacken von Kennwörtern entwickelt wurden und diesen Ansatz verfolgen, sind aber meist noch ein bisschen schlauer: Sie sind beispielsweise oft in der Lage, jedes Wort mit einer Vielzahl von Regeln zu prüfen. Eine solche Regel kann irgendwie aussehen, d.h. sie kann jede erdenkliche Form beschreiben, die ein Wort annehmen kann. Das sieht dann z.B. so aus:

- Alterniere die Groß-/Kleinschreibung des Kennworts.
- Schreibe das Wort erst vorwärts, dann rückwärts. Füge die Ergebnisse zu einem Wort zusammen (»Code« wird z.B. zu »CodeedoC«).
- Setze die Nummer »1« an den Anfang oder das Ende jedes Wortes.

Natürlich dauert der Vorgang umso länger, je mehr Regeln angewandt werden. Aber mehr Regeln versprechen auch eine höhere Erfolgswahrscheinlichkeit – aus verschiedenen Gründen:

- Das UNIX-Dateisystem unterscheidet die Groß-/Kleinschreibung (»WORKSTATION« wird anders interpretiert als »Workstation« oder »workstation«).
- Die abwechselnde Verwendung von Buchstaben und Zahlen in Kennwörtern ist eine weit verbreitete Praxis.

Kennwortknacker haben immer einen enormen Einfluss auf die Sicherheit im Internet, denn sie arbeiten extrem effektiv:

> *Crypt benutzt die Verteidigungsmöglichkeiten von DES gegenüber Klartextangriffen und macht es rechnerisch unmöglich, das Ursprungskennwort, aus dem ein bestimmtes verschlüsseltes Kennwort entstanden ist, auch durch noch so intensives Suchen zu ermitteln. Die einzige der Allgemeinheit bekannte Methode zur Enthüllung von Kennwörtern ist deren Erraten. Zu diesem Zweck werden umfangreiche Wortlisten mit Crypt verschlüsselt, um festzustellen, ob irgendeines der resultierenden verschlüsselten Wörter einem Eintrag in der Datei /etc/passwd entspricht. Unserer Erfahrung nach sind derartige Angriffe von Erfolg gekrönt, sofern nicht explizit Schritte zu deren Abwehr unternommen werden. Wir können im Durchschnitt circa 30 Prozent der auf ungesicherten Systemen vorhandenen Kennwörter entschlüsseln. (Aus: David Feldmeier und Philip R. Karn: »UNIX Password Security. Ten Years Later«.)*

Kennwortknacker werden zunehmend effektiver. Neuere Programme beinhalten wesentlich komplexere Regelwerke und verschiedene Wortlisten. Bei den Wortlisten handelt es sich um Klartextdateien, die ein Wort pro Zeile enthalten. Die Größe dieser Dateien reicht von etwa 1 Mbyte bis hin zu 20 Mbyte. Auch im Internet sind viele Wortlisten in vielen Sprachen zu finden (dadurch wird etwa ein amerikanischer Cracker in die Lage versetzt, einen italienischen Rechner zu knacken – und umgekehrt).

WEGWEISER
Es gibt mehrere beliebte Wortlistensammlungen. Einige sind einfache Wörterbücher, andere wiederum beinhalten mit Bindestrich geschriebene Wörter, Wörter in Groß- und Kleinschreibung usw. Die beste Quelle für Wörterbuchdateien ist wohl auf der Website von Packetstorm zu finden. Sehen Sie unter `http://packetstorm.securify.com/Crackers/wordlists/` nach.

14.2 Wie Kennwörter geknackt werden

Wenn Sie neu im Geschäft der Systemadministration sind, dann fragen Sie sich wahrscheinlich, wie Sie von Kennwortknackern profitieren können. Nun: Kennwortknacker können Ihnen dabei helfen, schwache Kennwörter in Ihrem Netzwerk zu identifizieren.

Im Idealfall sollten Sie einmal im Monat einen Kennwortknacker laufen lassen. Wenn Ihr Netzwerk mehrere Plattformen unterstützt, brauchen Sie eventuell eine ganze Reihe von Utilities zum Knacken von Kennwörtern. Zwar gibt es Programme wie John The Ripper, der sowohl unter UNIX als auch unter Windows NT erstellte Kennwortdateien knackt, aber die meisten Kennwortknacker sind mehr oder minder auf einen Kennworttyp beschränkt.

Um Kennwörter zu knacken, brauchen Sie die folgenden Komponenten:

- ausreichend leistungsfähige Hardware (wobei ein schneller Pentium II bereits ausreichend sein kann; besser ist natürlich ein Pentium III)
- einen Kennwortknacker (z.B. John The Ripper, Crack, L0phtcrack usw.)
- eine Kennwortdatei (*/etc/shadow*, die SAM-Datenbank von NT etc.)

Wie man an Kennwortdateien etwa von UNIX oder Windows NT kommt, wird in diesem Buch immer wieder beschrieben, und die Software zur Ermittlung von Kennwörtern selbst wird in den folgenden Abschnitten erklärt werden. Hardwareseitig allerdings gilt nur eine Maxime: Mehr ist besser!

Das Knacken von Kennwörtern ist eine prozessor- und speicherintensive Angelegenheit. Es kann einige Tage, Wochen, Monate, ja sogar Jahre dauern, bis der Vorgang erfolgreich abgeschlossen wird – je nach der von Ihnen eingesetzten Hardware. Um effizient arbeiten zu können, brauchen Sie adäquate Hardware – je leistungsfähiger diese ist, desto schneller werden Sie auch sehr komplexe Kennwörter knacken.

Wenn Sie konventionelle Kennwortdateien knacken wollen, wie sie auf UNIX- und Windows NT-Systemen vorkommen, dann sollte Ihr Equipment den folgenden Mindestanforderungen genügen, sofern das Ganze in einem vernünftigen Zeitrahmen erfolgen soll:

- Prozessor: Pentium III 400 oder schneller
- Arbeitsspeicher: mindestens 64 Mbyte

Weniger tut's auch: Mit einem Pentium II-System, auf dem *nichts* anderes läuft als der Kennwortknacker, haben Sie eine normale SAM-Datenbank in weniger als 48 Stunden durchgekaut. Aber das ist kein Vergleich zu einem Pentium III-Multiprozessorsystem.

Es gibt Methoden zur Bewältigung von hardwareseitigen Unzulänglichkeiten, z.B. das verteilte Cracking. Hierbei wird das Knackerprogramm parallel auf mehreren Prozessoren ausgeführt. Es gibt mehrere Möglichkeiten, dies zu realisieren, etwa das Aufspalten der Kennwortdatei in mehrere Teile, die dann auf verschiedenen Rechnern geknackt werden. Auf diese Weise wird die Arbeit auf mehrere Workstations verteilt, was Ressourcen und Zeit einspart.

Das Problem beim verteilten Cracking ist, dass es sozusagen einen ohrenbetäubenden Lärm veranstaltet. Erinnern Sie sich noch an den Fall Randal Schwartz? Der wäre wahrscheinlich niemals aufgedeckt worden, wenn er die Prozessorbelastung nicht auf mehrere Rechner verteilt hätte. Einem anderen Systemadministrator war nebst der Tatsache, dass ein Prozess schon länger als einen Tag lief, auch die hohe Prozessorauslastung aufgefallen. Verteiltes Cracking ist für einen Cracker keine echte Alternative, es sei denn, er ist der Administrator einer Site oder hat bei sich zu Hause ein Netzwerk herumstehen (was heutzutage auch nicht mehr so ungewöhnlich ist; ich habe daheim ein Netzwerk aus Rechnern unter den Betriebssystemen Windows 95, Windows NT, Linux, Sun und Novell).

14.3 Lösungen

Der Rest dieses Kapitels ist der Beschreibung der einzelnen Kennwortknacker gewidmet. Einige Tools wurden entwickelt, um *passwd*- und *shadow*-Dateien unter UNIX zu knacken, andere für die SAM-Datenbank unter Windows NT, und wieder andere funktionieren mit Hilfe von Anwendungen und Diensten, von denen Sie vielleicht noch nie gehört haben. Einige der aufgeführten Tools sind nicht einmal Kennwortknacker, sondern Utilities, die in Kombination mit vorhandenen Kennwortknackern eingesetzt werden können.

14.4 Kennwortknacker für Windows NT

Windows NT speichert die Kennwort-Hashes in einem geschützten Bereich der Registrierdatenbank, der so genannten SAM. Trotzdem gibt es eine ganze Reihe von Möglichkeiten, um an diese Hashes zu kommen. Die leichteste Methode besteht in der Verwendung des Befehls `rdisk`, mit dem eine Sicherungskopie der

SAM angelegt wird; diese Datei muss dann nur noch auf den Rechner kopiert werden, auf dem der Kennwortknacker läuft. Mit dem Schalter `rdisk /s-` erstellen Sie ein komprimiertes Abbild der SAM im Unterverzeichnis */repair* des Systemverzeichnisses (also normalerweise *c:\winnt\repair*).

Ein anderer Trick ist das Ermitteln der Kennwort-Hashes mit Hilfe einer Sniffer-Funktion. l0phtCrack beispielsweise verfügt über ein solches Feature. Aber es ist egal, wie Sie an die Kennwort-Hashes kommen: Wenn Sie sie einmal haben, dann können Sie versuchen, sie mit den folgenden Programmen zu knacken.

14.4.1 l0phtCrack

l0phtCrack ist das wahrscheinlich beliebteste Tool zum Knacken von Kennwörtern unter NT – wohl deswegen, weil es eine Doppelstrategie verfolgt. Lassen wir uns das doch von den Programmautoren erläutern:

> *Kennwörter werden mit zwei verschiedenen Methoden ermittelt. Die erste Vorgehensweise ist das Überprüfen anhand eines vom Anwender vorgeschlagenen Wörterbuchs (diese Methode heißt auch »Dictionary Cracking«). Für jedes Wort innerhalb der Wörterbuchdatei wird eine Hash-Codierung berechnet; diese wird dann mit allen entsprechend codierten Kennwörtern im Wörterbuch verglichen. Liegt eine Übereinstimmung vor, so hat man das Kennwort geknackt. Diese Methode ist extrem schnell. Bereits auf einem Pentium Pro 200 können Tausende von Benutzern auf der Basis eines Wörterbuchs mit 100.000 Einträgen innerhalb weniger Minuten überprüft werden. Der Nachteil dieser Methode besteht darin, dass nur sehr einfache Kennwörter gefunden werden können. Die zweite Methode ist die Brute-Force-Berechnung. Diese Methode benutzt einen bestimmten Satz von Zeichen (wie A – Z oder A – Z plus 0 – 9) und berechnet die Hash-Codierung für jedes mögliche Kennwort, das aus diesen Zeichen gebildet werden kann.*

Die Veröffentlichung von l0phtCrack verursachte hitzige Diskussionen – insbesondere weil die Autoren des Programms darauf hinwiesen, dass Microsofts Kennwortalgorithmus »im Wesentlichen fehlerhaft« sei. Sprecher von Microsoft wiesen diese Aussage heftig, aber ohne jeden Erfolg zurück. l0phtCrack arbeitet sehr gut, und es ist eine mittlerweile akzeptierte Tatsache, dass die Hash-Codierung von Kennwörtern unter Windows NT aus sicherheitstechnischer Sicht tatsächlich fehlerhaft ist.

Um l0phtCrack effektiv einsetzen zu können, brauchen Sie die Kennwort-Hashes.

URL: `http://www.l0pht.com/l0phtcrack/`

14.4.2 John The Ripper

John The Ripper ist weitaus vielseitiger als die meisten Kennwortknacker, die momentan in Umlauf sind. John läuft sowohl unter DOS als auch unter allen 32-Bit-Plattformen von Windows (also Windows 95, 98, NT, 2000 usw.) und unter fast allen UNIX-Versionen. Die Binärdistribution wurde bereits im Dezember 1996 veröffentlicht und wird seitdem kontinuierlich aktualisiert und verbessert.

Die Stärke von John The Ripper liegt in seiner Vielfalt. Das Programm knackt UNIX-Dateien nativ und SAM-Datenbanken von NT mit Hilfe von `pwdump`. Es wurden auch Module zum Attackieren anderer Plattformen (LDAP, Kerberos) entwickelt, und auch *echte* Brute-Force-Angriffe sind möglich; die hier verwendeten Methoden zum Knacken von Kennwörtern gehen über das heitere wortlistenbasierte Ratespiel hinaus und benutzen standardisierte oder erweiterte Zeichensätze, um buchstäblich jede mögliche Kombination auszuprobieren. John The Ripper ist extrem ressourcenhungrig, und der sinnvolle Einsatz ist erst im Laufe der letzten Jahre möglich geworden, weil die Prozessorleistung so rapide und drastisch zugenommen hat.

John ist gleichermaßen bei Crackern und bei Sicherheitsfachleuten (zur Durchführung von Testangriffen) beliebt, denn das Knacken von Kennwörtern unterschiedlicher Plattformen erfolgt hier auf einem einzigen zentralen Rechner. Weiterentwickelt wird das Programm von Solar Designer, dessen Homepage Sie unter `http://www.openwall.com/john/` finden.

14.4.3 NTCrack

NTCrack ist ein Kuriosum. Wie seine Autoren erklären, wurde es ursprünglich nicht zum Knacken von Kennwörtern im eigentlichen Sinne entwickelt. Es demonstriert jedoch, dass ein Cracker mit Brute-Force-Methoden erfolgreich gegen Windows NT vorgehen kann. Der Zweck des Programms besteht darin, extrem schnelle Brute-Force-Attacken gegen einen NT-Rechner durchzuführen. Bei der Firma Somarsoft, die das Programm ursprünglich entwickelte, meinte man zu NTCrack Folgendes:

> *Das Programm schafft etwa 1.000 Logins pro Minute, wenn es auf einem 486DX-33-Client mit 16 MByte RAM, einem 486DX-66-Server mit 32 MByte RAM und einem 10-Mbps-Ethernet läuft. Dies erlaubt eine Überprüfung von 1.152.000 Kennwörtern pro Tag. Zum Vergleich: Die englische Sprache kennt vielleicht 100.000 häufig verwendete Wörter.*

Um solche Angriffe zu verhindern, sollten Sie Kontosperren einrichten, das Administratorenkonto umbenennen, Netzwerkanmeldungen für Administratoren deaktivieren und SMB über TCP/IP sperren (falls möglich). Mehr Informationen zur `passfilt` und zur Sicherung von Windows NT finden Sie in Kapitel 19, »Microsoft«.

URL: `http://www.wiretrip.net/na/NTCrack.zip`

14.4.4 Notwendige Zubehörprogramme

Die in Tabelle 14.1 aufgelisteten Tools brauchen Sie in jedem Fall.

Anwendung	Beschreibung und URL
`samdump`	`samdump` ist ein Utility, das den Prozess des Übermittelns von Kennwort-Hashes unter NT automatisiert. Die Werte werden einer SAM-Datei entnommen, die entweder Bestandteil einer auf einer Notfalldiskette gespeicherten Registrierdatenbank ist oder sich auf der Festplatte befindet. `samdump` finden Sie unter `http://packetstorm.securify.com/Crackers/samdump.zip`.
`pwdump`	`pwdump` ist `samdump` recht ähnlich, gibt jedoch Benutzernamen und Kennwörter unter NT aus (und erfordert glücklicherweise Administratorprivilegien). Sie finden das Programm unter `http://packetstorm.securify.com/Crackers/NT/pwdump2.zip`.
NTFSDOS	NTFSDOS ist ein Tool, mit dem Sie auf NTFS-Datenträger zugreifen und sich deren Inhalte ansehen können, als handele es sich um FAT32-formatierte Datenträger. Sie können dieses Programm dazu benutzen, SAM-Kennwortdaten von einem NTFS-Datenträger zu extrahieren. Sie finden NTFSDOS unter `http://packetstorm.securify.com/NT/hack/ntfsdos.zip`.

Tabelle 14.1: Zubehörprogramme für das Knacken von NT-Kennwörtern

Lektüre zur Kennwortsicherheit unter Windows NT

Anstatt die hier beschriebenen Utilities einfach nur zu benutzen, möchten Sie vielleicht zunächst einmal untersuchen, welche Faktoren zu einer derart schlechten Kennwortsicherheit unter NT geführt haben. Wenn ja, dann lesen Sie die folgenden Dokumente:

- `mudge@l0pht.com`: »A l0phtcrack Technical Rant«. Eine schonungslose Analyse der Schwächen von NT-Kennwörtern mit vielen Details (und zwar den *wirklich* abstoßenden). `http://www.l0pht.com/l0phtcrack/rant.html`
- Joe Visser: »On NT Password Security«. Ein hervorragendes Dokument, das sowohl die praktischen als auch die theoretischen Probleme beim Kennwortschema von NT behandelt. Der Autor stellt ferner dar, wie man einen Angriff gegen Kennwortdateien von Windows NT durchführt. `http://www.osp.nl/infobase/ntpass.html#crack2`
- Alan Ramsbottom: »NT Cryptographic Password Attacks and Defences FAQ«. Dieses Dokument liefert Informationen zur Frage, warum bestimmte Patches und Aktualisierungen von Microsoft nicht funktioniert haben, und nennt die Schwachstellen von Microsofts DES-Implementierung. `http://www.indigo-blue.demon.co.uk/`

14.5 Kennwortknacker für UNIX

Der folgende Abschnitt behandelt das Knacken von UNIX-Kennwörtern. Die meisten der genannten Programme wurden auch für UNIX als Hostplattform entwickelt, einige andere werden jedoch auf anderen Plattformen (DOS, Windows 95) ausgeführt. Alle Programme haben jedoch die Aufgabe, UNIX-Kennwörter zu knacken.

14.5.1 Kennwortschutz unter UNIX

Wenn sie richtig implementiert werden, sind die Sicherheitsmaßnahmen für UNIX-Kennwörter recht zuverlässig. Das Hauptproblem besteht auch hier darin, dass Benutzer sich schwache Kennwörter aussuchen. Da UNIX ein Mehrbenutzersystem ist, stellt jeder Benutzer, der ein schwaches Kennwort auswählt, ein Risiko auch für die restlichen Benutzer dar. Dies ist eine Frage, die angesprochen werden muss:

> *Es ist von allergrößter Bedeutung, dass sich jeder Benutzer in einem System ein Kennwort wählt, das nicht leicht zu erraten ist. Die Sicherheit jedes einzelnen Benutzers ist wichtig für die Sicherheit des Gesamtsystems. Die Anwender haben oft keine Ahnung, wie ein Mehrbenutzersystem funktioniert, und sie bemerken nicht, dass die Wahl eines leicht zu merkenden Kennworts es Außenstehenden indirekt ermöglicht, das gesamte System zu manipulieren. (Aus: Walter Belgers: »UNIX Password Security«, 6. Dezember 1993).*

WEGWEISER
Die Abhandlung »UNIX Password Security« liefert einen exzellenten Überblick über die genaue Arbeitsweise von DES innerhalb des Kennwortsystems von UNIX. Es beinhaltet eine schematische Darstellung, die den eigentlichen Verschlüsselungsprozess mit Hilfe von DES veranschaulicht. Für Anfänger im Bereich Sicherheit ist dieser Artikel ein hervorragender Ansatzpunkt. Sie finden den Text unter `http://packetstorm.securify.com/papers/unix/password.ps`.

Was sind schwache Kennwörter? Üblicherweise sind dies alle Wörter, die in einem Wörterbuch vorkommen könnten. Darüber hinaus sind auch Eigennamen eine schlechte Wahl. Die Diskussion darüber, welche Kennwörter leicht zu knacken sind, führt jedoch zu nichts. Was feststeht, ist die Tatsache, dass alle Kennwörter, die in einer Wortliste für Cracker auftauchen (und die findet man zuhauf im Internet), nicht angemessen sind.

WEGWEISER
Beginnen Sie Ihre Suche nach Wortlisten zunächst unter `http://packetstorm.securify.com/Crackers/wordlists/`.

Indem Sie die Kennwörter in Ihrem Netzwerk regelmäßig auf ihre Widerstandsfähigkeit überprüfen, können Sie sicherstellen, dass Cracker nicht eindringen können (oder dass sie zumindest nicht eindringen können, indem sie schwache Kennwörter ausnutzen). Solch ein Vorgehen kann die Sicherheit Ihres Systems enorm stärken. Tatsächlich benutzen viele Internetprovider und Betreiber anderer Sites heute Tools, die ein Benutzerkennwort überprüfen, wenn es zum ersten Mal angewandt wird. Dieses Vorgehen basiert auf der Philosophie, dass...

> *... die beste Lösung für das Problem der leicht zu erratenden Kennwörter in einem System darin besteht, zu verhindern, dass solche Kennwörter überhaupt in das System gelangen. Wenn ein Programm wie ein Kennwortknacker bereits vorhandene, leicht zu knackende Kennwörter entdeckt, dann ist das Sicherheitsloch zwar gefunden, aber es bestand zumindest so lange, wie das Programm brauchte, um es zu entdecken ... Wenn das Programm aber Kennwörter bereits auf ihre Sicherheit und Komplexität hin überprüft, bevor sie dem Benutzerkonto zugewiesen werden, dann kann ein entsprechendes Sicherheitsloch erst gar nicht entstehen. (Aus: Matthew Bishop und Daniel Klein: »Improving System Security via Proactive Password Checking«. In: »Computers and Security« Nr. 14/1995, S. 233ff.)*

WEGWEISER
Der Artikel »Improving System Security via Proactive Password Checking« ist wohl eine der besten Fallstudien und Abhandlungen zum Problem der leicht zu erratenden Kennwörter. Er behandelt das Thema sehr tief schürfend und illustriert anhand von Beispielen, dass viele Kennwörter auch dann nicht sicher sind, wenn wir glauben, dass sie es sind. Sie finden den Artikel online unter `http://seclab.cs.ucdavis.edu/papers/bk95.ps`.

14.5.2 Crack

Crack wurde von dem walisischen UNIX-Softwaretechniker Alec D. E. Muffet verfasst und gilt heute als De-facto-Standard zum Knacken von UNIX-Kennwörtern. In der Dokumentation beschreibt Muffet den Zweck des Programms sehr präzise:

> *Crack ist ein frei verfügbares Programm, das dazu entwickelt wurde, achtstellige UNIX-Standardkennwörter, die mit DES verschlüsselt wurden, mit Hilfe konventioneller Ermittlungsmethoden zu entschlüsseln. Es wurde auf hohe Flexibilität, gute Konfigurierbarkeit und hohe Geschwindigkeit hin optimiert und ist in der Lage, mit Hilfe des `rsh`-Programms in BSD (oder eines ähnlichen Tools) mehrere vernetzte Hosts zu verwenden, wann immer dies möglich ist.*

Um Crack zum Laufen zu bringen, geben Sie das *Root*-Verzeichnis an. Sie weisen diese Variable (`Crack_Home`) in den Konfigurationsdateien zu. Die Variable `Crack_Home` teilt dem Programm dann mit, wo seine eigenen Ressourcen abgelegt sind. Zum Einstellen dieser Variablen editieren Sie das Shell-Skript `Crack`. Danach können Sie gleich beginnen.

Crack läuft nur unter UNIX. Sie finden es als *.tar*- oder *.gz*-Archiv unter `http://www.users.dircon.co.uk/~crypto/`.

HINWEIS
Die meisten Distributionen von Crack beinhalten eine Musterwortliste. Diese Liste ist jedoch stark eingeschränkt; wenn Sie also große Kennwortdateien (oder gar Dateien in anderen Sprachen) zu knacken beabsichtigen, dann werden Sie sicherlich zusätzliche Wörterbuchdateien benötigen.

Ihre Arbeitssitzung beginnen Sie, indem Sie Crack starten und den Namen der Datei, die Sie knacken wollen, sowie eventuelle Befehlszeilenargumente (z.B. Spezifikationen zur Benutzung mehrerer Workstations) angeben. Eine einfache Befehlszeile sieht so aus:

```
Crack my_password_file
```

Was nun folgt, ist schwierig zu beschreiben, also habe ich eine Beispielsitzung durchgeführt. Crack startet den Prozess und schreibt den Verlauf des Vorgangs in eine Datei mit dem Präfix *out*. In diesem Fall wurde die Datei *outSamsHack300* genannt. Nachfolgend sehen Sie einen Auszug aus dieser Datei:

```
1: pwc: Jan 30 19:26:49 Crack v4.1f: The Password Cracker, (c) Alec D.E.
 Muffett, 1992
2: pwc: Jan 30 19:26:49 Loading Data, host=SamsHack pid=300
3: pwc: Jan 30 19:26:49 Loaded 2 password entries with 2 different (salts:
 100%
4: pwc: Jan 30 19:26:49 Loaded 240 rules from 'Scripts/dicts.rules'.
5: pwc: Jan 30 19:26:49 Loaded 74 rules from 'Scripts/gecos.rules'.
6: pwc: Jan 30 19:26:49 Starting pass 1 - password information
7: pwc: Jan 30 19:26:49 FeedBack: 0 users done, 2 users left to crack.
8: pwc: Jan 30 19:26:49 Starting pass 2 - dictionary words
9: pwc: Jan 30 19:26:49 Applying rule '!?Al' to file 'Dicts/bigdict'
10: pwc: Jan 30 19:26:50 Rejected 12492 words on loading, 89160 words (left
  to sort
11: pwc: Jan 30 19:26:51 Sort discarded 947 words; FINAL DICTIONARY (SIZE:
  88213
12: pwc: Jan 30 19:27:41 Guessed ROOT PASSWORD root (/bin/bash (in
  my_password_file) [laura] EYFu7c842Bcus
13: pwc: Jan 30 19:27:41 Closing feedback file.
```

Crack hat das korrekte Kennwort für *root* in etwas weniger als einer Minute erraten. Zeile 1 gibt den Startzeitpunkt des Prozesses an (`19:26:49`), Zeile 12 beinhaltet den Zeitpunkt, an dem das Kennwort »laura« geknackt wurde: `19:27:41`. Diese Sitzung wurde auf einem Rechner mit einem 133-MHz-Prozessor und einem Arbeitsspeicher von 32 Mbyte ausgeführt.

Da die von mir benutzte Kennwortdatei recht klein war, spielten weder Zeit noch Ressourcen eine Rolle. Wenn Sie jedoch (wie das im richtigen Leben nun mal so ist) eine Datei mit Hunderten von Einträgen knacken wollen, dann erweist sich Crack als Ressourcenfresser – vor allem, wenn Sie mehrere Wortlisten in komprimierter Form benutzen (Crack erkennt diese Dateien automatisch als komprimiert und entpackt sie daraufhin).

Wie bereits erwähnt, können Sie das Ressourcenproblem umgehen. Crack kann die Arbeitslast auf verschiedene Workstations oder Architekturen aufteilen. Sie können Crack auf einem IBM-kompatiblen PC unter Linux, einem RS/6000 mit AIX und einem Macintosh mit A/UX benutzen.

Crack ist ein extrem schlankes Programm und gleichzeitig einer der besten Kennwortknacker, die es momentan gibt.

TIPP

Wenn Sie Crack in einer Netzwerksitzung ausführen wollen, müssen Sie zunächst die Datei *network.conf* erstellen. Diese Datei gibt an, welche Hosts berücksichtigt werden, welche Architektur diese Hosts haben und welche anderen Schlüsselvariablen noch vorhanden sind. Sie können außerdem festlegen, welche Befehlszeilenoptionen aufgerufen werden, wenn Crack auf dem jeweiligen Rechner startet, d.h. Crack kann auf jedem beteiligten Rechner mit unterschiedlichen Befehlszeilenoptionen ausgeführt werden.

14.5.3 John The Ripper

John The Ripper wurde bereits bei den Kennwortknackern für Windows NT beschrieben, weswegen ich an dieser Stelle nur noch kurz darauf eingehen will. Das Programm knackt zwar sowohl NT- als auch UNIX-Kennwörter, aber es gibt einen Vorteil der UNIX-Version, den die NT-Version nicht vorweisen kann: die Fähigkeit zur Durchführung von Brute-Force-Angriffen. Solche Angriffe, bei denen es darum geht, wirklich jede mögliche Kombination eines Zeichensatzes als Kennwort auszuprobieren, war noch vor wenigen Jahren aufgrund der hardwareseitigen Unzulänglichkeiten nicht praktizierbar, sind aber inzwischen Realität. Wenn Sie sich als Inquisitor von UNIX-Kennwortdateien betrachten, dann ist John Ihr Folterknecht.

14.5.4 CrackerJack

CrackerJack läuft unter DOS, knackt aber UNIX-Kennwörter. Im Gegensatz zur verbreiteten Ansicht ist CrackerJack kein direkter Abkömmling von Crack. Dennoch ist das Programm extrem schnell und einfach zu benutzen. CrackerJack ist schon seit Jahren *die* Wahl für DOS-Anwender.

Spätere Versionen wurden unter Verwendung von GNU C und C++ kompiliert. Der Entwickler von CrackerJack berichtet, dass das Programm durch diese Neukompilierung erheblich an Geschwindigkeit gewonnen hat.

CrackerJack weist ein paar Nachteile auf, die hier nicht verschwiegen werden sollen:

- Sie können immer nur eine Wörterbuchdatei gleichzeitig benutzen.
- Aufgrund von Speicherzuordnungskonventionen kann CrackerJack nicht unter Windows 95 ausgeführt werden.

Trotz dieser Einschränkungen ist CrackerJack zuverlässig und belegt nur minimale Ressourcen. Die Prozessorbelastung ist zu vernachlässigen, und das Programm benötigt nicht nur kein grafisches Betriebssystem, sondern kann sogar von Diskette ausgeführt werden.

Autor: Jackal

WEGWEISER
CrackerJack ist weit verbreitet. Man findet das Programm etwa unter `ftp://ftp.sonic.net/pub/users/z/hacking/jack14.zip` oder auch `http://packetstorm.securify.com/MSDOS/penetration/jack14.zip`.

14.5.5 PaceCrack95

PaceCrack95 läuft unter Windows 95 in der DOS-Box oder in einem Shell-Fenster. Der Autor von PaceCrack95 erzählt, dass die Entwicklung des Programms durch die Unzulänglichkeiten anderer DOS-basierter Kennwortknacker angeregt wurde. Er schreibt:

> *Sie fragen sich vielleicht, warum ich ein solches Programm geschrieben habe, wo es doch schon so viele gibt, die das Gleiche tun. Dafür gibt es mehrere Gründe. Ich suchte eine Herausforderung, und dies war eine zweckmäßige Möglichkeit, eine solche zu finden. Und dann war da noch dieser Typ – Borris –, der mich ständig bearbeitete, so etwas für ihn zu schreiben, weil CrackerJack (von Jackal) wegen seiner seltsamen Speicherallüren nicht unter Windows 95 läuft. Was also gebraucht wurde, war ein Programm, das unter Windows 95 läuft und die gleiche Geschwindigkeit bietet wie CrackerJack.*

Man muss dem Autor zugute halten, dass er sein Ziel erreicht hat: Das Programm ist schnell, kompakt und effizient.

Autor: `pacemkr@bluemoon.net`

URL: `http://tms.netrom.com/~cassidy/utils/pacec.zip`

14.5.6 Star Cracker

Star Cracker wurde für die DOS4GW-Umgebung entwickelt und ist eine komplette Programmsuite zum Knacken von Kennwörtern. Nachfolgend einige der Vorzüge von Star Cracker, die wirklich interessant sind:

- **Failsafe-Maßnahmen gegen Stromausfälle.** Wenn Ihr Computer aufgrund eines Stromausfalls abgeschaltet wird, dann ist Ihre Arbeit nicht verloren. Beim Neustart stellt Star Cracker alle Ergebnisse der vor dem Stromausfall ausgeführten Prozesse wieder her und setzt den Vorgang fort.
- **Zeitabhängiger Betrieb.** Sie können Zeitfenster konfigurieren, die bestimmen, wann das Programm seine Arbeit erledigt. Beispielsweise können Sie Folgendes festlegen: »Bearbeite diese Datei elf Stunden lang. Mach dann drei Stunden Pause. Setze die Arbeit danach fort.«

Star Cracker macht das Kennwortknacken zum Kinderspiel.

Autor: The Sorcerer

URL: `http://packetstorm.securify.com/Crackers/starcrak.zip`

14.5.7 Merlin

Merlin ist kein Kennwortknacker, sondern eher ein Programm zur Verwaltung von Kennwortknackern, Scannern, Auditing-Tools und anderen sicherheitsrelevanten Utilities. Kurz, es ist ein ziemlich raffiniertes Tool für ganzheitliches Sicherheitsmanagement.

Merlin läuft nur auf UNIX-Plattformen. Es wurde auf einigen Derivaten (erfolgreich) getestet, darunter u.a. IRIX, Linux, SunOS, Solaris und HP-UX.

Einer der Hauptvorteile von Merlin ist seine hohe Erweiterungsfähigkeit, obwohl es speziell zur Unterstützung fünf gängiger Sicherheitstools entwickelt wurde (es wurde fast ausschließlich in Perl geschrieben). Sie können beliebig viele Tools in das Programmschema integrieren.

Merlin ist fantastisch bei der Integration einer Hand voll Befehlszeilen-Tools in ein einzelnes, einfach zu bedienendes Paket. Es orientiert sich an der Tatsache, dass die Mehrzahl der UNIX-Sicherheitstools über die Befehlszeile bedient wird. Die fünf unterstützten Anwendungen sind:

- COPS
- Tiger
- Crack
- Tripwire
- SPI (ist nur Vertragsnehmern der amerikanischen Regierung und Behörden zugänglich)

Sie sollten beachten, dass keines dieser Utilities in der Merlin-Distribution enthalten ist; Sie müssen sich diese Anwendungen also besorgen und Merlin dann so konfigurieren, dass es mit ihnen arbeiten kann (so wie man beispielsweise externe Viewer und Hilfsprogramme im Netscape Communicator konfiguriert). Das Konzept mag auf den ersten Blick recht freudlos erscheinen, aber Merlin stellt eine einfache zentrale Bedienoberfläche zur Verfügung, von der ausgehend Sie einige häufig durchzuführende (und aufreibende) Sicherheitsaufgaben erledigen können. Mit anderen Worten: Merlin ist sicher mehr als ein kaschiertes Frontend; meiner Meinung nach ist es tatsächlich ein wichtiger Beitrag zum Bereich Sicherheit.

TIPP

Programmierer, für die UNIX Neuland ist, müssen einiges auf sich nehmen, um Merlin zum Laufen zu bringen. Zum Beispiel geht Merlin davon aus, dass Sie Ihren Browser in Bezug auf den Umgang mit *.pl*-Dateien korrekt eingerichtet haben (ich brauche nicht zu erwähnen, dass Perl eine Voraussetzung ist). Merlin führt offensichtlich auch einen internen HTTP-Server aus und sucht beim lokalen Host nach Netzverbindungen; Sie müssen Ihr System also korrekt für einen Loopback konfiguriert haben.

Merlin und ähnliche Programme stellen einen wichtigen und zunehmend verbreiteten Trend dar (ein Trend, der von Farmer und Venema ins Leben gerufen wurde). Da solche Programme mit HTML bzw. Perl entwickelt werden, sind sie umfassend auf die diversen UNIX-Plattformen portierbar. Sie verbrauchen in der Regel nicht viele Netzwerkressourcen und sind recht schnell, nachdem der Code in den Interpreter geladen wurde. Schlussendlich sind diese Tools einfacher zu benutzen und gestalten sicherheitsrelevante Aufgaben auf diese Weise weniger aufreibend. Die Daten sind schnell verfügbar und können leicht manipuliert werden. Dieser Trend kann nur dazu beitragen, das Gespür für Sicherheit zu fördern und Neulinge auf dem Gebiet anzuleiten.

Autor: CIAC DOE

URL: `http://packetstorm.securify.com/UNIX/audit/merlin-1.0.tar.gz`.

14.6 Wie man Kennwörter für Cisco-Systeme und Anwendungen aller Art knackt

Zwar kann man Kennwortknacker gewiss für hinterhältige Aktivitäten benutzen, aber es gibt auch viele legitime Gründe für den Zugriff auf Daten, die kennwortgeschützt sind. Wenn beispielsweise ein Mitarbeiter das Kennwort einer geschützten Datenbank vergessen hat oder jemand ein Unternehmen verlässt, ohne das Kennwort für eine *.zip*-Datei anzugeben, dann hat eine Organisation durchaus das Recht, solche Programme zu benutzen, um an die geschützten Daten zu kommen.

In den folgenden Abschnitten werden wir ein paar Kennwortknacker für weniger verbreitete Anwendungen (ohne Ansehen des Betriebssystems) beschreiben. Bitte beachten Sie dabei die Vielfältigkeit des hier vorgestellten Angebots – wir wollen endlich mit der Legende aufräumen, dass Kennwörter auf Anwendungsebene grundsätzlich sicher sind; in Wahrheit machen sich die wenigsten Anbieter von Anwendungen die Mühe, einen sicheren Kennwortschutz zu implementieren. Die meisten derartigen Funktionen lassen sich problemlos knacken.

14.6.1 Kennwörter unter Cisco IOS knacken

Cisco speichert die Anmeldekennung, Benutzernamen und »Enable«-Kennwörter verschlüsselt in IOS-Standardkonfigurationsdateien. Wenn diese Konfigurationsdateien nicht geschützt sind, dann können sie mit Entschlüsselungsskripten bearbeitet werden, die am Ende die unverschlüsselten Kennwörter ausgeben. Wir werden in Kapitel 22, »Cisco-Router und -Switches«, näher auf von Cisco hergestellte Geräte eingehen; an dieser Stelle ist es ausreichend zu wissen, dass es von höchster Wichtigkeit ist, die Konfigurationsdateien zu schützen.

Es sind eine Menge Skripten zur Entschlüsselung von Cisco-Standardkennwörtern im Umlauf. Eines finden Sie etwa unter `http://packetstorm.securify.com/new exploits/ios7decrypt.tar`.

WEGWEISER
Ein nettes Tool zur Überwachung von Konfigurationsdateien für Cisco-Router können Sie unter `http://www.scrypt.net/~g0ne/` herunterladen. Cisco-Administratoren sei dringend ans Herz gelegt, dieses Programm einmal auszuprobieren.

14.6.2 Kommerzielle Kennwortknacker für Anwendungen

Es gibt eine Reihe von Unternehmen, die kommerzielle Produkte zum Knacken von Anwendungskennwörtern anbieten. Drei der etwas bekannteren sind:

- PWD Service, Inc. (`http://www.pwdservice.com`),
- Password Crackers, Inc. (`http://www.pwcrack.com`),
- Sumin & Co. (`http://www.lostpassword.com`).

Zu den Anwendungen, deren Kennwörter sich mit Software der genannten Unternehmen knacken lassen, gehören:

- Microsoft Word
- Microsoft Excel
- Microsoft Access
- Microsoft Outlook
- Microsoft Project
- Microsoft Backup
- Microsoft Money
- Lotus 1-2-3
- Lotus Word Pro
- Quickbooks

- ACT
- Paradox
- M.Y.O.B
- Quicken
- Peachtree Accounting
- PKZIP
- WordPerfect

Hierbei sollte angemerkt werden, dass die meisten dieser Kennwortknacker ihre Arbeit innerhalb weniger Sekunden verrichten. Ich bin zwar kein Experte für Kennwörter oder Kryptographie, aber ich halte die Schlussfolgerung für zulässig, dass Cracker die meisten Kennwortschutzschemata von Anwendungen lediglich als lästige Pflichtübung betrachten. Wenn Sie diesen Kennwortschutz mit einer Software für wenig Geld knacken können, dann sollte Ihnen klar sein, dass andere das sicher auch können …

14.6.3 ZipCrack

ZipCrack tut das Erwartete: Es knackt mit Hilfe von Brute-Force-Methoden Kennwörter, mit denen *.zip*-Dateien (d.h. Dateien, die mit dem Packer PKZIP oder einem kompatiblen Programm erstellt wurden) geschützt sind.

Die Distribution enthält keine Dokumentation (zumindest nicht, soweit ich gesehen habe), aber ich glaube auch nicht, dass eine Dokumentation gebraucht wird. ZipCrack hat einen sehr unmittelbaren Ansatz: Sie geben die Zieldatei an, den Rest erledigt das Programm.

Geschrieben wurde ZipCrack in Turbo Pascal, der Quellcode ist in der Distribution enthalten. Das Programm läuft auf jedem IBM-kompatiblen Rechner mit einem 286er oder einem moderneren Prozessor. Laut Dateibeschreibung knackt ZipCrack alle mit PKZIP 2.0 generierten Kennwörter. Ferner warnt der Autor davor, dass kurze Kennwörter zwar innerhalb eines sinnvollen Zeitraums geknackt werden können, dass das Knacken von langen Kennwörtern aber »Jahrhunderte« dauern kann. Andererseits bezweifle ich ernsthaft, dass es viele Leute gibt, die Kennwörter mit einer Länge von mehr als fünf Zeichen benutzen. ZipCrack ist ein nützliches Utility für die Standardwerkzeugkiste; es ist eines derjenigen Programme, von denen Sie denken, dass Sie es niemals brauchen werden; aber irgendwann kommt der Tag, an dem Sie wüst fluchen werden, weil Sie es nicht haben.

Autor: Michael A. Quinlan

URL: `http://packetstorm.securify.com/crypt/msdos/ZIPCRACK.ZIP`

14.6.4 Glide

Dieses Programm wird nur dazu benutzt, *.pwl*-Dateien zu knacken – Kennwortdateien, die unter Microsoft Windows for Workgroups und Windows 95 angelegt werden. Das Utility funktioniert allerdings nur bei Kennwortdateien, die mit frühen Windows 95-Versionen erstellt wurden, weil Microsoft das PWL-Format mit dem Erscheinen von Windows 95, OSR 2, neu organisierte.

Glide stellt keine sehr umfangreiche Dokumentation zur Verfügung. Dieser Mangel ist aber, so denke ich, verzeihlich, denn der C-Quellcode ist Bestandteil der Distribution.

Autor: unbekannt

URL: `http://packetstorm.securify.com/Crackers/glide.zip`

14.6.5 AMI Decode

AMI Decode wurde eigens dazu entwickelt, das CMOS-Kennwort jedes Rechners zu knacken, dessen Hauptplatine mit dem American Megatrends-BIOS arbeitet. Wenn Sie jetzt Ihr CMOS-Kennwort vergessen haben, lassen Sie sich, bevor Sie jetzt anfangen, nach diesem Utility zu suchen, jedoch gesagt sein, dass Sie auch das CMOS-Standardkennwort benutzen können. Es lautet (man traut sich nicht, es auszusprechen) »AMI«. Auf alle Fälle funktioniert das Programm, und das ist doch die Hauptsache.

Autor: unbekannt

URL: `http://packetstorm.securify.com/Crackers/bios/amidecod.zip`

14.6.6 PGPCrack

Bevor PGP-Anwender, die das hier lesen, sich allzu sehr über PGPCrack aufregen, möchte ich Ihnen ein paar Hintergrundinformationen zur Verfügung stellen. PGP (Pretty Good Privacy) ist wohl das stärkste und zuverlässigste Verschlüsselungsprogramm, das uneingeschränkt verfügbar ist. Sein Autor, Phil Zimmerman, fasst seine Funktionsweise wie folgt zusammen:

> *PGP arbeitet nach dem Prinzip der Verschlüsselung mit öffentlichen Schlüsseln, um E-Mails und Datendateien zu schützen. Sie können sicher mit Fremden kommunizieren, ohne zuvor Schlüssel über sichere Kanäle übertragen zu müssen. PGP weist viele Funktionen auf, ist schnell und verfügt über ein raffiniertes Schlüsselmanagement, digitale Signaturen, Datenkomprimierung und ein ergonomisches Design.*

PGP kann eine Reihe von Verschlüsselungstechniken anwenden. Eine davon, die noch in Kapitel 15, »Sniffer«, angesprochen werden wird, ist IDEA. Um Ihnen eine Ahnung davon zu vermitteln, wie schwierig es ist, IDEA zu knacken, finden Sie nachfolgend einen Auszug aus der »PGP Attack FAQ« (FAQ zu Angriffen gegen PGP), die von Route, einem Verschlüsselungsfachmann und Herausgeber des Magazins »Phrack«, veröffentlicht wurde:

> *Wenn Sie 1.000.000.000 Rechner hätten, die 1.000.000.000 Schlüssel pro Sekunde ausprobieren könnten, würde es immer noch mehr Zeit in Anspruch nehmen, den richtigen Schlüssel zu finden, als seit dem geschätzten Anbeginn des Universums bis heute vergangen ist. Mit der aktuellen Technologie ist IDEA durch Brute-Force-Methoden schlicht und einfach nicht zu knacken.*

Im Endeffekt ist eine Nachricht, die mit einem 1.024-Bit-Schlüssel verschlüsselt ist, der wiederum aus einem guten und langen Kennwortsatz generiert wurde, nicht zu knacken. Warum also hat Miller dieses interessante Tool geschrieben? Weil Kennwörter und Kennwortsätze eben nicht immer gut und lang sind. Wenn Sie eine mit PGP verschlüsselte Nachricht knacken wollen, ist der Kennwortsatz einen guter Anfangspunkt. Miller schreibt:

> *Ich fand heraus, dass es auf einem 486/66DX ungefähr sieben Sekunden dauert, eine 1,2 Mbyte große Kennwortsatzdatei einzulesen und zu versuchen, die Datei unter Benutzung jeden Kennwortsatzes zu entschlüsseln. Wenn man bedenkt, dass die NSA, andere Regierungsbehörden und große Unternehmen über wesentlich größere Rechnerleistung verfügen, ist der Vorteil eines großen, zufällig gewählten Kennwortsatzes offensichtlich.*

Ist dieses Utility wirklich zu irgendetwas zu gebrauchen? Nun, es ist recht vielversprechend. Der Quellcode ist ebenso Bestandteil der Distribution wie eine Datei mit möglichen Kennwortsätzen (und ich musste sogar feststellen, dass ich mindestens einen dieser Kennwortsätze schon einmal benutzt habe). Das Programm wurde in C geschrieben und läuft in DOS-, UNIX- und OS/2-Umgebungen.

Autor: Mark Miller

URL: `http://packetstorm.securify.com/crypt/pgp/pgpcrack99.tgz`

14.7 Weitere Ressourcen

Dieser Abschnitt enthält eine Liste von Quellen zur weiteren Vertiefung. Einige der Dokumente sind im Internet nicht erhältlich, können aber möglicherweise über Onlinedienste oder -bibliotheken geordert werden. Ein paar der Artikel müssen Sie möglicherweise mit großer Beharrlichkeit und an ungewöhnlichen Orten suchen, so etwa bei der Bibliothek des amerikanischen Kongresses (`http://locis.loc.gov`). Aber seien Sie sicher, es lohnt sich.

> **HINWEIS**
> Viele der erwähnten Dokumente werden Sie als Dateien mit der Kennung *.ps* vorfinden. Hierbei handelt es sich um PostScript-Dateien. PostScript ist eine Sprache und Methode zur Darstellung von Dokumenten.

Sie wurde von Adobe entwickelt, dem Hersteller von Programmen wie Acrobat und Photoshop.

Um eine PostScript-Datei zu lesen, brauchen Sie einen Viewer. Empfehlenswert ist etwa Ghostscript, den Sie als Shareware unter `http://www.cs.wisc.edu/~ghost/` finden können.

Ein anderes gutes (und nicht ganz so komplexes) Paket heißt »Rops«. Rops gibt es unter `http://www5.zdnet.com/` (ZDNet-Softwarebibliothek) oder unter `http://oak.oakland.edu`.

14.7.1 Onlineressourcen

Eugene H. Spafford: »Observing Reusable Password Choices: Purdue Technical Report CSD-TR 92-049«. Purdue University, Department of Computer Sciences. 3. Juli 1992. Suchbegriff: *Observe.ps*

Robert Morris und Ken Thompson: »Password Security: A Case History«. Bell Laboratories. o. D. Suchbegriff: *pwstudy.ps*

Eugene H. Spafford: »Opus: Preventing Weak Password Choices: Purdue Technical Report CSD-TR 92-028«. Purdue University, Department of Computer Sciences. Juni 1991. Suchbegriff: *opus.PS.gz*

»Federal Information Processing Standards Publication 181. Announcing the Standard for Automated Password Generator«. 5. Oktober 1993. URL: `http://www.alw.nih.gov/Security/FIRST/papers/password/fips181.txt`

Steven M. Bellovin und Michael Merrit: »Augmented Encrypted Key Exchange: A Password-Based Protocol Secure Against Dictionary Attacks and Password File Compromise« AT&T Bell Laboratories. o. D. Suchbegriff: *aeke.ps*

David C. Feldmeier: »A High-Speed Software Implementation of DES«. Computer Communication Research Group, Bellcore. Juni 1989. Suchbegriff: *des.ps*

Peter C. Wayner: »Using Content Addressable Search Engines to Encrypt and Break DES«. Cornell University, Computer Science Department. o. D. Suchbegriff: *desbreak.ps*

Steven M. Bellovin und Michael Merrit: »Encrypted Key Exchange: Password-Based Protocols Secure Against Dictionary Attacks«. AT&T Bell Laboratories. o. D. Suchbegriff: *neke.ps*

Leendert van Doorn: »Computer Break-Ins: A Case Study«. Freie Universität der Niederlande. 21. Januar 1993. Suchbegriff: *holland_case.ps*

Fuat Baran, Howard Kaye und Margarita Suarez: »Security Breaches: Five Recent Incidents at Columbia University«. Colombia University, Center for Computing Activities. 27. Juni 1990. Suchbegriff: *columbia_incidents.ps*

Li Gong: »Optimal Authentication Protocols Resistant to Password Guessing Attacks«. Stanford Research Institute, Computer Science Laboratory. o. D. Suchbegriff: *optimal-pass.dvi* oder *optimal-pass.ps*

14.7.2 Publikationen und Artikel

Yun Ding und Patrick Horster: »Undetectable Online Password Guessing Attacks«. In: »OSR«, Nr. 29(4) vom Oktober 1995, S. 77ff.

Tzong Chen Wu und Chin Chen Chang: »A Password Authentication Scheme Based on Discrete Logarithms«. In: »International Journal of Computational Mathematics«, Jg. 41 (1991), Nr. 1--2, S. 31ff.

Eli Biham und Adi Shamir: »Differential Cryptanalysis of DES-Like Cryptosystems«. In: »Journal of Cryptology«, Nr. 4(1) (1990), S. 3ff.

Don Coppersmith, Don B. Johnson und Stephen M. Matyas: »A Proposed Mode for Triple-DES Encryption«. In: »IBM Journal of Research and Development«, Nr. 40(2) vom März 1996, S. 253ff.

Serve Vaudenay: »An Experiment on DES Statistical Cryptanalysis«. In: »Conference on Computer and Communications Security«, S. 139ff. ACM Press. März 1996

»Department of Defense. Password Management Guideline« – Wenn Sie einen eher historischen Überblick zum Thema Kennwortsicherheit suchen, dann lesen Sie zuerst dieses Dokument. Es wurde von der Abteilung Verteidigung des amerikanischen Computer Security Center (Zentrum für Computersicherheit) publiziert.

WEGWEISER
Sie finden dieses Papier auch online unter `http://www.alw.nih.gov/Security/FIRST/papers/password/dodpwman.txt`.

14.8 Fazit

Kennwortknacker erweisen dem Systemadministrator einen wertvollen Dienst, denn sie zeigen ihm schwache Kennwörter in seinem Netzwerk. Das Problem ist nicht die Existenz von Kennwortknackern, sondern die Tatsache, dass sie nicht oft genug von den »Guten« benutzt werden. Administratoren sollten sich das Knacken von Kennwörtern zur Gewohnheit machen, denn auf diese Weise können sie Schwachstellen aufdecken, die aufgrund solcher schwachen Kennwörter entstehen. Andererseits muss aber auch gewährleistet sein, dass die untersuchten Kennwortdateien und die Ergebnisse des Prozesses am Ende jeder Sitzung sofort und endgültig gelöscht werden. Wenn Kennwortdateien übersehen werden, dann kann dies schlimmere Probleme aufwerfen als unangemessene Kennwörter selbst.

Abschließend sei gesagt, dass sich die Ära der Kennwörter als alleinigem Mittel zur Authentifizierung zwar ihrem Ende zuneigen mag, es aber Kennwörter selbst auch in absehbarer Zeit geben wird, etwa zum Schutz von Schlüsseln, Zertifikaten und eine Vielzahl sensibler Daten. Vielleicht wird die Technologie selbst noch komplexer, aber die Lösung der sie umgebenden Probleme wird es sicher nicht. Wissen ist der Schlüssel. Nutzen Sie ihn.

Kapitel 15

Sniffer

Sniffer (»Schnüffler«) sind Geräte oder Programme, die Netzwerkdatenpakete abfangen. Ihr »legitimer« Zweck ist die Analyse des Datenverkehrs in Netzwerken und die Identifikation potenzieller Gefahrenbereiche. Nehmen Sie beispielsweise an, dass ein Segment Ihres Netzwerks unter Leistungsschwäche leidet; die Paketübertragung scheint unglaublich langsam, oder Rechner bleiben beim Hochfahren des Netzwerks unvermittelt hängen. Hier können Sie einen Sniffer benutzen, um die genaue Ursache zu bestimmen.

HINWEIS
Der Begriff »Sniffer« stammt von einem gleichnamigen Produkt, das ursprünglich von der Network General Corporation hergestellt wurde. In der Zeit, da Network General auf dem Markt vorherrschend war, wurde dieser Begriff populär, und seitdem werden Protokollanalyseeinrichtungen generell als Sniffer bezeichnet.

Sniffer können sich in puncto Funktionalität und Design erheblich unterscheiden. Einige analysieren nur ein Protokoll, während andere Hunderte auflösen können. Die meisten modernen Sniffer sind in der Lage, zumindest die folgenden Protokolle zu analysieren:

- Standard-Ethernet
- TCP/IP
- IPX
- DECNet
- Appletalk

Proprietäre Sniffer sind teuer (Anbieter integrieren sie in der Regel in spezielle Computer, die für den Analysevorgang »optimiert« sein sollen). Freeware-Sniffer dagegen sind billig, beinhalten aber keine Supportleistungen.

In diesem Kapitel werden wir Sniffer als Sicherheitsrisiken wie auch als Tools zur Netzwerkadministration untersuchen.

15.1 Sicherheitsrisiko Sniffer

Sniffer unterscheiden sich erheblich von Programmen zur Aufzeichnung von Tastaturanschlägen. Letztere fangen Tastaturanschläge ab, die an einem Terminal eingegeben werden. Sniffer dagegen analysieren ganze Netzwerkpakete. Sie tun dies, indem sie die Netzwerkschnittstelle – etwa eine Ethernetkarte – in den Promiscuous-Modus versetzen. Ferner unterscheiden sich Sniffer auch in einem ganz wesentlichen Aspekt von anderen Formen des Angriffs: Sie sind passiv, d.h. sie hören den Netzwerkverkehr lediglich ab.

Sniffer funktionieren ausschließlich im Promiscuous-Modus. Normalerweise nimmt sich die Netzwerkkarte eines Systems nur derjenigen Pakete an, die auch für dieses System bestimmt sind. Im Promiscuous-Modus aber werden alle anderen Pakete nicht ignoriert, sondern das System fängt alle Pakete ab, derer es im Netzwerk habhaft werden kann. Um das Konzept des Promiscuous-Modus zu verstehen, benötigen Sie zunächst einen Einblick in die Struktur von LANs.

15.1.1 Datenverkehr in LANs

LANs (Local Area Networks, lokale Netzwerke) sind gering dimensionierte Netzwerke, die (in der Regel) über Ethernetverbindungen verfügen: Die Daten werden über ein Kabel von einem Rechner zum anderen übertragen. Es gibt verschiedene Kabeltypen, die Daten mit unterschiedlicher Geschwindigkeit übermitteln. Die fünf gängigsten Typen sind:

- **10Base2.** Ethernet (dünnes Koaxialkabel), das laut Spezifikation Daten über Entfernungen bis zu 185 Meter überträgt. Übertragungsgeschwindigkeit: 10 Mbps.
- **10Base5.** Ethernet (dickes Koaxialkabel), das laut Spezifikation Daten über Entfernungen bis zu 500 Meter überträgt. Übertragungsgeschwindigkeit: 10 Mbps.
- **10BaseF.** Ethernet (Glasfaserverbindung). Übertragungsgeschwindigkeit: 10 Mbps. Es können Daten über mehrere Kilometer Entfernung übertragen werden.
- **10BaseT.** Twisted-Pair-Ethernet, das laut Spezifikation Daten über Entfernungen bis zu 100 Meter überträgt. Übertragungsgeschwindigkeit: 10 Mbps.
- **100BaseT.** Fast Ethernet, das laut Spezifikation Daten über Entfernungen bis zu 10092 Meter überträgt. Übertragungsgeschwindigkeit: 100 Mbps.

Daten reisen in kleinen Einheiten namens Frames über das Kabel. Diese Frames sind in Abschnitte unterteilt, von denen jeder Abschnitt spezielle Daten enthält. So enthalten beispielsweise die ersten zwölf Bytes eines Ethernet-Frames sowohl die Empfänger- als auch die Absenderhardwareadresse (MAC-Adresse); dank dieser Werte weiß das Netzwerk, woher die Daten kommen und wohin sie gehen. Andere Teile des Ethernet-Frames beinhalten die eigentlichen Benutzerdaten, TCP/IP-Header, IPX-Header usw.

Frames werden mit Hilfe einer speziellen Software, dem Netzwerktreiber, für den Transport gerüstet und dann von Ihrem Rechner über die Ethernetkarte in das Kabel geleitet. Von dort aus reisen sie an ihr Ziel, wo dann der umgekehrte Prozess durchgeführt wird: Die Ethernetkarte des empfangenden Computers teilt dem Betriebssystem mit, dass Frames angekommen sind, und leitet diese dann zur Verarbeitung weiter.

Sniffer stellen aufgrund der Art und Weise, wie Frames übertragen und ausgeliefert werden, ein Sicherheitsrisiko dar. Wir wollen uns diesen Prozess kurz ansehen.

15.1.2 Transport und Auslieferung von Paketen

Jede Workstation in einem LAN hat ihre eigene Hardwareadresse, die auch als MAC-Adresse (Media Access Control, Medienzugriffssteuerelement) bezeichnet wird. Anhand dieser eindeutigen Adresse wird der Rechner von allen anderen Computern im Netzwerk unterschieden (ähnlich wie auch beim IP-Adressierungssystem). Wenn Sie eine Nachricht über das LAN versenden, werden Ihre Pakete an alle verfügbaren Rechner gesandt.

Unter normalen Umständen können alle Rechner des Netzwerkes den vorbeilaufenden Datenverkehr »hören«, aber sie werden nur auf diejenigen Daten reagieren, die ausdrücklich an sie adressiert sind (anders gesagt, wird Workstation A keine Daten abfangen, die für Workstation B bestimmt sind, sondern diese ganz einfach ignorieren).

Wenn die Netzwerkschnittstelle einer Workstation jedoch in den Promiscuous-Modus versetzt wurde, dann kann sie alle Pakete und Frames im Netzwerk abfangen. Eine derart konfigurierte Workstation (und die auf ihr ausgeführte Software) kann als Sniffer fungieren.

15.2 Wie groß ist das Risiko, dem man durch Sniffer ausgesetzt ist?

Sniffer stellen aus folgenden Gründen ein hohes Sicherheitsrisiko dar:

- Sie können Kontennamen und Kennwörter abfangen.
- Sie können vertrauliche oder proprietäre Informationen erfassen.
- Sniffer können dazu verwendet werden, Sicherheitsmaßnahmen angrenzender Netzwerke zu durchbrechen oder weit reichende Befugnisse in solchen Netzwerken zu erhalten.

Bereits die Existenz eines unautorisierten Sniffers in Ihrem Netzwerk kann ein Hinweis darauf sein, dass Ihr System bereits manipuliert wurde.

15.3 Welche Sniffer-Attacken hat es schon gegeben?

Sniffer-Angriffe sind insbesondere im Internet nichts Ungewöhnliches. Ein gut platzierter Sniffer kann nicht nur ein paar, sondern Tausende von Kennwörtern abfangen. 1994 beispielsweise wurde ein massiver Sniffer-Angriff entdeckt, der ein amerikanisches Marineforschungsinstitut zur Veröffentlichung des folgenden Hinweises im Internet veranlasste:

> *Im Februar 1994 installierte ein Unbekannter auf zahlreichen Hosts und Backbones einen Netzwerk-Sniffer und sammelte über das Internet und das Netzwerk der Armee mehr als 100.000 gültige Benutzernamen und Kennwörter. Jeder Rechner, der einen Zugang über FTP, Telnet oder Remote-*

Anmeldung bereitstellt, ist in Gefahr ... Alle vernetzten Hosts, auf denen ein UNIX-Derivat läuft, sollten auf das Vorhandensein eines speziellen Promiscuous-Gerätetreibers untersucht werden, der die Installation eines Sniffers erst ermöglicht. (Aus: »Naval Computer and Telecommunications Area Master Station LANT Advisory«)

WEGWEISER
Den gesamten Text finden Sie unter `http://www.chips.navy.mil/chips/archives/94_jul/file14.html`.

Der Angriff auf das amerikanische Militärnetzwerk »Milnet« war derart schwerwiegend, dass die Angelegenheit vor das Subkomitee für Wissenschaft, Raumfahrt und Technologie des amerikanischen Repräsentantenhauses gebracht wurde. F. Lynn McNulty, ein Mitarbeiter der Abteilung für Computersicherheit beim Nationalen Normen- und Technikinstitut, führte in seiner Zeugenaussage Folgendes aus:

Der kürzlich aufgetretene Zwischenfall betraf die Entdeckung von »Kennwort-Sniffern« auf Hunderten von Systemen im ganzen Internet. ... Die ernsten Folgen dieses Zwischenfalls sind offensichtlich: Die Anmeldedaten (d.h. Kontennamen und Kennwörter) für Konten von möglicherweise Tausenden von Systemhostbenutzern scheinen manipuliert worden zu sein. Es ist klar, dass dieser Zwischenfall bei einigen Regierungsbehörden negative Folgen für den laufenden Betrieb hatte. Im Übrigen sollte dies als ein kontinuierlicher Vorgang angesehen werden, nicht als Einzelfall, der geschehen, aber vorbei ist. Systemadministratoren im ganzen Internet wurden aufgerufen, ihre Benutzer zur Änderung der Kennwörter aufzufordern. Die gesamte Angelegenheit ist in der Tat von großer Bedeutung, und wir werden ihre Auswirkungen noch eine Zeit lang zu spüren bekommen. Es ist nicht nur schwierig, wenn nicht gar unmöglich, jeden Benutzer zu identifizieren und zu benachrichtigen, dessen Anmeldedaten bekannt geworden sein könnten, sondern es ist auch sehr unwahrscheinlich, dass alle benachrichtigten Benutzer ihre Kennwörter ändern werden.

WEGWEISER
Die vollständige Zeugenaussage von McNulty finden Sie unter `http://www-swiss.ai.mit.edu/6.805/articles/mcnulty-internet-security.txt`.

Dieser Angriff gilt zwar weltweit als einer der schlimmsten jemals bekannt gewordenen Angriffe, wurde aber nur wenige Monate später bereits in den Schatten gestellt. In diesem neuen Fall (dessen Ziel *Rahul.net* war) konnte ein Sniffer innerhalb von nur 18 Stunden Hunderte von Hosts erfolgreich attackieren. In ihrem Artikel »Sniffing in the Sun: History of a Disaster« berichten Sarah Gordon und I. Nedeljtschew:

Die Liste enthielt 268 Sites, darunter Hosts des MIT, der amerikanischen Marine und Luftwaffe, von Sun Microsystems, IBM, der NASA, CERFNet und von Universitäten in Kanada, Israel, den Niederlanden, Taiwan und Belgien...

WEGWEISER
Sie finden den vollständigen Artikel unter `http://www.command.co.uk/html/virus/sniffing.html`.

Institutionen und Privatunternehmen gehen natürlich nicht damit hausieren, dass Angriffe auf ihre Netzwerke erfolgreich ausgeführt wurden, daher werden Sniffer-Angriffe in der Regel nicht bekannt. Im Internet gibt es jedoch einige Fallstudien. Hier sind ein paar bekannte Opfer:

- California State University in Stanislaus
- Raketenforschungszentrum White Sands

WEGWEISER
Weitere Informationen über den Stanislaus-Vorfall finden Sie unter `http://yahi.csustan.edu/studnote.html`.

Einen GAO-Bericht zu White Sands können Sie unter `http://www.securitymanagement.com/library/000215.html` herunterladen.

Insbesondere das amerikanische Verteidigungsministerium ist Opfer zahlloser Angriffe geworden, und ungezählte Sniffer konnten sich in seinen Systemen niederlassen. In einem der etwas interessanteren Fälle konnten Eindringlinge einen Sniffer installieren, der Daten über eine ganze Menge Benutzerkonten sammelte. Dieser Angriff, der als »Solar Sunrise« bekannt wurde, fand im Februar 1998 statt und wurde von zwei kalifornischen Teenagern und ihrem Mentor aus Israel ausgeführt.

WEGWEISER
Sie finden sehr viele Artikel über diesen Vorfall, so z.B. unter `http://www.sans.org/newlook/resources/IDFAQ/solar_sunrise.htm`.

15.4 Welche Daten fangen Sniffer ab?

Sniffer können zwar alle Datenpakete in einem Netzwerk abfangen, aber in der Praxis muss ein Angreifer wählerischer sein. Ein Sniffer-Angriff ist nicht so einfach durchzuführen, wie es sich anhört. Er erfordert einiges an Wissen über Netzwerke. Einfach einen Sniffer einzurichten und ihn dann sich selbst zu überlassen, wird zu Problemen führen, da selbst ein Netzwerk mit nur fünf Stationen pro Stunde Tausende von Paketen überträgt. Innerhalb kurzer Zeit würde, wenn Sie jedes Paket protokollieren würden, die Ausgabedatei des Sniffers Ihre Festplatte komplett füllen.

Um dieses Problem zu umgehen, untersuchen Cracker im Allgemeinen nur die ersten 200 bis 300 Bytes eines Datenpaketes mit einem Sniffer. Der Benutzername und das Kennwort sind in diesem Teil enthalten, und das ist alles, was die meisten Cracker wollen. Es ist jedoch richtig, dass man einen Sniffer für alle

Pakete einer bestimmten Schnittstelle benutzen kann. Wenn man über die entsprechende Speicherkapazität verfügte, dann würde man sicher noch die eine oder andere interessante Information aufspüren können.

Authentifizierungsdaten gehören zu den häufigsten Zielen von Sniffer-Aktivitäten. Dabei sind insbesondere Daten interessant, die an die Ports 23 (Telnet), 25 (SMTP) und 21 (FTP) gesandt werden, denn bei diesen Protokollen werden Authentifizierungsdaten (d.h. Benutzernamen und Kennwörter) unverschlüsselt übermittelt. Port 513 (`rlogin`) ist ebenfalls nützlich, sofern keine Vertrauensstellungen vorhanden sind (ist eine Vertrauensstellung vorhanden, dann werden weder der Benutzername noch das Kennwort benötigt, aber das System ist ein potenzielles Zielobjekt für Spoofing).

15.5 Wo Sniffer vorkommen...

Sniffer findet man fast überall. Es gibt jedoch einige strategische Gesichtspunkte, die einen Cracker dazu bewegen, den einen oder anderen Platzierungspunkt zu bevorzugen. Ein solcher Punkt befindet sich immer in der Nähe eines Rechners oder Netzwerks, der bzw. das viele Kennwörter empfängt. Dies gilt insbesondere dann, wenn der anvisierte Rechner ein Gateway zur Außenwelt darstellt. In einem solchen Fall wird der Cracker Authentifizierungsprozeduren zwischen Ihrem und anderen Netzwerken abfangen wollen, denn damit könnte er seinen Aktivitätsradius exponentiell erweitern.

HINWEIS

Ich glaube nicht, dass irgendein Sniffer in der Praxis absolut jeden Verkehr in einem Netzwerk analysieren kann. Das liegt daran, dass die Wahrscheinlichkeit, dass Pakete verloren gehen, umso mehr steigt, je größer die Anzahl der versandten Pakete ist. Wenn Sie sich Testberichte über Sniffer ansehen, werden Sie feststellen, dass bei hohen Geschwindigkeiten und in Netzwerken mit viel Datenverkehr eine Datenmenge verloren geht, die man nicht mehr als unbedeutend bezeichnen kann (auch wenn kommerzielle Sniffer, die meist eine höhere Qualität aufweisen, für Paketverluste weniger anfällig sind). Dies lässt darauf schließen, dass Sniffer möglicherweise selbst anfällig für Attacken sind. Anders gefragt: Wie viele Pakete kann ein Sniffer annehmen, bevor er in seiner grundlegenden Funktionalität versagt? Dieses Thema wäre eine Untersuchung wert.

Die Fortschritte auf dem Gebiet der Sicherheitstechnologien sind erheblich. Einige Betriebssysteme (so etwa der Authentifizierungsmechanismus von Windows NT/2000) benutzen heute bereits Verschlüsselungstechniken auf Paketebene; ein Sniffer mag wichtige Daten abfangen, aber diese sind dann verschlüsselt. Dies ist eine zusätzliche Hürde, die wahrscheinlich nur von Crackern überwunden werden kann, die über umfassende Kenntnisse in den Bereichen Sicherheit, Verschlüsselung und Netzwerke verfügen.

15.6 … und wo man sie bekommt

Sniffer gibt es in zwei geläufigen Varianten, nämlich als kommerzielle Software und als Freeware. Wenn Sie neu auf dem Gebiet der Netzwerksicherheit sind, dann empfehle ich Ihnen, sich einen Freeware-Sniffer zu besorgen. Wenn Sie dagegen ein großes Netzwerk verwalten, sollte Ihr Unternehmen mindestens einen kommerziellen Sniffer erwerben. Wenn es darum geht, ein Netzwerkproblem zu diagnostizieren, dann sind Sniffer unbezahlbar.

15.6.1 Kommerzielle Lösungen

Die Sniffer in diesem Abschnitt sind kommerziell, aber viele der Unternehmen bieten Demoversionen an.

Portable Sniffer-Analyselösungen von Network Associates

Network Associates hat eine Reihe von Netzwerkanalyseprogrammen unterschiedlichen Wirkungsgrades entwickelt. Zu diesen gehören Sniffer Basic (das frühere NetXRay von Cinco Networks), SnifferPro LAN und SnifferPro WAN, Sniffer High-Speed und Sniffer Packet over SONET. All diese Sniffer-Programme analysieren mehr als 240 LAN- und WAN-Protokolle, und Sniffer High-Speed funktioniert mit ATM- und Gigabit-Ethernet.

SnifferPro ist ein leistungsfähiges Utility, das Ihnen Ihr Datennetzwerk sichtbar macht. Es ermöglicht es dem Benutzer, eine Reihe von Aufgaben durchzuführen, darunter etwa das Abfangen von Netzwerkdatenverkehr, die Diagnose von Netzwerkproblemen und die Überwachung von Netzwerkaktivitäten in Echtzeit. Abbildung 15.1 präsentiert uns SnifferPro im Betrieb. Das Fenster EXPERT zeigt gesammelte Objekte, Symptome und Diagnosen im Überblick an. Im Fenster CAPTURE wird der aktuelle Datenerfassungsstatus in Form eines Geschwindigkeitsmessers angezeigt; diese Funktion des leicht bedienbaren und sehr populären Sniffers speichert die eigentlichen Datenpakete aus dem Netzwerk und entschlüsselt sie dann, wodurch dem Benutzer zahlreiche detaillierte Daten über die verschiedenen Netzwerktransaktionen zur Verfügung gestellt werden. Das DASHBOARD (Armaturenbrett) unten in der Abbildung zeigt die Paketrate eines Netzwerksegments, die prozentuale Auslastung und die Fehlerrate in Echtzeit an.

SnifferPro ist in der Lage, Daten zur Konversation zwischen verschiedenen Netzwerkknoten in Echtzeit zu sammeln. Abbildung 15.2 zeigt ein Beispiel für diese Funktion; sie stellt eine Landkarte dar, in der die Datenverkehrsmuster zwischen den Netzwerkknoten nebst statistischer Angaben zum Datenverkehr zwischen den Knotenpärchen zu sehen sind.

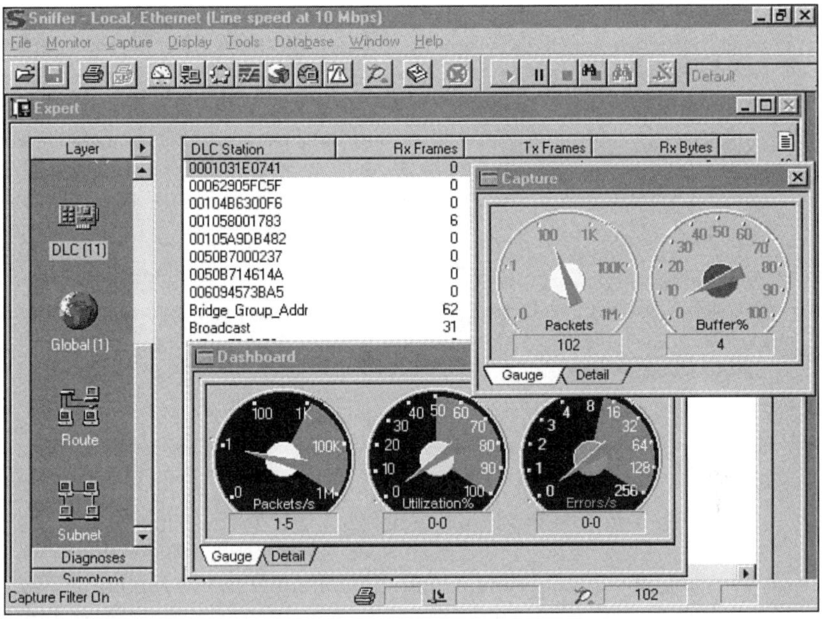

Abbildung 15.1: Fenster EXPERT und CAPTURE von SnifferPro

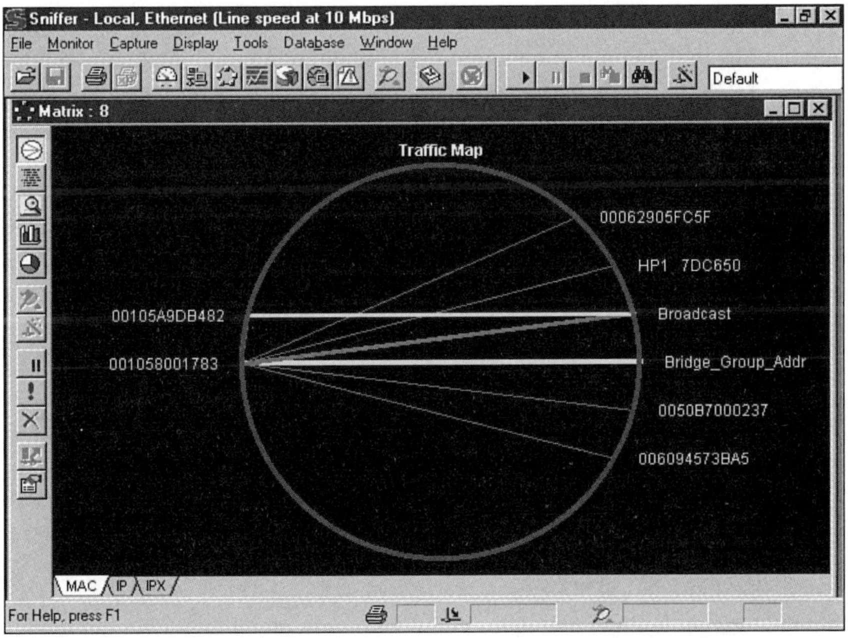

Abbildung 15.2: Die TRAFFIC MAP-Anzeige im MATRIX-Fenster von SnifferPro

Network Associates bietet auch einen Mietservice für Sniffer an, d.h. der Kunde erhält einen tragbaren Computer, auf den die aktuellste Version der Sniffer-Software aufgespielt ist. Die Mietverträge können wöchentlich oder monatlich abgeschlossen werden.

Network Associates, Inc.

Sniffer Technologies

3965 Freedom Circle

Santa Clara, USA

Telefon: +1 – 800-SNIFFER

URL: `http://www.networkassociates.com/`

Surveyor, Explorer und Century LAN Analyzer von Shomiti Systems

Die LAN-Analyzer stellen leistungsfähige Hardware-/Software-Lösungen dar, die Raten von 10-Mbps-, 100-Mbps- und Gigabit-Ethernet unterstützen. Das System arbeitet sowohl mit Ethernet als auch mit Token-Ring-Netzwerken und bietet eine Berichterstellung in Echtzeit. Der Surveyor läuft unter Windows 95/98/2000 oder NT. Für diesen bietet Shomiti auch ein Plug-In-Modul an, das eine QoS-Analyse für Faktoren ermöglicht, die für VoIP-Anwendungen wichtig sind.

Shomiti Systems, Inc.

1800 Bering Drive

San Jose, USA

Tel.: +1 – 408-437-3940

E-Mail: `info@shomiti.com`

URL: `http://www.shomiti.com`

PacketView von Klos Technologies

PacketView ist ein DOS-basierter Paket-Sniffer, der sich ideal für die Benutzung in Ethernet-, Token-Ring-, ARCNET- und FDDI-Umgebungen eignet. Das Programm ist kommerziell, Sie können es aber vor dem Kauf ausprobieren. Die Demoversion finden Sie unter `http://www.klos.com/get.pvdemo.html`.

Klos Technologies, Inc.

12 Jewett

Cortland, USA

Tel.: +1 – 607-753-0568

Fax: 561-828-6397

E-Mail: `sales@klos.com`

URL: `http://www.klos.com/`

Network Probe von Network Communications

Network Communications produziert verschiedene Netzwerkanalyseprogramme, darunter Ranger Network Probe und 8000 Network Probe für LANs und WANs. Die Programme können Pakete der folgenden Protokolle erfassen und analysieren: AppleTalk, Banyan, DEC Net, Microsoft, IBM, NFS, Novell, SMB, Sun NFS, TCP/IP, Token Ring/LLC, X-WINDOWS und XNS.

Network Communications Corporation

7601 Washington Avenue South

Edina, MN 55439, USA

Tel.: +1 – 952-946-8800

Fax: +1 – 952-946-8822

E-Mail: `sales@netcommcorp.com`

URL: `http://www.netcommcorp.com`

LANWatch von Precision Guesswork

LANWatch ist eine softwarebasierte Sniffer-Lösung für DOS (LANWatch 4.1) sowie Windows 95/98/2000/NT (LANWatch32). Es überwacht Pakete der Protokolle TCP, UDP, IP, IPv6, NFS, NetWare, SNA, AppleTalk, VINES, ARP, NetBIOS und von etwa 50 weiteren Protokollen. LANWatch beobachtet den Datenverkehr in Echtzeit und kann eine Vielzahl nutzbringender Statistiken erstellen und anzeigen. Die Demoversion finden Sie unter `www.guesswork.com/demo.html`.

Precision Guesswork

Five Central Street

Topsfield, MA 01983, USA

Tel.: +1 – 978-887-6570

E-Mail: `info@precision.guesswork.com`

URL: `http://www.guesswork.com`

EtherPeek von WildPackets Inc. (früher AG Group)

EtherPeek (die zum Zeitpunkt der Abfassung dieses Buches aktuelle Versionsnummer lautet 4.0) ist sowohl für Windows- als auch für Macintosh-Plattformen erhältlich. Das Produkt unterstützt alle gängigen Protokollfamilien, so etwa IP, IPv6, AppleTalk, NetWare, IPX/SPX, NetBIOS, DECnet, SMB und OSI/TARP.

WildPackets, Inc.

2540 Camino Diablo, Suite 200

Walnut Creek, CA 94596, USA

Tel.: +1 – 925-937-7900 oder +1 – 800-466-2447

E-Mail: info@wildpackets.com

URL: http://www.wildpackets.com/

NetMinder Ethernet von Neon Software

NetMinder Ethernet ist ein Macintosh-basierter Protokoll-Analyzer, der einige sehr interessante Funktionen bietet, darunter etwa eine automatisch aktualisierte HTML-Ausgabe. Die Ausgabeberichte werden in Echtzeit aktualisiert und ermöglichen es dem Systemadministrator, zu jeder Zeit, von überall her und über jede beliebige Plattform auf seine aktuellen Netzwerkanalysestatistiken zuzugreifen (natürlich verfügt auch die Standardoberfläche der Anwendung über eine Funktion zur Echtzeitanalyse). Eine Demoversion finden Sie unter http://www.neon.com/demos_goodies.html.

Neon Software

3685 Mt. Diablo Blvd., Suite 253

Lafayette, CA 94549, USA

Tel.: +1 – 800-334-NEON

E-Mail: info@neon.com

URL: http://www.neon.com

DatagLANce Network Analyzer von IBM

Bei DatagLANce handelt es sich um ein Tool zur Netzwerkanalyse, das sowohl für Ethernet- als auch für Token-Ring-Netzwerke erhältlich war und speziell für OS/2 entwickelt wurde (meines Wissens nach ist das der einzige Sniffer, der eigens für OS/2 geschrieben wurde; IBM hat ihn allerdings mittlerweile aus dem Verkehr gezogen). DatagLANce kann eine ganze Reihe von Protokollen analysieren, darunter u.a. NetBIOS, IBM LAN Manager, TCP/IP, NFS, IPX/SPX, DECnet, AppleTalk und Banyan VINES. Außerdem verfügt DatagLANce über Funktionen zur Ausgabe von Analysedaten in vielen verschiedenen Formaten.

IBM

Produktnummern: 5622-441, 5622-442, 5622-443

LinkView Network Analyzers von Acterna

Die Network Analyzers von LinkView unterstützen Token Ring, Ethernet und Fast Ethernet, sind aber hauptsächlich für die Analyse von Netzwerken im Internet entwickelt worden. Daher trennen sie automatisch IP-Berichtsstatistiken von anderen Protokollstatistiken. Die Version LinkView Classic läuft unter Windows 95/98 und Windows NT SP4. Es handelt sich hierbei um ein softwarebasiertes LAN-Analyseprogramm, das mit den meisten Netzwerkkarten von Drittanbietern zusammenarbeitet. Eine Hardwareerweiterung von LinkView Classic unter Windows 95/98 stellt der Acterna Advanced Ethernet Adapter dar. Sie finden die LinkView-Software unter `http://www.tinwald.com/sc_forms/linkview_classic_software.htmllv_classic_software.html`.

Acterna, Inc.

1030 Swabia Court

Research Triangle Park, NC 27709, USA

Tel.: +1 – 800-346-6332

E-Mail: `linkview.info@wwgsolutions.com`

URL: `http://www.linkview.com`

ProConvert von WildPackets, Inc. (früher Net3 Group)

ProConvert ist zwar kein Sniffer, aber ein wunderbares Tool, um Daten von verschiedenen Sniffern zu integrieren. ProConvert analysiert die Formate von EtherPeek, Fireberd500, Internet Advisor LAN, LAN900, LANalyzer for Windows, LANWatch, Network Monitor, NetXRay, LinkView und TCPDUMP (und bietet überdies eine universelle Übersetzung zwischen diesen Formaten an – es ist quasi der Stein von Rosette für Sniffer-Protokolldateien). ProConvert kann Ihnen unzählige Stunden Arbeit ersparen.

WildPackets, Inc.

2540 Camino Diablo, Suite 200

Walnut Creek, CA 94596, USA

Tel.: +1 – 925-937-7900 oder +1 – 800-466-2447

E-Mail: `info@wildpackets.com`

URL: `http://www.wildpackets.com/`

LANdecoder32 von Triticom

LANdecoder32 ist ein extrem populärer Sniffer, der unter Windows 95/98 oder Windows NT/2000 zum Einsatz kommt. Er bietet fortschrittliche Berichterstellungsfunktionen und kann benutzt werden, um Inhalte von Frames zu analysieren. Weitere Funktionen sind eine Remote-Überwachung (dazu muss RMON auf dem entfernten System ausgeführt werden), ASCII-Filterung (Filtern nach Zeichenketten) und Berichterstellung in Echtzeit. Eine Demoversion bekommen Sie bei Triticom.

Triticom

P.O. Box 46427

Eden Prairie, MN 55344, USA

Tel.: +1 – 952-829-8019

E-Mail: info@triticom.com

URL: http://www.triticom.com/

LanExplorer Protocol Analyzer von Sunrise Telecom

Das Protokollanalyseprogramm LanExplorer Protocol Analyzer analysiert alle gängigen Protokolle, darunter TCP/IP, 802.3, 802.5, VLAN, Apple, Novell und Microsoft sowie eine Reihe von VoIP-Protokollen wie etwa H323, H225, H245, RTP und RTCP. Der LanExplorer läuft unter Windows 95/98/2000 und NT und verwendet vorhandene Netzwerkkarten der Typen Ethernet, Fast Ethernet, Token Ring und WAN. Eine Demoversion finden Sie unter www.intellimax.com/download.htm.

Sunrise Telecom, Inc.

22 Great Oaks Blvd

San Jose, CA 95119, USA

Tel.: +1 – 408-363-8000

E-Mail: info@intellimax.com

URL: http://www.intellimax.com/

15.6.2 Kostenlos erhältliche Sniffer

Viele Sniffer sind auch als Free- oder Shareware erhältlich. Diese sind optimal, wenn Sie etwas über Netzwerkdatenverkehr lernen wollen, ohne gleich viel Geld ausgeben zu müssen. Leider sind manche dieser Sniffer architekturspezifisch, und die meisten davon sind wiederum für UNIX entwickelt worden.

Ethereal

Ethereal ist meines Erachtens nach der beste kostenlose Sniffer. Er ist Open Source und steht unter der GPL-Lizenz. Ethereal läuft unter Windows, diversen UNIX-Derivaten und Linux. Es werden etwa 100 verschiedene Protokolle und Interfaces unterstützt. Ein besonderes Feature ist, dass Ethereal-Capturefiles (also die mitgeloggten Netzwerkpakete) von anderen Sniffern einlesen und analysieren kann. Das Programm bietet eine grafische Oberfläche an, kann aber auch in einer reinen Textumgebung verwendet werden. Sie können Ethereal bei http://www.ethereal.com herunterladen.

Esniff

Esniff ist ein gewöhnlicher, UNIX-basierter Sniffer. Er wurde erstmals im *Phrack Magazine* (einem Online-Zine für Hacker) veröffentlicht. Hierbei handelt es sich um ein sehr kompaktes C-Programm, für dessen Ausführung Sie einen C-Compiler und IP-Include-Dateien benötigen. Es gibt außerdem eine modifizierte Version für Solaris 2.x namens solsniffer.c. Esniff finden Sie unter der URL `http://rootshell.com/archive-j457nxiqi3gq59dv/199707/Esniff.c.html` oder unter `http://www.chaostic.com/filez/exploites/Esniff.c`.

Gobbler (Tirza van Rijn)

Wenn Sie früher etwas über Sniffer lernen wollten, dann war Gobbler eine empfehlenswerte Wahl. Das Tool war ursprünglich für MS-DOS entwickelt worden, lief aber auch unter Windows 95.

Ein Beispiel für die Verwendung von Gobbler als Diagnose-Tool für Netzwerkdaten findet sich in einer Fallstudie, die der Dokumentation beilag. Hier ein Auszug:

> *Es gab Probleme mit einer Bridge, die ihre Startsequenz über das bootp-Protokoll nicht beenden konnte. Hier wurde der Gobbler eingesetzt, um die Pakete von und zur Bridge abzufangen. Der Viewer für die Ausgabedateien und die Protokollanalysefunktion machten es möglich, die gesamte Startsequenz nachzuvollziehen und der Ursache des Problems auf den Grund zu gehen. (Aus: T.V. Rijn und J.V. Oorschot: »The Gobbler. An Ethernet Troubleshooter/Protocol Analyzer«. 29. November 1991. Technische Universität Delft [Niederlande], Fachbereich Elektrotechnik)*

> **WEGWEISER**
> Gobbler wird nicht mehr häufig eingesetzt und ist auch kaum noch zu finden. Probieren Sie es bei Bedarf doch unter der URL `http://packetstorm.securify.com/NT/audit/` oder `http://agape.trilidun.org/hack/network-sniffers/`.

Ethload (Vyncke u.a.)

Ethload ist ein Shareware-Programm für Ethernet- und Token-Ring-Netzwerke, das in C geschrieben wurde. Dieser Paket-Sniffer/-Analyzer läuft unter den folgenden Plattformen zufrieden stellend:

- Novell ODI
- 3Com/Microsoft Protocol Manager
- PC/TCP/Clarkson/Crynwr

Ethload analysiert die folgenden Protokolle:

- TCP/IP
- DECnet
- OSI
- XNS
- NetWare
- NetBEUI

Leider ist der Quellcode nicht mehr erhältlich. In diesem Zusammenhang berichtet der Programmautor:

> *Nachdem ich nach der Veröffentlichung des Quellcodes in einigen Mailinglisten ganz schön Prügel bezogen habe, sah ich mich, auch weil ich diese Anfeindungen nachvollziehen konnte (obwohl es doch Sniffer wie Sand am Meer gibt), gezwungen, den Quellcode aus dem Verkehr zu ziehen.*

Der C-Code von Ethload umfasst mehr als 65.000 Zeilen. Es gibt zwei Versionen: Entweder Sie lassen sich das Programm durch Zahlung eines bestimmten Betrages registrieren, oder Sie arbeiten mit einer nicht registrierten Kopie. Dabei verfügt die registrierte Version über einige sehr ambitionierte Funktionen, beispielsweise über einen verbesserten Support, Druckfunktionen, periodische Erfassung von Werten zur Statistikermittlung, größere Caches usw.

Aber auch als kostenloser Sniffer für DOS oder Novell ist Ethload vortrefflich.

WEGWEISER
Hier ein paar Sites, wo Sie Ethload herunterladen können:

`http://www.ping.be/~pin01407/`

`http://www.computercraft.com/noprogs/ethld104.zip`

`ftp://ftp.simtel.net/pub/simtelnet/msdos/lan/ethld200.zip`

TCPDUMP

TCPDUMP ist eines der populärsten Tools zur Netzwerkdiagnose und -analyse. Das Programm kann zum Beispiel zur Überwachung und Entschlüsselung aller Header der Protokolle IP, TCP, UDP und ICMP verwendet werden. Der Benutzer kann festlegen, wie groß der Anteil des zu untersuchenden Teils am Gesamtpaket ist (Standard: 64 Bytes). TCPDUMP basiert zu einem geringen Teil auf Etherfind von Sun Microsystems und wurde entwickelt, um kontinuierlich Forschungen zur Verbesserung des TCP-Protokolls und der Leistung von Internet-Gateways zu unterstützen. Das Programm war ursprünglich nur für UNIX erhältlich, aber mittlerweile gibt es eine Windows-Version namens WINDUMP. Sie finden TCPDUMP unter `http://www.tcpdump.org/` und WINDUMP unter `http://netgroup-serv.polito.it/windump/`.

LinSniff

LinSniff ist ein Kennwort-Sniffer. Um ihn zu kompilieren, brauchen Sie alle auf einem Linux-System benötigten Netzwerk-Include-Dateien (d.h. *tcp.h*, *ip.h*, *inet.h*, *if ther.h* usw.). LinSniff finden Sie unter `http://packetstorm.securify.com/Exploit_Code_Archive/linsniff.c`.

Sunsniff

Sunsniff ist ein Sniffer, der ebenfalls speziell für eine Plattform entwickelt wurde – in diesem Fall für SunOS. Der C-Quellcode besteht aus 513 Zeilen und wurde anscheinend von ein paar Crackern geschrieben, die anonym bleiben wollten. Das Programm funktioniert zufrieden stellend unter Sun, ist aber wohl nicht leicht auf andere Plattformen portierbar. Es eignet sich gut zum Experimentieren. Sie können Sunsniff unter der URL `http://securax.org/10t/prog/sniffers/sunsniff.c` herunterladen.

linux_sniffer.c

Hier ist der Name des Tools Programm, d.h. es läuft nur unter Linux. Es besteht aus 175 Zeilen C-Code und wird hauptsächlich über Cracker-Sites im Internet vertrieben. Das Utility eignet sich gut für Experimente an einem verregneten Sonntagnachmittag, denn es ist kostenlos und bietet die Möglichkeit, leicht und schnell etwas über den Netzwerkdatenverkehr zu lernen. Sie finden linux_sniffer.c unter der URL `http://rootshell.com/archive-j457nxiqi3gq59dv/199707/linux_sniffer.c.html`.

15.7 Wie man Sniffer-Angriffe zurückschlägt

Jetzt, wo Sie wissen, wie Sniffer arbeiten und dass sie eine Gefahr darstellen, fragen Sie sich wahrscheinlich, wie man sich gegen Sniffer-Angriffe verteidigen kann. Sie müssen jetzt ganz stark sein: Das Zurückschlagen von Sniffer-Angriffen ist nicht leicht. Sie können hierbei zwei Ansätze verfolgen:

- Sniffer entdecken und beseitigen
- Daten gegen Sniffer schützen

Sehen wir uns die Vor- und Nachteile beider Methoden kurz an.

15.7.1 Sniffer entdecken und beseitigen

Sniffer sind extrem schwer zu entdecken, weil es sich bei ihnen um passive Programme handelt. Sie hinterlassen keine Spuren und belegen, wenn sich die jeweiligen Autoren nicht gerade ausgesprochen dämlich angestellt haben (indem sie nämlich nicht nur die ersten paar Bytes, sondern den gesamten Datenverkehr analysieren lassen), nur sehr wenige Netzwerkressourcen. Verschiedene Betriebssysteme verfügen über einen Mechanismus, mit dem Sie feststellen können, ob eine Netzwerkkarte in den Promiscuous-Modus versetzt wurde; dank einer solchen Funktion können Sie wesentlich leichter feststellen, ob ein Sniffer über einen bestimmten Port ausgeführt wird.

Auf einem einzelnen Rechner ist es theoretisch möglich, einen Sniffer aufzuspüren. Sie könnten hierfür z.B. den MD5-Algorithmus einsetzen (siehe auch Kapitel 18, »Trojanische Pferde«), vorausgesetzt, Sie verfügen über eine brauchbare Datenbank mit den Originalinstallationsdateien (oder eine laufend aktualisierte Datenbank mit den installierten Dateien). Wenn Sie MD5 benutzen und prüfsummenbasierte Untersuchungen vornehmen wollen, dann sollten Sie sich md5check besorgen. md5check ist ein AWK-Skript, das den Prozess automatisiert; es wurde ursprünglich vom CERT vertrieben und funktioniert unter SunOS einwandfrei. md5check finden Sie unter `http://wd.twbbs.org/ftp/security/md5check/`. Alternativ zu md5check können Sie zum Beispiel auch das Programm Tripwire einsetzen.

Sicherlich ist die prüfsummenbasierte Fahndung auf einem einzelnen Rechner praktizierbar. In einem großen Netzwerk jedoch ist das Aufspüren eines Sniffers sehr schwer. In der Sicherheits-Community wird über die Frage, wie man Sniffer in den diversen Architekturen ausfindig macht, heftigst debattiert (die Leute streiten wochenlang darüber, ohne eine zufrieden stellende Lösung zu finden). Es gibt jedoch vier Tools, die Ihnen weiterhelfen können – zumindest, wenn Sie die richtige Netzwerkarchitektur haben.

- **Snifftest.** Snifftest wurde von »Beavis and Butthead« verfasst und findet Sniffer auf Rechnern unter SunOS und Solaris. Es ist besonders nützlich, weil es auch dann einen Sniffer entdecken kann, wenn sich die Netzwerkschnittstelle nicht im Promiscuous-Modus befindet. Das Programm funktioniert nur für SunOS und erfordert einen C-Compiler sowie alle TCP/IP-Headerdateien. Sie finden Snifftest unter `http://rootshell.com/archive-j457nxiqi3gq59dv/199707/snifftest.c.html`.
- **Nitwit.** Nitwit läuft als NIT (Network Interface Tap, Netzwerkkartenabgriff) und kann Sniffer auch dann ausfindig machen, wenn sich die Netzwerkschnittstelle nicht im Promiscuous-Modus befindet. In dieser Hinsicht ähnelt es Snifftest. Sie können Nitwit unter `http://www.megamine.com/utilities/unixsniffers.shtml` herunterladen.
- **Promisc.** Geschrieben von `blind@xmission.com`, spürt Promisc Sniffer unter Linux auf (es wurde berichtet, dass dieses Programm auch unter SunOS läuft, aber das ist bislang nicht bestätigt worden). Promisc finden Sie unter `http://geek-girl.com/bugtraq/1997_3/0411.html`.
- **cpm.** cpm ist ein altes Schätzchen, das unter SunOS 4.x feststellt, ob der Promiscuous-Modus irgendwo aktiviert wurde (auch hierzu brauchen Sie wieder einen C-Compiler und die notwendigen Include-Dateien). Laden Sie sich cpm unter `ftp://ftp.cerias.purdue.edu/pub/tools/unix/sysutils/cpm/` herunter.

Das Problem ist, dass diese Tools nur unter SunOS oder Solaris funktionieren. Einen Sniffer in heterogenen Netzwerken zu entdecken, ist noch schwieriger (sofern Sie nicht jeden Rechner einzeln überprüfen wollen). Nehmen wir z.B. an, Ihr Netzwerk bestünde nur aus AIX-Systemen; nun stellen Sie sich vor, jemand würde in ein leeres Büro gehen, einen RS/6000 vom Netz nehmen und dafür einen Laptop anschließen, der dann als Sniffer fungiert. Wenn Sie nicht gerade Netzwerktopologiekarten benutzen (das sind Tools, mit deren Hilfe Sie jede

Änderung der Topologie sofort erkennen) und diese täglich überprüfen, dann werden Sie diesen Umstand schwerlich entdecken; das Netzwerk verhält sich völlig normal, und es gibt keinerlei Hinweise darauf, dass irgendetwas nicht stimmt, denn schließlich hat der Laptop die IP-Adresse vom RS/6000 übernommen. Wenn Sie also nicht jeden Tag die Topologie auf Inkonsistenzen untersuchen, werden Sie den ungebetenen Gast wahrscheinlich nie entdecken.

Die l0pht-Gruppe hat im Übrigen kürzlich ein Tool namens »AntiSniff« entwickelt. AntiSniff gibt Netzwerkadministratoren die Möglichkeit, Remotecomputer zu erkennen, auf denen Sniffer-Aktivitäten ausgeführt werden – und zwar ungeachtet des verwendeten Betriebssystems. Nach Angaben der Entwickler basiert das Programm auf der Ausführung mehrerer dezenter Tests, um festzustellen, ob ein Remoterechner die gesamte Netzwerkkommunikation abhört. Sie bekommen das Tool bei `http://www.l0pht.com/antisniff/`.

Ein noch komplizierteres Szenario ergibt sich, wenn Eindringlinge Geräte (und nicht nur Programme) einschleusen können, die als Sniffer fungieren – beispielsweise, indem sie eine Stelle anzapfen, die für das bloße Auge nicht sichtbar ist. Ich habe Büros gesehen, in denen die Koaxialkabel hinter der Deckenverkleidung verlegt waren – solche Kabel kann selbst der Dümmste abhören, wenn er nur irgendwie in den nebenan gelegenen Raum gelangt. Es gibt abgesehen von der physikalischen Überprüfung der Leitungen keine einfache Lösung für das Problem angezapfter Verbindungen (sofern Sie nicht, wie bereits erwähnt, Netzwerktopologiekarten einsetzen; aber welche kleine Firma kann sich ein solches Tool schon leisten?).

Alles in allem sind solche offensiven Lösungen schwierig zu handhaben und auch teuer – Sie sollten also lieber defensive Maßnahmen ergreifen. Es gibt zwei grundsätzliche Abwehrstrategien gegen Sniffer:

- eine sichere Topologie
- verschlüsselte Arbeitssitzungen

Schauen wir uns die beiden kurz an.

15.7.2 Sichere Topologie

Sniffer können Daten im aktuellen Netzwerkabschnitt erfassen. Das heißt: Je strikter die einzelnen Abschnitte voneinander getrennt sind, desto weniger Informationen können abgefangen werden. Leider kann diese Lösung recht teuer werden. Für die Aufsplitterung des Netzwerks brauchen Sie kostspielige Hardware. Es gibt drei Arten von Netzwerkschnittstellen, die ein Sniffer nicht ohne weiteres passieren kann:

- Switches
- Router
- Bridges

Sie können Ihr Netzwerk durch eine strategisch günstige Platzierung dieser Geräte besser aufgliedern; eine Anzahl von zwanzig Workstations pro Abschnitt scheint sinnvoll. Einmal im Monat sollten Sie jeden Abschnitt überprüfen (und vielleicht auch MD5/Tripwire-Überprüfungen in beliebigen Abschnitten ausführen). Angemerkt sei an dieser Stelle, dass es Programme wie etwa macof gibt, deren Aufgabe es ist, Switches mit Daten zu bombardieren – in der Hoffnung, dass diese dann unter der Last zusammenbrechen; auf diese Weise wäre die Schutzwirkung, die ein Switch andernfalls ausüben würde, beseitigt.

HINWEIS
Es gibt einige »intelligente« Hub-Systeme auf dem Markt, die weniger kosten als die meisten Router. Einige dieser Geräte führen auch Netzwerksegmentierungen durch. Ich würde Ihnen aber empfehlen, den jeweiligen Hersteller zum Thema Sniffer-Angriffe eingehend auszuquetschen, denn einige dieser Systeme führen keine herkömmliche Segmentierung durch und erlauben dadurch möglicherweise Angriffe auf andere Segmente.

Eine Netzwerksegmentierung ist nur für kleinere Netzwerke praktikabel. Wenn Sie mehr als 500 Workstations in mehr als 50 Abteilungen haben, dann erweist sich eine Komplettsegmentierung wahrscheinlich als unerschwinglich. (Sie werden Ihre Chefs wohl auch in dem Fall, dass es in Ihrer Organisation ein Budget für Sicherheitsmaßnahmen gibt, nur schwerlich davon überzeugen können, einzig und allein zur Abwehr eines Sniffers fünfzig teure Hardware-Geräte zu erstehen.) Hier sind verschlüsselte Arbeitssitzungen die wahrscheinlich bessere Lösung.

15.7.3 Verschlüsselte Arbeitssitzungen

Verschlüsselte Arbeitssitzungen stellen die andere Möglichkeit dar. Sie müssen sich dann keine Sorgen darüber machen, dass Daten abgefangen werden, denn diese verschlüsseln Sie schlicht bis zur Unkenntlichkeit. Die Vorteile dieser Methode liegen auf der Hand: Selbst wenn es einem Angreifer gelingt, Daten zu erfassen, wird er mit ihnen nichts anfangen können. Das Konzept weist jedoch auch gravierende Nachteile auf.

Es gibt bei der Verschlüsselung zwei Grundprobleme, nämlich ein technisches und ein menschliches. Von der technischen Seite her stellt sich die Frage, ob die Verschlüsselung stark genug ist und überhaupt unterstützt wird. Eine 40-Bit-Verschlüsselung ist vielleicht nicht ausreichend, und nicht alle Anwendungen bieten eine integrierte Verschlüsselungsunterstützung. Plattformübergreifende Verschlüsselungslösungen sind selten und meist nur als Bestandteil spezialisierter Anwendungen verfügbar.

Das menschliche Problem besteht darin, dass Benutzer sich möglicherweise gegen die Anwendung der Verschlüsselung wehren, etwa weil sie ihnen lästig fällt. Oder können Sie sich vorstellen, dass Macintosh-Anwender jedes Mal S/Key benutzen, wenn sie sich bei einem Server anmelden? Diese Leute sind Benutzerfreundlichkeit gewöhnt und wollen nicht für jede neue Arbeitssitzung ein Einmalkennwort generieren müssen. Benutzer mögen anfänglich derartigen Anweisungen Folge leisten, aber die Disziplin lässt schnell nach.

Sie müssen also ein praktischeres Medium finden: Anwendungen, die eine starke bidirektionale Verschlüsselung erlauben und trotzdem wenigstens ein Mindestmaß an Benutzerfreundlichkeit bieten. Und hier stoßen wir auf SSH.

SSH (Secure Shell, sichere Shell) ermöglicht eine sichere Kommunikation für Anwendungsumgebungen wie Telnet. SSH ist an Port 22 angebunden, und Verbindungen werden über RSA ausgehandelt. Jeglicher Datenverkehr wird nach erfolgter Authentifizierung mit IDEA verschlüsselt. Dies ist eine starke Verschlüsselung, die sich für jede Art von Kommunikation eignet, die nicht geheim oder vertraulich ist. SSH ist ein Paradebeispiel für eine Anwendung, die Benutzerfreundlichkeit mit Administrationsstandards verbindet.

Für Windows 95/98/2000/NT, Linux und viele UNIX-Versionen gibt es Varianten von SSH und OpenSSH (dies ist die kostenlose Ausführung). Weitere Informationen finden Sie unter `http://www.ssh.org/` bzw. `http://www.openssh.com`.

15.8 Fazit

Sniffer stellen hauptsächlich deswegen ein bedeutendes Sicherheitsrisiko dar, weil sie nicht leicht zu entdecken sind. Wenn Sie lernen, wie man einen Sniffer benutzt, und verstehen, wie andere einen Sniffer gegen Sie einsetzen können, dann ist das schon die halbe Miete. Abschließend sei noch gesagt, dass die besten Abwehrmaßnahmen gegen Sniffer eine sichere Netzwerktopologie und eine starke Verschlüsselung sind.

15.9 Weitere Ressourcen

Die folgenden Dokumente (von denen Sie viele online finden) enthalten weitere Informationen über Sniffer und die Bedrohung, die sie darstellen:

- Christopher Klaus: »The Sniffer FAQ«. `http://www.netsys.com/firewalls/firewalls-9502/0320.html`
- »Tik-76.115 Functional Specification«. (Hierbei handelt es sich um eine Spezifikationsanforderung für eine Sniffer-Anwendung, die zum Sichtbarmachen von TCP/IP-Datenverkehr dient.) `http://mordor.cs.hut.fi/tik-76.115/kesa-96/palautukset/Sniffers/pt/tm/FM_3.0.html`

- »Sniffers and Spoofers«. Internet World, Dezember 1995.
- »Computer Hacker Charged with Credit Card Theft«. (Dieser ZDNet-Artikel beschreibt einen Fall, in dem ein Cracker einen Sniffer benutzte, um Kreditkartennummern abzufangen.) `http://www5.zdnet.com/zdnn/content/zdnn/0523/zdnn0012.html`
- Lawrence E. Widman, M.D., Ph.D.: »Privacy and Security on the Internet«. University of Texas Health Science Center. `http://www.med-edu.com/internet-security.html`

Teil V

Virtuelle Massen-vernichtungswaffen

Kapitel 16

DoS-Angriffe

In diesem Kapitel lernen Sie alles über DoS-Angriffe (Denial of Service, Nichtverfügbarkeit von Diensten): ihre Geschichte, ihre Funktionsweise, ihre potenziellen Opfer und die zugehörige Software.

16.1 Was sind DoS-Angriffe?

DoS-Angriffe gehören zur Kategorie der Angriffsformen, die zum Ausfall eines Dienstes oder einer Funktionalität führen. Sie treten in vielerlei Ausprägung auf, und ihre Ziele sind vielfältig. Die Dauer ihrer Wirkung reicht von wenigen Sekunden, Minuten oder Stunden bis hin zu Tagen, und sie haben Auswirkungen auf die Netzwerkleistung, die Datenintegrität und den Systembetrieb.

Die erste bedeutende DoS-Attacke war der Morris-Wurm, der seinerzeit etwa 5.000 Rechner einige Stunden lang lahm legte. Damals (1988) stellte das zwar für Universitäts- und Forschungseinrichtungen eine Katastrophe dar, aber der Rest der Welt bemerkte davon nicht wirklich etwas. Heutzutage ziehen vergleichbare DoS-Attacken – etwa die gegen Yahoo, Amazon und andere bedeutende Websites im Februar 2000 – Verluste in Millionenhöhe nach sich. Die Häufigkeit von DoS-Angriffen hat in alarmierendem Maße zugenommen – wohl auch deswegen, weil es heute so viele Tools gibt, die für diesen Zweck geschrieben wurden. Auch sind die Angriffe weitaus komplexer als ehedem, was sicher für stringente Sicherheitspraktiken und die Implementierung neuer Schutzmechanismen spricht.

Viele DoS-Tools wurden entwickelt, um Schwachstellen bestimmter Betriebssysteme wie etwa Windows, Linux, Solaris und BSD-basierten UNIX-Derivaten aufzudecken. Der Morris-Wurm war eigentlich nur ein Experiment im Bereich verteilter Rechenkapazitäten – wenn er auch ein wenig über das Ziel hinausgeschossen ist. Dürftige Entwicklungspraktiken und die Tatsache, dass bei frühen Anwendungen und Betriebssystemen Sicherheitsfunktionen schlichtweg nicht integriert waren, haben uns in die aktuelle Situation gebracht: Hinter jeder Ecke lauert ein Sicherheitsproblem. Die zunehmende Komplexität von Netzwerktopologien und auch Organisationen zeigt die Begrenzungen moderner Technologie auf und kitzelt überall neue Schwachstellen heraus. Die Tatsache, dass DoS-Angriffe existieren, stellt ein zweischneidiges Schwert dar: Einerseits ist es negativ zu bewerten, dass DoS-Methoden sich dank bestimmter Bedingungen immer weiter ausbreiten können; andererseits ist dieses Vorhandensein Teil der Technologie-Evolution, die immer bessere Sicherheitsprodukte und -anwendungen auf den Weg bringt.

Das Sicherheitsniveau vernetzter Systeme ist beträchtlich gestiegen, und gerade bei der Reaktion auf DoS-Attacken wird dies offensichtlich. Vor kurzem etwa hat der amerikanische Gesetzgeber begonnen, sich mit dieser Art des Angriffs auseinander zu setzen. Wenn in unserer heutigen internetbasierten Wirtschaft Einkunftsquellen verloren gehen, dann ist das keine Lappalie mehr.

16.1.1 Wie funktionieren DoS-Angriffe?

DoS-Angriffe basieren in der Regel auf der Nutzung von Softwareprogrammierfehlern und auf der Entwicklung spezieller Programme, deren Zweck darin besteht, Angriffe auszuführen. Normalerweise führen DoS-Angriffe zu mindestens einer der folgenden Erscheinungen:

- Bandbreitenverschwendung
- Ressourcensättigung
- Herbeiführung von System- und Anwendungsabstürzen

Der Begriff Bandbreitenverschwendung stellt einen Angriff gegen die Netzwerkressourcen dar. Er bezeichnet die beinahe vollständige Verwendung der verfügbaren Netzwerkbandbreite durch den oder die attackierenden Computer. Dadurch spricht das Netzwerk nur noch langsam an, oder die Kommunikation des Servers mit den Clients wird vollständig angehalten, während der Angriff fortgesetzt wird und letztendlich dazu führt, dass Dienste wie etwa Websites, E-Mail oder Dateien nicht mehr erreichbar sind. Eine Ressourcensättigung zielt auf bestimmte Computersysteme, die Dienste wie etwa Websites, DNS, E-Mail und FTP bereitstellen und dadurch verlangsamt oder angehalten werden sollen. Die Herbeiführung von System- und Anwendungsabstürzen gehört insofern zu den DoS-Methoden, als sie ein bestimmtes System oder eine Software einfriert.

Bandbreitenverschwendung

Jedes Netzwerk kann nur eine endliche Menge Datenverkehr gleichzeitig bewältigen. Wie groß diese Menge ist, hängt von ein paar Faktoren ab: der Netzwerkgeschwindigkeit, dem verwendeten Equipment und dessen Produktivität. Bei den Verbindungen eines Internetproviders zu Organisationen sind Verbindungstypen wie ISDN, DSL, Breitbandverbindungen (mit Kabelmodems), T1 und T3 verbreitet. Diese verschiedenen Verknüpfungstypen verfügen auch über unterschiedliche Bandbreitenkapazitäten. Normale LAN-Topologien etwa arbeiten nach dem 10BASE-T- oder dem 100BASE-T-Standard. Weitere Informationen zu Netzwerkbandbreiten und -geschwindigkeiten finden Sie unter der URL `http://www.speedguide.net/Cable_modems/bandwidth.shtml`.

DoS-Angriffe durch Bandbreitenverschwendung werden so realisiert, dass die gesamte Kapazität der Netzwerkverbindung verwendet wird. Wenn diese Kapazität erschöpft ist, können keine neuen Netzwerkdaten mehr gesendet werden, d.h. neue Verbindungen zum Internet, zu Datei-, Web- oder Mailservern sind ebenso wenig möglich wie andere Funktionen, die ohne vorhandene Netzwerkverbindung nicht arbeiten können. Bereits vorhandene Verbindungen werden sehr langsam, frieren ein oder werden getrennt.

Angriffe auf Bandbreitenbasis werden häufig über spezielle Programme realisiert; die hierzu verwendete Software wird in Abschnitt 16.2, »DoS-Angriffe im richtigen Leben«, beschrieben. Ein anderer möglicher Angriffspunkt ist die Fehlkonfiguration von Netzwerkgeräten wie etwa Computersystemen, Routern, Switches oder anderem Equipment.

Angriffe gegen die Netzwerkbandbreite sind aktiver Natur, d.h. die Dienste sind nicht verfügbar, solange die Bandbreite vollständig belegt ist; beendet das attackierende Programm die Datenübertragung (oder wurde die Konfiguration des betreffenden Geräts korrigiert), dann ist wieder Bandbreite verfügbar. Die meisten Netzwerkfunktionen arbeiten dann wieder normal; in der Regel müssen nur ein paar Verbindungen wieder neu hergestellt werden.

Eine Angriffsmethode nutzt protokollbasierte Exploits, die durch Übertragung gefälschter Netzwerkdaten Bandbreite konsumieren. Das Zugriffsgerät – etwa ein Router – fällt irgendwann aus, weil es mit mehr Daten überschwemmt wird, als es verarbeiten kann. Eine andere Variante dieser Angriffsform basiert auf der Reaktion netzverbundener Systeme und Geräte auf bestimmte Netzwerkdaten. Viele oder alle Computer im Zielnetzwerk können dazu veranlasst werden, gleichzeitig auf bestimmte Daten wie etwa IP-Broadcasts (das sind IP-Pakete, die nicht an einen bestimmten Rechner, sondern an die Broadcast-Adresse des Netzwerks gesendet werden) zu antworten, wodurch die gesamte Bandbreite aufgebraucht wird. Der Smurf-Angriff ist ein bekanntes Beispiel für diese Angriffsform; sie und andere Typen werden in Abschnitt 16.3.1, »DoS-Angriffe«, eingehend beschrieben.

Ressourcensättigung

Wie ein Netzwerk verfügt auch jedes Computersystem über eine endliche Anzahl von Ressourcen, d.h. Speicher-, Prozessor- und Arbeitsspeicherkapazitäten. Von Ressourcensättigung ist die Rede, wenn eine oder mehrere dieser Ressourcen vollständig mit Beschlag belegt sind, weswegen dann keine Kapazitäten mehr für andere Anwendungen übrig sind. Ein bekanntes Beispiel für diese Art des Angriffs ist das SYN-Flooding (d.h. das Überschwemmen des Systems mit Verbindungsanfragen; hierbei werden alle vorhandenen Netzwerkressourcen eines Systems belegt).

Jedes Betriebssystem, das Netzwerkverbindungen über TCP/IP unterstützt, verfügt über eine begrenzte Anzahl gleichzeitig vorhandener Verbindungen. Das SYN-Flooding nutzt den Threeway Handshake einer TCP-Verbindung (siehe auch Kapitel 4, »Eine kurze Einführung in TCP/IP«). Hierdurch werden »halboffene« Verbindungen am Port des Zielservers aufgebaut, d.h. Verbindungen, bei denen der Threeway Handshake noch nicht vollständig ausgeführt wurde. Normalerweise wird der Threeway Handshake entweder innerhalb einer bestimmten Zeitspanne vervollständigt, oder er wird ungültig, woraufhin die Verbindung beendet wird. Jeder Port kann nur eine bestimmte Anzahl halboffener Verbindungen verarbeiten, danach werden keine neuen Anfragen mehr angenommen. Wenn der Angreifer nun nur das erste Paket des TCP-Handshakes mit ungültigen oder gefälschten Ursprungsadressen übermittelt, dann antwortet der Server darauf mit seiner Bestätigung. Da diese Bestätigung aber an die falsche Adresse geht, bekommt der Server nie eine Antwort darauf. Hierdurch sammelt sich nach und nach eine gewisse Anzahl halboffener Verbindungen an, wodurch neue Verbindungen nicht mehr akzeptiert werden.

Ein Webserver ist ein gutes Beispielobjekt für eine DoS-Attacke, aber im Grunde genommen kann *jeder* Netzwerkdienst angegriffen werden. Wie wir alle bereits am eigenen Leibe erfahren haben, neigt ein viel beschäftigter Webserver dazu, eingehende Anfragen langsamer zu bearbeiten. Wenn man ein wenig über TCP/IP und das HTTP-Protokoll weiß, dann kann man verstehen, wie diese Angriffe funktionieren. Wenn der Browser sich mit dem Webserver verbindet, dann wird pro HTTP-Anfrage eine einzelne Verbindung hergestellt. Mit der Anfrage wird der Server aufgefordert, eine bestimmte Datei zu übersenden; er tut dies, dann wird die Verbindung abgebaut. Dabei wird nicht nur für jede Webseite eine Verbindung benötigt, sondern je nach Inhalt der Seite – besonders wenn viele Bilder enthalten sind – eine Vielzahl von Verbindungen. Unter diesen Umständen kann der Webserver eine große Anzahl von Anforderungen bearbeiten, da diese sukzessive empfangen werden und innerhalb kürzester Zeit abgefertigt sind. Empfängt der Server mehrere Anforderungen gleichzeitig, dann hat die zugehörige Anwendung gut zu tun, weil sie alle Verbindungen gleichzeitig bearbeitet. Aber auch bei dieser Beeinträchtigung kann ein gut konfigurierter Webserver seine Funktion durchaus noch erfüllen.

Damit der Angreifer den Server in die Knie zwingen kann, muss er die Zeit verlängern, die zur Bearbeitung dieser Verbindungen benötigt wird, oder er muss dafür sorgen, dass mehr Prozessorleistung für die Bearbeitung jeder einzelnen Verbindung benötigt wird. Wird ein Webserver nach dem SYN-Flooding-Prinzip attackiert, dann führt dies dazu, dass der Server dank der Überschreitung der maximalen Anzahl gleichzeitiger Verbindungen am betreffenden Port keine neuen Verbindungen mehr annimmt. Sich dagegen zu wehren, ist schwierig bis unmöglich. Wenn der Angreifer die Pakete so aussehen lässt, als ob sie von einem nicht erreichbaren System stammen, dann hat der Server keine Chance zu erkennen, dass es sich hierbei nicht um normalen Datenverkehr handelt. Der Server antwortet also wie auf jede andere Verbindungsanfrage auch und wartet dann, bis die Zeitüberschreitung erfolgt ist, bevor er die Verbindung wieder schließt. Wie bereits in der obigen Beschreibung des SYN-Flooding ausgeführt wurde, wird der DoS-Angriff durchgeführt, indem eine große Menge solcher gefälschter Pakete an den Server geschickt wird – so viele, dass er keine neuen Verbindungsanfragen mehr annehmen kann, weil er früher oder später auf die Timeouts so vieler Verbindungen warten muss: Er bleibt hängen. Es gibt andere Angriffstypen namens ICMP-Flooding und UDP-Flooding, die den gleichen Effekt hervorrufen, dafür aber andere Protokolle verwenden.

Die Ressourcensättigung kann aber auch durch die Ausführung externer Programme – etwa von CGI-Programmen – auf dem Webserver hervorgerufen werden. Programme, die Daten in Form von Dateien auf dem Server ablegen, lassen sich ausnutzen, um die Festplatte auf dem Server zu füllen. Das Serverbetriebssystem verwendet Dateien für viele normale Funktionen, und wenn die Festplatte voll ist, dann fallen solche Funktionen natürlich aus. Auch Anwendungen, die eine Menge Speicher oder Prozessorkapazität für komplexe Berechnungen beanspruchen, lassen sich nutzen, um *alle* genannten Ressourcen aufzubrauchen, sodass neue Prozesse und Anwendungen nicht mehr funktionieren. Solche Angriffe lassen sich nicht nur über einen Webserver ausführen, vielmehr genügt zu ihrer Realisierung ein nahezu beliebiger Systemzugriff. Die in Abschnitt 16.2, »DoS-Angriffe im richtigen Leben«, beschriebene Mailbombe ist ein gutes Beispiel hierfür.

Herbeiführung von System- und Anwendungsabstürzen

Die Herbeiführung von System- und Anwendungsabstürzen ist eine schnelle und leicht zu realisierende DoS-Variante, bei der ein Programmierfehler ausgenutzt wird, wodurch die Anwendung oder das Betriebssystem zum Absturz gebracht wird. Ein bekanntes Beispiel für solche Abstürze ist die Ping-of-Death-Attacke, bei der überlange ICMP-Echo-Requests verwendet werden. Der Zielrechner bricht früher oder später aufgrund der inadäquat implementierten Verarbeitung solcher Netzwerkdaten zusammen.

Diese Angriffe werden auch häufig gegen Netzwerkgeräte wie etwa IP- und Kabelrouter, Ethernet-Switches, VPNs und andere anwendungsspezifische Geräte eingesetzt. Solche Geräte unterstützen in der Regel eine Art Verwaltungsoberfläche, z.B. eine Befehlszeilenschnittstelle oder eine webbasierte Oberfläche. Solche Geräte können durch mehrere verschiedene Methoden zum Absturz gebracht werden, z.B. durch Pufferüberläufe bei den Routinen zur Benutzereingabe oder durch untaugliche Datenbearbeitung. Eine DoS-Attacke auf ein Netzwerkgerät hat wesentlich stärkere Auswirkungen als ein Angriff auf ein einzelnes Computersystem, denn solche Geräte fungieren normalerweise als Gateways zu mehreren Netzwerken.

Vor vielen dieser Angriffe kann man sich durch eine sicherheitsbewusste Konfiguration des Netzwerkgeräts schützen. Zu den geeigneten Maßnahmen gehören die Änderung der werksseitig voreingestellten Standardkennwörter und eine Konfiguration des Systems dahingehend, dass die Administration nur von bestimmten Computern aus möglich ist.

16.2 DoS-Angriffe im richtigen Leben

In diesem Abschnitt finden Sie Beschreibungen häufig auftretender Typen von DoS-Attacken, wie sie im vorangegangenen Abschnitt geschildert wurden. Hierzu gehören:

- Mailbomben
- protokollbasierte Angriffe

16.2.1 Mailbomben

Mailbomben sind eine hinterhältige Angriffsmethode, die einfach zu realisieren, aber sehr effizient ist.

Eine herkömmliche E-Mailbombe ist nichts anderes als eine große Menge von Mails (mehrere tausend), die an Sie gerichtet sind. Das Ziel des Angreifers besteht darin, Ihre Mailbox – oder die Festplatte bzw. das Dateisystem, auf dem der Mailserver läuft – mit Datenmüll zu verstopfen. Wenn Mailboxkontingente angewandt werden, dann kann der Empfänger einer Mailbombe so lange keine neuen Mitteilungen erhalten, bis er seine Mailbox leergeräumt hat. Und wenn das Dateisystem des Mailservers auf diese Weise bis an den Rand gefüllt worden ist, dann kann überhaupt kein Benutzer mehr neue Post empfangen. Mailbomben können zum Verlust wichtiger Daten sowie zu einer gesteigerten Auslastung von Bandbreiten und Ressourcen führen, die wiederum in höheren Netzwerkkosten resultiert. Wenn Sie eine Einwahlverbindung zum Internet haben, führt dies zu erhöhten Verbindungsgebühren – und natürlich zu erheblichem Zeitaufwand.

Mailbombenpakete

Mailbombenpakete sind Programme, die den Vorgang des Mailbombings automatisieren. Systemadministratoren sollten diese Pakete und die Dateinamen kennen, die mit ihnen verknüpft sind. (Dieses Wissen verhindert zwar keinen Angriff auf Ihr System, aber es kann dafür sorgen, dass zumindest Ihre Benutzer keine anderen Systeme angreifen.)

Tabelle 16.1 listet die beliebtesten Mailbombenpakete und die dazugehörenden Dateinamen auf. Wenn Sie ein Netzwerk mit vielen Benutzern betreiben, dann sollten Sie Dateien mit diesen Namen auf Ihren Laufwerken suchen.

Mailbombenpaket	**Dateiname**
Up Yours	*upyours3.zip*
Kaboom	*kaboom3.zip*
The Unabomber	*unabomb.zip*
The Windows Email Bomber	*bomb02b.zip*
Gatemail	*gatemail.c*
UNIX Mailbomber	*mailbomb.c*
Avalanche	*alanch3.zip, alanch35b.zip*
Aenima	*aenima17.zip, aenima20.zip*
Serpent (Linux)	*serpent.zip*
Euthanasia	*euthan15.zip*
Ghost Mail	*gm51.zip*
HakTek	*hatetuk.zip*

Tabelle 16.1: Bekannte Mailbombenpakete und dazugehörige Dateinamen

Viele dieser Dateien finden Sie unter http://web.searchalot.com/home/hazfresse/bomber.htm.

Wie man mit Mailbomben umgeht

Killfiles, Ausschlussschemata und Mailfilter stellen Abwehrmaßnahmen gegen Mailbomben dar. Mit Hilfe dieser Tools können Sie die Abweisung von E-Mails automatisieren, die von einer bestimmten Absenderadresse gesendet wurden. Es gibt verschiedene Möglichkeiten, ein solches Ausschlussschema zu implementieren.

UNIX-Anwender werden zu diesem Thema eine Menge Onlineressourcen finden – etwa unter dem Suchbegriff »exclusionary scheme«. Wenn Sie aber unter Windows oder MacOS arbeiten, dann kann ich Ihnen alle in Tabelle 16.2 aufgeführten Mailfilter bedenkenlos empfehlen. Viele dieser Anwendungen sind Shareware – Sie können sie also vor dem Kauf ausprobieren.

Filter	URL
SIMS (MacOS)	http://www.stalker.com/
EIMS(MacOS)	http://www.eudora.com/
Musashi (PPC, MacOS)	http://www.sonosoft.com/ musashi.html
E-Mail Chomper (Win95/98/NT)	http://www.sarum.com/echomp.html
SPAM Attack Pro (Win 95/NT)	http://www.softwiz.com/
Spam Buster (Win 95/98/NT)	http://www.contactplus.com/
SpamKiller (Win 95/98/NT/Me/2000)	http://www.spamkiller.com/

Tabelle 16.2: Beliebte Filteranwendungen für Mailserver und die zugehörigen Download-URLs

Wenn jemand einen Bombenangriff gegen Sie initiiert, dann können Sie auch den menschlichen Ansatz ausprobieren und den Postmaster des Angreifers kontaktieren. Dies ist im Allgemeinen recht wirksam; der Benutzer wird dann für sein überflüssiges und nicht tolerierbares Verhalten getadelt. In den meisten Fällen reicht dies zur Abschreckung. Es gibt aber auch Provider, die sehr strikte Benutzerrichtlinien haben und das Konto in solchen Fällen auf der Stelle schließen.

Schließlich sollten Sie noch eins wissen: Nicht alle Internetprovider handeln verantwortlich. Einigen ist es egal, ob ihre Benutzer Mailbomben auf andere loslassen. Die einfachste Reaktion darauf ist, alle von der entsprechenden Domain stammenden Daten abzuweisen.

Mailbomben als Sicherheitsrisiko

In vielen Fällen können Mailbomben zu einer Nichtverfügbarkeit von Diensten führen. Zum Beispiel bombardierte jemand eine Universität im amerikanischen New Jersey derart aggressiv, dass der Mailserver vorübergehend verschied.

Dieser Vorfall zog eine FBI-Untersuchung nach sich, an deren Ende der Urheber verhaftet wurde.

> **HINWEIS**
> Unter den richtigen Umständen und auf den richtigen Plattformen führt die Verwendung der allermeisten Mailpakete fast immer zum Erfolg. Einer meiner Kunden fand beispielsweise heraus, dass die Übertragung einer 40-Mbyte-Mail an *mailserv* unter UnixWare den gesamten Rechner abstürzen lässt. Dem Absturz kann nur durch einen Rechnerneustart abgeholfen werden, und das ist ja eigentlich keine echte Abhilfe. Für dieses Problem gibt es keine Lösung.

Wenn ein Angriff auf Ihren Rechner derartige Auswirkungen hat, sollten Sie sich an die Behörden wenden. Dies gilt im Besonderen, wenn der Angreifer seine Herkunft verschleiert und damit Mailfilter oder Ausschlussschemata auf Routerebene umgeht. Wenn sich solche Angriffe beharrlich wiederholen, dann sollten Sie in jedem Fall die Polizei einschalten.

Auch der aktuelle Trend der mailbasierten Viren ist eine Abart des DoS-Angriffs. Die Automatisierung und Integration neuerer Anwendungen bietet zwar eine größere Flexibilität und erweiterte Funktionalität, impliziert bei falscher Nutzung aber auch Sicherheitsrisiken. Windows-basierte Makro- und VBS-Viren sind der klarste Beweis hierfür. Der VBS.Loveletter-Virus (oft auch als *I Love You*-Virus bezeichnet) und der VBS.SST-Wurm (bekannt als »Anna Kurnikova«) zeigen den kleinen, aber feinen Unterschied zwischen Viren und DoS. Beide Viren nutzen die Fähigkeit des Mailclients von Microsoft Outlook, ausführbaren Code, der Bestandteil von Mails ist, auch automatisch auszuführen. Der Virencode repliziert sich und verschickt sich dann selbst an viele weitere Empfänger, wodurch das Problem exponentiell vergrößert wird; die Infektionsrate steigt drastisch, und dank der Tätigkeit der Viren, die nichts Besseres zu tun haben, als bestimmte Dateien zu löschen, werden Mailserver zur Einstellung ihrer Tätigkeit gebracht – auch das ist eine Form der Nichtverfügbarkeit von Diensten. Die Deaktivierung des WSH (Windows Scripting Host) kann das Problem der automatischen Ausführung von Programmcode mildern. Weitere Informationen hierzu finden Sie unter `http://www.sophos.com/support/faqs/wsh.html`.

List-Linking

Das List-Linking führt zu ähnlichen Ergebnissen wie Mailbomben, aber das Erscheinungsbild ist in gleichem Maße unauffälliger wie auch heimtückischer. Beim List-Linking wird Ihre Mailadresse bei Dutzenden von Mailinglisten eingetragen – so wird Ihre Mailbox und vielleicht sogar der Mailserver mit Daten vollgestopft.

> **HINWEIS**
> Mailinglisten verteilen Mails unterschiedlicher Herkunft, die sich in der Regel um ein bestimmtes Thema drehen. Die Mailserver sammeln entsprechende Nachrichten und schicken diese dann täglich, wöchentlich

oder monatlich an die Mitglieder der Listen. Mitglieder können sich auf verschiedene Art und Weise registrieren lassen, meistens geschieht dies jedoch durch Senden einer E-Mail.

Mailbombenpakete automatisieren den List-Linking-Prozess. Kaboom und Avalanche sind zwei bekannte Mailbombenpakete, die ein erschreckend einfaches List-Linking ermöglichen. Die Auswirkungen können verheerend sein. Bei den meisten Mailinglisten werden tagtäglich 50 und mehr Mails geschrieben, von denen manche sogar Anhänge enthalten können. Wenn der Angreifer Sie bei hundert Listen anmeldet, dann bekommen Sie 5.000 E-Mails pro Tag. Außerdem müssen Sie sich, wenn Sie erst einmal registriert sind, manuell bei jeder Mailingliste wieder abmelden. Überdies wählen Angreifer für ihre Aktivitäten oft Zeiten, zu denen Sie nicht da (z.B. auf Reisen) sind. Daher sammeln sich während Ihrer Abwesenheit Tausende von Nachrichten in Ihrer Mailbox. Dies kann insbesondere dann zur Nichtverfügbarkeit von Diensten führen, wenn Ihr Systemadministrator Mailboxkontingente konfiguriert hat.

Das List-Linking ist deswegen besonders hinterhältig, weil ein einfacher Mailfilter das Problem nicht wirklich löst, sondern nur unter den Teppich kehrt – Sie bekommen so lange Post von einer Liste, bis Sie sich wieder abgemeldet haben. Tun Sie dies nicht, so werden Sie mindestens sechs Monate lang mit Mails zugeschüttet. Einige Mailinglisten verlangen nach Ablauf dieses Zeitraums, dass man sein Abonnement erneuert. Dies geschieht in der Regel über eine Bestätigungsnachricht an den Listenserver, in der Sie um Verlängerung der Mitgliedschaft etwa um weitere sechs Monate bitten. Natürlich werden Sie früher oder später aus der Liste gestrichen, wenn Sie keine solche Bestätigung losschicken. In diesem Fall jedoch haben Sie vor Ablauf der sechs Monate keine Möglichkeit, die Liste ohne manuelles Zutun zu verlassen. Daher sollten Sie bei einem Auftreten von List-Linking sofort Maßnahmen ergreifen, auch wenn es noch so ärgerlich ist.

Die einzige Abhilfe gegen List-Linking besteht darin, sich bei allen Mailinglisten wieder abzumelden. Dies ist aus diversen Gründen schwieriger, als es sich anhört. Ein Grund ist, dass neue Listen nur selten Informationen zur Abmeldung in ihren Mails liefern. Sie müssen diese Informationen also möglicherweise erst einmal im Web suchen; wenn das der Fall ist, dann müssen Sie eine Ausfallzeit von mehreren Stunden einkalkulieren.

TIPP

Um das List-Linking zu erschweren, verlangen viele Administrationsprogramme für Mailinglisten eine Abonnementsbestätigung und geben auch Kennwörter für die Mitglieder aus. Mit diesen Kennwörtern werden die Anmeldedaten des Benutzers modifiziert, und auf dieser Basis wird dann eine Authentifizierung durchgeführt. Wenn Sie sich bei einer Mailingliste angemeldet haben, ist es immer ratsam, diese erste Nachricht mit den Anmeldeinformationen dauerhaft zu speichern, denn sie könnte von unschätzbarem Wert sein und enthält oft Hinweise zur Abmeldung von der Liste oder zur Änderung der Mitgliedsdaten.

Ob Sie sich schnell und effizient von allen Listen abmelden können, hängt zu einem großen Teil auch von Ihrem E-Mail-Programm ab. Wenn Ihr Mailclient über leistungsfähige Suchfunktionen verfügt, die es Ihnen ermöglichen, Betreffzeilen und Absenderangaben zu filtern, dann können Sie die Adressen der Mailinglisten relativ schnell sammeln. Wenn Sie jedoch einen Mailclient ohne anspruchsvolle Suchfunktionen benutzen, dann stehen Sie vor einem mühsamen Unterfangen. Wenn Sie Opfer eines List-Linking-Angriffs geworden sind, dann sollten Sie sich am besten sofort mit dem Administrator der Liste in Verbindung setzen. Die meisten Mailinglisten basieren auf Programmen, die einen Großteil der für eine Liste benötigten Funktionalitäten automatisieren; der Kontakt zu einem echten Menschen kann dann sehr hilfreich sein. Sie können auch einen dauerhaften Mailfilter implementieren. Hilft das alles nichts, dann sollten Sie sich eine neue E-Mail-Adresse besorgen und die alte vergessen – im Endeffekt wird dies Ihr Problem schneller lösen.

Anmerkungen zum Mail-Relaying

Ein weiteres Problem, das in Zusammenhang mit Mailbombing und List-Linking ebenso häufig erwähnt wird wie die Omnipräsenz unerwünschter Werbemails (Stichwort Spamming), ist das so genannte Mail-Relaying: die Möglichkeit, Mails weiterzuleiten. Um ihre Identität zu verschleiern, versenden die meisten Angreifer Mailbomben mit gefälschten Absenderangaben. Das ist möglich, weil Internetprovider ihre Mailserver häufig falsch konfigurieren. Mit Hilfe des Mail-Relaying kann ein solcher Server dann dazu missbraucht werden, E-Mails an fremde Netzwerke zu versenden.

Während eine E-Mail gesendet wird, stellt die Software, die zur Übermittlung verwendet wird, eine Verbindung zum Mailserver her. Die Adressen von Empfänger und Absender werden angegeben, nachfolgend wird die Mail gesendet. Das Mail-Relaying tritt dann auf, wenn entweder die Absenderadresse oder aber das System, über das sich der Absender mit dem Server verbunden hat, sich nicht im gleichen Netzwerk befindet wie der Server. Mailserver, die für eine Weiterleitung konfiguriert sind, gestatten es fremden Benutzern und Systemen, Mails an beliebige andere Benutzer zu versenden. Server hingegen, die so konfiguriert sind, dass sie dieses Relaying nicht zulassen, werden Nachrichten mit einer Absenderadresse aus einem unbekannten Netzwerk oder von Systemen in einem solchen Netzwerk nicht akzeptieren.

Das Mail-Relaying wird heutzutage gemeinhin als Sicherheitsrisiko betrachtet, weswegen die entsprechende Funktionalität meist deaktiviert wird. Bei Systemen, bei denen dies nicht der Fall ist, kann jedoch wenig gegen Missbrauch unternommen werden. Paketfilter können den notwendigen Grad an Sicherheit nicht gewährleisten, und eine Filterung nach Domäne oder IP-Adresse könnte dazu führen, dass rechtmäßige Mails nicht mehr gesendet werden, was keinesfalls gewünscht ist. Überlegen Sie einmal, was geschehen würde, wenn man unerwünschte Mails aus der Domäne `aol.com` ausfiltern würde – damit würden Sie Millionen von Benutzermails von der Auslieferung ausschließen.

Das Problem des Mail-Relaying ist komplex, da unerwünschte Nachrichten wie etwa Mailbomben oder Werbemails syntaktisch genau so aufgebaut sind wie normale Mails. Deswegen muss man sich dieses Problems bewusst sein, denn oft kann man nur so das Schlimmste verhindern.

16.2.2 Protokollbasierte Angriffe

Attacken gegen Netzwerkprotokolle machen quantitativ einen großen Anteil an DoS-Angriffen aus. Diese Angriffe haben die gleichen Folgen wie andere DoS-Typen auch: Bandbreitenverschwendung, Ressourcensättigung und Systemabstürze. Sie stellen eine große Bedrohung dar und können die Netzwerkanbindung und die Systemfunktionalität auf unbestimmte Zeit lahm legen. Überdies erfordert die Verhinderung solcher Angriffe wesentlich komplexere Herangehensweisen und Gegenmaßnahmen als bei anderen Typen.

Protokollbasierte Angriffe treffen IP-Implementierungen mitten ins Herz, können also auf jeder Plattform zuschlagen. Schlimmer noch: Da sich IP-Implementierungen auf den verschiedenen Plattformen nicht grundlegend unterscheiden, kann eine einzelne DoS-Attacke gegen mehrere Betriebssysteme eingesetzt werden. Ein bekanntes Beispiel dafür ist die LAND-Attacke, die fast zwei Dutzend verschiedene Betriebssysteme beeinträchtigen konnte, darunter Windows NT und einige UNIX-Versionen. Im gleichen Zusammenhang kann man außerdem die bereits erwähnten SYN-, UDP- und ICMP-Flooding-Angriffe erwähnen.

Obendrein zeigt die Analyse von DoS-Codes ausnahmslos, dass selbst dann, wenn eine neue DoS-Attacke zunächst nicht auf allen Plattformen funktioniert, sie dies irgendwann tun wird. Neu entwickelte DoS-Attacken kommen etwa alle 14 Tage auf den »Markt«. Die Software wird in der Regel auf einer einzelnen Entwicklungsplattform (z.B. Linux) geschrieben, um eine einzelne Zielplattform (z.B. Windows 98) anzugreifen. Nach der Veröffentlichung des entsprechenden Codes wird er von der Hacker- und Crackergemeinde analysiert. Innerhalb weniger Tage bringt dann jemand eine geänderte Version (eine so genannte Mutation) heraus, die auf eine größere Auswahl von Betriebssystemen angesetzt werden kann.

Begriffe wie Ping of Death, SYN-/UDP-Flooding und Fragmentierungsangriffe sollten Ihnen mittlerweile geläufig sein. Diese Angriffsformen basieren allein auf der Existenz dieser weit verbreiteten Protokolle. Ihre Auswirkungen sind ebenso verbreitet, da nach wie vor anfällige Betriebssysteme und Netzwerkeinrichtungen eingesetzt werden. Neue Methoden zum Schutz und zur Verteidigung gegen die Nutzung von Schwachstellen auf dieser niedrigen Ebene sind inzwischen entwickelt worden; wir werden sie in der nachfolgenden Übersicht näher beleuchten.

16.3 DoS-Angriffe: Eine Übersicht

Nachstehend finden Sie eine umfassende Übersicht zu neueren, aber auch schon vor einiger Zeit aufgetretenen DoS-Attacken. Die einzelnen Felder haben folgende Inhalte:

- **Dateiname.** Der angegebene Dateiname ist der, unter dem die Attacke am bekanntesten ist. Sie sollten jedoch beachten, dass sich in dem Maße, wie Codes verteilt werden, auch die Dateinamen ändern können. Es gibt verschiedene Gründe hierfür, aber der wichtigste ist, dass der Code vor Systemadministratoren verborgen bleiben soll. Da Systemadministratoren in der Regel die Dateinamen dieser Tools kennen, werden sie von Crackern häufig umbenannt.
- **Autor.** Hier sehen Sie oft Aliase oder E-Mail-Adressen statt richtiger Namen. Ich habe mich sehr darum bemüht, die Namen, E-Mail-Adressen oder Aliase der Originalautoren zu finden. Wenn Sie eines der aufgeführten Programme entwickelt haben und es irrtümlicherweise einer anderen Person zugeschrieben wurde, kontaktieren Sie bitte den Verlag, und geben Sie Bescheid.
- **URL.** Die Internetadresse für den Quellcode. Hier können Sie den Code herunterladen und auf Ihrem eigenen Rechner testen.
- **Hintergrundinformationen.** Hier sind Adressen angegeben, über die Sie weitere Informationen aufspüren können. In der Regel handelt es sich um Artikel oder Postings in Mailinglisten, in denen die Hauptmerkmale der Attacken ausführlich beschrieben werden.
- **Entwicklungsplattform.** Dieses Feld bezeichnet entweder die Plattform, auf der der Code geschrieben wurde, oder ein Betriebssystem, unter dem der Code erfolgreich ausgeführt werden kann.
- **Zielplattform.** Dieses Feld gibt an, welche Plattform mit dem Code erfolgreich angegriffen werden kann.
- **Wirkung.** Hier finden Sie eine kurze Beschreibung der Auswirkungen der jeweiligen Attacke.
- **Gegenmaßnahmen.** Dieses Feld gibt URLs an, unter denen Sie Patches oder andere Abhilfen finden.

16.3.1 DoS-Angriffe

Smurf

Dateiname: *smurf.c*

Autor: TFreak

URL: `http://www.rootshell.com` (suchen Sie dort nach »smurf«)

Hintergrundinformationen: `http://www.cert.org/advisories/CA-1998-01.html`

Entwicklungsplattform: UNIX

Zielplattform: Jedes System, das auf ICMP-Daten anspricht.

Wirkung: Verursacht eine Nichtverfügbarkeit von Diensten über gefälschte ICMP-Echo-Requests an die Broadcast-Adresse eines Netzwerks.

Gegenmaßnahmen: Deaktivieren Sie an IP gerichtete Broadcasts auf dem Router, und konfigurieren Sie die Betriebssysteme so, dass sie nicht auf Pakete antworten, die an IP-Broadcast-Adressen gerichtet sind.

Fraggle

Dateiname: *fraggle.c*

Autor: TFreak

URL: `http://www.rootshell.com` (Suchen Sie dort nach »fraggle«.)

Hintergrundinformationen: Smurf in UDP-Ausführung

Entwicklungsplattform: UNIX

Zielplattform: Jedes System, das auf UDP-Daten anspricht.

Wirkung: Verursacht eine Nichtverfügbarkeit von Diensten, indem es dafür sorgt, dass das angegriffene System UDP-Netzwerkdaten an eine Zieladresse sendet, über die der Angreifer die Kontrolle hat.

Gegenmaßnahmen: Sperren Sie unbenutzte Ports am Paketfilter, und konfigurieren Sie Netzwerkgeräte und Betriebssysteme so, dass diese nicht auf UDP-Broadcasts reagieren.

Die folgenden Flooding-Angriffe sind eher allgemeine Methoden als Programme. Ungeachtet der Tatsache, dass es sie bereits seit geraumer Zeit gibt, sind sie nach wie vor aktuell.

ICMP-Flooding

Dateiname: *pingflood.c*

Autor: verschiedene

URL: `http://www.rootshell.com` (Suchen Sie dort nach »pingflood«.)

Hintergrundinformationen: `http://www.rycom.ca/solutions/whitepapers/toplayer/dos_attacks.htm`

Entwicklungsplattform: UNIX

Zielplattform: verschiedene

Wirkung: DoS mit Hilfe einer Überbeanspruchung der Netzwerkbandbreite

Gegenmaßnahmen: Blockieren Sie diese Art von ICMP-Daten am Paketfilter, und sperren Sie das Betriebssystem für solche Daten. Suchen Sie im Netzwerk nach Angriffssignaturen.

SYN-Flooding

Dateiname: *synflood.c*

Autor: verschiedene

URL: `http://www.rootshell.com` (Suchen Sie dort nach »synflood«.)

Hintergrundinformationen: `http://www.rycom.ca/solutions/whitepapers/toplayer/dos_attacks.htm` und `http://www.niksula.cs.hut.fi/~dforsber/synflood/result.html`

Entwicklungsplattform: UNIX

Zielplattform: verschiedene

Wirkung: Nichtverfügbarkeit von Diensten infolge einer Überschreitung der maximal zulässigen Anzahl halb geöffneter Verbindungen (bzw. der Verbindungen in der Warteschlange).

Gegenmaßnahmen: Konfigurieren Sie im Betriebssystem eine höhere Anzahl zulässiger Verbindungen. Suchen Sie im Netzwerk nach Angriffssignaturen.

UDP-Flooding

Dateiname: *udpflood.tgz*

Autor: verschiedene

URL: `http://www.rootshell.com` (Suchen Sie dort nach »udpflood«.)

Hintergrundinformationen: `http://www.rycom.ca/solutions/whitepapers/toplayer/dos_attacks.htm`

Entwicklungsplattform: UNIX

Zielplattform: verschiedene

Wirkung: Nichtverfügbarkeit von Diensten aufgrund der Tatsache, dass das Zielsystem mehr Daten empfängt, als es gleichzeitig verarbeiten kann

Gegenmaßnahmen: Sperren Sie UDP-Datenströme und -Dienste am Paketfilter und in den Betriebssystemen. Suchen Sie im Netzwerk nach Angriffssignaturen.

16.3.2 Historisch bedeutsame DoS-Angriffe

Die folgenden Attacken sind schon alt, wohl bekannt und gut dokumentiert. Die Sicherheitslöcher, die viele dieser Angriffe erst ermöglichten, sind in den neueren Versionen der Betriebssysteme mittlerweile geschlossen, aber viele Organisationen arbeiten noch mit älteren oder nicht mit Patches aktualisierten Systemen.

Wenn Sie für die Sicherung eines Netzwerks verantwortlich sind, sollten Sie die Grundlagen auf jeden Fall kennen. Es gibt inzwischen für alle genannten Angriffe Gegenmittel, die Sie verstehen und implementieren sollten. Nehmen Sie sich doch einen Moment Zeit, und gehen Sie die folgenden Attacken durch, um zu sehen, ob Sie für die eine oder andere anfällig sind. Den meisten können Sie auf einfache Art und Weise den Garaus machen.

Weitere Informationen über ältere und neuere DoS-Angriffe finden Sie, nach Betriebssystem, Software und Hardware sortiert, in der DoS-Datenbank unter `http://www.attrition.org/security/denial/`.

Teardrop

Dateiname: *teardrop.c*

Autor: `route@infonexus.com`

URL: `http://www.rootshell.com` (Suchen Sie dort nach »teardrop«.)

Hintergrundinformationen: siehe die unter der URL genannten Anmerkungen

Entwicklungsplattform: UNIX

Zielplattform: Windows 95, Windows NT

Wirkung: Blockierung des Zielrechners mit IP-Fragmenten

Gegenmaßnahmen: Suchen Sie unter `http://support.microsoft.com/` nach dem Ausdruck »teardrop«.

Teardrop (und mehrere Ableger) war eine der ersten DoS-Methoden. Es bereitete den Boden für viele Nachkömmlinge und gilt als Grundlage für eine Reihe von Programmen und Techniken für DoS-Angriffe.

Bonk, Boink

Dateiname: *bonk.c*, *boink.c*

Autor: Mitglieder von *rootshell.com*

URL: `http://rootshell.com/` (Suchen Sie dort nach »bonk« oder »boink«.)

Hintergrundinformationen: siehe unter der URL

Entwicklungsplattform: UNIX

Zielplattform: Windows 95 und Windows NT. Systeme, auf die entsprechende Patches aufgespielt sind, sowie spätere Versionen der Betriebssysteme sind nicht mehr gefährdet.

Wirkung: Dieses Utility bringt jeden Windows 95- oder Windows NT-Computer zum Absturz. Es handelt sich hierbei im Grunde genommen um die Modifikation eines Codes, den eigentlich `route@infonexus.com` geschrieben hatte.

Newtear

Dateiname: *newtear.c*

Autor: route@infonexus.com (eigentlich: Michael Schiffman)

URL http://rootshell.com/ (Suchen Sie dort nach »newtear«.)

Hintergrundinformationen: siehe URL

Entwicklungsplattform: Linux, BSD

Zielplattform: Windows 95 oder Windows NT (älter als SP3). Windows 2000 ist nicht betroffen.

Wirkung: Eine Abart von Teardrop, die zu einem Bluescreen führt. Die Folge: Das System stürzt ab.

Gegenmaßnahmen: Suchen Sie unter http://support.microsoft.com/ nach dem Ausdruck »modified teardrop«.

INETINFO.EXE Attack

Dateiname: *inetinfo*, *inetinfo.c*, *inetinfo.pl*

Autor: Bob Beck. Es gibt auch Versionen von Chris Bayly und Evan L. Carew.

URL: http://rootshell.com/ (Suchen Sie dort nach »inetinfo«.)

Hintergrundinformationen: http://support.microsoft.com/support/kb/articles/q160/5/71.asp

Entwicklungsplattform: UNIX und andere

Zielplattform: Windows NT 4.0. Versionen mit mind. SP3 sowie Windows 2000 sind nicht betroffen.

Wirkung: Absturz des Internet Information Service (IIS), bedingt durch das wahllose Versenden von Textdaten an die Ports 135 und 1031.

Jolt

Dateiname: *jolt.c*

Autor: Jeff W. Roberson

URL: http://www.rootshell.com (Suchen Sie dort nach »jolt«.)

Hintergrundinformationen: http://www.rootshell.com

Entwicklungsplattform: UNIX

Zielplattform: Windows 95. Windows 98/NT/2000 sind nicht betroffen.

Wirkung: Verschiedene, z.B. Absturz von Windows 95 oder Bluescreen

Gegenmaßnahmen: http://support.microsoft.com

> **TIPP**
> Der Patch für Jolt funktioniert nur, wenn Sie zusätzlich den VTCPUPD-Patch installieren. Diesen finden Sie unter `http://support.microsoft.com/`.

Jolt wurde anscheinend auf der Basis älterer DoS-Attacken für POSIX- und SYSV-Systeme entwickelt. Der Autor von Jolt berichtet, dass der Angriff auf manchen Systemen zu einem blauen Bildschirm führt.

Jolt2

Dateiname: *jolt2.c*

Autor: Phonix (`phonix@moocow.org`)

URL: `http://www.rootshell.com` (Suchen Sie dort nach »jolt2«.)

Hintergrundinformationen: `http://www.rootshell.com`

Entwicklungsplattform: UNIX

Zielplattform: Windows 98, Windows NT (SP5/6), Windows 2000

Wirkung: Hundertprozentige Prozessorauslastung

Gegenmaßnahmen: `http://support.microsoft.com/`

LAND

Dateiname: *land.c*

Autor: Mitglieder von *http://www.rootshell.com*

URL: `http://www.rootshell.com` (Suchen Sie dort nach »land«.)

Hintergrundinformationen: `http://www.cisco.com/warp/public/770/land-pub.shtml`

Entwicklungsplattform: UNIX

Zielplattform: Zahlreiche Netzwerkbetriebssysteme, darunter ältere Versionen von BSD, Linux, Solaris, Digital UNIX, HP-UX und Windows 95, ferner Cisco IOS.

Wirkung: Pakete mit Verbindungsanfragen, in denen der gleiche Rechner als Ursprungs- und Zieladresse benannt wird, frieren den Zielrechner ein.

Gegenmaßnahmen: `http://support.microsoft.com/`

Die LAND-Attacke brachte die gesamte Internetgemeinde zum Zittern – vor allem wegen der hohen Anzahl betroffener Systeme und der Tatsache, dass auch bestimmte Hardwarekomponenten (beispielsweise Router) anfällig waren.

> **HINWEIS**
> Letztere Aussage bezieht sich allerdings nur auf bestimmte Hardwarekomponenten, z.B. X-Terminals von NCD, LAN-Switches der Serien 5000 und 2900 von Catalyst sowie das Cisco IOS/700. Wenn Sie befürchten, dass Ihr Router ebenfalls anfällig ist, sollten Sie die Datei *land.c* kompilieren und einen Testlauf fahren.

Sie sollten Ihren Hersteller nach Fixes fragen. Es kann eine Weile dauern, alle LAND-Variationen ausfindig zu machen, da sehr viele Mutationen aufgetaucht sind. Eine Version bringt Windows 95 und NT auch bei installiertem Service Pack 3 zum Absturz. Mittlerweile ist NT aber bei SP 6a angekommen – befindet sich Ihr System auf diesem Stand, dann stellt LAND keine Gefahr mehr dar. Workarounds für Cisco-Systeme finden Sie unter `http://www.securityfocus.com`. Bei anderen Systemen wenden Sie sich an den entsprechenden Anbieter.

Wenn Sie mit Windows 95 arbeiten, sollten Sie sich den Patch für die ursprüngliche LAND-Attacke und für einige Mutationen besorgen; suchen Sie unter `http://support.microsoft.com/` in der Knowledge Base zu Windows 95 nach dem Begriff »LAND«.

Pong

Dateiname: *pong.c*

Autor: FA-Q

URL: `http://www.ludat.lth.se/~dat92jni/dat/pong/pong.c`

Hintergrundinformationen: siehe Quellcode

Entwicklungsplattform: Linux

Zielplattform: Windows 95 (kann aber auch gegen fast alle Netzwerkbetriebssysteme eingesetzt werden)

Wirkung: Zielobjekte werden mit falschen ICMP-Echo-Requests überschwemmt, die an die Broadcast-Adresse des Netzwerks gerichtet sind. Windows 95 stürzt in diesem Fall ab.

Gegenmaßnahmen: Konfigurieren Sie Router und andere Netzwerkgeräte so, dass keine Daten an die Broadcast-Adressen gelangen.

Der Pentium-Bug

Dateiname: *pentium_bug.c*

Autor: Whiz (`whizpig@tir.com`)

URL: `http://www.rootshell.com` (Suchen Sie dort nach »Pentium«.)

Hintergrundinformationen: `http://support.intel.com/support/processors/pentium/ppiie/descrip.htm`

Entwicklungsplattform: Jeder Pentium-Computer

Zielplattform: Keine (dies ist ein Firmware-Bug)

Wirkung: Der Zielrechner hängt sich auf.

Gegenmaßnahmen: `http://support.intel.com/support/processors/pentium/ppiie/descrip.htm#Workaround`

Dieses Sicherheitsloch betrifft ältere Pentium-Prozessoren bis zum PII. Es ermöglicht böswilligen Benutzern mit Zugangsberechtigung die Eingabe illegaler Befehle, die den Rechner zum Absturz bringen. Diese Art des Angriffs zeigt, dass DoS nicht auf netzwerkbasierte Angriffe begrenzt ist. Denken Sie also immer auch an die physikalische Komponente der elektronischen Datenverarbeitung, und gehen Sie auch bei Maßnahmen, die Sie zu deren Sicherheit ergreifen, entsprechend umsichtig vor.

Winnuke

Dateiname: *winnuke.c*

Autor: _eci

URL: `http://www.rootshell.com` (Suchen Sie dort nach »nuke«.)

Hintergrundinformationen: siehe Quellcode

Entwicklungsplattform: Linux, BSD

Zielplattform: Windows 95, Windows NT. Windows 98 und Windows 2000 sind nicht betroffen.

Wirkung: Windows 95 und NT reagieren falsch auf Pakete, bei denen das OOB-Flag (*Out Of Band*) gesetzt ist. Das Ergebnis ist ein heilloses Durcheinander im System, das einen Neustart erforderlich macht.

Gegenmaßnahmen: `http://support.microsoft.com/`

Winnuke lässt alle Windows 95- und Windows NT-Rechner ohne Patches abstürzen, sodass Sie Ihr System neu starten müssen. Diese Attacke hat einige Mutationen hervorgebracht und ist mittlerweile für viele Entwicklungsbetriebssysteme verfügbar. Sie können aber mit Hilfe eines Tools namens »Nukenabber« das Vorhandensein von Winnuke in einem Netzwerk feststellen.

Nukenabber ist ein kleiner, kompakter Port-Sniffer, der von `puppet@earthling.net` geschrieben wurde. Das Programm lauscht an den Ports 139, 138, 137, 129 und 53 – alles Ports, über die in der Vergangenheit DoS-Attacken durchgeführt wurden. Nukenabber macht Sie darauf aufmerksam, wenn eine Winnuke-Attacke auf Ihr System erfolgt. Sie erhalten das Programm unter `http://www.dynamsol.com/puppet/nukenabber.html`.

Ping of Death

Dateiname: *pingexploit.c*, *win95ping.c*

Autor: Bill Fenner (`fenner@freebsd.org`)

URL: `http://www.rootshell.com` (Suchen Sie dort nach »ping«.)

Hintergrundinformationen: siehe Quellcode

Entwicklungsplattform: BSD UNIX, andere Ports sind verfügbar.

Zielplattform: Windows 95, Windows NT 3.51. Windows 98/NT4/2000 sind nicht betroffen.

Wirkung: Übergroße ICMP-Echo-Request-Pakete (>64 Kbyte) werden nicht adäquat verarbeitet, wodurch es zu einem Systemzusammenbruch kommt.

Gegenmaßnahmen: `http://support.microsoft.com/`

DNSKiller

Der DNSKiller bringt den DNS-Server eines Rechners unter Windows NT 4.0 Rechners zum Absturz. Der Quellcode wurde für eine Linux-Umgebung geschrieben, kann aber auch auf BSD-Plattformen ausgeführt werden. Weitere Informationen finden Sie unter `http://archives.neohapsis.com/archives/bugtraq/1997_1/0152.html`.

arnudp100.c

arnudp100.c ist ein Programm, das UDP-Pakete fälscht und zur Realisierung von DoS-Angriffen über die Ports 7, 13, 19 und 37 benutzt werden kann. Um diese Attacke zu verstehen, empfehle ich Ihnen die Lektüre des Berichts »Defining Strategies to Protect Against UDP Diagnostic Port Denial of Service Attacks« von Cisco Systems. Eine weitere gute Informationsquelle ist das CERT-Advisory CA-96.01.

> **WEGWEISER**
> »Defining Strategies to Protect Against UDP Diagnostic Port Denial of Service Attacks« finden Sie online unter `http://cio.cisco.com/warp/public/707/3.html`.

16.3.3 Verteilte DoS-Angriffe

Zu Beginn des Jahres 2000 sah sich die Internetgemeinde mit einer neuen Angriffsmethode konfrontiert, die zunächst an verschiedenen populären Sites wie CNN, E*Trade, Datek, Amazon.com, Yahoo und Buy.com ausprobiert wurde und diese für Stunden unerreichbar machte. Diese Angriffe unterschieden sich dahingehend von »normalen« DoS-Attacken, dass die Datenflut, die auf die Server einströmte, von vielen verschiedenen Systemen gleichzeitig zu kommen schien. Netzwerkadministratoren und Sicherheitsexperten suchten erschrocken nach der Herkunft und der Ursache dieser Angriffe und nach Methoden, um sie zu stoppen und ihre daniederliegenden Websites wieder zum Laufen zu bringen. Es gab sogar Gerüchte über eine koordiniert arbeitende Gruppe von Untergrundcrackern, die ihre Angriffe simultan ausführten. Die Wahrheit wurde schnell offenbar: Diese neue Form des Angriffs – der *verteilte* DoS-Angriff (Distributed DoS, DDoS) – war im Begriff, zum Albtraum aller Website-Administratoren und im E-Business Tätigen zu werden.

Von DDoS-Angriffen ist die Rede, wenn mehrere Systeme – das können einige wenige, aber auch mehrere tausend sein – das spezifizierte Zielobjekt gleichzeitig attackieren. Die Namen einiger bekannter und bereits analysierter Angriffsformen lauten »Trinoo« (oder »Trin00«), »TFN« (Tribe Flood Network), »TFN2k« (eine aktualisierte Version von TFN) und »Stacheldraht«.

Diese Angriffe funktionieren über eine Master-Slave-Logik. Beim Master handelt es sich um den steuernden Rechner, an dem der Angreifer sitzt und die notwendigen Parameter eingibt: den Zielhost und die Angriffsmethode. Die Slaves sind Remotesysteme, in die der Angreifer eingedrungen ist und auf denen er das Angriffstool installiert hat. Der Master gibt den Slaves dann das Zeichen zum gemeinsamen Angriff. Auf ein weiteres Zeichen des Masters hin wird der Angriff später auch wieder beendet.

Eine verständliche, allgemeine Einführung in das Thema DDoS-Attacken stellt Bennett Todds Artikel »Distributed Denial of Service Attacks« dar, den Sie von `http://www.linuxsecurity.com/resource_files/intrusion_detection/ddos-faq.html` herunterladen können.

In diesem Abschnitt finden Sie eine Übersicht über Tools, die für DDoS-Angriffe verwendet werden können. Die Hintergrundinformationen enthalten im Allgemeinen eine vollständige Analyse der jeweiligen Angriffsmethode und den Quellcode.

Trinoo (Trin00)

Dateiname: *trinoo.tgz*

Autor: Project DoS

URL: `http://packetstorm.securify.com/distributed/`

Hintergrundinformationen: `http://staff.washington.edu/dittrich/misc/trinoo.analysis`

Entwicklungsplattform: UNIX

Zielplattform: UNIX

Wirkung: Nichtverfügbarkeit von Diensten bis zum Ende des Angriffs

Gegenmaßnahmen: Spielen Sie die notwendigen Patches auf Ihre Systeme auf, um ein Eindringen Unbefugter zu verhindern. Überprüfen Sie Ihren UDP-Datenstrom auf Spuren von Trinoo, und verwenden Sie DDoS-Scanner wie etwa RID (den Sie unter http://packetstorm.securify.com/distributed/ finden), um das Vorhandensein des Programms in Ihrem Netzwerk zu erkennen. Das Problem ließe sich auch durch eine Sperrung von Ports mit hoher Portnummer für UDP-Daten lösen, aber diese Maßnahme könnte zur Folge haben, dass andere Netzwerkanwendungen nicht funktionieren.

TFN (Tribe Flood Network)

Dateiname: *tfn.tgz*

Autor: Mixter

URL: http://packetstorm.securify.com/distributed/

Hintergrundinformationen: http://staff.washington.edu/dittrich/misc/tfn.analysis

Entwicklungsplattform: UNIX

Zielplattform: UNIX

Wirkung: Nichtverfügbarkeit von Diensten bis zum Ende des Angriffs

Gegenmaßnahmen: Suchen Sie Ihr Netzwerk mit RID (den URL finden Sie oben im Abschnitt »Trinoo«) nach dem Vorhandensein der Software ab, und sperren Sie den gesamten ICMP-Echo-Datenverkehr (dies kann sich allerdings je nach den Ansprüchen Ihrer Organisation an das Netzwerk als unmöglich erweisen).

TFN2k

Dateiname: *tfn2k.tgz*

Autor: Mixter

URL: http://packetstorm.securify.com/distributed/

Hintergrundinformationen: http://packetstorm.securify.com/distributed/TFN2k_Analysis.htm

Entwicklungsplattform: UNIX

Zielplattform: UNIX, Windows NT/2000

Wirkung: Nichtverfügbarkeit von Diensten bis zum Ende des Angriffs

Gegenmaßnahmen: Sperren Sie den gesamten nicht benötigten Datenverkehr der Protokolle TCP, UDP und ICMP. Schützen Sie Ihre Systeme durch häufige Überprüfung und Aktualisierung gegen Eindringlinge. Verwenden Sie Anwendungsproxies, um den Angriff zu verhindern.

Stacheldraht

Dateiname: *stachel.tgz*

Autor: unbekannt

URL: http://packetstorm.securify.com/distributed/

Hintergrundinformationen: http://staff.washington.edu/dittrich/misc/stacheldraht.analysis

Entwicklungsplattform: Linux, Solaris

Zielplattform: Linux, Solaris

Wirkung: Nichtverfügbarkeit von Diensten bis zum Ende des Angriffs

Gegenmaßnahmen: Suchen Sie Ihr Netzwerk mit RID (den URL finden Sie oben im Abschnitt »Trinoo«) nach dem Vorhandensein der Software ab, und sperren Sie den gesamten ICMP-Echo-Datenverkehr (dies kann sich allerdings je nach den Ansprüchen Ihrer Organisation an das Netzwerk als unmöglich erweisen).

16.4 Fazit

DoS-Angriffe sind unter böswilligen Internetnutzern der letzte Schrei und breiten sich mit erschreckender Geschwindigkeit aus. Die Umsicht und der Eifer, mit denen bei der Entwicklung und Implementierung von Netzwerken, Software und Betriebssystemen vorgegangen wird, haben die Sache für DoS-Angreifer nicht eben schwerer gemacht. Insofern sind Prävention und das Bewusstsein für solche Angriffe Faktoren, die sich unmittelbar auf ihre erfolgreiche Abwehr auswirken. Das Ausfiltern nicht benötigter Dienste und Netzwerkdaten, stärkere Mechanismen für die Authentifizierung und Zugriffssteuerung bei Remotesystemen und -benutzern und eine offensive Strategie bei der Überwachung und Aktualisierung der Systeme und der auf ihnen laufenden Software können Ihnen dabei helfen, Ihre Systeme erfolgreich gegen solche Angriffe zu schützen.

16.5 Weiterführende Informationen

Abschließend finden Sie hier noch ein paar nützliche Links zu weiteren Informationsangeboten zu DoS-Angriffen.

»Strategies to Protect Against Distributed Denial of Service (DDoS) Attacks«. http://www.cisco.com/warp/public/707/newsflash.html

»Denial-of-Service Developments (CERT-Advisory CA-2000-01)«. http://www.cert.org/advisories/CA-2000-01.html

»Denial of Service (DoS) Attack Resources«. http://www.denialinfo.com/

»Denial of Service Attacks – DDOS, SMURF, FRAGGLE, TRINOO«. `http://www.infosyssec.com/infosyssec/secdos1.htm`

»Network Ingress Filtering: Defeating Denial of Service Attacks Which Employ IP Source Address Spoofing«. `ftp://ftp.isi.edu/in-notes/rfc2267.txt`

»Results of the Distributed-Systems Intruder Workshop«. `http://www.cert.org/reports/dsit_workshop.pdf`

»Consensus Roadmap for Defeating Distributed Denial of Service Attacks«. `http://www.sans.org/ddos_roadmap.htm`

Kapitel 17

Viren und Würmer

Haben Sie einen Virus? Kein Messinstrument, keine Sinneswahrnehmungen kann Ihnen verraten, ob der Jäger Ihnen nicht schon auf den Fersen ist. (Richard Preston, The Hot Zone)

Würden Ärzte und Apotheker so vorgehen wie die Hersteller von Antiviren-Software, wären wir gegen alle Krankheiten immun. Aber würde dies unsere Überlebensfähigkeit als Spezies verbessern? (David Harley, Icarus)

In diesem Kapitel geht es um eines der bekanntesten, am meisten gefürchteten und am wenigsten verstandenen Probleme in der Informationssicherheit. Hier wird erklärt, was Viren und Würmer wirklich sind (und nicht sind). Außerdem finden Sie eine Zusammenfassung der Methoden, mit denen ihre Auswirkungen eingeschränkt werden können und – der wichtigste Punkt – einige Wegweiser zu weiteren Informationen.

17.1 Viren und Würmer verstehen

Computerviren sind vielleicht die bekannteste und am meisten gefürchtete Sicherheitsbedrohung überhaupt. Und sicher zählen sie zu den Bedrohungen, die am meisten missverstanden werden. Alle Viren bringen ein gewisses Maß der Zerstörung mit sich, aber ihre Auswirkungen sind – von einigen sehr hervorstechenden Ausnahmen abgesehen – vor allem sozialer Natur.

Jeder Virus führt zu eingeschränktem Denial of Service, denn alle Viren stehlen Festplattenplatz, Speicher und/oder Zeitzyklen (Prozessorzeit). Einige Viren verursachen auf bestimmten Systemen unbeabsichtigte (zufällige) Beschädigungen. Andere Viren beschädigen Dateien und Dateisysteme absichtlich und einige wenige können gewisse Hardwarekomponenten effektiv außer Gefecht setzen, indem sie die Firmware angreifen (CIH beispielsweise). Derzeit ist kein Virus bekannt, der direkt Hardware beschädigen kann, aber die Wahrscheinlichkeit eines solchen Virus kann nicht von der Hand gewiesen werden. Einige der erfolgreichsten Viren (im Sinne ihrer Überlebensfähigkeit) können lange überleben, weil sie sich lediglich replizieren und deshalb nicht weiter auffallen. Direkte Beschädigungen dagegen werden schnell bemerkt. Einige Viren führen allerdings durch langsame und heimtückische Methoden zu ernsthaften Schäden an Daten. Und wieder andere Viren können trotz der Tatsache, dass sie großen Schaden anrichten, lange überleben.

Selbst ein an sich harmloser Virus kann durch seine pure Anwesenheit oder gar durch eine fälschlich diagnostizierte Anwesenheit Probleme hervorrufen. Dies kann sekundäre Schäden aufgrund unpassender Reaktionen von schlecht informierten Virenopfern zur Folge haben. Auch Schäden auf sozialer Ebene sind möglich. Das Opfer kann seinen guten Ruf verlieren, als Sündenbock missbraucht werden oder sogar rechtliche Folgen zu tragen haben. Ihm könnten fehlende Sorgfalt, Vertragsbruch oder ein Verstoß gegen die Datenschutzvorschriften vorgeworfen werden. Vielleicht wird dem Opfer sogar unterstellt, an der Verbreitung eines Virus mitgewirkt zu haben, was in vielen Ländern illegal ist (auch in Ländern, in denen die tatsächliche Erzeugung eines Virus kein Verbrechen ist).

Viren, die keinen absichtlichen Schaden hervorrufen, werden manchmal als *gutartig* bezeichnet, ganz so wie ein Tumor, der *gutartig* oder *bösartig* sein kann. Die Verwendung dieser Bezeichnung ist aber potenziell irreführend, da »gutartig« in diesem Zusammenhang nicht »harmlos« bedeutet und schon gar nicht »wohlwollend«, wie es leicht verstanden werden könnte.

Der kometenhafte Anstieg der Internet-Nutzung (besonders E-Mail) seit den frühen 90er-Jahren hat den Computervirus von einem gelegentlichen Ärgernis zu einem Alltagsproblem gemacht. Die enorme Verbreitung lokaler Netzwerke und anderer Methoden für die gemeinsame Benutzung von Daten und Anwendungen hat das Risiko ebenfalls entsprechend erhöht. Kurz, Viren können heute weiter und schneller reisen als noch vor einigen Jahren. Das große Comeback im Virusbereich feierte der Computerwurm. In den frühen 90er-Jahren wurde das Internet erstmals nicht mehr nur von »dicken« Mainframes und Minicomputern benutzt, die über Dumb-Terminals und Terminal-Emulatoren erreicht wurden. Damit verlor die erste Generation der Computerwürmer ihre Wirkkraft. Die Virus- und Anti-Virus-Technologie konzentrierte sich auf den individuellen Desktop-PC. Gegen Ende des Jahrzehnts jedoch entdeckten die Entwickler von Computerviren erneut Wurmmechanismen als eine Methode, die Verbreitung zu beschleunigen. So sind Würmer und Wurm/Virus-Hybride heute eins der ärgerlichsten Probleme für Systemadministratoren.

Zwar werden in diesem Kapitel auch Wurmmechanismen detailliert dargestellt, aber wir legen keinen besonderen Schwerpunkt auf die Differenzierung zwischen Viren und Würmern. Auch in der Industrie werden die Bezeichnungen austauschbar verwendet, insbesondere aufgrund der Virus/Wurm-Hybriden, die derzeit die Virusszene dominieren.

17.1.1 Was ist ein Computervirus?

Die meisten Anti-Virus-Spezialisten würden folgende Definition des Begriffs Computervirus akzeptieren:

> *Ein Virus ist ein Programm, das sich repliziert, indem es andere Programme »infiziert«, sodass diese eine (möglicherweise erweiterte) Kopie des Virus enthalten. (F. Cohen: A Short Course on Computer Viruses)*

Die Betonung liegt hier auf Reproduktion durch Infizierung. Ein Virus ist nicht *unbedingt* destruktiv, und ein destruktives Programm ist nicht *unbedingt* ein Virus. Und obwohl die meisten Viren versuchen, ohne Wissen des Benutzers zu arbeiten, ist auch dies keine Voraussetzung. Die einzige definierende Eigenschaft ist die *Replikation*: die primäre »Absicht« des infizierenden Programms liegt darin, sich zu vermehren.

HINWEIS

Der Begriff *Programm* schließt nicht unbedingt eine Programmdatei mit ein, auch wenn die meisten Viren auf irgendeine Art und Weise tatsächlich Dateien infizieren. Wir beziehen uns in diesem Kapitel auf infizierte und infizierende Objekte, es sei denn, wir stellen explizit die Infizierung von Dateien dar, beispielsweise bei Boot-Sektor-Viren oder in Datendateien eingebetteten Makroprogrammen.

Der Begriff *Infizierung* wird manchmal als ein Anhängen des Virusprogramms an ein oder mehrere Programme auf dem Zielsystem beschrieben. Aber auch wenn er in diesem Zusammenhang oft benutzt wird, kann der Ausdruck *Anhang* leicht missverstanden werden, weil er im Zusammenhang mit E-Mails eine etwas andere Bedeutung hat. Daher ist es sinnvoller, sich den Prozess als eine Kette von Befehlen vorzustellen. Der Viruscode wird in die Befehlskette eingefügt, so dass beim Ablauf des legitimen, aber infizierten Programms der Viruscode ebenfalls ausgeführt wird (oder in manchen Fällen *statt* des legitimen Codes läuft).

Wir beschreiben die Infizierung oft als ein physikalisches Anhängen des Viruscodes an das Wirtsprogramm, aber das ist nicht immer der Fall. Manchmal wird die Umgebung manipuliert, sodass bei einem Aufruf eines bestimmten Programms tatsächlich das Virusprogramm gestartet wird. Manchmal wird das Virusprogramm aktiviert, bevor *irgendein* Programm läuft. Damit kann jede andere ausführbare Datei auf dem System effektiv »infiziert« werden, ohne tatsächlich eine dieser Dateien physikalisch zu modifizieren. Zu den Viren, die auf diese Art und Weise arbeiten, gehören Cluster- oder FAT-(File Allocation Table)-Viren, die Systemzeiger auf infizierte Dateien umlenken, Companion-Viren und Viren, die die Windows-Registry modifizieren, sodass deren eigener Code vor legitimen ausführbaren Dateien aufgerufen wird.

Mit Ausnahme einiger weniger primitiver und destruktiver Beispiele, die das Wirtsprogramm bei der Infizierung tatsächlich zerstören, arbeiten alle Viren auf folgende Art und Weise:

- Ein Benutzer ruft ein legitimes Programm auf.
- Der Viruscode, der sich selbst in die Befehlskette eingefügt hat, wird anstelle des legitimen Programms ausgeführt.
- Der Viruscode wird beendet und übergibt die Kontrolle an das legitime Programm.

Companion- oder Spawning-Viren folgen dem gleichen Ablauf, aber der Viruscode befindet sich in einer separaten Datei, die (üblicherweise) umbenannt und anstelle des vom Opfer gewünschten Programms gestartet wird. (Dann übergibt der Viruscode normalerweise die Kontrolle an das legitime Programm.)

Der Ablauf einer Infizierung durch einen Computervirus ähnelt dem einer Ansteckung mit seinem biologischen Pendant, auch wenn die Analogie überstrapaziert ist und irreführend sein kann. Denken Sie an einen Menschen, der sich mit einer durch die Luft übertragbaren Krankheit infiziert hat. Immer wenn dieser Mensch in der Öffentlichkeit ausatmet, besteht das Risiko, dass er andere ansteckt. Ganz ähnlich läuft jedes Mal, wenn ein infiziertes Programm ausgeführt wird, auch die infizierende Routine mit, die ein oder mehrere andere Objekte »in Reichweite«

infizieren kann. Ebenso wie biologische Viren Menschen anfallen, die sich leicht anstecken lassen, zielen Computerviren je nach Virusart auf bestimmte Dateitypen oder Systembereiche.

17.1.2 Was ist ein Computerwurm?

Die Replikation ist ebenfalls eine definierende Eigenschaft eines Wurms, und einige Spezialisten (darunter auch Fred Cohen, der »Vater« der Computervirus-Forschung) betrachten Würmer als einen Ableger der Gattung Virus. Aber Würmer lassen sich nur schwer definieren. Eine vertretbare Definition unterscheidet Viren und Würmer anhand der Fähigkeit, sich anzuhängen. Während sich ein Virus in gewissem Sinne an ein legitimes Programm »anhängt«, kopiert sich ein Wurm selbst über Netzwerke und/oder Systeme, ohne sich anzuhängen. Man könnte sagen, dass der Wurm die Umgebung (beispielsweise ein Betriebssystem oder Mailsystem) statt bestimmter Objekte wie Dateien infiziert.

Einige Beobachter verwenden den Begriff Wurm für sich selbst replizierende Malware (Malicious Software), die sich über Netzwerke ausbreitet. Aber das ist keine wirkliche Differenzierung, weil auch viele Viren zwischen Rechnern beispielsweise in einem LAN reisen können, ohne sich »bewusst« zu sein, dass sich ein Zieldatenträger nicht auf dem gleichen Rechner befindet. Das soll natürlich nicht heißen, dass Viren sich des Netzwerks niemals bewusst sind.

17.2 Anfällige Objekte

In den letzten Jahren wurden Tausende neue Viren entwickelt. Dabei unterscheiden sich die Mechanismen der Viren erheblich, und (nahezu) jeder Dateityp kann betroffen sein. Viren können sich aber nur bei der Ausführung von Code ausbreiten. Das bedeutet, dass nur Dateien oder andere Objekte (wie der Boot-Sektor), die ausführbaren Code enthalten, Träger für weitere Infizierungen sein können. Es heißt jedoch nicht, dass nur ausführbare Binärdateien wie beispielsweise DOS/Windows-*.exe*- und -*.com*-Dateien infiziert werden können.

Datendateien können ebenfalls ausführbaren Code in Form von eingebetteten Makros enthalten. Derzeit zählen die zwei Microsoft Office-Anwendungen Word und Excel zu den Anwendungen, die am anfälligsten für Virusangriffe sind, die von interpretierten Makro- bzw. Skriptsprachen wie Visual Basic for Applications u.ä. profitieren. Zwar sind Makroviren auch in Nicht-Microsoft-Anwendungen möglich (und vorhanden), aber Textverarbeitungsprogramme, in denen Makrocode in separaten Dateien statt innerhalb des Dokuments gespeichert wird, sind weniger anfällig. Man tauscht eben viel seltener Makros als Dokumente aus.

Shell-Skripten, Batch-Dateien, interpretierbarer Quellcode und sogar Postscript-Dateien enthalten ebenfalls ausführbaren Code und könnten theoretisch für einen Virusangriff anfällig sein. Die Wahrscheinlichkeit eines solchen Angriffs hängt jedoch von einer Reihe von Faktoren ab, wie beispielsweise der Popularität der

Plattform und den für die Betriebsumgebung definierten Zugriffskontrollen. Der eingeschränkte Schreibzugriff, den nicht privilegierte Accounts in einer Multiuser-Umgebung wie UNIX, Linux oder NT erhalten können, scheint tatsächlich die Verbreitung von Viren und Trojanern in diesen Umgebungen zu verhindern. Dennoch wäre es höchst leichtsinnig, sich für den Schutz dieser Systeme ausschließlich darauf zu verlassen. Tatsache ist, dass einige der frühesten Experimente mit Computerviren auf UNIX-Systemen durchgeführt wurden und erst Anfang 2001 eine Reihe von Linux-Würmern aufgetaucht sind.

17.3 Wer schreibt Viren und warum?

Es gibt gewisse Stereotype, die mit der Programmierung von Viren in Verbindung gebracht werden. Alles in allem sind diese recht nützlich. Die meisten Virusprogrammierer versuchen – aus nahe liegenden Gründen – ihre Anonymität zu wahren. Deshalb ist es nicht ganz einfach zu sagen, ob diese Stereotype der Wahrheit entsprechen. Einige Virusprogrammierer stellen allerdings ihr Können und ihre Bedrohung zur Schau und diskutieren in mehr oder weniger öffentlichen Foren wie der Newsgroup *alt.comp.virus*. Meistens handelt es sich dabei um männliche Jugendliche. Forschungen in diesem Bereich weisen darauf hin, dass die meisten aus der Szene »herauswachsen« und das Feld räumen, wenn sie erst einmal eine Freundin und ein Leben haben.

Allerdings sollte man sich nicht darauf verlassen, dass »Virusprogrammierer«, die derartige Newsgruppen dominieren, immer die sind, die sie vorgeben zu sein, und erst recht nicht darauf, dass sie tatsächlich so talentiert sind, wie sie tun. Außerdem sind sie nicht unbedingt als ernst zu nehmende Repräsentanten aller Virusprogrammierer zu sehen. In der Tat ist diese Gruppe vielleicht eher eine Ansammlung von Möchtegern-Spezialisten als eine Gruppe wirklich kompetenter Virusprogrammierer. Es scheint sicher, dass viele erfolgreiche Viren eher von Einzelgängern ohne bestimmte Gruppenzugehörigkeit als von Gruppen geschrieben wurden.

Es ist auch zu beobachten, dass viele der lautesten Individuen, die von den Medien, Justizbehörden, Politikern und anderen zitiert und gefeiert werden, unter Gleichgesinnten nicht besonders respektiert werden. Natürlich gilt dies auch für andere Arten von Computervandalen, ganz zu schweigen von vielen selbst ernannten Sicherheits- und/oder Virusexperten.

Einige Virusprogrammierer haben sich auf die sehr wenigen ernsthaften Forschungsversuche in diesem Bereich eingelassen. Aber eine quantitative Forschung ist realistisch gesehen nicht möglich, und die bisherigen Bemühungen gingen eher in Richtung Gruppenforschung. Das heißt, anstatt zu versuchen, zahlenmäßig bedeutsame Daten aus einer großen Menge von Versuchspersonen abzuleiten, verlassen sich Forscher in diesem Gebiet eher auf qualitative Daten und führen Interviews mit nur sehr wenigen Personen (d.h. einer Hand voll Virusprogrammierer).

Die allgemein anerkannte Autorität auf diesem Gebiet ist Sarah Gordon, die sowohl hierzu als auch in verwandten ethischen Bereichen viel geschrieben hat. Ihre Berichte für die vierte und sechste Virus Bulletin Conference zum Thema *The Generic Virus Writer* sind besonders erwähnenswert. Sie finden eine ganze Reihe Ihrer Fachartikel, darunter auch beide Berichte zur Gattung Virusprogrammierer, unter `http://www.badguys.org/papers.htm`.

Eine zweite weit verbreitete und stereotype Annahme ist, dass Anti-Virus-Programmierer auch Viren schreiben, um den Absatz ihrer Produkte anzukurbeln. Ich kann nicht mit hundertprozentiger Sicherheit sagen, dass kein Anbieter oder Forscher je einen Virus geschrieben, freigegeben oder vielleicht sogar eine kleine Belohnung für die Aushändigung von Originalviren bezahlt hat. Aber es ist schwer zu verstehen, warum ein Anti-Virus-Spezialist zu diesem Zeitpunkt auf »die dunkle Seite« abschweifen sollte. Es gibt mehr als genug Amateure, die Viren produzieren. In ihrem Bericht *Generic Virus Writer II* bemerkt Gordon, dass ältere Sicherheitsprofis, insbesondere Systemadministratoren und ähnliche, durch (wahrscheinlich gut gemeinte) Experimente ihren eigenen Beitrag zur Virusschwemme leisten. Also auch wenn Virusprogrammierer eifrig mit dem Finger auf »den Feind« zeigen, gibt es keine Verschwörung zwischen Systemadministratoren und Herstellern, um die Gewinne der Hersteller zu steigern. Falls es doch eine gibt, hat mir bisher jedenfalls niemals eine Beteiligung angeboten.

Es gibt wahrscheinlich ebenso viele Gründe für die Virusprogrammierung wie Virusprogrammierer (wahre oder Möchtegern), obwohl die von diesen angegebenen Gründe nicht immer einer genaueren Analyse standhalten. Einige scheinen fasziniert vom Konzept eines sich selbst replizierenden und/oder modifizierenden Programms zu sein und sind neugierig, wie weit sich ihre Kreationen verbreiten können. In der Tat behaupten manche Befürworter, dass die Virusprogrammierung eine legitime Forschungsmethode für den Bereich künstliche Lebensformen oder sogar künstliche Intelligenz sei. (Allerdings zeigen selbst die raffiniertesten Viren normalerweise nur ein beschränktes anpassungsfähiges Verhalten.)

Viele Virusprogrammierer scheinen das Kräftemessen mit der Anti-Virus-Gemeinde zu genießen. Tatsächlich gehen einige Viren direkt vom Programmierer zu dessen bevorzugten Anti-Virus-Unternehmen ohne jeglichen Versuch, ihn in der Öffentlichkeit zu verbreiten. Anderen ist jedoch mehr daran gelegen, die Bewunderung ihrer Kollegen zu gewinnen, als die Anti-Virus-Profis auf sich aufmerksam zu machen. Wieder andere machen keinen großen Unterschied zwischen der Programmierung von Virus- und Anti-Virus-Software und schreiben beides. In der Anti-Virus-Industrie ist dies aber normalerweise nicht der Fall, und diejenigen, die versuchen, ihre Erfahrungen auf beiden Seiten für die Jobsuche in der Industrie zu nutzen, wurden normalerweise schwer enttäuscht. So haben Entwicklungsteams in der Industrie sowohl praktische als auch ethische Gründe dafür, vorzugsweise Programmierer einzustellen, die Erfahrungen aus anderen Bereichen mitbringen. Damit ersparen es sich die Unternehmen, fragwürdige technische Vorurteile aus den Köpfen des neuen Mitarbeiters streichen zu müssen.

Natürlich gibt es viele Viren, die darauf abzielen, weit verbreiteten Schaden anzurichten, aber die absichtliche Zerstörung ist weit weniger häufig das Ziel, als die meisten Menschen glauben. (Oft werden die Schäden durch Viren durch Gedankenlosigkeit oder schlichte Inkompetenz aufseiten des Virusprogrammierers hervorgerufen.) Einige Virusprogrammierer argumentieren, dass Computerbenutzer, die nicht über die technischen Kenntnisse verfügen, um sich selbst zu schützen, es nicht besser verdienen. Andere Virusprogrammierer berufen sich auch darauf, dass sie nicht persönlich an der Verbreitung des Virus beteiligt waren und deshalb nicht dafür verantwortlich sind, was andere mit ihrem Code machen. Mit anderen Worten sind die Verteiler das Problem, nicht die Autoren. Derartige Aussagen wären überzeugender, wenn diese Autoren ihre Kreationen nicht als Quellcode und/oder Binaries auf Websites, in E-Zines oder an anderen Standorten zur Verfügung stellen würden. Dann könnte nicht jeder, der danach fragt oder auf Vx-(Virus Exchange)-Websites sucht, so leicht darauf zugreifen.

17.3.1 Wie werden Viren erzeugt?

Einige Leute scheinen zu glauben, dass Computerviren einfach spontan auftreten, wie es bei ihren biologischen Pendants der Fall zu sein scheint. Dieser Glaube ist nicht ganz so dumm, wie er sich anhört. Vollkommen neue Viren springen nicht einfach ohne Warnung aus der Ursuppe heraus. Aber es ist nicht unüblich, dass eine neue Variante (nicht unbedingt ein lebensfähiger Virus in Hinsicht auf Replikation und Infizierung) ohne direktes menschliches Zutun geboren wird. Ein Makrovirus beispielsweise, der aus einer festen Anzahl von Modulen besteht, könnte mutieren, wenn er einige seiner ihn ausmachenden Makros verliert oder nicht verbundene (nicht unbedingt infizierte) Makros erhält. WM/Cap zum Beispiel mutierte in viele Hunderte Varianten des ursprünglichen Virus. Dennoch musste jemand erst einmal die ursprüngliche Version schreiben.

Möglicherweise wird eine Betriebsumgebung generelle Verbreitung finden, in der ein Virusprogramm aus dem Nichts ohne direkte menschliche Einwirkung erzeugt werden *könnte*, aber dies scheint bisher noch nicht der Fall zu sein.

Die meisten Virusprogrammierer (und ein großer Anteil der restlichen Welt) haben eine übertriebene Vorstellung von den Fähigkeiten, die man zur Erzeugung eines Virus braucht. Zwar produzieren einige Virusprogrammierer technisch kompetenten Code, aber viele andere tun dies nicht. Wir haben außerdem gesehen, dass viele Viren nur einen Trick beherrschen. Egal, ob der Virus die Replikation gut oder nicht so gut beherrscht, die Replikation ist, auch wenn sie noch so gut klappt, eine eher eingeschränkte Funktion im Vergleich zu dem, was ein Compiler oder eine Business-Anwendung kann.

Ältere Viren wurden oft in Assembler geschrieben. Tatsächlich ist es schwierig, einige Virusarten in einer Hochsprache zu schreiben, auch mit Hilfe eines Inline-Assemblers. Aus dem Blickwinkel des Virusopfers ist dies ein Vorteil, denn für die Erzeugung selbst eines schwachen Virus (oder auch für die Modifikation eines vorhandenen Virus zur Erzeugung einer Variante) ist eine gewisse Programmiererfahrung notwendig. Viele Varianten sind tatsächlich existierende Viren mit einer leichten Veränderung, die die Funktionalität nicht beeinträchtigt (wie beispielsweise eine Modifikation von unwichtigem eingebetteten Text). Eine derartige Veränderung verlangt möglicherweise gar keine Programmiererfahrung.

Einige Virusprogrammierer und ihre Bewunderer betrachten gute Kenntnisse in Assembler immer noch als das Kennzeichen der Programmierkunst. (Dies steht in starkem Kontrast zum professionellen Programmierer, der sicherlich ein etwas praktischeres Tool wählen würde, wenn er denn die Wahl hätte.) Aber im Großen und Ganzen fließt der Strom in die andere Richtung.

Als sich die Virustechnologie weiterentwickelte, widmeten manche Virusprogrammierer ihre Aufmerksamkeit der Erzeugung von Virus-Kits, damit Möchtegern-Virusprogrammierer andere Viren ohne Programmierung »entwickeln« konnten, d.h. für die Erzeugung von Viruscode Virusgeneratoren verwenden konnten. Dies hat jedoch nicht unbedingt zu einem Anstieg der Gesamtanzahl der Viren »In the Wild« geführt.

Kit-Viren sind oft nicht wirklich lebensfähig (d.h. sie replizieren sich nicht) und lassen sich häufig generisch erkennen. Ein neuer Kit-Virus kann leicht durch die Familienähnlichkeit erkennbar sein, die den von einem bestimmten Generator erzeugten Viren eigen ist. Daher haben Kit-Viren zum »Verbreitungsproblem« (der puren Anzahl) beigetragen, nicht aber zum »In-the-Wild«-Problem (siehe den nächsten Abschnitt).

Sicher ist Assembler nicht länger die Sprache der Wahl in der heutigen Generation der Virusprogrammierer. Interpretierte Makrosprachen (besonders Visual Basic for Applications) sind in der Regel schwerer zu benutzen als Kits, aber wesentlich einfacher als Assembler. Außerdem sind Festplattenplatz und Hauptspeicher nicht mehr teuer und extrem aufgeblasene Dateien unter Windows weniger verdächtig. Deshalb ist es jetzt praktischer (und einfacher), Viren und Würmer in C++ oder Delphi zu schreiben.

17.3.2 Was bedeutet eigentlich »In the Wild«?

Ein Virus wird als »In the Wild« bezeichnet, wenn er in die allgemeine Öffentlichkeit (»die freie Wildbahn«) geflüchtet ist oder in diese ausgesetzt wurde. Dabei bezieht sich der Begriff allgemeine Öffentlichkeit auf Computerumgebungen außerhalb der Entwicklungsumgebung, in der der Virus entwickelt und getestet wurde, oder außerhalb der Umgebungen von Anti-Virus-Herstellern, Forschern und Sammlern. Viren in diesen letzten Umgebungen arbeiten in der Regel (hoffentlich) unter kontrollierten Bedingungen, so dass umgebende Gemeinschaften nicht gefährdet werden. Wenn ein Virus aber aus einer kontrollierten Umgebung entweicht, wird dieser Virus als »In the Wild« bezeichnet. (In der Anti-Virus-Gemeinde wird der Begriff oft adjektivisch als In-the-Wild-Virus oder ItW-Virus verwendet.) Die reine Tatsache jedoch, dass ein Virus in einem vx-Bulletin-Board oder einer Website verfügbar ist, bedeutet in der Anti-Virus-

Industrie nicht, dass es sich um einen In-the-Wild-Virus handelt. Dies zählt als eine kontrollierte Umgebung, weil der Zugriff auf diese Ressourcen und der Austausch von Viren freiwillig ist.

Paul Ducklin macht in seinem Konferenzartikel *Counting Viruses* (Virus Bulletin 1999) den Unterschied sehr klar:

> *Ein Virus wird dann als In-the-Wild-Virus betrachtet, wenn er sich als Ergebnis normaler alltäglicher Vorgänge auf und zwischen den Computern nichts ahnender Benutzer verbreitet. Das bedeutet, dass Viren, die einfach nur existieren, sich aber nicht ausbreiten, nicht als In-the-Wild-Viren betrachtet werden.*

Die Definition der *WildList Organization* ist sogar noch wesentlich strenger. Damit ein Virus auf die WildList kommt – ein Maß, das einem Industriestandard für In-the-Wild-Viren am nächsten kommt –, müssen zwei oder mehr Virusspezialisten, die an die WildList Organization berichten, auf diesen Virus aufmerksam machen. Außerdem müssen diesen Berichten replizierte Muster beigelegt werden. (Viren, die nur von einer Person bekannt gegeben werden, kommen auf die Warteliste.) Diese strengen Regeln bedeuten natürlich, dass die WildList nicht alle ItW-Viren zu einer bestimmten Zeit umfasst, aber sie enthält Viren, die wirklich »da draußen« ihr Unwesen treiben. Diese Daten sind für Organisationen und Individuen, die die WildList als Grundlage für Tests und Forschung verwenden, oft nützlicher als absolute Zahlen. (Beachten Sie, dass die WildList die Präsenz eines Virus »da draußen« anzeigt, nicht aber die Gesamtzahl der Vorfälle, in die ein einzelner Virus verwickelt ist. Daher stellt diese Liste nur eine sehr grobe Übersicht der Verbreitung dar.)

Was für Sie wirklich wichtig ist, ist der Unterschied zwischen der Anzahl der In-the-Wild-Viren zu einem bestimmten Zeitpunkt (laut WildList einige Hundert) und der Gesamtzahl der existierenden Viren (zu der Zeit, als dieses Buch geschrieben wurde, zwischen 50.000 und 60.000, je nachdem wie Sie messen).

17.3.3 Wie arbeiten Viren?

Ein Virus ist an sich ein einfaches Programm. In seiner einfachsten Form kann ein Direct-Action-Virus nach folgendem Algorithmus modelliert werden:

```
begin
  Look for (ein oder mehrere infizierbare Objekte)
    If (keines gefunden wird)
    then
      exit
    else (infiziere Objekt oder Objekte).
    endif
end
```

Diese Viren verbleiben nicht im Speicher, sondern führen ihren gesamten Code auf einmal aus und übergeben dann dem Wirtsprogramm die Kontrolle.

Andere Viren werden speicherresident (d.h. sie laden sich selbst in den Speicher), nachdem das Wirtsprogramm ausgeführt wurde. Diese können dann Objekte infizieren, auf die nach Beenden der infizierten Anwendung zugegriffen wird.

Der Begriff hybrid wird manchmal für Viren benutzt, die aktiv bleiben, solange das Wirtsprogramm läuft. Er wird außerdem (wahrscheinlich gerechtfertigter) für Viren verwendet, die sowohl direkt agieren als auch speicherresident sind.

Tatsächlich sind alle lebensfähigen Boot-Sektor-Viren speicherresident – sie müssen es sein. Sonst könnte ihr Code nur während des Boot-Vorgangs ausgeführt werden, was ihre Möglichkeiten zur Infizierung anderer Boot-Sektoren ziemlich einschränken würde. Wir werden uns Boot-Sektor-Viren später in diesem Kapitel detailliert ansehen.

Natürlich sind alle Viren außer den sehr inkompetent programmierten etwas besser gegen Fehler abgesichert als unser Beispiel und überprüfen zumindest, dass das `infizierbare Objekt` nicht bereits infiziert ist. Sie haben außerdem bemerkt, dass ich die Subroutine `infiziere Objekt` stark vereinfacht habe. Wir werden uns Infizierungsmechanismen später in diesem Kapitel ansehen, wenn die Hauptvirusarten dargestellt werden.

Einige Viren können natürlich mehr, als nur sich selbst replizieren. Manchmal wird beschrieben, dass ein Virus bis zu drei Komponenten haben kann: eine infizierende Routine, eine Payload und einen Auslöser. Unser obiges Beispiel zeigt eine infizierende Routine, obwohl man auch sagen könnte, dass das Auffinden eines infizierbaren Objekts der Auslöser für die infizierende Routine ist. Aber wir betrachten den Auslöser häufiger als die Bedingung, die existieren muss, bevor die Payload (oder Warhead) ausgeführt werden kann. Die Payload kann prinzipiell jeder Vorgang sein, den ein anderes Programm auch ausführen kann. In der Realität ist dies jedoch meist etwas Freches und Irritierendes wie visuelle oder Audioeffekte oder etwas direkt Zerstörerisches. Also sieht unser Modell eher wie folgt aus:

```
begin
  (werde speicherresident)
  if (infizierbares Objekt existiert)
  then
    if (Objekt ist noch nicht infiziert)
    then
    (infiziere Objekt)
    endif
  endif
  if (Auslösebedingung existiert)
  then
    (übermittle Payload)
  endif
end
```

Die Auslösebedingung kann beispielsweise die Ausführung einer Datei oder eine bestimmte Datums- oder Zeitangabe sein. Die Kombination eines Auslösers mit einer bösartigen Payload wird manchmal auch als logische Bombe bezeichnet.

Viren lassen sich bequem (aber auf keinen Fall definitiv) in fünf Hauptarten klassifizieren:

- Boot-Sektor-Viren (BSIs – Boot Sector Infectors),
- Dateiviren,
- mehrteilige Viren,
- Makroviren und
- Skriptviren.

HINWEIS
Memetische Viren (Hoaxes und andere Kettenbriefe) sind keine Viren im eigentlichen Sinne, weil sie Menschen und nicht Programme befallen. Sie werden hier ebenfalls dargestellt, weil der Umgang mit Hoaxes normalerweise auch in der Verantwortung der Person liegt, die für das Virusmanagement verantwortlich ist.

17.3.4 Boot-Sektor-Viren

Diese für den PC spezifischen Viren infizieren den Master-Boot-Record und/oder den DOS-Boot-Record. Früher waren diese Viren an den meisten Vorfällen beteiligt, aber heute machen sie nur noch einen schwindenden Teil an der Gesamtzahl der Bedrohungen »In the Wild« aus, und neue BSIs sind eher selten. Dies liegt wohl in der Tatsache begründet, dass heute für den Datenaustausch vermehrt E-Mail und Netzwerke statt Disketten verwendet werden. Außerdem spielt auch die Tatsache eine Rolle, dass diese Viren schwieriger zu schreiben sind als Makroviren und Skriptviren (oder selbst Dateiviren).

Wenn ein moderner PC bootet, durchläuft er einen Prozess, der *Power On Self Test (POST)* genannt wird. Zu dieser Phase des Boot-Prozesses gehört die Überprüfung der Hardwarekomponenten. Einige der Informationen kommen aus den in den CMOS-Einstellungen gespeicherten Daten, insbesondere diejenigen, die sich auf die Art der Festplatte und des Speichers und die Konfiguration beziehen. Wenn die CMOS-Einstellungen nicht der tatsächlichen Laufwerksgeometrie entsprechen, kann der Rechner Systembereiche und Dateien nicht dort finden, wo sie sein sollten, und er wird den Boot-Prozess nicht beenden.

Den Master Boot Record (MBR), der manchmal auch als Partitionssektor bezeichnet wird, gibt es nur auf Festplatten, auf denen er immer der erste physikalische Sektor ist. Er enthält wichtige Informationen über die Festplatte und gibt die Startadresse der Partition(en) an, in die diese aufgeteilt ist. Auf Disketten, die nicht partitioniert werden können und keinen MBR haben, ist der erste physikalische Sektor der Boot-Record oder DBR. Auf Festplatten ist der Boot-Record der erste Sektor einer Partition. Der Boot-Record enthält ein Programm, das überprüft, ob der Datenträger boot-fähig ist, und das, wenn dem so ist, die Kontrolle an das Betriebssystem übergibt.

Wenn eine boot-fähige Diskette eingelegt ist, booten die meisten PCs standardmäßig von Laufwerk A, dem ersten Diskettenlaufwerk, statt von Laufwerk C, dem ersten Festplattenlaufwerk. Dies ist tatsächlich ein unglücklicher Standard, weil er für den normalen Eintrittspunkt für einen Boot-Sektor-Virus sorgt. Wenn der PC versucht, von einer Diskette mit einem infizierten Boot-Sektor zu booten (auch wenn die Diskette nicht die erforderlichen Dateien zum Laden eines Betriebssystems enthält und daher den Boot-Prozess nicht abschließen kann), wird diese Diskette die Festplatte infizieren. Ist die Festplatte einmal infiziert, wird der Virus typischerweise (wenn auch nicht unbedingt) alle beschreibbaren Disketten infizieren.

HINWEIS
Vielleicht haben Sie gehört, dass Boot-Sektor-Viren ohne Anti-Virus-Software mit Hilfe von `FDISK` mit einem (größtenteils) undokumentierten Parameter (`/MBR`) unschädlich gemacht werden können, was mancherorts auch als `FDISK /MUMBLE` bekannt ist. Die gute Nachricht ist, dass dies häufig funktioniert. Die schlechte Nachricht ist, dass Sie den Zugriff auf Ihre Daten verlieren können, wenn Sie es mit dem falschen Virus ausprobieren. Anti-Virus-Software ist keine perfekte Technologie, aber sie ist fast immer besser und sicherer für das Entfernen von Viren geeignet als Allzweck-Utilities, die nie für diesen Zweck entwickelt wurden. `FDISK` kann nicht als eine Anti-Virus-Methode empfohlen werden, außer Sie wissen ganz genau, was Sie tun.

Die meisten Boot-Sektor-Viren enthalten außerdem eine Vorrichtung, um den ursprünglichen Boot-Sektor-Code an anderer Stelle auf dem Laufwerk zu speichern. Hierfür gibt es einen guten Grund, auch wenn das Beibehalten einer Kopie des ursprünglichen Boot-Sektors es einfacher macht, den Virus zu beseitigen. Dieser Grund besteht nicht darin, dass der Virusprogrammierer netterweise beabsichtigt, den MBR irgendwann in seinen ursprünglichen Zustand zurückzusetzen. Er muss es einfach tun. Typischerweise behält der Virus eine Kopie des ursprünglichen Boot-Records und bietet diese immer dann an, wenn andere Prozesse danach verlangen. Dies ermöglicht es dem System, überhaupt zu booten und macht es außerdem schwerer, den Virus ohne spezielle Anti-Virus-Software zu erkennen. Einige Viren allerdings ersetzen den normalen Boot-Sektor-Code auch einfach durch eigenen Code.

Einige BSIs (*Form* ist ein besonders bekanntes und verbreitetes Beispiel) infizieren nur den Boot-Record, auch auf Festplatten. Dies führt zu speziellen Problemen mit Windows NT und Windows 2000 und verhindert in der Regel, dass das System überhaupt bootet. So wurde aus einem weitgehend harmlosen Virus in einigen Umgebungen plötzlich ein großes Ärgernis.

TIPP

Neue Boot-Sektor-Viren sind vergleichsweise selten. Aber auch alte Favoriten wie *Form* breiten sich weiter unter Leuten aus, die immer noch Disketten austauschen. Zwar ist eine renommierte und aktuelle Anti-Virus-Software immer noch ein Muss, um diese Viren zu erkennen, aber eine einfache Vorsichtsmaßnahme kann das Infektionsrisiko auf den meisten PCs – auch durch unbekannte Boot-Sektor-Viren – fast ausschließen. Standardmäßig versuchen die meisten PCs von Laufwerk A zu booten, wenn dort eine Diskette ist. Ist keine Diskette dort, versuchen sie, von Laufwerk C zu booten. Aber bei fast allen PCs kann man diesen Standard ändern, indem man die CMOS-Einstellungen neu konfiguriert. In den meisten Systemen kann dies über eine Änderung der Boot-Reihenfolge erreicht werden, so dass das System immer zuerst versucht, von Laufwerk C zu booten (oder in der Reihenfolge CD-ROM-Laufwerk, Laufwerk C, Laufwerk A). In anderen Systemen (besonders einigen Compaq-Modellen) gibt es eine Option, mit der das Booten von Diskette ganz deaktiviert werden kann. Wenn der Benutzer dann doch einmal von einer Diskette booten muss, braucht er einfach nur diese Option wieder als Standard einzurichten. Hersteller von Motherboards und PC-Systemen haben alle eigene Methoden für die Einstellung der CMOS-Optionen, deshalb sollten Sie einen Blick in die Dokumentation zu Ihrem System werfen. Beachten Sie, dass die Wahrscheinlichkeit geringer ist, durch diese Vorsichtsmaßnahme »Datei-und-Boot«- (d.h. mehrteilige) Viren fernzuhalten.

17.3.5 Dateiviren (parasitische Viren)

Dateiviren infizieren ausführbare Dateien. In der Vergangenheit waren die meisten Dateiviren gemessen an ihrer Verbreitung nicht sehr erfolgreich. Viele Tausende wurden geschrieben, aber die Anzahl der Dateiviren, die tatsächlich »In the Wild« gesehen werden, ist im Vergleich zu BSIs und den aktuelleren Makroviren relativ gering. Aber diejenigen, die »In the Wild« überlebt haben, verbreiten sich oft erstaunlich gut – CIH beispielsweise. Einige der prominentesten modernen Dateiviren werden allerdings weithin als Würmer beschrieben, die später in diesem Kapitel dargestellt werden.

Nachdem ein Virus eine ausführbare Datei durch Anhängen infiziert hat, wird diese Datei bei ihrer Ausführung andere Dateien infizieren. Schnelle Viren streben nach sofortiger Genugtuung. Immer wenn die infizierende Routine aufgerufen wird, infiziert sie ein ganzes Verzeichnis, alle Ordner im aktuellen Pfad, einen ganzen Datenträger bzw. eine ganze Festplatte oder sogar alle aktuell gemounteten Datenträger. Selbst Dateiviren, die nur eine oder zwei Dateien auf einmal infizieren, können sich in einer modernen Umgebung, in der mehrere ausführbare Binärdateien in einer einzigen Sitzung geöffnet und geschlossen werden, schnell über Systeme und Netzwerke ausbreiten. Jedes Mal, wenn Sie eine Anwendung öffnen, wird mindestens eine ausführbare Datei geladen. Manche Anwendungen öffnen während des Startens mehrere Dateien, während andere zeitweise mehrere Dateien öffnen, wenn sie eine bestimmte Aufgabe ausführen.

Einige seltene Viren widerstehen der Versuchung, möglichst viele Dateien zu infizieren, meist weil sie versuchen, weniger Aufmerksamkeit zu erregen. Sie infizieren nicht jedes Mal, wenn der Virus ausgeführt wird, sondern nur unter bestimmten Bedingungen, auch wenn es ein zu infizierendes Objekt gibt.

> **HINWEIS**
> Zu den ausführbaren Binärdateien zählen unter Windows nicht nur *.com-* und *.exe-*Dateien, sondern auch DLLs (Dynamic Link Libraries), Overlay-Dateien, VxDs und andere Klassen von Treibern und sogar bestimmte Screensaver und Font-Dateien. Bei anderen Betriebssystemen sind ausführbare Binärdateien nicht so einfach an einer Endung zu erkennen.

17.3.6 Mehrteilige Viren

Datei- und Boot-Viren sind das bekannteste Beispiel für mehrteilige Viren, d.h. Viren, die mehr als einen Infizierungsmechanismus verwenden. In diesem Fall können sowohl Boot-Sektoren als auch ausführbare Binärdateien infiziert und als Methode für die Verbreitung des Virus benutzt werden. Wahrscheinlich werden aber auch mehrteilige Viren auftauchen, die aus anderen Viruskombinationen bestehen.

17.3.7 Makroviren

Makroviren infizieren statt spezifischer Betriebssysteme und Hardware Makroprogrammierumgebungen. Microsoft Office-Anwendungen sind die bei weitem am meisten ausgebeutete Umgebung. Makroviren können als eine spezielle Art der Dateiviren angesehen werden, weil sie eher Datendateien als ausführbare Binärdateien infizieren. Aber diese Sichtweise des Prozesses kann tatsächlich das Problem verfälschen. Makros sind im Wesentlichen eine Methode zur Modifizierung der Anwendungsumgebung und nicht (oder auch) der Datendatei. Tatsächlich kann im Fall der Microsoft Office-Anwendungen, die Makroprogrammiersprachen unterstützen (Visual Basic for Applications und in früheren Versionen WordBasic und AccessBasic), die Makrosprache nicht von der anwendungseigenen Befehlsinfrastruktur getrennt werden. Makroviren infizieren normalerweise die globale Vorlage und modifizieren häufig Befehle innerhalb des Menüsystems der Anwendung. Makroviren sind besonders erfolgreich gegen Microsoft-Anwendungen, weil diese eine Existenz von ausführbarem Code (Makros) in der gleichen Datei wie die Daten zulassen. Anwendungen, die Makros und Daten in verschiedenen Dateien speichern, sind weniger anfällig für diese Art von Angriff.

17.3.8 Skriptviren

»Skriptvirus« ist ein etwas ungenauer Begriff, bezieht sich aber in diesem Zusammenhang normalerweise (derzeit) auf VBScript und andere Malware, die in HTML-Skripten eingebettet wird und von HTML-aktivierten E-Mail-Clients über den Windows Scripting Host ausgeführt werden kann. Viele der Viren, die diesen Eintrittspunkt benutzen, lassen sich oft treffender als Würmer bezeichnen und werden deshalb später in diesem Kapitel dargestellt. VBScript und JScript sind virusfreundlicher als beispielsweise JavaScript, vor allem weil sie viele der Datei-E/A-Funktionen anderer Variationen im Visual-Basic-Bereich bieten. Vorhandene JavaScript-Malware profitiert normalerweise von einer leicht zu behebenden Schwachstelle im Internet Explorer.

Diese Sicht der Skriptviren ist relativ eingeschränkt. Eine breitere Definition könnte HyperCard-Viren, Batch-Datei-Viren, UNIX-Shell-Skript-Viren und viele mehr umfassen. Diese sind aber derzeit in der Praxis weniger bedeutend.

17.3.9 Memetische Viren

Es gibt eine weitere Klasse von »Viren«, die einzigartig ist, weil diese Viren nicht als Computercode existieren. Der Begriff Mem scheint ursprünglich von Richard Dawkins erfunden worden zu sein, dessen Beitrag *Viruses of the Mind* sowohl die Computervirusforschung als auch die Naturwissenschaften behandelt. Ein Mem ist eine Einheit von kultureller Übertragung, der Replikation durch Imitation, so wie ein Gen eine Einheit der Vererbung ist (vielleicht eine eher ungenaue Einheit). Die Meme, die uns hier in diesem Kapitel am meisten interessieren, sind die, die manchmal auch als Metaviren bezeichnet werden. Ein Metavirus ist an sich ein Virus (Dawkins bezeichnet ihn als »Virus des Kopfes, kein Computervirus«), der vorgibt, mit anderen Viren zu tun zu haben (die Computerviren sind). Diese Viren existieren tatsächlich gar nicht. Mit anderen Worten, es handelt sich um Hoax-Viren. Hoax-Viren sind nicht nur eine Unterklasse der Meme im Allgemeinen, sondern auch eine Untersammlung eines bestimmten Mems, des Kettenbriefs. Für uns sind hier Hoax-Viren deshalb relevant, weil in der Regel der Administrator, der für Ereignisse rund um Computerviren verantwortlich ist, sich auch mit der Plage der Hoax-Viren beschäftigen muss. Dies mag für andere Hoaxes und Kettenbriefe nicht unbedingt zutreffen.

Am häufigsten trifft man auf Hoaxes, die von dem berüchtigten Good-Times-Hoax abgeleitet sind, der Mitte der 90er-Jahre erstmals auftauchte. Diese entsprechen meist folgendem Muster:

> [DIESE WARNUNG WURDE HEUTE MORGEN VON SYMANTEC UND MCAFEE BESTÄTIGT] WENN SIE EINE E-Mail MIT DEM BETREFF <DER HASE MIT DER ROTEN NASE> ERHALTEN, ÖFFNEN SIE SIE AUF KEINEN FALL, SONDERN LÖSCHEN SIE SIE SOFORT!!! DIE NACHRICHT ENTHÄLT EINEN VIRUS, DER NUR DURCH ÖFFNEN DIE FESTPLATTE ZERSTÖRT UND DAZU FÜHRT, DASS IHR MAU-

> SPAD SPONTAN FEUER FÄNGT. MICROSOFT, AOL, IBM, FCC, NASA, CND UND KKK HABEN BESTÄTIGT, DASS ES SICH UM EINEN SEHR GEFÄHRLICHEN VIRUS HANDELT!!! UND BISHER GIBT ES KEINEN SCHUTZ DAGEGEN. BITTE LEITEN SIE DIESE NACHRICHT AN ALLE FREUNDE, VERWANDTEN, KOLLEGEN UND BEKANNTEN WEITER, DEREN E-Mail-ADRESSE SIE HABEN, DAMIT DIE KATASTROPHE VERHINDERT WERDEN KANN.

So weit ich weiß, gibt es übrigens keinen Virus oder Hoax mit dem Namen »Der Hase mit der roten Nase«. Ich habe nur das getan, was viele wahre Hoax-Verfasser tun und einen dummen Titel aus der Luft gegriffen (in diesem Fall aus dem Bücherregal meiner Tochter). Tatsächlich kann es einen geradezu wütend machen, wie unheimlich faul und wenig originell die meisten Hoax-Verfasser sind. Oft ist der Betreff der E-Mail-Nachricht, die den angeblichen Virus beinhaltet, der einzige Teil, der zwei Hoax-Varianten voneinander unterscheidet.

Diese Art von Hoax kann nur deshalb immer wieder funktionieren, weil Tag für Tag neue Massen von Menschen der Internet-Gemeinde beitreten, die nur wenige technische Kenntnisse über Computer (ganz zu schweigen von Computerviren) besitzen. Jeder dieser Menschen unterliegt einem hohen Risiko, einen solchen Hoax weiterzuleiten, weil er einfach keine Ahnung hat. Natürlich kann ein Hoax auch viel subtiler verfasst sein als unser obiges Beispiel, aber es ist nicht meine Aufgabe, Ihnen hier beizubringen, wie Sie einen Hoax schreiben können, der sogar Experten täuschen könnte.

Hier sind einige Hinweise, die einem erfahrenen Hoax-Beobachter zeigen, dass die Warnung über den Hasen mit der roten Nase nicht ernst zu nehmen ist:

- Die Nachricht ist in Großbuchstaben geschrieben und enthält zum Zweck der Betonung mehrere Ansammlungen von Ausrufezeichen. Dies sagt allein natürlich noch nichts über die Zuverlässigkeit der Warnung aus. Dennoch wurde häufig beobachtet, dass die Verwendung von Großbuchstaben, die Anhäufung von Ausrufezeichen und eine schlechte Rechtschreibung, Grammatik und Stilistik typisch für Hoaxes sind. Sie sollten aber nie davon ausgehen, dass eine Warnung realistisch ist, nur weil sie diese Eigenschaften nicht aufweist.

- Der Hinweis auf McAfee und Symantec gibt keine Kontakt- oder Referenzinformationen. Er wurde einfach nur eingefügt, um den Hoax glaubhafter zu machen. Außerdem gibt es keinen Hinweis darauf, wann diese Unternehmen eine Bestätigung abgegeben haben. Derzeit kreisen Hoaxes im Internet, die behaupten, dass IBM »gestern« etwas bekannt gegeben hat, dabei gibt es diese Hoaxes schon seit Jahren. Das »gestern« dient nur dazu, einen falschen Eindruck der Dringlichkeit zu erwecken.

- Es ist wahr, dass einige E-Mail-Viren bzw. -Würmer mit einem charakteristischen Betreff versendet werden. Aber es gibt viele andere, bei denen dies nicht der Fall ist. Deshalb sollten Sie grundsätzlich keine E-Mail-Anhänge

(Attachments) ausführen, anstatt zu versuchen sich daran zu erinnern, welcher dumme Betreff zu welchem Virus gehört. Tatsache ist, dass einige Administratoren versuchen, bestimmte Viren nur durch das Filtern des E-Mail-Betreffs zu blockieren, dabei nicht zutreffende Kriterien definieren und für eine ganze Unterklasse indirekter Denial-of-Service-Angriffe (DoS) selbst verantwortlich sind.

- Es ist sinnvoll, im Umgang mit E-Mail-Nachrichten Vorsicht walten zu lassen, aber das reine Öffnen einer Nachricht kann Ihr System nur dann infizieren, wenn Sie bestimmte Mail-Programme (hauptsächlich Outlook) mit schlechten Standardeinstellungen benutzen. Die meisten Mail-Programme führen beim Ansehen von Nachrichten keinen Code aus. Eine Warnung, die dies behauptet, aber kein bestimmtes Mail-Programm erwähnt, sollte mit Argwohn betrachtet werden.
- Aus der Nachricht geht hervor, dass der böswillige Code auf jeder Hardware funktioniert. Das sollte Sie argwöhnisch machen. Außerdem wäre eine Payload, die beim Öffnen der Nachricht bzw. des Attachments ausgelöst wird, nur wenig effektiv, was ihre Verbreitung betrifft. Sie können sich denken, dass die Mauspad-Payload schlicht übertrieben ist. Aber echte Hoaxes sind tatsächlich oft so lächerlich wie dieser (sie verbergen ihre Unmöglichkeit ganz einfach hinter viel Technogelaber).
- Von allen genannten Organisationen (im mittleren Teil des Textes) hat nur IBM wirklich Erfahrung mit Computerviren. Die anderen sind nur aufgelistet, um Sie zu beeindrucken.
- Es wird behauptet, dass es keinen Schutz vor diesem Virus gibt. Anti-Virus-Anbieter können normalerweise innerhalb von Stunden oder sogar Minuten Korrekturen für neue Viren liefern. Natürlich können die Auswirkungen mancher Viren nicht wieder rückgängig gemacht werden, aber Unternehmen im Bereich der Datenwiederherstellung können Wunder bewirken.
- Ein Virus, der bei seiner Ausführung Ihr System zerstört, wird wahrscheinlich nicht sehr weit kommen. Was hier beschrieben wird, hört sich eher nach einem destruktiven Trojanischen Pferd an, und diese verbreiten sich normalerweise nicht gut über E-Mail-Nachrichten.
- Die Warnung fordert Sie eindringlich auf, die Nachricht an jeden Bekannten weiterzuleiten. Damit wird sie zu einem Kettenbrief. Renommierte und erfahrene Organisationen verbreiten Warnungen nicht auf diese Art und Weise, nur Unerfahrenen kann dies manchmal passieren.

17.3.10 Wie arbeiten Würmer?

Der Morris-Wurm (Internet-Wurm) aus dem Jahre 1988 und seine Verwandten wie WANK und CHRISTMA EXEC zielten normalerweise auf schwergewichtige Mainframe- und Minicomputerhardware, Mail- und Betriebssysteme. Aktuellere

Bedrohungen hatten hauptsächlich PCs und in einem stark in der Öffentlichkeit verbreiteten Vorfall (dem AutoStart-Wurm) Apple Macs im Visier. Allerdings können Würmer unabsichtlich durch die schiere Menge des generierten Datenverkehrs Mailserver zum Absturz bringen. Vorfälle dieser Art wurden von diversen Forschern und Herstellern unterschiedlich als Viren, Würmer, Virus/Wurm-Hybride und manchmal auch als trojanische Pferde identifiziert.

Moderne Würmer und E-Mail-Viren sind meist schnelle Verwerter. Sie bringen das Potenzial für eine weltweite Verbreitung mit sich, bevor Anti-Virus-Anbieter die Zeit haben, sie zu analysieren und Methoden zur Erkennung und Beseitigung zu verteilen. Manche Malware, die weithin als Wurm bezeichnet wird, ist tatsächlich ein spezialisierter Virus, der nur eine Datei infiziert. Das bedeutet natürlich nicht, dass ein Virus wie Lehigh, der nur *command.com* infiziert, als ein Wurm definiert werden kann.

Allgemein akzeptierte Klassifikationen für Würmer gibt es nicht, aber Carey Nachenberg schlug in einem Beitrag zur Virus Bulletin Conference 1999 eine Klassifikation gemäß der folgenden Richtlinien vor:

- E-Mail-Würmer breiten sich über E-Mail-Nachrichten aus.
- Willkürliche Protokollwürmer breiten sich über Protokolle aus, die nicht auf E-Mail basieren (IRC/DCC, FTP, TCP/IP-Sockets).

Neben der Klassifizierung anhand des Transportmechanismus schlug Nachenberg außerdem eine Klassifizierung nach Startmechanismus vor:

Selbst ausführende Würmer wie der Internet-Wurm aus dem Jahr 1988 benötigen für ihre Verbreitung keine Interaktion mit dem Computerbenutzer: Sie nutzen ein Sicherheitsloch in der Hostumgebung aus, anstatt den Benutzer zur Ausführung des infizierenden Codes zu bringen. KAK und der eher seltene BubbleBoy sind Beispiele für selbst ausführende Würmer. Sie können ohne Benutzerbeteiligung ausgeführt werden, indem sie einen Fehler in Windows ausnutzen.

> **WEGWEISER**
> Informationen darüber, wie Sie dieses Problem mit einem Patch beheben, finden Sie unter `http://support.microsoft.com/support/kb/articles/Q262/1/65.ASP`.

Vom Benutzer ausgeführte Würmer interagieren mit dem Benutzer. Sie müssen den Benutzer mit Techniken des Social Engineering (sozialer Beeinflussung) dazu bringen, einen Anhang zu öffnen bzw. auszuführen, bevor der Wurm die Umgebung untergraben und sich selbst in der nächsten Gruppe von Hosts ausführen kann. Viele der heutigen VBScript-Würmer fallen in diese oder die Hybrid-Ausführungskategorie.

Tatsächlich lassen sich einige der bis heute beobachteten Würmer besser als Hybrid-Ausführungswürmer (nach Nachenbergs Klassifizierungsschema) oder als mehrteilige Viren (nach der konventionellen Virusterminologie) bezeichnen, da sie sowohl selbst ausführende als auch benutzergesteuerte Mechanismen verwenden.

17.3.11 Viruseigenschaften

Die folgenden Eigenschaften sind nicht unbedingt auf bestimmte Virus/Wurm-Klassifizierungen beschränkt. Sie sind nicht zuletzt deshalb wichtig, weil die Begriffe Stealth und polymorph so oft falsch verwendet werden:

- **Stealth-Viren (Tarnkappenviren)**. Fast alle Viren lassen sich in gewissem Maße als Stealth-Viren bezeichnen, denn sie versuchen, ihre Anwesenheit zu verbergen, um die Wahrscheinlichkeit der Verbreitung zu erhöhen. Es gab Viren, die vor der Infizierung um Erlaubnis fragten, aber diese Höflichkeit wurde nicht durch weite Verbreitung belohnt. Verdächtige Payloads werden meist vermieden oder relativ unregelmäßig übermittelt. Stealth-Viren verwenden verschiedene Techniken, um die Tatsache zu verbergen, dass ein Objekt infiziert wurde. Wenn beispielsweise das Betriebssystem bestimmte Informationen anfordert, antwortet der Stealth-Virus mit einer Abbildung der Umgebung, die dem Zustand vor der Infizierung entspricht. Mit anderen Worten zeichnet der Virus bei der Erstinfizierung die erforderlichen Informationen auf, um später das Betriebssystem hinters Licht führen zu können.

  Dies wirkt sich auch auf Anti-Virus-Tools aus, die damit arbeiten, Veränderungen zu erkennen, anstatt existierende Viren zu identifizieren. Um effektiv sein zu können, müssen solche Tools generische Anti-Stealth-Techniken verwenden. Natürlich kann man unmöglich garantieren, dass derartige Techniken gegen einen Virus etwas ausrichten können, der noch nicht entdeckt wurde. In dieser Hinsicht sind Viren-Scanner, die bekannte Viren erkennen, im Vorteil. Hersteller setzen hier normalerweise eine neue Spoofing-Technik ein, wenn sie die Erkennung für den Virus einarbeiten, der diese benutzt. Der Trick, mit dem manche BSIs ein Abbild des ursprünglichen Boot-Sektors anzeigen, als wäre dieser immer noch an seinem angestammten Platz, ist eine klassische Stealth-Technik. Dateiviren erhöhen üblicherweise (aber nicht unbedingt) die Länge einer infizierten Datei und können das Betriebssystem oder einen Anti-Virus-Scanner täuschen, indem sie Systemaufrufe untergraben und Dateiattribute, d.h. Dateigröße, Zeit und Datum und CRC-Prüfsumme, ausgeben, die denen vor der Infizierung entsprechen.

- **Polymorphe Viren**. Polymorphe Viren werden von Virusprogrammierern bewundert und von fast allen anderen gefürchtet. Dies liegt zum Teil daran, dass die Auswirkungen der polymorphen Bedrohung überschätzt werden. Nicht-polymorphe Viren infizieren normalerweise, indem sie eine mehr oder weniger identische Kopie ihrer selbst an ein neues Objekt anhängen. Polymorphe Viren hängen eine weiter entwickelte Kopie ihrer selbst an, so dass sich die Form des Virus von einer Infizierung zur nächsten verändert. Frühe polymorphe Viren verwendeten Techniken wie beispielsweise eine Veränderung der Reihenfolge der Anweisungen, ein Einfügen von Ballast-Bytes und Scheinanweisungen oder einen Wechsel von Anweisungen zur Ausführung einer bestimmten Funktion. Ein erweiterter Ansatz besteht in der Verwendung einer variablen Verschlüsselung, mit der sich die Menge des statischen (sich nicht verändernden) Codes verringert, über den ein Anti-Virus-Programmierer ein Muster zur Identifizierung des Virus ableiten kann. Sie können sich vielleicht vorstellen (wie es viele Leute tun), dass polymorphe Viren damit eine hervorragende Technologie sind, gegen die ein Gegenmittel gefunden werden muss. Tatsächlich hat das Auftauchen polymorpher Viren und Plug-In-Mutations-Engines (mit denen fast jeder Virusprogrammierer seiner Arbeit eine variable Verschlüsselung hinzufügen kann, ohne das Rad neu erfinden zu müssen) zum Verschwinden einiger früherer Anti-Virus-Pakete beigetragen. Aber auch wenn polymorphe Viren bei Virusprogrammierern, die ihre Kenntnisse unter Beweis stellen wollen, sehr beliebt sind, sind sie eher in den Sammlungen von Anti-Virus-Forschern, Zertifizierungslabors, vergleichenden Testern und anderen Sammlern zu finden als im tatsächlichen Einsatz. Die Technologie des Anti-Virus-Scanning hat sich ebenfalls weiterentwickelt, und eine einfache Überprüfung der Signatur für eine feste Zeichenkette ist im Betrieb eines modernen Scanners keine große Sache mehr.

Die vorher dargestellten Klassifizierungen der Virus-Malware decken nicht die gesamte Palette der von Anti-Virus-Software erkannten Objekte ab. Einige Hersteller weisen schnell darauf hin, dass sie Anti-Virus-Software und nicht Anti-Malware-Software verkaufen. Dennoch erkennen die meisten kommerziellen Produkte heute einige Trojaner (siehe Kapitel 18, »Trojanische Pferde«) und andere Objekte, die kaum als Malware gelten können und schon gar nicht als Viren. Zu diesen Objekten zählen offensichtliche (nicht funktionierende) Viren, Scherzprogramme, DDoS-Programme (Distributed Denial of Service) oder sogar Mülldateien, die bekanntermaßen in schlecht verwalteten Virussammlungen enthalten sind, die von Produkttestern benutzt werden.

Vielleicht haben Sie bemerkt, dass sich dieses Kapitel weitgehend auf PCs und Windows konzentriert. Sicher gibt es mehr Viren, die PC-Plattformen (DOS und alle Windows-Versionen) infizieren als jedes andere Betriebssystem. Native Macintosh-Viren sind wesentlich seltener. Wahrscheinlich gibt es mehr native Viren auf Systemen wie Atari und Amiga, die aber nie die gleiche Popularität erlangt haben (zumindest nicht in Unternehmen). Die Tatsache allerdings, dass Apple Macs einen gewissen Grad der Anfälligkeit für Makroviren in Microsoft Office zeigen, macht sie zur anderen wichtigen virusfreundlichen Umgebung von heute.

Das bedeutet nicht, dass andere Plattformen keine Virusprobleme haben. Unter UNIX (inklusive Linux), NT, NetWare und anderen Plattformen können Zugriffskontrollen für nicht privilegierte Accounts erzwungen werden, die den Fluss der Infizierung einschränken. Aber auch diese können nicht verhindern, dass nicht privilegierte Benutzer Dateien gemeinsam verwenden und wenn nur per E-Mail. Und sie können auch nicht verhindern, dass ein privilegierter Benutzer versehentlich die Infizierung verbreitet. Selbst Systeme, die keine bekannten nativen Viren unterstützen (Server oder Workstations) können infizierte Objekte zwischen infizierbaren Hosts übertragen, ein Prozess, der manchmal als heterogene Virusübertragung bezeichnet wird. Unabhängig vom nativen Betriebssystem ist es ebenso wichtig, Netzwerk-Dateiserver, Intranet- und andere Webserver zu scannen. Tatsächlich erkennt eine wachsende Anzahl von Produkten Viren, die mit anderen Betriebsumgebungen verbunden sind. So erkennen einige Produkte für den Mac PC-Viren und umgekehrt.

Ganz klar stellen Viren im Internet ein Risiko dar. Dieses Risiko ist höher für diejenigen, die DOS, jede beliebige Windows-Version oder bestimmte makro-fähige Anwendungen, besonders die Microsoft Office-Anwendungen, laufen lassen. Dies ist zum großen Teil eine Frage des Marktanteils. Die meisten Virusprogrammierer zielen auf PCs und Windows, weil sie genau darauf Zugriff haben. Aber es gibt auch andere Faktoren, die das Risiko erhöhen, beispielsweise die PC-Hardwarearchitektur, Microsofts Blick durch die rosarote Brille auf eine nicht notwendige Sicherheit für Einzelbenutzersysteme und die Gefahren, die daraus entstehen, Makrocode und Daten in der gleichen Datei zu speichern. Es gibt einige Tools, die Sie dabei unterstützen, Ihr System von Viren frei zu halten, die später in diesem Kapitel dargestellt werden. Es sollte Ihnen aber klar sein, dass der einzige Weg, wie Sie garantiert sicher bleiben können, darin besteht, *Richards Gesetz der Datensicherheit* zu befolgen: Kaufen Sie keinen Computer, und wenn Sie es doch tun, schalten Sie ihn nicht ein. (Gruß an Robert Slade, der mich darauf aufmerksam machte.) Anti-Virus-Software ist meist reaktiv, d.h. sie reagiert auf eine erkannte Bedrohung und arbeitet am effektivsten gegen Bedrohungen, die sie genau identifizieren kann (also bekannte Viren). Die beste Abwehrmaßnahme gegen nicht bekannte Viren besteht oft darin, in einer Umgebung zu arbeiten, die bestimmten Klassen der Bedrohung keinen Zugang bietet. Leider ist dies meistens keine Option, besonders in Unternehmen, in denen Microsoft-Produkte als unersetzbar betrachtet werden.

17.4 Anti-Virus-Utilities

Anti-Virus-Software kann generell als generisch, malware-spezifisch oder hybrid definiert werden. Zu generischer Software gehört in der Regel eine Software, die Veränderungen erkennt (Integritätsprüfer), Verhalten überwacht und Verhalten blockiert. Sie leitet die Existenz eines Virus von einer Veränderung an der Umgebung oder am infizierbaren Objekt (beispielsweise einer Datei) ab oder auch von einem Prozess, der ein für Malware typisches Verhalten zeigt. (Beachten Sie, dass der Begriff Malware zunehmend in Bezug auf trojanische Pferde statt auf Viren benutzt wird. Trojanische Pferde und Change-Detection-Software werden ausführlich in Kapitel 18 dargestellt.)

Malware-spezifische Software überprüft infizierbare Objekte anhand einer Datenbank, die Virusdefinitionen enthält. Wird eine Übereinstimmung gefunden, warnt die Software den Benutzer und kann möglicherweise den Virus aus dem infizierten Objekt entfernen. Dies ist normalerweise mit Boot-Sektor- und Makroviren möglich. Dateiviren sind manchmal schwerer (und manchmal gar nicht) zu entfernen, und einige Anbieter versuchen es erst gar nicht. Sie argumentieren, dass es immer besser ist, eine ausführbare Binärdatei zu ersetzen, anstatt eine nicht erfolgreiche Virusentfernung zu riskieren.

Scanner können entweder beim Zugriff (Echtzeit oder speicherresident) oder nach Bedarf verwendet werden. Scanner, die nach dem Zugriffsprinzip arbeiten, überprüfen Dateien und andere infizierbare Objekte, während darauf zugegriffen wird (besonders wenn sie zum Lesen oder Schreiben geöffnet werden), und können als ein DOS TSR, Windows VxD, NT-Dienst, eine Macintosh-Systemerweiterung usw. implementiert werden. Die meisten Anti-Virus-Pakete beinhalten eine malware-spezifische Komponente, die beim Zugriff eingesetzt wird. Auch Change-Detection-Software, die beim Zugriff eingesetzt wird, gibt es. Scanner, die nach dem Bedarfsprinzip arbeiten, werden nur dann gestartet, wenn der Benutzer oder eine Planungssoftware sie aufruft. Sie machen ihre Arbeit und werden dann beendet.

Moderne malware-spezifische Scanner lassen sich besser als hybrid beschreiben. Obwohl sie mehr oder weniger exakte Identifizierungen liefern, können die meisten auch eine generische Technik verwenden, die als heuristische Analyse bezeichnet wird und die mit der Verhaltensblockierung verwandt ist. Der Code wird nach Eigenschaften durchsucht, die für einen Virus typisch sind. Dies geschieht entweder durch passive Analyse des Codes oder durch Ausführen des Codes unter Emulation, sodass sein Verhalten sorgfältig beobachtet werden kann.

Die Tatsache, dass ein Anti-Virus-Produkt in der unten stehenden Liste enthalten ist, kommt nicht unbedingt einer Empfehlung des Produkts gleich. Produkte ändern sich, und was in einer PC-Umgebung oder einem Unternehmen funktioniert, ist vielleicht nicht so gut für eine andere Umgebung geeignet. Aber alle aufgelisteten Pakete sind gute Produkte. Seit der ersten Ausgabe dieses Buches haben sich einige URLs geändert, deshalb gebe ich hier nur die entsprechenden Domainnamen an. Die Erfahrung hat gezeigt, dass einzelne Seiten häufig verschoben werden. Eine umfassende Liste von Anti-Virus-Anbietern finden Sie unter `http://www.virusbtn.com/AVlinks/`.

AntiViral Toolkit Pro (AVP)

AVP wurde von einer Reihe von Anbietern unter Lizenz genommen, aber der Status war zu der Zeit, als dieses Buch geschrieben wurde, noch unsicher. Dennoch ist es ein sehr beliebtes Produkt. Werfen Sie einen Blick auf die Website der Kaspersky Labs für Informationen über Kaspersky Anti-Virus unter:

`http://www.kaspersky.com/`

Kaspersky bietet auch eine nützliche Website mit Virusinformationen und einer Virus-Enzyklopädie unter:

`http://www.viruslist.com/`

Network Associates

Die NAI-Palette umfasst die aktuellen Inkarnationen von McAfee und Dr. Solomon's für eine breite Palette von Workstation- und Serverplattformen, darunter Windows-PCs, Apple Macs und UNIX (inklusive Linux). Die Markennamen McAfee und Dr. Solomon's werden jetzt in der Regel der gleichen Software verliehen, wobei die Marke Dr. Solomon's normalerweise nur für den britischen bzw. europäischen Markt verwendet wird. NAIs Website finden Sie unter:

`http://www.nai.com/`

Norton Anti-Virus

Norton Anti-Virus ist für eine ganze Reihe von Workstation-, Server- und Gateway-Plattformen verfügbar, darunter DOS, Apple Macintosh, Windows 9x und Windows NT/2000.

`http://ww.symantec.com/`

eSafe

Eliashim, Hersteller von eSafe und jetzt Teil des Aladdin-Imperiums, konzentriert sich hauptsächlich auf den Schutz von Gateways vor Viren und anderer Malware.

`http://www.eliashim.com/`

PC-Cillin

PC-Cillin von Trend Micro finden Sie zusammen mit den InterScan Gateway-Produkten unter:

`http://www.antivirus.com/`

Sophos Anti-Virus

Sophos konzentriert sich weitgehend auf den Unternehmensmarkt. Produkte sind für eine ganze Reihe von Workstation-, Server- und Gateway-Plattformen verfügbar, darunter Windows-PCs, Apple Macs und UNIX (inklusive Linux). Weitere Informationen finden Sie unter:

`http://www.sophos.com/`

Norman Virus Control

Norman Virus Control (NVC) von Norman Data Defense Systems finden Sie online unter:

`http://www.norman.com`

F-PROT Anti-Virus

Eine Reihe von Produkten basieren auf der F-PROT Detection-Engine. Das ursprüngliche Produkt finden Sie (für nichtkommerzielle Benutzung kostenlos) unter:

`http://www.complex.is`

Das Produkt, das früher als F-PROT Professional von DataFellows verkauft wurde, ist jetzt unter dem Namen F-Secure bekannt und kann hier gefunden werden:

`http://www.commandcom.com/`

Integrity Master

Integrity Master von Stiller Research ist eine Kombination aus fortschrittlicher Change-Detection-Software und konventionellem Scanner, der nach bekannten Viren sucht. Die Website von Stiller Research ist eine gute allgemeine Informationsquelle (beispielsweise über Hoaxes), und Sie finden sie unter:

`http://www.stiller.com/stiller.htm`

Es gibt Hunderte von Virus-Scannern und -Utilities. Wir haben oben diejenigen aufgelistet, die einen guten Ruf haben, leicht über das Internet erhältlich sind und regelmäßig aktualisiert werden. Jeden Tag werden überall auf der Welt neue Viren entdeckt. Die meisten werden wahrscheinlich nie »In the Wild« gesehen, aber manchmal hat ein vorher stiller Virus »Glück« und wird zu einem ItW-Virus. Neue Würmer und andere E-Mail-basierte Viren wie Melissa oder LoveLetter können sich aus dem Nichts innerhalb von Stunden weltweit verbreiten. Heute erscheint uns der Gedanke seltsam, dass vor nur wenigen Jahren Anti-Virus-Software vierteljährlich aktualisiert wurde.

Die letzte Ausgabe dieses Buches enthielt Links zu Quellen mit Freeware- und Shareware-Anti-Virus-Utilities. Diese Links wurden entfernt. Wir haben sie nicht durch aktuellere Links ersetzt, weil wir Sie nicht glauben lassen wollen, dass diese ein realistischer Ersatz für kommerzielle Software sein können. Das gilt auch für ältere Rechner, die oft noch von einigen Anbietern unterstützt werden. Wie im wahren Leben bekommen Sie auch im Anti-Virus-Bereich das, wofür Sie zahlen – oder manchmal sogar weniger.

17.5 Die Zukunft der Virus-Malware

Virus- und Anti-Virus-Technologien werden sich in puncto Komplexität und Raffinesse weiterentwickeln. Die Wahrscheinlichkeit, sich im Internet einen Virus zu holen, wird mit der Entwicklung der Verbreitungstechniken sich schnell ausbreitender Viren immer größer. Und die Anzahl potenzieller Wirte erhöht sich mit der Ausbreitung des Internets an sich. Es hängt davon ab, wohin Sie gehen. Wenn Sie die Hinterhöfe des Internets frequentieren, sollten Sie vorsichtig sein, was das Herunterladen von Dateien (mit oder ohne digitale Unterschrift) betrifft. In Usenet-Newsgroups könnten Viren gefunden werden, insbesondere in solchen Newsgruppen, in denen »heiße« oder beschränkt verfügbare Materialien gehandelt werden. Dazu zählen beispielsweise *warez* (Raubkopien von Software) oder Pornografie. Ebenso suspekt sollten Ihnen Newsgruppen sein, die Cracking-Utilities verbreiten. Aber die Virusbedrohung ist so beschaffen, dass es ohnehin wahrscheinlicher ist, sich einen Virus von einem Bekannten ohne böswillige Absichten einzufangen als von einem bekannten oder anonymen Virusprogrammierer bzw. -verbreiter. Deshalb empfehlen wir Ihnen, sich die sowohl für Benutzer als auch für Administratoren gültigen Richtlinien zum »Safer Hex« anzusehen, die im letzten Teil dieses Kapitels zusammengefasst sind.

Die Virustechnologie hat eine Reihe von Phasen durchlaufen. Die erste große Welle waren die PC-Boot-Sektor-Viren, die selbst die parasitischen schnellen Viren und die Großrechner infizierenden Würmer überschatteten. Die zweite Welle war im Wesentlichen der Aufstieg der Makroviren. Unter diesen waren die ersten E-Mail-aktiven Makroviren die Vorboten der nächsten Welle: Melissa, LoveLetter und die Makro- und VBScript-Würmer, die zu der Zeit, als dieses Buch geschrieben wurde, die Szene dominierten. Viele Beispiele der aktuellen Welle von E-Mail-Viren bzw. -Würmern sind weniger raffiniert als die komplexeren »traditionellen« Viren und basieren in gewissem Ausmaße ebenso auf Techniken sozialer Beeinflussung (psychologische Manipulation) wie auf technischer Komplexität. Einige aktuelle Beispiele allerdings (Hybris, MTX) kombinieren technische Komplexität mit sozialen Techniken.

Angeblich sollen kommende Betriebssysteme so sicher sein, dass Viren kein Problem mehr darstellen werden. Aber die Erfahrung hat gezeigt, dass beim Schließen bestimmter Sicherheitslöcher andere gefunden und ausgenutzt werden. Erwarten Sie das Unerwartete.

17.6 Veröffentlichungen und Websites

Nachfolgend finden Sie eine Liste mit Artikeln, Büchern und Websites zum Thema Computerviren. Einige sind nur aufgelistet oder erwähnt, weil sie in der letzten Buchausgabe integriert waren. Einige veraltete Links und nicht mehr verfügbare Referenzen wurden entfernt und einige andere hinzugefügt. (Wir geben keine Garantie dafür ab, dass alle aufgelisteten Quellen immer noch verfügbar sind – tatsächlich ist es möglich, dass Sie nur die aktuellsten abrufen können.) Die Tatsache, dass eine Informationsquelle in dieser Liste enthalten ist, stellt nicht unbedingt eine Empfehlung dar (wie die Kommentare zeigen). Aber es ist ebenso wichtig, die bekannteren, aber schlechten Ressourcen zu kennen und zu erkennen wie die guten.

Ken Dunham: »Bigelow's Virus Troubleshooting Pocket Reference«. McGraw-Hill, 2000. ISBN: 0-072-12627-2. Gut gemeint, aber nicht sehr genau und manchmal irreführend.

»Robert Slade's Guide to Computer Viruses: How to Avoid Them, How to Get Rid of Them, and How to Get Help« (Second Edition). Springer, 1996. ISBN: 0-387-94663-2. Vier Jahre sind im Computerbereich eine lange Zeit, aber die Zeit konnte Slades Buch nicht so viel anhaben wie den meisten anderen Büchern zu diesem Thema. Dies war bis vor kurzem vielleicht der beste einführende Text in diesen Bereich.

Rune Skardhamar: »Virus: Detection and Elimination«. AP Professional, 1996. ISBN: 0-12-647690-X. Teilweise sehr ungenau, enthält (nicht sehr guten) Viruscode. Der Mark Ludwig der Armen.

Mark A. Ludwig: »The Giant Black Book of Computer Viruses«. American Eagle, 1995. ISBN 0-92940807-1. Ludwig ist – oder war – Virusprogrammierer. In seinen Büchern geht es eher um das Schreiben von Viren als den Schutz davor. Außerdem ist es ziemlich veraltet.

»CIAC/US Department of Energy«. Diese Website bietet eine Datenbank mit Informationen zu Viren, die in der ersten Ausgabe dieses Buches empfohlen wurde (`http://ciac.llnl.gov/ciac/CIACVirusDatabase.html`). Die Datenbank wird nicht mehr aktualisiert, aber es lohnt sich, Informationen über ältere Viren abzurufen. CIAC und DOE haben in den letzten Jahren mit ihren Veröffentlichungen zu Hoaxes und anderen Kettenbriefen gute Arbeit geleistet. Die entsprechenden Seiten werden weiterhin verwaltet und erweitert unter: `http://HoaxBusters.ciac.org/`

Peter J. Denning (Hrsg.): »Computers Under Attack: Intruders, Worms and Viruses«. ACM Press, 1990. ISBN 0-201-53067-8. Trotz seines Alters lohnt es sich, einen Blick in dieses Buch zu werfen, das einige Seminarberichte enthält.

Jan Hruska, Ellis Horwood: »Computer Viruses and Anti-Virus Warfare« Second Edition. 1992. ISBN 0-13-036377-4. Dieses Buch ist vor der Zeit der Makroviren, VBS- und JS-Würmer, Trojaner usw. geschrieben worden, aber es lohnt sich, über frühere Technologien zu lesen, besonders über Anti-Virus-Tools.

»Computer Virus Prevalence Survey«. ICSA (früher die National Computer Association) veröffentlicht einmal jährlich eine Umfrage zu Virusverbreitung, bietet Zertifizierungsschemata für Anti-Virus- und andere Sicherheitssoftware, Berichte, Diskussionsgruppen usw. unter: `http://www.icsa.net/`.

Fites, Johnson und Kratz: »The Computer Virus Crisis« Second Edition. Van Nostrand Reinhold Computer Publishing, 1992. ISBN: 0-442-00649-7. Selbst zur Zeit der Veröffentlichung nicht besonders akkurat und jetzt komplett veraltet.

Pamela Kane: »PC Security and Virus Protection: The Ongoing War Against Information Sabotage«. M&T Books, 1994. ISBN: 1-55851-390-6. In einigen Aspekten veraltet (und vollkommen MS-DOS-orientiert), enthält aber einige sehr nützliche Informationen.

Frederick B. Cohen: »A Short Course on Computer Viruses« Second Edition. Wiley Professional Computing, John Wiley & Sons, 1994. ISBN: 1-471-00769-2. Solide Informationen von dem Mann, dessen frühe Forschungen massiv zur Definition des Bereichs Virus/Anti-Virus beigetragen haben.

David Ferbrache: »A Pathology of Computer Viruses«. Springer-Verlag, 1992. ISBN: 0-387-19610-2; 3-540-19610-2. Offensichtlich wurde dieses Buch lange vor den aktuellen Entwicklungen und Problemen geschrieben, aber dennoch ist es eine gute Grundlage für ernsthafte Wissenssuche.

George Smith: »The Virus Creation Labs: A Journey into the Underground«. American Eagle Publications. ISBN 0-929408-09-8. Smiths Veröffentlichungen bilden schon seit langem einen sehr effektiven Gegenpol zu der manchmal selbstgerechten Prahlerei, die in gewissen Ecken der Sicherheitsgemeinde zu finden ist. Sein Buch ist ein interessanter, journalistischer, alternativer Blick auf die Virus/Anti-Virus-Teilung.

»European Institute for Computer Anti-Virus Research«. Trotz seines Namens konzentriert sich das EICAR nicht ausschließlich auf Viren. Zu den Mitgliedern gehören Repräsentanten aus Bildungseinrichtungen und Unternehmen, die nicht alle europäisch sind. Sie finden das EICAR unter `http://www.eicar.org/`.

Vesselin Bontchev: »Future Trends in Virus Writing«. Virus Test Center, Universität Hamburg. Der Blick in die Kristallkugel ist ein Spiel für Verbrecher und selbst der gewaltige Dr. Bontchev hat nicht jedes vorhersehbare Detail korrekt hinbekommen. Aber als ein grober Überblick über Virusprobleme von einer der wichtigen Persönlichkeiten in diesem Bereich verdient diese Website Ihre Aufmerksamkeit. `http://www.virusbtn.com/OtherPapers/Trends/`

»SherpaSoft Webpage«. FAQs, darunter der VIRUS-L-FAQ, der *alt.comp.virus-FAQ*, der Viren- und der Macintosh-FAQ, ein FAQ zum Thema E-Mail-Missbrauch, andere Dokumente, Informationsquellen und Links, finden Sie unter `http://www.sherpasoft.org.uk`.

»Network Associates«. Anfragen an die Virus Encyclopaedia von Dr. Solomon, die in der vorigen Auflage erwähnt wurde, werden an die NAI weitergeleitet: `http://vil.nai.com/vil/default.asp`.

Victoria Lammer *(Hrsg.)*, »Survivor's Guide to Computer Viruses«. Virus Bulletin Ltd., 1993. ISBN 0-9522114-0-8. Dieses Buch war ursprünglich als Beilage zur Zeitschrift gedacht und beinhaltet einige neu aufgelegte Informationen. Es bietet solide Informationen zu älteren Viren, die immer noch ihr Unwesen treiben.

W. T. Polk und L. E. Bassham: »A Guide to the Selection of Anti-Virus Tools and Techniques«. National Institute of Standards and Technology, Computer Security Division. Freitag, 11. März 1994, 21:26:41 EST. Kein besonders nützlicher Überblick zur Bewertung aktueller Anti-Virus-Software, aber eine gute Zusammenfassung der grundlegenden Technologie. `http://csrc.ncsl.nist.gov/nistpubs/select/`

»Mac Virus«. Susan Leschs Anti-Virus-Informationsquelle für Macintosh-Benutzer, die jetzt von David Harley verwaltet wird und seinen »Viruses and the Macintosh FAQ« und außerdem den lesenswerten Artikel »Macs and Macros: the State of the Macintosh Nation« enthält. `http://www.macvirus.com/` oder `http://www.macvirus.org.uk`

David Harley: »Managing Malware: Mapping Technology to Function«. Konferenzprotokolle, EICAR 1999. Ein umfassender Leitfaden zum Malware-Management in Unternehmen. `http://www.sherpasoft.org.uk/papers/eicar99.PDF`

Phil Schmauder: »Virus Proof: The Ultimate Guide to Protecting Your PC«. Prima Tech, 2000. ISBN 0-7615-2747-8. Faul geschrieben, inkompetent, irreführend und praktisch unbrauchbar. Zu vermeiden.

»Virus Bulletin«. Die einzige mir bekannte monatlich erscheinende Zeitschrift, die sich ganz dem Virus-Management verschrieben hat. `http://www.virusbtn.com/`

David Harley, Robert Slade und Urs Gattiker: »Viruses Revealed: Understanding and Countering Malicious Software«. Osborne. ISBN-0-17-213090-3. (Erscheint im dritten Quartal 2001.) Es ist kaum angemessen, hier Werbung für mein eigenes Buch zu betreiben, aber dieses Buch ist fast einzigartig unter den aktuellen Büchern zu diesem Thema, denn es wurde tatsächlich von anerkannten Experten im Bereich geschrieben. Eine breite Themenpalette wird in diesem Buch dargestellt (Technologie, Geschichte, Schutz von Unternehmen, soziale Belange, Ethik). Werfen Sie einen Blick auf die Website unter `http://www.viruses-revealed.org.uk`.

Robert Vibert: »The Enterprise Anti-Virus Book«. Segura Solutions Inc. ISBN 0-9687464-0-3. Dies ist das andere aktuelle Buch zum Thema, das von einem Experten im Bereich geschrieben wurde. Der Autor ist ein bewährter Profi mit langjähriger Erfahrung in der Entwicklung und Implementierung von Anti-Virus-Lösungen für Unternehmen, und sein Buch konzentriert sich auf diese Aspekte. Es ist kein Buch, das alle Antworten bietet, aber es bietet etwas, das vielleicht noch wichtiger ist: Es stellt so ziemlich alle Fragen. `http://www.segurasolutions.com/book.htm`

»Vmyths.com« (vorher die »Computer Virus Myths Page« unter `www.kumite.com`). Robert Rosenbergers essenzielle Informationsquelle für Hoax-Jäger und andere professionelle Skeptiker – sehr empfehlenswert. `http://www.vmyths.com/`

»WildList Organization International«. Die maßgebende Informationsquelle, wenn es darum geht, welche Viren als »In the Wild« bekannt sind. Eine wichtige Quelle für Zertifizierungsstellen von Anti-Virus-Software, Forscher usw. `http://www.wildlist.org/`

Die meisten Hersteller von Anti-Virus-Software bieten Datenbanken mit Virusinformationen, andere Ressourcen und spezifische Informationen zu ihren Produkten. Die nachfolgenden Websites sind in der Regel zuverlässig (aber nicht unfehlbar). Ich gebe Ihnen hier keine spezifischen URLs, da die einzelnen Seiten auf derartigen Websites häufig verschoben werden.

```
http://www.sophos.com/
http://www.nai.com/
http://www.symantec.com/
http://www.f-secure.com/
http://www.viruslist.com/
```

17.7 Zusammenfassung

Dieses Kapitel kann Ihnen nur einen Überblick über das Virusproblem geben. Wenn Sie das Pech haben, der System- oder Netzwerkadministrator zu sein, der für den Schutz der Kunden vor bösartiger Software verantwortlich ist, werden Sie sich ernsthaft mit der Virus- und Anti-Virus-Technologie beschäftigen müssen. Dann empfehle ich Ihnen, von den in diesem Kapitel aufgelisteten Informationsquellen zu profitieren. Als Administrator oder Manager können Sie es sich nicht leisten, sich bei Ihrer Entscheidung nur auf die Empfehlungen von Vertriebsmitarbeitern des Herstellers oder eines Beraters zu verlassen. Oft kennen sich diese Leute besser mit den Benutzeroberflächen ihrer Produkte aus als mit deren eigentlicher Anwendung bei tatsächlichen Virus-Management-Problemen.

Zu Ihrem Vergnügen bieten wir Ihnen nachfolgend einige Richtlinien, die Ihr Leben im Computerbereich sicherer machen sollen:

- Lassen Sie alle Warnungen von Ihrer IT-Abteilung überprüfen. Wenn Sie selbst Manager oder Administrator sind, stellen Sie sicher, dass es eine allgemein bekannte Richtlinie gibt, nach der nur autorisierte Mitarbeiter Warnungen weitergeben dürfen. Dies verhindert Panikreaktionen, schränkt die Verbreitung von Hoaxes und anderen Fehlinformationen ein und verringert das Risiko, dass falsche Aktionen ausgeführt werden, was manchmal schlimmer sein kann als keine Aktion.
- Vertrauen Sie niemals Anhängen in Ihren E-Mail-Nachrichten. Der Absender hat vielleicht keine bösartigen Absichten, aber möglicherweise hat er auch keine aktuelle Anti-Virus-Software.
- Denken Sie daran, dass Opfer von Wurmangriffen oft nicht wissen, dass sie Ihnen ein infiziertes E-Mail-Attachment gesendet haben. Es gibt keinen vertrauenswürdigen Account. Wenn Ihnen jemand ein Attachment sendet, den Sie nicht erwarten, überprüfen Sie, ob der Absender einen berechtigten Grund dafür hatte.
- Verwenden Sie Anti-Virus-Software, und aktualisieren Sie diese regelmäßig. Fallen Sie aber nicht der Annahme zum Opfer, dass die aktuellsten Updates Sie unverwundbar machen.
- Deaktivieren Sie den Windows Scripting Host, wenn Ihre Umgebung das zulässt. Eine gute plattformübergreifende Zusammenfassung zu diesem Thema finden Sie unter `http://www.sophos.com/support/faqs/wsh.html`.
- Wenn Sie für Makroviren anfällige Anwendungen wie Word benutzen, stellen Sie sicher, dass Makros nicht standardmäßig aktiviert sind. In aktuellen Office-Versionen können Sie Makros als Standardoption in einem Dokument deaktivieren. Wenn Sie ein Dokument mit Makros aus einer vertrauenswürdigen Quelle erhalten, bitten Sie um eine Rückversicherung. Aber vertrauen Sie dieser Option nicht vollkommen.

- Deaktivieren Sie das standardmäßige Booten von Disketten in den CMOS-Einstellungen. (Damit wird die Infizierung durch reine Boot-Sektor-Viren verhindert.)
- Wenden Sie die aktuellsten Patches für Ihren Browser, Ihren Mail-Client, für Anwendungen, die Makros ermöglichen, und andere anfällige Anwendungen an.
- Sichern, sichern, sichern.

Kapitel 18

Trojanische Pferde

For they still prefer sheep to thinking men
Ah, but men who think like sheep are even better (Brian McNeill, No Gods and Precious Few Heroes)

Beware of g(r)eeks bearing gifts. (Anonymous)

In diesem Kapitel wird eine Bedrohung der System- und Internetsicherheit dargestellt, die fast genauso alt ist wie der Computer selbst: Trojanische Pferde, oft auch kurz als Trojaner bezeichnet.

18.1 Was ist ein Trojaner?

Trojanische Pferde lassen sich wesentlich schwieriger definieren, als es auf den ersten Blick scheint. Viren werden hauptsächlich durch ihre Reproduktionsfähigkeit definiert, Trojaner durch ihre Payload oder – um einen weniger gefühlsbelasteten Begriff zu benutzen – durch ihre Funktion. Replikation ist ein absoluter Wert. Entweder kann sich ein Programm replizieren oder nicht. Schaden und Absicht dagegen sind keine absoluten Werte, zumindest nicht in puncto Programmfunktion. Der erste Schlüssel zur Beschaffenheit von Trojanischen Pferden ist im Altertum und der klassischen Mythologie zu finden.

18.1.1 Ursprung

Im 12. Jahrhundert vor Christus erklärte Griechenland der Stadt Troja den Krieg. Der Streit begann, als Paris, der mal als Schäferjunge, mal als Prinz von Troja beschrieben wird, Helena entführte. Diese war die Frau von Menelaus, dem König von Sparta, und galt als die schönste Frau der Welt. Die Griechen nahmen die Verfolgung auf und verwickelten Troja in einen zehnjährigen Krieg, konnten aber die Stadt nicht besiegen. Dies ist natürlich die zentrale Handlung von Homers *Ilias*.

Schließlich zog sich die griechische Armee zurück und hinterließ ein riesiges hölzernes Pferd, in dem sich Griechenlands beste Soldaten versteckten. Die Menschen von Troja sahen das Pferd, nahmen in ihrer erstaunlichen Naivität an, dass es sich um ein Geschenk handele, und holten das Pferd in ihre Stadt. In der Nacht kamen die griechischen Soldaten unter Führung von Odysseus aus dem Pferd, öffneten der restlichen griechischen Armee die Stadttore und zerstörten die Stadt. Man sagt, dass die Geschichte des Trojanischen Pferdes der Ursprung der Aussage »Traue keinem Griechen mit Geschenken« ist.

Im Computerbereich wird der Begriff Trojanisches Pferd meistens für ein scheinbar attraktives Programm benutzt, das eine in irgendeiner Weise unangenehme Überraschung versteckt.

18.1.2 Definitionen

Eine weithin bekannte Definition findet sich im (jetzt veralteten) RFC 1244, dem ersten Entwurf für das *Site Security Handbook* (die aktuellere Version enthält keine Definition):

> *Ein Trojanisches Pferd kann ein Programm sein, das etwas Nützliches oder auch nur etwas Interessantes tut. Es tut immer etwas Unerwartetes, wie beispielsweise ohne Ihr Wissen Passwörter stehlen oder Dateien kopieren.*

Diese Definition enthält drei nützliche Aussagen, die uns zwar nicht die bestmögliche Zusammenfassung, aber einen Startpunkt für die Darstellung einiger Unklarheiten geben. Erstens heißt es in der Definition nicht, dass der Trojaner *immer* etwas Nützliches oder Interessantes tut, sondern dass es so sein *kann*. Diese Verallgemeinerung eröffnet eine ganze Reihe von Möglichkeiten und umfasst Programme, deren einzige Funktion in bösartigen Aktionen liegt, Programme, die wünschenswerte *und* versteckt bösartige Funktionen ausführen, und *zufällige Trojaner*, die eigentlich wünschenswerte Funktionen ausführen sollten, aber irgendwie auch (oder statt dessen) etwas Unerwünschtes tun.

Zweitens besagt diese Definition, dass ein Trojaner etwas *Unerwartetes* tut (unerwartet für den Empfänger oder das »Opfer«, normalerweise aber nicht für den Programmierer). Dieser Punkt ist in fast allen Definitionen von Trojanern zu finden.

Drittens impliziert die Definition, dass die »Payload« eines Trojaners bösartig ist. Tatsächlich ist die Definition relativ konkret (absichtlich oder nicht) und nennt Beispiel-Payloads (Passwörter stehlen und Dateien kopieren), die eher mit nicht autorisiertem Zugriff als mit einem Bruch der Datenintegrität zusammenhängen. Für unsere Zwecke ist dies weniger nützlich. Die Definition ist in Bezug auf die Art des scheinbaren Sicherheitslochs (Verletzung der Privatsphäre) zu spezifisch und setzt außerdem eine böswillige Absicht voraus, eine Meinung, die nicht überall akzeptiert wird.

Die meisten Sicherheitsexperten würden eine generelle Definition wie folgt akzeptieren:

> *Ein Trojaner ist ein Programm, das vorgibt, eine wünschenswerte oder notwendige Funktion auszuführen und das möglicherweise auch tut, aber außerdem eine oder mehrere Funktionen ausführt, die die Person, die das Programm ausführt, weder erwartet noch wünscht.*

18.1.3 Ich habe es nicht so gemeint

Wie viele Definitionen nimmt auch diese keinen Bezug auf böswillige Absichten. Deshalb lässt sie einige Fragen offen, beispielsweise was »Ostereier« betrifft, also harmlosen Code, der mehr oder weniger legitim vom Produktionsteam in einer Produktionssoftware versteckt wird. Scherzprogramme, Installationsroutinen, die

Informationen zurück an den Hersteller übermitteln und frühere Versionen von Systemdateien überschreiben, und zufällige Trojaner sind ebenfalls problematisch einzuordnen. Für unsere Darstellung in diesem Kapitel sind einige Unklarheiten allerdings keine schlechte Sache. So können wir eine ganze Reihe relevanter Themen ansprechen (allerdings nicht unbedingt im Detail), anstatt alles auszulassen, was nicht in eine einzige strenge Definition passt.

Eine verbreitete moderne Definition unterscheidet zwischen Trojanern (und verwandter Malware) und Viren/Würmern, weil Trojaner sich nicht selbst replizieren können. Ian Whalley hat in einem Artikel für den Virus Bulletin (*Talking Trojan.* Virus Bulletin, Juli 1998) vorgeschlagen, statt der Bezeichnung Trojaner den Begriff nicht replizierende Malware zu verwenden und damit die beliebte Verwechslung zwischen sich replizierenden Programmen (Viren, Würmern) und statischem Code (beispielsweise Trojanern) zu vermeiden. Dies hat sicherlich Vorteile, setzt aber wieder eine böswillige Absicht (durch das Wort *Malware*) voraus. Auch wenn wir es vorziehen, böswillige Absichten nicht als definierende Eigenschaft für den Trojaner zu nennen, ist es klar, dass wir nicht umhin kommen, diese als eine mögliche oder sogar sehr wahrscheinliche Eigenschaft zu berücksichtigen.

Neben der Absicht, täuschen zu wollen, die in vielen Trojaner-Definitionen erwähnt wird, können zu den böswilligen Absichten eine ganze Reihe von Intentionen und Mechanismen gehören.

Trojaner lassen sich anhand des klassischen Modells der Datensicherheit mit seinen drei Hauptpunkten in drei grobe Klassen – die sich auf die Absicht des Programms beziehen – einteilen:

- Programme, die unautorisierten Zugriff erhalten wollen
- Programme, die die Verfügbarkeit unterbinden (Dienste verhindern) wollen
- Programme, die ohne Autorisierung Daten und Systeme modifizieren oder zerstören wollen

Wenn wir diese Idee noch einen Schritt weiter führen, lassen sich sogar noch drei weitere Klassen zufälliger Trojaner definieren, die *unabsichtlich* unautorisierten Zugriff zulassen, die Verfügbarkeit unterbinden oder die Integrität gefährden.

Die Schwierigkeit, einen Trojaner zu definieren, liegt unter anderem darin begründet, dass uns eine automatisierte Untersuchung und Analyse des Binärinhalts eines Programms zwar eine ganze Menge über dessen Funktionen sagen kann, aber nur wenig über die Absichten des Autors.

Dr. Alan Solomon hat in *All About Viruses* eine Definition gegeben, die das Problem von der anderen Seite gesehen genau darstellt:

> *Nehmen wir an, ich habe ein Programm geschrieben, das unfehlbar erkennen kann, ob ein anderes Programm die Festplatte formatiert hat. Kann mein Programm dann sagen, dass das andere Programm ein Trojaner ist?*

> *Wenn das andere Programm die Festplatte absichtlich formatieren sollte (wie beispielsweise* `format`*), dann ist es offensichtlich kein Trojaner. Wenn aber der Benutzer das Formatieren der Festplatte nicht erwartete, dann ist es ein Trojaner. Man muss die Erwartungen des Benutzers mit dem vergleichen, was das Programm tut. Und niemand kann die Erwartungen eines Benutzers an ein Programm festlegen.*

Solomons Schilderung ist sehr nützlich, weil sie den Schwerpunkt von den Absichten des Programmierers oder Verteilers auf die Erwartungen des Empfängers bzw. Benutzers verschiebt. Außerdem impliziert sie, dass Methoden der sozialen Beeinflussung eine wichtige Komponente eines Trojanischen Pferdes sind, weil mit diesen die Erwartungen des Opfers manipuliert werden. Der Auszug erwähnt außerdem ein Problem, das wir uns genauer ansehen müssen. Es ist (manchmal) möglich, einen Virus automatisch zu erkennen, weil die definierende Eigenschaft des Viruscodes die Replikation ist. Es ist zumindest theoretisch möglich, die Fähigkeit zur Replikation durch eine automatische oder halbautomatische Codeanalyse abzuleiten. (Dies ist eine der Methoden, mit denen heuristische Virus-Scanner arbeiten sollen.) Es ist aber wesentlich schwieriger, bei der Analyse des Codes die Absichten des Programmierers oder die Erwartungen des Benutzers abzuleiten.

Viren und Würmer werden manchmal auch als spezieller Fall eines Trojaners bezeichnet. Man spricht davon, dass das legitime Programm von einem Trojaner befallen ist, weil es jetzt eingebetteten bösartigen Code enthält. Diese Meinung ist durchaus vertretbar, unterscheidet aber nicht zwischen einem Programm, das als bösartig programmiert wurde, und einem »unschuldigen« Programm, das von bösartigem Code sozusagen eingenommen wurde. Das Hauptargument gegen diesen Standpunkt ist aber, dass er die beliebte Verwechslung zwischen Trojanern und Viren unterstützt.

Alle bösartigen Programme werden gern als Viren bezeichnet, unabhängig davon, ob sie sich replizieren oder nicht. Tatsächlich werden sogar manche Programme und Codeprobleme, die nicht einmal böswillige Absichten verfolgen, als Viren bezeichnet (der so genannte Millennium-Virus beispielsweise). Hoaxes, die fast immer geheimnisvolle »Viren« beschreiben, die eigentlich – wenn sie denn existieren könnten – als Trojaner gelten müssten, machen die Sache auch nicht leichter. Noch schlimmer ist, dass Hersteller von Anti-Virus-Software, obwohl ihnen der Unterschied zwischen replizierender und nicht replizierender Malware vollkommen klar ist, weiterhin verwirrende Warnungen wie »Virus Trojaner/W32/xxx in Datei xyz.exe entdeckt« ausgeben. Ein Scanner, der nicht nur bei Trojanischen Pferden, sondern auch bei anderen Nichtviren wie beispielsweise Scherzprogrammen, Mülldateien und Möchtegern-Viren (Viren, die als solche geplant waren, sich aber nicht replizieren können) Alarm schlägt, wäre irreführend und könnte unangemessene Panik auslösen.

18.1.4 Klassifizierungen

Trojanische Pferde werden entweder als Angriff auf die Privatsphäre (beispielsweise zum Stehlen von Passwörtern, was zu unautorisiertem Zugriff und möglicherweise Modifikationen führt) oder als Angriff auf die Integrität (destruktive Trojaner) klassifiziert. Diese Darstellung ist sehr vereinfacht, schließlich ist eine unautorisierte Modifikation auch ein Angriff auf die Integrität. Ein Programm, das die Privatsphäre verletzt, zerstört oft Dateien, um seine Spuren zu verwischen. Andererseits kann ein Angreifer wiederum für explizit destruktive Zwecke nach unautorisiertem Zugriff streben. Dieser Ansatz setzt außerdem böswillige Absichten voraus, die, wie wir gesehen haben, nicht unbedingt als definierende Eigenschaft gelten. Deshalb sind hier einige Typen beschrieben, die in diesem Zusammenhang oft nicht berücksichtigt werden.

Die Art der Payload, die Sie in einem Trojanischen Pferd (rein technisch gesehen war es ja eigentlich ein griechisches Pferd) erwarten, kann darauf hinweisen, in welchem Computerbereich Sie arbeiten. Jahrelang dachten Benutzer von Mainframes und Minicomputern eher an Programme, die Passwörter stehlen oder auf eine andere Art und Weise die Privatsphäre verletzen, während Benutzer von Mikrocomputern eher an destruktive Trojaner denken, die Festplatten formatieren oder Dateisysteme zerstören. Im wahren Leben sind sowohl destruktive Trojaner als auch die Privatsphäre verletzende Trojaner an beiden Enden des Großrechner/PC-Spektrums bekannt. In den letzten Jahren gab es allerdings immer mehr Überschneidungen.

Destruktive Trojaner

Trojaner, deren Hauptabsicht destruktiv ist, plagen schon seit langem die Besitzer von Mikrocomputern. Die Dirty Dozen List, die erstmals Mitte der 80er-Jahre über FidoNet veröffentlicht wurde, konzentrierte sich ursprünglich auf derartige Programme. Es gab eine Zeit, in der die Liste einen Trojaner als absichtlich destruktiv definierte. Natürlich wuchs die Liste schnell über das ursprüngliche Dutzend Trojaner hinaus und machte während der 80er- und 90er-Jahre einige Veränderungen durch. Sie können sie immer noch auf einem Simtel-Mirrorserver in der DOS/Virus-Hierarchie finden, aber eigentlich ist sie nur noch von historischem Interesse. Alte Trojaner, die normalerweise in *Dirtyd*.zip* aufgelistet sind, sind fast immer kurzlebig.

Es gab ebenfalls weit verbreitete, bösartige, nichtreplizierende Programme auf Macintosh-Computern, darunter auch destruktive Trojaner. *Virus Info* beispielsweise gab vor, Informationen über Viren zu bieten, zerstörte aber tatsächlich Festplatten. (Es sollte nicht mit dem informativen (aber veralteten) HyperCard-Stack *Virus Reference* verwechselt werden.) Ein PostScript-Hack, der gewisse Apple-Drucker durch einen Angriff auf die Firmware effektiv außer Gefecht setzen konnte, erregte eine Zeit lang ebenfalls viel Aufmerksamkeit. NVP modifizierte die Systemdatei so, dass man keine Vokale mehr eingeben konnte und wurde ursprünglich als New Look verteilt, ein Programm, das den Bildschirm neu aufbaute. In jüngerer Zeit wurden destruktive und die Privatsphäre verletzende kompilierte AppleScript-Trojaner beobachtet. Weitere Informationen finden Sie unter `http://www.sherpasoft.org.uk/MacSupporters/macvir.html`.

Die soziale Auswirkung derartiger Trojaner steht oft in keinem Verhältnis zu den Auswirkungen in Bezug auf tatsächliche Vorfälle. Im Gegensatz zu Viren und Würmern replizieren Trojaner sich nicht selbst und werden deshalb seltener durch unschuldige Dritte verbreitet. Oft sind sie schlecht programmiert. Es sind immer noch einfache Batch-Dateien üblich, die `del`, `deltree` oder `format` benutzen, manchmal mit einem in eine *.exe*- oder *.com*-Datei kompilierten Batch-Datei-Compiler wie `bat2com`. Dies macht eine Identifizierung schwieriger. Trojaner werden normalerweise direkt ausgelöst, das heißt, ein Trojaner richtet seinen Schaden sofort nach der Ausführung an und wird deshalb nur selten durch ehemalige Opfer verbreitet. Aber es gibt auch speicherresidente Trojaner, die sich selbst installieren und während jeder Computersitzung laufen. Oft besteht die Absicht dieser Trojaner darin, Passwörter zu stehlen. Jeder Trojaner, dessen Payload nicht sofort und offenkundig bösartig ist, kann sich eventuell verbreiten.

Der »trojanische Virus« PKZip wird im *alt.comp.virus*-FAQ beschrieben (und ich habe die Erlaubnis, diesen FAQ zu zitieren und leicht zu korrigieren, da er an den entsprechenden Stellen leicht veraltet ist). Ich habe den Abschnitt fast vollständig eingefügt, da er eine interessante Fallstudie darstellt.

> *Die in den jüngsten Warnungen beschriebene Bedrohung ist definitiv kein Virus, weil sie sich nicht durch Infizierung selbst repliziert.*
>
> *Es gab mindestens zwei Versuche, Trojaner als ein Upgrade für PKZip, das häufig benutzte Komprimierungstool, zu verbreiten. Ein aktuelles Beispiel waren die Dateien PKZ300.exe und PKZ300B.zip, die auf gewissen Websites zum Herunterladen verfügbar waren.*
>
> *Ein früherer Trojaner wurde als Version 2.0 weitergegeben. Aus diesem Grund hat PKWare nie eine Version 2.0 von PKZip herausgegeben. Sollte jemals eine weitere DOS-Version (meiner Meinung nach zu diesem Zeitpunkt unwahrscheinlich) herausgegeben werden, wird diese wahrscheinlich nicht als 3.0(0) bezeichnet werden. [Tatsächlich war zu der Zeit, als dieses Buch geschrieben wurde, die aktuellste Version die Version 2.50.]*
>
> *Tatsächlich sind kaum Fälle bekannt, in denen dieser Trojaner, den nur wenige Menschen gesehen haben (obwohl die meisten renommierten Scanner ihn erkennen können), heruntergeladen wurde und es zu einem Angriff kam. Meines Wissens nach wurde dieser Trojaner nur auf warez-Servern (die sich auf Software-Raubkopien spezialisiert haben) gesehen.*
>
> *Es gibt Berichte über eine falsche Version 3 von PKZip, die mit einem wahren, »In-the-Wild«-Dateivirus infiziert ist, aber auch das ist sehr selten. Meines Wissens nach ist die aktuellste Version von PKZip die Version 2.04g [jetzt 2.50] oder 2.50 für Windows [jetzt 2.60/2.70].*

Es gab eine Version 2.06, die speziell für die IBM-interne Benutzung zusammengestellt wurde (von PKWare bestätigt). Wenn Sie diese Version in Umlauf sehen, vermeiden Sie sie. Sie ist entweder eine Schwarzkopie oder eine potenziell schädliche Nachahmung.

Die jüngste Welle wiederauflebender Warnungen zu diesem Thema ist zumindest teilweise ein Hoax. Es handelt sich nicht um einen Virus, sondern um ein Trojanisches Pferd. Es beschädigt keine Modems, V32 oder sonstiges (und kann das auch gar nicht), obwohl ich denke, dass ein Virus oder Trojaner die Einstellungen für ein Modem verändern könnte – wenn es eingeschaltet und verbunden ist.

Es scheint Dateien zu löschen, nicht aber Festplatten unwiderruflich zu zerstören.

Sie sollten Dateien vermeiden, die angeblich die Version 3 von PKZip sind, aber das tatsächliche Risiko rechtfertigt kaum die Bandbreite, die diese Warnung belegt hat.

Warum ist dies eine interessante Fallstudie? Erstens ist das Ziel des Angriffs ein typisches Ziel für einen destruktiven Trojaner, der sich als etwas anbietet, was er nicht ist. PKZip ist ein beliebtes und sehr nützliches Shareware-Utility. In letzter Zeit wurde es von anderen Utilities etwas in den Schatten gestellt, was erklärt, warum PKZip heute ein weniger attraktives Ziel für Trojaner ist. Nachfolgend weisen wir auf ein ähnliches Utility für den Mac hin, dessen Identität ebenfalls dazu benutzt wurde, unvorsichtige Opfer dazu zu verleiten, ein betrügerisches Programm laufen zu lassen.

Zweitens war es ein gefälschtes Programm, das sich nicht einmal die Mühe machte, das Aussehen oder die Funktionalität des ursprünglichen Programms vorzutäuschen. Dies ist charakteristisch für direkt destruktive Trojaner, aber keine definierende Eigenschaft.

Der dritte und interessanteste Punkt ist, dass ein Programm, das nur sehr wenige Menschen jemals gesehen haben, wegen der Anzahl der Menschen, die eine »Semi-Hoax«-Warnung empfingen und weitergaben, zu einem großen Ärgernis wurde. Tatsächlich waren die Auswirkungen des Kettenbriefs ernsthafter, als der Trojaner selbst es jemals sein würde. (Dies ist keine ungewöhnliche Nebenwirkung von direkt wirkenden Trojanern, erreicht aber nur selten derart spektakuläre Ausmaße.)

Als Semi-Hoax bezeichnen wir eine auf einem realen Virus oder Trojaner basierende irreführende Warnung, die so viele falsche Informationen enthält, dass sie zu ungenau und deshalb nicht mehr nützlich ist. Wir sollten hier zwischen einer Reihe von Möglichkeiten unterscheiden:

- Eine Warnung, die auf realer Malware basiert, aber zu ungenau ist, um von Nutzen zu sein. (Viele von Laien verbreitete Viruswarnungen fallen in diese Kategorie.)

- Eine Warnung, die auf realer Malware basiert, aber durch falsche Informationen aufgrund von fehlenden Kenntnissen der entsprechenden Technologie weniger nützlich ist. Auch kenntnisreiche Individuen können ungewollt derartige Ungenauigkeiten in eine Warnung einschleusen.
- Eine Warnung, die auf realer Malware basiert, aber durch Einfügen absichtlich irreführenden Materials und Übertreibungen oder durch Neufassen von Attributen und potenziellen Beschädigungen unbrauchbar gemacht wird.

Ist eine Warnung denn nicht entweder ein Hoax oder eben keiner? Ich denke nicht. Die Absicht einer Falschmeldung (oder eben keiner solchen) kann absolut sein, aber die Mischung von Fakt und Fiktion ist häufig in Hoaxes zu sehen, in denen die Fakten umständehalber eine im Wesentlichen fiktionale Behauptung unterstützen.

Ende 1997 wurde eine gefälschte Version von StuffIt Deluxe verteilt. (StuffIt ist ein weiteres beliebtes Archivierungstool, das hauptsächlich auf Macs benutzt wird.) Während der Installation löschte das Programm wichtige Systemdateien. Aladdin Systems, der Hersteller von StuffIt, verbreitete zu der Zeit Informationen über den Trojaner.

Es gab außerdem destruktive Trojaner, die sich als Anti-Virus-Software ausgaben.

Ein sehr bekannter Trojaner, der Sabotage und Erpressung kombinierte, war der PC-Cyborg- oder AIDS-Trojaner. 1989 wurden 10.000 Disketten mit AIDS-Informationen an viele medizinische Einrichtungen in Europa, Afrika, Skandinavien und Australien verteilt. Nach der Installation und dem Starten des Programms verschlüsselte ein verstecktes Programm nach einer festgelegten Anzahl von Reboots die Festplatte. Die Absicht dahinter war, dass das Opfer eine »Lizenzgebühr« an die Adresse von PC Cyborg in Panama senden sollte, um den Schlüssel für die Entschlüsselung zu bekommen. Glücklicherweise knackte ein Virusforscher in Großbritannien die Verschlüsselung.

> **WEGWEISER**
> Sie finden das CIAC-Bulletin *Information About the PC CYBORG (AIDS) Trojan Horse* online unter der URL `http://www.ciac.org/ciac/bulletins/a-10.shtml`.

Trojaner, die die Privatsphäre verletzen

Die Privatsphäre verletzende Trojaner führen in der Regel eine Funktion aus, die dem Programmierer wichtige und privilegierte Informationen über ein System vermittelt oder dieses System auf andere Art und Weise gefährdet. Passwörter sind – aus offensichtlichen Gründen – ein sehr übliches Ziel.

Sie können auch (oder statt dessen) eine Funktion verbergen, die dem Programmierer wichtige und privilegierte Informationen über ein System vermittelt oder dieses System gefährdet.

Einige Unternehmen im Bereich der Anti-Virus-Software unterscheiden zwischen Trojanern, die die Privatsphäre verletzen, und destruktiven Trojanern und verwenden den Begriff Trojaner nur für destruktive Programme. Programme, die die Privatsphäre verletzen, werden als Password Stealer, also als »Passwort-Diebe« bezeichnet. In der zweiten Hälfte der 90er-Jahre schienen besonders Programme sehr weit verbreitet zu sein, die Passwörter von AOL-Benutzern stahlen (einige Schätzungen gingen von mehreren Hundert Programmen aus). Es gibt Anti-Virus-Software, bei der ein APS-Erkenner für derartige Programme benutzt wird, was wahrscheinlich für AOL Password Stealer steht. Aber AOL ist und war nie der einzige verwundbare Dienst. In ihrem Artikel *Where There's Smoke, There's Mirrors* beschreiben Sarah Gordon und David Chess, wie sie über einen Zeitraum von sieben Monaten AOL-Benutzer simulierten. Versuche, die Passwörter für die gefälschte Benutzeroberfläche zu erhalten, fanden in der Regel eher mit Hilfe direkter sozialer Beeinflussungstechniken durch Kontakte von Leuten, die sich als AOL-Mitarbeiter ausgaben, statt als indirekt über Passwörter stehlende Programme.

Hintertür-Trojaner

Von Zeit zu Zeit wurden Trojaner in legitime Anwendungen eingebettet. Ken Thompson beschreibt in *Reflections on Trusting Trust* eine Reihe interessanter (nicht vollkommen hypothetischer) Situationen. Das berühmteste Beispiel ist ein Compiler, in dem sich ein Trojanisches Pferd verbirgt. In diesem Fall stellt die Produktionssoftware jedem einen privilegierten Zugriff zur Verfügung, der die beschriebene Hinter- oder Geheimtür kennt.

Hinter- und Geheimtüren, die für unautorisierten Zugriff (und möglicherweise Modifikationen) sorgen, sind jedoch nicht die einzigen Beispiele für verborgenen Code, der in legitime Programme eingefügt wird. Viele Mac-Besitzer, die eine Tastatur eines gewissen Drittanbieters mit einem in den ROM-Chip hartcodierten Trojaner kauften, mussten feststellen, dass der Text »Welcome Datacomp« in scheinbar zufälligen Zeitabständen in ihre Dokumente eingefügt wurde. PC-Motherboards mit einem von einem Trojaner befallenen BIOS ließen während des Starts ein »Happy Birthday« über die Systemlautsprecher erklingen, scheinbar am Geburtstag des Programmierers.

Tools für den Remotezugriff (Remote Access Tools – RAT)

Nur wenige Hersteller von Anti-Virus-Software würden behaupten, dass ihre Produkte alle bekannten Trojaner erkennen können. Aber meistens werden zumindest einige Trojaner auf den Plattformen, für die die Hersteller Produkte anbieten, erkannt, insbesondere Trojaner, die zu direkten Schäden führen. Remote Access Tools (RATs) wie Netbus und Back Orifice lassen jedoch keine klaren Grenzen zwischen legitimer Systemadministration (beispielsweise bei Programmen wie PC Anywhere) und verschleiertem unautorisiertem Zugriff erkennen. Wenn der Systembesitzer überredet werden kann, das Installationsprogramm zu starten, wird ein Serverprogramm installiert, auf das ein Clientprogramm auf einem

Remoterechner ohne Wissen des Benutzers zugreifen kann. Der Server wird benutzt, um den Rechner des Opfers zu manipulieren.

In puncto Funktionen gibt es möglicherweise keinen Unterschied zwischen einem RAT und einem »legitimen« Tool. Es geht auch nicht um die gleiche Funktionalität, sondern darum, dass die heimliche Verfügbarkeit dieser Funktionalität für nicht autorisierte Personen erleichtert wird. Wie bei Sniffern und Netzwerk-Scannern ist es auch hier nicht wichtig, was das Programm tut, sondern aus welchem Grund es benutzt wird. Wenn RAT-Software willentlich installiert wird und das System daraufhin für einen Angriff offen ist, den der Benutzer nicht erwartet, kann diese Software dann als Trojaner bezeichnet werden? Auch die Benutzung von Microsoft Word kann einen Rechner für Angriffe anfällig machen, die er nicht erwartet. Es hat beispielsweise Jahre gedauert, bis einige Computerbenutzer verstanden, dass sie mit der Benutzung von Word-Versionen und anderen Office-Anwendungen, die Makrosprachen unterstützen, anfällig für Angriffe durch Makroviren und Trojaner sind. Kann man Bill Gates deshalb als einen Programmierer Trojanischer Pferde bezeichnen? Nein, denn die Funktionalität ist in diesem Fall zu generell, um als Hintertür bezeichnet zu werden. Aber ein RAT, das seine Anwesenheit einem Hacker offenbart, der bestimmte Port-Nummern ausprobiert, kann sicher als ein Hintertür-Trojaner beschrieben werden. Es unterstützt die Absichten des Autors und untergräbt die Erwartungen des Opfers.

Dies ist ein ernsthaftes Problem – und nicht nur deshalb, weil die »bösen Jungs« regelmäßig auf die Unzulänglichkeiten legitimer Software hinweisen (insbesondere auf die von Microsoft), als würden unvorhergesehene Fehler in Office ihre eigenen vorsätzlichen Aktivitäten rechtfertigen.

Einige RAT-Programmierer allerdings haben diese Zwiespältigkeit ausgenutzt und »professionelle« Versionen derartiger Software geschrieben, für die sie Geld verlangen. So können sich diese Programmierer über das antikapitalistische und nicht wettbewerbsfähige Verhalten der Sicherheitsanbieter beschweren, die solche Programme als Trojaner (oder zu häufig und falsch als Virus) erkennen. Und die ganze Sache funktioniert auch tatsächlich. Mehrere Anbieter von Anti-Virus-Software verzichten auf die Erkennung der professionellen Version von Netbus, trotz des umstrittenen Vorlebens und des immer noch vorhandenen Missbrauchpotenzials. Andere haben sich große Mühe gemacht, zwischen Standardinstallationen von Netbus Pro und Installationen mit verborgenen Trojanern zu unterscheiden.

Dropper

Ein Dropper ist ein Programm, das nicht selbst ein Virus ist, aber die Absicht hat, einen Virus zu installieren. Es ist verwunderlich, dass trotz der populären Verknüpfung zwischen Viren und Trojanern Dropper ein vergleichsweise seltener Übergangspunkt für ItW-Viren sind (siehe Kapitel 17, »Viren und Würmer«). In der PC-Welt werden Dropper-Programme meist mit dem Transport von Boot-Sektor-Viren über Netzwerke in Verbindung gebracht und für diesen Zweck sowohl von Virusprogrammierern als auch Anti-Virus-Forschern benutzt. Sie können heimlich einen Virus in ein System einschleusen, wenn man das Opfer durch Methoden der sozialen Beeinflussung dazu bringen kann, das Dropper-Programm zu installieren.

Dropper wurden überraschend oft in der Mac-Welt benutzt. Der MacMag-Virus wurde über einen HyperCard-Stapel mit dem Namen *New Apple Products* eingeschleust. Das Spiel Tetracycle wurde mit der ursprünglichen Verbreitung von MBDF in Verbindung gebracht. ExtensionConflict soll Konflikte zwischen Erweiterungen identifizieren, installiert aber den SevenDust-Virus. Sowohl SevenDust als auch MBDF werden immer noch »In the Wild« angetroffen. In der PC-Welt wiederum wühlte die Red-Team-Warnung viel Schlamm auf, die im Anhang einen Virus-Dropper enthielt, der angeblich eine Korrektur für einen gar nicht existierenden Virus sein sollte (der auch niemals hätte existieren können).

Scherzprogramme

Scherzprogramme sind fast so alt wie der Computer selbst. Ein ehrwürdiges Beispiel ist das PDP-Cookie-Programm, das plötzlich am Bildschirm erschien und das Opfer um einen Keks bat. Sowohl PC- als auch Mac-Benutzer freuen oder ärgern sich schon seit langer Zeit über diese Programme. Es kam zu einiger Verwirrung, weil Anti-Virus-Software normalerweise nicht nur bei Viren und Trojanern, sondern auch bei Scherzprogrammen wie CokeGift Alarm schlägt (und das Wort Virus benutzt). Dieses weit verteilte Programm bietet dem Opfer an, sein CD-Fach als Ablage für seinen sprudelnden Drink (oder für ein durch die Nase aufzunehmendes weißes Pulver bzw. Kohlenkoks) zu verwenden. Einige finden es witzig, andere ärgern sich darüber, aber sicher sind diese Programme nicht lebensbedrohlich. Die Praxis, bei Scherzprogrammen Alarm zu schlagen, ist möglicherweise eine Reaktion darauf, dass angebliche Scherzprogramme drohen, Festplatten zu formatieren, oder vorgeben, dies getan zu haben, aber es nicht wirklich versuchen. Es gab Beispiele, in denen ein Hersteller das, was ein anderer als Trojaner bezeichnet hat, als ein Scherzprogramm angesehen hat.

Bomben

Logische Bomben sind bösartige Programme, die ihre Payload ausführen, wenn eine vorprogrammierte Bedingung erfüllt wird. Ist die Auslösebedingung eine Zeit- oder Datumsangabe, kann der Begriff Zeitbombe benutzt werden. Eine Zeitauslösung ist eine logische Bombe, die manchmal benutzt wird, um Lizenzverträge für Software zu erzwingen. Dann läuft ein Programm nicht weiter, bis (beispielsweise) die Lizenzgebühr oder der Lieferant, der den Code geschrieben hat, bezahlt wurde. Es ist nicht abwegig, dass ein Lieferant die Auslösung drastischerer Zeitbomben einfügt, falls es zu einem Streit wegen der Bezahlung kommt.

Die Verwendung des Begriffs *Bombe* lässt auf eine destruktive Payload schließen, aber das muss nicht immer der Fall sein. E-Mail-Bomben und Abo-Bomben, die nicht wirklich in ein Kapitel über Trojaner gehören, sind DoS-Angriffe, die dem Opfer Schwierigkeiten machen sollen, indem sie seine Mailbox mit einer Tonne E-Mail-Nachrichten bombardieren. Oft meldet man dafür das Opfer bei unzähligen Mailing-Listen an. Natürlich gibt es auch E-Mail-Trojaner, aber E-Mail ist als ein Infizierungsweg für Viren und Würmer üblicher.

Der Begriff ANSI-Bombe bezieht sich normalerweise auf eine E-Mail-Nachricht oder eine andere Textdatei, die eine Erweiterung für den MS-DOS-*ANSI.SYS*-Treiber ausnutzt. Damit werden Tasten mit einer Escape-Sequenz neu definiert, um einen potenziell destruktiven Befehl an die Konsole auszugeben. Es gab eine Zeit, in der solche Programme recht häufig im FidoNet erwähnt wurden. Aber heutzutage verwenden nur wenige Systeme Programme, die eine ANSI-Terminalemulation verlangen, und *ANSI.SYS* wird normalerweise unter Windows 9x oder höher nicht installiert.

Es gibt Alternativen zu *ANSI.SYS*, die keine Neudefinition der Tasten unterstützen oder diese deaktivieren können.

Rootkits

Ein Rootkit ist eine Sammlung von mit Trojanern versetzten Systemprogrammen, mit denen ein Eindringling mit unautorisiertem Root-Zugriff Standardbefehle auf einem System ersetzen kann. Zu den Beispielen gehören modifizierte Versionen von System-Utilities wie `top` und `ps`, mit denen nicht legitime Prozesse unbemerkt laufen können, modifizierte Dämonen, um Log-Einträge zu kompromittieren oder Verbindungen zu verbergen, und Utilities, die eine Hochstufung auf Root-Privilegien ermöglichen oder Rootkit-Dateien und andere Hintertürfunktionen verbergen (beispielsweise geheime Passwörter für einen privilegierten Zugriff). Zu den in einem Rootkit enthaltenen Programmen zählen auch oft Paket-Sniffer und `utmp/wtmp/syslog`-Editoren (für die Modifizierung von Log-Dateien).

Rootkits gibt es für verschiedene UNIX-Varianten, und auch NT-Versionen werden immer häufiger gesehen. Aber es gibt auch Einzelversionen von `login` (d.h. Versionen, die nicht in einer Programmfamilie wie einem Rootkit enthalten sind), die einen Trojaner enthalten und beispielsweise benutzt wurden, um Passwörter abzufangen.

> **WEGWEISER**
> Informationen über Rootkits finden Sie im FAQ unter `http://staff.washington.edu/dittrich/misc/faqs/lrk4.faq`. Sarah Gordons Bericht *Publication of Vulnerabilities and Tool* (Berichte zur Twelth World Conference on Computer Security, Audit and Control, 1995) enthält eine technische Analyse einiger Rootkit-Komponenten.

DDoS-Agents

DDoS-Tools (Distributed Denial-of-Service) wie Stacheldraht, TFN2K und Trinoo sind Trojaner, die für einen sehr spezifischen Zweck entwickelt wurden. Sie sollen Internetserver zum Absturz bringen, indem sie Remoteangriffe durch Paketüberflutungen (Flooding) von mehreren Rechnern aus koordinieren. Bei dieser Art von Angriff ist es üblich, dass der Angreifer eine Reihe von Master-Rechnern kontrolliert. Diese wiederum kontrollieren Dämonen auf Remoterechnern.

Oft wird ihre Anwesenheit durch die Installation von Rootkits verborgen. Dämonen können auf vielen Hundert Remoterechnern installiert werden, die alle Flooding-Angriffe auf das Opfersystem ausführen.

Eine detaillierte Analyse von DDoS-Angriffen und Gegenangriffen geht über den Rahmen dieses Kapitels hinaus. Die Installation und Anwesenheit eines DDoS-Angriffstools kann aber mit den gleichen Mitteln erkannt werden wie andere Malware, also durch das Erkennen eines spezifischen Suchstrings (Erkennung bekannter Eigenschaften), heuristisches Scannen und Change-Detection (Erkennen von Veränderungen). Virus-Scanner erkennen normalerweise bekannte DDoS-Tools. Der Datenverkehr im Netzwerk kann in Hinblick auf charakteristische Eigenschaften wie beispielsweise IP-Pakete mit gefälschten Ursprungsadressen überwacht werden. Intrusion-Detection-Systeme (Systeme zur Erkennung von Einbrüchen) können für das Scannen von Mustern konfiguriert werden, die für eine solche Kommunikation zwischen Master- und Clientsoftware typisch sind. Es gibt eine Reihe von Berichten, die dieses Thema detaillierter darstellen:

```
http://staff,washington.edu/dittrich/misc/stacheldraht.analysis
http://staff,washington.edu/dittrich/misc/trinoo.analysis
http://staff,washington.edu/dittrich/misc/tfn.analysis
http://www.cert.org/incident_notes/IN-99-04.html
```

Würmer

Im Prinzip sollte dies wahrscheinlich der längste Unterabschnitt in diesem Kapitel sein. Viele Systemadministratoren verwenden heute den Begriff Trojaner für das, was der Autor von Kapitel 17, »Viren und Würmer«, als Würmer beschrieben hat. Und auch wenn ich diesen Standpunkt als irreführend ansehe, ist er vertretbar und kann nicht ignoriert werden.

Er ist vertretbar, weil – wie in Kapitel 17 dargestellt – die meisten Würmer heutzutage auf Methoden der sozialen Beeinflussung basieren, um den Empfänger zur Ausführung des bösartigen Codes zu überreden. Mit anderen Worten entspricht er einer der vorher erläuterten Definitionen, nach der Trojaner Programme sind, die angeblich eine (wünschenswerte) Funktion ausführen, während sie tatsächlich eine andere (weniger wünschenswerte) Sache tun.

Der Standpunkt ist irreführend, weil er die Definition eines Trojaners als nicht replizierende Malware außer Acht lässt. Im Virusbereich sind die meisten Leute der Ansicht, dass Viren und Würmer sich replizieren. Einige glauben, dass die Klasse Wurm eine Unterkategorie der Klasse Virus ist, und viele betrachten Trojaner als nicht replizierend. Diese Differenzierung ist nicht nur akademischer Art. Um bösartigen Code effektiv bekämpfen zu können, müssen wir verstehen, wie dieser arbeitet. Deshalb ist eine Differenzierung besonders wichtig, wenn es zur Untersuchung einer mehrteiligen Bedrohung wie MTX oder LoveLetter kommt. Moderne E-Mail-basierte Malware kann als parasitisch (Dateivirus), als ein Wurm (ein Netzwerkvirus, der andere Dateien nicht durch direktes Anhängen infiziert) und/oder als ein klassischer Trojaner beschrieben werden.

Die theoretische Grundlage der Computervirusforschung mag etwas unsicher sein, wenn wir die Auswirkungen dieser aktuellen Entwicklungen berücksichtigen. Aber es gibt eine Menge Informationen zu derartigen Programmen auf Websites, die von Anti-Virus-Unternehmen verwaltet werden und in Kapitel 17 aufgelistet sind.

18.2 Woher kommen Trojaner?

Das Usenet ist eine typische Ursprungsquelle, insbesondere die Newsgruppen, in denen Binärdateien jeder Art ausgetauscht werden, und, noch spezieller, solche Gruppen, in denen Warez (kopierte Software) oder pornografisches Material kursiert.

Der AOLGOLD-Trojaner wurde über das Usenet und E-Mail verteilt. Das Programm war angeblich ein verbessertes Paket für den Zugriff auf America Online (AOL). Die Distribution bestand aus einer archivierten Datei, die nach dem Entpacken zwei Dateien enthüllte, *install.exe* und *readme.txt*. Die Ausführung von *install.exe* führte dazu, dass 18 Dateien auf die Festplatte extrahiert wurden. Eine der neuen Dateien mit dem Namen *install.bat* versuchte, mehrere Verzeichnisse auf Laufwerk C zu löschen sowie ein Programm mit dem Namen *doomday.exe* zu starten (das aufgrund eines Fehlers in der Batch-Datei nicht gestartet werden konnte).

WEGWEISER
Sie finden den Sicherheitshinweis mit dem Titel *Information on the AOLGOLD Trojan Program* unter `http://www.emergency.com/aolgold.htm`. `http://ciac.llnl.gov/ciac/bulletins/g-03.shtml`.

Trojaner verstecken sich oft hinter Spielen, Scherzprogrammen, Bildschirmschonern und anderen Programmen, die meist per E-Mail ausgetauscht werden, insbesondere wenn keine strengen System- oder Sicherheitsrichtlinien erzwungen werden. Wenn Software einen die Privatsphäre verletzenden oder destruktiven Trojaner mit einer verzögerten Payload (beispielsweise einer Zeitbombe oder einer anderen Form der logischen Bombe) enthält, könnte der Trojaner von einem Opfer weitergeleitet werden, das noch gar nicht weiß, dass es sich um ein bösartiges Programm handelt.

Wir haben bereits gesehen, dass AOL-Benutzer häufig Ziel von die Privatsphäre verletzende Trojanern, aber auch von destruktiven Trojanern sind.

Im April 1997 entwickelte jemand ein Trojanisches Pferd namens *AOL4FREE.COM* (nicht zu verwechseln mit dem *AOL4FREE*-Hoax, der im gleichen Jahr auftauchte – natürlich war diese Verwechslung einer der Zwecke des Hoax). Der Trojaner – der angeblich ein Tool für einen nichtautorisierten Zugriff auf AOL war – zerstörte Festplattenlaufwerke auf betroffenen Rechnern. Wenn Sie mehr darüber erfahren wollen, werfen Sie einen Blick auf den Hinweis der CIAC unter `http://ciac.llnl.gov/ciac/bulletins/h-47a.shtml`.

Angriffe auf AOL-Benutzer sind typisch für eine Einstellung, die regelmäßig unter Computervandalen jeder Art angetroffen wird. Wie Usenet-Neulinge und IRC-Benutzer werden AOL-Benutzer als eine Gruppe von »Idioten« angesehen, die keine Ahnung von ihren Systemen haben. Und das reicht als Rechtfertigung, nicht nur für Scherzprogramme und Hoaxes, sondern auch für absichtlich destruktive Programme.

Ein direkter Einbruch ermöglicht die Installation von Rootkit-Komponenten und anderen mit Trojanern versetzten Dateien, insbesondere wenn der Eindringling Root/Administrator-Privilegien erhalten kann.

18.3 Wie oft werden Trojaner wirklich entdeckt?

Trojaner werden häufig in Gemeinden wie AOL entdeckt. AOL bietet Computerbenutzern, die keine Computerfreaks sind und auch keine werden wollen, Internetdienste an. Viele Neulinge im Internet interessieren sich nicht für die Details von Netzwerkprotokollen oder die Geheimnisse von Gopher, Telnet und Archie. AOL setzt daher auf Benutzerfreundlichkeit, nicht auf Freak-Cliquen aus den 70er-Jahren. Trojaner in AOL zielen normalerweise auf die Benutzer mit der geringsten Erfahrung (neue Benutzer, Kinder) in diesen Gemeinden, die ohnehin von Techno-Snobs schon als die Gruppen mit den geringsten Kenntnissen angesehen werden. Das ist ein wichtiger Punkt, weil es Black Hats (böse Jungs) gibt, die ihren Vandalismus mit der technischen Ignoranz von Alltagsbenutzern rechtfertigen. Sie argumentieren: »Wenn idiotische AOLer nicht lernen können, ihre Systeme zu schützen, verdienen sie alles, was sie kriegen.«

Im Business-Bereich sind Trojaner auf Multiusersystemen ein großes Sicherheitsproblem. Sie sind hinterlistig, und auch nach ihrer Entdeckung können noch Spuren in dunklen Ecken des Verzeichnissystems oder in der Windows-Registry übrig bleiben. Trojaner sind oft in kompilierten Binärdateien verborgen. Daher ist der Code des Trojaners oft in für den Menschen nicht lesbarer Form oder Maschinensprache geschrieben. Ohne Debugging-Tool können Sie nur wenig über Binärdateien erfahren. Die Benutzung eines Texteditors zum Lesen einer Binärdatei ist beispielsweise fruchtlos. Die einzigen erkennbaren Textstrings sind Copyrighthinweise, Fehlermeldungen oder andere Daten, die an verschiedenen Punkten der Programmausführung an `stdout` ausgegeben werden – beispielsweise Stub-Loader-Meldungen. In einer grafischen Umgebung werden erkennbare Strings noch seltener und weniger nützlich sein. Aber das Reverse Engineering größerer Mengen potenziell schadhaften Codes ist keine Aufgabe für die Furchtsamen oder Untalentierten. Wie wir bereits erwähnt haben, ist dieser Code nicht immer für die automatisierte Analyse empfänglich.

> **HINWEIS**
> Kompilierte Binärdateien sind nicht die einzigen Orte, an denen Sie Trojaner finden können. Batch-Dateien und andere Shell-Skripten, Perl-Programme und vielleicht sogar in JavaScript, VBScript oder Tcl

geschriebener Code können einen Trojaner mit sich bringen. Skriptsprachen wurden für die Erzeugung von Trojanern als ungeeignet erachtet, weil der Code für den Menschen lesbar bleibt: Denn dann könnte das Opfer ja den angreifenden Code entdecken. Im wahren Leben lassen Opfer jedoch scheinbar ohne Argwohn ungeprüften Code laufen, auch wenn sie ihn lesen könnten. Der Loveletter-Virus wurde von zahllosen Empfängern ausgeführt, obwohl der Klartext-Code eine Subroutine enthielt, deren Name bereits darauf hinwies, dass sie Dateien infizieren will. Einen Trojaner in lesbaren Code einzuschleusen ist noch einfacher, wenn die Datei Teil eines viel größeren Pakets ist – beispielsweise wenn das gesamte Paket in viele Unterverzeichnisse entpackt wird. In diesen Fällen kann die Komplexität des Pakets dazu beitragen, dass ein Mensch mit normalen Untersuchungsmethoden den Trojaner nicht entdeckt, insbesondere wenn es sich um eine leicht zu übersehende kurze Sequenz wie `DELTREE C:\` oder `rm -rf` handelt.

Trojaner geben in der Regel ihre Absicht nicht bekannt. Und was noch schlimmer ist: Viele Trojaner verstecken sich hinter legitimen, bekannten Utilities, die Sie mit Recht auf dem System erwarten. Deshalb können Sie sich nicht darauf verlassen, durch Auflistung aktueller Prozesse einen Trojaner zu entdecken.

Es hängt von der Erfahrung des Benutzers ab, ob ein Trojaner mit bloßem Auge erkannt wird. Benutzer, die nur wenig über ihre Betriebssysteme wissen, werden nur wohl nicht in die Tiefen der Verzeichnisstruktur eintauchen und nach verdächtigen Dateien suchen. Kenntnisreichere Benutzer haben oft nicht die Zeit, die komplexen Systemstrukturen moderner Betriebssysteme zu untersuchen, besonders auf Rechnern der Serverklasse. Auch für erfahrene Programmierer kann es schwierig sein, einen Trojaner zu identifizieren, selbst wenn ihnen der Code zu Untersuchungszwecken zur Verfügung steht. Bösartigen Code durch Reverse Engineering zu identifizieren, kann verhältnismäßig schwierig und zeitaufwändig sein.

18.4 Wie groß ist die Bedrohung durch Trojaner?

Die Sicherheitsbedrohung durch Trojaner lässt sich als mittel bis ernst einstufen, hauptsächlich aus folgenden bereits dargestellten Gründen:

- Neue Trojaner sind mit heuristischen Erkennungsmaßnahmen schwer zu entdecken. (Außer Sie verlassen sich auf etwas stark verallgemeinerte heuristische Maßnahmen, die davon ausgehen, dass eine automatisch in einer Datei erkannte Veränderung wahrscheinlich einen Trojaner darstellt, der anstelle einer legitimen Datei eingeschleust wurde.) Man kann Code nicht absolut sicher darauf testen, ob er ein Trojaner ist (oder auch nicht), denn die Absicht des Autors und die Erwartung des Benutzers lassen sich generell nicht durch eine automatisierte Analyse festlegen.

- In den meisten Fällen werden Trojaner in Binärdateien gefunden, die größtenteils für den Menschen nicht lesbar sind. Aber die Tatsache, dass der Code hauptsächlich statisch ist, macht Trojaner immerhin ebenso anfällig für die Suche nach »Bekanntem« wie Viren. Mit anderen Worten: Ein bekanntes bösartiges Programm kann von Software identifiziert werden, die den entsprechenden aktuellen Suchstring enthält. Denken Sie daran, dass in den meisten Definitionen die Replikation kein Merkmal des Trojaners ist. Trojaner verbreiten sich, indem sie vom Angreifer kopiert werden oder mit Hilfe eines Opfers, das durch Beeinflussung die Wünsche des Angreifers ausführt, und nicht durch Selbstreplikation. Daher kann ein Angreifer normalerweise keine polymorphen oder ähnliche Techniken benutzen, damit das Programm nicht entdeckt wird. Da das Kopieren keine Funktion des Programms selbst ist, kann sich das Programm nicht in eine weiterentwickelte Kopie seiner selbst verwandeln.

Nicht erkannte Trojaner können zu einer vollständigen Unterwanderung des Systems führen. Ein Trojaner kann wochen- oder monatelang sein Unwesen im System treiben, bevor er entdeckt wird. In dieser Zeit kann ein Cracker mit Root-Privilegien das gesamte System beliebig verändern. Wird der Trojaner schließlich entdeckt und beseitigt, kann der Cracker bereits viele weitere Hintertüren installiert haben.

18.5 Wie erkennt man einen Trojaner?

Ein Trojaner lässt sich leicht erkennen, wenn Sie ein statisches Suchmuster für den Scan-Vorgang haben. Anti-Virus-Software erkennt routinemäßig (einige) Trojaner mit Hilfe der gleichen Suchmuster, die auch für die Viruserkennung eingesetzt werden. Aber die Identifizierung eines bekannten Trojaners ist nicht immer die beste Verteidigung. Auch früher nicht bekannte Trojaner lassen sich (prinzipiell) leicht entdecken, vorausgesetzt, Sie haben immer die besten Sicherheitspraktiken eingesetzt (und zwar wirklich immer, zumindest was das beschützte System betrifft).

Die meisten Erkennungsmethoden auf traditionellen Multiusersystemen sind von einem Prinzip abgeleitet, das als Objektvergleich bezeichnet wird. Der Objektvergleich ist eine etwas umfassendere Methode für die Frage: »Sind die Dinge immer noch so, wie ich sie hinterlassen habe?« und funktioniert folgendermaßen: Objekte sind Systembereiche wie Dateien oder Verzeichnisse. Unter »Vergleich« versteht man den Prozess, diese Objekte mit einem Schnappschuss zu vergleichen, der zu einem früheren Zeitpunkt aufgenommen wurde, als die Objekte bekanntermaßen in einem vertrauenswürdigen, »sauberen« Zustand waren – also beispielsweise direkt nach einer kompletten Neuinstallation, wenn der Rechner noch auf keinen Fall Kontakt mit einem Netzwerk hatte.

> **HINWEIS**
> Streng genommen gibt es keinen Zeitpunkt für einen »sauberen Zustand«. Auch eine Installation der Systemsoftware auf einem neuen System am Tag Null setzt eine Programmfamilie ohne Ergänzungen und Hintertüren voraus. Können Sie einem System, das Sie nicht selbst aus dem Nichts aufgebaut haben, unbegrenzt vertrauen? »Egal, wie sehr Sie Quellcode überprüfen und untersuchen, Sie können sich nicht davor schützen, nicht vertrauenswürdigen Code zu benutzen«, sagt Ken Thompson in seinen *Reflections on Trusting Trust*. Heißt das, dass wir dann ganz auf die Untersuchung von Code verzichten können? Natürlich nicht, aber wir sollten immer daran denken, dass wir – auch wenn wir eine Anwendung aus untersuchtem Quellcode erzeugen – vielleicht dem Compiler oder Teilen des Hardware-Mikrocodes auf dem Motherboard des Systems nicht vertrauen können.

Der Prozess, der hier als Objektvergleich beschrieben ist, ist eher als Change-Detection (Erkennung von Veränderungen), Integritätsprüfung oder Integritätsmanagement bekannt. Allerdings sind diese Begriffe streng genommen keine Synonyme.

Die Bezeichnung Change-Detection beschreibt einfach jede Technik, die den Benutzer darauf aufmerksam macht, dass sich ein Objekt in irgendeiner Hinsicht geändert hat.

Der Begriff Integritätsprüfung hat im Kern die gleiche Bedeutung, wird aber häufig verwendet, um auf einen etwas raffinierteren Ansatz hinzuweisen. Dabei werden nicht nur Veränderungen trotz der Versuche, diese zu verbergen, erkannt, sondern es wird auch sichergestellt, dass die berichtende Software selbst nicht untergraben ist.

Integritätsmanagement ist ein allgemeinerer Begriff. Dazu zählen nicht nur die Erkennung von nicht autorisierten Veränderungen, sondern auch andere Methoden zur Erhaltung der Systemintegrität, wie zum Beispiel:

- vertrauenswürdige Backups
- Unbekanntes von Vornherein blockieren (beispielsweise, indem Systemdateien von schreibgeschützten Medien gelesen werden oder von vertrauenswürdigen schreibgeschützten Medien neu geladen werden)
- strenge Zugriffskontrollen durchsetzen
- sorgfältige Anwendung von Hersteller-Patches, um neu entdeckte Sicherheitslöcher zu stopfen
- ein fein abgestimmtes Managementsystem für Veränderungen, bei dem nur signierter (vertrauenswürdiger) Code benutzt wird

Die Dateiintegrität lässt sich leicht anhand von Veränderungen der Informationen zum Dateistatus erkennen, aber es gibt auch raffiniertere Methoden. Folgende Angaben sorgen für eine grobe Überprüfung der Dateiintegrität:

- das Datum der letzten Modifikation
- das Erzeugungsdatum
- die Dateigröße

Leider reicht eine Überprüfung dieser drei Werte nicht aus, um sich wirksam gegen mehr als den einfachsten Angriff zu schützen. Jedes Mal, wenn eine Datei verändert wird, ändern sich auch ihre Werte. So wird beispielsweise jedes Mal, wenn die Datei geöffnet, verändert und gespeichert wird, das Datum der letzten Modifikation angepasst. Diese Datumsangabe kann jedoch ganz leicht manipuliert werden: Ändern Sie die Systemzeit, nehmen Sie die gewünschten Modifikationen an der Datei vor, speichern Sie die Datei, und stellen Sie die Systemzeit wieder um. Noch besser: Holen Sie sich die Datums-/Zeitinformationen mit Standard-C-Library-Funktionen (beispielsweise), und speichern Sie diese. Modifizieren oder ersetzen Sie das Objekt, und stellen Sie das Datum der Dateiveränderung wieder her. Auf einem Single-User-System (wie MS-DOS) mit minimalen oder keinen Zugriffskontrollen ist der hierfür notwendige Code trivial. Aus diesem Grund ist die Überprüfung der Modifikationszeit eine unzuverlässige Methode zur Erkennung von Veränderungen. Außerdem ist diese Zeitangabe völlig bedeutungslos, wenn die Datei nicht verändert wurde (wenn sie beispielsweise kopiert, angesehen oder per E-Mail versendet wurde). Finden Sie allerdings eine Abweichung bei dem vom System zurückgegebenen Datum der letzten Modifikation und bei dem Datum, das von einem Utility zur Systemüberwachung aufgezeichnet wurde, ist es möglich, dass es zu einer bösartigen Aktion gekommen ist.

Auch anhand der Dateigröße kann die Integrität einer Datei überprüft werden. Aber dieser Wert kann ebenfalls sehr leicht manipuliert werden, entweder durch Verkleinern oder Vergrößern der Datei selbst oder durch die Veränderung des vom Betriebssystem ausgegebenen Wertes.

Es gibt noch andere Anhaltspunkte, beispielsweise Basisprüfsummen, die zwar zuverlässiger sind als Zeit- und Datumsstempel, aber auch sie können verändert werden. Wenn Sie sich auf ein grundlegendes Prüfsummensystem verlassen (oder Change-Detection-Software benutzen, die auf einer einfachen Überprüfung der Prüfsummen basiert), ist es besonders wichtig, dass Sie Ihre Prüfsummenliste in einer vertrauenswürdigen Umgebung verwahren. Das kann ein separater Server oder sogar ein separates Speichermedium sein, auf den bzw. das nur Root oder andere vertrauenswürdige Benutzer zugreifen können. Prüfsummen funktionieren gut und effizient bei der Überprüfung der Integrität einer Datei, die beispielsweise von Punkt A nach Punkt B übertragen wurde, sind aber nicht geeignet für Anwendungsbereiche, in denen Sicherheit eine große Rolle spielt. Prüfsummen bieten einfach keinen Schutz vor böswilligen Versuchen, sie zu untergraben und falsche Informationen zurückzugeben.

> **HINWEIS**
> Wenn Sie schon einmal Dateien mit einem Kommunikationspaket wie Qmodem übertragen haben, erinnern Sie sich vielleicht, dass derartige Programme während der Übertragung zyklische Redundanzprüfungen (CRC – Cyclic Redundancy Checks) vornehmen. Dies verringert die Wahrscheinlichkeit, dass die Datei während der Übertragung beschädigt wird. Wenn Sie es jedoch mit raffinierten Angriffen gegen die Dateiintegrität zu tun haben, reicht diese Technik nicht aus. Anleitungen, wie Sie Prüfsummensysteme umgehen können, sind an verschiedensten Stellen im Internet zu finden, und die meisten stehen in Zusammenhang mit der Entwicklung von Viren (einige ältere Anti-Virus-Utilities basierten auf der Prüfsummenanalyse, um mögliche Infizierungen durch neue Viren zu erkennen, d.h. Viren, die den Compilern virusspezifischer Scanner-Datenbanken noch nicht bekannt sind). Mehr über CRC32 (und andere Logarithmen) erfahren Sie unter `http://info.internet.isi.edu/in-notes/rfc/files/rfc1510.txt`.

Eine weniger leicht zu untergrabende Technik ist die Berechnung eines raffinierteren digitalen Fingerabdrucks anhand verschiedener Algorithmen für jede Datei. Dafür kann man eine Familie von Algorithmen namens MD Series verwenden. Eine der beliebtesten Implementierungen ist das System MD5.

18.5.1 MD5

MD5 gehört zu einer Familie von One-Way-Hash-Funktionen, die als Message-Digest-Algorithmen bezeichnet werden. Das MD5-System wird in RFC 1321 wie folgt definiert:

> *Der Algorithmus nimmt eine Nachricht von willkürlicher Länge als Eingabe und erzeugt als Ausgabe einen 128-Bit-»Fingerabdruck« oder »Message Digest« der Eingabe. Es soll rechnerisch unmöglich sein, zwei Nachrichten mit dem gleichen Fingerabdruck oder eine Nachricht mit einem vorher bestimmten Zielfingerabdruck zu erzeugen. Der MD5-Algorithmus ist für Anwendungen mit digitalen Signaturen gedacht, bei denen eine große Datei sicher »komprimiert« werden muss, bevor sie mit einem privaten (geheimen) Schlüssel eines Public-Key-Verschlüsselungssystems wie RSA verschlüsselt wird.*

> **WEGWEISER**
> RFC 1321 finden Sie unter `http://info.internet.isi.edu/in-notes/rfc/files/1321.txt`.

Wenn Sie eine Datei durch MD5 laufen lassen, entsteht der Fingerabdruck als ein 32-stelliger Wert, der wie folgt aussieht:

```
2d50b2bffb537cc4e637dd1f07a187f4
```

Viele Websites, die UNIX-Software vertreiben, benutzen MD5, um digitale Fingerabdrücke für ihre Distributionen zu erzeugen. Wenn Sie durch die Verzeichnisse dieser Websites blättern, können Sie sich den ursprünglichen digitalen Fingerabdruck für jede Datei ansehen. Eine typische Verzeichnisauflistung könnte so aussehen:

```
MD5 (wn-1.17.8.tar.gz) = 2f52aadd1defeda5bad91da8efc0f980
MD5 (wn-1.17.7.tar.gz) = b92916d83f377b143360f068df6d8116
MD5 (wn-1.17.6.tar.gz) = 18d02b9f24a49dee239a78ecfaf9c6fa
MD5 (wn-1.17.5.tar.gz) = 0cf8f8d0145bb7678abcc518f0cb39e9
MD5 (wn-1.17.4.tar.gz) = 4afe7c522ebe0377269da0c7f26ef6b8
MD5 (wn-1.17.3.tar.gz) = aaf3c2b1c4eaa3ebb37e8227e3327856
MD5 (wn-1.17.2.tar.gz) = 9b29eaa366d4f4dc6de6489e1e844fb9
MD5 (wn-1.17.1.tar.gz) = 91759da54792f1cab743a034542107d0
MD5 (wn-1.17.0.tar.gz) = 32f6eb7f69b4bdc64a163bf744923b41
```

Wenn Sie eine Datei von einem derartigen Server herunterladen und feststellen, dass der digitale Fingerabdruck der heruntergeladenen Datei nicht mit dem ursprünglichen Fingerabdruck übereinstimmt, können Sie davon ausgehen, dass etwas nicht stimmt.

Mit oder ohne MD5 ist das Integritätsmanagement ein komplexer Prozess. Es gibt verschiedene Utilities, die ein Integritätsmanagement auf komplexen und verteilten Systemen unterstützen. Die folgenden Utilities waren ursprünglich UNIX-basiert, aber es gibt ähnliche Programme für Microsoft-Systeme.

18.5.2 Tripwire

Tripwire (ursprünglich im Jahre 1992 geschrieben, beständig weiterentwickelt und seit 2000 sogar als Open Source erhältlich) ist ein umfassendes Tool zur Überprüfung der Dateiintegrität. Es ist gut durchdacht, leicht zu verstehen und kann ohne große Schwierigkeiten implementiert werden.

Die ursprünglichen Werte (digitale Fingerabdrücke) für zu überwachende Dateien werden in einer verschlüsselten Datenbankdatei gespeichert. Immer wenn eine Signatur berechnet oder überprüft werden muss, wird auf diese verschlüsselte Datenbankdatei zugegriffen.

Idealerweise sollten Sie ein Tool wie Tripwire gleich nach einer Erstinstallation (am Tag Null) einsetzen, denn dann können Sie sich der Integrität des Dateisystems als Startpunkt hundertprozentig sicher sein (oder fast hundertprozentig – denken Sie an den Artikel von Ken Thompson). Nachdem Sie die vollständige Datenbank für Ihr Dateisystem generiert haben, können Sie andere Benutzer einführen (die Ihr System sofort mit Müll füllen werden, der optional bei folgenden Überprüfungen ebenfalls mit einem digitalen Fingerabdruck versehen und überprüft wird, oder aber von der Überprüfung ausgenommen werden kann). Hier sind einige der nützlicheren Funktionen von Tripwire:

- Tripwire kann seine Aufgaben über Netzwerkverbindungen durchführen. Daher können Sie bei der Installation eine Datenbank mit digitalen Fingerabdrücken für ganze Netzwerke generieren.
- Tripwire wurde der Portabilität wegen in C geschrieben und kann ohne Änderung für viele Plattformen kompiliert werden.
- Tripwire verschlüsselt sowohl die Datenbanken als auch alle seine Konfigurationsdateien. So hat es ein potenzieller Eindringling besonders schwer, das System zu unterlaufen.
- Tripwire kennt viele verschiedene Sicherheitsstufen. So können Systemverzeichnisse, die ausführbare Programme enthalten, nach mehr Kriterien untersucht werden als Verzeichnisse für temporäre Dateien.

Tripwire ist ein beliebtes und effektives Tool, aber es gibt einige Sicherheitsaspekte, die bei den meisten oder allen Tools für das Integritätsmanagement zu beachten sind. Einer dieser Aspekte betrifft die generierte und zu verwaltende Wertedatenbank. Den Autoren von Tripwire war dies von Anfang an bewusst:

> *Die von dem Integritätsprüfer benutzte Datenbank sollte vor nichtautorisierten Modifikationen geschützt werden. Ein Eindringling, der die Datenbank ändern kann, kann das gesamte Schema der Integritätsprüfung untergraben.*

Aus diesem Grund werden alle Daten verschlüsselt abgelegt, und selbst der Administrator des Systems kann diese erst nach Eingabe eines Passwortsatzes verändern.

> **WEGWEISER**
> Tripwire wird von seinen Autoren in *The Design and Implementation of Tripwire: A File System Integrity Checker* von Gene H. Kim und Eugene H. Spafford detailliert dargestellt. Sie finden den Artikel unter `ftp://coast.cs.purdue.edu/pub/Purdue/papers/spafford`.

Eine andere Methode zum Schutz der Datenbank besteht darin, sie auf schreibgeschützten Medien zu speichern und damit eine mögliche Manipulation zu verhindern. Kim und Spafford schlagen vor, die Datenbank auf diese Art und Weise zu schützen, gestehen aber zu, dass dies einige praktische Probleme mit sich bringen könnte. Es hängt viel davon ab, wie oft die Datenbank aktualisiert wird und wie groß sie ist. Wenn Sie Tripwire oder ein ähnliches Utility in einem großen Netzwerk implementieren (und seine strengsten Einstellungen verwenden), ist die Einrichtung einer schreibgeschützten Datenbank sicher eine hervorragende Idee. Wie immer ist auch hier letztendlich ein Abwägen zwischen dem Risiko und der Mühe notwendig, die es kostet, paranoide Einstellungen einzurichten und zu warten.

> **WEGWEISER**
> Sie finden Tripwire (und Berichte über Benutzung und Aufbau) unter `http://www.tripwire.org`. In einer kommerziellen Version finden Sie weitere Informationen unter `http://www.tripwire.com/`.

18.5.3 TAMU

Die TAMU Tiger Suite (von der Texas A&M University) ist eine Tool-Sammlung, die für erheblich größere Sicherheit auf einem UNIX-Rechner sorgt. Diese Tools wurden innerhalb der Universität als Antwort auf umfassende Angriffe von einer koordinierten Cracker-Gruppe entwickelt.

Das Paket wurde aktualisiert und in TARA (Tiger Analytical Research Assistant) umbenannt. Es beinhaltet eine Reihe von Skripten, mit denen in UNIX-Systemen nach Problemen gescannt werden kann. Weitere Informationen finden Sie unter `http://www.securityfocus.com/tools/481`. TARA-PRO ist unter `http://www.arc.com/tara/index.html` verfügbar.

18.5.4 Hobgoblin

Hobgoblin ist ein interessantes Tool zur Überprüfung der Datei- und Systemintegrität. Es ist sowohl eine Sprache als auch ein Interpreter. Den Autoren zufolge beschreibt die Sprache die Eigenschaften verschiedener Dateien. Der Interpreter überprüft dann, ob die Beschreibungen den eigentlichen Dateien zugeordnet werden können, und zeigt alle Ausnahmen an.

WEGWEISER
Hobgoblin finden Sie mit Quellcode unter `ftp://ftp.su.se/pub/security/tools/admin/hobgoblin/hobgoblin.shar.gz`. Weitere Informationen finden Sie über den Link `http://www.securityfocus.com/tools/132`.

18.5.5 Auf anderen Plattformen

Es gibt Integritätsprüfer für Windows (tatsächlich gibt es eine Implementierung von Tripwire für Windows NT). Diese Tools wurden nicht unbedingt für den Zweck entwickelt, mehrere Rechner und Dateisysteme in Netzwerken zu überprüfen. Einige ältere DOS- und Windows-Tools benutzen als Anhaltspunkt einfache CRC-Prüfsummen und können daher leichter untergraben werden als Tools, bei denen MD5 und ähnliche Algorithmen zum Einsatz kommen. Die meisten dieser Tools sind als Ergänzung zu einem Virus-Scanner gedacht (da erkennbare Veränderungen an einem infizierbaren Objekt auf eine Infizierung durch einen Virus hinweisen können). Dennoch können Integritätsprüfer als Methode zur Erkennung von kompromittiertem Code, der anstelle von Systemdateien eingeschleust wurde, potenziell von Nutzen sein.

Change-Detection-Tools sind für Windows-Plattformen weniger geeignet, weil Systemdateien, auf die von mehreren Anwendungen aus zugegriffen wird, durch legitime Installationen und Upgrades ersetzt werden können. Auf anderen Plattformen gibt es meist eine stärkere Abgrenzung zwischen Dateien, die zum System gehören, und Dateien, die zu einer Anwendung gehören.

Außerdem können Change-Detection-Tools nur mit bestimmten Arten von ausführbaren Binärdateien gut arbeiten, und das gilt auch in Bezug auf die Viruserkennung. Viele Viren und Trojaner infizieren vor allem Dateien, die Daten enthalten (Dateien in Tabellenkalkulationen, Textverarbeitungsprogrammen usw.). Diese Dateien werden aber berechtigterweise verändert, ebenso wie Log-Dateien, die auf vielen Multiusersystemen benutzt werden, um mögliche böswillige Aktionen zu verfolgen. Es ist klar, dass ein Change-Detection-Tool, das davon ausgeht, dass Dateien statisch bleiben, in diesen Beispielen nicht funktionieren wird. In manchen Fällen ist es möglich, bestimmte Veränderungen anzugeben, die eine Verletzung der Sicherheit kennzeichnen (das Einfügen von Makrocode in eine Word-Datei beispielsweise). Diese Methode würde allerdings voraussetzen, dass die überprüfende Software mehr von der Datei »kennt« als nur den digitalen Fingerabdruck. Das wiederum bedeutet einen sehr hohen administrativen Aufwand, und deshalb ist dieser Ansatz derzeit nicht sehr erfolgreich.

Die sicherste Verteidigung besteht darin, eine eventuelle nichtautorisierte Modifikation von Systemdateien auf vorbeugende Weise durch Codesignierung, schreibgeschützte Medien und andere Präventivmaßnahmen zu verhindern.

18.6 Informationsquellen

Ken Thompson: »Reflections on Trusting Trust«. Nachdruck in: Peter J. Denning (Hsrg.): »Computers Under Attack: Intruders, Worms and Viruses«. ACM Press, 1990. ISBN: 0-13-185794-0.

Sarah Gordon und David M. Chess: »Where There's Smoke, There's Mirrors: The Truth About Trojan Horses on the Internet«. Berichte zur Virus Bulletin Conference 1998. `http://www.research.ibm.com/antivirus/SciPapers/Smoke/smoke.html`

Ian Whalley: »Testing Times for Trojans«. Berichte zur Virus Bulletin Conference 1999.

Simson Garfinkel und Gene Spafford: »Practical Unix and Internet Security«. O'Reilly & Associates 1996. ISBN 1-56592-148-8.

Charles P. Pfleeger: »Security in Computing«. Prentice-Hall International, Inc. 1997. ISBN 0-13-185794-0.

Bart Preneel und Paul C. van Oorschot: »MDx-MAC and Building Fast MACs from Hash Functions«. Crypto 95. `ftp.esat.kuleuven.ac.be/pub/COSIC/preneel/mdxmac_crypto95.ps`

Gene Tsudik: »Message Authentication with One-Way Hash Functions«. IEEE Infocom 1992. `http://www.zurich.ibm.com/Technology/Security/publications/1992/t92.ps.Z`

»RFC 1446 – 1.5.1. Message Digest Algorithm«. http://info.internet .isi.edu:80/in-notes/rfc/files/rfc1446.txt

»RFC 1510 – 6. Encryption and Checksum Specifications«. Darin: An Internet Encyclopedia. http://www.freesoft.org/CIE/RFC/1510/69.html

»RFC 1510 – 6.4.5. RSA MD5 Cryptographic Checksum Using DES (rsa-md5des«. http://info.internet.isi.edu:80/in-notes/rfc/files/rfc1510 .txt

Ralph C. Merkle: »A Digital Signature Based on a Conventional Encryption Function«. Crypto 87, LNCS, S. 369-378, SV, August 1987.

Adi Shamir: »An Efficient Identification Scheme Based on Permuted Kernels«. Crypto 89, LNCS, S. 606-609, SV, August 1989.

Aviel D. Rubin: »Trusted Distribution of Software over the Internet«. (Bellcore's Trusted Software Integrity (Betsi) System). 1994. ftp://ftp.cert.dfn.de/pub/docs/betsi/

»International Conference on the Theory and Applications of Cryptology«. 1994 Wollongong, N.S.W.: »Advances in Cryptology«. ASIACRYPT 28. November bis 1. Dezember 1994. (Berichte) Berlin und New York. Springer, 1995.

Dr. Chris Pounder und Freddy Kosten: »Managing Data Protection«. Second Edition. Butterworth-Heineman Limited, 1992.

18.7 Zusammenfassung

Trojaner stellen ein bedeutendes Sicherheitsrisiko für Netzwerke, Server oder Workstations dar. Bekannte Trojaner werden in der Regel von Anti-Virus-Software für Windows und UNIX erkannt. Aber es gibt überzeugende Argumente dafür, Tools für das Integritätsmanagement zu verwenden, insbesondere auf Rechnern der Serverklasse. Denn nur damit lässt sich eine Gefährdung des Systems durch Trojaner einschränken, die sich als System-Utilities ausgeben. Dieser Ansatz ist auch für Workstations empfehlenswert, selbst wenn er hier möglicherweise schwieriger zu implementieren ist. In jeder Server- oder Workstationumgebung ist eine Kombination verschiedener Maßnahmen effektiver als jede einzelne Strategie. Zu diesen Maßnahmen zählen ein gezieltes Integritätsmanagement, effiziente Daten-Backups, das Wiederherstellen von Systemen mit Hilfe eines Standardabbilds der Erstinstallation statt von Backup-Bändern und ein umfassendes Benutzermanagement, sodass die Installation und Ausführung nicht autorisierter Software vermieden wird.

Teil VI

Plattformen und Sicherheit

Kapitel 19

Microsoft

Früher wurde Microsoft-Produkten mangelnde Sicherheit nachgesagt. Den Durchbruch in puncto Sicherheit schaffte die Microsoft-Plattform mit Windows NT. Mit der Einführung von Windows 2000 im Jahr 2000 hat Microsoft einen weiteren großen Schritt zur Sicherung seiner Plattform unternommen. Windows 2000 bietet mit Diensten wie Active Directory, Public Key Infrastructure (PKI) und Kerberos noch größere Sicherheit. Deshalb sollten Sie für Ihr Unternehmen Windows 2000 als Standardbetriebssytem einsetzen, um von der größeren Sicherheit zu profitieren. Microsoft-Sprecher haben außerdem angekündigt, dass das Unternehmen keinerlei Absichten hegt, die Sicherheitskontrollen in Microsoft Windows for Workgroups, 95, 98 oder Me neu zu schreiben.

Aus diesem Grund werde ich hier auch nur kurz auf DOS oder ältere Versionen von Windows eingehen (ich brauche den Platz für eine detailliertere Darstellung von Windows NT und Windows 2000). Ich beginne dieses Kapitel mit den minimalen Informationen, die zum Knacken eines Nicht-NT-Rechners erforderlich sind.

19.1 MS-DOS

Microsofts Disk-Operating-System (MS-DOS) ist das beliebteste PC-Betriebssystem aller Zeiten. Es ist klein, erfordert wenig Speicher und kommt mit wenigen Befehlen aus. MS-DOS 6.22 beherrscht nur etwa 1/16 der Befehle einer vollständigen Unix-Implementierung.

Auch wenn die Popularität von MS-DOS in den letzten Jahren nachgelassen hat, wird es immer noch von vielen Menschen benutzt. (Ich sehe oft eine Kombination aus MS-DOS und Windows for Workgroups auf Netzwerkrechnern – trotz der Tatsache, dass die MS-DOS/Windows-Kombination in sich unsicher ist.) Neben MS-DOS von Microsoft gab es noch einige andere DOS-Versionen. In den folgenden Abschnitten stelle ich kurz die Schwachstellen dieser Systeme dar.

19.1.1 IBM-kompatible Systeme

MS-DOS läuft nur auf IBM-kompatibler Hardware. Bei der Entwicklung der IBM-Architektur nahm Sicherheit nicht den höchsten Stellenwert ein. Deshalb ist jedes DOS-basierte System für Angriffe anfällig. Das fängt schon beim BIOS-Passwort an.

Das BIOS-Passwort

BIOS-Passwörter (die auf den 286er zurückgehen) können von jedem deaktiviert werden, der physikalischen Zugang zum Rechner hat.

> **HINWEIS**
> BIOS-Passwörter werden verwendet, um die Workstation vor unberechtigten Benutzern an der Konsole zu schützen und um das Verändern von Systemparametern zu verhindern. Das BIOS-Passwort erzwingt beim Booten einen Passwort-Prompt. Der Boot-Vorgang wird praktisch angehalten, bis der Anwender das korrekte Passwort eingegeben hat.

Um den BIOS-Passwortschutz in älteren Rechnern zu deaktivieren, müssen Sie die CMOS-Batterie auf dem Mainboard außer Betrieb setzen, indem Sie sie beispielsweise entfernen oder kurzschließen. Nachdem das BIOS-Passwort gelöscht wurde, kann ein Cracker auf das System zugreifen. Netzwerk-Workstations können auf diese Weise leicht geknackt werden. Dabei ist es nicht einmal unbedingt erforderlich, dass der Angreifer den Rechner auseinander nimmt. Er kann auch ein Utility zum Abfangen des BIOS-Passworts (*Password Capturing Utility*) benutzen. Damit kann jeder das BIOS-Passwort lesen, während der Rechner läuft. Die beliebtesten Utilities sind:

- **Amidecod**. Dieses kleine Utility ist sehr zuverlässig. Es liefert das zuletzt benutzte Passwort auf einem Motherboard mit einem American Megatrends-BIOS.

  `http://www.system7.org/archive/Password-Cracking/Bios-Crackers/`

- **Aw.com**. Dieses Utility liefert das auf einem Board mit einem Award-BIOS verwendete Passwort (oder stellt es wieder her). Sie können *Award.zip* von dieser Website herunterladen:

  `http://www.system7.org/archive/Password-Cracking/Bios-Crackers/`

Wenn ein Cracker einmal in das System eingedrungen ist, wird er sich weiteren oder *privilegierten* Zugriff verschaffen wollen. Um auf einem vernetzten DOS-Rechner privilegierten Zugriff zu bekommen, muss der Cracker Benutzerkennungen und Passwörter herausfinden. Dafür wird er wahrscheinlich ein Key-Capture-Utility (Tastatur-Recorder) benutzen.

19.1.2 Tastatur-Recorder

Tastatur-Recorder zeichnen Tastatureingaben auf, die nach einem bestimmten Ereignis gemacht werden. (Der üblichste Auslöser ist das Einloggen.) Diese Tastatureingaben werden in einer verborgenen Datei gespeichert.

Das Verzeichnis, in dem die Aufzeichnungen der Tastatureingaben gespeichert werden, kann ebenfalls verborgen sein. Die beliebteste Methode zur Erzeugung eines verborgenen Verzeichnisses ist die Verwendung eines Leerzeichens als Verzeichnisname. In Windows erscheint der Verzeichnisname dann als Unterstrich, den man leicht übersieht. Manche Jugendliche verwenden diese Methode, um Spiele und gewagte Fotos auf ihren Rechnern zu Hause und in der Schule zu verbergen.

> **TIPP**
> Verborgene Dateien werden generell über den `attrib`-Befehl oder durch den Tastatur-Recorder selbst erzeugt, d.h., der Programmierer hat diese Funktion in die Software integriert.

Es gibt eine Reihe von Tastatur-Recordern für DOS. Die beliebtesten Utilities und ihre Dateinamen sind in Tabelle 19.1 aufgelistet. Sie finden jedes dieser Utilities unter `http://www.system7.org/archive/Keyloggers`.

Utility	Dateiname	Eigenschaften
Keycopy	*keycopy.zip*	Zeichnet bis zu 200 Tastenanschläge in WordPerfect, MultiMate, Norton Editor und Standardbefehlszeilenumgebungen auf.
Playback	*PB19C.ZIP*	Zeichnet Tastatureingaben auf und gibt sie in genau derselben Reihenfolge und Geschwindigkeit wieder, in der sie eingegeben wurden. Gut für die Simulation von Logins geeignet.
Phantom2	*phantom2.zip*	Zeichnet Tastatureingaben in allen Umgebungen auf. Dieses Utility hat viele Vorzüge, unter anderem die zeitbasierte Wiedergabe.
Keytrap	*keytrap3.zip*	Leistungsfähiges Werkzeug zur Aufzeichnung von Tastatureingaben zu einem festgelegten Zeitpunkt. Sie finden auf dieser Website die Versionen 1 bis 3.

Tabelle 19.1: Beliebte Tastatur-Recorder

Im Allgemeinen braucht ein Cracker aber keinen Tastatur-Recorder. DOS bietet weder eine obligatorische noch eine freiwillige Zugriffskontrolle. Deshalb ist das Spiel schon vorbei, sobald ein Cracker an einen Prompt gelangt. Dies können Sie nur verhindern, indem Sie Sicherheitssoftware von Drittanbietern installieren.

19.1.3 Zugriffskontrollsoftware für DOS

In den folgenden Abschnitten sind einige gute Pakete vorgestellt, mit denen Sie Zugriffskontrollen für DOS einrichten können.

Dir Secure 2.0

Dir Secure 2.0 verhindert den Zugriff auf ein bestimmtes Verzeichnis durch nichtautorisierte Benutzer. Dabei verbirgt Dir Secure 2.0 das Verzeichnis nicht, sondern verhindert nur, dass unbefugte Benutzer darauf zugreifen können. Mit der nichtregistrierten Version können Sie nur ein Verzeichnis kontrollieren. Laden Sie *Sd_v2.zip* von folgender URL herunter:

`http://www.simtel.net/simtel.net/msdos/dirutl-pre.html/`

Secure File System (SFS)

SFS ist eine hervorragende Sammlung von Sicherheitsanwendungen für DOS. Das Paket bietet eine hochwertige Verschlüsselung für DOS-Datenträger (bis zu fünf gleichzeitig), erweiterte Stealth-Funktionen und eine gute Dokumentation. Außerdem erfüllt SFS den Federal Information Processing Standard (FIPS). Die

Kompatibilität mit vielen Disk-Caching- und Speicherverwaltungsprogrammen macht das Programm recht vielseitig. Sie können die Version 1.17 von der Universität Hamburg unter folgender URL herunterladen:

`ftp://ftp.informatik.uni-hamburg.de/pub/virus/crypt/disk/`

Sentry

Sentry 6.1 ist für ein Shareware-Produkt ziemlich vollständig und ermöglicht es Ihnen sogar, individuelle Dateien zu schützen. Außerdem bietet es Passwortalterung und etwas Unterstützung für Windows. Laden Sie *Sentry61.zip* von folgender Website herunter:

`http://www.simtel.net/simtel.net/msdos/security-pre.html`

Encrypt-It

Encrypt-It bietet eine hochwertige DES-Verschlüsselung für DOS, die auf einzelne Dateien oder auf eine Reihe von Dateien angewandt werden kann. Das Programm ermöglicht es Ihnen auch, Ihre Verschlüsselung über Makros von bis zu 1.000 Zeichen Länge zu automatisieren. Das Paket enthält ein Bewertungsprogramm, mit dem Sie bestimmen können, wie gut eine Datei verschlüsselt ist. Sie finden Encrypt-It unter:

`http://www.maedae.com/encrdos.html`

LCK100

LCK100 sperrt das Terminal während Ihrer Abwesenheit. Es lässt weder einen Warmstart noch eine Interrupt-Tastenkombination (`Strg`+`Alt`+`Entf` oder `Strg`+`Pause`) zu. Dies kann in Umgebungen nützlich sein, in denen es den Benutzern strengstens untersagt ist, Rechner neu zu starten. Laden Sie *Lck100.zip* von folgender Website herunter:

`http://www.simtel.net/simtel.net/msdos/security-pre.html`

Gateway2

Gateway 2.05 fängt Reboot-Versuche mit `Strg`+`Alt`+`Entf` und Funktionsaufrufe mit den Tasten `F5` und `F8` ab. (Das Drücken der `F5`- oder `F8`-Taste hält den Boot-Vorgang an und umgeht Konfigurationsdateien wie *autoexec.bat* und *config.sys*. Diese Tasten stellen eine weitere Möglichkeit dar, an einen Prompt zu gelangen.) Gateway2 hat noch weitere Vorteile, darunter die Möglichkeit, einen Passwortschutz für bis zu 30 Benutzer auf einem einzelnen Rechner einzurichten. Laden Sie *Gteway2.zip* von folgender URL herunter:

`http://www.simtel.net/simtel.net/msdos/security-pre.html`

19.1.4 Websites mit DOS-Sicherheitstools

In den folgenden Abschnitten sind einige Websites aufgeführt, auf denen Sie Sicherheitstools für die DOS-Umgebung finden.

Der Simtel DOS Security Index

Diese Seite bietet Informationen über Passwortschutz, Zugriffsbeschränkungen und Schutz des Boot-Vorgangs. Sie finden sie an folgender Adresse:

`http://www.simtel.net/simtel.net/msdos/security-pre.html`

CIAC DOS Security Tools

Diese Seite der CIAC (Computer Incident Advisory Capability) enthält wichtige Informationen zum Thema Zugriffsbeschränkung und bietet ein Programm zum Schutz von bestimmten Zylindern auf einer Festplatte.

`http://ciac.llnl.gov/ciac/ToolsDOSSystem.html`

19.2 Windows for Workgroups, Windows 9x und Windows Me

Windows for Workgroups, Windows 9x und Windows Me bieten nur wenig mehr Sicherheit als DOS. Alle verlassen sich auf das Schema einer PWL-Passwortdatei. PWL-Dateien werden generiert, wenn Sie Ihr Passwort erstellen, und standardmäßig im Verzeichnis *C:\Windows* abgelegt. Davon abweichende Speicherpfade finden Sie in der *system.ini*. (In der *system.ini* wird der PWL-Pfad festgelegt.)

19.2.1 Das Passwortlisten-(PWL-)Passwortschema

Das PWL-Passwortschema ist nicht sicher und kann durch einfaches Löschen der Dateien überwunden werden.

> **HINWEIS**
> Wenn der Cracker keine Beweise für sein Eindringen hinterlassen will, wird er die PWL-Dateien wahrscheinlich nicht löschen. Statt dessen bootet er neu, unterbricht das Laden von Windows ([F5] oder [F8]) und editiert die Datei *system.ini*. Dort ändert er den Pointer vom Standardstandort (*C:\Windows*) in ein temporäres Verzeichnis. In dieses temporäre Verzeichnis fügt er eine andere PWL-Datei ein, für die er das Passwort kennt. Dann bootet er wieder neu und meldet sich an. Nach getaner Arbeit versetzt er die *system.ini* wieder in ihren alten Zustand zurück.

Bei komplexeren Cracking-Vorgängen muss der Angreifer das Passwort tatsächlich in Erfahrung bringen (wenn der Cracker beispielsweise ein lokales Windows-95-System für die Authentifizierung verwendet und einen entfernten Windows-

NT-4.0-Server knacken will). In solchen Umgebungen hat der Cracker zwei Möglichkeiten: Er kann entweder die PWL-Passwortdatei des Windows-95-Rechners knacken oder das Passwort aus dem Cache ziehen, während das Ziel noch eingeloggt ist. Beide Techniken werden hier kurz dargestellt.

Knacken von PWL-Dateien

Normale PWL-Dateien zu knacken, die auf einem durchschnittlichen Windows-95-Rechner erzeugt wurden, ist einfach. Dafür brauchen Sie nur ein Utility namens Glide.

Glide

Glide knackt PWL-Dateien. Für Interessierte liegt der Quellcode des Programms bei. Um Glide zu verwenden, geben Sie den Dateinamen (PWL) und den damit verbundenen Benutzernamen ein. Glide ist recht effektiv und kann online unter folgender Adresse gefunden werden:

`http://morehouse.org/hin/blckcrwl/hack/glide.zip`

> **HINWEIS**
> Um Ihre PWL-Passwörter zu sichern, sollten Sie Zugriffskontrollsoftware von Drittanbietern installieren. Aber auch wenn Sie sich auf den PWL-Passwortschutz verlassen müssen, können Sie Ihre Lage verbessern. Glide kann keine PWL-Passwortdateien knacken, die auf einem Rechner mit installiertem Windows 95 Service Pack 1 oder höher erzeugt wurden. Sie sollten also mindestens die aktuellsten Service Packs installieren.

Das Passwort aus dem Cache-Speicher ziehen

Im PWL-System werden zwei unterschiedliche Funktionen verwendet: eine, die das Passwort verschlüsselt und speichert, und eine andere, die es abruft. Diese Routinen lauten wie folgt:

```
WNetCachePassword()
WNetGetCachedPassword()
```

Das Passwort verbleibt im Cache. Sie können eine Routine in Visual C++ oder Visual Basic (VB) schreiben, die sich das Passwort eines anderen Benutzers holt. Die einzige Einschränkung ist, dass der andere Benutzer eingeloggt sein muss, wenn das Programm ausgeführt wird (damit sein Passwort abgefangen werden kann). Das Passwort kann dann in einen anderen Speicherbereich ausgelagert werden. Wenn Sie so weit gekommen sind, können Sie das Passwort-Sicherheitsschema umgehen, indem Sie die im Cache gespeicherte Version des Passwortes benutzen. (Diese Technik wird Cache Flushing genannt. Sie beruht auf demselben Prinzip wie die Verwendung eines Debuggers zur Aufdeckung von Authentifizierungsschemata in Clientsoftware.)

Sie können auch erzwingen, dass das im Cache gespeicherte Passwort in der Auslagerungsdatei gespeichert wird. Das ist jedoch eine mühsame und aufwändige Methode; es gibt andere, leichtere Wege.

TIPP
Eine Methode besteht darin, die Passwortdatenbank sehr schnell mit mehreren Einträgen zu bombardieren. Dazu können Sie ein Utility wie Claymore verwenden, das Sie von `http://www.system7org./archive/Passwd-Cracking/windows.html` herunterladen können. Durch diese Technik füllen Sie den für die Passwörter verfügbaren Platz vollständig aus. Dies verursacht einen Überlauf, und die Routine verwirft ältere Passwörter. Allerdings hinterlässt diese Methode deutliche Spuren.

Auf jeden Fall ist das PWL-System in sich fehlerhaft und bietet sehr wenig Schutz gegen Angreifer. Wenn Sie Windows 9x oder Windows Me verwenden, müssen Sie Zugriffskontrollen von Drittanbietern installieren. Sie finden eine Auflistung derartiger Produkte und ihrer Hersteller in Abschnitt 19.6.5, »Zugriffskontrollsoftware«. Nicht für alle Produkte wird eine Windows-Me-Version angeboten. Klären Sie die Verfügbarkeit mit dem jeweiligen Hersteller ab.

19.2.2 Zusammenfassung für DOS, Windows for Workgroups, Windows 9x und Windows Me

DOS, Windows for Workgroups, Windows 9x und Windows Me sind ausgezeichnete Systeme, aber keines von ihnen ist sicher. Wenn Ihr Unternehmen diese Betriebssysteme überhaupt nutzt, sollten die entsprechenden Rechner auf jeden Fall hinter einer Firewall verborgen sein. Dies gilt insbesondere für Windows Me, da es noch nicht gründlich genug erforscht ist und eventuell Sicherheitslücken aufweist, die noch nicht entdeckt wurden.

Wenden wir uns also der Sicherheit von Windows NT zu.

19.3 Windows NT

Microsoft mag traditionell für mangelnde Sicherheit bekannt sein, aber dies gilt nicht für Windows NT 4.0. Die Anfangsinstallation von Windows NT ist genauso sicher wie die meisten anderen Plattformen. Der einzige Haken ist, dass Sie stets (wie bei anderen Betriebssystemen auch) mit den neuesten Entwicklungen Schritt halten müssen. Wenn Sie eine Verbindung zum Internet haben, sollten Sie sich bei Windows Update anmelden, damit Sie automatisch über neue Service Packs bzw. Updates informiert werden.

Bevor Sie weiterlesen, stellen Sie sich folgende Frage: Habe ich Windows NT 4.0 mit NTFS (NT File System) und die Service Packs in der richtigen Reihenfolge installiert? Wenn nicht, ist Ihr Windows-NT-System nicht sicher, und der Rest dieses Kapitels kann Ihnen auch nicht weiterhelfen. Installieren Sie dann Windows NT mit aktiviertem NTFS und den Service Packs in der richtigen Reihenfolge neu.

HINWEIS
Man sollte glauben, dass die Reihenfolge, in der die Service Packs installiert werden, keine Rolle spielt. Leider ist dies aber einfach nicht wahr. Es gibt dokumentierte Fälle von Benutzern, die die Service Packs in abweichender Reihenfolge installierten und später Probleme hatten. Ich empfehle Ihnen, sich stets zu notieren, wann Sie die Service Packs installiert haben und ob bei der Installation Probleme aufgetreten sind. Beim Booten meldet NT, welches Service Pack installiert ist.

19.3.1 Allgemeine Schwachstellen in Windows NT

Windows NT hat wie die meisten Betriebssysteme Sicherheitslücken. Bitte beachten Sie, dass die hier dargestellte Liste nicht vollständig ist. Es gibt weitere Schwachstellen, die aber weniger ernsthaft sind.

Schwachstelle Netmon-Protokollanalyse

NT-Version: alle

Auswirkung: Ein Angreifer kann die Kontrolle über Ihre Server erhalten.

Einstufung: kritisch

Fix für Windows NT 4.0 Server und NT 4.0 Enterprise Server Edition: `http://www.microsoft.com/Downloads/Release.asp?ReleaseID=25487`. Zu der Zeit, als dieses Buch geschrieben wurde, gab es keinen Fix für Windows NT 4.0 Terminal Server Edition.

Weitere Informationen: Unter URL `http://www.microsoft.com/technet/security/bulletin/MS00-083.asp`. Der Fix für diese Schwachstelle wird in Service Pack 7 integriert.

Beigetragen von: COVERT Labs bei PGP Security, Inc. und von der ISS X-Force

HINWEIS
Laut `http://www.microsoft.com/ntserver/terminalserver/default.asp` liefert Microsoft seit August 2000 die NT Terminal Server Edition nicht mehr aus, deshalb wird das Problem für diese Plattform wahrscheinlich nicht behoben.

Mehrere Protokoll-Parser in Netmon haben ungeprüfte Puffer. Wenn ein Angreifer einen fehlerhaften Frame an einen Server übermittelt, der den Datenverkehr im Netzwerk überwacht, und der Administrator einen Protokoll-Parser mit ungeprüften Puffern benutzt, führt der fehlerhafte Frame entweder dazu, dass Netmon abstürzt oder dass Code nach Wahl des Angreifers auf dem Server läuft. Wenn Sie Netmon unter einem lokalen Administratorenkonto laufen lassen, kann der Angreifer den Server komplett kontrollieren, aber nicht die Domäne. Wenn Sie Netmon allerdings über das Konto eines Domänenadministrators laufen lassen, kann der Angreifer möglicherweise auch die Kontrolle über die gesamte Domain erhalten.

Schwachstelle LPC Message Identifier

NT-Version: alle

Auswirkung: Ein lokaler Eindringling kann Ihre Privilegien imitieren, Ihre Sitzung abhören oder Ihren Server bzw. Ihre Workstation zum Absturz bringen.

Einstufung: kritisch – Denial of Service

Fix: `http://www.microsoft.com/ntserver/nts/downloads/critical/q266433/default.asp`. Der Fix für diese Sicherheitslücke wird in Service Pack 7 integriert.

Zusätzliche Informationen: `http://www.microsoft.com/technet/security/bulletin/MS00-070.asp`

Beigetragen von: BindViews Razor Team

Ein Angreifer kann diese Schwachstelle nur lokal ausnutzen. Er führt einen Denial-of-Service-Angriff entweder gegen einen Client oder einen Server aus, indem er große Pakete mit zufälligen Daten an diese Rechner sendet. Wenn der Angreifer einen Systemprozess identifiziert, der eine existierende LCP-(Link Control Protocol-)Verbindung mit einem privilegierten Thread hat, kann er den Client ausspionieren und Anfragen ausführen, für die er normalerweise keine Berechtigungen hätte. Die Höhe des Schadens hängt davon ab, welche Prozesse im Thread laufen und welche Möglichkeiten diese dem Angreifer bieten. Der Angreifer kann außerdem Ihre Sitzung abhören und potenziell privilegierte Daten sammeln.

Schwachstelle Registry-Berechtigungen

NT-Version: alle

Auswirkung: Standardberechtigungen für bestimmte Registry-Werte können es einem Angreifer ermöglichen, zusätzliche Privilegien auf einem Rechner zu erhalten.

Einstufung: mittel bis ernst

Fix: `http://www.microsoft.com/Downloads/Release.asp?ReleaseID=24501`. Für die Terminal Server Edition gab es zu der Zeit, als dieses Buch geschrieben wurde, keinen Fix.

Zusätzliche Informationen: `http://www.microsoft.com/technet/security/bulletin/MS00-095.asp`

Beigetragen von: Chris Anley, Milan Dadok und Glenn Larsson

Die Registry-Schlüssel für die SNMP-Parameter, die RAS-Administration und die MTS-Paketadministration haben alle unangemessen lockere Standardberechtigungen. Diese Schwachstelle könnte es einem Angreifer ermöglichen, Geräte im Netzwerk zu kontrollieren oder zu konfigurieren – beispielsweise Router und Firewalls umzukonfigurieren – und Dienste auf einem Rechner zu starten oder zu beenden.

Schwachstelle Authentifizierung von Remotezugriffen auf die Registry

NT-Version: alle

Auswirkung: Remotebenutzer können einen Windows-4.0-Rechner zum Absturz bringen.

Einstufung: kritisch – Denial of Service

Fix für Windows NT 4.0 Workstation, Server und Enterprise Server Edition: `http://www.microsoft.com/Downloads/Release.asp?ReleaseID=23077`. Für die Terminal Server Edition gab es zu der Zeit, als dieses Buch geschrieben wurde, keinen Fix.

Zusätzliche Informationen: `http://www.microsoft.com/technet/security/bulletin/MS00-040.asp`

Beigetragen von: Renaud Deraison

Wenn ein Angreifer eine fehlerhafte Anfrage für einen Remotezugriff auf die Registry übermittelt, kann die Anfrage den `winlogon`-Prozess zum Absturz bringen, der seinerseits das ganze System in die Knie zwingen kann.

Schwachstelle Winsock Mutex

NT-Version: alle

Auswirkung: Ein lokaler Benutzer kann bewirken, dass ein Rechner nicht mehr auf Netzwerkdatenverkehr reagiert.

Einstufung: mittel – Denial of Service

Fix für Windows NT 4.0: `http://www.microsoft.com/Downloads/Release.asp?ReleaseID=27272`

Fix für Windows NT 4.0 Terminal Server: `http://www.microsoft.com/Downloads/Release.asp?ReleaseID=27291`

Zusätzliche Informationen: `http://www.microsoft.com/technet/security/bulletin/MS01-003.asp`

Beigetragen von: Arne Vidstrom

Werden einem Netzwerk-Mutex unangemessene Berechtigungen zugewiesen, kann ein Angreifer Code laufen lassen, der ihm die Kontrolle über den Mutex verschafft und den Zugriff darauf verweigert. Andere Prozesse können dann keine Netzwerkvorgänge mit dem Rechner mehr ausführen.

19.3.2 Andere wichtige Schwachstellen mit geringerer Bedeutung

Windows NT hat noch weitere Schwachstellen, die vielleicht nicht kritisch, aber dennoch ernst zu nehmen sind. Diese sind in Tabelle 19.2 aufgelistet, zusammen mit den URLs, unter denen Sie mehr darüber erfahren können:

Schwachstelle	Beschreibung und URL
Out of Band (OOB)	OOB-Angriffe sind eine verstärkte Form von Denial-of-Service-Angriffen. Viele Plattformen sind für OOB-Angriffe anfällig, darunter auch Windows NT 3.51 und 4.0. Den Fix für Microsoft finden Sie unter `ftp://ftp.microsoft.com/bussys/winnt/winnt-public/fixes/usa/NT351/hotfixes-postSP5/oob-fix/`.
Port 1031	Wenn ein Cracker eine Telnet-Verbindung zu Port 1031 Ihres Servers herstellt und Müll sendet, wird dies Ihren Server aus dem Netz werfen. Dabei wird eine Sicherheitslücke in der Datei *inetinfo.exe* ausgenutzt. Kontaktieren Sie Microsoft wegen aktueller Patches.
NTCrash	Ein wirkungsvolles Denial-of-Service-Utility namens NTCrash zwingt einen NT-Server in die Knie. Den Quellcode finden Sie unter `http://www3.ncr.com/support/nt/tools/ntcrash.zip`. Testen Sie es einfach, und sehen Sie, was passiert.

Tabelle 19.2: Andere wichtige Windows-NT-Schwachstellen

19.4 Interne Sicherheit von Windows NT

Der Großteil dieses Kapitels beschäftigt sich mit der Remotesicherheit, das heißt, die Angreifer kommen aus fremden Netzwerken. Aber leider greifen nicht nur fremde Menschen Ihre Rechner an, sondern manchmal gehen Angriffe auch von Ihren eigenen Benutzern aus. Um diese internen Angriffe geht es im nächsten Abschnitt.

19.4.1 Interne Sicherheit im Allgemeinen

Im Allgemeinen bietet Windows NT nur eine mäßige interne Sicherheit. Dies steht in Kontrast zur externen Sicherheit von Windows NT, die meiner Meinung nach sehr gut ist (vorausgesetzt, Sie installieren immer die neuesten Patches). Als absolutes Minimum müssen Sie NTFS verwenden. Tun Sie dies nicht, können Sie Ihre Rechner nicht schützen. Denn es gibt einfach zu viele Dateien und Dienste, die lokale Benutzer missbrauchen könnten.

Einige Systemadministratoren behaupten, dass sie NTFS nicht brauchen. Sie meinen, dass sie durch Richtlinien, eine sorgfältige Administration und Zugriffskontrollen das Ruder fest in der Hand halten. Diese Leute träumen.

Das RDISK-Sicherheitsloch

Ein ausgezeichnetes Beispiel ist das RDISK-Sicherheitsloch. RDISK ist ein Windows-NT-Utility, mit dem Sie Rettungsdisketten für den Notfall erstellen können. RDISK ist ein wertvolles Utility für einen Systemadministrator, aber wenn es von der falschen Person benutzt wird, öffnet es ein riesiges Sicherheitsloch. Ein

Benutzer kann RDISK anweisen, alle Sicherheitsinformationen (einschließlich Passwörtern und Registry-Informationen) in das Verzeichnis *C:\winnt\repair* zu verschieben. Von dort kann der Angreifer einen Passwort-Cracker laden. Innerhalb von Stunden ist der gesamte Rechner bloßgelegt. Ein weiterer Grund also, warum Sie sich erst abmelden sollten, wenn Sie von Ihrem Computer weggehen.

Möchten Sie das Utility ausprobieren? Dann geben Sie an einem Prompt den Befehl `rdisk /s` ein. Wechseln Sie in das Verzeichnis *C:\winnt\repair*. Dort finden Sie alle Informationen, die Sie zum Knacken des Rechners benötigen.

19.4.2 Eine gute interne Sicherheit aufbauen

Der Aufbau einer guten internen Sicherheit ist ein Prozess ohne Ende. Es gibt keine Liste von Tools, die Sie installieren können, um Ihren Rechner für alle Zeiten zu schützen. Immer wieder tauchen neue Sicherheitslücken auf. Und auch wenn Microsoft geradezu Wunder bewirkt hat, um die Sicherheit von NT zu verbessern, ist das ständige Streben nach benutzerfreundlichen Produkten für ernsthafte Sicherheitsmaßnahmen eher hinderlich.

Ein amüsantes Beispiel für diesen Punkt hat Vacuum von Rhino9 (einer bekannten Hacker-Gruppe) gefunden, der feststellte, dass der Zugriff auf die Systemsteuerung partout nicht einzuschränken ist. Er schrieb:

> *Falls Sie über START/EINSTELLUNGEN/SYSTEMSTEUERUNG oder das Arbeitsplatzsymbol keinen Zugriff auf die Systemsteuerung haben, klicken Sie auf START/HILFE/INDEX. Alle normalerweise angezeigten Symbole sind als Hilfethemen aufgeführt. Ein Klick auf NETZWERK öffnet beispielsweise ein Windows-NT-Hilfefenster, das einen netten kleinen Link zu den Netzwerkeinstellungen der Systemsteuerung bietet.*

Dieses Problem klingt einfach und nicht sehr bedrohlich. Aber die beschriebene Methode lässt sich auf die meisten Systemressourcen und sogar auf Administrationswerkzeuge anwenden. (Microsoft wird dies wahrscheinlich auch nie ändern und würde sich so verteidigen: Es dient der Benutzerfreundlichkeit, zu jedem in der Online-Hilfe dargestellten Programm eine direkte Verknüpfung anzubieten.)

Als absolutes Minimum sollten Sie Logging-Utilities und einen Sniffer installieren. Außerdem sollten Sie eine umfassende Liste aller Anwendungen oder Ressourcen erstellen, die keine Protokollierungsmöglichkeiten haben. Wenn diese Anwendungen oder Ressourcen auch nicht mit Hilfe anderer Anwendungen protokolliert werden können, empfehle ich Ihnen, sie zu löschen, den Zugriff auf sie einzuschränken oder sie wenigstens aus ihren Standardverzeichnissen zu verschieben.

19.4.3 Ein Tipp für die Ersteinrichtung eines NT-Servers

Um einen wirklich sicheren Windows-NT-Server aufzubauen, müssen Sie schon bei der Installation an die Sicherheit denken. Um festzulegen, ob eine Neuinstallation notwendig ist, sollten Sie Ihren ursprünglichen Installationsvorgang mit den typischen Vorbereitungen für ein C2-System vergleichen. Laden Sie sich hierfür den *Secure Windows NT Installation and Configuration Guide* herunter, der vom Naval Information Systems Security Office des Department of the Navy Space and Naval Warfare Systems Command geschrieben wurde. Dieses Dokument enthält die derzeit umfassendste in gedruckter Form verfügbare Anleitung für eine sichere Installation. Sie finden sie auf dieser Website:

`https://infosec.navy.mil/TEXT/COMPUSEC/ntsecure.html`

HINWEIS

C2 ist eine Bewertungsstufe innerhalb des *Trusted Computer Security Evaluation Criteria (TCSEC)*-Programms der amerikanischen Regierung. TCSEC sorgt für eine Sammlung von Standardkriterien für die Beurteilung der Sicherheit von Computerprodukten. TCSEC ist auch als »Orange Book« bekannt, weil die grundlegenden TCSEC-Kriterien in einem Buch mit orangefarbenem Buchdeckel zur Verfügung gestellt werden.

Die Anleitung führt Sie durch die Konfiguration für das Dateisystem, Audit-Richtlinien, die Registry, die Benutzerverwaltung, Richtlinien für Benutzerkonten, Benutzerrechte, Vertrauensbeziehungen, Systemrichtlinien und die Systemsteuerung. Mit Hilfe der gut erläuterten Schritt-für-Schritt-Anleitung können Sie Windows-NT-Sicherheit sehr schnell lernen. Obwohl sie nur 185 Seiten umfasst, ist die Navy-Anleitung genauso wertvoll wie zehn oder gar hundert Bücher zum Thema. Mit dieser Anleitung haben Sie garantiert einen guten Startpunkt für die Einrichtung eines ziemlich sicheren Servers.

19.4.4 Zusammenfassung zu Windows NT

Windows NT 4.0 war Microsofts erster Schritt hin zu einem sicheren Netzwerk. Doch auch wenn Windows NT 4.0 und Software von Drittanbietern viele Funktionen zur Sicherung Ihres Windows-NT-4.0-Netzwerks bieten, bringt Windows 2000 eine an sich noch höhere Sicherheit mit. Wenn Sie bisher noch nicht auf Windows 2000 umgestiegen sind, sollten Sie dies ernsthaft in Betracht ziehen.

Lassen Sie uns nun die Sicherheitsaspekte von Windows 2000 untersuchen.

19.5 Windows 2000

Wie bei Windows NT 4.0 ist es auch bei Windows 2000 sehr wichtig, das Betriebssystem mit dem NTFS zu installieren. Wenn Sie auf Ihrem Domänen-Controller NTFS nicht installieren, wird Ihre Windows-2000-Installation nicht sicher sein. Der Schwerpunkt in diesem Teil des Kapitels über Windows 2000 liegt auf den verbesserten Sicherheitsfunktionen und den generellen Schwachstellen in Windows 2000.

19.5.1 Bessere Sicherheitsfunktionen

Microsoft hat der Sicherheit diesmal mehr Gewicht beigemessen und mit der neuen Verzeichnisdienststruktur Active Directory Sicherheitsfunktionen vollständig in das Betriebssystem integriert. Microsoft hat bei der Entwicklung der Windows-2000-Plattform außerdem viel Wert auf Zuverlässigkeit gelegt.

Nachfolgend sind einige der neuen Sicherheitsmerkmale von Windows 2000 kurz dargestellt:

- Der erste und wichtigste Punkt ist die Einführung des Active Directory, das den Kern des flexiblen Sicherheitsmodells von Windows 2000 bildet und Informationen über alle Objekte im Netzwerk zur Verfügung stellt. Das Active Directory ist die Grundlage für verteilte Netzwerkdienste unter Windows 2000 und vereinfacht die Benutzung zentralisierter Verwaltungstechniken, wie beispielsweise Gruppenrichtlinien und Remotevorgänge des Betriebssystems. Es ersetzt den Security-Accounts-Manager-(SAM-)Datenbankbereich der Registry auf Domänen-Controllern und enthält Sicherheitsinformationen wie Benutzerkonten, Passwörter und Gruppen. Das Active Directory ist daher eine vertrauenswürdige Komponente der Local Security Authority (LSA). Im Active Directory sind sowohl Zugriffskontrollinformationen gespeichert, die die Autorisierung für den Zugriff auf Systemressourcen unterstützen, als auch Benutzerangaben für die Authentifizierung innerhalb der Domäne. Für Windows 2000 Professional und auf Mitgliedsservern kommt immer noch die lokale SAM-Datenbank für lokal definierte Benutzer und Gruppen zum Einsatz.

  Das Active Directory dient als einzelner Verwaltungsort für Windows-Clients, -Server, -Anwendungen und -Benutzerkonten. Das Active Directory ermöglicht es, bestimmte administrative Aufgaben und Privilegien an individuelle Benutzer und Gruppen zu delegieren, womit die Aufgaben der Systemadministration lokal oder zentralisierter ausgeführt werden können. So können Sie beispielsweise eine bestimmte Verwaltungsaufgabe – wie die Neueinrichtung eines Benutzerpassworts – an Administratoren in einzelnen Abteilungen Ihrer Organisation übergeben, damit Sie mehr Zeit für komplexere Aufgaben haben.

  Das Active Directory bietet eine integrierte Unterstützung für sichere Internetstandardprotokolle wie die Public Key Infrastructure (PKI), Kerberos und das Lightweight Directory Acces Protocol (LDAP). Mehr über das Active Directory erfahren Sie unter `http://www.microsoft.com/windows2000/guide/server/features/directory.asp`.

- Die Public Key Infrastructure (PKI) liegt ebenfalls vielen Sicherheitsfunktionen in Windows 2000 zugrunde. PKI bedient sich der Microsoft-Zertifizierungsdienste und ermöglicht so den Einsatz unternehmenseigener Zertifizierungsstellen (Certificate Authority – CA) in Ihrer Organisation. PKI ist in das Active Directory integriert. Das Active Directory verwendet den

Verzeichnisdienst, um Informationen über Zertifizierungsdienste zu veröffentlichen, darunter beispielsweise den Standort von Benutzerzertifikaten und Zertifikatssperrlisten. Wenn Ihre Organisation mit der Ausgabe digitaler Zertifikate beginnt, wird eine ganze Reihe erweiterter Sicherheitsfunktionen für Sie verfügbar, damit Sie Technologien wie Digitally Signed Software, das Encrypted File System (EFS), E-Mail, IP Security und Smart Card Security absichern können.

- Das EFS (Encrypted File System) bietet Ihren Benutzern die Option, sensible Daten auf ihren Festplatten zu verschlüsseln und damit für eine Wahrung der Privatsphäre zu sorgen, falls ein Angreifer die Festplatte kompromittieren oder stehlen sollte.
- Kerberos ist das Standardauthentifizierungsprotokoll in Windows 2000 und ersetzt die Authentifizierung per Windows NT Challenge Response (NTLM). Kerberos gibt es schon seit einiger Zeit, es wurde in den 80er-Jahren am MIT (Massachusetts Institute of Technology) entwickelt.
- Internet Protocol Security (IPSec) bietet fortschrittliche Netzwerksicherheit für Sie und die Benutzer in Ihrem Unternehmen.

19.5.2 Übersicht über die verteilte Sicherheit in Windows 2000

Zu den verteilten Sicherheitsdiensten in Windows 2000 zählen folgende wichtige Anforderungen für Unternehmen:

- starke Benutzerautorisierung und -authentifizierung
- Benutzer melden sich einmal an und können auf alle Unternehmensressourcen zugreifen (Single Sign-On)
- sichere Kommunikation zwischen externen und internen Ressourcen
- automatisiertes Sicherheits-Audit
- Interoperabilität mit anderen Betriebssystemen

Microsoft gründet die Windows-2000-Sicherheit auf ein einfaches Modell der Authentifizierung und Autorisierung. Nachdem Windows 2000 den Benutzer anhand der Authentifizierung bei einem Domänen-Controller identifiziert hat, wird dem Benutzer Zugriff zu bestimmten Netzwerkressourcen auf Basis von Berechtigungen gewährt. Mit diesem Sicherheitsmodell können autorisierte Benutzer in einem sicheren, erweiterten Netzwerk arbeiten. Das verteilte Sicherheitsmodell von Windows 2000 basiert auf der Delegation von Vertrauensstellungen zwischen Diensten, auf der Authentifizierung über vertrauenswürdige Domänen-Controller und auf objektbasierter Zugriffskontrolle.

Weitere Informationen zur verteilten Sicherheit von Microsoft Windows 2000 finden Sie unter `http://microsoft.com/windows2000/library/unzippeddocs/SecTech.doc`. Nachdem wir nun einen kurzen Blick auf die neuen Sicherheitsfunktionen von Windows 2000 geworfen haben, lassen Sie uns zu einigen potenziell zu Schaden führenden Schwachstellen übergehen.

19.5.3 Allgemeine Schwachstellen in Windows 2000

Auch Windows 2000 hat wie die meisten Betriebssysteme Schwachstellen. Bitte beachten Sie, dass die hier dargestellte Liste nicht vollständig ist. Es gibt weitere Schwachstellen, die aber weniger ernsthaft sind.

Schwachstelle Passwortverzeichnisdienst-Wiederherstellung

Version: Windows 2000 Server und Advanced Server

Auswirkung: Ein Angreifer kann bösartigen Code auf einem Domänenserver installieren.

Einstufung: mittel bis ernst

Fix: `http://www.microsoft.com/Downloads/Release.asp?ReleaseID=27500`.

Der Fix für diese Schwachstelle wird in das Windows 2000 Service Pack 2 integriert.

Zusätzliche Informationen: `http://www.microsoft.com/technet/security/bulletin/MS01-006.asp`

Beigetragen von: John Sherriff von der Wool Research Organization

Ein Angreifer mit Zugriff auf Ihren Domänenserver kann bösartigen Code installieren, wenn der Server mit dem Tool »Server konfigurieren« als Domänenserver hochgestuft wurde. Allerdings ist nur der zuerst in der Gesamtstruktur installierte Domänenserver von dieser Schwachstelle betroffen.

Schwachstelle Netmon-Protokollanalyse

Version: Windows 2000 Server und Advanced Server

Auswirkung: Ein Angreifer kann Kontrolle über Ihren Server erhalten.

Einstufung: kritisch

Fix: `http://www.microsoft.com/Downloads/Release.asp?ReleaseID=25485`.

Der Fix für diese Schwachstelle wird in das Windows 2000 Service Pack 2 integriert.

Zusätzliche Informationen: `http://www.microsoft.com/technet/security/bulletin/MS00-083.asp`

Beigetragen von: COVERT Labs bei PGP Security, Inc. und von der ISS X-Force

Eine Erklärung dieser Schwachstelle finden Sie im Abschnitt über die NT-Schwachstellen, denn sie betrifft beide Betriebssysteme.

Schwachstelle Netzwerk-DDE-Agent-Anfrage

Version: alle

Auswirkung: Ein Angreifer kann vollständige Kontrolle über Ihren Rechner erhalten.

Einstufung: ernst

Fix: `http://www.microsoft.com/Downloads/Release.asp?ReleaseID=27526.`

Der Fix für diese Schwachstelle wird in das Windows 2000 Service Pack 3 integriert.

Zusätzliche Informationen: `http://www.microsoft.com/technet/security/bulletin/MS01-007.asp`

Beigetragen von: Dildog von @Stake

Diese Schwachstelle hat mit der Erhöhung der Privilegien zu tun. Ein Angreifer könnte die Schwachstelle ausnutzen, um jede beliebige Aktion auf Ihrem Rechner auszuführen, da er damit Befehle und Programme mit den Privilegien des Betriebssystems selbst ausführen kann.

Schwachstelle Pufferüberlauf beim Telefonbuchdienst

Version: Windows 2000 Server und Advanced Server

Auswirkung: Ein Angreifer kann feindlichen Code auf einem Remoteserver ausführen, auf dem der Telefonbuchdienst läuft.

Einstufung: kritisch

Fix: `http://www.microsoft.com/Downloads/Release.asp?ReleaseID=25531.`

Der Fix für diese Schwachstelle wird in das Windows 2000 Service Pack 2 integriert.

Zusätzliche Informationen: `http://www.microsoft.com/technet/security/bulletin/MS00-094.asp`

Beigetragen von: CORE-SDI und @Stake

Der Telefonbuchdienst wird mit Dial-Up-Netzwerkclients benutzt, um dem Client eine Liste von Dial-Up-Netzwerkservern zu übermitteln. Dieser Dienst hat einen ungeprüften Puffer in einem Teil des Codes, der die Verarbeitung von Anfragen für Aktualisierungen des Telefonbuchs übernimmt. Wenn ein Angreifer eine fehlerhafte Anfrage übermittelt, kann es zu einem Pufferüberlauf kommen. Dann kann der Angreifer jeden Code ausführen, den ein beim Server angemeldeter Benutzer ausführen darf. Mit anderen Worten: Der Angreifer kann Code seiner Wahl installieren und ausführen, Webseiten hinzufügen, löschen oder verändern, die Festplatte neu formatieren oder eine beliebige Anzahl anderer Aufgaben durchführen.

Schwachstelle NTLM-Authentifizierung von Telnet-Clients

Version: alle

Auswirkung: Ein Angreifer kann die NTLM-Authentifizierungsangaben eines anderen Benutzers abfangen, ohne dass dieser davon weiß.

Einstufung: mittel bis kritisch

Fix: `http://www.microsoft.com/Downloads/Release.asp?ReleaseID=24399`.

Der Fix für diese Schwachstelle wird in das Windows 2000 Service Pack 2 integriert.

Zusätzliche Informationen: `http://www.microsoft.com/technet/security/bulletin/MS00-067.asp`

Beigetragen von: DilDog von @Stake Inc.

Wenn ein böswilliger Webmaster einen Telnet-Server betreibt und Sie eine Sitzung mit diesem Server eingehen, könnte der Webmaster Ihre NTLM-Antworten sammeln und sich damit möglicherweise bei Ihrem Rechner authentifizieren. Dies ist möglich, weil Ihr Rechner als Teil der Sitzung Ihre per Verschlüsselung geschützten NTLM-Authentifizierungsangaben an seinen Server überträgt. Nachdem der Angreifer diese Angaben abgefangen hat, könnte er mit Hilfe eines Offline-Brute-Force-Angriffs Ihr Klartextpasswort erhalten.

Schwachstelle Telnet-Server-Überschwemmung

Version: alle

Auswirkung: Ein Remotebenutzer kann Ihren Rechner dazu bringen, keine Telnet-Dienste mehr zur Verfügung zu stellen.

Einstufung: mittel bis ernst – Denial of Service

Fix: `http://www.microsoft.com/Downloads/Release.asp?ReleaseID=22753`

Zusätzliche Informationen: `http://www.microsoft.com/technet/security/bulletin/MS00-050.asp`

Beigetragen von: Unbekannt

Dies ist eine Remote-Denial-of-Service-Schwachstelle. Ein böswilliger Remotebenutzer kann einen fehlerhaften Eingabestring von seinem Rechner übermitteln, der den Telnet-Server zum Absturz bringt, was jede gerade ausgeführte Arbeit vernichtet.

19.5.4 Zusammenfassung zu Windows 2000

Auch wenn sich die Sicherheit für Windows mit der Einführung von Windows 2000 erheblich verbessert hat, gibt es dennoch ständig neue Sicherheitslöcher. Deshalb ist es wichtig, dass Sie sich stets über neue Hinweise auf Schwachstellen in Windows 2000 informieren.

19.6 Schwachstellen in Microsoft-Anwendungen

In diesem Teil des Kapitels liste ich Schwachstellen in einigen weit verbreiteten Microsoft-Anwendungen auf. Microsoft Internet Explorer (Microsofts Webbrowser, auch als MSIE bekannt), Microsoft Exchange Server (ein Paket für die E-Mail-Administration) und der Internet Information Server (IIE) sind drei wichtige Netzwerkanwendungen.

19.6.1 Microsoft Internet Explorer

Der Internet Explorer hat mehrere ernst zu nehmende Schwachstellen, von denen einige nachfolgend kurz dargestellt werden. Die Schwachstellen, die hier als kritisch oder ernst eingestuft sind, können zu einer Gefährdung des Systems führen und sind deshalb für Systemadministratoren besonders interessant.

Schwachstelle Active-Setup-Download

MSIE-Version: 4.x, 5.x

Auswirkung: Böswillige Webmaster können eine *.cab*-Datei auf jede Festplatte in Ihrem Rechner herunterladen.

Einstufung: ernst

Fix für MSIE 4.x und 5.01: `http://www.microsoft.com/windows/ie/download/critical/patch8.htm`

Fix für MSIE 5.5: `http://www.microsoft.com/windows/ie/download/critical/patch11.htm`

Zusätzliche Informationen: `http://www.microsoft.com/technet/security/bulletin/ms00-042.asp`

Beigetragen von: Unbekannt

Ein böswilliger Website-Betreiber kann eine *.cab*-Datei auf eine beliebige Festplatte in Ihrem Rechner herunterladen und diese benutzen, um Dateien (und zwar auch Systemdateien) zu überschreiben. Damit kann Ihr Rechner eventuell nicht mehr betriebsfähig sein und ein Denial of Service hervorgerufen werden.

Schwachstelle Benutzerangaben im Cache

MSIE-Version: 4.x und 5.x vor Version 5.5

Auswirkung: Eindringlinge mit bösen Absichten können Ihren Benutzernamen und Ihr Passwort für eine Website in Erfahrung bringen.

Einstufung: mittel bis ernst

Fix: `http://www.microsoft.com/windows/ie/download/critical/q273868.htm`

Zusätzliche Informationen: `http://www.microsoft.com/technet/security/bulletin/ms00-076.asp`

Beigetragen von: ACROS Security

Wenn Sie die Basic-Authentifizierung für die Authentifizierung auf einer gesicherten Webseite verwenden, speichert MSIE Ihren Benutzernamen und Ihr Passwort im Cache. Damit will MSIE verhindern, dass Sie sich mehrmals auf der gleichen Website authentifizieren müssen. Obwohl MSIE Ihre im Cache gespeicherten Benutzerangaben nur an gesicherte Seiten innerhalb der Website übermitteln sollte, sendet er sie auch an nicht gesicherte Seiten. Ein Angreifer, der während Ihrer Anmeldung auf der gesicherten Website die Netzwerkkommunikation Ihres Rechners kontrolliert, kann eine Anfrage an eine nicht gesicherte Seite ausspionieren und Ihre Benutzerangaben abfangen.

Schwachstelle IE-Skript

MSIE-Version: 4.01 SP2 und höher, wenn auf dem Rechner Microsoft Access 97 oder Microsoft Access 2000 installiert ist.

Auswirkung: Ein Angreifer kann auf Ihrem Rechner beliebigen Code ausführen und ihn potenziell vollkommen unter Kontrolle bekommen.

Einstufung: sehr ernst

Fix: `http://www.microsoft.com/windows/ie/download/critical/patch11.htm`, oder richten Sie ein Administratorpasswort für Microsoft Access ein.

Zusätzliche Informationen: `http://www.microsoft.com/technet/security/bulletin/ms00-049.asp`

Beigetragen von: Georgi Guninski

Diese Schwachstelle ermöglicht es einem Angreifer, über den Internet Explorer bösartigen VB-Code in Microsoft Access einzubetten. Ihr Rechner kann schon gefährdet sein, wenn Sie eine feindlich gesinnte Website besuchen oder eine E-Mail ansehen, die bösartigen Code enthält.

Schwachstelle GetObject() – Offenlegung von Dateien

MSIE-Version: 5.x

Auswirkung: Wenn Sie eine feindlich gesinnte Website besuchen oder eine E-Mail-Nachricht mit aktiviertem Active Scripting lesen, kann der MSIE Dateien auf Ihrem Rechner offen legen.

Einstufung: mittel bis ernst

Fix: Bis Microsoft einen Patch zur Lösung dieses Problems herausgibt, sollten Sie in allen Zonen mit nicht vertrauenswürdigen Hosts das Active Scripting im Internet Explorer deaktivieren. Wenn Sie andere Produkte verwenden, die MSIE-Sicherheitszonen respektieren, sollten Sie diese so konfigurieren, dass VBScript nur in vertrauenswürdigen Zonen benutzt wird. Zusätzlich empfiehlt Microsoft, Outlook entsprechend der Richtlinien zu konfigurieren, die Sie unter folgender Adresse finden: `http://www.microsoft.com/office/outlook/downloads/security.htm`

Zusätzliche Informationen: `http://www.kb.cert.org/vuls/id/800893`

Beigetragen von: Georgi Guninski

Microsoft hat den MSIE so entwickelt, dass Programme auf Websites ohne Autorisierung keine Dateien auf Ihrem Rechner lesen können. Auch Outlook und Outlook Express wurden so entwickelt, dass in E-Mail-Nachrichten eingebettete Programme ohne Autorisierung keine Dateien auf Ihrem Rechner lesen können. Leider ermöglicht ein Fehler im Verhalten des `GetObject`-Aufrufs in VBScript den Zugriff auf Dateien trotz der Tatsache, dass VBScript weder Datei-E/A noch direkten Zugriff auf das zugrunde liegende Betriebssystem beinhaltet. Dieser Fehler kann dazu führen, dass bösartiger VBScript-Code die Inhalte eines Dokuments per E-Mail oder zurück an die Website übermittelt.

Schwachstelle Office – HTML-Skript

MSIE-Version: 4.01 SP2 oder höher, wenn Microsoft Excel 2000, Microsoft Powerpoint 2000 oder Microsoft PowerPoint 97 auf dem Rechner installiert sind.

Auswirkung: Ein Angreifer kann beliebigen Code auf dem Rechner des Opfers ausführen und potenziell vollständige Kontrolle über den Rechner erhalten.

Einstufung: sehr ernst

Fix für Microsoft Excel 2000 und PowerPoint 2000: `http://officeupdate.microsoft.com/2000/downloaddetails/Addinsec.htm`

Fix für Microsoft PowerPoint 97: `http://officeupdate.microsoft.com/downloaddetails/PPt97sec.htm`

Zusätzliche Informationen: `http://www.microsoft.com/technet/security/bulletin/ms00-049.asp`

Beigetragen von: Unbekannt

Durch diese Schwachstelle kann ein Skript, das entweder auf der Website eines böswilligen Betreibers oder in einer HTML-E-Mail-Nachricht verborgen ist, eine Excel-2000-, Powerpoint-2000- oder Powerpoint-97-Datei auf dem Rechner eines Opfers speichern. Der Angreifer kann Code einfügen, der diese Datei automatisch startet. Wird dies erfolgreich ausgeführt, könnte ein Makro- oder VBA-Code gestartet werden, mit dem der Angreifer potenziell vollständige Kontrolle über den Rechner erhalten kann.

Schwachstelle SSL-Zertifikatsprüfung

MSIE-Version: 4.x, 5.0 und 5.01

Hinweis: MSIE 5.01 Service Pack 1 und MSIE 5.5 sind nicht betroffen.

Auswirkung: Es gibt zwei Schwachstellen im MSIE, über die sich eine bösartige Website als legitime Website ausgeben kann. Der Angreifer kann Benutzer auf betrügerische Weise dazu bringen, Informationen (wie beispielsweise Kreditkartennummern oder persönliche Daten) zu übermitteln, die für eine legitime Website gedacht waren.

Einstufung: mittel

Fix: `http://www.microsoft.com/windows/ie/download/critical/patch11.htm` oder Aktualisierung auf MSIE 5.5.

Zusätzliche Informationen: `http://www.microsoft.com/technet/security/bulletin/ms00-039.asp`

Beigetragen von: ACROS Penetration Team, Slovenien

Wenn eine Verbindung zu einem sicheren Server über einen Frame oder eine Grafik auf einer Website hergestellt wird, überprüft der MSIE nur, dass das SSL-Zertifikat (Secure Socket Layer) des Servers von einer vertrauenswürdigen Stelle stammt. Er überprüft dabei weder den Servernamen noch das Ablaufdatum auf dem Zertifikat. Wenn Sie eine sichere Verbindung über andere Methoden herstellen, führt der MSIE die erwartete Überprüfung durch. Wenn ein Benutzer während der gleichen MSIE-Sitzung eine neue SSL-Sitzung mit dem gleichen Server herstellt, überprüft der MSIE das Zertifikat nicht erneut.

Schwachstelle Cookie-Zugriff
MSIE-Version: 4.x, 5.0 und 5.01

Hinweis: MSIE 5.01 Service Pack 1 und MSIE 5.5 sind nicht betroffen.

Auswirkung: Diese Schwachstelle ermöglicht es einem böswilligen Webmaster, persönliche Informationen vom Rechner eines Benutzers abzurufen.

Einstufung: mittel

Fix: `http://www.microsoft.com/windows/ie/download/critical/patch11.htm`

Zusätzliche Informationen: `http://www.microsoft.com/technet/security/bulletin/FQ00-033.asp#B`

Beigetragen von: Unbekannt

Wenn ein böswilliger Website-Betreiber einen Benutzer dazu bringt, auf einen Link auf der Website zu klicken, kann der Betreiber ein Cookie auf dem Rechner des Benutzers lesen, ändern oder einfügen.

19.6.2 Microsoft Exchange Server

In den folgenden Abschnitten sind wichtige Schwachstellen in Microsoft Exchange Server 2000 und Exchange Server 5.x aufgeführt.

Schwachstelle eingekapselte SMTP-Adresse

Exchange-Server-Version: 5.5

Auswirkung: Ein Eindringling kann E-Mail-Relaying ausführen.

Einstufung: mittel – Denial of Service

Fix: `ftp://ftp.microsoft.com/bussys/exchange/exchange-public/fixes/Eng/Exchg5.5/PostSP2/imc-fix/`

Zusätzliche Informationen: `http://www.microsoft.com/technet/security/bulletin/fq99-027.asp`

Beigetragen von: Laurent Frinking von Quark Deutschland GmbH

Diese Schwachstelle könnte es einem Eindringling ermöglichen, die Anti-Relaying-Funktionen eines mit dem Internet verbundenen Exchange-Servers zu umgehen. Weil eingekapselte SMTP-(Simple Mail Transfer Protocol-)Adressen nicht den gleichen Anti-Relaying-Schutzmaßnahmen unterliegen wie nicht eingekapselte SMTP-Adressen, kann ein Eindringling einen Server dazu bringen, eine eingekapselte SMTP-Adresse vom Angreifer an eine beliebige E-Mail-Adresse weiterzuleiten – als wäre der Server der Absender der E-Mail.

Schwachstelle fehlerhafte Bind-Anfragen

Exchange-Server-Version: 5.5

Auswirkung: Ein Eindringling kann einen Denial of Service hervorrufen oder Code auf dem Server ausführen.

Einstufung: ernst – Denial of Service

Fix für X86-basierten Exchange-Server: `ftp://ftp.microsoft.com/bussys/exchange/exchange-public/fixes/Eng/Exchg5.5/PostSP2/DIR-fix/PSP2DIRI.EXE`

Fix für Alpha-basierten Exchange-Server: `ftp://ftp.microsoft.com/bussys/exchange/exchange-public/fixes/Eng/Exchg5.5/PostSP2/DIR-fix/PSP2DIRA.EXE`

Zusätzliche Informationen: `http://www.microsoft.com/technet/security/bulletin/ms99-009.asp`

Beigetragen von: ISS X-Force

Die Bind-Funktion hat einen ungeprüften Puffer, der gleich zwei Bedrohungen für den Rechnerbetrieb mit sich bringen kann: Ein Angreifer könnte eine fehlerhafte Bind-Anfrage senden, die dazu führt, dass der Exchange-Verzeichnisdienst abstürzt. Eine sorgfältig konstruierte Bind-Anfrage kann von einem Angreifer übermittelt werden, dessen Ziel darin besteht, mit einer klassischen Überlauftechnik zufälligen Code auf dem Server auszuführen.

Schwachstelle fehlerhafte MIME-Header

Exchange-Server-Version: 5.5

Auswirkung: Ein böswilliger Benutzer kann einen Exchange-Server außer Gefecht setzen.

Einstufung: ernst – Denial of Service

Fix: `http://www.microsoft.com/Downloads/Release.asp?ReleaseID=25443` oder Exchange 5.5 SP4

Zusätzliche Informationen: `http://www.microsoft.com/technet/security/bulletin/MS00-082.asp`

Beigetragen von: Art Savelev

Der Exchange Server prüft normalerweise, ob ungültige Werte in den MIME-Header-Feldern zu finden sind. Aber der Exchange-Dienst wird abstürzen, wenn ein bestimmter ungültiger Wert in bestimmten MIME-Header-Feldern vorhanden ist. Sie können den normalen Betrieb wiederherstellen, indem Sie den Exchange Server neu starten und dann die gefährliche E-Mail löschen. Diese wird vorn in der Warteschlange stehen, wenn Sie den Exchange-Dienst neu starten.

Schwachstelle NNTP-Denial-of-Service

Exchange-Server-Versionen: 5.0 und 5.5

Auswirkung: Ein Angreifer kann den Server Information Store lahm legen.

Einstufung: mittel – Denial of Service

Fix: `ftp://ftp.microsoft.com/bussys/exchange/exchange-public/fixes/Eng/Exchg5.0/Post-SP2-STORE/`, oder installieren Sie SP1 oder höher.

Zusätzliche Informationen: `http://www.microsoft.com/technet/security/bulletin/ms98-007.asp`

Beigetragen von: X-Force-Team der Internet Security Systems, Inc.

Wenn ein Angreifer eine Reihe falscher Daten ausgibt, kann ein Anwendungsfehler dazu führen, dass der Server Information Store nicht mehr reagiert. Außerdem können sich Benutzer nicht mehr mit ihren Ordnern auf dem Exchange Server verbinden.

Schwachstelle SMTP-Denial-of-Service

Exchange-Server-Versionen: 5.0 und 5.5

Auswirkung: Ein Angreifer kann den Internet Mail Service zum Absturz bringen.

Einstufung: mittel – Denial of Service

Fix: `ftp://ftp.microsoft.com/bussys/exchange/exchange-public/fixes/Eng/Exchg5.0/post-sp2-ims/`, oder installieren Sie SP1 oder höher.

Zusätzliche Informationen: `http://www.microsoft.com/technet/security/bulletin/ms98-007.asp`

Beigetragen von: X-Force-Team der Internet Security Systems, Inc.

Wenn ein Angreifer eine Reihe falscher Daten ausgibt, kann ein Fehler in der Anwendung dazu führen, dass der Internet Mail Service abstürzt.

Schwachstelle Fehlermeldung

Exchange-Server-Versionen: 5.0 und 5.5

Auswirkung: Ein Angreifer kann verschlüsselte Daten aus Ihrem Netzwerk abrufen.

Einstufung: mittel bis ernst

Fix: Laden Sie die aktuellste Version von *Schannel.dll* herunter. Unter folgender Adresse erhalten Sie Informationen über den Standort der aktuellsten Version: `http://support.microsoft.com/support/kb/articles/q148/4/27.asp`

Zusätzliche Informationen: `http://www.microsoft.com/technet/security/bulletin/ms98-002.asp`

Beigetragen von: Daniel Bleichenbacher

Ein Angreifer, der einen Sniffer in Ihrem Netzwerk laufen lässt, kann eine mit SSL verschlüsselte Sitzung beobachten, den an dieser Sitzung beteiligten Server befragen, den für diese Sitzung verwendeten Schlüssel abfangen und dann die verschlüsselten Daten aus dieser Sitzung abrufen.

Schwachstelle Benutzerkonto

Exchange-Server-Version: 2000

Auswirkung: Ein Eindringling kann ein Remote-Login auf einem Exchange-2000-Server und möglicherweise anderen Servern im Netzwerk des betroffenen Exchange-Servers ausführen.

Einstufung: mittel bis ernst

Fix: `http://www.microsoft.com/Downloads/Release.asp?ReleaseID=25866`

Zusätzliche Informationen: `http://www.microsoft.com/technet/security/bulletin/MS00-088.asp`

Beigetragen von: Unbekannt

Ein böswilliger Benutzer kann sich über ein Konto mit einem bekannten Benutzernamen (*EUSR_EXSTOREEVENT*) und einem Passwort, das während des Setup-Prozesses von Exchange erzeugt wird, in Exchange anmelden. Normalerweise hat dieses Konto nur die Berechtigungen lokaler Benutzer, was bedeutet, dass das Konto weder ein privilegierter Account ist noch auf Exchange-2000-Daten zugreifen kann. Wenn Sie aber Exchange 2000 auf einem Domänen-

Controller installieren, weist das System dem Konto automatisch die Privilegien eines Domänenbenutzers zu. Damit kann das Konto auf andere Ressourcen in der betroffenen Domäne zugreifen. Microsoft empfiehlt, dass Sie dieses Konto deaktivieren oder löschen, nachdem der Setup-Prozess beendet ist.

19.6.3 IIS (Internet Information Server)

IIS ist ein sehr beliebtes Internet-Server-Paket und hat wie die meisten Serverpakete einige Schwachstellen. IIS wird hier detailliert dargestellt. Dennoch ist die Liste der Schwachstellen nicht vollständig. Es gibt weitere Schwachstellen von geringerer Bedeutung.

Schwachstelle Website-übergreifendes Skripting

IIS-Versionen: 4.0 und 5.0

Auswirkung: Ein Angreifer, der sich als andere Website ausgibt, kann Code auf Ihrem Rechner ausführen.

Einstufung: ernst

Fix für IIS 4.0: `http://www.microsoft.com/Downloads/Release.asp?ReleaseID=25534`

Fix für IIS 5.0: `http://www.microsoft.com/Downloads/Release.asp?ReleaseID=25533`

Zusätzliche Informationen: `http://www.microsoft.com/technet/security/bulletin/MS00-060.asp`

Beigetragen von: Peter Grundl von Defcom

Wenn ein böswilliger Benutzer, der sich als eine andere Website ausgibt, Code ausführt, kann dieser Code jede Aktion auf Ihrem Rechner durchführen, die der anderen Website gestattet ist. Wenn Sie diese Website als eine vertrauenswürdige Website definieren, kann der Code des Angreifers von den erweiterten Privilegien profitieren. Der Angreifer kann den Code persistent machen, sodass dieser immer wieder abläuft, wenn Sie die Website besuchen.

Schwachstelle Übermittlung fehlerhafter Webformulare

IIS-Versionen: 4.0 und 5.0

Auswirkung: Ein Angreifer kann verhindern, dass ein Webserver seinen Dienst zur Verfügung stellt.

Einstufung: ernst – Denial of Service

Fix für IIS 4.0: `http://www.microsoft.com/Downloads/Release.asp?ReleaseID=26704`

Fix für IIS 5.0: `http://www.microsoft.com/Downloads/Release.asp?ReleaseID=26277`

Zusätzliche Informationen: `http://www.microsoft.com/technet/security/bulletin/MS00-100.asp`

Beigetragen von: eEye Digital Security

Mit IIS 4.0 und IIS 5.0 werden FrontPage-Server-Erweiterungen ausgeliefert, die Funktionen zur Browse-Zeit-Unterstützung bieten. In einigen dieser Funktionen gibt es eine Schwachstelle, die es einem Angreifer ermöglicht, ein fehlerhaftes Formular an einen IIS-Server zu übermitteln. Der IIS-Server stürzt dann ab. In IIS 4.0 müssen Sie den Dienst manuell neu starten, IIS 5.0 startet den IIS-Dienst selbst neu.

Schwachstelle Lesen von Dateifragmenten über .htr (neue Variante)

IIS-Versionen: 4.0 und 5.0

Auswirkung: Ein Angreifer kann von einem Webserver Fragmente von Dateien lesen.

Einstufung: mittel

Fix für IIS 4.0: `http://www.microsoft.com/Downloads/Release.asp?ReleaseID=27492`

Fix für IIS 5.0: `http://www.microsoft.com/Downloads/Release.asp?ReleaseID=27491`

Zusätzliche Informationen: `http://www.microsoft.com/technet/security/bulletin/MS01-004.asp`

Beigetragen von: Unbekannt

Ein Angreifer kann eine verlangte Datei so von der *.htr*-ISAPI-Erweiterung verarbeiten lassen, dass Fragmente von serverseitigen Dateien wie beispielsweise *.asp*-Dateien an den Angreifer übermittelt werden.

Schwachstelle Cookie-Sitzungskennung

IIS-Versionen: 4.0 und 5.0

Auswirkung: Ein böswilliger Benutzer kann die sichere Websitzung eines anderen Benutzers kidnappen.

Einstufung: kritisch

Fix für IIS 4.0 auf x86-Plattformen: `http://www.microsoft.com/ntserver/nts/downloads/critical/q274149`

Fix für IIS-4.0-Alpha-Plattformen: über Microsoft Product Support Services verfügbar

Fix für IIS 5.0: `http://www.microsoft.com/Windows2000/downloads/critical/q274149`

Zusätzliche Informationen: `http://www.microsoft.com/technet/security/bulletin/MS00-080.asp`

Beigetragen von: ACROS Security sowie Ron Sires und C. Conrad Cady von Healinx

IIS verwendet auf einer Website die gleiche Sitzungskennung für sichere und nicht sichere Seiten. Wenn Sie eine Sitzung mit einer sicheren Webseite aufbauen, wird das Cookie für die Sitzungskennung durch SSL geschützt. Besuchen Sie danach eine nicht sichere Seite auf der gleichen Website, wird dasselbe Cookie für die Sitzungskennung ausgetauscht, nur diesmal in Klartext. Wenn ein böswilliger Benutzer den Kommunikationskanal Ihres Rechners kontrolliert, könnte er das Klartext-Cookie lesen und die Sitzungskennung verwenden, um jede Aktion auf der sicheren Seite auszuführen, die Sie ausführen können.

Schwachstelle Analyse der Webserver-Dateianfrage

IIS-Versionen: 4.0 und 5.0

Auswirkung: Remotebenutzer können Betriebssystembefehle auf einem Webserver ausführen.

Einstufung: kritisch

Fix für IIS 4.0: `http://www.microsoft.com/ntserver/nts/downloads/critical/q277873`

Fix für IIS 5.0: `http://www.microsoft.com/Downloads/Release.asp?ReleaseID=25547`

Zusätzliche Informationen: `http://www.microsoft.com/technet/security/bulletin/MS00-086.asp`

Beigetragen von: NSFocus

Ein Angreifer kann Betriebssystembefehle ausführen, mit denen er jede Aktion ausführen kann, die den Berechtigungen eines interaktiv eingeloggten Benutzers entspricht. Der Angreifer könnte also Dateien auf dem Server hinzufügen, löschen oder verändern, Webseiten modifizieren, die Festplatte neu formatieren, existierenden Code auf dem Server ausführen oder Code auf den Server hochladen und ihn dann ausführen.

Schwachstelle ungültige URL

IIS-Version: 4.0

Auswirkung: Ein Angreifer kann den IIS-Dienst zum Absturz bringen.

Einstufung: ernst – Denial of Service

Fix für NT 4.0 Workstation, Server und Server Enterprise Editions: `http://www.microsoft.com/Downloads/Release.asp?ReleaseID=24403`

Beigetragen von: Peter Grundl von VIGILANTe

Ein Angreifer kann eine ungültige URL an den Server senden, was durch eine Kette von Ereignissen zu einer ungültigen Speicheranfrage führen kann, die den IIS-Dienst abstürzen lässt. Microsoft-Techniker glauben, dass das zugrunde liegende Problem eigentlich innerhalb von Windows NT 4.0 selbst zu finden ist.

Schwachstelle Escape-Zeichen

IIS-Versionen: 4.0 und 5.0

Auswirkung: Ein Angreifer kann die Reaktionszeit eines IIS-Servers verlangsamen oder den Dienst ganz verhindern.

Einstufung: mittel bis ernst – Denial of Service

Fix für IIS 4.0: `http://www.microsoft.com/Downloads/Release.asp?ReleaseID=20292`

Fix für IIS 5.0: `http://www.microsoft.com/Downloads/Release.asp?ReleaseID=20286`

Beigetragen von: Vanja Hrustic von der Relay Group

Durch Übermittlung einer fehlerhaften URL mit einer extrem großen Anzahl von Escape-Zeichen kann ein Angreifer viel CPU-Zeit belegen und so den IIS-Server verlangsamen oder für einen bestimmten Zeitraum den Dienst ganz verhindern.

Schwachstelle Webordner

IIS-Versionen: 4.0 und 5.0

Auswirkung: Ein Angreifer kann destruktive Aktionen gegen einen Webserver ausführen.

Einstufung: kritisch

Fix: `http://www.microsoft.com/windows2000/downloads/critical/q269862/default.asp`

Zusätzliche Informationen: `http://www.microsoft.com/technet/security/bulletin/MS00-078.asp`

Beigetragen von: Rain Forest Puppy

Ein Angreifer kann Dateien oder Webseiten verändern oder löschen, existierenden Code auf dem Webserver laufen lassen, neuen Code hochladen und ausführen, die Festplatte formatieren oder andere beliebige destruktive Aktionen durchführen.

19.6.4 Tools

Nachdem Sie Ihren Windows-NT-4.0- oder Windows-2000-Server eingerichtet haben, können Sie sich verschiedene unverzichtbare Tools besorgen, die Sie bei der Sicherung Ihres Servers unterstützen. Kein Windows-NT- oder Windows-2000-Administrator sollte ohne diese Tools gesehen werden.

Administrator Assistant Tool Kit

Das Administrator Assistant Tool Kit ist eine Programmfamilie, die Utilities für die Organisation der Systemadministration von Windows-NT-Rechnern beinhaltet.

Aelita Software

3978 North Hampton Drive

Powell, OH 43065, USA

Windows-Version: Windows NT 4.0 oder Windows NT 3.51

E-Mail: `Services@aelita.com`

URL: `http://www.aelita.net/products/AdminAssist.htm`

Administrator's Pak

Das Administrator's Pak beinhaltet verschiedene Tools für die Wiederherstellung abgestürzter Windows-2000- und Windows-NT-4.0-Systeme. Dieses Paket umfasst NT Locksmith, NTRecover, Remote Recover und NTFSDOS Pro Tools, um nur einige zu nennen. Das Administrator's Pak ist ein hervorragendes Programmangebot, das Sie bei der Wiederherstellung Ihrer Windows-2000- und Windows-NT-Rechner unterstützt.

Winternals Software LP

3101 Bee Caves Road, Suite 150

Austin, TX 78746, USA

+1-512-330 91 30

Windows-Version: Windows 2000 oder Windows NT 4.0

E-Mail: `info@winternals.com`

URL: `http://www.winternals.com/`

AntiSniff 1.021

AntiSniff 1.021 ist ein vorbeugendes Tool zur Sicherheitsüberwachung, das nach Computern sucht, die im Promiscuous Mode laufen. Mit diesem Produkt können Administratoren und Sicherheitsteams erkennen, ob jemand ihren Datenverkehr beobachtet.

Security Software Technologies, Inc.

Windows-Version: Windows NT 4.0 oder Windows 9x. SST wird bald die Windows-2000-Version herausbringen.

E-Mail: `sst@securitysoftwaretech.com`

URL: `http://www.securitysoftwaretech.com/antisniff/index.html/`

FileAdmin

FileAdmin ist ein fortschrittliches Tool für die Manipulation von Dateiberechtigungen in großen Netzwerken, die auf Windows NT aufgebaut sind. Dieses Utility kann Ihnen viele Stunden Arbeit ersparen.

Aelita Software

3978 North Hampton Drive

Powell, OH 43065, USA

Windows-Version: Windows NT 4.0 oder Windows NT 3.51

E-Mail: `Services@aelita.com`

URL: `http://www.aelita.net/products/FileAdmin.htm`

Kane Security Analyst 5.0

Kane Security Analyst ermöglicht die Echtzeit-Erkennung von Einbrüchen unter Windows NT 4.0 und Windows 2000. Dieses Utility überwacht und meldet Sicherheitsverletzungen und ist sehr flexibel konfigurierbar. Es spricht sechs kritische Sicherheitsbereiche an: Zugriffskontrolle, Datenvertraulichkeit, Datenintegrität, Passwortstärke, Systemüberwachung und Einschränkungen für Benutzerkonten.

Intrusion.com, Inc. – USA

1101 East Arapaho Rd, Suite 100

Richardson, TX 75081, USA

Windows-Version: Windows 2000, Windows NT oder Windows 9x

E-Mail: `info@intrusion.com`

URL: `http://www.intrusion.com/Products/analystnt.shtml`

LC3 und L0phtCrack 3.0

L0phtCrack ist ein leistungsfähiges Tool, das Windows-2000- und Windows-NT-Passwörter überwacht und in der Werkzeugkiste eines Administrators nicht fehlen sollte. Sie können verschiedene Informationen über die Passworttests ausgeben lassen, darunter, wie lange es gedauert hat, das Passwort zu knacken, die geknackten Passwörter und verschlüsselte Passwort-Hashwerte. Seit April 2001 existiert ein Nachfolger von L0phtCrack: LC3. Dieses Programm läuft nun auch perfekt unter Windows 2000 und enthält einige zusätzliche Features.

Security Software Technologies, Inc.

Windows-Version: Windows 2000 oder Windows NT 4.0

E-Mail: `sst@securitysoftwaretech.com`

URL: `http://www.securitysoftwaretech.com/`

LANguard Internet Access Control

Mit Internet Access Control können Sie nicht nur die Internetnutzung in Ihrem Netzwerk überwachen und kontrollieren, sondern den Datenverkehr im Netzwerk beobachten, um Einbrüche von außerhalb Ihres Netzwerks zu erkennen. Internet Access Control benutzt Schlüsselwörter, um unerwünschte Websites (beispielsweise IRC) zu blockieren. Sie können ebenfalls Schlüsselwörter benutzen, um Suchen nach unerwünschten Materialien auf Suchmaschinen-Websites zu verhindern, ohne die gesamte Suchmaschine blockieren zu müssen. Mit dem Netzwerkmonitor können Sie nach verdächtigem eingehenden Datenverkehr in einen Server suchen, der für Datenverkehr von außen nicht zugänglich sein sollte.

GFI Fax & Voice USA

105 Towerview Court

Cary, NC 27513, USA

Windows-Version: Windows 2000 oder Windows NT 4.0

E-Mail: `sales@gfi.com`

URL: `http://www.gfi.com/`

LANguard Security Reporter

Der Security Reporter sammelt Daten über Ihr Windows-NT-4.0- oder Windows-2000-Netzwerk, unter anderem über Benutzerberechtigungen, über Benutzer mit administrativen Rechten und über Berechtigungen für Ressourcen. Diese Informationen werden in einer zentralen Datenbank gespeichert. Sie können damit Berichte generieren, die Sie beim Identifizieren und Beheben potenzieller Sicherheitsprobleme unterstützen.

GFI Fax & Voice USA

105 Towerview Court

Cary, NC 27513, USA

Windows-Version: Windows 2000 oder Windows NT 4.0

E-Mail: `sales@gfi.com`

URL: `http://www.gfi.com/`

NT Crack

NT Crack ist ein Tool, mit dem sich Windows-NT-Passwörter prüfen lassen. In puncto Funktionen entspricht es dem Tool Crack für Unix.

Secure Networks, Inc.

Suite 330 1201 5th Street S.W.

Calgary, Alberta Kanada T2R-0Y6

Windows-Version: Windows NT (alle Versionen)

URL: `http://www.system7.org/archive/Nt-Hacking/windows.html`

NT Locksmith

NT Locksmith kann ohne Passwort auf einen Windows-NT-Rechner zugreifen. Es ist ein Wiederherstellungstool, mit dem Sie ein neues Admin-Passwort einrichten können.

Winternals Software LP

3101 Bee Caves Road, Suite 150

Austin, TX 78746, USA

+1-512-330 91 30

Windows-Version: Windows 2000 oder Windows NT 4.0

E-Mail: `info@winternals.com`

URL: `http://www.winternals.com/`

NTFSDOS Pro

Mit NTFSDOS Pro können Sie von einer DOS-Diskette Berechtigungen für Windows 2000 und Windows NT 4.0 kopieren und umbenennen. Es ist ein großartiges Tool für Notfälle (wenn Sie beispielsweise das Admin-Passwort verlieren).

Winternals Software LP

3101 Bee Caves Road, Suite 150

Austin, TX 78746, USA

+1-512-330 91 30

Windows-Version: Windows 2000 oder Windows NT 4.0

E-Mail: `info@winternals.com`

URL: `http://www.winternals.com/`

NTHandle

NTHandle identifiziert offene Prozesse in Windows NT und ermöglicht es Ihnen so, Ihre Benutzer im Auge zu behalten.

NT Internals – Mark Russinovich

Windows-Version: Windows 9x/Me, Windows NT 4.0, Windows 2000 oder Whistler Beta 1

E-Mail: `mark@sysinternals.com`

URL: `http://www.sysinternals.com`

NTRecover

NTRecover ist ein Rettungsprogramm, das es Ihnen ermöglicht, über serielle Verbindungen auf tote Windows-NT-Laufwerke zuzugreifen – nicht schlecht, oder? NTRecover verwendet für den Zugriff auf Dateien und Datenträger auf einem toten NT-Rechner serielle Kabel. Über diese serielle Kabelverbindung werden die Festplatten auf dem toten Rechner so behandelt, als wären sie auf Ihrem eigenen System gemountet.

Winternals Software LP

3101 Bee Caves Road, Suite 150

Austin, TX 78746, USA

+1-512-330 91 30

Windows-Version: Windows 2000 oder Windows NT 4.0

E-Mail: `info@winternals.com`

URL: `http://www.winternals.com/`

PC Firewall ASaP

PC Firewall ASaP ist eine bidirektionale Paketfilterfamilie für Windows 9x/Me- und Windows-NT-4.0-Clients.

myCIO.com (Network Associates, Inc.)

3965 Freedom Circle

Santa Clara, CA 95054, USA

Windows-Version: Windows 9x/Me oder Windows NT 4.0

E-Mail: `support@mycio.com`

URL: `http://www.mycio.com/`

RedButton

RedButton ist ein Tool, das eine für die Öffentlichkeit zugängliche Registry auf Schwachstellen testet. Laden Sie *Rbutton.zip* herunter.

Midwestern Commerce, Inc.

1601 West Fifth Avenue, Suite 207

Columbus, OH 43212, USA

Windows-Version: Windows NT (alle Versionen)

URL: `http://www.system7.org/archive/Nt-Hacking/windows.html`

RegAdmin

RegAdmin ist ein fortschrittliches Tool für die Manipulation von Registry-Einträgen in großen Netzwerken. Es spart sehr viel Zeit.

Aelita Software

3978 North Hampton Drive

Powell, OH 43065, USA

Windows-Version: Windows NT 4.0 oder Windows NT 3.51

E-Mail: `Services@box.omna.com`

URL: `http://www.aelita.net/products/RegAdmin.htm`

Remote Recover

Remote Recover funktioniert in der gleichen Art wie NTRecover. Der Unterschied besteht darin, dass es Remotelaufwerke behandelt, als wären sie lokal installiert. Das Tool ermöglicht es Ihnen, mithilfe des Netzwerks und einer Boot-Diskette auf Laufwerke in nicht boot-fähigen oder neuen Rechnern zuzugreifen und diese zu modifizieren.

Winternals Software LP

3101 Bee Caves Road, Suite 150

Austin, TX 78746, USA

+1-512-330 91 30

Windows-Version: Windows 2000 oder Windows NT 4.0

E-Mail: `info@winternals.com`

URL: `http://www.winternals.com/`

ScanNT Plus

ScanNT Plus ist ein Utility, das Wörterbuchangriffe auf Passwörter ausführt. Testen Sie Ihre NT-Passwörter.

Midwestern Commerce, Inc. (Ntsecurity.com)

1601 West Fifth Avenue Suite 207

Columbus, OH 43212, USA

Windows-Version: Windows NT 4.0

E-Mail: `Services@box.omna.com`

URL: `http://hotfiles.zdnet.com/cgi-bin/texis/swlib/hotfiles/info.html?b=pcm&fcode=000H36`

Sniffer Basic

Sniffer Basic (früher NetXRay Analyzer) ist ein leistungsfähiges Tool für die Protokollanalyse (Sniffer) und die Netzwerküberwachung unter Windows NT. Es ist der wahrscheinlich umfassendste derzeit verfügbare NT-Sniffer.

Sniffer Technologies

3965 Freedom Circle

Santa Clara, CA 95054, USA

Windows-Version: Windows NT (alle Versions) oder Windows 98

> **Hinweis**
> Sniffer Technologies hat im Januar 2001 Sniffer Pro 4.5 für Laptop-Plattformen herausgegeben, und diese Version unterstützt auch Windows 2000.
>
> E-Mail: `bcahillane@nai.com`
>
> URL: `http://www.sniffer.com/products/sniffer-basic/default.asp?A=2`

Somarsoft DumpSec

Somarsoft DumpSec gibt Berechtigungen für das Windows-NT-Dateisystem in der Registry aus, unter anderem auch für Freigaben und Drucker. Es verschafft Ihnen einen guten Überblick über Berechtigungen, der in großen Netzwerken normalerweise schwer zu bekommen ist.

SystemTools LLP

P.O. Box 1209

La Vernia, TX 78121, USA

Windows-Version: Windows NT (alle Versionen)

E-Mail: `sales@systemtools.com`

URL: `http://www.somarsoft.com/`

Somarsoft DumpEvt

Somarsoft DumpEvt gibt Ereignisprotokollinformationen aus, die für Analysezwecke in eine Datenbank importiert werden können.

SystemTools LLP

P.O. Box 1209

La Vernia, TX 78121, USA

Windows-Version: Windows 2000 oder Windows NT (alle Versionen)

E-Mail: `sales@systemtools.com`

URL: `http://www.somarsoft.com/`

Somarsoft DumpReg

Somarsoft DumpReg gibt Registry-Informationen zu Analysezwecken aus. Es ermöglicht außerdem umfassende Suchen und den Abgleich von Schlüsseln.

SystemTools LLP

P.O. Box 1209

La Vernia, TX 78121, USA

Windows-Version: Windows NT (alle Versionen) oder Windows 98

E-Mail: `info@somarsoft.com`

URL: `http://www.somarsoft.com/`

Virtuosity

Virtuosity ist ein breit gefasstes Tool für das Management und die Umstrukturierung von Windows NT. (Es ist gut für umfassende Umstrukturierungen geeignet.)

Raxco, Ltd.

Orchard House

Narborough Wood Park

Enderby, Leicester, UK LE9 5XT

+44-116-239 58 88

Windows-Version: Windows NT 4.0 oder Windows NT 3.51

URL: `http://www.domainmigration.com/fp_virtuosity.html`

19.6.5 Zugriffskontrollsoftware

Nachfolgend werden einige gute Pakete vorgestellt, die für Zugriffskontrolle unter Windows 2000, Windows NT und Windows 9x/Me sorgen.

Cetus StormWindow

Cetus Software, Inc.

P.O. Box 1450

Marshfield, MA 02050, USA

+1-781-834 44 11

Windows-Version: Windows 2000, Windows NT 4.0 oder Windows 9x/Me

E-Mail: `cetussoft@aol.com`

URL: `http://www.cetussoft.com/`

Mit Cetus StormWindow können Sie fast alles in der Systemumgebung wirkungsvoll verbergen und schützen, darunter:

- Verknüpfungen und Ordner
- Laufwerke und Verzeichnisse
- Netzwerkgeräte und -drucker

Alles in allem sorgt Cetus StormWindow für eine sehr umfassende Zugriffskontrolle. (Dieses Produkt fängt auch die meisten Anfragen für Neustarts ab, wie beispielsweise als Warmstart mit [Strg]+[Alt]+[Entf] oder über die Funktionstasten.)

Clasp2000

Clasp2000

4 Grand Banks Circle

Marlton, NJ 08053, USA

Windows-Version: Windows 2000 oder Windows 9x

E-Mail: `service@claspnow.com`

URL: `http://www.cyberenet.net/~ryan/`

Clasp2000 bietet starken Passwortschutz, deaktiviert den Zugriff auf Windows 95 und Windows 98 und verhindert Warmstarts über die Tastenkombination [Strg]+[Alt]+[Entf].

ConfigSafe Complete Recovery v4 von imagine LAN, Inc.

imagine LAN, Inc.

74 Northeastern Blvd. Suite 12

Nashua, NH 03062, USA

Windows-Version: Windows 2000, Windows 4.0 oder Windows 9x/Me

E-Mail: `feedback@imagelan.com`

URL: `http://www.configsafe.com`

ConfigSafe Complete Recovery v4 zeichnet Veränderungen und Aktualisierungen an der Registry, an Systemdateien, Treibern, Verzeichnisstrukturen, DLL-Dateien und der Systemhardware auf. Sie können ein System mit ConfigSafe sofort in einer Konfiguration wiederherstellen, die zuvor funktioniert hat.

DECROS Security Card von DECROS, Ltd.

DECROS, Ltd.

J. S. Baara 40

370 01 Ceske Budejovice, Tschechien

Tel.: +42-38-731 28 08

Windows-Version: Windows 2000, Windows NT 4.0 oder Windows 9x/Me

E-Mail: info@decros.cz

URL: http://www.decros.com/security_division/p_list_hw.htm

Die DECROS Security Card sorgt für physikalische C2-Level-Zugriffskontrolle in Form eines Kartenschlüssels. Niemand kann ohne diese Karte auf das System zugreifen.

Desktop Surveillance Enterprise und Personal Editions

Omniquad, Ltd.

Hanovia House

28/29 Eastman Road

London W3 7YG, UK

Tel.: +44-181-743 80 93

Windows-Version: Windows NT 4.0 oder Windows 9x

E-Mail: support@omniquad.com

URL: http://www.omniquad.com/

Desktop Surveillance ist ein umfassendes Utility für Überwachung und Zugriffskontrolle. (Dieses Produkt bietet starke Logging- und Audit-Funktionen.)

HDD-Protect 2.5c

Gottfried Siehs

Tiergartenstrasse 99

A-6020 Innsbruck, Österreich

Windows-Version: Windows 98 oder Windows 95

E-Mail: g.siehs@tirol.com

URL: http://www.geocities.com/SiliconValley/Lakes/8753/

HDD-Protect bietet Zugriffskontrolle auf der Hardware-Ebene und schränkt den Zugriff auf die Festplatte ein.

Omniquad Detective 2.1
Omniquad, Ltd.

Hanovia House

28/29 Eastman Road

London W3 7YG, UK

Tel.: +44-181-743 80 93

Windows-Version: Windows NT 4.0 oder Windows 9x

E-Mail: `support@omniquad.com`

URL: `http://www.omniquad.com/`

Der Detective ist ein einfaches, aber leistungsfähiges Tool für die Überwachung von Systemprozessen. Dieses Tool ermöglicht die Überwachung der Computernutzung, die Rekonstruktion von Aktivitäten auf einer Workstation oder einem Server, die Identifizierung von Eindringlingen, die versuchen, ihre Spuren zu verwischen, die Durchführung von Inhaltsanalysen und die Definition von Suchmustern für Benutzer. Alles in allem ist dieses sehr umfassende Tool hervorragend geeignet, um jemanden in flagranti zu erwischen. Es eignet sich wahrscheinlich auch, um computergesteuerte Kriminalität am Arbeitsplatz zu untersuchen.

Secure4U 5.0
Sandbox Security AG

Lilienthalstr. 1

D-82178 Puchheim

Tel.: +49-89-80 07 00

Windows-Version: Windows 2000, Windows NT 4.0 oder Windows 9x/Me

E-Mail: `sales@SandboxSecurity.com`

URL: `http://www.sandboxsecurity.com/main.htm`

Secure4U sorgt für leistungsfähige Filter und eine umfassende Zugriffskontrolle. Es ist speziell darauf ausgerichtet, ActiveX, Java und andere Plug-Ins und Sprachen mit eingebettetem Text daran zu hindern, in Ihr Netzwerk einzudringen.

StopLock Suite von Conclusive Logic, Inc.
Conclusive Logic, Inc.

800 W. El Camino Real, Suite 180

Mountain View, CA 94040, USA

Tel.: +1-650-943 23 59

Windows-Version: Windows 2000, Windows 4.0 oder Windows 9x

E-Mail: info@conclusive.com

URL: http://www.conclusive.com/

StopLock sorgt für Zugriffskontrolle. Das Paket bietet außerdem Boot-Kontrolle, Audit-Funktionen und Logging-Tools.

TrueFace

eTrue, Inc.

144 Turnpike Rd., Suite 100

Southboro, MA 01772, USA

Tel.: +1-508-303 99 01

Windows-Version: 32-Bit-Windows-Plattformen

URL: http://www.miros.com/solutions/face.htm

TrueFace ist ein Gesichtserkennungsprogramm. Die Software erkennt nur die Gesichter, die in ihrer Gesichterdatenbank enthalten sind. Der Rechner schaut Sie praktisch an, um festzustellen, ob Sie ein autorisierter Benutzer sind. Das Unternehmen behauptet, dass TrueFace auf Technologien für neuronale Netze basiert.

Windows Task-Lock by Posum LLC

Posum LLC

P.O. Box 21015

Huntsville, AL 35824, USA

Tel.: +1-256-895 98 57

Windows-Version: Windows 2000, Windows 4.0 oder Windows 9x/Me

E-Mail: support@posum.com

URL: http://posum.com/

Windows Task-Lock 6.0 stellt eine einfache, günstige und effektive Methode dar, um bestimmte Anwendungen mit einem Passwort zu schützen, unabhängig davon, wie Sie (oder eine andere Person) diese Anwendungen ausführen. Es ist leicht zu konfigurieren und erfordert wenig oder keine Veränderungen an Ihrer aktuellen Systemkonfiguration. Das Tool bietet außerdem optionale Sound-Ereignisse, einen Stealth-Modus und Timeout-Funktionen für Passwörter.

WP WinSafe

PBNSoft

Windows-Version: Windows NT oder Windows 9x

E-Mail: `info@pnbsoft.com`

URL: `http://www.pbnsoft.com/`

WinSafe ist ein viel versprechendes Utility, mit dem Sie Ihre Dateien mit starken Verschlüsselungsalgorithmen wie Blowfish und CAST verschlüsseln können. WinSafe bietet Ihnen eine Auswahl von 28 verschiedenen Algorithmen. Die anderen Tools in diesem Paket sind *File Wiping* und *Merge Files*. File Wiping schreibt gelöschte Dateien neu, wobei Sie die Anzahl der neuen Dateien festlegen können. Mit Merge Files werden zwei Dateien zusammengeführt, um eine Datei in einer anderen zu verbergen.

> **WARNUNG**
> In der Dokumentation wird angemerkt, dass die Verwendung des Windows-Richtlinieneditors potenziell zu einem Konflikt mit WinSafe führen könnte.

SafeGuard Easy

Utimaco Safeware, Inc.

2 Chestnut Place, Suite 310

22 Elm Street

Worcester, MA 01608, USA

Tel.: +1-508-799 43 33

Windows-Version: Windows 2000, Windows NT 4.0, Windows 9x oder MS-DOS

E-Mail: `info.us@utimaco.de`

URL: `http://www.utimaco.de/newpage/indexmain.html`

SafeGuard Easy bietet Festplattenverschlüsselung, Schutz gegen das Booten von einer Diskette, Passwortalterung und Passwortauthentifizierung für Windows. SafeGuard unterstützt mehrere starke Verschlüsselungsalgorithmen, darunter DES und den International Data Encryption Algorithm (IDEA). Die SafeGuard-Produktreihe beinhaltet SafeGuard VPN, SafeGuard LAN Crypt und SafeGuard Personal FireWall. Besonders interessant ist, dass diese Produkte über ein Netzwerk installiert werden können (und dass damit keine separaten Installationsvorgänge notwendig sind).

Secure Shell

F-Secure, Inc.

5007 Lincoln Avenue, Suite 310

Lisle, IL 60532, USA

Tel.: +1-630-810 89 01

Windows-Version: Windows 2000, Windows NT 4.0, Windows 9x oder Windows 3x

E-Mail: `Chicago@F-secure.com`

URL: `http://www.f-secure.com/products/network_security/`

Secure Shell (SSH) sorgt für eine sichere, verschlüsselte Kommunikation über das Internet und andere nicht vertrauenswürdige Netzwerke. SSH ist ein hervorragender Ersatz für Telnet oder `rlogin`. Es verwendet IDEA und den Rivest-Shamir-Adelman-(RSA-)Algorithmus und ist deshalb extrem sicher. Es heißt, dass die Schlüssel stündlich verworfen und durch neue Schlüssel ersetzt werden. Mit SSH ist es fast unmöglich, dass andere Ihre Kommunikation abfangen (beispielsweise Passwörter, die sonst möglicherweise in Klartext übermittelt werden). SSH-Sitzungen können nicht übernommen, gekidnappt oder ausspioniert werden. Der einzige Nachteil ist, dass nicht nur Sie, sondern auch Ihr Kommunikationspartner SSH verwenden muss, damit die ganze Sache funktioniert. Sie denken vielleicht, dass eine derart verschlüsselte Kommunikation unheimlich langsam sein muss, dem ist aber nicht so.

19.6.6 Gute Online-Informationsquellen

In den nächsten Abschnitten finden Sie viele Links zu guten Windows-Informationsquellen. Die meisten sind dynamisch und bieten Informationen, die regelmäßig aktualisiert werden.

Der Windows NT Security FAQ

Wenn Sie ein Neuling im Bereich der Windows-NT-Sicherheit sind, ist das Dokument der *Windows NT Security Frequently Asked Questions* ein absolutes Muss. Ich würde jede Wette eingehen, dass mehr als die Hälfte Ihrer Fragen zum Thema NT-Sicherheit in diesem Dokument beantwortet werden.

`http://www.it.kth.se/~rom/ntsec.html`

NTBugTraq

NTBugTraq ist eine hervorragende Informationsquelle, die Russ Cooper von RC Consulting betreut. Die Website bietet eine Datenbank mit Windows-NT-Schwachstellen und die archivierten, mit einer Suchfunktion ausgestatteten Versionen der NTBugTraq-Mailing-Liste.

`http://www.ntbugtraq.com`

NTSECURITY.COM für Windows 2000 und Windows NT

Diese Website wird von der Abteilung Aelita Software Group bei der Midwestern Commerce, Inc. betreut, einem bekannten Entwicklungsunternehmen, das unter anderem Sicherheitsanwendungen für Windows 2000 und Windows NT entwickelt.

`http://www.ntsecurity.com/default.htm`

Expert Answers for Windows 2000, Windows NT, and Windows 9x/Me

In diesem Forum werden fortgeschrittene Themen aus den Bereichen Windows 2000, Windows NT und Windows 9x/Me diskutiert. Es ist eine gute Adresse, um mögliche Lösungen für sehr undurchschaubare und konfigurationsspezifische Probleme zu finden. Regelmäßige Teilnehmer posten klare, kurz gehaltene Fragen und Antworten wie: »Ich habe einen PPRO II mit NT 4.0 und IIS 3, auf dem MS Exchange 5.0 läuft, mit SP3 für NT und SP1 für Exchange. Warum stürzt mein Mailserver ab?«

`http://community.zdnet.com/cgi-bin/podium/show?ROOT=331&MSG=331&T=index`

Windows IT Security (früher NTSecurity.net)

Die Website Windows IT Security, die vom Windows 2000 Magazine betreut wird, ist voller Informationen über die aktuellsten Sicherheitsthemen. Sie können sich für Diskussionslisten über fortschrittliche Schwachstellen in Windows 2000 und Windows NT anmelden.

`http://www.ntsecurity.net/`

»An Introduction to the Windows 2000 Public Key Infrastructure«

An Introduction to the Windows 2000 Public Key Infrastructure ist ein Artikel, der von Microsoft Press geschrieben wurde. Er bietet eine Einführung in eine der neuen Sicherheitsfunktionen von Windows 2000, der PKI.

`http://www.microsoft.com/WINDOWS2000/library/howitworks/security/pkiintro.asp`

Windows 2000 Magazine Online

Ich weiß, was Sie denken – dass kommerzielle Zeitschriften wahrscheinlich keine gute Quelle für Sicherheitsinformationen sein können. Ich freue mich, Ihnen mitteilen zu können, dass diese Website die große Ausnahme ist. Sie finden hier einige sehr wertvolle Berichte und Leitartikel über Windows 2000 und Windows NT.

`http://www.winntmag.com/`

Securing Windows NT Installation

Securing Windows NT Installation ist ein unglaublich detailliertes Dokument von Microsoft über die Einrichtung eines sicheren Windows-NT-Servers.

`http://www.microsoft.com/ntserver/security/exec/overview/Secure_NTInstall.asp`

Checkliste für die Aktualisierung auf Windows 2000 Server

Microsoft listet die erforderlichen Schritte für eine Aktualisierung auf Windows 2000 auf. Dazu zählen unter anderem die Überprüfung, ob Ihre Hardware und Software kompatibel mit Windows 2000 ist, und die Anleitung, wie Sie ein Dateisystem wählen.

`http://www.microsoft.com/TechNet/win2000/srvchk.asp`

Das NT-Archiv der University of Texas am Austin Computation Center

Diese Website enthält eine breite (und manchmal eklektische) Reihe von Tools und Fixes für Windows NT. (Ein gutes Beispiel ist eine voll funktionierende Curses-Library für Windows NT.)

`ftp://microlib.cc.utexas.edu:/microlib/nt/`

19.6.7 Bücher zum Thema Sicherheit für Windows 2000 und Windows NT

Die folgenden Titel sind verschiedenste Abhandlungen zum Thema Sicherheit unter Windows 2000 und Windows NT.

Stefan Norberg, Deborah Russell: »Securing Windows NT/2000 Servers for the Internet«. O'Reilly & Associates, 2000. ISBN: 1-56592-768-0.

Roberta Bragg: »Windows 2000 Security«. New Riders Publishing, 2000. ISBN: 0-73570-991-2.

Ian McLean: »Windows 2000 Security: Little Black Book«. The Coriolis Group, 2000. ISBN: 1-57610-387-0.

Thomas W. Shinder und D. Lynn White: »Configuring Windows 2000 Server Security«. Syngress Media, Inc., 1999. ISBN: 1-92899-402-4. (Deutsch: »Windows 2000 Server Security«. MITP, ISBN: 3-8266-4074-8)

Internet Security Systems, Inc.: »Microsoft Windows 2000 Security Technical Reference«. Microsoft Press, 2000. ISBN: 0-73560-858-X. (Deutsch: »Microsoft Windows 2000 Sicherheit«. ISBN: 3-8606-3622-7)

Jeff Schmidt: »Microsoft Windows 2000 Security Handbook«. Que, 2000. ISBN: 0-78971-999-1. (Deutsch: »Windows 2000 Security«. Markt+Technik. ISBN: 3-8272-5638-6)

James G. Jumes: »Microsoft Windows NT 4.0 Security, Audit, and Control (Microsoft Technical Reference)«. Microsoft Press, 1998. ISBN: 1-57231-818-X. 1998. (Deutsch: »Microsoft Windows NT 4.0 Sicherheit, Überwachung, Steuerung«. ISBN: 3-8606-3494-1)

Matthew Strebe: »NT 4 Network Security«. Sybex, 1999. ISBN: 0-78212-425-9.

E. Eugene Schultz: »Windows NT/2000 Network Security (Circle Series)«. New Riders Publishing, 2000. ISBN: 1-57870-253-4.

Phillip Cox: »Windows 2000 Security Handbook«. McGraw-Hill Professional Publishing, 2000. ISBN: 0-07212-433-4.

Marcus Goncalves: »Windows NT Server Security Guide« (Prentice Hall Series on Microsoft Technologies). Prentice Hall Computer Books, 1998. ISBN: 0-13679-903-5.

Thomas Sheldon: »Windows NT Security Handbook«. Osborne McGraw-Hill, 1996. ISBN: 0-07882-240-8.

19.7 Zusammenfassung

Microsoft bietet eine Reihe hervorragender Anwendungen, und Windows 2000 und Windows NT 4.0 sind ausgezeichnete Serverplattformen. Aber wie ihre Gegenstücke aus der UNIX-, Novell- oder Mac-Welt sind die Programme und Betriebssysteme nicht von sich aus sicher. Um sichere Microsoft-Anwendungen und -Server zu gewährleisten, müssen Sie drei Dinge tun:

- Schließen Sie mindestens die in diesem Kapitel dargestellten Sicherheitslöcher mit Hilfe der genannten Patches.
- Wenden Sie die in anderen Kapiteln dargestellten allgemeinen Sicherheitstechniken an.
- Halten Sie sich immer über aktuelle Sicherheitshinweise auf dem Laufenden.

Wenn Sie diese Grundlagen berücksichtigen, sollten Sie keine Probleme bekommen.

Kapitel 20

UNIX

In diesem Kapitel sehen wir uns das Betriebssystem UNIX in Hinblick auf die Sicherheit an. Wir beginnen mit einer kleinen Reise in die Geschichte von UNIX, gefolgt von einer detaillierten Darstellung der Probleme, auf die Sie bei der Auswahl einer UNIX-Distribution treffen. Dann betrachten wir Sicherheitsrisiken und Gegenmaßnahmen und machen uns einige Gedanken über die anstehenden Entscheidungen.

Wir stellen den harten Kern der UNIX-Sicherheit dar und geben Tipps für einige nützliche Folgematerialien, die von angesehenen Sicherheitsexperten geschrieben wurden – so können Sie je nach Interesse Ihre Lektüre dieses Kapitels zwischendurch unterbrechen und später fortsetzen.

Dieses Kapitel ist allerdings weder ein UNIX-Sicherheitshandbuch noch eine Schritt-für-Schritt-Anleitung für die Sicherung einer bestimmten UNIX-Distribution (Hinweise zu derartigen Anleitungen finden Sie in Abschnitt 20.20.2, »Host-Hardening-Tools«). Sie werden hier auch keine Liste der »beliebtesten« UNIX-Exploits finden. Falls Sie nur danach suchen, gibt es Tausende von Hacker-Websites da draußen, die auf Sie warten.

Mein Hauptziel besteht darin, Sie zum Nachdenken über UNIX-Sicherheit im Zusammenhang mit *Ihrer* Umgebung anzuregen. Die Art und Weise, in der Ihre Organisation UNIX einsetzt, hat fundamentale Auswirkungen darauf, was Sie tun können und sollten, um es zu schützen. Sicher, es gibt einige allgemeine Probleme, denen wir fast alle gegenüberstehen, wie beispielsweise Sicherheits-Bugs des Betriebssystems – aber Computersysteme existieren nicht in einem luftleeren Raum. Sie werden von Menschen benutzt, um eine Aufgabe zu erledigen – sei es, um einer nichts ahnenden Welt Ihre Homepage zu präsentieren oder Kreditkartentransaktionen über eine wichtige Bank zu verarbeiten. Fehlendes Verständnis für die lokalen Probleme kann zu völlig falschen Sicherheits-»Lösungen« führen, die einfach nicht zu Ihrer Umgebung passen. Dies sind die »leichten Probleme«.

Es sollte Ihnen außerdem klar sein, dass wir von einem Sicherheitsprozess reden – nicht nur von einer anfänglichen Bemühung. Wie in den vorangegangenen Kapiteln bereits angesprochen wurde, ist Sicherheit immer ein kontinuierlicher Prozess.

Ich beziehe mich manchmal auf spezifische Programme oder Dateinamen. Die Namen und Standorte dieser Programme können auf Ihrem System anders sein – wenn Sie den Unterschied nicht gleich erkennen, werfen Sie einen Blick in Ihre Online-Manpages (`man -k` *Suchbegriff*), oder suchen Sie auf Ihrem Rechner mit den Befehlen `apropos` *Suchbegriff* oder `which` *Suchbegriff*.

20.1 Eine kleine Reise in die Geschichte von UNIX

Das Fundament für UNIX wurde 1965 gelegt, als die Bell Labs, die General Electric Company und das MIT (Massachusetts Institute of Technology) ein Betriebssystem namens *Multics* entwickelten. Dieses Betriebssystem sollte ein

Multiusersystem sein, das mehrere Benutzer gleichzeitig sowie das Speichern und die Freigabe von Daten unterstützen sollte.

Nachdem das Projekt bis zum Jahr 1969 nicht so recht vorankam, gab Bell Labs seine Mitarbeit daran auf. Ken Thompson, einer der Entwickler von den Bell Labs, begann, »sein eigenes Ding zu entwickeln« – das bald auf den Namen *UNIX* (ein Wortspiel mit Multics) getauft wurde. Im folgenden Jahr schrieb Dennis Ritchie den ersten C-Compiler (und erfand dabei die Programmiersprache C). 1973 schrieb Thompson den UNIX-Kernel in C neu.

UNIX sollte portabel sein und wurde bis zum Jahre 1975 an mehrere Universitäten verteilt. Die Vorzüge von UNIX waren seine Portabilität und die geringen Anforderungen an die Hardware. UNIX konnte auf für die damalige Zeit relativ günstigen Computern laufen. Deshalb fand UNIX viele Anhänger in akademischen Kreisen.

Diese Popularität, zusammen mit der Verfügbarkeit eines C-Compilers, führte zur Entwicklung von Kern-Utilities und -programmen, die in unseren modernen Distributionen immer noch enthalten sind. Viele Utilities haben eine recht erlebnisreiche oder lustige Entstehungsgeschichte – ich kann Ihnen die Lektüre der UNIX-Geschichtsbücher nur empfehlen. Auch Unternehmen erkannten, dass sie mit UNIX Kosten für teure Hardware und Schulungen sparen konnten. So war es nur eine Frage der Zeit, bis eine Reihe von Herstellern ihre eigenen Distributionen zusammenstellten. Von diesem Punkt an erweiterte sich der UNIX-Stammbaum explosionsartig – und entwickelte sich in sehr verschiedene Richtungen, die von der Motivation und den finanziellen Mitteln der jeweiligen Entwickler abhingen.

WEGWEISER

Eine ausführliche Darstellung der Geschichte von UNIX finden Sie unter `http://perso.wanadoo.fr/levenez/unix/`. Dort sehen Sie auch eine Stammbaumgrafik, in der Sie die Ursprünge Ihrer bevorzugten Distribution verfolgen können.

Matt Bishop betreibt ein faszinierendes Archiv mit Berichten, in denen die Ergebnisse früher UNIX-Sicherheitsprüfungen dokumentiert sind. Die Adresse ist `http://seclab.cs.ucdavis.edu/projects/history/index.html`. Matt ist aber wohl vor allem für seine Forschungen im Bereich sicherer Programmiertechniken bekannt. Sehen Sie sich seine Forschungsberichte und Präsentationen an.

Hersteller portierten UNIX auf neue Plattformen und integrierten »wertsteigernde« Merkmale wie eine gedruckte Dokumentation, zusätzliche Gerätetreiber, erweiterte Dateisysteme, Window-Manager und HA-Technologien (High Availability, also Hochverfügbarkeitstechnologien). Der Quellcode wurde nicht mehr mit ausgeliefert, statt dessen gab es reine Binärdistributionen, weil die Hersteller ihr Recht auf intellektuelles Eigentum wahren wollten.

Um ihre Chance auf den Abschluss von Verträgen mit der Regierung zu verbessern, implementierten Hersteller Sicherheitserweiterungen, die den in den Rainbow Books des amerikanischen Verteidigungsministeriums spezifizierten Vorgaben entsprachen. Jedes Buch definierte eine Reihe von Kriterien für Aufbau, Implementierung und Dokumentation. Diese Kriterien musste ein Betriebssystem erfüllen, um auf einer bestimmten Sicherheitsebene zertifiziert zu werden. Die wahrscheinlich bekannteste Sicherheitsebene ist C2, die wir uns später noch genauer ansehen werden.

»Akkreditiert« zu werden war keine kleine Heldentat. Es erforderte eine bedeutende Menge Zeit und Geld. Dies führte dazu, dass die großen Mitbewerber, die sich ein langes Spiel leisten konnten, bessere Chancen hatten.

Es stellte sich heraus, dass die Sicherheitsinterfaces zwischen verschiedenen Distributionen ziemlich inkompatibel sind. Darüber hinaus war der Code für die C2-Subsysteme meist nicht ausgereift, voller Fehler und langsam. Die administrativen Tools waren schrecklich (und sind es häufig immer noch), ebenso der Support. Fragen Sie einen UNIX-Administrator nach C2-Auditing, und er wird Sie entweder ausdruckslos ansehen oder lachen.

Diese Entwicklungen fanden vor dem Hintergrund eines niedrigen technischen Sicherheitsbewusstseins statt – es war noch niedriger als heute. Der IBM-Mainframe beherbergte alle Unternehmensgeheimnisse und wurde als allgemein bekannte Größe angesehen. UNIX selbst gewann den Ruf eines widerspenstigen Ungeheuers. Die Kombination aus seiner Hippie-Kultur, der unorthodoxen Herkunft und seinem allmächtigen Superuser (root) erwies sich für einige Prüfer nahezu als Alptraum.

Daher erhielten Administratoren eher allgemeine Ratschläge, die sich meist darauf konzentrierten, wer Zugriff auf root hatte und welche Version von sendmail lief (wegen der langen Vorgeschichte in Bezug auf Sicherheitsprobleme dieses Mail-Programms). Diese Dinge sind natürlich wichtig, aber die Tatsache, dass auf ihren brandneuen Systemen ein Haufen übervertrauensvoller Netzwerkdienste und fehlerhafte, privilegierte Programme liefen, drang einfach nicht zu den Administratoren durch. (Ganz zu schweigen von den Anwendern!) Cracker waren sich der Mängel in beliebten Distributionen durchaus bewusst und umzingelten die weniger fähigen Administratoren.

Am anderen Ende des Spektrums gab es dagegen eine lose Gemeinschaft von »Pionieren der Sicherheit« – von Programmierern, die Administratoren wurden und einige der einflussreichsten Sicherheitstools aller Zeiten entwickelt haben. Wir werden die besten später darstellen. Die Autoren teilten ihren Quellcode über das Usenet offen mit der breiteren Gemeinschaft – lange bevor das WWW (World Wide Web) erfunden wurde.

In den letzten Jahren ist es zu einer wachsenden Beliebtheit und Akzeptanz von Open-Source-UNIX in Unternehmenskreisen gekommen (unter URL `http://www.opensource.org/osd.html`). Ursprünglich war die Unterstützung für Open-

Source-Distributionen im gewerblichen Bereich auf kleine, spezialisierte Unternehmen mit eingeschränkter geografischer Präsenz beschränkt. Die aktuelle Explosion des Interesses von Seiten der Unternehmen an GNU-Werkzeugen und Linux lässt Hersteller Schlange stehen, die sich ein paar Dollar für Supportleistungen verdienen wollen. Die Zeiten haben sich in der UNIX-Welt wahrhaft verändert. In der Unternehmenswelt waren proprietäre UNIX-Systeme, die ohne ihren Quellcode ausgeliefert wurden, einst tonangebend. Jetzt redet jeder von Open Source. Was bringt Open Source mit sich? Wir werden in Kürze darauf zurückkommen.

20.2 UNIX-Distributionen klassifizieren

UNIX-Distributionen bieten in ihrer Erstinstallation verschiedene Grade der Sicherheit. Heute gibt es Hunderte von Distributionen, von denen allerdings nur etwa ein Dutzend breitere Verwendung finden.

In Hinblick auf die Sicherheit können wir diese in folgende Kategorien aufteilen:

20.2.1 Unreife Distributionen

Zu den unreifen Distributionen zählen experimentelle, nicht unterstützte oder schlecht unterstützte Distributionen. Diese werden mit zu vielen Programmen ausgeliefert, die Sicherheitslöcher enthalten, die entweder allgemein bekannt oder leicht zu identifizieren und auszunutzen sind. Normalerweise sollten Sie einen Bogen um diese Distributionen machen, außer vielleicht, um zu Versuchszwecken etwas damit herumzuspielen.

20.2.2 Mainstream-Distributionen

Mainstream-UNIX-Distributionen zeichnen sich durch eine breite Installationsbasis, kommerzielle Support-Services und – zumindest bis vor einiger Zeit – reine Binärdistributionen aus.

Die sich am besten verkaufenden, im Handel erhältlichen kommerziellen (COTS – Commercial Off-the-Shelf) Closed-Source-Distributionen waren zu der Zeit, als dieses Buch geschrieben wurde, folgende:

- SUN Solaris
- Hewlett-Packard HP-UX
- IBM AIX
- Compaq Tru64 UNIX

Jede einzelne dieser Distributionen hat mit ernsthaften Sicherheitsproblemen zu kämpfen. Und wir reden hier nicht von isolierten Vorfällen. Jeden Monat werden bedeutende Sicherheitsfehler entdeckt. Mit anderen Worten: Angreifer finden alle möglichen Methoden, um diese beliebten Systeme zu knacken.

Alle Hersteller haben mit der gleichen Codebasis begonnen. Von Zeit zu Zeit werden zwar auch in dieser ernsthafte Sicherheitslöcher entdeckt, dies ist aber selten genug, um den Code als ausreichend sicher zu betrachten.

Den schwachen Bereich bilden meist die Erweiterungen durch die Hersteller. Das Schreiben sicherer Software stellt sehr hohe Anforderungen an den Programmierer. Anbieter von Betriebssystemen können kaum Beweise vorlegen, dass sie in der Lage sind, fortwährend sicheren Code zu produzieren. Der Grund dafür ist nicht etwa, dass die gesamte Programmierindustrie dumm ist – eine derartige Behauptung würde einigen sehr talentierten Code-Bastlern nicht gerecht werden. Aber es ist erwiesen, dass das Schreiben sicherer Software unter kommerziellem Zeitdruck ein »schweres Problem« ist. Diese Offenbarung ist für die Softwareindustrie sicher nicht weiter überraschend.

> **WEGWEISER**
> Falls Sie es kaum glauben können, dass die Sicherheitsgeschichte Ihres kommerziellen Betriebssystems einem Schweizer Käse gleicht, suchen Sie in der Schwachstellendatenbank von SecurityFocus unter `http://www.securityfocus.com/vdb/` nach Ihrem Betriebssystem. Die Ergebnisse werden Sie möglicherweise erstaunen.

Natürlich stimmen die Mainstream-Hersteller in der Regel zu, dass Sicherheit wichtig ist. Aber der Schwerpunkt liegt auf greifbaren Sicherheitsfunktionen wie Verschlüsselung statt auf der Sicherheit des Aufbaus und der Implementierung. Es ist wesentlich einfacher, neue Funktionen zu verkaufen als Sicherheit. Unsichere Software ist unsichtbar – zumindest so lange, bis jemand einbricht.

Viele IT-Entscheidungsträger trauen einem Mainstream-Hersteller vorbehaltlos zu, ein sicheres Betriebssystem zu produzieren. Aber umfassende Sicherheitstests sind nicht trivial. Eine ausreichend ausführliche Durchführung dieser Tests erfordert bedeutende Kenntnisse und Zeit – beides Faktoren, die einem Hersteller Kosten verursachen. Daher versuchen es einige Hersteller erst gar nicht. Das lässt sich anhand der häufigen Postings von unabhängigen Sicherheitsforschern in Bugtraq erkennen, in denen es um grundlegende Sicherheitsfehler in COTS-Software geht. Ich kenne keinen Hersteller von COTS-Distributionen, der sich öffentlich verpflichtet, als Selbstverständlichkeit seine Distributionen vorbeugend auf Sicherheitsschwachstellen zu überprüfen.

Die Situation wird geradezu verzweifelt, weil allgemein angenommen wird, dass das Ausnutzen von Sicherheitsschwachstellen eine schwer zu erlernende Wissenschaft ist. Doch das ist ein Märchen, das von den Medien und der Sicherheitsindustrie in die Welt gesetzt wurde – Tatsache ist, dass jeder, der auch nur ein Minimum an IT-Kenntnissen hat, in ein Computersystem einbrechen kann, das direkt von der CD-ROM installiert wurde. Exploit-Skripten sind weithin im Internet verfügbar und sehr einfach zu benutzen. Vielfach müssen Sie nur den Zielrechner angeben, wenn Sie das Skript starten.

Vielleicht denken Sie jetzt an das Thema Haftung vonseiten des Herstellers. Sicher muss doch das Gesetz den Konsumenten schützen? Die Wahrheit steht auf der Folie, in die Ihre Betriebssystemmedien eingepackt sind. Lesen Sie den großen, fetten Widerruf (auch als Lizenzvereinbarung bekannt). Bevor Sie mir vorwerfen, vorlaut zu sein, lesen Sie diese Vereinbarung – jedes einzelne Wort davon. Hier ist ein kleiner Auszug aus einer solchen Vereinbarung für ein Produkt, das wahrscheinlich auf Ihrer Workstation installiert ist:

KEINE GEWÄHRLEISTUNGEN: SIE STIMMEN ZU, DASS XYZ KEINE AUSDRÜCKLICHEN GARANTIEN HINSICHTLICH DER SOFTWARE GEGEBEN HAT UND DASS IHNEN DIE SOFTWARE IN IHREM JETZIGEN ZUSTAND OHNE JEGLICHE GEWÄHRLEISTUNG ZUR VERFÜGUNG GESTELLT WIRD. XYZ LEHNT ALLE GEWÄHRLEISTUNGEN, AUSDRÜCKLICH ODER KONKLUDENT, HINSICHTLICH DER SOFTWARE AB, EINSCHLIESSLICH - OHNE EINSCHRÄNKUNG - KONKLUDENTE GEWÄHRLEISTUNGEN FÜR EIGNUNG FÜR EINEN BESTIMMTEN ZWECK, HANDELSFÄHIGKEIT, HANDELSQUALITÄT ODER VERLETZUNG DER URHEBERRECHTE VON DRITTEN.

In einigen Staaten bzw. Rechtssystemen ist der Ausschluss konkludenter Gewährleistungen nicht erlaubt; die obigen Einschränkungen gelten für Sie also möglicherweise nicht.

HAFTUNGSBESCHRÄNKUNG: XYZ WIRD AUF KEINEN FALL FÜR JEGLICHEN VERLUST DER BENUTZUNG, UNTERBRECHUNG DER GESCHÄFTSTÄTIGKEIT ODER ANDERE DIREKTE, INDIREKTE, SPEZIELLE, VERSEHENTLICHE ODER FOLGENDE SCHÄDEN JEGLICHER ART (INKLUSIVE EINNAHMENVERLUSTE) HAFTEN, UNABHÄNGIG VON DER FORM DER AKTION, OB IN VERTRAG, DELIKT ODER STRIKTER PRODUKTHAFTUNG, AUCH WENN XYZ ÜBER DIE MÖGLICHKEIT DERARTIGER FOLGEN UNTERRICHTET WURDE.

Fragen Sie sich jetzt, welche Mittel Sie haben, wenn jemand über ein Sicherheitsloch in dieser Software die Sicherheit Ihres Systems durchbricht? Tatsache ist: keine – null.

Bis der Kunde aufwacht und nach Sicherheit verlangt, werden Hersteller weiter mehr Zeit damit verbringen, ihre Konkurrenz in puncto Funktionen zu überbieten, als ihre existierende Codebasis zu überprüfen und zu korrigieren. Rechner und Betriebssysteme lassen sich nunmal mit tollen Funktionen besser verkaufen.

Ich persönlich sehe keinen überzeugenden Grund dafür, dass sich der Status quo »Funktionen contra Sicherheit« bald ändern wird. Deshalb sollten Sie eine gesunde Skepsis entwickeln – denn direkter Zynismus kann mit der Zeit etwas anstrengend werden.

20.2.3 Wie sicher ist Open Source?

Da ich ein recht düsteres Bild der Sicherheit von Closed-Source-Betriebssystemen gezeichnet habe, fragen Sie sich möglicherweise: »Gibt es einen greifbaren Sicherheitsvorteil bei Open-Source-Systemen?« Meine Ansicht ist: ja und nein.

> **HINWEIS**
> Das Entwicklungsmodell von Open-Source-Programmen steht in scharfem Kontrast zu dem Modell traditioneller Closed-Source-Programme. Weitere Informationen finden Sie in Eric Raymonds klassischem Bericht unter `http://www.tuxedo.org/~esr/writings/cathedral-bazaar`.

Die Befürworter der Open-Source-Bewegung argumentieren, dass ein transparenter Entwicklungsprozess, der den Vorteil hat, dass »viele Augen« den Code debuggen und durchsehen, an sich zu mehr Sicherheit beiträgt. Es wurde außerdem wissenschaftlich nachgewiesen, dass Programmierer von vornherein besseren Code abliefern, wenn sie wissen, dass dieser Code von einer Entwicklergemeinde durchgesehen wird. Als Beispiel dafür, dass es einen Bedarf für ein offenes Code-Entwicklungsmodell gibt, nennen diese Menschen den Entwicklungsprozess für neue kryptographische Algorithmen und Protokolle.

Die Entwicklung sicherer Kryptographie ist ein schwerwiegendes Problem – ebenso wie die Entwicklung von sicherem und zuverlässigem Programmcode. Weniger erfahrene Kryptographen haben oft am eigenen Leib erfahren müssen, dass ein geschlossenes Entwicklungsmodell zu scheinbar schwer zu knackenden Algorithmen führt. Unter der Lupe eines erfahrenen Kryptographen werden diese allerdings schnell geknackt.

Andere Menschen glauben, dass sichere Programme in der Praxis nicht auf diese Art und Weise entwickelt werden können. Sie verweisen auf den Mangel an erfahrenen Code-Prüfern, die schiere Menge des zu überprüfenden Codes und die allgemeine Interesselosigkeit. Dieser Punkt ist nicht zu missachten. Wie viele Leute kennen Sie, die tatsächlich den heruntergeladenen Quellcode ansehen? Wie viele Leute kennen Sie, die ausreichende Kenntnisse haben, um die meisten, wenn nicht alle, Sicherheitslöcher zu finden? Wir gehen alle davon aus, dass »jemand anderes das schon tun wird«.

In der Realität wird Open-Source-Code überprüft – Sie dürfen nur nicht erwarten, dass jede Zeile in jedem Programm, das Sie herunterladen, von den besten Sicherheitsexperten angesehen wurde. Tatsächlich erhält eine Software, die sich weit verbreitet oder mit Sicherheit zu tun hat, die meiste Aufmerksamkeit. Aber auch dann können die Größe und Komplexität der Codebasis die Überprüfung zu einer großen Herausforderung machen – selbst für sehr erfahrene Prüfer (wie durch die übersehenen Codefehler in ISC BIND V4 und SSH Version 2 unter Beweis gestellt wurde).

Die Überprüfung von Open-Source-Programmen in Bezug auf Sicherheitsprobleme funktioniert schneller und ist effektiver als die der Closed-Source-Programme.

Die Überprüfung von Closed-Source-Software basiert entweder auf Black-Box-Testing (Testen von Bedrohungen) oder auf Reverse-Engineering (das Zurückentwickeln von Code). Beide Methoden können sehr zeitaufwändig sein und erfordern von den Testern eine ganze Menge Geduld und eine solide Methodik. Das Reverse-Engineering kann unglaublich mühselig und anstrengend sein – zudem kann es auch illegal sein (werfen Sie noch einmal einen Blick in Ihre Lizenzvereinbarung). Der aktuelle Trend in der Gesetzsprechung könnte das Reverse-Engineering bald komplett verbieten. Damit würde unsere Justiz eine der wenigen zur Verfügung stehenden Methoden verbieten, um Sicherheitslöcher in Closed-Source-Software zu finden. Bei Open-Source-Entwicklungen gibt es dieses Problem erst gar nicht.

WEGWEISER
Weitere Informationen zum Testen von Softwaresicherheit? (wie beispielsweise das White-Box-Testing) finden Sie auf der Website von Cigital (früher Reliable Software Technologies) unter der URL `http://www.cigital.com/resources/`.

Ein weiterer Vorteil von Open-Source-Software ist, dass sie im Fehlerfall viel leichter selbst angepasst werden kann und man nicht auf ein Update des Herstellers warten muss.

Ihre Meinung zu Open- bzw. Closed-Source-Programmen wird die Wahl eines Betriebssystems und der Ihnen verfügbaren Sicherheitstools stark beeinflussen.

Einige Organisationen reagieren besonders sensibel auf die Benutzung von Open-Source-Software – insbesondere solche, die Vorschriften oder gesetzlichen Anforderungen entsprechen müssen. Die Themen kreisen hier meist um Vertrauenswürdigkeit (das heißt, der Code darf keine Trojaner enthalten), Bedenken in Hinsicht auf Integrität und formalen Support.

Das Ausmaß der Bedenken hängt oft von der Rolle ab, die die Software spielen wird, und davon, welche Personen sie noch verwenden (die Theorie des schwarzen Schafes). Hintertüren sind in beliebten Open-Source-Paketen praktisch unbekannt. Diese könnten eher auf der Website, von der die Software heruntergeladen wurde, zu finden sein (nachdem ein Angreifer in eine Website eingedrungen ist). Dies ist beispielsweise im Januar 1999 auf der Haupt-Website zum Herunterladen von TCPWrappers geschehen. Das CERT hat einen Sicherheitshinweis (`http://www.cert.org/advisories/CA-1999-01.html`) veröffentlicht, der darüber informiert, dass die Website kompromittiert und ein Trojanisches Pferd in den Quellcode von TCPWrappers eingefügt wurde. Die Veränderungen wurden recht schnell entdeckt, weil die modifizierten Archivdateien vom Autor nicht mit PGP signiert waren. Natürlich kann ein Cracker leichter eine Hintertür in ein Programm einbauen, dessen Source-Code er vorliegen hat. Dies wird manchmal als Nachteil von Open-Source-Software aufgeführt. Allerdings ist diese Art von Vorfall extrem selten und relativ leicht zu entdecken.

Anstatt einer Website, von der Sie Software herunterladen können, blind zu vertrauen, empfehle ich Ihnen, dass Sie es sich zur Gewohnheit machen, Ihre Software von mehreren, allgemein bekannten, separat verwalteten Websites (beispielsweise CERT, COAST und SecurityFocus.com) herunterzuladen. Sie sollten außerdem kryptographische Integritätssoftware verwenden (wie MD5, PGP oder GnuPG), um die Integrität des Archivs anhand einer allgemein bekannten Signatur zu vergleichen (benutzen Sie für den Vergleich ebenfalls voneinander unabhängige Websites).

WEGWEISER

Tipps zur Benutzung von MD5 finden Sie unter `http://www.cert.org/security-improvement/implementations/i002.01.html`.

Eine Win32-Version von MD5 finden Sie unter der URL `http://www.weihenstephan.de/~syring/win32/UnxUtils.html`.

Formaler Support ist ein separates (fast kommerzielles) Thema, auf das ich hier nicht eingehen möchte.

Aber wie steht es damit, ein komplettes Open-Source-Betriebssystem wie Linux einzusetzen? Einige haben das Gefühl, dass Open-Source-Systeme unter mehr Sicherheitsproblemen leiden als andere Plattformen. Sie weisen auf die Anzahl der freigegebenen Sicherheits-Patches hin und das große Aufkommen von Schwachstellen, über die auf Listen wie Bugtraq berichtet wird.

Meine Ansicht ist, dass der Linux-Kernel selbst nicht unter mehr Sicherheitsproblemen zu leiden scheint als jeder andere UNIX-Kernel. Er wird weithin als stabiler und – was die Sicherheit betrifft – besser analysiert angesehen als jede Closed-Source-Mainstream-Variante von UNIX.

Aber eine Linux-Distribution besteht aus mehr als nur dem Kernel. Tatsächlich ist zum Beispiel die SuSE-Distribution so groß geworden, dass sie im Jahre 2000 auf sieben CD-ROMs ausgeliefert wurde! Tausende von Anwendungen sind für Linux verfügbar, von denen viele nicht mit dem Aspekt Sicherheit im Hinterkopf geschrieben wurden. Deshalb geben die Distributoren, die all diesen Code zusammenstellen, regelmäßig Sicherheitshinweise und Patches heraus. Das kann zu der falschen Annahme führen, dass alle ausgegebenen Patches für das Betriebssystem selbst relevant sind. Fazit: Installieren Sie nicht alles von der CD-ROM – seien Sie etwas wählerisch – installieren Sie, was Sie brauchen. Wir werden später noch einmal auf diesen Punkt zurückkommen.

WEGWEISER

Unter den folgenden Links erhalten Sie weitere Informationen zur Debatte Open-Source- gegen Closed-Source-Code: Michael H. Warfield: *Musings on open source security models.* `http://www.linuxworld.com/linuxworld/lw-1998-11/lw-11-ramparts.html` Simson Garfinkel: *Security Through Obscurity.*`http://www.wideopen.com/story/101.html` John Viega: *The myth of open source security.* `http://www.earthweb.com/dlink.resource-`

```
jhtml.72.1101.|repository||itmanagement|content|article|2000|07|1
9|EMviegaopen|EMviegaopen~xml.0.jhtml?cda=true
```

Die Fuzz-Herausforderung

1990 und 1995 führte die University of Wisconsin den Fuzz Test durch – eine Studie zum Verhalten von 80 beliebten Betriebssystemen auf neun verschiedenen Plattformen, die zufälligen Eingabedatenströmen ausgesetzt wurden. Natürlich sollte ein korrekt geschriebenes Programm alles verarbeiten können, was ihm eingegeben wird – andernfalls könnte ein Angreifer ein privilegiertes Programm beeinflussen, um nicht autorisierten Zugriff zu erhalten.

Die Ergebnisse sind eine interessante Lektüre. Die Verfechter der Open-Source-Bewegung behaupten, dass die Resultate empirisch beweisen, dass Programme mit offenem Quellcode zuverlässiger und sicherer sind als ihre Gegenstücke, für die der Quellcode nicht verfügbar ist. Es erübrigt sich zu sagen, dass die Closed-Source-Programme im Test unter grundlegenderen Problemen litten als ihre Open-Source-Gegenstücke. Den vollständigen Bericht finden Sie unter der URL `ftp://grilled.cs.wisc.edu/technical_papers/fuzz-revisited.pdf`. NT-Benutzer sollten sich den Bericht vom August 2000 ansehen – die Tests ergaben, dass 100 Prozent der NT-Anwendungen nicht bestanden haben.

Für mich besteht der größte Gewinn von Open-Source-Software darin, dass man – wenn man weiß, was man tut (oder jemanden kennt, der es weiß) – das System selbst verändern und zusätzliche Verteidigungsmaßnahmen implementieren kann. Wir werden später auf einige der beliebteren Optionen zurückkommen. Das Gefühl der Macht ist wirklich unschlagbar, wenn Sie erkennen, dass Sie die vollständige Kontrolle über den Betrieb Ihres Systems haben.

20.2.4 Gehärtete Betriebssysteme

Zu dieser Kategorie zähle ich Distributionen, die einem oder mehreren der folgenden Kriterien entsprechen:

- Die Distribution wird mit »standardmäßig sicheren« Konfigurationseinstellungen ausgeliefert.
- Sie wurde defensiv programmiert. (Der Programmierer geht davon aus, dass jeder Benutzer ein Angreifer sein könnte.)
- Die Verwalter der Distribution unterziehen ihren existierenden Quellcode jedesmal einer Sicherheitsüberprüfung, wenn eine neue Klasse von Schwachstellen entdeckt wird.
- Die Distribution wurde so kompiliert, dass sie eine übliche Klasse von Sicherheits-Exploits, den Pufferüberlauf, abwehrt.

OpenBSD

OpenBSD ist wahrscheinlich das bekannteste Beispiel für eine freie, gehärtete Open-Source-UNIX-Distribution (`http://www.openbsd.org/`). Tatsächlich ist OpenBSD eine der wenigen Distributionen mit allgemeiner Verbreitung, die den ersten drei Kriterien entspricht (die Entwickler von OpenBSD würden vertretbarerweise argumentieren, dass Sie den vierten Punkt nicht berücksichtigen müssen, weil Sie bereits die Punkte 2 und 3 befolgen!).

Das öffentlich bekannt gegebene Ziel der OpenBSD-Verwalter besteht darin, »die Nummer eins für Sicherheit im Industriebereich zu sein«. Dies erreichen sie, indem sie sicherheitsbewusste Programmierer anwerben und sich ständig darum bemühen, mögliche und nicht so mögliche Sicherheitslöcher zu schließen.

Zu den Sicherheitsvorteilen von OpenBSD zählen folgende Aspekte:

- Die Systemkonfiguration ist in der Standardinstallation sicher, das bedeutet, es ist keine zeitaufwändige Sicherung notwendig. Dies bedeutet aber auch, dass kaum Dienste aktiviert werden.
- OpenBSD wird mit starker Kryptographie ausgeliefert, die sofort eingesetzt werden kann. Es enthält OpenSSH für den sicheren Zugriff auf Netzwerkterminals, IPSec, einen starken PRNG (Pseudo Random Number Generator), sicheres Hashing und eine umfassende Unterstützung für kryptographische Hardware. Weitere Informationen finden Sie unter der URL `http://www.openbsd.org/crypto.html`.

OpenBSD weist weniger Schwachstellen auf als jede andere mir bekannte UNIX-Variante. Ebenso wichtig ist die Reaktionszeit für Fixes – normalerweise steht innerhalb von ein bis zwei Tagen ein Fix zur Verfügung.

OpenBSD wurde auf elf Hardwareplattformen portiert.

Zu der Zeit, als dieses Buch geschrieben wurde, bot OpenBSD keine Unterstützung für SMP (Symmetric Multiprocessing) – und das ist ein wichtiger Nachteil, der OpenBSD auf die Benutzung mit einer einzelnen CPU beschränkt. Es gibt ein Projekt, um dies zu beheben, aber das hängt von Hardware-Spenden und der Zeit der Entwickler ab. Die Prozessorunterstützung ist daher derzeit auf Systeme mit einer CPU eingeschränkt.

Immunix

Das Immunix-Team hat einen ganz anderen – wenn auch eingeschränkten – Ansatz gewählt. Anstatt zu versuchen, schlechten Code durch Codeprüfungen zu korrigieren, verwendet es einen speziell modifizierten Compiler – StackGuard –, um Objektcode zu generieren, der einen gerade stattfindenden Pufferüberlaufangriff erkennen und die Programmausführung stoppen kann. Die üblichste Art des Pufferüberlaufs heißt *Smashing the Stack.*

> *Smash the stack [C-Programmierung] n. Auf vielen C-Implementierungen ist es möglich, den Ausführungsstapel zu beschädigen, indem man über*

das Ende eines Arrays, das in einer Routine als auto deklariert ist, hinausschreibt. Code, der dies tut, wird als »Smashing the Stack« bezeichnet und kann dazu führen, dass zu einer zufälligen Adresse gesprungen wird. Dies kann die hinterhältigsten, von Daten abhängigen Bugs produzieren, die die Menschheit je gesehen hat. Zu den Varianten zählen Trash the stack und Mangle the stack, der Begriff Mung the stack wird nicht verwendet, da dies niemals absichtlich erfolgt.

WEGWEISER
Der obige Abschnitt ist ein Auszug aus dem klassischen Dokument *Smashing The Stack For Fun And Profit* von Aleph One, das Sie unter `http://www.securityfocus.com/data/library/P49-14.txt` finden können.

Die StackGuard-Technologie bietet keinen Schutz gegen viele der anderen Angriffsarten (oder auch nicht gegen jede Art des Pufferüberlaufangriffs), aber sie schränkt den Schaden durch einen Pufferüberlauf ein, sodass es im schlimmsten Fall zu einem Denial of Service und nicht zu einer Systembeschädigung oder -kompromittierung kommt.

WEGWEISER
Eine vollständige Erklärung des StackGuard-Ansatzes finden Sie in Crispin Cowans' ursprünglicher Forschungsarbeit unter der URL `http://www.immunix.org/StackGuard/usenixsc98.pdf`.

Als praktisches Beispiel für StackGuard in Aktion hat das Immunix-Team ImmunixOS entwickelt – eine vollständige Distribution von Red Hat Linux, das mit Hilfe der StackGuard-Technologie kompiliert wurde (der Kernel selbst allerdings nicht).

WEGWEISER
Ein freies CD-ROM-Abbild von ImmunixOS und andere nette Kleinigkeiten können Sie hier herunterladen: `http://www.immunix.org`.

Um von den Vorteilen der compilerbasierten Technologie zum Schutz des Stapels maximal zu profitieren, müssen Sie alle Ihre Anwendungen neu kompilieren. Wenn Sie keinen Zugriff auf den Quellcode haben, können Sie Ihre Anwendungen nicht mit Hilfe von StackGuard schützen.

WRAPPER

Sie können Wrapper entwickeln, um Programmargumente und Umgebungsvariablen auf ihre Richtigkeit zu prüfen, egal ob Sie StackGuard benutzen oder nicht. Diese Technik ist nützlich für den Schutz eines privilegierten (set-uid/set-gid) Programms, von dem Sie annehmen oder wissen, dass es für einen Pufferüberlaufangriff anfällig ist.

Dazu erzeugen Sie ein kleines C-Programm, durch das das verdächtige Programm ersetzt wird. Der Wrapper überprüft Befehlszeilenargumente und Umgebungsvariablen auf verdächtige Eingaben, *bevor* das richtige Programm aufgerufen wird. Versuchte Angriffe werden über syslog in das Systemprotokoll geschrieben, und das anfällige Programm wird niemals aufgerufen. Argumente, die Ihren Überprüfungen standhalten, werden an das richtige Programm zur normalen Programmausführung übermittelt.

Der Wrapper muss mit den gleichen Berechtigungen installiert werden wie das eigentliche Programm. Das bedeutet, der Wrapper muss set-uid/set-gid sein. Deshalb sollten Sie sicher sein, dass Ihr Ersatzcode keine Sicherheitsschwächen hat! Das richtige Programm muss in ein Verzeichnis verschoben werden, auf das nur der Eigentümer des Wrappers Zugriff hat – sonst könnten Benutzer Ihren Wrapper umgehen und das verdächtige Programm direkt aufrufen.

Der ultimative Wrapper-Ansatz besteht darin, jedes privilegierte Programm auf dem System einzuhüllen – wenn Sie die Zeit dazu haben. Achten Sie auf Patches und Upgrades, die Ihre Wrapper mit aktualisierten Binärdateien überschreiben. Sie müssen Ihre Wrapper außerdem aktualisieren, wenn den geschützten Programmen neue Features hinzugefügt werden. Sie sehen, dass einige Mühen damit verbunden sind, dieses Verfahren auf einer permanenten Basis einzusetzen.

Zum Glück hat jemand anderes (AUSCERT) die harte Arbeit für uns übernommen und einen Wrapper entwickelt. Den Quellcode und Anweisungen zur Benutzung finden Sie hier:

```
ftp://ftp.auscert.org.au/pub/auscert/tools/overflow_wrapper/
overflow_wrapper.c
```

Beim nächsten Mal, wenn Sie von einem vermuteten Sicherheitsproblem in einem Closed-Source-set-uid/set-gid-Programm hören, können Sie einen benutzerdefinierten Wrapper entwickeln, während Sie auf den Fix vom Hersteller warten.

Da ich gerade beim Thema Abwehr von Pufferüberlaufangriffen bin, sollte ich nicht vergessen, den Patch von Solar Designer für den Linux-Kernel zu erwähnen. Wenn Sie sich tiefer gehend über Stapelangriffe und -schutz informieren wollen, sollten Sie die Links im folgenden Abschnitt besuchen. Sie beweisen vor allem, dass Sicherheit oft ein Katz-und-Maus-Spiel ist.

Linux Kernel-Patch

Autor: Solar Designer

Plattform: Linux (aber das Prinzip gilt auch für andere Distributionen)

URLs: `http://www.openwall.com/linux/` und `http://www.insecure.org/sploits/non-executable.stack.problems.html` (Sie sollten sich die ganze Website ansehen.)

Der Patch bietet die folgenden Merkmale, die in der *README*-Datei beschrieben sind:

- nicht ausführbaren Benutzerstapelbereich
- eingeschränkte Verknüpfungen in */tmp*
- eingeschränkte FIFOs in */tmp*
- eingeschränkten Zugriff auf */proc*
- spezielle Verarbeitung von `fd 0`, `1` und `2`
- erzwungenes `RLIMIT_NPROC` auf `execve(2)`
- die Zerstörung gemeinsam benutzter Speichersegmente, wenn diese nicht mehr benötigt werden
- privilegierte IP-Aliase (nur Linux 2.0)

Der Patch ist zur Zeit (Mai 2001) nur für Linux-Kernel bis 2.2 erhältlich. Nach Aussagen von Solar Designer wird der neue stabile Linux-Kernel (Version 2.4) unterstützt, wenn die Versionsnummern Bereiche von 2.4.5 bis 2.4.10 erreichen.

20.2.5 Multilevel Trusted Systems

Zur letzten Kategorie von UNIX-Distributionen zählen die Trusted Systems (vertrauenswürdige Systeme).

> **WEGWEISER**
> Vertrauenswürdige Betriebssysteme (TOS – Trusted Operating Systems) stellen grundlegende Sicherheitsmechanismen und -dienste zur Verfügung, die es einem Computersystem ermöglichen, klassifizierte Daten zu schützen, zu unterscheiden und zu separieren. TOS werden seit den frühen 80er-Jahren entwickelt und seit 1984 von der National Security Agency (NSA) bewertet. Weitere Informationen finden Sie unter `http://www.sei.cmu.edu/str/descriptions/trusted_body.html`.

Unter dem traditionellen Privilegienmodell von UNIX hat der root-Benutzer die vollständige Kontrolle über das System. Root kann alles tun – root ist wie Gott.

In einem TOS ist jedoch das Privilegien-Paradigma komplett verändert. Der root-Benutzer wird zu einem Normalsterblichen, der ebenfalls den normalen Gesetzen des vertrauenswürdigen UNIX-Universums untersteht.

Ein TOS bietet einen fein abgestuften Mechanismus für die Kontrolle darüber, welche Aktionen ein Benutzer ausführen kann.

Jeder Stammleser von *news.alt.security.unix* kennt beispielsweise die oft gestellte Frage: »Wie kann ich verhindern, dass meine UNIX-Benutzer von meinem Server aus über Telnet/rlogin auf andere Netzwerksysteme zugreifen?«

Auf einem Standard-UNIX-System sind Ihre Optionen beschränkt und nicht sehr wirksam. Sie können den Zugriff auf die Telnet-Binary verhindern oder diese ganz löschen – aber ein Benutzer kann einfach eine andere Kopie hochladen und die gewünschten Berechtigungen einrichten (höchstwahrscheinlich mit einem harmlos aussehenden Dateinamen, um eine Erkennung zu verhindern). Benutzer könnten ein ganz anderes Programm verwenden oder sogar selbst eines entwickeln.

Die Lösung besteht darin, Benutzeraktivitäten nicht länger auf Benutzerebene zu kontrollieren – es ist sinnlos. Anstatt zu versuchen, den Benutzer mit Hilfe von Dateiberechtigungen davon abzuhalten, einen Befehl auszuführen, gehen Sie einen anderen Weg – legen Sie fest, welche Systemressourcen der Befehl benötigt, um ausgeführt werden zu können.

Um mit einem Remotesystem zu kommunizieren, muss das Telnet-Programm eine TCP-Netzwerkverbindung zu dem vom Benutzer angegebenen System aufbauen (beispielsweise `Telnet` *`ZielHost`*). Dafür braucht es einen Kommunikationsendpunkt auf dem lokalen System, der als Socket bezeichnet wird. Nur wenn es einen Socket erhält, kann sich das Programm mit dem Zielsystem verbinden. Nach dem Verbindungsaufbau kann der empfangende Telnet-Dämon auf dem Rechner *ZielHost* die Verbindung auf Basis seiner Zugriffskontrollrichtlinien entweder annehmen oder ablehnen.

Benutzerprogramme können Sockets nicht einfach aus der Luft greifen. Sie müssen den Kernel danach fragen. Folglicherweise muss das Telnet-Programm den Kernel darum bitten, einen Socket für die TCP-Kommunikation zu erzeugen. Und das ist Ihr Kontrollpunkt. Sie könnten bis zum Verbindungsaufruf warten, aber warum sollten Sie zulassen, dass dem Programm eine begrenzte Systemressource (ein Socket) zugewiesen wird, wenn Sie nicht wollen, dass es sich verbindet? Um diese Kontrolle zu implementieren, müssen Sie den Kernel modifizieren. Wenn Sie ein Closed-Source-UNIX-System haben, ist für die meisten von Ihnen die Reise hier beendet. Es ist schwierig, Code für Systemaufrufe zu verändern, wenn Sie keinen Quellcode haben (es ist möglich, wird aber nicht unterstützt). Administratoren von Open-Source-Distributionen haben hier sicher einen großen Vorteil.

> **WEGWEISER**
> Thomas H. Ptacek ist genau diesen Weg gegangen und hat den kompletten Prozess für einen BSD-Kernel dokumentiert – siehe `http://skoda.sockpuppet.org/tqbf/sysctlpriv.html`. Wiederholen Sie diese Übung für jeden anderen Systemaufruf, der von Ihrem Kernel unterstützt wird, und Sie haben einen Teil eines grundlegend vertrauenswürdigen Betriebssystems.

HINWEIS

Ein Benutzerprogramm (das manchmal auch als *Userland*-Programm bezeichnet wird) kann den Kernel nicht beliebig modifizieren. Wäre dies der Fall, wäre es ein Kinderspiel, root-Zugriff zu bekommen. Sie könnten einfach den Speicherstandort, der die Besitzerkennung Ihrer aktuellen Prozesskennung enthält, durch die Zahl 0, also root, ersetzen. Wenn Ihr Prozess beim nächsten Mal einer Zugriffsüberprüfung unterzogen wird, wird der Kernel Ihre Prozess-ID in der Prozesstabelle suchen und die Nummer 0 sehen – Sie würden also jede Zugriffsüberprüfung bestehen! Aber Benutzerprogramme brauchen eine Methode, mit der sie den Kernel darum bitten, Aktionen für sie auszuführen. Das liegt daran, dass der Kernel allein für den Zugriff auf Systemgeräte verantwortlich ist, beispielsweise für den Zugriff auf den Monitor, die Festplattenlaufwerke, den Speicher, die Netzwerk-Interfaces und so weiter. Programme führen Anfragen an den Kernel über Systemaufrufe durch. Ein Systemaufruf ist eine Einzelaktion wie zum Beispiel »Öffne diese Datei«. Eine Liste der Systemaufrufe, die Ihr System unterstützt, finden Sie in */usr/include/sys.h*. Im Kernel gibt es eine syscall-Tabelle, in der die Nummer des Systemaufrufs und ein Zeiger zu dem Code enthalten sind, den der Kernel zur Verarbeitung der Anfrage aufruft. Der Kernel gibt die Kontrolle an das Benutzerprogramm zurück, wenn der Code, der den Systemaufruf implementiert, zurückgegeben wird.

Vertrauenswürdige Betriebssysteme implementieren die folgenden Konzepte/Prinzipien:

- **Das Prinzip der Mindestprivilegien**. Das bedeutet, dass jedem Subjekt (Benutzer) die eingeschränkte Sammlung von Privilegien zugewiesen wird, die für die Durchführung autorisierter Aufgaben unbedingt notwendig ist. Mit diesem Prinzip wird der Schaden in Grenzen gehalten, der aufgrund eines Versehens, eines Fehlers oder nicht autorisierter Benutzung entstehen kann.
- **Obligatorische Zugriffskontrollen (Mandatory Access Controls – MAC) wie von den TCSEC (Trusted Computer System Evalutation Criteria) definiert**. »Eine Methode zur Einschränkung des Zugangs zu Objekten auf Basis der Sensibilität (dargestellt durch eine bestimmte Einteilung) der in den Objekten enthaltenen Informationen und der formalen Autorisierung (das heißt Berechtigung) des Subjekts, auf derart sensible Informationen zuzugreifen.«
- **Einklammern von Privilegien**. Das Prinzip, Privilegien für die kleinste Einheit von Code nach Bedarf zu aktivieren und zu deaktivieren.
- **Eine vertrauenswürdige Verarbeitungsbasis**. Die Gesamtheit der Schutzmechanismen innerhalb eines Computersystems inklusive Hardware, Software und Firmware. Die Kombination aus diesen ist für die Erzwingung einer Sicherheitsrichtlinie verantwortlich. *Hinweis*: Die Fähigkeit einer vertrauenswürdigen Verarbeitungsbasis, eine einheitliche Sicherheitsrichtlinie korrekt

zu erzwingen, hängt davon ab, ob die Mechanismen innerhalb dieser vertrauenswürdigen Basis korrekt sind, ob diese Mechanismen geschützt sind, sodass ihre Korrektheit garantiert werden kann, und ob Parameter, die für die Sicherheitsrichtlinie relevant sind, korrekt eingegeben werden.

Bis vor kurzem waren die Hauptkunden für die TOS-Technologie Militär- und Regierungseinrichtungen. Aber mit der explosionsartigen Verbreitung des E-Business hat sich dies geändert. Es liegt eine gewisse Ironie darin, dass die in das Internet gerichteten Systeme so viel Aufmerksamkeit erhalten, wenn man bedenkt, dass eine Studie zu IT-Sicherheitsvorfällen nach der anderen ergibt, dass 50 bis 80 Prozent aller Angriffe ihren Ursprung innerhalb einer Organisation haben. Aber das ist nicht der einzige wichtige Punkt, denn interne Angriffe haben auch den höchsten Preis, weil Insider den meisten Schaden anrichten können.

Zu der Zeit, als dieses Buch geschrieben wurde, gab es zwei wichtige kommerzielle Anbieter für UNIX-TOS-Produkte: HP und Argus Systems.

Hewlett-Packard Praesidium VirtualVault

Das TOS VirtualVault von HP läuft nur auf HP-Hardware. Das Betriebssystem ist eine gehärtete Version von HP-UX. Der Schwerpunkt liegt auf webbasierten E-Business-Anwendungen, und VirtualVault wird mit dem Netscape Enterprise Server und einem Trusted Gateway Agent ausgeliefert.

VirtualVault ersetzt den allmächtigen root-Benutzer durch 50 verschiedene Privilegien und gewährt jeder Anwendung nur die minimalen Betriebssystemprivilegien, die für eine korrekte Ausführung benötigt werden. Das System integriert viele der Features für ein *B-Level Department of Defense Trusted Computer System* (TCSEC). Weitere Informationen finden Sie unter `http://www.hp.com/security/products/virtualvault/papers/`.

> **WEGWEISER**
> Auch VirtualVault hat den Test auf Sicherheits-Bugs nicht ganz unbeschädigt überstanden. Werfen Sie einen Blick auf folgende Website: `http://www.securityfocus.com/vdb/middle.html?vendor=HP&title=VirtualVault&version=any`.

Argus Systems Pitbull

Der andere Hauptbeteiligte im TOS-Bereich ist Argus Systems (`http://www.argus-systems.com`). Dessen Produkt Pitbull ist für Solaris und Windows verfügbar. Zu der Zeit, als dieses Buch geschrieben wurde, war die Entwicklung von Portierungen für IBM AIX und Linux schon recht weit fortgeschritten.

Pitbull wird über das vorhandene Betriebssystem installiert und ersetzt dessen Kern durch vertrauenswürdige Komponenten.

Bei einem Hacking-Contest in London im April 2001 gelang es einer kleinen Gruppe polnischer Hacker, das von Argus zur Verfügung gestellte System (Pitbull unter Solaris x86) zu knacken. Allerdings stellte sich heraus, dass der Fehler an

Solaris x86 lag und Argus vergessen hatte, einen aktuellen Patch für dieses Problem zu installieren. So konnten die Hacker Pitbull komplett außer Gefecht setzen und sich die höchsten Privilegien sichern. Argus zeigte sich als guter Verlierer und zahlte die etwa 100.000 Mark Preisgeld aus. Mehr über den Contest finden Sie unter `http://www.argus-systems.com/events/infosec/`.

> **WEGWEISER**
> Die Gründer von Argus Systems haben die Website *The Argus Revolution* eingerichtet, um die Diskussion, Entwicklung und Verbreitung der TOS-Technologie anzuregen. Sie finden die Website unter `http://www.argusrevolution.com/`. Sie können sogar eine freie Kopie von Pitbull für den nichtkommerziellen Gebrauch von folgender Adresse herunterladen: `http://www.argusrevolution.com/pitbullsupport.html`. Ich kann Ihnen nur empfehlen, Pitbull herunterzuladen, wenn Sie sich in die TOS-Technologie vertiefen wollen.

Für beide der eben genannten Produkte ist der Quellcode nicht verfügbar. Zu den nichtkommerziellen Optionen mit freiem Quellcode gehören ein BSD-Projekt und ein Angebot von der NSA.

Trusted BSD

TrustedBSD (`http://www.trustedbsd.org/`) lässt Sie einen Blick auf den Code werfen.

TrustedBSD befindet sich derzeit noch in der Entwicklungsphase und ist eine Sammlung von Sicherheitserweiterungen für das UNIX-Betriebssystem FreeBSD. Die Entwickler hoffen, dass FreeBSD mit TrustedBSD in Umgebungen eingesetzt werden kann, die höhere Anforderungen an die Sicherheit stellen. Die Erweiterungen werden in den Kern von FreeBSD (`http://www.freebsd.org`) integriert.

NSA

Die höchst verschwiegene U.S. National Security Agency (NSA) hat zusammen mit Network Associates, Mitre und Secure Computing eine Sicherheitserweiterung mit offenem Quellcode für Linux veröffentlicht. Dazu gehört eine »starke, flexible obligatorische Architektur für die Zugriffskontrolle, die auf der Typenerzwingung basiert«. Der Online-Dokumentation zufolge entwickelte die NSA die Flask-Sicherheitsarchitektur und integrierte sie als Prototyp in die Forschungsbetriebssysteme von Mach und Fluke. Mit der Integrierung der Flask-Architektur in das Betriebssystem Linux hofft die NSA, die Benutzerbasis für die Technologie erheblich zu erweitern. Weitere Informationen finden Sie unter `http://www.nsa.gov/selinux/index.html`.

TOS-Einsatz in der Realität

Die erhebliche Verbesserung der Sicherheit, die ein TOS bietet, hat ihren Preis, insbesondere in folgenden Punkten:

- Es sind spezialisierte Administrationskenntnisse erforderlich. Der Administrator (oder auch mehrere) muss sich sich sowohl mit TOS-Konzepten als auch mit der Administration eines realen Betriebs sehr gut auskennen. Es ist nicht leicht, erfahrene TOS-Administratoren zu finden (sie sind sehr dünn gesät). Sie müssen außerdem berücksichtigen, dass sich interne Support-Strukturen aufgrund der rollenbasierten Administration eines TOS ändern müssen.
- Sie müssen die Sicherheitsanforderungen an Ihre Anwendungen *vollkommen* verstehen. Die Installation eines TOS bringt sofortige Vorteile – Ihr Betriebssystem ist plötzlich immun gegen den größten Teil möglicher Angreifer. Nun müssen Sie Ihrem TOS aber von Ihren Anwendungen erzählen – das heißt festlegen, auf welche Betriebssystemressourcen Ihre Anwendungen zugreifen müssen. Dies kann aus zweierlei Gründen kompliziert sein: Erstens enthalten die Dokumentationen zu den Anwendungen nur selten die Art von detaillierten Informationen, die Sie benötigen, um dies zu tun. Zweitens sind Anwendungen ein bewegliches Ziel. Das Testen vor Upgrades wird ultra-wichtig – eine subtile, nicht dokumentierte Veränderung in einer selten benutzten Anwendungsfunktion könnte zu Zugriffsproblemen führen, wenn das TOS-Anwendungsprofil nicht aktualisiert wurde. Für kommerzielle Kunden, die beliebte Unternehmensprodukte (wie beispielsweise ORACLE RDBMS) einsetzen, ist dies weniger problematisch, weil kommerzielle Anbieter der TOS-Technologie meist Sicherheitsprofile für übliche Unternehmensanwendungen haben. Ungewöhnliche Closed-Source-Anwendungen müssen von Administratoren, die sich mit dem Troubleshooting von TOS-Kompatibilitätsproblemen gut auskennen, genauestens geprüft und beobachtet werden.
- Verlust der Flexibilität. Um das Potenzial Ihres TOS voll auszuschöpfen, werden Sie die Privilegien von Anwendungen und administrativen Accounts sichern wollen. Per Definition bedeutet dies einen Verlust der Flexibilität – Sie werden wichtige Konfigurationsveränderungen in Hinsicht auf sicherheitssensible Teile des Betriebssystems nicht mehr nebenbei vornehmen können. Wenn Ihnen eine umfassende Flexibilität wichtiger ist als sehr hohe Sicherheit, sollten Sie kein TOS einsetzen. Es geht darum, das richtige Tool für den richtigen Job zu finden. Und vergessen Sie nicht, dass Flexibilität auch dem Angreifer zugute kommt!
- Auch TOS-Systeme können angegriffen werden, wenn sie nicht sorgfältig konfiguriert sind oder Bugs enthalten. Die Bereiche, in denen Sie für eine Abwehr sorgen müssen, sind unter folgender Adresse detailliert dargestellt: `http://www.argusrevolution.com/downloads/DefCon.ppt`.

Die Entscheidung für ein Trusted UNIX-System wird von Ihrer Risikoanalyse abhängen: dem Wert der Informationen, die Sie schützen wollen, den erkannten Bedrohungen und der Wahrscheinlichkeit eines Angriffs. Sicherheitskontrollen sind in gewissem Maße eine Versicherungspolice. Ihre Ausgaben für die Sicherheit (sowohl Erstkosten als auch Folgekosten) sollten dies widerspiegeln.

20.3 Sicherheitsaspekte bei der Auswahl einer Distribution

Berücksichtigen Sie die folgenden wichtigen Sicherheitsfaktoren, wenn Sie eine UNIX-Distribution auswählen:

- Sie sollten die beabsichtigte Verwendung des Systems verstehen. Gegen welche Bedrohungen muss das System verteidigt werden? Berücksichtigen Sie physikalische, menschliche und technologische Bedrohungen.
- Beurteilen Sie die technische Sicherheitskompetenz und das Sicherheitsbewusstsein des primären Administrators. Distributionen, die von üblichen technischen Sicherheitskenntnissen bedeutend abweichen, sollten als höheres Risiko betrachtet werden (es sei denn, dass für technische Sicherheitsschulungen gesorgt wird). Sicherheitsschulungen von Seiten der Anbieter sind meist schwach. Das SANS-Institut gibt gute einführende Kurse. Im deutschsprachigen Raum sind mir noch keine distributionsunabhängigen Kurse bekannt, die das Niveau der Kurse des SANS-Institutes erreichen. Allerdings werden nahezu für alle Distributionen spezialisierte Kurse im Bereich Sicherheit angeboten. Links zu Anbietern finden Sie am besten über die Homepage der Distribution beim Anbieter selbst oder bei einem seiner Kooperationspartner.

HINWEIS
1997 veröffentlichte das CERT-Koordinationszentrum einen *Report to the Presidents Commission on Critical Infrastructure Protection.* Schlüsselpunkte waren Sicherheitsbewusstsein und Sicherheitsschulungen für Benutzer und Administratoren.

- Informieren Sie sich, wie der Anbieter mit gemeldeten Sicherheitsschwachstellen umgeht. Gibt er überhaupt zu, dass seine Distribution Schwachstellen hat? Gibt es einen klar dokumentierten Prozess für die Handhabung von Berichten von außen? Verfolgt er die Bugtraq-Liste wegen Berichten zu Sicherheitsproblemen in seiner Software? Stellt er E-Mail-Adressen zur Verfügung, über die man neue Sicherheitsprobleme melden kann?
- Bewerten Sie die Reaktionszeit des Anbieters für die Behebung von Sicherheitsschwachstellen. Die Schwachstellendatenbank von SecurityFocus ist nützlich für einen Vergleich zwischen dem Datum der öffentlichen Bekanntgabe und dem Datum, zu dem der Fix des Anbieters zur Verfügung stand.
- Ziehen Sie die Ausgereiftheit und die Stabilität integrierter Sicherheitstools und -Interfaces in Betracht. Schwache Bereiche sind oft die C2-Audit-Protokollverwaltung und -analyse, die gemischte Erfassung der Dämonprotokollierung an syslog und umständliche Sicherheitsinterfaces, die zu Fehlern in den Sicherheitseinstellungen führen können.
- Führen Sie eine Analyse der offenen Bereiche durch, indem Sie die nativen Sicherheitsfunktionen mit Ihrer UNIX-Sicherheitsrichtlinie vergleichen. Berücksichtigen Sie Verfügbarkeit, Kosten und Installationsaufwand für Drittanbieter- oder Open-Source-Tools, die notwendig sind, um eventuelle Lücken zu schließen.

- Schätzen Sie den Zeitaufwand, um eine Standarderstinstallation der Distribution entsprechend Ihren Richtlinien durchzuführen. Kalkulieren Sie dabei die Kosten für die Zeit des Administrators und eventuelle Verzögerungen von Projekten mit ein. Das sind die Kosten beim Kauf von Distributionen, die standardmäßig nicht sicher sind. Fragen Sie den Anbieter nach angemessenen Methoden, um diese Kosten zu verringern.
- Besuchen Sie die Support-Website des Anbieters. Wie lange brauchen Sie, um Sicherheitswarnungen/-hinweise und Patches zu finden? Lesen Sie einige der Sicherheitshinweise. Sind sie leicht verständlich? Sind sie ausführlich genug, sodass Sie beurteilen können, ob Sie den Patch benötigen? Vergleichen Sie den Sicherheitshinweis mit der ursprünglichen Ankündigung auf Bugtraq (durchsuchen Sie die Archive unter `http://archives.neohapsis.com/search/`). Stimmt die Bewertung des Anbieters mit dem ursprünglichen Bericht überein?
- Bewerten Sie die Einfachheit der Sicherheits-Patches. Sind stabile Tools verfügbar, um fehlende Patches leicht zu identifizieren? Werden diese regelmäßig aktualisiert? Kann die Installation von Patches auf eine zuverlässige Art und Weise für Server-Farmen automatisiert werden? Gibt es MD5-Hashwerte, um die Integrität des Patches sicherzustellen? Denken Sie an die SANS-Resultate, nach denen eine fehlende Aktualisierung des Systems nach dem Entdecken eines Sicherheitslochs der dritthäufigste Sicherheitsfehler ist.
- Überprüfen Sie die Freigabeversionen jeder gebündelten Drittanbietersoftware (wie beispielsweise sendmail, bind oder wu-ftpd). Stellen Sie sicher, dass diese auf dem aktuellsten Stand sind oder dass der Anbieter Fixes für Sicherheitsprobleme rückportiert hat.

20.4 Sicherheitsrisiken von UNIX

Sie haben Ihre UNIX-Distribution ausgewählt (oder jemand anderes hat das für Sie getan) und müssen jetzt wissen, wo die Risiken liegen. Alle Betriebssysteme haben Sicherheitsprobleme – auch wenn jemand versuchen sollte, Sie vom Gegenteil zu überzeugen. Alles, was eine gewisse Komplexität mit sich bringt, von Menschen geschrieben wurde und von Menschen verwaltet wird, zieht auf seinem Weg die wundervollen Fehler der Autoren mit sich.

Die wichtigsten Risikobereiche auf einem typischen, modernen UNIX-System sind meist folgende:

- **Falsch konfigurierte bzw. fehlerhafte Netzwerkdienste**. Diese lassen Ihr Netzwerk offen für Angriffe von jedem, der Ihren Server über das Netzwerk »sehen« kann. Der Angreifer benötigt keinen Account auf Ihrem System, um diese Sicherheitslöcher auszunutzen. Diese werden als *Remoteschwachstellen* eingestuft.

- **Schlecht gewählte Benutzerpasswörter**. Grundsätzlich gilt, dass Passwörter für die meisten Benutzer eine Unannehmlichkeit darstellen. Bei Systemen, die extrem strenge Passwortregeln erzwingen, wird meistens nur erreicht, dass Benutzer sich ihre Passwörter aufschreiben. Ein Mittelweg ist erforderlich – dies ist eher ein menschliches als ein technisches Problem. Hier ist die Aufklärung der Benutzer über die Risiken von fehlendem Sicherheitsbewusstsein das A und O.
- **Privilegierte Programme mit Bugs (set-uid/set-gid)**. Was passiert, wenn ein Angreifer ein Programm untergräbt, das mit speziellen Privilegien ausgeführt wird? Nun, das hängt von der jeweiligen Schwachstelle ab. Allzu oft wird aber die Systemsicherheit verletzt, und der Angreifer kann die Kontrolle über das Betriebssystem übernehmen. Die Probleme werden als *lokale Schwachstellen* bezeichnet, da der Angreifer einen Benutzer-Account benötigt, um diesen auszunutzen. (Der Account kann auf legitime Art und Weise erhalten werden oder auch nicht.)
- **Dateisystem-Alpträume**. Schlecht eingerichtete Dateiberechtigungen, schlampige Handhabung von temporären Dateien, Race-Bedingungen und unsichere Standardeinstellungen sind die üblichen Missetäter. Eine Ausnutzung dieser Situationen kann zu einer Offenlegung sensibler Daten, einem Einschleusen von Code mit einem Trojanischen Pferd und zur Zerstörung von Daten führen. Fazit: Ein unsicheres Dateisystem betrifft die Integrität des gesamten Systems.
- **Unsichere Anwendungen**. Native Entwicklungen zusammen mit schlampigen Programmiertechniken produzieren eine riesige verwundbare Stelle in Ihrem System – die jedem offenbart wird, der versucht, die Vielzahl der möglichen Schwachstellen auszunutzen. Es reicht nicht aus, Ihren UNIX-Server zu verriegeln, wenn jemand ohne Mühe die Sicherheit Ihrer Anwendungen aushebeln kann.

Das gemeinsame Merkmal all dieser Risikobereiche ist unsicher geschriebener Code.

Wir werden jeden einzelnen Bereich in späteren Abschnitten detailliert darstellen.

HONIGTÖPFE

Einige Leute nutzen Schwachstellen, um Angreifer zu studieren. Lance Spitzner hatte früher seinen Spaß daran, in seinen alten Öltanks Dinge explodieren zu lassen. Heute beobachtet er gern Angriffe, die gegen sein »Honigtopf«-System ausgeführt werden:

`http://project.honeypot.org/`

Ein Opfer-Host wird aufgebaut – auf dem zum Beispiel eine Standardinstallation von Red Hat Linux ohne Sicherheits-Patches läuft – und mit dem Internet verbunden (üblicherweise außerhalb einer Firewall oder innerhalb einer DMZ). Eine Reihe von Protokollierungsmechanismen wird aktiviert, um Eindringlinge und Angriffe aufzuzeichnen. Nach einer Kompromittierung kann Lance jede Aktivität des Angreifers über die abgefangenen und aufgezeichneten Pakete rekonstruieren.

Diese Art von Übung bietet eine Einsicht in die Art und Weise, in der Angreifer einen Opferrechner kompromittieren und, noch wichtiger, was sie danach tun.

Mehrere Organisationen betreiben Honigtöpfe, um neue Angriffe »In the Wild« zu identifizieren. Durch die Koordinierung ihrer Bemühungen können sie neue Trends verfolgen und Warnungen an die größere Gemeinschaft ausgeben.

Aber seien Sie gewarnt: Wenn Sie Angreifer auf Ihre Website ziehen, sollten Sie besser ganz sicher sein, dass diese nicht Ihr wirkliches Netzwerk kompromittieren können oder entdecken, dass Sie ihre Aktivitäten beobachten. Raffinierte Angreifer können einen Honigtopf sehr schnell erkennen und ausnutzen.

20.4.1 Benutzer-Accounts

Wenn Sie Kapitel 14, »Kennwort-Knacker«, bisher noch nicht gelesen haben, empfehle ich Ihnen, dies jetzt zu tun.

Benutzer – Gott hab sie selig – können die Sicherheit Ihres Systems außer Kraft setzen, egal, welche Schutzmechanismen Sie implementiert haben.

Das uralte Problem schlecht gewählter Passwörter plagt weiterhin jedes Betriebssystem oder Gerät, das diese verlangt.

Ein mir bekannter Sicherheitsexperte behauptet, dass Passwörter »ihr Verfallsdatum überschritten« haben. Das Problem scheint nicht aus dem Weg zu räumen zu sein, und es gibt keinen Grund zu glauben, dass dies jemals der Fall sein wird. Deshalb muss vielleicht ein anderer Weg eingeschlagen werden, und Sie sollten ernsthaft darüber nachdenken, andere Methoden der Authentifizierung einzusetzen, beispielsweise Einmal-Passwörter (OTP – One-Time Passwords), biometrische Methoden oder Smartcards. Kein Authentifizierungssystem ist perfekt – viele scheinen beeindruckend, bis Sie mit einer genaueren Analyse beginnen. Aber es ist keine gigantische Umstellung nötig, um die Passwortsituation zumindest etwas zu verbessern.

Angenommen, Sie müssen bei UNIX-Passwörtern bleiben, können Sie Folgendes tun:

- Schränken Sie den Zugriff auf den root-Account auf Basis dessen ein, was unbedingt erforderlich ist. Root ist allmächtig, und Sie werden diese Zugriffsebene nicht jedem gewähren wollen, der keinen legitimen Bedarf dafür hat.
- Geben Sie niemandem root-Zugriff, der nicht die entsprechenden technischen Kenntnisse und ein entsprechendes Urteilsvermögen besitzt. Sie werden »entsprechend« erst noch definieren müssen und von Zeit zu Zeit sicher auch Fehler machen. Aber wenn Sie nichtgeschulten Neulingen Zugriff auf root gewähren, schreien Sie geradezu nach Ärger. Machen Sie keine große Sache aus dem root-Account denjenigen gegenüber, denen Sie den Zugriff darauf verwehren – dies könnte Ablehnung und damit möglicherweise ganz andere Sicherheitsprobleme hervorrufen!
- Richten Sie für den root-Account ein starkes Passwort ein. Es sollte mindestens acht Zeichen lang sein und Sonderzeichen enthalten.
- Deaktivieren Sie root-Logins über das Netzwerk. Lassen Sie Administratoren `su` verwenden, oder setzen Sie das Tool *sudo* ein, wenn Sie sich seine Sicherheitsgeschichte angesehen und verstanden haben.

HINWEIS

sudo ist ein unglaublich nützliches Utility. Damit kann der Administrator Benutzern die Ausführung von Befehlen gewähren, für die sie normalerweise keine Berechtigung haben. Nehmen wir beispielsweise an, Sie haben einen Helpdesk, dessen Mitarbeiter Passwörter für jeden außer den Administratoren ändern sollen. Dies lässt sich mit *sudo* leicht realisieren. Sie definieren eine *sudo*-Regel, nach der jeder in der Helpdesk-Gruppe (oder mit der Helpdesk-Benutzerkennung, wenn Sie nicht allergisch gegen gemeinsam verwendete Accounts sind) den Befehl `passwd` als root ausführen kann – mit einem Trick. Sie definieren außerdem, welche Argumente dem Befehl übergeben werden können oder auch nicht. In diesem Fall würden Sie also die Benutzerkennungen der Administratoren als ungültige Argumente festlegen (indem Sie ein Ausrufezeichen als Negierung verwenden). Sie finden *sudo* unter `http://www.courtesan.com/sudo/`.

- Speichern Sie das root-Passwort offline in einem Briefumschlag an einem sicheren Ort. In großen Umgebungen sollten Sie sicherstellen, dass Sie Zugriffe protokollieren.
- Verwenden Sie nicht auf allen Rechnern das gleiche Passwort. Die Kompromittierung eines einzelnen Passworts sollte nicht zu einer vollständigen Offenlegung führen. Teilen Sie Ihr System in virtuelle Gruppen ein, entweder nach Risiko oder nach der Sensibilität der Daten. Ordnen Sie jeder virtuellen Gruppe ein eindeutiges root-Passwort zu. In der Praxis könnten diese Gruppen beispielsweise »Test«, »Entwicklung« und »Produktion« genannt werden.

Wenn Sie feststellen, dass auf allen dieser drei Systeme die gleichen Daten gespeichert sind, sollten Sie Ihre Richtlinien zur Datensicherheit überdenken oder Ihre Systeme anders gruppieren.

- Verhindern Sie den Zugriff auf Remote-Access-Server, die keine Verschlüsselung unterstützen. Telnet und FTP versenden Passwörter im Klartext über das Netzwerk. Sie sollten zumindest sicherstellen, dass Ihre privilegierten Benutzer `ssh` und `scp` benutzen.
- Implementieren Sie Maßnahmen auf dem Server, die den Aufbau der Passwörter überprüfen. Richten Sie Mindestwerte für die Passwortlänge sowie für die Anzahl der alphanumerischen und, wenn unterstützt, Sonderzeichen ein.
- Implementieren Sie Echtzeit-Wörterbuchüberprüfungen für Passwörter. Verwenden Sie Software wie npasswd (`http://www.utexas.edu/cc/unix/software/npasswd/`) als Ersatz für das integrierte Passwortprogramm. Diese Art von Software verlangt einige Konfigurationsänderungen vonseiten des Administrators, ist aber eine gute Methode, um das Problem leicht zu ratender Passwörter zu lösen.
- Erstellen Sie eine Richtlinie zum Knacken Ihrer Passwörter. Versuchen Sie, einmal im Monat oder im Quartal alle Passwörter zu knacken (inklusive der Administratoren-Accounts). Verfolgen Sie den Prozentsatz der geknackten Passwörter, und setzen Sie Ziele. Verwenden Sie ein angemessen großes Cracking-Wörterbuch, und fügen Sie Wörter hinzu, die mit Ihrer Umgebung zu tun haben (beispielsweise Namen von Projekten, Teams, Lieferanten, Spitznamen und so weiter).
- Erstellen Sie eine Sicherheitsrichtlinie, in der die erforderliche Länge und die Zusammensetzung der Passwörter erläutert werden. Stellen Sie sicher, dass alle Benutzer diese Richtlinie zur Kenntnis nehmen.
- Schulen Sie Ihre Benutzer in Bezug auf Strategien zur Auswahl guter Passwörter. Lassen Sie sie beispielsweise an eine Zeile aus ihrem bevorzugten Song oder Zitat denken und dann mit den ersten Buchstaben jeden Wortes das Passwort bilden -»I Left My Heart in San Francisco« wäre zum Beispiel *IlmhiSF*. Wandeln Sie das Passwort ab, indem Sie einige Sonderzeichen hinzufügen, zum Beispiel *!lmhi$F*. Es dauert eine Weile, ein derartiges Passwort zu knacken, und man kann sich auf diese Weise leichter an schwere Passwörter erinnern.
- Glauben Sie nicht, dass Sie einen Cracker hinters Licht führen können, indem Sie Buchstaben durch Zahlen ersetzen. Programme zum Knacken von Passwörtern tun dies ebenfalls automatisch.
- Denken Sie ernsthaft darüber nach, Account-Sperren nach drei oder fünf gescheiterten Login-Versuchen zu erzwingen. Dies kann allerdings zu einem Denial of Service führen, wenn Sie in einer problematischen Umgebung sind – ein böswilliger Benutzer könnte alle Accounts absichtlich sperren, indem er falsche Benutzerpasswörter eingibt. (DoS ist aber ein geringes Risiko in einem internen Netzwerk.)

- Stellen Sie sicher, dass Ihr Helpdesk gesperrte Accounts nicht einfach für jemanden wiederherstellt (oder neu erzeugt), der mit freundlicher Stimme beim Helpdesk anruft. Es ist eine bekannte Tatsache, dass es einfacher ist, übereifrige Support-Mitarbeiter zu beeinflussen, als eine gut konfigurierte Firewall zu umgehen.
- Ihre Support-Mitarbeiter sollten nicht das gleiche Passwort noch einmal vergeben, wenn sie gesperrte Accounts wiederherstellen. Investieren Sie in eine Software, die phonetisch leicht auszusprechende Passwörter generiert (dies wird für mehrsprachige Support-Abteilungen nicht funktionieren). Schreiben Sie dem Autor eine E-Mail, falls Sie ein gutes Produkt finden.
- Wenn ein Benutzer anruft, um sein Passwort neu einrichten zu lassen, rufen Sie ihn unter einer vorher vereinbarten Nummer zurück oder hinterlassen Sie das Passwort auf seiner Voice-Mail, falls ein Rückruf nicht möglich ist. Teilen Sie dem Benutzer das Passwort nicht an Ort und Stelle mit, es sei denn, sie kennen die Stimme der Person gut genug, um einen Imitator sofort zu erkennen. Dies mag sich etwas arg paranoid anhören, aber denken Sie daran, wie viel eine Person mit Hilfe dieser Methode gewinnen könnte. Sie würden ziemlich dumm dastehen, wenn Sie der Person das Passwort auf einem goldenen Tablett überreichen!
- Spazieren Sie ab und zu durch Ihr Unternehmen, um zu überprüfen, ob Benutzer ihre Passwörter aufschreiben. Werden Passwörter beispielsweise auf Post-It-Notizen an den Monitor geklebt? Ist das der Fall, sollten Sie den Benutzer für eine kleine Unterredung beiseitenehmen. Vielleicht fällt es Benutzern, die wiederholt ihre Passwörter aufschreiben, schwer, sich verschiedene Passwörter für verschiedene Rechner zu merken. Ziehen Sie die Benutzung einer Software wie Counterpanes Password Safe (`http://www.counterpane.com/passsafe.html`) in Betracht. Diese wird auf dem Client-Rechner installiert und kann Passwörter sicher speichern – sie werden mit einem einzelnen Passwort abgerufen. Sie müssen dann nur sicherstellen, dass dieses eine Passwort stark ist und nicht aufgeschrieben wird! Die Software ist besonders nützlich für Administratoren.
- Stellen Sie sicher, dass Ihre Systeme Shadow-Passwörter benutzen. Früher speicherte UNIX Passwörter in der Datei */etc/passwd*. Aber mit den Fortschritten der Prozessortechnologie dauerte es nicht lange, bis diese Passwörter geknackt wurden. Überprüfen Sie noch einmal, dass Ihre Passwörter in einer Datei gespeichert sind, die nur von root gelesen werden kann.
- Vermeiden Sie möglichst hartkodierte Passwörter in Skripten. Wenn Sie diese verwenden müssen, stellen Sie sicher, dass nur autorisierte Benutzer auf diese Datei zugreifen können.
- Vermeiden Sie schlecht geschriebene Clientsoftware, bei der Passwörter für UNIX-Server auf dem Client in einer leicht zu entschlüsselnden Art und Weise gespeichert werden. XOR's in der NT-Registry tut dies beispielsweise.

20.4.2 Sicherheit des Dateisystems

In diesem Abschnitt werden grundlegende Konzepte von Dateisystemen und Privilegien dargestellt.

UNIX behandelt in Bezug auf die Ein- und Ausgabe alles als eine Datei. Tatsächlich hat der Begriff Datei unter UNIX mehrere Bedeutungen:

- **Gewöhnliche Datei**. Eine Abfolge von Datenbytes, die vom Betriebssystem zusammengefasst als Datei betrachtet werden.
- **Verzeichnisdatei.** Eine Liste von Dateinamen und Zeigern auf Metainformationen zu einer Datei (eine etwas ausgefallenere Umschreibung für »Informationen zu einer Datei«). Wenn Sie Lesezugriff auf ein Verzeichnis haben, können Sie die Inhalte des Verzeichnisses lesen – Sie erhalten also eine Verzeichnisauflistung (beispielsweise `ls(1)`). Aber nur der UNIX-Kernel kann die Inhalte dieser Art von Datei verändern (zum Beispiel einen neuen Eintrag hinzufügen).
- **Symbolische Verknüpfungen.** Enthält den Namen einer anderen Datei. Wenn auf eine symbolische Verknüpfung zugegriffen wird, erkennt der Kernel die Datei als eine solche, indem er den Dateityp untersucht, und liest dann die Inhalte der Datei. Der Kernel öffnet die Datei mit dem Namen, der in der symbolischen Verknüpfung gespeichert ist. Systemadministratoren verwenden oft symbolische Verknüpfungen, um Daten in ein anderes Dateisystem aufzunehmen, gleichzeitig aber den Pfad zum Elternverzeichnis beizubehalten. Angreifer dagegen benutzen symbolische Verknüpfungen für böswillige Absichten, wie wir später sehen werden.
- **Zeichenorientierte Gerätedateien.** Diese repräsentieren ein zeichenorientiertes Gerät. Diese Dateien sind das UNIX-Interface zu Geräten, die auf Basis einzelner Zeichen betrieben werden, wie beispielsweise Terminal-Geräte.
- **Blockorientierte Gerätedateien.** Diese funktionieren wie die zeichenorientierten Gerätedateien, aber für blockorientierte Geräte wie beispielsweise Festplattenlaufwerke.
- **Sockets.** Ein Socket ermöglicht es einem Prozess, mit einem anderen Prozess zu kommunizieren – ob auf dem lokalen System (über Interprocess Communication) oder einem Remoterechner. Programme wie Telnet, rlogin und FTP verwenden Sockets.
- **Named Pipes.** Named Pipes unterstützen die lokale Interprozesskommunikation (IPC). Aufgrund der verwendeten Warteschlange werden diese manchmal auch als FIFOs (First In First Out) bezeichnet.

Jedes dieser Objekte wird im Dateisystem gespeichert. Der Schutz des Dateisystems vor Missbrauch ist für die fortwährende Integrität Ihres Betriebssystems, Ihrer Anwendungen und Ihrer Daten entscheidend.

Dateiattribute

Das UNIX-Dateisystem unterstützt eine Standardsammlung von Dateiattributen oder Eigenschaften. Diese Attribute werden in einer Datenstruktur gespeichert, die als Inode (Index Node) bezeichnet wird – jede Datei hat einen Inode. Unter Solaris ist die Inode-Datenstruktur für das ursprüngliche UNIX FileSystem (UFS) in */usr/include/sys/fs/ufs_inode.h* definiert.

In Bezug auf die Sicherheit zählen folgende Attribute zu den wichtigsten:

- **Besitzer-ID.** Die numerische Kennung des Benutzers, dem die Datei gehört.
- **Gruppen-ID.** Die numerische Kennung der Gruppe, der die Datei gehört.
- **Berechtigungen.** Kombiniert mit der Besitzer-ID und Gruppen-ID bestimmen Berechtigungen die Zugriffskontrollen für die Datei.
- **Größe.** Gemessen in Byte.
- **Zeit des letzten Zugriffs.** Die Zeit (angegeben in Sekunden seit dem 01.01.1970), zu der zuletzt auf die Datei zugegriffen wurde.
- **Zeit der letzten Modifikation.** Die Zeit (angegeben in Sekunden seit dem 01.01.1970), zu der die Datei zuletzt modifiziert wurde.
- **Zeit der letzten Inode-Veränderung.** Die Zeit (angegeben in Sekunden seit dem 01.01.1970), zu der die Datei erzeugt wurde.
- **Anzahl harter Verknüpfungen.** Die Anzahl der Dateien, die auf diese Datei »zeigen«.

Das Attribut für die Berechtigungen definiert die Zugriffsrechte für den Besitzer, die Gruppe und alle anderen Benutzer des Systems. Der root-Benutzer und der Besitzer der Datei können den Zugriff auf eine Datei kontrollieren, indem sie Berechtigungen für die Datei und die Elternverzeichnisse einrichten.

In einer Standardimplementierung von UNIX wird der root-Benutzer keinen Berechtigungsüberprüfungen unterzogen – root kann jede Datei lesen, beschreiben oder ausführen. Beachten Sie, dass unter UNIX der Schreibzugriff auch das Löschen der Datei umfasst – per Definition können Sie, wenn Sie Schreibzugriff auf eine Datei haben, die Inhalte der Datei löschen.

Leser, die mit Dateisystemberechtigungen nicht vertraut sind, sollten die Manpage zu `chmod` lesen. Als weiterführende Lektüre kann ich folgendes Buch empfehlen: W.R. Stevens, *Advanced Programming in the Unix Environment*, Addison-Wesley, 1992, ISBN 0-201-56317-7.

Berechtigungen in der Praxis

Um mit dem Namen auf eine Datei zuzugreifen, muss ein Benutzer das Ausführungsrecht für jedes im Pfad zur Datei enthaltene Verzeichnis und die entsprechenden Zugriffsrechte für die Datei selbst haben. Für Dateien im aktuellen Verzeichnis braucht ein Benutzer also das Ausführungsrecht für das aktuelle Verzeichnis.

Um eine Datei in einem Verzeichnis erzeugen zu können, braucht ein Benutzer das Ausführungsrecht für alle Verzeichnisse im Pfad sowie Schreibrechte für das Zielverzeichnis.

Wollen Sie eine Datei löschen, müssen Sie nicht unbedingt der Besitzer der Datei sein oder Schreibrechte für die Datei haben. Sie können Dateien löschen, wenn Sie Schreib- und Ausführungsrechte für das Elternverzeichnis haben. Dies kann, falsch eingesetzt, eventuell ein Risiko darstellen.

Um zu verstehen, wie die verschiedenen Berechtigungen überprüft werden, wenn ein Benutzer versucht, eine Datei zu öffnen, müssen Sie verstehen, wie Prozessprivilegien funktionieren.

Einfach ausgedrückt wird ein Prozess erzeugt, wenn Sie ein Programm ausführen. Mit einem Prozess sind mindestens sechs Kennungen (IDs) verbunden:

- **Reale Benutzer-ID.** Die numerische Benutzer-ID Ihres Login-Accounts.
- **Reale Gruppen-ID.** Die numerische Gruppen-ID Ihrer primären Gruppe (der Gruppe, die in Ihrem Eintrag in */etc/passwd* definiert ist).
- **Effektive Benutzer-ID.** Die numerische Benutzer-ID, die während der Überprüfungen der Dateizugriffsrechte verwendet wird.
- **Effektive Gruppen-ID.** Die numerische Gruppen-ID, die während Überprüfungen der Dateizugriffsrechte benutzt wird.
- **Gespeicherte Benutzer-ID.** Eine Kopie der numerischen Benutzer-ID, die von der Funktion `exec` während der Ausführung eines Programms gespeichert wird.
- **Gespeicherte Gruppen-ID.** Eine Kopie der numerischen Gruppen-ID, die von der Funktion `exec` während der Ausführung eines Programms gespeichert wird.

Wenn Sie mehreren UNIX-Gruppen angehören, werden zusätzlich entsprechend viele Gruppen-IDs eingerichtet.

Auf den ersten Blick mag dies übermäßig kompliziert erscheinen. Damit Sie verstehen können, warum so viele IDs erforderlich sind, sollten wir zunächst über einen der wichtigsten UNIX-Sicherheitsmechanismen reden, das set-uid/set-gid-Privileg.

Das set-uid/set-gid-Privileg

Wenn Sie ein Programm ausführen, wird normalerweise ein Prozess erzeugt, der mit den Privilegien läuft, die Ihrer Benutzer-ID entsprechen. Das macht Sinn, denn schließlich sollen Sie keine Dateien oder Prozesse anderer Benutzer verarbeiten können. Einige Programme allerdings müssen privilegierte Vorgänge ausführen und das ist nicht möglich, wenn sie unter der Benutzer-ID eines nicht privilegierten Aufrufers laufen. Um einem Programm privilegierte Rechte zu gewähren, kann der Programmbesitzer (oder root) über den Befehl `chmod` dem Programm das set-uid- oder set-gid-Bit zuweisen.

Im Gegensatz zu normalen Programmen wird ein set-uid-Programm mit den Privilegien des Programmbesitzers ausgeführt – nicht mit denen des Aufrufers. Wird ein Programm als set-uid gestartet, kann das Programm für Sie Aktionen mit der Autorität des Programmbesitzers ausführen, unabhängig davon, mit welchen Rechten Sie ausgestattet sind, wenn Sie das Programm aufrufen.

set-gid funktioniert auf die gleiche Art und Weise, gilt aber – was nicht weiter überrascht – für Gruppen. Ein set-gid-Programm läuft mit den Privilegien der Besitzergruppe statt mit den Privilegien der Gruppe, zu denen der aufrufende Benutzer gehört.

set-gid kann auch für ein Verzeichnis eingerichtet werden. Dann haben Dateien, die innerhalb dieses set-gid-Verzeichnisses erzeugt werden, die gleiche Besitzergruppe wie das set-gid-Verzeichnis. Normalerweise würde der Gruppenbesitzer als die primäre Gruppe des Benutzers eingerichtet. Mit einem set-gid-Verzeichnis kann eine Gruppe von Benutzern, die verschiedenen primären Gruppen angehören, Daten gemeinsam verwenden.

Ein Beispiel für ein set-uid-Programm ist das passwd-Programm. Wenn Sie Ihr Passwort ändern, braucht das System eine Methode, um Ihren Passworteintrag in */etc/shadow* zu verändern. Weil in dieser Datei Passwörter gespeichert werden, kann nur root darauf zugreifen, was aber bedeutet, dass Sie Ihr Passwort nicht auf legitime Art und Weise selbst ändern können. Wird das passwd-Programm dagegen als set-uid eingerichtet, kann auch ein nicht privilegierter Benutzer sein Passwort aktualisieren. Ohne set-uid-Bit müssten sich Benutzer für eine Veränderung des Passworts an den Administrator wenden. Mit der Zeit könnte sich dann bei Ihrem Administrator eine etwas gereizte Stimmung einstellen – einige Hinweise hierzu finden Sie in der BOFH-Reihe unter `http://members.iinet.net.au/~bofh/`.

In unserem Beispiel unterliegt die Sicherheit der *shadow*-Datei der Gnade des passwd-Programms. Kann der Benutzer, der das passwd-Programm ausführt, das Programm auf irgendeine Art und Weise beeinflussen, die der Programmierer nicht berücksichtigt hat, könnte er die *shadow*-Datei direkt modifizieren!

Deshalb sollten set-uid-Programme defensiv programmiert werden, damit sie nicht von einem Angreifer untergraben werden, der auf der Suche nach zusätzlichen Privilegien ist. Im Fall eines root-Programms mit set-uid-Berechtigungen ist das Risiko sehr hoch: Ein einziger ausnutzbarer Bug bedeutet, dass das Spiel vorbei ist – der Angreifer erhält root-Privilegien.

Versuchen Sie einmal mit dem Programm `find` (`man -k find`) Ihr gesamtes Dateisystem nach Dateien mit set-uid/set-gid-Privilegien zu durchsuchen. Sie werden sich wundern, wie viele Programme Sie finden werden, die im Fall einer Fehlprogrammierung zu einer ernsthaften Bedrohung für Ihre Systemsicherheit werden können.

Umask

Unsere Übersicht über Dateiberechtigungen wäre nicht komplett ohne eine Darstellung der umask. Die umask bestimmt die Sammlung der Berechtigungen, die einer neu erzeugten Datei zugewiesen werden, wenn zur Erzeugungszeit keine Berechtigungen explizit angegeben werden. Mit anderen Worten handelt es sich um die Standarddateiberechtigung.

Die umask wird als die Umkehrung der Dateiberechtigungen dargestellt. Ist unsere Standard-umask beispielsweise 022, werden alle Dateien, die wir ohne explizite Einrichtung von Dateiberechtigungen erzeugen, mit 755-Berechtigungen erstellt. Das heißt, die Benutzer-ID hat Lese-, Schreib- und Ausführungsrechte, während die Gruppen-ID und andere (Others) Lese- und Ausführungsrechte haben. Denken Sie daran, dass die umask mit einem Wert eingerichtet werden sollte, der das genaue Gegenteil von den gewünschten Berechtigungen ist.

Ein üblicher Standardwert für die umask ist 022. Dieser wird normalerweise in einem systemweiten Login-Skript wie */etc/profile* eingerichtet. Der Wert kann von einem Benutzer überschrieben werden, der einen anderen (normalerweise einschränkenderen) Wert in seinem lokalen Login-Skript angibt (zum Beispiel *~user/.profile*). Der `umask`-Befehl ist ein integrierter Shell-Befehl, der am Shell-Prompt beispielsweise als `umask 022` ausgeführt werden kann.

Jeder Prozess in einem UNIX-System hat eine umask-Einstellung – sie betrifft nicht nur die Benutzer, die sich interaktiv einloggen. Wenn das System bootet und die Systemstart-Skripten ausführt, wird eine Reihe von Netzwerkdämonen (Diensten) gestartet. Diese erben den umask-Wert ihres Elternprozesses `init` – normalerweise 022. Alle Dateien, die danach erzeugt werden, erhalten die Berechtigungen der umask, es sei denn, der Programmierer hat explizit Berechtigungen eingerichtet.

Die umask-Einstellung ist daher unglaublich wichtig – wird sie zu locker eingerichtet, könnten andere Benutzer eventuell Ihre Dateien lesen oder in schlimmen Fällen gar überschreiben. Trotz der Bedeutung wird die umask-Einstellung üblicherweise von vielen Programmierern übersehen.

20.4.3 Dateisystem – Risiken

Nachdem wir die Theorie hinter uns haben, lassen Sie uns nun einen Blick auf die Risiken in Bezug auf Dateisysteme werfen. Die primären Risiken sind folgende:

- **Offenlegung von Daten.** Ich will nicht auf einem offensichtlichen Punkt herumreiten, aber Folgendes ist so unglaublich weit verbreitet, dass es einige Aufmerksamkeit verdient. Benutzer und Programme erzeugen Dateien in */tmp* – einem digitalen Schrottplatz. Wenn der Benutzer keine Dateiberechtigungen angibt, wird der umask-Wert zugewiesen. Normalerweise wird eine Standard-umask von 022 eingerichtet, und die in */tmp* gespeicherte Datei erhält allgemeine Leserechte – jeder Benutzer im System kann die Datei lesen.

In einem typischen Multiusersystem ist es nicht ungewöhnlich, in */tmp* Kopien von Skripten zu finden, die Datenbankpasswörter, vertrauliche Unternehmensdaten, sensible Protokollinformationen und Kerndateien mit verschlüsselten Passwörtern enthalten. Gleiches gilt für Heimatverzeichnisse von Benutzern und gemeinsam benutzten Bereichen, die nicht gesperrt wurden, um einen Zugriff durch andere (Others) zu vermeiden. Warum einbrechen, wenn Sie Ihren Weg bis zu root lesen können?

- **Nicht autorisierte Datenmodifikation/Löschen.** Dies kann durch zwei übliche Fehlkonfigurationen geschehen. Die erste sind durch lasche Benutzerpraktiken – jemand richtet ein allgemeines Schreibrecht für Dateien ein. Die zweite Methode hat mit allgemein beschreibbaren Verzeichnissen zu tun. Wenn ich eine Datei in einem Verzeichnis erzeuge, das allgemeine Schreibrechte hat, kann jeder lokale Benutzer sie löschen oder modifizieren.

  Gleiches gilt für Dateisysteme, die über NFS (Network File System) freigegeben werden.

  Die einzige Ausnahme sind Verzeichnisse, für die das Sticky-Bit eingerichtet wurde (beispielsweise */tmp*). Wenn die Dateiberechtigungen gesperrt sind, kann nur der Besitzer in die Datei schreiben. Dies ist nicht immer offensichtlich, da das allgemein beschreibbare Verzeichnis ein Elternverzeichnis des Elternverzeichnisses des aktuellen Verzeichnisses sein könnte. In einem extremen Fall, wenn für das Verzeichnis / allgemeine Schreibrechte eingerichtet sind, kann ein Angreifer jede Datei auf dem System ersetzen, beispielsweise durch Löschen von */usr/sbin*, das durch ein neues */usr/sbin* mit beliebigen Programmen mit Trojanischen Pferden ersetzt wird. Dies kann leicht zu einer vollständigen Beschädigung des Systems führen.

  Fazit ist, dass nicht nur das Elternverzeichnis zählt – sondern jedes Verzeichnis, bis hinauf zu /! Dieses Problem ist in System- und Anwendungsverzeichnissen überraschend weit verbreitet.

- **Ressourcenbelegung.** Jedes Dateisystem wird mit einer begrenzten Anzahl von Inodes aufgebaut. Sind alle Inodes verbraucht, können keine Dateien mehr in das Dateisystem geschrieben werden, unabhängig vom noch verfügbaren freien Speicherplatz. Das kann dazu führen, dass Systemdienste abstürzen oder hängen, wenn zum Beispiel das Verzeichnis */tmp* beteiligt ist. Wurden Dateiübertragungen nicht im Kernel deaktiviert, kann der Missetäter die Schuld einem anderen Benutzer zuschieben, indem er einfach über den Befehl `chown` das auserkorene Opfer als Eigentümer der erzeugten Dateien einrichtet. Eine andere Methode besteht darin, den ganzen freien Speicherplatz zu belegen.

- **Temporäre Dateien mit offensichtlichen Dateinamen**. Programme können zum Löschen oder Überschreiben beliebiger Dateien benutzt werden, wenn sie temporäre Dateien mit offensichtlichen Dateinamen in Verzeichnissen erzeugen, die Schreibrechte für Andere (Others) bieten (üblicherweise im

Verzeichnis */tmp*). Andere Benutzer können einen Dateinamen im Voraus erraten und eine symbolische Verknüpfung zu einer Systemdatei einrichten. Wird das Programm dann ausgeführt, schreibt es Daten an die Systemdatei, die zu einer Datenverfälschung führen. Falls es sich dabei um die *passwd*-Datei handelt, stehen Sie vor einem Denial-of-Service-Angriff. Diese Situation ist unglaublich weit verbreitet – besonders in Anwendungscode und Shell-Skripten von Administratoren.

- **Named Pipes, die den Befehl `find` zum Hängen bringen.** Standardmäßig werden die meisten UNIX-Systeme mit root-crontab-Einträgen zur Ausführung des Befehls `find` ausgeliefert. Außerdem verwenden root-Benutzer `find` oft, um nach bestimmten Dateien zu suchen. Ein Benutzer kann eine Named Pipe erzeugen, die dazu führt, dass `find` hängt, wenn der Befehl die Pipe erreicht. Der `find`-Befehl wird die Pipe zum Lesen öffnen und blockieren (das heißt, sie hängt), während er auf die Daten wartet. Da kein EOF (End of File) übermittelt wird, bleibt `find` hängen, bis der Befehl beendet wird. Ein Angreifer kann diese Methode nutzen, damit der Administrator die nicht autorisierten set-uid-Programme des Angreifers nicht findet. Ein weiterer Angriff in einigen Versionen von `find` umfasst das Einbetten von Befehlen in den Dateinamen. Wenn `find` die Datei an einen `exec`-Befehlsparameter übergibt, interpretiert die Shell alle Shell-Metazeichen (in diesem Fall ;) und führt die eingebetteten Befehle aus.

WEGWEISER
Privilegierte Shell-Skripten, die Dateinamen aus dem Dateisystem lesen und blind an andere Programme weiterleiten, können untergraben werden. SNI (Secure Networks Inc.) hat bereits 1996 einen Sicherheitshinweis veröffentlicht, der unter `http://lists.insecure.org/bugtraq/1996/Dec/0133.html` archiviert ist. Diese Schwachstelle ist heute immer noch in einigen kommerziellen Distributionen zu finden.

- **Named Pipes mit allgemeinen Lese-/Schreibrechten.** Eine Methode, mit der Prozesse untereinander kommunizieren, verwendet das Dateisystem – unter Benutzung einer Named Pipe. Wenn die Pipe mit schwachen Berechtigungen erzeugt wurde, kann ein Angreifer mit Lese-/Schreibrechten auf die Named Pipe zugreifen und den Prozess am anderen Ende untergraben bzw. zum Absturz bringen oder privilegierte Daten lesen.

- **Race-Bedingungen.** Matt Bishop prägte die Abkürzung TOCTTOU (Time Of Check To Time Of Use) für eine übliche Race-Bedingung – das heißt, ein Programm überprüft eine bestimmte Eigenschaft eines Objekts und führt dann eine Aktion aus, die auf der Annahme basiert, dass diese Eigenschaft immer noch gilt. Wenn ein Programm aber Race-Bedingungen folgt, kann ein Angreifer das Objekt zwischen der Überprüfung und der folgenden Verwendung austauschen. Damit wird das Programm getäuscht und arbeitet folglich mit dem falschen Objekt. Weitere Informationen zu Race-Bedingungen finden Sie in Kapitel 29, »Sprachen, Erweiterungen und die Entwicklung sicherer Anwendungen«.

20.4.4 Dateisystem – Gegenmaßnahmen

Nachfolgend finden Sie einige Dinge, die Sie tun können, um die Offenlegung Ihres Dateisystems minimal zu halten.

- Weisen Sie in Ihrer Sicherheitsrichtlinie ganz klar darauf hin, dass die Daten der Organisation geschützt werden müssen. Klassifizieren Sie Daten nach ihrer Sensibilität, und definieren Sie, welche Zugriffskontrollen notwendig sind. Nennen Sie Beispiele.
- Richten Sie für ein privates, temporäres Verzeichnis für einzelne Benutzer die Umgebungsvariable `TMPDIR` ein. Gute Programme überprüfen `TMPDIR`, bevor sie */tmp* verwenden.
- Überprüfen Sie Ihre Shell-Skripten, und ändern Sie alle Referenzen zu Verzeichnissen mit allgemeinen Schreibrechten auf Ihr eigenes *tmp*-Verzeichnis um. Erzeugen Sie außerdem eindeutige Dateinamen, ohne sich auf Zeit, Datum oder Prozess-ID zu verlassen (oder einen schwachen Generator für pseudo-zufällige Zahlen zu benutzen).
- Schulen Sie Ihre Benutzer in Bezug auf Dateiberechtigungen und die Auswirkungen der umask. In sensiblen Umgebungen sollten Ihre Benutzer eine Benutzungsrichtlinie unterschreiben, in der Sie den korrekten Umgang mit den Daten beschreiben.
- Fragen Sie Benutzer, inwieweit sie gemeinsam benutzte Daten benötigen. Erzeugen Sie nach Bedarf zusätzliche UNIX-Gruppen, und fügen Sie diesen die entsprechenden Benutzer hinzu, um die gemeinsame Verwendung von Daten auf einer feiner gegliederten Ebene zu unterstützen. Der Gruppenmechanismus kann auf sehr kreative Art und Weise verwendet werden – denken Sie langfristig, und bauen Sie ein flexibles Gruppen-Zugriffsmodell auf.
- Stellen Sie sicher, dass die systemweite umask in den Startdateien für die System-Shell mindestens auf 027 eingerichtet ist.
- Modifizieren Sie System-Startdateien, um die umask auf 027 einzurichten.
- Erzeugen Sie einen cron-Job, um die Startskripten Ihrer Benutzer auf nicht angemessene umask-Einstellungen zu überprüfen.
- Überprüfen Sie */tmp* und andere freigegebene Verzeichnisse auf Ihrem Server. Führen Sie Stichproben im Verzeichnis */tmp* durch. Lassen Sie Wiederholungstäter wissen, dass sie die Richtlinie verletzen. Werden Ihre Mahnungen nicht beachtet und sind die Daten sensibel, denken Sie darüber nach, dem Management eine Zusammenfassung interessanter Entdeckungen zu mailen.
- Deaktivieren Sie die Erzeugung von Coredumps (Speicherabbilder, die ein abstürzender Prozess erzeugt – nicht zu verwechseln mit Kernel-Ausgaben im Fall von Abstürzen) über den Befehl `ulimit`. Moderne UNIX-Kernel werden sich weigern, Speicherabbilder auszugeben, wenn ein set-uid-Programm

abstürzt, da dies sensible Daten offen legen könnte. Aber privilegierte Systemdienste und Anwendungsprozesse könnten möglicherweise Speicherabbilder ausgeben, was dazu führt, dass Teile sensibler Systemdateien in Speicherabbilder mit allgemeinen Leserechten geschrieben werden. Überprüfen Sie Ihren Fix, indem Sie ein `QUIT`-Signal an einen erweiterbaren Netzwerkdienst übermitteln und sicherstellen, dass dieser in seinem aktuellen Arbeitsverzeichnis keine Speicherabbilder produziert (dies können Sie mit Hilfe von `/proc` oder `lsof` herausfinden).

- Überwachen Sie */tmp* in Bezug auf offensichtliche Dateinamen mit einem Tool wie L0phts tmpwatch, das Sie unter `http://www.atstake.com/research/tools/l0pht-watch.tar.gz` finden.
- Stellen Sie sicher, dass Named Pipes in die Überprüfungen Ihrer Dateiberechtigungen eingeschlossen werden! Named Pipes werden für die Kommunikation zwischen Prozessen (IPC) verwendet, deshalb könnten lasche Berechtigungen dazu führen, dass ein Angreifer in einer Art und Weise mit Prozessen interagiert, die Sie nicht wünschen.
- Verhindern Sie Dateiübertragungen, indem Sie in der Kernel-Konfigurationsdatei `CHOWN RESTRICTED` auf `true` setzen.
- Ziehen Sie die Verwendung erweiterter ACLs (wenn unterstützt) über die Befehle `getfacl` und `setfacl` in Betracht (Solaris). Diese erweitern die Zugriffsinformationen, die in dem Inode gespeichert sind. Sie können benutzt werden, um einem Benutzer Zugriff auf eine Datei oder ein Verzeichnis zu gewähren, auch wenn dieser Benutzer weder in der Besitzergruppe noch der Besitzer der Datei ist und die Dateiberechtigungen einen Zugriff durch andere verweigern. Aber ACLs können in der Administration recht kompliziert sein. Ich persönlich empfehle Ihnen, dass Sie ein gutes Gruppenmodell aufbauen und erweiterte ACLs nur dann benutzen, wenn es wirklich notwendig ist.

20.4.5 Das set-uid-Problem

Programmierfehler in set-uid-Programmen sind eine wahre Quelle von Sicherheitsproblemen. Ein einziges Sicherheitsloch in nur einem set-uid-Programm, das dem Benutzer root gehört, kann alles sein, was ein Angreifer braucht, um root-Zugriff zu erhalten.

Das Problem ist weit verbreitet. Wir reden hier nicht von ein oder zwei isolierten Beispielen – vielmehr geht es um eine wahre Deponie fehlerhafter set-uid-Programme. Werfen Sie noch einmal einen Blick in die Schwachstellendatenbank von SecurityFocus.com, um sich über set-uid-Probleme zu informieren – es gab Hunderte (Tausende?)! Das Problem ist auch nicht behoben – besonders in Programmen von Drittanbietern nicht. Neue set-uid-Schwachstellen werden praktisch jede Woche in Bugtraq gepostet.

WEGWEISER
Das Schreiben sicherer set-uid-Programme kann schwierig sein. Die Tatsache, dass Sie in C programmieren können, macht Sie nicht zu einem Sicherheitsguru. Auch Sicherheitsgurus machen Fehler. Nehmen Sie zum Beispiel L0pht (`http://www.safermag.com/html/safer25/alerts/33.html`) – eine Gruppe, die ihr Thema in- und auswendig kennt.

Die Programmiersprache C ist dem Entwickler von set-uid-Programmen gegenüber recht gnadenlos – C macht Fehler zu einfach und öffnet damit das Scheunentor. Insbesondere fehlende Überprüfungen von Begrenzungen in C haben dazu geführt, dass viele Entwickler Programme mit Pufferüberläufen geschrieben haben.

Aber es wäre eine recht faule Ausrede für uns, wenn wir eine Sprache für die set-uid-Probleme verantwortlich machen würden. Schließlich sind die Sicherheitsfallen von C umfassend dokumentiert – es handelt sich ja nicht um eine neue Sprache. Leider ist die größte Quelle für Sicherheitsschwachstellen der naive Programmierer, der Code zusammenstellt und davon ausgeht, dass dieser sicher ist.

Eine typische UNIX-Distribution wird mit einer großen Anzahl von set-uid-root-Dateien ausgeliefert – im Durchschnitt zwischen 70 und 100. Nun, nicht jede Codezeile läuft unbedingt mit root-Privilegien – das Privileg muss vom Programm über einen Aufruf von set-uid eingerichtet werden. Aber auch wenn die privilegierten Codezeilen sehr sicher geschrieben wurden, kann ein cleverer Angreifer ein Sicherheitsloch im nichtprivilegierten Teil des Codes (das heißt vor dem Aufruf von set-uid) mit verheerenden Folgen ausnutzen. Wenn der Angreifer einen Pufferüberlauf ausnutzt und das Programm dazu zwingen kann, set-uid aufzurufen, ist das Spiel vorbei. Jeder Code, den der Angreifer zur Ausführung an das Programm liefern kann, wird dann mit root-Privilegien laufen.

Erfahrene und sicherheitsbewusste Programmierer entfernen das set-uid-Privileg so schnell wie möglich aus dem Programm.

Aufgrund der Anzahl der privilegierten Programme, bleibt dem Administrator nur die Frage: »Wo wird die nächste Schwachstellen gefunden?« Die Antwort lautet: »Wir wissen es nicht.« Und so finden Sie praktisch in jedem Sicherheitshandbuch den Standardhinweis, das set-uid-Bit aus unnötig privilegierten Programmen zu entfernen. Das ist allerdings leichter gesagt als getan. Woher wissen Sie, was unnötig ist? Klar, Sie wissen, dass Programme wie passwd set-uid sein müssen, aber wie sieht es mit all den anderen Programmen aus? Sie müssen sehr sorgfältig vorgehen, wenn Sie das set-uid-Bit entfernen wollen – es sei denn, Sie wollen in Zukunft viel Freizeit haben.

Ein klassisches Beispiel für irrelevanten set-uid-Code (zumindest für die meisten Leute) ist die KCMS-(Kodak Color Management System)-Programmfamilie. Die Programme werden während einer vollständigen Installation von Solaris als set-uid installiert. Der CERT-Sicherheitshinweis CA-1996-15 beschreibt KCMS als...

> *... eine Sammlung von Openwindows -konformen APIs und Bibliotheken für die Erzeugung und Verwaltung von Profilen, die die Farbleistung von Monitoren, Scannern, Druckern und Filmrecordern beschreiben und kontrollieren.*

Haben Sie als Solaris-Administrator diese Programme jemals benutzt? Ich habe sie nur benutzt, um Systemadministratoren zu zeigen, wie leicht root kompromittiert werden kann.

Ein anderes weit verbreitetes Beispiel ist das ping-Programm. ping sendet ein `ICMP ECHO_REQUEST` an ein Remotesystem und wartet auf eine Antwort (`ICMP ECHO_REPLY`), um zu überprüfen, ob das Remotesystem aktiv ist (nicht unbedingt, ob es funktioniert). Die Standardimplementierung von ping erfordert einen rohen Socket, um das `ICMP ECHO_REQUEST` aufbauen zu können. Dies ist eine privilegierte Aktion, weil der Zugriff auf einen rohen Socket bedeutet, dass Sie benutzerdefinierte Pakete erstellen können – sehr gefährlich in den falschen Händen. Deshalb ist der Befehl `ping` set-uid root.

Leider kann es zu einem Sicherheitsalptraum führen, wenn Sie boshaften Benutzern Zugriff auf scheinbar harmlose Programme wie ping gewähren. Erinnern Sie sich noch an *Ping of Death*? Der `ping`-Befehl hat eine Option, mit der ein Benutzer die Größe des übertragenen ICMP-Pakets kontrollieren kann. Es stellte sich heraus, dass einige Implementierungen von `ping` es Benutzern ermöglichen, sehr große ping-Pakete zu versenden, die dazu führten, dass Remotesysteme abstürzten. Hatte das irgendjemand erwartet? Natürlich nicht. Deshalb ist es unbedingt erforderlich, dem Prinzip der Mindestprivilegien zu folgen. Gewähren Sie Ihren Benutzern nur die Privilegien, die sie unbedingt benötigen, um ihre Aufgaben durchzuführen. Muss jeder Benutzer auf jedem System wirklich in der Lage sein, Netzwerk-Diagnosetools zu benutzen?

Außerdem gibt es noch die set-uid-Programme, die nicht einmal set-uid sein müssen – typisch sind hier Befehle für die Systemadministration. Das set-uid-Bit ist überflüssig, wenn nur root das Programm ausführen kann.

Ich kenne keinen Hersteller, der Anweisungen oder eine ausreichend technische Programmdokumentation anbietet, die einen Administrator dabei unterstützt, nicht erforderliche set-uid-Programme zu identifizieren.

Zum Glück gibt es für Solaris- und Linux-Benutzer einige gute Informationsquellen zum Sichern von set-uid-Programmen.

WEGWEISER

Wahrhaft paranoide Solaris-Benutzer sollten folgende E-Mail auf der YASSP-(Yet Another Solaris Security Package)-Mailing-Liste von einem Sun-Mitarbeiter ansehen, in der dieser darstellt, wie das Unternehmen ins Internet gerichtete Systeme sichert: `http://www.theorygroup.com/Archive/YASSP/2000/msg00548.html`. Informationen zur Sicherung von set-uid unter Solaris 2.6 finden Sie unter URL `http://www.ist.uwaterloo.ca/security/howto/2000-08-22.html` und unter URL `http://www.vetmed.auburn.edu/`

`~whitej4/secureSolaris2.6.html#2.0`.Informationen zu Solaris 2.7 finden Sie unter URL `http://ist.uwaterloo.ca/security/howto/Solaris7_setuid.html`.

Wie können Sie also die Anfälligkeit Ihres Systems für mögliche set-uid-Sicherheitslöcher so gering wie möglich halten?

1. Vermeiden Sie eine Installation der vollständigen Distribution – installieren Sie nur das, was Sie wirklich benötigen. Das ist eine der besten Sicherheitspraktiken. Code, der nicht auf Ihrer Festplatte ist, kann auch nicht gegen Sie verwendet werden. Natürlich ist dies in Umgebungen, die unter dem Druck stehen, Dinge möglichst schnell zum Laufen zu bringen, schwierig. Aber denken Sie immer an die Kosten, die damit einhergehen, ein bereits laufendes System nachträglich zu sichern.

2. Listen Sie alle set-uid/set-gid-Programme auf dem System mit folgenden Befehlen auf:

   ```
   find / -perm -u+s -print
   find / -perm -g+s -print
   ```

3. Finden Sie heraus, wofür jedes Programm vorgesehen ist. Wahrscheinlich werden Sie feststellen, dass einige von ihnen vollkommen überflüssig sind – weder Sie noch Ihre Benutzer werden sie jemals ausführen müssen. Solange diese Programme nicht für den Systembetrieb notwendig sind, können Sie das set-uid-Bit entfernen oder alternativ jeglichen Zugriff durch andere einschränken (das heißt `chmod o-rwx` *`Datei`*).

4. Ermitteln Sie die set-uid-root-Programme, die nur root ausführen wird, und entfernen Sie das set-uid-Bit – diese Programme müssen nicht set-uid sein, weil sie als root ausgeführt werden. Es gibt keinen Grund, potenzielle Zeitbomben herumliegen zu lassen, mit denen jemand herumspielen könnte. Entfernen Sie das set-uid-Bit oder den Zugriff durch andere (beides ist gut). Dies kann auf eine große Anzahl von Programmen zutreffen.

5. Ermitteln Sie die set-uid-Programme, die sensible Systemdaten offen legen und dadurch einem Angreifer das Leben erleichtern, beispielsweise ps, top und netstat. ps und top geben Prozessinformationen aus, inklusive Befehlszeilenargumente – diese können Benutzernamen und Passwörter für Anwendungen enthalten. Sie können einem Angreifer außerdem helfen, Benutzungsmuster zu erkennen, mit denen ein Angriff leichter geplant werden kann. Ganz ähnlich dazu gibt netstat Informationen über Ihre Netzwerktopologie (über den Parameter `-R`) und aktuelle Netzwerkverbindungen (das heißt darüber, wer mit Ihrem System kommuniziert) aus.

   Diese Art von Verletzung der Privatsphäre kann dazu führen, dass Client-Systeme angegriffen werden, die oft einfache Ziele – die »leicht zu erntenden Früchte« eines Netzwerks – sind. Sie können als Remote-Passwort-Sniffer (um Accounts auf weiteren Systemen zu kompromittieren) eingesetzt werden sowie als Proxies, die Untersuchungen des Angriffs auf eine falsche Fährte bringen, oder als Leitungen zu anderen Netzwerksegmenten, die direkt nicht erreichbar sind (das bedeutet, sie sind hinter einer Firewall oder nicht direkt angebunden). Es ist nicht schwer, sich die Konsequenzen vorzustellen, wenn der Opfer-Client-Rechner zur Ebene des Systemadministrators gehört.

Schränken Sie also den Zugriff auf »undichte« set-uid-Programme auf eine strenge Mindestbasis ein. Außerdem sollten Sie Ihre Client-Rechner sichern – sie könnten gegen Sie verwendet werden!

6. Ermitteln Sie die set-uid-Programme, die nur eine vertrauenswürdige Gruppe von Benutzern ausführen muss (zum Beispiel Netzwerkvorgänge). Erzeugen Sie eine eigene UNIX-Gruppe, und fügen Sie die vertrauenswürdigen Benutzer zu dieser Gruppe hinzu. Ändern Sie dann den Gruppeneigentümer der set-uid-Programme auf diese Gruppe (ändern Sie aber nicht den Besitzer, denn dann würde der set-uid-Aufruf nicht funktionieren). Entfernen Sie schließlich – und das ist der wichtigste Punkt – jeden Zugriff durch andere (das heißt `chmod o-rwx` *`Datei`*). Zu diesen Programmen gehören Programme zur Verwaltung der Druckerwarteschlange, Netzwerk-Utilities und Interfaces für die Anwendungsverwaltung.
7. Ermitteln Sie die set-uid-Programme, von denen Sie glauben, dass niemand sie jemals benötigen wird. Bevor Sie ein set-uid-Bit entfernen, müssen Sie absolut sicher sein, dass Sie nichts beschädigen. In diesen Fällen müssen Sie ein Profil der Programmbenutzung erstellen – das heißt, den Aufruf des Programms protokollieren. Eine Methode ist, den AUSCERT-Wrapper zu installieren, den wir weiter oben dargestellt haben. Allerdings werden wir hier den Wrapper nicht zu seinem beabsichtigten Zweck benutzen (auch wenn es nichts gibt, was Sie davon abhält, das zu tun). Statt dessen wird der Wrapper modifiziert, sodass er den Befehl `logger` vor dem Aufruf des tatsächlichen Programms aufruft. Dies ist nicht nötig, wenn Sie ein C2-Autiting konfiguriert haben und Aufrufe von `exec(2)` protokollieren. Sehen Sie sich Ihre Log-Dateien nach einem Monat an. Wurden keine entsprechenden Aktivitäten aufgezeichnet, haben Sie wahrscheinlich eine ausreichende Grundlage, um das set-uid-Bit zu entfernen. Lassen Sie aber Ihren Pager für eine Weile eingeschaltet.
8. Sie sollten nun nur noch eine Hand voll von set-uid root-Programmen haben, die Sie als wichtig betrachten. Modifizieren Sie den AUSCERT-Wrapper für diese Programme, um sicherzustellen, dass keine übermäßig langen Argumente oder Umgebungsvariablen angegeben werden können. Dies wird Sie nicht vor allen, aber vor einigen der üblichen Angriffe schützen.

Klopfen Sie sich auf die Schulter – Sie haben es einem Angreifer viel schwerer gemacht, gegen Ihr System zu gewinnen.

In Bezug auf die Wartung Ihres Systems werden Sie feststellen, dass Patches von Seiten der Hersteller von einer Basisinstallation ausgehen. Deshalb überschreiben Patches und Upgrades Ihre Veränderungen. Lassen Sie nach einem Upgrade immer einen Dateiintegritätsprüfer laufen, um Veränderungen zu ermitteln – so vermeiden Sie, dass Ihre Bemühungen durch unwissende Skripten zunichte gemacht werden.

Behalten Sie immer die Bugtraq-Liste im Auge, um auf dem neuesten Stand der set-uid-Schwachstellen zu sein. Außerdem sollten Sie sich bei der Mailing-Liste für Sicherheitshinweise Ihres Anbieters anmelden, um sicherzustellen, dass Sie schnell über Patches informiert werden.

Wenn Sie nur einige wenige vertrauenswürdige Benutzer in Ihrem System haben, sind Sie vielleicht versucht, die ganze Prozedur zum Entfernen von set-uid außer Acht zu lassen. Bevor Sie das tun, überdenken Sie Folgendes: Sie erleichtern einem Remoteangreifer unabsichtlich das Leben. Wenn ein Angreifer aufgrund eines neuen Exploits Shell-Zugriff zu Ihrem Rechner erhält, wird er jede Schwachstelle, die er finden kann, benutzen, um seine Privilegien auf root zu erhöhen. Set-uid-Programme werden auf seiner Liste ganz oben stehen. Wenn Sie es nicht schaffen, Ihre set-uid-Programme zu sichern, wird ein Angreifer nicht zögern, das gegen Sie zu verwenden.

Sie müssen auch verstehen, dass der root-Zugriff nicht immer das Endziel des Angreifers ist – es hängt davon ab, was er erreichen will. Sie können beispielsweise alle Ihre sensiblen Unternehmensdaten in einer relationalen Datenbank speichern, die einem Benutzer mit dem Namen »datamart« gehört. Natürlich muss der Angreifer nur auf den Account des Datenbesitzers abzielen (oder auf Accounts privilegierter Anwendungen), um vollständigen Zugriff auf die Datenbank zu erhalten. Dies kann durch das Erraten der Passwörter, Methoden sozialer Beeinflussung oder die Ausnutzung von Sicherheitsfehlern in set-uid-Anwendungsprogrammen geschehen. Konzentrieren Sie sich nicht zu sehr auf root, zumindest nicht auf Kosten Ihrer primären Anwendungsaccounts.

Anwendungssoftware wird oft mit set-uid/set-gid-Programmen ausgeliefert. Meiner Erfahrung nach sind diese häufig voller Probleme – wenn Sie das ignorieren, tun Sie es auf eigene Gefahr. Anwendungsprogrammierer, die sich mit Sicherheit auskennen, sind sehr selten.

20.5 set-uid-Programme knacken

Die URLs und kurze Beschreibungen für die Tools, die in den folgenden Abschnitten genannt werden, finden Sie direkt nach dieser Auflistung.

Sie haben eine Software vor sich, die geradezu nach Sicherheitsproblemen riecht. Was können Sie dagegen tun? Einige selbst gebastelte Sicherheitstests durchführen! Sie werden nicht über Nacht zum »Über-Hacker«, aber die folgenden Techniken sind ein guter Startpunkt:

- Suchen Sie im Web nach früheren Schwachstellen des Produkts. Beziehen Sie jeden Code von Drittanbietern, der Teil des Produkts ist, in Ihre Suche mit ein (beispielsweise Library-Routinen).
- Installieren Sie eine Kopie der Software auf einem Testsystem, und beobachten Sie die Installationsroutine ganz genau. Überprüfen Sie die Inhalte aller Log- oder temporären Dateien, die während der Installation erzeugt werden. Sie enthalten möglicherweise Passwörter oder andere offenbarende Informationen. Überprüfen Sie die Dateiberechtigungen. Könnte ein Angreifer die Dateien lesen? Untersuchen Sie außerdem die Standardkonfiguration. Wo liegen die Schwachstellen?
- Ermitteln Sie Programme, die mit set-uid/set-gid installiert werden, und suchen Sie nach verfügbaren Dokumentationen zu Programminformationen (diese könnten allerdings dünn gesät sein).
- Lassen Sie `strings` und `grep` auf den Binaries laufen, um Schwachstellen wie Hintertüren, hartcodierte Aufrufe an andere Programme ohne explizite Pfade, offensichtliche Namen für temporäre Dateien, anwendungsspezifische Umgebungsvariablen (die eventuell zu einem Pufferüberlauf führen könnten) und so weiter zu ermitteln. Prüfen Sie, ob es irgendwelche verborgenen Befehlszeilenargumente oder Hintertüren gibt.
- Wenn Sie herausfinden können, wer den Code entwickelt hat (über die RCS-(Revision Control System-)Strings), suchen Sie im Web nach anderem Code, der von diesen Entwicklern geschrieben wurde. Wenn Sie Open-Source-Programme finden können, überprüfen Sie den Codestil, und suchen Sie nach eventuellen Sicherheitsfehlern. Die Wahrscheinlichkeit ist sehr groß, dass in dem Code, den Sie gerade überprüfen, die gleichen Fehler gemacht wurden.
- Beobachten Sie, wie Ihr Ziel mit dem Kernel interagiert. Lassen Sie die Software als root über ein Programm laufen, das Systemaufrufe verfolgen kann (beispielsweise `strace` oder `truss`). Wenn Sie diese Tools nicht auf Ihrem System haben, sollten Sie auf den Installationsmedien für Ihre Distribution nachsehen und die Tools installieren. Finden Sie heraus, wie das Programm arbeitet. Versuchen Sie herauszufinden, wann es die set-id-Familie der Systemaufrufe aufruft. Konzentrieren Sie sich auf die Teile des Codes, die mit set-uid/set-gid-Privilegien ausgeführt werden.
- Beobachten Sie nun, wie das Programm Library-Dateien verwendet. Lassen Sie das Programm unter einem Programm laufen, das Aufrufe verfolgt wie zum Beispiel `ltrace` oder `sotruss`. Suchen Sie nach Funktionsaufrufen, die bekannte Schwachstellen haben (eine Liste finden Sie unter `http://www.whitefang.com/sup/secure-faq.html`). Lassen Sie es immer wieder laufen, bis Sie wissen, auf welche Dateien es zugreift. Untersuchen Sie diese Dateien, entfernen Sie sie, fügen Sie falsche Daten in die Dateien ein und so weiter.

- Spielen Sie mit den Befehlszeilenargumenten: Füttern Sie das Programm mit Daten, die es nicht erwartet. Wenn der Befehl eine benutzerdefinierte Datei als ein Argument entgegennimmt, lassen Sie das Programm versuchen, eine Datei zu lesen, auf die Sie keinen Zugriff haben (wie beispielsweise eine Datenbankdatei oder eine private Konfigurationsdatei). Einige Anwendungen sind so einfältig, dass sie die ursprünglichen Besitzer der übergebenen Datei nicht einmal überprüfen, und Sie könnten bei diesem Text unerwartet in Ihre eigene */etc/shadow*-Datei schauen.
- Richten Sie unsinnige Werte für die Standard- und anwendungsspezifischen Umgebungsvariablen ein. Lassen Sie die Anwendung laufen, um zu sehen, ob sie abstürzt. Falls ja, können Sie dies in irgendeiner Art und Weise ausnutzen? Erzeugt die Anwendung beim Absturz ein Speicherabbild, und offenbart sie auf diese Weise sensible Dateien? (Benutzen Sie `strings` und `gdb`, um das zu überprüfen.)
- Verwehren Sie dem Programm Ressourcen, die es erwartet, und beobachten Sie, wie es reagiert. Belegen Sie beispielsweise alle verfügbaren Inodes in anwendungsrelevanten Dateisystemen (und */tmp*). Programme, die nicht mit extremen Situationen im Hinterkopf geschrieben wurden, können auf unvorhersehbare Weise reagieren – nutzen Sie das für sich.
- Wenn die Anwendung mit einer Netzwerkserver-Komponente ausgeliefert wird, benutzen Sie Telnet (im Fall eines TCP-basierten Servers) oder, noch besser, holen Sie sich eine Kopie von `netcat` (im folgenden Abschnitt dargestellt), und verbinden Sie sich mit den Netzwerk-Ports, die von der Anwendung benutzt werden. Erhalten Sie irgendeine Ausgabe, wenn Sie sich verbinden? Versuchen Sie, eine Antwort hervorzurufen, indem Sie auf (↵) oder verschiedene andere Tasten drücken oder `help` eingeben. Versuchen Sie, eine große Menge an nichts sagenden Daten zu übermitteln. Stürzt die Anwendung aufgrund eines Überlaufs ab? Wenn Sie Spezifikationen für das Protokoll finden können (oder diese im Fall von proprietären Protokollen per Reverse Engineering herausfinden können), versuchen Sie, spezifische Protokollfelder zum Überlaufen zu bringen (zum Beispiel bei Webservern das HTTP-Referer-Feld). Ich gebe zu, dass dies keine hochkomplizierte Wissenschaft ist, aber probieren Sie einfach ein paar Dinge aus. Sie werden vielleicht überrascht sein, wie effektiv dieser simple Ansatz sein kann, wenn es um die Aufdeckung von Sicherheitsfehlern (oder allgemeiner Unachtsamkeit) geht. Denken Sie daran, dass Sie möglicherweise der Erste sind, der den Code in dieser Weise untersucht – Sie wissen nie, was Sie finden könnten.
- Verwenden Sie einen Netzwerk-Sniffer wie *tcpdump* oder *Ethereal*, und beobachten Sie die Kommunikation zwischen dem Client-Programm und dem Netzwerkserver. Suchen Sie nach Klartextpasswörtern, die über das Netzwerk übertragen werden, oder nach anderen Informationslecks. Fortschrittliche Tester werden versuchen, den Netzwerkdatenverkehr nachzustellen, um zu sehen, ob sie sich mit den abgefangenen Paketdaten erneut authentifizieren

können. Spielen Sie »Man-in-the-Middle (MITM)«, und modifizieren Sie die übertragenen Daten auf intelligente Art und Weise mit einem Programm wie *netsed.*

- Suchen Sie nach unangemessenen Einstellungen für gemeinsam benutzte Speichersegmente. Ermitteln Sie über den Befehl `ipcs` anwendungsspezifische geteilte Segmente – überprüfen Sie deren Berechtigungen. Sind sie genügend gesichert? Falls nicht, lesen Sie sie als ein Nicht-root-Benutzer. Versuchen Sie zu entschlüsseln, was Sie gelesen haben – suchen Sie nach solchen Informationslecks wie schwachen Passwörtern, Schlüsseln, Fragmenten von Datenbankdateien und so weiter. Wenn Sie Schreibzugriff haben, versuchen Sie, wichtige Werte zu verändern, um das zu beeinflussen, was in den Benutzer- oder Anwendungsspeicher geschrieben wird.

20.5.1 Nützliche Tools für Experimente

Tcpdump

Autor: Network Research Group (NRG) am Lawrence Berkeley National Laboratory (LBNL)

URL: `http://ee.lbl.gov/ oder http://www.tcpdump.org/`

Tcpdump ist der ultimative Netzwerk-Sniffer für UNIX. Die Version, die mit Ihrer Distribution ausgeliefert wurde, ist wahrscheinlich veraltet. Holen Sie sich die aktuellste Version.

Ethereal

Autor: Gerald Combs

URL: `http://www.ethereal.com/`

Ethereal ist eine GPL-Entsprechung von kommerziellen Netzwerk-Sniffern. Es gibt sowohl eine GUI- als auch eine reine Konsolen-Version (tethereal). Das Tool kann eine unglaubliche Anzahl von Protokollen decodieren und bietet außerdem die Fähigkeit, abgefangene Dateien, die von anderen Sniffern geschrieben wurden, zu lesen. Zum Bespiel ist Ethereal in der Lage, von tcpdump erzeugte Dateien einzulesen und grafisch darzustellen. Außerdem besteht die Möglichkeit, einem TCP-Stream zu folgen, und damit die zu einer Verbindung gehörenden Pakete aus einem Strom von unterschiedlichen Netzwerkpaketen zu isolieren.

Netcat

Autor: Hobbit (Portierung für NT von Weld Pond).

URL: `http://www.l0pht.com/~weld/netcat/`

Mit netcat, das auch als »Schweizer Taschenmesser« der Netzwerk-Tools bezeichnet wird, können Sie ausgehende oder eingehende TCP-Verbindungen zu oder von jedem beliebigen Port aufbauen. Das Tool kann optional gesendeten und empfangenen ausgegebenen Datenverkehr verarbeiten. Netcat kann benutzt werden, um schwach konfigurierte Paketfilter zu umgehen und um Testdaten an einen Netzwerkdienst zu übergeben (nützlich für die Überprüfung auf Pufferüberläufe). Da es als horchender Netzwerkdienst eingesetzt werden kann, können Sie mit ihm alle möglichen Arten von interessanten Netzwerkspielchen durchführen. Einige Ideen erhalten Sie in der README-Datei. Wenn Sie an einen MS-Desktop gebunden sind, werden Sie sich über die NT/95-Portierung freuen.

Ltrace

Autor: Juan Cespedes

URL: `http://packages.debian.org/unstable/utils/ltrace.html`

Ltrace ist ein reines Linux-Programm, das Informationen über Bibliotheksaufrufe während der Laufzeit für dynamisch gelinkte Bibliotheken ausgibt. Damit können Sie Funktionsaufrufe verfolgen, unabhängig davon, ob diese letztendlich Systemaufrufe ausführen oder nicht. Wenn das Programm, für das Sie sich interessieren, statisch verknüpft ist, wird Ihnen dieses Programm nicht weiterhelfen. Nicht-Debian-Linux-Benutzer können Pakete auf ihrer bevorzugten Paket-Mirrorsite finden. Inzwischen liegt das entsprechende Paket aber vielen der verbreiteteren Linux-Distributionen bei.

Netsed

Autor: Michal Zalewski

URL: `http://packetstorm.securify.com/UNIX/misc/netsed.tgz`

Michal ist ein sehr talentierter Programmierer, der sehr aktiv in der Sicherheitsforschung tätig ist. Während er Blackbox-Tests für ein Lotus-Produkt durchführte, schrieb er netsed – ein kleines Linux-basiertes Netzwerk-Utility, das die Funktionalität von sed (Stream-Editor) in das Netzwerk bringt. Mit netsed können Sie Netzwerkpakete nebenbei – während Sie über Ihren Rechner gehen – verändern, indem Sie eine oder mehrere Suchzeichenketten und einen entsprechenden Ersatz angeben. Dies automatisiert einen ansonsten sehr arbeitsreichen und wiederholten Prozess: für jede Client/Server-Kommunikation einen Datenstrom in einer Datei abfangen, die abgefangene Datei modifizieren und den Datenstrom hinunter senden.

Subterfugue

Autor: Mike Coleman

URL: `http://www.subterfugue.org/`

Der Autor beschreibt Subterfugue als ein »Framework für das Beobachten und Ausprobieren von Software«. Kurz: Sie können sich mit dem Programm so richtig austoben! Der Benutzer erzeugt »Tricks«, die die Art und Weise beeinträchtigen, in der das Programm betrieben wird (entweder direkt oder durch

Unterdrücken der Eingabe und/oder der Ausgabe). Indem Sie die Welt, in der die Anwendung ausgeführt wird, manipulieren, können Sie deren Aktionen erheblich beeinflussen und umfassend analysieren.

Grenzen der Tests

Die vorher beschriebenen Angriffe können bei wenig Mühen überraschende Ergebnisse bringen. Sie können allerdings auch relativ deprimierend sein – Sie haben Ihren UNIX-Server geschützt, nur um festzustellen, dass die Anwendung Informationen an jeden ausgibt, der die magische Zauberformel kennt. DIY-Tests (Do It Yourself) sind sicherlich wertvoll und für die meisten Leute die einzige Option. Aber sie sind kein Ersatz für eine gründliche Sicherheitsüberprüfung durch erfahrene Sicherheitsexperten.

Das vielleicht größte Problem mit diesem Ansatz ist, dass Sie nicht wissen, wann Sie fertig sind. Sie können nur so lange weitertesten, bis Sie alle Tests, die Sie mit einem Programm anstellen können, durchgeführt haben oder die Frustration Sie überkommt. Oft ist es ein Fall schwindenden Interesses – Sie finden einige interessante Schwachstellen, versuchen, diese auszunutzen und sehen, was passiert. Mit der Zeit kommt Langeweile auf, und Sie suchen sich eine interessantere Aufgabe.

Wenn Sie tatsächlich Schwachstellen entdecken, können Sie Ihren Hersteller benachrichtigen. Je nach Ihrem persönlichen Standpunkt haben Sie in diesem Punkt vielleicht gemischte Gefühle. Hersteller haben in der Vergangenheit ganz unterschiedliche Verhaltensweisen gezeigt, wenn es sich um den Umgang mit Sicherheitsproblemen handelte. Einige bringen sofort einen Fix heraus und benachrichtigen ihre Benutzer. Andere versuchen, die ganze Sache unter den Teppich zu kehren (und einige drohen gar dem Übermittler der Nachricht).

Wenn Sie Ihre Identität gegenüber dem Hersteller nicht offen legen wollen, können Sie einen anonymen Remailer benutzen oder die Leute von SecurityFocus (`http://www.securityfocus.com`) bitten, Ihnen zu helfen. Sie bieten einen freien Gemeinschaftsdienst an, um Leute, die Bugs gefunden haben, beim Entwurf eines Sicherheitshinweises zu unterstützen. Mit ihrer Erfahrung in der Moderation von Bugtraq sind sie außerdem ein würdiger Vertreter, falls Sie sich wirklich Sorgen machen.

> **WEGWEISER**
> Die meisten Menschen haben unterschiedliche Einstellungen zum Thema Offenheit – es ist eine klassische Pro-und-Kontra-Debatte. Rain.Forest.Puppy (rfp), ein aktiver Sicherheitsforscher, hat auf Basis seiner Erfahrungen mit der Berichterstattung von Schwachstellen an Softwareverwalter eine Richtlinie zum Umgang mit Mitteilungen entwickelt, die Sie hier finden können: `http://www.wiretrip.net/rfp/policy.html`.

20.6 Rootkits und Verteidigungsmaßnahmen

Unsere Darstellung der Dateisystemsicherheit wäre ohne Erwähnung von Rootkits nicht vollständig.

Nach einer erfolgreichen Kompromittierung von root können Angreifer ein Rootkit hochladen und installieren. Ein Rootkit ist eine Sammlung von Ersatzsystemprogrammen, mit denen Angreifer ihre Spuren verbergen und sich auf einfache Art und Weise zu einem späteren Zeitpunkt neu mit dem System verbinden können. Es ist nicht ungewöhnlich, dass ein Angreifer das Sicherheitsloch, durch das er Zugriff erhalten hat, wieder schließt, damit er das System nicht an einen anderen Angreifer verliert. Gleichzeitig richtet er sich natürlich eine Hintertür (oder mehrere) ein.

Rootkits enthalten üblicherweise Ersatzprogramme für die folgenden Befehle:

- `ps`. Zeigt Prozessinformationen an. Die Rootkit-Version verbirgt Prozesse, die der Angreifer laufen lässt – sie werden in der Ausgabe nicht angezeigt.
- `netstat`. Zeigt Netzwerkverbindungen, Routing-Informationen und Statistiken an. Angreifer wollen vermeiden, dass Sie die Verbindung zu Ihren Systemen entdecken. Also installieren sie ein modifiziertes netstat-Binary, das Verbindungen an bestimmten Ports oder bestimmten Client-Adressen schluckt.
- `ifconfig`. Der Angreifer will möglicherweise das Netzwerk ausspionieren, um Authentifizierungsangaben (und andere Dinge) abzufangen. Dafür muss die Netzwerkkarte in den Promiscuous-Modus versetzt werden. Ein sehr aufmerksamer Administrator kann in der Ausgabe des Befehls `ifconfig` das Flag `P` bemerken. Die modifizierte Version von `ifconfig` gibt das `P` nicht aus.
- `df`. Zeigt freien Platz im Dateisystem und Inode-Benutzung an. Die Toolkit- und Sniffer-Logs belegen Platz auf der Festplatte, der in einem ruhigen System bemerkt werden könnte. Die Rootkit-Version von `df` ignoriert Dateien, die in einem bestimmten Verzeichnis gespeichert sind oder einer bestimmten Benutzer-ID gehören.
- `ls`. Listet Dateien auf. Ähnlich wie der modifizierte `df`-Befehl verhält sich die Rootkit-Version von `ls` genau wie der Standardbefehl `ls`, gibt aber keine Dateien aus, die in einem verborgenen Verzeichnis enthalten sind oder zu einer bestimmten Benutzer-ID gehören.
- `sum`. Kalkuliert Prüfsummen und Blockzählungen. Sollte der Administrator einen Verdacht hegen und versuchen, die Prüfsummen der Dateien mit bekanntermaßen korrekten Dateien (auf einem »sauberen« System) zu vergleichen, wird die Rootkit-Version von `sum` gefälschte Prüfsummen produzieren, deren Werte den ursprünglichen Binaries entsprechen. Daher sollten Sie sich in Bezug auf Ihre Sicherheit niemals allein auf `sum` verlassen. Ein raffinierter Angreifer kann modifizierte Programme erzeugen, die die gleichen

Prüfsummenwerte ausgeben wie die Originale. (Verwenden Sie statt dessen kryptographische Routinen wie MD5 oder noch besser Programme wie *tripwire*.)

Rootkits stehen für eine ganze Reihe von Betriebssystemen und Architekturen zur Verfügung, unabhängig davon, ob der Quellcode öffentlich verfügbar ist oder nicht. Es ist keine komplizierte Wissenschaft, böswilligen Code in Binaries einzufügen. Dazu gehört lediglich ein Verständnis für Binärdatei-Formate (beispielsweise ELF) und etwas Geschick in der Dateimanipulation – denken Sie also nicht, dass Sie unverwundbar sind, nur weil Sie ein Betriebssystem mit geschlossenem Quellcode verwenden.

20.6.1 Rootkits – Gegenmaßnahmen

Die primäre Methode zur Erkennung eines Rootkits besteht darin, eine Software zur Integritätsprüfung zu verwenden. Diese Programme nehmen einen digitalen Schnappschuss des Systems auf und machen Sie auf Veränderungen an wichtigen Systemdateien aufmerksam.

Wenn Sie eine Integritätssoftware erstmals installieren, wird eine Basisdatenbank erstellt. Diese enthält eine eindeutige Signatur für jede Datei, die beobachtet werden soll. Dann werden regelmäßig – zu durch den Administrator eingerichteten Zeitpunkten – neue Signaturen generiert und mit den in der Integritätsdatenbank gespeicherten Signaturen verglichen. Stimmen die Werte nicht überein, wurde die Datei in irgendeiner Art und Weise verändert – was möglicherweise auf eine Kompromittierung Ihres Systems hinweist. Alternativ könnte es allerdings auch bedeuten, dass Sie einen Betriebssystem-Patch installiert haben!

Früher benutzten Systemadministratoren ein Programm wie `sum`, um Dateisignaturen für wichtige Systemdateien zu generieren. Aber sie mussten erfahren, dass diese Signaturen leicht gefälscht werden können. Angreifer konnten von den Schwächen dieser Prüfsummengeneratoren profitieren (oder einfach das Programm auswechseln) und dadurch den Administrator hinters Licht führen.

1992 entwickelten Gene Kim und Gene Spafford das Tool Tripwire, das digitale Hash-Algorithmen wie MD5 zur Erzeugung von Dateisignaturen verwendet, die praktisch nicht gefälscht werden können. Schon die kleinste Veränderung an einer Datei oder den Inode-Informationen einer Datei führt zu einem unverkennbar anderen Hash-Wert. Die Software schloss eine wirkliche Lücke bei den Sicherheits-Tools und erwies sich als unglaublich populär. Sie wurde auf mehrere Plattformen portiert und gilt als DIE Software zum Prüfen der Integrität, die in praktisch jedem Sicherheitsbuch erwähnt wird, das Ihnen in die Hände fallen kann.

Tripwire steht seit 2000 als Open-Source-Software unter der GPL zur Verfügung. Zusätzlich ist eine kommerzielle binäre Version erhältlich.

Bei allen Vorteilen hatte die Software eine wichtige Einschränkung – die Datenbank musste auf Nur-Lese-Medien wie einer schreibgeschützten Diskette oder einem Band gespeichert werden. Dies ist ein lästiges, nicht gut skalierbares Merkmal. Es war wahrscheinlich der häufigste Grund dafür, dass Unternehmen die Benutzung von Tripwire aufgaben. Es brachte auch nichts, die Datenbank in einem Dateisystem mit Nur-Lese-Zugriff zu speichern – ein Angreifer konnte sie dann einfach mit Lese-/Schreibrechten neu mounten.

Da die Autoren erkannten, dass es für diese Art von Tool einen Markt gab und mit einer umfassenden Aktualisierung einiges herauszuholen war, gründeten sie ein Unternehmen, Tripwire Inc. Dann wurden diesem populären Tool eine Reihe neuer Funktionen hinzugefügt, und es wurde kommerzialisiert.

Die wahrscheinlich nützlichste neue Funktion ist, dass Sie die Integritätsdatenbank nicht mehr auf schreibgeschützten Medien speichern müssen – die Datenbank wird jetzt, wie auch die Konfigurationsdateien, verschlüsselt, und Sie können sie auf dem System selbst speichern. Das soll nicht heißen, dass es keine vernünftige Idee ist, die Datenbank auf schreibgeschützter Hardware zu speichern – aber falls dies in Ihrer Umgebung nicht durchführbar ist, ist die neue Version viel besser für Sie geeignet.

Tripwire benutzt eine Richtliniensprache, mit der definiert wird, was überwacht werden soll. Nützliche Anweisungen hierfür finden Sie in der integrierten Dokumentation. Die kommerzielle Version ist etwas einfacher zu konfigurieren (es ist kein Compiler erforderlich, und die Richtliniensprache scheint etwas benutzerfreundlicher zu sein) und wird mit einigen vernünftigen Standardeinstellungen ausgeliefert. Aber unabhängig davon, welche Version Sie benutzen, denken Sie daran, dass Sie so bald wie möglich nach der Betriebssysteminstallation Ihre Anwendungsdateien hinzufügen und die Basisdatenbank erstellen sollten.

Wenn Sie Tripwire heimlich laufen lassen wollen, ziehen Sie folgende Schritte in Betracht: Erzeugen Sie einen cron-Job auf einem separaten (gehärteten) System, um die Binär- und Datenbankdateien remote zu kopieren und den Vergleich zu starten. Vergessen Sie nicht, die Dateien nach der Überprüfung zu löschen. (Die Ausgabe kann auf dem aufrufenden System für Überprüfungen bzw. für das Filtern gespeichert werden.)

Auch wenn die kommerzielle Version einige wertvolle Vorteile bietet, müssen Sie nicht unbedingt etwas bezahlen, um von den wichtigsten Vorteilen des Tools zu profitieren – es gibt viele Unternehmen, die ohne Probleme die OSS-Version laufen lassen.

Die kommerzielle Version ist jetzt auch für Windows NT verfügbar. Wer größere Organisationen zu verwalten hat, ist vielleicht an Tripwire HQ Manager interessiert, ein Produkt für die Zentralisierung aller V2+-UNIX/NT-Tripwire-Agenten.

WEGWEISER
Binär- und Quellcodekopien finden Sie unter `http://www.tripwire.org`. Das kommerziell unterstützte Programm finden Sie unter `http://www.tripwire.com`. Die ursprüngliche Academic-Source-Release-Freigabe finden Sie unter der URL `http://www.tripwire.com/downloads/index.cfml?dl=asr&cfid=265337&cftoken=18379700`. Anweisungen für die Installation von Tripwire finden Sie unter folgenden Adressen: `http://www.securityportal.com/topnews/tripwire20000711.html` `http://netweb.usc.edu/danzig/cs558/Manual/lab25.html` Solaris-Benutzer sollten sich das folgende CERT-Modul zur Verbesserung der Sicherheit ansehen: `http://www.cert.org/security-improvement/implementations/i002.02.html`.

20.6.2 Kernel-Rootkits

Wir haben uns Benutzer-Rootkits angesehen, mit denen ein erfolgreicher Angreifer das System kompromittieren und wichtige Systemdateien ersetzen kann. Lassen Sie uns nun zur ultimativen Form des Betrugs kommen – den Kernel-Rootkits.

Um die Heimlichkeit, die durch ein Kernel-Rootkit geboten wird, würdigen zu können, ist es wichtig zu verstehen, welche Rolle der Kernel spielt. Der Kernel ist das riesige C-Programm, das die Fäden in der Hand hält – er arbeitet auf niedriger Ebene als direkte Schnittstelle mit der Systemhardware. Ein Angreifer, der den Kernel neu programmiert, kann das Verhalten des Systems in beliebiger Art und Weise ändern. Das bedeutet: Wenn ein Angreifer den Kernel modifiziert, kann er im wahrsten Sinne des Wortes Ihre Welt verändern. Und wenn der Angreifer nicht gerade die digitalen Entsprechungen matschiger Fußabdrücke auf dem Teppich hinterlässt, werden Sie wahrscheinlich nicht einmal herausfinden können, dass ein Angriff stattgefunden hat.

Ein Kernel-Rootkit wird über eine Kompromittierung der root-Ebene in das System eingeschleust (ebenso wie ein Benutzer-Rootkit). Normalerweise besteht das Ziel darin, die Aktivität des Crackers zu verbergen und dem Cracker eine bequeme Methode für spätere erneute Verbindungen zu bieten.

Kernel-Rootkits modifizieren normalerweise die Aufruftabelle des Kernels, um Systemaufrufe an durch den Angreifer eingeschleusten böswilligen Code weiterzuleiten. Der böswillige Code führt die vom Angreifer vorgesehenen Aktionen durch und ruft dann den ursprünglichen Betriebssystem-Code auf, sodass der Aufruf vervollständigt wird. Der reguläre Benutzer wird dabei vollkommen im Dunkeln gelassen.

Ein typisches Kernel-Rootkit

- verbirgt Prozesse (Egal, welches Tool der Administrator benutzt, die Prozesse des Angreifers sind verborgen – der Kernel lügt. Dies ist wesentlich besser, als zum Beispiel `ps` zu modifizieren, um bestimmte Prozesse zu verstecken.),

- modifiziert Systemprotokollierungsroutinen (Prozess-Accounting, C2-Kernel-Audit, utmp, syslogd und so weiter),
- verbirgt Netzwerkverbindungen,
- modifiziert den Status der Netzwerkkarte (NIC), um Sniffer-Aktivitäten zu verbergen,
- gibt falsche Datei-Modifikationszeiten aus,
- verbirgt die Anwesenheit des Moduls (im Fall eines LKM – also eines ladbaren Kernel-Moduls) und
- tut alles andere, was dem Angreifer einfällt.

WEGWEISER
Die technische Referenz-Bibel zum Hacken des Linux-Kernels finden Sie unter `http://packetstorm.securify.com/groups/thc/LKM_HACKING.html`.

Es gibt drei Hauptmethoden, um böswilligen Code in den Kernel einzuschleusen:

- den Kernel-Speicher auf einem laufenden System über `/dev/[kmem|mem]` modifizieren
- einen Patch für die Kernel-Binary auf der Festplatte installieren (dazu muss das System natürlich gebootet werden)
- ein Kernel-Modul laden

Ursprünglich waren Kernel monolithisch – ein großes Stück Code erledigte alles. Moderne UNIX-Systeme unterstützen *ladbare Kernel-Module* (LKM), mit denen der Administrator neuen Kernel-Code in das Betriebssystem einfügen kann, während das System läuft. Dies könnte beispielsweise geschehen, um Unterstützung für zusätzliche Dateisystemtypen, Netzwerktreiber oder benutzerdefinierte Sicherheitsroutinen zu bieten. Werfen Sie einen Blick in Ihre Manpages für Informationen zu folgenden Einfügungsbefehlen: `insmod`, `lsmod`, `modprobe` und `rmmod`.

Unabhängig von der Einfügungsmethode ist die Integrität des Kernels vorrangig – wenn sich der neue Code nicht benimmt und wichtige Kernel-Strukturen überschreibt, wird das System wahrscheinlich abstürzen. Dies ist nicht allzu subtil, und Entwickler von Kernel-Code kennen das nur allzu gut.

Die Aktion, einen Kernel im Einsatz zu korrigieren, ist tatsächlich weniger beängstigend, als es sich anhört (solange Sie korrekt vorgehen). Diese Technik wird manchmal verwendet, um Kernel-Parameter anzupassen, für die es keine Benutzer-Utilities gibt. (Es wird in der Regel aber weder empfohlen noch unterstützt.) Wenn Sie neuen Kernel-Code einfügen wollen, müssen Sie nichtbenutzte Bereiche des Kernels finden und mit Ihrem Code überschreiben. Dann müssen Sie die Systemaufruftabelle korrigieren, um Aufrufe zu Ihrem Code umzuleiten.

Ein Kernel-Patching auf der Festplatte bedeutet, dass Sie Ihre Veränderungen direkt mit Hilfe eines Binär-Patchers in das Kernel-Abbild schreiben. Sie suchen durch die Binary nach spezifischen Standorten und überschreiben diese mit Ihrem eigenen Code. Wahrscheinlich müssen Datei-Header modifiziert werden, deshalb ist ein grundlegendes Verständnis für Objektdateiformate erforderlich.

Alle anderen vorher erwähnten Methoden sind möglich, wenn root-Zugriff gewährt wurde.

LKMs stellen allerdings die bequemste Methode dar, um eine Hintertür in den Kernel einzufügen. Deshalb scheinen LKMs der am häufigsten verwendete Übertragungsmechanismus für böswilligen Kernel-Code »In the Wild« zu sein. Umgekehrt stellen LKMs für die Guten auch eine Methode dar, um die vorhandene Sicherheit zu erweitern.

An diesem Punkt könnten Sie möglicherweise denken, dass Closed-Source-Betriebssysteme vor derartigen Angriffen sicher sein sollten. Aber wie bei den Standard-Rootkits ist der Zugriff auf den Quellcode nicht unbedingt notwendig (außerdem gibt es den Quellcode für einige Closed-Source-Betriebssysteme in der Untergrundgemeinschaft). Das Kernel-Hacking erfordert eine gewisse Vertrautheit mit Kernel-Strukturen (dokumentiert in */usr/include*), einige Fähigkeiten im Umgang mit einem Kernel-Debugger und einige Kenntnisse zu bestimmten Kernel-Themen (beispielsweise zur korrekten Speicherzuordnung).

Im Dezember 1999 wurde eine E-Mail an Bugtraq übermittelt, in der die Verfügbarkeit eines ladbaren Kernel-Moduls für Solaris bekannt gegeben wurde, mit dem sich eine Hintertür einrichten lässt. Der Hinweis kam von Plasmoid, einem Mitglied von The Hackers Choice – einer deutschen Hacker-Gruppe, zu der einige sehr talentierte Hacker gehören. Den Bericht finden Sie unter `http://www.thehackerschoice.com/papers/slkm-1.0.html`. Werfen Sie auch einen Blick auf die anderen Projekte der Gruppe.

Wie bei jedem Programm ist nur eine Person notwendig, die einem Kernel-Rootkit eine freundliche Benutzeroberfläche verpasst. Dann kann jeder es auf einem kompromittierten System installieren und benutzen.

> **WEGWEISER**
> Rootkits erfreuen sich wechselnder Popularität. Eine Sammlung aktueller Rootkits (sowohl Kernel- als auch Benutzer-Rootkits) finden Sie im Packetstorm-Archiv unter der URL `http://packetstorm.securify.com/UNIX/penetration/rootkits/`.

Auch wenn Sie kein Rootkit für Ihr System finden können, sollten Sie vorsichtigerweise davon ausgehen, dass ein Kernel-Rootkit existiert. Deshalb sollten Sie Gegenmaßnahmen implementieren. Dies mag sich nach unnötiger Paranoia anhören – und vielleicht ist es das auch. Andererseits sollten Sie daran denken, dass die Cracker-Gemeinschaft ihre Tools sehr effektiv weiterverteilt. Und Cracker preisen ihre Tools meist auch nicht mit großen Neonschildern an.

20.6.3 Schutz gegen Kernel-Angriffe

Die Schutzmaßnahmen gegen Kernel-Angriffe können mit einem Wort zusammengefasst werden: Vorbeugung. Sie müssen verhindern, dass Angreifer an den Kernel-Speicher (direkt oder indirekt durch LKMs) oder den Kernel auf der Festplatte schreiben können. Dies ist leichter gesagt als getan, denn wenn Angreifer root-Zugriff haben, können sie den Kernel modifizieren. Um dies zu verhindern, müssen Sie zuerst da sein und die Regeln ändern. Sie müssen den Kernel selbst modifizieren – und wenn Ihr Betriebssystem keine Unterstützung für LKMs bietet, sind Sie auf sich allein gestellt.

WEGWEISER
Bis vor kurzem lautete der Standardratschlag: »Deaktivieren Sie die LKM-Unterstützung«. Dies wäre jetzt Zeitverschwendung. Silvio Cesare hat ein Programm geschrieben, mit dem Sie die LKM-Unterstützung wieder herstellen können. Sie können *Kinsmod.c* von seiner Website unter `http://www.big.net.au/~silvio/` herunterladen.

Wenn Sie sich fragen, warum Tripwire hier nicht als Gegenmaßnahme erwähnt wird, sollten Sie die Einführung in diesen Abschnitt noch einmal lesen. Tripwire ist ein Benutzer-Tool. Es läuft nicht im Kernel – es führt Aufrufe an den Kernel aus und trifft seine Entscheidungen auf Basis der Werte, die der Kernel zurückgibt. Ein Angreifer, der das weiß, kann Aufrufe von Tripwire an benutzerdefinierten Code weiterleiten, der falsche Prüfsummen generiert, die den Erwartungen von Tripwire entsprechen. Dies wird normalerweise über ein Rootkit implementiert, um die Anwesenheit des Angreifers zu verbergen. Eine andere Methode kann darin bestehen, dass eine Kernelmodifikation zum Beispiel zwei Versionen des Programms `netstat` bereithält. Greift Tripwire lesend (beim Vergleich der Prüfsummen) auf `netstat` zu, wird die originale Version zurückgegeben. Führt der Anwender `netstat` aus, kommt die modifizierte Version zum Einsatz, die bestimmte Einträge vor dem Benutzer versteckt.

Rootkits erkennen

Wenn Sie nicht vorbeugen können, müssen Sie Rootkits erkennen. Dies ist ein solides Sicherheitsprinzip, das auf viele sicherheitsrelevante Situationen zutrifft.

Derzeit gibt es keine allgemein gültige Methode, mit der man feststellen kann, ob ein bestimmter Kernel oder ein beliebiges System einem Rootkit-Angriff ausgesetzt war. Aber es gibt spezifische Kennzeichen für eine Reihe von veröffentlichten Hintertüren.

Autoren von Kernel-Rootkits fügen möglicherweise eine Routine ein, um festzustellen, ob das Kernel-Rootkit tatsächlich installiert wurde. Die Adore LKM-Hintertür, die von Stealth geschrieben wurde (`http://spider.scorpions.net/~stealth/`), kann beispielsweise durch einen Aufruf an setuid mit einer magischen Zahl erkannt werden. Wenn Sie die korrekte Zahl übermitteln, gibt das Kernel-Modul seine Anwesenheit bekannt. Natürlich verlassen Sie sich hier auf

Standardeinstellungen. Wenn Ihre Angreifer nur etwas clever wären, würden sie die magische Zahl oder sogar den verwendeten Aufruf modifizieren, und damit würde dieses einfache Erkennungsschema nicht mehr funktionieren.

`rkscan` ist ein Programm, das eine Reihe von Überprüfungen für übliche Hintertürmodule in Linux implementiert. Mit der vorher dargestellten Technik kann `rkscan` verschiedene Versionen der beliebten Rootkits Adore und Knark (geschrieben von Creed) identifizieren. Sie finden `rkscan` unter `http://www.hsc.fr/ressources/outils/rkscan/index.html.en`.

20.7 Netzwerksicherheit auf dem Host

In diesem Abschnitt konzentrieren wir uns auf die Netzwerksicherheit auf dem Host. Dabei geht es hier nicht um Firewalls, Intrusion Detection im Netzwerk oder Netzwerksicherheit mit Bezug auf Router. Es geht allein um die Dienste, die ein UNIX-Server für seine Netzwerk-Clients zur Verfügung stellt.

20.7.1 Netzwerkdienste: Allzweck gegen zweckdienlich

Leidet Ihr System unter einer Identitätskrise? Das könnte beispielsweise dann der Fall sein, wenn Sie entschieden haben, dass Ihr System ein Webserver ist, tatsächlich aber alle möglichen Arten von Netzwerkdiensten darauf laufen, von Dateifreigabediensten (NFS, Samba und so weiter) bis hin zu Remotedruckdiensten.

Was sind Netzwerkdienste?

Wenn Sie mit dem Konzept und der Implementierung von Netzwerkdiensten vertraut sind, können Sie zum nächsten Abschnitt vorblättern – andernfalls lesen Sie weiter.

Ein Netzwerkdienst ist ein Prozess (Dämon), der Clients einen Dienst zur Verfügung stellt. Abgesehen von einigen internen Aufräumarbeiten besteht seine Aufgabe darin, Client-Anfragen zu verarbeiten. Er wird Dämonprozess genannt, weil er von seinem Terminal losgelöst in seiner eigenen Sitzungsgruppe läuft (deren Sitzungsführer er ist). Daher kann der Prozess erhalten bleiben, wenn der Benutzer, der das Programm ausgeführt hat, sich aus dem System ausloggt.

Um auf Clients zu reagieren, sind Netzwerkdämonen meist an einen TCP- oder UDP-Port gebunden, an dem sie auf Anfragen horchen. Das Programm verwendet einen Netzwerk-Socket, um Daten zu senden und zu empfangen. Ein gebundener Socket kann mit einer einzelnen IP-Adresse oder allen IP-Adressen im System verbunden sein. Dies wird durch die Parameter bestimmt, die an den `bind()`-Aufruf übergeben werden. Die vom Programmierer gewählte Port-Nummer basiert auf einer (freiwilligen) Konvention. Ein Webserver beispielsweise wird meist an Port 80 horchen. Eine Liste von Ports und den entsprechenden Dienstnamen für

Ihr System finden Sie normalerweise in der Datei */etc/services*. Aber *services*-Dateien von Herstellern sind häufig nicht komplett.

WEGWEISER
Die offizielle Port-Nummernliste der IANA (Internet Assigned Numbers Authority) finden Sie unter der URL `http://www.isi.edu/in-notes/iana/assignments/port-numbers`.

In der IANA-Liste fehlt eine große Anzahl von Ports, die heute in Gebrauch sind. Wenn ein Softwareentwickler den Port nicht bei der IANA registriert, wird er auch nicht in die Liste aufgenommen. Das bedeutet allerdings nicht, dass er nicht benutzt werden kann – allerdings kann es eventuell zu einem Konflikt mit bestehenden oder zukünftigen Einträgen in der Liste kommen. Eine nicht offizielle, aber umfassende Liste finden Sie unter `http://dhp.com/~whisper/mason/nmap-services`.

Die Entscheidung für das TCP- oder UDP-Transportprotokoll wird von den Kommunikationsanforderungen der Anwendung abhängen.

TCP ist ein verbindungsorientiertes Protokoll: Ein System (der TCP-Client) macht einen Verbindungsaufruf, um eine Verbindung zu einem anderen System (dem TCP-Server) aufzubauen. Die Kernel beider Rechner verwalten Statusdaten zur Verbindung. Dazu gehören die IP-Adresse des Remotesystems, die Remote-Port-Nummer, Sequenzdaten (zur Unterstützung der Zuverlässigkeit und Neuordnung von durcheinander geratenen Paketen) und eine Reihe anderer Parameter. Der Kernel untersucht die Header eingehender TCP/IP-Pakete, um festzulegen, welcher Socket die Payload des Pakets empfangen soll. Eine Verbindung wird anhand der eindeutigen Kombination aus Ursprungs-IP-Adresse, Ursprungs-Port, Ziel-IP-Adresse und Ziel-Port identifiziert.

UDP ist ein verbindungsloses Protokoll. Einfach ausgedrückt kann ein System ein oder mehrere Pakete an ein anderes System (oder andere Systeme im Fall von Multicast-/Broadcast-Übertragungen) senden. Das Remotesystem wird nicht antworten (das heißt, es ist verbindungslos) und deshalb kann eine zuverlässige Übertragung nicht garantiert werden. Das Anwendungsprogramm ist selbst für die Zuverlässigkeit zuständig. Detaillierte Informationen zu TCP, UDP und IP finden Sie in Kapitel 4.

20.7.2 Netzwerkdienste – Risiken

Standard-UNIX-Distributionen werden mit einem ganzen Haufen von Netzwerkdiensten ausgeliefert. Das sollte Sie nicht weiter überraschen – schließlich werden sie als Allzweck-Betriebssystem ausgeliefert. Leider werden alle Distributionen – mit Ausnahme von OpenBSD – mit unwichtigen aktivierten Netzwerkdiensten geliefert. Sie sind standardmäßig »eingeschaltet«. Da sich aber inzwischen bei fast allen Distributoren die Erkenntnis durchsetzt, dass dies zu einer hohen Verwundbarkeit führt, wird immer häufiger dazu übergegangen, die kritischen Dienste nur nach Wunsch zu aktivieren.

Netzwerkdienste stellen den Clients nützliche Funktionalität zur Verfügung. Remotebenutzer können E-Mails herunterladen, sich in das System einloggen, Daten remote gemeinsam verwenden, Drucker benutzen, die mit dem Server verbunden sind, und vieles mehr. Aber noch bedeutender ist, dass sie es auch Remoteangreifern ermöglichen, in das System einzubrechen, sensible Daten abzufangen, das Netzwerk auszuspionieren, Trojanische Pferde zu installieren, Endbenutzer zu belauschen, das System zum Absturz zu bringen oder Festplatten zu löschen.

Wenn Sie ein Neuling im Bereich der IT-Sicherheit sind, mag die letzte Aussage Ihnen etwas befremdlich erscheinen. Müssten sich Angreifer nicht erst einmal einloggen? Warum sollten Hersteller eine derartige Software ausliefern? Schließlich sind die Probleme, die Angriffe ermöglichen, offensichtlich nicht Teil der vorgesehenen Funktionalität. Aber die Vergangenheit hat bewiesen, dass Sicherheitsfehler in Netzwerk-Dämonen sehr weit verbreitet sind – und zwar so weit verbreitet, dass die Wahrscheinlichkeit sehr hoch ist, dass Ihr Rechner nach der Installation Ihres Betriebssystems anfällig für Remoteangriffe ist.

Einige Administratoren sind sich dieser Tatsache bewusst und statten sofort der Support-Website des Herstellers einen Besuch ab, um die aktuellsten Sicherheits-Patches herunterzuladen und zu installieren. Ist dies passiert, stellen Sie das System im Netzwerk zur Verfügung, mit dem Wissen, dass das System »sicher« ist – zumindest vor einem Remoteangreifer. Richtig? Nun, das hängt vom Netzwerk ab. Im Allgemeinen reicht dieses Vorgehen nicht aus. Auch nach der Anwendung aller vom Hersteller zur Verfügung gestellten Sicherheits-Patches ist das System aus folgenden Gründen immer noch anfällig für Netzwerkangriffe:

- unsichere Einstellungen für Netzwerkdienste
- unsichere Einstellungen für den Netzwerk-Kernel
- unsichere Netzwerkprotokolle
- nicht veröffentlichte Sicherheitsfehler in Netzwerkdiensten

Sie sind noch nicht überzeugt? Nun, wenn wir uns nur auf eine Untermenge von Netzwerkdiensten und eine Untermenge ihrer unsicheren Standardeinstellungen beschränken, ist Ihr System nach der Installation wahrscheinlich für einige der folgenden Probleme anfällig.

Ihr System ist höchstwahrscheinlich für die Verwendung des X Window Systems konfiguriert (ob Sie es wissen oder nicht). Bei einigen Standardinstallationen kann ein Angreifer Screenshots erzeugen und X-Programme der Benutzer zum Absturz bringen – und das ist nur der Anfang. Stellen Sie sich vor, ein Angreifer fängt jede Tastatureingabe des Administrators ab (denken Sie an Passwörter) oder ordnet Tastatureingaben neu zu, um beim Drücken einer bestimmten Taste zusätzliche Befehle auszuführen.

Auf Ihrem System läuft höchstwahrscheinlich ein SNMP-Agent. Dieser ermöglicht es einer Remote Network Monitoring Station (NMS), Systeminformationen zu sammeln. In der Standardkonfiguration können Remoteangreifer diese Informationen ebenfalls sammeln und in einigen Fällen Ihre Systemeinstellungen modifizieren. Wir werden das später noch genauer behandeln.

Ihr System verrät die Namen der Benutzer-IDs auf Ihrem System. Früher war der finger-Dienst der Missetäter – Anbieter lieferten den finger-Server standardmäßig aktiviert aus. Remotebenutzer konnten den finger-Dienst befragen und eine Liste mit Benutzernamen erhalten, um sich auf Brute-Force-Logins vorzubereiten. Nach Druck von Seiten der Kunden deaktivieren die meisten Anbieter nun diesen Dienst vor der Auslieferung. Aber das ist keine ausreichende Lösung. Im Standardzustand ermöglicht sendmail es Remotebenutzern, nach Benutzer-IDs zu fragen, und gibt aus, ob diese existieren oder nicht. Eine Automatisierung dieser Überprüfung und der Aufbau eines Wörterbuches mit üblichen Benutzernamen, nach denen gesucht werden soll, ist kaum als komplizierte Wissenschaft anzusehen.

Zusätzlich zu den eben erwähnten Problemen ist Ihr System anfällig für veröffentlichte Sicherheits-Bugs in Netzwerkdiensten, für die Ihr Anbieter noch keinen Fix herausgebracht hat. Das ist wirklich so – Ihr System könnte für Probleme anfällig sein, die in öffentlichen Foren diskutiert werden, für die Ihr Anbieter aber (noch) keine Gegenmaßnahme bereithält. Das mag sich verrückt anhören, aber es kommt noch schlimmer – es kann bis zu sechs Monate dauern, bis ein Anbieter in der Lage ist, ein hinterhältiges Sicherheitsloch zu schließen.

Ihr System ist außerdem anfällig für so genannte Tag-0-Exploits. Dabei handelt es sich um Exploits für noch nicht veröffentlichte Schwachstellen, die üblicherweise von Freunden und Kennern der Szene versendet werden, oft mit der Begleitnachricht »Nicht weiterleiten«. Allerdings verbreiten sie sich ganz im Gegenteil wie ein Lauffeuer. Tatsächlich hat dies dazu geführt, dass eine ganze Reihe von Sicherheitsgruppen (etwas peinlich berührt) formal entdeckte Sicherheitsprobleme bekannt geben mussten, weil Informationen aus der Gruppe herausgeflossen waren. Die ganze Tag-0-Sache scheint eine Menge Aufregung innerhalb gewisser Teile der Sicherheitsgemeinschaft hervorzurufen (sofern sich Skript-Kids tatsächlich als ein Teil der Sicherheitsgemeinschaft betrachten lassen).

WEGWEISER
Eine Gruppe, die sich gegen die vollständige Darstellung und Freigabe der Tag-0-Exploits ausspricht, ist die AntiSecurity-Bewegung. Sehen Sie sich ihre Standpunkte unter `http://anti.security.is/` an. Das Diskussionsforum hat einige hartgesottene Sicherheitsleute angezogen.

Als Verantwortlicher für die Sicherung eines Computersystems sollten Sie unbedingt verstehen, dass täglich Tausende von Menschen versuchen, Sicherheitsvorkehrungen von verschiedenen Systemen zu »durchbrechen« (das heißt: zu gefährden). Egal ob diese Menschen nun für eine Sicherheitsorganisation arbeiten, für die Regierung, für einen Anbieter von Betriebssystemen oder als Einzelperson – auf der ganzen Welt sitzen Menschen in Laboratorien und versuchen, Sicherheitslöcher zu finden.

Nach dem Entdecken eines Sicherheitslochs hat der Finder verschiedene Optionen. Einige Leute informieren den Hersteller, einige veröffentlichen ihre Entdeckungen in offenen Mailing-Listen. Andere erzählen ihren Freunden davon, und noch andere erzählen niemandem etwas. (Sie können auch einige oder alle dieser Aktionen zu verschiedenen Zeitpunkten unternehmen.)

20.7.3 Netzwerkdienste sichern

Sind Sie schon deprimiert? Vielleicht haben Sie das Gefühl, dass alle »bösen Mächte« der Erde gegen Sie sind? Zum Glück gibt es einiges, was Sie tun können, um die Anfälligkeit Ihres Systems gegenüber vielen dieser aus dem Netzwerk kommenden Bedrohungen entweder ganz zu beseitigen oder zumindest zu reduzieren.

- Deaktivieren Sie die Netzwerkdienste, die Sie nicht benötigen.
- Verwenden Sie verfügbare Sicherheitsfunktionen für die Dienste, die Sie benötigen.
- Wenn ein existierender Netzwerkserver nicht gesichert werden kann, suchen Sie einen Ersatz mit einem nachweislich guten Ruf.
- Gehen Sie davon aus, dass es Sicherheitslöcher gibt. Protokollieren Sie relevante Aktivitäten, analysieren Sie Ihre Protokolle auf intelligente Art und Weise, und benachrichtigen Sie den Anbieter und andere.
- Bleiben Sie stets auf dem aktuellsten Stand der Patches, oder entwickeln Sie Alternativen.

20.7.4 Netzwerkdienste deaktivieren

Wissen Sie, welche Netzwerkdienste auf Ihrem Server aktiviert sind? Viele Administratoren wissen das nicht. Sie haben sich nie um diese Frage gekümmert – sie haben nie geglaubt, dass Netzwerkdienste zu einem Problem werden könnten. Ich hoffe, dass Sie mittlerweile verstanden haben, dass nicht jedes Programm, das auf Ihrem System läuft, aus Sicht der Sicherheit unbedingt gut für Ihr System (oder Sie) ist.

Wenn Sie die Dienste deaktivieren, die Sie nicht benötigen, vermeiden Sie die Risiken, die eine Ausführung dieser Dienste mit sich bringen könnte.

> **WARNUNG**
> Das Deaktivieren der falschen Netzwerkdienste kann dazu führen, dass Benutzer nicht mehr in der Lage sind, eigentlich legitime Arbeiten auszuführen. Auf einem System, das bei Ihnen zu Hause benutzt wird, bringt dies vielleicht nur geringe Unbequemlichkeiten mit sich. Aber auf einem Produktionssystem könnten Sie in ernsthafte Schwierigkeiten geraten – und sehr hohe Kosten verursachen. Gehen Sie die Sache gut durchdacht an! Folgen Sie soliden Prozeduren für das Management von Veränderun-

gen, um festzulegen, ob Ihre Benutzergemeinschaft einen Dienst benötigt. Ein übereifriges Sichern von Systemen könnte auf lange Sicht ein Schuss nach hinten sein, da Manager zögern werden, Ihre Bemühungen zu unterstützen. Und damit ist niemandem geholfen.

Bevor Sie nichtbenutzte Dienste deaktivieren, müssen Sie überprüfen, welche Dienste aktiv sind. Insbesondere müssen Sie herausfinden, welche Dienste derzeit laufen oder bei Anfragen von Clients aktiviert werden.

Netzwerkdämonen sind entweder eigenständig oder werden von einem Master-Dämon (oder einem Super-Dämon) gestartet, wenn das System in den Multiuser-Modus eintritt. Durch Untersuchung aller Start-Skripten können Sie sowohl jeden Dämon bestimmen, der gestartet wird, als auch die Befehlzeilenoptionen, mit denen er aufgerufen wird.

Der wahrscheinlich bekannteste Master-Dämon ist `inetd`, der eine Konfigurationsdatei (*/etc/inetd.conf*) liest, um herauszufinden, auf welche Anfragen hin er Dienste starten soll. Wenn ein Paket ankommt, erzeugt `inetd` eine Kopie seiner selbst, führt das in *inetd.conf* festgelegte Programm aus (`exec`) und übergibt dabei die neue Client-Verbindung. inetd horcht weiterhin im Hintergrund.

Machen Sie sich selbst mit der *inetd*-Konfigurationsdatei vertraut. Lesen Sie in den Manpages Informationen zu Diensten, die Sie nicht erkennen.

Die Start-Skripten (und Beenden-Skripten) befinden sich normalerweise im Verzeichnis */etc/rc** (*rc* bedeutet *run command*). Jedes *rc*-Verzeichnis repräsentiert einen anderen Run-Level des Systems. Die Start-Skripten sind leicht zu finden – sie beginnen mit einem großen *S* (die Beenden-Skripten beginnen mit einem *K* für »kill«) und werden in numerischer Reihenfolge ausgeführt (beispielsweise *S01*, *S02*, *S03* und so weiter). Tatsächlich werden sie in der Reihenfolge ausgeführt, die vom Wildcard-Zeichen der Shell für den Dateinamen generiert wird (wie `ls *`). Die Konvention, zweistellige Zahlen zu benutzen, verhindert, dass beispielsweise *S3* nach *S24* ausgeführt wird.

Wir interessieren uns hier für den Run-Level 3 – in den meisten Systemen ist das der Multiuser-Modus.

Lesen Sie die Start-Skripten auf Ihrem System, und erstellen Sie eine Liste der Dienste, die gestartet werden. Wenn Sie nicht sicher sind, welcher Programmname einen Dämon darstellt und welcher nicht, finden Sie im Folgenden einige Punkte, die Sie überprüfen sollten.

Konsultieren Sie die Manpages. Wenn Sie nach einem Programm namens *nuked* suchen und nach der Eingabe von `man nuked` kein Ergebnis erhalten, versuchen Sie, die Manpages mit dem Befehl `man -k nuked` zu durchsuchen. Manpages, die beschreiben, dass das Programm Netzwerk-Clients bedient oder auf Verbindungen horcht, sind offensichtlich gute Anzeichen für einen Netzwerkdienst.

Führen Sie den Befehl `ps` (`ps aux` oder `ps -ef`) aus. Wird das Programm aufgelistet, führen Sie `lsof -I` oder `grep` aus, um den Programmnamen zu erhalten. Wenn dieser erscheint, können Sie sicher sein, dass es ein Netzwerkdämon ist. Der Parameter `-I` für `lsof` bedeutet: »liste alle Prozesse auf, die einen TCP/IP-Socket benutzen«.

Überprüfen Sie, ob der Name des Programms (ohne *d*, wenn es eines gibt) in */etc/services* aufgelistet ist. `grep` ist hier Ihr Freund.

Und wenn das Programm schließlich auf *d* (Dämon) endet, handelt es sich wahrscheinlich um einen Dämon. Okay, wir fangen jetzt an, uns an Strohhalme zu klammern.

Die Manpage für das Programm spricht von RFC-Konformität. Ein RFC (Request for Comments) definiert, wie ein Protokoll arbeitet und was eine Person, die das Protokoll implementieren will, tun muss, damit ein Programm als RFC-konform bezeichnet werden kann. Sie werden RFCs als sehr wertvolle Informationsquelle schätzen lernen, wenn Sie ein tiefer gehendes Verständnis für TCP/IP und Anwendungsprotokolle (zum Beispiel FTP oder HTTP) erhalten wollen. Ein Archiv für RFCs mit entsprechenden Links finden Sie unter `http://www.landfield.com/rfcs/`.

20.7.5 Ein Wort zu privilegierten Ports

Programme, die an einem Port horchen sollen, der eine niedrigere Nummer als 1024 hat, müssen mit root-Privilegien ausgeführt werden (das heißt mit `UID 0`). Diese Regel schützt sensible Systemdienste, weil sie an Ports mit niedrigeren Nummern als 1024 laufen (also an reservierten Ports). Der UNIX-Kernel erzwingt diese Einschränkung, damit nichtprivilegierte Benutzer keine gefälschten Netzwerk-Serverprozesse an inaktiven Ports starten können. Ohne diese Regel könnte ein lokaler Benutzer (das heißt, ein Benutzer mit einem Account auf dem System)...

- einen gefälschten Telnet-Server starten, um Benutzer-IDs und Passwörter von ahnungslosen Telnet-Clients abzufangen, die sich in das System einloggen. Wird dies korrekt implementiert, wissen die Opfer nicht einmal, dass ihre Accounts kompromittiert wurden.
- einen gefälschten Domain Name Server (DNS) starten und falsche IP-Adressinformationen an DNS-Clients ausgeben. Ein Client, der beispielsweise versucht, sich mit `http://www.pottedmeatfoodproducts.com/` zu verbinden, könnte an einen exakten Klon dieser Website umgeleitet werden, den der Angreifer erzeugt hat. Sensible Informationen könnten dann in die falschen Hände geraten.
- einen boshaften FTP-Server starten. Jedes Mal wenn sich ein Benutzer mit dem FTP-Dienst verbindet, gibt das boshafte FTP-Programm speziell zusammengestellte Daten zurück, die einen Bug in einem FTP-Client-Programm

ausnutzen. Durch Ausnutzen einer Sicherheitsschwachstelle im clientseitigen Programm kann der Angreifer nun Code auf der Workstation des Benutzers mit den Privilegien des Remotebenutzers laufen lassen!

- viele, viele weitere böswillige Aktionen durchführen.

Andererseits können sich nichtprivilegierte Prozesse an Ports mit höheren Nummern als 1024 anbinden und horchen. Für Netzwerke entwickelte Anwendungsprogramme verwenden diese nichtprivilegierten Ports. Der Vorteil dieser Ports besteht darin, dass Programme nicht mit root-Privilegien ausgeführt werden müssen, nur um sich für Client-Anfragen anzubinden und zu horchen.

Leider hält dies Imitationsangriffe nicht auf. Wir haben an früherer Stelle erwähnt, dass ein Programm bei einem Aufruf von `bind()` entweder eine einzelne IP-Adresse oder ein Wildcard-Zeichen angeben kann. Dieses Wildcard-Zeichen teilt dem Kernel mit, dass er sich an alle verfügbaren Interfaces binden soll – oder mit anderen Worten: »Horche an jeder IP-Adresse auf dem System«. Sie können feststellen, welche Netzwerkdämonen dies tun, indem Sie den Befehl `netstat` benutzen. `netstat` ist ein sehr nützlicher Befehl, um etwas über Ihr System zu erfahren, und gibt Netzwerkstatistiken aus. Auf den meisten UNIX-Systemen zeigt `netstat -a` alle Ports, die aktiv oder im `LISTEN`-Status sind. Die Einträge, die als `LISTEN` markiert sind, haben als Ursprungsadresse entweder eine Wildcard oder eine bestimmte IP-Adresse.

Wenn bei einem Aufruf von `bind()` eine Wildcard-Adresse angegeben wird, kann bei einem nachfolgenden Aufruf (das heißt durch ein anderes Programm) immer noch der Server imitiert werden, indem die Anbindung »vor« dem ursprünglichen Server erfolgt. Dies wäre nicht möglich, wenn der erste Aufruf mit einer spezifischen IP-Adresse erfolgt wäre. Ein Datenbankdienst bindet sich beispielsweise an Port 1999 an und gibt eine Wildcard-IP-Adresse an. Der Kernel bedient die Anfrage. Ein lokaler Angreifer bemerkt die schwache Bindung (über den Befehl `netstat`) und führt einen boshaften Datenbankdienst aus (einen, den er vorher entwickelt hat). Dieser bindet sich an die primäre IP-Adresse des Rechners an, womit der Angreifer Man-in-the-Middle-Angriffe ausführen oder einfach Benutzernamen und Passwörter für die Anwendung ausspionieren kann.

Einige Kernel verhindern diese Art von Angriff, aber leider ist er immer noch in vielen beliebten Distributionen möglich.

Ein weiterer Punkt, den Sie beachten sollten, ist die Unterscheidung zwischen dem Strong-End-Modell und dem Weak-End-Modell, die in RFC 1122, *Requirements for Internet Hosts – Communication Layers*, definiert ist. Wenn Ihre Distribution dem Weak-Modell folgt, können Remoteangreifer möglicherweise in einer Art und Weise mit Netzwerkdiensten kommunizieren, die Sie nicht erwarten. Insbesondere Multihome-Systeme können es ermöglichen, dass Pakete an einem Interface hereinkommen und mit Netzwerkdiensten an einem anderen Interface (inklusive eines Loopback-Interface) kommunizieren. Deshalb könnte die Anbindung von Netzwerkdiensten an spezifische IP-Adressen im Endeffekt nichts bringen. Weitere Informationen zu diesem Thema finden Sie in den Bugtraq-Beiträgen unter der URL `http://archives.neohapsis.com/archives/bugtraq/2001-03/0009.html`.

20.7.6 Schutz gegen Angriffe, die Dienste kidnappen

Korrigieren Sie entweder den Kernel, um `bind()`-relevante Probleme zu vermeiden, oder binden Sie Netzwerkdienste an spezifische Ports. Wenn Sie den Quellcode für den Kernel haben, können Sie natürlich auch den `bind()`-Aufruf modifizieren, damit vor der Anbindung eine Liste nichtautorisierter Ports überprüft wird. Aber es gibt noch eine umfassendere Frage: Sollten Endbenutzer Netzwerkdienste starten können? Denken Sie an die anderen möglichen Risiken und die Wahrscheinlichkeit, dass folgende Dinge in Ihrer Umgebung passieren könnten:

- Ein Benutzer führt ein Programm wie `netcat` (natürlich unter einem anderen Namen) aus, um an einem Port mit höherer Nummer zu horchen und eine Shell auszuführen, wenn sich ein Client verbindet. Wenn sich der Benutzer beim nächsten Mal in das System einloggen will, geht er einfach eine Telnet-Verbindung mit dem Port, an dem `netcat` läuft, ein, und voilà, es wartet eine Shell auf ihn – keine Authentifizierung, kein Einloggen, keine Sicherheit! Es dauert nicht lange, bis ein neugieriger Mensch mit einem Port-Scanner den Port findet. (In einem üblichen LAN dauert es etwa zehn Minuten, um alle 65.535 TCP-Ports zu scannen.) Es bringt Ihnen also nicht viel Sicherheit, Netzwerkdienste an ungewöhnlichen Ports zu verstecken.
- Ein Programmierer schreibt ein Anwendungsprogramm für das Netzwerk, schreibt es aber nicht sicher. Ein böswilliger Client beobachtet den Dienst und versucht, sich mit Blackbox-Methoden den Weg zu root zu verschaffen.

Zusätzlich sollte Ihre Benutzungsrichtlinie angeben, dass Endbenutzer keine unautorisierten Programme ausführen dürfen, die auf eingehende Netzwerkverbindungen horchen.

20.7.7 Gefälschte Serverdienste erkennen

Wie bei der Vorbeugung gegen Rootkit-Angriffe gilt auch hier, dass Sie, wenn Sie Angriffe über gefälschte Serverdienste nicht verhindern können, versuchen sollten, die gefälschten Server zu erkennen. Zum Glück ist das Erkennen in diesem Fall einfach. Der Schlüssel besteht darin zu erkennen, ob ein nichtautorisiertes Programm an einem bestimmten Port horcht. Sie können hierfür ein benutzerdefiniertes Programm schreiben oder folgende Gegenmaßnahmen ergreifen:

- Führen Sie regelmäßig `lsof` aus, und vergleichen Sie die Resultate mit einer autorisierten Basis. `lsof` füllt die Lücke, die `netstat` offen lässt. `netstat` zeigt Ihnen nicht, welcher Prozess an welchem Port horcht – aber glücklicherweise tut `lsof` genau das. Erstellen Sie eine Liste autorisierter Programmnamen und ihrer entsprechenden Ports bzw. IP-Adressen. Schreiben Sie ein

Skript, um die Ausgabe von `lsof` zu filtern und die Resultate mit Ihrer Basis zu vergleichen. Verwenden Sie `cron`, und lassen Sie die Unterschiede an den Administrator übermitteln, damit dieser sie untersuchen kann.

- Lassen Sie einen Port-Scanner laufen, und vergleichen Sie die Resultate mit einer autorisierten Basis. Auf diese Weise werden Sie informiert, wenn ein zusätzlicher Dienst läuft (das heißt, ein Port horcht), Sie erfahren aber nicht, um welchen Dienst es sich handelt. Diese Methode kann entfernt ohne Shell-Zugriff auf das System durchgeführt werden. Die einzige Voraussetzung ist, dass Sie vom Besitzer des Systems autorisiert sind, Port-Scans durchzuführen, und dass Sie das Netzwerk sehen können (das heißt, dass Sie ICMP, TCP- und UDP-Pakete an den Netzwerkserver senden und Antworten empfangen können).
- Wenn Sie den Quellcode für den Kernel haben, aber unsicher sind, was eine Modifizierung des `bind`-Aufrufs zur Einschränkung horchender Dienste betrifft, sollten Sie stattdessen versuchen zu protokollieren. Implementieren Sie eine einfache Logging-Routine, die jeden erfolgreichen Aufruf von `bind` aufzeichnet. Vergleichen Sie die Ergebnisse über ein Benutzerprogramm mit Ihrer Basis, und teilen Sie dem Administrator alle Unterschiede mit, damit dieser sie untersuchen kann.

An diesem Punkt ist es Zeit, sich einige spezielle UNIX-Dienste anzusehen. Die nachfolgende Auflistung ist nicht vollständig, enthält aber die wichtigsten UNIX-Netzwerkdienste.

20.8 Telnet

HINWEIS
Wie bei vielen Netzwerkdiensten kann sich die Bezeichnung Telnet auf das Client-Programm, das Protokoll und, wenn Sie das Wort Dämon hinzufügen, auf das serverseitige Programm beziehen. In unserer Darstellung von Telnet beziehen wir uns auf das Server-Programm. Um die Verwirrung so gering wie möglich zu halten, werden Bezugnahmen auf das TELNET-Protokoll in Großbuchstaben geschrieben.

Der Telnet-Server bietet einen Netzwerkdienst für die virtuelle Terminal-Emulation für Clients. Der Server-Teil horcht normalerweise an Port 23. Die technischen Spezifikationen finden Sie in RFC 854.

Im Wesentlichen bedeutet dies, dass Benutzer sich in den Rechner einloggen (authentifizieren), Ihre Arbeit auf einem textbasierten virtuellen Terminal erledigen und dann die Verbindung wieder beenden können. Das TELNET-Protokoll ist ebenfalls in RFC 854 definiert. Der Telnet-Dämon läuft mit root-Privilegien.

TELNET läuft langsam aus. Ich sage »langsam«, weil trotz der Tatsache, dass es bereits seit einiger Zeit sichere Alternativen (zum Beispiel ssh) gibt, eine Reihe wichtiger Anbieter ihre Distributionen immer noch mit aktiviertem TELNET und keinen installierten sicheren Alternativen ausliefern.

20.8.1 TELNET-Protokoll – Risiken

Die größte Sicherheitsschwachstelle von Telnet ist, dass jede Kommunikation zwischen dem Telnet-Client und dem Server im Klartext (das heißt unverschlüsselt) über das Netzwerk übertragen wird. Das bedeutet, dass Benutzernamen, Passwörter, sensible Systemdaten und andere möglicherweise vertrauliche Informationen für jeden sichtbar sind, der einen Netzwerk-Sniffer laufen lässt, der zwischen dem Client und dem Server steht. Das Schlimmste ist aber, dass aufgrund der Art und Weise, wie ein geroutetes IP-Netzwerk funktioniert, Rechner in anderen Teilen des Netzwerks ebenfalls die Daten sehen könnten.

Dies macht TELNET für Umgebungen unbrauchbar, in denen nicht vollkommen auf die Sicherheit des zugrunde liegenden Netzwerks oder der Hosts auf dem Weg vertraut werden kann. Anders gesagt haben Sie als UNIX-Administrator wahrscheinlich keine Kontrolle über die Sicherheit außerhalb Ihres Systems – Ihre Optionen sind rein auf hostbasierte Netzwerkkontrollen beschränkt.

Zu anderen Angriffen gehören Einfügungs- oder Wiederholungsangriffe, bei denen ein »Mann in der Mitte« (*MITM – Man In The Middle)* die Daten während der Sitzung verändert oder früher abgefangene Daten wiederholt an den Server sendet.

Anbieter können Systeme mit Standardbenutzer-IDs und Passwörtern ausliefern. Wenn Sie die Standardpasswörter nicht ändern oder Accounts nicht sichern, kann ein Remoteangreifer Zugriff erhalten, indem er Telnet benutzt.

Durchsickern von Informationen

Per Voreinstellung liefern Anbieter den Telnet-Dämon meist mit einem Standard-Login-Prompt, der den Benutzer mit dem Namen des Betriebssystems, der Version und manchmal der Systemarchitektur begrüßt. Diese Art von Informationen sind für Angreifer sehr hilfreich. Sie können damit ihre gemeinsten Exploits ausspielen, die speziell für Ihre Plattform geeignet sind. Warum sollte man diese Informationen so leichtfertig an einen Angreifer ausgeben? Tatsache ist, dass Ihr Betriebssystem trotzdem remote erkannt werden kann, auch wenn Sie diese Informationen entfernen. (Lesen Sie weiter, wenn Sie herausfinden wollen, warum das so ist.) Aber ich würde sagen, dass Sie die Dinge etwas zu einfach machen, wenn Sie jedem, der eine Verbindung zu Ihrem Rechner aufbaut, die Einzelheiten zu Ihrem System mitteilen. Entfernen Sie die Informationen zu Produkt und Version aus Ihrem Login-Banner. Einige Unternehmen ersetzen die Begrüßungsmeldung des Anbieters durch ein legales »Nicht autorisierter Zugriff verboten«. Klären Sie die genaue Wortfassung mit Ihrer Rechtsabteilung ab.

Der Telnet-Dämon lässt ebenfalls Informationen über Ihr Betriebssystem durchsickern, wenn auch auf subtilere Art und Weise. Das TELNET-Protokoll definiert eine Reihe von Telnet-Optionen. Wenn sich ein Telnet-Client mit einem Telner-Server verbindet, kann jedes Ende Telnet-Optionen übermitteln. Damit kann eine Seite der anderen Seite ihre Fähigkeiten und die verlangte Funktionalität übermitteln – beispielsweise den Terminaltyp. Ein Remoteangreifer, der sich mit dem Telnet-Dämon verbinden kann, kann dies zu seinem Vorteil ausnutzen.

Es gibt keine Standardimplementierung für den Telnet-Dämon. Verschiedene Anbieter implementieren verschiedene Telnet-Optionen. Durch eine Untersuchung der Telnet-Optionen und der Sequenz, in der diese empfangen werden, kann ein Angreifer Ihr Betriebssystem identifizieren.

> **WEGWEISER**
> Die TESO-Gruppe hat ein Tool entwickelt, das eine ganze Reihe von UNIX-Varianten mit Hilfe von Telnet-Optionen identifizieren kann. Sie können es unter folgender Adresse herunterladen: `http://teso.scene.at/releases/Telnetfp_0.1.2.tar.gz`.

Ich sehe was, was Du nicht siehst

Bevor ein Angreifer ein System attackiert, wird er zunächst remote Aufklärung betreiben. Er will wissen, welche Art und Version von Betriebssystem und welche Dienste bei Ihnen laufen. Netzwerkdämonen geben ihre Softwareversion normalerweise bei einer Client-Verbindung bekannt. Dies kann für ein Remote-Troubleshooting hilfreich sein, weil Netzwerkadministratoren auf diese Weise leicht eine fehlende Kompatibilität zwischen Softwareversionen erkennen können. Auf die gleiche Art und Weise ist dieser Umstand allerdings auch für den Angreifer hilfreich. Mit den erhaltenen Informationen kann er Schwachstellendatenbanken nach bekannten Schwachstellen durchsuchen oder als Vorbereitung auf einen Angriff ein identisches System in seinem Versuchslabor einrichten, in das er versucht einzudringen.

Eine übliche Reaktion auf dieses Problem ist das Entfernen der Produkt- bzw. Versionsinformationen aus Systembannern. Dazu können folgende Aktionen notwendig sein:

- Open-Source-Netzwerkdämonen ohne diese Informationen neu kompilieren
- Überschreiben der Banner-Strings in Closed-Source-Binaries
- Modifikation der Konfigurationsdateien (wie zum Beispiel */etc/issue* auf Solaris oder Linux-Distributionen)

Dies wird ein Abrufen des Banners verhindern.

Aber auch wenn Sie das für alle Netzwerkdämonen durchführen würden, kann die Version Ihres Betriebssytems und die zugehörige Netzwerksoftware dennoch mit Hilfe einer Verhaltensanalyse remote identifiziert werden.

Versionen von Netzwerkdiensten remote bestimmen

Softwareversionen ändern sich aufgrund von Fixes, zusätzlichen Softwarefunktionen, Verbesserungen der Performance und so weiter. Der Angreifer kann nach Funktions- oder Bug-Unterschieden zwischen Versionen suchen und so die benutzte Version bestimmen. Und das ist längst nicht so zeitaufwändig und kompliziert, wie es sich anhört. Der Angreifer kann von der vernünftigen Annahme ausgehen, dass ein Unternehmen eine relativ aktuelle Version einsetzt, und sich von da zurückarbeiten. Diese Art von Funktionalität ist sogar in einige kommerzielle Schwachstellen-Scanner integriert.

Betriebssystem remote bestimmen

Die TCP/IP-Stapel der Anbieter reagieren unterschiedlich auf eine bestimmte Sammlung von Paketen. Durch eine Remoteidentifizierung des TCP/IP-Stapels ist es oft möglich, das verwendete Betriebssystem und seine Version zu erkennen. Dies wurde bereits in Kapitel 5, »Hacker und Cracker«, dargestellt. Der Angreifer sendet eine Paketsequenz mit spezifischen Attributen. Die Antwortpakete, die vom Opfer-Server übermittelt werden, enthalten eindeutige Elemente, die zusammengenommen die TCP/IP-Implementierung eines Anbieters eindeutig identifizieren. Das Tool `queso` hat ursprünglich diese Methode implementiert. Die Strategie wurde dann durch Fyodor für sein `nmap`-Tool übernommen und erweitert. Sie finden nmap unter `http://www.insecure.org/nmap`.

TCP/IP-Stapel von Anbietern zeigen außerdem unterschiedliche Zeiteigenschaften in ihrer Verarbeitung von Paketen. Wenn ein System ein Paket empfängt, generiert die Netzwerk-Interface-Hardware einen Interrupt. Der Kernel verarbeitet das Paket auf Basis der Informationen im Paket-Header. Die Zeit, die eine bestimmte Plattform zur Verarbeitung des Pakets benötigt, wird je nach Code-Pfad unterschiedlich sein (das heißt, bei x wird y ausgeführt, bei x und z wird j ausgeführt). Durch Übermittlung mehrerer, verschieden komplexer Pakete ist es theoretisch möglich, Reaktionszeiten zu messen und sie mit bekannten Basiswerten zu vergleichen, um Systeme zu identifizieren. Über diese Methoden wurde in öffentlichen Foren diskutiert, aber bisher wurde noch kein entsprechendes Tool veröffentlicht.

Eine Modifizierung der Netzwerk-Kernel-Parameter kann eine Identifizierung des TCP/IP-Stapels verhindern. Diese Parameter ändern die Art und Weise, in der sich der TCP/IP-Stapel verhält, was bekannte Identifizierungsmethoden vereitelt.

Sie werden sich jetzt fragen, ob es sich dann überhaupt lohnt, Systemangaben aus Bannern zu entfernen. Darüber lässt sich sicherlich streiten, aber meine persönliche Meinung ist, dass es bei Hosts, die ins Internet gehen, die Mühe wert ist. Allerdings müssen Sie begreifen, dass Ihnen dies keine wirkliche Sicherheit verschafft. Was Sie tatsächlich bekommen, ist Sicherheit durch Verbergen. Und das räumt Ihnen vielleicht eine Gnadenfrist ein, die Sie vor einem weniger fortschrittlichen Angreifer schützt, der sich auf das Scannen von Bannern verlässt, um potenzielle Opfer zu identifizieren. Wenn es zur nächsten remote ausnutzbaren Schwachstelle kommt, ist es weniger wahrscheinlich, dass Ihr System ohne Banner auf dem Radar des Skritpt-Kiddys erscheint. Natürlich müssen Sie Patches installieren – aber immerhin vermeiden Sie die Peinlichkeit, von einem Amateur festgenagelt zu werden.

20.8.2 Telnet sichern

Eine Option besteht in der Verwendung von Router- oder VPN-basierter Verschlüsselung. Dies ist eine Teillösung, die nicht zu einer Ende-zu-Ende-Verschlüsselung führt und den TELNET-Datenstrom immer noch offen für MITM-Angriffe an jedem Ende der Verbindung lässt.

Die beste Lösung und ein guter Ersatz für TELNET ist Secure Shell (SSH). SSH wird in Tausenden von Organisationen weltweit eingesetzt und hat sich als Standardmethode für den Remotezugriff auf einen UNIX-Server über potenziell feindliche Netzwerk etabliert.

SSH ist ein TCP-basierter Dienst, der standardmäßig an Port 22 horcht.

20.9 Ein unverzichtbares Tool: Secure Shell

Der FAQ *What ist Secure Shell?* unter `http://www.employees.org/~satch/ssh/faq/` beschreibt SSH wie folgt:

> *Secure Shell (SSH) ist ein Programm, mit dem man sich über ein Netzwerk in einen anderen Computer einloggen, auf einem Remoterechner Befehle ausführen und Dateien von einem Rechner zu einem anderen verschieben kann. Es sorgt für starke Authentifizierung und sichere Kommunikation über unsichere Kanäle. Es ist als Ersatz für Telnet, rlogin, rsh und rcp konzipiert. SSH2 bietet außerdem einen Ersatz für FTP: sftp.*
>
> *Zusätzlich sorgt SSH für sichere X-Verbindungen und sichere Weiterleitung beliebiger TCP-Verbindungen. Sie können SSH außerdem als Tool für Dinge wie rsync (*`http://rsync.samba.org`*) und sichere Netzwerk-Backups verwenden.*
>
> *Die traditionellen r-Befehle (rsh, rlogin, rcp) unter BSD sind anfällig für verschiedene Arten von Angriffen. Jemand, der root-Zugriff auf Rechner im Netzwerk oder physikalischen Zugriff auf das Kabel hat, kann auf verschiedenste Weisen nichtautorisierten Zugriff auf Systeme erlangen. Es ist für eine solche Person ebenfalls möglich, jeglichen Datenverkehr von und zu Ihrem System zu protokollieren, inklusive der Passwörter (die ssh niemals im Klartext übermittelt).*
>
> *Das X-Window-System hat ebenfalls eine ganze Reihe ernster Schwachstellen. Mit ssh können Sie sichere Remote-X-Sitzungen erzeugen, die für den Benutzer transparent sind. Ein Nebeneffekt ist, dass die Benutzung von Remote-X-Clients mit ssh für die Benutzer bequemer ist.*

HINWEIS

In der Vergangenheit haben amerikanische Anbieter ihre UNIX-Distributionen nicht mit Secure Shell (SSH) ausgeliefert. Aber mit dem Ablauf des RSA-Patents, den kürzlich durchgesetzten (längst überfälligen) Änderungen der amerikanischen Exportbestimmungen und der Freigabe einer SSH-Implementierung für die Public Domain hat sich diese Situation geändert.

Wie bei vielen Dingen in der UNIX-Welt ist SSH sowohl der Name des Protokolls als auch einer Implementierung.

20.9.1 Die SSH-Protokolle

Es gibt zwei wichtige Versionen des SSH-Protokolls. Sie sind recht verschieden und daher auch nicht kompatibel.

Version 1 ist in einem Entwurf der IETF (Internet Engineering Task Force) definiert, den Sie unter `http://www.tigerlair.com/ssh/faq/ssh1-draft.txt` finden. SSH1 läuft zugunsten von SSH2 aus.

Kopien aktueller Internet-Entwürfe für SSH Version 2 finden Sie auf der IETF-Website unter `http://search.ietf.org/ids.by.wg/secsh.html`. Die Spezifikation ist in vier Teile aufgeteilt: Architektur, Verbindungsprotokoll, Authentifizierungsprotokoll und Transportschichtprotokoll. Wenn Sie sich mit der SSH-Spezifikation vertraut machen wollen, sollten Sie diese Dokumente lesen.

SSH1 hat sich als sehr populär erwiesen – laut SSH Scanner Project (`http://ssh-research-scanner.ucs.ualberta.ca/ssh-stats.html`) ist SSH v1.5 (die letzte Version) immer noch die am meisten eingesetzte SSH-Version. Dies liegt zumindest teilweise daran, dass es noch keine freie Implementierung von SSH Version 2 gibt – zumindest bis vor kurzem.

20.9.2 SSH-Server

Kommerzielle SSH-Serversoftware können Sie über SSH Communications und Data Fellows beziehen. Nichtkommerzielle Versionen können von `www.ssh.org` heruntergeladen werden.

Weil es keine freie, aktuelle SSH-Implementierung gab, startete das OpenBSD-Team das Projekt OpenSSH. Das hoch gesteckte Ziel des Projekts ist, die Secure-Shell-Technologie mit jedem Betriebssystem auszuliefern. Um eine einschränkende Lizenzierung zu vermeiden, ging das Team zurück und benutzte den Code der Version 1.2.2, der von Tatu Ylönen geschrieben wurde. Der Code wurde außerhalb der USA entwickelt, um Einschränkungen beim Export der Kryptographie zu vermeiden, und ist unter einer BSD-Lizenz verfügbar. Das bedeutet, dass jeder ihn zu beliebigen Zwecken benutzen kann.

Das erste große Release mit Unterstützung für SSH Version 1 wurde im Dezember 1999 mit OpenBSD 2.6 ausgeliefert. Zu der Zeit, als dieses Buch geschrieben wurde, wurde gerade OpenSSH 2.5.1 freigegeben. Das ist ein wichtiger Meilenstein, weil dieses Release zusätzlich zu den Versionen 1.3 und 1.5 auch das SSH2-Protokoll unterstützt.

Das OpenSSH-Projekt ist für alle UNIX-Benutzer eine großartige Bereicherung – insbesondere wenn Sie bedenken, dass es auf Grundlage der gleichen Sicherheitsprinzipien geschrieben und überarbeitet wurde wie das OpenBSD-Projekt. Der Quellcode wurde bedeutend vereinfacht, um Code-Überarbeitungen zu erleichtern, und der gesamte Code wurde umfassenden Sicherheitsüberprüfungen unterzogen. Gleiches kann nicht unbedingt von den kommerziellen Alternativen behauptet werden.

Es wird Sie nicht weiter überraschen, dass eine Reihe von Gruppen OpenSSH in ihre Basisbetriebssysteme integriert haben. Dazu gehören die Anbieter von Debian Linux, FreeBSD, SuSE Linux, RedHat Linux, Mandrake Linux, BSDi BSD/OS, NetBSD, Apple Mac OS-X/Darwin, Computone, Conectiva Linux und Slackware Linux.

Machen Sie sich keine Sorgen, wenn Ihre bevorzugte UNIX-Version nicht in dieser Liste zu finden ist. OpenSSH kann unter `http://www.openssh.org/` heruntergeladen und als ein separates Utility installiert werden. Offizielle Portierungen gibt es für SUN Solaris, IBM AIX, Hewlett-Packard HP-UX, Digital UNIX/Tru64/OSF, Irix, NeXT, SCO und SNI/Reliant UNIX. Unter `http://www.openssh.com/portable.html` finden Sie eine aktuelle Liste.

Solaris-Benutzer, die eine Kompilierung scheuen, können eine kompilierte Version im Solaris-Paketformat von `http://www.sunfreeware.com` herunterladen. Solaris-Benutzer, die ihr System von Grund auf installieren wollen, finden eine nützliche, vom CERT geschriebene Installationsanleitung unter URL `http://www.cert.org/security-improvement/implementations/i062_01.html`. (Zwar wird die Anleitung als Solaris-spezifisch beschrieben, aber sie enthält durchaus auch nützliche allgemeine Informationen.)

OpenSSH basiert auf zwei zugrunde liegenden Paketen:

- zlib, das unter `ftp://ftp.freesoftware.com/pub/infozip/zlib/` verfügbar ist
- OpenSSL, das Sie unter `http://www.openssl.org/` finden

Meiner Meinung nach gehört OpenSSH die Zukunft.

20.9.3 SSH-Clients

Wie TELNET ist SSH ein Client/Server-Protokoll. Um auf einen SSH-Server zugreifen zu können, müssen auf dem Client die SSH-Clients laufen.

UNIX-Benutzer können den OpenSSH-Client verwenden, der mit dem OpenSSH-Server ausgeliefert wird.

Mein bevorzugter Win32-Client heißt Putty. Er wurde von Simon Tatham geschrieben, ist sowohl für kommerzielle als auch für nichtkommerzielle Zwecke frei, und der Quellcode ist offen.

Putty unterstützt beide SSH-Protokolle und läuft unter Windows 95, 98, Me, NT und 2000. Es handelt sich um professionellen Code, der weniger als 300 Kbyte belegt – sie können ihn also auf einer Diskette mit in ihr bevorzugtes Internet-Café nehmen. (Werfen Sie einen Blick in die Putty-FAQ unter `http://www.chiark.greenend.org.uk/~sgtatham/putty/faq.html`, um die Risiken zu verstehen, die Sie berücksichtigen müssen, sollten Sie dies wirklich einmal tun wollen.)

WEGWEISER
Putty können Sie unter `http://www.chiark.greenend.org.uk/~sgtatham/putty/download.html` herunterladen.

Simon hat außerdem pscp entwickelt, eine Win32-Portierung des Programms Secure Copy (scp auf UNIX-Systemen). Das kann natürlich benutzt werden, um Dateien über eine SSH-Verbindung zu übertragen. Benutzen Sie es anstelle von FTP. Ein nettes GUI-Frontend für scp, geschrieben von Lars Gunnarsson, ist unter `http://www.i-tree.org/` verfügbar.

Kommerzielle Clients, die Funktionen über Putty unterstützen, können Sie von Data Fellows, SSH Communications und Van Dyke beziehen. Eine vollständige Auflistung von SSH-Clients finden Sie unter `http://www.ece.nwu.edu/~mack23/ssh-clients.html` und unter `http://www.freessh.org/`.

20.9.4 Informationsquellen zum Thema SSH

Eine hervorragende Informationsquelle für alle, die mehr über SSH erfahren wollen, wurde von Sèan Boran geschrieben und kann unter `http://www.boran.com/security/sp/ssh-part1.html` gefunden werden. Ich betrachte dies als Pflichtlektüre für jeden, der SSH auf ernsthafte Art und Weise einsetzen will. Sèan hat jede Menge eigene Erfahrungen (mehr als vier Jahre) mit SSH in seine Informationen, die vorher nur in Bruchstücken zu finden waren, integriert. Er stellt die Konfigurationsoptionen dar und beschreibt einige der fortschrittlicheren Anwendungsmöglichkeiten von SSH, wie beispielsweise

- SSH VPNs,
- Rdist über SSH für eine sichere Remotesynchronisierung von Dateisystemen,
- Benutzung von SecurID mit SSH und
- Tunneling VNC (Virtual Network Computing), ein Remotekontrollprogramm, über SSH (für NT-Administratoren stellt er auch PC Anywhere dar). Weitere Details finden Sie unter `http://www.uk.research.att.com/vnc/sshvnc.html`.

Wie jede komplexe Software hatte auch SSH einige Sicherheitsprobleme. Eine umfassende Übersicht über bekannte Sicherheitslöcher finden Sie auf der OpenSSH-Sicherheitsseite unter `http://www.openssh.com/security.html`. Wenn Sie eine kommerzielle Version benutzen, sollten Sie Ihren Anbieter kontaktieren, um sicherzustellen, dass Ihre Systeme nicht anfällig sind.

20.10 FTP

FTP ist das File Transfer Protocol. Ein FTP-Client geht eine TCP/IP-Verbindung mit einem FTP-Server (TCP-Port 21) ein und wird authentifiziert (oder übermittelt im Fall eines anonymen Servers eine E-Mail-Adresse). Der Client kann Dateien auflisten lassen, hochladen oder abrufen.

Die meisten Client/Server-Protokolle benutzen nur einen Server-Port, FTP dagegen zwei – den einen für eine Kontrollverbindung zur Verarbeitung von Befehlen (Port 21) und den anderen (Port 20) für eine Datenverbindung zur Übertragung der Daten. Die Datenverbindung kann aktiv oder passiv sein. Der Server initiiert eine aktive Verbindung auf Basis einer vom Client angegebenen Port-Nummer, während der Client eine passive Verbindung auf der vom FTP-Server spezifizierten Port-Nummer eingeht. Dies wirkt sich auf Ihre Möglichkeiten zum erfolgreichen Einsatz einer Firewall für FTP aus, da die Firewall Datenverbindungen auf Basis der über die Befehlsverbindung übertragenen Informationen dynamisch gewähren muss. Dafür muss die Firewall FTP-Befehlsverbindungen korrekt decodieren und Statusübergänge des FTP-Protokolls verfolgen können. Die Datenverbindung findet über einen ephemeren Port statt (das heißt, über einen Port mit einer höheren Nummer als 1024). Standard-Router bieten normalerweise keine derartige Raffinesse, was bedeutet, dass Netzwerkadministratoren sehr lasche ACLs für Netzwerkpakete auf der Firewall implementieren müssen.

20.10.1 FTP – Risiken

Es ist kompliziert, FTP zu sichern. Die Basisspezifikationen für FTP finden Sie in RFC 959, aber es gibt viele Erweiterungen (eine umfassende Liste finden Sie unter `http://war.jgaa.com/ftp/?cmd=rfc`). Firewall-Anbieter hassen FTP, Warez-Vertreiber lieben es, und Sicherheitsanwender versuchen, es zu vermeiden.

Nachfolgend sind einige der Risiken aufgelistet, die mit der Benutzung von FTP einhergehen:

- Wie bei TELNET gibt es keine Verschlüsselung, deshalb sind auch hier MITM-Angriffe möglich.
- Wie bei Telnet geben viele FTP-Dämonen Informationen zu System/Dämon-Versionen bekannt, wenn sich ein Client verbindet. Damit können Informationen durchsickern.
- RFC-konforme FTP-Dämonen ermöglichen Port-Bouncing-Angriffe. Port-Bouncing ist eine Technik, bei der ein Angreifer einen Remote-FTP-Server anweist, durch umsichtige Benutzung des Befehls `FTP PORT` einen Port-Scan auf einem fremden System auszuführen. Der Opferrechner sieht Verbindungen vom FTP-Server, daher wird der Angreifer nicht beschuldigt. Mit Hilfe von Bounce-Angriffen können außerdem grundlegende Paketfiltereinstellungen und Exporteinschränkungen für Software-Downloads umgangen werden.

Das ist ein altes Problem, und einige Anbieter haben sich schließlich von der RFC-Konformität abgewandt, um diese Vorfälle zu verhindern. Andere Anbieter liefern immer noch FTP-Dämonen aus, die für diese »Funktion« anfällig sind. Die Schwachstelle wurde von Hobbit entdeckt, und Sie finden seinen Bericht dazu online unter der URL `http://www.insecure.org/nmap/hobbit.ftpbounce.txt`.

- Das FTP-Protokoll ist schwer durch eine Firewall zu schützen. Um die Datenverbindung einzurichten, werden TCP/IP-Adressinformationen an die Kontrollverbindung heruntergegeben. Die Firewall muss die Kontrollverbindung sorgfältig beobachten, um das korrekte Adress/Port-Paar zu bestimmen, das zugelassen wird. Grundlegende Paketfiltervorrichtungen haben nicht die erforderliche Intelligenz des Anwendungsschichtprotokolls, um dies zu tun. Deshalb müssen große Löcher in die Netzwerk-ACLs gestanzt werden, nur um FTP zu unterstützen. Ein zweites, ernsteres Problem ist, dass Firewalls scheinbar nur schwer den Anwendungsdialog zwischen Client und Server verstehen können. Dies kann für Angriffe auf andere Netzwerkdienste ausgenutzt werden, die auf dem gleichen System laufen wie der FTP-Server.

HINWEIS
Ursprünglich von Mikael Olsson veröffentlicht, wurde das gleiche Problem unabhängig auch von John McDonald (auch als Horizon bekannt) und Thomas Lopatic entdeckt. In diesem Fall war die Kombination aus einer Checkpoint FW1 und einem Solaris FTP-Server betroffen, aber das Prinzip trifft auf jede andere Kombination zu, bei der die Firewall den FTP-Kontrolldatenstrom nicht korrekt analysiert. Einen technischen Bericht, der die erfolgreiche Ausnutzung eines fehlerhaften Solaris TooTalk-Dämons über einen FTP-Datenkanal beschreibt, finden Sie unter: `http://packetstorm.securify.com/0002-exploits/fw1-ftp.txt`.

- FTP-Server, die mit proprietären Distributionen ausgeliefert werden, bieten normalerweise wenig Funktionen zur Zugriffskontrolle.
- Zugriffskontrollen können verwirrend und anfällig für verfahrenstechnische Ausfälle sein. Einige FTP-Dämonen konsultieren eine Datei namens *ftpusers*, die eine Liste der Benutzer enthält, die FTP *nicht* benutzen dürfen. Dies verwirrt häufig neue Administratoren und führt auch in erfahrenen Händen dazu, dass neue Benutzer nicht eingefügt werden – was bedeutet, dass ein neuer Benutzer, der dem System hinzugefügt wird, standardmäßig FTP-Zugriff erhält. Wenn Ihre Organisationsrichtlinie auf dem Prinzip der Mindestprivilegien basiert, ist das nicht sehr hilfreich.
- Anonyme FTP-Server mit Schreibrechten sind unglaublich schwer zu sichern. Es ist schwierig, einen sicheren allgemeinen Schreibzugriff auf Ihr Dateisystem einzurichten.

- Die Standard-umask-Einstellungen in vielen FTP-Dämonen führen zu neu erzeugten Dateien, die für jeden zugänglich sind. Das ist normalerweise ein Ergebnis der Vererbung einer schwachen umask von inetd (dem Dämon, der den FTP-Dämon erzeugt).
- Standardmäßig protokollieren viele proprietäre FTP-Dämonen keine Client-Verbindungen.

20.10.2 FTP sichern

Wenn Sie anonyme FTP-Dienste für nicht vertrauenswürdige Clients anbieten wollen, sollten Sie ernsthaft an ein dediziertes, eigenständiges System (in seiner eigenen DMZ hinter der Firewall) denken. Damit werden mögliche Angriffe allein auf den FTP-Dienst eingeschränkt. Und wie das alte Sprichwort sagt: »Eine Kette ist immer nur so stark wie ihr schwächstes Glied«.

WEGWEISER
Folgender Artikel ist sehr aufschlussreich in Bezug auf die Probleme, die beim Betrieb eines falsch konfigurierten FTP- und Webservers im gleichen System auftreten können: `http://www.dataloss.net/papers/how.defaced.apache.org.txt`.

Der Server sollte komplett leer sein. Nur der FTP-Dienst sollte für nicht vertrauenswürdige Clients (beispielsweise das Internet) verfügbar sein.

Eine beliebte Alternative für einen proprietären FTP-Dämon ist der Washington University FTP-Dämon, der unter `http://www.wu-ftpd.org/` verfügbar ist. Dieser erweitere FTP-Server bietet eine zusätzliche Funktionalität, die für eine Verhinderung von Missbrauch nützlich ist. Aber er hat in Bezug auf die Sicherheit eine einschlägige Vergangenheit. Wenn Sie sich für ihn entscheiden, müssen Sie darauf vorbereitet sein, Updates schnell zu installieren, wenn das nächste Sicherheitsloch entdeckt wird, denn jedes Skript-Kiddie ist auf der Suche nach anfälligen wu-ftpd-Installationen im Internet.

Alternativ können Sie versuchen, die Vorteile eines eingeschränkten FTP-Dämons zu bewerten. Dan Bernstein hat einen Drop-In-Ersatz für FTP namens Publicfile geschrieben, der mit Sicherheit als vorrangigem Ziel entwickelt und programmiert wurde. Er ist ideal für Anonymous FTP geeignet. Sie können ihn unter `http://cr.yp.to/publicfile.html` herunterladen. Publicfile kann außerdem als sehr grundlegender Webserver dienen, der nur statische Inhalte zur Verfügung stellt.

Wenn es irgendwie möglich ist, sollten Sie einen anonymen FTP-Server mit Schreibrechten komplett vermeiden. Sonst ist es wahrscheinlich, dass Sie als Mirror-Seite für Software-Raubkopien enden, die in betrügerisch benannten Verzeichnissen abgelegt werden. Abgesehen davon kann ein Schreibzugriff auf das Dateisystem einem Angreifer dabei helfen, selbst den kleinsten Konfigurationsfehler von Ihrer Seite zu seinem Vorteil zu nutzen. Eine recht umfassende Liste von Angriffen gegen anonyme FTP-Server finden Sie unter folgender Adresse: http://www.uga.edu/ucns/wsg/security/FTP/anonymous_ftp_abuses.html.

Es wurden bisher verschiedene Schemata vorgeschlagen, aber keines ist hundertprozentig sicher. Sehen Sie sich die Ratschläge des CERT unter der Adresse http://www.bris.ac.uk/is/services/networks/anonftp/anonftp.html an.

Aktivieren Sie abschließend die Protokollierung für den FTP-Dämon, und stellen Sie sicher, dass syslog konfiguriert ist, um LOG_DAEMON-Meldungen zu protokollieren. (Werfen Sie einen Blick in Ihre ftpd-Manpage, um herauszufinden, welche bestimmte Logging-Funktion verwendet wird.)

20.11 Die r-Dienste

rlogind und rshd sind die Remote-Login- und Remote-Shell-Dämonen. Diese so genannten r-Dienste verwenden die TCP-Ports 513 beziehungsweise 514. Das RLOGIN-Protokoll ist in RFC 1282 beschrieben.

Die r-Dienste wurden in Berkeley entwickelt, um eine nahtlose (»Schau – kein Passwort«) Authentifizierung zwischen vertrauenswürdigen Hosts und/oder Benutzern zu ermöglichen.

Die Authentifizierung zwischen Client und Server basiert auf der Client-IP-Adresse, dem Port und dem Client-Benutzernamen. Die Client-IP-Adresse und der Benutzername müssen einem Eintrag in der systemweiten Datei vertrauenswürdiger Hosts (*/etc/hosts.equiv*) oder einer Datei vertrauenswürdiger Benutzer (*~/.rhosts*) zugeordnet werden können. Ein zusätzlicher so genannter Schutz ist, dass die Client-Verbindung von einem reservierten TCP-Port stammen muss – wie nur Programme, die mit root-Privilegien laufen, es können.

Die r-Dienste sind bei Endbenutzern und Administratoren sehr beliebt, da eine manuelle Eingabe des Passworts nicht erforderlich ist (im Gegensatz zu TELNET). Leider sind sie absolut unsicher.

20.11.1 r-Dienste – Risiken

Die Sicherheit der r-Dienste basiert auf einem extrem schwachen Authentifizierungsmodell.

Die Authentifizierung erfolgt über schwache Angaben, die Ursprungs-IP-Adresse und den TCP-Port. Beide können gefälscht werden. Die ursprünglichen Entwickler gingen von einem vertrauenswürdigen Netzwerk aus. Selbst die UNIX-Manpage für diese Befehle erkennt diese Tatsache an.

Kombiniert mit vorhersehbaren Sequenznummern hatten Cracker großen Spaß mit diesen Diensten. Steve Bellovin beschreibt die auf Adressen basierende Authentifizierung als »eine Katastrophe, die nur auf ihren Einsatz wartet«. Sehen Sie sich seinen Bericht unter der URL ftp://ftp.research.att.com/dist/internet_security/seqattack.txt an.

Das folgende Posting ist eine Auflistung der einzelnen Zeilen eines tatsächlichen Hack, bei dem die Schwachstellen von `rsh` ausgenutzt wurden: `http://www.cs.berkeley.edu/~daw/security/shimo-post.txt`.

20.11.2 Gegenmaßnahmen

Vermeiden Sie die r-Dienste vollkommen – verwenden Sie statt dessen SSH. Dieses Protokoll ist vom Sicherheitsstandpunkt aus betrachtet schlicht und einfach nicht zu gebrauchen. Bauen Sie Ihre Sicherheit auf stärkere Säulen auf (beispielsweise auf eine Hostsicherung und ein Sicherheits-Patching).

20.12 REXEC

REXEC wird oft mit den anderen r-Diensten verwechselt, steht aber in keiner Beziehung zu diesen. REXEC läuft an TCP-Port 512.

UNIX-Distributionen werden oft ohne REXEC-Client-Programm ausgeliefert – was diesen Dienst für manche umso geheimnisvoller macht.

Das REXEC-Protokoll wird hauptsächlich von Anwendungsprogrammierern benutzt, um sich remote mit einem UNIX-System zu verbinden, einen Befehl auszuführen und dann die Verbindung zu beenden. Dies geschieht über den REXEC-Library-Aufruf. REXEC benutzt eine Standardauthentifizierung über einen Benutzernamen und ein Passwort. Die gesamte Kommunikation zwischen dem Client und dem Server wird im Klartext übertragen.

20.12.1 REXEC – Risiken

Beim Einsatz von REXEC müssen Sie mit den folgenden Sicherheitsproblemen rechnen:

- Login-Versuche per Brute-Force können unbemerkt ausgeführt werden, da der REXEC-Dämon kein gutes Logging bietet.
- Die Kommunikation ist unverschlüsselt, sodass es zu allen aktiven und passiven MITM-Angriffen kommen kann.
- Es gibt keine in REXEC integrierte Zugriffskontrollen. Wenn Sie den Dienst nicht deaktivieren und keine Software von Drittanbietern einsetzen, können Sie nicht definieren, welche Benutzer den Dienst verwenden können. Deshalb könnte es passieren, dass ein Benutzer, der sich normalerweise über ein sicheres Protokoll einloggt, unabsichtlich sein Passwort (und mehr) im Klartext über das Netzwerk sendet, nur weil er eine Client-Anwendung benutzt, die sich auf REXEC verlässt.
- Einige REXEC-Dämonen generieren verschiedene Fehlermeldungen für einen Client, die davon abhängen, ob der Benutzername oder das Passwort falsch war. Dieser Verhaltensunterschied ermöglicht es einem Angreifer, gültige Benutzernamen zu ermitteln. Wieder gibt Ihr System Informationen preis.

20.12.2 REXEC sichern

- Deaktivieren und deinstallieren Sie REXEC. Wenn Client-Anwendungen sich auf den Dienst verlassen, überlegen Sie sich einen Migrationspfad, und deaktivieren Sie es dann.
- Ist das Deaktivieren des Dienstes für Sie nicht möglich, denken Sie über die Benutzung von SSH nach, um das Protokoll zu tunneln. SSH bietet einen Remoteterminal-Zugriff (und mehr) über eine starke Authentifizierung und Verschlüsselung.

20.13 SMTP

SMTP ist das Simple Mail Transfer Protocol (definiert in RFC 821). Unter anderem besteht seine Aufgabe darin, Mail von Remote-Mailservern zu empfangen, wobei es Verbindungen an Port 25 akzeptiert. UNIX wird ständardmäßig mit dem Programm sendmail ausgeliefert, einem uralten Programm, das SMTP (und mehr) implementiert.

20.13.1 SMTP – Risiken

Sendmail ist eines dieser Programme, von denen jeder UNIX-Administrator schon gehört hat. Seine Geschichte der Sicherheitsprobleme ist weithin bekannt. Es könnte die bösartigste UNIX-Software sein, die jemals geschrieben wurde. Bei einem derartigen Ruf sollte es klar sein, dass irgendetwas grundlegend falsch ist mit sendmail – und dieses Etwas ist sein monolithischer Aufbau.

Dennoch hat sich die Sicherheit von sendmail aufgrund der Bemühungen seines Autors, Eric Allman, in den letzten Jahren bedeutend verbessert. Allman hat damit auf die Sicherheitsprobleme reagiert, unter denen das Programm litt. Man kann sich allerdings weiterhin darüber streiten, ob sendmail mit seinem Aufbau komplett aus dem Schneider ist bzw. es jemals sein wird.

Anstatt hier eine Geschichte der Sicherheitsfehler zu wiederholen (ich glaube, dafür gibt es nicht genug Platz), sind nachfolgend einige allgemeine Probleme aufgelistet, die eine Standardinstallation von sendmail hervorruft:

- Sendmail ist ein weiterer Dämon, der als root läuft. Daher kann eine ausnutzbare Schwachstelle in sendmail bedeuten, dass root an einen Angreifer übergeben wird. Auch wenn ein unter root laufendes Programm zeitweilig Privilegien abziehen kann, kann ein Angreifer, der in der Lage ist, Shell-Code auszuführen (durch einen Pufferüberlauf oder einen String-Format-Exploit), einfach setuid() aufrufen, um diese Privilegien wiederherzustellen und den Shell-Code als root laufen zu lassen.
- Sendmail ist unglaublich komplex – seine Konfigurationsdatei benutzt m4 – die GNU-Implementierung des UNIX-Makroprozessors. Nur wenige Menschen verstehen m4 wirklich, und noch weniger verstehen die sendmail-

Konfiguration. Deshalb kann es leicht zu Fehlern kommen, und es ist schwer, sendmail ohne Hilfe von Experten zu sichern.

- sendmail kann benutzt werden, um Benutzernamen herauszufinden. Mit einer Verbindung zu Port 25 und dem Ausführen der Befehle `VRFY` und `EXPN` wird sendmail gültige Benutzernamen bestätigen. Dies ist der erste Schritt zur Übernahme eines Accounts. Angreifer können Remote-Login-Dienste benutzen und versuchen, das Passwort zu erraten. Diese Angriffe können automatisiert werden, indem ein großes Wörterbuch üblicher Benutzernamen eingesetzt wird, um die Chancen zu vergrößern, dass ein gültiger Benutzername gefunden wird.
- Ältere Versionen und falsch konfigurierte Instanzen von sendmail ermöglichen es, dass Spammer E-Mail über Ihr System umleiten (E-Mail-Relaying). Abgesehen davon, dass hier Ihre Ressourcen verschwendet werden, kann Sie dies sehr unbeliebt machen und dazu führen, dass Sie sich auf der RBL wiederfinden (Realtime Blackhole List unter `http://mail-abuse.org/rbl/`). Und das wären schlechte Neuigkeiten, weil jeder Mailserver, mit dem sich Ihr System zu verbinden versucht, die Verbindung beenden wird, wenn er der RBL-Liste folgt.
- Wird sendmail nicht richtig konfiguriert, lässt es interne Adressinformationen nach außen durchsickern. Angreifer können Test-E-Mails an einen Mailserver des Unternehmens senden. Durch Übermittlung einer falsch geformten Nachricht können sie eine Fehlermeldung hervorrufen, die eventuell interne IP-Adressen enthält. Dies unterstützt einen Angreifer bei der Zuordnung des internen Netzwerks.
- Der sendmail-Dämon gibt bei Client-Verbindung seine Versionsnummer aus. Diese Information hilft dem Angreifer, einen passenden Exploit auszuwählen.

20.13.2 SMTP sichern

Meiner Erfahrung nach müssen nur wenige Rechner im Netzwerk einer Organisation tatsächlich auf E-Mails horchen – sie tun es nur, weil sendmail standardmäßig aktiviert ist. Einfach gesagt: Lassen Sie nur dann E-Mail-Dienste laufen, wenn Sie sie benötigen. Das Deaktivieren Ihres Mail-Transfer-Agenten hat keine Auswirkungen auf die Fähigkeit Ihres Systems, E-Mails zu versenden (wie beispielsweise für die Ausgabe von cron-Jobs).

- Denken Sie daran, anstelle von sendmail Qmail zu verwenden. Das Tool wurde mit soliden Sicherheitsprinzipien entwickelt und geschrieben und hat eine beeindruckende Sicherheitsgeschichte – keine Sicherheitslöcher. Weitere Informationen finden Sie unter `http://www.qmail.org/`. Aktuelle Versionen von Qmail machen die Umstellung von sendmail noch einfacher. Qmail gibt es für eine ganze Reihe von Plattformen.

- Postfix (früher Vmailer), geschrieben von Wietse Venema, ist eine beliebte, sendmail-kompatible Alternative, die als schnelles, leicht zu installierendes und sicheres Tool geschrieben wurde. Komplette Informationen finden Sie unter `http://www.postfix.org/`. Postfix wurde von Anfang an hinsichtlich sicherheitstechnischer Überlegungen optimiert.

Wenn Sie sendmail laufen lassen müssen, lassen sie es nicht als root laufen – bauen Sie eine chroot-Umgebung auf, und lassen Sie es als nichtprivilegierter Benutzer laufen. Russell Coker stellt eine detaillierte Beschreibung hierfür unter `http://www.coker.com.au/~russell/sendmail.html` zur Verfügung.

- Eine übliche Fehleinschätzung unter Administratoren ist, dass sendmail auf das Netzwerk horchen muss, um Mail vom lokalen Rechner zu senden. Zwar ist dies die Standardeinstellung auf vielen Rechnern, aber es ist nicht erforderlich. sendmail kann über `cron` mit dem Flag `-q` aufgerufen werden, um die Warteschlange ausgehender Nachrichten regelmäßig abzuarbeiten. Wenn Sie nur die Fähigkeit benötigen, E-Mail zu versenden, sollten Sie das sendmail-Startskript deaktivieren – Sie müssen sendmail nicht an Port 25 horchen lassen.

WEGWEISER
Carole Fennelly hat eine Reihe nützlicher Artikel über die Installation, Konfiguration und Ausführung von sendmail auf einer Firewall geschrieben. Sie finden diese unter `http://www.unixinsider.com/swol-04-1999/swol-04-security.html`. Carole schreibt regelmäßig Artikel zum Thema UNIX-Sicherheit, weitere Informationen finden Sie unter `http://www.wkeys.com/media/CF/writing.html`.

HINWEIS
Die Autoren von Qmail und Postfix haben sich mehrmals öffentlich in Mailing-Listen einen Schlagabtausch zum Thema Sicherheit geliefert. Ganz offensichtlich können sie sich nicht ausstehen und versuchen ständig, Sicherheitslöcher in der Software des anderen zu finden. Für Nichteingeweihte mag dieser Streit zwar keine schöne Ansicht sein, aber er gibt einen wertvollen Einblick in die Sicherheitsthemen, die Entwickler von Mail-Transfer-Agenten (MTA) betreffen – zum Beispiel in Hinsicht darauf, wo die Schwachstellen sind und wie man diese vermeiden kann. Fazit ist, dass Sie, wenn Sie sichere Mailserver haben wollen, dedizierte, gehärtete Systeme benutzen sollten, in denen nur vertrauenswürdigen Benutzern Shell-Zugriff gewährt wird.

20.14 DNS

DNS ist das Domain Name System, ein UDP- und TCP-basiertes Protokoll, das an Port 53 horcht. TCP-Verbindungen werden normalerweise für Zonentransfers benutzt, da hier größere Datenmengen möglichst zuverlässig übertragen werden müssen. Für die (normalerweise) recht kurzen DNS-Anfragen wird UDP benutzt, da dieses Protokoll weniger Overhead verursacht.

DNS ordnet IP-Adressen Hostnamen zu (und umgekehrt). Ein DNS-Server ist für einen bestimmten Teil des Namensraums (beispielsweise mybitofthenet.com) verantwortlich oder hat die *Autorität* darüber.

Clients führen Anfragen an den DNS-Server aus, wenn sie mit Systemen kommunizieren wollen, für die sie nur den voll qualifizierten Hostnamen haben (zum Beispiel myserver.mybitofthenet.com).

DNS ist ein wichtiger Teil der Netzwerkinfrastruktur. Fällt der Dienst aus – sei es durch administrative Inkompetenz oder Denial of Service – kann das erhebliche Konsequenzen haben.

20.14.1 DNS – Risiken

Das DNS-Protokoll hat Sicherheitsprobleme. Eine detaillierte Beschreibung von DNS und seinen Protokollschwachstellen finden Sie unter der URL `http://www.geocities.com/compsec101/papers/dnssec/dnssec.html`. DNS ist in einer Reihe von RFCs definiert – vollständige Informationen finden Sie unter `http://www.dns.net/dnsrd/rfc/`.

In Bezug auf die Sicherheit von UNIX-Hosts wird meist die DNS-Serversoftware BIND (Berkeley Internet Name Daemon) benutzt, die vom Internet Software Consortium (ISC) entwickelt wurde. Standardmäßig läuft der BIND-Dämon named mit root-Privilegien und – das ist wichtig – verwirft diese nicht permanent, nachdem er sich mit Port 53 verbunden hat. Daher können Schwachstellen in BIND zu einer kompletten Kompromittierung des Systems führen.

Lassen Sie uns einen Blick auf die Vorgeschichte von BIND werfen.

Version 8.2.3 wurde im Januar 2001 freigegeben, um vier von COVERT Labs (PGP-Sicherheit) und Claudio Musmarra entdeckte Sicherheitslöcher zu schließen. Zwei Pufferüberläufe ermöglichen es Remoteangreifern, beliebigen Code laufen zu lassen. Durch einen Fehler bei der Eingabeüberprüfung können Angreifer jeden Code ausführen, und ein Informationsleck lässt es zu, dass ein Angreifer Daten im Stapel sehen kann. Dieses letzte Problem mag nicht so schlimm erscheinen, schließlich handelt es sich nicht um eine mögliche root-Kompromittierung. Aber es unterstützt tatsächlich die Entwicklung von Exploits gegen eine bestimmte Organisation. Der Stapel enthält lokale Variablen, Umgebungsvariablen und wichtige Prozessadressen. Mit einem Zugriff auf diese Informationen kann ein Pufferüberlauf ohne Spuren und Fehler geschrieben werden. Das ist von Bedeutung, weil für Pufferüberläufe oft nur ein Versuch möglich ist – wenn Sie nur einen kleinen Fehler machen, bringen Sie wahrscheinlich einen Dienst zum Absturz, weil Sie Stapeldaten überschreiben, auf die sich das Programm verlässt.

BIND hatte in nur vier Jahren zwölf Sicherheitshinweise vom CERT – kaum ein Beweis für die Sicherheit von BIND!

Ein Hauptgrund dafür ist die Komplexität des BIND-Codes. Erfahrene C-Programmierer sagen, dass der BIND-Code unglaublich schwer zu verstehen ist.

Wenn kenntnisreiche Programmierer Schwierigkeiten haben zu verstehen, was los ist, können Sie sicher sein, dass es Sicherheitsprobleme gibt. Komplexer Code ist schwer zu überwachen – ein modularer Aufbau funktioniert am besten, bei dem kleine, diskrete Programme (die leichter zu überwachen sind) privilegierte Vorgänge ausführen. Natürlich hatten die ISC-Entwickler nicht geplant, etwas zu schreiben, das auch sie selbst schwer zu verwalten fänden – die Schwierigkeit ist ein Resultat aufgeblasener Funktionalität. Vielleicht ist das einer der Gründe, warum das ISC kürzlich große Teile von BIND neu geschrieben hat.

Im Januar 2001 gab das ISC die Freigabe einer größeren neuen Version von BIND bekannt – die Version 9.1.0. Diese Version bietet auch Unterstützung für DNSSEC – eine Protokollerweiterung, die einige der Sicherheitsschwächen im Aufbau des DNS-Protokolls überwindet (DNSSEC ist in RFC 2535 definiert). Der Code wurde nicht modular geschrieben, also haben wir jetzt neuen Code, der immer noch schwer zu überwachen ist. Viele Organisationen werden weiterhin BIND 8 laufen lassen, zumindest kurzfristig gesehen.

Es stellte sich heraus, dass Angreifer gern in BIND-Server einbrechen, und zwar so gern, dass SANS die BIND-Server ohne Sicherheits-Patches als das Sicherheitsproblem Nummer 1 im Internet bewerten. Exploits für BIND gibt es in Massen. DNS-Server sind lohnende Ziele, weil sich so vieles im Internet auf sie verlässt. Wenn Sie einen BIND-Server unter Kontrolle haben, können Sie viele hässliche Dinge tun:

- Sie können den Datenverkehr zu einer Website abschneiden, indem Sie die Zuordnungen von IP-Adressen und Namen auf eine nicht existente Adresse setzen. Noch schlimmer: Sie können den Datenverkehr für eine Website an Seiten mit pornografischen Inhalten oder Seiten der Konkurrenz umleiten. Verlorene Einkünfte und negative Presseberichte sind für die Aktienwerte eines Unternehmens nicht sehr hilfreich.
- Sie können eine E-Business-Website klonen, den DNS-Server für die Website modifizieren, sodass er Ihre gefälschte Seite abbildet, und Kreditkartendaten, Benutzernamen und Passwörter sammeln.
- Sie können Vertrauensbeziehungen zwischen Systemen ausnutzen, indem Sie eine Adresse von einer Seite der Vertrauensbeziehung Ihrem Rechner zuordnen.
- Sie können einen der root-Nameserver kompromittieren.

Der letzte Punkt ist besonders Besorgnis erregend. Root-Nameserver sind der Anfangspunkt für die Adressierung im Internet. Es gibt insgesamt nur 13 root-Nameserver (aufgrund von Protokolleinschränkungen). Wenn Sie die Kontrolle über die root-Nameserver erhalten, können Sie das Internet kontrollieren. Als kleine Randbemerkung: Die Wahl der Plattform und des Betriebssytems für diese Rechner folgt dem Prinzip der Sicherheit durch Vielseitigkeit. Um aus einer Y2K-Aussage auf der Website von ICANN (Internet Corporation for Assigned Names and Numbers) zu zitieren:

> *Für die root-Server selbst kommt irgendeine Variante des Betriebssystems UNIX zum Einsatz, aber sowohl die Hardwarebasis als auch die UNIX-Varianten der Hersteller sind recht verschieden: für die 13 root-Server gibt es sieben verschiedene Hardwareplattformen, auf denen acht verschiedene Betriebssystemversionen von fünf verschiedenen Herstellern laufen.*

Das hört sich nach einer vernünftigen Idee an – die in der Realität von Mutter Natur selbst verwendet wird. Natürlich bricht dieses System zusammen, wenn Sie nicht genügend verschiedene Administratoren zur Hand haben, um die acht verschiedenen Betriebssysteme sicher zu verwalten.

Neben Sicherheitsfehlern sind Fehlkonfigurationen weit verbreitet. Wenn Angreifer Ihre Website auf Angriffsmöglichkeiten testen, verlangen sie Zonentransfers von Ihrem DNS-Server. Dies ist im Wesentlichen eine Ausgabe aller Informationen, die zu einer bestimmten DNS-Zone gehören. Und das entspricht praktisch einer Karte Ihres Netzwerks, etwas, das Sie bestimmt nicht wollen!

Ein anderer möglicher Angriff steht in Zusammenhang mit Versionsnummern (wieder einmal). Um die bei Ihnen laufende Version von BIND herauszufinden, kann ein Client Ihren DNS-Server befragen, und Ihr Server wird diese Frage beantworten. Das ist nicht besonders gut.

Außerdem sind das DNS-Protokoll und die BIND-Implementierung anfällig für Denial-of-Service-Angriffe. In BIND wurden zahlreiche DoS-Schwachstellen gefunden. Eine Deaktivierung der DNS-Server würde bedeuten, dass DNS-Anfragen nicht aufgelöst werden, was Clients, die sich auf die DNS-Namensauflösung verlassen (und das sind praktisch alle), von ihrem Weg abbringen würde.

20.14.2 DNS sichern

Die nahe liegende Gegenmaßnahme besteht darin, eine Alternative zu BIND zu finden. Hier ist die Auswahl beschränkt – wir leben in einer BIND-Monokultur. Sie könnten zu Microsofts DNS-Implementierung übergehen (das ist keine Empfehlung) oder nach einem DNS-Server suchen, bei dem das wichtigste Ziel in einer sicheren Implementierung bestand.

Die einzige überlebensfähige Alternative, die ich kenne, ist das jdbdns-Paket von Daniel Bernstein, das ausreichend oft in Produktionsumgebungen eingesetzt worden ist, um als ernsthafter Mitbewerber von BIND zu gelten. Es wurde mit Sicherheit im Hinterkopf entwickelt und geschrieben, von einem Programmierer, der einige Erfahrung in der Entwicklung sicheren Codes hat. Weitere Informationen finden Sie unter `http://cr.yp.to/djbdns.html`.

Wenn Sie bei BIND bleiben, gibt es einige Dinge, die Sie tun können. Eine nützliche Zusammenfassung der Probleme und Gegenmaßnahmen finden Sie unter `http://www.acmebw.com/papers/securing.pdf`. Sie sollten zumindest folgende Punkte ernsthaft berücksichtigen:

- Lassen Sie BIND nicht als root laufen. Erzeugen Sie statt dessen einen neuen Benutzer und eine neue Gruppe. Geben Sie diese als Befehlszeilenoptionen an, wenn Sie BIND ausführen.
- Verwenden Sie zur Ausführung von BIND den Befehl `chroot`, damit BIND nur eingeschränkten Zugriff auf das Dateisystem hat. Mit dem `chroot`-Programm können Sie das Verzeichnis angeben, das ein Prozess als sein root-Verzeichnis behandeln wird (erzwungen durch den Kernel). Dafür müssen Sie allerdings ein Mini-Duplikat Ihres Betriebssystems erzeugen, da BIND sonst wichtige Systembibliotheken und Konfigurationsdateien nicht mehr sehen kann. Vollständige Anweisungen finden Sie unter URL `http://www.etherboy.com/dns/chrootdns.html`. Im Abschnitt über `chroot` später in diesem Kapitel finden Sie einige wichtige Vorbehalte.
- Die Versionsnummer ist in den BIND-Code hartcodiert, sodass Sie diese einfach entfernen oder mit einer gefälschten Version oder unsinnigen Nachricht (lassen Sie Ihrer Fantasie freien Lauf) ersetzen können, wenn Sie den Quellcode haben. Andernfalls müssen Sie das Programm mit einem Binär-Patch korrigieren – viel Glück! Aktuelle Versionen von BIND können so konfiguriert werden, dass Versionsanfragen nur von bestimmten Adressen möglich sind.
- Konfigurieren Sie BIND so, dass Zonentransfers nur für autorisierte Server (wie beispielsweise DNS-Slaves) erlaubt werden.

20.15 Finger

Finger gibt es schon seit vielen Jahren. Die Probleme dieses Dienstes sind bereits unzählige Male diskutiert und gut dokumentiert worden – auch Hersteller liefern es heute deaktiviert aus. Sie können auch noch einmal zu Kapitel 8, »Anonym bleiben«, zurückblättern, in dem Sie einiges über finger nachlesen können.

Aktivieren Sie finger nicht, es sei denn, es macht Ihnen nichts aus, dass Ihre Systeme sensible Systeminformationen wie Benutzernamen, Heimatverzeichnisse und Login-Muster preisgeben.

Finger kann als ein Frühwarnsystem benutzt werden, das darauf hinweist, dass jemand Ihre Website überprüft. Verwenden Sie TCPWrapper, um den finger-Dienst einzubetten, und aktivieren Sie eine Protokollierung. Einige Administratoren konfigurieren TCPWrappers so, dass es gefälschte finger-Informationen zurückgibt und versorgen einen weniger erfahrenen Angreifer mit falschen Benutzernamen, mit denen er sich dann vergeblich einzuloggen versucht.

20.16 SNMP

SNMP ist ein Protokoll, das die Netzwerküberwachung und das Netzwerkmanagement unterstützt. Es wird weithin benutzt, und die meisten Monitoring-Produkte verlassen sich darauf. Es läuft an den UDP-Ports 161 und 162 (für SNMP-Traps).

Die technischen Details hinter SNMP v1 finden Sie in RFC 1157. RFC 1441 stellt die verschiedenen RFCs vor, in denen SNMP v2 definiert ist.

20.16.1 SNMP – Risiken

Ein SNMP-Client authentifiziert sich bei einem SNMP-Agenten über eine Zeichenkette, die als Community-Name bezeichnet wird. Dieser Community-Name funktioniert ganz ähnlich wie ein Passwort. UNIX-Hosts werden oft mit einem standardmäßig aktivierten SNMP-Agenten ausgeliefert – Ihr System könnte also bereits SNMP-Fehlern ausgesetzt sein. Es gibt folgende Probleme bei Standard-SNMP-Installationen:

- Der voreingestellte Community-Name, der nur gelesen werden kann, ist *public*, und der voreingestellte Lese/Schreib-Community-Name ist häufig *private*. Hartcodierte »Passwörter« wie diese haben die IT-Sicherheit zerstört, solange ich mich erinnern kann. Eine vollständige Liste oft verwendeter Passwörter inklusive SNMP-Community-Namen finden Sie unter `http://www.securityparadigm.com/defaultpw.htm`.
- Wenn der Lese/Schreib-Community-Name erraten wird, kann das ernsthafte Probleme in Bezug auf die Offenlegung von Informationen mit sich bringen. Das Ausmaß, in dem Daten offengelegt werden, hängt von der MIB (Management Information Base) ab. MIBs sind je nach Hersteller verschieden, enthalten aber normalerweise folgende Informationen: Einstellungen der Netzwerkkarte, Netzwerkdienste, aktuelle Netzwerkverbindungen, administrative Kontakte und Server-Standort. Diese Informationen unterstützen einen Angreifer dabei, Ihre Netzwerktopologie auszuspionieren (denken Sie an Multihomed Hosts), eine Analyse des Datenverkehrs auszuführen (das heißt festzustellen, wer mit wem kommuniziert) und eventuell sogar Informationen abzurufen, die für Techniken der sozialen Beeinflussung genutzt werden können.
- Wenn der Lese/Schreib-Community-Name erraten wird, kann der Angreifer neben den oben genannten Problemen den Status des Netzwerk-Interfaces verändern und sogar Systeme neu booten. Durch Hersteller erweiterte MIBs können sogar noch umfassendere Vorgänge ermöglichen.
- Der Zugriff auf SNMP-Agenten wird standardmäßig nicht protokolliert, daher werden Sie fehlgeschlagene Authentifizierungsversuche nicht bemerken.

- Bei einigen SNMP-Implementierungen, besonders Solaris, laufen andere SNMP-Dämonen an Ports mit höheren Nummern. Die Blockierung des Zugriffs auf den UDP-Port 161 über eine Firewall könnte nicht ausreichend sein. Solaris-Benutzer sollten sich Folgendes ansehen: `http://www.ist.uwaterloo.ca/security/howto/2000-10-04.html`.

20.16.2 SNMP sichern

- Entscheiden Sie, ob Sie SNMP wirklich benötigen. Wenn Ihr Netzwerkteam keine Server über SNMP überwacht und Sie keine spezielle Software laufen lassen, die SNMP benötigt (bei einigen Clustering-Implementierungen ist das der Fall), sollten Sie es deaktivieren.
- Verändern Sie die voreingestellten Community-Namen in schwer zu erratende, zufällige Zeichenketten. Benutzen Sie lange Namen (mindestens zehn Zeichen), und – was immer Sie auch sonst tun – verwenden Sie nicht den Namen Ihres Netzwerkanbieters (ich habe das einfach zu oft gesehen)!
- Konfigurieren Sie SNMP-Authentifizierungs-Traps. Wenn jemand versucht, Ihren Community-Namen zu erraten, wollen Sie davon lieber früher als später erfahren. Wenn Sie Authentifizierungs-Traps konfigurieren, kann im Fall einer fehlgeschlagenen Authentifizierung der Agent den SNMP-Master (normalerweise die Netzwerkmanagementkonsole) benachrichtigen. Sie denken vielleicht, dass es nicht möglich sei, einen langen SNMP-Community-Namen zu erraten. Der kenntnisreiche Angreifer wird ein Tool wie ADMsnmp verwenden, das vom hoch angesehenen Unternehmen ADM geschrieben wurde. Weitere Informationen finden Sie in folgendem Bugtraq-Posting: `http://archives.neohapsis.com/archives/bugtraq/1999_1/0759.html`.

20.17 Network File System

Das Network File System (NFS) Protocol definiert eine Methode zur Freigabe von Dateisystemen für kooperierende Systeme. Heutzutage scheint jeder NFS-Mounts als Freigaben zu bezeichnen.

NFS basiert auf RPC (Remote Procedure Call), einem Protokoll, das definiert, wie Rechner Aufrufe an Prozeduren auf Remoterechnern ausführen können, als wären sie lokal.

NFS-Implementierungen bestehen aus mehr als nur aus einem einzelnen NFS-Server-Prozess. Tatsächlich erfordern sie `mountd`, `statd` und `lockd`. Diese Dämonen hatten eine Unmenge von Problemen – insbesondere `statd`.

NFS ist ein unsicheres Protokoll, das Sie nicht laufen lassen sollten. Vertrauen Sie mir.

Vollständige Informationen zu NFS v2 finden Sie in RFC 1094. NFS v3 ist in RFC 1813 definiert.

20.17.1 NFS – Risiken

Mit folgenden Sicherheitsproblemen müssen Sie beim Einsatz von NFS rechnen:

- Wenn Sie eine nicht unterstützte NFS-Version oder eine Version ohne Sicherheits-Patches laufen lassen, sind Sie beim ersten Angriff verloren.
- Fehlkonfigurationen sind bei NFS weit verbreitet. Sie schreien geradezu nach Ärger, wenn Sie systemrelevante Dateisysteme freigeben.
- Es wird ein schwacher Authentifizierungsmechanismus verwendet. Die Anfragen können ausspioniert und manchmal über den lokalen Portmapper fingiert werden.
- Es gibt keine Verschlüsselung, also werden Ihre dunkelsten Geheimnisse im Klartext über das Netzwerk versandt.
- NFS-relevante Dämonen laufen normalerweise als root. Ein ausnutzbares Sicherheitsloch kann zu einer root-Kompromittierung führen.
- Achten Sie auf Ihre Standardeinstellungen! Die Datei */etc/exports* (oder */etc/dfs/dfstab*) kontrolliert, welche Dateisysteme Sie freigeben und für wen. Wenn Sie keine anderen Angaben festschreiben, könnte Ihre Implementierung standardmäßig unsichere Optionen benutzen oder per Voreinstellung Schreibzugriff gewähren.

20.17.2 NFS sichern

Lassen Sie es nicht laufen! Lösen Sie Ihre Sicherheitsprobleme auf einen Schlag – schalten Sie es aus! Okay, Sie wollen also diese Funktionalität? Lesen Sie weiter...

- Ist NFS der richtige Dateifreigabemechanismus für Ihre Zwecke? Mit all den bekannten Sicherheitsproblemen sollten Sie Ihre Anforderungen an Dateifreigaben noch einmal überdenken. Wenn Sie beispielsweise nur einige gespiegelte Dateien benötigen, könnten Sie auch eine weitere Festplatte kaufen (die sind heutzutage günstig) und `rdist` über SSH verwenden, um Replikate für andere Systeme zu erstellen. Wenn Sie eine Möglichkeit finden können, NFS nicht zu verwenden, dann nutzen Sie diese.
- Verwenden Sie NFS nicht für sensible Informationen, und lassen Sie niemals in das Internet gerichtete NFS-Server laufen.
- Schützen Sie NFS durch eine Firewall, um eine Offenlegung im breiteren Netzwerk einzuschränken.
- Bleiben Sie immer auf dem Laufenden, was Sicherheits-Patches Ihres Herstellers betrifft! NFS-relevante Patches scheinen massenweise und schnell herausgegeben zu werden. Wenn Ihr Hersteller keine Patches zur Verfügung stellt, könnte das »ein schlechtes Zeichen« sein. Möglicherweise werden bekannte Sicherheitslöcher nicht korrigiert.

- Geben Sie Dateisysteme auf Basis dessen frei, was unbedingt notwendig ist. Schränken Sie diese Freigaben möglichst auf Nur-Lese-Freigaben ein. Geben Sie immer `nosuid` als eine Option an, um sicherzustellen, dass das set-id-Bit nicht für Dateien eingerichtet wird, die in exportierten Dateisystemen erzeugt werden.
- Entfernen Sie alle Referenzen auf *localhost* in Ihrer *exports*-Datei.
- Referenzieren Sie einen NFS-Server nicht in seiner eigenen Exportdatei.
- Schränken Sie Exportlisten auf 256 Zeichen ein (inklusive erweiterter Aliase, wenn diese benutzt werden).
- Ziehen Sie die Benutzung eines Ersatz-Portmappers in Betracht, der Mount-Anfragen nicht weiterleiten oder fingieren wird. Werfen Sie einen Blick auf Wietse Venemas modifizierten Portmapper unter `http://www.ja.net/CERT/Software/portmapper/`.
- Wenn eine Nur-Lese-Freigabe möglich ist, sollten Sie eventuell ein lokal exportiertes Dateisystem mit Nur-Leserechten mounten (das heißt in */etc/vfstab* oder Ähnlichem).

WEGWEISER
Samuel Sheinin hat einen hervorragenden Artikel über die Risiken von NFS und wie Sie diese vermeiden können geschrieben, den Sie unter `http://www.sans.org/infosecFAQ/unix/nfs_security.htm` finden. Wenn Sie NFS verwenden, sollten Sie über eine Installation des Tools *nfswatch* nachdenken. NFS Version 4 ist die nächste Generation von NFS. Derzeit sind noch keine produktionsfertigen Implementierungen verfügbar. Weitere Informationen finden Sie unter `http://www.nfsv4.org`. Zu den Alternativen zu NFS gehören AFS (`http://www.contrib.andrew.cmu.edu/~shadow/afs.html`) und CODA (`http://www.coda.cs.cmu.edu/`).

20.18 Vorbehalte gegen chroot

Ein übliche Vorbeugungsmaßnahme für mehr Sicherheit in Netzwerkdiensten besteht darin, die Dienste in einer `chroot`-Umgebung laufen zu lassen. `chroot` verändert die Wahrnehmung eines Prozesses in Bezug auf sein root-Verzeichnis. Damit soll verhindert werden, dass der Prozess Zugriff auf Dateien außerhalb des chroot-Verzeichnisses erhält. Kommt es also zu einer Kompromittierung des Netzwerkdienstes, ist der Rest des Systems geschützt. Aber die ganze Sache ist nicht so einfach.

Der üblichste Denkfehler besteht in der Annahme, dass chroot einem virtuellen Computer entspricht – einer vollkommen getrennten Umgebung. Das ist nicht der Fall. Es ist eine Abstraktion des Dateisystems, und es gibt Fluchtrouten aus einer chroot-Umgebung. Hier einige Details:

- Wenn der Prozess als root laufen kann, ist Ihre Sicherheit durchbrochen. Nach der Kompromittierung eines als root laufenden Netzwerkdienstes in einer `chroot`-Umgebung kann der Angreifer Gerätedateien erzeugen, um über den Befehl `mknod` direkt auf den Arbeitsspeicher zuzugreifen. Der Angreifer kann dann die Wahrnehmung des Prozesses in Bezug auf das root-Verzeichnis verändern und uneingeschränkten Zugriff auf das System erhalten. Natürlich erfordert dieses Vorgehen eine Menge mehr Know-how als das bloße Ausführen eines Exploits, den man aus dem Internet heruntergeladen hat. Unerfahrere Angreifer oder Script-Kiddies kann man so unter Umständen aufhalten.
- Einige Distributionen leiden unter einem Fehler in ihrem chroot-Aufruf. Ein Angreifer, der die chroot-Umgebung kompromittiert hat, kann eine zweite chroot-Umgebung erzwingen und dann über `cd` aus seinem eingeschränkten Bereich ausbrechen. Weitere Informationen hierzu finden Sie unter `http://www.bpfh.net/simes/computing/chroot-break.html`. Um dies zu verhindern, ist eine Veränderung des Kernels erforderlich. Details finden Sie unter `http://archives.neohapsis.com/archives/nfr-wizards/1997/11/0091.html`.

20.19 Je besser man den Dämon kennt...

Setzen Sie eine vielschichtige Methode zum Schutz Ihrer Netzwerkdienste ein – so haben Sie beim Ausfall einer Verteidigungsmaßnahme noch nicht die ganze Burg verloren.

- Deaktivieren und deinstallieren Sie die Dienste, die Sie nicht brauchen.
- Fügen Sie die Firewall-Dienste hinzu, die Sie benötigen. Das kann ein teures marktführendes Produkt sein oder ein gehärtetes UNIX-System mit aktivierter Paketweiterleitung und kernelbasierten Paketfiltern.
- Denken Sie zusätzlich zu einer Netzwerk-Firewall über die Benutzung von kernelbasierten Zugriffskontrollen nach, um Ihre Netzwerkdienste vor internen Systemen zu schützen (die selbst angegriffen wurden oder sich in den Händen eines böswilligen Mitarbeiters befinden). Heute werden viele UNIX-Systeme mit kernelbasierten Filtern ausgeliefert. Lernen Sie, wie Sie diese Funktion benutzen können.
- Ziehen Sie die Benutzung von TCPWrappers in Betracht. Diese Software schützt TCP-basierte Netzwerkdienste, die durch `inetd` gestartet werden. Wenn `inetd` eine Verbindungsanfrage von einem Client erhält, konsultiert der Dämon die Datei *inetd.conf* und startet das Programm, das dem Port entspricht, von dem die Verbindung kommt. Mit TCPWrappers ruft `inetd` den Dämon `tcpd` auf, der die Dateien *hosts.allow* und *hosts.deny* konsultiert. Diese Dateien kontrollieren den Client-Zugriff auf Dienste auf Basis von IP-Adressen. So können Sie beispielsweise den SSH-Zugriff auf einen Adressbereich einschränken, der Ihren Shell-Benutzern entspricht. Oder Sie können nur

Cluster-Mitgliedern den Zugriff auf cluster-basierte Dämonen gewähren. Als kleines Extra können Sie gefälschte Dämonen einrichten, die auf verdächtige Aktivitäten reagieren. Erzeugen Sie beispielsweise einen gefälschten finger-Dämon, der unsinnige Daten ausgibt, oder einen HTTP-Dämon, der Redirects an den Rechner des Angreifers sendet. Analysieren Sie die Protokolle mit einem Tool wie swatch (das in Kapitel 13, »Protokollierungs- und Auditing-Tools«, dargestellt ist).

- Lesen Sie die Manpage zu dem Dienst, den Sie schützen wollen. Finden Sie heraus, welche Befehlszeilenoptionen als Zugriffskontrolle, verbesserte Protokollierung oder zur Einschränkung dubioser Funktionalität benutzt werden können. Auf vielen Systemen horcht beispielsweise `syslogd` auf syslog-Meldungen im Netzwerk. Daher kann ein Angreifer falsche Nachrichten übermitteln, entweder um Sie auf die falsche Fährte zu locken oder um die Festplatte zu füllen. Wenn Sie einen Befehlszeilenparameter verwenden, können Sie diese Funktion deaktivieren.
- Wenn Sie den Quellcode haben, sollten Sie eine Kompilierung mit Stack-Guard in Betracht ziehen. Damit verhindern Sie das Ausnutzen von üblichen Arten des Pufferüberlaufs.
- Stellen Sie sicher, dass der Dienst mit einem vernünftigen `umask`-Wert gestartet wird. `umask` wird vom Elternprozess vererbt, beispielsweise `inetd` oder `init`. Verhindern Sie hier mindestens den Zugriff durch andere. Überprüfen Sie die Einstellung auf Ihrem System.
- Stellen Sie sicher, dass Netzwerkserverprogramme und Konfigurationsdateien nicht von einem nichtprivilegierten Benutzer überschrieben werden können. Überprüfen Sie die Dateien selbst und ihre Elternverzeichnisse auf schwache Berechtigungen.
- Ein übliches Zeichen für Eindringlinge ist ein zweiter `inetd`-Dämon, der in der Liste der Prozesse auftaucht. Eindringlinge starten eine weitere Kopie von inetd mit ihrer eigenen Konfigurationsdatei, um eine Hintertür zu installieren – wie bespielsweise eine durch ein Passwort geschützte Shell –, wenn sie sich an einem bestimmten Port verbinden. Sie können den echten `inetd`-Dämon an einen alternativen Standort verschieben und ihn durch einen gefälschten `inetd`-Dämon ersetzen, der Sie benachrichtigt, wenn er ausgeführt wird. (Sie müssen dann Ihre Startdateien aktualisieren, um die Pfadveränderung zu reflektieren.) Natürlich ist dies eine angriffsbasierte Gegenmaßnahme, die nur für diese eine Angriffsart gilt, allerdings eine beliebte.
- Installieren Sie ein Intrusion-Detection-System wie zum Beispiel snort (`http://www.snort.org`) mit einer Signatursammlung, die den angebotenen Dienst reflektiert. Integrieren Sie dieses System in ein zentralisiertes Überwachungsschema, wie beispielsweise einen zentralen syslog-Server und swatch (siehe Kapitel 12, »Intrusion-Detection-Systeme«, und Kapitel 13, »Protokollierungs- und Auditing-Tools«).

Ein gutes Beispiel für ein Patch-Tool ist das Solaris-Tool patchdiag, das offiziell für Kunden von SUN verfügbar ist, die einen Supportvertrag haben. Wie bei jedem Patch-Tool hatte es nach der ersten Freigabe einige Anfangsschwierigkeiten, aber mittlerweile ist das Tool gut ausgereift. Patchdiag ermöglicht Ihnen das Herunterladen einer täglich aktualisierten Patch-Metadatei, die eine aktuelle Liste der verfügbaren Patches für jedes Solaris-Paket enthält. Bei der Ausführung vergleicht patchdiag die installierten Patches mit den von SUN verfügbaren.

Noch besser ist der RedHat Update Agent (`http://www.redhat.com/support/manuals/RHL-6.2-Manual/ref-guide/ch-up2date.html`), der automatisch fehlende Patches ermittelt. Sie können entweder manuell wählen, welche Patches heruntergeladen und installiert werden sollen, oder Sie können den Agenten all das für Sie tun lassen. Leider stellt RedHat diesen Dienst seit April 2001 nur noch zahlenden Benutzern mit Supportvertrag zur Verfügung. Alle anderen können den Dienst nur noch 30 Tage zur Probe nutzen.

Wenn bei Ihnen keine Trusted-UNIX-Distribution läuft, sind Sicherheitserweiterungen des Herstellers oder Software von Drittanbietern erforderlich. Eine beliebte Option ist sudo – wir werden dies und andere Alternativen später darstellen. Mainstream-Hersteller haben ebenfalls begonnen, auf den Wagen aufzuspringen – SUN hat das *Role Based Access Control*-(RBAC-)System in Solaris 8 eingeführt.

20.20 Bewerten Sie Ihre UNIX-Systeme in Hinblick auf ihre Schwachstellen

Wenn Sie Ihr System in Hinblick auf seine Schwachstellen bewerten wollen, durchlaufen Sie üblicherweise folgende Phasen:

1. Verwenden Sie einen netzwerkbasierten Schwachstellen-Scanner, um remote ausnutzbare Sicherheitslöcher zu identifizieren. Angreifer können diese Schwachstellen über das Netzwerk ausnutzen – sie brauchen keinen UNIX-Account auf dem Opferrechner. Eine Korrektur dieser Sicherheitslöcher ist in den meisten Unternehmen die Priorität Nummer 1.

2. Vermeiden Sie falsche positive Ergebnisse, indem Sie die Resultate manuell noch einmal überprüfen. Aus verschiedenen Gründen geben Scanner manchmal falsche positive Ergebnisse aus. Protokollieren Sie weiter, und überprüfen Sie sie. Es gibt kaum etwas Schlimmeres als einen Neuling im Bereich der Sicherheit, der einen Schwachstellen-Scanner laufen lässt, die Ergebnisse als gottgegeben ansieht und die Ausgabe auf den Schreibtisch des Systemadministrators legt. (Eine Reihe großer, angesehener Buchhaltungsfirmen hat den Ruf, dies zu tun.) Sie sollten die Schwachstellen ebenso gut kennen wie die Stärken Ihrer Tools, wenn Sie nicht wie ein Idiot vor einem erfahrenen Systemadministrator stehen wollen.

3. Setzen Sie Prioritäten für Ihre Ergebnisse, die auf Ihren Kenntnissen und dem Risiko basieren, das diese Schwachstelle für Ihr Unternehmen darstellt. Die Scan-Berichte enthalten in der Regel Hintergrundinformationen zu bestimmten Schwachstellen, um Sie bei dieser Aufgabe zu unterstützen. Ich hoffe, dass dieses Buch Ihr Verständnis für die Probleme schärfen wird.
4. Stellen Sie einen Plan für die Korrektur der Probleme auf. Finden Sie heraus, was getan werden muss und wem die Veränderung »gehören« wird. Testen Sie die Veränderungen auf einem Nichtproduktionssystem, und stellen Sie sicher, dass Anwendungen vollständig getestet werden. Beginnen Sie mit der Korrektur – eine wichtige Veränderung nach der anderen.
5. Verwenden Sie einen hostbasierten Schwachstellen-Scanner, um lokal ausnutzbare Sicherheitslöcher zu identifizieren. Hostbasierte Scanner sollten nur wenige falsche positive Ergebnisse produzieren, weil sie auf dem Rechner selbst laufen. Die manuelle Überprüfung sollte minimal sein, wenn das Produkt auch nur ansatzweise etwas taugt. Ihr hostbasierter Scanner sollte mindestens fehlende Sicherheits-Patches, unsichere Netzwerkdienste, Probleme mit Benutzer-Accounts und übliche Unsicherheiten in Bezug auf das Dateisystem erkennen können. Nehmen Sie den Hersteller des Tools nicht einfach beim Wort – testen Sie es vor dem Kauf immer an einem Systemaufbau, mit dem Sie vertraut sind.
6. Ermitteln Sie die größten Risiken. Mit Ihrer Kenntnis der lokalen Benutzerbasis nehmen Sie diese Risiken in den Korrekturplan auf und beginnen mit der Korrektur.

Kommerzielle Scanner und Freeware-Scanner für Netzwerkschwachstellen gibt es schon seit einiger Zeit. Ich persönlich mag den Nessus-Scanner. Er ist zuverlässig und erweiterbar – neue Überprüfungen sind relativ einfach über die NASL-Skriptsprache hinzuzufügen. Die große und begeisterte Benutzerbasis und die Skriptsprache führen dazu, dass neue Tests schnell verfügbar sind. Oft sind NASL-Skripten innerhalb von einem Tag nach der Bekanntgabe der Schwachstelle zu haben. Das ist bedeutend schneller als bei jedem anderen Scanner, den ich benutzt habe – und das gilt auch für teure kommerzielle Produkte. Eine andere nützliche Funktion ist die automatisierte Aktualisierung neuer Tests, die sicherstellt, dass Sie immer auf dem Laufenden sind.

> **WEGWEISER**
> Wenn Sie gerade Schwachstellen-Scanner bewerten, finden Sie einige interessante Einsichten in die Effektivität beliebter Scanner unter dieser Adresse: `http://www.networkcomputing.com/1201/1201f1b1.html`.

Wie bei jedem Schwachstellen-Scanner können Sie falsche positive Ergebnisse bekommen. Die Vollständigkeit der NASL-Skripten ist unterschiedlich, deshalb empfehle ich eine manuelle Überprüfung der Resultate, um Peinlichkeiten zu vermeiden. Aber im Gegensatz zu den kommerziellen Scannern können Sie immerhin den Quellcode ansehen und ihn verbessern, wenn Sie bessere Ideen haben.

WEGWEISER
Die Freeware-Website finden Sie unter `http://www.nessus.org/`.

Für diejenigen, die formalen Support wünschen, verkauft Nessus gern einen Supportvertrag.

WEGWEISER
Hostbasierte Scanner sind spezifisch für bestimmte UNIX-Varianten, also hängen Ihre Optionen von der Popularität Ihrer Plattform ab. Eine umfassende Liste kommerzieller Scanner finden Sie unter der URL `http://website.lineone.net/~offthecuff/h_scan.htm`.

Denken Sie aber daran, dass der Marktführer nicht unbedingt der beste ist – er hat möglicherweise nur das hübscheste GUI. Wenn das Innenleben allerdings die Aufgabe nicht bewältigt, nützt auch die schönste grafische Oberfläche nicht viel. Der Markt der hostbasierten Scanner ist im Vergleich zu den Netzwerkschwachstellen-Scannern relativ unreif – Sie sollten die Behauptungen der Anbieter immer überprüfen, bevor Sie sich zum Kauf entschließen (und auf alte Tests achten, die als »State of the Art« verkauft werden).

Eins kann ich allerdings versprechen – während Sie sich der zeitaufwändigen Sicherung eines voll betriebsfähigen Produktionssystems widmen, werden Sie bald erkennen, dass es wesentlich einfacher ist, Ihre Sicherheitsstandards auf einem neuen System umzusetzen.

Die Folgen verspäteter Sicherung

Beim nächsten Mal, wenn jemand (Ihr Manager, der Projektmanager, der Marketingmanager) Sie bittet, ein System an Ihre Benutzergemeinschaft freizugeben, bevor Sie die Gelegenheit hatten, es zu sichern (beispielsweise aufgrund verspäteter Hardwarelieferung), bitten Sie diese Person darum, Ihnen einen Scheck zu unterschreiben. Sagen Sie ihr, dass dieser zur Deckung der Kosten dient, die damit einhergehen, das System nach der Inbetriebnahme zu sichern. Wenn die Person lacht, weisen Sie darauf hin, dass Sicherheitsveränderungen an betriebsfähigen Systemen das Risiko erhöhen – egal wie sorgfältig man sich vorbereitet, können Dinge einfach kaputt gehen. Um zu verhindern, dass es während der Stoßzeiten zu Problemen aufgrund falscher Veränderungen kommt, haben viele Organisationen Richtlinien, die derartige Veränderungen nur während ruhiger Zeiten erlauben. Ich persönlich kenne keine CIOs, die Veränderungen an Systemen zulassen, ohne dass Anwendungsexperten einige Tests durchführen – und damit wachsen die Kosten erheblich. Es ist außerdem eine schlechte Vorgehensweise, mehrere Veränderungen auf einmal durchzuführen, weil es dann kompliziert wird, eventuell falsche Veränderungen wieder rückgängig zu machen. Das kann eine Reihe langer Abende mit sich bringen, die die Kosten der Sicherung nach Inbetriebnahme weiter erhöhen. Berechnen Sie noch Daten-Backups »nur für den Fall« ein, und wir reden hier über eine stattliche Summe.

Die Hast, einen Tag vor der Sicherung des Systems zu sparen, kann einer Organisation locker einige Tausend Dollar für Überstunden kosten, um Fehler später zu korrigieren. Außerdem ist das System einen Tag länger für Angriffe offen. Die Entscheidungsträger in Ihrer Organisation sollten informiert werden, bevor Sie sich an die Arbeit machen. Mit ihrer Unterstützung kann eine derartige Situation verhindert werden. Zusätzlich zu den eingesparten Überstunden können Sie das Argument anbringen, dass eine schlechte Stimmung bei den Mitarbeitern vermieden wird. Ich kenne niemanden, der gern um Mitternacht ins Büro zurückkommt, um Veränderungen durchzuführen, es sei denn, es ist gerade jemand knapp bei Kasse und braucht das zusätzliche Überstundengeld. Geht die Veränderung schief, kann es leicht zu einer Nacht der Wiederherstellungsaktivitäten kommen. Es ist ebenfalls »keine gute Sache«, am nächsten Tag wichtiges Personal zu verlieren.

20.20.1 Host-Lockdown

Ein Host-Lockdown ist der Prozess, ein System entsprechend Ihrer UNIX-Sicherheitsrichtlinien zu sichern. Mit anderen Worten geht es um die Konfiguration Ihres Systems, um es bedeutend widerstandsfähiger gegen Angriffe zu machen.

Es gibt drei übliche Methoden:

- **Führen Sie die durch Ihre Richtlinie verlangten Veränderungen manuell durch.** Dies ist sicherlich nützlich für die ersten zwei Male, weil Sie dann sehen, was Sie verändern. Danach sind manuell durchgeführte Veränderungen eine langweilige Zeitverschwendung, die leicht dazu führen kann, dass Dinge übersehen werden oder dass es zu Fehlern kommt.
- **Schreiben Sie einige Skripten, um die Veränderungen zu automatisieren.** Dies setzt einige Skripting-Fähigkeiten, einen Testrechner und etwas Zeit voraus (allerdings einiges an Zeit zum Testen, wenn Sie alles abdecken wollen). Diese Zeit wird am besten mit organisationsspezifischen Dingen (wie beispielsweise dem internen Sichern von Anwendungen) verbracht, da das Schreiben von Skripten zur Sicherung von Betriebssystemen eigentlich so ist, als würden Sie das Rad neu erfinden wollen (siehe nächster Abschnitt).
- **Suchen Sie ein Hardening-Tool, das Ihren Sicherheitsstandards am besten entspricht**. In den letzten Jahren sind einige hervorragende Skripten zur Sicherung der beliebtesten Plattformen geschrieben worden. In den folgenden Abschnitten stellen wir die wichtigsten dar. Sie müssen verstehen, was das Tool kann beziehungsweise nicht kann und wie Sie es Ihrer Unternehmensrichtlinie entsprechend konfigurieren können. Sie können eventuelle Lücken durch selbst geschriebene Skripten schließen.

20.20.2 Host-Hardening-Tools

Diese Tools wurden aufgrund der verschiedenen UNIX-Sicherheitsinterfaces und plattformspezifischen Risiken speziell für jede Distribution entwickelt. Sie sollten die folgende Auflistung allerdings nicht als definitiv ansehen – es gibt beispielsweise viele, viele Projekte zur Sicherung von Linux. Ich war etwas wählerisch und habe die Tools ausgesucht, die gut genug entwickelt sind, um in einer Produktionsumgebung eingesetzt zu werden. Wie immer sollten Sie diese Tools allerdings zuerst auf einem Nichtproduktionssystem testen.

Für einige Distributionen kenne ich kein spezifisches Tool – also habe ich einige anerkannte Dokumente zum Thema Sichern aufgelistet. Sehen wir uns nun die Optionen an.

SUN Solaris

Solaris-Benutzer sind heutzutage in puncto Auswahl verwöhnt. Die nahe liegende Frage ist: »Für welches Hardening-Tool soll ich mich entscheiden?« Als Hilfestellung für Ihre Entscheidung sollten Sie einen Blick in diesen vom SANS gesponserten Bericht werfen, in dem die beliebtesten Tools zur Sicherung von Solaris verglichen werden: `http://www.sans.org/sol11c.pdf`.

YASSP (Yet Another Solaris Security Package)

Primärer Autor: Jean Chouanard

URL: `http://www.yassp.org/`

YASSP unterstützt die Solaris-Versionen 2.6, 2.7 und 8 auf Sparc und Intel. YASSP scheint das De-facto-Tool für die Sicherung von Solaris zu werden. Das SANS Institute hat bekannt gegeben, dass es die Benutzung von YASSP weltweit empfehlen wird.

YASSP wird als ein tar-Archiv ausgeliefert, das Pakete im Solaris-Paketformat, einige Shell-Skripten und eine Sammlung von Sicherheitstools enthält, die vorhandene Solaris-Programme ersetzen oder ergänzen sollen.

Folgende Pakete werden standardmäßig installiert:

- SECclean: das Kernpaket, das Ihre Solaris-Installation sichert
- GNUgzip: gzip 1.2.4a [GNU]
- PARCdaily: einige täglich auszuführende Skripten, Rotation der Protokolle, Backup und RCS für Systemdateien
- WVtcpd: tcp_wrappers 7.6 und rpcbind 2.1 [Wietse Venema]
- PRFtripw: Tripwire 1.2 [Purdue Research Foundation der Purdue University]
- OPENssh: OpenSSH 2.3.0p1 [OpenSSH.com]

Generell sichert YASSP Solaris wie folgt:

- Es schaltet ALLE Netzwerkdienste in */etc/inetd.conf* (konfigurierbar) aus und deaktiviert nicht unbedingt notwendige Dienste, die von */etc/init.d* gestartet werden.
- Es schaltet die *rhosts*-Authentifizierung aus, deaktiviert nichtverwendete System-Accounts, deaktiviert den FTP-Zugriff für Systembenutzer und richtet die Mindestlänge für Passwörter auf acht Zeichen ein.
- Es deaktiviert Versuche des Stapelabsturzes (normalerweise durch Pufferüberläufe hervorgerufen) und aktiviert die Protokollierung auf Kernel-Ebene durch eine Parameterveränderung in */etc/system*. (Beachten Sie, dass dies Datensegment-Pufferüberläufe nicht verhindert.) Der Vorgang kann Ihre Anwendungen beeinträchtigen, deshalb ist es wie immer wichtig, Tests durchzuführen.
- Es lässt Casper Diks »fix-modes«-Skript laufen, um Dateisystemberechtigungen durchzusetzen. Es deaktiviert außerdem die Honorierung des set-uid-Bit auf neu gemounteten Dateisystemen.
- Es modifiziert das Verhalten des TCP/IP-Stapels, um sowohl die Sicherheit zu verbessern als auch die Widerstandsfähigkeit gegen Denial-of-Service-Angriffe zu erhöhen. (Dies ist hilfreich, wird aber das Problem nicht beseitigen.)

Lassen Sie sich durch diesen gründlichen Ansatz nicht beunruhigen – die Standardpakete und -Installationseinstellungen sind sicherlich für einen ins Internet gerichteten oder höchst sensiblen internen Server angemessen. Aber für interne Multiusersysteme sollten Sie auf alle Fälle die in *yassp.conf* verfügbaren Konfigurationsoptionen untersuchen. Sie können leicht die Anwendungsfunktionalität stören, wenn Sie die Standardwerte nicht verändern.

WEGWEISER
Für diejenigen, die Solaris neu installieren, hat der primäre YASSP-Autor Jean Chouanard diesen Prozess hilfreich dokumentiert (beginnend mit der Solaris-CD-ROM in seiner Hand): `http://www.yassp.org/os.html`.

YASSP ist nicht allzu kompliziert zu installieren. Nachdem Sie das YASSP-tar-Archiv heruntergeladen haben, installieren Sie wie folgt:

```
# uncompress yassp.tar.Z
# tar xvf yassp.tar
# cd yassp
# ./install.sh
... alle Konfigurationsdateien überprüfen und modifizieren ...
# reboot
```

Nach der Installation müssen Sie einige Konfigurationsdateien editieren und die Integritätsdatenbank für Tripwire erstellen. Folgende Schritte sind erforderlich:

- */etc/yassp.conf* editieren und konfigurieren.

- */etc/hosts.deny* und */etc/hosts.allow* editieren und konfigurieren.
- */etc/sshd_config* und */etc/ssh_config* editieren und konfigurieren.
- Lesen Sie `http://www.yassp.org/after.html` und die Dokumente, zu denen Sie unter `http://www.yassp.org/ref.html` Links finden.
- Führen Sie alle zusätzlichen Veränderungen durch, und installieren Sie bei Bedarf ergänzende Software.
- Erstellen Sie die Tripwire-Datenbank, und speichern Sie sie auf schreibgeschützte Medien.

Ich persönlich denke, dass YASSP die Zukunft für die Sicherung von Solaris sein wird (zumindest für neue Systeme). Es wurde umfassend getestet, kann ebenso leicht deinstalliert wie installiert werden und scheint einige talentierte Individuen angezogen zu haben, die es auf dem neuesten Stand halten.

TITAN (Toolkit for Interactively Toughening Advanced Networks and Systems)

TITAN

Primärer Autor: Brad Powell

URL: `http://www.fish.com/titan/`

TITAN wurde vor YASSP entwickelt und folgt einem anderen Ansatz, denn es basiert auf der KISS-Methode (Keep it Simple, Stupid).

Anstatt ein riesiges Skript für alle Aufgaben zu erzeugen, haben die Autoren von TITAN eine Sammlung von Bourne-Shell-Skripten geschrieben (die als *Module* bezeichnet werden), die vom TITAN-Programm selbst gestartet werden. Jedes Modul zielt auf einen bestimmten Aspekt der Betriebssystemsicherheit ab. Module können über die Benutzung einer während der Laufzeit angegebenen Konfigurationsdatei eingefügt (oder ausgeschlossen) werden. Damit können Sie verschiedene Konfigurationsdateien erzeugen, die Ihre Sicherheitsmaßnahmen reflektieren, die für individuelle Systeme erforderlich sind (beispielsweise Firewalls, Mailserver, Workstations und so weiter).

Ein TITAN-Modul besteht aus zwei primären Funktionen: dem Fix- und dem Check-Modus. Erwartungsgemäß führt der Fix-Modus die eigentliche Arbeit durch – er nimmt die Veränderungen vor –, während der Check-Modus feststellt, ob die Korrektur bereits durchgeführt wurde. Sie teilen TITAN über die Konfigurationsdatei mit, in welchem Modus ein bestimmtes Skript laufen soll.

Damit können Sie leicht überprüfen, ob ein System entsprechend Ihrer Sicherheitsrichtlinien konfiguriert wurde. Für mich ist das die wahre Stärke von TITAN.

Um TITAN zu installieren, kopieren Sie das TITAN-Archiv auf einen Ziel-Server, führen das Installationsprogramm aus und passen die Konfigurationsdatei an. Jetzt sind Sie bereit, das primäre TITAN-Shell-Skript aufzurufen (mit dem

Namen Ihrer Konfiguration als Argument). Wenn Sie Probleme mit einem Modul haben, können Sie TITAN im Debug-Modus laufen lassen.

Lassen Sie TITAN regelmäßig im Check-Modus über cron laufen, und Sie haben einen erweiterbaren, hostbasierten Scanner.

TITAN Version 3.7 unterstützt nur Solaris, aber die Version 4 (zur Zeit der Bucherfassung in der Alpha-Phase) verspricht Skripten für Linux, FreeBSD und True 64.

Das Tool selbst ist so strukturiert, dass es für jedes Betriebssystem eingesetzt werden kann, aber bisher gab es nur wenige Module für andere Distributionen.

Ein anderer toller Punkt bei TITAN ist, dass Sie kein Programmiergenie sein müssen, um zusätzliche Module hinzuzufügen – und Sie müssen auch nicht durch Reifen springen (erinnern Sie sich noch an KISS?). Vorausgesetzt, dass Sie einigermaßen kompetent im Bourne-Shell-Skripting sind, gibt es keine neue Programmiersprache, die Sie lernen müssten – Sie müssen nur einigen Konventionen folgen (kopieren Sie einfach die mitgelieferte Vorlagendatei, und passen Sie diese an).

Beachten Sie, dass TITAN im Gegensatz zu YASSP keine Sicherheitstools installiert. (Es enthält zwar auch Casper Diks fix-modes-Skript, aber das ist ein einmaliges Tool, deshalb zähle ich es nicht.) Ich empfehle Ihnen, dass Sie zuerst YASSP verwenden, um die Tools zu installieren und zu sichern, und sie dann mit TITAN regelmäßig überwachen. Bei sehr großen Server-Farmen kann die Ausgabe von TITAN überwältigend werden – fassen Sie die Ausgabe mit Hilfe von Perl zusammen.

Als ich begann, TITAN zu benutzen, hatte das Tool die nervige Angewohnheit, Dinge zu verändern, auch wenn ich nur eine Überprüfung verlangt hatte. Das Prinzip eines passiven Check-Modus war nicht konsistent durch alle Module implementiert worden. Ein schneller Blick in die aktuellsten Skriptsammlungen zeigt aber, dass die Autoren dieses Problem behoben haben (auch wenn ich keinen Hinweis darauf im Change-Protokoll finden konnte).

Sie sollten immer Folgendes berücksichtigen: Machen Sie sich stets klar, welche Aktionen ein Hardening-Skript durchführen wird, *bevor* Sie es laufen lassen.

> **HINWEIS**
> Die Autoren berichten, dass TITAN eigentlich für nichts Besonderes steht. Sie sind zufällig auf den Namen gekommen, und er ist erhalten geblieben.

Linux

Es gibt eine ganze Reihe von Projekten, die den beliebtesten Pinguin der Welt schützen wollen (falls Sie in den letzten Jahren in einer Höhle gelebt haben: Das Linux-Maskottchen ist ein Pinguin). Nachfolgend stelle ich eines davon vor:

Bastille Linux

Bastille Linux (v1.1)

Primärer Autor: Jay Beale

URL: `http://www.bastille-linux.org/`

Das Bastille-Hardening-System ist ein Open-Source-Gemeinschaftsprojekt, das für RedHat- und Mandrake-Systeme vorgesehen ist. (Die Autoren haben behauptet, dass es auf jede Linux-Distribution portierbar sein soll.)

Das bekannt gegebene Ziel des Projekts besteht darin, das sicherste und doch nutzbare System zu bieten, das möglich ist. Die Autoren stützen sich auf eine breite Palette von Sicherheitsquellen, darunter die Anleitung für die Sicherung von Linux vom SANS Institute, Kurt Seifrieds Sicherheitsanleitung für Linux-Administratoren und mehr. Die Entwickler, Jon Lasser und Jay Beale, stufen die Administratorenschulung als ein primäres Ziel ein.

Bastille konzentriert sich auf vier Bereiche, die geschützt werden:

- Es implementiert Netzwerkpaketfilter im Kernel (mit Hilfe von ipchains). Das schränkt Ihre Sichtbarkeit im Netzwerk ein. (Es versteckt Ihr System nicht – es richtet vielmehr Zugriffskontrollen auf die Netzwerkdienste Ihres Systems ein.)
- Es lädt die aktuellsten Sicherheits-Patches herunter und installiert diese (nicht viele Tools tun dies). Allerdings prüft das Tool nicht die digitalen Signaturen der heruntergeladenen Dateien. (Sie können dies manuell mit PGP oder der Open-Source GnuPG-Software tun, die Sie unter `http://www.gnupg.org/` finden.)
- Es erhöht die Widerstandsfähigkeit des Systems gegenüber vielen Arten lokaler Angriffe, indem es das Privilegien-Bit aus einer Reihe von set-uid-Programmen entfernt.
- Es deaktiviert nicht erforderliche Netzwerkdienste.

Zu den bemerkenswerten neuen Funktionen von Bastille gehören folgende:

- Bastille kann in aktuellen Versionen auf laufenden Systemen eingesetzt werden (das heißt, nicht nur für Neuinstallationen).
- Bastille ist sich seiner selbst bewusst, was bei mehreren Ausführungen auf dem gleichen Rechner relevant ist. Bastille weiß, was es bei seiner letzten Ausführung getan hat, wird also seine Aktionen nicht wiederholen. Beachten Sie, dass Bastille während der ersten Ausführung Ihre ursprünglichen Sicherheitseinstellungen nicht erkennt. (Es wird Sie auffordern, Dinge auszuschalten, die Sie vielleicht bereits deaktiviert haben.)
- Bastille hat eine primitive, aber praktische Undo-Funktion. Im Wesentlichen erstellt es ein Backup der Dateien, bevor es sie modifiziert. Es repliziert die

Verzeichnisstruktur und Berechtigungen unter dem Undo-Verzeichnis. Es gibt keinen automatischen Weg zurück – wenn Sie eine Aktion rückgängig machen müssen, tun Sie dies manuell.

- Bastille hat einen so genannten *Impotent-Modus* (auch als *Shooting-Blanks-Modus* bekannt). Dieser ist für Erstbenutzer unbedingt empfehlenswert. Bastille wird Ihnen auf Basis Ihrer Antworten mitteilen, welche Veränderungen notwendig sind, ohne diese tatsächlich durchzuführen. Diese Funktion erspart es Ihnen, Dinge später wieder rückgängig machen zu müssen.

Das Perl-Skript *Interactive-Bastille.pl* wurde in Hinblick auf den Neuling geschrieben. Der Benutzer wird bei jeder Frage zur Sicherung aufgefordert, mit Ja oder Nein zu antworten. Jede Frage wird von Erklärungen begleitet, um auch in der Linux-Sicherung unerfahrene Personen zu unterstützen. Am Ende der Frage/Antwort-Sitzung führt der Benutzer *BackEnd.pl* aus, und die Veränderungen werden durchgeführt.

Um exakt die gleichen Veränderungen auf einer Reihe von Rechnern durchzuführen, kopieren Sie einfach das Bastille-Eingabeprotokoll – das während des ersten Ablaufs generiert wird – und geben die Protokollergebnisse als Eingabe an das BackEnd-Bastille-Skript auf den Zielservern. Diese Technik wird in der Dokumentation zu Bastille vollständig erklärt (*docs/readme.automate*). Eine professionellere Automatisierungsprozedur ist scheinbar in Arbeit, aber die aktuelle Methode – wenn sie auch einfach ist – funktioniert tatsächlich.

Ein Linux-Neuling wird eine steile Lernkurve verzeichnen, egal welches Tool er im Endeffekt benutzt. Bastille bemüht sich sehr, diese Last zu erleichtern und erreicht dies in gewissem Maße auch. Ich kenne zur Zeit nichts Besseres.

Hewlett-Packard HP-UX

Ich kenne keine öffentlich verfügbaren Skripten zur Sicherung von HP-UX. Falls Sie etwas Zeit haben, empfehle ich Ihnen, TITAN zu portieren und Ihre Veränderungen dem TITAN-Team zur Verfügung zu stellen.

> **WEGWEISER**
> Aber Kevin Steves von HP hat eine sehr nützliche Sicherungsanleitung geschrieben. Das Dokument für HP-UX 10 finden Sie unter `http://people.hp.se/stevesk/bastion.html`, das Dokument für HP-UX 11 unter `http://people.hp.se/stevesk/bastion11.html`.

Die Anleitung von Kevin ist sehr lesbar geschrieben, beginnt bei der Installation von HP-UX und geht dann zur Sicherung des Hosts und der Erstellung eines Wiederherstellungsbands über.

IBM AIX

Auch für AIX kenne ich keine öffentlich verfügbaren Sicherungsskripten.

WEGWEISER
IBM hat eine grundlegende Anleitung für die Sicherung von AIX entwickelt. Sie finden sie unter `http://www.redbooks.ibm.com/redbooks/SG245971.html`.

FreeBSD

FreeBSD-Benutzer sollten sich das Security HOWTO unter `http://people.freebsd.org/~jkb/howto.html` ansehen.

Die FreeBSD-Portierungssammlung (Sicherheitstools, die für FreeBSD portiert wurden) ist unter `http://www.freebsd.org/ports/security.html` verfügbar.

Was können Sie tun, wenn Sie kein Hardening-Tool für Ihre Distribution oder Version finden können? Leider haben Hersteller eine schlechte Vorgeschichte in Bezug auf die Entwicklung glaubwürdiger Hardening-Tools. Hören Sie sich in Ihrer Benutzergruppe (falls es eine gibt) oder der Usenet-Newsgroup für Ihre Distribution um. Vielleicht müssen Sie die Skripten von einem der hier erwähnten Tools umschreiben. Wenn Sie ein HP-UX- oder AIX-Administrator sind, der sich für Sicherheit interessiert, haben Sie hier die perfekte Gelegenheit, sich einen Namen zu machen!

20.21 Zusammenfassung

Ein einzelnes Kapitel über UNIX-Sicherheit kann dem Thema nicht gerecht werden. Anstatt zu versuchen, alle Aspekte der UNIX-Sicherheit darzustellen, habe ich es hoffentlich geschafft, Sie zum Nachdenken über die Probleme anzuregen. Spezifische Technologieprobleme kommen und gehen (nun, sie gehen nicht immer), aber die Denkprozesse und Sicherheitsprinzipien bleiben oft die gleichen. Wenn ich es geschafft habe, dass Sie über Ihre Umgebung auf eine neue Art und Weise nachdenken, dann habe ich mein Ziel erreicht. Das Tolle an UNIX ist die offene Gemeinschaft, die das Betriebssystem unterstützt. Zwar gibt es viele Probleme, aber auch viele Lösungen. Ich wünsche Ihnen viel Glück bei der Sicherung Ihres UNIX-Betriebssystems.

Kapitel 21

NetWare

Vernachlässigung kann zu Unheil führen – in Ermangelung eines Nagels wurde der Huf ruiniert, in Ermangelung eines Hufes wurde das Pferd ruiniert, und in Ermangelung eines Pferdes wurde der Reiter ruiniert. (Benjamin Franklin, Poor Richard's Almanack, 1758)

Als altehrwürdiges Betriebssystem, das noch in vielen Unternehmen eingesetzt wird, ist NetWare nicht so tot, wie manche Experten gern vorgeben. Wir stellen hier Hinweise und Praktiken, Tools und Tipps für dieses Betriebssystem zur Verfügung – das immer noch oft im Kern der Authentifizierungsstruktur eines Unternehmens zu finden ist.

21.1 Das Betriebssystem – die nackten Tatsachen

Lassen Sie mich direkt sein: Was mich *nicht* interessiert, sind Exploits oder Praktiken, die ältere Versionen des Betriebssystems ohne Patches betreffen. Dies sind Fälle reiner Nachlässigkeit – etwa so interessant wie die zweifelhaften Geschichten aus der Studentenzeit Ihres Vaters oder Aktienberichte aus dem letzten Jahr.

Wir haben bereits in früheren Kapiteln betont und sagen es jetzt noch einmal: Sie schreien geradezu nach Ärger, wenn Sie ein Betriebssystem ohne Patches laufen lassen. Die erste Regel für *jedes* Betriebssystem muss folglich lauten: »Bleibe stets auf dem Laufenden«.

Daher ignoriere ich hier einfach alles vor NetWare 4 und rede über NetWare 4 und NetWare 5. Novell bietet seit Jahren keinen Support mehr für NetWare 3.11 und hat kürzlich bekannt gegeben, dass auch für NetWare 3.2 die Supportleistungen eingestellt werden. Ihre spontane Reaktion könnte sein: »Na und? Warum sollte ich mich darum kümmern, ob ich Support von Novell bekomme, solange die aktuelle Konfiguration funktioniert?«

Aber die häufige Entdeckung von Sicherheitslöchern in Betriebssystemen ist eine Tatsache, und Sie müssen diese Probleme irgendwie beheben, um die Sicherheit des Systems zu wahren. Genauer gesagt brauchen Sie entweder den Quellcode für das Betriebssystem (und das erforderliche Know-how), um ein bestimmtes Problem zu beseitigen, oder Sie brauchen den Support des Herstellers.

Der Quellcode für NetWare ist nicht verfügbar – also *brauchen* Sie Novells Support, um neu entdeckte Sicherheitslöcher im Betriebssystem zu schließen.

Fazit: Eine NetWare-Version zu benutzen, für die kein Support geliefert wird, ist nicht gerade klug und vor allem nicht sicher. Wenn Sie NetWare 3 verwenden oder (um Himmels willen!) NetWare 286, sind Sie *auf sich allein* gestellt. Das ist nicht sehr spaßig. Hören Sie hier auf zu lesen, und tun Sie etwas dagegen. Nachdem Sie sich eine aktuelle Version besorgt haben, kommen Sie wieder zurück, und wir reden weiter.

Noch da? Okay, bei Ihnen läuft also NetWare 4 oder NetWare 5 – gehen Sie los, und holen Sie sich die aktuellsten SupportPacks (SP). Es gibt eine riesige Anzahl verfügbarer Sicherheits-Patches. In diesem Kapitel beziehe ich mich auf NetWare 4 SP 8A und NetWare 5 SP1. Mittlerweile gelten diese *Mindestversionen* für Patches sicher schon nicht mehr, laden Sie also die aktuellsten herunter.

> **HINWEIS**
> Novells *Minimum Patch List* (die Liste der Patches, die als absolutes Minimum installiert werden sollten) für alle Produkte finden Sie unter `http://support.novell.com/misc/patlst.htm`.

Wenn Sie ein treuer Novell-Benutzer sind, ist es wahrscheinlich, dass Sie Novells BorderManager als Software-Firewall und GroupWise als Ihr E-Mail-System benutzen. Zwar wird im Folgenden das Betriebssystem dargestellt, das diese Programme beherbergt, aber Sie finden hier keine Anleitung zur Sicherung dieser spezifischen Produkte. Informationen über Firewalls finden Sie in Kapitel 10, »Firewalls«. In Teil VII, »Die Fäden laufen zusammen«, sind weitere Anleitungen zur Sicherung von Netzwerkanwendungen dargestellt.

21.2 Die großen Drei

Nachdem Sie die Patches installiert haben, müssen Sie in Ihrem Leben mit NetWare drei Umgebungen sorgfältig beobachten, die sich wesentlich auf Ihre Sicherheit auswirken:

- die Serverumgebung – Serverkonsole und -konfiguration
- die Clientumgebung – Workstations, Clientsoftware und -konfiguration
- die NDS-(Novell Directory Services-)Umgebung

In einem möglicherweise sehr komplexen System ist es nützlich, alle NetWare-Sicherheitsaspekte in diese drei Gruppen aufzuteilen. Nicht jeder Einzelne ist für jede Gruppe verantwortlich, aber jeder muss die Konsequenzen tragen, wenn niemand für die jeweiligen Bereiche verantwortlich ist. (Wenn Sie der »Glückliche« sind, der sich in Ihrem Unternehmen um alle drei Bereiche kümmern muss, klopfen Sie sich selbst auf die Schulter, und verlangen Sie eine Gehaltserhöhung.)

Deshalb sollten Sie festlegen, wer in Ihrer Organisation für was verantwortlich ist – es nützt nichts, wenn nur eines dieser drei Untersysteme abgedeckt ist.

21.2.1 Serverumgebung

Es ist noch untertrieben zu sagen, dass der Kampf verloren ist, wenn ein Eindringling auf Ihre Serverkonsole zugreifen kann. Wenn Sie ein Neuling im Bereich NetWare sind, erfahren Sie jetzt eine grundlegende, schreckliche Tatsache zu diesem Betriebssystem:

Es gibt *kein* explizites Einloggen in die Konsole. Der Standardzugriff nach dem Booten läuft auf Folgendes hinaus: »Der Typ an der Tastatur ist groß und mächtig.«

Was? Das hört sich absolut seltsam an, wenn Sie Unix oder NT (richtig konfiguriert) gewöhnt sind. Warum sollte die Konsole praktisch jedem Supervisor-Privilegien gewähren?

Die Antwort ist, dass das Betriebssystem diese Privilegien nicht explizit gewährt. Viele der NetWare-NLM-(NetWare Loadable Module-)Tools erfordern eine Authentifizierung, bevor Sie privilegierte Vorgänge ausführen können.

Aber weil NetWare es in seiner Standardkonfiguration zulässt, dass jemand, der Zugriff auf die Tastatur hat, ein NLM laden kann, erlaubt es diesem Jemand auch, jeden privilegierten Vorgang ausführen, der in dieses NLM codiert ist.

So können Sie beispielsweise durch einfaches Laden eines NLM (und ohne großen Verdacht auszulösen – Sie müssen nicht neu booten, um diese Dinge tun zu können):

- das administrative Passwort einrichten (was den tatsächlichen Administrator darauf aufmerksam machen würde, dass irgendetwas nicht stimmt),
- einen zusätzlichen administrativen Benutzer mit einem Passwort Ihrer Wahl zum System hinzufügen (was nicht die Aufmerksamkeit des Administrators erregen würde),
- die gesamte NDS-Datenbank (wenn Sie einen Server mit einer Replikation darauf betreiben) entwenden, um sie später mit öffentlich verfügbaren Tools offline zu entschlüsseln, und
- andere beliebige Verwüstung anrichten.

Hört sich schlimm an? Ja, ist es auch. Noch einmal: Nur durch das Einlegen der entsprechenden Diskette in das Laufwerk – oder durch das Laden eines NLM aus einem Benutzerverzeichnis auf dem Server – können Sie als nichtvertrauenswürdiger Benutzer an der Konsole als vertrauter Benutzer behandelt werden.

Novell bietet eine Teillösung, den Befehl `secure console`.

Es ist eine verzwickte Sache: Einerseits schützt `secure console` Ihre Server vor einem Eindringling an der Tastatur, der vielleicht folgende Dinge tun möchte:

- NLMs von beliebigen Standorten außer *SYS:\system* oder *C:\nwserver* laden,
- Zugriff zum NetWare-Debugger bekommen ([⇧]+[Alt]+[⇧]+[Esc]) und möglicherweise manuell bösartigen Code eingeben und
- die Zeit verändern, um die Sicherheit zu verletzen.

Andererseits kann `secure console` wirklich nervtötend sein, wenn Sie Ihr System warten wollen. Auch ein legitimer Benutzer (Sie) kann die Zeit nicht ändern, um eine Abweichung zu korrigieren. Sie können keinen Suchpfad hinzufügen und keine NLMs von einem anderen Standort als den zwei Systemstandorten laden. Es wäre wunderbar, wenn Sie das System *nicht* neu booten müssten, um den Befehl zu deaktivieren.

Leider ist die Benutzung von `secure console` ein absolutes Muss, wenn es auch nur den geringsten Zweifel an Ihrer physikalischen Sicherheit gibt – wenn also die Möglichkeit besteht, dass sich eine nichtautorisierte Person auch nur für einen Moment an Ihre Servertastatur setzt.

21.2.2 Physikalische Sicherheit

Folgender Tipp ist nahe liegend: Bewahren Sie Ihre Konsolen (und Backup-Bänder) hinter verschlossenen Türen auf. Aber wie bei anderen Betriebssystemen, Routern oder Teilen der Schlüsselinfrastruktur gibt es normalerweise einen Punkt, an dem Sie Ihre Räumlichkeiten teilen werden, sei es mit der Putzkolonne, Beratern von außen oder Ihren eigenen Mitarbeitern.

HINWEIS
Ich war einmal in einem IT-Unternehmen, in dem ein Anwendungsberater seinen Arbeitsplatz im Computerraum einrichten sollte – es gab keinen anderen Arbeitsplatz. Das war das große Problem Nr. 1. Dann begann der Berater mit den speziellen Schulungen für die Benutzer seiner Anwendung – direkt im Datenzentrum. Großes Problem Nr. 2? Er gab den Einlasscode für die Tür zum Datenzentrum aus, und ein Benutzer saß an der NT-Konsole und spielte fröhlich Solitaire, als der Berater ankam. (»Oh, ist das ein Server?«) Unabhängig davon, wie vertrauenswürdig der Berater war, der Benutzer hätte jeder sein können. Die gesamte physikalische Sicherheit des Datenzentrums wurde in dem Moment verletzt, als der Berater Zutritt dazu erhielt.

Die logische Folge: Jeder Server, der nicht physikalisch sicher ist, *darf kein* Teil Ihrer grundlegenden NDS-Struktur sein. Jeder Rechner, der physikalisch nicht sicher ist, kann nicht als vertrauenswürdig betrachtet werden, und jede nicht vertrauenswürdige Konsole kann sich verheerend auf Ihre Struktur auswirken. Dies umfasst neue Server, die an einem unsicheren Arbeitsplatz eingerichtet werden, Laborrechner, Testrechner und so weiter. Dies gilt natürlich idealerweise auch für Server, auf denen andere Betriebssysteme laufen.

Natürlich müssen auch alle Switches oder Hubs, mit denen Ihre Server – oder administrativen Workstations – verbunden sind, hinter verschlossenen Türen stehen, insbesondere wenn man bedenkt, wie leicht die Standardverschlüsselung für die Remotekontrolle von NetWare umgangen werden kann (siehe den Abschnitt »RCONSOLE« weiter unten).

Physikalische Sicherheit kann eine recht umfangreiche und langwierige Aufgabe sein (weitere Informationen zu physikalischer Sicherheit finden Sie in Kapitel 26, »Richtlinien, Prozeduren und Durchsetzung«). Nachdem Sie die physikalische Sicherheit für Ihre Produktionsserver eingerichtet haben, brauchen Sie Richtlinien, Prozeduren und regelmäßige Überprüfungen, um sicherzustellen, dass Ihre sicheren Bereiche sicher *bleiben*.

21.2.3 Eine unsichere Konsole sichern

Am besten führen Sie auf einer gerade nicht benutzten Konsole ein Utility zum Sperren der Tastatur aus und lassen diese Sperre nur aufheben, wenn sich die entsprechende Person authentifiziert. NetWare in der Version 5 bietet ein solches Utility, *scrsaver.nlm*. Es ist relativ einfach zu benutzen. Geben Sie nur

```
scrsaver help
```

am Konsolen-Prompt ein, und Sie erhalten sofortige Anweisungen.

Ich richte den Screensaver gern so ein, dass er nach vier Minuten Leerlauf anspringt und die Tastatur sperrt (in Abbildung 21.1 sehen Sie, wie das aussieht). Der Screensaver ist *keine Standardaktion*, Sie müssen ihn jedes Mal laden und konfigurieren. Dies erreichen Sie, indem Sie folgende Zeile in Ihre *autoexec.ncf* einfügen:

```
scrsaver enable; delay=240
```

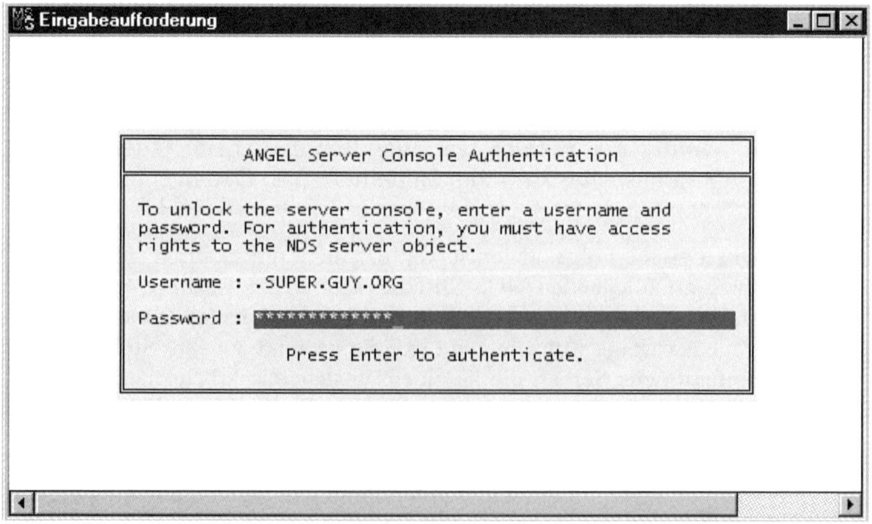

Abbildung 21.1: Es ist eine gute Idee, *scrsaver.nlm* beim Serverstart zu laden, damit die Tastatur bei einem Leerlauf der Konsole gesperrt wird.

Einige Leute richten den Screensaver auch als letzte Aktion der *autoexec.ncf* ein. Dann ist eine Authentifizierung erforderlich, auch wenn jemand direkt nach dem Booten Zugang zu einem der Server erhält.

In diesem Fall sollte die letzte Zeile Ihrer *autoexec.ncf* wie folgt aussehen:

```
scrsaver enable; delay=360; activate
```

> **HINWEIS**
> Die Aktivierung des Screensavers während des Bootens ist keine hundertprozentige Methode, um jemanden von Ihrer Konsole fern zu halten. Ein Eindringling könnte zu Beginn des Boot-Vorgangs die Ausführung der *autoexec.ncf* verhindern, indem er am DOS-Prompt `server -na` eingibt.

Konsolensperre in NetWare 4

NetWare 4 hat keinen coolen Screensaver, der durch ein Passwort geschützt ist. Novell denkt aber über den Einsatz eines solchen nach, und vielleicht ist jetzt, da Sie dieses Buch lesen, schon einer verfügbar.

In der Zwischenzeit können Sie immer *monitor.nlm* benutzen, um Ihre Konsole manuell zu sperren, wenn Sie sie nicht benutzen (siehe Abbildung 21.2), oder sich ein Tool von einem Drittanbieter besorgen (eine Liste derartiger Produkte finden Sie am Ende des Kapitels).

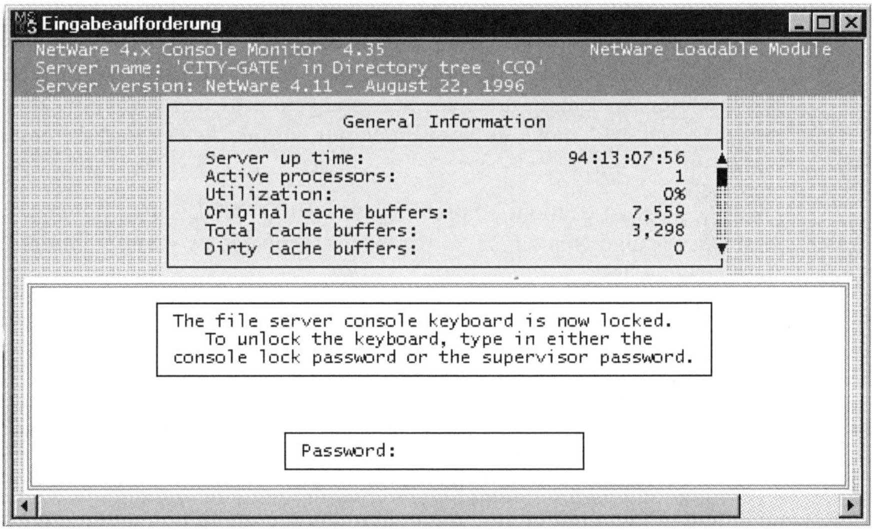

Abbildung 21.2: Zwar bietet Netware 4 mit *monitor.nlm* eine Sperrfunktion; ein Administrator muss aber den Server explizit sperren. Die Funktion wird nicht nach einer gewissen Zeit automatisch gestartet.

RCONSOLE

RCONSOLE, das Remote-Control-Tool für NetWare-Server, kann der beste Freund eines NetWare-Administrators sein. Leider ist es kein besonders sicherer Freund.

Das erste Problem mit RCONSOLE ist sein standardmäßig in Klartext gespeichertes Passwort. Wenn Sie ein CNE (Certified NetWare Engineer) alter Schule sind, könnte Ihre *autoexec.ncf* folgende Zeile enthalten:

```
LOAD REMOTE MEINPASSWORT
```

Wenn Sie *inetcfg.nlm* für die Konfiguration des Remotezugriffs verwenden, wird das Klartextpasswort in *SYS:etc* gespeichert.

Ganz offensichtlich ist das keine gute Sache. Sie werden nicht wollen, dass jemand zu Troubleshooting-Zwecken Ihre *autoexec.ncf* ausdruckt und diese dann versehentlich liegen lässt, so dass jeder sie sehen kann. Außerdem sendet RCONSOLE Bildschirminhalte »in Klarform« über das Netzwerk, so dass jemand mit einem Sniffer beobachten könnte, wenn Sie Ihre Konfigurationsdatei durchblättern oder bearbeiten, wobei er Ihr Passwort lesen könnte.

Was kann man also tun? NetWare bietet eine Methode für die »Verschlüsselung« des `remote`-Passworts (`remote encrypt` an der Serverkonsole), aber diese ist praktisch wertlos. Mit dem DOS-basierten, öffentlich verfügbaren Tool *remote.exe* können selbst die längsten in dieser Art und Weise verschlüsselten Passwörter in weniger als einer Sekunde geknackt werden. Verwenden Sie daher `remote encrypt` nicht, es wird Ihnen nur ein falsches Gefühl der Sicherheit vermitteln.

Kurz gesagt ist es nicht empfehlenswert, RCONSOLE über potenziell nicht vertrauenswürdige Netzwerke zu benutzen. Wenn Sie es verwenden müssen, stellen Sie sicher, dass

- Ihre Datenverbindungen und Netzwerkinfrastruktur vor Abhörversuchen gesichert sind und dass
- die zwei möglichen Serververzeichnisse, in denen das Passwort gespeichert werden kann, nur von Admin-Entsprechungen gelesen werden können (Verzeichnisse wie *SYS:system* und *SYS:etc*).

RCONJ, die reine Java-Version von RCONSOLE, hat ähnliche Probleme und sollte ebenso vorsichtig benutzt werden. Wenn Sie es mit einer sicheren Remotekontrolle der Konsole ernst meinen – und Sie sollten es ernst meinen, wenn Sie für die Sicherheit eines Unternehmens verantwortlich sind –, finden Sie am Ende dieses Kapitels eine Liste von Drittanbieter-Tools, die viel sicherer sind.

Network Computing veröffentlichte in der Ausgabe vom 16. Oktober 2000 einen detaillierten Workshop von Kevin Novak, in dem RCONSOLE und RCONJ dargestellt sind. Sie finden ihn unter `http://www.networkcomputing.com/1120/1120ws1.html`.

Utilities für die Kompatibilität mit Unix

Da wir gerade beim Thema Utilities für die Remotekontrolle im Klartext sind: XCONSOLE, der Telnet-Server für NetWare, ist nicht sicherer als RCONSOLE. Er verwendet Klartext-Telnet für die Authentifizierung und entweder Telnet oder das X-Protokoll – beides sind nichtverschlüsselte Protokolle – für die Sitzungsdaten. Sie sollten XCONSOLE ebenfalls vermeiden, außer Sie sind absolut sicher, dass Ihre Infrastruktur nicht angezapft werden kann.

Gleiches gilt für FTP. Zwar ist FTP weniger riskant als RCONSOLE, wenn nicht-administrative Benutzer FTP verwenden, aber FTP ist ebenso riskant wie RCONSOLE, wenn administrative Benutzer per FTP in den Server eindringen. Alle Passwörter für FTP-Verbindungen werden im Klartext übermittelt – vermeiden, vermeiden, vermeiden.

Wie bei jedem Dienst gilt auch hier, dass Sie wahrscheinlich *unicon.nlm* benutzen sollten, um beide Tools zu deaktivieren, wenn Sie diese nicht unbedingt benötigen (siehe Abbildung 21.3).

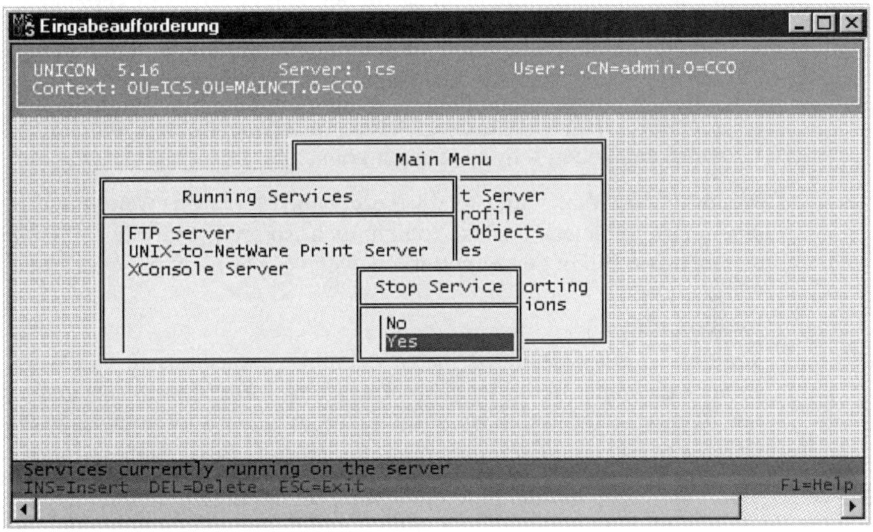

Abbildung 21.3: Verwenden Sie UNICON, NetWares Konfigurationstool für Unix-Dienste, um die Ausführung unerwünschter Dienste für die Kompatibilität mit Unix zu verhindern.

WWW-Dienste

Früher wurden NetWare 4.1 und IntranetWare mit dem NetWare Web Server ausgeliefert – nicht mit dem Netscape Enterprise Server. Der Webserver beinhaltete ein *perl.nlm*, das die Ausführung von beliebigem Code auf dem Server ermöglichte – ein großes Problem.

Obwohl dieses Loch schon seit langer Zeit in neueren Versionen des Webservers gestopft wurde, erwähnen wir es, weil der Webserver nicht Teil des Kernbetriebssystems NetWare 4 ist und deshalb auch in den SupportPacks für das Betriebssystem nicht berücksichtigt wird. Sie müssen ihn separat aktualisieren (oder gleich auf NetWare 5 umsteigen).

Und schließlich sollten Sie wie bei jedem Webserver nach allen Beispielskripten suchen und diese löschen, ansonsten können Sie sicher mit Problemen rechnen.

netbasic.nlm

Verzichten Sie auf *netbasic.nlm*, wenn Sie es nicht unbedingt benötigen. Es gibt verschiedene Angriffe, die auf *netbasic.nlm* basieren. Dies gilt insbesondere für NetWare 4, das nicht das *scrsaver.nlm* von NetWare 5 hat. Auch wenn Sie den Befehl `secure console` ausführen, kann ein nichtautorisierter Benutzer an der Konsole mit *netbasic.nlm*

- eine *netbasic*-Shell aufrufen,
- nicht vertrauenswürdige NLMs in das Verzeichnis *SYS:system* kopieren,
- die NDS-Dateien aus dem verborgenen Verzeichnis *SYS:system_netware* an beliebige Standorte auf dem Dateiserver verschieben und
- generell vertrauenswürdige Dateivorgänge ausführen, die Ihnen möglicherweise das Leben schwer machen könnten.

Wenn Sie NetWare 5 und *scrsaver.nlm* haben (oder NetWare 4 und ein Tool von einem Drittanbieter), ist das Problem nicht so groß, aber Sie sollten *netbasic.nlm* dennoch von Ihrem Server entfernen, wenn Sie es nicht unbedingt benötigen.

toolbox.nlm

Toolbox ist eines der nützlichsten Administrationstools für NetWare überhaupt. Es versucht sogar, seine Vorgänge zu sichern – Sie müssen sich erst authentifizieren, bevor das Tool Ihren Befehlen gehorcht. Aber Toolbox wird häufig in Batch-Dateien benutzt, und Administratoren tendieren dazu, Authentifizierungsdaten in der Toolbox-Datenbank zu speichern. (Viele Administratoren verwenden Toolbox beispielsweise, um den Server neu zu booten, vergessene Blöcke von Datenträgern zu entfernen und so weiter.)

Kurz, ein Eindringling, der mit Toolbox vertraut ist, wird an der Konsole wahrscheinlich

```
AUTH LOAD
```

eingeben. Wenn ein Administrator vorher ein `auth save` ausgeführt hat, kann der Eindringling die Funktionen von Toolbox benutzen, ohne sich anmelden zu müssen.

Im Wesentlichen heißt das, dass für Toolbox die gleichen Regeln gelten, wie vorher für Netbasic beschrieben, wenn Sie `auth saves` durchführen. Gibt es keinen Screensaver, kann der Schaden enorm groß sein. Wird ein Screensaver benutzt, ist das Risiko, das `auth save` darstellt, akzeptabler.

Umgebungsparameter des Servers

Es gibt öffentlich verfügbare Tools, die NCP-(NetWare Core Protocol)-Pakete ausspionieren und so eine Sitzung abfangen können. Damit dies Ihren Benutzern nicht passiert, sollten Sie die NCP-Parameter Ihres Servers so einrichten, dass Überprüfungen der Paketsignatur, der Paketlänge und der Paketkomponenten durchgeführt werden.

Um beispielsweise die höchste Ebene der NCP-Sicherheit zu erreichen, geben Sie an der Serverkonsole Folgendes ein:

```
SET NCP Packet Signature Option = 3
SET Reject NCP Packets with bad components = ON
SET Reject NCP Packets with bad lengths = ON
```

NetWare-4-Benutzer müssen diese Zeilen außerdem in die *autoexec.ncf* einfügen.

> **HINWEIS**
> Sie sollten auf alle Fälle Tests in Ihrer Umgebung ausführen, bevor Sie eine Paketsignierung der Stufe 3 einrichten. Stufe 3 bedeutet: »Kommuniziere mit niemandem, der seine Pakete nicht signiert«. Dies könnte problematisch sein, wenn Sie die Optionen zur Paketsignierung auf Ihren Clients nicht aktiviert haben (obwohl die aktuellsten Novell-Clients diese Option standardmäßig einrichten, wie später in diesem Kapitel dargestellt wird). Außerdem sollten Sie testen, wie Ihre Server die Last einer Signierungsstufe 3 verarbeiten. Der Aufwand für die Verarbeitung, der mit der kryptographischen Signierung von Paketen einhergeht, ist nicht trivial.

Bindery-Kontext

Ein Bindery-Kontext ist *nur dann* auf einem Server erforderlich, wenn die darauf installierte Software von Drittanbietern nicht über NDS kommunizieren kann. Leider gibt es immer noch NetWare-Utilities, die das nicht können. Verwenden Sie möglichst Utilities, die NDS unterstützen, weil es allgemein verfügbare Tools gibt, die Angriffe auf Basis des Bindery-Kontextes ausführen (ein Beispiel hierfür finden Sie im Abschnitt »Gast-Accounts und andere Benutzer ohne Passwörter).

NetWare-Server richten standardmäßig einen Bindery-Kontext ein. Mit folgendem Befehl können Sie dies verhindern:

```
set bindery context=
```

Es ist richtig, dass rechts vom Gleichzeichen nichts steht. Das System wird Sie warnen, dass die Bindery-Dienste deaktiviert wurden. Wenn Sie sie nicht benötigen, ist das eine gute Sache.

21.2.4 Clientumgebung

Sie sollten einen nativen NetWare-Client benutzen – das bedeutet, verwenden Sie den Novell-Client, *nicht* den von Microsoft. Der Microsoft-Client unterstützt keine Paketsignierung – weder die empfohlene (Stufe 2) noch die erforderliche (Stufe 3).

Der NetWare-Client verwendet standardmäßig die gleiche Stufe wie der Server – Stufe 1: »Führe Paketsignaturen nur dann durch, wenn die andere Seite diese verlangt«. Wenn Sie also die aktuellste Version des NetWare-Clients haben, werden Sie keine Probleme mit einer höheren Signierungsstufe auf dem Server bekommen. Wenn Sie eine Paketsignierung ernsthaft durchsetzen wollen, sollten Sie Ihre Clients auf der Stufe 3 einrichten.

Stellen Sie auch hier wieder sicher, dass Sie alle Veränderungen von Parametern testen, bevor Sie sie anwenden. Wenn Sicherheitshinweise herausgegeben werden, müssen Sie vielleicht eine große Anzahl Clients auf einmal verändern. ZenWorks oder ein anderes Desktop-Managementprogramm kann dies einfacher und schneller machen.

Windows: das schwächste Glied

Ohne einen heiligen Krieg um Betriebssysteme auslösen zu wollen, lassen Sie uns nur sagen, dass Sie besondere Aufmerksamkeit auf Windows-Workstations legen müssen, in die sich administrative Benutzer einloggen. Die PWL-Dateien (in Windows 9x) und der SAM (in Windows-NT/2000-Workstations) lassen sich leicht knacken.

Das ist kein Problem, solange Sie sich nur in Workstations einloggen, die physikalisch sehr sicher sind. Aber was ist, wenn sich Administratoren im Außendienst einloggen müssen? Ist dies in Ihrem Unternehmen der Fall, sollten Sie irgendeine Art von verschlüsselter Remotekontrolle in Betracht ziehen, anstatt den Desktop der Workstation zu benutzen, auf der Sie arbeiten (beispielsweise Citrix, PC Anywhere oder Ähnliches). Auf keinen Fall sollten Sie Ihr administratives Passwort – und den Benutzernamen – auf der höchst unsicheren Workstation des Benutzers hinterlassen.

In Kapitel 18, »Trojanische Pferde«, finden Sie Informationen über den Schutz Ihrer Workstations vor Programmen, die Login-Informationen abfangen. Da Sie wahrscheinlich in einer NetWare-Umgebung arbeiten, sollten Sie eventuell mit Hilfe von ZENWorks Richtlinien zuweisen, die Ihre Client-Workstations sperren.

Wenn Sie schließlich öffentliche Terminals oder ein Citrix Remote-Login-System haben, sollten Sie auf alle Fälle die »Advanced«-Funktion des Clients deaktivieren. Die Browse-Funktionen der Registerkarte ADVANCED bieten einem Eindringling mehr Informationen, als Sie offen legen wollen. (Wenn Sie dies tun, sollten Sie das »kontextlose« Login aktivieren, damit Ihre Benutzer nicht *.meinName.meineAbteilung.meinStandort.meineOrganisation* als Benutzernamen eingeben müssen.)

21.2.5 Novell Directory Services (NDS)

Jeder Verzeichnisdienst muss von seiner Erstinstallation über seine gesamte Lebensdauer hinweg sorgfältig verwaltet werden. Nachlässigkeit und Unaufmerksamkeit sind die Hauptgründe für den Ausfall eines Verzeichnisdienstes – egal ob in puncto Sicherheit oder Funktionalität.

Ein guter Start: Erkennung von Eindringlingen

Erkennen von Eindringlingen heißt, dass NDS die Anzahl der fehlgeschlagenen Login-Versuche innerhalb eines gewissen Zeitrahmens zählt – und den Account für einen bestimmten Zeitraum sperrt, wenn die Anzahl der fehlgeschlagenen Logins über eine definierte Grenze hinausgeht.

Lassen Sie uns ein Beispiel ansehen: Ein Eindringling schreibt ein Programm, um einen Wörterbuch- oder Brute-Force-Angriff auf das Login eines Benutzers, sagen wir Hans, durchzuführen, indem er die Authentifizierungsaufrufe im NetWare-API verwendet. Ist das Erkennen von Eindringlingen nicht aktiviert, kann der Angreifer in relativ kurzer Zeit Tausende von möglichen Passwörtern durchlaufen.

Hat der Administrator die Option DETECT INTRUDERS aktiviert (siehe Abbildung 21.4), passiert Folgendes: Da der Eindringling mehr als sieben Passwörter in einem Zeitraum von 30 Minuten ausprobiert, wird der Account für 15 Minuten gesperrt. Plötzlich kann der Eindringling also nur noch sieben statt Tausende von Passwörtern ausprobieren, bevor der Account gesperrt wird. Dies ist ein extrem guter Schutz vor systematischen Onlineversuchen, in Echtzeit Passwörter zu knacken.

Die schlechte Nachricht ist, dass das Erkennen von Eindringlingen nicht standardmäßig aktiviert wird. Sie müssen es in NWAdmin für jede OU (Organizational Unit) als Teil Ihrer »neuen Baum-SOP (Standard Operating Procedure)« aktivieren. Ein anderer Nachteil ist, dass Sie durch diese Option einen Denial-of-Service-Angriff möglich machen. Ein Angreifer könnte automatisch über einen längeren Zeitraum Login-Versuche unter Ihrem Namen unternehmen und so Ihren Account gezielt außer Betrieb setzen.

Benutzernamen: Admin

Admin ist der erste Benutzer, der in einem neuen NDS-Baum erzeugt wird. Nach der Installation eines neuen NDS-Baums benennen viele Administratoren als Erstes den Admin-Benutzer in etwas weniger Offensichtliches um und legen ihn in einem weniger offensichtlichen Container ab (wie beispielsweise *.Gsmith.abc.myorg*). Dieser Container sollte separat von den Containern anderer Benutzer gespeichert werden.

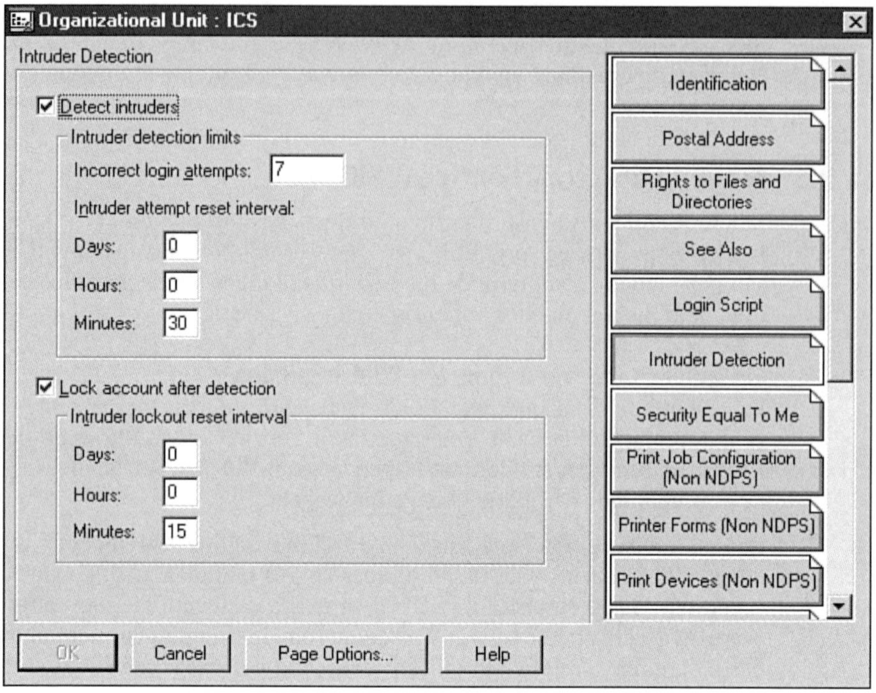

Abbildung 21.4: Sie sollten NWAdmin benutzen, um das Erkennen von Eindringlingen für jede Organisationseinheit in Ihrem Baum zu aktivieren.

Dies ist eine gute Methode, was Angriffe von außerhalb Ihrer Organisation betrifft, aber sie ist nicht hundertprozentig sicher. Wie wir bereits an anderen Stellen erwähnt haben, werden viele Sicherheitsprobleme von innen hervorgerufen. Ein zeitweise beschäftigter Mitarbeiter – Praktikant, Handwerker oder Empfangsmitarbeiter – könnte beobachten, wie sich ein administrativer Benutzer einloggt (Sie beispielsweise, weil Sie ein Problem für diese Person lösen wollen), und kann so den Login-Namen eines administrativen Benutzers in Erfahrung bringen. Vielleicht ist es nicht *DER* Admin-Benutzer, sondern *ein* Admin-Benutzer – aber das reicht einem potenziellen Cracker. Verschieben Sie also den Admin-Benutzer, wenn Sie wollen, aber denken Sie daran, dass dies kein Allheilmittel ist.

Natürlich sollten Sie sicherstellen, dass alle administrativen Benutzer sehr gute Passwörter haben. Verwenden Sie NWAdmin, um Richtlinien für administrative Benutzer einzurichten, die ein Passwort von ausreichender Länge verlangen.

Gast-Accounts und andere Benutzer ohne Passwörter

Wenn Sie keinen triftigen Grund für einen Gast-Account haben – und die meisten Organisationen haben keinen –, löschen Sie ihn. (NetWare 5 richtet zum Glück bei der Installation eines neuen NDS-Baums standardmäßig keinen Gastbenutzer ein.)

Wenn Sie einen existierenden NDS-Baum administrieren, sollten Sie regelmäßig überprüfen, ob es Benutzer ohne Passwörter gibt (oder eine NDS-Audit-Software benutzen, die später in diesem Kapitel vorgestellt wird). Auch wenn diese Accounts keine speziellen Privilegien haben, ermöglichen sie es einem Angreifer, den Baum zu durchsuchen und zum besten Freund eines Eindringlings zu gelangen – zu mehr Informationen. Gehören diese Benutzer zu einem Container mit spezieller Autorisierung (eine schlechte Idee, siehe weiter unten den Abschnitt »Unbeabsichtigte Konsequenzen von Container-Berechtigungen«), stehen Sie plötzlich vor einem großen Problem.

Wie kann man sich diese Accounts ohne Passwörter anzeigen lassen? Es gibt Tools (beispielsweise Backup-, Anti-Virus-, Druckservertools), die Accounts generieren, damit sich das Programm ohne Beteiligung des Betreibers in den Baum einloggen kann. Sie sollten sicherstellen, dass diese Accounts *kein* interaktives Login ermöglichen – zumindest nicht, ohne ein Passwort zu verlangen. Probieren Sie es aus: Wenn der Account des Tools es zulässt, dass Sie sich einloggen, schränken Sie den Zugriff auf bestimmte Netzwerkadressen ein – die Netzwerkadresse der Station, die das Programm ausführt, wie beispielsweise die Anti-Virus-Konsole, der Druckserver und so weiter. (Einige dieser Tools lassen es nicht zu, dass Sie ein Passwort angeben können, eine mögliche Veränderung des Passworts bringt Sie hier also nicht weiter.)

Wenn Sie einen Bindery-Kontext eingerichtet haben, können Sie – und ein Eindringling – Accounts ohne Passwörter mit dem frei verfügbaren Programm CHKNULL finden (sehen Sie jetzt, warum ein Bindery-Kontext keine gute Idee ist?). Ein gutes NDS-Audit-Tool wird diese ebenfalls finden.

> **HINWEIS**
> Es gibt Literatur zum Thema, in der behauptet wird, dass Sie auch `nlist` benutzen können, um Informationen zu Accounts ohne Passwörter zu finden. Das ist nicht der Fall. `nlist` wird Ihnen die Richtlinien für Benutzer anzeigen – das heißt, ob ein Null-Passwort erlaubt ist und wie die Mindestlänge für ein Passwort ist. Diese Dinge sind durchaus nützlich (weil Sie nicht wollen, dass ein Benutzer ein zu kurzes Passwort hat oder es ausblenden kann), aber achten Sie auf den Unterschied.

Richtlinien zur Benutzerauthentifizierung erzwingen

NetWare bietet eine Reihe guter Funktionen für das Passwort-Management, die in NDS integriert sind. Jeder Unternehmensstandort ist anders, aber die Aktivierung der Passwort-Managementfunktionen kann Ihre Sicherheit enorm erhöhen. Mit NWAdmin können Sie festlegen,

- ob ein Benutzer sein Passwort ändern kann,
- ob ein Passwort erforderlich ist,
- wie lang das Passwort mindestens sein muss,

- ob das Passwort regelmäßig geändert werden muss und wie viele Tage zwischen Änderungen liegen müssen sowie
- wie oft der Benutzer eine erforderliche Passwortänderung hinauszögern kann, bevor er ausgesperrt wird (Grace-Logins genannt).

Diese Richtlinien werden pro Benutzer eingerichtet, nicht als Teil einer Gruppe. Sie sollten die Funktion DETAILS ON MULTIPLE USERS in NWAdmin (siehe Abbildung 21.5) benutzen, wenn Sie die Richtlinien für viele Benutzer auf einmal ändern wollen.

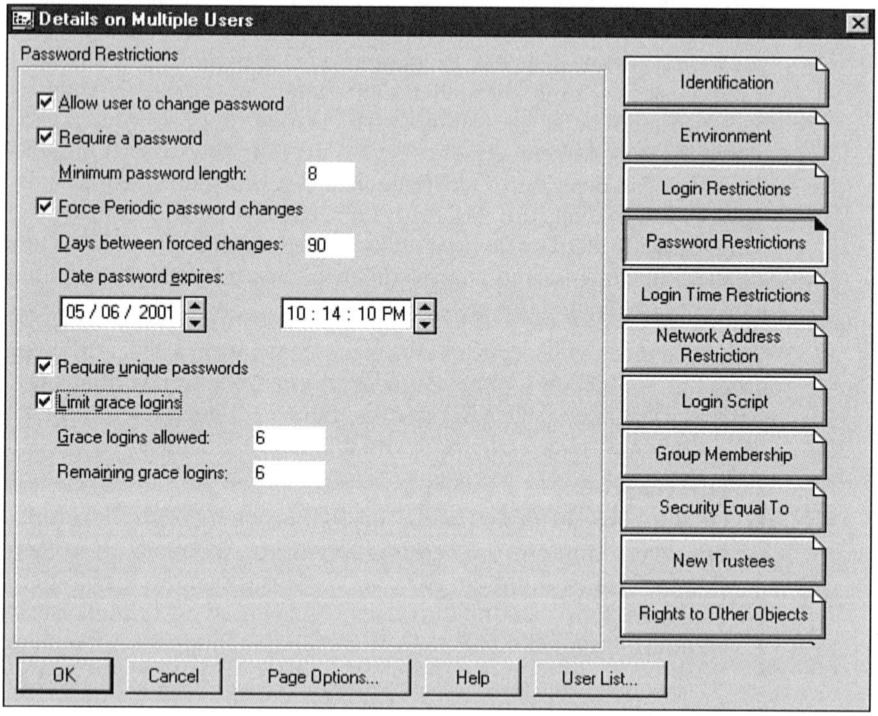

Abbildung 21.5: Wenn Sie die Passwort-Richtlinien für mehrere Benutzer auf einmal verändern wollen, benutzen Sie die Option DETAILS ON MULTIPLE USERS in NWAdmin.

Wenn Sie glauben, dass Passwörter in Ihrer Organisation zu leicht umgangen werden können (weil Benutzer sie aufschreiben, anderen mitteilen und so weiter), können Sie andere Login-Methoden in Betracht ziehen wie beispielsweise biometrische Methoden. Das Novell Modular Authentication System (NMAS) unterstützt Authentifizierungsmethoden von Drittanbietern wie Fingerabdrücke, SecurID und so weiter. Weitere Informationen zu NMAS finden Sie unter:

`http://www.novell.com/products/nmas/details.html`

21.2.6 Die besten NDS-Praktiken verstehen und anwenden

Der Novell Directory Service ist der Kern Ihres NetWare-Netzwerks. Server, Accounts, Dateisysteme, Zertifikate – also alles – basiert darauf, dass NDS korrekt konfiguriert ist. Wenn Sie oder Ihre Systemadministratoren NDS nicht vollkommen verstehen oder Experimente ausführen, werden Sie wahrscheinlich Fehler machen, die Sie anfällig für Angriffe werden lassen.

> **WEGWEISER**
> Es gibt eine Menge Material zu NDS – das meiste wurde natürlich von Novell geschrieben. Wenn Ihre NDS-Kenntnisse etwas wacklig sind oder Sie sichergehen wollen, dass Sie den Verzeichnisdienst komplett verstehen, ist die Novell Research AppNote *Learning and Applying the Rules of NDS Security* ein guter Startpunkt: `http://developer.novell.com/research/appnotes/1997/august/02/index.htm`

Unbeabsichtigte Konsequenzen von Container-Berechtigungen

Container-Berechtigungen sind eine der bequemsten Funktionen des NDS – Sie vergeben Berechtigungen an eine Organisationseinheit (OU), und diese Berechtigungen fließen nach unten weiter, sodass untergeordnete Container und ihre Objekte diese Berechtigungen erben. Bequem – aber gefährlich.

Bei vielen Objekten und Untercontainern in einem Baum kann es schwer sein, die möglichen Konsequenzen vererbter Berechtigungen darzustellen.

Eine übliche – und schlechte – Praktik einiger IT-Unternehmen besteht darin, administrative Rechte mit einer OU zu verknüpfen, beispielsweise der OU *SysAdmins*. Sie denken: »Jeder in dieser OU ist ein Administrator, also wo ist das Problem?« Die Antwort lautet: »Es kann viele Probleme geben«.

So ermöglichte zum Beispiel ein kürzlich entdecktes Sicherheitsloch (`http://Feldman.org/zen`) im ZenWorks Workstation-Manager, dass *jedes* Workstation-Objekt die Berechtigungen seines Containers annehmen konnte – ohne dass ein Benutzer eingeloggt war. Dies macht es einem nicht vertrauenswürdigen Benutzer leicht, herumzuschnüffeln und mit diesen Rechten Programme auszuführen. Im Fall eines Containers mit Admin-Rechten nahm die Workstation die Admin-Rechte an – weil sie Teil des Containers war. Plötzlich hatte der Eindringling ebenfalls Admin-Rechte.

Hätte der Container keine speziellen Rechte gehabt, wäre der Schaden aufgrund dieser Schwachstelle nicht so groß gewesen. Fazit: Ordnen Sie einem Container niemals sensible Berechtigungen zu.

Was sind sensible Berechtigungen? Unter anderen gehören dazu:

- Sicherheitsentsprechungen zu administrativen Benutzern
- alle Berechtigungen zum Stamm eines beliebigen Datenträgers
- alle Rechte für *SYS:\etc*
- alle Rechte für *SYS:\system*

Benutzen Sie Gruppen statt Container, um diese Art von Berechtigungen zuzuweisen. Das ist eine gute Administrationspraktik. Da eine Gruppe ein zentraler Punkt der Administration ist, ist das Potenzial für administrative Fehler kleiner.

Es ist grundsätzlich nichts Falsches an der Gruppierung, das Problem liegt nur in der *Vererbung* – und daher in den Containern. Zwar wird Novell (und andere Literatur) Ihnen sagen, dass Probleme mit der Vererbung mit einem IRF (Inherited Rights Filter) behoben werden können, aber denken Sie an das oben dargestellte Beispiel. Würde ein IRF Berechtigungen für Workstation-*Objekte* in der *gleichen* OU wie die administrativen Benutzer blockieren? Nein. Ein IRF »fließt« den Baum herunter. Objekte im *gleichen* Container erhalten die gleichen Berechtigungen wie der Benutzer im Container.

Kurz, Vererbung kann eine heikle Sache sein. Seien Sie vorsichtig.

21.2.7 NDS-Audit-Tools

Die Verwaltung des NDS kann eine große und komplexe Aufgabe sein – tatsächlich ist dies bei jedem guten Verzeichnisdienst der Fall. Wenn Sie ernsthaft ein Auge auf NDS werfen wollen, sollten Sie am besten in Audit-Software von Drittanbietern investieren. NWAdmin ermöglicht Suchen anhand verschiedener NDS-Attribute (beispielsweise die Suche nach SECURITY EQUIVALENT TO ME, die Sie in Abbildung 21.6 sehen und die alle Benutzer offen legt, die anderen Benutzern entsprechen). Aber die Suche nach jeder einzelnen Eigenschaft mit NWAdmin kann mühsam und/oder unmöglich sein. Novells AUDITCON kann ich nur für sehr kleine Organisationen empfehlen.

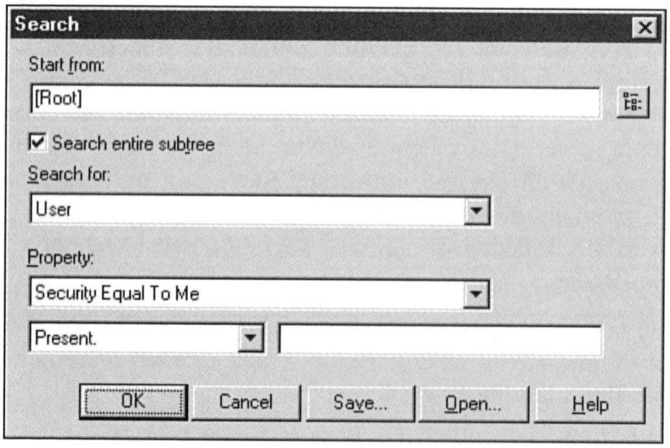

Abbildung 21.6: Sie können mit NWAdmin grundlegende Suchen nach Eigenschaften durchführen. Für umfassende Audit-Vorgänge ist das Tool allerdings nicht geeignet.

Es würde den Rahmen dieses Buches sprengen, jedes verfügbare Auditing-Tool zu kommentieren, aber nachfolgend finden Sie einen kleinen Auszug verfügbarer Tools.

AuditTrack

Hersteller: WebTrends

URL: `http://www.webtrends.com/products/adttrk/intro.htm`

AuditTrack überwacht und meldet Serverzugriffe und Dateimanipulationen.

Das Tool beinhaltet vordefinierte Audit-Regelsammlungen, außerdem können zusätzliche Anweisungen für Audits definiert werden, die bestimmen, wer und was überwacht werden soll. Die Optionen ermöglichen eine Überwachung von Dateien, Workstations, Benutzern oder Benutzergruppen. Eine Konfiguration von Warnmeldungen ist möglich, die den Administrator benachrichtigen, wenn es zu einer verdächtigen Dateiaktivität oder einer Sicherheitsverletzung kommt. AuditTrack bietet außerdem benutzerdefinierte Funktionen für Berichte und Diagramme.

AuditWare for NDS

Hersteller: Computer Associates

URL: `http://www.computerassociates.com/products/auditware_nds.htm`

Ein fortschrittliches Windows-basiertes NDS-Tool zur Berichtserstellung und Sicherheitsanalyse. Es generiert Vergleichs-, Analyse-, Sicherheits- und Dokumentationsberichte.

Das Tool kann potenziell gefährliche getarnte Benutzer erkennen, die nicht gesehen werden, weil das Browse-Privileg herausgefiltert wurde. Außerdem kann es »gefährliche« Benutzer erkennen – solche, die Supervisor-Privilegien haben, deren Passwort aber nicht die Mindestanforderungen erfüllt.

bv-Control for NDS

Hersteller: BindView

URL: `http://bindview.com/products/bv-Control/NDS/index.html`

Ein Tool, das die Analyse und Dokumentation der Server- und NDS-Konfiguration automatisiert. Es sucht nach falsch konfigurierten Servern und nicht mehr aktuellen oder konfliktreichen ausführbaren Dateien (inklusive *.exe*s, *.nlm*s, Diensten und Gerätetreibern), die dazu führen können, dass Ihr Server schlecht läuft oder abstürzt.

JRButils

URL: `http://www.jrbsoftware.com`

Befehlszeilenbasierte Utilities für den krassen Individualisten, der für das CLI lebt. Benutzer können mit diesen Utilities Vorgänge mit Objekten ausführen, die über Wildcards, Container, Gruppenzugehörigkeit oder über eine Liste in einer Datei ausgewählt werden. Bei der Ausgabe von Daten können Filter eingesetzt werden. Die Utilities können für die Automatisierung von Vorgängen benutzt werden, beispielsweise für die Massenerzeugung von Benutzern, die Benutzeranpassung, das Löschen und die Durchführung von Sicherheitsüberprüfungen.

Kane Security Analyst

Hersteller: Intrusion.com

URL: `http://www.intrusion.com/Products/analystnt.shtml`

Ein Bewertungstool, das vorgibt, zentralisierte Audit-Daten von wichtigen Sicherheitsfunktionen in Windows NT und Novell NetWare zu liefern. Es bewertet Passwortstärke, Zugriffskontrolle sowie Einschränkungen für Benutzerkonten und bietet außerdem eine Funktion zur Datenüberwachung. Es bietet zusammengefasste und ausführlichere Berichte.

LT Auditor+

Hersteller: Blue Lance

URL: `http://www.bluelance.com/ltauditor/default.html`

Eine Windows-basierte Softwarelösung zur Erkennung von Einbrüchen und zur Verfolgung von Sicherheits-Audits. LT Auditor+ unterstützt NT- und/oder Novell-Netzwerke. Meldungen können zur Reaktion auf spezifische Ereignisse entweder im gesamten System oder in speziellen Workstations konfiguriert werden. Das Tool bietet außerdem Offsite-Paging und E-Mail-Meldungen über eine SNMP-Konsole.

21.2.8 Kommerzielle Produkte für sichere Remotekontrolle

SecureConsole for NetWare

Hersteller: Protocom Development Systems

URL: `http://www.serversystems.com/frames/sc_cs.htm`

Dies ist eine native Win32-Anwendung, die für ein Single-Sign-On auf NetWare-Konsolen sorgt. Dafür überprüft das Tool die aktuellen NDS-Benutzerangaben eines Benutzers und sucht sie in der SecureConsole-Datenbank. Standard-NDS-Sicherheitsfunktionen wie die sichere Passwortauthentifizierung, Single-Sign-On und das Aussperren von Eindringlingen werden ebenfalls unterstützt. Das Tool generiert SNMP-Warnungen an eine oder mehrere Netzwerkmanagement-Konsolen, wenn es einen versuchten unautorisierten Zugriff oder andere nicht normale Serverbedingungen erkennt.

Secure Remote Console

Hersteller: AdRem Software

URL: `http://www.adremsoft.com/arcon3/index.htm`

Bietet Remotekonsolenvorgänge mit 128-Bit-Verschlüsselung. Eine Zugriffskontrolle ermöglicht, dass Benutzer und Gruppen nur bestimmte Konsolenbefehle und Server-Screens verwenden können.

21.2.9 Nützliche Freeware

Die meisten der nachfolgend beschriebenen Tools sind über `http://www.netwarefiles.com` erhältlich, einen Sammelort für eine ganze Reihe von freien oder Shareware-Utilities.

BURGLAR.NLM

Bart Mellinks BURGLAR.NLM ist ein ehrwürdiges Tool, das einen Supervisor-Benutzer Ihrer Wahl erzeugt. Sie benötigen Zugriff auf die Serverkonsole und weniger als eine Sekunde Zeit, um dies zu tun – Grund Nr. 9.285, Ihre Serverkonsolen vor nichtautorisierten Mitarbeitern zu sichern.

HOBJLOC.NLM

Novell Consultings Antwort auf Cracker, die »verborgene« Benutzer erzeugen, das heißt, Benutzer, die selbst für administrative Benutzer nicht sichtbar sind. Dieses Tool findet sie, damit Sie sie ausmerzen können. (Kommerzielle Auditing-Tools können das ebenfalls, aber dieses Tool ist frei verfügbar.)

Pandora

Das erfolgreichste der NetWare-Cracking-Tools, geschrieben von Simple Nomad & Friends. Das Tool läuft sowohl unter Linux als auch unter Win32 und enthält Offline-NDS-Cracking-Tools – damit Sie Ihre Passwörter überwachen können – und Online-DoS-Tools. Sie finden Pandora und genügend Informationen, um eine vierköpfige Familie einen Monat lang zu füttern, unter `http://www.nmrc.org`. Zu der Zeit, als dieses Buch geschrieben wurde, war diese Website Ihre beste Anlaufstelle für aktuelle Informationen und Code aus dem Untergrund.

REMOTE.EXE

Geschrieben von TheRuiner knackt dieses Tool auch das längste »verschlüsselte« Remotekonsolenpasswort sofort. Wollen Sie etwas Lustiges sehen? Geben Sie an der Serverkonsole `remote encrypt` und das längste Passwort, das Ihnen einfällt, ein. Nehmen Sie dann den entfernt verschlüsselten String, und übergeben Sie ihn an REMOTE.EXE.

```
985FF510136420112F1D366A207616903FBEEDEBCDCDDCCCCDCCBDB4CCBCCDCD4BCDBB03
```

wird sofort entschlüsselt in:

```
THEREISNOREMOTEPASSWORDSECURITY
```

Es ist ein kleines und nützliches Demo-Tool, das auch den letzten Zweifler davon überzeugen wird, dass REMOTE keine wirkliche Verschlüsselung bietet.

SETPWD.NLM

P.R. Lees SETPWD.NLM wurde an der University of Salford in Großbritannien entwickelt und ermöglicht es Ihnen, das Passwort jedes Benutzers von der Serverkonsole aus einzurichten. Ist dies Grund Nr. 9.286?

21.2.10 Bücher zum Thema

James E. Gaskin: »Mastering Netware 5.1«. Sybex Publications, 2000. ISBN: 0-7821-2772-X.

David Kearns und Brian Iverson: »The Complete Guide to Novell Directory Services«. Sybex, 1998. ISBN: 0-7821-1823-2.

Peter Kuo, John Pence und Sally Specker: »Special Edition Using Netware 5.0«. Que, August 1999. ISBN: 0-78972056-6.

Jeffrey F. Hughes und Blair W. Thomas: »Novell's Guide to NetWare 5 Networks«. IDG, 1999. ISBN: 0-76454-544-2. (Deutsch: »Netware 5 Networking«, MITP, ISBN 3-8266-0553-5)

J. D. Marymee, Sandy Stevens und Gary Hein: »Novell's Guide to Integrating NetWare 5 and NT«. IDG, 1999. ISBN: 0-76454-580-9.

Drew Heywood: »Novell's Guide to NetWare 5 and TCP/IP«. IDG, 1999. ISBN: 0-76454-564-7.

Laura A. Chappell: »Novell's Guide to LAN/WAN Analysis«. IDG, 1998. ISBN: 0-76454-508-6.

Jeff Hughes: »Novell's Four Principles of NDS«. IDG Books Worldwide, 1996. ISBN: 0-76454-522-1.

Peter Kuo: »NetWare Web Development«. Sams Publishing, 1996. ISBN: 1-57521186-6.

21.3 Zusammenfassung

Wie bei anderen Betriebssystemen ist auch die Sicherung von NetWare eine Aufgabe, für die Sie sich sorgfältig über Betriebssystemstufen, Patches und beste Praktiken auf dem Laufenden halten müssen. Einige NetWare-Tools und/oder -Dienste stellen Sicherheitsrisiken dar. Deshalb sollte eine Ihrer ersten Regeln wie bei anderen Betriebssystemen lauten: »Was ich nicht brauche, lasse ich nicht laufen«. Einige der unsichereren NetWare-Tools können Sie durch Drittanbieter-Tools ersetzen, die sicherer sind.

Sie müssen die NDS-Berechtigungen unbedingt verstehen, um sicherstellen zu können, dass Sie keine unbeabsichtigten Sicherheitsrisiken hervorrufen. NDS-spezifische Auditing-Tools können Ihnen dabei helfen, Ihr gesichertes Netzwerk sicher zu halten.

Kapitel 22

Cisco-Router und -Switches

Administratoren und Sicherheitsexperten verbringen oft viel Zeit damit, die verschiedenen Firewalls, Webserver und Systeme ihrer Unternehmensumgebungen zu konfigurieren und zu sichern. Leider werden dabei Infrastrukturgeräte wie Router und Switches meist nicht in den Prozess mit einbezogen. Diese Nachlässigkeit kann zu abgehörten Sitzungen, Veränderungen der Routen und anderen wirklich üblen Dingen führen.

In diesem Kapitel konzentriere ich mich auf die Konfiguration, Installation und Sicherung Ihrer Infrastrukturgeräte vor Angreifern. Der Schwerpunkt liegt dabei auf Produkten von Cisco, denn diese sind im professionellen Bereich am weitesten verbreitet. Aber auch diejenigen, die Produkte von Extreme, Juniper oder anderen Routing- und Switching-Geräteherstellern benutzen, werden ihren Nutzen aus diesem Kapitel ziehen können, denn viele der dargestellten Techniken gelten auch für Geräte, die nicht von Cisco stammen.

Bitte beachten Sie, dass in diesem Kapitel grundlegende Kenntnisse zum Routing-Equipment von Cisco vorausgesetzt werden.

22.1 Infrastrukturgeräte – Probleme

Man kann mit einiger Sicherheit davon ausgehen, dass die meisten Ziele von Hacking-Angriffen Endknotensysteme sind – beispielsweise Web-, Application- oder Datenbankserver. Aber auch Infrastrukturgeräte können Sicherheitsprobleme hervorrufen, eine Tatsache, die von den meisten Menschen leichtsinnig ignoriert wird. Das kann leider ein kolossaler Fehler sein. Fakt ist, dass Router und Switches nicht nur selbst beschädigt, sondern auch als Sprungbretter für weitere Angriffe genutzt werden können. Außerdem können diese Geräte einem Angreifer als unglaublich nützliche Informationsquelle dienen.

Cisco-Router und -Switches haben ihr eigenes Betriebssystem, das Cisco IOS (*Internetwork Operating System*). Cisco genießt zwar in puncto Sicherheit einen relativ guten Ruf, aber auch die Cisco-Sicherheit ist nicht lückenlos. Cisco hatte in der Vergangenheit einige Sicherheitsprobleme, und wie bei jedem Betriebssystem gilt auch hier, dass Sie diesen Problemen ins Auge sehen müssen, um Ihren guten Ruf nicht weiter zu gefährden.

Router und Switches können nicht nur für die Zuordnung von Zielnetzwerken benutzt werden, sondern auch, um die eigene Identität zu verbergen, Sniffing-Stationen einzurichten und allgemeines, weit verbreitetes Chaos anzurichten. Die meisten Cisco-Switches bieten beispielsweise eine Funktion zum Einrichten eines Monitor-Ports, der jeden anderen Port auf dem Switch spiegeln oder segmentieren kann. Ports sind in diesem Zusammenhang die Ein-/Ausgänge des Switches, an denen die Netzwerkkabel angeschlossen werden. Damit kann ein Administrator oder ein Eindringling im Wesentlichen jeglichen Datenverkehr, den der Switch sieht, duplizieren und an einem festgelegten Switch-Port ausgeben. Viele Administratoren erfreuen sich an der scheinbaren Immunität ihrer Switching-Umgebung gegenüber Abhörangriffen mit Sniffern, unter denen Umgebungen mit Hubs leiden. Aber die Sache sieht ganz anders aus, wenn ein Eindringling Zugriff auf die Konfigurationseinstellungen für den Switch erhält.

Andere Probleme können mit statischen Routeneinträgen und ICMP-(Internet Control Message Protocol-)Redirect-Meldungen, praktisch deaktivierten Zugriffskontrolllisten (ACLs) oder auch seltsamen Network-Address-Translation-(NAT-)Regeln zu tun haben. Sicher ist, dass ein erfahrener Eindringling, der in Ihre Routing- und Switching-Architektur gelangt, es Ihnen *sehr schwer* machen wird, ihn dauerhaft von Ihren Systemen und Ihrem Netzwerk fernzuhalten.

> **HINWEIS**
> Die Autoren des Buchs @Large haben über einen Cracker geschrieben, der Tausende von Passwörtern gestohlen hat, indem er in die Router von Internet-Backbones eingedrungen ist und benutzerdefinierte Sniffer eingerichtet hat. Auch wenn es richtig ist, dass Sniffing damals einfacher war (weil viele der Router in den frühen Tagen des Internets auf UNIX-Betriebssytemen wie IBMs AIX basierten), wurde der Quellcode für Ciscos IOS bereits in einigen Untergrundkanälen gesehen. Ich habe zwar bisher noch keine dokumentierten Fälle von IOS-Code mit Trojanischen Pferden gesehen, aber dies wäre sicher möglich. Leute, die sich darauf verlassen, dass IOS spezialisierter und deshalb unbekannter ist, tun dies zu leichtsinnig.
>
> Die meisten Beispiele in diesem Kapitel werden an den »Router«-Versionen von IOS dargestellt. Die Versionen von IOS auf Switches sind ähnlich, aber der Einfachheit halber werden wir hier nur Beispiele zeigen, die sich auf die Router-Version von IOS beziehen.

22.2 Über IOS-Revisionen auf dem Laufenden bleiben

Es ist von zentraler Bedeutung, dass Sie immer auf dem neuesten Stand der Upgrades für das IOS bleiben. Dieser Punkt wurde bereits in den Kapiteln zu Microsoft, Novell und UNIX betont und gilt ebenso für das Cisco IOS. Allerdings macht Cisco seine Sache in puncto Betriebssystemrevisionen, Versionskontrolle und Freigabestrategien eigentlich besser als die meisten anderen Softwareanbieter. Wenn Cisco behauptet, dass eine Version seines Betriebssystems »stabil« ist, kann dies auch tatsächlich der Fall sein.

Wenn Sie den Status Ihrer Infrastruktur analysieren wollen, sollten Sie als Erstes untersuchen, welche verschiedenen Versionen von IOS auf Ihren Systemen laufen. Dies erreichen Sie über den Befehl `Show Version`. Falls Sie ältere Versionen von IOS haben, denken Sie zunächst an den Satz »Was noch funktioniert, muss nicht repariert werden«, bevor Sie sich an massive Aktualisierungen machen. Wichtiger als das Alter der IOS-Version ist die Frage, welcher Phase des Freigabe-Lebenszyklus diese Version entspricht. Cisco hat drei Phasen definiert, die eine IOS-Version während ihres Lebenszyklus durchläuft:

- **Early Deployment (ED).** Dies ist normalerweise eine Version von IOS mit neuen Funktionen, die noch Fehler aufweisen können.
- **Limited Deployment (LD).** Diese IOS-Freigaben werden normalerweise als »Zwischenfreigaben« betrachtet. Sie werden in der Regel mit Fixes für spezielle Probleme herausgegeben, die in ED-Freigaben gefunden wurden.
- **General Deployment (GD).** Bei diesen Freigaben liegt der Schwerpunkt auf Stabilität, sie sind normalerweise relativ fehlerfrei.

WEGWEISER
Ciscos vollständige Freigabestrategie ist eigentlich noch etwas komplexer als das, was wir hier zusammengefasst haben – wir wollen hier nur die Grundlagen darstellen. Ein großartiges Dokument, das Nummerierung, Lebenszyklen und andere Details der IOS-Versionen darstellt, finden Sie auf der Website von Cisco: `http://www.cisco.com/warp/public/cc/pd/iosw/iore/prodlit/537_pp.htm`.

Auch wenn Sie versucht sind, die »letzte und beste« Version von IOS zu verwenden, sollten Sie nur das laufen lassen, was Sie wirklich brauchen und möglichst nur GD-Freigaben einsetzen. GD-Freigaben sind normalerweise fast fehlerfrei und relativ stabil. Die einzige Ausnahme von dieser Regel steht in Zusammenhang mit Sicherheitslöchern – wenn eine IOS-Version eine bekannte Schwachstelle hat, haben Sie keine Wahl und müssen aktualisieren.

WEGWEISER
Wenn Sie Geräte von Cisco warten, sollten Sie sich bei Ciscos Mailingliste anmelden, die über Neuigkeiten im Sicherheitsbereich informiert. Anmeldeinformationen für die Liste finden Sie unter `http://www.cisco.com/warp/public/707/sec_incident_response.shtml`.

22.3 Cisco-Router sichern und konfigurieren

Cisco-Router sind, auf der Hostebene, leichter zu sichern als viele UNIX-Systeme, denn sie stellen viel weniger Dienste zur Verfügung, auf die ein Remotezugriff erfolgen kann. Sicher, sie führen einige komplexe Routing-Kalkulationen durch und spielen eine zentrale Rolle im Internet, aber sie bieten keine verwundbaren Dienste wie BIND, IMAP, POP oder sendmail – Dienste, die sich auf UNIX-basierten Plattformen immer wieder als Einstiegspunkte für Cracker erwiesen haben.

Aber trotz der Tatsache, dass Router meist generell weniger zugänglich sind, sollten Sie mit einigen Konfigurationseinstellungen den Zugriff auf einen Router noch weiter einschränken.

22.3.1 Login-Punkte sichern

Leider werden die meisten Cisco-Router heute immer noch über Telnet verwaltet, das keinerlei Verschlüsselung bietet. Telnet übermittelt den Datenverkehr in Klartext, deshalb ist es relativ einfach, Login-Passwörter mit Sniffern abzufangen. Mit der IOS-Version 12.1 wurde SSH Version 1 in die meisten Router-Plattformen integriert, allerdings muss Cisco erst noch einige Fehler in seiner SSH-Implementierung beseitigen.

> **WEGWEISER**
> SSH ist ein sicherer Ersatz für Telnet (unter anderem). Weitere Informationen zu SSH finden Sie unter `http://www.tigerlair.com/ssh/faq/ssh-faq.html`.

Bis Cisco sich ernsthaft für SSH entscheidet (und hoffentlich bald SSH Version 2 implementiert), müssen wir uns mit Telnet begnügen. Zum Glück gibt es eine Reihe von Dingen, mit denen wir den Zugriff auf Cisco-Router einschränken können, um nichtautorisierte Benutzer von ihnen fern zu halten.

Sie können sich auf verschiedene Arten in einen Cisco Router einloggen:

- über den physikalischen *Konsolen*-Port
- über den physikalischen *Hilfs*-Port
- über andere physikalische serielle Ports (nur in Modellen, die mit solchen Ports oder *Linien* ausgestattet sind)
- über eine Telnet-Verbindung mit einer der IP-Adressen des Gerätes

Drei dieser Methoden erfordern physikalischen Zugriff, was unser Leben etwas einfacher macht. Lassen Sie uns zuerst die vierte Methode, das Einloggen über Telnet, darstellen.

Cisco-Router haben fünf virtuelle Terminals oder vtys, über die Sie sich per Telnet verbinden können. Zwei Dinge sollten Sie in Bezug auf Telnet-Logins tun: Erstens sollten Sie sicherstellen, dass für alle vtys die Benutzung von Passwörtern aktiviert ist. Geben Sie dafür im Konfigurationsmodus folgende Befehle aus:

```
Router1(config)#line vty 0 4
Router1(config-line)#password fabi0!
```

Damit wird das vty-Passwort auf `fabi0!` gesetzt. Dann sollten Sie eine Verteidigungsmaßnahme einrichten, die Angreifer davon abhält, sich per Telnet mit dem Router zu verbinden und inaktiv zu bleiben, was alle fünf vtys belegen könnte. Die folgenden Befehle werden das Problem nicht vollständig lösen, sind aber definitiv hilfreich:

```
Router1(config)#line vty 0 4
Router1(config-line)#exec-timeout 1
Router1(config-line)#exit
Router1(config)#service tcp-keepalives-in
```

Diese Befehle setzen den vty-Zeitablaufwert auf eine Minute und erzwingen die Verwendung von TCP-Keep-Alives, damit verwaiste Sitzungen verhindert werden. Zusätzlich zu diesen Befehlen können Sie eine Standardzugriffsliste verwenden, um die Anzahl der Workstations zu beschränken, die sich per Telnet mit dem Router selbst verbinden können. Nehmen wir beispielsweise an, Ihr Managementsegment (von dort aus bauen Sie die Telnet-Verbindung auf) ist 10.1.1.0, dann schränken folgende Befehle eingehende Telnet-Sitzungen auf diesen Bereich ein:

```
Router1(config)#access-list 1 permit 10.1.1.0 0.0.0.255
Router1(config)#access-list 1 deny any
Router1(config)#line vty 0 4
Router1(config-line)#access-class 1 in
```

Wenn es um den physikalischen Zugriff geht, gibt es zwei Dinge, auf die wir achten sollten: den Konsolen-Port (CONSOLE) und den Hilfs-Port (AUX). Der Hilfs-Port wird oft für das »Out-of-Band«-Management über Geräte wie Modems benutzt, deshalb ist es extrem wichtig, dass dieser Port ebenfalls geschützt wird. Sie können beide Ports mit Hilfe von Passwörtern schützen, indem Sie die folgenden Befehle ausführen:

```
Router1(config)#line aux 0
Router1(config-line)#password fabi0!
Router1(config)#line console 0
Router1(config-line)#password fabi0!
```

HINWEIS

Es gibt eine weitere Methode, wie Sie die Probleme rund um die Benutzung von Telnet vermeiden können – benutzen Sie es nicht. Einige Administratoren greifen darauf zurück, Ihre Terminalserver und Dial-Up-Vorrichtungen zu recyclen und an die AUX- oder CONSOLE-Ports des Cisco-Routers anzuhängen. Dann können Sie sich über SSH oder durch Einwählen mit dem Terminalserver verbinden und von dort zum Router gehen. Außerdem ist ein direkt verbundener Einwählzugriff auf Routern tatsächlich recht gut machbar, weil die Bandbreite während textbasierter Konfigurationen kein Problem ist. Stellen Sie nur sicher, dass Sie eine Authentifizierung verlangen.

22.3.2 Administratoren verantwortlich machen

Im Interesse guter Auditing- bzw. Accounting-Praktiken ist es schließlich sinnvoll, die Verwendung »gemeinsam benutzter« Accounts zu vermeiden. Ein gemeinsam benutzter Account ist einer, der von mehreren Leuten verwendet wird, ohne dass der wahre Eigentümer klar ist. Geräte von Cisco haben standardmäßig zwei Zugriffsstufen: den User-Modus und den privilegierten Enable-Modus. Sie können sich den Enable-Modus als die Entsprechung zu root unter UNIX oder zum Administrator unter Windows NT/2000 vorstellen.

Per Voreinstellung werden Benutzer nur auf der Basis von Passwörtern authentifiziert – Benutzernamen sind nicht erforderlich. Dies gilt sowohl für den regulären Login-Modus als auch für den Enable-Modus. Leider weichen die meisten Organisationen nie von diesem Modell ab und haben daher mehrere Leute, die Router-Passwörter gemeinsam benutzen. Durch die Implementierung der AAA-(Authentifizierungs-, Autorisierungs- und Accounting-)Dienste in Zusammenhang mit RADIUS oder TACACS können Administratoren ihre Cisco-Infrastruktur mit einem zentralisierten Benutzernamendepot wie NDS (Novell Directory Services), AD (Active Directory) oder jedem anderen zentralisierten Passwortspeicher verbinden. Mit einem derartigen Authentifizierungsmodell müssen sich Administratoren mit Benutzernamen und Passwörtern in Router einloggen, was zu sauberen Audit-Trails führt.

WEGWEISER
Die AAA-Konfiguration geht über den Rahmen dieses Buches hinaus, aber einen guten Startpunkt für dieses Thema (inklusive Beispielkonfigurationen), finden Sie unter `http://www.cisco.com/univercd/cc/td/doc/product/software/ios120/12cgcr/secur_c/scprt1/scathen.htm`.

22.3.3 Unnötige Dienste deaktivieren

Wenn Sie Ihre Cisco-Geräte sichern wollen, besteht der nächste Schritt darin, unnötige Dienste zu deaktivieren. Kommt Ihnen das bekannt vor? Sollte es auch – dies ist eine Standardtechnik, die auf allen Betriebssystemplattformen zum Einsatz kommen sollte.

Deaktivieren Sie zuerst die kleinen Server. Diese Dienste werden nur selten benutzt und sind in den meisten Umgebungen nicht erforderlich:

```
Router1(config)#no service udp-small-servers
Router1(config)#no service tcp-small-servers
```

Deaktivieren Sie dann den `finger`-Dienst:

```
Router1(config)#no ip finger
```

Auch wenn der `finger`-Dienst selbst keine Bedrohung darstellt, kann er von Crackern als ein Wiedererkennungstool verwendet werden, um weitere Informationen herauszufinden. Nachdem Sie `finger` deaktiviert haben, stellen Sie sicher, dass der HTTP-(Web-)Server nicht läuft. Er ist zwar standardmäßig deaktiviert, aber es ist besser, auf Nummer Sicher zu gehen, indem Sie folgenden Befehl ausführen:

```
Router1(config)#no ip http server
```

Geräte von Cisco haben ein proprietäres Protokoll namens CDP oder *Cisco Discovery Protocol*, das von Cisco entwickelt wurde. Wie `finger` ist CDP an sich keine Bedrohung, kann aber benutzt werden, um Informationen zu sammeln, auf die ein Eindringling keinen Zugriff haben sollte. Sie können CDP für einzelne Interfaces mit diesen Befehlen deaktivieren:

```
Router1(config)#int eth0/0
Router1(config-if)#no cdp enable
```

Oder Sie können es mit folgendem Befehl komplett deaktivieren:

```
Router1(config)#no cdp run
```

> **HINWEIS**
> Es tut nicht weh, Ihre Arbeit doppelt zu prüfen. Lassen Sie regelmäßig `nmap` auf Ihre Router los, um laufende Dienste zu überprüfen. Diese gute Gewohnheit könnte Ihnen eines Tages vielleicht Ihren Job retten.

22.4 Überlegungen zum Thema Netzwerkmanagement

Das Sperren von Terminalzugriffen und die Deaktivierung unnötiger Dienste sind wichtige Schritte zur Sicherung Ihrer Infrastruktur. Aber die Aufgabe ist mit einigen Konfigurationseinstellungen nicht beendet. Es gibt eine Reihe von Aspekten der Infrastruktur, die mit Prozeduren und Management zu tun haben und über die Sie ebenfalls nachdenken sollten.

- Bewahren Sie Backups Ihrer Router- und Switch-Konfigurationen auf? Falls nicht, warum nicht?
- Falls ja, wo sind diese Konfigurationsdateien gespeichert? Sind sie sicher?
- Sind die Passwörter in diesen Konfigurationsdateien sicher?
- Verfolgen Sie das Einloggen Ihrer Benutzer in Ihre Router, die Veränderung von Konfigurationseinstellungen oder das Beenden von WAN-Verbindungen?
- Ist Ihre Protokollierung für Koordinationszwecke zentralisiert?
- Können Sie Ihre Infrastruktur sicher überwachen und verwalten?

Zum Glück ist es nicht schwierig, die meisten dieser Probleme anzugehen. Mit etwas Planung, einigen zusätzlichen Diensten und einigen Veränderungen in der Konfiguration können selbst wacklige Situationen drastisch verbessert werden. Wichtig ist auch, dass Sie die Änderungen, die Sie an Ihrer Netzinfrastruktur vornehmen, dokumentieren.

22.4.1 Protokollierung zentralisieren

Sicherheitsgurus werden erklären, dass *syslog* nicht das sicherste Protokoll da draußen ist, weil es seine Informationen im Klartext per UDP übermittelt. UDP ist ein so genanntes verbindungsloses Protokoll (vergleiche Kapitel 4, »Eine kurze Einführung in TCP/IP«) und sorgt nicht für eine sichere Zustellung der

Pakete. Folglich können *syslog*-Pakete verloren gehen. Leider gibt es derzeit nur wenige Alternativen. Wenn Sie einen *syslog*-Server eingerichtet haben, können Sie mit den folgenden Befehlen Ihre Ausgabe mit diesem Server verketten:

```
Router1(config)#logging trap notifications
Router1(config)#logging facility local6
Router1(config)#logging 10.1.1.2
```

Diese Befehle weisen den Router an, alle Benachrichtigungen (Trap-Benachrichtigungen) an den Protokollierungshost (10.1.1.2) mit der *Facility local6* auszugeben.

HINWEIS

Syslog verwendet Facilities, um die Unterscheidung zwischen verschiedenen Log-Einträgen zu unterstützen: *auth, auth-priv, cron, daemon, kern, lpr, mail, mark, syslog, user, uucp* und *local0* bis *local7*. Sie können sich diese Facilities einfach als Kategorien für Benachrichtigungsarten vorstellen. Obwohl Sie Ihren Router oder Switch so konfigurieren können, dass er mit jedem dieser Typen Berichte erstellen kann, wählen die meisten Administratoren eine der *local*-Einstellungen für ihre Infrastrukturgeräte. Weitere Informationen finden Sie auf den UNIX-Manpages zu *syslogd* und *syslog.conf*.

22.4.2 Überlegungen zum Thema Passwortaufbewahrung

Viele Leute speichern ihre Router-Konfigurationsdateien und deren Abbilder auf FTP- oder TFTP-Servern. Zwar ist es eine großartige Praktik, Backup-Kopien der Image- und Konfigurationsdateien aufzubewahren, aber diese Dateien müssen unbedingt geschützt werden. Stellen Sie sicher, dass der Server, auf dem sie sich befinden, sicher ist und dass die Berechtigungen für diese Konfigurationsdateien den Zugriff darauf einschränken.

HINWEIS

Oft trifft man während Penetration-Tests auf die Systeme, auf denen die Konfigurationsdateien für den Router gespeichert sind. Auch wenn es relativ schwierig ist, in die Router selbst einzudringen, können Sie, wenn Sie über ungesicherte Konfigurationsdateien gestolpert sind, normalerweise die Passwörter entschlüsseln und daraufhin relativ einfach auf die Router zugreifen. In diesen Fällen sind die Konfigurationsdateien – nicht die Router selbst – die schwachen Glieder der Kette. Weitere Informationen zum Thema Passwortaufbewahrung für Cisco-Router finden Sie unter `http://www.cisco.com/warp/public/701/64.html`.

Sie sollten zwei Vorsichtsmaßnahmen für Passwörter implementieren. Erstens sollten Sie Ciscos *secret*-Passwortkonvention verwenden, im Gegensatz zum normalen *enabled*-Passwort. Beim Speichern des geheimen Passworts wird ein MD5-Hashwert benutzt, der nicht umkehrbar ist, während das reguläre *enable*-

Passwort relativ leicht entschlüsselt werden kann. Mit folgenden Befehlen führen Sie die Umstellung von *enable auf secret* durch:

```
Router1(config)#no enable password
Router1(config)#enable secret #fabi0!
```

Dieser Code entfernt das reguläre *enable*-Passwort und ersetzt es durch den *secret*-Wert für `#fabio0!`. Eine weitere Vorsichtsmaßnahme ist die Benutzung des Verschlüsselungsdienstes für Passwörter, der auf den meisten Geräten von Cisco verfügbar ist. Dieser Dienst gilt nur für Benutzernamen und Login-Passwörter erster Ebene. Auch wenn dieser Verschlüsselungsdienst einen unglaublich schwachen Verschlüsselungsmechanismus implementiert, müssen Sie Ihre Benutzer- und Login-Passwörter immerhin nicht im Klartext speichern. Sie können den Verschlüsselungsdienst mit folgendem Befehl aktivieren:

```
Router1(config)#service password-encryption
```

22.4.3 Zeitsynchronisierung

Das Netzwork Time Protocol (NTP) wurde entwickelt, um die Uhren von Systemen und Netzwerkgeräten anhand einer bestimmten Zeitangabe zu synchronisieren. NTP ist ein Internetprotokoll nach Industriestandard, dessen Grundlage in RFC 1059 definiert wurde. NTP gilt als höchst genau und recht transportabel – es gibt Implementierungen auf Windows-basierten Betriebssystemen, UNIX-Systemen und auf einer Vielzahl von Routing- und Switching-Geräten.

> **HINWEIS**
> Vielleicht erscheint Ihnen so etwas Triviales wie Zeit im Sicherheitsbereich kein kritischer Faktor zu sein, aber dies entspricht einfach nicht der Wahrheit. Zeit spielt eine kritische Rolle bei grundlegenden Funktionen zum Auditing, Accounting und zur Ereigniskorrelation. Ich habe dies persönlich auf die harte Tour gelernt, als mich ein Kunde einmal bat, die illegalen Aktivitäten eines internen Benutzers im Internet zu verfolgen. Die Spur führte mich zu den Protokollen des Proxyservers, die nicht ganz mit den Protokollierungsdaten in Einklang standen, die mir übergeben wurden. Ich dachte erst, das wäre keine große Sache, bis mir klar wurde, dass die Proxyserver 60 Anfragen pro Sekunde bearbeiteten. Wegen dieser Abweichung von nur einer Minute musste ich mich durch Tausende von Anfragen arbeiten.

Wenn Sie NTP erfolgreich in Ihre Umgebung installieren können, werden Sie sich selbst später möglicherweise dafür danken. Vorausgesetzt, Sie haben einige NTP-Server zur Auswahl, wird der folgende Befehl Ihre Router synchron mit einer NTP-aktivierten Zeitquelle (in diesem Fall einem NTP-Server an 10.1.1.9) konfigurieren:

```
Router1(config)#ntp server 10.1.1.9
```

WEGWEISER

Die offizielle NTP-Homepage, die Links zu FAQs, RFCs und Code bietet, finden Sie unter `http://www.eecis.udel.edu/~ntp/`.

Eine kurze Einführung in das Thema NTP finden Sie außerdem unter `http://www.nwc.com/1002/1002ws1.html`.

22.4.4 Überlegungen zum Thema SNMP

Einige Organisationen machen umfassenden Gebrauch von SNMP. Andere tun dies nicht, lassen das Protokoll aber in der Hoffnung aktiviert, dass eines Tages ihr wahnsinnig teures Netzwerkmanagement-»Framework«-Produkt etwas Nützliches tun wird. Unabhängig von der Rolle, die SNMP in Ihrer Umgebung spielt, sind hier zwei kleine Ratschläge:

- Wenn Sie SNMP nicht benutzen, deaktivieren Sie es.
- Wenn Sie es benutzen, konfigurieren Sie es richtig.

Die Deaktivierung von `snmp` ist relativ einfach – suchen Sie alle `snmp`-Aussagen, und negieren Sie diese mit dem Befehl `no` wie in diesem Beispiel:

```
Router1(config)#no snmp-server community fabio RW
Router1(config)#no snmp-server packetsize 2048
Router1(config)#no snmp-server engineID local 00000009020000107BCDE841
```

Wenn Sie allerdings SNMP benutzen müssen und es daher nicht deaktivieren können, können Sie es doch durch eine Reihe von Maßnahmen sichern. Erstens hat SNMP im Wesentlichen zwei Modi: einen READ-ONLY-(RO)-Modus und einen READ-WRITE-(RW)-Modus. Wenn es irgendwie möglich ist, sollten Sie den READ-ONLY-Modus verwenden. Durch diese Einschränkung können Angreifer, wenn sie den Gemeinschaftsstring entdecken, SNMP nur für Wiedererkennungszwecke benutzen. Sie werden es nicht benutzen können, um Konfigurationseinstellungen zu verändern. Wenn Sie den READ-WRITE-Modus von SNMP verwenden müssen, stellen Sie sicher, dass Ihre READ-WRITE- und READ-ONLY-Gemeinschaftsstrings verschieden sind. Und schließlich können Sie Zugriffskontrolllisten (ACLs) benutzen, um die Verwendung von SNMP nur auf die Workstations oder Managementrechner zu beschränken, die es wirklich brauchen. Wenn Ihr Netzwerksegment beispielsweise 10.1.1.0 ist, kann mit den folgenden ACLs nur von diesem Segment aus auf SNMP zugegriffen werden:

```
Router1(config)#ip access-list standard 1
Router1(config-std-nacl)#permit 10.1.1.0 0.0.0.255
Router1(config-std-nacl)#deny all
Router1(config)#snmp-server community fabio RO 1
```

Denken Sie daran, dass es eine gute Strategie ist, erforderliche Dienste auf so wenigen Rechnern wie möglich offen zu legen.

22.4.5 Spoofing und andere Paket-Spielchen verhindern

Vielleicht sind Sie versucht, diesen Abschnitt zu überblättern. Tun Sie es nicht. Wenn es eine Sache gibt, die Sie in Bezug auf Ihre Infrastruktur unbedingt beachten sollten, dann ist es die Implementierung dieser Empfehlungen. Die folgenden Informationen sind so wichtig, dass es nicht zu den massiven verteilten Denial-of-Service-(DDoS)-Angriffen im Februar 2000 gekommen wäre, wenn die meisten Netzwerkadministratoren vorher diese Empfehlungen implementiert hätten.

Auch wenn es weiterhin praktisch unmöglich sein wird, gewisse Arten von DDoS-Hungerangriffen zu stoppen, gibt es einige Vorsorgemaßnahmen. Viele der DoS-Angriffe im Internet gehen von gefälschten oder nachgebildeten (*spoofed*) Ursprungsadressen aus. Das macht es einem Opfer unglaublich schwer, einen Angriff an seinen Ursprung zurückzuverfolgen, und erst recht, ihn zu stoppen. Folgende Vorsichtsmaßnahmen werden Ihr Netzwerk nicht nur vor potenziell feindlichem Netzwerkverkehr schützen, sondern auch zum Schutz der Internetgemeinschaft als Ganzes beitragen. Sollte einer Ihrer Rechner böswilligen Eindringlingen zum Opfer fallen, können Sie Ihre Border-Router benutzen, damit andere Internet-Benutzer Ihr Schicksal nicht teilen müssen. Wenn Ihre Infrastruktur entsprechend entwickelt und geschützt ist, können Ihre Router möglicherweise feindliche Aktivitäten selbst dann stoppen, wenn Angreifer Ihre Systemadministratoren vor der Implementierung eines Patch erwischen.

Kurz, die Implementierung der folgenden Empfehlungen ist nicht nur eine gute Maßnahme für Ihre eigene Sicherheit, sondern auch für die Sicherheit der Internetgemeinschaft als Ganzes.

22.4.6 Ausgangsfilter

Häufig beobachten Netzwerkadministratoren sehr genau, was in Ihr Netzwerk eingeht, achten aber kaum darauf, was hinausgeht. Das Filtern des Datenverkehrs, der ein Netzwerk verlässt (oder das Ausgangsfiltern), verringert die Wahrscheinlichkeit, dass Ihre Umgebung als DDoS-Plattform benutzt wird, und macht sie so weniger attraktiv für Eindringlinge.

Die wichtigste Methode zum Stoppen ausgehenden Spoofings ist die Implementierung von ACLs auf den Peripherie-Routern. Es gilt generell als gute Praktik, diese Listen an den Interfaces zu konfigurieren und zu installieren, an denen Pakete in ein Netzwerk eingehen, statt an dem Interface, an dem sie ausgehen. Dies macht die Listen nicht nur einfacher zu lesen, sondern schützt auch den Router selbst vor Spoofing-Angriffen.

WEGWEISER
Die ICSA hat ein Tool namens NetLitmus herausgegeben, das für das Testen von Ausgangsfiltern benutzt werden kann. Weitere Informationen darüber finden Sie unter `http://www.icsa.net/html/communities/ddos/alliance/checker/index.shtml`.

Nehmen wir für dieses Beispiel an, dass das lokale Netzwerk den Adressblock 172.16.1.0 (Maske 255.255.255.0 – Klasse C) benutzt. Nehmen wir außerdem an, dass das LAN mit dem ersten Ethernet-Port, Ethernet 0/0, verbunden ist.

Mit dieser Konfiguration sollten Sie sicherstellen, dass alle IP-Pakete, die das Netzwerk verlassen, eine Ursprungsadresse im Bereich 172.16.1.0 haben. Alles, was keine Ursprungsadresse in diesem Bereich hat, ist ganz offensichtlich nachgebildet. Es sind zwei Schritte notwendig, um die Richtlinie zu erzwingen. Der erste ist die Erzeugung der ACL selbst:

```
Router1(config)#access-list 100 permit ip 172.16.1.0 0.0.0.255 any
```

Der zweite Schritt ist die Implementierung der ACL auf dem entsprechenden Interface, in diesem Fall Ethernet 0/0:

```
Router1(config)#int eth0/0
Router1(config-if)#ip access-group 100 in
```

WEGWEISER

Chris Brenton hat einen kurzen, aber guten Bericht über das Ausgangsfiltern für SANS geschrieben. Es lohnt sich, einen Blick darauf zu werfen. Sie finden ihn unter `http://www.sans.org/y2k/egress.htm`.

Neugierige Leser können sich außerdem RFC 2276, *Network Ingress Filtering*, besorgen. Der RFC stellt eine andere Methode dar, um Denial-of-Service-Tools zu besiegen. Sie finden RFC 2267 unter verschiedenen Adressen, eine davon ist `http://archives.neohapsis.com/archives/rfcs/rfc2267.txt`.

22.4.7 Dumme Paket-Spielchen stoppen

Es gibt eine Reihe von Tricks und verschiedene Paket-Spielchen, die Angreifer bei einem Angriff auf Ihr Netzwerk ausprobieren könnten. Auch wenn die Wahrscheinlichkeit eines Erfolgs mit solchen Methoden allein relativ gering ist, wollen Sie sicherlich nicht, dass diese Art von Datenverkehr in Ihrem Netzwerk herumschwirrt.

Erstens sollten Sie das IP-Source-Routing deaktivieren. Das IP-Source-Routing ermöglicht die Spezifizierung eines vordefinierten Pfades, den ein Paket nehmen sollte, und wird oft bei Spoofing-Angriffen eingesetzt. Pakete, die per Source-Routing übertragen werden, haben nur selten einen legitimen Ursprung. Daher können Sie diese Funktion zumindest auf Ihren Routern, die ins Internet gehen, mit dem folgenden Befehl deaktivieren:

```
Router1(config)#no ip source-route
```

Für einen anderen weit verbreiteten Angriff werden gerichtete Broadcasts verwendet, um das Netzwerk eines Opfers mit ICMP-Echo-Antworten zu überschwemmen. Mit diesem Angriff, der auch als *Smurfing* bekannt ist, kann eine Reihe von Netzwerken angegriffen werden, die auf massenhaft gefälschte ICMP-Echo-Anfragen reagieren. Wenn Sie keine bestimmte Anwendung in Ihrer Umgebung haben, die sich auf gerichtete Broadcasts verlässt, sollten Sie diese Funktion an jedem aktiven Interface auf jedem aktiven Router deaktivieren:

```
Router1(config)#int ethernet 0/0
Router1(config-if)#no ip directed-broadcast
```

Es ist eine gute Idee, `proxy-arp` an Interfaces zu deaktivieren, die diese Funktion nicht benötigen:

```
Router1(config)#int ethernet 0/0
Router1(config-if)#no ip proxy-arp
```

Schließlich gibt es noch eine Reihe von ICMP-Diensten, die Sie vielleicht ebenfalls deaktivieren sollten. Da aber einige ICMP-Dienste recht nützlich und manchmal für eine korrekte Funktionalität sogar erforderlich sind, empfehlen wir Ihnen, zunächst ICMP-Redirects zu deaktivieren und dann nach Bedarf fortzufahren. Der einfachste Weg für die Deaktivierung von ICMP-Redirects ist folgender:

```
Router1(config)#int ethernet 0/0
Router1(config-if)#no ip redirects
```

Wenn Sie allerdings eine breiter gestreute Kontrolle über ICMP haben wollen, sollten Sie ACLs einsetzen.

22.5 Zusammenfassung

Die Sicherung der Infrastrukturgeräte ist aus zwei Gründen wichtig:

1. Wenn ein Angreifer Zugriff auf Ihre Infrastrukturgeräte erhält, kann er unglaublichen Schaden anrichten.
2. Wenn Sicherheit gut implementiert ist, können Sie nicht nur Ihr eigenes Netzwerk schützen, sondern auch zum Schutz des Internets als Ganzen beitragen.

Die dargestellten Maßnahmen sind relativ einfach zu implementieren, können aber dennoch sehr wirkungsvoll sein. Wie bei jedem Hersteller ist es auch hier wichtig, dass jemand in Ihrer Organisation die Sicherheitshinweise von Cisco verfolgt. Aktualität ist auch bei Routern und Switches ein wichtiger Punkt.

22.6 Informationsquellen

Die nachfolgenden Quellen sind sehr empfehlenswert, wenn Sie weitere Informationen zu den Themen Sicherheitsmerkmale und Sicherheit der Infrastrukturgeräte von Cisco im Allgemeinen benötigen.

»Cisco IOS Password Encryption Facts«.
http://www.cisco.com/warp/public/701/64.html

»Cisco Product Security Incident Response«.
http://www.cisco.com/warp/public/707/sec_incident_response.shtml

»Essential IOS Features Every ISP Should Consider«.
http://www.cisco.com/warp/public/707/EssentialIOSfeatures_pdf.zip

»Improving Security on Cisco Routers«.
http://www.cisco.com/warp/public/707/21.html

Chris Brenton: »Mastering Cisco Routers«. Sybex. ISBN: 0-782-12643-X.

Phrack 55: »Building Bastion Routers Using Cisco IOS«.
http://www.phrack.com/

Kapitel 23

Macintosh

Es gibt Tausende von Hacking-Programmen für den Macintosh, und doch glauben viele Leute immer noch, dass Sicherheit auf der Macintosh-Plattform kein Problem sei! Früher waren diejenigen, die Nachrichten aus der Welt des Macintoshs veröffentlichten, extreme MacOS-Verfechter, die keine negative Presse für Apple wollten. Aber die Zeiten haben sich geändert – Sicherheit wird heute überall als wichtiges Thema anerkannt und die Veröffentlichung einer Hacking-Story bedeutet nicht länger, dass Sie die Hacker unterstützen und ein Betriebssystem schlecht machen wollen.

Websites wie mSec (`www.msec.net`), SecureMac.com und Freaks Macintosh Archives (`http://freaky.staticusers.net/`, eine Mac-Hacker-Website) berichten seit ihrer Eröffnung von Hacking-Schwachstellen auf dem Macintosh. Macinstein.com war eine der ersten Websites, auf der offen über Sicherheitsprobleme auf dem Macintosh diskutiert wurde.

Ich werde in diesem Kapitel Sicherheitsthemen rund um den Macintosh darstellen, von der internen Desktop-Sicherheit bis hin zur Internetsicherheit. In diesem Kapitel wird das 2000 erschienene Mac OS X Server (nicht zu verwechseln mit Mac OS X) nicht gesondert betrachtet. Die meisten Sicherheitsratschläge gelten, mit geringen Anpassungen, auch für die Server-Variante von Mac OS. Lassen Sie uns aber zunächst einige der verfügbaren Serverprogramme ansehen.

23.1 Der Macintosh als Server

Macintosh-Rechner sind heute in jeder Umgebung zu finden, und man findet sie immer häufiger auch als Server. Es gibt viele verfügbare Server-Softwarepakete, darunter IRC-, FTP-, Hotline-, Mail- und Webserver.

Die Einrichtung eines Macintosh Internet Information Server war einst eine herausfordernde Aufgabe, aber das ist heute nicht mehr der Fall. Es gibt viele Server-Programmfamilien, mit denen Sie Ihren Server in Minuten einrichten und mit den Grundeinstellungen laufen lassen können. Einige davon sehen Sie in Tabelle 23.1.

Server	URL
AppleShare IP	`http://www.apple.com/appleshareip/`
CL-HTTP	`http://www.ai.mit.edu/projects/iiip/doc/cl-http/`
Hotline	`http://www.bigredh.com/`
HomeDoor	`http://www.opendoor.com/homedoor/`
MacHTTP	`http://www.starnine.com/machttp/machttp.html`
Quid Pro Quo	`http://www.socialeng.com/`
WebSTAR	`http://www.starnine.com/webstar/webstar.html`
WebTen 3.0	`http://www.tenon.com/products/webten/`

Tabelle 23.1: Beliebte Server-Programmfamilien für den Macintosh und ihre URLs

Von den oben aufgelisteten Servern werde ich nur zwei, WebSTAR und Hotline, ausführlicher darstellen.

WebSTAR ist das Macintosh-Serverpaket, das in der Öffentlichkeit die meiste Aufmerksamkeit erhalten hat, vor allem aufgrund seiner Sicherheitsfunktionen. Zur ersten Welle von Berichterstattungen in den Medien kam es, als eine nicht unerhebliche Belohnung für jeden angeboten wurde, der es schaffen würde, den Webserver zu knacken. Und kürzlich entschied die U.S. Army, MacOS als neue Webserverplattform zu benutzen und WebSTAR einzusetzen. Bevor ich spezifische Schwachstellen auf der Macintosh-Plattform darstelle, möchte ich kurz noch diese Geschichte erzählen.

23.1.1 WebSTAR Server Suite bei der U.S. Army

Am 14. September 1999 gab StarNine (jetzt 4D Inc.) bekannt, dass für die Haupt-Website der U.S. Army, die unter `www.army.mil` zu finden ist, die Software WebSTAR Server Suite™ auf Mac OS eingesetzt wird. Vorher wurde die Website über einen Windows-NT-basierten Server betrieben, der Ende Juni 1999 von einem 19 Jahre alten Mann aus Wisconsin geknackt wurde.

WEGWEISER
Weitere Informationen finden Sie unter `http://www.webstar.com/press/press_releases/pr091499.html`.

Diese plötzliche Umstellung erregte in der Öffentlichkeit große Aufmerksamkeit. WebSTARs Pressemitteilung war in allen Zeitungen und Zeitschrifen zu finden, und Apple zeigte Werbespots, in denen Armeepanzer den G3-Macintosh umringten.

23.1.2 Hotline für gemeinsame Ideen und Dateien

Hotline ist weder ein Web- noch ein E-Mail-Server. Sie verwenden keinen Webbrowser, um darauf zuzugreifen. Hotline ist gleichzeitig Server und Client. Von allen Macintosh-Gemeinschaften scheint Hotline das am schnellsten wachsende Netzwerk zu sein. Hunderte von Servern werden jeden Monat hinzugefügt. Jeder kann einen Server betreiben, die Anwendung ausführen und ein Administrator werden, der seine Dateien mit aller Welt gemeinsam nutzt. Alles, was Sie eventuell herunterladen wollen, finden Sie irgendwo auf Hotline. Hotline wurde für den Macintosh entwickelt, aber es gab auch eine große Nachfrage nach einer Windows-kompatiblen Version, die jetzt ebenfalls verfügbar ist. Lassen Sie uns einige Details ansehen.

Hotline Communications hat zwei Produkte entwickelt: einen Server, der Benutzern die Verbindung ermöglicht, und eine Clientanwendung, mit der Benutzer chatten, einander Nachrichten senden, Dateien herunterladen, Mediadateien streamen und Nachrichten posten können.

Jeder, der über eine Internetverbindung verfügt, kann einen Server betreiben. Die Software ist frei, und mit dem Tracker-System kann jeder einen Server finden, der seinen Bedürfnissen entspricht. Der Tracker ist eine Liste von Servern, die online sind. Sie können die Beschreibungen oder die Namen der Server durchsuchen, um den gewünschten Server zu finden. Auf Hotline finden Sie jede vorstellbare Art von Dateien.

Um alle nichtzensierten Server aufzulisten, öffnen Sie das Serverfenster und klicken auf die Schaltfläche ADD TRACKER. Geben Sie als Namen und Adresse *tracked.group.org* ein. Laden Sie die Liste neu, und Sie haben Zugriff die gewünschten Informationen.

WEGWEISER
Für einen Macintosh-Hacking-Server, auf dem Sie alle Hackintosh-Dateien finden können, holen Sie sich den Hotline-Client und verbinden sich mit dem Server der Freaks Macintosh Archives. Die Adresse ist `fma.dhs.org:1234`. Oder suchen Sie auf dem Tracker nach *FMA*. Dort können Sie mit Macintosh-Hackern, -Programmierern und -Profibenutzern reden, deren Ideen über die der meisten Mac-Benutzer hinausgehen. Außerdem können Sie mit einigen der ersten Macintosh-Hackern wie The Weasel reden, der das E-Zine HackAddict gründete.

23.2 Schwachstellen auf der Macintosh-Plattform

Ich werde jetzt verschiedene Softwareschwachstellen unter MacOS darstellen. Ich glaube, dass Sie Sicherheit nur dann komplett verstehen können, wenn Sie verstehen, was der Hacker weiß und welche Tools er benutzt.

23.2.1 Schwachstelle AtEase-Zugriff

Anwendung: AtEase 5.0

Auswirkung: Bei Ausnutzung dieser Schwachstellen können andere Programme Dokumente öffnen.

Einstufung: nicht kritisch

Fix: Deaktivieren Sie die Programme, die diesen Zugriff erlauben.

Beigetragen von: charlie chuckles

Ich habe vor einiger Zeit (im Oktober 2000) mit charlie chuckles gesprochen. Er hatte bemerkt, dass es keine Berichte über die ungewöhnliche Art und Weise des Dateizugriffs mit AtEase gibt, also schrieb er Folgendes:

> *Dies ist ein [Problem] mit AtEase 5.X... Wenn ich hier »AtEase« sage, impliziert das irgendeine Art der Minderwertigkeit im Vergleich zu allem anderen. Aber AtEase ist nicht wirklich das Problem. Vielmehr sind es die*

Anwendungen und einige ihrer umständlichen Methoden zum Öffnen von Dateien, die der Systemadministrator nicht bemerkt. Ich glaube, deshalb IST es auf eine gewisse Art ein AtEase-Problem, weil es nicht jede einzelne [seltsame] Methode abdeckt, mit der Programme nach Dateien fragen. Das war recht gründlich.

Das Erste, was ich hier darstellen möchte, sind die älteren Tricks, die schon seit einer ganzen Weile zu sehen sind. Jeder kennt den Webbrowser-Trick (geben Sie file:///Name_des_Laufwerks/ ein, und lesen Sie alle Dateien auf dem Laufwerk). Dies ist allgemein zugänglich, weil jeder Benutzer Zugriff auf einen Browser in seinem Benutzerordner hat. Ich habe auch einen Trick mit Apple Works gesehen, habe ihn aber nie selbst hinbekommen. Ich glaube, das liegt daran, weil die Person, die ihn geschrieben hat, ein Versager mit einem hölzernen Bein und einem richtigen Fuß war.

Jetzt weiter zum Lese-/Schreibzugriff! Lassen Sie uns so tun, als wären Sie in einer Biosphäre. Nehmen wir außerdem an, Ihr Benutzer hätte Zugriff auf MS Word. In Version 8 (und der entsprechenden Excel-Version und wahrscheinlich auch dem Rest von Office) gibt es eine Suchfunktion für Dateien. Diese funktioniert so:

Starten Sie MS Irgendwas. DATEI, ÖFFNEN. Klicken Sie auf die Schaltfläche DATEI SUCHEN. Wählen Sie im Fenster SUCHEN IN das Laufwerk, das Sie durchsuchen wollen, und geben Sie an, was Sie suchen. Wenn Sie alle Dateilisten wollen, lassen Sie das Suchfeld leer. Es wird eine Weile dauern, wenn es viele Dateien auf dem Laufwerk gibt (vier Minuten für 30.000 auf beigen G3s). Die Dateien werden aufgelistet, und Sie können wählen, welche Sie mit Lese-/Schreibprivilegien öffnen wollen.

Ich bin relativ sicher, dass dies funktioniert, weil die Methode zum Öffnen von Dateien nicht in AtEase berücksichtigt wurde. Es gibt weitere Beispiele hierfür. In einem Grafikkonverter können Sie zu DATEI, ORDNER DURCHSUCHEN gehen und sich die Laufwerke mit Lese-/Schreibzugriff ansehen. Gleiches gilt für Netscape (Nur-Lese-Zugriff). Dies sind alles sehr [seltsame] Methoden zum Öffnen und Durchsuchen der Dateien. Ich bin sicher, dass es viele andere Anwendungen wie diese gibt. Halten Sie die Augen offen.

Der AtEase-PowerBook-3400-Bug

Anwendung: AtEase 4.0

Auswirkung: Festplattenlaufwerke können beschädigt werden.

Einstufung: kritisch

Fix: Upgrade, Fix ist vorhanden

Beigetragen von: Unbekannt

Wenn Sie ein PowerBook 3400 haben und AtEase 4.0 installieren wollen, sollten Sie den Disketten-Boot-Schutz nicht aktivieren. Tun Sie es doch, wird Ihre Festplatte dauerhaft beschädigt. Sie werden nicht mehr mit herkömmlichen Mitteln (Boot-Diskette, SCSI-Laufwerke, CD-ROMs oder anderen Methoden) auf Ihre Festplatte zugreifen können.

Denial of Service durch Port-Überlauf

MacOS-Versionen: 7.1, 7.8

Auswirkung: Angreifer können den Rechner durch Port-Scans zum Absturz bringen.

Einstufung: mittel

Fix: Holen Sie sich OpenTransport 1.2.

Beigetragen von: VallaH

MacOS-Rechner mit TCP/IP und System 7.1 oder 7.8 sind anfällig für DoS-Angriffe. Werden diese Rechner einem schweren Port-Scan ausgesetzt, versagen sie den Dienst (7.1 stürzt ab, und 7.8 fährt die CPU auf eine 100%-Auslastung.) Berichten zufolge wurde dieser Fehler in OpenTransport 1.2 behoben.

Der DiskGuard-Bug

Anwendung: DiskGuard

Auswirkung: DiskGuard 1.5.3 kann selbst autorisierten Benutzern den Zugriff auf ihre Festplattenlaufwerke verweigern.

Einstufung: ernst

Fix: Upgrade

Beigetragen von: Unbekannt

Manchmal führen sogar Sicherheitsanwendungen selbst zu Sicherheitsproblemen. So beispielsweise bei DiskGuard, einem äußerst beliebten Sicherheitsprogramm, das den Zugriff auf Verzeichnisse, Dateien und Festplatten einschränkt. Es war damals eine ziemliche Überraschung, als Benutzer nach der Installation von Version 1.5.2 nicht mehr auf ihre Festplatten zugreifen konnten. *Macworld* knöpfte sich den Hersteller von DiskGuard, ASD Software, Inc., in einem Artikel zu diesem Problem vor. Die Autorin, Suzanne Courteau, schrieb Folgendes:

> *Sicherheitssoftware sollte eigentlich Bösewichte aussperren, Sie selbst jedoch hereinlassen. In einigen Fällen verweigerte die Version 1.5.3 der ASD-Software DiskGuard aber sogar den Systemeigentümern den Zugriff auf ihre Rechner. Diese Woche hat das Unternehmen einen Patch für seine Sicherheitsanwendung herausgebracht. Die Version 1.5.4 behebt einige Kompatibilitätsprobleme – darunter gesperrte und unzugängliche Festplatten – zwischen DiskGuard 1.5.3 und verschiedenen Mac-Systemen.*

Wenn Sie DiskGuard auf einem PowerMac 7200, 7500, 8500 oder einem PowerBook 5300/5300c verwenden, rät der technische Support von ASD Ihnen zu einem Upgrade. Der Patch ist direkt bei ASD Software oder im ASD-Forum bei CompuServe (Go ASD) erhältlich.

WEGWEISER
Weitere Lösungen, um wieder Zugriff zu erhalten, finden Sie unter `http://www.asdsoft.com/Support/Emergency.ssi`.

ASD Software, Inc. können Sie auch wie folgt kontaktieren:

ASD Software, Inc.

4650 Arrow Highway, Ste. E-6

Montclair, CA 91763, USA

E-Mail: `info@asdsoft.com`

URL: `http://www.asdsoft.com/`

Schwachstelle FWB Hard Disk Toolkit 2.5

Anwendung: FWB Hard Disk Toolkit 2.5

Auswirkung: Entfernt Treiber als Schutz vor einem Zugriff auf die Festplatte.

Einstufung: ernst

Fix: Upgrade

Beigetragen von: Space Rouge

In einem Sicherheitshinweis erklärt Space Rouge das Problem, den Exploit und den Fix. Kurz: Ersetzen Sie den Treiber für das Laufwerk. Die Sperrfunktionen der Festplatten funktionieren nicht mehr vollständig, und es kann auf die Daten zugegriffen werden.

WEGWEISER
Den vollständigen Sicherheitshinweis, der 1998 von Space Rouge geschrieben wurde, finden Sie unter `http://www.l0pht.com/advisories/fwb.txt`.

MacDNS-Bug

Anwendung: MacDNS

Auswirkung: MacDNS ist anfällig für DoS-Angriffe.

Einstufung: mittel

Fix: keiner

Beigetragen von: Matt Leo

MacDNS stellt einen Domain Name Service für Netzwerke zur Verfügung und läuft auf Macintosh-Internetservern. Leider versagt MacDNS den Dienst, wenn es in hoher Geschwindigkeit mit Anfragen bombardiert wird. (Das Problem wurde ursprünglich entdeckt, als eine Firewall versuchte, Weiterleitungen für jede angeforderte URL aufzulösen. Dies überschwemmte den MacDNS-Server mit Tausenden von Anfragen.) Mittlerweile wurde dies als ein echter DoS-Angriff bestätigt, der von Remoteangreifern reproduziert werden kann. Leo empfiehlt als Abwehrmaßnahme Paketfilter. Für weitere Informationen können Sie sich auch an Apple wenden.

> **HINWEIS**
> Apple hat eine zusätzliche Dokumentation zur Konfiguration von MacDNS für weitere Verbindungen herausgegeben. Die vollständige Dokumentation finden Sie auf Apples Website unter `http://til.info.apple.com/techinfo.nsf/artnum/n22035?OpenDocument&software`.

Network Assistant

Anwendung: Network Assistant

Auswirkung: Remotebenutzer können auf Ihre Laufwerke und das Netzwerk zugreifen.

Einstufung: ernst

Fix: Ändern Sie das voreingestellte Passwort.

Das voreingestellte Passwort für Network Assistant ist `ZYZZY`. Tun Sie uns allen einen Gefallen, und ändern Sie dieses Passwort.

Passwortsicherheit bei MacOS-8.0-Upgrades

System: MacOS 8.0 auf PowerBook 2400 und 3400

Auswirkung: Der Passwortschutz funktioniert nicht.

Einstufung: ernst

Fix: Einen Patch finden Sie unter `http://til.info.apple.com/techinfo.nsf/artnum/n26056`.

Beigetragen von: Apple

Wenn Sie MacOS 8.0 über ältere Versionen installieren, wird das Passwort-Kontrollfeld deaktiviert, und der Passwortschutz funktioniert nicht mehr. Um dieses Problem zu beheben, installieren Sie den Patch. Oder installieren Sie MacOS 8.0 neu, und behalten Sie eine ältere Version bei, mit der Sie booten. Immer wenn Sie die Passworteinstellungen verändern wollen, booten Sie mit der älteren Version.

Sequence of Death und WebStar

Anwendung: WebStar und NetCloak kombiniert (nicht WebStar allein)

Auswirkung: WebStar-Server mit NetCloak können nach Übermittlung einer *Sequence of Death* abstürzen.

Einstufung: ernst

Fix: Entfernen Sie NetCloak, oder aktualisieren Sie Ihre NetCloak-Version.

Beigetragen von: Jeff Gold

Dies ist eine allgemeine DoS-Schwachstelle in frühen WebStar-Releases, die nichts mit Apple zu tun hat. (Tatsächlich kann dieses Sicherheitsloch nur auf einem Server reproduziert werden, auf dem auch NetCloak läuft.) Gold fand heraus, dass der WebStar-Server abstürzt, wenn Sie bestimmte Strings an eine URL anhängen. *Macworld* brachte einen Artikel über dieses Sicherheitsloch heraus, und die Mitarbeiter der Zeitschrift haben die Sache selbst untersucht:

> *...für Mac-Webmaster Jeff Gold schlug Frustration in starke Beunruhigung um, als er feststellte, dass ein bloßer Tippfehler seine gesamte Mac-Site zum Absturz gebracht hatte. Gold verwendete zu dem Zeitpunkt die Webserver-Software WebStar von StarNine und die Plugin-Version von NetCloak 2.1 von Maxum Development, ein populäres Add-On für WebStar. Wenn man einer URL bestimmte Zeichen anfügt, stürzt NetCloak ab und damit auch der Server. Zum Schutz Tausender NetCloak-Benutzer werden weder Gold noch Macworld den entsprechenden String veröffentlichen, aber es handelt sich um eine Zeichenfolge, die nicht allzu schwierig einzugeben ist. Macworld hat nach weiteren Tests festgestellt, dass dieser Fehler nur auftritt, wenn die Plugin-Version von NetCloak auf dem Server läuft. Als wir das Plugin entfernten und stattdessen das NetCloak-CGI verwendeten, brachte die Sequence of Death nur eine harmlose Fehlermeldung hervor.*

WEGWEISER
Der obige Abschnitt ist ein Auszug aus einem Artikel von Jim Heid mit dem Titel *Mac Web-Server Security Crisis: Specific Character Sequence Crashes Servers*. Sie finden ihn online unter `http://macworld.zdnet.com/daily/daily.973.html`.

NetCloak ist ein Produkt von Maxum Development. Sie können sich wegen Upgrade-Informationen an Maxum wenden:

Maxum Development Corporation

P.O. Box 315

Crystal Lake, IL 60039, USA

E-Mail: `info@maxum.com`

URL: `http://www.maxum.com/`

23.3 Dateifreigaben und Sicherheit

Die gemeinsame Nutzung von Dateien ist ein weiteres Sicherheitsproblem unter MacOS. Wie schwer dieses Problem wiegt, hängt davon ab, welche Festplatten und Ressourcen zur gemeinsamen Nutzung freigegeben werden. Das Dateifreigabesystem vom Macintosh ist nicht weniger umfassend (und auch nicht viel sicherer) als das von Microsoft Windows 98 oder Windows Me.

Die Freigabe von Dateien kann eine komplexe und fehlerträchtige Angelegenheit sein. Die Auswahl der Dateien wird von den Vertrauensbeziehungen innerhalb Ihrer Organisation abhängen. Eine falsche Wahl kann Sie mit der Zeit teuer zu stehen kommen. Einer meiner Kunden beispielsweise betreibt ein Callcenter, das sich auf den Anzeigenverkauf per Telefon spezialisiert hat. In seinem Bereich sind potenzielle Anzeigenkunden alles. Und weil Mitarbeiter regelmäßig von einem Unternehmen zu einem anderen wechseln, wollte er jeden nur möglichen Schritt zur Sicherung seiner Datenbanken unternehmen.

Leider war sein Netzwerk (das viele Macintosh-Rechner umfasste) schlecht organisiert. Vertriebsmitarbeiter hatten die gleiche Ebene des Datenbankzugriffs wie die Entwurfsabteilung. Damit konnten Vertriebsmitarbeiter mit wertvollen potenziellen Anzeigenkunden davonlaufen. (Und innerhalb weniger Wochen nach einer Kündigung wurden seine Werbeflächenanbieter mit Anrufen von konkurrierenden Anzeigenverkäufern bombardiert.)

Der Programmierer, der ursprünglich das Netzwerk eingerichtet hatte, schrieb benutzerdefinierte Clientanwendungen für die Vertriebsabteilung, was in Ordnung war, aber er gab den zentralen Dateiserver für jeden frei. (Mit anderen Worten, Clientrechner sandten ihre Anfragen an den Dateiserver, und alle Anfragen wurden dort verarbeitet.) Mitarbeiter hatten das System seit Jahren auf diese Weise benutzt, und niemand wollte eine Veränderung. Mein Kunde war in der Zwickmühle. Letztendlich lösten wir das Problem, indem wir ihm ein Intranet aufbauten. Die Datenbank wurde auf einen Webserver verschoben, und ich ließ meine Kollegen das Clientinterface in HTML replizieren.

Um Katastrophen (und damit zusätzliche Kosten) wie diese zu verhindern, sollten Sie bereits bei der Installation Freigabeprivilegien sorgfältig planen. (Und wenn Sie keine Freigabe benötigen, sollten Sie diese ganz vermeiden. Ich werde später in diesem Kapitel Programme vorstellen, die unautorisierten Zugriff auf Verzeichnisse und Kontrollfelder abblocken können, um sicherzustellen, dass keine Ressourcen freigegeben werden.) Allerdings ist der wichtigste Schritt, den Sie zur Sicherung eines Macintosh-Netzwerks unternehmen können, folgender: Schulen Sie Ihre Benutzer. Dies gilt natürlich ebenso bei allen anderen Arten von Netzen. Besonders bei heterogenen Netzwerken ist definitiv Schulungsbedarf gegeben.

Macintosh-Benutzer sind keine Sicherheitsfanatiker, aber das ist kein Verbrechen. Dennoch machen sich viele UNIX- und Windows-NT-Anwender über Macintosh-Benutzer lustig und behaupten, dass diese nur wenig über ihre Architektur oder das Betriebssystem wissen. Dies wird sich sicher ändern, wenn Apple im

Jahr 2001 Mac OS X herausbringt, das auf der BSD-Plattform basiert. Dennoch werden wir sicher neue Sicherheitslöcher finden und OS X in die Reihe der anfälligen Plattformen aufnehmen. Die ewigen Kämpfe um das beste Betriebssystem flammen immer wieder im Usenet auf. Ich verrate Ihnen ein Geheimnis: Es kommt gar nicht darauf an, welches Betriebssystem Sie verwenden, sondern darauf, wie produktiv Sie dieses einsetzen können. Dieselben Leute, die Macintosh-Benutzer kritisieren, verbringen oft Stunden (oder sogar Tage) mit dem Versuch, ihre 800-MHz-Rechner (und 32-MB-Videokarten) zum Laufen zu bringen. Sie kämpfen mit Plug&Play (das nicht funktioniert) und sitzen die meiste Zeit vor dem Inneren ihres Rechners, ihre Hände in einer endlosen Masse aus Kabeln und Karten vergraben. Dagegen habe ich erst zweimal einen meiner Macintosh-Kunden vor einem geöffneten Rechner sitzen sehen. Wenn Sie also einen Macintosh verwenden, herzlichen Glückwunsch!

Dennoch sind die meisten Macintosh-Benutzer nicht sehr sicherheitsbewusst, und das ist eine Tatsache. Es wäre wundervoll, wenn Sie irgendetwas tun könnten, um dies zu verändern. Zumindest sollte jeder Benutzer ein starkes Passwort für sich als Besitzer des Rechners festlegen. (Macintosh-Passwörter sind genauso Angriffen ausgesetzt wie die Passwörter auf allen anderen Plattformen.) Schließlich (und vielleicht ist das der wichtigste Punkt) sollten alle Zugriffsprivilegien für Gastzugänge deaktiviert werden.

23.3.1 Dateisicherheit unter MacOS 9

MacOS 9 bietet viel mehr Sicherheitsfunktionen. Eine der bemerkenswertesten Funktionen ist die Fähigkeit, Dateien mit einem 56-Bit-Schlüssel zu ver- und entschlüsseln.

Sie können Ihre Dateien sehr schnell verschlüsseln. Öffnen Sie dazu das Apple-Programm DATEISICHERHEIT, das im Sicherheitsordner innerhalb des Anwendungsordners auf der Festplatte zu finden ist.

23.4 Servermanagement und Sicherheit

Die Einrichtung eines Webservers ist eine aufwändige Aufgabe, aber nichts im Vergleich zur Wartung eines solchen Servers. Dies gilt insbesondere, wenn der Webserver nur ein kleiner Teil Ihres Netzwerks ist oder Sie verschiedenen Abteilungen oder Kunden unterschiedliche Sicherheitsprivilegien zuweisen müssen.

Im Wesentlichen können Sie zwei Wege gehen:

- Benutzerdefinierte Programme von Dritten schreiben lassen
- Anwendungen von Drittanbietern benutzen

Eigens für Sie entwickelte Software ist teuer und zeitaufwändig. Wenn Sie ein paar Webserver einrichten und diese entfernt warten wollen, empfehle ich Ihnen, für diese Aufgabe vorgefertigte Lösungen zu verwenden.

Wenn Ihre Umgebung hauptsächlich aus Macintosh-Rechnern besteht, sind die folgenden Anwendungen unverzichtbar.

23.4.1 EtherPeek von WildPackets, Inc.

WildPackets, Inc.

2540 Camino Diablo, Suite 200

Walnut Creek, CA 94596, USA

E-Mail: `info@wildpackets.com`

URL: `http://www.wildpackets.com/`

WildPackets, Inc., früher AG Group, bietet das hervorragendste Netzwerk-Utility auf dem Markt. EtherPeek ist ein Protokoll-Analyzer, der unter anderem folgende Protokolle unterstützt:

- IP
- AppleTalk
- Netware
- IPX/SPX
- NetBEUI
- NetBIOS
- DECnet
- SMB
- OSI TARP

EtherPeek ist kein durchschnittlicher Analyzer, sondern ein gut konzipierter, kommerzieller Sniffer. Er bietet die automatische IP-zu-Mac-Übersetzung, Multicasts, Echtzeitstatistiken und Echtzeitüberwachung. EtherPeek sorgt außerdem für eine integrierte Unterstützung zur Handhabung des LAND-DoS-Angriffs, der kürzlich so viele Server in die Knie zwang. Wenn Sie eine gewerbliche Umgebung verwalten, ist dieses Tool eine gute Investition.

23.4.2 InterMapper 3.0 von Dartmouth Software Development

Dartmouth Software Development

Dartmouth College

6028 Kiewit Computer Center

Hanover, NH 03755-3523, USA

Tel.: +1-603-646 19 99

E-Mail: Intermapper@dartmouth.edu

URL: http://www.dartmouth.edu/netsoftware/intermapper/

InterMapper (entwickelt von Bill Fisher und Rich Brown) ist ein ausgezeichnetes Tool, das Macintosh-Systemadministratoren eine Menge Zeit und Arbeit ersparen kann. Die Anwendung überwacht Ihr Netzwerk auf mögliche Änderungen der Topologie oder auf Dienstausfälle. Das Netzwerkmanagement erfolgt über SNMP (Simple Network Management Protocol).

Ein besonders interessantes Merkmal ist InterMappers Funktion zur Aufnahme eines Netzwerk-Schnappschusses, das heißt einer grafischen Darstellung Ihrer Netzwerktopologie. (Die Netzwerktopologie wird mehr oder weniger automatisch erkannt, was eine Menge Zeit spart.) Mit InterMapper können Sie die Schnappschüsse sogar auf mehrere Monitore verteilen, um eine vergrößerte Darstellung zu erhalten.

Der Netzwerkschnappschuss ist sehr detailliert, sodass Sie nicht verfügbare oder problematische Router sehr schnell identifizieren können. (Sie können sogar einen spezifizischen Wert für die Anzahl der zulässigen Fehler auf Router-Ebene einrichten. Hat ein bestimmter Router diesen Wert überschritten, wird er in einer anderen Farbe dargestellt.) Wenn Sie ein Element anklicken (ob Rechner oder Router), erhalten Sie ein Informationsfenster mit der IP-Adresse dieses Elements, seinem Durchsatz, der Fehlerzahl und so weiter. Wenn es an einem bestimmten Knoten Probleme gibt, werden Sie umgehend per Pager informiert. Alles in allem ist InterMapper ein sehr vollständiges Paket zur Netzwerkanalyse und -verwaltung.

WEGWEISER
InterMapper bietet eine gleichzeitige Unterstützung für AppleTalk und IP. Die Demoversion finden Sie unter http://www.dartmouth.edu/netsoftware/intermapper/demoForm.html.

23.4.3 MacPork 3.0

MacPork ist ein kleines Programm, mit dem Sie einen Server auf Sicherheitslöcher und deren Ausnutzung hin überprüfen können. MacPork sucht nach mehr als 271 Schwachstellen und ruft Passwörter und Informationen auf 175 verschiedene Arten ab. MacPork kann 177 Trojaner auf verschiedenen Servern finden. Das Tool beinhaltet eine intelligente Suchmaschine, die eventuell anfällige Server in zwei Sekunden finden kann. MacPork kennt 66 Möglichkeiten, um ein System zu überschwemmen, und 86 Sicherheitslöcher in UNIX-Protokollen (FTP, SMTP, NetBIOS, Finger, r-Dienste und RPC). Wenn Sie ein fauler Mensch sind, können Sie 30 Scans gleichzeitig starten und ins Bett gehen. Nach einigen Stunden haben Sie ein detailliertes Protokoll. MacPork läuft im Hintergrund, sodass Sie während des Scan-Vorgangs andere Dinge tun können. Ein Ausrufezeichen (!) in einem kleinen Fenster wird Sie darauf aufmerksam machen, dass MacPork etwas gefunden hat. Wie alle Sicherheitsscanner ist auch dieses Programm darauf angewiesen, immer mit den neusten Informationen versorgt zu werden. Da das Programm nicht mehr weiterentwickelt wird, ist dies nicht unbedingt gegeben.

WEGWEISER
Beachten Sie, dass diese Anwendung nicht mehr weiterentwickelt wird. Neue Informationen können Sie auf der `http://freaky.staticusers.net/` finden.

23.4.4 MacRadius von Cyno

Cyno Technologies, Inc.

1082 Glen Echo Avenue

San Jose, CA 95125, USA

Tel.: +1-408-297 77 66

E-Mail: `CynoTek@cyno.com`

URL: `http://www.cyno.com/`

Sie kommen um die RADIUS-Technologie nicht herum, wenn Sie einen ISP oder ein anderes System betreiben, das Einwählverbindungen ermöglicht. Die Verwaltung von Einwähldiensten für Benutzer kann sehr schwierig, verwirrend und zeitaufwändig sein. An dieser Stelle kommt RADIUS ins Spiel. Die Autoren der RADIUS-Spezifikation beschreiben das Problem und dessen Lösung wie folgt:

> *Da Modem-Pools per Definition eine Verbindung mit der Außenwelt darstellen, erfordern sie besondere Aufmerksamkeit in Hinsicht auf Sicherheit, Autorisierung und Accounting. Dies kann am besten durch die Verwaltung einer einzigen Benutzerdatenbank geschehen, die eine Authentifizierung (Überprüfung von Benutzernamen und Passwort) ermöglicht und Konfigurationsinformationen enthält, die im Einzelnen angeben, welche Art von Dienst dem Benutzer zur Verfügung gestellt wird (beispielsweise SLIP, PPP, telnet, rlogin). RADIUS-Server sind für den Empfang von Verbindungsanfragen der Benutzer verantwortlich sowie für die Authentifizierung der Benutzer und für die Übermittlung aller erforderlichen Konfigurationsinformationen an den Client, damit dieser dem Benutzer den gewünschten Dienst zur Verfügung stellen kann.*

WEGWEISER
Wenn Sie mehr über RADIUS erfahren wollen, sollten Sie sich RFC 2058 unter folgender Adresse ansehen: `http://info.internet.isi.edu/in-notes/rfc/files/rfc2058.txt`.

Kurz, RADIUS bietet einfaches Management einer zentralisierten Datenbank, von der aus alle sich einwählenden Benutzer authentifiziert werden. RADIUS-Implementierungen unterstützen viele verschiedene Dateiformate, einschließlich nativer UNIX-Passwortdateien. Außerdem bieten sie eine grundlegende Protokollierungsfunktion, mit der Sie feststellen können, wer wann wie lange eingeloggt war.

Wenn Sie schon immer davon geträumt haben, die Funktionalität von RADIUS auch für MacOS zu bekommen, ist MacRadius genau das Richtige für Sie. Es ist eine ausgefeilte Anwendung, mit der Sie komplexe Gruppenstrukturen aufbauen können. Damit wird das Hinzufügen neuer Benutzer (und die automatische Vererbung der Attribute anderer Benutzer an diese neuen) zum Kinderspiel. Und natürlich ist das Ganze in die grafische, einfach zu bedienende Oberfläche eingebunden, die Sie vom Macintosh gewohnt sind.

23.4.5 Network Security Guard

MR Mac Software

P.O. Box 910091

San Diego, CA 92191-0091, USA

Download: `http://freaky.staticusers.net/network/NetworkSecurityGuard.sit.hqx`

Haben Sie jemals von SATAN für MacOS geträumt? Ein Programm, das Ihre MacOS-Hosts automatisch nach Sicherheitslücken absucht? Dann müssen Sie sich Network Security Guard besorgen.

Network Security Guard arbeitet mit AppleTalk und prüft Folgendes:

- Default-Passwörter
- Accounts ohne Passwörter
- Dateifreigaben
- Dateiberechtigungen

Aber das ist noch nicht alles. Network Security Guard beinhaltet ein Brute-Force-Utility für das Knacken von Passwörtern, sodass Sie die Stärke Ihrer Netzwerkpasswörter überprüfen können. Außerdem können Ihre Berichte auf unterschiedliche Weise formatiert und über das Netzwerk an Sie weitergeleitet werden. Schließlich können Sie Sicherheitsbewertungen nach Zeitplan vornehmen lassen. All diese Eigenschaften machen Network Security Guard zu einer guten Wahl. Sie können sich viele Stunden Arbeit ersparen. (Leider ist es ein kommerzielles Produkt und keine Shareware. Aber es ist seinen Preis wert.) Wir konnten keine offizielle Website für dieses Produkt finden. Ich bin sicher, MR Mac wird immer noch Geld für das kommerzielle Produkt über den U.S. Postal Service annehmen.

23.4.6 Oyabun Tools

Team2600.com

E-Mail: sixtime@team2600.com

URL: http://www.team2600.com/

Oyabun Tools von Team2600 ist eine Anwendung, mit der Sie Remotebefehle übermitteln können, um Ihre Mac-Server zu kontrollieren. Wenn Sie beispielsweise bemerken, dass Ihr Macintosh-Server langsamer wird und Sie nicht vor Ort sind, um ihn neu zu starten, können Sie dies mit Oyabun Send erledigen. Das Programm muss nicht installiert werden, sondern wird mit einem Doppelklick gestartet. Oyabun Tools besteht aus zwei Produkten:

Mit *Oyabun Send* können Sie die Befehle Beenden/Neu Starten/Schlafmodus über das Internet oder andere Macs, auf denen Oyabun Tools Pro installiert ist, übermitteln.

Mit *Oyabun Tools Pro* können Sie die Befehle Beenden/Neu Starten/Schlafmodus über das Internet an andere Macs übermitteln. Sie können außerdem Macs zum Empfangen dieser Befehle einrichten. Dieses Paket umfasst alles, was im Paket Oyabun Send enthalten ist.

23.4.7 Silo 1.0.4

Silo von Logik, einem Macintosh-Sicherheitsguru, ist ein Remote-Tool zur Systemanalyse, das für Sicherheits- und administrative Bewertungszwecke entwickelt wurde. Es bietet eine vollständige Dokumentation, Remotegenerierung von Konzeptpasswörtern und Dateistrukturen, Netzwerkzuordnung, Betriebssystem-Fingerabdrücke sowie eine Remoteanalyse und -überwachung von Systemen, Clients, administrativen Aufgaben, Domänen und Protokollen.

WEGWEISER
Logiks Homepage finden Sie unter http://logik.accesscard.org/. Sie können Silo von folgender Adresse herunterladen: http://freaky.staticusers.net/update.shtml.

23.4.8 Timbuktu Pro 2000

Netopia, Inc.

2470 Mariner Square Loop

Alameda, CA 94501, USA

E-Mail: pfrankl@netopia.com

URL: http://www.netopia.com/

Timbuktu Pro 2000 für MacOS ist eine leistungsfähige und vielseitige Anwendung für das Remote-Computing. Timbuktu Pro ist zwar kein spezielles Sicherheitsprogramm, aber ein wertvolles Tool für jeden Webadministrator. Derzeit unterstützt das Programm TCP/IP, AppleTalk, IPX und Open Transport. Über diese Protokolle können Sie jeden Rechner (oder auch mehrere) entfernt verwalten.

23.5 Interne Sicherheit

Die interne Sicherheit ist einer der wichtigsten Aspekte der Sicherheit als Ganzes. Auch wenn Ihr Computer vor anderen im Internet sicher ist, kann er von jemandem angegriffen werden, der sich an Ihren Rechner setzt, während Sie für zehn Minuten hinausgehen. Ihre ganzen Daten können gestohlen oder Ihr Computer kann beschädigt werden.

23.5.1 BootLogger

BootLogger ist eine der einfacheren Sicherheitsanwendungen. Sie liest im Wesentlichen die Boot-Sequenz und zeichnet das Starten und Herunterfahren des Rechners auf. Dafür belegt das Utility aber auch weniger Ressourcen. Ich empfehle Ihnen, dieses Utility zuerst zu benutzen. Gibt es Anzeichen für Manipulationen oder nicht autorisierte Zugriffe, sollten Sie zu Super Save übergehen.

> **WEGWEISER**
> BootLogger finden Sie unter `http://freaky.staticusers.net/security/BootLogger.sit.hqx`.

23.5.2 DiskLocker

DiskLocker ist ein Utility, das Ihr lokales Festplattenlaufwerk mit einem Schreibschutz ausrüstet. Die Festplatten werden dabei durch einen Passwort-Schutzmechanismus verwaltet. (Mit anderen Worten, Sie können die Festplatte nur entsperren, wenn Sie das Passwort kennen. Seien Sie also vorsichtig, dass Sie nicht eine Festplatte sperren und dann das Passwort verlieren.) Das Programm ist eine Shareware (geschrieben von Olivier Lebra in Nizza, Frankreich), für die eine Lizenzgebühr von derzeit 10 US-Dollar anfällt.

> **WEGWEISER**
> DiskLocker können Sie von folgender Adresse herunterladen: `ftp://ftp.amug.org/`.

23.5.3 Empower by Magna

Magna

1999 S. Bascom, Ste. 700

Campbell, CA 95008, USA

Tel.: +1-408-879 79 00

Fax: +1-408-879 79 79

E-Mail: mailto:sales@magnal.com

URL: http://www.magnal.com/

Empower bietet eine leistungsfähige Zugriffskontrolle für die Macintosh-Plattform, darunter eine Funktion für die Einschränkung des Zugriffs sowohl auf Anwendungen als auch auf Ordner.

23.5.4 Ferret

Ferret ist eine kleine Anwendung, die alle wichtigen Informationen (Logins/Passwörter) von einem System sammelt (und dabei alle Passwörter in Klartext auflöst). Es soll mit einer Startdiskette verwendet werden oder wenn Sie nur einige Sekunden Zugriff auf den Rechner haben. Sie können per Drag&Drop Präferenzen angeben, damit das Tool die gewünschten Informationen aus einer bestimmten Datei holt (wenn Sie beispielsweise nur auf eine Präferenzdatei und nicht direkt auf den Rechner zugreifen konnten).

Ferret kann wichtige Informationen aus Präferenzdateien oder hochgeladenen Dateiträgern sammeln, darunter auch von über AppleShare gemounteten Festplatten. Ferret findet Logins und Passwörter, die in einer der folgenden Anwendungen gespeichert sind: FreePPP, MacSLIP, OT/PPP (ARA), Internet-Kontrollfeld (Internet Config), Netscape Communicator, Eudora, AIM, ICQ, Gerrys ICQ, Apple File Sharing Registry (Benutzer und Gruppen), Carracho Bookmark-/Serverdaten-Dateien und Hotline Bookmark-/Serverdaten-Dateien.

WEGWEISER
Sie können Ferret von http://freaky.staticusers.net/hacking-misc/Ferretv0.0.1b4.sit herunterladen.

23.5.5 Filelock

Filelock ist etwas umfassender als DiskLocker. Dieses Utility legt einen Schreibschutz auf individuelle Dateien oder auf Gruppen von Dateien oder Ordnern. Es unterstützt die komplette Drag&Drop-Funktionalität und kann auf 68-Kbyte- und PPC-Architekturen eingesetzt werden. Es ist ein sehr praktisches Utility, besonders wenn Sie Ihre Rechner mit anderen in Ihrem Büro oder zu Hause gemeinsam benutzen. Es wurde von Rocco Moliterno aus Italien geschrieben.

WEGWEISER
Filelock ist unter http://hyperarchive.lcs.mit.edu/HyperArchive/Archive/disk/filelock-132.hqx verfügbar.

23.5.6 FullBack

Highwinds Trading Company, LLC

Tel.: +1-302-761 98 24

E-Mail: support@highwinds.com

URL: http://www.highwinds.com/

Highwinds entwickelt seit 1999 Sicherheits- und Verschlüsselungsprodukte. FullBack ist ein sicheres, benutzerfreundliches Archivierungs- und Backup-Programm. Die Deluxe-Version bietet zufällig generierte 512-Bit-Schlüssel. Produktinformationen finden Sie unter der URL http://www.highwinds.com/BackupSystem.html.

23.5.7 Invisible Oasis

Invisible Oasis ist ein Tool, das Tastaturanschläge protokolliert. Diese Anwendung zeichnet alles in einem Protokoll auf, was mit der Tastatur eingegeben wurde. Die installierte Erweiterung ist unsichtbar, ebenso wie der Ordner, in dem die Protokolle aufbewahrt werden. Wenn Sie überprüfen wollen, ob Sie eine solche Erweiterung installiert haben, verwenden Sie ein Programm wie Apple ResEdit, und gehen Sie zu GET INFO. Gehen Sie in Ihren Präferenzordner, den Sie in Ihrem Systemordner finden. Mit GET INFO sehen Sie den verborgenen Ordner. Sie können die Log-Dateien mit jedem Texteditor öffnen. Dieses Tool wird oft von Angreifern genutzt, um weitere Informationen wie Passwörter zu sammeln.

WEGWEISER
Invisible Oasis ist zum Herunterladen unter http://freaky.staticusers.net/security/keyloggers/InvisibleOasis_Installer.sit verfügbar. ResEdit können Sie durch eine Suche auf http://www.VersionTracker.com finden.

23.5.8 KeysOff und KeysOff Enterprise

Blue Globe Software

P.O. Box 8171

Victoria, British Columbia

V8W 3R8, Kanada

E-Mail: cliffmcc@blueglobe.com

URL: http://www.blueglobe.com/~cliffmcc/products.html

KeysOff ermöglicht es Ihnen, bestimmte Schlüssel auszusperren. Damit können Sie verhindern, dass böswillige Benutzer auf die Menüleiste zugreifen, mit der Maus klicken, den Ein/Aus-Schalter betätigen oder Befehlstastenkombinationen benutzen können. (Das Programm verhindert außerdem, dass nicht autorisierte Benutzer Festplatten laden können.) Dies ist eines der einfachsten, kostengünstigsten und nützlichsten Sicherheitsprogramme überhaupt.

23.5.9 LockOut

Maui Software

E-Mail: `development@mauisoftware.com`

URL: `http://www.mauisoftware.com/#LockOut`

LockOut ist eine benutzerfreundliche Anwendung, die nicht die volle Sicherheit bietet, aber kostengünstig ist.

23.5.10 MacPassword

Als Industriestandard für vollständigen Passwortschutz unter MacOS ist MacPassword eine ausgereifte kommerzielle Anwendung. Sie bietet nicht nur mehrere Stufen des Passwortschutzes (sowohl für Festplattenlaufwerke als auch für Bildschirme), sondern verfügt auch über ein integriertes Virus-Scanning. Diese Anwendung ist definitiv ihr Geld wert. Sie können sie umsonst testen, Demoversionen der Anwendung sind an vielen Stellen im Internet erhältlich.

> **WEGWEISER**
> MacPassword erhalten Sie unter `ftp://rever.nmsu.edu/pub/macfaq/MacPasswordDemo.sit.bin`.

23.5.11 OnGuard-Notfallpasswörter

Einige Sicherheitsprogramme verwenden Notfallpasswörter, die vom Programm für den Fall generiert werden, dass der Admin sein Passwort vergisst. Der Benutzer erhält mit diesen Passwörtern normalerweise vollständigen Zugriff auf einen Rechner.

Theoretisch benötigen Sie alle möglichen Softwareregistrierungsdaten, damit Ihnen der Softwarehersteller das Notfallpasswort gibt. In der Realität müssen Sie nur den verwendeten Algorithmus herausfinden, um das Notfallpasswort generieren zu können.

OnGuard ist ein Programm, das Notfallpasswörter für OnGuard 3.1 und 3.2 von PowerOn Software generiert. Es wurde von Prozaq von mSec entwickelt.

> **WEGWEISER**
> Die aktuellste Version können herunterladen unter der URL `http://freaky.staticusers.net/security/onguard/nOGuard2.sit`.

23.5.12 Password Key

CP3 Software

P.O. Box 4722

Huntsville, AL 35815-4722, USA

E-Mail: `carl@cp3.com`

URL: `http://www.cp3.com/`

Password Key protokolliert unautorisierte Zugriffsversuche, sperrt Anwendungen und unterbindet vorübergehend alle Systemvorgänge, bis ein korrektes Passwort übermittelt wird.

23.5.13 Notfallpasswort über das Kontrollfeld Passwortsicherheit

PowerBook-Benutzer können das Kontrollfeld PASSWORTSICHERHEIT verwenden, um Ihre Rechner zu schützen. Mit einem Dialogfeld, das bei jedem Zugriff auf die Festplatte ein Passwort verlangt, bietet PASSWORTSICHERHEIT eine bequeme Sicherheitsmaßnahme.

In einem früheren Sicherheitshinweis wurde beschrieben, dass PASSWORTSICHERHEIT jedes Mal, wenn es das Dialogfeld zur Eingabe des Passworts anzeigt, ein Notfallpasswort generiert. Dieses Notfallpasswort gewährt die gleiche Zugriffsebene zum Laptop wie das Passwort des Benutzers.

Das ist natürlich ein riesiges Sicherheitsloch, das jedem, der das Notfallpasswort herausfindet, Zugriff auf den Rechner gewährt. Ein Angreifer könnte sogar das Passwort des Besitzers ändern. Das Programm PassSecGen (entwickelt von Prozaq, einem Mitglied der Macintosh-Sicherheitsgruppe mSec) generiert die Notfallpasswörter für das PowerBook-Sicherheitskontrollfeld.

> **WEGWEISER**
> Die aktuellste Version des Password Security Generator ist zum Herunterladen unter folgender Adresse verfügbar: `http://freaky.staticusers.net/security/powerbook/PassSecGen1.0.sit`.

23.5.14 Secure-It Locks

Secure-It, Inc.

18 Maple Court

East Longmeadow, MA 01028, USA

E-Mail: `secure-it@secure-it.com`

URL: `http://secure-it.com/`

Secure-It, Inc. bietet physikalische Sicherheitsprodukte für den Macintosh, darunter Sperren für Festplattenlaufwerke. Damit kann niemand unautorisierten Code auf Ihren Rechner bringen, während Sie nicht an der Konsole sitzen. (Diese Produkte gibt es auch für PowerBooks.)

23.5.15 Super Save 2.02

Für den unverbesserlichen Paranoiker zeichnet Super Save jeden einzelnen Tastenanschlag auf, der an die Konsole übermittelt wird. Aber der Autor hat mitgedacht und eine Option eingebaut, mit der Sie die Funktion bei der Eingabe von Passwörtern deaktivieren können. Wenn also später jemand auf Ihre Protokolle zugreifen sollte (mit welchen Methoden auch immer), kann er immerhin diese Daten nicht bekommen. Obwohl das Utility nicht explizit für Sicherheitszwecke entwickelt wurde (sondern für die Wiederherstellung nach einem Datenverlust), ist es die ultimative Protokollierungslösung.

> **WEGWEISER**
> Super Save finden Sie unter `ftp://ftp.amug.org/pub/amug/bbs-in-a-box/files/recent/supersave-2.02.sit.hqx`.

23.6 Passwort-Knacker und ähnliche Utilities

Die folgenden Utilities sind beliebte Passwort-Knacker oder ähnliche Tools für den Macintosh. Einige sind speziell für Angriffe auf Macintosh-Dateien entwickelt worden, andere für Angriffe auf UNIX-Passwörter. Dies ist keine vollständige Liste, sondern eher eine Zusammenstellung der interessantesten Tools, die frei im Internet verfügbar sind.

> **HINWEIS**
> Viele der Anwendungen, die FileMaker-Pro-Dateien knacken, sind versionsspezifisch. Es gab seit Jahren keinen Cracking-Vorfall mehr, was aktuelle Versionen von FileMaker Pro betrifft. Wenn Sie eine alte FMP-Datei auf der Festplatte finden und diese geschützt ist, wären die FMP-Cracking-Anwendungen in diesem Abschnitt nützlich.

23.6.1 FirstClass Thrash!

Eine interessante Sammlung von Utilities, die hauptsächlich dazu dienen, ein FirstClass Bulletin-Board-System anzugreifen. Die Eigenschaften der Utilities sind mit Maohell vergleichbar. Sie finden Mailbombing-Tools, DoS-Tools und andere ausgewählte Skripten, mit denen Feinde geärgert werden können. FirstClass Thrash! wird hauptsächlich zu Angriffszwecken benutzt.

> **WEGWEISER**
> FirstClass Thrash! finden Sie unter `http://freaky.staticusers.net/attack/FCThrash.sit`.

23.6.2 FMProPeeker 1.1

Dieses Utility knackt FileMaker-Pro-Dateien. FileMaker Pro ist eine Datenbanklösung von Claris (`http://www.claris.com`). Ursprünglich meist mit der Macintosh-Plattform in Verbindung gebracht, läuft FileMaker Pro inzwischen auf einer Vielzahl von Systemen, beispielsweise ist es für den gemeinsamen Datenbankzugriff auf Windows-NT-Netzwerken verfügbar. Auf jeden Fall untergräbt FMProPeeker die Sicherheit von FileMaker-Pro-Dateien.

WEGWEISER
FMProPeeker finden Sie unter der URL `http://freaky.staticusers.net/cracking/FMProPeeker.sit.hqx`.

23.6.3 FMP Password Viewer Gold 2.0

FMP Password Viewer Gold 2.0 ist ein weiteres Utility zum Knacken von File-Maker-Pro-Dateien. Es bietet eine etwas erweiterte Funktionalität (und ist auf jeden Fall neuer) als FMProPeeker 1.1.

WEGWEISER
FMP Password Viewer Gold 2.0 finden Sie unter der URL `http://freaky.staticusers.net/cracking/FMP3.0ViewerGold2.0.sit.hqx`.

23.6.4 Killer Cracker

Killer Cracker ist eine Macintosh-Portierung von Killer Cracker, einem Passwort-Knacker, der früher nur auf DOS- und UNIX-Rechnern lief.

23.6.5 MacKrack

MacKrack ist eine Portierung von Muffets berühmtem Crack 4.1 und knackt UNIX-Passwörter. Wörterbuch-Dateien sind zwar nur selten integriert, aber trotzdem funktioniert es recht gut. Dieses Utility macht das Knacken von */etc/passwd*-Dateien eines UNIX-Systems zum Kinderspiel. (Es unterstützt sowohl 68k als auch PPC.)

WEGWEISER
MacKrack finden Sie unter `http://freaky.staticusers.net/cracking/MasterKrack1.0b14.sit`.

23.6.6 MagicKey 3.2.3a

MagicKey ist ein Passwort-Auditing-Tool für AppleTalk und wurde von System Cowboy von der Hacker-Gruppe Digital-Rebels.org entwickelt. Die Anwendung überprüft mit Brute-Force-Methoden die Datei eines AppleTalk-Benutzers auf schwache oder nicht vorhandene Passwörter.

WEGWEISER
MagicKey3.2.3a können Sie von der URL http://freaky.staticusers.net/security/auditing/MK3.2.3a.sit herunterladen.

23.6.7 McAuthority

McAuthority ist eine Anwendung für die Passwortsicherheit, die einen Server mit Brute-Force-Methoden angreift, um Zugriff auf die durch Passwörter geschützten Bereiche zu erhalten. Diese Anwendung wurde von nulle entwickelt, einem der besten Mac-Hack-Programmierer. Seine Website ist nicht zugänglich, und ich konnte keinen Kontakt mit ihm aufnehmen.

WEGWEISER
McAuthority kann von der URL http://freaky.staticusers.net/jp/McAuth1.0d6-FAT.sit heruntergeladen werden.

23.6.8 MasterKeyII

MasterKeyII ist noch ein weiteres Utility, das FileMaker-Pro-Dateien knackt.

WEGWEISER
MasterKeyII ist auf folgender Website in Las Vegas verfügbar: http://freaky.staticusers.net/cracking/MasterKeyII1.0b2.sit.hqx.

23.6.9 Meltino

Meltino ist ein sauber entwickelter UNIX-Passwort-Knacker von dem japanischen Programmierer nulle. Dies ist eines der beliebtesten Macintosh-Tools zum Knacken von UNIX-Passwörtern. Die Anwendung unterstützt sowohl MD5- als auch DES-Verschlüsselung und den UltraFastCrypt-(UFC)-Algorithmus.

WEGWEISER
Meltino 2.0.1 können Sie von http://freaky.staticusers.net/cracking/Meltino/Meltino2.01_PPC.sit.bin herunterladen.

23.6.10 PassFinder

PassFinder ist ein Passwort-Cracking-Utility, das für das Knacken des Adminstratorpassworts auf älteren FirstClass-Systemen benutzt wird. Dies ist ein wichtiges Utility, weil viele FirstClass Bulletin-Board-Systeme (BBS) aus Kostengründen immer noch ältere Versionen der Software laufen lassen. Das Programmpaket FirstClass ist ein System, das normalerweise für E-Mail-, UUCP und auch News-Dienste (NNTP) benutzt wird. Im Wesentlichen ist FirstClass (das Sie unter http://www.softarc.com/ finden können) eine Komplettlösung für E-Mail, News und viele andere Arten der TCP/IP-basierten Kommunikationssysteme. Es ist ein beliebtes System auf der MacOS-Plattform. (Es bietet sogar Unterstützung für Gopher- und FTP-Server und kann benutzt werden, um ein ausgewachsenes

BBS zu betreiben.) Da FirstClass-Server nicht nur in nach außen gerichteten Internet-Netzwerken, sondern auch in Intranets existieren, ist PassFinder ein kritisches Tool. Durch Knacken des Administratorpassworts kann ein Benutzer die eingehende und ausgehende elektronische Kommunikation des Systems kontrollieren. (Dies muss allerdings auf dem lokalen Rechner stattfinden. Das heißt, der Benutzer muss Zugriff auf die Konsole des jeweiligen Rechners haben. Es ist kein Remote-Cracking-Utility.)

> **WEGWEISER**
> PassFinder finden Sie unter der URL `http://www.neverness.net/archives/hacking/applications/PassFinder.sit`.
>
> **TIPP**
> Anscheinend stellt FirstClass 2.7 keine Funktion zur Aufzeichnung oder Protokollierung von IP-Adressen zur Verfügung. (Berichten zufolge existiert dieses einfache Sicherheitsloch in früheren Versionen.) Daher kann ein Angriff auf solch einen Server in relativ offener Art und Weise stattfinden.

23.6.11 Password Killer

Password Killer dient dazu, die meisten Sicherheitsprogramme für PowerBooks zu umgehen.

> **WEGWEISER**
> Password Killer (auch als PowerBook Password Killer bekannt) finden Sie online unter `http://freaky.staticusers.net/cracking/Passwordkiller.sit.hqx`.

23.7 Anonyme E-Mail und E-Mail-Bombing

Manchmal müssen Sie anonyme E-Mail-Nachrichten versenden. Es gibt Dinge, bei denen andere weder wissen noch sehen sollen, dass sie von Ihnen stammen. Mit Caem können Sie E-Mail-Nachrichten anonym versenden.

> **WEGWEISER**
> Logik, der Programmierer von Caem, nimmt seine Arbeit ernst und aktualisiert das Programm oft. Sie finden Updates und Neuigkeiten unter `http://freaky.staticusers.net/reviews/caem3.html`.

Unter E-Mail-Bombing versteht man das Versenden einer großen Anzahl von E-Mail-Nachrichten an eine Person, um deren Mailbox zu überschwemmen. Eines der neuesten und effektiveren Tools für das E-Mail-Bombing nennt sich Bomba. Ich empfehle Ihnen nicht, irgendjemandem eine E-Mail-Bombe zu senden. Aber vielleicht senden Sie einmal eine E-Mail-Bombe an sich selbst, damit Sie sehen, wie das Ganze funktioniert. Wenn Sie jemals eine E-Mail-Bombe erhalten haben, wissen Sie das bereits.

WEGWEISER
Bomba können Sie von http://www.team2600.con oder von http://freaky.staticusers.net/attack/mailbombing/bomba.sit herunterladen.

23.8 Macintosh OS X

Mit der Freigabe von Mac OS X werden wir eine Menge neuer Sicherheitslöcher sehen. Websites wie SecureMac.com werden sicher darüber berichten.

Es gibt bereits einige Sicherheitsanwendungen für das neue Betriebssystem wie beispielsweise Brian Hills Utility BrickHouse für die Firewall-Konfiguration. Sie können über die OS-X-Oberfläche die Einstellungen für die Firewall einrichten und spezifische Ports und IP-Adressen zulassen bzw. ablehnen. Besuchen Sie http://www.securemac.com/brickhouse.cfm für einen Bericht über dieses Tool.

WEGWEISER
Ich empfehle Ihnen außerdem die Lektüre des Dokuments *Secure Installation of OS X* von Peter Heins, das Sie unter http://www.securemac.com/osxsecurity.cfm finden.

Apple hat ebenfalls einen Artikel geschrieben, in dem es darum geht, wie Sie OS X etwas sicherer machen können. Sie finden ihn unter http://til.info.apple.com/techinfo.nsf/artnum/n60112.

Apples OS X wird für Hacker sicher neue Möglichkeiten öffnen, da das Betriebssystem auf der BSD-(UNIX)-Plattform basiert. Websites wie www.securityfocus.com berichten über Sicherheitsprobleme, die Mac OS X aufgrund der Struktur der BSD-Plattform betreffen.

23.9 Speziell für America Online entwickelte Tools

Ich erinnere mich noch an die Tage, in denen AOL für seine Bereiche wie MacFilez, MacWarez oder Zelifcam bekannt war. Dies waren Chat-Rooms innerhalb von AOL, in denen Benutzer und Gruppen wie NEO illegal registrierte Dateien, die auch als Warez bezeichnet werden, frei austauschten. Nachdem das Internet in AOL 3.0 integriert wurde und es zu Abstürzen kam, wechselten viele von AOL zu Hotline und IRC. Alle Tools und Skripten, die benutzt wurden, finden Sie an einem Ort: http://freaky.staticusers.net/aol/. Ich empfehle Ihnen nicht, diese Programme zu benutzen. Ihr AOL-Account könnte gekündigt werden, weil Sie mit der Benutzung dieser Programme die Bedingungen für Service-Verträge verletzen würden.

23.10 Zusammenfassung

Im Allgemeinen ist MacOS sicherer als andere Betriebssysteme, weil das Hauptaugenmerk in puncto Sicherheit in den letzten Jahren auf anderen Plattformen lag.

Aber Sie sollten nicht zu nachlässig mit dem Gedanken umgehen, dass Ihr Macintosh sicher ist! Jeder für den PC existierende Hacking-Angriff hat seine Entsprechung für MacOS. Sie glauben mir nicht? Werfen Sie einen Blick auf die Mac-Hacking-CD-ROM *Freaks Macintosh Archives Hackintosh v1*. Sie ist randvoll mit Hacking- und Sicherheitstools sowie deren Exploits und Textdateien für weitere Informationen. Die CD-ROM enthält sogar die Rede zum Thema Macintosh-Sicherheit auf der Defcon 7 (einer Hacking-Konferenz, die alljährlich in Las Vegas stattfindet) in mp3 und Real Video. Und mit der Freigabe von Mac OS X werden sicher noch viele weitere Sicherheitslöcher auf uns zukommen.

23.11 Informationsquellen

Die folgende Auflistung von Informationsquellen enthält wichtige Links zum Thema Macintosh-Sicherheit. Sie finden verschiedene Informationsquellen, darunter Bücher, Artikel und Websites.

23.11.1 Bücher und Artikel

»Secure Installation of OS X«. Diesen Artikel, der von `mpetey@securemac.com` geschrieben wurde, sollten Sie zur Hand haben, wenn Sie OS X installieren. Sicherheit wird bei OS X sicher ein Thema werden, wenn Hacker erst einmal damit herumspielen können. Den Artikel finden Sie unter `http://www.securemac.com/osxsecurity.cfm`.

Chris Kilbourn, digital.forest: »The $10,000 Macintosh World Wide Web Security Challenge: A Summary of the Network and the Attacks«. (Formatierung von Jon Wiederspan.) Verfügbar unter `http://www.forest.net/news/challenge.html`, über `mpetey@securemac.com` oder unter der URL `http://www.securemac.com/osxsecurity.cfm`.

»Macintosh Security Auditing«. In diesem Artikel werden verschiedene Tools erklärt, die für das Auditing von Sicherheitsproblemen in Ihrem Netzwerk benutzt werden können. Einer der Hauptpunkte des Kapitels ist, dass es keine kommerziellen Auditing-Produkte für den Macintosh gibt, also können Sie die effizienten, *freien* Tools verwenden, die von Hackern entwickelt wurden. Den Artikel finden Sie unter `http://www.securemac.com/secauditing.cfm`.

»Macintosh Security Internet Basics«. Sans.org hat diesen hervorragenden Bericht, der von Patrick Harris geschrieben wurde, veröffentlicht. Dieses Dokument deckt die Grundlagen der Macintosh-Sicherheit ab. Sie finden es unter `http://www.sans.org/infosecFAQ/mac_sec.htm`.

»Macs & CableModems«. Jeder hört etwas über die Sicherheitsprobleme von Kabelmodems und darüber, dass Kabelmodemnetzwerke leichte Ziele für Scan-Angriffe sind. Wenn Sie zu Hause oder bei Ihrer Arbeit ein Kabelmodem benutzen, können Sie sich hier über dieses Thema informieren: http://www.securemac.com/secauditing.cfm.

»Make Your Mac Hacker-Proof«. Ein hervorragender Artikel, der Benutzer dazu motiviert, Firewall-Software zum Schutz ihrer Macs zu verwenden. Bietet außerdem einige Sicherheitsstrategien für die Konfiguration der Firewall. Sie finden den Artikel unter http://macworld.zdnet.com/2000/07/features/online_security_sb2.html

»Connections and Protections – Cable and DSL Connections and Security Measures«. Peter N. Heins (mpetey@securemac.com) beschreibt den Unterschied zwischen DSL und Kabel und stellt Sicherheitsaspekte unter dem Aspekt dar, was Eindringlinge sehen können und wie sie vorgehen. http://www.securemac.com/dslcable.cfm

Apple hat auf seiner Website einen Bereich für Entwickler geschaffen, der ganz der Implementierung der Sicherheit gewidmet ist: http://devworld.apple.com/macos/security.html.

Viele Firewall-Dokumente für MacOS können im MacOS-Bereich des Firewall Guide gefunden werden: http://www.firewallguide.com/macintosh.htm.

John Rizzo und K. Daniel Clark: »How Macs Work«. Ziff-Davis Press. ISBN: 1-56276-146-3.

Kay Yarborough Nelson: »Voodoo Mac«. Ventana Press. ISBN: 1-56604-028-0.

Ted Landau: »Sad Macs, Bombs, and Other Disasters«. Addison-Wesley Publishing Company. ISBN: 0-201-62207-6.

Daniel Giordan, et al.: »The Whole Mac Solutions for the Creative Professional«. Hayden Books, 1996. ISBN: 1-56830-298-3.

Tobin Anthony: »Building and Maintaining an Intranet with the Macintosh«. Hayden Books, 1996. ISBN: 1-56830-279-7.

23.11.2 Websites mit Tools und Munition

»Freaks Macintosh Archives«. Software-Raubkopien, Sicherheit, Cracking, Hacking. http://freaky.staticusers.net/

»CIAC U.S Department of Energy«. http://ciac.llnl.gov/ciac/ToolsMacVirus.html

»SecureMac.com Security Site«. http://www.securemac.com/

»Macman's Mac Site«. http://www.macman.net/

»Neverness.net«. Hacking, Phreaking, Kryptographie. `http://www.neverness.net/`

»AOL Specific Tools«. Hacking- und Cracking-Utilities zur Benutzung in AOL. `http://freaky.staticusers.net/aol/`

»Hacking Mac's Heaven!« Hacking- und Cracking-Tools und Links aus den Niederlanden. `http://macheaven.terrashare.com/`

23.11.3 E-Zines und elektronische Online-Magazine

»Macinstein«. Die ultimative Macintosh-Informationssite im Internet. Suchmaschine, täglich neue Mac-Nachrichten, Sherlock-Plugins, Pressemitteilungen, Top-Websites, Message-Boards, Umfragen, Wettbewerbe und vieles mehr! Macinstein hat jetzt freie Webseiten für Mac-Begeisterte. `http://www.macinstein.com/`

»MacCentral«. Umfassende und sehr gut präsentierte Online-Zeitschrift über den Macintosh. `http://www.maccentral.com/`

»Macintosh Networking Guide«. Guter About.com-Netzwerk-Leitfaden für MacOS. Versuchen Sie, Ihr eigenes kleines Netzwerk mit Hilfe dieses Artikels aufzubauen! `http://machardware.about.com/compute/machardware/msubnetworkguides.htm`

»MacHome Journal Online«. Gutes, solides Internet-Magazin zu Themen rund um den Macintosh. `http://www.machome.com/`

»SecureMac.com«. Nachrichten und Hinweise zur Macintosh-Sicherheit. `http://www.securemac.com/`

»MacAssistant Tips and Tutorial Newsletter and User Group«. Ein sehr cooler, nützlicher und – vielleicht das wichtigste – kurzer Newsletter mit Tipps und Tricks für Macintosh-Benutzer. Kommerziell, ist das Geld aber wert. Viele traditionelle Hacking-Tipps zu Hardware, Software und speziellen, eher selten vorkommenden Problemen. Diese werden aus aller Welt gesammelt. Kosten: etwa 12 US-Dollar im Jahr. `http://www.macassistant.com/`

»MacFixIt.com«. Troubleshooting-Lösungen für den Macintosh. Wenn es ein Problem mit irgendetwas gibt, das mit dem Macintosh zu tun hat, werden Sie es hier finden. Diese Website hat sehr aktive Foren für gute technische Informationen. `http://www.macfixit.com/`

»MacDirectory«. Dieses farbige Magazin mit täglichen E-News, das Pressemitteilungen, Nachrichten, Produktinformationen und vieles mehr bietet, ist ein Muss für alle wahren Mac-Fans. Sie finden häufig Berichte über Sicherheitsprobleme in Hinsicht auf Firewalls und Netzwerke.

»MacSlash«. MacSlash ist eine gut organisierte Macintosh-spezifische Website. Diese Website verwendet den Slashcode, der auch von Slashdot.org benutzt wird. Ein täglicher Abstecher hierher lohnt sich! `http://www.macslash.com/`

»MacTech«. Gut präsentierte und wichtige Nachrichten aus Industrie und Entwicklung. Wahrscheinlich werden Sie die aktuellsten Nachrichten über neue Sicherheitsthemen hier zuerst finden. Außerdem gibt es einige wirklich coole technische Informationen. `http://www.mactech.com/`

»Happle E-Zine«. Das E-Zine für den Macintosh-Untergrund, das sich ganz auf Macintosh-Hacking, Raubkopien und vieles mehr konzentriert – elf Ausgaben voller Happle! Diese Publikation wurde von einem Macintosh-Hacker namens hackmak ins Leben gerufen und dann kurz danach von Jambo übernommen. Jambo ist der einzige Mac-Hacker, den ich kenne, der einen Rock trägt. Scherz beiseite, Jambo kommt aus Schottland und spielt den Dudelsack. Bis heute ist sein E-Zine Happle das am meisten heruntergeladene Mac-Hack-Zine überhaupt. Jede Ausgabe steckt voller Artikel zu Themen, die von Codierung, Phreaking und Mobiltelefonen über Hacking und Cheats bis hin zu Raubkopien reichen. Wenn Sie sich für Macintosh-Hacking interessieren, sollten Sie sich diese Website unter `http://freaky.staticusers.net/textfiles/zines/Happle/` oder `http://jambo.accesscard.org/` ansehen.

Kapitel 24

VAX/VMS

Auch wenn die Welt der VMS-Systeme etwas antiquiert ist, sind VAX/VMS-Rechner lange noch nicht ausgestorben. In diesem Kapitel werden einige Sicherheitsmerkmale von VMS dargestellt. Es bietet außerdem einen kurzen Überblick für diejenigen, die mit der Plattform nicht vertraut sind. Auch wenn Sie keine VAX/VMS-Systeme administrieren oder warten, kann dieses Kapitel durchaus interessant für Sie sein – und wenn nur aufgrund der Bedeutung von VAX in der Geschichte des Computers.

24.1 Die Geschichte von VAX

Ich beginne diese kleine Geschichtsstunde mit einem kurzen Überblick über den Aufstieg der Digital Equipment Corporation (DEC), des Unternehmens, das die einst so populären VAX-(Virtual Address Extension-)Systeme produziert hat.

In der einen oder anderen Weise war DEC immer an kritischen Momenten der Computergeschichte beteiligt. (Vielleicht erinnern Sie sich daran, dass Ken Thompson UNIX erstmals auf einer DEC PDP-10 gehackt hat.)

WEGWEISER
Um eine Vorstellung davon zu erhalten, wie lange DEC bereits Computerprodukte für die Industrie liefert, sollten Sie sich einen Moment Zeit nehmen und die folgende Website besuchen: `http://www.crowl.org/Lawrence/history/`. Dieser Link bringt Sie zu Lawrence Crowls wunderbarer Seite zur Geschichte des Computers, auf der Sie Fotos von Rechnern sehen können, die als Meilensteine unserer Computerkultur gelten können (beginnend mit dem allerersten Computer von Charles Babbage, der um das Jahr 1823 gebaut wurde). Auch die erste DEC PDP-1 ist auf dieser Seite zu sehen. Eine Vollbildschirmdarstellung dieses Rechners sehen Sie unter `http://www.cs.orst.edu/~crowl/history/dec_pdp1_2.full.jpg`.

Die DEC PDP 10 sieht ehrlich gesagt aus wie ein Requisit aus einem schrecklichen B-Movie der 50er-Jahre – etwas, das Sie im Labor eines verrückten Wissenschaftlers erwarten würden. DEC ging schnell dazu über, eine ganze Reihe von Produkten zu entwickeln, darunter den allerersten Minicomputer – die DEC PDP-8.

WEGWEISER
Sie können diesen Rechner ebenfalls auf Mr. Crowls Seite finden, in voller Größe unter `http://www.crowl.org/Lawrence/history/dec_pdp8.full.jpg`.

1978 produzierte DEC die erste VAX, die Digital VAX 11/780. Diese Maschine bot eine 32-Bit-Architektur und 1 MIPS Leistung. Gemessen am damaligen Standard war die 11/780 leistungsfähig und schnell (und außerdem abwärtskompatibel mit der PDP-Reihe, die ihr vorausging). Der Preis? Läppische 200.000 Dollar.

HINWEIS
MIPS steht für *million instructions per second* (Millionen Anweisungen pro Sekunde).

Seltsamerweise wurde die 11/780 so populär, dass sie sich als Benchmark-Maschine für den MIPS-Index etablierte. Mit anderen Worten: Diese Maschine wurde zum Leistungsmaßstab für alle späteren Workstations. (Und das, obwohl die IBM 370/158 in Sachen Geschwindigkeit und Rechenleistung durchaus vergleichbare Werte erzielte. Dennoch erreichte die IBM 370/158 nie die Beliebtheit der 11/780.)

Noch einmal: Die 11/780 war eine Maschine für 200.000 Dollar, die annähernd eine Million Anweisungen pro Sekunde bearbeiten konnte. Fantastisch. Wenn Sie diese Maschine heute im Internet zum Verkauf anbieten würden, müssten Sie dem Käufer noch etwas dazugeben, damit er sie abtransportiert. Nach heutigen Standards ist sie entweder Schrott oder, etwas wohlwollender ausgedrückt, ein Sammlerstück. Eine Sache machte die 11/780 jedoch zu einer ganz besonderen Innovation und unterscheidet sie noch immer von anderen Rechnern in der Computergeschichte: Die 11/780 konnte zwei Betriebssysteme unterstützen. Das eine war das damals schon recht bekannte UNIX und das andere war VMS (Virtual Memory System). Wir werden uns gleich VMS zuwenden, zuvor möchte ich Ihnen aber noch eine Vorstellung davon vermitteln, worum es bei der VAX ging.

Die VAX ist ein Multiusersystem. Viele Leser sind vielleicht zu jung, um sich an die VAX-Stationen erinnern zu können. Die MicroVAX ist etwa 90 cm hoch. Auf der rechten Seite der Maschine ist ein Bedienungsfeld, das sich öffnen lässt und dann die Karten offenbart. Diese Karten sind relativ groß, wenn auch nicht annähernd so groß wie die Bedienfelder eines, sagen wir, SPARCstation 4/330 VME-Deskside-Computers (aber sicherlich größer als die meisten modernen PC-Motherboards).

Das Terminal ist ein VT220 mit einem sichtbaren Bereich von etwa 8 1/2 Zoll. Auf der Rückseite des Terminals befinden sich verschiedene Anschlüsse, darunter ein Datenleitungsanschluss, ein Druckeranschluss und ein serieller Port. Der serielle Port kann auf erstaunliche 19.200 Baud eingestellt werden, und zu den verfügbaren Terminal-Emulationen gehörten VT220 und VT100. Wenn Sie ein Modem an das Terminal anschließen, müssen Sie die Modembefehle manuell eingeben. (Mit anderen Worten: Sie müssen rohe Modembefehle von einem leeren Bildschirm mit einem blinkenden Cursor übermitteln. Beispielsweise können Sie normalerweise durch Eingabe des Befehls `ATDT5551212` eine Verbindung anwählen.)

Das Terminal beinhaltet Firmware, das heißt Software, die auf der Platine hartcodiert ist. (PC-Benutzer können sich das wie ihr CMOS vorstellen. Es handelt sich um ein kleines Softwaremodul, das eine begrenzte Anzahl von Aufgaben durchführt, darunter die Einrichtung der Rechnerparameter.) Leider gibt es keine Möglichkeit, an einen Screenshot zu kommen, also muss ich das Ganze beschreiben. Wenn das Terminal bootet, sehen Sie zuerst einen Copyrighthinweis und dann einen leeren Bildschirm mit einem blinkenden Cursor. Um die Einstellungen in der Firmware zu verändern, drücken Sie auf (F3) (Funktion 3 oder Setup). Dadurch erhalten Sie am unteren Bildschirmrand ein Menü, in dem Sie unterschiedliche Einstellungen ansehen und verändern können. Dazu gehören nicht nur die Art und Weise der Kommunikation, sondern auch das Layout und Verhalten des Bildschirms. Sie haben beispielsweise die Wahl zwischen einem bernsteinfarbenem Hintergrund mit schwarzem Vordergrund oder umgekehrt. Sie können eine Schreibmaschinentastatur oder einen Datenmodus festlegen, der normalerweise für die direkte Kommunikation mit der VAX verwendet wird. Außerdem können Sie die Anzahl der Zeichen pro Zeile und die Zeilen pro Bildschirm verändern. (Des Weiteren bietet die Firmware kurze eingebettete Hilfemeldungen, die in der Statuszeile unten am Bildschirm zu sehen sind. In diesem Statusbereich sind auch die Einstellungen für alle Bereiche Ihrer Umgebung angezeigt. Dazu gehören die Angaben, welchen Drucker Sie benutzen, ob Sie ein lokales Echo wünschen, ob Sie den Type-Ahead-Modus eingestellt haben und so weiter.) Es gibt keine Maus, kein Festplattenlaufwerk, kein Diskettenlaufwerk und keine anderen Komponenten, und diese sind auch nicht erforderlich.

Sie haben eine ganze Reihe von Optionen in Bezug auf die Kommunikation. So können Sie beispielsweise die Bitzahl (normalerweise 7 oder 8) und auch deren Parität (keine, ungerade, gerade) verändern. Dadurch kann das VT220-Terminal nicht nur mit VAX-Maschinen kommunizieren, sondern auch mit einer Vielzahl von UNIX-Rechnern. Sie können ein VT220-Terminal beispielsweise als »Kopf« einer Workstation verwenden, die sonst keinen Monitor hat. Dazu schließt man das Terminal an den ersten seriellen Port der Workstation an. (Für die meisten UNIX-Versionen muss man das achte Bit weglassen.)

> **TIPP**
> Für Linux-Hacker: Sie können Ihrem Rechner mit einem solchen Terminal auch einen Internet-Knoten »hinzufügen«. Dazu schließen Sie das Terminal entweder an *COM1* oder *COM2* an. Dann editieren Sie *inittab*, um eine weitere Instanz von `getty` an diesem Port zu erzeugen. Damit dies funktioniert, müssen Sie ein Nullmodem-Kabel verwenden. Außerdem müssen Sie als Emulation VT100 einstellen. Wenn Sie den Linux-Rechner neu starten, wird ein Login-Prompt auf dem VT220 zu sehen sein. Dort melden Sie sich als irgendein gültiger Benutzer an, und Sie sind fertig. Dies ist sehr nützlich, insbesondere wenn Sie jemanden in der Programmierung oder Navigation des Internets über ein Befehlszeilen-Interface (CLI – Command Line Interface) schulen wollen. Eins ist noch wichtig: Wenn Sie denselben COM-Port verwenden, an dem normalerweise Ihre Maus angeschlossen ist, müssen Sie die Unterstützung für *gpm (general purpose mouse)* deaktivieren.

Diese Terminals sind zwar für die Verwendung mit der VAX vorgesehen, können aber auch als die preiswerteste Methode für einen Zugang zum Internet verwendet werden. Natürlich benötigen Sie dafür eine altmodische Einwählverbindung (vielleicht über Delphi), aber der Preis ist unschlagbar. Sie können ein solches

Terminal heute für ein paar Mark kaufen oder gar von Universitäten geschenkt bekommen. Dazu brauchen Sie noch ein 19.200-Baud-Modem – das ist alles. Auch für den Zugang zu lokalen BBSs sind diese Geräte großartig geeignet. (BBS – Bulletin Board System –, ein privater Dienst, zu dem der Benutzer via Telefonleitung eine Verbindung aufbaut, um Nachrichten und Dateien auszutauschen. Diese Systeme haben sich in den USA größter Popularität erfreut. Auch in Deutschland waren diese Systeme sehr verbreitet.)

TIPP
Ein derartiges Terminal hat an sich keine Umgebungsvariablen und gibt daher keine solchen aus. Alle Umgebungsvariablen werden von der Shell übernommen, die Sie auf dem entfernten Rechner bekommen.

Die Terminals werden für die Verbindung zur VAX benutzt. (Beachten Sie, dass ich nur sehr frühe Ausführungen der VT-Terminals beschrieben habe. Viele spätere Modelle unterstützten unterschiedliche Farben und Grafiken, die in den älteren VT100- und VT220-Terminals noch nicht verfügbar waren. Neuere Modelle sind sehr funktionstüchtig, können aber auch einige Hundert Dollar kosten. Gute Beispiele hierfür sind VT330 und VT340.)

Sie können sich aber auch ohne ein solches Terminal mit einer VAX verbinden. Dies geschieht normalerweise mit Hilfe einer PC-Software, die eine VT100-Terminal-Emulation unterstützt. (Eine weitere beliebte und kompatible Emulation ist Kermit.)

24.2 VMS

Das VMS-Betriebssystem ist einzigartig, weist aber dennoch Ähnlichkeiten mit einigen anderen Betriebssystemen auf. Das Einloggen funktioniert ähnlich wie bei einem UNIX-System. Sie erhalten einen Login-Prompt (`Username:`) und einen Passwort-Prompt. Wenn Sie die korrekten Daten eingeben, sehen Sie einen Prompt in Form eines Dollar-Zeichens (`$`). Außerdem erhalten Sie beim Einloggen eine Reihe von Werten, darunter Ihren Benutzernamen, Ihre Prozess-ID und so weiter.

Einige übliche VMS-Befehle sind in Tabelle 24.1 aufgeführt.

Befehl	Zweck
`HELP [argumente]`	Ohne Argumente führt dieser Befehl zum Prompt `Topic?`. Dem `HELP`-Befehl wird normalerweise der Befehl angefügt, über den Sie etwas erfahren möchten.
`COPY [arg1 arg2]`	Kopiert ein oder mehrere Dateien in eine andere Datei oder ein Verzeichnis.

Tabelle 24.1: Übliche VMS-Befehle

Befehl	Zweck
DIRECTORY	Ähnlich dem DOS-Befehl dir führt dieser Befehl dazu, dass der Inhalt eines Verzeichnisses und die mit den Dateien verbundenen Attribute ausgegeben werden.
MAIL	Ruft die Mailprogramm-Oberfläche für VAX auf. Das funktioniert (ungefähr) so wie Standard-E-Mail unter UNIX. Wenn Sie eine Nachricht verfassen wollen, werden Sie aufgefordert, Empfänger und Betreff einzugeben.
SHOW PROCESS	Das VAX-Äquivalent zum UNIX-Befehl ps. SHOW PROCESS zeigt Ihnen Ihre laufenden Prozesse.

Tabelle 24.1: Übliche VMS-Befehle (Forts.)

TIPP
Es gibt bereits seit einiger Zeit eine nützliche Tabelle mit einer Gegenüberstellung von VAX- und UNIX-Befehlen, die sich gut als Kurzreferenz für UNIX- und andere Benutzer eignet. Sie finden sie unter http://www.geek-girl.com/Unixhelp/VMStoUNIX.html. Sie sollten gleich einen Blick auf Tabelle 24.1 werfen, da Sie im Laufe des Kapitels noch einige dieser Befehle sehen werden.

VMS bietet viele der Annehmlichkeiten anderer Betriebssysteme. Die Befehle sind nur etwas anders. Die C-Shell bei UNIX hat beispielsweise eine Funktion, die zuvor am Prompt eingegebene Befehle erneut aufruft. Diese Funktion wird history genannt. (DOS hat ein ähnliches Befehlsmodul, das normalerweise beim Booten geladen wird und DOSkey heißt.) In VMS können Sie zuvor eingegebene Befehle durch (Strg)+(B) erneut aufrufen. Es gibt andere Tastenkombinationen, die einen Prozess anhalten, alle Prozesse auflisten, einen Prozess wieder aufnehmen, aktuelle Benutzerstatistiken ausgeben und die aktuelle Befehlszeile editieren.

Es gibt immer noch viele VAX-Server im Internet, und VMS ist immer noch recht aktiv. Die neueste Version heißt OpenVMS und ist für VAX- und Alpha-Rechner verfügbar. Alphas sind extrem schnelle Workstations (derzeit mit Geschwindigkeiten von mehr als 1.000 MHz), auf denen OpenVMS, Linux oder Tru64/Digital UNIX laufen kann.

Die Mehrzahl der VAX-Server im Internet sind ältere Modelle. Viele laufen in Universitätsbibliotheken und stellen Benutzern Funktionen zum Durchsuchen elektronischer Kataloge zur Verfügung. Aller Wahrscheinlichkeit nach sind die meisten älteren VAX-Rechner mindestens so sicher wie entsprechende UNIX-Workstations. Ein Faktor, der zu diesem Trend beiträgt, ist die Tatsache, dass die Menschen, die die VMS-Plattform administrieren, diese in der Regel verstehen. Wenn es ein Sicherheitsloch in einem VMS-System gibt, liegt das mit größter Wahrscheinlichkeit daran, dass der Administrator entweder zu faul war und den entsprechenden Patch nicht installiert oder bei einer Konfigurationsoption gepfuscht hat.

24.3 Sicherheit in VMS

Sicherheitsaspekte werden von VMS gut unterstützt, beispielsweise gibt es eine sehr effektive Zugriffskontrolle. (Ob der Systemadministrator diese Zugriffskontrolle richtig implementiert, ist allerdings eine andere Frage.) Die Zugriffskontrolle von VMS ist mindestens so umfassend wie die der Novell-NetWare-Plattform. Unter anderem können folgende Werte kontrolliert werden:

- **Zeit.** Sie können sowohl die Wochentage als auch die Stunden kontrollieren, an denen ein Benutzer Zugriff auf einen bestimmten Bereich des Systems erhält. (Die Standardeinstellung erlaubt dem Benutzer den Zugriff zu jeder Zeit, 24 Stunden am Tag und an sieben Tagen in der Woche.) Diese Zugriffskontrolle auf Basis der Zeit funktioniert ähnlich wie eine Default Policy einer Firewall: »Was nicht ausdrücklich erlaubt ist, ist verboten.«
- **Modus.** Dies ist ein interessantes Feature. Sie können den Modus festlegen, in dem ein Benutzer sich mit dem System verbinden und interagieren kann. So können Sie Remote-Logins in das Netzwerk auf bestimmte Zeiten beschränken oder sie ganz verhindern. Da dies für jeden einzelnen Benutzer eingerichtet werden kann, ist die Remotesicherheit dieses Systems viel höher als die vieler anderer Plattformen. Sie können ein System schlecht knacken, wenn Sie sich nicht einmal einloggen dürfen. (Gleich werden einige Utilities dargestellt, die von sich entfernt einwählenden Benutzern eine Rückruf-Verifizierung erzwingen.)
- **Ressourcen.** Sie können kontrollieren, welche Ressourcen einem Benutzer nach dem Einloggen zur Verfügung stehen. Das ist nützlich für die Einrichtung von Verzeichnissen, über die der Benutzer nicht hinausgehen kann.

Das ist wirklich nur ein Bruchteil der in VMS verfügbaren Zugriffskontrollen. Es gibt mehrere Ebenen von Privilegien, die auch auf Gruppen angewandt werden können. Gruppen wiederum können auf bestimmte Ressourcen beschränkt werden und so weiter. Mit anderen Worten: Die Zugriffskontrolle in VMS ist ein sehr komplexes Thema. Es gibt sehr viele Optionen. Das ist auch der Grund, warum Cracker überhaupt eine halbwegs reelle Chance haben, ein Sicherheitsloch zu finden. Manchmal kann die Komplexität selbst ein Sicherheitsrisiko darstellen. Cracker sind sich dessen sehr wohl bewusst:

> *Der größte Vorteil von VMS ist seine Flexibilität. Der Systemverwalter hat die Wahl zwischen einer Menge Sicherheitsfunktionen, die er implementieren oder ignorieren kann. Zum Glück für die Cracker scheinen alle die wirklich wichtigen zu ignorieren. Es ist möglich, alle, bestimmte oder keine der erzeugten Dateien zu schützen. Es ist außerdem möglich, allgemeine oder eingeschränkte Passwörter zu verwenden oder überhaupt keine Passwörter. Zugriffscodes können global oder eingeschränkt sein. Die Log-Datei kann ignoriert, nur zu Protokollierungszwecken oder als Tool zur Sicherheitskontrolle verwendet werden.*

WEGWEISER

Der obige Absatz ist ein Auszug aus Lex Luthors *Advanced Hacking VAX's VMS* (Legion of Doom. 1. Juni 1985). Sie finden ihn online unter `http://www.linealtap.8m.com/vax-lod.html`.

HINWEIS

Sie sollten beachten, dass die Gruppen unter UNIX und VMS auf verschiedene Weise benutzt werden. Zugriffskontrolllisten in Kombination mit VMS-Gruppen ermöglichen eine umfassendere Kontrolle über Dateien, Verzeichnisse, Datenträger und so weiter.

Advanced Hacking VAX's VMS ist eines der maßgeblichen Dokumente zum Thema Knacken von VMS-Systemen. Es wurde von Lex Luthor (natürlich ein Pseudonym) geschrieben, der 1984 ein Bulletin Board mit dem Namen Legion of Doom einrichtete. Davon ausgehend (und durch andere Methoden), versammelte Luthor eine locker verbundene Cracker-Gruppe, die den gleichen Namen trug. Die Cracker der Legion of Doom (LoD) führten einige der außergewöhnlichsten Cracks aller Zeiten durch. LoD veröffentlichte viele elektronische Magazine im Internet, die die Kunst des Cracking vereinfachten, darunter das *LoD Technical Journal*. Die US-Regierung führte gegen die Mitglieder der Gruppe einen nur vorübergehend erfolgreichen Feldzug. Die berühmte Gruppe gibt es schon seit langem nicht mehr, und heute zählen die Aktivitäten der früheren LoD-Mitglieder zu einem kleinen Teil der Internet-Folklore.

WEGWEISER

Eines der vielleicht besten im Internet verfügbaren Dokumente mit Informationen zur Sicherung eines VMS-Rechners wurde weder von einem Cracker noch von einem Hacker geschrieben: *A Practical Exercise in Securing an OpenVMS System*, wurde von Rob McMillan vom Prentice Centre an der University of Queensland geschrieben. Sie finden es unter `ftp://ftp.sunet.se/pub/security/csir/auscert/papers/Practical.Exercise.Securing.OpenVMS.txt`.

Der Angriff auf ein VAX-System (oder ein beliebiges VMS-basiertes System) ist etwas ganz anderes als ein Angriff auf ein UNIX-System. Erstens ist das Konzept der Passwortdatei anders und ebenso deren Struktur. UNIX-Systeme haben eine */etc/passwd-Datei*, die den Benutzernamen, das Passwort, die Login-Shell und die Gruppe definiert. Das VMS-System dagegen verwendet eine Datei, die nicht nur diese Werte, sondern viele weitere Variablen definiert:

> *Jede DEC, auf der VMS läuft, bewahrt die Benutzerprofile in einer Datei namens SYSUAF (System User Authorization File) auf. Für jeden Benutzer des Systems, inklusive des Systemverwalters, gibt es einen Eintrag, der dem Computer mitteilt, wann und wie ein Benutzer sich in das System einloggen kann. Dieser Eintrag enthält auch Angaben zur Passwortalterung, den Passwortlängen und allen Funktionen, die einem Benutzer nach dem Einloggen zur Verfügung stehen. (The Five Minute Guide to VMS Security: Product Review PC-DEC-AUDIT. AudIT Magazine,.1994)*

Dieser umfassende Ansatz für die Passwortdatei hat seine Nachteile. Wenn ein Cracker sich Zugriff auf diese Datei verschafft und sie knackt (mit Hilfe der später in diesem Kapitel beschriebenen Utilities), ist das ganze System auf der Stelle für eine Sicherheitsverletzung anfällig. Die Wahrscheinlichkeit, dass so etwas passiert, ist allerdings gering.

Der Benutzer wird übrigens durch die Verwendung eines Benutzer-Identifikationscodes (UIC – User Identification Code) identifiziert. Dies ähnelt in gewisser Weise der UID unter UNIX. Der Code identifiziert den Benutzer und die Gruppen, zu denen dieser möglicherweise gehört. Wie Sie sich vielleicht schon gedacht haben, kommt der UIC aus der zentralen Datenbank:

> *Wenn Sie sich in ein System einloggen, kopiert das Betriebssystem Ihren UIC von Ihrer UAF (User Authorization File) in die UAF des Systems (SYSUAF.DAT) und weist sie Ihrem Prozess zu. Sie dient für die Dauer des Prozesses als Identifikation.*

WEGWEISER

Der obige Abschnitt ist ein Auszug aus *OpenVMS Guide to System Security: Contents of a User's Security Profile. 4.1.1.3 How Your Process Acquires a UIC,* den Sie unter `http://wawona.ethz.ch/OpenVMS_docu/721final/6346/6446pro_005.html#index_x_453` finden.

1993 wurde eine Version von VMS mit dem Namen SEVMS als sicheres Betriebssystem nach den Kriterien der Klasse B1 anerkannt. Obwohl die anerkannte Version (v6.2) der aktuellsten Version von VMS in keinster Weise nahe kommt – und nicht viele Organisationen außerhalb der US-Regierung sich an diesem Bewertungssystem orientieren –, ist diese Tatsache eine Erwähnung wert, weil nur wenige Betriebssysteme diesen Kriterien entsprechen.

Weitere Informationen über SEVMS finden Sie unter der URL `http://www.openvms.digital.com/openvms/Security.html`.

24.4 Einige alte Sicherheitslöcher

Nachfolgend sind einige bekannte Schwachstellen oder Sicherheitslöcher aufgeführt.

24.4.1 mountd-Sicherheitsloch

Wenn innerhalb weniger Sekunden zwei aufeinander folgende Befehle `mount -d -s` übermittelt werden (und bevor ein anderer Host eine solche Anfrage ausgegeben hat), wird der Anfrage Folge geleistet. Dieses Sicherheitsloch wurde ursprünglich von CERT im März 1994 veröffentlicht und gilt für VAX-Rechner, auf denen eine beliebige Variante von Digital UNIX läuft.

24.4.2 Sicherheitsloch Monitor-Utility

VMS bietet ein Utility namens Monitor, das Klassen von systemweiten Leistungsdaten überwacht (entweder von einem bereits laufenden Prozess oder von einer zuvor kompilierten Monitor-Datei). Die folgende Schwachstelle war zwar nicht kritisch, aber dennoch bedenklich:

> *Über das Utility Monitor können unter bestimmten Bedingungen nichtautorisierte Privilegien auf autorisierte Benutzer eines Systems ausgeweitet werden. Sollte ein System durch nichtautorisierten Zugriff kompromittiert werden, besteht die Gefahr einer Beschädigung der Systemumgebung. Dieses Problem wird jedoch keinen nichtautorisierten Zugriff ermöglichen, da Personen, die sich unbefugt Zugang verschaffen wollen, weiterhin von den normalen VMS-Sicherheitsmechanismen abgelehnt werden.*

WEGWEISER

Der obige Abschnitt ist ein Auszug aus einem CERT-Sicherheitshinweis mit dem Titel *VMS Monitor Vulnerability*. Sie finden ihn online unter `http://www.cert.org/advisories/CA-92.18.VMS.Monitor.vulnerability.update.html`.

Das Monitor-Problem war ein lokales und nicht besonders kritisches Problem. Ausführliche Informationen zu diesem Sicherheitsloch (und den Fix) finden Sie im *Defense Data Network Advisory* im *DDN Security Bulletin 9223*, `http://csrc.nist.gov/secalert/ddn/1992/sec-9223.txt`.

24.4.3 Ganz frühe Probleme: Der Wank-Wurm-Vorfall

Im Herbst 1989 tauchte ein Wurm auf, der DecNet-Rechner gefährdete. Auf infizierten Rechnern gab das Programm auf dem Terminal eine Meldung aus, dass der Rechner »Wanked« sei. Die Meldung stammte angeblich von den *Worms Against Nuclear Killers (WANK)*. In einem CERT-Sicherheitshinweis wurde Folgendes über den Wank-Wurm geschrieben:

> *Dieser Wurm betrifft nur DEC-VMS-Systeme und wird über DecNet-Protokolle verbreitet, nicht über TCP/IP [da DEC zu der Zeit TCP/IP nicht nativ unterstützte]. Wenn ein VMS-System andere Netzwerkverbindungen hatte, konnte der Wurm aufgrund seiner Programmierung keinen Nutzen aus diesen Verbindungen ziehen. Der Wurm ist dem Wurm HI.COM (oder Father Christmas) aus dem letzten Jahr sehr ähnlich.*

WEGWEISER

Der obige Abschnitt ist eine freie Wiedergabe aus einem CERT-Sicherheitshinweis mit dem Titel *»WANK« Worm On SPAN Network*. Sie finden ihn online unter `http://www.cert.org/advisories/CA-89.04.decnet.wank.worm.html`.

In diesem Sicherheitshinweis wurde der Wurm von R. Kevin Oberman vom Engineering Department des Lawrence Livermore National Laboratory analysiert.

Obermans Bericht wurde offensichtlich in Eile abgefasst, ist aber dennoch recht vollständig. Er berichtete, dass der Wurm nicht sehr komplex sei, aber gefährlich sein könnte, wenn er einen privilegierten Account angreifen würde. Der Wurm würde in ein System eindringen, prüfen, ob es bereits infiziert sei, und wenn dies nicht der Fall sei, einige oder alle der folgenden Prozeduren ausführen:

- Mail für bestimmte Accounts deaktivieren
- Systempasswörter mit Hilfe eines Zufallsgenerators ändern und dabei den Systemoperator aussperren
- das momentane System als Startrampe für Angriffe auf neue Systeme benutzen

WEGWEISER
Oberman fügte seiner Analyse ein schnell gehacktes Programm bei, das die Verbreitung des Wank-Wurms aufhalten sollte. Der Quellcode für dieses Programm kann immer noch online in den originalen Sicherheitshinweisen unter `http://www.cert.org/advisories/CA-89.04.decnet.wank.worm.html` eingesehen werden.

Was wirklich interessant ist, ist der fehlende Ernst im Ton dieses Sicherheitshinweises. Denken Sie einmal nach: Vor weniger als einem Jahr hatte der Morris-Wurm im Internet für Aufruhr gesorgt. Die bloße Erwähnung eines Wurms konnte in diesen Monaten schon Panik auslösen. Aber aufgrund des seltsamen Namens dieses speziellen Wurms hielten einige Administratoren die Warnungen anfangs für einen Scherz.

Außerdem war der Wank-Wurm für einen großen Teil des Internets nicht von Bedeutung. Da der Wurm nur diejenigen betraf, die DEC-Protokolle verwendeten (und nicht TCP/IP), war die Anzahl potenzieller Opfer begrenzt. Aber auch wenn diese Zahl im Verhältnis zum gesamten Internet relativ klein war, gab es doch eine Menge Sites, die DecNet verwendeten.

Eine interessante Abhandlung der Ereignisse finden Sie in *Approaching Zero: The Extraordinary Underworld of Hackers, Phreakers, Virus Writers, and Keyboard Criminals*:

> *Die Ankunft des Wurms fiel zeitlich mit Berichten über Demonstranten in Florida zusammen, die versuchten, den Start eines atomgetriebenen Nutzlast-Shuttles zu verhindern. Es wird angenommen, dass der Wurm ebenfalls ein Protest gegen den Start war. Der Wank-Wurm breitete sich gemächlicher aus als der Internet-Wurm, löste weniger Besorgnis aus und erzeugte weniger Hysterie... Eine Methode zur Bekämpfung des Wurms wurde von Bernard Perrot vom Institut de Physique Nucleaire in Orsay, Frankreich, entwickelt. Perrots Plan umfasste eine verborgene Bombe in einer Datei des Typs, den der Wurm wahrscheinlich angreifen würde. Wenn der Wurm dann versuchen würde, Informationen aus der Datei zu ziehen, würde er selbst angegriffen und zerstört werden.*

WEGWEISER
Der obige Auszug stammt aus einem Artikel von Paul Mungo und Bryan Glough. Sie finden ihn online unter http://www.ut.ee/ri98/villem/approaching_zero.html.

24.5 Auditing und Monitoring

Die Auditing-Funktionen in der VMS-Umgebung sind fortschrittlich. Es gibt verschiedene Methoden, das Auditing zu implementieren – die Implementierung hängt normalerweise von den Anwendungen und persönlichen Vorlieben des Systemadministrators ab. Standardmäßig protokolliert VMS alle Logins und Login-Fehlversuche, Veränderungen der Systemprivilegien und so weiter. Die Standardkonfiguration bietet ein Mindestmaß an Protokollierung.

Dieses Mindestmaß lässt sich bei Bedarf jedoch schnell ausweiten. Der Systemoperator kann spezielle Zugriffskontrollen für einzelne Dateien oder Verzeichnisse, einen Benutzeraccount oder Prozesse errichten. Wenn es zu einer unerwünschten oder verdächtigen Aktion in Zusammenhang mit diesen Zugriffskontrollen kommt, wird eine Warnung generiert. Der Systemoperator kann die Art dieser Warnung festlegen. (So leiten beispielsweise viele Systemoperatoren Warnmeldungen an eine bestimmte Konsole um, damit sie jederzeit gesehen und geprüft werden können.) Natürlich kann eine schwere Paranoia in einer solchen Umgebung dazu führen, dass man einiges an Plattenspeicher opfern muss.

Ein Systemoperator kann zum Beispiel das System so konfigurieren, dass Warnmeldungen generiert werden, wenn ein Benutzer lediglich versucht, auf eine Datei zuzugreifen, für die er keine Berechtigungen hat. Damit würden Benutzer, die versuchen, auf die geschützte Datei zuzugreifen, für eine erhebliche Menge an Protokollierungsdaten sorgen. Das wäre so, als würde UNIX jedes Mal eine Warnmeldung generieren, wenn ein Shell-Benutzer versucht, auf eine Datei oder ein Verzeichnis zuzugreifen, die bzw. das *root* gehört. Interessant ist, dass die Warnung als Antwort auf eine Verletzung der gegen den Benutzer eingestellten Richtlinien generiert werden kann und nicht nur aufgrund der Verletzung globaler Beschränkungen für Dateien. Ich bin mir nicht sicher, welches Modell tatsächlich sicherer ist, aber ich denke, dass es das VMS-Modell ist.

Die Protokollierungsfunktionen von VMS sind recht vielfältig. Sie können fast alles überwachen, von Benutzern, die auf eine Datei zugreifen, bis hin zu Benutzern, die einen protokollbasierten Prozess starten. (Sie können sogar protokollieren lassen, wenn Benutzer versuchen, die Zeiteinstellung zu ändern.) Zusätzlich zum nativen Monitoring stehen einige Utilities zur Verfügung (von denen ich einige später in diesem Kapitel noch ansprechen werde), die Terminal-Sitzungen verfolgen und auf Inaktivität und anderes unerwünschtes Verhalten achten.

Einige Utilities erleichtern das Knacken der VMS-Plattform oder verhindern, dass ein Cracker aufgespürt wird, wenn das System geknackt wurde. Wie bei anderen Systemen auch, sind diese Utilities manchmal sowohl für den Systemoperator als auch für den Cracker von großem Nutzen. Nachfolgend sind einige beliebte Cracking-Utilities dargestellt.

24.5.1 watchdog.com

watchdog.com wurde von einem Hacker mit dem Namen Bagpuss geschrieben. Der Zweck des Programms ist einfach: Es beobachtet Benutzer beim An- und Abmelden auf dem Rechner. Es ist ein Frühwarnsystem, das Sie warnen kann, wenn der Systemoperator (oder ein ähnlich privilegierter Benutzer) sich einloggt.

WEGWEISER
Den Quellcode und eine vollständige Erklärung von watchdog.com finden Sie unter `http://www.wordserf.co.uk/mh/vaxhackpro.html`.

24.5.2 Stealth

Bagpuss hat auch Stealth geschrieben. Der Zweck dieses Utilities besteht darin, nicht entdeckt zu werden, wenn jemand (vielleicht der Systemoperator) den Befehl `SHOW USER` ausgibt. Dieser Befehl entspricht in etwa der Kombination der Befehle `W`, `WHO` und `PS` unter UNIX. Er identifiziert die aktuell im Rechner eingeloggten Benutzer und deren Status. Stealth verhindert, dass der Benutzer auf eine solche Anfrage hin sichtbar wird.

WEGWEISER
Sie finden den Quellcode für Stealth unter `http://www.wordserf.co.uk/mh/vaxhackpro.html`.

24.5.3 GUESS_PASSWORD

GUESS_PASSWORD wurde entwickelt, um die Passwortdatei des VMS-Systems zu knacken. Das Programm funktioniert recht gut, aber man muss sich fragen, ob es tatsächlich einen Sinn hat. Heutzutage ist es unwahrscheinlich, dass ein Systemadministrator die Datei *sysuaf.dat* (in der sich die Passwörter befinden) ungeschützt lässt. Wenn ein Cracker jemals eine solche ungeschützte Passwortdatei finden sollte, könnte ihm dieses Utility jedenfalls beim Knacken helfen.

WEGWEISER
GUESS_PASSWORD (mit Quellcode) finden Sie unter der URL `http://www.uniud.it/ftp/vms/uaf.zip`.

24.5.4 WATCHER

WATCHER ist ein Snooping-Utility, das meistens von Systemadministratoren benutzt wird. Es dient zum Beobachten von Terminalsitzungen. WATCHER ist eine gute Ressource, wenn Sie ein System sichern wollen. Es überwacht, wie lange ein Terminal inaktiv war. Der Systemadministrator (oder der Benutzer) kann einen Zeitraum einrichten, nach dem unbenutzte Sitzungen automatisch beendet werden. (Inaktive Terminalsitzungen sind an sich ein Sicherheitsrisiko. Cracker beobachten Accounts, die über längere Zeit inaktiv sind. Diese Accounts gelten als gute Angriffsziele.)

WEGWEISER
WATCHER finden Sie unter `ftp://ftp.wku.edu/madgoat/WATCHER.zip`.

24.5.5 Checkpass

Checkpass ist ein Tool, das die relative Stärke oder Schwäche eines bestimmten Passworts in der Datei *sysuaf.dat* untersucht. Es eignet sich gut für die Versionen 5.4 und höher.

WEGWEISER
Checkpass finden Sie unter `http://www.decus.org`.

24.5.6 Crypt

Wie Sie vielleicht vermutet haben, ist Crypt ein Modul zur DES-Verschlüsselung für das VMS-Betriebssystem. Interessant ist, dass es auch Unterstützung für UNIX und DOS bietet. Es wurde (zusammen mit Checkpass aus dem letzten Abschnitt) von M. Edward Nieland entwickelt, der diese Tools hauptsächlich in C und Fortran geschrieben hat.

WEGWEISER
CRYPT finden Sie unter `http://www.decus.org`.

24.5.7 DIAL

Das sichere Rückrufmodul DIAL soll verhindern, dass sich nicht autorisierte Remotebenutzer Zugang zu Ihrem System verschaffen können. Im Benutzerhandbuch zu DIAL wird erklärt:

> *Nur zuvor autorisierte Benutzer können von den Telefonnummern ihres Arbeitsplatzes aus über DIAL Zugang zu dem System erhalten. Sobald der Zugriff gewährt wurde, wird die Verbindung unterbrochen und der Benutzer unter seiner autorisierten Telefonnummer zurückgerufen. Damit kann der Benutzer kostenlos über öffentliche Telefonleitungen auf seinen Account zugreifen.*

Das System funktioniert mit Hilfe einer Datei, die alle gültigen Benutzer und ihre Telefonnummern enthält. (Das heißt natürlich, dass dies ein Weg sein könnte, um die Sicherheit zu durchbrechen. Wenn Sie Zugriff auf diese Datei bekommen, können Sie DIAL umgehen.) DIAL wurde von Roger Talkov von Emulex in C verfasst.

WEGWEISER
DIAL finden Sie unter `http://www.decus.org`.

24.5.8 CALLBACK.EXE

CALLBACK.EXE wurde von Robert Eden von Texas Utilities in Fortran geschrieben und bietet im Wesentlichen die gleichen Funktionen wie DIAL.

WEGWEISER
CALLBACK.EXE finden Sie unter `http://www.openvms.compaq.com/freeware/CALLBACK/`.

24.5.9 TCPFILTER (G. Gerard)

TCPFILTER ist ein Utility, das ausgehende Verbindungen einschränkt. Das ist in der Dokumentation wie folgt beschrieben:

> *...ermöglicht das Filtern von ausgehenden UCX-TCP/IP-Verbindungen. Jeder Versuch, einen ausgehenden Anruf zu öffnen, wird mittels einer Adresstabelle verifiziert und dann zugelassen oder untersagt. Die Validierung des Anrufes kann durch zwei unterschiedliche Mechanismen erfolgen: mit Zugriffskontrolllisten (ACLs) oder mit Image-Namen. Mit ACLs lassen sich alle Benutzer durch einen Identifikator kontrollieren.*

WEGWEISER
Der obige Abschnitt ist ein Auszug aus einer Datei mit Namen TCPFILTER.DOC von G. Gerard. Sie finden sie online unter `http://www.openvms.compaq.com/freeware/TCPFILTER/TCPFILTER.DOC`. Das Programm TCPFILTER selbst finden Sie unter `http://www.openvms.compaq.com/freeware/TCPFILTER/`.

Ich sollte vielleicht darauf hinweisen, dass mit dem Begriff *Anruf* ausgehende TCP/IP-Verbindungsanfragen gemeint sind. Das heißt, Sie können Verbindungsanfragen, basierend auf Benutzerinformationen in der Zugriffskontrollliste, auf bestimmte IP-Adressen einschränken.

24.6 Andere Zeiten

Die VAX/VMS-Kombination war einmal sehr beliebt, und wie ich bereits sagte, wird OpenVMS immer noch gern verwendet. Aber Veränderungen in der Computerindustrie und der öffentlichen Nachfrage haben sich auf die Verbreitung von VMS im Internet ausgewirkt. Die Übernahme von DEC durch Compaq hat außerdem dazu geführt, dass OpenVMS jetzt unter dem gleichen Dach geführt wird wie Tru64, zusammen mit einer den Markt dominierenden Reihe von Rechnern auf Basis der Intel-x86-Architektur.

Zwar wird die Plattform noch unterstützt, aber da Compaq sich vermehrt auf Windows 2000, NetWare, Linux und Tru64 konzentriert, wird VMS wahrscheinlich nur einen der unbedeutenderen Plätze einnehmen. Dies gilt insbesondere im Hinblick auf Tru64, da dies ein 64-Bit-System ist. Stellen Sie sich einmal ein 64-Bit-System vor, das mit einer in Gigahertz gemessenen Geschwindigkeit auf der RISC-basierten Alpha-Plattform läuft. Das ist meiner Meinung nach die leistungsfähigste Konfiguration, die dem durchschnittlichen Benutzer momentan zur Verfügung steht. Ein solcher Rechner (mit mindestens 512 Mbyte RAM ausgestattet) ist meines Erachtens dem Pentium weit überlegen. Die Tage des alten VAX/VMS sind wohl gezählt.

Die jüngeren Cracker von heute wissen wahrscheinlich nur wenig über VMS-Systeme. UNIX – und in letzter Zeit Windows NT – wurde immer mehr Aufmerksamkeit zuteil. Wenn ich jemanden damit beauftragen müsste, eine VAX zu knacken, würde ich nach jemandem in der Altersklasse Mitte dreißig oder älter suchen. Sicher hat der Aufstieg des PC dazu beigetragen, dass sich heute nur so wenige Menschen mit der VMS-Sicherheit auskennen. Junge Leute arbeiten jetzt hauptsächlich mit PCs oder Macintosh-Rechnern. Deshalb kommt man kaum noch mit einer VAX in Berührung, außer vielleicht in größeren Bibliotheken oder Universitäten.

Unter dem Strich ist VMS eine interessante, langlebige und relativ sichere Plattform. Aber DEC war immer relativ verschwiegen, was Sicherheitslücken von VAX/VMS betraf. Wenn Sie alle bekannten Sicherheitshinweise zu VAX/VMS abrufen, werden Sie sehen, dass DEC sich immer geweigert hat, Informationen bekannt zu geben, die auch für Cracker nützlich sein könnten. (Statt dessen riet DEC VAX-Benutzern oft, ihren DEC-Vertreter vor Ort zu kontaktieren.) Einige werden dies als eine schlaue Vorgehensweise betrachten, die möglicherweise dazu beigetragen hat, dass es seit jeher schwierig ist, einen VAX-Server zu knacken. Andere werden diese Vorgehensweise mehr als »Sicherheit durch Verbergen« betrachten. Wenn ein Systemadministrator eines VAX-Systems auf Draht war und das System mit Patches auf einem aktuellen Stand gehalten hat, blieb einem Cracker nach dem Ausprobieren aller Standardpasswörter nicht viel mehr zu tun, als auf Methoden der sozialen Beeinflussung auszuweichen.

> **WEGWEISER**
> Halten Sie sich über Sicherheitsthemen und OpenVMS auf dem Laufenden, indem Sie regelmäßig einen Blick auf die OpenVMS-Homepage werfen, die Sie unter `http://www.openvms.compaq.com` finden. Außerdem sollten Sie die Patch-Website im Auge behalten: `ftp://ftp.service.digital.com/patches/public/vms/`.

24.7 Zusammenfassung

VAX/VMS ist heute ein recht antiquiertes System, das aber noch nicht ganz aus dem Rennen ist. Wenn Sie eine Karriere im Bereich der Internetsicherheit anstreben, sollten Sie einige kurze Kurse zu VMS besuchen. Wenn Sie wie ich das direkte Ausprobieren bevorzugen, kaufen Sie sich einen gebrauchten VAX-Rechner, und versuchen Sie, diesen zu knacken. Diese Systeme werden heute praktisch umsonst in *misc.forsale.computers.workstation* angeboten. Viele Anbieter haben sogar noch die originalen Installationsmedien.

Insgesamt ist die Sicherheit von VAX meiner Meinung nach fortschrittlich und irgendwie sogar elegant. Aber wie bei allen Betriebssystemen gilt auch hier, dass es sehr wichtig ist, die Sicherheitskonfigurationen im Auge zu behalten und Patches sofort zu installieren. In dieser Hinsicht ist VMS einfach nur ein weiteres Betriebssystem, das die entsprechende Aufmerksamkeit benötigt, um sicher zu bleiben.

24.8 Informationsquellen

Sandler und Badgett: »VAX Security: Protecting the System and the Data«. John Wiley & Sons. ISBN: 0-471-51507-8.

Paul A. Karger, Mary E. Zurko, Douglas W. Bonin, Andrew H. Mason und Clifford E. Kahn: »A Retrospective on the VAX VMM Security Kernel«. IEEE Transactions on Software Engineering, 17(11):1147-1163. November 1991.

S. Castano, M. G. Fugini, G. Martella und P. Samarati: »Database Security«. Addison-Wesley Publishing Company. 1995. (Gutes Kapitel über VAX/VMS.) ISBN: 0-201-59375-0.

Debra L. Banning: »Security Guidance for VAX/VMS Systems«. Sparta, Inc. 14th National Computer Security Conference, Washington, D.C. Oktober 1991.

Rob McMillan: »A Practical Exercise in Securing an OpenVMS System«. Prentice Centre, The University Of Queensland. `ftp.sunet.se/pub/security/csir/auscert/papers/Practical.Exercise.Securing.OpenVMS.txt`

Tanya Candia: »How VMS Keeps Out Intruders«. Computers & Security, 9(6):499-502. Oktober 1990.

D. T. Caruso und C. E. Bemis, Jr.: »ESNET/DECNET Security Policy Procedures and Guidelines«. ESnet/DecNet Security Revised Draft. Dezember 1989. `http://www.es.net/pub/esnet-doc/esnet-decnet-security.txt`

Paul Mungo und Bryan Glough: »Approaching Zero. The Extraordinary Underworld of Hackers, Phreakers, Virus Writers, and Keyboard Criminals«. `http://www.ut.ee/ri98/villem/approaching_zero.html`

»VMS Monitor Vulnerability«. CERT advisory. CA-92:16. 22. September 1992. `http://www.cert.org/advisories/CA-92.18.VMS.Monitor.vulnerability.update.html`

Teil VII

Die Fäden laufen zusammen

Kapitel 25

Waffen im Kampf gegen das Böse

Computersicherheit ist ein Prozess, kein Produkt. Dieser Prozess verläuft kontinuierlich; wenn Sie ihn unterbrechen, kann das katastrophale Folgen haben. Man kann den Prozess wie folgt veranschaulichen:

1. Nachdem Sie Ihr System mit Hilfe der in diesem Kapitel vorgefundenen Informationen so sicher wie möglich gemacht haben, entdecken Sie – oder irgendjemand anderes – eine Sicherheitslücke.
2. Ein Exploit für diese Sicherheitslücke wird publik.
3. Der Anbieter Ihres Systems reagiert auf diesen Sachverhalt, meist mit einem Patch oder einem Upgrade.
4. Weil Sie die von den Anbietern und den Sicherheitsorganisationen verschickten Warnmeldungen immer beachten, erfahren Sie sofort von dem Exploit. Sie können sein Gefahrenpotenzial in Bezug auf Ihre Organisation einschätzen. Bei Bedarf laden Sie sich einen Patch herunter, testen und installieren ihn.

Mit ein bisschen Glück läuft der Patch reibungslos und ohne Nebenwirkungen; damit beginnt der Prozess von vorn, denn nun warten Sie wieder auf die nächste bekannt werdende Sicherheitslücke. Der Hauptaspekt hierbei ist die Tatsache, dass es sich um einen *sich wiederholenden* Vorgang handelt und dass es essenziell ist, immer auf dem neuesten Stand zu sein, ohne sich von den zahlreichen und vielfältigen Informationen erdrücken zu lassen. Aus theoretischer Sicht spricht man von einem Sicherheitskreislauf und teilt diesen in drei Phasen ein: *Protection Phase* (Schutzphase), *Detection Phase* (Erkennungsphase) und *Response Phase* (Reaktionsphase).

25.1 Kampf dem Informationsüberschuss

Dieses Kapitel bietet eine umfassende Übersicht über Mailinglisten, Websites und FTP-Archive, über die Sie an Sicherheitsinformationen gelangen. So weit, so gut. Wenn Sie sich jedoch bei einer der Mailinglisten anmelden, werden Sie sofort entdecken, dass die Mitglieder solcher Listen nur geringfügig höflicher sind als Usenet-Benutzer. Solche Leute prügeln sich wie die Bürstenbinder – und verschwenden so Ihre Zeit.

Diese Meinungsverschiedenheiten sind ein echtes Problem. Hundert Nachrichten landen tagtäglich in Ihrer Mailbox, und vielleicht gerade mal ein Dutzend davon wird wertvolle Informationen enthalten. Der Rest besteht aus Kontroversen, Hochstapelei und – man mag's kaum glauben – Werbemails.

HINWEIS
Es gibt nichts Schlimmeres als einen Streit zwischen zwei konkurrierenden Unternehmen. Manchmal dauern diese Zwistigkeiten tagelang, und die Beteiligten beschuldigen einander der Beleidigung, üblen Nachrede, Verleumdung usw. In 99 Prozent aller Fälle endet dieses Säbelrasseln nicht mit einem Knall, sondern mit Wehgeschrei und Zähneknirschen.

> Dazwischen aber werden die Mitglieder der Mailingliste mit Unsinn geradezu bombardiert. Und was die Sache noch schlimmer macht: Die Beteiligten ändern oftmals die Betreffzeile oder arbeiten mit wechselnden Absenderadressen, was ein Ausfiltern dieses Blödsinns erheblich erschwert.

Dies mag nicht wie ein ernsthaftes Problem aussehen, aber es ist eines. Wenn Sie ein heterogenes Netzwerk betreiben, müssen Sie sich bei mehreren Mailinglisten anmelden. Da diese Mailinglisten im Schnitt etwa dreißig bis fünfzig Mails pro Tag verschicken, werden Sie so etwa 150 bis 300 Nachrichten täglich erhalten.

Hier sind einige Vorschläge, die Ihnen helfen können:

- **Bringen Sie Struktur in die Sache.** Bevor Sie Mitglied mehrerer Mailinglisten werden, bereiten Sie Ihr System darauf vor, die verschiedenen Meldungen zu strukturieren. Schließen Sie einen alten Rechner an, dessen ausschließliche Aufgabe darin besteht, Mails dieser Listen zu empfangen. Verwenden Sie für jede Mailingliste, der Sie beitreten, eine andere E-Mail-Adresse – Sie könnten beispielsweise die Konten *ntsec*, *sunsec* und *hpuxsec* erstellen, die jeweils Nachrichten bezüglich der Sicherheit von Windows NT, Sun und HP-UX aufnehmen. Auf diese Weise können Sie die Informationen immerhin schon einmal nach Betriebssystem oder Thema aufteilen. Falls Sie keine permanente Netzwerkverbindung haben, können Sie diesen Ansatz trotzdem verfolgen, indem Sie webbasierte Mailadressen einrichten, die von vielen Unternehmen kostenlos angeboten werden. Der Nachteil besteht darin, dass viele Mailinglisten Domains wie `hotmail.com`, `altavista.net` und `dejanews.com` blockieren, weil diese oft für Spamming missbraucht werden.
- **Abonnieren Sie Digests, oder melden Sie sich nur bei moderierten Listen an.** Die meisten Mailinglisten bieten eine Digest-Version oder einen moderierten Bereich an. Solche Versionen beinhalten in der Regel weniger Nachrichten von Wichtigtuern, denn alle irrelevanten Postings und Nachrichten werden vor der Verteilung redigiert. Daher erhalten Sie mehr relevante und aussagefähige Informationen.

Es könnte sich lohnen, zumindest die oberflächliche Analyse von Hinweisen und Mailinglisten zu automatisieren. Wenn Sie beispielsweise ein Netzwerk mit drei oder vier Plattformen verwalten, kann die Menge der sicherheitsrelevanten Mails, die Sie jeden Tag erhalten, leicht das zu Bewältigende übersteigen. Falls Ihr Mail-Client keine Funktion zur automatischen Sortierung anbietet, können Sie mit Hilfe von Perl-Skripten eine einfache, aber effektive Methode zur automatischen Datendurchsicht entwickeln. Das funktioniert so:

1. Wie bereits oben vorgeschlagen, strukturieren Sie Ihr Verzeichnis so, dass sie die Namen der verschiedenen Betriebssysteme (z.B. */aix*, */linux*) und Sicherheitsprobleme (etwa */denial_of_service*) widerspiegeln.

2. Wenn eine Mail eintrifft, werden die Betreffzeile und die ersten sechs Zeilen ihres Inhalts überprüft. Wenn der Name eines Betriebssystems in diesen Zeilen erscheint, wird die Mail an das entsprechende Verzeichnis weitergeleitet.
3. Einmal pro Tag durchsucht ein Perl-Skript diese Verzeichnisse nach neuen Threads (d.h. alle Nachrichten, deren Betreffzeilen mit `Re:` oder `AW:` beginnen, fallen unter den Tisch).
4. Die ermittelten Meldungen werden ausgedruckt.

Dieser Prozess stellt sicher, dass Sie jeden Ersthinweis sehen. Das offensichtliche Problem dieses Ansatzes besteht jedoch darin, dass häufig wichtige Informationen in Nachrichten auftauchen, die auf andere Mails Bezug nehmen. Bei den meisten moderierten Mailinglisten können Sie den Nachrichtenbestand aber themenorientiert durchsuchen und landen bei den richtigen Threads. Auf diese Weise können Sie sich auf die wenigen Probleme konzentrieren, die für Sie von Belang sind, anstatt sich mit unzähligen Themen herumschlagen zu müssen, die Sie gar nicht betreffen.

25.2 Wie viel Sicherheit Sie brauchen

Brauchen Sie wirklich alle Informationen aus all diesen Listen? Wahrscheinlich. Die meisten Hersteller warten auf einen strategisch günstigen Moment, um ihre Patches auf CD-ROM zu veröffentlichen. Bis Sie ein solches Medium in den Händen halten, kann Ihr System schon um dreißig oder hundert Patches hinterhinken – einstweilen ist es nicht sicher.

Außerdem kann die Aktualisierung Ihres Netzwerks zu einer Sisyphusarbeit werden, wenn Sie sich nicht wenigstens einmal wöchentlich über aktuelle Entwicklungen und Updates informieren. Je nachdem, wie sensibel oder wertvoll die Daten und Ressourcen in Ihrem Netzwerk sind, kann es sogar notwendig sein, solche Überprüfungen täglich oder gar stündlich vorzunehmen.

> **HINWEIS**
> Ein anderer ärgerlicher Faktor ist, dass einige Hersteller überhaupt keine Eile haben, Fehler in ihrer Software öffentlich einzugestehen. Microsoft ist hier häufig im negativen Sinne Vorreiter: Dort leugnet man Probleme hartnäckig, bis so viele Beweise dafür in Umlauf sind, dass ein weiteres Abstreiten nur noch lächerlich wirken würde. Aber selbst dann werden die wesentlichen Informationen nur in der Knowledge Base o. Ä. veröffentlicht.

Wie man einen Autohersteller nicht dafür haftbar machen kann, dass der Besitzer eines Fahrzeugs Bremsen und Reifen nicht regelmäßig überprüfen lässt, so kann der Computerhersteller nicht dafür in Haftung genommen werden, dass seine Systeme nicht über das größtmögliche Maß an Sicherheit verfügen, wenn nicht regelmäßig die aktuellsten Patches aufgespielt werden. Eins soll an dieser Stelle festgehalten werden: *Sie selbst* sind derjenige, der dafür verantwortlich ist, dass Sie immer über die neuesten sicherheitsrelevanten Informationen verfügen. Wenn Ihr Netzwerk geknackt wird, dann sind Sie es (und nicht Ihr Anbieter), der dafür geradestehen muss. Sie müssen über aktuelle Entwicklungen informiert sein und bleiben (es sei denn, Sie haben einen entsprechenden Supportvertrag mit einer Sicherheitsfirma abgeschlossen).

Der Rest dieses Kapitels enthält wichtige Quellen für aktuelle Sicherheitsinformationen. Ich empfehle Ihnen ausdrücklich, jemanden in Ihrer Organisation damit zu beauftragen, diese Informationen regelmäßig zu überprüfen. Diese Person sollte aber auf jeden Fall auch über das Know-how verfügen, um die Informationen einschätzen zu können.

25.3 Allgemeine Informationsquellen

Die folgenden Quellen bieten sowohl aktuelle als auch ältere Informationen.

25.3.1 CERT (Computer Emergency Response Team)

Computer Emergency Response Team (CERT) Coordination Center

Software Engineering Institute

Carnegie-Mellon University

Pittsburgh, PA 15213-3890, USA

URL: `http://www.cert.org`

CERT wurde 1988 nach dem Auftreten des Morris-Wurms gegründet. Seitdem hat das Team Hunderte von Sicherheitshinweisen herausgegeben und auf mehr als 200.000 Berichte über Internetangriffe reagiert.

CERT gibt nicht nur Hinweise (die so genannten Advisories) heraus, wenn ein neues Sicherheitsloch auftaucht, sondern

- bietet einen 24-Stunden-Notfalldienst an, damit Opfer von Angriffen rund um die Uhr wichtige technische Ratschläge erhalten können,
- stellt auf seiner Website wichtige alte und neue Sicherheitsinformationen bereit (darunter u.a. Artikel, die bis in die frühen 80er-Jahre zurückreichen) und
- veröffentlicht einen Jahresbericht, der eine umfassende Aufschlüsselung von Sicherheitsstatistiken beinhaltet.

Früher was es beim CERT gängige Praxis, keine Informationen zu Sicherheitslücken zu veröffentlichen, zu denen es noch keine Abhilfe gab. Diesbezüglich gingen die Meinungen aber auseinander. Es gab Leute, die meinten, dass der Hinweis auf einen Exploit, für den noch kein Patch erhältlich sei, kontraproduktiv wäre. Andere meinten hingegen, es sei recht wahrscheinlich, dass zu dem Zeitpunkt, wenn die White Hats von einer Sicherheitslücke erführen, diese Nachricht bei den Black Hats längst die Runde gemacht hätte und dort schon Maßnahmen zur Nutznießung dieses Sicherheitslochs getroffen worden wären; in diesem Fall würde das Zurückhalten von Informationen durch das CERT dazu führen, dass die politisch korrekten Hacker ahnungslos und dadurch auch selbst verwundbar blieben. Im Oktober 2000 stellte das CERT dann als Kompromiss eine neue Praxis vor, nach der ein Warnhinweis spätestens 45 Tage nach dem ersten diesbezüglichen Bericht veröffentlicht werden soll (sofern keine triftigen Gründe dagegen sprechen), und zwar unabhängig davon, ob und welche Schritte der jeweilige Anbieter bereits unternommen hat. Den vollständigen Wortlaut der entsprechenden Meldung finden Sie auf der Website des CERT unter `http://www.cert.org/faq/vuldisclosurepolicy.html`. CERT-Hinweise beinhalten in der Regel URLs, über die Sie an Patches und Herstellerinformationen gelangen. Von diesen Sites können Sie andere Tools herunterladen, die Ihnen helfen werden, Ihr System gegen die jeweilige Sicherheitsschwachstelle zu schützen.

Das CERT ist auch ein guter Ausgangspunkt, um nach älteren Sicherheitslücken zu suchen. Die Datenbank reicht bis ins Jahr 1988 zurück.

HINWEIS
Eine kleine Bemerkung am Rande: Der erste CERT-Hinweis wurde im Dezember 1988 herausgegeben. Er betraf eine Schwachstelle in FTPD.

CERT-Advisories können Sie auf mehreren Wegen erhalten:

- **Die CERT-Mailingliste.** Die CERT-Mailingliste verteilt CERT-Advisories und Bulletins an ihre Mitglieder. Um Mitglied zu werden, senden Sie eine E-Mail an `majordomo@cert.org` und schreiben `subscribe cert-advisory` in das Textfeld. Weitere Informationen finden Sie unter `http://www.cert.org/contact_cert/certmaillist.html`.
- **Die CERT-Website.** Wenn Sie Ihr Mailverzeichnis nicht mit Nachrichten verstopfen wollen, können Sie diese trotzdem über die CERT-Website erhalten. Diese finden Sie unter `http://www.cert.org/nav/alerts.html`.
- **Die CERT-FTP-Site.** Wenn Sie keinen Browser haben, können Sie Advisories auch über FTP bekommen: `ftp://ftp.cert.org/pub/`

WEGWEISER
Das CERT des Deutschen Forschungsnetzes (DFN) erreichen Sie unter der URL `http//www.cert.dfn.de`.

25.3.2 CIAC (Computer Incident Advisory Capability)

Computer Security Technology Center

Lawrence Livermore National Laboratory

P.O. Box 808

Livermore, CA 94550, USA

URL: `http://www.ciac.org/ciac`

Die CIAC wurde 1989 gegründet. Sie verwaltet eine Datenbank mit sicherheitsrelevantem Material, das hauptsächlich für die amerikanische Energiebehörde gedacht ist. Die meisten Informationen (und Tools) sind jedoch auch der Öffentlichkeit zugänglich.

Die CIAC-Site ist eine hervorragende Informationsquelle. Sie stellt unter anderem folgende Ressourcen zur Verfügung:

- **CIAC-Virendatenbank**. Diese Datenbank enthält Spezifikationen und Beschreibungen zu Tausenden von Computerviren. Die Eintragsfelder zeigen den Dateinamen des Virus, Aliase, Typ, Merkmale, Speicherort und Auswirkung. Oft sind noch zusätzliche Informationen verfügbar, darunter Informationen zur Identifizierung, Prüfsummen und Methoden zur Entdeckung und Vernichtung.
- **CIAC-Sicherheitsbulletins**. Die CIAC-Bulletins ähneln den CERT-Hinweisen. Sie beschreiben bestimmte Sicherheitslücken und bieten Lösungsansätze an. CIAC verfügt auch über eine Suchmaschine, d.h. Sie können ältere Bulletins durchstöbern und nach für Sie interessanten Informationen suchen.
- **CIAC-Sicherheitsdokumente**. Die CIAC hat eine interessante und ständig erweiterte Sammlung von Sicherheitsdokumenten. Bei einigen handelt es sich um Anleitungen (z.B. zu der Frage, wie man das X-Window-System sichert), andere haben rein informativen Charakter (etwa Linklisten zu verschiedenen sicherheitstechnischen Fragen). Die meisten Dokumente sind sowohl im Text- als auch im PDF-Format vorhanden.
- **CIAC-Tools**. Die CIAC zeigt Ihnen, wo Sie exzellente (und größtenteils kostenlose) Sicherheitstools finden. Abgedeckt werden dabei die Betriebssysteme DOS/Windows 9x, NT/2000, UNIX und Macintosh. Beachten Sie, dass einige dieser Programme nur für Behörden und deren Vertragsnehmer umsonst sind.

Die CIAC verfügt ferner über ein Archiv mit Warnungen und Bulletins, das der Anwender durchsuchen kann. Sie finden es unter `http://www.ciac.org/cgi-bin/index/bulletins`.

Wichtige Informationen, die der Öffentlichkeit von der CIAC zur Verfügung gestellt werden, sind unter anderen:

- DDN-Advisories (Defense Data Network, Datennetzwerk der Verteidigungsbehörden)
- CERT-Advisories
- Advisories der NASA
- ein von Chris McDonald herausgegebenes Journal zum Thema Computersicherheit

25.3.3 CSRC (Computer Security Resource Clearinghouse)

Computer Security Resource Clearinghouse

National Institute of Standards and Technology

Gaithersburg, MD 20899-0001, USA

URL: `http://csrc.nist.gov/`

Das dem amerikanischen Normen- und Technologie-Institut NIST untergeordnete CSRC bietet eine beachtliche Liste von Publikationen, Tools, Verweisen, Adressen und Supportdienstleistungen. Besonders die folgenden Quellen können extrem hilfreich sein:

- **Computersicherheitsbulletins des NIST ITL (Information Technology Laboratory, Datentechniklabor).** Die Bulletins des ITL decken verschiedene aktuelle Themen ab. Obwohl ITL-Dokumente selten spezielle Sicherheitslücken behandeln, vermitteln sie Ihnen einen Einblick in die aktuellsten Entwicklungen im Bereich Sicherheitstechnologien.
- **CSRC-Entwürfe.** Die CSRC-Entwürfe behandeln wichtige Forschungen auf dem Gebiet der Computersicherheit, die am NIST und andernorts durchgeführt werden. Diese Dokumente können bei der Definition von Sicherheitsplänen und -richtlinien hilfreich sein (der Name eines Entwurfs lautet etwa »User Guide for Developing and Evaluating Security Plans for Unclassified Federal Automated Information Systems«; dieses Dokument erklärt also verschiedene Möglichkeiten zur Entwicklung und Evaluierung von Sicherheitsplänen). Insbesondere bietet das CSRC viele Dokumente über Sicherheitsrichtlinien.
- **CSRC-Suchmaschine.** Das CSRC stellt eine Suchmaschine zur Verfügung, über die Sie auf Informationen einer ganzen Reihe von Behörden und Quellen zugreifen können.

Auf der CSRC-Verweisseite finden Sie Links zu anderen wertvollen Informationsquellen, so etwa zu FedCIRC (Federal Computer Incident Response Capability), CERT, NIPC (National Infrastructure Protection Center) und zum FIRST (Forum of Incident Response and Security Teams). Auf deren Seiten finden Sie häufig hochaktuelle Hinweise zu verschiedenen Sicherheitslücken.

> **HINWEIS**
> Wenn Sie direkt zur FedCIRC wollen, ohne den Umweg über die CSRC zu nehmen, dann rufen Sie mit Ihrem Browser die Seite `http://www2.fedcirc.gov/alerts/advisories_2001.html` auf.

25.3.4 Die BUGTRAQ-Archive

Die BUGTRAQ-Archive enthalten alle Nachrichten, die an die BUGTRAQ-Mailingliste gesandt werden. Die meisten dieser Mitteilungen beschreiben Sicherheitslöcher von UNIX. Diese Site ist besonders interessant, weil sie eine

Suchmaschine beinhaltet, mit der Sie plattformbasiert (Sun, Linux, Microsoft) nach Viren, IDS, Advisories und anderen Themen suchen können.

Die BUGTRAQ-Liste ist eine ausgezeichnete Informationsquelle, weil sie nicht mit irrelevanten Angaben überschwemmt ist. Die meisten Postings sind kurz und informativ gehalten. Chris Chasin, der Gründer von BUGTRAQ, beschreibt die Liste folgendermaßen:

> *Diese Liste dient zur* ***detaillierten*** *Behandlung von UNIX-Sicherheitslöchern, d.h. sie beantwortet die Fragen, was diese Sicherheitslücken sind, wie sie ausgenutzt werden können und was man tun kann, um sie zu korrigieren. Die Liste ist nicht dazu gedacht, Informationen zum Knacken von Systemen oder zum Ausnutzen von Schwachstellen zu geben, sondern ihr Sinn besteht darin, Sicherheitslöcher und -risiken zu definieren, zu erkennen und ihre Verwendung zu verhindern.*

Wenn es um Onlinedokumente zu Sicherheitslücken im UNIX-Bereich geht, dann ist BUGTRAQ die wahrscheinlich wertvollste Quelle im Internet. Es gibt mehr als zwanzig verschiedene Mailinglisten, die sich schwerpunktmäßig mit einer Vielzahl von plattformspezifischen und sicherheitsrelevanten Problemen beschäftigen, z.B. Systemforensik, Grundlagen zum Thema Sicherheit, VPNs, portable Codes u.a. Besuchen Sie BUGTRAQ unter `http://www.securityfocus.com`.

25.3.5 FIRST (Forum of Incident Response and Security Teams)

FIRST ist ein Zusammenschluss zahlreicher öffentlicher und privater Organisationen, deren Ziel die Verbreitung von internetbezogenen Sicherheitsmeldungen ist. Zu den Mitgliedern von FIRST zählen die folgenden Einrichtungen:

- CIAC
- IR-Team im Bereich automatisierte Systeme der NASA
- IR-Team des Rechenzentrums der Universität Purdue
- Sicherheitsteam der Universität Stanford
- IR-Dienst von IBM
- ACERT (Australian Computer Emergency Response Team)

Das FIRST verfügt über keinerlei zentrales Kontrollorgan. Alle Mitglieder der Organisation nutzen die verbreiteten Informationen, aber niemand übt eine Kontrollfunktion aus. Es gibt eine Liste von Links zu allen Mitgliedern, die Webserver haben. Sie finden FIRST unter `http://www.first.org/team-info/`.

25.3.6 BSI (Bundesamt für Sicherheit in der Informationstechnologie)

Das deutsche BSI bietet auf seinen Seiten eine gute Übersicht und einige Grundlagenartikel zum Thema Sicherheit. Unter anderem kann man hier das IT-Grundschutzhandbuch und viel weiterführende Literatur finden. Sie können das BSI unter `http://www.bsi.de` erreichen.

25.4 Mailinglisten

Tabelle 25.1 zeigt Ihnen für den Bereich Sicherheit wichtige Mailinglisten. Mehrheitlich versenden diese Listen Advisories und Warnmeldungen zu aktuellen Problemen.

Liste	Beschreibung
majordomo@iss.net	Die Alarmierungsliste von Internet Security Systems. Sie beinhaltet Warnungen, Produktankündigungen und Informationen zum Unternehmen. Um sich bei dieser und anderen ISS-Listen anzumelden, füllen Sie das Formular unter http://iss.net/vd/maillist.html aus. Alternativ können Sie auch eine E-Mail mit dem Befehl subscribe alert im Textfeld an majordomo@iss.net senden.
Die Mailinglisten von *SecurityFocus.com*	BUGTRAQ und auch andere Mailinglisten können über *SecurityFocus.com* abonniert werden. Rufen Sie zu diesem Zweck die Seite http://www.securityfocus.com/about/feedback/subscribe.html auf, und füllen Sie das Formular aus. Die Auswahl der für Sie relevanten Mailinglisten nehmen Sie über Kontrollkästchen vor. Zu dem Zeitpunkt, als dieses Buch geschrieben wurde, konnte man aus etwa 20 Listen wählen. Des Weiteren finden Sie auch Links zu vielen weiteren Mailinglisten, die über andere Sites erreichbar sind.
firewall-wizards request@nfr.com	Die Firewall-Wizards-Mailingliste. Sie wird von Marcus Ranum verwaltet und ist ein moderiertes Forum für Firewall-Administratoren. Um sich anzumelden, gehen Sie zu http://www.nfr.com/mailman/listinfo/firewall-wizards.
mailman-owner@redhat.com	Hier erhalten Sie Informationen über die Red-Hat-Mailinglisten. Vollständig aufgeführt sind alle von Red Hat verwalteten Listen unter https://listman.redhat.com/mailman/listinfo/.
majordomo@lists.us.checkpoint.com	Die Sicherheitsliste für Firewall-1. Sie konzentriert sich auf Aspekte, die die Firewall-1 von CheckPoint betreffen. Anmeldehinweise finden Sie unter http://www.checkpoint.com/services/mailing.html.
majordomo@lists.gnac.net	Die Firewalls-Mailingliste. Die Liste hat ihren Schwerpunkt auf Firewall-Sicherheit (ursprünglich war sie über firewalls@greatcircle.com zu erreichen). Um sich anzumelden, senden Sie eine Nachricht mit dem Befehl subscribe firewalls im Textfeld.

Tabelle 25.1: Sicherheitsrelevante Mailinglisten

Liste	Beschreibung
majordomo@toad.com	Die Mailingliste der Cyberpunks. Die Mitglieder diskutieren Themen wie Privatsphäre oder Kryptographie (wenn ein wichtiges Kryptographie-API geknackt worden ist, macht das hier wahrscheinlich zuerst die Runde). Um sich anzumelden, senden Sie eine Nachricht mit dem Befehl `subscribe` im Textfeld.
majordomo@uow.edu.au	Die IDS-Liste. Hier wird z.B. über Echtzeitmethoden zur Enttarnung von Eindringlingen, Agenten, Entwicklungen im Bereich der neuronalen Netze usw. diskutiert. Um sich anzumelden, senden Sie eine Mail mit dem Befehl `subscribe ids` im Textfeld.
risks-request @csl.sri.com	Das Risikoforum. Die Mitglieder dieser Liste sprechen über eine Vielfalt von Risiken, denen wir in der Informationsgesellschaft ausgesetzt sind, z.B. über das Eindringen in die Privatsphäre, Kreditkartendiebstahl, Crackerangriffe usw. Um sich anzumelden, senden Sie eine Nachricht mit dem Befehl `subscribe` im Textfeld.
ssl-talk-request @netscape.com	Die SSL-Mailingliste. Mitglieder dieser Liste diskutieren die Entwicklungen im Bereich SSL und potenzielle Sicherheitsprobleme. Um sich anzumelden, senden Sie eine Nachricht mit dem Befehl `subscribe` im Textfeld.

Tabelle 25.1: Sicherheitsrelevante Mailinglisten (Forts.)

Eine vollständige Aufstellung praktisch aller relevanten Mailinglisten finden Sie auch unter `http://www.securityfocus.com`. Wenn Sie auf der Startseite die Option MAILING LISTS selektieren, werden Ihnen etwa zwanzig Listen angezeigt. Wenn Sie hier den Punkt OTHER LISTS wählen, dann gelangen Sie zu einer Seite, auf der alle möglichen Listen nach Kategorien geordnet aufgeführt werden (diese Seite finden Sie übrigens direkt unter `http://www.securityfocus.com/focus/home/menu.html?fm=8,23,0&action=unfold`).

25.5 Newsgroups

Interessante Informationen, die Sie sonst nirgendwo finden, erhalten Sie oft auch bei den Newsgroups des Usenets, die sich dem Thema Sicherheit verschrieben haben. Tabelle 25.2 zeigt ein paar Newsgroups, in denen es um Sicherheitslücken geht. Einige davon – so etwa die *alt.2600*-Gruppen – wurden aufgeführt, damit Sie sich ein Bild davon machen können, wie in der Hackergemeinde Informationen verteilt werden und wie diskutiert und angegeben wird. Die Gruppen sind nicht alle für die tägliche Lektüre gedacht, aber es ist ganz interessant, sie hin und wieder einmal aufzusuchen. Wenn Sie aktuelle Informationen benötigen, die für Sie relevant sind, dann sollten Sie eine Suchmaschine für News wie etwa Deja-News benutzen.

Newsgroup	Diskussionsthemen
alt.2600.crackz	Hacking, Cracking. Themenschwerpunkte sind vornehmlich Cracks. Fungiert auch als Drehscheibe für Cracks und Raubkopien.
alt.2600.hackerz	Hacking, Cracking. Diese Newsgroup ähnelt *alt.2600.*
alt.computer.security	Allgemeine Computersicherheit. Ähnelt stark der weiter unten beschriebenen Gruppe *comp.security.misc.*
alt.hackers.malicious	DoS, Cracking, Virenprogramme. Den Teilnehmern geht es primär um Schadensmaximierung.
alt.security	Sehr allgemein gehaltene Gruppe zu Sicherheitsthemen. Neben Informationen zu Alarmsystemen, CS-Gas und Personenschutz tauchen hier aber manchmal auch nützliche Hinweise zur Netzwerksicherheit auf.
alt.security.pgp	Pretty Good Privacy. Diese Gruppe diskutiert auf interessante (und teils sehr ausladende) Weise über Kryptographie.
comp.lang.java.security	Die Programmiersprache Java. Hier findet man viele interessante Informationen. Wenn es ein größeres sicherheitsrelevantes Problem in Zusammenhang mit Java gibt, dann tauchen entsprechende Informationen hier zuerst auf.
comp.security.firewalls	Firewalls. Diese Newsgroup geht oft etwas weiter als andere Firewall-Listen. Die Erörterungen sind informativ und sicher einen Blick wert.
comp.security.misc	Allgemeine Sicherheitsthemen.
comp.security.unix	UNIX-Sicherheit. Aufschlussreich und aktuell. Im Ganzen betrachtet die wahrscheinlich beste UNIX-Newsgroup.
comp.os.linux.security	Linux-Sicherheit. Die Gruppe erörtert eine Fülle sicherheitsrelevanter Themen, darunter Firewalls (*ipchains*), Netzwerktechnik und Systemadministration.
de.comp.security.firewall	Eine gute deutschsprachige Liste über alle Arten von Firewalls.
de.comp.security.misc	Eine gute deutschsprachige Liste zu allen denkbaren Sicherheitsthemen.

Tabelle 25.2: Sicherheitsrelevante Newsgroups

25.6 Weitere Informationsquellen und Ressourcen

Abschließend sind in den folgenden Abschnitten Mailinglisten von Anbietern, Patch-Archive und weitere Quellen zu sicherheitsrelevanten Informationen aufgeführt.

25.6.1 Silicon Graphics Sicherheitszentrale

Silicon Graphics, Inc.

2011 N. Shoreline Blvd.

Mountain View, CA 94043, USA

URL: `http://www.sgi.com/support/security/`

Silicon Graphics bietet die folgenden, öffentlich zugänglichen Informationsquellen an:

- **SGI-Sicherheitshinweise.** Diese liefern topaktuelle Informationen zu Sicherheitslücken im IRIX-Betriebssystem. Sie finden Sie unter `http://www.sgi.com/support/security/advisories.html`.
- **SGI-Patches.** Silicon Graphics betreibt ein Patch-Archiv. Wenn Sie Probleme mit älteren Sicherheitslücken haben, dann sollten Sie hier (`http://www.sgi.com/support/security/patches.html`) mit der Suche nach Lösungen anfangen.
- **Q's Toolbox.** Eine Sammlung sicherheitsrelevanter Programme, die Ihnen dabei helfen, die Sicherheit Ihres SGI-Systems zu erweitern. Sie finden hier Portscanner, Protokollierungs-Utilities und sogar Tools zur Bearbeitung von ACLs. Werfen Sie einmal einen Blick auf die Seite `http://www.sgi.com/support/security/toolbox.html`.
- **SGI-FAQ.** Unter `http://www-viz.tamu.edu/~sgi-faq/faq/html-1/` finden Sie eine Site mit mehreren FAQ-Listen, die nicht nur für Sicherheitsexperten, sondern für Administratoren und Entwickler allgemein von Interesse sein könnte. Hier finden Sie beispielsweise einen Tipp zu der Frage, was Sie tun können, wenn das *Root*-Kennwort verloren gegangen ist.

25.6.2 Das Sicherheitsbulletinarchiv von Sun

Sun Microsystems, Inc.

901 San Antonio Road

Palo Alto, CA 94303, USA

Sun Microsystems bietet aktuelle Sicherheitsbulletins zu vielen seiner Produkte an. Sie finden diese unter `http://sunsolve.sun.com/pub-cgi/show.pl?target=security/sec`.

25.6.3 Die Sicherheitslückendatenbank von Xforce

Auf dieser Site http://xforce.iss.net finden Sie eine ausgezeichnete Datenbank zum Thema Sicherheitslücken. Sie lässt sich anhand des Namens einer Sicherheitslücke oder nach der Systemplattform durchsuchen. Ferner ist eine Sicherheitsbibliothek mit Links zu Dutzenden anderer Sites, Präsentationen und PDF-Dokumenten zu ISS-Produkten vorhanden.

25.6.4 NIH (National Institutes of Health)

Die Seite »Computer Security Information« auf der Website der amerikanischen Gesundheitsinstitute (NIH) enthält eine Reihe von Links zu Onlinemagazinen, Advisories, Verbänden, Organisationen und anderen sicherheitsrelevanten Webseiten. Sie finden die Seite unter http://www.alw.nih.gov/Security/security.html. Ein kleiner Tipp: Die Site ist ausgesprochen umfangreich, weswegen Sie statt der Einstiegsseite besser das vollständige Inhaltsverzeichnis unter http://www.alw.nih.gov/Security/tcontents.html durchsuchen sollten.

25.6.5 Eugene Spaffords »Security Hotlist«

Eugene Spaffords Site lässt sich in fünf Worten beschreiben: Die ultimative Ressource für Sicherheitsinformationen. Von den Hunderten von Seiten, die sich dem Thema Sicherheit widmen, enthält diese die umfassendste Link-Sammlung. Im Gegensatz zu vielen anderen Seiten, deren Links längst veraltet sind, bleibt hier alles aktuell. Sie finden sie unter http://www.cerias.purdue.edu/coast/hotlist/.

25.6.6 Das SANS-Institut

SANS bietet Newsletter zum kostenlosen Abonnement an, die Ihnen eine Menge Recherchierarbeit abnehmen. Diese Newsletter fassen wichtige Sicherheitsmitteilungen aus diversen bereits genannten Quellen (CERT, NIPC, BUGTRAQ usw.) mit Hinweisen aus Anbieterkreisen zusammen, die bislang nicht erwähnt wurden. Ferner stellt SANS auch drei verschiedene Übersichten zusammen:

- SAC (Security Alert Consensus; erscheint wöchentlich)
- SANS NewsBites (erscheint wöchentlich)
- SANS Windows Security Newsletter (erscheint monatlich)

Besonders der SAC ist sehr bemerkenswert. Wenn Sie ihn auf der SANS-Website bestellen, dann können Sie festlegen, für welche Plattformen Sie sich interessieren. Sie können Ihren Newsletter also personalisieren und auf diese Weise die Menge der Meldungen einschränken, die Sie sonst unnötigerweise durchsehen müssten. Zur Zeit sammelt SANS Mitteilungen aus 72 Quellen – Sie müssen also nur eine einzige lesen. Tragen Sie sich unter http://www.sans.org/sansnews ein.

25.7 Fazit

Der Schlüssel zum Erfolg ist der rechtzeitige Zugriff auf relevante Informationen. Wenn Sie zu viele Informationen erhalten, dann übersehen Sie vielleicht ein für Sie wichtiges Thema, das in dem Wust von Warnungen und Hinweisen verloren geht. Bedenken Sie also, bevor Sie hingehen und sich bei jeder Mailingliste anmelden, dass es bei den dort behandelten Themen oft zu Überschneidungen und Redundanzen kommt. Überprüfen Sie die Archive der einzelnen Listen unter dem Gesichtspunkt, welche davon auf Ihre Belange zugeschnitten ist: Welchen Grad der Ausführlichkeit weist die Liste auf, welche für Sie wichtigen Themen kommen zur Sprache, und haben Sie generell ein gutes Gefühl? Hierfür sollten Sie etwas Zeit aufbringen, denn die Zeit zwischen der Bekanntgabe von Sicherheitslücken wird immer kürzer.

Kapitel 26

Richtlinien, Prozeduren und ihre Durchsetzung

In diesem Kapitel geht es um die Aufstellung und Durchsetzung von Sicherheitsrichtlinien für ein Unternehmen.

26.1 Die Bedeutung von Sicherheitsrichtlinien

Die Computer- und Netzwerkumgebung ist häufig die Komponente in einem Unternehmen, die die Grenze zwischen Erfolg und Misserfolg des Unternehmens zieht. Das Vertrauen auf Computer und das Internet in unserer alltäglichen Arbeit verlangt, dass wir das Thema Sicherheit in vielen Bereichen berücksichtigen. Die Sicherung des Netzwerks, der Server und der Desktop-Computer wird als eine komplexe und ernste Aufgabe betrachtet, ist aber nicht der einzige Faktor für die Gesamtsicherheit eines Unternehmens. Die Arbeit, die Sie in die verbesserte Sicherheit von Netzwerken und Computersystemen investieren, kann vollkommen sinnlos sein, wenn Ihre Benutzer nicht in einer sicheren Art und Weise arbeiten. Ihre Bemühungen sind ebenso vergeblich, wenn Ihre Administratoren diese Sicherheit nicht korrekt implementieren und verwalten. Ihre Sicherheit wird außerdem geringer sein, wenn sie nicht an die sich ständig verändernde Arbeitsumgebung angepasst wird. Jeder Mitarbeiter in einem Unternehmen ist für die Sicherheit verantwortlich. Alle Administratoren, Benutzer und selbst die Mitarbeiter, die für ihre alltäglichen Aufgaben keinen Computer benutzen, teilen die Verantwortung für die allgemeine Sicherheit eines Unternehmens.

Das Ziel dieses Kapitels besteht darin, Ihnen eine Basis für die Aufstellung und Durchsetzung von Sicherheitsrichtlinien zur Verfügung zu stellen. Alle Beispielrichtlinien sind von realen Sicherheitsrichtlinien abgeleitet und werden als Richtlinien des Unternehmens Z, eines hypothetischen High-Tech-Unternehmens, dargestellt.

Die Sicherheitsrichtlinien in diesem Kapitel betreffen die folgenden Themen:

- Standort- und Infrastrukturrichtlinien
- administrative Sicherheitsrichtlinien
- Benutzer- oder Mitarbeiterrichtlinien

Für jedes dieser Themen sind die Punkte physikalischer Zugriff, akzeptable Benutzung, Authentifizierung und Reaktion auf Vorfälle relevant. Diese sind wichtig für die Aufstellung einer Sicherheitsrichtlinie und werden mit Hilfe der Beispielrichtlinien für das Unternehmen Z in diesem Kapitel demonstriert.

26.2 Standort- und Infrastrukturrichtlinien

Eine Standort- und Infrastrukturrichtlinie beschreibt Sicherheit in Bezug auf das Büro, das oder die Gebäude, in denen das Unternehmen sitzt, und auf die Computer- und Netzwerkinfrastruktur, die es verwendet. Der Unternehmensstandort stellt die erste physikalische Grenze für das Unternehmen und den ersten Sicherungspunkt dar. Zur Computerinfrastruktur zählen Desktop-Systeme, Server, Netzwerkgeräte wie Router und Firewalls und andere Computerressourcen, die innerhalb der Organisation genutzt werden. Die Prozeduren und Methoden für diese Systeme, die Umgebung, in der sie existieren, und ihre Verwendung machen die Standort- und Infrastrukturrichtlinie aus.

26.2.1 Einrichtungen und physikalische Sicherheit

In unserem vernetzten Zeitalter denken viele Menschen beim Begriff Sicherheit an eher virtuelle Aspekte – an die Sicherheit des Netzwerks, des Betriebssystems und der Anwendungen, an den Untergrund, Cracker und all die durch die Medien angeheizte Angst, Unsicherheit und Zweifel, die diese Aspekte umgeben. Vor dieser Zeit rief der Begriff Sicherheit Assoziationen von bewaffneten Wachposten oder großen, kräftigen Männern an jeder Tür hervor. Physikalische Sicherheit ist eine wichtige Komponente jeder Sicherheitsrichtlinie und das mit Recht. Schließlich ist die Eingangstür der offensichtlichste Angriffspunkt.

In der Standort- und Infrastrukturrichtlinie werden die Methoden beschrieben, mit denen ein Zutritt zum Gebäude gewährt und kontrolliert wird. Ebenso werden die Bedingungen aufgestellt, unter denen der Zutritt gestattet wird. Folgende Elemente sind wichtig:

- Methoden für physikalischen Zugang
- Prozeduren, die einen Zugang gewähren, verändern oder ablehnen
- Einschränkungen des Zugangs auf Basis des Status eines Mitarbeiters (Rollen)
- Betriebszeiten
- Kontaktinformationen der für den physikalischen Zugang Verantwortlichen
- Prozeduren für die Handhabung von Vorfällen und Eskalationsstufen
- Methoden, die festhalten, wer wann physikalischen Zugang erhalten hat

Die Methoden für den physikalischen Zugang beschreiben die eigentlichen Mittel für einen Zugang zu den Einrichtungen, Büros, Laboratorien oder anderen Bereichen. Dazu gehören meist Schlüssel, Passwörter oder Codenummern, kontaktlose Chipkarten oder biometrische Methoden. Die korrekte Benutzung und Handhabung der Schlüssel sollte in einer Richtlinie geregelt werden. Dabei muss klar herausgestellt werden, wie Schlüssel bzw. Karten ausgegeben und ein Zugang gewährt oder verändert wird, denn diese Prozeduren sind oft sowohl für neue als auch alte Mitarbeiter verwirrend. Ebenso wichtig ist eine Auflistung der Personen und Abteilungen, die für alle Fragen des Zugangs zum Unternehmensstandort verantwortlich sind – es bringt nichts, Formulare auszufüllen oder um Erlaubnis zu bitten, wenn man die entsprechende Kontaktperson nicht kennt.

Viele Unternehmen unterscheiden zwischen Vollzeit-, Teilzeit- und freien Mitarbeitern und schränken den Zugang zu den Einrichtungen auf Basis dieser Kategorien ein. Zusammen mit den Betriebszeiten sollten in der Standortrichtlinie alle Einschränkungen für spezielle Mitarbeiter während und außerhalb der regulären Arbeitszeiten festgelegt werden. Neben der Mitarbeitereinteilung ist auch eine Aufteilung der Einrichtungen üblich. Für Laboratorien, Büros und Lagerstätten sind Zugangsbeschränkungen sinnvoll, um ein nicht autorisiertes Eindringen zu verhindern.

Sollte es zu einem Vorfall kommen, sind Prozeduren für den Umgang mit ihm für die Sicherheit eines Unternehmens und seiner Mitarbeiter sehr wichtig. Vorfälle können dabei ganz verschiedener Natur sein, von unautorisierten Besuchern und beschädigten Zugangsmitteln bis hin zum Entlassen von Mitarbeitern. Viele Unternehmen haben Sicherheitspersonal, das in diesen Angelegenheiten hilft. Richtlinien für die Reaktion auf bestimmte Situationen sind ebenfalls unterstützend. Definierte Eskalationsstufen helfen einem Mitarbeiter, den Ernst eines Vorfalls zu verstehen und zu entscheiden, wann der richtige Zeitpunkt für externe Hilfe gekommen ist, wie beispielsweise vonseiten der Polizei oder eines Rechtsanwalts.

Das Unternehmen Z setzt für die Zugangskontrolle an allen externen Eingängen, Labortüren, Lagerstätten und wichtigen Büros der Finanzabteilung kontaktlose Chipkartenleser ein. Die Administration hat zur Regelung des Zugangs zu den Einrichtungen folgende Sicherheitsrichtlinie aufgestellt:

- Während der Betriebszeiten an Werktagen von 8.00 Uhr bis 18.00 Uhr brauchen Vollzeit- und Teilzeitmitarbeiter keine Karte, um die Unternehmensgebäude zu betreten.
- Freie Mitarbeiter werden gebeten, sich an der Rezeption anzumelden.
- Alle externen Türen sind außerhalb der normalen Betriebszeiten geschlossen, Vollzeit- und Teilzeitmitarbeiter können die Gebäude mit Hilfe ihrer Karten betreten.
- Freie Mitarbeiter haben außerhalb der normalen Betriebszeiten keinen Zugang zu den Gebäuden. Ausnahmen sind möglich, wenn ein Zugangsformular ausgefüllt und vom Personalmanager genehmigt wird.
- Der Zutritt zu Laboratorien, Lagerbereichen und denjenigen Büros der Finanzabteilung, für die es Zugangsbeschränkungen gibt, wird über spezielle Zugangsformulare und die Zustimmung des Managements gewährt.
- Zugangskarten werden im Sicherheitsbüro ausgegeben, nachdem der Personalmanager dem Antragsformular zugestimmt hat.
- Bei Verlust oder Diebstahl der Zugangskarten muss die Sicherheitsabteilung sofort informiert werden.

- Mitarbeiter haben ihre Zugangskarten immer bei sich zu tragen. Die Karten dürfen nicht ausgeliehen und müssen immer sicher aufbewahrt werden.

Die folgende Sicherheitsrichtlinie für die Reaktion auf Vorfälle wird den Mitarbeitern ebenfalls ausgehändigt.

Um die Sicherheit innerhalb der Einrichtungen des Unternehmens Z sicherzustellen, müssen Mitarbeiter die folgenden Richtlinien für die Reaktion auf Vorfälle lesen und befolgen:

- Mitarbeiter, die einen nicht autorisierten Besucher bemerken, benachrichtigen sofort die Sicherheitsabteilung und bitten um Unterstützung.
- Wird der Besucher bei einem Diebstahl, Angriff oder einer Zerstörung beobachtet, benachrichtigen Sie die Sicherheitsabteilung, die die entsprechenden Behörden kontaktieren wird.
- Alle Zeugen übergeben der Sicherheitsabteilung eine eidesstattliche Erklärung, in der ihre Anwesenheit und die Einzelheiten des Vorfalls bestätigt werden. Halten Sie sich für weitere Befragungen durch die Sicherheitsabteilung und die entsprechenden Behörden bereit.
- Die Sicherheitsabteilung ist über alle nicht funktionierenden Türen, Schlösser und Zugangsmittel zu benachrichtigen. Die Sicherheitsabteilung wird die Reparatur der beschädigten Ausrüstung mit der Wartungsabteilung koordinieren.
- Ist ein Mitarbeiter an einer Sicherheitsverletzung beteiligt, muss der Manager benachrichtigt werden.
- Mitarbeiter agieren in diesen Situationen nicht allein, sondern benachrichtigen die Sicherheitsabteilung und überlassen deren Mitarbeitern die Kontrolle über die Situation.

Dieses Beispiel zeigt einige wichtige Aspekte einer Standort- und Infrastrukturrichtlinie auf. Es werden Einschränkungen für den physikalischen Zugang definiert, darunter die Methoden, mit denen Mitarbeiter Zugang zu den Einrichtungen erhalten, und es werden verschiedene Mitarbeitertypen unterschieden. Außerdem werden Prozesse und Prozeduren zur Zugangskontrolle und zum Erwerb der entsprechenden Privilegien dargestellt, wobei auch die verantwortlichen Personen beziehungsweise Abteilungen erwähnt werden. Die Richtlinien für die Handhabung von Vorfällen sind ganz klar in Hinblick auf die Sicherheit der Mitarbeiter aufgestellt worden. In jeder einzelnen Leitlinie werden die für diese Vorfälle geschulten Personen erwähnt und integriert.

26.2.2 Infrastruktur und Computerumgebung

Bei der Aufstellung einer Sicherheitsrichtlinie für die Infrastruktur und Computerumgebung werden normalerweise folgende Sicherheitsaspekte berücksichtigt:

- physikalischer Zugriff auf Computersysteme und Einrichtungen
- Sicherheitsüberlegungen in Bezug auf Laptops und PDAs
- Sicherheit für Sprach- und Datennetzwerke
- Remotenetzwerkzugriff auf Computersysteme und Ressourcen
- Sicherheitsüberwachung und -Auditing
- Authentifizierung und Zugriffskontrolle

Physikalischer Zugriff auf Computersysteme und Einrichtungen

Computersysteme in einem Unternehmen können in folgende Kategorien eingeordnet werden:

- öffentliche Terminals
- Desktop-Systeme
- Serversysteme

In einer Sicherheitsrichtlinie für den Standort und die Infrastruktur muss jede dieser Kategorien einzeln berücksichtigt werden.

Öffentliche Terminals

Wie beim Zugang zu Gebäuden und Einrichtungen ist die Kontrolle des physikalischen Zugriffs auf die Computerumgebung eine wichtige Komponente zu deren Schutz. Ist jemand erst einmal in ein Gebäude eingedrungen, kann er meist schnell ein nicht besetztes Terminal oder Computer finden. Werden diese Systeme nicht durch eine Richtlinie geschützt, können unautorisierte Benutzer auf wichtige und private Ressourcen, Informationen und Dateien zugreifen. Computerterminals in öffentlich zugänglichen Bereichen sollten sorgfältig kontrolliert werden, indem der Zugriff auf Netzwerkeinrichtungen und -ressourcen eingeschränkt wird und Benutzungsrichtlinien für Mitarbeiter und Gäste aufgestellt werden.

In unserem hypothetischen Fall hat das Unternehmen Z einen offenen Atriumbereich, in dem es verschiedene Terminals gibt, auf die Mitarbeiter und Besucher zugreifen können. Die folgende Sicherheitsrichtlinie, mit der die Benutzung dieser öffentlichen Terminals geregelt wird, ist gut sichtbar angebracht:

Regeln und Einschränkungen für die Benutzung der öffentlichen Terminals

- Besucher wenden sich für einen Gast-Account an die Rezeption.
- Gast-Accounts können nur auf das Internet zugreifen.

- Über Gast-Logins sind keine internen Systeme oder Ressourcen verfügbar.
- Gast-Accounts werden nach 15 Minuten Inaktivität automatisch abgemeldet.
- Mitarbeiter müssen sich abmelden, bevor Sie das Terminal verlassen.
- Bitte benachrichtigen Sie die IT-Abteilung, wenn ein System nicht funktioniert.

Administrative Richtlinien für öffentliche Terminals

- Öffentliche Terminals sind über Alarmgeräte und Kabelschlösser sicher mit den Schreibtischen verbunden.
- Alle Systeme, die für eine öffentliche Benutzung konfiguriert sind, befinden sich in einem Netzwerk mit eingeschränktem Zugriff.
- Die auf den Systemen konfigurierten Gast-Accounts bieten keinen Zugriff auf Unternehmensressourcen oder -systeme.
- Gast-Accounts werden nach einem spezifizierten Zeitraum der Inaktivität automatisch abgemeldet.
- Gast-Accounts laufen, abhängig von den Anforderungen des Besuchers, ab, wenn sie nicht mehr benötigt werden.
- Öffentlich verfügbare Systeme dürfen keinen Zugriff auf interne Systeme oder Ressourcen gewähren.
- Öffentlich verfügbare UNIX-Systeme werden mit einer minimalen Sammlung von Utilities konfiguriert. Netzwerkdienste sind nicht zugelassen. Dem Gast wird eine eingeschränkte Shell zur Verfügung gestellt, aus der er nicht entkommen kann. Der Account wird gelöscht, wenn der Besucher das Gebäude verlässt.
- Öffentlich verfügbare Windows-Systeme dürfen keine Domänenmitglieder sein. Gastkonten erhalten nur die Privilegien der lokalen Benutzergruppe.
- Menüs und Befehle werden so konfiguriert, dass nur auf den entsprechenden Webbrowser auf dem System und keine anderen Anwendungen zugegriffen werden kann.

Öffentliche Terminals werden häufig für die Netzwerkbedürfnisse besuchender Mitarbeiter, Verkäufer und Geschäftspartner zur Verfügung gestellt. Für diese Terminals sind spezielle Sicherheitsüberlegungen und öffentlich angebrachte Benutzungsregeln erforderlich, damit die Computerinfrastruktur geschützt wird. Die Richtlinie des Unternehmens Z unterscheidet bei der Benutzung der Terminals zwischen Besuchern und Mitarbeitern, wobei den Besuchern deutlich mehr Einschränkungen auferlegt werden. Für die Administratoren dieser Systeme gilt ebenfalls eine Sicherheitsrichtlinie, in der die Maßnahmen für die Konfiguration der Systeme dargestellt sind. Damit wird sichergestellt, dass alle öffentlich verfügbaren Systeme gleich konfiguriert werden. Dies wiederum trägt dazu bei, einen gewissen Grad an Sicherheit zu garantieren.

Desktop- und Serversysteme

Öffentliche Terminals sind nicht die einzigen Systeme, die Richtlinien erfordern. Desktop-Systeme bieten häufig die geringste Sicherheit, weil die einzelnen Mitarbeiter ihre eigenen Rechner administrieren oder spezielle Privilegien und Zugriffsrechte für ihre Systeme haben. Auch wenn es angestrebt werden sollte, ist es häufig einfach nicht machbar, dass die IT-Abteilung alle Desktop-Workstations administriert. Deshalb ist es wichtig, eine Sicherheitsrichtlinie für deren Einrichtung und Benutzung aufzustellen. Die Standort- und Infrastruktur-Sicherheitsrichtlinie für Desktop-Systeme legt die Standards für deren Einrichtung fest, dazu gehört die Einrichtung von Betriebssystemen, Anwendungen und Utilities. Die Sicherheitseinschränkungen basieren normalerweise auf Konfigurationseinstellungen, mit denen Administratoren das Desktop-System auf einer bekannten Sicherheitsebene replizieren können. Die Richtlinien stellen außerdem Regeln für die Interaktion des Desktop-Systems mit Servern und dem Netzwerk auf.

Die Sicherheitsrichtlinie für Desktop-Benutzer wird später in diesem Kapitel dargestellt.

Unter Berücksichtigung der Tatsache, dass Desktop-Systeme wahrscheinlich nicht durch IT-Mitarbeiter kontrolliert werden, versucht man in effektiven Infrastrukturrichtlinien, die Menge der Daten, Anwendungen und anderen Informationen auf dem Desktop-System so gering wie möglich zu halten. Dies verstärkt sowohl die Sicherheit als auch die Verfügbarkeit von Informationen im Unternehmen. In vielen Unternehmen werden Benutzerdaten und Anwendungen auf einem einzelnen Server oder einer Sammlung von Servern zentral gespeichert. Fällt ein Desktop aus, ist damit der Aufwand für eine Wiederherstellung gering – alle erforderlichen und wichtigen Daten sind auf dem Server. Sie gehen nicht verloren und können leicht und schnell wiederhergestellt werden. Eine solche zentrale Datenhaltung erlaubt ein wesentlich einfacheres und automatisches Backup aller wichtigen Daten.

Serversysteme sind sehr wichtig, denn es liegt in ihrer Verantwortung, freigegebene Daten, private Benutzerinformationen, Anwendungen und Dienste für das Unternehmen zuverlässig zu speichern und zur Verfügung zu stellen.

Eine Sicherheitsrichtlinie für Server sollte folgende Komponenten umfassen:

- Konfiguration der Dienste
- Berechtigungen und Zugriffskontrollen für Datenfreigaben
- Berechtigungen und Zugriffskontrollen für private Benutzerdaten
- Prozeduren für Backups und Wiederherstellung
- Reaktion auf Vorfälle

Die Konfiguration der Dienste ist die erste Methode für eine Sicherung des Servers. Die meisten Betriebssysteme stellen eine große Menge potenzieller Dienste und Funktionen zur Verfügung, die ein Unternehmen nicht alle benötigt oder wünscht. Jeder dieser Dienste hat seine eigenen Sicherheitsprobleme, die bei einer Aktivierung oder Deaktivierung berücksichtigt werden müssen. Die Entscheidung für den Einsatz eines Dienstes hängt oft von einer Risiko-Nutzen-Analyse ab. Stellt der Dienst eine erforderliche Funktion zur Verfügung, die in sich ein Sicherheitsrisiko birgt, sollten die Administratoren feststellen, ob es einen Ersatz für den Dienst gibt. Ist das der Fall, müssen die Kosten und Mühen für eine Implementierung dieses Ersatzes gegen die Sicherheitsrisiken und Kosten des ursprünglichen Dienstes abgewogen werden. Es ist wichtig, in der Sicherheitsrichtlinie die Grundlagen für Entscheidungen zu dokumentieren und die bekannten Sicherheitsrisiken aufzuführen, die das Unternehmen akzeptiert. Ebenfalls relevant ist die Wartung der Software und der Betriebssysteme, die auf den Servern laufen – Sicherheitsmaßnahmen sollten bei Entdeckung neuer Schwachstellen regelmäßig aktualisiert werden. Updates müssen installiert und überwacht werden. Die Autoren der Sicherheitsrichtlinie werden wahrscheinlich nicht immer beim Unternehmen beschäftigt bleiben, daher ist es wichtig, dass zukünftige Verantwortliche Hintergrundinformationen zu Entscheidungen erhalten.

Die Serversicherheitsrichtlinie des Unternehmens Z lautet wie folgt:

- Server dürfen in ihrer Konfiguration nur die erforderlichen Dienste unterstützen. Nicht notwendige Software und Dienste werden deaktiviert, um das Sicherheitsrisiko so gering wie möglich zu halten.
- Serversysteme müssen physikalisch sicher sein und dürfen nur administrativen Zugriff zulassen.
- Serverbetriebssysteme und -software müssen bzw. muss aktualisiert werden, wenn neue Schwachstellen und darauf folgende Patches freigegeben werden.
- Kommt es zu Vorfällen wie einem Hardware-Ausfall, einer Systemkompromittierung oder anderen Angriffen, wird der Server aus dem Netzwerk entfernt und in seinem derzeitigen Zustand belassen, damit effektive Untersuchungen durchgeführt werden können.
- Sie sollten einen Ausweichplan aufstellen und diesem für die Wiederherstellung nach Angriffen folgen. Umfassende Informationen zum Inhalt und Aufbau eines solchen Plans finden Sie in den Beispielen des Disaster Recovery Journal unter `http://www.drj.com/new2dr/samples.htm`.

Da der Schwerpunkt hier auf Sicherheitsrichtlinien und nicht auf der Systemkonfiguration liegt, wird für die Serversicherheitsrichtlinie des Unternehmens Z der größte Teil der technischen Details nicht berücksichtigt, die für eine Sicherung von Servern und Betriebssystemen relevant sind. Die Standards für Konfiguration, Zugriff und Wartung sind wichtige Komponenten, die in die Sicherheitsrichtlinie integriert sein sollten. Die Reaktion auf Vorfälle ist bei Servern relativ komplex. Damit nach dem Entdecken des Angriffs potenzielle Beweismittel nicht zerstört werden, muss das System für eine Sicherheitsanalyse und Untersuchung intakt gehalten werden. Auch wenn es in der Praxis recht weit verbreitet ist, sollte nach einem erfolgreichen Angriff auf einen Rechner dieser nicht einfach komplett gelöscht und das Betriebssystem neu aufgespielt werden. Dies setzt allerdings voraus, dass Ersatzsysteme existieren, die für den Zeitraum der Untersuchung die Aufgaben dieses Servers übernehmen können.

Die Freigabe von Daten ist oft der primäre Zweck eines Servers. So können Mitarbeiter auf gemeinsam verwendete Dateien, Anwendungen und andere Daten zugreifen. Serverbetriebssysteme unterstützen in der Regel mehrere Methoden für einen Multiuser-Zugriff auf die Daten. Wenn Sie die Richtlinie für die Infrastruktursicherheit aufstellen, sollten technische Details rund um Datenfreigaben klar dargestellt und sauber dokumentiert werden.

Die Standort- und Infrastruktur-Sicherheitsrichtlinie des Unternehmens Z legt folgende Kriterien für Datenfreigaben auf Servern fest:

- Datenfreigaben dürfen nicht über die Gruppe »Alle« auf Windows-Servern oder als »World«-Lese-/Schreibzugriff auf UNIX-Systemen eingerichtet werden.
- Der Zugriff durch die Gruppe »Alle« und »World«-Lese-/Schreibrechte werden entfernt oder deaktiviert.
- Der globale oder gemeinsame Zugriff durch alle Mitarbeiter wird über eine Mitgliedschaft in der speziell auf den Servern erzeugten Gruppe »Mitarbeiter« kontrolliert.
- Bei Bedarf können kleinere privilegierte Gruppen gebildet werden. Die Datenfreigaben in diesen Gruppen werden entsprechend den Zugriffsanforderungen der Benutzer koordiniert.

Die Richtlinie des Unternehmens Z legt Wert auf strenge Sicherheit für Datenfreigaben. Hier werden bedingungslose Freigaben und wirklich benötigte Freigaben ermittelt und unterschieden. Daten werden nur von Mitarbeitern gemeinsam benutzt. Sicherheitskontrollen sorgen dafür, dass nur autorisierte Personen auf die Freigaben zugreifen können. In diesem Modell wird die Zugriffskontrolle über die Mitgliedschaft in verschiedenen Benutzergruppen durchgesetzt, und Berechtigungen werden entsprechend angepasst.

Zu den privaten Daten eines Benutzers gehören sein Heimatverzeichnis und die Bereiche, in denen seine persönlichen Dateien gespeichert werden. Da diese Dateien häufig ebenfalls auf dem Server aufbewahrt werden, ist es wichtig, den Grad der Sicherheit darzustellen, den der Benutzer erwarten kann. Außerdem sollte die Methode beschrieben werden, mit der diese Sicherheit zur Verfügung gestellt wird.

Das Unternehmen Z hat folgende Sicherheitsrichtlinie für Heimatverzeichnisse und private Speicherbereiche der Benutzer aufgestellt:

- Benutzern werden serverbasierte Heimatverzeichnisse zum Speichern privater und persönlicher Daten zur Verfügung gestellt.

- Auf Windows-Servern werden Berechtigungen eingerichtet, die dem entsprechenden Benutzer volle Lese-/Schreibrechte für ein Verzeichnis gewähren. Der System-Backup-Prozess kann auf die Daten zugreifen, wenn ein Backup des Speichersystems erstellt wird.
- Benutzer dürfen nur auf ihr eigenes Heimatverzeichnis zugreifen.
- Benutzer werden aufgefordert, Daten in ihren serverbasierten Verzeichnissen zu speichern, damit die Sicherheit gewährleistet werden kann und im Fall eines Angriffs die Daten leichter wiederhergestellt werden können.

Da das berufliche und persönliche Leben nicht völlig getrennt werden kann, speichern Mitarbeiter oft persönliche und sensible Daten auf ihren Systemen. Damit die Daten sicher sind und im Fall eines Desktop-Systems ein Datenverlust vermieden wird, werden die Benutzer des Unternehmens Z aufgefordert, ihre Daten auf den Servern zu speichern. Damit wird für die Benutzer ein hoher Grad der Sicherheit vor neugierigen Mitmenschen gewährleistet.

Backup- und Wiederherstellungsprozeduren dienen in einem Unternehmen vielen Zwecken. Dazu gehören der Schutz der Daten im Fall einer Katastrophe, die Wiederherstellung versehentlich gelöschter Dateien und die Gewährleistung allgemeiner Zuverlässigkeit der Infrastruktur. Backup-Daten werden oft in Untersuchungen von Sicherheitsvorfällen für eine Bewertung der Datenintegrität verwendet – von einem Angreifer veränderte Daten können durch einen Vergleich zwischen diesen und der Version auf den Backup-Medien erkannt werden. Der physikalische Aufbewahrungsort dieser Backup-Medien ist ebenfalls wichtig für die Sicherheit. Viele Unternehmen bedienen sich spezieller außerhäusiger Aufbewahrungsunternehmen, um für eine sichere Lagerung der Backups zu sorgen. Kleine bis mittlere Unternehmen können dafür zum Beipiel einfach ein Schließfach bei einer Bank anmieten. Idealerweise sollte dieses Schließfach einen 24-Stunden-Zugriff bieten.

Das Unternehmen Z hat folgende Aspekte für die Sicherheit der System-Backups berücksichtigt:

- Alle Backups werden vor der außerhäusigen Aufbewahrung in einem verschlossenen Lagerbereich abgelegt.
- Wöchentliche Backups werden zu einer geplanten Abholzeit von einem Repräsentanten des Aufbewahrungsunternehmens an den außerhäusigen Standort gebracht.
- Backups bestehen aus einem Backup des Gesamtsystems pro Woche für jedes System mit allabendlichen inkrementellen Backups aller modifizierten Daten.
- Nur autorisierte Administratoren dürfen Backup- und Wiederherstellungsanwendungen benutzen.

- Im Fall einer Katastrophe, eines Hardware-Ausfalls oder bei anderen Vorfällen, die zu einem Datenverlust führen, muss der Mitarbeiter die IT-Abteilung benachrichtigen.
- Informationen werden aus dem letzten Gesamtarchiv wiederhergestellt; inkrementelle Änderungen bis zum Zeitpunkt des Vorfalls werden darüber geschichtet.

Backups sorgen für ein gewisses Maß an Zuverlässigkeit und Sicherheit für die Daten, die innerhalb des Unternehmens gespeichert und verwendet werden. In der Sicherheitsrichtlinie werden die Backup-Methode, die Wiederherstellung nach Vorfällen und die erforderlichen Privilegien für den Zugriff auf die Informationen festgeschrieben. Auch die physikalische Sicherheit der Backup-Daten wird betont, um für eine umfassende Richtlinie zum effektiven Schutz des Unternehmens zu sorgen.

Der Begriff Reaktion auf Vorfälle (Incident Response) hat mehrere Bedeutungen, kann aber als die bestmögliche Aktion im Fall anormaler Umstände zusammengefasst werden. Für den Zweck dieser Darstellung sind die tatsächlichen Umstände nicht so wichtig wie die Reaktion darauf. Sicherheitsrichtlinien sind dabei sehr vorteilhaft, weil sie die Informationen bezeichnen und organisieren, die für eine sichere Reaktion wichtig sind. In den Sicherheitsrichtlinien müssen die vorgeschlagenen Methoden für eine Reaktion auf Vorfälle und die relevanten Kontaktinformationen angegeben werden. Das primäre Ziel dieser Richtlinien besteht darin, die spontanen, emotional motivierten Reaktionen zu verhindern, zu denen es oft kommt. Mit einer griffbereiten Schritt-für-Schritt-Anleitung für den Umgang mit Vorfällen – inklusive der angemessenen Schritte für die Identifizierung, Kontrolle und Lösung der Probleme – können alle Beteiligten sicher reagieren.

Sicherheitsüberlegungen in Bezug auf Laptops und PDAs

Der Fortschritt der Technologie zieht die Entwicklung neuer, kleinerer und leistungsfähigerer Computer nach sich. Wenn man die weite Verbreitung von Telearbeitern und Remotebüros sowie die Häufigkeit von Geschäftsreisen bedenkt, sind für diese kleinen Computer wie Laptops und PDAs besondere Sicherheitsüberlegungen erforderlich. Diebstahl oder Missbrauch derartiger Geräte stellen ein hohes Risiko für die Infrastruktur eines Unternehmens dar, denn die Geräte werden oft auf der gleichen Zugriffsebene betrieben wie ihre größeren und weniger portablen Gegenstücke. Viele dieser portablen Computer bieten spezielle Sicherheitsmethoden, mit denen der Benutzer das Gerät und die darauf gespeicherten Informationen schützen kann. Die Unternehmensrichtlinien, die eine Benutzung von Laptops und PDAs regeln, sollten sich dieser Funktionen bedienen.

Das Unternehmen Z hat eine Sammlung von Sicherheitsrichtlinien für Laptops und PDAs aufgestellt. Zu den physikalischen und Konfigurationsaspekten gehören folgende Punkte:

- Richten Sie für Laptops und PDAs möglichst beim Einschalten verlangte Passwörter ein, damit bei Diebstahl eine unautorisierte Benutzung verhindert wird.
- Benutzer müssen sich abmelden und das System ausschalten, wenn es nicht benutzt wird. Der Standby-Modus sollte nicht benutzt werden. Damit können sich unautorisierte Personen nicht als Benutzer ausgeben, falls sie Zugriff auf das System erhalten.
- Private und sensible Daten werden möglichst mit Hilfe von Verschlüsselung und Passwörtern geschützt.
- Benutzer müssen verschiedene Passwörter für jedes ihrer portablen und nicht portablen Geräte benutzen, damit es nicht zu einer Kompromittierung mehrerer Systeme mit Hilfe eines gestohlenen Passworts kommt.
- Wenn Sie Ihren Arbeitsplatz zeitweilig verlassen, schließen Sie das System entweder über einen durch ein Passwort geschützten Bildschirmschoner, oder melden Sie sich komplett ab.
- Laptops und PDAs müssen durch ein Kabelschloss, eine Kette oder ein anderes Sicherheitsgerät physikalisch gesichert werden.
- Ist keine dieser Sicherheitsmaßnahmen verfügbar, schließen Sie das System in einer Schublade oder an einem anderen sicheren Aufbewahrungsort ein, wenn Sie es nicht benutzen.

Sicherheit für Sprach- und Datennetzwerke

Das Netzwerk ist für die Computerinfrastruktur lebenswichtig. Das Telefonsystem, das die Sprachkommunikation ermöglicht, bildet ein Netzwerk von miteinander verbundenen Telefonen. Desktops sind mit Servern verbunden, und das größere Internet ist über das LAN angebunden. Kunden, Partner und Mitarbeiter kontaktieren das Unternehmen über das Netzwerk. Der größte Teil der internen Kommunikation erfolgt wahrscheinlich über das Sprach- und Datennetzwerk. Sicherheitsrichtlinien sollten die Sicherheit der Netzwerkkommunikation berücksichtigen und Risiken und Verteidigungsmaßnahmen auflisten, damit die Netzwerke sicherer funktionieren können.

Das Telefonsystem in einem Unternehmen überschreitet häufig die Grenzen zwischen Sprach- und Datenkommunikation. Der Desktop-Computer kann mit modernen Telefonsystemen interagieren, um VoicE-Mail abzurufen, Nachrichten für andere zu hinterlassen und das System zu administrieren. Wie in den vorher dargestellten Bereichen sollte auch hier der physikalische Zugriff kontrolliert werden. Die Betriebseinschränkungen – wie beispielsweise persönliche Identifikationsnummern (PINs) für Benutzer – und Standardkonfigurationen sollten eine sicherere Umgebung gewährleisten. Ein oft übersehener Sicherheitsaspekt des Telefonsystems ist die Bereitstellung von Funktionen für eine Remote-Einwahl, die sowohl für die Administration des Telefonsystems als auch für den Zugriff auf das Netzwerk verwendet werden.

Einige Sicherheitsaspekte für das Telefonsystem sind in folgender Sicherheitsrichtlinie des Unternehmens Z aufgeführt:

- Der physikalische Zugriff auf die Hardware des Telefonsystems und die Terminals für die Systemkonfiguration ist auf die Telefonadministratoren und Mitarbeiter des Telefonanbieters beschränkt.
- Die Hardware des Telefonsystems ist in einem sicheren Bereich aufzustellen, für den spezielle Zugangsmethoden wie Schlüssel oder elektronische Karten erforderlich sind.
- Standard-PINs für neue Benutzer werden zufällig gewählt.
- Vermeiden Sie bei der Einrichtung eines VoicE-Mail-Accounts die Benutzung leicht zu erratender PINs. Beispiele hierfür sind Nummern der Apparate, der Nachname des Benutzers oder andere identifizierbare Angaben.
- Einwählmodems, die für die Administration des Telefonsystems benutzt werden, müssen durch Passwörter geschützt werden.
- Der Netzwerkzugriff über Einwählmodems wird über ein zentralisiertes Authentifizierungs- und Berichtssystem authentifiziert und protokolliert.
- Modems, die für Einwählfunktionen vorgesehen sind, dürfen keine Auswählfunktionen zur Verfügung stellen.
- Die Installation neuer Modems wird über die Telefon- und IT-Abteilung koordiniert, um die erforderliche Sicherheit und Netzwerkinfrastruktur zum Erhalt der Sicherheit zu gewährleisten.
- Telefonleitungen werden regelmäßig überprüft, um die Betriebsfähigkeit vorhandener Modems sicherzustellen und nicht autorisierte Modems zu identifizieren.

Diese Sicherheitsrichtlinie deckt das Telefonsystem recht umfassend ab. Eine ausführliche Sicherheitsrichtlinie berücksichtigt alle Aspekte eines Unternehmens und konzentriert sich nicht nur auf die Computerumgebung, denn alle Sicherheitsaspekte sind miteinander verbunden. Eine Verletzung der Sicherheit in einem Bereich ermöglicht potenziellen Angreifern den Zugriff, trotz der Sicherheitsmaßnahmen in einem anderen Bereich. Eine Schwachstelle in der Sicherheitsrichtlinie für das Telefonsystem könnte es einem nichtautorisierten Eindringling ermöglichen, auf System- und Netzwerkressourcen zuzugreifen, selbst wenn andere System- und Netzwerksicherheitsmaßnahmen eingesetzt werden.

Das Datennetzwerk sollte die gleichen Sicherheitsfunktionen erhalten wie das Sprachnetzwerk. Netzwerk- und Kommunikationshardware wie Router, Switches und Netzwerkleitungen (ISDN, DSL, T1 und so weiter) müssen physikalisch sicher sein, um versehentliche oder absichtliche Unterbrechungen der Netzwerkdienste zu verhindern. Abgesehen davon benötigt das Netzwerk einen hohen Grad an Sicherheit und eine Menge sorgfältiger Arbeit, um diesen Grad beizubehalten.

Die erste Schutzmaßnahme ist in der Regel eine Firewall am Zugangspunkt zum Internet (wie Sie in Kapitel 10, »Firewalls«, erfahren haben). Die spezifischen Firewall-Regeln und -Filter basieren dabei auf den Netzwerkbedürfnissen des Unternehmens. Eine ausreichend sichere, aber etwas restriktive Leitlinie ist die Ausnahmemethode. Dieser geht eine globale Regel voraus, nach der zunächst der Zugriff allgemein verweigert wird. Dann werden für erforderliche Netzwerkdienste Ausnahmen eingerichtet.

Nach der Firewall sollte auch die Architektur und Organisation des Netzwerks berücksichtigt werden, damit Daten bei ihrer Reise durch das Netzwerkkabel geschützt und isoliert werden können. Schließlich muss noch die Netzwerkhardware vor Angriffen und unautorisierten Konfigurationsversuchen geschützt werden.

Das Unternehmen Z hat für Server und Desktop-Computer verschiedene Netzwerke. Der Teil der Sicherheitsrichtlinie für das Datennetzwerk lautet wie folgt:

- Interne Netzwerke werden durch Firewalls auf eine restriktive Art und Weise geschützt.
- Firewall-Filter und -Regeln unterstützen ausgehende Verbindungen von Mitarbeitern, damit diese das Internet uneingeschränkt benutzen können.
- Firewall-Filter und -Regeln lassen zum Webserver sowie zu den Mail- und Nameservern (DNS) des Unternehmens nur eingehende Verbindungen zu.
- Das Netzwerk für den Kundensupport liegt auf einem anderen Netzwerksegment und Interface als das administrative und das Unternehmensnetzwerk. Es ist weniger eingeschränkt, um die für die Abteilung erforderlichen Dienste zu unterstützen.
- Jeder Zugriff auf Netzwerkgeräte soll möglichst nicht über Standardpasswörter stattfinden.
- Ein administrativer Zugriff auf Netzwerkgeräte wie Firewalls, Router, Switches, Modems und andere Kommunikationsgeräte, die verwaltet werden, wird in der Konfiguration von nur einigen wenigen administrativen Systemen aus zugelassen, damit diese vor unautorisierten Veränderungen der Konfiguration geschützt sind.
- Alle Konfigurationsveränderungen an Netzwerkgeräten müssen protokolliert werden.
- Im Fall von Netzwerkangriffen informieren die Netzwerkadministratoren die Sicherheitsabteilung des Unternehmens, falls rechtliche Schritte erforderlich sind.
- In der Konfiguration der Netzwerkgeräte werden nur die Protokolle und Dienste aktiviert, die das Unternehmen benutzt. Alle anderen Funktionen werden deaktiviert.

- Folgende Maßnahmen sollten im Fall eines Angriffs ergriffen werden:
    1. Versuchen Sie, die Ursache herauszufinden.
    2. Kommt es aufgrund des Angriffs zu einer Unterbrechung des Netzwerks und zu einem Dienstausfall, müssen die Netzwerkadministratoren versuchen, den Ursprung des Angriffs zu ermitteln. Wenn möglich, sollten Firewall-Regeln modifiziert werden, um die Auswirkungen zu kontrollieren.
    3. Stellen Sie den Dienst für das Unternehmen so schnell wie möglich wieder her. Versuchen Sie aber gleichzeitig, Beweismittel für das Problem zu sichern.
    4. Wird das Problem gelöst, füllen Sie das entsprechende Formular aus und leiten es an den Manager der Netzwerkgruppe weiter.
    5. Eine Analyse des Vorfalls wird bei einem Gruppentreffen diskutiert, um Schwachstellen im Netzwerk zu ermitteln und zukünftige Probleme zu vermeiden.
- Zum Schutz vor Geräteausfällen müssen Ersatzgeräte verfügbar sein.
- Um ein Ersetzen und die Konfiguration der Netzwerkgeräte zu vereinfachen, werden Konfigurationsinformationen auf den administrativen Servern gespeichert.
- Netzwerkgeräte sollten ihre Konfiguration möglichst von den administrativen Servern booten und herunterladen, damit die Integrität und Zuverlässigkeit der Konfiguration gewährleistet wird.
- Auf Netzwerkgeräten, die nicht über SNMP verwaltet werden, ist dieses Protokoll zu deaktivieren. Mit SNMP (Simple Network Management Protocol) können Administratoren die Einstellungen und Konfiguration für Geräte mit wenig oder geringer Authentifizierung und Zugriffskontrolle ansehen und modifizieren.
- Werden die Geräte über SNMP gemanagt, wird der SNMP-Zugriff auf administrative Server beschränkt.

Netzwerkgeräte bringen komplexe Sicherheitsanforderungen mit sich, die in der Sicherheitsrichtlinie berücksichtigt werden müssen. Nur dann sind eine sichere Installation und ein gewisser Grad an Sicherheit möglich. Die Sicherheitsrichtlinie berücksichtigt physikalische Aspekte und die Konfiguration, um einen unautorisierten Zugriff und eine ebensolche Verwaltung der Geräte zu verhindern. Eine Authentifizierung und Zugriffsbeschränkungen werden implementiert, außerdem wird für eine Zuverlässigkeit der Konfiguration gesorgt. Die von den Geräten bereitgestellten Dienste werden an die Bedürfnisse des Unternehmens angepasst, sodass eine bekannte Menge von Sicherheitproblemen erkannt und behoben werden kann.

Remotenetzwerkzugriff

Der Remotenetzwerkzugriff ist eine bequeme Funktion, über die Mitarbeiter ihre tägliche Arbeit unabhängig vom Standort erledigen können. Für diese Funktionalität muss die oben dargestellte Netzwerk-Sicherheitsrichtlinie erweitert werden. Man konzentriert sich bei dieser Erweiterung auf Methoden und Benutzung des Remotezugriffs. Ein Remotezugriff kann über VPNs und die bereits erwähnten Einwählmodems zur Verfügung gestellt werden. Die Bereitstellung dieser Funktionen führt zu Konflikten mit der Sicherheitsrichtlinie für das Netzwerk, da in dieser Richtlinie in der Regel versucht wird, Außenstehenden den Zugriff auf interne Informationen und Ressourcen zu verwehren.

Die Sicherheitsrichtlinie des Unternehmens Z für den Remotezugriff legt Folgendes fest:

- Das Unternehmen stellt Remotezugriff über eine VPN-Lösung zur Verfügung, die ISPs mit Einwähldiensten und Benutzer von Breitbandkabelmodems unterstützt.
- Die Konfiguration der VPN-Hardware und -Software folgt der Sicherheitsrichtlinie, die für andere Netzwerkgeräte gilt.
- Benutzer, die einen Remotezugriff benötigen, brauchen die Zustimmung Ihres Managers und der IT-Abteilung. Bevor ein Remote-Zugriff gewährt wird, müssen die entsprechenden Formulare ausgefüllt werden.
- Ein Remotezugriff wird über Passwörter, Sicherheits-Token oder Einmalpasswörter authentifiziert.
- Passwörter für den Remotezugriff folgen der Sicherheitsrichtlinie für die Authentifizierung.
- Die Software, Konfiguration und Account-Informationen für den Remotezugriff werden nur von dem Mitarbeiter benutzt, für den diese Zugriffsmöglichkeit vorgesehen ist.
- Ist ein Zugriff über mehrere Remoterechner erforderlich, ist dies auf dem Antragsformular zu vermerken.
- Mitarbeiter sollten einen Remotezugriff nur benutzen, wenn dieser unbedingt erforderlich ist, und ihn niemals unbeaufsichtigt lassen.
- Die akzeptable Benutzung dieser Ressource ist in der Sicherheitsrichtlinie für Benutzer dargestellt.

Der Remotezugriff ist eine Unterfunktion, für die Sicherheitsrichtlinien aus mehreren Bereichen gelten. Die Administration und Konfiguration des VPN gehört in den Bereich der Netzwerkgeräte, während die Authentifizierung und Benutzung des VPN von den Authentifizierungs- und Benutzerrichtlinien geregelt wird, die später in diesem Kapitel dargestellt werden.

Sie können sehen, dass eine umfassende Sicherheitsrichtlinie leicht skalierbar ist, damit sie an neue Anforderungen und Funktionen in einem Unternehmen angepasst werden kann. Wenn man sich in der frühen Entwicklungsphase einer Sicherheitsrichtlinie viel Mühe gibt, ist ihre Erweiterung erheblich einfacher.

Sicherheitsüberwachung und -Auditing

Überwachung und Auditing sind für eine umfassende Sicherheitsrichtlinie von zentraler Bedeutung. Diese Komponenten verbinden Prozeduren und Reaktionen. Die *Sicherheitsüberwachung* überprüft Konfigurationsrichtlinien und technische Anforderungen, die in den Sicherheitsrichtlinien dargestellt sind. Das *Sicherheits-Auditing* bringt eine konsistente Menge von Vorgehensweisen mit sich, die alle für das Unternehmen aufgestellten Sicherheitsrichtlinien erzwingen.

Eine Überwachung ist die Richtlinienaktion, die zu einem Teil der fortwährenden Standardsicherheitsprozesse in einem Unternehmen wird. Die Installation einer Firewall ist ein Element des Sicherheitsüberwachungssystems – sie konzentriert sich auf die Zugangspunkte zum Netzwerk. Zu den anderen Aspekten der Überwachung gehören die Benutzung von Sicherheitskameras, Anti-Virus-Software, Server-Festplattenquotas, Intrusion-Detection-Systemen und Netzwerkmanagementsoftware. Die Überwachungskomponente einer Sicherheitsrichtlinie verbessert die Sicherheit in einem Unternehmen, weil die anderen Elemente in der Richtlinie überprüft und damit deren Existenz und Richtigkeit sichergestellt werden.

Überwachungsfunktionen beeinflussen außerdem die Sicherheit und Wirksamkeit der Reaktionen auf Vorfälle. Sie sind die Beweismittel bei juristischen Problemen und eine informative Basis für Analysen nach Vorfällen. Diese Analysen sind sehr nützlich, um Problemen vorzubeugen und um auftretende Probleme zu verstehen.

Außerdem kann ein Unternehmen mit Hilfe der Sicherheitsüberwachung seine Systeme nach einem Vorfall leichter wiederherstellen, da detaillierte Informationen zur Verfügung stehen. Netzwerkangriffe können überwacht und abgewehrt, unberechtigte Hardware-Ausfälle verfolgt und korrigiert und die Aktionen unautorisierter Eindringlinge können beobachtet und aufgezeichnet werden. Erkenntnisse, die man aus Angriffen oder Ausfällen gewinnt, sollten auf jeden Fall in eine Verfeinerung der Sicherheitsrichtlinien und der Sicherheitsüberwachung einfließen.

Als Methoden zur Überwachung eines Servers, eines Netzwerks oder anderer Computergeräte werden Statistiken gesammelt und analysiert. Diese Statistiken dienen als Basis, aufgrund derer beurteilt wird, was normal oder nicht normal ist. Die Informationen werden oft per Hand gesammelt, beziehungsweise mit den Augen, wenn es sich um Sicherheitskameras handelt. Der Grad der Automatisierung erhöht die Wirksamkeit der Überwachung. Diese Aufgabe ist bei weitem nicht so schwierig, wie sie sich anhört, denn viele Betriebssysteme und Softwarepakete bringen einen großen Teil der Überwachungs- und Auditing-Funktionalität bereits mit sich – die Funktionen müssen nur aktiviert werden. Authentifizierungsrichtlinien, wie Kriterien für die Auswahl von Passwörtern, Passwort-Alterung und Verwaltung einer Passwortliste zur Vermeidung von Wiederholungen, werden durch übliche Funktionen in den meisten Betriebssystemen erzwungen. Zugriffskontroll- und Auditing-Funktionen sind integrierte Komponenten von Serverbetriebssystemen. Netzwerk-Managementprotokolle ermöglichen es, dass unter bestimmten Bedingungen spezielle Warnungen und Nachrichten ausgegeben werden. Ein Beispiel ist SNMP, das entsprechend konfiguriert bei einem bestimmten Ereignis die Administratoren benachrichtigt. SNMP bietet nur schwache Sicherheit und sollte vor einer Implementierung überprüft werden – es wird hier nur aufgrund seiner weiten Verbreitung erwähnt. Ein Anbieter von Alarmanlagen überwacht die Alarmanlage. Wird sie ausgelöst, werden die entsprechenden Autoritäten benachrichtigt.

Die Richtlinie für die Sicherheitsüberwachung des Unternehmens Z lautet wie folgt:

- Nichtöffentliche Fernsehkameras sind im Unternehmen und an den Ein- und Ausgängen installiert.
- Die Videodaten werden von der Sicherheitsabteilung aufgezeichnet und überwacht.
- Die Verwaltung und Überwachung von Netzwerkgeräten erfolgt über automatisierte Netzwerkmanagementsoftware, die im Fall anormaler Aktivitäten die Administratoren per Pager benachrichtigt.
- Alle Programme, Dokumente und E-Mail-Nachrichten werden von einer Anti-Virus-Software auf Viren untersucht. Entdeckte Viren werden automatisch beseitigt.
- Benutzer und Administratoren werden automatisch per E-Mail benachrichtigt, wenn ein Virus entdeckt wird.
- Alle Server werden mit Hilfe von Überwachungsprogrammen und integrierten Funktionen, die der aufgestellten Sicherheitsrichtlinie entsprechen, überwacht.

Das Auditing stellt sicher, dass die Sicherheitsrichtlinie vorhanden ist und befolgt wird. Zu den Auditing-Methoden zählen auch die Dienste von Sicherheitsfirmen, die Netzwerke, Systeme und Richtlinien eines Unternehmens analysieren – oft ohne Wissen der Mitarbeiter. Andere Formen des Auditing beinhalten zufällige und regelmäßige Überprüfungen der Richtlinien durch Administratoren oder spezielle interne Teams, die für derartige Aufgaben zusammengestellt wurden. Die Erwähnung von Auditing-Funktionen in der Sicherheitsrichtlinie eines Unternehmens hat auch psychologische Auswirkungen, die zu einem größeren Sicherheitsbewusstsein und entsprechenden Aktionen beitragen. Mitarbeiter halten sich wahrscheinlich weniger an Sicherheitsrichtlinien, wenn sie das Gefühl haben, dass diese nicht durchgesetzt werden. Wenn ein Unternehmen auf Auditing-Methoden hinweist, ohne unbedingt die genauen Prozeduren, die Häufigkeit und

Zeitplanung anzugeben, führt dies zu einem größeren Bewusstsein für die Sicherheitsprobleme auf Seiten der Mitarbeiter. Daraufhin stellt sich auch in der Praxis ein umfassenderes Sicherheitsdenken ein. Sehen Sie sich die folgende Sicherheitsrichtlinie für Durchsetzung und Auditing des Unternehmens Z an:

- Regelmäßige und spontane Sicherheits-Audits werden auf Servern und Netzwerkgeräten durchgeführt, um eine korrekte Konfiguration, sorgfältig durchgeführte Updates und die Anwendung von Patches sowie die Einhaltung anderer Vorgaben der Sicherheitsrichtlinien sicherzustellen.
- Diese Audits können von internen Mitarbeitern oder externen Unternehmen durchgeführt werden, ohne dass die Administratoren und Benutzer der Systeme davon in Kenntnis gesetzt werden. (Einige nützliche Informationen zum Thema Auditing und zu den Fallstricken, die Sie vermeiden müssen, finden Sie im Artikel *Audits from Hell* von Carole Fennelly unter `http://www.sunworld.com/swol-02-1999/swol-02-security.html`.)
- Für Desktop-Systeme und Benutzer wird die Einhaltung der Standort- und Infrastruktursicherheitsrichtlinie in Hinsicht auf Konfiguration, aktuelle Software und Netzwerkdienste überprüft.
- Außerdem werden Audits von Benutzern durchgeführt, um zu überprüfen, ob sie sich an die Benutzerrichtlinie halten. Nur dann kann die Sicherheit der Computerumgebung sichergestellt werden.

Mit der Verteilung der Audit-Richtlinie werden Benutzer gezwungen, sich an die Sicherheitsrichtlinien zu halten, und außerdem werden sie vor Auswirkungen gewarnt, falls sie dies nicht tun. Administratoren tragen die größte Verantwortung und geben sich die größte Mühe, die Durchsetzung der Sicherheitsrichtlinien zu erreichen. Audits mögen erzwungen scheinen, aber eine Umgebung mit so vielen Sicherheitskomponenten erfordert Hingabe und Sorgfalt, damit die Sicherheit gewährleistet werden kann.

Authentifizierung und Zugriffskontrolle

Authentifizierung und Zugriffskontrolle sind zwei Aspekte der Sicherheit, an denen Administratoren und Benutzer gleichermaßen beteiligt sein müssen, damit diese wirksam sind. Sicherheitsrichtlinien müssen die Regeln und Anforderungen klar darstellen und sollten außerdem dazu beitragen, dass Mitarbeiter verstehen, wie wichtig es ist, sie zu befolgen. Authentifizierungsrichtlinien sorgen für die besten Praktiken und exakten Implementierungen, die für den Zugriff auf Desktop-Systeme, Server, lokale Netzwerkressourcen und von Remotestandorten aus verwendet werden. Es gibt weithin bekannte Authentifizierungsmethoden und verschiedene Leitlinien, die zu einer sichereren Umgebung führen. Die Authentifizierungsaspekte, die in der Sicherheitsrichtlinie dargestellt werden, sind für die meisten anderen Bereiche, die von der Richtlinie abgedeckt werden, wichtig. Die Zugriffskontrolle ist mit der Authentifizierung verwandt und wird oft gleichzeitig verwendet, weil die Authentifizierung eines Benutzers die Gruppenmitgliedschaft bestimmt und damit Zugriff auf Ressourcen bietet.

Eine Authentifizierung kann auf verschiedene Weise stattfinden. Weithin benutzte Methoden sind Passwörter, persönliche Identifikationsnummern (PINs), Einmalpasswörter, Public-Key-Verschlüsselung, kontaktlose Chipkarten, Smartcards, andere Token zur Code-Generierung und biometrische Agenten. Die meistbenutzte Authentifizierungsmethode ist die Kombination aus Benutzername und Passwort. Im Vergleich zu anderen Methoden kann diese auch am einfachsten umgangen werden – Passwörter werden mit verschiedensten Methoden gestohlen; oft spielt hierbei auch die Passwortauswahl der jeweiligen Benutzer eine Rolle. Die meisten Menschen benutzen leicht zu merkende Passwörter wie Namen von Familienmitgliedern, Haustieren, Hobbys oder anderen Interessen. Leider können Angreifer diese Passwörter leicht erraten. Im Kampf um die entsprechende Balance zwischen Benutzerfreundlichkeit und hoher Sicherheit unterstützen Authentifizierungsrichtlinien die Benutzer dabei, stärkere Passwörter zu erzeugen, die nicht so leicht erraten werden können. Die Richtlinien bieten außerdem Leitlinien, wie Benutzer die Sicherheit ihrer täglichen Arbeit stärken können. Die Durchsetzung dieser Leitlinien ist häufig eine Funktion des Betriebssystems oder der Programme, die die Authentifizierung durchführen.

Die Sicherheitsrichtlinie für die Authentifizierung unterscheidet außerdem, wo und wie Authentifizierungsmethoden verwendet werden. Sicherheitsanforderungen für den Zugriff auf verschiedene Systeme, Netzwerke oder Einrichtungen bringen es oft mit sich, dass jeder Benutzer mehrere Authentifizierungsmethoden beibehalten muss. Dies gilt insbesondere für Computer- und Netzwerkadministratoren. Benutzer sind nicht die einzige Gruppe, die Authentifizierungsrichtlinien einhalten muss. Administratoren sind noch stärker für die Sicherheit der Authentifizierung verantwortlich, da sie Zugriff auf privilegierte Accounts, Systeme und Ressourcen haben und diese kontrollieren. Es gibt außerdem mehrere Leitlinien für die Handhabung und Benutzung von Passwörtern. Diese tragen dazu bei, dass Benutzer bei allen Aufgaben immer die Sicherheit im Hinterkopf haben.

Die Sicherheitsrichtlinie für die Authentifizierung des Unternehmens Z enthält folgende Punkte:

- Auf Systemen, in denen als Authentifizierungsangaben Benutzernamen und Passwörter verwendet werden, müssen Passwörter den folgenden Kriterien entsprechen:

    1. Sie müssen mindestens acht Zeichen lang sein.
    2. Sie müssen aus einer Kombination aus Buchstaben, Zahlen und erweiterten Zeichen oder Sonderzeichen zusammengesetzt werden.
    3. Das Unternehmen verwaltet eine Liste der letzten fünf Benutzerpasswörter, damit Wiederholungen vermieden werden.
    4. Neue Passwörter müssen sich ausreichend von alten Passwörtern unterscheiden, damit keine Muster erkannt werden können.
    5. Übliche Wörter aus Wörterbüchern sind nicht zugelassen.

6. Passwörter verfallen alle zwölf Wochen. Der Benutzer muss dann ein neues Passwort erzeugen.
7. Passwörter müssen sorgfältig ausgewählt werden. Nicht zugelassen sind Namen von Familienmitgliedern oder Haustieren, persönliche Interessen oder andere Informationen, die mit dem Benutzer in Verbindung gebracht und leicht ermittelt werden können.

- Administratoren müssen sich an die für Benutzer aufgestellten Kriterien halten, mit dem Zusatz, dass ihre Passwörter häufiger – alle sechs Wochen – verfallen.
- Passwörter für privilegierte Accounts werden alle vier Wochen geändert, denn diese Accounts werden von mehreren Administratoren gemeinsam benutzt.
- Remotezugriff wird über Einmalpasswörter und Code generierende Sicherheits-Token gewährt, damit ein Diebstahl von Benutzerangaben verhindert wird.
- Für alle Benutzer-Accounts sind Passwörter einzurichten. Jeder Benutzer-Account ohne Passwort wird deaktiviert oder erhält ein zufällig generiertes Passwort.
- Neu erzeugte Accounts erhalten zufällig generierte Passwörter, die beim ersten Login erlöschen. Der Benutzer muss dann ein neues Passwort einrichten.
- Passwörter dürfen niemals auf Papier, Post-Its oder Ähnlichem aufgeschrieben oder abgelegt werden.
- Benutzer dürfen ihr Passwort niemandem mitteilen.
- Es ist nicht erlaubt, dass Administratoren Benutzer nach ihren Passwörtern fragen. Sollte Sie jemand nach Ihrem Passwort fragen, benachrichtigen Sie bitte sofort die IT- und die Sicherheitsabteilung.
- Wenn Sie Aufgaben automatisieren, die eine Authentifizierung erfordern, vermeiden Sie das Speichern von Klartextpasswörtern in Datendateien. Verschlüsseln Sie nach Möglichkeit das Passwort, oder generieren Sie einen Hash-Wert, bevor Sie es speichern, um dem Diebstahl von Passwörtern entgegenzuwirken.
- Bei der Verwendung von Smartcards, kontaktlosen Chipkarten oder anderen auf Hardware-Token basierenden Authentifizierungsmethoden müssen Sie die Karte oder das Gerät stets bei sich tragen. Verleihen Sie es nie an Dritte.
- Bei der Verwendung von Public-Key-Verschlüsselungsmethoden für die Authentifizierung müssen die geheimen Schlüssel mit Hilfe von Dateizugriffsbeschränkungen oder dadurch geschützt werden, dass sie auf externen Geräten wie Smartcards gespeichert werden.

- Bei der Verwendung einer Verschlüsselung können die privaten und öffentlichen Schlüssel von der Administration treuhänderisch verwaltet werden, um die Daten vor Verlust zu schützen und um sicherzustellen, dass ein Zugriff bei Bedarf verfügbar ist.
- Jede Authentifizierung, ob erfolgreich oder fehlgeschlagen, wird vom jeweiligen System protokolliert.
- Systeme lassen per Konfiguration drei fehlgeschlagene Logins zu, bevor der Account gesperrt wird.
- Interne Accounts lassen nach fehlgeschlagenen Logins und einer Account-Sperre von 30 Minuten ein erneutes Login zu. Viele Betriebssysteme unterstützen auch permanente Sperren. Diese erfordern, dass ein Administrator den Account neu öffnen muss. Eine permanente Sperre kann zu einem Denial of Service führen, wenn ein Angreifer mehrere Accounts angreift.
- Remote-Accounts werden nach drei fehlgeschlagenen Login-Versuchen deaktiviert und müssen durch den Administrator wiederhergestellt werden.
- Administratoren müssen Login-Meldungen implementieren, die vor der Login-Aufforderung ausgegeben werden. Diese Meldungen warnen unautorisierte Benutzer, dass ihre Aktionen überwacht werden und dass versuchte Einbrüche in das System verboten sind. Eine gehäufte Benutzung durch nichtautorisierte Mitarbeiter kann juristische Folgen nach sich ziehen.
- Bei einem Verlust oder Diebstahl von Passwörtern oder Authentifizierungsgeräten ist sofort die IT-Abteilung zu benachrichtigen, um den Zugriff auf den Account zu sperren und neue Zugriffsangaben einzurichten.
- Administratoren müssen die Identität eines Benutzers bestätigen, bevor sie neue Passwörter ausgeben. Dies kann persönlich durch die Vorlage einer Dienstmarke oder eines Lichtbildausweises geschehen. Auch die Benutzung eines speziellen Wiederherstellungspassworts, einer persönlichen Identifikationsnummer, der Sozialversicherungsnummer oder anderer Identifikationsmittel, die normalerweise nur dem Benutzer und dem Administrator bekannt sind, ist möglich.

Sie können sehen, dass der Bereich der Authentifizierung sehr ernst genommen werden sollte. Benutzer und Administratoren müssen die negativen Auswirkungen eines Missbrauchs der Authentifizierungsmethoden klar erkennen. Zusammenfassend lassen Sie uns noch einmal die wichtigen Komponenten der Authentifizierung ansehen:

- Schulung von Benutzern und Administratoren, sodass diese die Authentifizierungsmethoden mit Hilfe von starken Passwörtern sicher benutzen und ihre Passwörter sicher aufbewahren.
- Protokollierung und Überwachung der Authentifizierung.

- Für verschiedene Anwendungen sollten anstelle einer einzigen Standardauthentifizierung unterschiedliche Authentifizierungsmethoden benutzt werden, um höchste Sicherheit zu gewährleisten. Ein Remotezugriff verlangt beispielsweise einen stärkeren Authentifizierungsmechanismus als ein interner Serverzugriff.
- Für die Authentifizierung sind strenge Richtlinien notwendig, wie beispielsweise in Bezug auf den Ablauf von Passwörtern und die Auswahlkriterien, um Angriffe und Kompromittierung zu erschweren.

Die Authentifizierung ist eng mit der Zugriffskontrolle verbunden. Zugriffskontrollen gibt es auf verschiedenen Ebenen – für den Zugriff auf Netzwerke, Datendateien oder Ressourcen. Der Netzwerkzugriff wird durch Protokolle, Port-Nummern, Ursprungs- und Zieladressen sowie durch die Netzwerke selbst bestimmt. Die Kontrolle des Netzwerkzugriffs erfolgt höchstwahrscheinlich über die Firewall; die Richtlinien hierfür haben wir bereits in diesem Kapitel gesehen. Zugriffskontrollen für Datendateien und Ressourcen werden über die Betriebssystemfunktionalität erreicht, z.B. über Dateiberechtigungen, die mit Benutzern und der Gruppenmitgliedschaft verbunden sind. Eine Sicherheitsrichtlinie für die Zugriffskontrolle versorgt den Benutzer mit einer Sammlung von besten Praktiken für die Nutzung dieser Funktionalität. Sehen Sie sich die Zugriffskontrollrichtlinie des Unternehmens Z an:

- Die Kontrolle des Netzwerkzugriffs wird über die Firewall geregelt, die einen Internet-Zugriff für Mitarbeiter ermöglicht. Wird ein gewünschter Dienst von der Firewall blockiert, kontaktieren Sie die IT-Abteilung oder die Netzwerkadministration, um mögliche Lösungen zu finden.
- Mitarbeiter erhalten Zugriff auf globale Computerressourcen des Unternehmens über ihre Desktop-Login-Prozedur.
- Gemeinsame Dateifreigaben werden automatisch während des Logins initialisiert. Der Benutzer hat das Recht, den gemeinsamen Bereichen Dateien hinzuzufügen, darf aber keine Dateien oder Ordner löschen, die er nicht selbst erzeugt hat.
- Benutzer erzeugen ihre UNIX-Accounts als Mitglied der Benutzergruppe Global oder einer entsprechenden Gruppe (abhängig vom Betriebssystem).
- Benutzer-Accounts unter UNIX haben ihre eigene private Gruppe als Standardgruppenmitgliedschaft, was ihnen ermöglicht, Berechtigungen für ihre Dateien und Verzeichnisse sicher einzurichten.
- Windows-Konten werden als Mitglied der Gruppe Domänenbenutzer eingerichtet.
- Heimatverzeichnisse werden so erzeugt, dass nur der Besitzer des Verzeichnisses darauf zugreifen kann.
- Die Einstellung der UNIX-umask ermöglicht es Benutzern, eine Standardberechtigungsebene für neu erzeugte Dateien festzulegen. Dieser Wert wird so

eingerichtet, dass neue Dateien erzeugt werden, die keine andere Person modifizieren oder ausführen kann. (Die Standard-umask ist in der Regel 022, womit Dateien mit Lese-/Schreibrechten für den Besitzer und Leserechten für die Gruppe und alle anderen eingerichtet werden.)

- Set-uid/set-gid-Einstellungen unter UNIX sind zu vermeiden, wenn sie nicht absolut erforderlich sind.
- Die Berechtigungen für Benutzerressourcen, darunter *.login*, *.profile* und *.rhosts*, müssen gegen nichtautorisierte Modifikationen gesichert werden.
- Wenden Sie sich an die IT-Abteilung, wenn Sie nicht sicher sind, wie Sie Zugriffskontrollen einrichten können.
- Wenn Sie einen unautorisierten Zugriff auf Dateien, Ordner oder andere Daten vermuten, benachrichtigen Sie die IT-Abteilung, damit diese eine Untersuchung vornehmen kann.
- Automatische Scans werden regelmäßig ausgeführt, um nach unsicheren Einstellungen für den Zugriff auf Benutzerdateien, Ordner und Anwendungen zu suchen.
- Die Betriebssysteme Windows NT und Windows 2000 stellen standardmäßig Zugriff für alle zur Verfügung (über die spezielle Gruppe »Alle«). Dieser Gruppenzugriff sollte entfernt und durch die Gruppe »Domänenbenutzer« ersetzt werden, wenn der Zugriff für alle Mitarbeiter gewährt werden soll.

HINWEIS

Windows NT und Windows 2000 unterstützen einen Mechanismus für die Zugriffskontrolle, der sich leicht von dem unter UNIX unterscheidet. Der Windows-Mechanismus hat wie UNIX die Standardberechtigungen Lesen, Schreiben und Ausführen, aber mehrere spezielle Attribute wie »Voller Zugriff« und »Modifizieren«. Mit der Berechtigung »Voller Zugriff« kann eine Person alle Berechtigungen modifizieren, auch die für andere. Dies ist meist nicht erwünscht, deshalb sollte die Option »Voller Zugriff« auch dann nicht aktiviert werden, wenn ein Benutzer lediglich die Berechtigungen für das Lesen, Schreiben und Ausführen benötigt. Das Attribut `modify` ermöglicht es einem Benutzer, Veränderungen an einer bereits vorhandenen Datei vorzunehmen, nicht aber, neue Dateien oder Ordner zu erzeugen.

Die Richtlinien für die Zugriffskontrolle können den Benutzern nützliche technische Informationen bieten und das Sicherheitsbewusstsein stärken. Da dem Normalbenutzer oft gar nicht klar ist, dass Zugriffskontrollen existieren und benutzt werden, ist es vorteilhaft, die technischen Details der Zugriffskontrollmechanismen für die verwendeten Betriebssysteme darzustellen. Kontaktinformationen und Prozeduren bei Problemen in Bezug auf Zugriffskontrollen werden eingefügt, um den Benutzer dabei zu unterstützen, sichere Einstellungen zu erkennen und zu verwenden.

26.3 Benutzerrichtlinien

In den Bereich Benutzerrichtlinie fällt eine generelle Sammlung von Richtlinien für Administratoren und Benutzer, die beste Praktiken und das Sicherheitsbewusstsein bei der alltäglichen Arbeit zum Thema hat. Administratoren und Benutzer teilen den größten Teil der Verantwortung für die Sicherheit, aber für die Privilegien und Zugriffsebenen der Administratoren sind unbedingt strenge Regeln erforderlich, damit diese ihre Macht nicht missbrauchen.

26.3.1 Administrative Sicherheitsrichtlinien

Die Aufgabe des Administrators besteht darin, sich an die Standort- und Infrastrukturrichtlinien zu halten sowie in einer sicheren Art und Weise zu arbeiten, die durch seine eigenen Richtlinien der »aktzeptablen Benutzung« bestimmt wird. Wegen der Privilegien und Zugriffsmöglichkeiten eines Administrators sind gewisse Regeln erforderlich, die deren Einsatz überwachen und einen Missbrauch verhindern. Aufgrund dieser höheren Privilegien muss der Administrator außerdem extrem sorgfältig bei seinen Aktionen vorgehen und stets an die Sicherheit denken.

Keine der hier dargestellten Richtlinien ist für sich allein oder unabhängig von den anderen zu sehen. Dies gilt ebenfalls für die administrativen und Benutzer-Sicherheitsrichtlinien. Der administrative Teil der Sicherheitsrichtlinien stellt die akzeptable Benutzung heraus und die Prozeduren, die Administratoren berücksichtigen und befolgen müssen, wenn sie sich an die gesamte Sicherheitsrichtlinie halten. Administrative Richtlinien definieren Regeln und akzeptierte Prozesse, mit denen die Computerumgebung eingerichtet und verwaltet wird. Sie beschreiben außerdem eine Hierarchie der Verantwortung, Eskalationsvorgaben und Prozeduren für die alltägliche Sicherheit und ihre Implementierung. Dies können Sie anhand der folgenden Richtlinie für die akzeptable Benutzung und Prozeduren für Administratoren des Unternehmens Z sehen:

- Unautorisierter Zugriff auf Benutzerdateien und -informationen ist verboten, mit der Ausnahme, dass der Administrator aktiv ein Problem mit dem Benutzer löst.
- Die Überwachung von Benutzerdaten und Sprachkommunikation wie Authentifizierung, E-Mail, Web-Datenverkehr und Telefongesprächen durch Administratoren ist nur dann zulässig, wenn der Administrator versucht, ein Problem zu lösen oder ein Sicherheits-Audit durchführt. Der Einsatz automatisierter Überwachung über Intrusion-Detection-Systeme oder andere Einrichtungen wird separat dargestellt und geregelt.
- Bei Troubleshooting-Problemen müssen Administratoren um Erlaubnis fragen und dem Benutzer klar machen, dass es zu einem Zugriff auf persönliche Informationen kommen wird.
- Es wird zufällig und regelmäßig überprüft, ob sich die Administratoren an diese Richtlinie und die anderen in diesem Dokument erwähnten Richtlinien halten.

- Bei Nichtbefolgung der Richtlinien wird das Management verständigt und eine dokumentierte Mahnung übermittelt. Eine weitere Nichtbefolgung oder ein Missbrauch kann sich auf den Beschäftigungsstatus des Administrators auswirken.
- Absichtlich ausgelöste Vorfälle, die zu einem Dienstausfall, einer Kompromittierung eines Systems oder zu veränderter Funktionalität führen, werden untersucht, und die entsprechenden Maßnahmen werden gegen den Administrator eingeleitet.

Richtlinien für eine akzeptable Benutzung sollten Regeln und Vorschriften klar und genau präsentieren. Es kann zu ernsthaften Problemen in Bezug auf die Sicherheit und Vertraulichkeit kommen, wenn die akzeptable Benutzung nicht gut definiert wird. Die Richtlinie sollte aufführen, was im Umgang mit Benutzern, ihren Daten und privaten Informationen akzeptabel ist. In der vorher dargestellten allgemeinen Sicherheitsrichtlinie wird empfohlen, dass Benutzer ihre persönlichen Dateien in geschützten Heimatverzeichnissen auf zentralisierten Servern speichern. Benutzer werden dies wahrscheinlich nicht tun, wenn die Administratoren, die diese Server verwalten, keine eigenen Regeln für den Zugriff auf diese Dateien haben. Computer- und Netzwerkadministratoren haben oft kompletten Zugriff auf alle Aktionen und Tastatureingaben der Benutzer. Dies ist eine sehr mächtige Position, die leicht missbraucht werden kann, wenn es keine strengen Richtlinien und deren Durchsetzung gibt. Es reicht nicht aus, die Regeln einfach nur festzulegen. Es muss ebenfalls klar gemacht werden, was passiert, wenn diese Regeln nicht befolgt werden.

26.3.2 Richtlinien für Benutzer

In diesem Abschnitt sind die Regeln für eine akzeptable Benutzung von Seiten der Benutzer eines Unternehmens dargestellt. Die vorher beschriebenen Sicherheitsrichtlinien sollten ebenfalls als normaler Bestandteil der alltäglichen Arbeit befolgt werden.

Die Richtlinie für Benutzer des Unternehmens Z lautet wie folgt:

- Die Benutzung der Computer-, Netzwerk- und Unternehmensressourcen wird unter der Voraussetzung gewährt, dass Benutzer die Sicherheitsrichtlinie vollständig lesen, verstehen und befolgen und dies durch ihre Unterschrift und die Rückgabe der Richtlinie an die IT-Abteilung bestätigen.
- Die Benutzer müssen sich an die Authentifizierungsrichtlinie halten und alle Passwörter als privaten, persönlichen Besitz behandeln.
- Die Benutzer stimmen zu, Computer-, Netzwerk- und andere Unternehmensressourcen nicht zu missbrauchen, keinen Dienstausfall und keine Systemkompromittierung hervorzurufen und die vorhandenen Sicherheitsmaßnahmen nicht zu schwächen. Eine Nichtbefolgung kann zu Strafen durch das Unternehmen und zu einer Veränderung des Beschäftigungsstatus führen.

- Die Benutzer stimmen zu, an zufälligen, regelmäßigen Audits ihrer Prozesse und Prozeduren teilzunehmen, in denen überprüft wird, ob sie sich an die aufgestellten Sicherheitsrichtlinien halten.
- Alle Vorfälle wie Hardware-Ausfälle, Computerangriffe und nicht autorisierter Zugriff müssen den entsprechenden Sicherheits- oder IT-Abteilungen mitgeteilt werden.
- Mitarbeiter sollten unbekannte Besucher um Identifikation bitten und diese an die Rezeption oder in die Sicherheitsabteilung begleiten.
- Mitarbeiter dürfen unbekannten Personen oder Nichtangestellten keinen Zugriff auf Computer- und Netzwerkressourcen gewähren.
- Das Management einer Abteilung muss seine Mitarbeiter und die Richtlinie unterstützen, wenn Personen der Zugriff verwehrt wird. Die Richtlinie wird geschwächt, wenn Ausnahmen für Personen gemacht werden, die dem Manager bekannt sind, dem Mitarbeiter, der vorher den Zugriff verweigert hat, aber nicht.
- Laptops, PDAs und andere portable Geräte sollten nie unbeaufsichtigt gelassen werden. (Werfen Sie einen Blick auf die Sicherheitsrichtlinie für diese Geräte, die in Abschnitt 26.2.2 dargestellt wurde.)
- Die Benutzer müssen ihre Terminals stets verschließen, bevor sie ihren Arbeitsplatz verlassen.
- Die Benutzer stimmen zu, sich an die Standort- und Infrastrukturrichtlinie zu halten, was die Sicherheit von Desktop-Computersystemen, ihre Benutzung und die von ihnen zur Verfügung gestellten Dienste betrifft.

Die Richtlinie für eine akzeptable Benutzung umfasst eher allgemeine Leitlinien, die sich auf die Details der technischen Implementierung beziehen, die in der Sicherheitsrichtlinie dargestellt sind. Diese Regeln betonen die Wichtigkeit der Sicherheit für die alltäglichen Arbeitsgewohnheiten, indem sie einige der wichtigen Komponenten der generellen Sicherheitsrichtlinie zusammenfassen. Authentifizierung, physikalische Sicherheit, Kontaktpersonen und korrekte Reaktion bei Vorfällen sind wichtige Elemente, mit denen der Benutzer häufig zu tun hat.

26.4 Durchsetzung der Richtlinien

Eine Sammlung von Regeln und Leitlinien ist nur sinnvoll, wenn diese auch befolgt werden. In diesem Abschnitt werden die Methoden zur Durchsetzung zusammengefasst, die in diesem Kapitel dargestellt wurden, und die Notwendigkeit von Maßnahmen zu ihrer Durchsetzung erläutert. Ohne ihre Durchsetzung wird eine Sicherheitsrichtlinie wahrscheinlich für eine kurze Zeit nach der Implementierung befolgt, später dann allerdings nicht mehr. Die Ziele der Sicherheitsrichtlinie auf einer globalen Ebene bestehen darin, einen Satz von Prozessen und

Methoden einzuführen, die die Sicherheit eines Unternehmens verbessern und das Sicherheitsbewusstsein in den Köpfen aller Mitarbeiter wecken. Die Prozesse und Prozeduren stellen die Mittel für eine Implementierung der Sicherheit zur Verfügung, und das Sicherheitsbewusstsein sorgt dafür, dass diese in der Organisation beibehalten wird.

Der erste Aspekt zur Durchsetzung der Sicherheitsrichtlinie ist die bindende Natur eines schriftlichen Vertrags. Der Mitarbeiter sollte die Sicherheitsrichtlinie lesen und ihr mit seiner Unterschrift zustimmen. Die Richtlinie sollte dann sicher aufbewahrt werden. Die juristischen Einzelheiten eines unterschriebenen Vertrags müssen mit dem Rechtsberater des Unternehmens abgesprochen werden. Die psychologischen Auswirkungen sind ebenfalls vorteilhaft. Menschen haben ein erhöhtes Pflichtgefühl, wenn sie sich an eine bestimmte Sammlung von Regeln gebunden fühlen, sei es rechtlich oder in anderer Hinsicht.

Eine übliche Methode der Durchsetzung besteht in einer Überprüfung, ob sich die Umgebung und ihre Benutzer an die Sicherheitsrichtlinien halten. Im Allgemeinen gibt es zwei verschiedene Arten für diese Audits – bekannt gegebene und geplante Audits sowie spontane Audits. Geplante Audits werden Mitarbeitern angekündigt. Sie helfen, eine Einhaltung der Sicherheitsrichtlinien zu erreichen, wenn diese nicht gegeben ist. Wie bei einer militärischen Inspektion haben die Benutzer eine bestimmte Zeitspanne, um sicherzustellen, dass ihre Praktiken mit den dokumentierten Sicherheitsrichtlinien übereinstimmen. Diese Audits sind nützlich, um die Sicherheit eines Unternehmens auf eine akzeptable Stufe zu bringen, da die Benutzer sich beeilen werden, die Richtlinien zu befolgen. Überprüfungen dieser Art finden normalerweise in mehreren Phasen statt. Die erste Phase erfolgt auf technischer Ebene. Hier werden Systeme, das Netzwerk und Einrichtungen in Hinsicht auf ihre Sicherheitskomponenten überprüft, um sicherzustellen, dass sie den Anforderungen der Sicherheitsrichtlinien entsprechen. Dann werden die Praktiken der Benutzer bewertet, um festzulegen, ob es unangemessene Gewohnheiten oder Aktionen gibt, die die Sicherheit zerstören. Eine letzte Phase umfasst die Analyse der Auditing-Methoden, um sicherzustellen, dass sie die angemessenen Informationen sammeln und den Zielen des Audits entsprechen.

Spontane Audits – Audits, die zufällig und von Zeit zu Zeit geplant werden, ohne dass die überprüften Mitarbeiter benachrichtigt werden – sind nützlich, um das konstante Sicherheitsbewusstsein zu wecken, das notwendig ist, um Sicherheit auch in einem wachsenden Unternehmen zu gewährleisten. Spontane Audits finden in Form simulierter Angriffe oder geplanter Szenarien als Beispiele einer bestimmten Sicherheitspraktik statt. Eine spontane Analyse des Netzwerks und der Computersysteme erscheint oft wie ein tatsächlicher Angriff, und die Ergebnisse sind in der Regel überraschend, auch in Unternehmen mit strengen Sicherheitsrichtlinien. Methoden der sozialen Beeinflussung sind ein besonders wichtiger Aspekt dieser Audits, da sie den Grad des Sicherheitsbewusstseins unter den Mitarbeitern prüfen. Dazu gehören Versuche, in die Einrichtungen einzudringen, Passwörter oder Schlüssel abzufangen oder private Informationen über das Unternehmen zu sammeln. Abhängig von der Reaktion der Mitarbeiter und der Tatsache, inwieweit ein Auditor diese Angaben erhalten kann, lässt sich der Grad des Sicherheitsbewusstseins und der Einhaltung aktueller Sicherheitsrichtlinien bewerten. Das Wissen, dass ein Audit jederzeit ohne Benachrichtigung stattfinden könnte, zwingt Mitarbeiter, die Sicherheit und entsprechende Praktiken in ihre alltägliche Arbeit zu integrieren. Dies erhöht auf lange Sicht gesehen die Sicherheit eines Unternehmens.

26.5 Zusammenfassung

Sicherheitsrichtlinien sind dynamische und komplexe Prozeduren, Prozesse und Methoden, die dazu dienen, die Sicherheit in einem Unternehmen zu stärken. Die Aufstellung einer Sicherheitsrichtlinie ist kein einmaliger Vorgang. Richtlinien müssen flexibel und skalierbar sein, um den ständig wachsenden und sich verändernden Anforderungen des Unternehmens gerecht zu werden. Eine Durchsetzung der Richtlinien hilft außerdem, die Gültigkeit einer Sicherheitsrichtlinie sicherzustellen. Teile der Richtlinie sind vielleicht nicht länger anwendbar, oder neue Technologien erfordern es, dass der Schwerpunkt der Richtlinien und die einzelnen Anforderungen an die Sicherheit verändert werden. Zu einer Durchsetzung gehört die ständige Analyse der Audit-Ergebnisse und der Richtlinie selbst. Richtlinien sind nicht bipolar. Eine Nichtbefolgung weist in einigen Fällen nicht unbedingt auf eine falsche Vorgehensweise hin. Kommt es bei vielen Mitarbeitern oder miteinander verbundenen Verfahren zu Fehlern, muss analysiert werden, ob die Regel zulässig und anwendbar ist. Ein Unternehmen sollte es vermeiden, Vorgaben aufzustellen, die nicht verändert werden können. Neue Sicherheitsmethoden und -verfahren sollten fortwährend untersucht werden, um die Sicherheit des Unternehmens durch wirksamere und benutzerfreundlichere Technologien zu verbessern.

Dokumentierte Sicherheitsrichtlinien sorgen durch ihre Ausführlichkeit, Beständigkeit und Benutzerfreundlichkeit für konsistent hohe Sicherheit in einem Unternehmen. Sie schulen Benutzer und Administratoren in Hinsicht auf sichere Vorgehensweisen, richten eine Sicherheitsebene ein, die dem Bedarf der Umgebung entspricht, und sorgen dafür, dass ein Missbrauch verhindert werden kann. Wenn Sie Sicherheitsrichtlinien für Ihr Unternehmen aufstellen, sollten Sie die hier dargestellten Beispielrichtlinien, ihre Schwerpunkte und Prinzipien berücksichtigen – nutzen Sie dieses Wissen, um die besten und angemessensten Richtlinien für Ihr Unternehmen zu bestimmen.

Weitere Informationen über einige der hier dargestellten Themen finden Sie in den folgenden Dokumenten.

26.5.1 Passwortsicherheit

Ross Anderson, Alan Blackwell, Alasdair Grant und Jianxin Yan: »The Memorability and Security of Passwords – Some Empirical Results«. `http://www.securityfocus.com/data/library/tr500.pdf`

26.5.2 Audits und Analyse

Dan Farmer: »Improving the Security of Your Site by Breaking into It«. `http://www.alw.nih.gov/Security/Docs/admin-guide-to-cracking.101.html`

Steven Bellovin: »There Be Dragons«. `http://www.securityfocus.com/data/library/dragons.ps`

26.5.3 Standortsicherheitsrichtlinien

RFC 1244: »Site Security Handbook«. `http://www.ietf.org/rfc/rfc1244.txt?number=1244`

RFC 2196: »Site Security Handbook«. `http://www.ietf.org/rfc/rfc2196.txt?number=2196`

26.5.4 Handhabung von Vorfällen

Chad L. Cook: »An Introduction to Incident Handling«. `http://www.securityfocus.com/focus/basics/articles/inchan.html`

26.5.5 Systemkonfiguration

Stefan Axelsson und Jonsson Erland: »Analysis of the Security of Windows NT«. `http://www.ce.chalmers.se/staff/jonsson/nt-part2.pdf`

Simson Garfinkel und Eugene Spafford: »Practical UNIX & Internet Security, Second Edition«.O'Reilly & Associates. ISBN: 1565921488, 1996.

26.5.6 Firewalls

Sunil Hazari: »Firewalls For Beginners«. `http://www.securityfocus.com/focus/basics/articles/fwbeg.html`

Kapitel 27

Interne Sicherheit

... der friedfertigste Weg ist immer, wenn Ihr einen Dieb fangt, lasst ihn zeigen, was er kann und sich aus Eurer Gesellschaft wegstehlen. (William Shakespeare, Viel Lärm um nichts)

In diesem Kapitel konzentrieren wir uns auf die Sicherung Ihres Netzwerks von innen, denn all Ihre externen Sicherheitsbemühungen sind umsonst, wenn die interne Sicherheit leicht verletzt werden kann. Da »Angriffe von innen« nur selten problemlos oder willkommen sind, werden in diesem Kapitel außerdem einige Praktiken beschrieben, mit denen Sie einen Eindringling in Ihrer Mitte vermeiden (im besten Fall) oder erkennen (im schlechtesten Fall) können.

27.1 Interne Sicherheit – das ungeliebte Stiefkind

Die Außengrenzen zu Ihrem Netzwerk sind bestimmt sehr viel sicherer als das Innere Ihres Netzwerks. Die meisten Netzwerke sind »außen hart, innen weich«. Wahrscheinlich kann die »Firewalls-können-alles«-Mentalität, die in den letzten Jahren von den meisten Anbietern propagiert wurde, für diesen Zustand verantwortlich gemacht werden. Das bedeutet, dass Ihre *internen* Schwachstellen möglicherweise die Ursache für Ihre schlimmsten Sicherheitsalpträume sind.

Die aktuellste *Computer Crime and Security Survey* des Computer Security Institute belegt, dass 90 Prozent der Befragten Sicherheitsverletzungen entdeckt haben, aber der Bericht belegt auch weiter, dass dabei nur 25 Prozent der Sicherheitsverletzungen von außen kamen. Rechnen Sie selbst.

> **WEGWEISER**
> Eine Zusammenfassung der *2000 Computer Crime and Security Survey* des Computer Security Institute finden Sie unter `http://www.gocsi.com/prelea_000321.htm`. (Weitere Studien, Artikel und so weiter finden Sie in Abschnitt 27.5, »Informationsquellen«.)

Die Studie berichtet, dass 71 Prozent der Befragten unautorisierten Zugriff von Insidern entdeckt haben. Die interne Sicherheit ist ganz klar ein *riesiges* Problem. Die ICSA (International Computer Security Association) stimmt diesen Ergebnissen zu und geht davon aus, dass 80 Prozent der Sicherheitsprobleme von Insidern hervorgerufen werden.

> **WEGWEISER**
> Die ICSA betont, dass Firewalls kein Allheilmittel für Sicherheit sind und stellt einige interne Sicherheitsprobleme in ihrem *Firewall Buyers Guide* dar. Sie finden ihn unter `http://www.icsa.net/html/communities/firewalls/buyers_guide/chap_2.shtml`.

27.2 Interne Risiken: Arten der Sicherheitsverletzung und Vektoren

Gut, interne Sicherheitsverletzungen sind also verbreitet. Aber was ist das Schlimmste, das passieren könnte? Welche Risiken gibt es? Oder besser gesagt: Was können Sie gegen diese Risiken tun?

Häufig weist die Bewertung der internen Risiken eines Unternehmens direkt darauf hin, dass bestimmte Richtlinien implementiert werden müssen. Es ist nützlich, die Risiken in *Arten der Sicherheitsverletzung* und *Vektoren* einzuteilen.

Zu den weit verbreiteten Arten der Sicherheitsverletzung, die Sie berücksichtigen sollten, zählen:

- Kompromittierung der Server
- Kompromittierung der Netzwerkinfrastruktur
- Kompromittierung der Anwendungsschicht
- Kompromittierung der Workstations (Trojaner)
- Verlust oder Diebstahl proprietärer Daten
- Übermittlung unangemessener oder schädlicher Daten an Geschäftspartner
- Denial of Service

Wenn wir von Vektoren reden, meinen wir eigentlich den menschlichen Faktor – jede menschliche Handlung, die zu einer Sicherheitsverletzung in Ihrem Netzwerk führen kann. Der menschliche Faktor ist recht komplex. Es ist nützlich, diesen Faktor weiter aufzuteilen in *organisatorische Rollen* und *Intentionen.*

Einige typische Intentionen sind:

- **wohlmeinend/unabsichtlich** – Eine Person ruft versehentlich eine Sicherheitsverletzung im Netzwerk hervor.
- **ignorant/vorsätzlich** – Eine Person umgeht wissentlich Sicherheitskontrollpunkte, ohne Schaden anrichten zu wollen.
- **verärgert/böswillig/opportunistisch –** Eine Person umgeht Sicherheitskontrollpunkte, um bewusst Schaden anzurichten.

Organisatorische Rollen können folgende sein:

- **Mitglieder der Öffentlichkeit** – Das sind beispielsweise Benutzer eines Kiosksystems oder einfach Leute, die durch Ihr Gebäude streifen und über einen unverschlossenen Kabelschrank oder eine nicht gesperrte Workstation stolpern.

- **Mitarbeiter auf Zeit**
- **Benutzer in Abteilungen** – Jede Abteilung sollte separat berücksichtigt werden, da jede unterschiedliche Privilegien innehaben und verschiedene Risiken darstellen kann.
- **Administratoren der Infrastruktur, Server oder Anwendungen**

Die Interaktion in Bezug auf die Risikostufe zwischen diesen zwei Faktoren lässt sich in einem Diagramm visuell darstellen, in dem oben links das geringste und unten rechts das höchste Risiko zu sehen ist.

Menschliche Vektoren: Risikostufe	wohlmeinend/ unabsichtlich	ignorant/vorsätzlich	verärgert/böswillig/opportunistisch
Mitglieder der Öffentlichkeit (Kiosk, unverschlossener Kabelschrank, nicht gesperrte Workstation)	geringstes Risiko		
Mitarbeiter auf Zeit		↖	
Mitarbeiter in Abteilungen (jede einzeln berücksichtigt)		↘	
Administratoren der Infrastruktur, Server oder Anwendungen			größtes Risiko

Tabelle 27.1: Menschliche Vektoren: Risikostufen

Offensichtlich ist ein böswilliger Administrator der schlimmste Alptraum eines Unternehmens, aber die Tage sind vorbei, in denen *nur* IT-Profis das Netzwerk-Boot versenken konnten. Die modernen, vielschichtigen Sicherheitsprobleme, zusammen mit den Exploits der »Skript-Kiddies« und einer großzügigen Workstation-Richtlinie, bringen es mit sich, dass jede Person mit einer entsprechenden Einstellung, einem IQ über 80 und einem PC Ihr vernachlässigtes Netzwerk zu ihrem Vorteil nutzen kann. Um dies zu verhindern, müssen Sie eine starke Benutzerrichtlinie (AUP – Acceptable Use Policy) einsetzen, diese mit Hilfe von Auditing- und IDS-Tools überprüfen und Ihre Richtlinie durchsetzen. (Weitere Informationen zum Aufbau einer Benutzerrichtlinie finden Sie in Kapitel 26, »Richtlinien, Prozeduren und ihre Durchsetzung«.)

27.2.1 Ignorante Mitarbeiter

Ignorante Mitarbeiter, das heißt, Mitarbeiter, die normale Sicherheitsmaßnahmen aus Bequemlichkeit umgehen, können ebenfalls ein großes Problem sein.

Das klassische Beispiel für einen ignoranten Mitarbeiter ist jemand, der Richtlinien ignoriert, die Mechanismen des Unternehmens für den Remotezugriff umgeht und ein Modem und PCAnywhere auf seinem PC installiert – oft ohne ausreichend gutes Passwort. Plötzlich gibt es eine offene Tür von draußen in Ihr internes Netzwerk, was keine gute Idee ist.

Ein anderes Beispiel sind VIP-Benutzer, die nicht wollen, dass ihr Internet-Zugang durch die IT-Abteilung überwacht wird. Daher umgehen sie die Firewalls des Unternehmens und wählen sich bei ihren eigenen ISPs (Internet Service Providern) ein, die nicht unbedingt der gleichen Art von Sicherheitsrichtlinien folgen wie das Unternehmen.

HINWEIS

Ich kannte einen VIP-Benutzer, der das E-Mail-System seines Unternehmens umging – ein System, das eingehende und ausgehende E-Mail auf Viren überprüfte. Er entschied, einen Einwähl-Account von einem lokalen Anbieter zu benutzen, der *keinen* Virusschutz auf dem Mail-Gateway anbot.Um es kurz zu machen: Eine Workstation hatte noch nicht das aktuellste Update für Virusmuster erhalten und einer seiner Kumpel schickte ihm einen Virus, der seine Workstation lahm legte und einen »Notruf« an das Helpdesk erforderlich machte. Ignorante Mitarbeiter schießen sich oft selbst ins Knie, während sie das Unternehmen unnötigen Risiken aussetzen.

Mit der immer weiteren Verbreitung von workstationbasierten Trojanern wird eine Umgehung der Sicherheitskontrollpunkte eines Unternehmens immer folgenreicher. Denken Sie an den kürzlich bei AOL entdeckten workstationbasierten Trojaner. Hunderte von Mitgliedskonten wurden kompromittiert, als Mitarbeiter ein interessant aussehendes Programm ausführten, das per E-Mail angekommen war.

> *America Online Inc. gab letzte Woche bekannt, dass 200 Mitgliedskonten kompromittiert wurden, als AOL-Mitarbeiter infizierte E-Mail-Anhänge öffneten. Die Anhänge setzten ein Programm mit einem Trojanischen Pferd frei, das eine Verbindung zu den Rechnern der Mitarbeiter aufbaute und Eindringlingen einen Zugriff auf Passwörter und Kreditkarteninformationen ermöglichte.*
>
> *(AOL Investigates Theft of Account Data, Computerworld, Ann Harrison, 26. Juni 2000)*

Diese AOL-Mitarbeiter waren ignorant, denn sie haben eine AOL-Richtlinie missachtet: Sie haben ausführbare Inhalte aus nicht vertrauenswürdigen Quellen geöffnet, weil ihnen das interessanter erschien als ihre Arbeit. Ignorante Benutzer *werden* zu einer immer größeren Bedrohung, wenn sich diese Art von Trojanern weiter verbreitet. (Informationen hierzu finden Sie in Kapitel 18, »Trojanische Pferde«.)

Sie können dieses Risiko zu einem gewissen Grad durch Desktop-Management-Tools verringern, die den Desktop »sichern« – und für einige Unternehmen kann diese Maßnahme tatsächlich angemessen sein –, aber im Endeffekt ist es ein Richtlinien- und kein Technologieproblem. Das Desktop-Management ist nur dann wirksam, wenn es die politischen Umstände in einem Unternehmen zulassen.

Fazit: Das oberste Management würde es einem VIP-Benutzer nicht gestatten, eine Leiter an der Seite des Gebäudes aufzustellen, um die Eingangskontrollen des Unternehmens zu umgehen. Es sollte ebenfalls *niemandem* gestatten, die Kontrollpunkte der Netzwerksicherheit zu umgehen. Wenn das oberste Management die Parallele wirklich versteht, haben Sie einen mächtigen Verbündeten im Kampf gegen ignorante Mitarbeiter.

27.2.2 IT-Mitarbeiter

Die Tatsache, dass jetzt praktisch jeder ein Problem darstellen kann, bedeutet natürlich nicht, dass verärgerte IT-Mitarbeiter und Programmierer kein Grund zur Sorge sind. Potenziell höhere Privilegien bringen natürlich potenziell größere Probleme mit sich. Ein gutes Beispiel hierfür ist die oft zitierte »logische Bombe«.

> *Es ist nicht sicher, wann die erste Software-Bombe identifiziert wurde, aber ein klassisches Beispiel gab es 1988, als in einem Unternehmen in Texas namens IRA 168.000 Einträge der Gehaltsabrechnung gelöscht wurden. Der Grund war eine logische Bombe, die von einem Mitarbeiter mit dem Namen Burleson eingeschleust und sechs Monate nach dessen Weggang vom Unternehmen ausgelöst wurde.*
>
> *Computer Crime: An Historical Servey, Richard E. Overill, Defence Systems International 98.* `http://www.kcl.ac.uk/orgs/icsa/Staff/overill.htm`

Administratoren der Systeme und Netzwerkinfrastruktur können ein Teil des Problems sein – allerdings auch ein Teil der Lösung. Wenn Sie mehr als ein Eisen im Feuer haben, ist es wesentlich schwieriger für eine Person, Hintertüren zu hinterlassen, subversiven Code einzuschleusen und so weiter. Das heißt, mit kooperativen Praktiken werden Systeme und Code immer von jemand anderem noch einmal durchgesehen (siehe den nächsten Abschnitt, »Risikominderung: Richtlinien«) – und damit können Sie Probleme praktisch im Keim ersticken.

27.3 Risikominderung: Richtlinien

Sie sollten zusammen mit dem Management Ihres Unternehmens klare, schriftliche Richtlinien aufstellen. Diese Zusammenarbeit kann nicht genug betont werden – eine Richtlinie ohne Unterstützung von oben ist so gut wie unwirksam. Sie sollten

- eine gute physikalische Sicherheit für die gesamte Infrastruktur einrichten – egal, wie »unbedeutend« ein Teil der Infrastruktur auch erscheinen mag.
- das Management überzeugen, bei der Einstellung neuer Mitarbeiter das Thema Netzwerksicherheit zu einem gewissen Grad mit zu berücksichtigen.
- die Umgehung von Sicherheitskontrollpunkten (wie Firewalls, Remote-Access-Servern und so weiter) explizit in Ihrer Benutzungsrichtlinie verbieten.
- Desktop-Management-Richtlinien aufstellen, die sich auf den Schutz vor Viren/Trojanern und verschiedene Sicherungsstufen für Workstations beziehen.
- kleine Teams von Administratoren zur Zusammenarbeit auffordern. Wenn mehr als eine Person den Hühnerstall im Auge hat, ist es weniger attraktiv, in die Rolle des Fuchses zu schlüpfen.
- Intrusion-Detection-Systeme einsetzen (siehe Kapitel 12, »Intrusion-Detection-Systeme«) und sorgfältig darauf achten, dass es sich um Systeme handelt, die interne Netzwerke mit hohen Bandbreiten unterstützen.
- Ihre Systeme und Prozeduren regelmäßig prüfen (siehe Kapitel 13, »Protokollierungs- und Auditing-Tools«, und Kapitel 11, »Scanner – Tools zur Erkennung von Sicherheitslücken«).
- Ihre Betriebssysteme und Anwendungen auf dem neuesten Stand halten. Hersteller geben für Exploits von »Skript-Kiddies« normalerweise recht schnell Patches heraus (siehe Teil VI, »Plattformen und Sicherheit«, für weitere Informationen hierzu).

27.3.1 Physikalische Sicherheit

Es ist eigentlich relativ einfach, in Bezug auf die physikalische Sicherheit die notwendige Sorgfalt walten zu lassen. Sie müssen einfach nur exakt und beständig vorgehen und Ihre Aufgabe ernst nehmen. Tun Sie so, als würde Sie jemand persönlich bestehlen, wenn Sie nicht vorsichtig sind. Vielleicht hilft es Ihnen, sich vorzustellen, dass Sie in New York leben.

Spaß beiseite, die physikalische Sicherheit ist der Bereich, in dem der Kampf schnell verloren ist – obwohl man ihn nur mit physikalischen Sicherheitsmaßnahmen auch nicht gewinnen kann. Kleine Dinge wie die Fähigkeit, einen Server von einer Diskette neu zu booten oder einen nicht benutzten Benutzernamen auf einem Ausdruck zu finden – oder gar ein Band mit einer Kopie einer Sicherheitsdatenbank – machen einem Eindringling das Leben leichter. Lassen Sie uns sein Leben *schwer* machen.

Nachfolgend finden Sie eine Auflistung der Dinge, die Sie tun und lassen sollten, um Ihre Aufgabe etwas leichter, das Lebens eines Eindringlings etwas schwerer und Ihre Daten etwas sicherer zu machen:

Was Sie tun sollten

- Verschließen Sie jeden Kabelschrank – und halten Sie ihn verschlossen.
- Benutzen Sie eher Switches als Hubs, insbesondere für LAN-Segmente, in denen administrative Benutzer arbeiten. (Sie müssen immer noch physikalisch gesichert werden, um sicherzustellen, dass niemand auf den Switch zugreifen und über den Monitor-Port oder Port-Mirroring Pakete abfangen kann.)
- Wenn Mitarbeiter das Unternehmen verlassen, wechseln Sie sofort Passcodes für Türen aus.
- Löschen Sie Festplatten, Flash-Speicher und so weiter, wenn Sie sie außer Betrieb nehmen. Niemand wird an diese Aufgaben denken, bevor die Komponenten in der Auktion überschüssiger Geräte angeboten werden, und es könnten alle möglichen Passwörter und/oder sensible Daten darauf sein.
- Löschen Sie alte Backup-Bänder, bevor Sie diese wegwerfen.
- Schreiben Sie unsinnige Daten auf magnetische Medien, wenn Sie diese löschen. Eine Partitionstabelle darauf zu setzen, ist nicht genug. (Entmagnetisieren ist aber okay.) Für diese Aufgabe gibt es spezielle Programme.
- Benutzen Sie einen Schredder. Lachen Sie nicht: Das Durchwühlen von Papierkörben ist weiter verbreitet, als Sie denken.
- Verschließen Sie Ihre Serverschränke, wenn Sie sie nicht benutzen.
- Verbieten Sie die Benutzung von Modems auf Desktops, oder schränken Sie diese ein. Modems sind die am häufigsten verwendete Methode, um Sicherheitskontrollpunkte in einem Unternehmen zu umgehen.
- Stellen Sie sicher, dass auf jedem »Außendienst«-Laptop oder PDA vor dem Einsatz entsprechende Software und Hardware zum Schutz der Daten installiert wird.
- Denken Sie darüber nach, ob ein Benutzerzugriff auf Disketten oder andere portable Medien in Ihrer Umgebung sinnvoll ist, da dieser eine mögliche Umgehung Ihrer Sicherheitskontrollpunkte bedeuten kann.
- Ziehen Sie für administrative Benutzer oder sensible Systeme die Benutzung von Smartcards bzw. token-basierten Sicherheitsgeräten anstelle von Passwörtern in Betracht. Viele Betriebssysteme unterstützen jetzt zusätzlich zu Passwörtern auch die token-basierte Authentifizierung.

- Denken Sie daran, dass auch Ihre Telefonnebensprechanlage gesichert werden muss.

Was Sie vermeiden sollten

- Lagern Sie Offsite-Backups nicht an ungesicherten Standorten.
- Geben Sie Vertretern Ihres Herstellers keine Schlüssel. Lassen Sie sie persönlich herein, damit sie ihre Arbeit erledigen können, und winken Sie ihnen höflich nach, wenn sie wieder gehen.
- Lassen Sie niemanden außer den zuständigen Mitarbeitern ohne Anmeldung in das Datenzentrum.
- Benutzen Sie Kabelschränke nicht für benutzerorientierte Peripheriegeräte wie Drucker.
- Stellen Sie Server niemals in ungesicherten Bereichen auf.
- Befestigen Sie niemals Server-Schlüssel hinten am Server. Ob Sie es glauben oder nicht, andere Leute werden auch daran denken.
- Lassen Sie Reinigungspersonal – oder andere nicht vertrauenswürdige Dienstleister – nicht ohne Begleitung in gesicherte Bereiche gehen.
- Speichern Sie sensible Daten nicht auf Festplattenlaufwerken von Benutzern – falls Ihnen nichts anderes übrig bleibt, denken Sie an Produkte, mit denen Festplatten verschlüsselt werden können.
- Übermitteln Sie weder Passwörter noch andere sensible Informationen über ungesicherte Kanäle wie Mobiltelefone, Funk oder Benachrichtigungsdienste.
- Stellen Sie Konsolen, Tastenfelder oder administrative Workstations nicht in die Nähe von Fenstern.

27.3.2 Einstellung neuer Mitarbeiter

Natürlich wird J. Random Hacker nicht zu einem Bewerbungsgespräch auftauchen und dort seine weltfernen Aktivitäten preisgeben. Und auch eine Überprüfung der Vergangenheit kann nur zu Lippenbekenntnissen führen, je nachdem wer die Überprüfung durchführt – und ob die Person in der Vergangenheit geschnappt wurde.

Dennoch gibt es einige Dinge, mit deren Hilfe Sie die Risiken bei der Einstellung neuer Mitarbeiter verringern können. Beginnen Sie mit einer sorgfältigen Überprüfung der Vergangenheit – insbesondere bei Mitarbeitern, die an irgendeiner Ebene der IT beteiligt sein werden. Machen Sie Ihre Hausaufgaben, und bedienen Sie sich einer angesehenen Agentur für diese Überprüfungen – wie bei allen Aspekten im Computerbereich gilt auch hier: »Müll rein, Müll raus«. Wenn Sie eine interne Personalüberprüfung oder irgendeine andere Form der Überprüfung verwenden, die Ihnen nicht berechnet wird, ist Kommunikation der Schlüssel.

Gehen Sie nicht davon aus, dass Schweigen von Seiten Ihrer Hintergrundprüfer bedeutet, dass alles in Ordnung ist. Keine Neuigkeiten sind in diesem Fall nicht unbedingt gute Neuigkeiten. Es könnte einfach heißen, dass Ihre Anfrage zusammen mit dem Pizzakarton vom Mittagessen im Müll gelandet ist. Weitere Informationen zur Einstellungsprozedur finden Sie unter `http://www.nwc.com/1201/1201colfeldman.html`.

Nachdem Sie zusammen mit dem Management Ihres Unternehmens eine Benutzerrichtlinie aufgestellt haben, besteht Ihr nächster Schritt darin, mit der Personalabteilung daran zu arbeiten, diese als Teil des Einstellungsprozesses für *jeden* Mitarbeiter zu benutzen. Sie wollen dies aus zwei Gründen: Erstens übermitteln Sie damit eine Nachricht und halten möglicherweise einen Mitarbeiter davon ab, dort herumzuschnüffeln oder -zuspielen, wo er nichts zu suchen hat. Zweitens ist es im Fall einer Beendigung des Arbeitsverhältnisses oder eines Disziplinarverfahrens aufgrund einer Verletzung der Benutzerrichtlinie definitiv *viel* einfacher, wenn Sie eine vom Mitarbeiter unterzeichnete Benutzerrichtlinie mit dem Vermerk »Ich habe gelesen und verstanden« vorweisen können.

27.3.3 Sicherung von Desktops

Sicherung im Zusammenhang mit Desktops bedeutet, dass Sie es geschafft haben, Ihren Benutzern so die Hände zu binden, dass Sie sich nicht selbst verletzen können – oder Ihr Netzwerk. Im besten Fall wird dies erreicht, ohne dass sich der Benutzer eingeschränkt oder unterdrückt fühlt. Ein offenes Gespräch mit dem Management über den Grad der Einschränkungen kann nur gut sein. Benutzer können extrem irrational sein, wenn es um den Verlust auch nur des kleinsten Grades an Autonomie geht, deshalb sollte das Management auf jeden Fall jede Maßnahme unterstützen, die Sie zur Sicherung ausführen müssen.

Es sollte betont werden, dass ein cleverer Benutzer Desktop-Management-Tools – und zwar alle Desktop-Management-Tools –, die auf einer lokalen Workstation installiert sind, umgehen kann, wenn es keine ernst zu nehmenden physikalischen Sicherheitsmaßnahmen gibt (keine Disketten, ein nicht zu knackendes Gehäuseschloss und so weiter). Diese Art von Sicherheit müssen Sie natürlich haben, wenn Sie öffentliche Informationsterminals, Kiosksysteme und so weiter betreiben. Der Punkt ist, dass jede Workstation, die physikalisch nicht sicher ist, normalerweise von alternativen Medien gebootet werden kann. Und dann kann das lokale Betriebssystem von einem böswilligen Benutzer beliebig verändert werden. Durch die Wahl eines geeigneten Betriebssystems kann diese Gefahr etwas eingeschränkt werden. Wenn möglich, sollten Systeme, die keine saubere Trennung der Benutzerrechte erlauben (Windows 95/98/Me oder MacOS) vermieden werden. Vorzuziehen sind zum Beispiel Windows NT/2000, Linux, BSD oder andere UNIX-Derivate.

Dennoch sind das Desktop-Management und die Sicherung für nicht öffentliche Benutzer eine wichtige Maßnahme und sollten definitiv nicht übergangen werden. Wichtig ist hier, wohlmeinende und ignorante Benutzer davon abzuhalten, sich selbst und andere zu verletzen. Der primäre Zweck des Desktop-Managements besteht nicht in der Verteidigung gegen wahrhaft zwanghafte und böswillige Benutzer.

> **WEGWEISER**
> Was manuelle Prozeduren betrifft, finden Sie einige Beispiele für Checklisten für eine Systemsicherung unter `http://www.nswc.navy.mil/ISSEC/Form/index.html`.

Der Virusschutz ist natürlich eine obligatorische Komponente des Desktop-Managements. Virusschutz ist für heutige IT-Mitarbeiter bereits so normal (oder sollte es zumindest sein), dass wir ihn hier nur erwähnen, um eine Frage zu stellen: Kann der Benutzer den Virusschutz ausschalten?

Bei einigen Anti-Virus-Paketen ist dies möglich, in anderen ist das gesamte Kontrollsystem durch ein Passwort geschützt. Sie sollten das Kontrollsystem möglichst durch ein Passwort schützen, aber Sie sollten ebenfalls Desktop-Management-Richtlinien aufstellen, die den Virusschutz prüfen und wiederherstellen, wenn dieser durch das eher freizügige Betriebssystem der Workstation entfernt werden kann.

Gute Desktop-Management-Tools ermöglichen es Ihnen nicht nur, bestimmte Anwendungen »zu erzwingen«, sondern auch,

- Anwendungen (insbesondere Browser) auf eine bestimmte Art und Weise zu konfigurieren und diese Konfiguration zu erzwingen,
- durchzusetzen, dass Benutzer nur eine bestimmte Sammlung von Anwendungen ausführen können,
- die Benutzung portabler Medien einzuschränken und
- zu verhindern, dass Benutzer die Systemkonfiguration modifizieren.

27.3.4 Inhalte einschränken

Früher machten sich IT-Manager nur darüber Gedanken, was Benutzer herunterladen konnten, das heißt, man machte sich Sorgen über einen Missbrauch des Internets von Seiten der Mitarbeiter. Zu der Zeit konnte die verfügbare Technologie noch nicht überprüfen, *was* heruntergeladen wurde – also gaben Manager sich damit zufrieden, Websites auf Basis dessen zu blockieren, *wo* der Benutzer zu surfen versuchte. Gewisse Softwarehersteller wurden zu Dienstleistern (beispielsweise Cyber Patrol, siehe auch Abschnitt 27.4.4, »Content-Management«), die eine Liste von URLs in bestimmten Kategorien verwalteten: Erotik, Unterhaltung, Shopping, Nachrichten und so weiter. Als Manager konnten Sie dann mit Hilfe eines Geräts für die Netzwerkgrenze, das auf diese Listen zugreifen konnte, bestimmte Kategorien blockieren.

Diese Strategie war aber an und in sich nicht komplett. Abzulehnende Websites schießen über Nacht wie Pilze aus dem Boden, und die Liste entsprach auch nicht immer der Realität. Außerdem bringt das Filtern ausgehender URLs nichts, wenn es darum geht, dass fragwürdige Inhalte Ihre Site verlassen.

Da eines der Risiken für Ihr Unternehmen in der nicht autorisierten Offenlegung von Inhalten (Kundenlisten, intellektuelles Eigentum und so weiter) besteht, ist Content-Management (auch Content Filtering, Content Services oder Content Restriction genannt) heute eines der heißesten Themen im Bereich der Unternehmenssicherheit. Content-Management-Tools arbeiten mit Ihren Grenzsicherheitsgeräten zusammen. Die Software kann eine lexikalische Analyse durchführen und Muster zuordnen – und auch Bilder erkennen. (Ja, *diese* Bilder.)

Ein anderes Risiko für Ihr Unternehmen besteht in der Übertragung unangemessener (pornografischer, verleumderischer oder sonstwie Anstoß erregender) Daten oder gefährlicher Inhalte (wie Trojaner oder Viren) an Geschäftspartner. Es wäre verrückt zu glauben, dass irgendein Tool komplett verhindern kann, dass unangemessene Inhalte durch Ihre Kontrollpunkte gelangen. Aber Content-Management-Tools können die Wahrscheinlichkeit eingrenzen. Software für den Virusschutz auf Gateways in ein Beispiel für ein spezialisiertes Content-Management-Tool.

Einige Hersteller bezeichnen ihre Produkte als Content-Filter, obwohl sie tatsächlich Website-Filter oder URL-Filter sind. Hier werden wieder nicht die Datenströme auf unerwünschte Inhalte untersucht, sondern die Webadressen anhand einer kategorisierten Liste von bekannten Websites überprüft. Das Website-Filtern hat Vorteile, denn es kann definitiv die Menge des Daytradings und Zeit verschwendenden und nicht arbeitsrelevanten Surfens in Ihrem Unternehmen vermindern – es hat aber nichts mit Content-Filtern zu tun. Das Website-Filtern kann nur so wirksam sein wie die Leute, die die Listen aktualisieren. Und außerdem erreichen Sie durch ein Website-Management nichts für Ihr Intranet.

Bei Content-Management-Tools unterscheidet man zwei Kategorien: Tools, die eine generische Content-Überprüfung für das Netzwerk zur Verfügung stellen, und Tools, die nur mit einer bestimmten Anwendung betrieben werden.

Die Tools, die generische Inhaltsdienste bieten, tun dies meist über CVP (Content Vectoring Protocol) von CheckPoint Software. CVP akzeptiert eine Verbindung von einem Client, leitet eine Proxyanfrage an den Server weiter, überprüft die Inhalte und modifiziert oder verweigert die Anfrage, wenn die Inhalte der Überprüfung nicht standhalten.

Es gibt noch kein RFC-basiertes Protokoll für die Einschränkung von Inhalten, das weithin implementiert wurde. Wenn Sie nicht Firewall-1 oder eine andere Firewall benutzen, die CVP unterstützt, müssen Sie möglicherweise einzelne Produkte kaufen, die Web- (HTTP), E-Mail- (SMTP), News- (NNTP) und FTP-Inhalte separat überwachen.

Sie werden wahrscheinlich auch auf eine gewisse Anzahl falscher Positiva treffen – noch eine weitere Sache, die administriert werden muss. Content-Filter blockieren beispielsweise Network Computings »Centerfold«, eine Ausstellung von Netzwerken innovativer Unternehmen.

Dennoch können Content-Filter sich lohnen, wenn Sie sie korrekt konfigurieren und auf die richtigen Ziele ansetzen. Im Abschnitt »Produkte« später in diesem Kapitel finden Sie eine Auflistung von Content-Management-Tools. Das Content-Management wird sich in den kommenden Jahren sicher stark weiterentwickeln und wachsen: Verfolgen Sie das Web oder Zeitschriften wie Network Computing für die neuesten Entwicklungen.

27.3.5 Administrative Zusammenarbeit

Auf den ersten Blick mag die administrative Zusammenarbeit nicht gerade als Sicherheitsmaßnahme erscheinen. Wie kann Teamwork Ihr internes Netzwerk zu einem sichereren Ort machen?

Denken Sie zunächst daran, dass jede illegale oder unmoralische Handlung, an der Partner beteiligt sind, automatisch bedeutet, dass es Zeugen gibt und es möglicherweise zu einer Untersuchung kommt. Wie Benjamin Franklin sagte: »Drei Leute können ein Geheimnis bewahren, wenn zwei davon tot sind.«

Zweitens sollten Sie an den Fall denken, in dem es keine explizite Partnerschaft während einer fragwürdigen Aktion gibt. Die Tatsache, dass es einen anderen Administrator gibt, der für das System verantwortlich ist, bedeutet, dass das System selbst überwacht wird. Die Tatsache, dass es eine Überwachung durch einen Dritten gibt, hält im besten Fall den Angreifer auf oder führt zumindest dazu, dass die fragwürdige Aktivität schneller entdeckt werden kann.

Sie sollten aber vorsichtig sein, und nicht zu viele Leute für eine Aufgabe verantwortlich machen. Dies könnte nicht nur zu Chaos im System führen, sondern auch dazu, dass eine unmoralische Aktivität während eines Vorfalls oder eines Audit schwerer zu verfolgen ist. Sie sollten definitiv eine eingeschränkte Anzahl von Verantwortlichen für ein bestimmtes System haben.

27.4 Produkte

Es gibt ständig neue Produkte – Sie sollten einen Blick in die neuesten Zeitschriften oder Websites zum Thema werfen, um sicherzustellen, dass Sie die aktuellsten Optionen vor sich haben. In den folgenden Abschnitten sind einige Beispielprodukte in verschiedenen Kategorien aufgeführt, sodass Sie am richtigen Punkt beginnen können.

27.4.1 Desktop-Management

Produkt: **LANDesk**

Firma: Intel

URL: `http://www.intel.com/network/products/landesk_mgmtsuite_v6.htm`

Beschreibung: Plattform-agnostisches Desktop-Management, läuft auf Windows 9x, Windows NT/2000, Netware und Linux.

Produkt: **Systems Management Server (SMS)**

Firma: Microsoft

URL: `http://www.microsoft.com/smsmgmt/exec/default.asp`

Beschreibung: Sicher die einfachste Methode, um die Desktops eines Windows-Netzwerks zu managen. Läuft auf Windows 9x und NT mit ZAK (Zero Administration Kit) und den Gruppenrichtlinien von Windows 2000.

Produkt: **ZENWorks for Desktops**

Firma: Novell

URL: `http://www.novell.com/products/zenworks/desktops/`

Beschreibung: Desktop-Management, das NDS (Novell Directory Services) als den Konfigurationsdatenspeicher verwendet. Extrem gut skalierbar.

27.4.2 Laptop-/PDA-Sicherheit

Wenn ein portables Gerät verloren geht, haben Sie ein Problem. Dabei ist der Verlust des Gerätes nichts im Vergleich zum potenziellen Verlust sensibler Daten. Auch wenn Einschaltpasswörter beliebt sind, sind sie keine gute Lösung, wenn jemand Ihr Gerät gestohlen hat. Verwenden Sie statt dessen eine richtige Verschlüsselung. Es gibt viele Optionen, und wir wollen hier keinen kompletten Einkaufsführer zur Verfügung stellen. Vielmehr soll dies ein Startpunkt sein. Wenn Sie Sicherheitslösungen für portable Geräte erwerben wollen, berücksichtigen Sie,

- ob physikalische Token verfügbar sind. Wenn das Gerät in der Öffentlichkeit verwendet wird, besteht immer das Risiko, dass jemand während der Passworteingabe die Tastatur beobachtet und später das Gerät stiehlt.
- welche Art der Verschlüsselung benutzt wird. Einige Hersteller verwenden einen proprietären Algorithmus, der nicht öffentlich auf Fehler untersucht wurde. Halten Sie sich von diesen fern, ebenso von den Algorithmen, die »verbergende« Taktiken verwenden wie XOR (Bit-Ergänzung), die nicht sicher sind.

PDA-Sicherheit

Produkt: **MemoSafe**

Firma: DeepThought

URL: `http://home.golden.net/~deepnet/memosafe.html`

Beschreibung: MemoSafe verwendet die Public-Domain-SAFER-SK-Verschlüsselung, um Ihre MemoPad-Memos zu verschlüsseln.

Produkt: **ReadThis!**

Firma: PixIL

URL: `http://members.nbci.com/PixIL/Software/ReadThis/`

Beschreibung: Ein Modul, das HackMaster erfordert und zufällige Palm-Einträge verschlüsselt. Aber achten Sie darauf, dass die Standardmethode »XOR« ist – und diese ist wie vorher erwähnt nicht sicher. Zum Glück ist ein extern erhältliches IDEA-Verschlüsselungsmodul verfügbar. Den Quellcode gibt es nur für das externe Modul.

Produkt: **Safe**

Firma: Palmgadget.com

URL: `http://www.palmgadget.com/palmsafe.html`

Beschreibung: Triple-DES-Memo-Pad-Verschlüsselung. Der Quellcode ist für Untersuchungszwecke verfügbar, was ein wirklicher Pluspunkt ist.

Laptop-Sicherheit

Produkt: **Invincible Disk**

Firma: Invincible Data Systems, Inc.

URL: `http://www.incrypt.com/idisk01.html`

Beschreibung: Verschlüsselt ein komplettes Festplattenlaufwerk mit dem Blowfish-Algorithmus. Unterstützt physikalische Token.

Produkt: **SafeHouse for Windows**

Firma: PC Dynamics

URL: `http://www.pcdynamics.com/SafeHouse/`

Beschreibung: Bietet verschiedene Verschlüsselungsoptionen, darunter Blowfish und Triple DES, enthält aber auch den nicht so sicheren DES-Algorithmus sowie einen proprietären Algorithmus, der noch nicht öffentlich untersucht wurde.

> **HINWEIS**
> Wenn Sie auf Ihren Laptops UNIX oder Linux benutzen, finden Sie in Abschnitt 27.5, »Informationsquellen«, ein Dokument, das verschlüsselte Dateisysteme wie cfs, sfs, cryptfs und so weiter beschreibt.

27.4.3 Physikalische Sicherheit

Produkt: **Barracuda Anti Theft Devices**

Firma: Barracuda Security Devices International

URL: `http://www.barracudasecurity.com`

Beschreibung: Barracudas Vorzeigeprodukt ist eine PC-Karte, die in einen Erweiterungsslot eingeführt wird und die alle Computer-Komponenten überwacht. Sie werden per Pager benachrichtigt, wenn eine Komponente manipuliert oder entfernt wird. Ein fürchterlich schriller Alarm wird ebenfalls ausgelöst.

Produkt: **ModemLock for SmartCard Modems**

Firma: Intertex Data AB

URL: `http://www.intertex.se/html/modemlock.html`

Beschreibung: Software, die die eingehende oder ausgehende Modembenutzung einschränkt. Leider ist die Voraussetzung, dass Sie Intertexs Produktreihe für Smartcard-Modems benutzen.

Produkt: **Modem Security Enforcer**

Firma: IC Engineering, Inc.

URL: `http://www.bcpl.lib.md.us/~n3ic/mse/mseinfo.html`

Beschreibung: Modem Security Enforcer bietet Authentifizierung per Rückruf, Passwortschutz, Speichern von Passwörtern auf Firmware (für interne Benutzer nicht zugänglich), nichtflüchtige Einstellungen für den Speicherbereich und ein komplett konfigurierbares Interface. Es gibt eine 9.600-Bps-Version und eine 19.200-Bps-Version.

27.4.4 Content-Management

Produkt: **eSafe Gateway**

Firma: Aladdin Knowledge Systems

URL: `http://www.ealaddin.com/esafe/gateway/index.asp`

Beschreibung: Filtert Web-Datenverkehr nach feindlichen Applets und Viren. Bietet URL-Filter und inspiziert MIME-codierte E-Mail.

Produkt: **MIMESweeper-Produktfamilie (MAILSweeper, PORNSweeper, WEBSweeper, SECRETSweeper)**

Firma: Content Technologies

URL: `http://www.contenttechnologies.com/products/default.asp`

Beschreibung: Spülbecken, Herd, Backofen und Staubwedel des Content-Management. Filtert alles von MIME-kodierter E-Mail bis hin zu GIFs mit pornografischen Inhalten.

Produkt: **SuperScout, CyberPatrol, SurfControl**

Firma: SurfControl

URL: `http://www.surfcontrol.com/`

Beschreibung: Alle Produkte benutzen die gleiche CyberNOT-Aboliste und führen verschiedene Ebenen des Website-Filterns aus. SuperScout insbesondere kann Websites auf Basis von Dateitypen zulassen bzw. ablehnen.

Produkt: **verschiedene**

Firma: CheckPoint

URL: `http://www.checkpoint.com/opsec/security.html#Content_Security`

Beschreibung: Liste von Unternehmen und Produkten, die Partner von CheckPoint sind und CVP (Content Vectoring Protocol) als einen zentralen Dienst für die Untersuchung von Inhalten verwenden.

27.5 Informationsquellen

»Computer Security Institute's 2000 Computer Crime and Security Survey«. `http://www.gocsi.com/prelea_000321.htm`

»Computer Crime & Security Survey 1999«. `http://www.deloitte.com.au/downloads/Computer_Crime99.pdf`

Richard E. Overill: »Computer crime – an historical survey«. `http://www.kcl.ac.uk/orgs/icsa/Publications/crime.html`

»Risk Assessment Strategies«. Workshop zum Thema Risikomanagement. `http://www.nwc.com/1121/1121f3.html`

M. Ringel und T. Limoncelli: »How to Fire A System Administrator«. `http://www.bell-labs.com/user/tal/papers/LISA1999/adverse.html`

»A Contextual Love Letter for You«. `http://www.nwc.com/1117/1117colfeldman.html`

»Zero Administration Kit for Windows« (Win9x- und WinNT-Desktop-Management). `http://www.microsoft.com/windows/zak/`

»Using Group Policy Scenarios« (Win2000 Desktop-Management). `http://www.microsoft.com/technet/win2000/win2ksrv/technote/gpscena.asp`

»Palm Security: Encryption Tools«. `http://palmtops.about.com/gadgets/palmtops/library/weekly/aa06182000a.htm`

»Encrypting Your Disks With Linux«. Stellt Technologien dar, die auf Linux und anderen UNIX-Varianten funktionieren. `http://drt.ailis.de/crypto/linux-disk.html`

»Using Win2000's Foolproof Encryption«. Verwendet die in Windows 2000 integrierte Technologie zur Verschlüsselung von Dateien. `http://www.nwc.com/1121/1121ws1.html`

27.6 Zusammenfassung

Gute interne Sicherheit läuft im Endeffekt auf die gleichen Maßnahmen hinaus, die Sie auch für Ihre externe Sicherheit ergreifen. Wichtig ist außerdem ein sorgfältiges Vorgehen, was das Selbst-Auditing und die Durchsetzung von Richtlinien betrifft. Es gibt Tools, die Ihnen helfen können, wie Auditing-Tools, Sicherheits-Scanner, Content-Filtering-Tools, Desktop-Management und IDS, aber letztendlich kann kein Tool sorgfältige und scharfsichtige Personen ersetzen.

Kapitel 28

Überlegungen zum Thema Netzwerkarchitektur

In diesem Kapitel werden wir uns einige Gedanken zur Netzwerkarchitektur machen, um für eine erhöhte Sicherheit der Computer- und Netzwerkumgebung zu sorgen.

28.1 Netzwerkarchitektur

Das Internet ist als das Netz der Netze bekannt. Jedes Netzwerk spielt für die allumfassende Sicherheit des Internets eine wichtige Rolle. Wenn Sie beim Aufbau und der Implementierung Ihres Netzwerks auf Sicherheit Wert legen, können Sie Ihren kleinen Bereich des Internets zu einem sichereren Ort machen. Die Einrichtung einer Netzwerkumgebung für ein Unternehmen sollte im Vorfeld gut geplant werden. Sie sollten niemals einfach nur das notwendige Equipment ohne Überlegung miteinander verbinden. Das Ziel dieses Kapitels besteht darin, Ihnen einige wichtige Überlegungen zum Aufbau Ihres Netzwerks zu bieten, die die Sicherheit Ihres Unternehmens und Ihrer Geschäftspartner erhöhen.

Der Begriff Netzwerkarchitektur beschreibt zusammengenommen die Organisation sowie alle Anforderungen, Methoden und Geräte, die für den Aufbau eines Netzwerks benutzt werden. Dazu gehören auch die physikalischen Komponenten und alle Sicherheitsmaßnahmen. Sie können nur dann eine sichere Netzwerkarchitektur aufbauen, wenn Sie all diese Elemente, ihre Verwendung und ihre Beziehung untereinander berücksichtigen. Für eine sichere Netzwerkarchitektur müssen Sie die für den Aufbau verwendeten Komponenten kennen und wissen, welchen Bedrohungen diese ausgesetzt sind. Wenn Sie die Organisation der Komponenten und die jeweiligen Bedrohungen klargestellt haben, können Sie eine passende Architektur entwerfen.

28.1.1 Netzwerkkomponenten

Ohne Netzwerkkomponenten gibt es kein Netzwerk, und ohne einige Überlegungen zu diesen Komponenten gibt es keine Sicherheit! Der erste Schritt für eine sichere Netzwerktopologie besteht in der Untersuchung der Geräte und Systeme, die für deren Implementierung verwendet werden. Folgende Geräte und Aspekte müssen für ein Unternehmensnetzwerk genauer betrachtet werden:

- Zugangsgeräte
- Sicherheitsgeräte
- Server und Systeme
- Organisation und Aufbau

Zugangsgeräte

Das Zugangsgerät ist der Teil der Netzwerkkomponenten, der für einen Zugang zum Internet und für die Kommunikation zwischen Netzwerken sorgt. Es ist außerdem das erste Element, das für ein Unternehmen erforderlich ist, das über das Internet zugänglich sein soll. Es gibt sicher Unternehmen, die kein Zugangsgerät benötigen, aber wenn ein Unternehmen mit anderen Netzwerken kommunizieren oder für Mitarbeiter und Internet-Benutzer einen Zugang von außen ermöglichen will, ist ein Zugangsgerät erforderlich. Diese Geräte gibt es in verschiedenen Formen, die üblichsten sind Modems und Router.

Ein Zugangsgerät hat in der Regel zwei (oder mehr) Interfaces. Die Interfaces, die mit dem Netzwerk des Unternehmens verbunden werden, werden als interne Interfaces des Routers (oder anderen Geräts) betrachtet. Die Interfaces, die mit dem Internet Service Provider verbunden sind, sind die externen Interfaces. Das interne Netzwerk umfasst die Systeme und Geräte auf der internen Seite des Routers. Das Netzwerk oder die Netzwerke, die vom Internet aus zugänglich sind, bilden das externe Netzwerk.

Die Auswahl des Zugangsgeräts hat direkte Auswirkungen auf die Sicherheit einer Netzwerktopologie, denn dieses Gerät definiert das Modell für den Internetzugang im Unternehmen. Außerdem stellt das Zugangsgerät den ersten Punkt dar, an dem eine Verteidigung notwendig ist. Für den Aufbau eines Netzwerks gibt es verschiedene Zugangsmodelle. Dazu zählen ein sehr restriktiver Zugang, ein Zugang, der auf Ausnahmen basiert, ein offener Zugang oder eine Kombination aus allen diesen Möglichkeiten. Bei einem auf Ausnahmen basierenden Zugangsmodell wird eine Standardeinschränkung eingerichtet, die jeglichen Zugang verweigert. Dann werden für erforderliche Dienste und Verbindungen Ausnahmen definiert. Bei dieser üblichen Schutzmaßnahme blockiert der Paketfilter in seiner Konfiguration den Datenverkehr an alle, mit Ausnahme einiger spezifizierter Protokolle und Dienste auf bestimmten Systemen. Ein Beispiel für einen auf Ausnahmen basierenden Zugang ist die Verweigerung des gesamten Datenverkehrs an den Webserver, mit Ausnahmen von TCP-Datenverkehr an Port 80 (das IP-Protokoll und der Dienst-Port (HTTP), die der Webserver verwendet). Ein auf Ausnahmen basierendes Modell ist in einfachen Netzwerkumgebungen nützlich, in denen das Netzwerk kaum diversifiziert ist und keine komplexen Filterregeln benötigt werden.

Beim offenen Modell ist ein Zugang zu allem erlaubt, wenn dieser nicht explizit verweigert wird. Dieses Modell konzentriert sich nur auf die Dienste, die von einem Netzwerk und seinen Systemen zur Verfügung gestellt werden. Dabei werden Paketfilterregeln eingesetzt, die den Zugang von bestimmten Netzwerken und Systemen auf explizite Dienste wie einen Webserver oder E-Mail gewähren oder verweigern und für eine granuläre Zugriffskontrolle sorgen. Allerdings werden bei diesem Modell keine Einschränkungen für die verbleibenden Ports und Protokolle eingerichtet, was in vielen Netzwerkumgebungen ein Risiko darstellen kann.

Die folgenden Beispiele demonstrieren die Nützlichkeit und die Gefahren eines offenen Zugangsmodells.

In einer einfachen Netzwerkumgebung, in der ein Webserver direkt mit dem Internet verbunden ist, kann ein offenes Modell unnötige Sicherheitsrisiken mit sich bringen. In diesem Fall erlaubt der Paketfilter bestimmten vertrauenswürdigen Systemen einen Zugriff auf den Webserver, nimmt aber keinen Einfluss auf anderen Datenverkehr von und zu dem Webserver, auch nicht auf feindlichen Datenverkehr aus dem Internet. Das ist gefährlich, wenn ein Angreifer den Webserver kompromittiert. Der Angreifer kann dann einen neuen, nichtautorisierten Dienst auf diesem System einrichten, der ohne Beeinträchtigung von Seiten des Paketfilters läuft. Ein auf Ausnahmen basierendes Modell würde Sie vor derartigen Angriffen schützen.

Ein offenes Modell ist sinnvoll, wenn Sie eine granuläre Zugriffskontrolle benötigen und bestimmte Dienste vor unautorisiertem Datenverkehr schützen wollen, wie es oft für Domain-Name-Server und E-Mail-Server sinnvoll ist. Beide Serverarten haben häufig sekundäre Relay-Server, die Dienste für Internetsysteme zur Verfügung stellen und das primäre System vor einer Offenlegung im Internet schützen. Die primären Systeme können entsprechend des offenen Zugangsmodells konfiguriert werden, das Datenverkehr an die Domain-Name- und E-Mail-Dienste nur von den Relay-Servern aus zulässt. Dieses Beispiel setzt aber voraus, dass die Netzwerktopologie die primären Server vor externen Angriffen schützt.

Es gibt verschiedene Meinungen dazu, welches Zugangsmodell eingesetzt werden sollte. Das auf Ausnahmen basierende Modell ist restriktiver und legt die Hauptlast der Verantwortung auf die Sicherheit des Paketfilters und damit auf die Stärke der gesamten Firewall. Das offene Modell verlässt sich mehr auf die benutzten Systeme, um sicherzustellen, dass sie sicher konfiguriert sind und minimale Möglichkeiten für Kompromittierung und Modifikation bieten.

Sicherheitsgeräte

Firewalls, Virtual-Private-Network-(VPN)-Server und Intrusion-Detection-Systeme sind weit verbreitete Beispiele für Sicherheitsgeräte. Firewalls sollen das interne Netzwerk vor externen Bedrohungen schützen, indem sie eine bestimmte Art von Netzwerkverkehr und Daten zulassen oder ablehnen. Firewalls sind nicht nur für die Grenzen des Netzwerks sinnvoll, sondern überall dort, wo Beschränkungen des Datenverkehrs erforderlich oder empfohlen sind. VPN-Geräte sorgen dafür, dass Benutzer vom Internet aus einen sicheren Remotezugang zum Netzwerk haben, indem ein verschlüsselter Tunnel eingerichtet wird, durch den der Remotecomputer auf das interne Netzwerk eines Unternehmens zugreift. Intrusion-Detection-Systeme bieten eine aktive Überwachung und melden bekannte Angriffe auf Systeme und Netzwerke, indem sie Netzwerkdaten oder Daten auf dem Rechner selbst beobachten. Diese Geräte bilden die erste und offensichtlichste Sicherheitebene und sind für jede Netzwerktopologie unbedingt erforderlich.

Server und Systeme

Server und Systeme sind alle Computer, die innerhalb eines Unternehmens benutzt werden. Zu diesen Systemen gehören Web-, Mail-, Login-, Datei- und Druckerserver, Desktop-Computer und Netzwerkmanagementsysteme. Die

Anforderungen an diese Systeme, zu denen auch die bereitgestellten Dienste gehören, beeinflussen die Netzwerkarchitektur. Außerdem bestimmen sie, wem ein Zugang zum Netzwerk gewährt wird. Jeder Dienst beeinflusst die Sicherheit des Netzwerks und des Systems, auf dem er läuft. Wenn Sie die Auswirkungen berücksichtigen, können Sie eine Netzwerkarchitektur aufbauen, mit der die Risiken und Auswirkungen einer Sicherheitsverletzung so gering wie möglich gehalten werden können.

Sie haben in diesem Buch gelernt, dass Angreifer häufig mit Hilfe von Scannern nach Servern suchen, die Dienste sowohl für das Internet als auch für interne Netzwerke bereitstellen. Mit einer Kompromittierung dieser Systeme kann der Angreifer einen Weg in das Unternehmen finden. Server, auf denen mehrere Dienste laufen, sind ebenfalls ein Sicherheitsrisiko, denn jeder Dienst kann eine potenzielle Tür in das jeweilige System sein. Es ist besonders wichtig, die Vergangenheit einer Anwendung oder eines Dienstes auf Sicherheitsschwachstellen zu untersuchen. Gerade zu E-Mail-, Web-, DNS- und FTP-Servern gibt es eine lange Geschichte von Schwachstellen, und ihre gleichzeitige Benutzung auf einem einzelnen System bietet einem Angreifer verschiedene Angriffspunkte.

Organisation und Layout

Für die Organisation und das Layout des Netzwerks wird die Implementierung dieser Komponenten berücksichtigt. Dazu gehören der physikalische Standort und die Organisation der Netzwerkgeräte und -kabel sowie die Methode, mit der ein Internetzugang zur Verfügung gestellt wird. Für eine sichere Netzwerkarchitektur ist es wichtig, die Anforderungen an die Netzwerkdienste und die Beziehung der Benutzer zu diesen Diensten zu bestimmen.

Viele Betriebssysteme und Server stellen in ihrer Standardkonfiguration jeden unterstützten Dienst zur Verfügung, obwohl ein Unternehmen nur selten all diese Dienste benutzt oder benötigt. Wenn ein Unternehmen ausschließlich Dateien und Drucker gemeinsam benutzt und Funktionen für das Web und für E-Mail benötigt, sollten auf den entsprechenden Servern alle anderen Dienste deaktiviert werden. Wenn verschiedene Gruppen innerhalb des Unternehmens diese Dienste brauchen oder die Dienste definitiv Informationen gemeinsam benutzen müssen, sollten sie auf verschiedenen Systemen und in verschiedenen Netzwerken laufen, die die jeweiligen Zugangsbedürfnisse der Benutzer widerspiegeln.

28.1.2 Bedrohungen

Sie sollten vor dem Aufbau Ihres Netzwerks klarstellen, welchen Bedrohungen dieses gegenüberstehen wird. Die hier aufgeführten Bedrohungen lassen sich in drei Kategorien einordnen:

- externe Angriffe
- interne Angriffe
- physikalische Angriffe

Es bringt verschiedene Vorteile mit sich, wenn Sie die Bedrohungen gut verstehen, denen ein mit dem Internet verbundenes Netzwerk ausgesetzt ist. Ein Netzwerkdesigner kann mit diesem Wissen Systeme vor Angriffen und Kompromittierung schützen, die Auswirkungen von Schwachstellen einschränken und Interaktionen verhindern. Mit einer sicheren Netzwerkarchitektur kann ein Unternehmen schnell auf einen Sicherheitsvorfall reagieren und das Netzwerk ohne Verluste wiederherstellen. Gleichzeitig werden die Zuverlässigkeit und Leistungsfähigkeit gestärkt. Die Bedrohungen, denen ein Netzwerk und seine Systeme ausgesetzt sind, werden zum Teil durch eine sichere Netzwerkarchitektur gemildert. Auch eine gute Sicherheitswartung und Sorgfalt in Bezug auf die Analyse neuer und besserer Sicherheitstechnologien helfen, Risiken einzuschränken.

Externe Angriffe

Externe Angriffe stammen entweder aus dem Internet oder von Systemen hinter dem Zugangsgerät und zielen auf interne oder externe Systeme ab. Externe Angriffe sind die bekannteste Angriffsform und erhalten die größte Aufmerksamkeit in den Medien. Geschichten über die Verunstaltung von Webseiten, über Viren, Programme mit Trojanischen Pferden und Denial of Service, hervorgerufen durch boshafte System-Cracker und Cyber-Terroristen sind weit verbreitet. Zwar sind auch Erkennungstests und -Scans invasiv, gelten aber nicht als Angriffe. Oft sind sie allerdings Vorboten eines Angriffs, weil sie dem Angreifer Informationen über Schwachstellen liefern. Die Netzwerkkomponenten und ihre Organisation können das Risiko mindern, das mit diesen Angriffen einhergeht. Externe Angriffe werden gegen Dienste, Systeme und Netzwerke, zu denen ein Zugang gefunden wird, ausgeführt. Zu den Schutzmaßnahmen gegen externe Angriffe zählen Firewalls, Tools für die Netzwerküberwachung, eine Verteilung der Dienste über mehrere Netzwerke und Einschränkungen der Bandbreite für einzelne Protokolle und Dienste.

Als Schutzmaßnahme gegen externe Angriffe ist es sinnvoll, Dienste wie Domain-Name-Server, Webserver und Mailserver auf separaten Systemen laufen zu lassen und den Zugriff auf diese mit Hilfe einer Firewall einzuschränken. Es ist außerdem von Vorteil, diese Systeme zu isolieren, sodass sie nicht auf andere Systeme zugreifen können.

Da dabei für jedes System nur ein Zugangspunkt eingerichtet wird, können die Systeme besser vor einer Kompromittierung geschützt werden. Mehrere Dienste auf einem einzelnen System bringen ein potenziell höheres Risiko für ein Denial of Service und eine Systemkompromittierung mit sich, denn es gibt mehrere Angriffspunkte. Wird ein Dienst kompromittiert, kann der Angreifer möglicherweise auf die Daten aller anderen Dienste auf diesem System zugreifen. Haben Sie beispielsweise Ihren Mail-, Web- und Domain-Name-Server auf einem System, bieten Sie einem Angreifer drei mögliche Angriffsziele. Ein DoS-Angriff gegen eines dieser Ziele führt dazu, dass alle Dienste ausfallen, und eine Kompromittierung eines der Dienste gestattet dem Angreifer Zugriff auf die Daten der restlichen zwei.

Interne Angriffe

Wie der Name bereits andeutet, haben interne Angriffe ihren Ursprung im Inneren eines Unternehmens. Auch wenn externe Angriffe in den Medien mehr Beachtung finden, sind interne Angriffe weiter verbreitet und häufiger als Angriffe von Außenstehenden. Verärgerte Mitarbeiter, neugierige Benutzer oder versehentlicher Missbrauch tragen zur weiten Verbreitung interner Angriffe bei. Die Verteidigungsmaßnahmen gegen diese Angriffe sind komplexer, weil Designer versuchen, für eine hohe Sicherheit zu sorgen, ohne die erforderliche Funktionalität des Netzwerks einzuschränken. Benutzer sollten gerade so viele Zugriffsrechte und Privilegien erhalten, dass sie ihre Arbeit erledigen können und das System trotzdem vor internen Angriffen geschützt ist. Für höhere Sicherheit und geringere Auswirkungen sollten Sie die Datenpfade des Netzwerks überprüfen und Dienste über mehrere Netzwerke und Systeme aufteilen.

Normale Benutzer sollten beispielsweise keinen vollen Netzwerkzugriff auf alle Systeme, Server und Netzwerkgeräte erhalten. In den meisten Unternehmen ist es nicht sinnvoll, dass alle Benutzer Zugriff auf Systeme der Finanzabteilung oder auf sensible Projektdaten haben. Mit mehreren Netzwerken und Servern können Sie zwischen Gruppen und Abteilungen unterscheiden und damit diese Einschränkungen durchsetzen.

Physikalische Angriffe

Physikalische Angriffe bilden die letzte Kategorie der Bedrohungen. Es ist gefährlich, wenn jemand einfach an ein System oder Netzwerkgerät herankann. Einfache Handlungen wie das Ziehen von Steckern, das Neuanordnen von Kabeln oder das Beschädigen von Komponenten können dazu führen, dass das Netzwerk für lange Zeit nicht nutzbar ist und mit hohen Kosten repariert werden muss. Der Standort und der Zugriff auf die Geräte, die Netzwerkdienste bereitstellen, müssen organisiert und gesichert werden. Abgesehen von der direkten Beschädigung von Netzwerkkomponenten, gehört zu den physikalischen Angriffen auch die Beobachtung und Analyse des Netzwerkdatenverkehrs durch einen Benutzer, wenn dieser über die gleichen Netzwerkkabel wie am Desktop-Computer des Benutzers übertragen wird. Wenn das Netzwerk nicht physikalisch sicher aufgebaut ist, kann der Benutzer einen Paket-Sniffer einsetzen, um Passwörter und private Daten anderer Benutzer abzufangen und zu lesen. Dies kann durch eine physikalische Isolierung des Netzwerkverkehrs verhindert werden, die auf den Bedürfnissen eines bestimmten Systems basiert.

28.1.3 Netzwerkarchitektur – Ein Ansatz

Die Philosophie und das Modell für Netzwerkanforderungen und -komponenten eines Unternehmens bestimmen, welchem Ansatz wir für unsere Netzwerkarchitektur und den Netzwerkaufbau folgen. Die Meinungen zu diesem Thema gehen auseinander. Unser Ansatz stellt einen Kompromiss zwischen einer idealen und einer realistischen Implementierung dar. Die ideale Implementierung sorgt für komplette und garantierte Sicherheit. Das realistische Modell berücksichtigt den Bedarf für Dienste, die ein höheres Potenzial für Schwachstellen mit sich bringen. Diese Dienste sind wichtige Aspekte für das Unternehmen und seine Kunden oder Partner. In einer idealen vernetzten Welt gibt es keine Schwachstellen und keine Dienste, deren Benutzung riskant ist. Nur dann ist eine vollständige Sicherheit möglich.

Wie Sie wissen, gibt es kein derartiges Konzept garantierter oder kompletter Sicherheit. Die Realität der Umgebung zwingt den Netzwerkdesigner dazu, in der gesamten Infrastruktur für einen hohen Grad an Sicherheit zu sorgen. Die für ein Unternehmen erforderliche Sicherheit muss auf Basis der jeweiligen Bedürfnisse bestimmt werden, anstatt einem allgemein gültigen Rezept zu folgen. Sicherheit ist ein fortwährender Prozess, deshalb müssen Sie sich auch nach der Einrichtung einer sicheren Netzwerkarchitektur stets sorgfältig darum kümmern. Leider haben nur wenige Unternehmen spezielle Sicherheitsteams, die an der Entwicklung, Implementierung und Wartung der Sicherheit arbeiten, auch wenn insgesamt immer mehr sicherheitsrelevante Mitarbeiter zu sehen sind. Weil entsprechend spezialisierte Mitarbeiter fehlen, konzentrieren viele Unternehmen ihre Sicherheitsbemühungen auf die Bereiche, die als die schwächsten gelten – ein Sicherheitsansatz, der sich sozusagen nach »quietschenden Rädern« richtet. Damit wird die Sicherheit interner Netzwerke und Systeme häufig nicht gewartet und instand gehalten, denn für diese gilt, dass sie durch Firewalls und andere Sicherheitsmechanismen geschützt sind. Eine lasche interne Sicherheit ist nicht ideal und betont den Bedarf an einer starken Netzwerkarchitektur und -infrastruktur, die bereits in den frühesten Phasen des Aufbaus implementiert werden sollte. Je höher der ursprüngliche Sicherheitsgrad ist, umso einfacher wird es, Standards und Prozeduren zu entwickeln und zu befolgen, um diesen beibehalten.

Sie können die Sicherheit eines Netzwerks daran messen, wie gut es Risiken managen und die Auswirkungen eines Angriffs im Zaum halten kann. Es ist sinnvoll, den Aufbau damit zu beginnen, die Funktionalität in Sicherheitsebenen zu organisieren, die in Relation zum Netzwerkzugriff stehen. Wenn die Bedrohungen für ein Netzwerk festgelegt sind, müssen Netzwerkdesigner sorgfältig die Anforderungen an das Netzwerk, die verwendeten Komponenten und Funktionen und deren Beziehungen untereinander in Betracht ziehen. Die Anforderungen bestimmen den Zweck des Netzwerks. Dazu zählt beispielsweise eine Unterstützung von Datenfreigaben für Benutzer, für die Kommunikation untereinander oder die Interaktion mit externen Quellen. Zu den Komponenten eines Netzwerks gehören die eigentliche Hardware, die für den Aufbau des Netzwerks benutzt wird, sowie die Organisation und der Aufbau der Topologie. Funktionen sind nach den ursprünglichen Bedürfnissen die Fähigkeiten und Anforderungen, die einer Reihe von besten Praktiken und einer Hilfsfunktionalität entsprechen. Schließlich ist es wichtig, die Beziehungen all dieser Komponenten zu verstehen, weil die Sicherheit nur so stark sein kann wie das schwächste Glied in der Kette.

28.1.4 Sicherheitszonen

In Netzwerken sind verschiedene Sicherheitszonen üblich, und die Überlegungen, die sich Designer zu diesen Sicherheitszonen machen, beeinflussen die verwendete Netzwerkarchitektur. Sicherheitszonen definieren Sicherheit in Bezug auf den Zugang zum Netzwerk und stellen die ersten Sektionen der Netzwerkarchitektur dar. Die Sicherheitszonen werden in einen externen, einen internen und einen Zwischenbereich aufgeteilt.

Das Jenseits

Das externe Netzwerk ist generell und in der Praxis der offenste Bereich und umfasst alles, was hinter den Zugangsgeräten bis zum Internet liegt. Das Unternehmen hat wenig oder keine Kontrolle über die Informationen, Systeme und Geräte, die in dieser Domäne existieren. Sie sollten nicht davon ausgehen, dass der ISP und alle verbundenen externen Organisationen sicher sind. Es ist sinnvoll, die Sicherheitspraktiken und -funktionen zu untersuchen, die ein ISP zur Verfügung stellt. Dazu zählen beispielsweise die Kontrolle und Verwaltung der Zugangsgeräte sowie die Filterfunktionen und die Netzwerktopologie des ISP. Viele ISPs verwalten das Zugangsgerät selbst und sichern es, um Zugriff und Manipulation durch jeden anderen zu verhindern. Andere ISPs verlangen, dass das Unternehmen das Zugangsgerät verwaltet. Viele ISPs setzen von selbst Paketfilter und Firewall-Funktionen ein, um unangemessene Daten und Angriffe zu erkennen und zu blockieren, bevor diese eine Chance haben, die Kunden des ISP zu erreichen. Die Netzwerktopologie des ISP spielt für die Sicherheit eines Unternehmens ebenfalls eine Rolle. Die physikalische Beziehung zwischen den einzelnen Kunden eines ISP und den eingerichteten Datenpfaden sollte geklärt werden. Im Idealfall ist die Datenmenge, die von verschiedenen Unternehmen über das gleiche Netzwerkkabel übermittelt wird, so gering wie möglich. Damit werden die Auswirkungen auf mehrere Kundennetzwerke verringert, falls der ISP angegriffen wird. Die Verwendung eines gewöhnlichen Gateways beim ISP führt zu einem potenziellen Leistungsengpass und bringt das Risiko eines einzelnen Ausfallpunkts mit sich. ISPs mit mehreren Netzwerken und Zugangspunkten können eine höhere Sicherheit und Zuverlässigkeit im Fall von Angriffen bieten.

Diese Aspekte bieten Vorteile für das Unternehmen, aber es kann schwierig und teuer sein, einen Provider zu finden, der viele Sicherheitsmaßnahmen implementiert. Eine wichtige Philosophie, die Sie beim Aufbau einer sicheren Netzwerkarchitektur im Hinterkopf behalten sollten, besteht darin, die vom Unternehmen kontrollierten Elemente so stark wie möglich zu sichern. Viele Unternehmen verlassen sich auf die vom ISP oder allen Zwischennetzwerken gebotene Sicherheit und implementieren keine internen Sicherheitsmaßnahmen. Zwar ist die Berücksichtigung der ISP-Sicherheit wichtig, aber Sie sollten sich vor allem auf den Aufbau einer sicheren Netzwerkarchitektur für Ihr Unternehmen konzentrieren. Zu den Lösungen, die eine schwache Sicherheit des ISP ausgleichen können, zählen die Einrichtung einer Public-Key-Infrastruktur, eine Verschlüsselung der Netzwerkkommunikation mit Anwendungen wie Secure Shell (SSH) sowie Webserver, die SSL unterstützen, und virtuelle private Netzwerke (VPNs).

Interne Netzwerke

Die zweite Zone ist das interne Netzwerk, in dem die wichtigen Computer-Vermögenswerte sicher geschützt werden müssen. Dieser Bereich verfügt oft über die restriktivsten Sicherheitsmaßnahmen und hier führen Benutzer ihre tägliche Arbeit aus. Das interne Netzwerk ist in der Regel am wenigsten offen und hat verschiedene Ebenen des Schutzes für Server, Desktop-Computer und andere Computersysteme und Geräte, die im Unternehmen benutzt werden. Die Verwendung von Firewalls, mehreren Netzwerken und Einschränkungen auf Netzwerkdatenpfaden sorgen für einen höheren Grad der Sicherheit. Die Darstellung interner Netzwerke wird tiefer gehend in Abschnitt 28.2, »Die Burg schützen«, fortgesetzt.

Zwischennetzwerke

Die dritte Zone ist ein Kompromiss zwischen den ersten zwei Zonen und besteht aus den Netzwerken, die Dienste sowohl für das externe als auch für das interne Netzwerk zur Verfügung stellen. Im Allgemeinen wird es als sehr gefährlich angesehen, einen einzelnen Server oder ein Gerät gleichzeitig in das interne und das externe Netzwerk zu stellen. Ein System, das auf diese Art und Weise konfiguriert ist, wird als ein Multihomed-System bezeichnet und sollte vermieden werden. In sicheren Netzwerkarchitekturen wird zwischen den Systemen und Diensten differenziert, auf die vom Internet zugegriffen werden kann oder nicht.

Zwei Arten von Zwischennetzwerken sind in Unternehmen üblich. Das erste ist ein Netzwerk für Dienste wie den Mailserver, den Webserver und den Domain-Name-Server, auf die interne Benutzer und Benutzer aus dem Internet zugreifen können. Das zweite ist ein halbprivates Netzwerk, das vom Unternehmen, seinen Geschäftspartnern und Kunden verwendet wird. Für dieses Netzwerk ist ein spezieller Zugang nur für diese Beteiligten erforderlich. Der erste Bereich wird oft als das *Servicenetzwerk* oder als *entmilitarisierte Zone* (DMZ – De-Militarized Zone) bezeichnet. Er wird als ein wenig geschützter Bereich der gesamten Netzwerkinfrastruktur betrachtet, weil er Netzwerkdienste für das Internet bereitstellt.

Ein Servicenetzwerk existiert normalerweise zwischen dem Router zum ISP und dem internen Netzwerk. Es wird eingerichtet, indem man ein weiteres Interface zur Firewall hinzufügt oder Systeme in das gleiche Netzwerk wie die Firewall stellt. Es ist sinnvoll und sicherer, das Servicenetzwerk über ein weiteres Firewall-Interface einzurichten und zu schützen, damit der Zugriff auf das Servicenetzwerk umfassend eingeschränkt werden kann. Mit dieser Methode kann ein Unternehmen den Zugang zu den Diensten auf autorisierte Netzwerke und Systeme beschränken und bekannt feindlich gesinnte Websites und die Konkurrenz abwehren. Das Servicenetzwerk profitiert außerdem von einer redundanten oder zusätzlichen Netzwerkverbindung. Bei einer einzigen Netzwerkverbindung zum ISP werden im Fall eines DoS-Angriffs, der die gesamte Bandbreite des Netzwerks mit Hilfe eines Angriffs auf ein System im Servicenetzwerk belegt, Dienste auch für das Unternehmensnetzwerk verweigert.

Es ist zwar teurer und komplexer, aber Sie können einen höheren Grad der Sicherheit und Zuverlässigkeit erreichen, wenn Sie mehrere Netzwerkzugangspunkte und Netzwerkverbindungen einrichten, um verschiedene Netzwerkpfade für ein einzelnes oder mehrere Servicenetzwerke und das interne Netzwerk zur Verfügung zu stellen. Sollte ein Angreifer einen DoS-Angriff versuchen, kann der angegriffene Zugangspunkt zeitweise aus dem Betrieb genommen werden, während das Netzwerk über den sekundären Zugangspunkt weiter läuft. Viele Menschen glauben, dass das Servicenetzwerk weniger sicher als das interne Netzwerk sei, aber das ist nicht unbedingt richtig. Das interne Netzwerk verfügt über eine restriktivere Schutzmethode, die den Zugriff auf das Netzwerk vom Internet aus sehr einschränkt. Das Servicenetzwerk dagegen muss den Zugriff vom Internet aus auf verschiedene Dienste ermöglichen. Systeme im Servicenetzwerk haben oft einen höheren Grad der individuellen Systemsicherheit mit einer weniger restriktiven Schutzmethode. Aufgrund ihrer erhöhten Präsenz im Internet werden Systeme im Servicenetzwerk oft aufmerksamer behandelt. Um eine Kompromittierung zu verhindern, sollten Sie die Serversoftware und -betriebssysteme warten und entsprechende Patches installieren, sie mit starken Filtern und Zugriffskontrollrichtlinien schützen und den Netzwerkdatenverkehr überwachen. In einer idealen Welt werden für alle Rechner unabhängig von ihrem Standort die gleichen Sicherheitsaspekte berücksichtigt, aber in der Praxis gehen die meisten Unternehmen lascher mit der Sicherheit interner Systeme um, weil die Netzwerkarchitektur andere, umfassendere Sicherheitsschutzmaßnahmen definiert. Die Firewall, die zum Schutz des internen Netzwerks eingesetzt wird, gilt als der ultimative Verteidigungsmechanismus. Sie sollten Firewall-Richtlinien wie Zugriffskontrolle und Diensteinschränkungen einsetzen, aber auch auf die Systemkonfiguration und Wartung achten, die das System auf dem höchstmöglichen Sicherheitsgrad halten.

Das Servicenetzwerk ist eine schützende Pufferzone für das Unternehmen und möglicherweise nicht das einzige Zwischennetzwerk, das ein Unternehmen benötigt. Viele Unternehmen arbeiten mit verschiedenen anderen Unternehmen zusammen, bieten Supportleistungen für Kunden und benutzen Informationen gemeinsam mit diesen. Für diese Dinge ist ein Extranet erforderlich, in dem der Zugriff auf sensible Informationen und Ressourcen für externe Benutzer eingeschränkt werden kann. Das Extranet ist ein halbprivates Netzwerk, in dem das Unternehmen Daten mit seinen Partnern und Kunden gemeinsam benutzt. Die in diesem Netzwerk verfügbaren Daten sind oft eine Untermenge der Daten, die im Unternehmensnetzwerk bereitgestellt werden. Daher sind explizite Sicherheitsmaßnahmen zu ihrem Schutz erforderlich. Ein Extranet kann eingerichtet werden, indem man einen Teil des Netzwerks für diese halbprivaten Server festlegt und sie durch eine Firewall schützt. Dabei sollte die Firewall den Zugriff nur für die Unternehmen gewähren, die diesen benötigen. Diese Einschränkung des Zugriffs auf Netzwerke und Systeme der Partnerunternehmen anstatt auf das gesamte Internet erhöht die Sicherheit des Extranets.

28.2 Die Burg schützen

In diesem Abschnitt konzentriert sich unsere Darstellung auf die Architektur des internen Netzwerks. Die Sicherheitsüberlegungen in Bezug auf das Netzwerkdesign lassen sich jedoch in allen Bereichen der Netzwerkarchitektur anwenden.

28.2.1 Isolierung und Trennung

Die Idee der Isolierung und Trennung scheint dem Konzept eines Netzwerks, in dem alles miteinander verbunden ist, zu widersprechen, aber eine sichere Netzwerkarchitektur berücksichtigt die Beziehung aller Netzwerkkomponenten und Funktionen, um festzulegen, ob diese mit anderen interagieren müssen. Eine Trennung von Netzwerken bedeutet, mehrere physikalische und virtuelle Netzwerke einzurichten, um Grenzen zwischen nicht verwandten Netzwerkfunktionen zu ziehen, die nicht miteinander kommunizieren müssen. Sie kann auch in Form von physikalisch nicht miteinander verbundenen oder virtuell separaten Netzwerken erreicht werden, bei der keine Übertragung von Netzwerkdaten zwischen Geräten möglich ist.

Bei einer Isolierung und Trennung von Netzwerken müssen Sie zwei Stufen berücksichtigen. Zur ersten Stufe zählt der Fluss der Pakete oder der Netzwerkdaten niedriger Ebene, die über das Kabel versendet werden. Zur zweiten Stufe zählt die Organisation der Systeme, aus denen das Netzwerk aufgebaut ist.

Die Beziehungen zwischen Benutzern, Benutzergruppen, Abteilungen und mehreren Standorten innerhalb eines Unternehmens zwingen den Netzwerkdesigner, sich zu überlegen, ob in der Netzwerkarchitektur verschiedene Netzwerke sinnvoll sind. Einige Benutzer benötigen vielleicht einen Zugang zum Internet, aber nicht auf interne Daten, während andere auf wichtige Unternehmensdaten zugreifen müssen. Die Sicherheit der Netzwerkinfrastruktur wird geschwächt, wenn diese Anforderungen nicht bewertet und berücksichtigt werden.

Ein Unternehmen hat oft mehrere verschiedene und nicht miteinander verwandte Funktionen. Wenn diese verschiedenen Gruppen Zugriff auf die Netzwerke und Systeme der anderen erhalten, gehen Sie ein Sicherheitsrisiko ein. Öffentlich zugängliche Terminals sollten beispielsweise nicht im gleichen Netzwerk stehen wie Datei-, Authentifizierungs- und Mailserver für das Unternehmen, denn dann könnten nicht autorisierte Personen auf diese Systeme zugreifen.

Netzwerkdaten

Die Netzwerkarchitektur bezieht sich nicht nur auf die Ausrichtung der Computersysteme und ihrer entsprechenden Standorte, sondern auch auf die Organisation der Netzwerkdaten. Sicherheit und Performance werden verbessert, wenn die Pfade überdacht werden, die die Pakete nehmen. Nachfolgend werden wir uns folgende Themen ansehen:

- Netzwerkkonzepte
- Segmente

- Switches und Hubs
- Router
- Netzwerkadressen
- physikalische Aspekte

Jeder dieser Punkte spielt eine wichtige Rolle in Bezug auf die Sicherheit einer Netzwerkarchitektur und sollte vor dem Aufbau untersucht werden.

Netzwerkkonzepte

Bevor wir zu tief in die technischen Aspekte der Netzwerkwelt eintauchen, ist es wichtig, die hier dargestellten Netzwerkebenen weiter zu erklären. Der Begriff Netzwerk bezieht sich auf mehrere Facetten der Kommunikation zwischen Systemen. Die höchste Netzwerkebene betrifft die Ausrichtung der Systeme in Bezug aufeinander. Externe und interne Netzwerke, Servicenetzwerke, Extranets und Firewalls basieren auf der Beziehung der vernetzten Systeme untereinander.

Wenn wir tiefer in die technischen Details der Vernetzung einsteigen, finden wir auf der nächsten Ebene die Protokolle. Netzwerke kommunizieren über eine Reihe verschiedener Protokolle. Diese Protokolle sind unabhängig voneinander, existieren aber oft nebeneinander. Das bekannteste dieser Protokolle ist das Internet Protocol (IP). Jedes System, das mit dem Internet interagiert, benutzt IP. Jedes IP-Netzwerk ist durch eine Reihe von Nummern definiert, die einen Bereich von Adressen einrichten, die Systemen zugeordnet werden können. Router übermitteln Informationen von einem IP-Netzwerk an ein anderes. Wir konzentrieren uns hier auf IP-Netzwerke, aber es gibt auch andere weithin anerkannte und benutzte Protokolle wie beispielsweise IPX/SPX, Systems Network Architecture (SNA) und AppleTalk.

Ein Unternehmen hat oft mehrere verschiedene IP-Netzwerke, um funktionale Bereiche zu isolieren. Die Unterscheidung von IP-Netzwerken wurde bereits bei der Darstellung der Service- und internen Netzwerke eingeführt. Das interne Netzwerk eines Unternehmens besteht häufig aus mehreren Netzwerken, darunter ein Unternehmensnetzwerk für alle Benutzer, Managementnetzwerke für das Netzwerkmanagement von Systemen und Geräten, Testnetzwerke zur Isolierung von Laborsystemen, Servernetzwerke und sogar Netzwerke für einzelne Abteilungen. Sie müssen all diese verschiedenen Funktionen bereits bei der Planung des Netzwerks berücksichtigen. Dabei basiert die Entscheidung für mehrere Netzwerke in einem Unternehmen auf einer Untersuchung der Funktionen und Organisation von Systemen, der Beziehung, in der sie zu anderen Systemen im Unternehmen stehen und der Tatsache, ob Datenfreigaben zugelassen sind.

Der nächste Bereich der hier dargestellten Vernetzung betrifft die physikalische und elektrische Ebene. Die Kabel und Geräte für den Aufbau des Netzwerks, ihre Anordnung und die Faktoren, die den Aufbau bestimmen, stellen einen dritten Bereich dar, der berücksichtigt werden muss. Wenn Sie eine sichere Netzwerkarchitektur aufbauen wollen, müssen Sie all diese Komponenten untersuchen und die Anforderungen und angemessenen Methoden für ihre Implementierung festlegen.

Segmente

Denken Sie an ein Segment als ein einzelnes Stück Kabel, an das mehrere Computer angeschlossen werden, damit sie auf das Netzwerk zugreifen können. Jeder Computer, der mit einem einzigen Segment verbunden ist, kann den gesamten Netzwerkdatenverkehr auf diesem Segment sehen und die für das Segment verfügbare Gesamtbandbreite mit benutzen. Im Fall eines 100-Mbps-Netzwerks mit mehreren Computern, die über einen Hub angebunden sind, teilen sich alle Computer die verfügbare Bandbreite. Führt ein Rechner eine netzwerkintensive Aufgabe aus, wird die verfügbare Bandbreite für die anderen Rechner geringer. Sollte eine böswillige Person eines der Systeme auf diesem Segment angreifen und die gesamte Netzwerkbandbreite belegen, kommt es zu einem Denial of Service für jedes System auf diesem Segment. Wird ein einziges System von einem Angreifer kompromittiert, ist es möglich, dass dieser Angreifer den gesamten Datenverkehr in diesem Segment beobachtet, die anderen Systeme identifiziert und diese dann kompromittiert. Dies umfasst auch die Kommunikation zwischen einzelnen Rechnern im Segment und jede Kommunikation zwischen einem dieser Rechner und anderen Segmenten, Netzwerken oder dem Internet.

Die Netzwerksegmentierung ist ein wichtiger Punkt, wenn Sie die Beziehung und Nähe verschiedener Systeme bestimmen. Wenn Sie eine Netzwerkarchitektur entwerfen, müssen Sie unbedingt verstehen, welche Art von Netzwerkdaten über das Netzwerk versendet werden. Web-, Datei- und Druckdaten sind die weithin bekannten Informationsarten, die zuerst erkannt werden. Informationen wie Benutzerangaben inklusive Benutzernamen und Passwörter, Verschlüsselungschlüssel und andere private oder sensible Daten wie Informationen zur Finanzlage und andere vertrauliche Daten des Unternehmens, werden ebenfalls über das Netzwerksegment übermittelt und bringen noch größere Sicherheitsbedrohungen mit sich. Ein Angreifer kann sensible Informationen sehen und stehlen, wenn sich niemand um die Definition sicherer Netzwerksegmente kümmert. Im besten Fall sollten Benutzerangaben und andere sensible Informationen nicht von einem anderen System beobachtet werden können, und der elektrische Pfad, den die Daten nehmen, sollte eine direkte Linie zum Zielsystem bilden.

Switches und Hubs

Eine Segmentierung des Netzwerks wird durch das Netzwerkequipment beeinflusst, das für die Bereitstellung des Dienstes gewählt wurde. Ethernet-Switches und Hubs sind zwei der am weitesten verbreiteten Netzwerkkomponenten in Unternehmen. Zusammen mit Ethernet verwenden viele Unternehmen den Asynchronous Transfer Mode (ATM) oder Token Ring für ihr Netzwerk-Interface. Mit Switches und Hubs können mehrere Systeme an das gleiche Netzwerk angebunden werden. Der Unterschied liegt in den elektrischen Methoden, mit denen diese gemeinsame Nutzung erfolgt. Alle Systeme, die mit einem Hub verbunden sind, teilen das gleiche Segment. Wenn Daten an einem Port ankommen, übermittelt der Hub die Daten per Multiplexing an alle anderen Ports auf diesem Hub. Netzwerk-Switches bieten eine etwas größere Sicherheit. Jeder Port auf einem Switch bildet ein separates Segment. Wenn Daten an einem Port ankommen, bestimmt die Switching-Technologie, zu welchem Port diese gehören, und übermittelt sie an diesen statt an alle Ports. Ein Switch wird Daten nur dann per Multiplexing übermitteln, wenn er ein Broadcast-Paket empfängt.

Broadcasts sind spezielle Übertragungen, die keinen bestimmten Zielrechner haben. Alle Systeme sehen Broadcasts und antworten je nach ihrer Beziehung zur Nachricht. Unter bestimmten Bedingungen kann es zu Broadcast-Stürmen kommen, das heißt, ein System sendet ein fehlerhaftes Paket, das dazu führt, dass alle anderen Systeme gleichzeitig antworten. Daraufhin antworten wiederum alle Systeme auf diese falschen Pakete. Dies führt zu einem endlosen Kreislauf von Broadcasts, der das Netzwerk übersättigt und schließlich einen Dienstverlust für die Broadcast-Domäne hervorruft. Broadcast-Domänen bestehen aus einem einzelnen LAN oder Netzwerk, in dem Broadcast-Datenverkehr weitergegeben wird. Sie sollten untersuchen, ob es sinnvoll ist, Netzwerkdatenverkehr aus bestimmten Bereichen des Netzwerks oder von bestimmten Rechnern fern zu halten.

Kollisionen sind mit Broadcasts verwandt, aber während Broadcasts auf der IP-Schicht des Netzwerks stattfinden, sind Kollisionen auf der Ethernet-Schicht zu finden. Zu einer Kollision kommt es, wenn zwei Systeme gleichzeitig Netzwerkdaten übermitteln. Alle Netzwerkübertragungen finden als eine Reihe von Signalen im Netzwerkkabel statt. Wenn zwei Systeme gleichzeitig Daten übertragen, kollidieren diese Signale und das daraus entstehende Signal und Paket sind beschädigt. Kollisionsdomänen sind solche Domänen, in denen Kollisionen weitergegeben werden, ähnlich wie IP-Broadcasts. Hubs geben Kollisionen weiter, Switches aber nicht. Kollisionen beeinträchtigen außerdem die Performance eines Netzwerks, deshalb sorgt die Benutzung von Ethernet-Switches für eine größere Zuverlässigkeit.

Wenn Sie an jedem Port auf einem Switch ein einzelnes System anbinden, kann kein System auf dem Switch den Netzwerkverkehr eines anderen Systems sehen, es sei denn, sie kommunizieren direkt miteinander. Das sorgfältige Überlegen während des Entwurfs einer Netzwerkarchitektur ermöglicht den Aufbau eines gut organisierten und sicheren Netzwerks. In einem Netzwerk mit Switches können Sie sicherstellen, dass jedes System einen direkten elektrischen Pfad zu Servern und wichtigen Systemen hat, und es somit vor Abhörversuchen schützen. Der Vorteil eines Switched-Ethernet wird geschwächt, wenn ein Hub mit einem Switch verbunden wird, weil dann Netzwerkdatenverkehr für mehrere Systeme verfügbar wird. Wenn Sie Hubs an einen Switch anschließen, um einen Zugang zum Netzwerk für mehrere Systeme zu ermöglichen, sollten Sie die Art des Netzwerkdatenverkehrs und die Sensibilität der Daten berücksichtigen.

Router

Die Verwendung von Routern an den Netzwerkzugangspunkten wurde bereits vorher in diesem Kapitel erwähnt, aber Router sind nicht nur an den Grenzen des Netzwerks nützlich. Sie werden ebenfalls benutzt, um die separaten Netzwerke und Broadcast-Domänen innerhalb eines Unternehmens einzurichten und mehrere interne Netzwerke aufzubauen, die nach Funktion, Daten oder Abteilung isoliert sind. Die Equipment- und Managementkosten sind bei Routern im Vergleich zu Switches höher, aber in manchen Fällen macht ein Netzwerk mit Routern für die bevorzugte Architektur mehr Sinn. Broadcast-Meldungen werden über Switches übermittelt, nicht aber über Router. Die Benutzung von Routern ist wichtig, wenn ein Unternehmen Netzwerke isolieren und für erhöhte Zuverlässigkeit sorgen will. Router ermöglichen die gleichzeitige Benutzung mehrerer Pfade zu einem bestimmten Ziel und können im Fall von Problemen automatisch zwischen diesen Pfaden wechseln. Router verfügen oft über Sicherheitsmaßnahmen, die denen einer Firewall entsprechen und Einschränkungen auf Basis der Netzwerkdatenart zu und von ihren Netzwerken ermöglichen. Mit Routern können Sie einen höheren Grad an Diversifikation, Redundanz und Sicherheit für interne Netzwerke erreichen. Allerdings geht dies – abgesehen von einem höheren Preis – zu einem gewissen Grad auf Kosten der Einfachheit und einer benutzerfreundlichen Verwaltung.

Die Konfiguration des Routers ist für die Sicherheit des Netzwerks von zentraler Bedeutung, denn ein Angreifer kann den Pfad des Netzwerkverkehrs über Veränderungen am Router modifizieren.

> **WEGWEISER**
> Detaillierte Informationen zu einer sicheren Konfiguration von Cisco Routern (die am meisten benutzten Router) finden Sie in *Improving Security on Cisco Routers* unter `http://www.cisco.com/warp/public/707/21.html`. Sie können außerdem auch noch einmal einen Blick in Kapitel 22 werfen.

Netzwerkadressen

IP-Netzwerkadressen können auf verschiedene Weise organisiert werden – mit verschiedenen Größen. Es ist sinnvoll, einige Punkte für die Sicherheit beim Aufbau eines IP-Netzwerks zu berücksichtigen, um sich vor bösartigen Systemen zu schützen. Ein Netzwerk wird durch eine Kombination aus vier Nummern und einer damit verbundenen Netzwerkmaske definiert. Die Netzwerkmaske definiert ein Netzwerk, indem sie einen Bereich von Nummern abtrennt, die als ein Netzwerk betrachtet werden. Alle Systeme in einem einzelnen Netzwerk werden mit der gleichen Netzwerkmaske konfiguriert. Damit wird sichergestellt, dass alle Systeme miteinander kommunizieren können. Mit Hilfe von Subnetzen werden Netzwerke in kleine Teile von verschiedener Größe aufgeteilt. In den frühen Tagen des Internets wurden Netzwerke in verschiedene Klassen eingeteilt – die Klassen A, B, C und die Spezialklassen D und E. Diese Klassen können verschiedene Mengen von Hosts beherbergen:

- Klasse A – bis etwa 16 Millionen Hosts
- Klasse B – bis etwa 65.000 Hosts
- Klasse C – bis 254 Hosts

Die Netzwerkklassen D und E waren spezielle Bereiche von Netzwerkadressen, die für Multicast und experimentelle Benutzung reserviert waren. Mit dem schnellen Wachstum des Internets wurden diese Netzwerkbereiche für Unternehmen unpraktisch. Nur wenige Unternehmen konnten ein komplettes Klasse-A-Netzwerk ausfüllen, hatten aber einige Hosts mehr, als ein Klasse-B-Netzwerk beherbergen konnte. Ähnliches gilt auch für die Netzwerkklassen B und C. Das Variable Length Subnet Masking (VLSM) und das Classless Inter-Domain Routing (CIDR) lösen dieses Problem, denn mit diesen Methoden ist eine Einrichtung kleinerer Netzwerke und ein dynamisches Routen zwischen diesen möglich. Heute sind das die Standardmethoden, mit denen ISPs ihren Kunden Bereiche von IP-Adressen zur Verfügung stellen und mit denen der Datenverkehr von und zu diesen Netzwerken geroutet wird.

Diese Aspekte sind nützlich, wenn Sie eine sichere Netzwerkarchitektur aufbauen wollen. Aufgrund der einfachen Benutzung ist es verführerisch, große Netzwerkklassen zu implementieren, aber aus Sicht der Sicherheit ist das oft nicht die beste Lösung. Die Beziehung zwischen den Netzwerkadressen und der entsprechenden Organisation der Geräte wirkt sich direkt auf die Sicherheit der Netzwerkarchitektur aus. Große, flache Netzwerke, bei denen sich alle Rechner eines Unternehmens in einem Netzwerk befinden, bringen verschiedene Sicherheitsrisiken mit sich. Die Auswirkungen von DoS-Angriffen mittels Netzwerkdatenstürmen sind vielfältig und betreffen alle Systeme im Netzwerk. Das für die Wartung eines flachen Netzwerks dieser Art erforderliche Netzwerk-Equipment führt oft zu vielen gemeinsam verwendeten Segmenten, die Systeme für eine Kompromittierung anfällig machen können. Ein Angreifer kann einem derartigen flachen Netzwerk leicht einen weiteren Rechner hinzufügen, weil die Überwachung und Wartung eines großen Netzwerks schwierig und unhandlich wird. Dieses System wird dann benutzt, um andere Systeme anzugreifen oder Daten während ihrer Übermittlung über das Netzwerk zu stehlen. Ein neuer Rechner in einem Netzwerk kann aber durch das Überwachen der in einem Netzwerk vorhandenen MAC-Adressen entdeckt werden. Sie sollten ein kleineres Netzwerk einrichten, wenn Sie bestimmen, welche Systeme einer einzelnen Broadcast-Domäne angehören sollen. Stellen Sie dabei aber sicher, dass Sie das Netzwerk nicht so klein definieren, dass seine Skalierbarkeit eingeschränkt wird. Wie gesagt müssen Sie bei der Definition von Netzwerkbereichen auch berücksichtigen, ob Benutzer oder Eindringlinge fremde Netzwerkgeräte in die Umgebung einbinden könnten.

Das Einfügen fremder Computer und Netzwerkgeräte in die Umgebung kann das Netzwerk negativ beeinträchtigen. Dies kann beispielsweise passieren, wenn Benutzer neue Systeme initialisieren und sie versehentlich mit einer IP-Adresse konfigurieren, die bereits benutzt ist, oder wenn Benutzer die Netzwerkadresse für das System falsch konfigurieren. Zwei Systeme, die versuchen, die gleiche

IP-Adresse zu benutzen, werden um diese Adresse kämpfen, und das führt zu Verwirrungen im Netzwerk-Equipment und zu einem Dienstausfall oder zu einem unzuverlässigen Dienst für diese Rechner. Das ist besonders gefährlich, wenn das System versucht, die IP-Adresse eines wichtigen Systems wie eines Gateways oder Servers zu benutzen, weil dann alle Systeme im Netzwerk das falsch konfigurierte System überfluten und die Verbindung zum beabsichtigten Server oder Netzwerk verlieren. Angreifer können mit dieser Taktik die Identität eines bestimmten Systems annehmen, beispielsweise eines E-Mail- oder Authentifizierungsservers. Werden diese Server durch Übernahme ihrer Adressen und Identitäten imitiert, übermitteln andere Systeme unwissentlich Informationen an den gefälschten Computer. Der Angreifer kann dann Informationen sammeln, mit denen er andere Systeme kompromittieren kann.

Eine falsch konfigurierte Netzwerkadresse führt außerdem dazu, dass keine Kommunikation mit anderen Systemen im Netzwerk mehr möglich ist und die Netzwerk-Performance leidet. Streng kontrollierte Netzwerkadressen und Subnetzdefinitionen helfen gegen diese negativen Auswirkungen. Die Sicherheit einer Netzwerkarchitektur wird durch eine Definition und Organisation von Netzwerken auf Basis ihrer Beziehungen und Funktionen erhöht. Desktop-Computer existieren oft im gleichen IP-Netzwerk und verwenden verschiedene physikalische Segmente für die Kommunikation mit Servern und Gateways. Das macht es einem Angreifer schwerer, die Server zu kompromittieren, und hält den schwachen Bereich auf Desktop-Computer mit geringen Privilegien beschränkt. Server können in verschiedene Netzwerke mit höheren Bandbreiten gestellt werden, um mehrere Clients ohne Auswirkung auf die Performance zu versorgen. Dies ist auch nützlich, um verschiedenen Netzwerken Dienste zur Verfügung zu stellen, die nicht miteinander kommunizieren müssen oder sollten, wie beispielsweise Kunden- oder interne Netzwerke. Eine Trennung nach Funktionen schränkt außerdem die Auswirkungen von Missbrauch und Fehlern ein. Das vorher beschriebene Beispiel eines Benutzersystems, das falsch als Gateway konfiguriert wurde, würde in einer diversifizierten Netzwerkumgebung nicht das gesamte Unternehmen betreffen.

Andere Technologien, die die Flexibilität und Sicherheit interner Netzwerke verbessert haben, sind die Network Address Translation (NAT) und Proxyserver. Mit dieser Funktionalität können Sie den Netzwerkdatenverkehr leichter kontrollieren und einschränken und interne Systeme schützen. Mit NAT können Sie die Netzwerkadressen des internen Netzwerks verbergen und dennoch Zugang zu externen Ressourcen zur Verfügung stellen. Der Router oder die Firewall, die NAT durchführt, übersetzt den gesamten ausgehenden Netzwerkdatenverkehr, sodass dieser von der Firewall oder dem Router zu stammen scheint. Dies ist eine nützliche Funktion, denn sie verbirgt den Aufbau des internen Netzwerks, da externe Systeme nur Netzwerkdaten sehen, die von der Firewall kommen. Angriffe, die auf interne Server abzielen, werden so erschwert, weil NAT auch das interne Netzwerk schützt. Wenn es in seiner Konfiguration nicht explizit die Weiterleitung eingehenden Netzwerkdatenverkehrs an ein System im internen Netzwerk ermöglicht, wird ein NAT-Gerät nur den an ein internes System zurückgesandten Datenverkehr zulassen. NAT bietet den zusätzlichen Vorteil, dass neue Netzwerke eingerichtet werden können, ohne dass Sie neue IP-Adressbereiche von Ihrem ISP verlangen müssen.

Ein übliches Beispiel für die Benutzung von NAT in Bezug auf Sicherheit ist, ein internes Netzwerk mit einer »reservierten« Menge von IP-Adressen zu konfigurieren. Die so genannten RFC-Netzwerke sind als private und interne Netzwerke definiert, die von beliebigen Unternehmen gleichzeitig benutzt werden können, weil sie im Internet nicht geroutet werden.

> **WEGWEISER**
> Weitere Informationen finden Sie in RFC 1597, *Address Allocation for Private Internets,* unter `http://www.ietf.org/rfc/rfc1597.txt?number=1597`.

In diesem Fall ist das interne Netzwerk ein privates Netzwerk, und mit NAT wird erreicht, dass der gesamte Datenverkehr vom NAT-Gerät zu stammen scheint – also von der Firewall oder dem Router. Der Angreifer kann nur das NAT-Gerät scannen oder angreifen und erhält so nur wenige oder keine Informationen über die Topologie des internen Netzwerks und seiner Systeme. Daher kann der Angreifer seinen Angriff nicht gegen bestimmte Systeme richten, wodurch eine Kompromittierung erschwert wird. Allerdings ist durch einen Angriff auf das NAT-Gerät potenziell ein Denial of Service möglich, wenn es der einzige Eingangs- und Ausgangspunkt für das Netzwerk ist. Allerdings kann man hier auch zentral für das gesamte Netzwerk Verteidigungsstrategien implementieren.

Proxyserver sorgen für eine ähnliche Funktionalität wie NAT, aber ohne Modifikation an den Paketdaten. Sie verbergen die interne Netzwerk- und Systemtopologie und ermöglichen die Anwendung restriktiver Filterregeln. Ein Proxy richtet ein einzelnes oder eine Reihe von Systemen ein, die als Kontaktpunkt für einen bestimmten Dienst agieren. Ein Web-Proxyserver ist beispielsweise der Kontaktpunkt für alle internen Webbenutzer. Der Webbrowser des Benutzers weist in seiner Konfiguration auf den Proxyserver. Anstatt den Remote-Webserver für eine bestimmte Website zu kontaktieren, sendet der Webbrowser die Anfrage an den Proxyserver, der dann die entsprechenden Webinhalte abruft und sie zurück an den anfragenden Browser übermittelt. Die Benutzung von Proxyservern ermöglicht restriktivere und kontrolliertere Filterregeln auf der Firewall, da jeglicher Datenverkehr aus dem und zu dem Internet über einen einzelnen Rechner, den Proxyserver, und nicht über viele verschiedene Benutzersysteme läuft. Sie gibt internen Systemen auch einen gewissen Schutz vor bösartigen Inhalten, da der Inhalt vom Proxyserver vor der Übermittlung an das anfragende System gefiltert und analysiert werden kann.

Physikalische Aspekte

Die für den Aufbau des Netzwerks verwendeten Kabel sollten ebenfalls in Hinblick auf ihre Sicherheit überprüft werden. Wie bei den meisten Technologien gibt es auch hier verschiedene Wege, um zum gleichen Ergebnis zu kommen.

Netzwerke sind keine Ausnahme, und die Auswahl der Kabeltypen und deren Implementierung wirkt sich auf die Sicherheit, Zuverlässigkeit und Performance eines Netzwerks aus. Twisted-Pair-Kabel, die dem Telefonsystem ähnlich sind, werden in modernen Netzwerken am häufigsten benutzt und erfordern eine Sterntopologie für das Netzwerk. Ein Stern hat einen zentralen Punkt mit mehreren Zacken, die von diesem ausgehen. Jedes einzelne Kabel formt ein separates Netzwerksegment, das nur über einen Hub zu einem größeren Segment kombiniert werden kann. Nur jeweils ein Computer auf einmal kann über Twisted-Pair-Kabel mit dem Switch verbunden werden. Auch andere, ältere Kabel werden heute noch verwendet, darunter Koaxialkabel, die oft als Thinnet bezeichnet werden. Koaxialkabel ermöglichen ein günstigeres Netzwerk, aber auch ein Netzwerk mit weniger Bandbreite. Dieses Netzwerkkabel wird von einigen oder vielen Systemen auf einmal gemeinsam benutzt und bildet ein einzelnes Segment, in dem jeder Computer den Datenverkehr der anderen sehen kann.

Nach einer Bewertung der zu verwendenden Kabeltypen für ein Unternehmen entscheiden sich die meisten Designer für Twisted-Pair-Kabel. Sie sollten die Vorteile verstehen, die durch die Verkabelung erreicht werden und wissen, dass deren integrierte Sicherheitsvorteile durch eine schwache Netzwerkarchitektur zunichte gemacht werden können. Die Privatsphäre, die durch ein einzelnes Segment erreicht wird, kann durch die Verwendung von Hubs, die den Netzwerkdatenverkehr per Multiplexing übermitteln, zerstört werden. Andererseits ist eine Verwendung von Ethernet-Switches keine Garantie für eine Privatsphäre für die Daten, wenn ihre Benutzung nicht im gesamten Unternehmen konsistent und gut organisiert ist.

Neben den Kabeltypen spielen auch der Standort und die Organisation des Netzwerk-Equipments eine wichtige Rolle für die Sicherheit einer Netzwerkarchitektur. Wie bereits bei der Darstellung der Bedrohungen, denen ein Netzwerk ausgesetzt ist, aufgeführt wurde, hat die physikalische Unterbrechung schwierige, teure und weit reichende Auswirkungen auf die Netzwerkdienste. Sie müssen die Platzierung wichtiger Netzwerkgeräte und -systeme in Betracht ziehen, dazu gehören Router, Zugangsgeräte, Firewalls und Server. Diese wichtigen Komponenten sollten vor einen Zugriff durch nichtautorisierte Personen sicher sein. Häufig werden für die Kabelendpunkte Netzwerkschränke verwendet, die sicher verschlossen werden. Ein böswilliger Benutzer oder nichtautorisierter Eindringling sollte davon abgehalten werden, die Netzwerktopologie zu verändern und dem Netzwerk ein System hinzuzufügen, um den Datenverkehr abhören zu können. Unternehmen mit großen Netzwerken und verschiedenen Standorten sollten außerdem eine verteilte Redundanz in ihre Netzwerkarchitektur einbauen. Die Sicherung des Netzwerks und der Systeme ist die grundlegende Anforderung für eine sichere Netzwerkarchitektur. Die Flexibilität und Widerstandskraft gegenüber Angriffen sorgt für den hohen Grad der Sicherheit, der den Unterschied zwischen reiner Funktionalität und einem robusten und starken Netzwerk ausmacht.

28.2.2 Netzwerktrennung

Eine Netzwerktrennung geht oft mit speziellen Netzwerkfunktionen wie Netzwerkmanagement, Überwachung und Remotezugriff einher. Für den Zugang zu diesen Funktionen ist möglicherweise eine Trennung von der restlichen Netzwerkinfrastruktur sinnvoll. Verschiedene Broadcast-Domänen und Netzwerkbereiche kommunizieren über Router und zusätzliche Netzwerk-Interfaces an Servern und Netzwerkgeräten miteinander.

Netzwerkmanagement

Der Begriff Netzwerkmanagement bezieht sich auf die Kontrolle, Konfiguration und Wartung der in einem Unternehmen verwendeten Netzwerkhardware. Viele dieser Geräte sorgen für Netzwerk-, Terminal- und webbasierten Zugriff, um diese zu administrieren und zu konfigurieren. Es ist ratsam, ein Management dieser Geräte vom Internet und anderen In-Band-Netzwerken aus nicht zuzulassen. In-Band-Netzwerkmanagement bedeutet, dass die Administratoren sich mit dem Gerät über eines der Netzwerke verbinden, für die das Gerät Dienste bereitstellt. Das In-Band-Management eines Routers bedeutet beispielsweise, dass sich der Administrator über das externe Interface aus dem Internet mit dem Router verbindet oder über das interne Interface aus dem internen Netzwerk. Ein Remotemanagement eines Routers, bei dem ein Servicenetzwerk oder internes Netzwerk mit dem Internet zusammengebracht wird, sollte nicht über das Internet ermöglicht werden. Zwar können Außenstehende nicht direkt aus dem Internet auf den Router zugreifen, über ein vom Internet aus zugängliches System im Servicenetzwerk aber schon. Mit der Kompromittierung eines Systems im Servicenetzwerk kann der Angreifer auf das Netzwerk-Equipment zugreifen. Sie sollten möglichst ein Managementnetzwerk auf einem dritten Netzwerk-Interface einrichten und den Managementzugriff auf den Router nur für dieses spezielle Netzwerk gewähren.

Ein Managementnetzwerk hat oft eine separate physikalische Verbindung zu den Geräten und umfasst nur eine Hand voll dedizierter Managementstationen. Kein anderes Netzwerk sollte mit dem Managementnetzwerk verbunden sein, außer es wird durch ein einzelnes, sehr sicheres System kontrolliert. Ansonsten erfolgt der Zugang durch tatsächliche Präsenz an einer der Managementstationen. Die Verwendung eines Managementnetzwerks macht es einem Angreifer wesentlich schwerer, auf wichtige Systeme und Geräte zuzugreifen, wodurch das Risiko einer Kompromittierung vermindert wird.

Überwachung

Die Netzwerküberwachung ist eine nützliche Funktion, die die Sicherheit eines Netzwerks durch Problemlösung und gleich bleibende Performance unterstützt. Eine Trennung der Netzwerkdaten kann verhindern, dass Teile des Netzwerks überwacht werden können. Daher sollten Sie unbedingt in Betracht ziehen, welche Art von Überwachung wo eingesetzt werden soll und die erforderlichen Veränderungen und Geräte in die Netzwerkarchitektur einbinden.

Sie sollten mehrere Methoden der Netzwerküberwachung überprüfen, ebenso wie deren Platzierung in den Netzwerkaufbau. Intrusion Detection ist eine relativ neue Entwicklung, die sich für Netzwerke als nützlich erwiesen hat. Diese Intrusion-Detection-Systeme (IDS) werden über das Netzwerk verteilt und überwachen es aktiv auf bekannte Zeichen von Angriffen. Ein IDS sollte am sinnvollsten an Netzwerkzugangspunkten aufgestellt werden, beispielsweise im Servicenetzwerk, in und außerhalb der Firewall, in Geräten für den Remotezugriff, inklusive VPNs und Einwählservern, und in der Nähe von Schlüsselsystemen. Firewalls agieren ebenfalls als eine Art der Überwachung für ein Netzwerk. Ihre Rolle ist insofern aktiver, als dass sie Netzwerkdatenverkehr manipulieren und Informationen zulassen oder ablehnen. Die Auswirkungen vieler Angriffe können durch regelmäßige und häufige Analyse der Ergebnisse dieser Überwachungen minimiert werden. Dazu zählen auch die Analyse der Log-Dateien und eine entsprechende Konfiguration der Geräte, damit diese im Falle eines Angriffs die Administratoren benachrichtigen.

Sie sollten auch darüber nachdenken, eine Funktion zu implementieren, mit der Administratoren als Teil der regulären Wartung Netzwerkdatenverkehr überwachen und ihn auf Unsicherheiten analysieren können. Das Netzwerk und seine Implementierung beeinflussen die Möglichkeit, Datenverkehr auf diese Art und Weise zu überwachen. Netzwerkgeräte unterstützen häufig eine Überwachung mit Hilfe von SNMP und RMON, zwei standardisierten Protokollen, die für diesen Zweck benutzt werden. Eine letzte Methode zur Überwachung eines Netzwerks ist eine komplexe Netzwerkmanagementsoftware. Diese Pakete setzen eine Reihe verschiedener Protokolle und Methoden ein, um Informationen abzurufen und zu analysieren, und bieten schnelle Warnungen und Reaktionen auf anormale Zustände. Die Tools verwenden oft spezielle Agenten, die zusammen mit den zu überwachenden Systemen und Geräten laufen. Sie werden allerdings nicht durch die physikalische Anordnung des Netzwerks beeinflusst.

Remotezugang

Wenn das Unternehmen Methoden für einen Remotezugang benötigt, sollten diese beim Entwurf der Netzwerkarchitektur berücksichtigt werden. Zwei Methoden sind weit verbreitet: VPN-Lösungen und ein Zugang über Einwählmodems. VPN-Lösungen gibt es in zwei Formen – als Hardwaregerät und als Softwareanwendung. Die VPN-Hardware bietet verschiedene Vorteile. Bei ihr handelt es sich um ein spezielles Gerät, das oft hohe Performance und eigene Sicherheitsmethoden mit sich bringt. Die Software-VPN-Lösung läuft als eine Anwendung oder ein Dienst auf existierenden Serversystemen und verlässt sich oft auf die Sicherheitsmechanismen des entsprechenden Betriebssystems.

Die Anforderungen an die Netzwerkarchitektur für ein VPN sind für jede Lösung ähnlich. VPN-Geräte können leichter auf eine sichere Art und Weise in die Netzwerkumgebung eingefügt werden, weil der Zugriff auf und die Kontrolle über das Gerät leicht vorgeschrieben werden können. Der Softwaredienst erfordert mehr Aufmerksamkeit. Um die höchstmögliche Sicherheit zu erreichen, sollte die

VPN-Software auf einem eigenen Server laufen und als ein Gerät ohne andere Dienste behandelt werden. Das Betriebssystem sollte nach Sicherheitserwägungen ausgewählt und sicher konfiguriert werden. Es sollten keine anderen intern benutzten Dienste auf dem System laufen, um einen Zugriff auf das interne Netzwerk zu verhindern. VPN-Softwarelösungen sind von den Schwachstellen des Betriebssystems und den Unsicherheiten in der Software betroffen.

Ein Einwählzugang per Modem oder Zugangsserver bietet eine direkte Verbindung zum internen Netzwerk. Sie sollten über die Benutzung eines Managementnetzwerks zur Kontrolle des Geräts nachdenken, um es vor nichtautorisierten Änderungen an der Konfiguration zu schützen. Der Einwählserver verlässt sich bei der Authentifizierung seiner Benutzer oft auf andere Server im Netzwerk. Der Netzwerkpfad für die Authentifizierung sollte privat bleiben. Schließlich sollten Einwählserver nicht zulassen, dass Remotenetzwerke Datenverkehr über ihre Einwählleitungen routen können. Angreifer benutzen häufig »War-Dialing«-Software, um Telefonnummern für Einwählserver herauszubekommen. Zwar können derartige Scans nicht verhindert werden, aber eine korrekte Organisation und Konfiguration des Einwähl-Equipments kann die Risiken einer Kompromittierung begrenzen.

Es gibt verschiedene Überlegungen in Hinsicht auf den Standort von VPN- und Einwählsystemen, um das interne Netzwerk zu schützen. Bei einer Definition der Netzwerkarchitektur sollten Designer die vom Remotezugang unterstützte und bereitgestellte Funktionalität ermitteln. VPNs können transparenten Zugriff auf alle Ressourcen eines Netzwerks zur Verfügung stellen, womit das Remotesystem wie ein im Unternehmen stehendes System erscheint und funktioniert. Ein Einwählzugang wird oft benutzt, um nur wenige Dienste wie beispielsweise E-Mail oder Webzugang zur Verfügung zu stellen, außer er wird mit einer VPN-Lösung kombiniert. Trotz der Unterschiede in den Methoden stellen beide die gleiche grundlegende Funktionalität zur Verfügung – einen Zugang von Remotenetzwerken und -standorten, die nicht vertrauenswürdig sind. Daher ist es ratsam, Server für den Remotezugang in ein separates Netzwerk zu stellen und den Zugriff auf die Einrichtungen zu kontrollieren, die dieser benutzt. Das vorher erwähnte Managementnetzwerk sollte auch für die Kontrolle und Konfiguration dieser Systeme benutzt werden.

Die Platzierung der Geräte für einen Remotezugang folgt der gleichen Logik, die auch für andere Netzwerkgeräte gilt: die Einschränkung der Auswirkungen, falls es zu einem Angriff kommt. Angreifer werden versuchen, die Ziele zu finden, die ihnen die größtmöglichen Zugriffsrechte auf andere Systeme und Geräte bieten. Geräte für einen Remotezugang sind leicht zu erkennende Ziele und sollten angemessen geschützt werden.

28.2.3 Netzwerkisolierung

Eine Netzwerkisolierung beruht auf einem etwas anderen Konzept als die Trennung. Die Isolierung von Netzwerken hat Auswirkungen auf den Fluss der Netzwerkdaten, die Auswahl der Dienste auf bestimmten Systemen und ihren Standort. Sie hat keinen Einfluss auf die internen oder externen Netzwerkdaten auf ihrer Reise über diese Pfade. Eine Isolierung wird oft verwendet, um die Sicherheit und Effizienz des Netzwerks dadurch zu erhöhen, dass bestimmter Netzwerkdatenverkehr auf gewisse physikalische Kabel und Netzwerke beschränkt wird. Die Netzwerkisolierung wird durch Verwendung mehrerer physikalischer und virtueller Netzwerke innerhalb eines einzigen Unternehmens erreicht, mit denen die Funktionalität abgetrennt wird. Netzwerkdesigner können die Sicherheit verbessern, indem sie das Netzwerk in seine funktionalen Bereiche aufteilen und die Auswirkungen berücksichtigen, die jede dieser Funktionen auf die Sicherheit hat.

Ein Beispiel für eine Netzwerkisolierung ist ein Netzwerkaufbau, bei dem Angaben von Benutzern, die remote auf das Netzwerk zugreifen, nicht über Netzwerkkabel oder -kreisläufe übermittelt werden, die von Benutzern oder anderen Systemen eingesehen werden können. Die einfachste Methode, um diese Sicherheit zur Verfügung zu stellen, besteht darin, den Server für den Remotezugang direkt mit einem einzigen Kabel an den Authentifizierungsserver anzuschließen. Eine andere Methode basiert auf einer Netzwerktopologie mit Switches, wobei der Authentifizierungsserver und das Gerät für den Remotezugang in ihre eigenen privaten Segmente gestellt werden.

Die Netzwerkisolierung wird in Bezug auf die folgenden Bereiche dargestellt:

- Differenzierung zwischen Diensten
- VLANs
- Firewalls

Das erste und offensichtlichste Konzept ist die Isolierung des externen Datenverkehrs vom internen Datenverkehr. Zur Differenzierung zwischen Diensten zählen die Identifizierung und Kategorisierung von Netzwerkdiensten. Die von einem Unternehmen bereitgestellten Dienste können als externe, interne oder Brückendienste kategorisiert werden. Wie der Name bereits sagt, stellen externe und interne Dienste Funktionen entweder für das externe oder das interne Netzwerk bereit, nicht aber für beide. Brückendienste stellen ihre Funktionalität sowohl für das externe als auch für das interne Netzwerk zur Verfügung. Externe Dienste sollten in einem Servicenetzwerk isoliert oder vom ISP für das Unternehmen zur Verfügung gestellt werden. Das Management dieser Dienste sollte über das vorher erwähnte Managementnetzwerk stattfinden. Interne Dienste sollten vor einem Zugriff durch das externe Internet oder Servicenetzwerk geschützt werden.

Es gilt als gefährlich, Systeme und Geräte direkt mit dem Internet zu verbinden, ohne Schutzmaßnahmen zu implementieren. Stellen Sie also sicher, dass Sie Servicenetzwerke durch Mechanismen wie eine Firewall schützen.

Für die einfachste Netzwerktopologie wird ein Interface über einen Router mit dem ISP und das andere Interface mit einem Multiplexing-Gerät wie einem Hub verbunden. Alle internen Systeme werden dann an den Hub angeschlossen. Ohne in die Details der Netzwerkadressierung zu gehen, stellt dies allen internen Systemen im Unternehmen einen Internetzugang zur Verfügung, aber es ermöglicht auch allen Systemen im Internet, direkt mit jedem System im internen Netzwerk zu kommunizieren. Jedes System ist damit anfällig für Angriffe, und die gesamte Computer-Infrastruktur könnte kompromittiert werden.

Bei einem Internetzugang unterscheidet man zwischen dem ausgehenden und dem eingehenden Zugang. Der Begriff »ausgehender Zugang« bezieht sich dabei auf das weithin verbreitete Konzept des Internetzugangs – die Möglichkeit, mit Webservern zu kommunizieren, E-Mail-Nachrichten zu versenden und Dateien herunterzuladen. Die meisten Systeme benötigen einen ausgehenden Internetzugang, müssen aber in der Regel vor beliebigem eingehenden Internetdatenverkehr geschützt werden. Wenn wir die Details der Netzwerkkommunikation und Protokolle außer Acht lassen, ist es dafür nicht erforderlich, dass interne Systeme den Systemen im Internet Zugriff zur Verfügung stellen. Wenn Sie Ihre Netzwerkarchitektur definieren, müssen Sie die Dienste und Systeme bestimmen, für die ein durch internetbasierte Systeme initiierter Zugriff erforderlich ist. Die Sicherheitsüberlegungen in Hinsicht auf die Netzwerkarchitektur lassen sich nun grundlegend in organisatorische Netzwerkklassen einteilen – das externe, das Zwischen- und das interne Netzwerk.

Differenzierung zwischen Diensten

Die von einem Unternehmen bereitgestellten Dienste bilden die Grundlage des Netzwerks. Abgesehen von der Konfiguration und den Sicherheitsmethoden, die für den Schutz einzelner Server und Betriebssysteme benutzt werden, ist die Isolierung der Netzwerkdienste eine wichtige Sicherheitstaktik, weil sie vor Angriffen schützt und die Auswirkungen eines Angriffs eingrenzt. Dienste sind die Funktionen, die Benutzer benötigen und die von Computern und den Netzwerkgeräten bereitgestellt werden. Übliche Dienste sind:

- Domain Name System (DNS)
- E-Mail
- Webdienste
- Dateifreigaben
- Drucken
- Netzwerk-Login

DNS

Die DNS-Server in einem Unternehmen stellen oft sowohl den internen Benutzern als auch dem externen Internet ihre Dienste zur Verfügung. Die Anwendung, die DNS-Dienste bereitstellt, hat eine Geschichte von Schwachstellen (wie Sie in Kapitel 20, »Unix«, erfahren haben), die es Angreifern ermöglicht haben, das System, auf dem die Anwendung läuft, zu kompromittieren und ihre Einträge zu beschädigen. Bei einer derartigen Vergangenheit müssen Sie Ihre Sicherheitsmaßnahmen sehr sorgfältig implementieren. Wenn das Unternehmen einen eigenen DNS-Server betreibt, ist dieser oft am besten im Servicenetzwerk aufgehoben, um das interne Netzwerk vor negativen Auswirkungen eines Angriffs zu schützen. Als Teil der Netzwerkarchitektur wird Sicherheit auch durch Redundanz verstärkt. Die Benutzung mehrerer DNS-Server sorgt für einen gewissen Grad der Zuverlässigkeit, wenn es zu einem Ausfall oder einem Angriff auf einen Server kommt. Auch die Platzierung der Server sollte bei der Planung der Netzwerkarchitektur berücksichtigt werden. Sie sollten nicht mehrere DNS-Server in das gleiche Netzwerk stellen. Der Zweck der Redundanz besteht darin, beim Ausfall eines Netzwerks für einen hohen Grad der Zuverlässigkeit zu sorgen. Wenn beide DNS-Server im gleichen Netzwerk oder in einem einzelnen Service-Netzwerk stehen, können beide durch einen einzigen Angriff außer Betrieb gesetzt werden. Die ideale Lösung besteht darin, redundante DNS-Server in separate Netzwerke zu stellen und verschiedene Pfade für diese einzurichten. Damit können Sie verhindern, dass Angreifer mit einem relativ einfachen Angriff alle Domain-Name-Dienste außer Gefecht setzen. DNS-Server sollten durch eine Firewall geschützt werden. Primäre Server sollten mit Zugriffskontrollen konfiguriert werden, die beliebige Anfragen und einen DNS-Zonentransfer für nicht bekannte Server ausschließen.

Sie sollten außerdem über eine Trennung der DNS-Benutzung nachdenken. Viele Unternehmen verwenden einen einzigen DNS-Server, mit oder ohne Redundanz, um sowohl auf interne als auch auf externe Anfragen zu antworten. Das bedeutet, dass sowohl internetbasierte als auch interne Systeme Zugriff auf den gleichen Nameserver haben. Diese Brücke zwischen den internen und externen Netzwerken kann ein höheres Sicherheitsrisiko darstellen, wenn der Nameserver kompromittiert wird. Ein anderes Sicherheitsrisiko in Bezug auf einen gemeinsamen Nameserver stellt die Offenlegung von Informationen dar. Der gemeinsame DNS-Server speichert alle Namen und Netzwerkinformationen sowohl für intern als auch für extern zugängliche Systeme. Ein Angreifer kann diese Informationen aus dem Server abrufen, sich ein recht gutes Bild von der internen Netzwerkarchitektur machen und potenzielle Zielsysteme herausfinden.

Eine Lösung für diese Probleme ist eine gespaltene DNS-Topologie, in der zwei verschiedene Nameserver eingerichtet werden – einer für Systeme im internen Netzwerk und einer für die im Internet. Die Einträge in jedem Server werden unabhängig voneinander aktualisiert. Externe Systeme haben damit keinen Zugriff mehr auf Informationen über intern vernetzte Systeme. Der Angreifer hat keine potenzielle Brücke zwischen den internen und den externen Netzwerken, und die Auswirkungen des Angriffs sind eingegrenzt.

WEGWEISER
Weitere Informationen über die Sicherung spezieller DNS-Server finden Sie in *Domain Name Service* unter `http://www.securityportal.com/cover/coverstory19990621.html`.

E-Mail

E-Mail ist einer der wichtigsten Netzwerkdienste für ein Unternehmen. Die Einrichtung dieses Dienstes in der Netzwerkarchitektur sollte sorgfältig geplant werden. Es ist nicht ratsam, E-Mail-Dienste auf einem einzigen Mailserver bereitzustellen. Auf Mailservern werden häufig die Inhalte der Mailboxen der Benutzer gespeichert, darunter auch private und vertrauliche Unternehmensdaten. Wenn Sie nur einen einzigen Server verwenden, haben Sie einen einzigen Ausfallpunkt. Ebenso gefährlich ist es, einen Zugriff aus dem Internet auf den primären Mailserver zu erlauben, weil ein Angreifer auf private Informationen zugreifen oder diese offen legen könnte. Eine Lösung besteht in der Einrichtung von Mail-Relays an verschiedenen Standorten im Netzwerk. Der Zugriff auf den primären Mailserver wird dann nur diesen Relay-Systemen gestattet. Mail-Relays werden oft im Servicenetzwerk und weiter weg beim ISP aufgestellt, um im Fall eines Angriffs und bei Verbindungsproblemen im Unternehmen mehrere Ebenen der Redundanz zur Verfügung zu stellen.

Wenn ein Angreifer es schafft, den primären Mailserver zu kompromittieren, kann er auf viele andere sensible Ressourcen des Unternehmens zugreifen. Mail-Relays verteidigen den primären Mailserver und schränken die Auswirkungen des Angriffs ein. Mail-Relays können und sollten mit Hilfe von starken Filterregeln auf der Firewall geschützt werden. Außerdem sollten für den primären Mailserver strenge Zugriffskontrollen eingerichtet werden, um eingehende Mail nur von den Relay-Servern zuzulassen.

WEGWEISER
Ausführliche Informationen über die Konfiguration und Sicherheit für E-Mail-Server-Software finden Sie unter `http://www.securityportal.com/lasg/servers/email/`. Gute Informationen finden Sie auch in *Securing corporate email* unter `http://www.zdnet.co.uk/itweek/brief/1999/41/network/`.

Webdienste

Viele Unternehmen betreiben eine Unternehmenswebsite, die als virtuelles Schaufenster für das Internet und Intranet fungiert. Manche Unternehmen haben auch eine intern platzierte Website, die private Unternehmensinformationen enthält. Die Unternehmens- und internen Websites sollten auf separaten Rechnern betrieben werden, um die Informationen, die für Internetbenutzer verfügbar sind, von den Informationen für die Mitarbeiter zu trennen. Der Netzwerkstandort der Unternehmenswebsite sollte auf Basis der Datenverkehrsmenge für die Website bestimmt werden. Eine sehr beliebte Website, die mit anderen Netzwerkdiensten wie Mail-Relays und DNS-Servern im Servicenetzwerk steht, kann diese Server im Fall eines DoS-Angriffs Risiken aussetzen. Die gesamte Bandbreite kann belegt werden, womit die anderen Dienste unbrauchbar werden. Eine sorgfältige Platzierung redundanter und verteilter Webserver hilft, die Risiken zu minimieren, die mit diesem Dienst verbunden sind. Websites können auf vom ISP betriebene Remoteserver gestellt werden. Die Last des Datenverkehrs aus dem Web kann alternativ auch auf verschiedene Server verteilt werden, die nah zueinander oder auch in Remotebereichen stehen.

WEGWEISER
Weitere nützliche Informationen zur Sicherung Ihrer Webserver finden Sie in *Securing Public Web Servers* unter `http://www.cert.org/security-improvement/modules/m11.html`.

Datei- und Druckerfreigaben

Die gemeinsame Nutzung von Dateien ist eine der Hauptfunktionen eines Netzwerks und wird von vielen Unternehmen eingesetzt. Sie ist auch eine der weit verbreiteten Schwachstellen in einem Netzwerk. Eine Netzwerkarchitektur, die sowohl Sicherheit als auch potenziell riskante Dienste unterstützt, erreicht dies durch eine sorgfältige Kontrolle des Netzwerkzugriffs auf die Dateiserver. Wenn Dateisysteme von mehreren Systemen im internen Netzwerk gemeinsam benutzt werden, sollte kein Zugriff auf Extranets, das Servicenetzwerk oder das Internet verfügbar sein. Sie sollten niemals Dateien für unbekannte oder externe Systeme freigeben.

WEGWEISER
Ein nützlicher Artikel zum Thema Sicherung mehrerer Arten von Netzwerkservern ist *Securing Network Servers*. Sie finden ihn unter `http://www.cert.org/security-improvement/modules/m07.html`.

Netzwerk-Login

Netzwerk-Logins sind die Methoden, mit denen Benutzer sich bei einem Remote- oder lokalen System authentifizieren. Dazu gehören der interaktive Zugang zu Unix-Accounts, die Domänenauthentifizierung unter Windows, die Authentifizierung auf Websites und bei jedem anderen Dienst, der für einen Zugang Benutzerangaben benötigt. Es gibt viele Methoden für das Netzwerk-Login, von denen viele sehr unsicher sind. Diese Unsicherheiten beruhen auf der Benutzung von Klartextangaben für die Authentifizierung, das heißt, Benutzerangaben werden ohne Verschlüsselung oder andere Datenverschleierung über das Netzwerk übertragen.

Zu den Sicherheitsüberlegungen beim Aufbau eines Netzwerks gehören die Isolierung des Datenverkehrs, der Benutzerangaben enthält, um ein Abhören weitgehend zu vermeiden, sowie die Benutzung von VPN-Systemen, um für eine verschlüsselte Kommunikation zum Schutz der Benutzerangaben während der Übermittlung zu sorgen. Zu den anderen Schutzmechanismen gehören Firewall-Regeln, die verhindern, dass bekanntermaßen unsicher arbeitende Protokolle die Grenzen der internen Netzwerke überschreiten.

Telnet, Remote-Shells und FTP sind viel benutzte Dienste, deren Datenverkehr nicht aus dem internen Netzwerk dringen sollte, wenn sie überhaupt benutzt werden dürfen. Diese Dienste übermitteln Benutzerangaben ohne Verschlüsselung und ermöglichen es einem Angreifer, diese abzuhören und abzufangen.

VLANs

Die Benutzung von Virtual Local Area Networks (VLANs) ist ein relativ neuer Ansatz der Netzwerktopologie, der mit der Entwicklung neuer Netzwerkausrüstung einherging. VLANs bieten eine Alternative zu der normalen Netzwerktopologie mit Routern und Switches, indem verschiedene Netzwerke durch intelligentere Hardware vereinfacht werden. Ein VLAN ermöglicht es Gruppen von Systemen in verschiedenen physikalischen Netzwerken und Segmenten, nahtlos miteinander zu kommunizieren, ohne dass ein Router erforderlich ist. Einer der Nachteile eines Netzwerks mit Routern und Switches besteht darin, dass der physikalische Standort von Systemen oft deren Existenz in einem bestimmten Netzwerk festlegt. Wenn Sie beispielsweise zwei Systeme, die tatsächlich im gleichen Raum stehen, in zwei verschiedene Netzwerke stellen wollen, müssen die Netzwerkkabel an zwei verschiedenen Orten terminiert werden, eins an jedem Zugangspunkt zum Netzwerk. Befindet sich das Netzwerk-Equipment physikalisch nicht im gleichen Bereich, lässt sich dies kaum verwirklichen. VLANs ermöglichen diese Funktion auf transparente Art und Weise.

Die Benutzung der VLAN-Technologie bringt auch einige Sicherheitsaspekte mit sich, die ihre Verbreitung unterstützen könnten. Die Natur von virtuell und dynamisch spezifizierten Netzwerken ermöglicht ein feinkörniges Tuning des Netzwerkdatenverkehrs. Wenn Sie den Fluss des Netzwerkdatenverkehrs formen können, können Sie ihn kontrollieren, was sehr flexible Sicherheitsfunktionen bietet, die ein Abhören des Netzwerks erschweren und eine bessere Verteidigung gegen DoS-Angriffe erlauben. Die Vorteile der VLAN-Technologie beruhen zum Teil auf der leichten Verwaltung. Administratoren können Netzwerkinformationen leichter überwachen, Statistiken sammeln und anormale Zustände erkennen und lösen.

Firewalls

Die Verwendung von Firewalls in einer Netzwerkarchitektur wird normalerweise bei jeden Unternehmen vorausgesetzt, das einen Zugang zum Internet hat. Wie Sie in Kapitel 10 erfahren haben, sind Firewalls ein nützliches Konzept, und ihre Benutzung in der Netzwerkarchitektur sorgt für größere Sicherheit. Wir haben bereits erwähnt, dass Firewalls interne Netzwerke vor einem Zugriff durch nichtautorisierte internetbasierte Systeme schützen sollen. Sie können außerdem verwendet werden, um Servicenetzwerke und Extranets zu schützen. Eine Firewall ist aber keine garantierte Vorbeugungsmaßnahme. Wenn Sie ein Netzwerk entwerfen, ist es wichtig, die für das Unternehmen erforderlichen Einschränkungen und den vorteilhaftesten Standort für die Firewall zu bestimmen. Oft werden mehrere Firewalls eingesetzt, um Netzwerkzugangspunkte und spezielle Netzwerke in der Infrastruktur zu sichern.

Firewalls gibt es in vielen verschiedenen Formen, dazu zählen dedizierte Firewall-Geräte, softwarebasierte Firewall-Pakete und in Netzwerkgeräte integrierte Funktionen. Wenn Sie über die Sicherheit einer Netzwerkarchitektur nachdenken, ist es oft sinnvoll, mehr als eine dieser Methoden zu benutzen. Router sind nützlich für generische Filterregeln wie z.B. für eine Verweigerung des Zugriffs auf bestimmte Port-Nummern oder Dienste. Hardware- und Software-Firewalls können dann mit den Routern zusammenarbeiten, um ein feineres Filtern auf Basis granulärer Details wie Protokoll-Flags und -optionen auszuführen.

28.3 Zusammenfassung

Der Schlüssel für eine starke und sichere Netzwerkarchitektur besteht darin, die Funktionen und Funktionalität zu ermitteln, die für das Unternehmen erforderlich sind. Sie sollten die relativen Sicherheitsrisiken verstehen und auf Basis dieses Wissens entscheiden, welche Funktionalität implementiert wird. Wenn Sie das Netzwerk entwerfen, bestimmen Sie die Parteien, die es benutzen, sowie deren Anforderungen in Bezug auf ein effektives Arbeiten und die Funktionalität. Sorgen Sie für eine Balance zwischen Sicherheit und Funktionalität, um eine Netzwerkarchitektur zu garantieren, die sowohl sicher als auch nutzbar ist. Wenn diese Aspekte des Netzwerkdesigns zusammen mit den hier dargestellten technischen Aspekten berücksichtigt werden, können Sie leicht eine Netzwerkarchitektur aufbauen, die sicher, stark und flexibel ist.

Kapitel 29

Sprachen, Erweiterungen und die Entwicklung sicherer Anwendungen

Dieses Kapitel beschreibt die Entwicklung sicherer Anwendungen. Thema sind u. a. die Abfassung und Implementierung von Internetanwendungen und Systemen sowie die zur Erstellung verwendeten Programmiersprachen.

29.1 Sicherheit und Software

In diesem Abschnitt geht es darum, wie wichtig der Sicherheitsaspekt bei der Entwicklung von Software ist. Zwar sind bei der Softwareentwicklung eine Vielzahl möglicher Faktoren zu berücksichtigen, aber der Bedarf an Sicherheit betrifft sie mehr oder minder alle. Leistungsfähige Sicherheit ist ein fortlaufender Prozess, der sich aus einer umfassenden und wohl durchdachten Struktur des zu entwickelnden Programms, geeigneten Entwicklungsmethoden und der fortwährenden Analyse ergibt – einer Analyse, deren Dauer nicht kürzer ist als die Lebenszeit der Anwendung. Natürlich gibt es keine Garantie für hundertprozentige Sicherheit, aber es muss das Ziel sein, Software unter Berücksichtigung von Sicherheitsinteressen zu entwickeln und einen hohen Schutzgrad anzustreben, der Angriffe auf Sicherheitslücken möglichst schwierig oder gar unausführbar macht.

Wir werden Ihnen hier verschiedene Anleitungen zeigen, die Ihnen bei der Bewertung und Verbesserung der Sicherheitsfunktionen einer Anwendung oder eines Produkts in den verschiedenen Entwicklungsphasen behilflich sein sollen. Der hier beschriebene Ansatz unterscheidet sich von der gängigen Praxis: Viele Quellen zur Entwicklung sicherer Anwendungen konzentrieren sich auf die technische Seite des Vorhabens – etwa auf den Code oder die Implementierung –, ignorieren aber die anderen Elemente des Prozesses vollständig. Wir jedoch wollen einen vollständigen Prozess zur Integration von Sicherheitsfunktionen in den Entwicklungsgesamtzusammenhang beschreiben.

Die Sicherheit einer Anwendung basiert nicht nur auf dem Code, mit dem sie erstellt wurde. Der Faktor Sicherheit wird mit der ersten Idee zu dieser Anwendung geboren und zieht sich dann wie ein roter Faden durch die Entwicklungs- und Implementierungsphasen. Es handelt sich dabei um eine Art »Sicherheitsanalysezyklus«, dessen einzelne Phasen voneinander abhängen und immer das Ziel haben, der Anwendung ein möglichst hohes Maß an Sicherheit zukommen zu lassen. Dieser Zyklus wird im Laufe des »Lebens« der Anwendung immer wieder durchlaufen und muss bei allen Inkarnationen, Erweiterungen und Modifikationen aufs Neue beachtet werden. Dabei sind die hier aufgeführten Informationen für technisch versierte wie auch für andere Leser gleichermaßen von Wichtigkeit. Manager und andere Mitarbeiter, die – auch wenn sie nicht mit den technischen Feinheiten einer Softwareentwicklungsumgebung befasst sind – nichtsdestoweniger in einer solchen Umgebung arbeiten, müssen verstehen, welche Rolle die Sicherheit innerhalb ihrer Anwendung spielt. Sie müssen begreifen, mit welchen Prozessen und Methoden Sicherheit erzeugt wird und welche Probleme eine schwache Sicherheitsimplementierung aufwirft (bzw. welche Vorteile sich aus einer starken Sicherheitsimplementierung ergeben). Softwareentwickler und Ingenieure müssen die Methoden kennen, mit denen sie den von ihnen verfassten

Code sicher gestalten können, und sie müssen sich der Sicherheitsfragen bewusst sein, die sich aus ihren Bemühungen ergeben könnten.

Der Bereich Anwendungsentwicklung betrifft ein weites Feld verschiedenster Softwareprogramme. Es geht hier zwar in erster Linie um internetbezogene Anwendungen, aber die vorgestellten Konzepte sind ungeachtet dessen auf alle Formen der Softwareentwicklung anwendbar. Erörtert werden Softwareanwendungen, die auf Desktopcomputern oder Servern laufen, webbasierte Anwendungen, Fragen zu Betriebssystemen und natürlich auch zu Internet-Appliances. Indem Sie sich mit dem in diesem Kapitel vorhandenen Stoff auseinander setzen, können Sie eine Strategie entwickeln, die Sicherheitsfragen jederzeit berücksichtigt; und das ist der erste große Schritt hin zur Herstellung hochgradig sicherer Anwendungen. Vergessen Sie nicht: Wenn Sie die Sicherheit einer Anwendung erhöhen, erhöhen Sie in gleichem Maße auch deren Zuverlässigkeit und Verfügbarkeit.

Wenn Entwickler mit Umsicht implementieren und dabei verschiedene Fallstricke umgehen, bekommen sie ein Bewusstsein für Sicherheit. Die Leiter der Entwicklungsabteilungen sollten ihr Augenmerk auf solche Entwicklungsprozesse legen, die in besonderem Maße Sicherheitsanforderungen genügen. Am Ende dieses Kapitels sollten sich Entwickler und ihre Vorgesetzten in der Lage sehen, eine Strategie zur Entwicklung sicherer Anwendungen zu entwerfen, deren Bestandteile die Erstellung einer Sicherheitsarchitektur und die Fähigkeit sind, Struktur und Implementierung der Anwendung auf sicherheitsrelevante Faktoren hin zu überprüfen.

29.2 Was ist eine sichere Anwendung?

Das Konzept der sicheren Anwendung mag bei manchem das Bild eines waffenstrotzenden, gut gerüsteten Panzers heraufbeschwören, der auf alle denkbaren Angriffe angemessen reagieren und nur durch die stärksten Minen zerstört werden kann. Zwar mag ein solches Sicherheitsverständnis bei der einen oder anderen Anwendung durchaus erstrebenswert sein, aber trotzdem ist dies eher die Ausnahme als die Regel. Sicherheit sollte so angewandt und integriert werden, wie es für die jeweilige Aufgabe oder Funktion angemessen ist. Eine Anwendung kann nicht anhand einer Checkliste von Schutzvorrichtungen gesichert werden, die in ihrer Summe eine gut gepanzerte Anwendung realisierbar machen. Eine sichere Anwendung legt den Schwerpunkt vielmehr auf die durchdachte Analyse, eine ambitionierte Struktur und eine gezielte Implementierung. Die Entwickler werden die Sicherheitsimplementierungen ähnlicher Anwendungen berücksichtigen und innovative Ideen in neuen Risikobereichen analysieren, während sie gleichzeitig austarieren, welcher Sicherheitsgrad vom Benutzer der Anwendung benötigt wird. Damit dies alles aber durchführbar wird, muss man natürlich auch wissen, welche Probleme sich aus der Unsicherheit einer Anwendung ergeben können.

HINWEIS
Der Term »Anwendung« bezieht sich häufig auf ein bestimmtes Programm oder eine Programmfamilie. Die hier präsentierten Richtlinien sollen für alle möglichen Formen von Software – darunter Internet- und Betriebssystemanwendungen ebenso wie eingebettete Internet-Appliances – nützlich und verwendbar sein. Aus diesem Grund sollten Sie den Begriff »Anwendung« mit allen diesbezüglichen Entwicklungsstrategien in Verbindung bringen, denn die Konzepte sollen auf sie angewandt werden.

29.2.1 Der Feind im Innern

Bekannte und häufig auftretende Angriffe wie etwa DoS-Angriffe, Pufferüberläufe und Race-Conditions können Anwendungen, bei denen die Eingabeüberprüfung und Datensicherheit nur schwach ausgeprägt sind, ganz schön zusetzen. In den folgenden Abschnitten finden Sie einen kurzen Überblick über häufig vorhandene Sicherheitslücken, die bei der Entwicklung einer Anwendung in jedem Fall berücksichtigt werden sollten.

TIPP
Wenn Sie eine in der Entwicklung befindliche Anwendung untersuchen, sollten Sie in jedem Fall feststellen, ob die hier beschriebenen Angriffstypen relevant sein und bestimmte Auswirkungen auf die Anwendung haben könnten. Betrachten Sie auch ähnliche Anwendungen sowie solche, die mit Ihrer neuen Anwendung konkurrieren.

29.2.2 Konfigurationsfragen

Häufig treten Sicherheitsfragen in Zusammenhang mit der Konfiguration einer Anwendung und der Umgebung auf, in der die Anwendung ausgeführt werden soll. Oft legen Anwendungen Konfigurationsdaten in einer Datei oder einer Datenbank ab, schreiben Laufzeitdaten in andere Dateien und stellen mehrere Dienste gleichzeitig bereit. Standardkonfigurationen (d.h. die Betriebseinstellungen eines Computers *nach* der Installation und *bevor* der Benutzer irgendwelche Änderungen vornehmen kann) weisen oft ein hohes Gefahrenpotenzial auf. In diesen Konfigurationen sind viele Einstellungen so vorgenommen, dass der Benutzer alle Anwendungen mit minimalem Aufwand installieren und ausführen kann; allerdings können Anwendungen durch die Standardkonfiguration durchaus anfällig für Angriffe sein.

In der Standardkonfiguration ist häufig jede Option der Software aktiviert, um den reichhaltigen Funktionsumfang zu demonstrieren. Diese Aktivierung aller Optionen hat jedoch einen gravierenden Nachteil, denn der Benutzer versteht die aktiven Optionen häufig nicht, oder er weiß noch nicht einmal von deren Aktivierung oder gar Existenz. Wenn nun eine Sicherheitslücke gefunden wird, dann ist der Benutzer, ohne es zu wissen, einem Risiko ausgesetzt. Man kann ihn ja nicht dazu zwingen, die gesamte Dokumentation zu allen Konfigurationsoptionen zu lesen *und* zu verstehen, weswegen ein verantwortungsbewusster Entwickler mit Umsicht daran geht zu entscheiden, welche Optionen für den normalen Betrieb benötigt und deswegen aktiviert werden – und welche er deaktiviert lässt.

Zwei bekannte Beispiele illustrieren die Gefahren unsicherer Standardkonfigurationen. Hier sei zunächst einmal *inetd* genannt, der Internetserver-Dämon von UNIX. *inetd* ermöglicht Benutzern den Zugriff auf ein UNIX-System über Protokolle wie Telnet, FTP oder RSH (natürlich stellt *inetd* auch noch andere Dienste bereit; weitere Informationen hierzu finden Sie im UNIX-Handbuch). Bei frühen Versionen von *inetd* waren in der Standardkonfiguration immer alle Dienste aktiviert. Bei vielen dieser Dienste wurden jedoch nach und nach immer mehr Sicherheitslücken gefunden, d.h. diese Dienste waren – oft ohne Wissen des Administrators – anfällig für Angriffe.

Ein weiteres Beispiel für unsichere Standardkonfigurationen finden Sie auch häufig in Webserver-Software. Apache unter UNIX und Windows und der Microsoft IIS (Internet Information Server) gehören zu den meistverwendeten Webserver-Anwendungen im Internet. Diese Webserver werden mit Beispielanwendungen ausgeliefert, die verschiedene Funktionen demonstrieren sollen. Bei frühen Versionen von Apache und IIS wiesen diese Beispiele jedoch eine Reihe von Sicherheitslücken auf; da sie standardmäßig installiert wurden, gestatteten sie Angreifern ein Eindringen in das System. Viele Benutzer und Administratoren wussten nicht einmal von der Existenz dieser Anwendungen, geschweige denn, dass diese auf ihren Webservern installiert waren. Diese Sicherheitslücken gibt es auch heute noch, und sie sind Bestandteil jeder seriösen Sicherheitsanalyse für Webserver.

> **TIPP**
> Vergessen Sie nicht, Funktionen, die Sie erstellt haben, auch zu dokumentieren und in allen Konfigurationsdateien Informationen dazu bereitzustellen.

29.2.3 Race-Conditions

Eine Race-Condition (Wettlaufsituation) ist ein Zeitfenster bei einer laufenden Anwendung, in dessen Rahmen ein Prozess oder eine andere Anwendung Vorrechte und Funktionalität der ersten Anwendung ausnutzen kann. Race-Conditions können bei der Ausführung komplexer oder mehrteiliger Prozeduren auftreten, wenn Anwendungen mit anderen Prozessen oder Ressourcen interagieren oder wenn eine Funktion schlecht organisiert ist.

Abbildung 29.1 zeigt ein einfaches Beispiel für eine Race-Condition. Eine Anwendung wird normal mit Benutzerrechten ausgeführt. Sie tritt dann in einen Codebereich ein, in dem die normalen Privilegien erweitert werden, um eine Systemeinstellung zu ändern. Wenn die Änderung durchgeführt wurde, werden die Rechte wieder zurückgesetzt. Dank einer Schwäche in der Implementierung versucht nun eine »kriminelle« Anwendung, den Wettlauf zu gewinnen, um die höheren Privilegien nutzen zu können. Verwendet das Programm IPC (Inter-Process Communication, Kommunikation zwischen Prozessen) oder Temporärdateien oder braucht es zur Ausführung des Vorgangs eine vergleichsweise lange Zeit, ohne dass diese Methoden geschützt werden, dann kann die kriminelle Anwendung ihre eigenen Befehle einfügen, die dann von der normalen Anwendung ausgeführt werden.

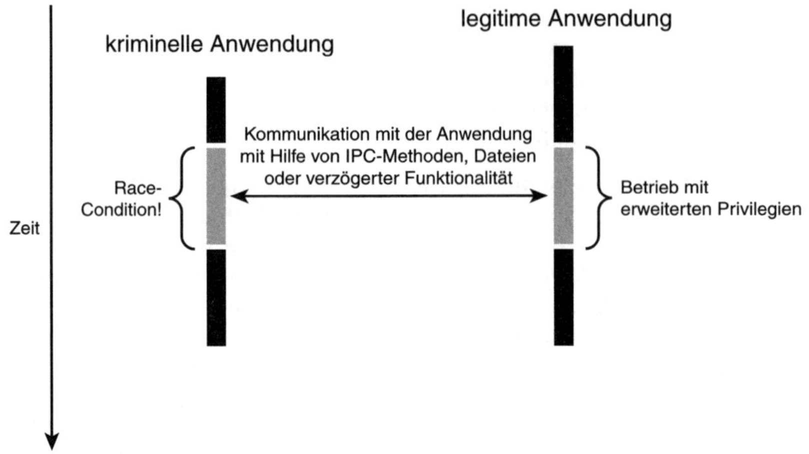

Abbildung 29.1: Das Zeitfenster einer Race-Condition

HINWEIS
Betriebssysteme unterstützen in der Regel mehrere Methoden, mit deren Hilfe unterschiedliche Prozesse oder Anwendungen miteinander kommunizieren können. Diese Methoden sind als IPC-Methoden bekannt; zu ihnen gehören die Verwendung socketbasierter Kommunikation, Semaphoren, Pipes und die gemeinsame Nutzung von Arbeitsspeicher.

In Abbildung 29.2 sehen Sie eine Race-Condition, die durch die Verwendung von Temporärdateien entstanden ist. Im Verlauf des normalen Betriebs nimmt die laufende Anwendung Änderungen an den Systemeinstellungen vor, indem sie eine Temporärdatei mit neuen Einstellungen anlegt und diese an die entsprechende Speicherstelle kopiert. Nach dem Abschluss dieses Vorgangs löscht die Anwendung die Temporärdatei und setzt ihren Betrieb dann fort. Ist zwischen der Erstellung der Temporärdatei und dem Kopieren der Einstellungen ein Zeitfenster vorhanden, während dessen ein Angreifer seine eigenen Konfigurationsdaten in die Temporärdatei einfügen kann, dann liegt eine Race-Condition vor. Diese kann aufgrund einer schlecht organisierten Funktion auftreten, bei der die zusammengehörenden Schritte im Code nicht logisch gruppiert sind, oder wenn die Temporärdatei nicht angemessen geschützt ist.

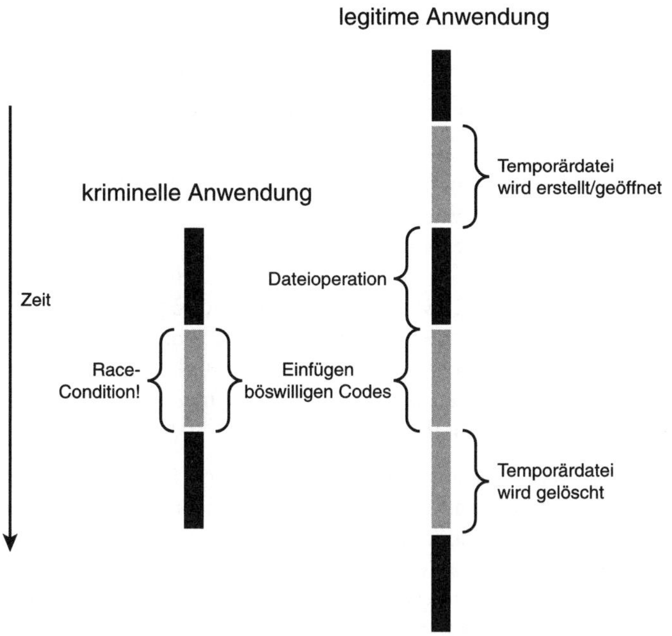

Abbildung 29.2: Race-Condition durch Verwendung von Temporärdateien

Die Einsprungpunkte von IPC-Methoden – etwa Sockets oder gemeinsam genutzter Speicher – sollten mit den entsprechenden Schutzfunktionen initialisiert werden, andernfalls kann eine kriminelle Anwendung mit der laufenden Anwendung interagieren. Wenn Code und Funktionalität gut und logisch organisiert sind, dann wird das Zeitfenster minimiert, während dessen eine Race-Condition auftreten kann. Dies ist z.B. durch Gruppierung privilegierter Funktionen möglich, bei denen der Code andernfalls mehrere Privilegienerweiterungen und -herabstufungen nacheinander durchführen würde. Zusammengehörende Funktionen sollten überdies effizient organisiert und ausgeführt werden.

TIPP

Bevor Sie eine Funktion erstellen, die höhere Privilegien benötigt oder komplexe Interaktionen mit anwendungsexternen Komponenten tätigt, nehmen Sie sich einen Moment Zeit, um die Funktionalität zu organisieren und einen effizienten Code zu entwickeln. Die Sicherheit einer Anwendung wird durch einen guten Entwicklungsprozess und die kontinuierliche Überprüfung des Codes, bei dem inadäquate Codebereiche identifiziert und optimiert werden, erheblich gesteigert.

29.2.4 Pufferüberlauf

Pufferüberläufe (Buffer-Overflows) gehören zu den wohl berüchtigtsten und meistveröffentlichten Angriffsformen. Hierbei handelt es sich um komplexe Attacken, die die grundlegenden Hard- und Softwarefunktionen eines Systems nutzen.

Für diejenigen von Ihnen, die keine Softwareentwickler sind, möchte ich ein paar Konzepte kurz erläutern. Zunächst einmal ist es natürlich nützlich zu wissen, was ein Puffer eigentlich ist. Ein Computersystem verfügt über einen Bestand an RAM (Arbeitsspeicher), der vom Betriebssystem in Bereiche unterteilt wird, in denen dann Anwendungen ausgeführt werden. Damit der gesamte Speicher von den vielen Prozessen und Anwendungen des Betriebssystems gemeinsam genutzt werden kann, gibt es eine spezielle Speicherverwaltung, die koordiniert, welche Bereiche des RAM gerade verwendet werden und welche für neu gestartete Anwendungen zu reservieren sind. Wenn eine Anwendung gestartet wird, dann wird ihr sowie all ihren Funktionen und Variablen Speicher zugewiesen.

Während die Anwendung ausgeführt wird, kann nach Bedarf mehr Speicher für neue Variablen zugewiesen, aber auch nicht mehr benötigter Speicher entzogen werden. Als Puffer bezeichnet man nun einen oder mehrere Speicherbereiche, die zur Speicherung einer Variablen verwendet werden. Verschiedene Puffer können nebeneinander im Speicher existieren (und tun dies auch häufig). Ein Puffer, der eine Variable beinhaltet, kann gleich neben einem Speicherbereich liegen, der eine Funktion oder eine andere Anwendung aufnimmt. Wenn Sie beispielsweise Ihren Benutzernamen an einer Eingabeaufforderung oder in einem Fenster eingeben, dann hat das Programm bereits einen Puffer deklariert, in dem die Zeichen des Benutzernamens abgelegt werden. Abbildung 29.3 zeigt einen Puffer, der den Benutzernamen `NAME` aufgenommen hat.

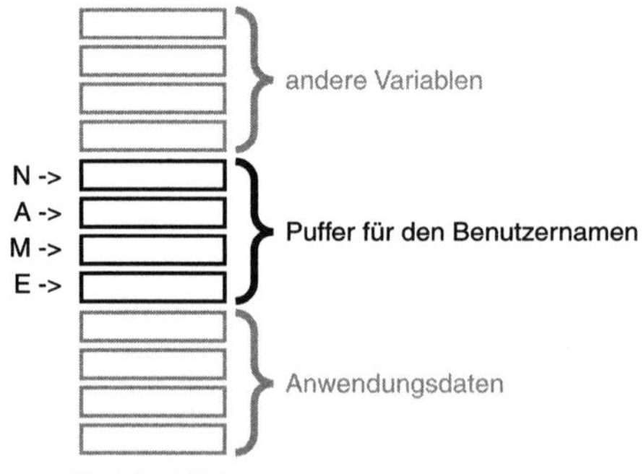

Abbildung 29.3: Pufferspeicher, der den Wert `NAME` enthält

Ein Pufferüberlauf tritt auf, wenn ein Puffer zu klein ist, um die Menge der benötigten Daten aufnehmen zu können; die Daten, die nicht mehr in den Puffer passen, überschreiben den darauf folgenden Speicherbereich. Genau hier liegt die

Gefahr von Pufferüberläufen: Der Speicher, der überschrieben wird, kann eine Variable der laufenden Anwendung oder den Anwendungsstapel enthalten. Dieser Stapel enthält anwendungsspezifische Daten wie etwa die physikalischen Standorte der Funktionen und Variablen der Anwendung im RAM des Computers.

Hierdurch wird der Ablauf geändert, dem die Anwendung normalerweise folgen würde, was verschiedene Auswirkungen haben kann: Es kommt zur Verwendung falscher Daten, zu einem Funktionsausfall oder gar zur Ausführung neuer Funktionen – Letzteres ist das eigentliche Ziel eines solchen Angriffs, sei es, um Zugriff auf ein System zu erhalten, sei es, um dessen Einstellungen zu ändern.

Wenn der Besitzer beim nächsten Mal auf den überschriebenen Speicher zugreift, dann sind die neuen Daten wahrscheinlich ungültig, was dazu führt, dass die Anwendung sich entweder aufhängt, abstürzt oder nicht richtig funktioniert. Pufferüberläufe werden von Angreifern ausgenutzt, indem »sinnvolle« Überlaufdaten entwickelt werden, die der Rechner versteht. Dadurch könnten etwa ein anderes Programm aufgerufen, das System beschädigt oder Daten gestohlen werden.

Um dieses Konzept besser verstehen zu können, stellen Sie sich einmal einen Scanner für Postleitzahlen vor, der den Zielort von Briefumschlägen ermitteln soll. Gehen wir ferner von einem Umschlag A aus, der nach Berlin gehen soll, und einem zweiten Umschlag B nach Hamburg. Die Postleitzahl auf Umschlag B wurde mit einer speziellen, schlecht trocknenden Tinte gedruckt, die nun auf Umschlag A »überläuft«; der Scanner erkennt auf Umschlag A die Hamburger Postleitzahl, und der Brief wird fälschlicherweise in die Hansestadt geschickt.

Pufferüberläufe sind häufig keine Zufälle, sondern durchaus böswillig. Nehmen wir also an, dass eine hohe Summe Bargeld an ein Postfach in Berlin geschickt werden soll. Der Dieb (oder Angreifer) kennt den exakten Zielort des Briefs und schreibt mit der oben beschriebenen Spezialtinte einen neuen Umschlag, dessen Postleitzahl (nach Hamburg) die Postleitzahl des darunter liegenden Geldbriefs nach Berlin überschreibt. In Hamburg mietet nun der Angreifer das Postfach mit der Nummer, die auf dem ursprünglich nach Berlin gerichteten Brief angegeben ist. Voilà – schon hat er das Geld.

Der Postleitzahlenscanner kann nur Postleitzahlen lesen; wo die Briefe herkommen, spielt für ihn keine Rolle. Gleiches gilt für den Computer: Er führt Anweisungen aus – egal, wer deren Ausführung veranlasst. Auf diese Weise kann ein Angreifer auf einem Rechner, bei dem er zuvor einen Pufferüberlauf ausgelöst und die Originaldaten einer Anwendung mit neuen Befehlen überschrieben hat, beliebigen Code ausführen.

Wird ein Pufferüberlauf in einer Anwendung ausgenutzt, dann liegt ein hochgradig gefährliches Problem vor. Abbildung 29.4 zeigt die Speicherstruktur bei einem typischen Pufferüberlauf. Der Anwendungsentwickler deklariert einen Puffer für einen achtstelligen Benutzernamen. Ein Angreifer überprüft nun durch Eingabe des zehnstelligen Namens *myusername*, ob ein Überlauf möglich ist. Das Programm kopiert diesen Namen in den zuvor deklarierten Puffer; der Name jedoch hat zehn Buchstaben, und die letzten beiden Zeichen bringen den Puffer zum Überlaufen (und das Programm zum Absturz). Nachdem sich der Angreifer nun davon überzeugt hat, dass der Überlauf existiert, formuliert er einen speziellen Satz von Eingaben, die aus gültigen Maschinenbefehlen bestehen, mit denen sich ein böswilliges Programm ausführen lässt – beispielsweise um in den Besitz eines Kennworts zu gelangen. Diese spezielle Zeichenkette gibt der Angreifer nun als Benutzernamen ein und erzeugt dadurch erneut einen Überlauf. Nun befinden sich die neuen Anweisungen im Speicher und können ausgeführt werden – zum Schaden des Benutzers oder des ganzen Systems.

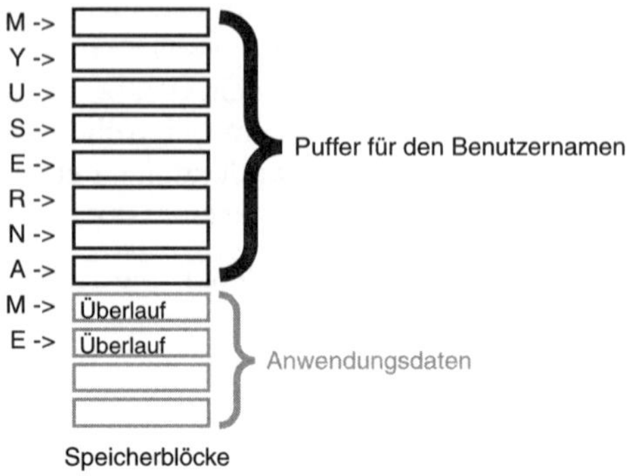

Abbildung 29.4: Speicherstruktur bei einem Pufferüberlauf

> **TIPP**
> Wenn Sie mehr über Pufferüberläufe wissen wollen, empfehle ich Ihnen die folgenden Artikel:
>
> Mudge: »Compromised Buffer Overflows. From Intel to SPARC Version 8«. Der Autor ist nicht nur ein talentierter Hacker, sondern auch Vizepräsident von @Stake, einer bekannten Firma für das Sicherheits-Consulting. Download unter `http://www.l0pht.com/advisories/bufitos.pdf`.
>
> DilDog: »The Tao of Windows Buffer Overflow«. Auch DilDog ist ein begabter Hacker bei @Stake. Download unter `http://www.cultdeadcow.com/cDc_files/cDc-351/`.
>
> Aleph1: »Smashing the Stack for Fun and Profit«. Ursprünglich in Ausgabe 49 des Onlinemagazins Phrack aufgeführt, heute unter `http://www.securityfocus.com/data/library/P49-14.txt` zu finden.

29.2.5 Datensicherheit

Der Bereich Datensicherheit ist recht umfangreich: Er reicht von den internen Methoden einer Anwendung bis hin zum Betriebssystem und all jenen Systemen, mit denen das Betriebssystem eine Verbindung herstellt. Die folgende Beschreibung konzentriert sich auf die Datensicherheit innerhalb einer Anwendung und die Datensicherheit innerhalb des Betriebssystems, in dem die Anwendung ausgeführt wird. Die Konzepte lassen sich jedoch auch auf miteinander verbundene Systeme anwenden.

Anwendungen funktionieren nur sehr selten vollständig unabhängig vom zugrunde liegenden Betriebssystem und von anderen Anwendungen. Eine Anwendung kann auf vielerlei Weise mit dem Betriebssystem kommunizieren. Dabei werden Daten etwa mit Hilfe der bereits oben erwähnten IPC-Mechanismen gemeinsam genutzt, und Dateien sind eine geläufige Methode zur Speicherung, Manipulation und Verschiebung von Daten innerhalb eines Systems.

Es ist wichtig, im Hinterkopf zu behalten, dass die Anwendung und das Betriebssystem in den meisten Fällen den gleichen physikalischen Prozessor und Speicher benutzen. Das mag zwar offensichtlich erscheinen, wird aber bei sicherheitstechnischen Betrachtungen häufig übersehen. Ein Entwickler darf nicht davon ausgehen, dass der von einer Anwendung belegte Speicher ausschließlich dieser Anwendung zugänglich ist. Das Betriebssystem steuert den Speicherzugriff und hat deswegen logischerweise Zugriff auf den gesamten verfügbaren Speicher (sei er nun genutzt oder ungenutzt). Wenn eine Anwendung Daten benutzt und manipuliert, die als vertraulich eingestuft werden, dann ist der Schutz interner Daten ausschlaggebend. Wichtige und geheime Daten wie Kennwörter und Chiffrierschlüssel erfordern eine gesonderte Behandlung. Ohne einen angemessenen Schutz und eine angemessene Initialisierung können Angreifer oder böswillige Anwendungen über bestimmte Betriebssystemfunktionen auf solche Daten zugreifen. Sie können Ihre Daten schützen, indem Sie Methoden zur Authentifizierung und zur Zugriffssteuerung implementieren. Diese Mechanismen überprüfen den Absender einer Nachricht innerhalb des Systems und bestimmen dann, welche Prozesse, Anwendungen und Systeme auf eine bestimmte Ressource zugreifen dürfen. Hat ein Angreifer aber das Betriebssystem selbst unter Kontrolle, dann helfen solche Ansätze auch nicht mehr viel weiter.

29.2.6 Temporärspeicherung

Die Temporärspeicherung – nicht im eigentlichen Sinne eine Sicherheitslücke – verdient eine genauere Betrachtung, weil sie Probleme in Zusammenhang mit der Datensicherheit und mit Race-Conditions aufwirft. Sie wird bei der Manipulation von Daten wie beispielsweise bei Anwendungs- oder Systemkonfigurationsdateien oder bei der Aktualisierung anderer in Dateien abgelegter Daten benötigt. Wenn Temporärdateien schlecht gesichert initialisiert werden, dann wird eine Anwendung anfällig für Angriffe, die es ermöglichen, böswillige Anweisungen in die Dateien einzufügen. Eine schwache Sicherheitsimplementation von Temporärdateien ist durch Berechtigungen, die einem Unbefugten den Zugriff auf die Inhalte der Datei gestatten, und durch die Berechenbarkeit des Dateinamens gekennzeichnet. Ein Angreifer, der den Namen einer Temporärdatei bereits vor deren Erstellung kennt, hat beim folgenden Wettlauf bereits vor dem Start einen gewaltigen Vorsprung: Er kann versuchen, die Datei bereits in dem Moment zu modifizieren, in dem sie erstellt und initialisiert wird. Dann fügt er Daten in die Datei ein, bevor die eigentliche Anwendungsfunktion abgeschlossen und die Datei wieder entfernt werden kann. Die Ergebnisse eines solchen Vorgehens variieren je nach der Verwendung der Temporärdatei; typische Beispiele sind die Modifikation der Systemkonfiguration und die Änderung von Benutzer- und Anwendungsdaten.

TIPP
Wenn Sie Temporärdateien einsetzen, dann prüfen Sie während der Initialisierung, ob diese vorhanden sind, und weisen Sie Berechtigungen so zu, dass der Zugriff auf diese Dateien der Anwendung vorbehalten ist.

29.2.7 DoS-Angriffe

DoS-Angriffe sind eine häufig auftretende Angriffsform, die sowohl über das Netzwerk als auch über ein lokales System initiiert werden kann. Diese Angriffe nutzen Unzulänglichkeiten in der Funktionsstruktur von Anwendungen aus. Wenn Sie eine Anwendung entwickeln, dann müssen Sie nicht nur wissen, welche Funktionen diese bereitstellen soll, sondern auch, welche Funktionen sie *nicht* bereitstellen soll. Dieses Wissen ermöglicht es dem Entwickler, Sicherheitsmaßnahmen in die Anwendung zu integrieren, die sie vor DoS-Angriffen schützen. Solche Angriffe findet man in den verschiedensten Ausprägungen – sie führen zu Bandbreitenverschwendung, Ressourcensättigung oder Anwendungsabstürzen.

Bandbreitenverschwendung findet statt, wenn die gesamte Kapazität einer Netzwerkverbindung mit Beschlag belegt wird. Das heißt, neue Verbindungen werden nicht mehr hergestellt und bestehende extrem verlangsamt. Dieses Verhalten tritt auf, wenn die Netzwerkhardware, nicht mehr in der Lage ist, neue Netzwerkdaten schnell genug zu verarbeiten. Hierdurch werden Verzögerungen im Netzwerkverkehr oder schlimmstenfalls dessen vollständiger Stillstand verursacht.

Die Ressourcensättigung ähnelt der Bandbreitenverschwendung, nur tritt der Sättigungseffekt auf einem einzelnen betroffenen System auf und nicht im angeschlossenen Netzwerk. Systemressourcen – also Arbeits- und Festplattenspeicher, Prozessorauslastung und Betriebssystem – und besondere Funktionen wie etwa Prozesse und Dateien haben alle ihre Grenzen; die physikalischen Grenzen der Hardware spiegeln sich natürlich in den Grenzen des Betriebssystems wider. Beispiele für diese physikalischen Grenzen eines Systems sind etwa der Umfang des Arbeitsspeichers oder die Geschwindigkeit, mit der ein Prozessor Anweisungen ausführen kann; Beispiele für die Einschränkungen, denen das Betriebssystem unterworfen ist, sind etwa die Anzahl gleichzeitig vorhandener und geöffneter Dateien und Prozesse, sowie die Anzahl parallel angemeldeter Nutzer.

Systembasierte DoS-Angriffe nutzen diese Einschränkungen, indem sie ganz einfach alle verfügbaren Ressourcen des Zielobjekts für sich beanspruchen. Dabei kann man sehr unterschiedlich vorgehen und kommt auch zu verschiedenen Ergebnissen. Viele Betriebssysteme quittieren den Dienst, wenn der gesamte Festplatten- oder Arbeitsspeicher aufgebraucht ist. Ist die maximale Anzahl gleichzeitig verbundener Benutzer erreicht, dann können sich keine Benutzer mehr anmelden. Ein Prozessor lässt sich durch endlose, komplexe Funktionen vollständig auslasten, wodurch alle anderen Funktionen ausgebremst oder angehalten werden, sofern die Funktion eine hinreichend hohe Priorität hat. Eine Anwendung, die mehrere Prozesse startet, wird beendet, wenn sich aufgrund einer Prozessbegrenzung keine neuen Prozesse mehr initiieren lassen.

Entwickler könnten nun zu der Annahme verleitet werden, dass die Einschränkungen von Netzwerk und Betriebssystem eine Abwehr oder Vermeidung von DoS-Angriffen unmöglich machen; dem ist aber nicht ganz so. Eine starke Strukturierung und Implementierung einer Anwendung kann einen wirksamen Schutz vor vielen Arten von Angriffen und auch vor DoS-Angriffen darstellen. Zugegeben: Die Natur des Internets bringt Situationen mit sich, deren Faktoren außerhalb der Kontrolle des Entwicklers stehen. Alle Angriffspunkte auszuschalten ist schlichtweg nicht möglich, da das Internet von externen Umgebungen abhängt; aus diesem Grund muss das Ziel des Entwicklers darin bestehen, eine Umgebung zu schaffen, die die Erfolgsaussichten eines Angriffs minimiert. Eine gute Vorausplanung und die Analyse der Anwendung können die Anzahl gefährlicher Situationen drastisch minimieren.

Um sich gegen DoS-Angriffe bestmöglich abzusichern, kann es nützlich sein, innerhalb der Anwendungen Obergrenzen (so genannte High-Watermarks) zu definieren, die zum Beispiel ungewöhnlich häufige Verbindungsversuche (z.B. zwanzig Verbindungsanfragen pro Sekunde für einen bestimmten Dienst) begrenzen und auch erkennen. Diese Abnormalitäten können Zeichen für einen beginnenden DoS-Angriff sein, bei dem der Angreifer die Systemressourcen »aushungern« will. Als weitere Schutzmaßnahmen sind etwa eine Ressourcenüberwachung und -beschränkung denkbar, die der Anwendung die volle Kontrolle über ihre eigene Ausführung gibt.

> **TIPP**
> Wenn Sie ihre Anwendung vor DoS-Angriffen schützen wollen, dann sollten Sie über mögliche Schwachstellen nachdenken. Beginnen Sie damit bereits am Anfang der Strukturierungsphase, und setzen Sie die Analyse fort, bis der Prozess der Anwendungserstellung abgeschlossen ist.

29.2.8 Ein-/Ausgabemethoden

Möglichkeiten zur Eingabe von Benutzer- und anderen externen Daten sind der augenscheinlichste und auch meistgenutzte Angriffspunkt bei Anwendungen. Egal, ob die Daten von einem Netzwerk, einer am System angeschlossenen Tastatur oder einer Benutzerumgebung stammen: Die Sicherheit der Eingabemethode erfordert besondere Überlegungen, denn diese Funktionen sind die Türen, durch die viele Angreifer mittels der genannten Angriffsmethoden in die Anwendung eindringen; immerhin gestatten sie dem Benutzer, den Ablauf der Anwendung durch unterschiedliche Eingaben zu manipulieren. Anwendungsstruktur und

-implementierung müssen also über einen festen Satz von Kriterien zur Bewertung von Eingaben verfügen. Dazu gehören etwa explizit akzeptable und nichtakzeptable Datentypen und -werte, die Reaktion auf unakzeptable Werte und der Weg, den die Daten durch die Anwendung nehmen.

Auch die Ausgabe von Daten kann ein Risiko darstellen, wenn etwa Benutzer blindlings Daten in Dateien speichern oder an Terminals und andere Geräte senden. Es ist gleichermaßen wichtig, Ausgabedaten zu überprüfen, bevor diese tatsächlich übermittelt werden. Die Bedingungen für eine erfolgreiche Datenausgabe sollten definiert und dokumentiert werden, damit innerhalb der Anwendung eine Sicherheitsebene vorhanden ist, die gewährleistet, dass alle ausgehenden Daten überprüft worden sind. Die Ausgabedaten einer Anwendung nutzen häufig externe, vom Betriebssystem oder einer anderen Anwendung bereitgestellte Funktionen; deswegen ist es von höchster Wichtigkeit, Schutzmethoden anzuwenden, bevor die Daten in die freie Wildbahn entlassen werden, wo sie im Zusammenspiel mit den externen Elementen möglicherweise größeren Schaden anrichten können.

TIPP

Um diese Überprüfung durchzuführen, sollten Kriterien für Benutzereingaben definiert und die zugehörige Funktionalität entsprechend entwickelt werden. Die Kriterien sollten festlegen, was akzeptabel ist und was nicht, und sie sollten jedes Mal angewandt werden, wenn die Grenzen der Anwendung oder eines ihrer Module überschritten werden.

29.3 Eine Sicherheitsarchitektur

Die Anwendungssicherheitsarchitektur umreißt eine umfassende Methode zur Entwicklung höchst zuverlässiger und sicherer Anwendungen. Sie beschreibt den Vorgang und Umfang der Analyse sowie die Definition und Implementierung von Sicherheitsbedürfnissen einer Anwendung. In diesem Abschnitt untersuchen wir verschiedene Komponenten, die die Sicherheitsarchitektur ausmachen.

29.3.1 Komponenten der Sicherheitsarchitektur

Eine gründliche Sicherheitsarchitektur realisiert man am besten über eine zunehmend feiner gegliederte Vorgehensweise, die von einem externen Blickwinkel ausgeht und dann durch die Details der Implementierung voranschreitet. Die folgenden Komponenten ermöglichen es, die Informationen zu bestimmen, die zur Erstellung einer Sicherheitsarchitektur benötigt werden:

- Risikoeinschätzung und Reaktion
- Sicherheitsanforderungen
- Sicherheit in der Strukturierungsphase
- Sicherheit in der Implementierungsphase

Wie man die notwendigen Vorbereitungen trifft

Die Risikoeinschätzung ist ein wichtiger Prozess bei der Entwicklung jedes Produkts und jeder Anwendung. Das Erstellen einer Anwendung beginnt bereits bei der Idee selbst, beim Geistesblitz. Es liegt nahe, dass diese Anwendungsidee ein Problem löst, neuen Nutzen birgt oder eine Erfindung darstellt, deren Funktionalität durch zuvor vorhandene Anwendungen nicht effizient oder sogar gar nicht bereitgestellt wurde. Während die Analyse durchgeführt wird, um Mängel in der Funktionalität existierender Anwendungen zu finden, werden sicherheitstechnische Erwägungen oft vernachlässigt oder übersehen. Die Tendenz, sich einzig und allein auf die Funktionalität einer Anwendung und die sich aus ihr ergebenden Vorteile in Bezug auf ein vorhandenes Problem zu konzentrieren, vergrößert das Sicherheitsrisiko beträchtlich. Die Lösung der Sicherheitsprobleme einer Anwendung ist von gleich hoher Wichtigkeit wie die Lösung der Funktionalitätsprobleme.

Aus diesem Grund besteht der erste Schritt bei der Entwicklung einer Sicherheitsarchitektur für eine Anwendung darin, die Risiken derjenigen Anwendungen zu dokumentieren, die von der neuen Anwendung ersetzt werden sollen. Ferner sollten Entwickler auch die Risiken bemerken, die in Zusammenhang mit den Anwendungen stehen, mit denen das neue Programm interagieren soll. Die neue Anwendung sieht sich häufig mit den gleichen Sicherheitsfragen konfrontiert, mit denen man sich schon in Zusammenhang mit ähnlichen Programmen auseinander setzen musste; überdies können sich aus einem innovativen Bereich der neuen Anwendung auch neue Probleme ergeben.

Die Risikoeinschätzung einer Anwendung verlangt vonseiten der Anwendungsentwickler ein wenig Arbeitseifer. Wenn die Entwickler jedoch etwas Erfahrung mit dem Sicherheitsbereich haben, dann wird der Aufwand der Risikoeinschätzung zunehmend geringer. Die fundamentalen Untersuchungen, die Sicherheitsfragen in Zusammenhang mit zugehörigen Anwendungen ermitteln, erfordern zunächst einmal ein Durchforsten von Archiven anbieterspezifischer Supportfragen. Die Websites solcher Organisationen beinhalten in aller Regel Spezialbereiche und Foren, in denen die Verfügbarkeit von Sicherheits-Patches für die jeweiligen Anwendungen angekündigt wird. Wenn Entwickler diesen Bereich untersuchen, bekommen sie recht bald ein Gefühl dafür, mit welchen Problemen sie in Zusammenhang mit der neuen Anwendung und der von ihr bereitgestellten Funktionalität rechnen müssen. Weitere Nachforschungen in sicherheitsspezifischen Foren bringen häufig noch andere technische Details bezüglich der Natur von Problemen an den Tag und erweitern den Horizont zu Sicherheitsfragen, die sich betreffs einer bestimmten Anwendungssorte stellen können.

Da Nachforschungen zu Sicherheitslücken in den entsprechenden technischen Sektionen durchgeführt werden, ist es wichtig, solche Sicherheitslücken zu dokumentieren. Wenn Sie eine Liste mit Sicherheitsrisiken und Schwachstellen aufstellen, dann wird es Ihnen leichter fallen, ein Betätigungsfeld für die in Entwicklung befindliche Anwendung zu bestimmen, indem Sie nämlich diejenigen Probleme ermitteln, die die neue Entwicklung mit hoher Wahrscheinlichkeit betreffen werden.

Den bekannten Sicherheitslücken einer vorhandenen Anwendung können Sie Hinweise auf das Vorhandensein oder Fehlen einer Sicherheitsarchitektur in deren Struktur entnehmen. Dabei lassen sich die Sicherheitslücken oft in Implementierungs-, Struktur- und Funktionalitätsmängel unterteilen. Implementierungsmängel beziehen sich auf den tatsächlichen Code, mit dem die Anwendung erstellt wurde; sie gestatten aber nur einen kleinen Einblick in die Sicherheitsarchitektur. Die Implementierungssicherheit werden wir weiter unten in diesem Kapitel noch behandeln. Strukturmängel und Funktionalitätsmängel reflektieren die Gedanken und den Aufwand, die in die Strukturierung der Anwendung mit eingeflossen sind. Eine Anwendung mit einer Sicherheitsarchitektur unterstreicht und verstärkt die Funktionalität, indem sie das Sicherheitsbewusstsein zu einem dieser Funktionalität inhärenten Bestandteil macht. Mängel in der Struktur und der Funktionalität machen die Funktionalität im Ganzen lückenhaft und bereiten Sicherheitsrisiken auf diese Weise den Weg.

Wie *nicht* vorhandene Funktionalität zu beachten ist

Robuste Strukturen berücksichtigen nicht nur die vorhandenen Funktionen, sondern auch die nicht vorhandenen. Die einfachste Möglichkeit, die Funktionalität einer Anwendung zu beschreiben, besteht darin zu definieren, was die Anwendung tut. Diese Definition erfolgt aus einer vollständig positiven Sicht heraus, denn sie skizziert lediglich, was die Anwendung unter den *richtigen* Umständen tut; diese naive Rudimentärstruktur geht davon aus, dass die Welt perfekt ist und dass niemals etwas Schlimmes geschehen wird, wenn die Anwendung ausgeführt wird. Demzufolge sind alle Eingaben vollständig verständlich und passen sich tadellos in die erwartete Form ein – etwa so: »Alle Benutzernamen sind alphanumerische Werte einer bestimmten Länge, und kein Benutzer wird jemals – bewusst oder unbewusst – ein Zeichen eingeben, das weder ein Buchstabe noch eine Zahl ist«. Ferner geht eine solche Sicht davon aus, dass alle Netzwerkverbindungen von bekannten Clients stammen, die wiederum sämtlichst mit dem richtigen Protokoll kommunizieren. Anders ausgedrückt: »Alle Clients, die mit der Anwendung eine Verbindung herstellen, halten sich sklavisch an die bekannte Nachrichtensequenz, die zur Realisierung der definierten Kommunikation benötigt wird«. Die letzte Annahme der Anwendung besteht darin, dass die gesamte Interaktion mit dem Betriebssystem in einer sterilen Umgebung in der Art stattfindet, wie sie die Anwendung erwartet: »Jede Datei, bei der auch nur der Verdacht besteht, dass sie irgendwann einmal modifiziert wird, ist nicht nur vorhanden, sondern auch korrekt formatiert«. Nun, das ist nicht wirklich immer der Fall, und es kann auch nicht vorausgesetzt werden. Leider schaffen es viele Anwendungen nicht, über diese Strukturierungsebene hinauszukommen. Eine umfassende Struktur hingegen würde die Unvollkommenheit der Welt einkalkulieren; sie würde erkennen, dass Zuverlässigkeit nur durch die Aufstellung von Regeln und Schemata erreichbar ist.

Bei der Entwicklung einer Anwendung ist die Berücksichtigung positiver wie negativer Betriebsszenarien unumgänglich. Die negative Sichtweise definiert die Reaktion der Anwendung auf unbekannte Eingaben, ungültige Syntaxkonstruktionen und Kommunikationsdaten sowie auf auftretende Anomalien. Die Anwendung muss auf Ereignisse, die nicht erwartet oder definiert sind, angemessen reagieren können. Tabelle 29.1 vergleicht die gängige Rudimentärstruktur mit einem komplexeren Ansatz, wobei die Faktoren Benutzereingabe, Dateizugriff und Client-Verbindungen berücksichtigt werden.

Anwendungsfunktion	Rudimentärstruktur	Komplexe Struktur
Benutzereingabe	Die Anwendung erhält eine ungültige Eingabe und stürzt daraufhin ab, weil der nichtalphanumerische Wert missverstanden wird.	Die Anwendung analysiert, ob die Eingabe ungültige Werte enthält, und zeigt ggf. durch eine entsprechende Fehlermeldung an, dass ein nichtalphanumerischer Wert gefunden wurde.
Dateizugriff	Die Anwendung erwartet, eine korrekt formatierte Datenbank vorzufinden, die zugriffsbereit ist. Findet sie statt dessen eine falsch formatierte Datei oder eine Verknüpfung zu einer fehlenden Datei, dann werden die Daten zerstört, und die Anwendung stürzt ab.	Die Anwendung prüft zunächst, ob eine Datei des gewünschten Namens vorhanden ist. Dann werden der Dateityp und das interne Format der Datei analysiert.
Client-Verbindungen	Die Anwendung sieht vor, dass ein Client, der eine Verbindung herstellen will, sich mit »Hello« als erster Nachricht meldet. Wenn der Client nun eine andere Begrüßungsnachricht übermittelt, dann wartet die Anwendung bis in alle Ewigkeiten, ermöglicht währenddessen keinem anderen Client die Verbindung und hat insofern ihren Betrieb eingestellt.	Die Anwendung erkennt die falsche Begrüßungsnachricht und reagiert mit der Übermittlung eines Warnsignals, das anzeigt, dass die empfangene Nachricht einen nicht erwarteten Wert enthielt.

Tabelle 29.1: Reaktion rudimentär und komplex strukturierter Anwendungen auf verschiedene Ereignisse

In welchem Umfang Entwickler und Programmierer Reaktionen auf negative Ereignisse formulieren, spielt bei der Zuverlässigkeit und Sicherheit einer Anwendung eine ganz wesentliche Rolle. Es ist zwar sicher schwierig (und meist auch undurchführbar), eine Reaktion auf *jedes* bekannte Problem zu definieren, aber allgemeine Regeln zur Verarbeitung unerwünschter Ereignisse lassen sich leicht aufstellen. Die drei angeführten Beispiele mögen dem einen oder anderen extrem einfach und sehr realitätsfern erscheinen, aber sie alle sind bereits mehr als einmal bei vielen Anwendungen aufgetreten.

Was Sicherheitsgarantien wert sind

Die Debatte wäre nicht vollständig, würde man nicht auch die Drittanbieter (sowohl aus dem kommerziellen als auch aus dem Open-Source-Bereich) erwähnen, die Sicherheitssoftware, Programmierpakete und Hardware zur Verbesserung der Anwendungssicherheit zur Verfügung stellen. Gerade viele kommerzielle Organisationen in diesem Bereich behaupten, dass Ihre Anwendung mit ihrem Produkt »garantiert sicher« sei.

Es gibt jedoch keine Hard- oder Software, die eine wohl durchdachte Struktur ersetzen kann. Programmierer, Entwickler und auch (und gerade) deren Vorgesetzte werden häufig zu der Annahme verleitet, dass man, um eine »garantiert sichere« Anwendung zu erhalten, lediglich einige sehr komplexe (und teure) Komponenten eines kommerziellen Sicherheitsanbieters in die eigene Anwendung integrieren müsse. Dies aber ist schlicht und einfach nicht wahr – der Begriff »Sicherheitsgarantie« ist ein Widerspruch in sich! Auf so etwas fallen Leute herein, die Sicherheit als Funktion oder Komponente verstehen – einstecken, anschalten, fertig! Wenn Sie nur eine einzige Lehre aus all den Informationen ziehen, die Sie in diesem Buch finden, dann lassen Sie es das Wissen sein, dass *Sicherheit ein fortwährender Prozess ist.*

Es gibt zwar nur wenige Anwendungen, die völlig ohne Sicherheitskomponenten daherkommen, aber wenn Sie eine Struktur oder Implementierung als »sicher« bezeichnen wollen, dann reicht es nicht aus, nur die gängigsten Sicherheitsfunktionen zu integrieren. Wenn Sie solche Komponenten integrieren, ohne zuvor zu prüfen, welchen Nutzen diese haben, dann kann dies dazu führen, dass die Anwendungssicherheit nicht nur nicht erhöht, sondern womöglich sogar vermindert wird. Damit wir uns nicht falsch verstehen: Die von Unternehmen im Sicherheitsbereich angebotenen Produkte sind sehr wertvoll und nützlich, wenn sie richtig eingesetzt werden, aber sie können die Sicherheit einer Anwendung nicht garantieren. Aus diesem Grund sollten Sie *zuerst* die sicherheitsrelevanten Anforderungen an Ihre Anwendung formulieren und Drittanbieterprodukte dann vor diesem Hintergrund auf ihren Nutzen und Wert hin untersuchen.

29.3.2 Sicherheitsanforderungen

Wenn Entwickler die Sicherheitsrisiken ermitteln, die in Zusammenhang mit einer Anwendung oder einem Anwendungstyp stehen, dann müssen sie auch die Sicherheitsanforderungen an ihre eigene Anwendung formulieren. Am Ende dieser Analyse sollte ein ausgewogener Katalog mit Sicherheitsmaßnahmen stehen, die für die Anwendung benötigt werden, d.h. es ist nicht unbedingt notwendig, alle sicherheitsrelevanten Extremsituationen auszuloten. Von der Annahme ausgehend, dass es eine echte und garantierte Sicherheit sowieso nicht gibt, kann man durchaus konstatieren, dass der Schutz vor bekannten Risiken und die Minimierung der Anzahl erfolgreicher Angriffe und deren Nachwirkungen als akzeptables Maß an Sicherheit zu betrachten sind. Diejenigen, die mit dem Entwicklungszyklus der Anwendung befasst sind, sollten die für sich akzeptable

Sicherheitsstufe bestimmen, indem sie bekannte Risiken, die Zielsetzung der Anwendung und die zur Implementierung der gewünschten Sicherheitsstufe verwendeten Methoden untersuchen.

Für die Formulierung der Sicherheitsanforderungen kann Entwicklern und anderen Verantwortlichen die folgende Liste bekannter Risikobereiche durchaus hilfreich sein:

- Benutzerauthentifizierung und Zugriffssteuerung
- Speicherung vertraulicher Daten
- Sicherheit bei der Kommunikation mit externen Netzwerken
- Sicherheit von Einsprungpunkten für externe Anwendungen und das Betriebssystem

Ausgehend von diesen vier allgemeinen Bereichen können Anwendungsentwickler und Programmierer ein Bündel wichtiger Eigenschaften schnüren, die zu analysieren sind. Dabei sind je nach gewünschter Anwendungsfunktionalität verschiedene Risikobereiche von höherer Bedeutung als andere.

Sichern oder nicht sichern

Wenn einer Anwendung sicherheitsrelevante Funktionen hinzugefügt werden, dann beeinträchtigt das die Anwendung auf die eine oder andere Weise. Sie wird sofort komplexer, denn der Code schlägt nun eine neue Richtung ein, um die Sicherheitsbedürfnisse zu befriedigen. Dadurch mag die Leistungsfähigkeit der Anwendung eingeschränkt werden, was vor allem der Fall ist, wenn Verschlüsselungsoperationen hinzugefügt wurden. Solche Operationen belasten den Prozessor aufgrund der Komplexität der verwendeten Algorithmen sehr stark. Die Effizienz der Anwendung kann auch dann stark in Mitleidenschaft gezogen werden, wenn Sicherheitsfunktionen in Bereichen implementiert werden, in denen sie nur wenige Vorteile bringen. Das kommt meist vor, wenn man solche Sicherheitsfunktionen blindlings auf alle Komponenten einer Applikation anwendet, ohne einen Gedanken an die tatsächlich vorhandenen Sicherheitsanforderungen zu verschwenden. In den folgenden Abschnitten wollen wir deswegen einen vernünftigen Ansatzpunkt definieren, von dem ausgehend Sie die individuell notwendigen Sicherheitsanforderungen bestimmen können.

> **TIPP**
> Es hat sich als empfehlenswert erwiesen, die Sicherheitsanforderungen für jedes in einer Anwendung verwendete Modul und jede Komponente separat zu analysieren. Sie sollten der Versuchung widerstehen, Sicherheitsmaßnahmen modul- oder komponentenübergreifend anzuwenden; ermitteln Sie statt dessen besser individuell die jeweils benötigte Sicherheitsstufe.

Anforderungen in den Bereichen Authentifizierung und Zugriffssteuerung analysieren

Häufig wird die Benutzerauthentifizierung durch das Betriebssystem vorgenommen, auf dem die Anwendung ausgeführt wird; aber es gibt Klassen von Anwendungen, die sich selbst mit der Authentifizierung herumschlagen müssen. Eingebettete Anwendungen, vom Betriebssystem unabhängige Anwendungen und verteilte Webanwendungen benötigen häufig in einem bestimmten Maße Funktionen zur Benutzerauthentifizierung und Zugriffssteuerung. Gängige Beispiele für derartige Anwendungen sind etwa E-Commerce-Anwendungen, bei denen die Benutzer auf einer Website einkaufen, oder auch Kundendatenbanken. In beiden Fällen macht die Möglichkeit, dass viele verschiedene Benutzer oder Benutzergruppen das System verwenden, eine stringente Kontrolle der zugänglichen Daten erforderlich. Die Anwendungen benötigen Methoden, mit denen Sie den einzelnen Benutzern einen separaten Systemzugriff mit Hilfe einer Anmeldemethode ermöglichen. Ferner sind Beschränkungen auch hinsichtlich der jeweiligen Kreditdaten der einzelnen Benutzer vonnöten.

Um die Anforderungen in Zusammenhang mit der Authentifizierung und der Zugriffssteuerung zu bestimmen, sollten Entwickler die Interaktionen sowohl innerhalb der Anwendung als auch mit der Außenwelt analysieren. Hierzu gehören etwa die Methoden, mit denen die Benutzer auf die Anwendung zugreifen; es kann in sicherheitstechnischer Hinsicht schon einen Unterschied machen, ob der Benutzer Eingaben direkt über ein Terminal vornimmt oder hierfür das Netzwerk benutzt, denn hierfür können unterschiedliche Authentifizierungsschemata benötigt werden. Eine Anwendung, auf die nur direkt – d.h. über den Desktopcomputer, auf dem sie läuft – zugegriffen wird, lässt sich über die Authentifizierungsmethoden des Betriebssystems effizient sichern. Netzwerkanwendungen, auf die mehrere Benutzer gleichzeitig zugreifen oder über die Benutzer auf Daten aus Datenbanken zugreifen, benötigen hingegen robuste Authentifizierungs- und Zugriffssteuerungsmechanismen. Der Grad der Granularität und Flexibilität der Authentifizierungs- und Zugriffssteuerungsfunktionen, den Ihnen das Betriebssystem bietet, ermöglicht die Feststellung, ob proprietäre Methoden einzusetzen sind oder nicht. Eigenständige oder eingebettete Anwendungen werden häufig von Grund auf neu entwickelt und benötigen aus diesem Grund ihre eigenen Spezialmethoden.

Anforderungen an die Datenspeicherung

Der Begriff »Datenspeicherung« bezeichnet die Methode, die zur Ablage persönlicher und vertraulicher Daten auf Datenspeichern verwendet wird. In diesem Zusammenhang sind etwa die korrekte Verwendung der Dateischutzmethoden des zugrunde liegenden Betriebssystems (wie z.B. eingeschränkte Dateiberechtigungen) und komplexe Methoden zum Schutze der einzelnen Datenelemente (Stichwort Verschlüsselung) zu betrachten. In vielen Fällen ermöglicht der Einsatz der Berechtigungsmethoden des Betriebssystems ein ausreichendes Maß an Sicherheit. Die Verschlüsselung kann dann zum Schutz hochvertraulicher Daten wie beispielsweise für Anmeldeinformationen von Benutzern oder für Kreditkartendaten eingesetzt werden.

Die Anforderungen im Bereich Datenspeicherung werden durch das Wesen der zu speichernden Daten und den Umfang bestimmt, in dem die Anwendung diese Daten speichern muss. Die Speicherung sensibler Daten ist häufig der bestimmende Faktor bei der Frage, ob eine starke Sicherheitsverschlüsselung notwendig ist oder nicht. Benutzerdaten – also etwa Kennwörter, Adressen, Telefonnummern und Kreditdaten – sollten als sehr sensibel betrachtet und mit entsprechend hohen Sicherheitsvorkehrungen gespeichert werden. Konfigurationsdaten hingegen lassen sich zumeist mit den standardmäßig vorhandenen Dateiberechtigungsmethoden ausreichend schützen.

Im Zuge der Formulierung von Sicherheitsanforderungen zur Datenspeicherung könnten Entwickler versucht sein, eine einheitliche Sicherheitsebene implementieren zu wollen. Wenn beispielsweise das Kennwort gemeinsam mit anderen, sehr viel weniger sensiblen Daten in einer Konfigurationsdatei abgelegt ist, dann ist die Versuchung groß, diese Datei zu verschlüsseln – quasi als »Pauschalsicherung«. Um die Anforderungen im Bereich der Datenspeicherung zu bestimmen, müssen Sie jedoch die Anforderungen *aller* beteiligten Komponenten analysieren. In unserem Beispiel ist die Verschlüsselung der nichtsensiblen Daten ineffizient, denn der Verschlüsselungsvorgang erfordert eine Menge Rechenleistung; Gleiches gilt aufgrund der fehlenden Granularität der anderen Daten in der Datei: Wenn eine Datei verschlüsselt ist, dann ist es schwierig, auf einzelne Elemente in ihr zuzugreifen. Aus diesem Grund wird der Aufwand beim Zugriff auf andere Elemente unverhältnismäßig erhöht.

Sicherheitsanforderungen im Netzwerk und an Einsprungpunkten

Anwendungen kommunizieren mit Benutzern, dem Betriebssystem und anderen Anwendungen über so genannte Einsprungpunkte. Diese können sowohl auf dem gleichen Computer liegen wie die Anwendung selbst als auch irgendwo im Netzwerk; häufig trifft sogar beides zu. Die Methoden zur Bereitstellung von Einsprungpunkten zu einer Anwendung und zur Unterstützung der Netzwerkkommunikation sind oft identisch; aus diesem Grund haben wir sie an dieser Stelle zusammengefasst.

Eine sichere Netzwerkkommunikation erzielt man am besten, indem man den Inhalt der übermittelten Nachrichten untersucht. Wenn eine Anwendung die Netzwerkkommunikation lediglich zur Übermittlung von Informationsmeldungen oder zur Weiterleitung statischer Daten nutzt, dann wird wohl nur selten eine stärkere Zuverlässigkeit benötigt als die vom Protokoll bereitgestellte. Natürlich sollte man dann verbindungsorientierte Protokolle wie TCP verbindungslosen Protokollen wie UDP vorziehen. Aber auch hier benötigt eine Anwendung, die sensible Benutzerdaten sendet und empfängt, in aller Regel zusätzliche Sicherheitsmethoden. Einsprungpunkte bestimmen überdies die Sicherheitsanforderungen von Anwendungen, die in einer vernetzten Umgebung kommunizieren.

Die Einsprungpunkte einer Anwendung erfordern eine vollständige Analyse, denn erst sie ermöglichen die Netzwerkkommunikation; die Interaktion Dritter mit der Anwendung wäre ohne sie nicht möglich. Diese Funktionsbereiche lassen sich mit Hilfe einer Kombination aus Betriebssystemmethoden und der in der Anwendung verwendeten Authentifizierungs- und Zugriffssteuerungsschemata effektiv schützen. Die Analyse der Interaktionen, die zwischen der Anwendung und der Außenwelt stattfinden, erlaubt es dem Entwickler, eine angemessene Sicherheitsebene zu bestimmen. Die Interaktionen und entsprechenden Einsprungpunkte lassen sich unterteilen in:

- Netzwerkinteraktionen
- Interaktionen mit anderen Anwendungen
- Interaktionen mit dem jeweiligen Betriebssystem

Hierbei handelt es sich um bekannte Funktionalitätsbereiche, und die meisten Entwickler werden wohl bereits wissen, ob in Zusammenhang mit ihrer Anwendung Interaktionen der einen oder anderen Kategorie auftreten werden. Der nächste Schritt besteht nun darin, die Sicherheit jedes einzelnen Bereichs zu bewerten.

Interaktionen im Netzwerk, mit anderen Anwendungen und Systemen

Die Popularität des Internets hat viele neue Anwendungen hervorgebracht, die mit anderen Komponenten sowohl auf dem jeweiligen lokalen System als auch auf Remotesystemen interagieren. Anwendungen, die unabhängig von anderen Anwendungen funktionieren und nur intern interagieren, benötigen natürlich keine Risikoanalyse für das Netzwerk. Die Mehrzahl der Anwendungen, die in diesem Kapitel erwähnt werden, kommuniziert jedoch auf die eine oder andere Weise auch extern.

Netzwerkinteraktion kann auf unterschiedlichen Ebenen stattfinden. Eine Anwendung kann vollständig client/server-orientiert sein, wie im Fall von Programmen, die nur für den Einsatz auf Remotesystemen gedacht sind, die im ganzen Internet verteilt sind. Die Sicherheitsanforderungen solcher Anwendungen sind wesentlich komplexer als die eigenständiger Anwendungen.

Dabei müssen einige Abhängigkeiten erkannt werden. Berücksichtigt werden sollte der Umfang der Sicherheitsmechanismen, die die Entwickler in die Anwendung integrieren wollen. Vielleicht entscheiden sie sich dafür, keinerlei interne Sicherheitsfunktionen bereitzustellen. In einem solchen Fall beruht die Sicherheit der vernetzten Anwendung vollständig auf den Netzwerken, über die sie ausgeführt wird und kommuniziert; die Netzwerktopologie und die verwendete Firewall bestimmen das maximale Maß an Sicherheit, das der Anwendung zugute kommt. Vielleicht aber meinen die Entwickler auch, dass es besser ist, jedwede Abhängigkeiten zu vermeiden und ein höchstmögliches Maß an Sicherheit innerhalb der Anwendung zu realisieren. Dies sind die beiden Extreme – und die meisten Anwendungen liegen irgendwo dazwischen.

Anwendungen können Netzwerkeinrichtungen auch für die lokale Kommunikation nutzen, die nicht dazu bestimmt ist, die Grenzen des Systems zu überschreiten, auf denen die Anwendung ausgeführt wird. Diese Art der Kommunikation sollte einer Untersuchung unterzogen werden, um zu bestimmen, ob ihre Implementierung ein unnötiges Risiko darstellt.

Der Bedarf an Interaktion zwischen Anwendungen oder mit dem Betriebssystem macht die Netzwerkkommunikation nicht zwingend notwendig. Die Entwickler sollten die Implementierungsmethoden untersuchen, die die notwendige Funktionalität verfügbar machen. Anwendungen nutzen oft socketbasierte Kommunikationsmethoden, um solche Einsprungpunkte bereitzustellen, denn sie sind nicht nur schnell, sondern auch leicht zu implementieren. Der Einsatz von Sockets kann jedoch mehr Funktionen realisieren, als überhaupt gebraucht werden. Anwendungen, die nur mit anderen Anwendungen auf dem lokalen System oder mit dem Betriebssystem kommunizieren müssen, haben zahlreiche Kommunikationsmethoden zur Auswahl, so z.B. Sockets, die nicht im Internet verwendet werden, oder IPC-Mechanismen.

UNIX-Systeme verwenden in der Regel die Socket-Kommunikation, weil der Einsatz problemlos und die Dokumentation vollständig ist. UNIX unterstützt verschiedene Ausprägungen der socketbasierten Kommunikation, deren populärste IP-Sockets und UNIX-Domänen-Sockets sind.

IP-Sockets verwenden, wie der Name bereits sagt, das IP-Protokoll zur Kommunikation und unterstützen die Kommunikation mit Remotenetzwerken, wodurch lokale und entfernte Prozesse gleichermaßen mit der Anwendung kommunizieren können. Viele Anwendungen, die nur mit lokalen Prozessen kommunizieren und keinerlei Netzwerkkommunikationsmöglichkeiten brauchen, verwenden IP-Sockets als Standardschnittstelle. Allerdings sind IP-Sockets in einer solchen Situation nicht ideal, denn nicht nur lokale, sondern auch Remote-Clients können über diese Methode Zugriff erhalten, sofern die Einsprungpunkte nicht durch geeignete Maßnamen abgesichert werden.

Domänen-Sockets hingegen nutzen zur Kommunikation ein internes UNIX-Protokoll und unterstützen die Netzwerkkommunikation nicht, sondern stellen einen verbindungsorientierten Kommunikationskanal bereit. Bei falscher Anwendung stellen auch Domänen-Sockets ein Risiko dar. Sie unterstützen die Weiterleitung von Dateibeschreibungen und Daten. Das aber bedeutet, dass Zeiger oder Handles auf andere Systemteile von einer Anwendung zur anderen weitergegeben werden können. Diese Funktionalität ist den UNIX-Domänen-Sockets vorbehalten; ist sie nicht gewünscht oder nicht notwendig, dann könnte sich der Verzicht auf die socketbasierte Kommunikation zugunsten einer anderen IPC-Methode als günstigere Wahl erweisen.

Wenn Sie analysieren, welche Art von Informationen von der Anwendung empfangen und versandt wird, dann wird es Ihnen leichter fallen, die Anforderungen an die Kommunikationsmethode zu bestimmen. Entwickler sollten die Interaktionsfähigkeiten der Anwendung einschätzen, bevor Sie eine Standardfunktion integrieren. In diesem Beispiel wäre die Implementierung von IP-Sockets riskant, da sich hierdurch auch unbefugte Remotesysteme mit der Anwendung verbinden könnten. Eine bessere Struktur würde einen Bedarf an Interaktion ausschließlich mit lokalen Anwendungen dokumentieren – so käme der Entwickler gar nicht erst auf die Idee, IP-Sockets einzusetzen.

HINWEIS

Detaillierte Informationen zur Programmierung mit Sockets und zu IPC finden Sie in den folgenden Büchern:

W. Richard Stevens: »UNIX Network Programming, Volume 1: Networking APIs – Sockets and XTI«. ISBN: 013490012X.

W. Richard Stevens: »UNIX Network Programming, Volume 2: Interprocess Communications«. ISBN: 0130810819.

Interaktion mit Betriebssystemen

Die Interaktion von Anwendungen mit dem Betriebssystem sorgt häufig für neue Sicherheitsprobleme. Diese Form der Interaktion kann auf vielerlei Ebenen stattfinden – die Netzwerkinteraktion, IPC und die Dateimanipulation wurden ja bereits erwähnt. Es gibt aber noch zwei andere Interaktionsarten, die Beachtung verdienen: die Ausführung externer Programme und der Einsatz von System- und anderen extern definierten Aufrufen, die gern als Angriffspunkte gegen Anwendungen eingesetzt werden. In Zusammenhang mit der Interaktion auf Betriebssystemebene sollten wichtige Fragen etwa zu Berechtigungen, zur Authentifizierung, Zugriffssteuerung und Eingabebewertung berücksichtigt werden.

Systemaufrufe und externe Anwendungen stellen aufgrund ihres Wesens bei unsachgemäßer Nutzung ein hohes Sicherheitsrisiko dar. Diese Funktionen sind oftmals Bestandteile von Bibliotheken, die von vielen Anwendungen gleichzeitig genutzt werden und häufig den Direktzugriff auf Betriebssystemkomponenten und -ressourcen ermöglichen. Wird ein Angriff auf eine Anwendung über diese Funktionen durchgeführt, so sind oft mehrere Anwendungen und das Gesamtsystem betroffen.

Über Systemaufrufe erhalten Sie Zugriff auf viele allgemeine und systemspezifische Funktionen. Diese ermöglichen einer Anwendung die Interaktion mit bestimmten Hardwarekomponenten und Funktionalitäten auf Kernelebene. Insofern muss bei der Verwendung von Systemaufrufen die Sicherheit des Betriebssystems und seiner Komponenten berücksichtigt werden. Wenn eine Anwendung Benutzer- und Netzwerkdaten über Systemaufrufe mit dem Betriebssystem verknüpft, dann müssen die Entwickler das Risiko gefährlicher, unerwarteter und unsachgemäßer Daten minimieren.

Die Ausführung externer Anwendungen ist eine weitere häufig auftretende und dennoch meist unsichere Interaktion. Entwickler strukturieren eine Anwendung häufig so, dass diese andere Anwendungen mit Hilfe unterschiedlicher Methoden aufruft. Es gibt verschiedene Gründe für diese Strategie, beispielsweise die

Differenzierung von Funktionen oder die Etablierung einer Umgebungskontrolle. Der Aufruf anderer Anwendungen gestattet es Entwicklern überdies, vorhandene Funktionalitäten zu nutzen und die Anwendungsimplementierung so zu beschleunigen.

Dem Aufruf anderer Programme aus einer Anwendung heraus wohnt eine bestimmte Gefahr inne: Wer sagt denn, dass man dem externen Programm trauen kann? Die Anwendung existiert in einer dynamischen Umgebung, in der jedes Programm modifiziert oder ersetzt werden kann. Das Problem besteht in den Methoden, die für den Aufruf verwendet werden. UNIX-basierte Systeme unterstützen häufig die Funktionen `system()` und `exec()`, die angegebene Parameter als Zeichenkette zur Ausführung an die UNIX-Standard-Shell bzw. an einen Subprozess übergeben. Der Aufruf `system()` kehrt nach Abschluss der Operation zum aufrufenden Programm zurück, `exec()` hingegen beendet das laufende Programm und ersetzt es durch das aufgerufene. Windows-Systeme kennen den Aufruf `exec()`, der die Ausführung anderer Programme ermöglicht. Im Gegensatz zu UNIX führt die Windows-Version von `exec()` das angegebene Programm in einem Subprozess aus, während die aufrufende Funktion nicht beendet wird. Findet keine Eingabeüberprüfung statt, dann könnten Angreifer Metazeichen in den Datenstrom einfügen und so die Ausführung abträglicher Befehle und Parameter durch die Shell erzwingen. Die Verwendung solcher Funktionen wird in aller Regel missbilligt, und Entwickler sollten von ihrem Einsatz absehen, sofern dies möglich ist, denn sie ermöglichen die Ausführung nicht vertrauenswürdiger und unkontrollierter Anwendungen. Die Alternative besteht darin, die gewünschte Funktionalität direkt in der Anwendung zu realisieren. Der dadurch bedingte zusätzliche Aufwand lässt sich durch die Verwendung frei verfügbarer Open-Source-Software drastisch minimieren. Allerdings arbeitet dieser Ansatz dem KISS-Prinzip entgegen, das möglichst kleine Programme mit spezialisierten Aufgaben fordert.

> **HINWEIS**
> Metazeichen sind Zeichen, die in einem gegebenen Kontext eine bestimmte Bedeutung erhalten. In der UNIX-Standard-Shell beispielsweise stellt das Semikolon ein Befehlstrennzeichen dar, d.h. mehrere Befehle lassen sich – getrennt durch Semikola – in eine einzelne Zeile schreiben. Die Pipe (|) schickt die Terminalausgabe an das nach der Pipe angegebene Ziel, d.h. sie ermöglicht die Weiterverarbeitung eines Programmergebnisses durch ein anderes Programm.

Viele Betriebssysteme kennen überdies Funktionen, um verschiedene Privilegebenen zu realisieren: UNIX hat seine *root*-Privilegien, Windows analog die Administratoren- und Systemrechte. Diese Spezialkonten ermöglichen die Durchführung administrativer Aufgaben und bieten mehr Interaktionsmöglichkeiten mit dem Betriebssystem und seinen Diensten als andere Konten. Programme können so geschrieben werden, dass diese Privilegebenen angehoben werden, wenn bestimmte Funktionen benötigt werden. Wenn die Privilegien nicht sorgfältig gesteuert werden, dann können die Anwendung und das ihr zugrunde liegende Betriebssystem leicht Opfer eines Race-Condition-Angriffs werden.

Das »Konzept des geringsten Privilegs« legt fest, dass eine Anwendung mit so wenigen Privilegien wie möglich ausgeführt wird, während die meisten Funktionen ausführbar bleiben. Funktionen, die mehr Rechte brauchen, sollten in einem eigenen Modul isoliert werden: einem Prozess, einer Klasse, einer Anwendung oder sogar einem eigenen System. Aber auch dann sollte die benötigte Funktionalität so lange auf der niedrigstmöglichen Ebene ausgeführt werden, bis die erweiterten Rechte tatsächlich benötigt werden; sie sollten dann aktiviert und – nach Abschluss des zugehörigen Vorgangs – umgehend wieder auf die niedrigste Ebene zurückgesetzt werden.

Weg mit der Pauschalsicherung!

Es gibt Anwendungsentwickler, die es vorziehen, sicherheitsrelevante Erwägungen bezüglich ihrer Anwendungen zu vergessen oder zu ignorieren und sich dem Netzwerk oder dem Betriebssystem des Anwenders und dessen Sicherheitsfunktionen auf Gedeih und Verderb auszuliefern. Mit einem solchen »Pauschalsicherungsmodell« jedoch schieben Entwickler die Verantwortung für die Sicherheit der Öffentlichkeit zu. Die in diesem Kapitel propagierte Sicherheitsphilosophie hingegen hat eine starke und umfassende Sicherheitsideologie zum Inhalt, die keine Erwartungen an die Sicherheitsfunktionen anwendungsexterner Komponenten stellt. Eine Anwendung sollte – natürlich in Relation zu ihrer Funktionalität und der Interaktivität mit externen Komponenten – immer so sicher wie möglich sein. Die Verantwortung hierfür liegt einzig und allein im Aufgabenbereich des Entwicklers oder Programmierers.

29.3.3 Identifikation der Risikobereiche

Wie bereits gesagt, gehört zu einer adäquaten Anwendungsentwicklung auch die Definition einer komplexen Sicherheitsarchitektur. Hierüber gelangen wir zu einer neuen Verständnisebene, die die Analyse heiligt und einen dokumentierten Überblick nicht nur zu potenziellen Sicherheitsproblemen, sondern auch zu deren Lösung bietet. Wenn Sie eine Sicherheitsarchitektur für eine Anwendung erstellen, dann lassen sich mögliche Angriffe in die folgenden Kategorien einordnen:

- Manipulation der Anwendung
- Manipulation des Systems und externer Anwendungen
- Funktionsstillstand

Das Ziel eines Angreifers besteht häufig darin, auf Ressourcen zuzugreifen oder Kontrolle über eine Anwendung oder das ihr zugrunde liegende System zu erlangen. Ungeachtet dessen kann eine Anwendung aber auch einfach zum Absturz gebracht werden, was dann seinerseits das System zum Absturz bringen kann.

Die Manipulation einer Anwendung liegt vor, wenn es dem Angreifer gelingt, die Anwendung zu einem Verhalten zu bewegen, für das sie eigentlich nicht gedacht ist, oder ungeplante Funktionen auszuführen. Die Anzahl solcher Schwachstellen ist ebenso hoch wie die Zahl möglicher Auswirkungen. Beispiele hierfür sind Pufferüberläufe, Race-Conditions und die Eingabe von Fremddaten. Die Auswirkungen beschränken sich jedoch auf die laufende Anwendung.

Anders sieht es bei der Manipulation des Systems oder externer Anwendungen aus. Diese findet statt, wenn ein Exploit andere laufende Anwendungen oder Systemressourcen beeinträchtigt. Das kann etwa die Ausführung anderer Anwendungen (z.B. einer UNIX-Shell) zum Ziel haben, aber auch die Nutzung einer Verbindung mit einer anderen Anwendung unter Verwendung der hier beschriebenen Schwachstellen. Die Auswirkungen beschränken sich nicht auf die laufende Anwendung, vielmehr wird diese oft als Verbindungsglied zu anderen Systemen, Anwendungen und dem Betriebssystem genutzt.

Eine Anwendung kann ihren Dienst auch vollständig einstellen – sie stürzt aufgrund eines Angriffs ab. Dies ist eine Form des DoS-Angriffs, der eher auf die Beschränkungen der Anwendung als auf Sicherheitslücken im Netzwerk oder im Betriebssystem zielt. Gut strukturierte und mit sicherem Code geschriebene Anwendungen ermöglichen eine hohe Sicherheit und Zuverlässigkeit, die gegen derartige DoS-Attacken schützen können.

29.3.4 Die Reaktion im Krisenfall

Wenn die Risiken und Anforderungen bestimmt sind, besteht der nächste Schritt darin festzulegen, wie die Anwendung auf solche sicherheitsrelevante Ereignisse zu reagieren hat. Die Feststellung potenzieller Sicherheitsprobleme allein ist nicht besonders nutzbringend, wenn man nicht weiß, wie man die Anwendung gegen diese Risiken absichert. Die Verteidigungsmethoden werden so zum natürlichen Bestandteil dieser Phase im Entwicklungszyklus.

Das Wissen um die verschiedenen Schwachstellen, Interaktionen und Analysebereiche, wie sie bisher beschrieben wurden, stellt die Säule der Verteidigungsstrategie dar. Wenn Sie die Beziehungen vorhandener Sicherheitslücken in der anvisierten Zielumgebung und bei ähnlichen Anwendungen kennen, dann können Sie eine unterste Sicherheitsebene implementieren. Indem sie alle bekannten Schwachstellen und neuen Probleme berücksichtigt, die bereits von den Entwicklern analysiert wurden, erweist sich die neue Anwendung im Idealfall als sicherer als die Vorgänger- und Konkurrenzprodukte. Der nächste Schritt besteht nun darin, alle Interaktionen innerhalb und um die Anwendung herum genau unter die Lupe zu nehmen. Am besten fangen Sie außen an und arbeiten sich dann nach innen durch die Anwendung durch. Um Bereiche zu definieren, deren Sicherheitsansprüche höher sind, analysieren Sie alle Methoden, mit deren Hilfe die Anwendung mit dem Netzwerk, dem Betriebssystem und anderen Anwendungen kommuniziert und interagiert. Die Analyse der über diese Kanäle weitergegebenen Daten wird Ihnen neue Erkenntnisse zu den Sicherheitsanforderungen vermitteln.

29.4 Sicherheitsbewusste Strukturen

Die Sicherheit einer Anwendung hängt von der Verständlichkeit der Gedanken und der Analysen ab, die während der Strukturierungsphase – d.h. *vor* der tatsächlichen Implementierung – gefasst und durchgeführt wurden. Die Strukturierungsphase fasst alle Anforderungen und Betrachtungen zusammen, die während der frühen Gestaltungsphase der Anwendungs*idee* notiert wurden, und realisiert einen konkreten Implementierungsprozess. Oft wird das Sicherheitskonzept in den frühen Phasen der Softwareentwicklung (und häufig genug sogar während des gesamten Entwicklungszyklus) ignoriert oder als Merkmal betrachtet, das man zu einem späteren Zeitpunkt immer noch implementieren kann. Sicherheit ist jedoch kein solches Merkmal, sondern ein integraler Bestandteil *aller* Phasen der Anwendungsentwicklung. Ein hohes Maß an Sicherheit ist das Ergebnis einer Kombination aus durchdachten Prozessen, bewährten Vorgehensweisen und kontinuierlicher Analyse. Je früher eine Organisation die Sicherheitsanalyse im Entwicklungszyklus startet, desto robuster wird am Ende die Anwendung sein. In diesem Abschnitt wollen wir eine Vorgehensweise vorschlagen, mit deren Hilfe Sie die Elemente der Entwicklung sicherer Anwendungen implementieren *und* verstärken können.

29.4.1 Analyse der Strukturierungsphase

Eine vernünftige Struktur bietet Lösungen für ein Problem an, auf das ein Produkt zielt, und berücksichtigt überdies die Auswirkungen des Produkts. Auch die Sicherheit einer Anwendung steht und fällt mit einer solchen Struktur.

Sobald man das Bild von der Sicherheit als Merkmal verwirft, wird sofort klar, dass Sicherheit bereits im frühesten Stadium berücksichtigt werden muss. Zwar mag jede Organisation unterschiedliche Methoden zur Strukturierung eines Produkts oder einer Anwendung haben, aber der nachfolgend beschriebene Ansatz hat sich im Sinne der Gewährleistung eines hohen Maßes an Sicherheit bewährt. Dabei wird die Strukturierungsphase aus drei Blickwinkeln analysiert:

- global
- organisatorisch
- komponentenbezogen

Die *globale* Sichtweise ist die oberste Sicht auf das System. Sie benennt die Anforderungen, die die Anwendung erfüllen soll, und bezeichnet Funktionen und Merkmale. Der *organisatorische* Blickwinkel wirft ein Licht auf die Einzelkomponenten, aus denen sich die Anwendung zusammensetzt. Die *komponentenbezogene* Sicht der Dinge schließlich geht auf die nächsttiefere Granularitätsebene hinab und analysiert die konkreten Details jeder Komponente und ihrer Implementierung. Der hier verwendete inkrementelle Ansatz ermöglicht eine tiefere und umfassendere Analyse, die auch den Arbeitsablauf leichter verständlich macht. Auf diese Weise können Entwickler und deren Vorgesetzte die einzelnen

Prozesse an geeigneter Stelle ausführen, damit alle sicherheitsrelevanten Erwägungen bei der Anwendung berücksichtigt werden.

Der globale Blickwinkel

Viele Anwendungen werden aufgrund eines unerfüllten Bedarfs oder wegen der Unzulänglichkeit vorhandener Lösungen entwickelt. Eine gute Struktur definiert die folgenden sicherheitsrelevanten Faktoren:

- Sicherheitsfragen, die sich in Zusammenhang mit existierenden Lösungen für das jeweilige Problem bzw. mit dem zu erfüllenden Bedarf stellen
- die Lösung der Anwendung für diese Sicherheitsfragen
- die potenziellen Sicherheitslücken, die aufgrund der innovativen Merkmale der Anwendung entstehen könnten

Eine globale Analyse liefert Ihnen die Informationen, die andernfalls ein Angreifer ermitteln würde, nachdem das Produkt auf den Markt gebracht wurde. In dieser Phase sollte für die Anwendung eine Sicherheitsarchitektur definiert werden, die das benötigte Maß an Sicherheit formell definiert. Die Architektur beinhaltet das Verhältnis der Anwendung zu ihrer Umgebung und die in dieser Umgebung vorhandenen Sicherheitsfunktionen. Ferner beschreibt die Architektur den Bedarf und Umfang unabhängiger Sicherheitsmerkmale der Anwendung selbst sowie alle hierfür benötigten Eigenschaften.

Die globale Analyse und die Erstellung einer Sicherheitsarchitektur erfolgen auf der inkrementellen Kategorisierung der Module, Komponenten, Schnittstellen und Methoden, die in der Anwendung benutzt werden. Standorte und Beziehungen zueinander sowie ihre Verfügbarkeit für externe Anwendungen, Benutzer und Schnittstellen sind hierbei wesentliche Punkte.

Am Anfang der globalen Analyse einer Anwendung steht die sprichwörtliche »Blackbox« – alles beschränkt sich auf die nach außen hin sichtbaren Einzelheiten. Diese äußeren Merkmale und Funktionsanforderungen werden dann zur Sicherheitsanalyse in Module unterteilt.

Eine gute Möglichkeit, etwas über die hauptsächlichen Sicherheitsprobleme im Zusammenhang mit Ihrer Anwendung in Erfahrung zu bringen, besteht darin, Herstellerwarnungen, Newsgroups, Mailinglisten und Online-Foren nach entdeckten Sicherheitslöchern in gleichartigen oder ähnlichen Anwendungen zu durchforsten. Dabei kann es auch hilfreich sein herauszuarbeiten, welche unzureichenden Lösungen für Schwachstellen bei anderen Anwendungen existieren.

Fallstudie: Phase I

Das folgende hypothetische Beispiel ist eine Fallstudie zur Entwicklung einer E-Commerce-Anwendung. Wir werden es im Verlaufe dieses Kapitels immer mehr erweitern, um so die hier präsentierten Vorgehensweisen und Informationen zu veranschaulichen. Der Dienst, um den es geht, gestattet es Benutzern, mit ihren Browsern eine Verbindung herzustellen und Einkäufe online zu tätigen.

Die erste Stufe bei der Strukturierung unserer Anwendung ist die Definition ihrer Funktionalität – und zwar unabhängig von den zur Implementierung verwendeten Methoden. Zu den gewünschten Merkmalen gehören die folgenden:

- Auswahl eines geeigneten Betriebssystems als Host für die Anwendungen
- Datenbankzugriff zur Speicherung persönlicher und öffentlicher Daten
- Webserver
- Interkommunikationsmöglichkeit dieser Komponenten unter Nutzung proprietärer Anwendungen
- Kommunikationsmöglichkeit mit Kreditinstituten zum Zwecke der Abwicklung von Zahlungsvorgängen

Aus der globalen Sicht erkennt der Entwickler die Sicherheitsmerkmale, die jede zur Realisierung dieser Funktionen benötigte Komponente verlangt.

In der Datenbank sind persönliche Informationen zu vielen verschiedenen Benutzern abgespeichert, darunter Kennwörter, Kreditkartennummern und Kontaktdaten. Um diese Daten zu schützen, sollte die Datenbank über Sicherheitskomponenten verfügen, die Beschränkungen für Objekte (und vielleicht auch für deren Verschlüsselung) unterstützen.

Der Webserver sollte die sichere Kommunikation mit dem SSL-Protokoll beherrschen und Anbindungsmöglichkeiten zu externen Anwendungen und der Datenbank bereitstellen. Dies könnte man mit Java-Servlets oder -Applets oder mit Hilfe von CGI-Programmen realisieren.

Die Netzwerkkommunikation ist ein integraler Bestandteil dieses Systems. Die Software für Webserver und Datenbankserver wird mit hoher Wahrscheinlichkeit auf unterschiedlichen Rechnern ausgeführt, weswegen ein Mechanismus zur Sicherung der Netzwerkkommunikation zwischen diesen beiden Computern benötigt wird.

Die letzte Komponente, die zu berücksichtigen ist, ist die physikalische Verbindung zu der Organisation, die die Transaktionen autorisiert. Das könnte eine Bank oder ein Kreditkartenunternehmen sein, die bzw. das die Ausgaben der Benutzer freigibt. Die Verbindungen werden in der Regel mit einem Modem oder einem anderen Telekommunikationsgerät hergestellt, das mit dem Kreditinstitut interagiert und die Bestätigung durchführt. Diese Verbindungen müssen extrem sicher gestaltet werden, um den Zugriff durch Unbefugte zu verhindern.

All diese Rückschlüsse ergeben sich aus dem Wissen um die Wirklichkeit, der Analyse von Konkurrenzprodukten und der Tatsache, dass man die Ansprüche seiner Kunden kennt. An diesem Punkt nun müssen gewissenhafte Nachforschungen erfolgen, um zu dokumentieren, welche Sicherheitslücken ähnliche Produkte aufwiesen oder immer noch aufweisen. Die Ergebnisliste sollte bereits Risikobereiche benennen, mit denen man sich in jedem Fall befassen muss. Sicherheitsmerkmale, die auf der ursprünglichen Anforderungsliste fehlten, werden oftmals an dieser Stelle erkannt – noch ein Vorteil dieser Analyse.

Bei unserer E-Commerce-Anwendung haben die fleißigen Leute aus der Entwicklungsabteilung bei vergleichbaren Produkten die folgenden Sicherheitslücken gefunden:

- Fehlende Schutzschemata der Datenbank führten dazu, dass persönliche Kundendaten öffentlich zugänglich waren.
- Der Webserver wies Sicherheitslöcher auf, die die Ausführung beliebigen Codes auf dem System zuließen. Ferner erlaubte die Standardkonfiguration des Servers einen Verzeichniswechsel, weswegen externe Benutzer auf zahlreiche private Dateien und Verzeichnisse auf dem System zugreifen konnten.
- Die für die Datenbankkommunikation verwendeten CGI-Anwendungen wiesen Schwachstellen auf, die es entfernten Angreifern ermöglichten, die Identität anderer Kunden anzunehmen.

Die Nachforschungen förderten überdies zutage, dass Probleme mit der Datensicherheit, mit Pufferüberläufen, der Standardkonfiguration und Benutzereingaben vermieden werden sollten, denn diese Sicherheitslücken traten bei ähnlichen Anwendungen häufig auf. Alle Anbieter haben nachträglich Sicherheitsmerkmale hinzugefügt und Patches veröffentlicht, mit denen die Anwendungen gegen solche Probleme geschützt werden. Auf dieser Basis stehen neben der Netzwerksicherheit auch Fragen zur Authentifizierung und zur Zugriffskontrolle ganz oben auf der Tagesordnung.

An diesem Punkt nun kennt der Entwickler die Sicherheitslücken, die mit der Anwendung verbunden sein können, die Lösungsansätze anderer Organisationen und einen Satz wichtiger Sicherheitsmerkmale, die die Grundlage der Sicherheitsarchitektur bilden. Diese Architektur wird nun in der zweiten Phase der Strukturierung verfeinert.

Der organisatorische Blickwinkel

Sicherheit ist keine triviale Wissenschaft; die Anforderungen hängen von der jeweiligen Anwendung und Umgebung ab. Aus diesem Grund ist der globale Blickwinkel keinesfalls ausreichend. Es mag gut strukturierte Anwendungen geben, die unabhängig von allen anderen Anwendungen im System existieren können, aber auch die Interaktion der verschiedenen Komponenten der Anwendung kann sicherheitsrelevante Probleme aufwerfen. Die organisatorische Sichtweise identifiziert die einzelnen Elemente oder Elementgruppen, aus denen die Anwendung sich zusammensetzt, ihre Funktionen und ihre Beziehungen zueinander. Bei einem solchen Element kann es sich um eine Funktion, eine Klasse, einen Prozess oder eine Gruppe dieser Komponenten handeln, deren Zusammenhang sich aus der Beziehung zur Anwendung ergibt.

Eine typische Anwendung besteht aus mehreren Funktionsmodulen, z.B. der Benutzeroberfläche, Netzwerk- und Kommunikationskomponenten oder Funktionen zum Speichern und Laden von Daten.

Während ein Modul in sich ziemlich sicher erscheint, kann seiner Beziehung mit den anderen Komponenten ein hohes Maß an Unsicherheit innewohnen. Ähnlich wie die Interaktionsanalyse der Anwendung bestimmt die Analyse auf der organisatorischen Ebene die zu verwendende Architektur auf der Basis der funktionalen Anforderungen. Anhand dieser Anforderungen kann der Entwickler einen Satz von Komponenten und Methoden festlegen, die die gewünschte Funktionalität bereitstellen; eine Analyse der sicherheitsrelevanten Sachverhalte bei der Interaktion zwischen diesen Komponenten und Methoden ermöglicht dann am Ende die Auswahl der sichersten Elemente zur Verwendung in der Applikation.

Die inkrementelle Identifikation, Organisation und Kategorisierung jeder Komponente der Anwendung setzt sich in dieser Phase fort. Dabei bieten sich als Startpunkte – weil sicherheitstechnisch ohnehin schon sehr verdächtig – die Randbereiche der Module an. Diese Randbereiche sind die Modulein- und -ausgänge, d.h. die Punkte, an denen Daten Modulgrenzen überschreiten. Dieses Verhalten tritt z.B. bei den folgenden Vorgängen auf:

- Übergabe von Daten als Parametern
- Einstellen globaler Variablen
- Manipulation freigegebenen Speichers
- Speichern von Daten in Dateien
- Übermittlung von Daten über einen Kommunikationskanal (z.B. über ein Netzwerk)
- Empfang von Benutzereingaben

Fallstudie: Phase II

In der organisatorischen Strukturierungsphase unserer Beispielanwendung wird jede Anwendungskomponente – der Webserver, der Datenbankserver und die zugehörigen Anwendungen – zur weitergehenden Analyse in Funktionsmodule unterteilt.

Der Datenbankserver verfügt über eine Speicherkomponente, eine Komponente zur Authentifizierung und Zugriffssteuerung sowie über eine Kommunikationskomponente. Der Webserver hat seine Webdienstkomponente, ein externes Programmierungsmodell sowie Komponenten zur sicheren Kommunikation mit den Clients und mit der Datenbank. Die Interaktionen zwischen diesen Komponenten bilden einen definierbaren Ablauf, der verschiedene Punkte aufweist, an denen ein hohes Maß an Sicherheit gewährleistet sein muss. Nach der ersten Interaktion zwischen dem Webserver und dem Kunden übermittelt dessen Webbrowser sensible Daten an den Webserver. Diese Daten werden dann an die proprietäre

Anwendung übergeben, die mit der Datenbank und dem Kreditinstitut interagiert. Indem er den Weg der Daten durch die Anwendung nachverfolgt, kann der Entwickler anfällige Punkte bei der Kommunikation mit dem Client, der Kommunikation zwischen Webserver und Anwendung sowie zwischen Webserver und Datenbank und bei der Interaktion zwischen diesen ausfindig machen.

Die Sicherheitsanforderungen beginnen nun Gestalt anzunehmen. Die Anwendung muss diesen Risikobereich berücksichtigen und folgende Sicherheitsmerkmale beinhalten:

- sichere Kommunikation mit dem Client-Webbrowser in Form verschlüsselter Netzwerkkommunikation, Benutzerauthentifizierung und Bereitstellung von Mechanismen zur Steuerung des Zugriffs auf ihre Daten
- sichere Interaktion zwischen dem Webbrowser und der E-Commerce-Anwendung zur Gewährleistung der Systemsicherheit
- Anwendungsintegrität auf Seiten des E-Commerce-Programms
- sichere Kommunikation mit der Datenbank
- Sicherheit der Datenbankobjekte

Basierend auf diesen Anforderungen reift nach und nach eine Architektur heran. Der Einsatz von SSL auf dem Webserver sichert die Kommunikation zwischen Server und Browser. Die Anwendung verfügt über einen eigenen Authentifizierungsmechanismus, der es Kunden gestattet, sich sicher anzumelden. Die Datenüberprüfung und Schutzmechanismen werden ebenfalls auf eine organisierte Art und Weise implementiert, bei der die niedrigstmöglichen Privilegien für den Betrieb verwendet werden. In die Anwendung werden Funktionen zum Objektschutz und zur Objektverschlüsselung auf dem Datenbankserver integriert. Die tatsächlichen Implementierungsdetails werden später in der letzten – der komponentenbezogenen – Phase entwickelt werden.

Die notwendigen Sicherheitsmethoden ergeben sich, wenn die folgenden Fragen in der Organisationsphase gestellt werden:

- Wie werden wir die übergebenen Daten schützen?
- Was passiert, wenn ein Modul gefälschte Daten an ein anderes Modul übergibt?
- Wurden formelle Vorgaben für die Daten definiert?
- Gibt es eine Methode der Datenübergabe, die aufgrund ihrer sicherheitstechnischen Eigenschaften anderen gegenüber zu bevorzugen wäre?
- Welche Komponenten, Anwendungen und Benutzer greifen auf die Daten zu? Welche Art des Zugriffs (schreibgeschützter Zugriff oder doch Schreib-/Lesezugriff) wird benötigt?

Der komponentenbezogene Blickwinkel

Der letzte Blickwinkel, aus dem heraus wir die Struktur analysieren müssen, betrifft die Zergliederung der einzelnen Anwendungskomponenten. Bei der Analyse der kleinsten Struktur- und Implementierungseinheiten stößt man häufig auf offensichtliche wie auch auf sehr obskure Sicherheitsprobleme, die, wenn die Software erst einmal auf dem Markt ist, nur schwer zu lösen sind. Überdies kann eine schwache Implementierung alle Anstrengungen, die Struktur sicherheitskonform zu gestalten, zunichte machen. Einige der hier aufgeführten Vorkehrungen fallen vielleicht eher in den Bereich bewährter Vorgehensweisen und sind möglicherweise nicht sicherheitsspezifisch, aber sie üben nichtsdestoweniger einen Einfluss auf die Sicherheit einer Anwendung aus.

Die für eine Anwendung definierte Sicherheitsarchitektur wird eine Anzahl von Überprüfungen vorsehen, die die Anwendung wird über sich ergehen lassen müssen. Diese Überprüfungen dienen dazu sicherzustellen, dass die Anwendung wie gewohnt agiert, auch wenn sie unerwartete Daten empfängt.

Die komponentenbezogene Sicht der Anwendung untersucht jedes einzelne Element der Module (aus denen sich wiederum die gesamte Anwendung zusammensetzt). Diese Komponenten sollten hinsichtlich ihrer eigenen Sicherheitsfunktionen und der Interaktion mit anderen Komponenten des jeweiligen Moduls analysiert werden. Ausgangspunkte zur Erforschung programmatischer Fragen innerhalb eines Moduls sind

- Übergabewerte,
- Prioritäten und Voraussetzungen,
- Datenevaluation,
- bestimmte Reaktions- und Wiederherstellungsformen,
- Berechtigungen und Privilegien.

Übergabewerte können innerhalb einer Funktion auf eine erfolgreiche oder fehlgeschlagene Ausführung hinweisen. Komponenten eines einzelnen Moduls setzen sich aus Funktionen zusammen, die interagieren und bestimmte Beziehungen aufbauen, die für ein ordnungsgemäßes Funktionieren des Programms unentbehrlich sind. Entwickler sollten ferner begreifen, was das Fehlschlagen einer Funktion bedeutet, und auf dieses Fehlverhalten adäquat reagieren. Ein umfassendes Verständnis dieser Beziehungen gestattet es dem Entwickler, die Abhängigkeiten der Funktionen untereinander zu erfassen. Basierend auf diesen Abhängigkeiten können Komponenten innerhalb eines Moduls im Sinne einer gesteigerten Zuverlässigkeit und erhöhten Sicherheit organisiert werden.

In jeder Anwendung sind Daten dynamisch: Sie wandern zwischen den verschiedenen Funktionen und Modulen hin und her und werden sogar an andere Anwendungen übergeben, was sich wiederum auf die Ausführung der ursprünglichen Anwendung auswirken kann. Wenn der Entwickler die Module, die eine Anwendung formen, und die Komponenten, die gemeinsam diese Module bilden, bestimmt, dann kann er den Weg der Daten durch die gesamte Anwendung nachvollziehen. Die Berührungspunkte, an denen die Daten von einer Funktion oder einem Modul an ein anderes übergeben werden, sind essenzielle Elemente, die über Erfolg oder Misserfolg der Anwendung entscheiden können; insofern ist eine Bewertung der Daten an diesen Punkten ausschlaggebend. Hand in Hand mit dieser Bewertung muss ein Mechanismus arbeiten, der die Reaktion auf ungültige Daten und anomale Bedingungen definiert. Bei vielen Anwendungen ist ein solcher Reaktionsmechanismus für das Auftreten unerwarteter Ereignisse nicht vorhanden; das Ergebnis sind oft instabile Anwendungen, die beim ersten Anzeichen ungültiger Daten die Segel streichen.

Die Kenntnis der Berechtigungen und Privilegien, die für die Funktion bestimmter Komponenten benötigt werden, stellt für den Anwendungsentwickler eine wichtige Information dar. Den Entwicklern sei hierbei das Modell des »geringsten Privilegs« ans Herz gelegt: Es empfiehlt die Isolierung und Einschränkung der Privilegien in einer laufenden Anwendung. In den meisten Fällen werden umfassende Privilegebenen nur sehr selten und nur in isolierten Instanzen benötigt. Viele Anwendungen, die erweiterte Privilegien nur für einen geringen Anteil der Funktionalität benötigen, sind trotzdem vollständig mit diesen weit reichenden Rechten ausgestattet, solange sie ausgeführt werden. Hierdurch entsteht eine sehr unsichere Umgebung, in der jede vorhandene Sicherheitslücke in einem privilegierten Modus existiert.

Der Begriff Privileg bezieht sich in erster Linie auf unterschiedliche Autoritätsebenen eines Betriebssystems. Je höher die Privilegebene, desto größer ist die Anzahl der Systemressourcen (z.B. Speicher, andere Anwendungen, Hardwaregeräte und Daten), auf die autorisierte Benutzer zugreifen können. Der Benutzer *root* (d.h. der Administrator) unter UNIX und das Spezialkonto *System* unter Windows sind Beispiele für die höchste Privilegebene. Es gibt überdies meist verschiedene Zugriffsebenen, die eine granulare Zugriffssteuerung erlauben. Diese Art der Zugriffssteuerung stellt der Anwendung definierte Methoden für Zugriffserlaubnis und -verweigerung zur Verfügung. Dateien, Netzwerkdaten, Benutzer und Objekte können mit einem Satz expliziter Berechtigungen versehen werden, die den Zugriff auf sie gestatten – oder eben nicht gestatten.

Fallstudie: Phase III

In der komponentenbezogenen Phase der Analyse unserer E-Commerce-Anwendung betrachten wir die einzelnen in der Anwendung benutzten Komponenten und ihre sicherheitsrelevanten Eigenschaften. Wenn der Entwickler diese Ebene betritt, dann sollte er bereits ein Gespür für den vollständigen Datenweg und die Beziehungen zwischen den Modulen entwickelt haben. Der nächste granulare Schritt bereitet den Boden für die Anwendungsimplementierung. Die Ziele dieser Analyse sind die Bestimmung der Privilegien der verschiedenen Komponenten, die Entwicklung einer Implementierungsvorgehensweise und die Feststellung, wie genau die Implementierung vonstatten gehen wird. An dieser Stelle werden die zuvor bestimmten Anforderungen in detaillierte Implementierungsmethoden übertragen.

Nun ist der Zeitpunkt gekommen, an dem der Entwickler sich auf der Grundlage der Anforderungen für einen Webserver und einen Datenbankserver entscheiden muss. In unserem Beispiel wird ein Apache-Webserver gewählt, weil dieser nicht nur die SSL-Kommunikation unterstützt, sondern auch über eine (zudem noch sauber dokumentierte) Methode zur Interaktion mit externen Anwendungen verfügt. Bei der Datenbank entscheidet sich der Entwickler für Oracle, denn diese Lösung ist ausreichend flexibel und skalierbar, entspricht den sicherheitstechnischen Anforderungen an die Datenbank und unterstützt eine Java-basierte Interaktion. Die Entscheidung für Java als Sprache und Erweiterung zur Implementierung der tatsächlichen E-Commerce-Software wurde getroffen, weil Java sowohl in Verbindung mit dem Web- als auch mit dem Datenbankserver funktioniert und überdies ein starkes, konfigurierbares Sicherheitsmodell unterstützt.

Web- und Datenbankserver werden dann strukturiert, indem die sichersten Methoden für die folgenden Komponenten bestimmt werden:

- Standardkonfiguration des Servers
- Sicherheitskonfiguration des zugrunde liegenden Betriebssystems
- für die Interaktion mit den Java-Anwendungen erforderliche Privilegien
- Komponenten zur Zugriffssteuerung

Die E-Commerce-Software ist so organisiert, dass sie die folgenden Komponenten bereitstellt:

- Privileganforderungen zur Sicherstellung der Funktionalität
- Einsprungpunkte für die Interaktion und Kommunikation mit dem Webserver
- Methoden zur Benutzerauthentifizierung und zur Zugriffssteuerung
- Methoden zur Sitzungssicherheit, um die Annahme falscher Identitäten durch Unbefugte zu verhindern
- Einsprungpunkte für die Interaktion und Kommunikation mit dem Datenbankserver

Basierend auf dieser Analyse und Organisation wird festgestellt, dass der einzige Bestandteil des Systems, der erweiterte Betriebssystemprivilegien benötigt, die E-Commerce-Anwendung ist. Ferner benötigt diese auch intern unterschiedliche Privilegebenen, um den Zugriff und die Authentifizierung der Benutzer kontrollieren zu können.

Die Standardkonfigurationen ermöglichen nur die zum Betrieb des Systems notwendigen Funktionalitäten, und jedes Betriebssystem ist sicherheitstechnisch nur mit dem Notwendigsten ausgestattet; die Mehrzahl der Sicherheitskomponenten existieren in der E-Commerce-Anwendung. Diese ist verantwortlich für die Bewertung der Anmeldeinformationen von Benutzern, für die Einstellung der Berechtigungen von Datenbankobjekten, für die Überwachung jeder einzelnen Benutzersitzung und für die grundlegende Funktionalität, die benötigt wird, um das System am Laufen zu halten.

Erweiterte Privilegien benötigt die E-Commerce-Anwendung lediglich, wenn sie das Hoch- und Herunterfahren des Web- und des Datenbankservers steuert. Die sicherste Methode, diese Vorgänge durchzuführen, besteht darin, einen separaten Steuerungsprozess zu implementieren, dessen Privilegien zum Zeitpunkt des Hoch- bzw. Herunterfahrens eines Servers erweitert werden; anschließend gibt der Prozess diese Privilegien bis zur nächsten Anfrage wieder auf oder beendet sich. Der Steuerungsprozess kommuniziert ausschließlich mit der E-Commerce-Anwendung und verwendet authentifizierte Meldungen, um den Start und die Beendigung des Systems zu initiieren.

Die E-Commerce-Anwendung verschlüsselt persönliche Daten, bevor sie diese in der Datenbank ablegt, damit Anmeldedaten und Kreditinformationen geschützt sind. Für den Fall, dass ungewöhnliche oder fehlerhafte Ereignisse auftreten – etwa die Eingabe ungültiger Daten, ein Misslingen der Benutzerauthentifizierung oder eine fehlgeschlagene Kommunikation – spricht viel für die Implementierung eines Berichtssystems in die Struktur, das die entsprechenden Daten protokolliert und angemessen auf derartige Ereignisse reagiert.

Die Systemimplementierung ergibt sich naturgemäß aus der fortwährenden Analyse, die in die beschriebenen Phasen – die globale, die organisatorische und die komponentenbezogene Phase – zerfällt. Auf der Basis der hier beschriebenen Anhaltspunkte und Vorgehensweise gelangen die Entwickler nun zum konkreten Code, in dem der angestrebte hohe Sicherheitsstandard realisiert werden soll und muss.

29.5 Das A und O: Sichere Codes

In diesem Abschnitt beschäftigen wir uns nun mit der technischen Seite der Sicherheit: Wie gestalten wir den Code sicher, mit dem wir die gewünschte Anwendung implementieren? Ferner finden Sie hier Richtlinien zur Entwicklung eines Prozesses, mit denen Sie die sichere Implementierung durchsetzen können. Die Wahrscheinlichkeit von Sicherheitslücken ist zwar dank einer komplexen Struktur bereits sehr gering, aber über Wohl und Wehe entscheidet letztendlich doch die Implementierung der Anwendung; ist diese mangelhaft ausgeführt, dann war alle Mühe bei der Entwicklung einer sicheren Struktur umsonst. Im Übrigen ist es wichtig festzuhalten, dass das Miteinbeziehen sicherheitstechnischer Methoden oder Strukturierungen nicht unbedingt die interne Sicherheit der Anwendung garantiert oder auch nur berücksichtigt. Die angemessene Implementierung einer Anwendung und die Nutzung von Sicherheitstechnologien gehören zu den letzten Schritten, die ein hohes Maß an Zuverlässigkeit bedingen.

Die Analyse in der Implementierungsphase fällt in den Verantwortungsbereich sowohl der Entwickler als auch von deren Vorgesetzten. Die Entwickler sind für die angemessene Implementierung der fertigen Struktur verantwortlich, während sich die Manager darum kümmern müssen, dass jeder Entwickler sich an diese Vorgaben hält. Dies kann mit Hilfe von Standardprozeduren geschehen, z.B. durch das Erstellen dokumentierter Entwicklungs- und Codierungsstandards, Struktur- und Codeüberprüfungen und Entwicklerschulungen, bei denen die Sicherheitsfrage auf dem Gebiet der Anwendungsentwicklung eine wichtige Rolle spielt. Von einer solchen Vorgehensweise werden Entwickler und Anwendungen profitieren – egal, um welche Art von Anwendung es sich handelt und in welcher Programmiersprache sie geschrieben ist.

Die heutzutage am häufigsten eingesetzten Sprachen sind C bzw. C++, Java sowie Skriptsprachen wie Perl und die UNIX-Shells. Jeder dieser Sprachen und Umgebungen wohnen Faktoren inne, die zu einer unangemessenen, die Sicherheit der Anwendung und des zugrunde liegenden Systems gefährdenden Verwendung führen können. Die folgenden Abschnitte demonstrieren Sicherheitsprobleme, die sich in Zusammenhang mit diesen Sprachen stellen, wobei wir diese in Beziehung zu den weiter oben in diesem Kapitel skizzierten Sicherheitslücken setzen. Allerdings ist dieser Abschnitt nicht als Checkliste für Entwickler gedacht; vielmehr ermöglicht die Entwicklung eines Gedankengangs, der seinen Schwerpunkt auf das Thema Sicherheit legt, eine unbestreitbar stärkere Codierungsstrategie.

29.5.1 C

Die C-Sprachen (d.h. C, C++ und Object-C) sind die zur Zeit meistverbreiteten Programmiersprachen – und in ungeübten Händen eine echte Gefahr. Sie geben dem Entwickler die Möglichkeit, auf viele Teile des Systems wie etwa den Speicher, Dateien und Hardware zuzugreifen und diese zu manipulieren. Das ist eigentlich eine der Stärken von C; macht der Entwickler jedoch einen Fehler, dann kann die Gefahr groß werden. C ermöglicht einen umfassenden Zugriff auf das zugrunde liegende Betriebssystem, und was der Entwickler treibt, wird nur wenigen Überprüfungen unterzogen. Dem C-Programm ist es egal, ob der Entwickler Daten an das falsche Gerät sendet oder an der falschen Speicherstelle ablegt; es tut, wie immer ihm geheißen – ohne Berücksichtigung der Daten oder ihres Zielorts. Dieses Fehlen von Überprüfungen macht C andererseits unglaublich flexibel und sorgt für die Erzeugung von schnellen Binärprogrammen.

Die erste potenzielle Sicherheitslücke, an die man in Zusammenhang mit C denkt, ist der Pufferüberlauf. Das folgende Codebeispiel demonstriert einen Überlauf einfachster Prägung:

```
char string[10];
strcpy(string, "AAAAAAAAAAAAAAA");  /* 15 "A"-Zeichen */
```

Hier wird das Zeichen `A` fünfzehnmal in den Speicherbereich einer Zeichenkettenvariablen kopiert, die zuvor als statisches Array mit einer Länge von nur zehn Zeichen deklariert wurde. Die Funktion `strcpy()` tut genau, was ihr gesagt wird, und überprüft weder die Länge der Zeichenkette noch die Speicherstellen, an denen diese abgelegt wird. Der Pufferüberlauf tritt auf, wenn das elfte Element an die Speicherstelle kopiert wird, die dem Ablageort des zehnten Elements der Zeichenkette unmittelbar folgt. Wenden Sie dieses Prinzip nun auf alle Eingabedaten an, die von einer externen Datenquelle stammen, und ersetzen Sie die Zeichenkette mit den `A`s durch böswilligen Code – auf diese Weise können Angreifer möglicherweise die Wirkung des Überlaufs steuern.

Die Funktion `strcpy()` ist eine von mehreren Funktionen in C, die keinerlei Konformitätsprüfung durchführen und das Kopieren willkürlich dimensionierter Puffer erlauben. Andere Funktionen, die man meiden oder selbst absichern sollte, sind beispielsweise `gets()`, `strcat()`, `sprintf()` sowie die Familie der `scanf()`-Funktionen. Es gibt für einige dieser Funktionen neuere Versionen – `strncpy()`, `strncat()`, `snprintf()` und `fgets()` –, die es ermöglichen, die Länge der zu kopierenden Daten festzulegen. Die modifizierten Funktionen kopieren Daten nur bis zu der Anzahl von Zeichen, die durch den Längenparameter `l` festgelegt ist. Es werden also maximal *l* Zeichen von `ursprung` an `ziel` kopiert:

```
strncpy(ziel, ursprung, l);
```

TIPP

Wenn Sie die `n`-Versionen der Funktionen zur Zeichenkettenmanipulation verwenden – also `strncpy()`, `strncat()`, `snprintf()` und `fgets()` –, dann müssen Sie nur sicherstellen, dass die Länge nicht größer ist als die Zielzeichenkette (die Länge der ursprünglichen Zeichenkette ist hier weniger wichtig), da es andernfalls zum Pufferüberlauf kommen kann.

Wenn Sie statt statisch deklarierter Puffer Pufferzeiger verwenden, müssen Sie darauf achten, genug Speicher für die zu speichernden Werte zu reservieren. Verwenden Sie die Speichermanipulationsfunktionen, bei denen Sie Längen festlegen können.

TIPP

Wenn Sie Speicher für Zeichenketten reservieren, vergessen Sie nicht, der Gesamtlänge den Wert 1 hinzuzuaddieren, damit auch das Abschlusszeichen *NULL* gespeichert werden kann. Ist dieses Abschlusszeichen nicht vorhanden, dann kann es sein, dass die dem eigentlich letzten Zeichen folgenden Daten als Bestandteil der Zeichenkette betrachtet werden.

Diese Funktionen sind aber nicht die einzigen Ursachen für Pufferüberläufe. Stellen Sie immer sicher, dass Daten, die aus einer beliebigen Speicherstelle ausgelesen, an eine solche kopiert oder geschrieben oder aber einer Variablen zugewiesen werden, immer »passend« sind oder dass die Zielspeicherstelle genügend Speicher reserviert hat.

TIPP
Um Pufferüberläufe in Ihrem Code zu vermeiden, sollten Sie mögliche Eingaben immer erproben. Prüfen Sie den Umfang der Daten und die anvisierte Speicherstelle, und verwenden Sie Manipulationsfunktionen, die entwicklerspezifische Datengrößen statt unvorhersehbar dimensionierter Daten generieren.

Race-Conditions gestalten die Verwendung des C-Codes noch komplexer. Sie lassen sich in zweierlei Hinsicht im C-Code ausnutzen: Bei der Sequenzierung und der Anwendungssicherheit.

Der Begriff Sequenzierung bezeichnet die Reihenfolge, in der Ereignisse in einer Anwendung auftreten. Race-Conditions können sich aus einer variierenden Sequenzierung voneinander abhängiger Ereignisse ergeben, wenn kein Abgleich zwischen diesen Ereignissen stattfindet. Dies weist häufig auf einen Mangel an Fehler- und Funktionsprüfroutinen hin. Wenn zwei Funktionen normalerweise nacheinander ausgeführt werden und die zweite Funktion voraussetzt, dass die Ergebnisse der ersten Funktion gültig sind, dann besteht die Möglichkeit einer Race-Condition. Ziel eines Angriffs sind, wie im Abschnitt »Interaktion mit Betriebssystemen« bereits ausführlich behandelt wurde, erweiterte Privilegien. Die Möglichkeit von Race-Conditions wird durch eine gezielte Strukturierung, gepaart mit Sequenzierung und Fehlerprüfung, minimiert.

Im Folgenden sehen Sie eine schlechte Implementierung, die eine Race-Condition schafft:

```
increase_privs();
...
value = special_app_function(); /* erfordert Privilegien */

other_unrelated_function(); /* erfordert keine Privilegien */
other_unrelated_function2(); /* dto */

special_dependent_function(value); /* erfordert Privilegien */
...
exit();
```

In diesem Beispiel finden Sie mehrere unsichere Vorgehensweisen. Die Privilegien der Anwendung werden bereits zu einem sehr frühen Zeitpunkt erweitert, obwohl sie erst vergleichsweise spät benötigt werden. Überdies werden sie nicht mehr zurückgesetzt – der überwiegende Teil der Funktionalität wird also auf einer Privilegebene ausgeführt, die höher ist als notwendig. Die Race-Condition schließlich entsteht aufgrund einer schlechten Organisation, denn voneinander abhängige Funktionen stehen nicht unmittelbar hintereinander. Wie sich diese Probleme lösen lassen, zeigt das folgende Listing:

```
increase_privs();
value = special_app_function; /* erfordert Privilegien */
if (!validate_function(value) /* garantiert die Sicherheit des Wertes */
{
    do_error_processing(value); /* mach irgendetwas Sinnvolles mit dem Fehler
                                */
}
special_dependent_function(value); /* erfordert Privilegien */
decrease_privs(); /* erfordert keine Privilegien mehr */

other_unreleted_function(); /* erfordert keine Privilegien */
other_unreleated_function2(); /* dto */
```

Beachten Sie die speziellen Prüf- und Fehlerverarbeitungsroutinen, die eingesetzt werden, bevor der Wert an eine andere Funktion übergeben wird. Falls die Fehlerbearbeitungsroutine keine Privilegien benötigt, kann man diese auch schon vor der `if`-Anweisung wieder zurücksetzen. Natürlich muss man sich dann die Privilegien vor der Ausführung der zweiten Funktion erneut holen. Dieses Vorgehen verhindert das Ausnutzen der hohen Privilegien bei der Fehlerbehandlung.

> **TIPP**
> Organisieren Sie die Funktionalität, und kombinieren Sie diese mit einer Prüfroutine, um sicherzustellen, dass erwartete Daten bei der Übergabe zwischen voneinander abhängigen Ereignissen nicht manipuliert werden.

Viele Race-Conditions entstehen infolge unsachgemäßer Verwendung von Temporärdateien. Wenn solche Dateien erstellt wurden, sollten sie während des Betriebs gegen externe Angriffe geschützt werden. UNIX und Windows erlauben dem Entwickler bei der Erstellung einer Datei die Einstellung von Berechtigungs-Bits und Flags. Berechtigungen dienen dazu, den Zugriff auf die Datei allen mit Ausnahme des Besitzers des Prozesses zu verweigern. Wenn Sie eine Datei mit dem Aufruf `open()` erstellen, dann setzen Sie die Flags `O_EXCL` und `O_CREAT`, die bewirken, dass die Funktion eine Fehlermeldung zurückgibt, wenn die Datei, die Sie erstellen wollen, bereits existiert. Da es sich um eine Temporärdatei handelt, sollte diese nicht existieren, bevor Sie sie tatsächlich brauchen; tut sie dies, so kann dies ein Hinweis auf einen Angriff sein. Wenn Sie diese Methoden benutzen, dann sollten Sie auch in jedem Fall die Übergabewerte der Funktionen überprüfen und im Falle fehlerhafter Bedingungen sofort alle diese Dateien löschen. Das folgende Beispiel zeigt die Syntax zum Öffnen einer Datei (bzw. zu deren Erstellung, sofern diese noch nicht vorhanden ist) mit Berechtigungen, die es nur dem Ersteller ermöglichen, sie mit Hilfe des Modusmakros `S_IRWXU` zu lesen, zu beschreiben oder auszuführen:

```
open("dateiname", O_CREAT | O_EXCL | O_WRONLY, S_IRWXU);
```

Dank des Flags `O_EXCL` wird der Aufruf fehlschlagen, wenn die Datei bereits vorhanden ist. Beachten Sie außerdem den unsicheren Dateinamen. Die statische Benennungskonvention, die hier verwendet wird, erhöht das Risiko drastisch, weil eine Komponente für einen Angriff bereits gegeben ist.

Wegen der erhöhten Präsenz von Race-Conditions in Zusammenhang mit Temporärdateien und der damit einhergehenden Unsicherheiten verfügt eine Reihe von Betriebssystemen über spezielle Funktionen zur sicheren Erstellung solcher Temporärdateien. Die Funktionen `mkstemp()` und `mktemp()` wurden im Laufe der Zeit bereits mehrfach optimiert, um Sicherheitsprobleme zu lösen und die Vorhersagbarkeit von Temporärdateinamen zu erschweren (vgl. hierzu die Anmerkungen in Abschnitt 29.2.6, »Temporärspeicherung«).

Entwickler können zur Steuerung des Zugriffs auf Temporärdateien auch die Dateisperrfunktionen nutzen, die im jeweiligen Betriebssystem vorhanden sind. Diese Zugriffssteuerung erfolgt mit Hilfe grundlegender Kernelkomponenten.

> **TIPP**
> Wenn Sie Temporärdateien benutzen, verwenden Sie willkürliche Dateinamen, setzen Sie starke Berechtigungen, und organisieren Sie die Erstellung, Verwendung und Entfernung solcher Dateien, um die Angriffsfläche zu minimieren.

Eine weitere Komponente, die die Zuverlässigkeit erhöht und die Sicherheit einer Anwendung beeinflussen kann, ist der Übergabewert. Das sollte zwar eigentlich klar sein, aber es ist dennoch wichtig, die Notwendigkeit einer Überprüfung von Funktionsübergabewerten zu betonen. Funktionen werden häufig seriell ausgeführt und bearbeiten dann Daten weiter, die sie von einer vorherigen Funktion erhalten haben. Wenn eine Funktion den Übergabewert der vorherigen Funktion überprüft, dann ist sie gegen eine Ausführung auf der Basis ungültiger Daten geschützt. Es muss sich bei derlei anomalen Ereignissen gar nicht einmal um Angriffe handeln; jede Erkennung ungewöhnlicher Bedingungen und die entsprechende Reaktion darauf erhöht die Robustheit der Anwendung beträchtlich.

Das folgende Beispiel zeigt eine schwache Implementierung, in der Übergabewerte nicht überprüft werden.

```
n = do_string_check (string, valid_characters); /* Funktion gibt Ganzzahl
                                                     zurück */
if (n == GOOD_RETURN)
{
    process_string(string);
}
```

Die Implementierung ist deswegen schwach, weil der negative Fall – ein ungültiger Übergabewert – überhaupt nicht berücksichtigt ist. Die bessere Lösung sähe so aus:

```
n = do_string_check(string, valid_characters); /* Funktion gibt Ganzzahl
                                                  zurück */
if (n != GOOD_RETURN)
{
    special_error_processing_routine(n); /* ungültiger Wert, bewirkt
                                            entsprechende Reaktion */
}

process_string(string);
```

Der ungültige Übergabewert wird durch die Fehlerprüfroutine verarbeitet. Diese könnte beispielsweise das Programm beenden, eine neue Zeichenkette anfordern oder den ungültigen in einen gültigen Wert konvertieren. Ist der Übergabewert jedoch in Ordnung, dann wird er an die Verarbeitungsroutine übergeben.

> **TIPP**
> Die Erstellung wiederverwertbarer Ereignis- und Fehlerroutinen stellt einen Standardmechanismus dar, mit dessen Hilfe alle Anwendungen auf verschiedene Angriffe und Probleme reagieren können. Solche Routinen könnten etwa allgemeine Überprüfungsmethoden für Zeichenketten wie auch numerische Werte beinhalten, Umbruchfunktionen zur Durchführung von Integritätsprüfungen sowie Schutzmechanismen, die Variablen und Speicherplätze überprüfen. Der Übergabewert einer Funktion sollte *immer* überprüft und verarbeitet werden.

Als Nächstes wollen wir uns mit der Verwendung sensibler Daten in Anwendungen beschäftigen; in diesen Bereich gehören Kennwörter, verschlüsselte und andere persönliche Daten. Wie bereits erwähnt, existieren alle Programmdaten irgendwo in den Weiten des Arbeitsspeichers und können dort auch durch externe privilegierte Prozesse ausgelesen oder modifiziert werden. Daher ist es angezeigt, den Speicher zu löschen, wenn bestimmte Daten nicht mehr gebraucht werden, damit diese Informationen bei einem Angriff möglichst nicht mehr vorhanden sind. Die meistverwendete und in der Regel auch ausreichende Methode besteht darin, den gesamten Speicher zu nullen (d.h. alle einzelnen Speicherplätze mit dem Wert »0« zu überschreiben) oder mit Zufallswerten zu beschreiben, mit denen ein Angreifer nichts mehr anfangen kann. Dieser Vorgang ist besonders wichtig, wenn Verschlüsselung mit im Spiel ist. Die zur Ver- und Entschlüsselung verwendeten Schlüssel sind die wertvollsten Bestandteile eines kryptographischen Systems, und es sollte alles unternommen werden, um sie vor unbefugtem Zugriff zu schützen.

Diese Grundsätze stehen exemplarisch für eine Reihe der Probleme, mit denen Sie in Zusammenhang mit C-basierten Anwendungen konfrontiert werden könnten. C ist eine sehr populäre und auch leistungsfähige Sprache, die den Entwickler mit sehr viel Flexibilität ausstattet; ihr Einsatz sollte aber mit Bedacht erfolgen.

29.5.2 Perl

Perl ist ein interessanter Bastard, der viele Vorteile einer strukturierten Programmiersprache wie C mit der Flexibilität und Integration einer UNIX-Shell verbindet. Perl erlaubt die Entwicklung von Prozeduren oder Subroutinen, die Definition von Variablen und die Nutzung von Anwendungen und Befehlen, die das Betriebssystem zur Verfügung stellt. Diese Fähigkeiten und die Stärken bei regulären Ausdrücken und bei der Befehlsverarbeitung haben dazu geführt, dass Perl in den Bereichen Webanwendungen, Systemadministration und Automation weit verbreitet ist.

Perl-Programme sind dank der schwachen Implementierung von Variablen und Deklarationen allgemein nicht anfällig für Pufferüberläufe. Anders als C, wo Variablen als bestimmte Speicherklasse definiert werden, für die Speicherbereiche reserviert werden, macht Perl alles automatisch und behandelt alles wie eine Zeichenkette. Betrachten Sie einmal folgendes Beispiel:

```
#!/path/to/perl

$eins = 1;
$eins_s = "1";  # Kein Unterschied zu $eins
$zwei = $eins + $eins_s; # das Ergebnis ist 2 oder "2" (was für Perl das
                           Gleiche ist)
```

In C würde die Variable `$eins` als Ganzzahl deklariert werden, `$eins_s` hingegen als Zeichenkette; die Addition beider Werte hätte einen fehlerhaften Wert zum Ergebnis. Perl unterscheidet zwischen diesen beiden Typen nicht, d.h. `$zwei` hätte den Wert `2` oder `"2"` (diese Werte betrachtet Perl als identisch). Diese Sprache hat auch nicht mit den Anforderungen an die Speicherreservierung zu kämpfen, die sich bei anderen Sprachen stellen. Das folgende Beispiel ist in Perl absolut akzeptabel:

```
#!/path/to/perl
$var1 = "AAAAA";
$var2 = "BBBB";
$var2 = $var1; # $var2 wird zu "AAAAA";
```

`$var2` übernimmt am Ende den neuen Wert mit den fünf `A`s. Alle Variablen werden dynamisch zugewiesen, es gibt kein Konzept mit reserviertem Speicherplatz, der überlaufen könnte.

Perl ist jedoch anfällig für Race-Conditions und Sicherheitslücken, die mit der Ausführung externer Programme in Zusammenhang stehen. Deshalb sollte bei der Sequenzierung von Funktionen mit Bedacht vorgegangen werden. Die Überprüfung von Eingaben ist auch unter Perl wichtig, um die Nutzung externer Anwendungen zu verhindern. Ähnlich wie C und andere Sprachen unterstützt Perl Funktionen zum Öffnen von Dateien, weswegen Temporärdateien nur bei Verwendung angemessener Berechtigungen und dem Setzen und Löschen der jeweiligen Flags eingesetzt werden sollten.

Perl wird auch oft und gern für webbasierte CGI-Programme eingesetzt. Die größten Risiken, mit denen Sie beim Einsatz in einer solchen Umgebung konfrontiert werden, treten bei der Eingabeüberprüfung und der internen Ausführung externer Systemprogramme auf. Es lassen sich jedoch verschiedene Vorsichtsmaßnahmen ergreifen, um die Anwendung zu schützen. Mit Hilfe der Taint-Check-Mechanismen von Perl kann man verhindern, dass Variablen, die außerhalb eines Programms gesetzt werden, an ein anderes Programm übergeben werden, das von der Anwendung ausgeführt wird. Andere Variablen, die aufgrund einer derartig erkannten Variable einen neuen Wert zugewiesen bekommen, werden ebenfalls markiert. Dieser Mechanismus ist zur Vermeidung insbesondere solcher Sicherheitslücken geeignet, bei denen ungeprüfte Benutzervariablen heimlich an Programme übergeben werden, die von der Perl-Anwendung aufgerufen wurden. Um Version 5 von Perl in diesem Fehlerprüfungsmodus zu initialisieren, verwenden Sie im Skript die folgende Kopfzeile:

```
#!/path/to/perl -T # Ausführung mit Taint-Check
```

Die nächste Vorkehrung besteht darin, Metazeichen und unerwünschte Werte mittels eines Parsers aus Eingabewerten zu entfernen. Sie schützen sich so gegen Angriffe, die die Übergabe von Parametern an Shells oder andere Anwendungen ausnutzen. Das folgende Beispiel zeigt eine einfache Routine, die in einer Eingabezeichenkette nach Metazeichen sucht, die von einem Programm interpretiert werden könnten:

```
$unclean_input = &get_HTML_forms_response();
if($unclean_input =~  tr/;|`!#$&*()[]{}<>:'"//)
{
    # Hier steht ein wenig HTML-Code zur Anzeige einer Fehlermeldung
    &do_some_error_reporting();
}
```

In diesem Fall meldet die Routine einen Fehler, wenn ein Metazeichen gefunden wurde. Alternative Methoden ersetzen Metazeichen oder führen den Vorgang nur fort, wenn keine Metazeichen gefunden wurden.

Eine letzte Vorsichtsmaßnahme ist die Verwendung einer Shell zur Ausführung anderer Anwendungen. Ähnlich wie die Aufrufe `system()` unter UNIX und `exec()` unter Windows ermöglicht der Aufruf `system()` in Perl die Ausführung einer anderen Anwendung. Der Aufruf `exec()` funktioniert bei Perl genauso wie unter UNIX: Der laufende Prozess wird durch das aufgerufene Programm ersetzt. Diese Funktionen können insbesondere in Umgebungen, in denen Benutzereingaben möglich sind – also etwa in CGI-Programmen oder System-Utilities –, sehr gefährlich sein. Erfolgt keine Eingabeüberprüfung, dann kann die Anwendung genutzt werden, um beliebige Programme auszuführen, die das System beeinträchtigen können. Das folgende Beispiel zeigt die Unsicherheiten, die bei der Verwendung von `system()` ohne Eingabeprüfung auftreten können. Nehmen wir einmal an, der Benutzer hat die Zeichenkette `username ;/bin/rm -rf /` eingegeben, die dann der Variablen `$input` zugewiesen wurde:

```
system("ecommerce_app $input");
```

Im Endeffekt ist das in die Zeichenkette `/bin/sh ecommerce_app username ; /bin/rm -rf /` zu übertragen. Vorausgesetzt, dass das Programm mit Privilegien läuft, wird es nun eine Shell ausführen, um die E-Commerce-Anwendung aufzurufen; es trifft auf das Semikolon, das als Befehlstrennzeichen interpretiert wird, und führt dann, nachdem das Programm *ecommerce_app* beendet wurde, den Befehl `rm -rf` aus – wodurch das gesamte Dateisystem gelöscht wird!

29.5.3 Java

Java ist in der Welt der verteilten Internetanwendungen noch recht neu, bringt allerdings das Konzept des plattformunabhängigen Codes erst so richtig zur Entfaltung. Bei Java wird der entwickelte Code in ein spezielles Format kompiliert, das nachfolgend auf Java-VMs (Virtual Machines, virtuellen Computern) ausgeführt wird. Die VM selbst ist plattformspezifisch, der ausgeführte Code jedoch nicht. Java erlaubt Webbrowsern und Remotesystemen die Ausführung komplexerer und interaktiver Anwendungen. Der Browser greift auf eine Website zu und erhält vom Server ein Java-Applet. Dieses Applet wird dann im Webbrowser ausgeführt und kann während der Ausführung mit dem Webserver kommunizieren, der es geschickt hat. Als Java seinerzeit eingeführt wurde, diente die Sprache zur Verwandlung statischer Webseiten in dynamische, beeindruckende Anwendungen. Seit jenen Anfangstagen jedoch hat sich das Einsatzgebiet von Java beträchtlich erweitert; inzwischen gibt es viele verschiedene Java-basierte Anwendungen etwa zur Netzwerkverwaltung, als eingebettete Internet-Appliances und als Utilities.

Java ist ein gutes Beispiel für eine Sprache, bei der sich die Entwickler bereits in den frühesten Phasen Gedanken zum Thema Sicherheit gemacht haben. Die ersten Versionen von Java hatten eine gut dokumentierte Sicherheitsarchitektur, die Sandbox (Sandkasten). Diese verhinderte, dass ein Java-Applet oder eine Anwendung auf Systemressourcen zugriff. Als Java jedoch heranwuchs, baten zunehmend mehr Leute um Zugriff auf Systemressourcen außerhalb der Sandbox. Die erste Version des JDK (Java Development Kit) ermöglichte die Verwendung signierter Applets. Das Modell beschreibt ein Applet, das zwecks Überprüfung seines Entwicklers eine digitale Signatur beinhaltet. Wenn diese digitale Signatur verifiziert werden kann, dann wird das Applet im lokalen System als vertrauenswürdig eingestuft und kann so auf andere Systemressourcen zugreifen. Damit die Signatur jedoch funktioniert, ist eine ziemlich umfangreiche und komplexe Programmierung erforderlich. Ferner sei angemerkt, dass dieses Sicherheitsmodell eines digital signierten Java-Applets einen Haken hat: Jeder kann ein Applet signieren. Ein Angreifer entwickelt also ein böswilliges Applet. Dieses wird vom Webbrowser heruntergeladen. Der Browser stellt erfreut fest, dass das feindliche Applet in der Tat vom Angreifer geschrieben wurde. Das reicht ihm schon – er führt das Applet aus! Und zwar unabhängig von seinem Inhalt.

Die zweite und derzeit aktuelle Ausprägung der Java-Sicherheitsarchitektur ist weitaus leistungsfähiger und flexibler als die frühere Version. Sie gestattet den Einsatz von Java in Bereichen der Anwendungsentwicklung, die dieser Programmiersprache zuvor verwehrt gewesen waren. Die neue Sicherheitsarchitektur verwendet leicht definierbare Sicherheitsrichtlinien und Methoden zur Zugriffssteuerung, die es einem Applet oder einer Anwendung gestatten, auf spezielle Ressourcen zuzugreifen, wobei der Spielraum variieren kann. Die Entwickler von Java haben die verschiedenen Interaktionen und Schwachstellen, die bei verteilten Internetanwendungen aufgetreten sind, vor dem Hintergrund der hier aufgestellten Strategien analysiert und landeten letztendlich bei einem Modell, das hohe Sicherheitsstandards mit extremer Flexibilität verbindet. Der Einsatz der Sicherheitsrichtlinien unter Java erfordert umfangreiche Kenntnisse, deren Beschreibung den Rahmen dieses Kapitels sprengen würde. Eine vollständige Dokumentation von Java und seinen APIs finden Sie auf der Website `http://java.sun.com`.

29.5.4 Die UNIX-Shells

UNIX-Shells stellen die Basis für die Interaktion eines Benutzers mit einem UNIX-System dar. Shells sind Befehlszeilen-Interpreter, die ein gewisses Maß an Automation und Programmierung in Form so genannter Shell-Skripten ermöglichen. Diese Skripten werden häufig zur Automatisierung von Systemaufgaben, zur Durchführung sich wiederholender Operationen und zur Ausführung von CGI-Webanwendungen eingesetzt. Ähnlich wie bei Perl sind auch hier die Eingabeüberprüfung, Race-Conditions, die Interaktion mit externen Dateien und Programmen und die Funktionalitätsorganisation potenzielle Risikobereiche.

Unter UNIX können privilegierte Operationen von einem privilegiertem Benutzer oder *als* privilegierter Benutzer ausgeführt werden. Zwischen diesen beiden Methoden gibt es einen kleinen, aber feinen Unterschied. Alle Dateien in einem UNIX-System – d.h. auch Anwendungen – verfügen über einen Satz von Attributen, darunter die Benutzer- und Gruppenbesitzattribute, und einen Satz mit Berechtigungs-Flags. Die Kombination dieser beiden Sätze gestattet eine rigorose Kontrolle des Dateizugriffs. Normale Anwendungen werden von einem Benutzer besessen und können je nach Zugriffsberechtigung nur vom Besitzer, von einer Gruppe oder von jedem beliebigen Benutzer des Systems ausgeführt werden. Die Anwendungen erben die Privilegien des Benutzers, der sie ausführt. Eine Anwendung, die etwa *root*-Privilegien benötigt, kann zwar von einem anderen Benutzer ohne diese Privilegien ausgeführt werden, wird aber an jenen Punkten, an denen erweiterte Privilegien erforderlich sind, den Dienst verweigern. Um dieses Problem zu lösen und auch normalen Benutzern bestimmte privilegierte Funktionen zugänglich zu machen, verfügt UNIX über die Flags `SetUID` und `SetGID`. Wenn diese Flags gesetzt sind, dann wird die Anwendung als Besitzer oder besitzende Gruppe ausgeführt – der Benutzerkennung der Anwendung wird der Wert der Kennung des Besitzers zugewiesen.

Viele CGI- und Systemprogramme benötigen Zugriff auf Systemressourcen, weswegen mit dem Flag `SetUID` der Besitzer *root* zugewiesen wird. Dies gilt für kompilierte Programme (wie etwa C-Programme) ebenso wie für Skripten, so etwa Perl- oder Shell-Skripten. Erfahrene UNIX-Benutzer und -Entwickler warnen häufig vor den Gefahren von `SetUID`-Shell-Skripten, die *root*-Privilegien implizieren. Wie bereits oben beschrieben, lassen sich Eingabebewertungen und Race-Conditions leicht ausnutzen, wenn ein Skript nicht adäquat geschützt ist. Wenn ein Skript als privilegierter Benutzer ausgeführt wird, dann gibt es keinen einfacheren Weg, die Schlüssel zum Allerheiligsten an den Feind auszuhändigen, als ein schwaches Shell-Skript. Solche Skripten sind insbesondere dann gefährlich, wenn sie ohne Sicherheitsfunktionalität programmiert werden – schließlich ist eine Shell vom Wesen her interaktiv, d. h. Benutzer nehmen eine Eingabe vor, und die Shell führt eine Funktion aus. Perl hingegen verfügt im Vergleich mit einer Shell über viele Prüffunktionen, die eine sicherere Verwendung des `SetUID`-Flags erlauben.

29.5.5 Internet-Appliances

Internet-Appliances sind Systeme und Geräte, deren Sinn und Zweck darin besteht, eine Datenverarbeitung für das Internet zu ermöglichen. Alle Strukturierungsanweisungen, Betrachtungen zu Programmiersprachen, Sicherheitslücken und Betriebsparadigmen, die in diesem Kapitel beschrieben wurden, sind natürlich auch für Internet-Appliances relevant. Internet-Appliances verwenden häufig gängige Betriebssysteme, Anwendungen und Methoden, um ihre Ziele zu erreichen. Wenn die in Entwicklung befindliche Anwendung diesem Weg folgt, dann sollten Sie alle hier gegebenen Ratschläge beachten. Es gibt Internet-Appliances, die von Grund auf neu entwickelt werden und deswegen auch ausschließlich auf neu entwickelten Strukturen und Technologien basieren. Die Einschätzung der Sicherheitsrisiken für solche Systeme ist extrem aufwändig. Wenn Sie bei einem solchen System wirklich bei Null anfangen, dann dürfen Sie keinesfalls vergessen, Sicherheitsfunktionen bereits im Strukturierungsprozess zu berücksichtigen.

29.6 Fazit

Viele Anwendungen basieren auf bereits vorhandenen Anwendungen und profitieren von einer existierenden und bewährten Sicherheitsarchitektur. Ganz neue und innovative Anwendungen verfügen selten über einen solchen Luxus, weswegen es hier ausschlaggebend ist, dass solche Anwendungen ihr Leben mit starken Sicherheitsmaßnahmen beginnen. Die Berücksichtigung sicherheitsrelevanter Aspekte sollte jedoch nicht mit dem Abschluss der Anwendungs-, System- oder Produktentwicklung enden. Es sollte sich hierbei vielmehr um einen fortlaufenden Prozess handeln, der sich durch die gesamte Lebensdauer der Anwendung zieht. Bei jedem neuen Feature, jeder kleinsten Änderung oder Erweiterung der Anwendung muss eine ernsthafte Überprüfung der Auswirkungen auf den Rest der Anwendung und auf die Umgebung erfolgen, in der die Anwendung ausgeführt wird. Ehrgeiz und Intelligenz sind zwei wesentliche Faktoren, die die Sicherheit bestimmen – eine wohl durchdachte Struktur kann die Anwendungssicherheit stärken, von einer schwachen Implementierung aber gleich wieder zunichte gemacht werden. Umgekehrt kann ein sicherer Code auch nichts mehr ausrichten, wenn die Strukturierung der Anwendung mangelhaft ist.

Um die technischen Details, die mit dem Thema Sicherheit einhergehen, zu verstehen, braucht man viel Zeit, Erfahrung und auch Beispiele. Sicherheitsbewusstsein und die Fähigkeit, Faktoren aus sicherheitstechnischer Sicht zu analysieren, gestatten es Entwicklern, Programmierern und ihren Vorgesetzten, Fragen und auch Antworten zu formulieren, die bei der Entwicklung einer gut strukturierten, zuverlässigen und sicheren Anwendung hilfreich sind. Sicherheit ist ein Vorgang und kein Merkmal; sie verlangt einen konstanten, aber nicht übermäßigen Aufwand. Streben Sie immer nach einem Modell mit möglichst eingeschränkten Privilegien, um eine bestimmte Aufgabe erfüllen zu können. Schließlich sollten Sie auch immer die Verzweigungen einer Struktur oder Implementierung untersuchen, denn auch hier gilt: Keine Aktion ohne Reaktion.

Anhang A

Bibliografie zum Thema Sicherheit – weiterführende Literatur

Dieser Anhang enthält eine Bibliografie zum Thema Internetsicherheit. Einige der hier aufgelisteten Bücher wurden erst 2000/2001 veröffentlicht. Ein Teil der Bücher behandelt das Thema allgemein, während in anderen Büchern ein spezielles Thema dargestellt wird. Ich empfehle alle Bücher als weiterführende Literatur. Stellen Sie sich diese Bibliografie als die Traumbibliothek zum Thema Internetsicherheit vor.

Auf der CD-ROM, die diesem Buch beiliegt, finden Sie die Bibliografie in HTML. Die Titel sind mit der Website von Amazon verknüpft, auf der Sie mehr zu jedem einzelnen Buch erfahren. In vielen Fällen finden Sie dort Leserrezensionen, Buchbesprechungen und weitere Informationen, die Ihnen helfen können, sich für bestimmte Titel zu entscheiden.

A.1 Allgemeine Internetsicherheit

»Access Control and Personal Identification Systems«. Don M. Bowers. Butterworth-Heinemann, 1998. ISBN: 0750697326.

»Actually Useful Internet Security Techniques«. Larry J. Hughes, Jr. New Riders. ISBN: 1562055089.

»Advanced Military Cryptography«. William F. Friedman. Aegean Park Press, 1996. ISBN: 0894120115.

»Advances in Computer System Security«. Rein Turn. Artech House, 1988. ISBN: 089006315X.

»AIX RS/6000 System and Administration Guide«. James W. Deroest. McGraw-Hill, 1994. ISBN: 0070364397.

»Applied Cryptography: Protocols, Algorithms, und Source Code« in C. Bruce Schneier. John Wiley & Sons, 1995. ISBN: 0471117099. (Deutsche Ausgabe Ausgabe: Angewandte Kryptographie, Addison-Wesley, 1996. ISBN: 3-89319-854-7)

»Applied Java Cryptography«. Merlin Hughes. Manning Publications, 1998. ISBN: 1884777635.

»AS/400 Security in a Client/Server Environment«. Joseph S. Park. John Wiley & Sons, 1995. ISBN: 0471116831.

»AS/400 System Administration Guide«. Jesse Gamble und Bill Merrow. McGraw-Hill, 1994. ISBN: 0070227985.

»Audit Trail Administration, UNIX Svr 4.2«. UNIX Systems Lab. Prentice Hall, 1993. ISBN: 0130668877.

»Basic Methods of Cryptography«. Jan C.A. Van Der Lubbe. Cambridge University Press, 1998. ISBN: 0521555590.

»Bots and Other Internet Beasties«. Joseph Williams. Sams.net, 1996. ISBN: 1575210169.

»Break the Code: Cryptography for Beginners«. Bud Johnson und Larry Daste. Dover Publications, 1997. ISBN: 0486291464.

»Building in Big Brother: The Cryptographic Policy Debate«. Deborah Russell, G. T. Gangemi, Rebecca J. Duncan, Stephen T. Kent, Kim Lawson-Jenkins, Philip Zimmermann, et al. Springer-Verlag, 1995. ISBN: 0387944419.

»Building Internet Firewalls (2nd Edition)«. D. Brent Chapman und Elizabeth D. Zwicky. O'Reilly & Associates, 2000. ISBN: 1565928717. (Deutsche Ausgabe: *Einrichten von Internet-Firewalls*. ISBN: 3897211696)

»Building Secure and Reliable Network Applications«. Kenneth P. Birman. Prentice Hall, 1997. ISBN: 0137195842.

»Cisco Router Configuration and Troubleshooting«. Mark Tripod. New Riders, 2000. ISBN: 0735709998.

»The Code Book, The Evolution of Secrecy from Mary, Queen of Scots to Quantum Cryptography«. Simon Singh. Doubleday, 1999. ISBN: 0385495315. (Deutsche Ausgabe: *Geheime Botschaften*, Hanser, ISBN: 3446198733)

»The Codebreakers: The Comprehensive History of Secret Communication from Ancient Times to the Internet«. David Kahn. Scribner, 1996. ISBN: 0684831309.

»Codes and Cryptography«. Dominic Welsh. Oxford University Press, 1988. ISBN: 0198532873.

»Codes Ciphers and Secret Writing«. Martin Gardner. Dover Publications, 1984. ISBN: 0486247619.

»Commonsense Computer Security: Your Practical Guide to Information Protection«. Martin R. Smith. McGraw-Hill, 1993. ISBN: 0077078055.

»The Complete Idiot's Guide to Protecting Yourself on the Internet«. Aaron Weiss. Que, 1995. ISBN: 1567615937.

»Computer Communications Security«. Warwick Ford. Prentice Hall, 1994. ISBN: 0137994532.

»Computer Crime: A Crimefighter's Handbook«. David J. Icove, Karl Icove und William Vonstorch. O'Reilly & Associates, 1995. ISBN: 1565920864.

»Computer Hacking: Detection and Protection«. Imtiaz Malik. Sigma Press, 1996. ISBN: 1850585385.

»The Computer Privacy Handbook«. André Bacard. Peachpit Press, 1995. ISBN: 32295410.

»Computer Security«. John M. Carroll. Butterworth-Heinemann, 1996. ISBN: 0750696001.

»Computer Security«. D.W. Roberts. Blenheim Online Publications, 1990. ISBN: 0863531806.

»Computer Security and Privacy: An Information Sourcebook«. Mark W. Greenia. Lexikon Services, 1998. ISBN: 0944601464.

»Computer Security Basics«. Deborah Russell und G.T. Gangemi, Sr. O'Reilly & Associates, 1991. ISBN: 0937175714.

»Computer Security for Dummies«. Peter T. Davis und Barry D. Lewis. IDG Books, 1996. ISBN: 1568846355.

»Computer Security Handbook«. R.A. Elbra. NCC Blackwell, 1992. ISBN: 1855541440.

»Computer Security Management«. Karen A. Forcht. Boyd & Fraser, 1994. ISBN: 0878358811.

»Computer Security Risk Management«. I.C. Palmer und G.A. Potter. Van Nostrand Reinhold, 1990. ISBN: 0442302908.

»Computer Security: Threats and Countermeasures«. K. Bhaskar. NCC Blackwell, 1993. ISBN: 1855541742.

»Computer System and Network Security«. Gregory B. White, Eric A. Fisch und Udo W. Pooch. CRC Press, 1996. ISBN: 0849371791.

»Computer Virus Handbook«. Richard Levin. Osborne McGraw-Hill, 1990. ISBN: 0078816475.

»Computer Viruses and Anti-Virus Warfare«. Jan Hruska. Prentice Hall, 1993. ISBN: 0130363774.

»Computers Ethics & Social Values«. Deborah G. Johnson und Helen Nissenbaum. Prentice Hall, 1995. ISBN: 0131031104.

»Computers Ethics and Society«. M. David Ermann, Mary B. Williams und Michele S. Shauf. Oxford University Press, 1997. ISBN: 019510756X.

»Computers Under Attack: Intruders, Worms, and Viruses«. Peter J. Denning. ISBN: 0201530678.

»Contemporary Cryptology: The Science of Information Integrity«. Gustavus J. Simmons. IEEE, 1992. ISBN: 0879422777.

»Course in Cryptography«. Marcel Givierge. Aegean Park Press, 1996. ISBN: 089412028X.

»Cyber Crime: How to Protect Yourself from Computer Criminals«. Laura E. Quarantiello. Tiare Publications, 1996. ISBN: 0936653744.

»Cyberpunk Handbook«. R.U. Sirius und Bart Nagel. Random House, 1995. ISBN: 0679762302.

»Cyberpunk: Outlaws and Hackers on the Computer Frontier«. Katie Hafner und John Markoff. Simon & Schuster, 1991. ISBN: 0671683225.

»Cyberwars: Espionage on the Internet«. Jean Guisnel und Winn Schwartau. Plenum Press, 1997. ISBN: 0306456362.

»Crypto: When the Code Rebels Beat the Government – Saving Privacy in the Digital Age«. Steven Levy. Viking Press, 2000. ISBN: 0670859508.

»Cryptography Decrypted.h.« X. Mel, Doris Baker und Steve Burnett. Addison-Wesley, 2000. ISBN: 0201616475

»Cryptography & Privacy Sourcebook«. David Banisar. BPI Information Services, 1997. ISBN: 1579791077.

»Cryptography and Secure Communications«. Man Young Rhee. McGraw-Hill, 1994. ISBN: 0071125027.

»Cryptography, the Science of Secret Writing«. Laurence D. Smith. Dover Publications, 1955. ISBN: 048620247X.

»Cryptography: Theory and Practice (Discrete Mathematics and Its Applications)«. Douglas R. Stinson. CRC Publications, 1995. ISBN: 0849385210.

»Decrypted Secrets: Methods and Maxims of Cryptology«. Friedrich L. Bauer. Springer Verlag, 1997. ISBN: 3540604189.

»Designing and Implementing Microsoft Internet Information Server«. Weiying Chen, Sanjaya Hettihewa, Arthur Knowles und Paolo Pappalardo. Sams.net, 1996. ISBN: 1575211688.

»Digital Copyright Protection«. Peter Wayner. AP Professional, 1997. ISBN: 0127887717.

»Disappearing Cryptography: Being and Nothingness on the Net«. Peter Wayner. AP Professional, 1996. ISBN: 0127386718.

»Disaster Recovery Planning for Computers and Communication Resources«. Jon William Toigo. John Wiley & Sons, 1996. ISBN: 0471121754.

»Distributed Programming Paradigms with Cryptography Applications«. J.S. Greenfield. Springer Verlag, 1994. ISBN: 354058496X.

»E-Commerce Security: Weak Links, Best Defenses«. Anup K. Ghosh. John Wiley & Sons, 1998. ISBN: 0471192236.

»E-Mail Security: How To Keep Your Electronic Messages Private«. Bruce Schneier. John Wiley & Sons, 1995. ISBN: 047105318X.

»Elementary Military Cryptography«. William F. Friedman. Aegean Park Press, 1996. ISBN: 0894120999.

»Encyclopedia of Cryptology«. David E. Newton. ABC-Clio Publications, 1997. ISBN: 0874367727.

»Enigma: How the German Cipher Was Broken, and How It Was Read by the Allies in WWII«. Wladyslaw Kozaczuk. University Publications of America, 1984. ISBN: 0313270074.

»Essential SCO System Administration«. Keith Vann. Prentice Hall, 1995. ISBN: 013290859X.

»Essential Windows NT System Administration«. Aeleen Frisch. O'Reilly & Associates, 1998. ISBN: 1565922743. (Deutsche Ausgabe: Windows NT System Administrator, O'Reilly. ISBN: 3897211181)

»Executive Guide to Preventing Information Technology Disasters«. Richard Ennals. Springer Verlag, 1996. ISBN: 3540199284.

»Fire in the Computer Room, What Now?: Disaster Recovery Preparing for Business Survival«. Gregor Neaga, Bruce Winters und Pat Laufman. Prentice Hall, 1997. ISBN: 0137543913.

»Firewalls and Internet Security: Repelling the Wily Hacker«. William R. Cheswick und Steven M. Bellovin. Addison-Wesley Publishing Company, 1994. ISBN: 0201633574. (Deutsche Ausgabe: *Firewalls und Sicherheit im Internet*, Addison-Wesley. ISBN: 3-89319-875-X)

»Firewalls Complete«. Marcus Goncalves. McGraw-Hill, 1998. ISBN: 0070246459.

»Fundamentals of Computer Security Technology«. Edward Amoroso. Prentice Hall, 1994. ISBN: 0131089293.

»Hack Proofing Your Network: Internet Tradecraft«. Syngress Media und Ryan Russell. Syngress Media, 2000. ISBN: 1928994156. (Deutsche Ausgabe: *Maximum Protection*, MITP. ISBN: 3826606876)

»Hacking Exposed: Network Security Secrets and Solutions«. Joel Scambray, Stuart McClure und George Kurtz. McGraw-Hill, 2000. ISBN: 0072127481. (Deutsche Ausgabe: *Das Anti-Hacker-Buch*, MITP. ISBN: 382660701)

»Halting the Hacker: A Practical Guide to Computer Security«. Donald L. Pipkin. Prentice Hall, 1997. ISBN: 013243718.

»Handbook of Applied Cryptography«. Alfred J. Menezes, Paul C. Van Oorschot, und Scott A. Vanstone. CRC Press, 1996. ISBN: 0849385237.

»HP-Ux 11.X System Administration«. Martin Poniatowski und Marty Poniatowski. Prentice Hall, 1998. ISBN: 01310125156.

»HP-Ux System Administration Handbook and Toolkit«. Marty Poniatowski. Prentice Hall, 1998. ISBN: 0139055711.

»Implementing AS/400 Security«. Wayne Madden und Carol Woodbury. Duke Communications, 1998. ISBN: 1882419782.

»Implementing Internet Security«. Frederic J. Cooper. New Riders, 1995. ISBN: 1562054716.

»Information Security: An Integrated Collection of Essays«. Marshall D. Abrams, Sushil Jajodia und Harold J. Podell. 1995. ISBN: 0818636629.

»Information Security Management Handbook, Fourth Edition«. Micki Krause und Harold Tipton. CRC Press, 1999. ISBN: 0849398290

»Information Warfare: Chaos on the Electronic Superhighway«. Winn Schwartau. Thunder's Mouth, 1996. ISBN: 1560251328.

»An Interactive Guide to the Internet. J. Michael Blocher, Vito Amato und Jon Storslee. Que Education und Training, 1996. ISBN: 1575763540.

»Internet 1997 Unleashed«. Jill Ellsworth, Billy Barron, et al. Sams.net, 1996. ISBN: 1575211858.

»Internet and Intranet Security«. Rolf Oppliger. Artech House, 1997. ISBN: 0890068291.

»Internet and TCP/IP Network Security: Securing Protocols and Applications«. Uday O. Pabrai und Vijay K. Gurbani. McGraw-Hill, 1996. ISBN: 0070482152.

»Internet Besieged: Countering Cyberspace Scofflaws«. Dorothy E. Denning und Peter J. Denning. Addison-Wesley Publishing Company, 1997. ISBN: 0201308207.

»Internet Commerce«. Andrew Dahl und Leslie Lesnick. New Riders, 1995. ISBN: 1562054961.

»Internet Cryptography«. Richard E. Smith. Addison-Wesley Publishing Company, 1997. ISBN: 0201924803. (Deutsche Ausgabe: *Internet-Kryptographie*. Addison-Wesley, 1998. ISBN: 3-8273-1344-9)

»Internet Firewalls and Network Security«. Chris Hare und Karanjit S. Siyan, Ph.D. New Riders, 1996. ISBN: 1562056328.

»Internet Security for Business«. Terry Bernstein, et al. John Wiley & Sons, 1996. ISBN: 0471137529.

»Internet Security with Windows NT«. Mark Joseph Edwards. Duke Communications, 1997. ISBN: 1882419626.

»Internet Security: Professional Reference«. Derek Atkins, Tom Sheldon, Tim Petru und Joel Snyder. New Riders, 1997. ISBN: 156205760X.

»Intranet Firewalls«. Scott Fuller und Kevin Pagan. Ventana Communications Group, 1997. ISBN: 1566045061.

»Intranet Security: Stories from the Trenches«. Linda McCarthy. Prentice Hall, 1997. ISBN: 0138947597.

»Introduction to the Analysis of the Data Encryption Standard«. Wayne G. Barker. Aegean Park Press, 1989. ISBN: 0894121693.

»Introduction to Cryptology and PC Security«. Brian Beckett. McGraw-Hill, 1997. ISBN: 007709235X.

»Introduction to Internet Security: From Basics to Beyond«. Garry S. Howard. Prima Publishing, 1995. ISBN: 1559587474.

»Intrusion Detection«. Rebecca Gurley Bace. New Riders, 1999. ISBN: 157801856.

»Intrusion Signatures and Analysis«. Stephen Northcutt, Karen Frederick, Matt Fearnow und Mark Cooper. New Riders, 2001. ISBN: 0735710635.

»Java Cryptography«. Jonathan B. Knudsen. O'Reilly & Associates, 1998. ISBN: 1565924029.

»Java Network Security«. Dave Durbin, John Owlett, Andrew Yeomans und Robert S. MacGregor. Prentice Hall, 1998. ISBN: 0137615299.

»Java Security«. Scott Oakes. O'Reilly & Associates, 1998. ISBN: 1565924037.

»Java Security: Managing the Risks«. MindQ Publishing, 1997. ISBN: 1575590123.

»Lan Times Guide to Security and Data Integrity«. Marc Farley, Tom Stearns und Jeffrey Hsu. Osborne McGraw-Hill, 1996. ISBN: 0078821665.

»Linux Firewalls. Konzeption und Implementierung für kleine Netzwerke und PCs«. Robert L. Ziegler. Markt und Technik Verlag, 2000. ISBN: 3827258499

»Managing Privacy: Information Technology and Corporate America«. H. Jeff Smith. University of North Carolina Press, 1994. ISBN: 0807821470.

»Masters of Deception: The Gang That Ruled Cyberspace«. Michele Slatalla und Joshua Quittner. Harper Perennial Library, 1996. ISBN: 0060926945.

»Maximum Linux Security: A Hacker's Guide to Protecting Your Linux Server and Workstation«. Anonymous. Sams, 1999. ISBN: 0672316706. (Deutsche Ausgabe: *Linux Hacker's Guide*, Markt+Technik. ISBN: 3827256224)

»Microsoft Windows NT Network Administration Training«. Microsoft Educational Services Staff. Microsoft Press, 1997. ISBN: 1572314397.

»The NCSA Guide to Enterprise Security: Protecting Information Assets«. Michel E. Kabay. McGraw-Hill, 1996. ISBN: 0070331472.

»The NCSA Guide to PC and LAN Security«. Stephen Cobb. McGraw-Hill, 1996. ISBN: 0079121683.

»Netware Security«. Doug Bierer und William Steen. New Riders, 1996. ISBN: 1562055453.

»Network Intrusion Detection: An Analyst's Handbook, Second Edition«. Stephen Northcutt und Judy Novak. New Riders, 2000. ISBN: 0735710082. (Deutsche Ausgabe: *Intrusion Detection Systeme*, MITP. ISBN: 3826607279)

»Network and Internetwork Security: Principles and Practice«. William Stallings. Prentice Hall, 1995. ISBN: 0024154830.

»Network Security«. Steven L. Shaffer und Alan R. Simon. AP Professional, 1994. ISBN: 0126380104.

»Network Security in a Mixed Environmen«. Dan Balckarski. IDG Books, 1998. ISBN: 0764531522.

»Network Security: How to Plan for It and Achieve It«. Richard H. Baker. McGraw-Hill, 1994. ISBN: 0070051410.

»NT Network Security«. Matthew Strebe, Charles Perkins und Michael Moncur. Sybex, 1998. ISBN: 0782120067.

»The Official PGP User's Guide«. Philip R. Zimmermann. MIT Press, 1995. ISBN: 0262740176.

»Pcweek Intranet and Internet Firewalls Strategies«. Edward Amoroso und Ronald Sharp. Ziff-Davis, 1996. ISBN: 1562764225.

»Pcweek Microsoft Windows NT Security: System Administrator's Guide«. Nevin Lambert, Manish Patel und Steve Sutton. Ziff-Davis, 1997. ISBN: 1562764578.

»PC Security and Virus Protection«. Pamela Kane. IDG Books, 1994. ISBN: 1558513906.

»PGP: Pretty Good Privacy«. Simson Garfinkel. O'Reilly & Associates, 1995. ISBN: 1565920988. (Deutsche Ausgabe: *PGP: Pretty Good Privacy.* O'Reilly. ISBN: 3930673304)

»Practical Computer Network Security«. Mike Hendry. Artech House, 1995. ISBN: 0890068011.

»Practical Cryptography for Data Internetworks«. Edited by William Stallings. IEEE Computer Society, 1996. ISBN: 0818671408.

»Practical Intrusion Detection Handbook«. Paul E. Proctor. Prentice Hall, 2000. ISBN: 0130259608.

»Practical UNIX and Internet Security«. Simson Garfinkel und Gene Spafford. O'Reilly & Associates, 1996. ISBN: 1565921488.

»The Process of Network Security«. Thomas A. Wadlow. Addison-Wesley Publishing Company, 2000. ISBN: 0201433176.

»Professional NT Internet Information Server 2 Administration«. Christian Gross, Michael Tracy und Kevin Roche. Wrox Press, 1996. ISBN: 1861000480.

»Protecting Business Information: A Manager's Guide«. James A. Schweitzer. Butterworth-Heinemann, 1995. ISBN: 0750696583.

»Protecting Your Web Site with Firewalls«. Marcus Goncalves und Vinicius A. Goncalves. Prentice Hall, 1997. ISBN: 0136282075.

»Protecting Yourself Online: The Definitive Resource on Safety Freedom and Privacy in Cyberspace«. Robert B. Gelman und Stanton McCandlish. Harper Collins, 1998. ISBN: 0062515128.

»Protection and Security on the Information Superhighway«. Frederick B. Cohen. John Wiley & Sons, 1995. ISBN: 0471113891.

»Public-Key Cryptography«. Arto Salomaa. Springer Verlag, 1996. ISBN: 3540613560.

»Risky Business: Protect Your Business from Being Stalked, Conned, Libeled or Blackmailed on the Web«. Dan Janal. John Wiley & Sons, 1998. ISBN: 0471197068.

»Secrets and Lies«. Bruce Schneier. John Wiley & Sons, 2000. ISBN: 0471253111. (Deutsche Ausgabe: *Secrets und Lies. IT-Sicherheit in einer vernetzten Welt*. dpunkt-Verlag. ISBN: 3898641139)

»Secrets of Making and Breaking Codes«. Hamilton Nickels. Citadel Press, 1994. ISBN: 0806515635.

»Secure Commerce on the Internet«. Vijay Ahuja. AP Professional, 1996. ISBN: 0120455978.

»Secure Computing: Threats and Safeguards«. Rita C. Summers. McGraw-Hill, 1997. ISBN: 0070694192.

»Secure Data Networking«. Michael Purse. Artech House, 1993. ISBN: 0890066922.

»Secure Electronic Commerce: Building the Infrastructure for Digital Signatures and Encryption«. Warwick Ford und Michael S. Baum. Prentice Hall, 1997. ISBN: 0134763424.

»Secure Electronic Transactions: Introduction and Technical Reference«. Larry Loeb. Artech House, 1998. 0890069921.

»Securing Java: Getting Down to Business with Mobile Code Second Edition«. Gary McGraw und Edward W. Felten. John Wiley & Sons, 1999. ISBN: 047131952X.

»Securing Windows NT/2000 Servers for the Internet: A Checklist for System Administrators«. Stefan Norberg und Deborah Russell. O'Reilly & Associates, 2000. ISBN: 1565927680.

»Security, ID Systems, and Locks: The Book on Electronic Access Control«. Joel Koniecek und Karen Little. Butterworth-Heinemann, 1997. ISBN: 0750699329.

»Security in Computing«. Charles P. Pfleeger. Prentice Hall, 1996. ISBN: 0133374866.

»Security Survival: A Source Book from the Open Group«. X Open Guide. Prentice Hall, 1997. ISBN: 0132666286.

»Smart Card Security and Applications«. Mike Hendry. Artech House, 1997. ISBN: 0890069530.

»Technology and Privacy: The New Landscape«. Philip E. Agre und Marc Rotenberg. MIT Press, 1997. ISBN: 026201162X.

»The Ultimate Computer Security Survey/Book and Disk«. James L. Schaub und Ken D., Jr. Butterworth-Heinemann, 1995. ISBN: 0750696923.

»The Ultimate Windows 2000 System Administrator's Guide«. Robert Williams und Mark Walla. Addison-Wesley Publishing Company, 2000. ISBN: 0201615800.

»Understanding Digital Signatures: Establishing Trust over the Internet and Other Networks«. Gail L. Grant. McGraw-Hill, 1997. ISBN: 0070125546.

»UNIX Installation Security and Integrity«. David Ferbrache und Gavin Shearer. Prentice Hall, 1993. ISBN: 0130153893.

»UNIX Security«. Miller Freeman. Miller Freeman, 1997. ISBN: 0879304715.

»Web Commerce Cookbook«. Gordon McComb. John Wiley & Sons, 1997. ISBN: 0471196630.

»Web Psychos, Stalkers, and Pranksters: How to Protect Yourself in Cyberspace. Michael A. Banks. Coriolis Group, 1997. ISBN: 1576101371.

»Web Security & Commerce«. Simson Garfinkel und Gene Spafford. O'Reilly & Associates, 1997. ISBN: 1565922697.

»Web Security Sourcebook«. Avi Rubin, Daniel Geer und Marcus J. Ranum. John Wiley & Sons, 1997. ISBN: 047118148X.

»Web Security: A Step-By-Step Reference Guide«. Lincoln D. Stein. Addison-Wesley Publishing Company, 1998. ISBN: 0201634899.

»Who Knows: Safeguarding Your Privacy in a Networked World«. Ann Cavoukian und Don Tapscott. Random House, 1996. ISBN: 0070633207.

»Windows NT Security Guide«. Steve A. Sutton. Addison-Wesley Publishing Company, 1996. ISBN: 0201419696.

»Windows NT Security Handbook«. Tom Sheldon. Osborne McGraw-Hill, 1996. ISBN: 0078822408.

»Windows NT Security: A Practical Guide to Securing Windows NT Servers and Workstations«. Charles B. Rutstein. McGraw-Hill, 1997. ISBN: 0070578338.

»Windows NT Server 4 Security Handbook«. Lee Hadfield, Dave Hatter und Dave Bixler. Que, 1997. ISBN: 078971213X.

»Windows NT Server and UNIX: Administration, Co-Existence, Integration, and Migration«. G. Robert Williams und Ellen Beck Gardner. Addison-Wesley Publishing Company, 1998. ISBN: 0201185369.

»Windows NT User Administration«. Ashley J. Meggitt und Timothy D. Ritchey. O'Reilly & Associates, 1997. ISBN: 1565923014. (Deutsche Ausgabe: *Windows-NT-Benutzer-Administration*. ISBN: 3897211114)

»WWW Security: How to Build a Secure World Wide Web Connection«. Robert S. MacGregor, Alberto Aresi und Andreas Siegert. Prentice Hall, 1996. ISBN: 0136124097.

A.2 TCP/IP

»Cisco TCP/IP Routing Professional Reference«. Chris Lewis. McGraw-Hill, 1997. ISBN: 0070410887.

»Demystifying TCP/IP«. Paul Schlieve. Wordware Publishing, 1997. ISBN: 1556225393.

»Designing TCP/IP Internetworks«. Geoff Bennett. John Wiley & Sons, 1997. ISBN: 0471286435.

»The Essential Guide to TCP/IP Commands«. Martin R. Arick. John Wiley & Sons, 1996. ISBN: 0471125695.

»A Guide to the TCP/IP Protocol Suite«. Floyd Wilder und Vinton G. Cerf. Artech House, 1993. ISBN: 0890066930.

»Hands-On TCP/IP«. Paul Simoneau. McGraw-Hill, 1997. ISBN: 0079126405.

»High-Speed Networks: TCP/IP and ATM Design Principles«. William Stallings. Prentice Hall, 1997. ISBN: 0135259657.

»Illustrated TCP/IP«. Matthew G. Naugle. John Wiley & Sons, 1998. ISBN: 0471196568.

»Implementing Ipv6: Migrating to the Next Generation Internet Protocol«. Mark A. Miller. IDG Books, 1998. ISBN: 1558515798.

»Inside TCP/IP«. Karanjit S. Siyan, Ph.D., Nancy Hawkins und Joern Wettern. New Riders, 1997. ISBN: 1562057146.

»Integrating TCP/IP into SNA«. Ed Taylor. Wordware Publishing, 1993. ISBN: 1556223404.

»Internet Core Protocols: The Definite Guide«. Eric A. Hall. O'Reilly & Associates. ISBN: 1565292576.

»Internet and TCP/IP Network Security«. Uday O. Pabrai und Vijay K. Gurbani. McGraw-Hill, 1996. ISBN: 0070482152.

»Internetworking with Netware TCP/IP«. Karanjit S. Siyan, Peter Kuo und Peter Rybaczyk. New Riders, 1996. ISBN: 1562055585.

»Internetworking with TCP/IP: Client-Server Programming and Applications«. Douglas E. Comer und David L. Stevens. Prentice Hall, 1997. ISBN: 0138487146.

»Internetworking with TCP/IP: Principles, Protocols, and Architecture«. Douglas E. Comer. Prentice Hall, 1995. ISBN: 0132169878.

»An Introduction to TCP/IP«. John Davidson. Springer Verlag, 1998. ISBN: 038796651X.

»IPNG and the TCP/IP Protocols: Implementing the Next Generation Internet«. Stephen Thomas. John Wiley & Sons, 1996. ISBN: 0471130885.

»IPV6: The New Internet Protocol«. Christian Huitema. Prentice Hall, 1996. ISBN: 013241936X.

»Mastering TCP/IP for NT Server«. Mark Minasi, Todd Lammle und Monica Lammle. Sybex, 1997. ISBN: 0782121233.

»MCSE: TCP/IP for NT Server 4 Study Guide«. Todd Lammle, Monica Lammle und James Chellis. Sybex, 1997. ISBN: 078212173X.

»Networking Personal Computers With TCP/IP«. Craig Hunt und Mike Loukides. O'Reilly & Associates, 1995. ISBN: 1565921232. (Deutsche Ausgabe: *TCP/IP Netzanbindung von PCs*. O'Reilly, 1996. ISBN: 3930673282)

»Networking with Microsoft TCP/IP«. Drew Heywood. New Riders, 1997. ISBN: 1562057138.

»Novell's Guide to TCP/IP and Intranetware«. Drew Heywood. IDG Books, 1997. ISBN: 0764545329.

»Sams Teach Yourself TCP/IP in 14 Days«. Timothy Parker. Sams Publishing, 1996. ISBN: 0672308851.

»TCP/IP Administration«. Craig Zacker. IDG Books, 1998. ISBN: 0764531581.

»TCP/IP and the AS/400«. Dan Riehl und Mike Ryan. Duke Communications, 1998. ISBN: 1882419723.

»TCP/IP and Related Protocols«. Uyless Black. McGraw-Hill, 1995. ISBN: 0070055602.

»TCP/IP Applications and Protocols«. Walter Goralski. Computer Technology Research Corporation, 1995. ISBN: 1566079519.

»TCP/IP Clearly Explained«. Pete Loshin. AP Professional, 1997. ISBN: 0124558356.

»TCP/IP Complete«. Ed Taylor. McGraw-Hill, 1998. ISBN: 0070634009.

»TCP/IP for Dummies«. Candace Leiden und Marshall Wilensky. IDG Books, 1997. ISBN: 0764500635.

»TCP/IP for NT Server 4«. Sybex, 1998. ISBN: 0782123074.

»TCP/IP Illustrated Vol 1: The Protocols«. W. Richard Stevens. Addison Wesley, 1994. ISBN: 0201633469.

»TCP/IP Illustrated Vol 2: The Implementation«. Gary A. Wright und W. Richard Stevens. Addison Wesley, 1995. ISBN: 020163354X.

»TCP/IP Illustrated Vol 3: TCP for Transactions, HTTP, NNTP and the UNIX Domain Protocols«. W. Richard Stevens. Addison Wesley, 1996. ISBN: 0201634953.

»TCP/IP Network Administration«. Craig Hunt. Travelers' Tales Inc., 1998. ISBN: 1565923227. (Deutsche Ausgabe: *TCP/IP-Netzwerk-Administration*. O'Reilly, 1998. ISBN: 3897211106)

»TCP/IP Networking: Architecture, Administration, and Programming«. James Martin und Joe Leben. Prentice Hall, 1994. ISBN: 0136422322.

»TCP/IP Networking Protocol«. Lynne G. Jolitz. Peer to Peer Communications, 1998. ISBN: 1573980072.

»TCP/IP: Running a Successful Network«. Kevin Washburn und Jim Evans. Addison-Wesley Publishing Company, 1996. ISBN: 0201877112. (Deutsche Ausgabe: *TCP/IP*. Addison-Wesley. ISBN: 3-8273-1145-4)

»TCP/IP: A Survival Guide«. Frank Derfler und Steve Rigney. IDG Books, 1997. ISBN: 1558285644.

»TCP/IP Tutorial and Technical Overview«. Eamon Murphy, Steve Hayes und Mathias Enders. Prentice Hall, 1995. ISBN: 0134608585.

»TCP/IP Unleashed«. Timothy Parker. Sams Publishing, 1998. ISBN: 0672311127.

»Using TCP/IP. Joern Wettern und Nancy Hawkins. Que, 1997. ISBN: 0789713624.

A.3 NetWare

»Bulletproofing Netware: Solving the 175 Most Common Problems Before They Happen«. Mark Wilkins, Glenn E. Weadock und K. Weadock Wilkins. McGraw-Hill, 1997. ISBN: 0070676216.

»CNA Study Guide for Intranetware«. Michael Moncur und James Chellis. Sybex, 1997. ISBN: 0782120989.

»The Complete Guide to NetWare 4.1«. James E. Gaskin. Sybex, 1995. ISBN: 078211500A.

»A Guide to NetWare for UNIX«. Cathy Gunn. Prentice Hall, 1995. ISBN: 0133007162.

»Learning Netware 4.1«. Guy Yost und John Preston. Que, 1997. ISBN: 1575760525.

»Managing Small Netware 4.11 Networks«. Doug Jones. Sybex, 1997. ISBN: 0782119638.

»Mastering Netware 5.1«. James Gaskin. Sybex, 2000. ISBN: 078212772X.

»Netware 4 Made Easy«. Taha. Prentice Hall, 1998. ISBN: 0132449633.

»NetWare 4.X«. John Preston. Que, 1997. ISBN: 1575763826.

»NetWare Professional's Toolkit«. Gary Araki. Advice Press, 1998. ISBN: 1889671118.

»The NetWare to Internet Connection«. Morgan Stern. Sybex, 1996. ISBN: 0782117066.

»NetWare to Internet Gateways«. James E. Gaskin. Prentice Hall, 1996. ISBN: 0135217741.

»NetWare to Windows NT Complete: Integration and Migration«. Arnold Villeneuve und Wayne McKinnon. McGraw-Hill, 1998. ISBN: 0079131719.

»NetWare Web Development«. Peter Kuo. Sams Publishing, 1996. ISBN: 1575211886.

»Novell Intranetware Professional Reference«. Karanjit Siyan, Joshua Ball, Jason Ehrhart und Jim Henderson. New Riders, 1997. ISBN: 1562057294.

»Novell's Guide to Creating Intranetware Intranets«. Karanjit S. Siyan. IDG Books, 1997. ISBN: 0764545310.

»Novell's Guide to Integrating NetWare and TCP/IP«. Drew Heywood. Novell Press/IDG Books, 1996. ISBN: 1568848188.

»Novell's Guide to NetWare LAN Analysis«. Dan E. Hakes und Laura Chappell. Sybex, 1994. ISBN: 0782111432.

»Novell's Guide to Performance Tuning Netware«. Jeffrey F. Hughes und Blair W. Thomas. IDG Books, 1998. ISBN: 0764545264.

»Routing in Today's Internetworks: The Routing Protocols of Ip, Decnet, Netware, and Appletalk«. Mark Dickie. John Wiley & Sons, 1997. ISBN: 0471286206.

Anhang B

Grundkurs Internet

In diesem Anhang finden Sie eine Darstellung der frühen Geschichte des Internets. Sollten Sie diese Geschichte schon kennen, blättern Sie einfach weiter.

B.1 Die Anfänge: 1962 bis 1969

Unser Schauplatz sind die frühen 60er-Jahre – 1962, um genau zu sein. Jack Kennedy saß im Weißen Haus und die Beatles hatten gerade ihre erste Hit-Single aufgenommen (*Love me do*). Das amerikanische Volk genoss eine Ära des Wohlstands. An anderen Orten der Welt verbreitete sich der Kommunismus, und mit ihm kamen Waffen von schrecklicher Zerstörungskraft.

In Erwartung eines Atomkrieges beauftragte die Luftwaffe der Vereinigten Staaten eine kleine Gruppe von Forschern mit einer ungeheuren Aufgabe: Sie sollten ein Kommunikationsnetzwerk schaffen, das einen nuklearen Angriff überleben könnte. Ihr Konzept war revolutionär – ein Netzwerk, das nicht zentral kontrolliert wurde. Selbst wenn man einen (oder zehn oder hundert) seiner Knotenpunkte zerstörte, würde das System weiterlaufen. Dieses Netzwerk (ausschließlich für militärische Zwecke geplant) würde selbst die Apokalypse überleben (wenn auch wir nicht).

Der für die Existenz des Internet Hauptverantwortliche ist Paul Baran. 1962 arbeitete Baran bei der Rand Corporation, der »Denkfabrik«, die mit der Entwicklung dieses Konzeptes beauftragt wurde. Baran stellte sich ein Netzwerk vor, in dem alle Rechner miteinander kommunizieren könnten. Dies war ein radikales Konzept, das damals jegliche Konventionen brach, aber Baran war klar, dass zentralisierte Netzwerke zu anfällig für Angriffe waren. In seinem heute berühmten Memorandum *On Distributed Communications: I. Introduction to Distributed Communications Network* schrieb er:

> *Das zentralisierte Netzwerk ist offensichtlich für Ausfälle anfällig, da die Zerstörung eines einzelnen zentralen Knotenpunkts die Kommunikation zwischen den Endgeräten aufheben kann.*

WEGWEISER
Die Rand Corporation hat dieses Memorandum und den Bericht von Baran großzügigerweise im World Wide Web zur Verfügung gestellt. Sie finden die Dokumente unter `http://www.rand.org/publications/RM/baran.list.html`.

Baran bezog sich auf die Art und Weise, in der die meisten Computernetzwerke aufgebaut waren. Früher verließen sich Netzwerke auf Großrechner. Auf diesen großen und leistungsfähigen Maschinen waren die zentralisierten Daten gespeichert. Anwender griffen über Terminals auf die Informationen zu, die mit dem Großrechner per Kabel verbunden waren. Die Daten reisten vom Terminal durch das Kabel in den Großrechner. Der Großrechner verteilte die Daten dann an andere Terminals. Dies war eine sehr effektive Methode der Vernetzung, hatte aber verheerende Auswirkungen auf die Sicherheit der Daten. Zum Beispiel konnten die Terminals nicht direkt miteinander kommunizieren. Würde also jemand den Großrechner zerstören, wäre das gesamte Netzwerk unbrauchbar. Dies stellte ein erhebliches Risiko für unsere nationalen Netzwerke dar.

Baran hatte eine einfache Lösung: Ein Netzwerk, in dem alle Punkte miteinander kommunizieren können. In vielen Punkten ähnelte dieser Aufbau dem Konzept des nationalen Telefonnetzes. Baran erklärte:

> *In der Praxis wird eine Mischung aus stern- und spinnwebförmigen Komponenten benutzt, um Kommunikationsnetzwerke zu formen. Ein derartiges Netzwerk wird manchmal als »dezentralisiertes« Netzwerk bezeichnet, da es nicht erforderlich ist, sich auf nur einen einzelnen Punkt zu verlassen.*

Barans Ausarbeitung war gründlich, bis hin zu Routing-Konventionen. Er stellte sich ein System vor, in dem Daten ihren eigenen Weg dynamisch bestimmen konnten. Träfen die Daten beispielsweise an einem Punkt des Netzwerkes auf ein Problem, würden sie einen anderen Weg nehmen. Dieses System basierte auf gewissen Regeln. Zum Beispiel würde ein Netzwerkknoten eine Nachricht nur dann akzeptieren, wenn er genügend Speicherplatz zur Verfügung hätte. Wären zu einem Zeitpunkt alle Leitungen besetzt, würde die Nachricht warten, bis ein neuer Weg vorhanden wäre. Auf diese Art und Weise würde das Netzwerk für eine intelligente Datenübertragung sorgen. Baran stellte noch andere Aspekte des Netzwerks detailliert dar, darunter

- Sicherheit
- Prioritätsschemata (und Vorrichtungen zur Vermeidung von Netzwerküberlastungen)
- Hardware
- Kosten

Leider waren Barans Ideen ihrer Zeit einen guten Schritt voraus. Das Pentagon setzte wenig Vertrauen in derart radikale Konzepte. Baran lieferte den Offiziellen der Verteidigungsbehörde einen elfbändigen Bericht, der sofort ad acta gelegt wurde. Wie sich herausstellte verzögerte die Kurzsichtigkeit des Pentagons die Geburt des Internets, aber nicht sehr lange. 1965 wurde das Projekt wieder ins Leben gerufen. Gelder wurden verteilt, um ein dezentralisiertes Computernetzwerk zu entwickeln, und 1969 wurde dieses Netzwerk Realität. Das System hieß *ARPANET.*

Für heutige Begriffe war das ARPANET sehr einfach gestrickt. Es vernetzte die Rechner von vier amerikanischen Forschungseinrichtungen (das Stanford Research Institute, die University of Utah, die University of California in Los Angeles und die University of California in Santa Barbara). Einer der Rechner war eine DEC PDP-10. Diese alten Monster sind heutzutage eher als Möbelstück denn als Computer zu nutzen. Ich erwähne die DEC PDP-10 hier jedoch kurz, um eine andere Legende der Computergeschichte erwähnen zu können.

Es war ungefähr um diese Zeit, dass ein in Seattle, Washington, ansässiges Unternehmen begann, Computer-Sharing anzubieten. Das heißt, das Unternehmen vermietete CPU-Zeit an Kunden aus der Wirtschaft, die in der Regel pro Stunde abgerechnet wurde. Das Unternehmen stellte zwei intelligente junge Männer zum Testen seiner Software ein. Für ihre Dienste erhielten die Jungs freien Netzzugang zu einer PDP-10 (heute würde dies dem freien Zugang zu einem riesigen Rechencluster samt Betriebssystem entsprechen). Zum Leidwesen der Jungs ging das Unternehmen bald Pleite, aber die dort gewonnenen Erfahrungen sollten ihr Leben verändern. Zu jener Zeit gingen sie gerade zur High School, heute sind sie Milliardäre. Na, wissen Sie, von wem hier die Rede ist? Die zwei Jungs waren Bill Gates und Paul Allen.

Auf alle Fälle begann das ARPANET sehr moderat: Vier Rechner, die über das Telefonnetz verbunden waren. Für die damalige Zeit allerdings war dies eine geradezu unglaubliche Leistung. Die anfängliche Euphorie über die Entwicklung des ARPANET legte sich allerdings rasch, als die Ingenieure feststellten, dass sie einige ernsthafte Probleme hatten. Ein Problem bestand darin, dass es kein geeignetes Betriebssystem gab, um das von Baran anvisierte umfangreiche Netzwerk zu schaffen.

Der Zufall sollte jetzt eine große Rolle spielen. An einem anderen Ort in den USA entwickelten Forscher zur gleichen Zeit ein obskures Betriebssystem, das die Welt auf ewig ändern sollte. Das Betriebssystem hieß UNIX.

B.2 UNIX wird geboren: 1969 bis 1973

Wir schreiben das Jahr 1969 (das gleiche Jahr, in dem das ARPANET eingerichtet wurde). Ken Thompson von den Bell Labs (zusammen mit Dennis Ritchie und Joseph Ossanna) entwickelte die erste Version von UNIX. Die Software war hausgemacht, von Thompson selbst geschrieben und lief auf einer DEC PDP-7.

Das UNIX-System von Thompson hatte keine Ähnlichkeit mit den modernen UNIX-Systemen. Zum Beispiel sind heutige UNIX-Derivate Multiusersysteme. (Mit anderen Worten können heute mehrere Anwender gleichzeitig an einem einzigen UNIX-Rechner arbeiten.) Im Gegensatz dazu war Thompsons erster Prototyp ein Singleusersystem und ein recht rudimentäres dazu. Aber vielleicht sollte ich den Begriff rudimentär definieren.

Wenn Sie an ein Betriebssystem denken, stellen Sie sich vermutlich ein Programm vor, das grundlegende Utilities, Texteditoren, Hilfedateien, eine grafische Benutzeroberfläche, Netzwerktools und so weiter beinhaltet. Denn heute sind Endanwendersysteme sehr komplex und benutzerfreundlich. Das erste UNIX-System entsprach dem überhaupt nicht. Statt dessen hatte es nur die nötigsten Utilities, um überhaupt laufen zu können. Versetzen Sie sich einen Moment in die Lage von Ken Thompson. Bevor Sie Dutzende der soeben erwähnten komplexen Programme erstellen können, stehen Sie erst einmal vor einer viel grundlegenderen Aufgabe: Sie müssen das System zum Booten kriegen.

Thompson schaffte es schließlich tatsächlich, dass sein UNIX-System bootete. Bis dahin allerdings traf er auf viele Probleme. Eins bestand darin, dass die von ihm benutzte Programmiersprache sich nicht sehr gut für diese Aufgabe eignete. Noch einmal sollte der Zufall eine große Rolle spielen. Etwa zur gleichen Zeit entwickelten andere Forscher von den Bell Labs (Dennis Ritchie und Brian Kernighan) eine neue Programmiersprache namens C.

B.2.1 Die Programmiersprache C

C wird häufig für das Programmieren von Sprach-Compilern und Betriebssystemen benutzt. Ich gehe hier auf C ein, weil es erheblichen Einfluss auf die Entwicklung des Internets hatte.

Heute werden fast alle Anwendungen, die eine Kommunikation über das Internet vereinfachen, in C geschrieben. In der Tat wurden sowohl das Betriebssystem UNIX (das die grundlegende Struktur des Internets formt) als auch TCP/IP (die Protokollfamilie, die den Datenverkehr über das Netz steuert) in C entwickelt. Ohne C würde das Internet in seiner heutigen Form gar nicht existieren.

Die Popularität von C basiert auf mehreren Faktoren:

- C ist klein und effektiv.
- C-Code kann sehr einfach von einem Betriebssystem auf ein anderes portiert werden.
- C kann schnell und leicht erlernt werden.

Allerdings kannten die Forscher der Bell Labs nur den ersten dieser Faktoren, als sie beschlossen, UNIX neu in C zu schreiben. Thompson und Ritchie portierten UNIX auf eine DEC PDP-11/20 und entwickelten es erheblich weiter. Zwischen 1970 und 1973 wurde UNIX in C komplett neu geschrieben. Dies führte zu einer erheblichen Verbesserung und behob viele Fehler des ersten UNIX-Systems.

B.3 Die prägenden Jahre des Internets: 1972 bis 1975

Ich wende mich jetzt kurz von den weiteren Entwicklungen von UNIX und C ab, denn zwischen 1972 und 1975 wurden Fortschritte auf anderen Gebieten erzielt, die einen großen Einfluss darauf haben sollten, wie und warum UNIX als Betriebssystem für das Internet gewählt wurde.

1972 umfasste das ARPANET etwa 40 Hosts (für heutige Begriffe ist das kleiner als viele Local Area Networks oder LANs). In diesem Jahr erfand Ray Tomlinson, ein Mitglied von Bolt, Beranek and Newman, Inc., die elektronische Post – E-Mail –, eine bahnbrechende Entwicklung für die Kommunikation über das Internet.

Tomlinsons Erfindung war für die Endanwender wohl die wichtigste Innovation des Jahrzehnts im Computerbereich. E-Mail sorgte für einfache, effektive und billige Kommunikation. Dies führte zu einem offenen Gedankenaustausch und einer Zusammenarbeit zwischen Wissenschaftlern, die über die Ländergrenzen hinaus ging. Da eine E-Mail-Nachricht gleichzeitig an mehrere Empfänger gesendet werden konnte, wurden Ideen schneller verbreitet und realisiert. Von diesem Zeitpunkt an lebte das Netz.

Eine andere entscheidende Erfindung wurde 1974 gemacht: Vinton Cerf und Robert Khan erfanden das Transmission Control Protocol (TCP). Dieses Protokoll war eine neue Methode, Daten Bit für Bit über das Netzwerk zu bewegen und die Einzelstücke am anderen Ende wieder zusammenzusetzen.

HINWEIS
TCP ist das primäre Protokoll, das heute im Internet benutzt wird. Es wurde in den frühen 70er-Jahren entwickelt und schließlich in Berkeley Software Distribution UNIX integriert. Seitdem ist es zu einem Internetstandard geworden. Heute läuft auf fast allen mit dem Internet verbundenen Rechnern irgendeine Form von TCP.

1975 war das ARPANET ein voll funktionsfähiges Netzwerk. Die Basisarbeit war getan, und nun war es an der Zeit, dass die US-Regierung es für sich in Anspruch nahm. In diesem Jahr wurde die Kontrolle über das ARPANET an die damalige United States Defense Communication Agency (später Defense Information Systems Agency) übergeben.

Eine noch verbleibende Aufgabe war die Auswahl eines offiziellen Betriebssystems für das ARPANET. Die Gründe für die Wahl von UNIX waren vielfältig. Im nächsten Abschnitt werde ich diese Gründe ausführlich erklären.

B.3.1 UNIX wird erwachsen

Zwischen 1974 und 1980 wurde der UNIX-Quellcode an Universitäten in den USA verteilt. Dies war einer der Hauptgründe für den großen Erfolg des Betriebssystems.

Erstens fand die akademische Welt sofort Gefallen an UNIX. Daher wurde es in vielen Vorlesungsübungen eingesetzt. Dies hatte wiederum direkte Auswirkungen auf die Wirtschaft. Mike Loukides, Lektor für O'Reilly & Associates und ein UNIX-Guru erklärte:

> *Schulen brachten eine Menge sehr fähiger Computerbenutzer (und Systemprogrammierer) hervor, die UNIX schon kannten. Daher konnte man fertige Programmierer »kaufen« und musste sie nicht erst in die Schwierigkeiten eines unbekannten Betriebssystems einarbeiten.*

Die Universitäten erhielten den UNIX-Quellcode kostenlos, und damit konnten Studenten UNIX weiterentwickeln. Diese Offenheit führte schnell zu Portierungen von UNIX auf andere Rechner, was die Basis der UNIX-Benutzer nur vergrößerte.

HINWEIS
Da der UNIX-Quellcode weithin bekannt und verfügbar ist, werden auch mehr Fehler in der Sicherheitsstruktur des Systems bekannt. Im Gegensatz dazu stehen proprietäre Systeme, deren Hersteller meist nicht bereit sind, ihren Quellcode zu offenbaren, und damit viele Fragen in Bezug auf die Sicherheit offen lassen.

UNIX gewann weiterhin an Beliebtheit, und 1978 beschloss AT&T, das Betriebssystem zu kommerzialisieren und Lizenzgebühren zu verlangen (schließlich hatte man ganz offensichtlich ein gewinnbringendes Produkt geschaffen). Dies führte zu einer großen Verschiebung in der Computergemeinschaft. In einem erstaunlichen Versuch, kreative Unabhängigkeit zu bewahren, schuf die University of California in Berkeley ihre eigene UNIX-Version, die vielen modernen kommerziellen UNIX-Versionen zugrunde liegt.

UNIX wurde aus mehreren Gründen gewählt, unter anderem den folgenden:

- UNIX war Entwicklungsstandard.
- UNIX war ein offenes System.
- Der UNIX-Quellcode war für genaue Untersuchungen öffentlich verfügbar.
- UNIX hatte leistungsfähige Netzwerkfunktionen.

B.3.2 UNIX und das Internet entwickeln sich gemeinsam weiter

Nachdem UNIX als Betriebssystem für das Internet gewählt war, wurden die Fortschritte in UNIX in den Aufbau des Internets integriert. Daher entwickelten sich seit 1975 UNIX und das Internet gemeinsam weiter. Seit dieser Zeit haben viele große Software- und Hardwarehersteller ihre eigenen UNIX-Versionen auf den Markt gebracht. Die heute populärsten UNIX-Versionen werden in Tabelle B.1 aufgelistet.

UNIX-Version	Hersteller
SunOS & Solaris	Sun Microsystems
HP-UX	Hewlett Packard
AIX	IBM
Digital Unix	Compaq
BSD (Berkeley Software Distribution)	Open-Source
Linux	Open-Source – verschiedene Distributoren

Tabelle B.1: UNIX-Versionen und ihre Hersteller

Viele dieser UNIX-Versionen laufen auf Hochleistungsrechnern, so genannten Workstations. Workstations unterscheiden sich in vielen Punkten von einfachen PCs. Erstens enthalten Workstations hochwertigere Hardware und sind daher teurer. Dies liegt zum Teil an der geringeren Anzahl von produzierten Workstations. Im Gegensatz dazu sind PCs ein Massenprodukt, und ihre Hersteller suchen immer wieder neue Wege, um Kosten zu senken. Ein Verbraucher, der eine neue PC-Platine kauft, geht deshalb ein wesentlich höheres Risiko ein, fehlerhafte Hardware zu bekommen. Außerdem sind Workstations in der Regel technisch dem PC weit überlegen. Zum Beispiel gehörten schon 1989 integrierter Sound, Ethernet und SCSI zur Standardausrüstung einer Workstation. ISDN beispielsweise wurde bereits kurz nach seiner Entwicklung in Workstations integriert.

Linux ist eine interessante Version von UNIX. Es wird seit 1991 für den Einsatz auf PCs entwickelt und ist frei verfügbar. Diese Kombination und die Zuverlässigkeit von Linux haben dieses Betriebssystem zu einer wichtigen Plattform für Internetserver gemacht.

HINWEIS
Die technischen Vorteile einer Workstation sind nicht immer auf den ersten Blick erkennbar. Oft ist die Leistungsfähigkeit einer Workstation unter der Motorhaube versteckt. Zum Beispiel haben viele Workstations einen extrem hohen Durchsatz, der sich in superschnellen Netzwerkverbindungen und erstklassiger Grafik-Performance äußert. Tatsächlich produzieren SGI und Sun jetzt Rechner, die einen geradezu absurden Durchsatz haben und Hunderte von Gigabyte pro Sekunde verarbeiten.

High-End-Performance kommt Sie teuer zu stehen. Früher machten Workstations Sie um einen fünf- oder sechsstelligen Betrag ärmer. Für den gewöhnlichen Anwender waren derartige Maschinen natürlich unerschwinglich. Im Gegensatz dazu waren PC-Hardware und -Software günstig, leicht zu besorgen, einfach zu konfigurieren und weit verbreitet. Aber in den letzten Jahren sind Workstations erheblich günstiger geworden und liegen jetzt preislich nur noch etwas höher als PCs.

Uns interessiert jetzt jedoch nur UNIX, da es eng mit dem Internet verbunden ist. Da die Entwicklung des Internets von Seiten der US-Regierung auf der UNIX-Plattform implementiert wurde, enthält UNIX die Grundbausteine des Netzes. Kein anderes Betriebssystem wurde jemals so sehr auf die Benutzung mit dem Internet ausgerichtet.

Werfen wir einen kurzen Blick auf UNIX, bevor wir fortfahren.

B.3.3 Die grundlegenden Merkmale von UNIX

Das heutige UNIX läuft auf verschiedener Hardware, einschließlich IBM-kompatiblen und Macintosh-Rechnern. Die Installation unterscheidet sich wenig von der anderer Betriebssysteme. Die meisten Anbieter liefern eine CD-ROM. Auf Workstations wird die Installation durch Booten von einer CD-ROM durchgeführt. Normalerweise entscheiden Sie zunächst über eine Reihe von Optionen; beendet wird die Installation automatisch. Für andere Hardwareplattformen erhalten Sie in der Regel neben der CD-ROM eine Boot-Diskette, über die ein kleines Installationsprogramm in den Speicher geladen wird.

Ein UNIX-System zu starten ist dem Booten anderer Systeme ebenfalls sehr ähnlich. Während des Boot-Vorgangs werden alle vorhandenen Hardwarekomponenten diagnostiziert, der Speicher überprüft und die wichtigsten Systemprozesse gestartet. Unter UNIX werden einige der gängigen Systemprozesse beim Booten gestartet, darunter

- E-Mail-Dienste
- allgemeine Netzwerkdienste
- Protokoll- und Systemadministrationsdienste

Nach dem Booten erscheint ein Login-Prompt, der Sie zur Eingabe Ihres Benutzernamens und Passworts auffordert. Wenn das Einloggen beendet ist, erreichen Sie eine Shell-Umgebung oder eine grafische Benutzeroberfläche.

HINWEIS
Eine Shell ist eine Umgebung, in der Befehle eingegeben und ausgeführt werden können. Ein Shell-Interpreter übersetzt diese Befehle dann zur Verarbeitung in Maschinensprache. In MS-DOS ist die Shell z.B. *COMMAND.COM*. Der Benutzer kommuniziert mit der Shell, indem er Befehle eingibt (beispielsweise den Befehl DIR zur Auflistung von Verzeichnissen). In dieser Hinsicht ähnelt UNIX DOS, zumindest was die äußere Erscheinung betrifft. Alle Befehle werden über die Shell eingegeben. Die Ausgaben dieser Befehle erscheinen auf dem Monitor, es sei denn, Sie geben etwas anderes an.

Die Navigation durch die Verzeichnisse wird auf ähnliche Weise durchgeführt wie die Navigation durch ein DOS-System. DOS-Benutzer können in einem UNIX-System leicht navigieren, indem sie die Konvertierungsinformationen in Tabelle B.2 benutzen. Die UNIX-Befehle, die hier aufgelistet sind, führen zu den gleichen oder sehr ähnlichen Ergebnissen wie ihre Entsprechungen unter DOS.

DOS-Befehl	UNIX-Befehl
cd *<Verzeichnis>*	cd /*<verzeichnis>*
Dir	ls -l
Dir *verzeichnis*	ls /*verzeichnis*
Dir /w	ls
chkdsk *laufwerk*	fsck *laufwerk/partition*
copy *dateiname1 dateiname2*	cp *dateiname1 dateiname2*
edit *dateiname*	vi *dateiname*, ed *dateiname*
fc *dateiname1 dateiname2*	diff *dateiname1 dateiname2*
find *text_string dateiname*	grep *text_string dateiname*
format *laufwerk*	format *laufwerk/partition*

Tabelle B.2: Konvertierungstabelle für Befehle: UNIX zu DOS

DOS-Befehl	UNIX-Befehl
`mem/c|more`	`more /proc/meminfo`
`move` *`dateiname1 dateiname2`*	`mv` *`dateiname1 dateiname2`*
`sort dateiname`	`sort dateiname`
`type` *`dateiname`*`|more`	`more` *`dateiname`*
`help` *<befehl>*	`man` *<befehl>*

Tabelle B.2: Konvertierungstabelle für Befehle: UNIX zu DOS (Forts.)

WEGWEISER
Weitere Informationen über grundlegende UNIX-Befehle finden Sie unter `http://www.geek-girl.com/Unixhelp/`. Dieses Archiv bietet eine umfassende Sammlung von Informationen über UNIX. Als gute Dokumentation über UNIX empfehle ich *Unix Unleashed*, ein Buch, das viele hilfreiche Tipps und Tricks zum Umgang mit diesem beliebten Betriebssystem liefert.

B.3.4 Welche Art von Anwendungen laufen unter UNIX?

Unter UNIX können viele verschiedene Anwendungen laufen. Einige sind leistungsstarke Programme, die für wissenschaftliche Forschungsarbeiten oder im Bereich künstliche Intelligenz benutzt werden. Aber nicht alle UNIX-Anwendungen sind derart spezialisiert. Populäre, kommerzielle Anwendungen können ebenfalls unter UNIX laufen, darunter Adobe PhotoShop, Corel WordPerfect, StarOffice, Netscape und andere Programme, die üblicherweise mit dem PC in Verbindung gebracht werden.

Insgesamt gesehen ist das moderne UNIX wie jede andere Plattform. Grafische Benutzeroberflächen werden üblicherweise mit einer ganzen Reihe integrierter Anwendungen geliefert, darunter Datei-Manager, Texteditoren, Mail-Programme, Uhren, Kalender, Taschenrechner und das andere übliche Zubehör.

Eine große Sammlung von Multimedia-Software kann unter UNIX benutzt werden, dazu gehören Utilities für die Filmwiedergabe und Audio-CDs, Aufnahmeprogramme für digitalen Sound, Zweiwege-Kamera-Systeme, Multimedia-Mail und andere unterhaltsame Dinge. Im Wesentlichen wurde alles, was Sie sich vorstellen können, für UNIX geschrieben.

B.3.5 UNIX und Internetsicherheit

UNIX-Sicherheit ist ein komplexes Feld. Manche Leute behaupten, dass UNIX sehr widersprüchlich sei, weil die gleichen Vorteile, die es zu einer hervorragenden Server-Plattform machen, auch zu einer Anfälligkeit gegen Angriffe führen. UNIX wurde als das ultimative Betriebssystem für Netzwerke entwickelt, mit dem Sie praktisch jede Anwendung remote und transparent ausführen können.

(Mit UNIX können Sie beispielsweise von einem Rechner aus Vorgänge auf einem ganz anderen Rechner durchführen, auch wenn die beteiligten Rechner Tausende von Kilometern voneinander entfernt sind.) Deshalb akzeptierten UNIX-Remote-Dienste standardmäßig Verbindungen aus der ganzen Welt. Mit wachsendem Sicherheitsbewusstsein gingen aber immer mehr Anbieter dazu über, ihre Remote-Dienste abzusichern.

Zudem ist UNIX ein offenes System, dessen Code bei vielen Derivaten öffentlich verfügbar ist. So können sowohl Forscher als auch Computerkriminelle, Cracker und andere Bösewichte den Code untersuchen und Schwachstellen finden. UNIX-Derivate sind jedoch ausgereifte Betriebssysteme, und über die Jahre wurden viele Fortschritte in Bezug auf die Sicherheit gemacht. Zu diesen Fortschritten (von denen viele bereits früh in der Geschichte des Betriebssystems implementiert wurden) zählen unter anderen:

- verschlüsselte Passwörter
- starke Zugriffskontrollen zu Dateien und Verzeichnissen
- Authentifizierungsverfahren auf Systemebene
- raffinierte Logging-Funktionen

UNIX wird deshalb in vielen Umgebungen eingesetzt, für die Sicherheit erforderlich ist. Es gibt Hunderte von Programmen auf dem Markt, die die Sicherheit eines UNIX-Systems verstärken. Viele dieser Tools sind frei im Internet erhältlich. Diese Tools können in vier grundlegende Kategorien eingestuft werden:

- Sicherheits-Audits
- Systemprotokollierung
- Intrusion-Detection
- Verschlüsselung

Tools für Sicherheits-Audits sind Programme, die automatisch Sicherheitslöcher in Systemen erkennen können. Sie überprüfen bekannte Schwachstellen und gängige Fehlkonfigurationen, die zu Sicherheitslöchern führen können. Derartige Tools sind für weit reichende Netzwerkprüfungen entwickelt worden und können viele Rechner in einem Netzwerk überprüfen (Tausende, wenn Sie wollen). Die Tools sind praktisch, da sie eine grundlegende Sicherheitseinschätzung automatisieren. Allerdings stellen sie gleichzeitig auch eine Belastung dar, weil sie Crackern erhebliche Möglichkeiten eröffnen und für diese ebenso leicht zugänglich sind.

Tools für die Systemprotokollierung zeichnen Benutzeraktivitäten und Systemmeldungen auf. Diese Protokolle werden in einfachen Textdateien oder in Dateien gespeichert, die sich automatisch in ein oder mehrere Datenbankformate umwandeln. Logging-Tools gehören als Standardwerkzeug in jede Sicherheitswerkzeugkiste für UNIX. Oft bilden die Protokolle, die von derartigen Utilities generiert wurden, die Beweisgrundlage für eine Anklage gegen einen Cracker. Verstärktes Protokollieren kann jedoch in puncto Speicherplatz und Bandbreite teuer zu stehen kommen.

Intrusion-Detection-Tools sind Programme, die automatisch Muster erkennen, die darauf hinweisen, dass ein Einbruch stattfindet. In mancher Hinsicht können diese Tools als intelligente Logging-Utilities angesehen werden. Der Unterschied ist, dass die Protokolle in Echtzeit generiert und analysiert sowie entsprechende Maßnahmen getroffen werden.

Verschlüsselungstools ermöglichen schließlich eine Verschlüsselung von Daten. Die Daten können auf der Festplatte verschlüsselt werden, damit niemand sie lesen kann. Außerdem können Daten verschlüsselt werden, die über das Internet gesendet werden, damit niemand die Übertragung abfangen und die Daten lesen kann.

Trotz all dieser hervorragenden Tools ist Sicherheit unter UNIX nur schwer zu erreichen. UNIX-Derivate sind große und komplizierte Betriebssysteme, und es kann sehr kostspielig sein, wahre UNIX-Sicherheitsexperten zu beschäftigen. Zwar sind diese Leute relativ zahlreich, aber die meisten von ihnen haben bereits Schlüsselpositionen in Unternehmen auf der ganzen Welt. Deshalb sind Beratungsdienste in diesem Bereich zu einem lukrativen Geschäft geworden.

B.4 Das Internet der 90er

Wir gehen auf das Jahr 1990 zu. Zu dieser Zeit wurde das Internet fast ausschließlich von militärischem oder akademischem Personal benutzt. Es gab wahrscheinlich einige Hunderttausend gelegentliche Benutzer, wenn überhaupt. Das Netzwerk wurde von der National Science Foundation (NSF) verwaltet, die strikte Einschränkungen für die Benutzung des Netzwerks festlegte. Klipp und klar gesagt war es verboten, das Internet für kommerzielle Zwecke zu nutzen.

Dies verschaffte der NSF eine einmalige Position. Obwohl das Internet nicht benutzerfreundlich war (der Zugang war nur über Kommandozeilen möglich), erfreute sich das Netzwerk wachsender Beliebtheit. Die Anzahl der Hosts war auf etwa 300.000 angestiegen. Innerhalb von Monaten wurde der erste Internetserver etabliert, der einen öffentlichen Zugang ermöglichte, und die Forscher wurden mit dem Unvermeidbaren konfrontiert. Es war nur noch eine Frage der Zeit, bis die Menschheit den Cyberspace stürmen würde.

Inmitten der Debatten über die Kosten (der Betrieb des Internet-Backbones verschlang beträchtliche Mittel) gab die NSF 1991 plötzlich ihre Autorität auf. Dies öffnete den Weg für kommerzielle Unternehmen, die Kontrolle über Netzwerkbandbreite erlangen wollten.

Die Öffentlichkeit im Allgemeinen profitierte hiervon zunächst nicht weiter. Der Zugang zum Internet erfolgte immer noch über Befehlszeilen, was den durchschnittlichen Benutzer einschüchterte. Zu dieser Zeit kam es zu einem Ereignis, das nicht nur die Geschichte des Internets, sondern auch die der Welt ändern sollte: Die Universität von Minnesota stellte eine neue Software namens *Gopher* vor. Gopher war das erste Internet-Navigationstool, das in GUI-Umgebungen benutzt werden konnte. Der erste World Wide Web-Browser sollte bald folgen.

1995 zog sich die NSF als Aufseher des Netzes zurück. Das Internet wurde fast auf der Stelle vollständig kommerzialisiert, als sich Unternehmen aus den ganzen USA beeilten, an den Internet-Backbone angeschlossen zu werden. Den Unternehmen folgte die amerikanische Öffentlichkeit, die durch neuartige Browser wie NCSA Mosaic, Netscape Navigator und Microsoft Internet Explorer unterstützt wurde. Das Internet war plötzlich für jeden zugänglich, der einen Computer, eine grafische Benutzeroberfläche und eine Maus hatte.

Nachdem immer mehr Benutzer ins Internet strömten, schossen überall Internet Service Provider wie Pilze aus dem Boden. Dies waren kleine ortsansässige Unternehmen, die einen generellen Gateway-Zugang für die Öffentlichkeit zur Verfügung stellten. Für zwanzig Dollar im Monat konnte jeder mit einem Computer und einem Modem eine Verbindung ins Internet haben. Und es dauerte nicht mehr lange, bis große Unternehmen auf den Wagen aufsprangen (wie America Online oder Prodigy). Damit stieg die Anzahl der Internetbenutzer explosionsartig.

In den späten 90er-Jahren stieg die Anzahl der Unternehmen, die das Internet benutzten, enorm. Das Einkaufen über das Internet wurde zur Realität, und heute werden täglich Millionen, wenn nicht Milliarden Dollar über das Internet ausgegeben. Neue Unternehmen wie Yahoo! und Amazon entstanden aus dem Nichts und wurden in nur wenigen Jahren zu riesigen Unternehmen. Aber die fehlende Bandbreite bleibt ein Stolperstein für diejenigen, die das Internet komplett nutzen wollen.

B.4.1 Die Zukunft

Es gab sehr viele Einschätzungen zu der Frage, in welche Richtung sich das Internet entwickelt. Viele dieser Vorhersagen werden von Marketingleuten und anderen gemacht, die darauf aus sind, noch mehr Bandbreite, noch mehr Hardware, noch mehr Software und noch mehr Spaß zu verkaufen. Eine bedeutende Anzahl von Nutzern haben jetzt Zugriff auf Hochgeschwindigkeitsverbindungen zum Internet, wenn sie bereit sind, dafür zu zahlen. Zwei Technologien haben sich hierfür etabliert: DSL (Digital Subscriber Line) und Kabelmodems.

DSL ist eine Hochgeschwindigkeitstelefonleitung, die eine Geschwindigkeit zwischen 128 Kbps und mehr als 2 Mbps ermöglicht. Das Problem mit DSL besteht darin, dass die maximale Geschwindigkeit je nach Entfernung zur zentralen Niederlassung des Anbieters verschieden ist. Sind Sie zu weit entfernt, können Sie überhaupt nicht von DSL profitieren. Außerdem ist es eine herausfordernde Aufgabe, eine DSL-Leitung erfolgreich zu installieren, und oft dauert es Wochen, bis die Leitung funktioniert.

Ich habe regelmäßig sowohl mit DSL als auch mit Kabelmodems gearbeitet und denke, dass Kabelmodems die bei weitem überlegene Technologie darstellen. Kabelmodems verwenden die Kabelfernsehleitungen, die in Ihr Haus verlegt wurden. Aber einige Leute haben kein Kabelfernsehen in ihrer Gegend, und einige Kabelanbieter stellen keinen Internetzugang zur Verfügung.

DSL-Anbieter behaupten gern, dass Ihre Nachbarn Ihren Kabelmodemzugang verlangsamen, weil Sie die gleiche Kabelleitung benutzen. Aber dieses Problem werden Sie nur in einem schlecht entwickelten Kabelsystem bemerken. In der Realität leidet DSL unter dem gleichen Problem auf dem Weg von der zentralen Niederlassung zu Ihrem ISP. Daher hat dieses Argument der DSL-Anbieter keine Gültigkeit. Ihre Hochgeschwindigkeitsverbindung zum Internet ist nur so gut wie Ihr Provider, unabhängig davon, ob Sie DSL oder Kabel benutzen.

Diese Technologien sind immer aktiv, und viele Leute lassen die Verbindung zwischen Computer und Internet 24 Stunden am Tag offen. Das führt zu neuen Sicherheitsproblemen.

Zusätzlich glauben viele Menschen, dass diese Hochgeschwindigkeitstechnologien Echtzeit-Audio und -Video zu einer Realität im Internet werden lassen.

Audio in angemessener Qualität ist zwar generell möglich, aber Video bleibt auch mit DSL und Kabel problematisch. Oft kommt es zu Pausen, und die Qualität lässt zu wünschen übrig. Damit Video im Internet Realität wird, sind noch schnellere Technologien für den Internetzugang notwendig.

Das Internet entwickelt sich immer mehr zu einem wichtigen Teil im Leben vieler Menschen, wenn das nicht schon bereits der Fall ist. Banken und andere Finanzinstitutionen bieten jetzt die Erledigung aller Bankgeschäfte über das Internet an. In fünf Jahren wird dies wahrscheinlich den Gang zur Bank komplett ersetzen.

Ein großer Teil des Aktienhandels hat sich ebenfalls von traditionellen Brokern in das Internet verschoben. Arbeitgeber stehen heute oft vor dem Problem, dass einige Mitarbeiter einen Großteil des Tages damit verbringen, Aktienkurse zu überprüfen, weil diese so leicht abzurufen sind. Außerdem hat sich das Volumen des »Day-Tradings« explosionsartig erhöht, denn mit dem Internet ist so vieles einfacher geworden. Einige sind damit reich geworden, andere sind auf der Suche nach dem schnellen, leicht verdienten Geld ihrer Gier zum Opfer gefallen.

Anhang C

Weiterführende Informationsquellen

In diesem Anhang finden Sie einige der Informationsquellen, die ich für dieses Buch verwendet habe, sowie Websites (oder Dokumente), die Ihnen dabei helfen können, das Thema Sicherheit besser zu verstehen.

C.1 Offizielle Informationsquellen

Die folgende Liste von Informationsquellen enthält Artikel, Berichte und Tools. Die meisten von ihnen wurden von Leuten geschrieben oder entwickelt, die im Bereich Sicherheit arbeiten.

C.1.1 Websites

»The Anonymous Remailer FAQ«. Dieses Dokument stellt alle Aspekte anonymer Remailing-Techniken und entsprechende Tools dar. `http://www.andrebacard.com/remail.html`

»The Anonymous Remailer List«. Eine umfassende, aber sich oft verändernde Liste anonymer Remailer. `http://www.strassmann.com/pubs/anon-remail.html`

»BugNet«. Eine Website, die sich selbst als »der weltweit führende Anbieter von Fixes für Software-Bugs« bezeichnet. `http://www.bugnet.com`

»Bugtraq Archives«. Ein Archiv der beliebten Bugtraq-Mailing-Liste, eine der zuverlässigsten Informationsquellen für aktuelle Berichte zu neu entdeckten Schwachstellen in UNIX (und manchmal andere Betriebssysteme). Ergänzt wird das Angebot durch eine Vielzahl von sehr guten einführenden Artikeln in die diversen Sicherheitsthemen. `http://www.securityfocus.com/`

»Bundesamt für Sicherheit in der Informationstechnologie (BSI)«. Dieses Bundesamt ist in Deutschland für das Thema Sicherheit zuständig. Sie finden hier eine Vielzahl von Studien und anderen Informationsquellen in diesem Bereich. `http://www.bsi.de`

»The Center for Secure Information Systems«. Diese Website, die mit dem Center an der George Mason University verbunden ist, hat einige wirklich unglaubliche Berichte zu bieten. Hier finden Sie modernste Forschung. Mit der nachfolgenden URL gelangen Sie direkt zur Publikationsseite, aber Sie sollten sich auf alle Fälle die gesamte Website ansehen. `http://www.isse.gmu.edu/~csis/publication.html`

»The CIAC Virus Database«. Früher die ultimative Virusdatenbank im Internet. Es ist eine hervorragende Informationsquelle zum Thema Computerviren, die Ihre Plattform betreffen können. Auch wenn die Informationen auf dieser Seite veraltet sind, finden Sie hier Links zu allen Virusdatenbanken verschiedener kommerzieller Anbieter. `http://ciac.llnl.gov/ciac/CIACVirusDatabase.html`

»The Computer Emergency Response Team (CERT)«. Das CERT ist eine Organisation, die Serverbetreibern hilft, auf Verletzungen der Netzwerksicherheit, Einbrüche und so weiter zu reagieren. Die Website des CERT ist außerdem eine sehr gute Informationsquelle, insbesondere in Bezug auf Schwachstellen. `http://www.cert.org`

»Connected: An Internet Encyclopedia«. Eine unglaubliche Online-Informationsquelle für RFC-Dokumente und damit zusammenhängende Informationen, die sorgfältig in HTML übersetzt wurden. `http://www.freesoft.org/Connected/RFC/826/`

»Criminal Justice Studies of the Law Faculty of University of Leeds, The United Kingdom«. Diese Website bietet interessante Informationen zu den Themen Kryptographie und Bürgerrechte. `http://www.leeds.ac.uk/law/pgs/yaman/cryptog.htm`

»Dan Farmer: Security Survey of Key Internet Hosts and Various Semi-Relevant Reflections«. Eine faszinierende unabhängige Studie von einem der Autoren des heute berühmten Programms SATAN. Die Studie umfasste etwa 2.200 Websites, und die Resultate sind wirklich beunruhigend. `http://www.trouble.org/survey/`

»Department of Defense Password Management Guideline«. Eine Abhandlung zum Thema Passwortsicherheit in klassifizierten Umgebungen. `http://www.alw.nih.gov/Security/FIRST/papers/password/dodpwman.txt`

»Dr. Solomon's. Auf dieser Website finden Sie eine Fülle von Informationen zu Computerviren. Jeder, der mit Viren zu tun hat (oder jeder, der einfach nur mehr über die Computervirus-Technologie wissen möchte), sollte Dr. Solomons Website besuchen. `http://www.drsolomon.com`

»The Evaluated Products List (EPL)«. Eine Liste von Produkten, die auf Basis von DoD-Richtlinien in verschiedene Sicherheitsebenen eingestuft wurden. `http://www.radium.ncsc.mil/tpep/epl/epl-by-class.html`

»Federal Information Processing Standards Publication Documents (Government Guidelines)«. Das National Institute of Standards and Technology informiert über die DES-Verschlüsselung und verwandte Technologien. `http://csrc.nist.gov/fips/fips46-2.txt`

»Forum of Incident Response and Security Teams (FIRST)«. Das FIRST ist ein Konglomerat vieler Organisationen, die Sicherheitsmaßnahmen für das Internet ergreifen. Diese mächtige Organisation ist ein guter Ausgangspunkt für die Suche nach weiteren Informationsquellen. `http://www.first.org/`

»General Accounting Office: Information Security: Computer Attacks at Department of Defense Pose Increasing Risks«. Ein Bericht über fehlerhafte Sicherheit auf Websites des US-Verteidigungsministeriums. `http://www.epic.org/security/GAO_OMB_security.html`

»Information Warfare and Information Security on the Web«. Eine umfassende Liste mit Links und anderen Informationsquellen zum Thema Informationskrieg über das Internet. http://www.fas.org/irp/wwwinfo.html

»InterNIC (the Network Information Center)«. Das InterNIC bietet umfassende Datenbanken mit Netzwerkinformationen. Diese Datenbanken enthalten den größeren Teil zum Internet des gesammelten Wissens. Am interessantesten ist die Datenbank mit RFC-Dokumenten. http://rs.internic.net

»Massachusetts Institute of Technology Distribution Site of Pretty Good Privacy (PGP) for U.S. Residents«. PGP bietet mit die derzeit beste verfügbare Verschlüsselung. http://web.mit.edu/network/pgp.html

»The National Computer Security Association«. Diese Website enthält eine ganze Menge wertvoller Informationen zum Thema Sicherheit, darunter Berichte, Dokumente, Sicherheitshinweise und Analysen verschiedener Produkte und Techniken für die Computersicherheit. http://www.ncsa.com/

»TruSecure IS/RECON«. Diese Seite bietet einen interessanten, kostenpflichtigen Dienst an, mit dem Sie Tausende von heruntergeladenen Nachrichten zwischen Hackern und Crackern auf BBS-Boards und im Internet durchsuchen können. Diese kommerzielle Website ist eine unglaubliche Informationsquelle zum Thema Sicherheit. http://www.trusecure.com/html/secsol/servprovider.shtml

»NTBugTraq«. Eine NT/2000-spezifische Version von Bugtraq. http://ntbugtraq.ntadvice.com/

»A Page Devoted to ATP, the Anti-Tampering Program«. In gewissem Sinne ist ATP Tripwire oder Hobgoblin ähnlich. http://www.ja.net/CERT/Vincenzetti and Cotrozzi/ATP_Anti_Tampering_Program.txt

»Purdue University COAST Archive«. Eine der umfassenderen Sicherheits-Websites, die viele Tools und Dokumente enthält, die für die Sicherheitsgemeinschaft von Interesse sind. http://www.cs.purdue.edu/coast/archive

»The Rand Corporation«. Diese Website bietet Informationsquellen zu verschiedenen Sicherheitsthemen und fesselnde frühe Dokumente zum Aufbau des Internets. http://www.rand.org/publications/electronic/

»Raptor Systems«. Die Entwickler eines der besseren Firewall-Produkte im Internet haben eine gute Sicherheitsbibliothek eingerichtet. http://www.raptor.com/lib/index.html

»The Risks Forum«. Eine moderierte Sammlung von Beiträgen zum Thema Sicherheit und andere Risiken der Computerbenutzung. Diese hervorragende Informationsquelle bietet außerdem eine Suchfunktion. Hier können Sie sich Tipps von den Sicherheitsexperten im Internet holen. http://catless.ncl.ac.uk/Risks

»S/Key Informational Page«. Diese Website bietet Informationen über S/Key und die Benutzung von Einmalpasswörtern für die Authentifizierung. `http://www.ece.nwu.edu/CSEL/skey/skey_eecs.html`

»The Security Reference Index«. Diese Website, die von den Leuten bei telstra.com unterhalten wird, bietet umfassende Links zu vielen Informationsquellen zum Thema Sicherheit. `http://www.telstra.com.au/info/security.html`

»The Seven Locks Server«. Eine eklektische Sammlung von Sicherheitsinformationen, darunter einige Dokumente, die sonst nirgends zu finden sind! `http://www.sevenlocks.com/`

»Short Courses in Information Systems Security at George Mason University«. Diese Website enthält Informationen über Sicherheitskurse. Außerdem finden Sie Links zu einer umfassenden Bibliografie für Dokumente zum Thema Sicherheit. `http://www.isse.gmu.edu/~gmuisi/`

»SRI International«. Diese Website bietet einige sehr anspruchsvolle technische Informationen, die extrem wertvoll sind. Allerdings brauchen Sie zumindest etwas Hintergrundwissen zum Thema Sicherheit, um einige der Konzepte auch nur ansatzweise verstehen zu können. `http://www.sri.com/`

»U.S. Department of Energy's Computer Incident Advisory Capability (CIAC)«. Die CIAC bietet Computersicherheitsdienste für Angestellte und Vertragshändler des U.S. Department of Energy, aber die Website ist auch für die Öffentlichkeit verfügbar. Sie finden hier viele Tools und Dokumente. `http://ciac.llnl.gov/`

»Wang Federal«. Dieses Unternehmen entwickelt hochwertige Sicherheitsbetriebssysteme und andere Sicherheitslösungen. Es ist führend im Bereich der TEMPEST-Technologie. `http://www.wangfed.com`

»Wietse Venema's Tools Page«. Diese Seite von Wietse Venema (Co-Autor von SATAN und Autor von TCP_Wrapper und vielen anderen Sicherheitstools) ist gefüllt mit Dokumenten, Tools und allgemeinen Informationen. Sie ist ein Muss für jeden UNIX-Systemadministrator. `ftp://ftp.porcupine.org/pub/security/index.html`

»WordlistsFAQ«. Diese FAQ bietet Ihnen Links zu vielen Wortlisten im Internet, die nützlich für das Testen der Stärke oder das Knacken von UNIX-Passwörtern sind. `http://www.hyphenologist.co.uk/wordlist/wordfaq.htm`

C.1.2 Berichte und Publikationen

»United States. Congress. House. Committee on Science, Space, and Technology. Subcommittee on Science. Internet Security: Hearing Before the Subcommittee on Science of the Committee on Science, Space, and Technology«. U.S. House of Representatives, One Hundred Third Congress, second session, March 22, 1994. Washington. U.S. G.P.O. Erhältlich über U.S. G.P.O., Supt. of Docs., Congressional Sales Office. 1994.

Allgemein

»Authentication and Discretionary Access Control«. Paul A. Karger, Computers & Security, Number 5, S. 314-324. 1986.

»Beyond the Pale of MAC and DAC – Defining New Forms of Access Control«. Catherine J. McCollum, Judith R. Messing und LouAnna Notargiacomo. SympSecPr, S. 190-200, IEEECSP. Mai 1990.

»Computer Security: Hackers Penetrate DoD Computer Systems«. Testimony before the Subcommittee on Government Information and Regulation, Committee on Government Affairs. United States Senate, Washington D.C., November 1991.

»Extended Discretionary Access Controls«. S. T. Vinter. SympSecPr, S. 39-49, IEEECSP, April 1988.

»A Guide to Understanding Discretionary Access Control in Trusted Systems«. Technical Report NCSC-TG-003, National Computer Security Center. 1987.

»A Model of Atomicity for Multilevel Transactions«. 1993 IEEE Computer Society Symposium on Research in Security and Privacy; 24. Mai 1993; Oakland, California. Barbara T. Blaustein, Sushil Jajodia, Catherine D. McCollum und LouAnna Notargiacomo (MITRE). USA: IEEE Computer Society Press. 1993. ISBN: 0-8186-3370-0.

»Network Security: Protocol Reference Model and the Trusted Computer System Evaluation Criteria«. M. D. Abrams und A. B. Jeng. IEEE Network, 1(2), S. 24-33. April 1987.

»Secure Networking at Sun Microsystems Inc«. Katherine P. Addison und John J. Sancho. 11th NCSC; 1988. Baltimore. USA: NBS/NCSC: S .212-218.

»STRAWMAN Trusted Network Interpretation Environments Guideline«. Marshall Abrams, Martin W. Schwartz und Samuel I. Schaen (MITRE). 11th NCSC; Baltimore. USA: NBS/NCSC: S. 194-200. 17. Oktober 1988.

Java

»Microsoft: Vulnerabilities in Internet Explorer«. CIAC Bulletin. 18. Mai 2000. `http://www.ciac.org/ciac/bulletins/k-044.shtml`

»Internet Java & ActiveX Advisor. Journal«. `http://www.advisor.com/`

»Java & HotJava: Waking Up the Web«. Sean Gonzalez. PC Magazine. Oktober 1995. `http://www.zdnet.com/~pcmag/issues/1418/pcm00085.htm`

»Java as an Intermediate Language«. Technical Report, School of Computer Science, Carnegie Mellon University, Number CMU-CS-96-161. August 1996. `http://www.cs.cmu.edu/afs/cs.cmu.edu/project/scandal/public/papers/CMU-CS-96-161.ps.Z`

»Java Developer's Journal«. `http://www.javadevelopersjournal.com/java/`

»Java Security: From HotJava to Netscape and Beyond«. Drew Dean, Edward W. Felten und Dan S. Wallach. 1996 IEEE Symposium on Security and Privacy, Oakland, CA. Mai 1996.

»Java: The Inside Story«. Michael O'Connell. Sunworld Online, Volume 07, Juli 1995. `http://www.sun.com/sunworldonline/swol-07-1995/swol-07-java.html`

»Javaworld. Journal«. `http://www.javaworld.com/`

»NetProf: Network-Based High-Level Profiling of Java Bytecode«. Srinivasan Parthasarathy, Michael Cierniak und Wei Li. TR 622, URCSD. Mai 1996. `ftp://ftp.cs.rochester.edu/pub/papers/systems/96.tr622.NetProf_network-based_high-level_profiling_of_java_bytecode.ps.gz`

»The Ultimate Java Archive«. `http://www.developer.com/directories/pages/dir.java.html`

Datenbanken und Sicherheit

»Access Control: Principles and Practice«. R.S. Sandhu und P. Saramati. IEEE Communications, S. 2-10. 1994.

»Authorizations in Relational Database Management Systems«. E. Bertino, S. Jajodia und P. Saramati. ACM Conference on Computer and Communications Security, Fairfax, VA (1993). S. 130-139.

»Ensuring Atomicity of Multilevel Transactions«. P. Ammann, S. Jajodia und I. Ray. IEEE Symposium on Research in Security and Privacy. Oakland, CA. S. 74-84. Mai 1996. `http://www.isse.gmu.edu/~csis/publications/oklnd96-indrksi.ps`

»An Extended Authorization Model for Relational Databases«. E. Bertino, P. Samarati und S. Jajodia. IEEE Transactions on Knowledge and Data Engineering, Volume 9, Number 1, S. 85-101. 1997. `http://www.isse.gmu.edu/~csis/publications/ieee-97.ps`

»Formal Query Languages for Secure Relational Databases«. M. Winslett, K. Smitth und X. Qian. ACM TODS, 19(4):626-662. 1994.

»Honest Databases That Can Keep Secrets«. R.S. Sandhu und S. Jajodia, NCSC. `http://www.list.gmu.edu/confrnc/ncsc/ps_ver/b91poly.ps`

»Locking Protocol for Multilevel Secure Databases Providing Support for Long Transactions«. S. Pal, Pennsylvania State University. IFIP WG 11.3 Working Conference on Database Security, Rensselaerville, New York. 13. – 16. August 1995.

»Messages, Communications, Information Security: Protecting the User from the Data«. J. E. Dobson und M. J. Martin, University of Newcastle. IFIP WG 11.3 Working Conference on Database Security, Rensselaerville, New York. 13. – 16. August 1995.

»Microsoft Access 2.0 Security«. Tom Lucas. PC Solutions. http://www.citilink.com/~jgarrick/vbasic/database/secure20.html

»The Microsoft Internet Security Framework (MISF) Technology for Secure Communication, Access Control, and Commerce«. 1997 Microsoft Corporation. http://msdn.microsoft.com/LIBRARY/BACKGRND/HTML/MSDN_MISF.HTM

»Multilevel Security for Knowledge Based Systems«. Thomas D. Garvey und Teresa F. Lunt. Stanford Research Institute, SRI-CSL-91-01. Februar 1991.

»On Distributed Communications: IX. Security, Secrecy and Tamper-Free Considerations«. P. Baran. Technical Report, The Rand Corp. Number RM-376. August 1964.

»A Personal View of DBMS Security in Database Security: Status and Prospects«. F. Manola. C.E. Landwehr (Hrsg.), Elsevier Science Publishers B.V., North Holland, 1988. GTE Labs. Dezember 1987.

»A Policy Framework for Multilevel Relational Databases«. Xiaolei Qian und Teresa F. Lunt. SRI-CSL-94-12. August 1994.

»Role-Based Access Controls«. D.F. Ferraiolo und R. Kuhn. NIST-NCSC National Computer Security Conference, Baltimore, MD (1993). S. 554-563.

»A Secure Concurrency Control Protocol for Real-Time Databases«. R. Mukkamala, Old Dominion University, und S. H. Son, University of Virginia. IFIP WG 11.3 Working Conference on Database Security, Rensselaerville, New York. 13. – 16. August 1995.

»A Security Model for Military Message System«. C. E. Landwehr, C. L Heitmeyer und J. McLean. ACM Transactions on Computer Systems, 2(3), August 1984.

»Symposium on the Global Information Infrastructure: Information, Policy, and International Infrastructure«. Paul A. Strassmann, U.S. Military Academy West Point, und Senior Advisor, SAIC, William Marlow, Senior Vice President, SAIC. 28. – 30. Januar 1996.

»Trusted Database Management System«. NCSC-TG-021. Trusted Database Management System Interpretation. Chief, Technical Guidelines Division. ATTN: C11 National Computer Security Center Ft. George G. Meade, MD 20755-6000. April 1991.

»Why Safeguard Information?« Computer Audit Update, Elsevier Advanced Technology. Abo Akademi University, Institute for Advanced Management Systems Research, Turku Centre for Computer Science. Thomas Finne. 1996. http://www.tucs.abo.fi/publications/techreports/TR38.html

C.1.3 Artikel

»Accountability Is Key to Democracy in the Online World«. Walter S. Mossberg. The Wall Street Journal. Donnerstag, 26. Januar 1995.

»ActiveX Used as Hacking Tool«. N. Wingfield. CNET News. 07. Februar 1997. `http://www.news.com/News/Item/0,4,7761,4000.html?latest`

»Alleged Computer Stalker Ordered Off Internet«. Stevan Rosenlind. McClatchy News Service. 26 Juli 1995.

»Are Your Employees Your Biggest Security Risk?« Mark Joseph Edwards. Windows IT Security. 20. Dezember 2000. `http://www.windowsitsecurity.com/Articles/Index.cfm?ArticleID=16445`

»Billions and Billions of Bugs«. Peter Galvin. SunworldOnline. `http://www.sun.com/sunworldonline/swol-03-1996/swol-03-security.html`

»Breaches from Inside Are Common«. Infosecurity News. Januar/Februar 1997.

»CYBERWAR IS COMING!« John Arquilla und David Ronfeldt. International Policy Department, Rand Corporation. Taylor & Francis. ISBN: 0149-5933-93. 1993.

»DDoS attack targets chat, Linux boxes«. Scott Berinato. EWeek. 05. September 2000.

»The First Internet War; The State of Nature and the First Internet War: Scientology, Its Critics, Anarchy, and Law in Cyberspace«. David G. Post. Reason Magazine. April 1996. `http://www.cli.org/DPost/X0003_ARTICLE4.html`

»Gang War in Cyberspace«. M. Slatalla und J. Quitner. Wired, Volume 2, Number 12. Dezember 1994. `http://www.hotwired.com/wired/2.12/hacker.html`

»KC Wrestles with Equipment Theft Problem. Timothy Heider. Kansas City Star. 17. Februar 1997. `http://www.isecure.com/newslet.htm`

»Network Security Throughout the Ages«. Jeff Breidenbach. Switzerland (Project MAC) Association. MIT Project on Mathematics and Computation. 1994.

»New York's Panix Service Is Crippled by Hacker Attack«. Robert E. Calem. The New York Times. 14. September 1996.

»The Paradox of the Secrecy About Secrecy: The Assumption of a Clear Dichotomy Between Classified and Unclassified Subject Matter«. Paul Baran. MEMORANDUM RM-3765-PR; On Distributed Communications: IX Security, Secrecy, and Tamper-Free Considerations. Rand Corporation. August 1964.

»Pentagon Web Sites Closed After Visit from Hacker«. Nando.net News Service. 30. Dezember 1996. `http://www.nando.net/newsroom/ntn/info/123096/info1_29951.html`

»Post Office Announces Secure E-Mail«. Boot. März 1997.

»Secure Your Data: Web Site Attacks on the Rise!« Stewart S. Miller. Information Week. 29. Januar 1996.

»Security Is Lost in Cyberspace. News & Observer«. 21. Februar 1995. http://www.nando.net/newsroom/ntn/info/other/02219540865.html

»Statement Before Senate Subcommittee on Governmental Operations«. John Deutch, Director, CIA. 25. Juni 1996.

»Student's Expulsion Over E-Mail Use Raises Concern«. Amy Harmon. Los Angeles Times. 15. November 1995. http://www.caltech.edu/~media/times.html

»U.S. Files Appeal in Dismissed Baker Case«. Zachary M. Raimi. The Michigan Daily. 22. November 1995.

»What's the Plan? Get a Grip on Improving Security Through a Security Plan«. Peter Galvin. SunWorld Online. September 1995. http://www.sun.com/sunworldonline/swol-09-1995/swol-09-security.html

C.1.4 Tools

Einige dieser Tools wurden von offiziellen Quellen entwickelt (der legitimen Sicherheitsgemeinschaft). Andere wurden von Amateur-Hackern und -Crackern geschrieben.

Windows

Cetus StormWindows. http://www.cetussoft.com/

ConfigSafe 95. http://207.8.148.186/html/products.html

DECROS Security Card. http://www.decros.cz/

Desktop Surveillance 97. http://www.omniquad.com/

HD95Protect. http://www.geocities.com/SiliconValley/Lakes/8753/

Secure4U. http://www.sandboxsecurity.com/main.htm

StopLock 95. http://www.conclusive.com/downloads/index.php

Windows Task-Lock. http://posum.com/

Windows NT

Administrator Assistant Tool Kit. http://www.aelita.com/Products/AdminAssist.htm

DumpEvt. http://www.somarsoft.com/

DumpReg. http://www.somarsoft.com/

Kane Security Analyst. http://www.intrusion.com/

NetXRay Analyzer. http://www.axial.co.uk/products/manufacturers/nai/sniffer/snifferbasic_intro.html

NT Crack. http://www.secnet.com/

NT Locksmith. http://www.winternals.com/

NTFSDOS. http://www.winternals.com/

NTHandle. http://www.ntinternals.com/

NTRecover. http://www.winternals.com/

NTUndelete. http://www.winternals.com/

PC Firewall. http://www.nai.com/

PWDUMP. ftp://samba.anu.edu.au/pub/samba/pwdump/pwdump.c

RedButton. http://www.ntsecurity.com/

RegAdmin. http://www.ntsecurity.com/

ScanNT Plus. http://www.ntsecurity.com/

Somarsoft DumpAcl. http://www.somarsoft.com/

Somarsoft RegEdit. http://www.somarsoft.com/

Virtuosity. http://www.ntsecurity.com/

Windows 2000

NOSadmin. http://www.webmarshall.com

Security Expressions. http://www.securityexpressions.com

Windows 2000 Internet Server Security Configuration Tool. http://www.microsoft.com/Downloads/Release.asp?ReleaseID=19889

Windows 2000 Resource Kit. http://support.microsoft.com/support/kb/articles/q264/1/78.asp

Macintosh

Empower. http://www.magnal.com/

EtherPeek. http://www.aggroup.com/

InterMapper. http://www.dartmouth.edu/netsoftware/intermapper/

KeysOff. http://www.blueglobe.com/~cliffmcc/products.html

MacRadius. http://www.cyno.com/

Network Security Guard. http://www.mrmac.com/

Network Scout. http://www.mrmac.com/

Password Key. http://www.cp3.com/

Secure-It Locks. http://secure-it.com/

Timbuktu Pro. http://www.netopia.com/

Passwort-Knacker

Claymore. Ein allgemeiner Passwort-Knacker für Windows. http://www.jabukie.com/Password_Crackerz/claymore.zip

Crack. Knackt UNIX-Passwörter auf UNIX-Plattformen. http://www.users.dircon.co.uk/~crypto/download/c50-faq.html

Crack Dokumentation. http://www.parkline.ru/Library/html-KOI/SECURITY/crackfaq.txt

CrackerJack. Knackt UNIX-Passwörter auf der Macintosh-Plattform. http://www.fc.net/phrack/under/misc.html

Guess. Knackt UNIX-Passwörter auf der DOS-Plattform. Dieses Utility finden Sie an verschiedenen Stellen. Geben Sie den Suchbegriff *guess.zip* in eine Suchmaschine ein, um das Tool zu finden.

Hades. Dieser UNIX-Passwort-Knacker ist an verschiedenen Stellen zu finden. Geben Sie den Suchbegriff *hades.zip* in eine Suchmaschine ein, um das Tool zu finden.

Hellfire Cracker. Knackt UNIX-Passwörter auf der DOS-Plattform. http://www.jabukie.com/Password_Crackerz/hc130.zip

John the Ripper. Knackt UNIX-Passwörter auf DOS- und Linux-Plattformen. http://tms.netrom.com/~cassidy/crack.htm

Killer Cracker. Knackt UNIX-Passwörter unter DOS. http://dafunks.9ug.com/killercracker.html

Qcrack. Knackt UNIX-Passwörter auf DOS-, Linux- und Windows-Plattformen. ftp://ftp.infospace.com/pub/qcrack/

Password NT. Knackt NT-Passwörter. http://www.ntsecurity.com/Services/Recovery/index.html

PC Unix Password Cracker. Der Name dieses Utilities sagt alles. Dieses Tool ist schwer zu finden. Ich kenne keine zuverlässige Adresse, aber Sie können den Namen als Suchbegriff in eine Suchmaschine eingeben, um das Tool zu finden.

Pcrack (PerlCrack). Knackt UNIX-Passwörter unter UNIX. http://tms.netrom.com/~cassidy/crack.htm

XIT. Knackt UNIX-Passwörter auf der DOS-Plattform. http://www.jabukie.com/Password_Crackerz/xit20.zip

ZipCrack. Knackt Passwörter für Zip-Archive. Geben Sie den Suchbegriff *zipcrk10.zip* in eine Suchmaschine ein, um das Tool zu finden.

Sniffer

Esniff.c. Sniffer für Linux-Rechner. `http://www.esniff.com/`

Ethereal. Sniffer mit grafischer Benutzeroberfläche und der Möglichkeit, Capturefiles einer Vielzahl anderer Sniffer auszuwerten. `http://www.ethereal.com`

ETHLOAD. Sniffer für Ethernet- und Token-Ring-Netzwerke. `http://www.ping.be/ethload/`

Gobbler. Sniffer für die DOS-Umgebung. Dieses Tool lässt sich gut als Sniffer gegen Novell NetWare-Netzwerke einsetzen. `http://www.computercraft.com/noprogs/gobbler.zip`

linux_sniffer.c. Läuft unter Linux. `http://www.rootshell.com/archive-j457nxiqi3gq59dv/199707/linux_sniffer.c.html`

Netman. Beeindruckende Sniffer-Familie zur Benutzung unter UNIX und Windows 95. `http://www.ja.net/CERT/Software/netman/`

TCPDUMP. Der Standard-Sniffer auf UNIX-Systemen. `http://www.tcpdump.org`

Scanner und verwandte Utilities

CONNECT. Suchen Sie einen anfälligen TFTP-Server? Probieren Sie dieses Utility aus. Es läuft unter UNIX. `http://www.giga.or.at/pub/hacker/unix/`

FSPScan. Dieses UNIX-Utility ermittelt anfällige FSP-Server. Das File-Service-Protokoll stellt ähnliche Dienste wie anonymes FTP zur Verfügung und öffnet auch analoge Sicherheitslücken. `http://www.giga.or.at/pub/hacker/unix`

IdentTCPscan. Läuft unter UNIX, ermittelt die UID aller laufenden Prozesse. `http://www.giga.or.at/pub/hacker/unix`

Jakal. Läuft auf UNIX-Rechnern und scannt durch Firewalls hindurch. `http://www.giga.or.at/pub/hacker/unix`

NetScan Tools. Win95-Portierung vieler UNIX-Snooping-Utilities. `http://www.eskimo.com/~nwps/index.html`

Network Toolbox. Läuft unter Windows 95 und enthält viele UNIX-Snooping-Utilities sowie einen Port-Scanner. `http://www.jriver.com/netbox.html`

NSS. Network Security Scanner. Geschrieben in Perl, läuft unter UNIX. `http://www.giga.or.at/pub/hacker/unix`

SATAN. Veraltetes Tool, läuft unter UNIX; Sie benötigen Perl. `http://www.fish.com`

Strobe. Läuft unter Unix. `http://www.asmodeus.com/archive/IP_toolz/strobe/strobe.c`

TCP/IP Surveyor. Microsoft-Plattform. http://www.winsite.com/info/pc/win95/netutil/wssrv32n.zip/

WhatRoute. Portierung des beliebten UNIX-Utilities Traceroute für den Macintosh. http://homepages.ihug.co.nz/~bryanc/

XSCAN. Findet anfällige X-Server. http://www.giga.or.at/pub/hacker/unix

Destruktive Tools

Avalanche. Dieses Tool ist ein Mail-Bombing-Utility. Avalanche ist für Windows entwickelt worden. Geben Sie den Suchbegriff *avalanche20.zip* in eine Suchmaschine ein, um das Tool zu finden.

Bombtrack. Ein Mail-Bombing-Utility für den Macintosh.

eXtreme Mail. Ein Mail-Bomber für die Windows-Plattform. Geben Sie den Suchbegriff *xmailb1.exe* in eine Suchmaschine ein, um das Tool zu finden.

FlameThrower. Ein Macintosh-Mail-Bombing-Utility.

Homicide. Ein Mail-Bombing-Utility für die Windows-Plattform. Geben Sie den Suchbegriff *homicide.exe* in eine Suchmaschine ein, um das Tool zu finden.

Kaboom. Dieses Tool ist ein Mail-Bombing-Utility. Geben Sie den Suchbegriff *kaboom3.exe* in eine Suchmaschine ein, um das Tool zu finden.

The UnaBomber. Ein Mail-Bombing-Utility für die Windows-Plattform. Geben Sie den Suchbegriff *unabomb.exe* in eine Suchmaschine ein, um das Tool zu finden.

The UNIX MailBomb. Dieses Mail-Bombing-Utility von CyBerGoAT funktioniert auf allen UNIX-Plattformen. Geben Sie den Suchbegriff *MailBomb by CyBerGoAT* in eine Suchmaschine ein, um das Programm zu finden.

The UpYours Mail Bombing Program. Um dieses Mail-Bombing-Utility zu finden, geben Sie den Suchbegriff *upyours3.zip* in eine Suchmaschine ein.

finger-Clients

FFEU (OS/2). http://hobbes.nmsu.edu/pub/os2/apps/internet/misc/ffeu101.zip

WSFinger (Windows). http://www.internexus.net/pub/tools/win/wsfngr14.zip

Intrusion-Detection-Systeme

Cisco Secure Intrusion Detection System. http://www.cisco.com/

Network Fligher Recorder. http://www.nfr.net/

RealSecure. http://www.iss.com/

Shadow. http://www.nswc.navy.mil/ISSEC/CID

Snort. Eines der besten Intrusion-Detection-Systeme, und dazu noch Open-Source. http://www.snort.org/

C.1.5 Technische Berichte, Regierungsstandards und Dokumente

Die Rainbow Books und verwandte Dokumentationen

In den Rainbow Books hat die amerikanische Regierung ihre Kriterien für die Benutzung und Zertifizierung vertrauenswürdiger Systeme festgelegt.

»Computer Security Requirements: Guidance for Applying the DoD TCSEC in Specific Environments (Light Yellow Book)«. Juni 1985. http://www.radium.ncsc.mil/tpep/library/rainbow/CSC-STD-003-85.html

»DoD Password Management Guideline (Green Book)«. April 1985. http://www.radium.ncsc.mil/tpep/library/rainbow/CSC-STD-002-85.html

»DoD Trusted Computer System Evaluation Criteria (Orange Book)«. Dezember 1985. http://www.radium.ncsc.mil/tpep/library/rainbow/5200.28-STD.html

»Glossary of Computer Security Terms (Teal Green Book)«. 21. Oktober 1988. http://www.radium.ncsc.mil/tpep/library/rainbow/NCSC-TG-004.txt

»A Guide to Understanding Audit in Trusted Systems (Tan Book)«. Juni 1988. http://www.radium.ncsc.mil/tpep/library/rainbow/NCSC-TG-001-2.html

»A Guide to Understanding Configuration Management in Trusted Systems (Amber Book)«. März 1988. http://www.radium.ncsc.mil/tpep/library/rainbow/NCSC-TG-006.html

»A Guide to Understanding Design Documentation in Trusted Systems (Burgundy Book)«. Oktober 1988. http://www.radium.ncsc.mil/tpep/library/rainbow/NCSC-TG-007.html

»A Guide to Understanding Discretionary Access Control in Trusted Systems (Neon Orange Book)«. September 1987. http://www.radium.ncsc.mil/tpep/library/rainbow/NCSC-TG-003.html

»A Guide to Understanding Identification and Authentication in Trusted Systems (Light Blue Book)«. September 1991. http://www.radium.ncsc.mil/tpep/library/rainbow/NCSC-TG-017.html

»A Guide to Understanding Information System Security Officer Responsibilities for Automated Information Systems (Turquoise Book)«. Mai 1992. http://www.radium.ncsc.mil/tpep/library/rainbow/NCSC-TG-027.txt

»A Guide to Understanding Object Reuse in Trusted Systems (Light Blue Book)«. Juli 1992. http://www.radium.ncsc.mil/tpep/library/rainbow/NCSC-TG-018.html

»A Guide to Understanding Security Modeling in Trusted Systems (Aqua Book)«. Oktober 1992. http://www.radium.ncsc.mil/tpep/library/rainbow/NCSC-TG-010.txt

»A Guide to Understanding Trusted Distribution in Trusted Systems (Dark Lavender Book)«. Dezember 1988. http://www.radium.ncsc.mil/tpep/library/rainbow/NCSC-TG-008.html

»A Guide to Understanding Trusted Facility Management (Brown Book)«. Oktober 1989. http://www.radium.ncsc.mil/tpep/library/rainbow/NCSC-TG-015.html

»Guidelines for Formal Verification Systems (Purple Book)«. April 1989. http://www.radium.ncsc.mil/tpep/library/rainbow/NCSC-TG-014.html

»Guidelines for Writing Trusted Facility Manuals (Yellow-Green Book)«. Oktober 1992. http://www.radium.ncsc.mil/tpep/library/rainbow/NCSC-TG-016.html

»ITSEC«. Auf europäischer Ebene wurden die »Information Technology Security Evaluation Criteria – ITSEC« am 3. März 1998 im Rahmen des europäischen Abkommens zur gegenseitigen Anerkennung der Zertifikate der ITSEC-Evaluation in Kraft gesetzt. Zu finden ist dieses Dokument beim Bundesamt für Sicherheit in der Informationstechnologie (BSI). http://www.bsi.de/zertifiz/itkrit/itsec-dt.pdf

»RAMP Program Document (Pink Book)«. März 1995, Version 2. http://www.radium.ncsc.mil/tpep/library/rainbow/NCSC-TG-013.2.html

»Technical Rational Behind CSC-STD-003-85: Computer Security Requirements – Guidance for Applying the DoD TCSEC in Specific Environments (Yellow Book)«. Juni 1985. http://www.radium.ncsc.mil/tpep/library/rainbow/CSC-STD-004-85.html

»Trusted Database Management System Interpretation of the TCSEC (Purple Book)«. April 1991. http://www.radium.ncsc.mil/tpep/library/rainbow/NCSC-TG-021.html

»Trusted Network Interpretation of the TCSEC (Red Book)«. Juli 1987. http://www.radium.ncsc.mil/tpep/library/rainbow/NCSC-TG-005.html

»Trusted Product Evaluations: A Guide for Vendors (Bright Blue Book)«. Juni 1990. http://www.radium.ncsc.mil/tpep/library/rainbow/NCSC-TG-002.html

»Trusted Product Evaluation Questionnaire (Blue Book)«. Mai 1992, Version 2. http://www.radium.ncsc.mil/tpep/library/rainbow/NCSC-TG-019.2.html

»Trusted UNIX Working Group (TRUSIX) Rationale for Selecting Access Control List Features for the UNIX System (Silver Book)«. Juli 1989. http://www.radium.ncsc.mil/tpep/library/rainbow/NCSC-TG-020-A.html

Ausgewählte Publikationen vom NCSC

»Auditing Issues in Secure Database Management Systems«. http://www.radium.ncsc.mil/tpep/library/rainbow/NCSC-TR-005-4.pdf

»Computer Viruses: Prevention, Detection, and Treatment«. März 1990. http://www.radium.ncsc.mil/tpep/library/rainbow/C1-TR-001.html

»The Design and Evaluation of INFOSEC Systems: The Computer Security Contribution to the Composition Discussion«. Juni 1992. http://www.radium.ncsc.mil/tpep/library/rainbow/C-TR-32-92.html

»Discretionary Access Control Issues in High Assurance Secure Database Management Systems«. http://www.radium.ncsc.mil/tpep/library/rainbow/NCSC-TR-005-5.pdf

»Integrity in Automated Information Systems«. September 1991. http://www.radium.ncsc.mil/tpep/library/rainbow/C-TR-79-91.txt

»Turning Multiple Evaluated Products into Trusted Systems«. http://www.radium.ncsc.mil/tpep/library/rainbow/NCSC-TR-003.pdf

Andere Regierungsdokumente und -hinweise zum Thema Sicherheit

»Augmented Encrypted Key Exchange: A Password-Based Protocol Secure Against Dictionary Attacks and Password File Compromise«. 1st ACM Conference on Computer and Communications Security, S. 244-250. ACM Press. November 1993.

»Australian Computer Emergency Response Team«. http://www.auscert.org.au/Information/advisories.html

»A Basis for Secure Communication in Large Distributed Systems«. David P. Anderson und P. Venkat Rangan. UCB//CSD-87-328, Januar 1987. ftp://tr-ftp.cs.berkeley.edu/pub/tech-reports/csd/csd-87-328/

»Benchmarking Methodology for Network Interconnect Devices«. RFC 1944. S. Bradner und J. McQuaid. http://www.ietf.org/rfc/rfc1944.txt

»Charon: Kerberos Extensions for Authentication over Secondary Networks«. Derek A. Atkins. 1993. ftp://coast.cs.purdue.edu/pub/doc/authentication/Derek_Atkins-Charon.ps.Z

»Check Point FireWall-1 Introduction. Firewall-Informationen von Checkpoint Technologies«. http://www.checkpoint.com/products/firewall-1/descriptions/products.html

»Cisco PIX Firewall. Firewall-Infos von Cisco Systems«. http://www.cisco.com/univercd/data/doc/cintrnet/prod_cat/pcpix.htm

»Covert Channels in the TCP/IP Protocol Suite«. Craig Rowland. Rotherwick & Psionics Software Systems, Inc. http://www.firstmonday.dk/issues/issue2_5/rowland/

»Crack Version 4.1: A Sensible Password Checker for UNIX«. A. Muffett. Technical Report, März 1992.

»A Cryptographic File System for UNIX«. Matt Blaze. 1st ACM Conference on Computer and Communications Security. S. 9-16. ACM Press. November 1993.

»Daemons and Dragons UNIX Accounting«. Dinah McNutt. UNIX Review. 12(8). August 1994.

»Designing Plan 9«. Rob Pike, Dave Presotto und Ken Thompson. Dr. Dobb's Journal. Volume 16, p. 49. 01. Januar 1991.

»The Eagle Firewall Family«. Firewall-Informationen von Raptor. http://www.raptor.com/products/brochure/40broch.html

»The Empirical Evaluation of a Security-Oriented Datagram Protocol«. David P. Anderson, Domenico Ferrari, P. Venkat Rangan und B. Sartirana. University of California Berkeley, CS csd-87-350. UCB//CSD-87-350, April 1987. ftp://tr-ftp.cs.berkeley.edu/pub/tech-reports/csd/csd-87-350/

»Evolution of a Trusted B3 Window System Prototype«. J. Epstein, J. Mc Hugh, R. Psacle, C. Martin, D. Rothnie, H. Orman, A. Marmor-Squires, M. Branstad und B. Danner. In den Protokollen zum 1992 IEEE Symposium on Security and Privacy, 1992.

»Firewall Application Notes«. Ein gutes Dokument, das mit einer Beschreibung zum Aufbau einer Firewall beginnt. Behandelt außerdem Anwendungsproxies, Sendmail in Bezug auf Firewalls und die Eigenschaften eines Bastion-Hosts. Livingston Enterprises, Inc. ftp://coast.cs.purdue.edu/pub/doc/firewalls/Livingston_Firewall_Notes.ps.Z

»Improving the Security of Your Site by Breaking Into It«. Dan Farmer und Wietse Venema. 1995. http://www.alw.nih.gov/Security/Docs/admin-guide-to-cracking.101.html

»Improving X Window Security«. Linda Mui. UNIX World. Volume IX, Number 12. Dezember 1992.

»Intrusion Protection for Networks 171«. Byte Magazine. April 1995.

»IP v6 Release and Firewalls«. Uwe Ellermann. 14th Worldwide Congress on Computer and Communications Security Protection. S. 341-354. Juni 1996.

»Is Plan 9 Sci-Fi or UNIX for the Future?« Anke Goos. UNIX World. Volume 7, S. 61. 1. Oktober 1990.

»Keeping Your Site Comfortably Secure: An Introduction to Internet Firewalls«. John P. Wack und Lisa J. Carnahan. National Institute of Standards and Technology. Donnerstag, 9. Februar 1995. `http://csrc.ncsl.nist.gov./nistpubs/800-10/`

»Making Your Setup More Secure«. Tutorial-Seiten von der NCSA. `http://hoohoo.ncsa.uiuc.edu/docs/tutorials/security.html`

»Multilevel Security in the UNIX Tradition«. M. D. McIlroy und J. A. Reeds. SWPE. 22(8), S. 673-694. 1992.

»NCSA Firewall Policy Guide«. Kompiliert von Stephen Cobb, Director of Special Projects. National Computer Security Association. `http://www.ncsa.com/fpfs/fwpg_p1.html`

»Network Firewalls«. Steven M. Bellovin und William R. Cheswick. IEEECM, 32(9), S. 50-57. September 1994.

»A Network Perimeter with Secure External Access«. Frederick M. Avolio und Marcus J. Ranum. Ein hervorragendes Dokument, das die Implementierung einer Firewall im Weißen Haus detailliert darstellt. Trusted Information Systems, Incorporated. Glenwood, MD. 25. Januar 1994. `http://www.alw.nih.gov/Security/FIRST/papers/firewall/isoc94.ps`

»On Access Checking in Capability-Based Systems«. Richard Y. Kain und C. E. Landwehr. IEEE Trans. on Software Engineering Volume SE-13, Number 2 (Feb. 1987) S. 202-207; Neudruck aus den Protokollen des 1986 IEEE Symposium on Security and Privacy, Oakland, CA. April 1986. `http://www.itd.nrl.navy.mil/ITD/5540/publications/CHACS/Before1990/1987landwehr-tse.ps`

»Online Firewall Buyers Guide«. `http://www.icsa.net/html/communities/firewalls/buyers_guide/index.shtml`

»Packets Found on an Internet«. Steven M. Bellovin. Interessante Analyse von Paketen, die am Application Gateway von AT&T erscheinen. Lambda. 23. August 1993. `ftp://ftp.research.att.com/dist/smb/packets.ps`

»Password Security: A Case History«. Robert Morris und Ken Thompson. `http://www.alw.nih.gov/Security/FIRST/papers/password/pwstudy.ps`

»Plan 9«. Sean Dorward, Rob Pike und Dave Presotto. UNIX Review. Volume 10, S. 28. 1. April 1992.

»Plan 9: Feature Film to Feature-Rich OS«. Paul Fillinich. Byte Magazine. Volume 21, S. 143. 1. März 1996.

»Plan 9 from AT&T«. David Bailey. UNIX Review. Volume 1, S. 27. 1. Januar 1996.

»Plan 9 from Bell Labs«. Rob Pike, Dave Presotto und Phil Winterbottom. Computing Systems Journal. Volume 8, S. 221. Sommer 1995.

»Plan 9: Son of UNIX«. Robert Richardson. LAN Magazine. Volume 11, S. 41. 1. August 1996.

»Private Communication Technology Protocol«. Daniel Simon. April 1996.

»A Prototype B3 Trusted X Window System«. J. Epstein, J. McHugh, R. Pascale, H. Orman, G. Benson, C. Martin, A. Marmor-Squires, B. Danner und M. Branstad. Die Protokolle der siebten Computer Security Applications Conference, Dezember 1991.

»Rating of Application Layer Proxies«. Michael Richardson. Mittwoch, 13. November 1996. `http://www.sandelman.ottawa.on.ca/SSW/proxyrating/proxyrating.html`

»Reducing the Proliferation of Passwords in Distributed Systems Information Processing«. Education and Society. Volume II, S. 525-531. Elsevier Science Publishers B.V. (North Holland). 1992.

»Robust and Secure Password/Key Change Method Proceedings of the Third European Symposium on Research in Computer Security (ESORICS)«. Ralf Hauser, Phil Janson, Refik Molva, Gene Tsudik und Els Van Herreweghen. LNCS, S. 107-122, SV, November 1994.

»Security in Open Systems«. (NIST) John Barkley, Herausgeber (mit Lisa Carnahan, Richard Kuhn, Robert Bagwill, Anastase Nakassis, Michael Ransom, John Wack, Karen Olsen, Paul Markovitz und Shu-Jen Chang). U.S. Department of Commerce. Section: The X Window System: Bagwill, Robert. `http://csrc.ncsl.nist.gov/nistpubs/800-7/node62.html#SECTION06200000000000000000`

»Security in Public Mobile Communication Networks«. Hannes Federrath, Anja Jerichow, Dogan Kesdogan und Andreas Pfitzmann. Protokolle des IFIP TC 6 International Workshop on Personal Wireless Communications, Prag 1995, S. 105-116.

»Session-Layer Encryption«. Matt Blaze und Steve Bellovin. Protokolle des Usenix Security Workshop, Juni 1995.

»Site Security Handbook«. Barbara Fraser. Update und Idraft-Version, CMU. *Draft-ietf-ssh-handbook-03.txt.* Juni 1996. `http://sunsite.cnlab-switch.ch/ftp/doc/standard/rfc/21xx/2196`

»SQL*Net and Firewalls«. David Sidwell und Oracle Corporation. `http://www.zeuros.co.uk/firewall/library/oracle-and-fw.pdf`

»The SSL Protocol«. (IDraft) Alan O. Freier und Philip Karlton (Netscape Communications) mit Paul C. Kocher. `http://home.netscape.com/eng/ssl3/ssl-toc.html`

»The SunScreen Product Line Overview«. Sun Microsystems. `http://www.sun.com/security/overview.html`

»The TAMU Security Package. An Ongoing Response to Internet Intruders in an Academic Environment«. David R. Safford, Douglas Lee Schales und David K. Hess. Protokolle des Fourth Usenix UNIX Security Symposium, S. 91-118, Santa Clara, CA. Oktober 1993. http://drawbridge.tamu.edu/tamu-security.pdf

»TCP WRAPPER: Network Monitoring, Access Control, and Booby Traps«. Wietse Venema. Protokolle des Third Usenix UNIX Security Symposium, S. 85-92, Baltimore, MD. September 1992. ftp://ftp.porcupine.org/pub/security/tcp_wrapper.ps.Z

»There Be Dragons«. Steven M. Bellovin. Erscheint in den Protokollen des Third Usenix UNIX Security Symposium, Baltimore, September 1992. AT&T Bell Laboratories, Murray Hill, NJ. 15. August 1992.

»Undetectable Online Password Guessing Attacks«. Yun Ding und Patrick Horster. OSR. 29(4), S. 77-86. Oktober 1995.

»Using Screens to Implement TCP/IP Security Policies«. Jeff Mogul. Rotherwick and Digital. http://www.zeuros.co.uk/firewall/library/screend.ps

»Vulnerability in Cisco Routers Used as Firewalls«. Computer Incident Advisory Capability Advisory: Number D-15. 12. Mai 1993. http://ciac.llnl.gov/ciac/bulletins/d-15.shtml

»Warding Off the Cyberspace Invaders«. Amy Cortese. Business Week. 13. März 1995.

»Windows NT Firewalls Are Born«. Jeffrey G. Witt. PC Magazine. 4. Februar 1997. http://www.pcmagazine.com/features/firewall/_open.htm und http://www.raptor.com/lib/9419.ps

»+X Window System Security«. Ben Gross und Baba Buehler. Beckman Institute System Services. Scheinbar letztes Veränderungsdatum: 11. Januar 1996. http://edessa.topo.auth.gr/~thalis/xsecurity.html

»X Through the Firewall, and Other Application Relays«. Treese/Wolman. Digital Equipment Corp. Cambridge Research Lab. Oktober 1993. ftp://crl.dec.com/pub/DEC/CRL/tech-reports/93.10.ps.Z

»X Security«. http://consult.cern.ch/writeup/security/security_4.html

»The X Window System«. Robert W. Scheifler und Jim Gettys. ACM Transactions on Graphics. Volume5, Number 2, S. 79-109. April 1986. http://www.acm.org/pubs/toc/Abstracts/0730-0301/24053.html

Intrusion Detection

»Bibliography on Intrusion Detection«. The Collection of Computer Science Bibliographies. http://src.doc.ic.ac.uk/computing/bibliographies/Karlsruhe/Misc/intrusion.detection.html

»Detecting Unusual Program Behavior Using the Statistical Component of the Next-Generation Intrusion Detection Expert System (NIDES)«. Debra Anderson, Teresa F. Lunt, Harold Javitz, Ann Tamaru und Alfonso Valdes. SRI-CSL-95-06, Mai 1995. Nur als gedruckte Kopie verfügbar. Eine Zusammenfassung finden Sie unter http://www.csl.sri.com/tr-abstracts.html#csl9506

»Fraud and Intrusion Detection in Financial Information Systems«. S. Stolfo. P. Chan, D. Wei, W. Lee und A. Prodromidis. 4th ACM Computer and Communications Security Conference, 1997. http://www.cs.columbia.edu/~sal/hpapers/acmpaper.ps.gz

»GrIDS – A Graph-Based Intrusion Detection System for Large Networks«. S. Staniford-Chen, S. Cheung, R. Crawford, M. Dilger, J. Frank, J. Hoagland, K. Levitt, C. Wee, R. Yip und D. Zerkle. The 19th National Information Systems Security Conference. http://seclab.cs.ucdavis.edu/papers/nissc96.ps

»Holding Intruders Accountable on the Internet«. S. Staniford-Chen und L.T. Heberlein. Protokolle des 1995 IEEE Symposium on Security and Privacy, Oakland, CA, 08.–10. Mai 1995. http://seclab.cs.ucdavis.edu/~stanifor/papers/ieee_conf_94/revision/submitted.ps

»Intrusion Detection Bibliography«. http://www.cs.purdue.edu/coast/intrusion-detection/ids_bib.html

»Intrusion Detection for Network Infrastructures«. S. Cheung, K.N. Levitt und C. Ko. 1995 IEEE Symposium on Security and Privacy, Oakland, CA. Mai 1995. http://seclab.cs.ucdavis.edu/papers/clk95.ps

»Intrusion Detection Systems (IDS): A Survey of Existing Systems and a Proposed Distributed IDS Architecture«. S.R. Snapp, J. Brentano, G.V. Dias, T.L. Goan, T. Grance, L.T. Heberlein, C. Ho, K.N. Levitt, B. Mukherjee, D.L. Mansur, K.L. Pon und S.E. Smaha. Technical Report CSE-91-7, Division of Computer Science, University of California, Davis. Februar 1991.

»Machine Learning and Intrusion Detection: Current and Future Directions«. J. Frank. Protokolle der 17th National Computer Security Conference. Oktober 1994.

»A Methodology for Testing Intrusion Detection Systems«. N. F. Puketza, K. Zhang, M. Chung, B. Mukherjee und R. A. Olsson. IEEE Transactions on Software Engineering, Volume 22, Number 10, Oktober 1996. http://seclab.cs.ucdavis.edu/papers/tse96.ps

»NetKuang – A Multi-Host Configuration Vulnerability Checker«. D. Zerkle und K. Levitt. Protokolle des 6th Usenix Security Symposium. San Jose, California. 1996. http://seclab.cs.ucdavis.edu/papers/z196.ps

»Network Intrusion Detection«. Biswanath Mukherjee, L. Todd Heberlein und Karl N. Levitt. IEEE Network, Mai 1994. http://seclab.cs.ucdavis.edu/papers/bd96.ps

»A Pattern-Oriented Intrusion-Detection Model and Its Applications«. Shiuhpyng W. Shieh und Virgil D. Gligor. Research in Security and Privacy, IEEECSP, Mai 1991.

»Simulating Concurrent Intrusions for Testing Intrusion Detection Systems: Parallelizing Intrusions«. M. Chung, N. Puketza, R.A. Olsson und B. Mukherjee. Protokolle der 1995 National Information Systems Security Conference. Baltimore, Maryland. 1995. `http://seclab.cs.ucdavis.edu/papers/cpo95.ps`

»Studie über IDS im Auftrag des BSI«. Die debis IT-Security Services GmbH hat 1998 im Auftrag des BSI eine Übersicht zu Produkten zur Erkennung von Angriffsversuchen, so genannten Intrusion-Detection-Systemen, erstellt. `http://www.bsi.de/literat/studien/ids/ids-stud.htm`

Mailing-Listen

»The Bugtraq List«. Diese Liste bietet Postings und Diskussionen zum Thema Bugs in verschiedenen Betriebssystemen, allerdings liegt der Schwerpunkt auf UNIX. Die Informationen hier können recht ausführlich sein. Wenn Sie etwas über die feineren Aspekte der UNIX-Sicherheit lernen (und die neuesten Nachrichten hören) wollen, sind Sie hier genau richtig.

Adresse: `LISTSERV@NETSPACE.ORG`

Befehl: SUBSCRIBE BUGTRAQ (im Textteil der Nachricht)

»Intrusion Detection Systems«. In dieser Liste liegt der Schwerpunkt auf Diskussionen über Einbruchsmethoden und Intrusion Detection.

Adresse: `majordomo@uow.edu.au`

Befehl: subscribe ids (im Textteil der Nachricht)

»The NT Security List«. In dieser Liste finden Sie Diskussionen zu Sicherheitstechniken für Microsoft Windows NT. Manche Teilnehmer diskutieren auch über Sicherheitsaspekte anderer Betriebssysteme von Microsoft.

Adresse: `request-ntsecurity@iss.net`

Befehl: `subscribe ntsecurity` (im Textteil der Nachricht)

»The NTBugtraq List«. Eine Liste für Postings und Diskussionen zum Thema Bugs in Windows NT/2000.

Adresse: `LISTSERV@LISTSERV.NTBUGTRAQ.COM`

Befehl: `SUBSCRIBE NTBUGTRAQ` *Vorname Nachname*

»The Secure HTTP List«. In dieser Liste finden Sie Diskussionen zum Thema S-HTTP und zu Techniken, die diese neue Form der Sicherheit für WWW-Transaktionen vereinfachen.

Adresse: `shttp-talk-request@OpenMarket.com`

Befehl: SUBSCRIBE (im Textteil der Nachricht)

»The Sneakers List«. In dieser Liste wird über Methoden zur Überwindung von Firewalls und allgemeinen Sicherheitsmaßnahmen diskutiert. Sie ist für gesetzestreue Tests und Techniken reserviert.

Adresse: `majordomo@CS.YALE.EDU`

Befehl: SUBSCRIBE Sneakers (im Textteil der Nachricht)

»The WWW Security List«. Die Mitglieder dieser Liste diskutieren über alle Techniken für den Erhalt (oder das Durchbrechen) der WWW-Sicherheit (Themen, die mit sicheren Methoden von HTML, HTTP und CGI zu tun haben).

Adresse: `www-security-request@nsmx.rutgers.edu`

Befehl: SUBSCRIBE www-security *Ihre_E-Mail_Adresse* (im Textteil der Nachricht)

Untergrund-Informationsquellen

»2600 Magazine«. Ein Magazin, das sich ursprünglich auf das Telefon-Phreaking konzentrierte, neuerdings aber vermehrt über Computer-Hacking berichtet. `http://www.2600.com/`

»The alt.2600/#hack F.A.Q«. Die FAQ für die beliebte Usenet-Newsgroup alt.2600. Sie können hier einige interessante Informationen finden, von Wardialers bis hin zu Tipps zum Entfernen Ihrer Spuren nach einem Einbruch. `http://www-personal.engin.umich.edu/~jgotts/hack-faq/hack-faq-cp.html`

»EFF Hacking, Cracking, Phreaking Archive«. Das Archiv der Electronic Frontier Foundation, einer Non-Profit-Organisation, die für bürgerliche Freiheiten im Cyberspace wirbt. `http://www.eff.org/pub/Privacy/Security/Hacking_cracking_phreaking/`

»LHI Technologies (L0pht Heavy Industries)«. Zu dieser Gruppe gehören einige der talentiertesten Untergrund-Hacker. Die Archive auf der Website enthalten seltene Dokumente und Berichte, von denen einige von den Eigentümern der Website geschrieben wurden. `http://l0pht.com/`

»Phrack Magazine«. Ein Hacker-E-Zine, das es schon seit vielen Jahren gibt. Sie finden hier eine Menge hartgesottener technischer Informationen und einen faszinierenden Teil mit dem Titel *Phrack World News*, in dem über Cracker- und Hacker-Aktivitäten in den letzten Monaten berichtet wird. `http://www.phrack.com`

Anhang D

Anbieter aus dem Bereich Sicherheit

Dieser Anhang listet bedeutende Sicherheitsfachleute aus der ganzen Welt auf, die ihre Dienste allen Unternehmen anbieten. Betrachten Sie die Liste als eine Art Miniaturausgabe der »Gelben Seiten« für Internetsicherheit. Wenn Sie also beim nächsten Mal von jemandem in Estland angegriffen werden, wissen Sie sofort, an wen Sie sich wenden können.

D.1 Vorbemerkung

Einige Anbieter haben neben ihren Namen, Adressen, Kontaktpersonen, Telefonnummern und Internetadressen auch eine Kurzbeschreibung der von ihnen angebotenen Dienstleistungen geliefert. Alle diese Angaben wurden unbesehen übernommen, es wurden lediglich Rechtschreibfehler korrigiert und ggf. Adressänderungen umgesetzt. Andere Anbieter haben wir im Internet oder mit Hilfe anderer Methoden ausfindig gemacht.

D.2 Die Unternehmen

D.2.1 ACROS, d.o.o. (Slowenien)

Prüfung, Planung und Wartung von Sicherheitssystemen, Firewalls, IDS, Verschlüsselung, Planung und Wartung von Sicherheitsrichtlinien, Risikoanalyse und -management, Krisenpläne, Datenwiederherstellung, Sicherung brisanter Umgebungen, Untersuchung von Sicherheitsverletzungen und Beratung.

ACROS, d.o.o.

Stantetova 4SI – 2000 Maribor, Slowenien

Tel.: +386 – 41-720 908

E-Mail: `security@acros.si`

URL: `http://www.acros.si`

D.2.2 Armor Security, Inc. (USA)

Installation von physikalischen und elektronischen Hochsicherheitsvorrichtungen zum Schutz von Leben und Eigentum. Unter anderem CCTV, Kartensysteme, Einbruchs- und Feueralarmvorrichtungen, zertifizierte Schlösser und Safes.

Armor Security, Inc.

2601 Stevens Avenue South

Minneapolis, MN 55408, USA

Ansprechpartner: Doug Wilson

Tel.: +1 – 612-870-4142

Fax: +1 – 612-870-4789

E-Mail: `pros@armorsecurity.com`

URL: `http://www.armorsecurity.com`

D.2.3 AS Stallion Ltd. (Estland)

Beratungen und Dienstleistungen im Bereich Daten- und Netzwerksicherheit. Firewalls und Verschlüsselungslösungen. Sicherheitsanalysen und -Audits.

AS Stallion Ltd.

Mustamae tec 55

Tallinn 10621, Estland

Ansprechpartner: Herr Jyri Kaljundi (Geschäftsführer)

Tel.: +372-656-7720

Fax: +372-656-7727

E-Mail: `stallion@stallion.ee`

URL: `http://www.stallion.ee/`

D.2.4 ASCIItech (Kanada)

Risikoanalyse einschließlich Datensicherheit unter Berücksichtigung technologischer Aspekte.

ASCIItech

6497 Edwards Boulevard

Mississauga, Ontario L5T 2V2, Kanada

Tel.: +1 – 800-787-2344

Fax: +1 – 905-564-1382

E-Mail: `hotline@asciitech.com`

URL: `http://www.asciitech.com/HTML/`

D.2.5 AtBusiness Communications (Finnland, Deutschland, Russland)

Entwicklung und Implementierung von End-to-End-Sicherheitslösungen einschließlich Risikoanalyse und Erstellung von Sicherheitsrichtlinien. Verschlüsselung, Authentifizierung, Firewalls, PKI und VPN-Lösungen.

AtBusiness Communications Oyj

Italahdenkatu 19,

FIN-00210 Helsinki

Finnland

Tel.: +358 – 9-2311-6600

Fax: +358 – 9-2311-6601

E-Mail: info@atbusiness.com

URL: http://www.atbusiness.com/

D.2.6 Atlantic Computing Technology Corporation (USA)

Gegründet 1994, hat sich die Firma auf UNIX, Windows NT, Firewalls, Netzwerksicherheit und WAN-Verbindungen spezialisiert. Bietet zur Zeit sieben verschiedene Firewall-Produkte an.

Atlantic Computing Technology Corporation

111 Founders Plaza, Suite 900

East Hartford, CT 06108, USA

Tel.: +1 – 860-291-0851

Fax: +1 – 860-291-0847

E-Mail: info@atlantic.com

URL: http://www.atlantic.com

D.2.7 beTRUSTed (weltweit)

Zahlreiche Dienstleistungen, z.B. Authentifizierung, elektronische Kennungen, Datenintegrität, Schutz der Privatsphäre und vertraulicher Kommunikation sowie Transaktionsnachweise.

beTRUSTed

Tel.: +1 – 443-367-7150

E-Mail: contactus@betrusted.com

URL: http://www.betrusted.com

D.2.8 Baltimore Technologies

Das international tätige Unternehmen Baltimore Technologies ist global führend im Bereich eSecurity-Lösungen. Baltimore entwickelt und vertreibt Technologien, mit denen sichere und zuverlässige Systeme etabliert werden. Bekanntestes Produkt ist MIMEsweeper.

Baltimore Technologies

Tel.: +49 – 040-23999

E-Mail: `info-de@mimesweeper.com`

URL: `http://www.mimesweeper.com` oder `http://www.baltimore.com`

D.2.9 Biodata Information Technology (Deutschland)

Biodata, ein weltweit führender Hersteller für Informationssicherheit, bietet Ihnen alle Möglichkeiten, um Ihre Informationen vor unbefugtem Zugriff Dritter zu schützen. Beispielsweise verhindert die Firewall Biodata BIGfire den Zugriff auf Ihr Netzwerk, und Biodata Babylon verschlüsselt Ihre Kommunikationsleitungen, zum Beispiel für ISDN und Videokonferenzen.

Biodata Information Technology

Tel.: +49 – 06454-91200

Fax: +49 – 06454-9120180

E-Mail: `info@biodata.de`

URL: `www.biodata.de`

D.2.10 Cambridge Technology Partners, Inc. (weltweit)

Cambridge Technology Partners versteht sich als Unternehmen zur Managerberatung und zur Systemintegration. Nach eigenen Angaben »ermöglicht unser Ansatz … innovative, umfassende Lösungen innerhalb eines noch nicht da gewesenen Zeitrahmens. Unglaublich schnell bei festen Preisen«.

Cambridge Technology Partners, Inc.

8 Cambridge Center

Cambridge, MA 02142, USA

Tel.: +1 – 617-374-9800

Fax: +1 – 617-374-8300

URL: `http://www.ctp.com`

D.2.11 Canaudit, Inc. (USA)

Spezialisiert auf Sicherheits-Audits.

Canaudit, Inc.

PO Box 2110

Simi Valley, CA 93062-2110, USA

Tel.: +1 – 805-583-3723

Fax: +1 – 805-582-2676

E-Mail: `Gordon@canaudit.com`

URL: `http://www.canaudit.com`

D.2.12 CobWeb Applications (Großbritannien)

Sicherheitsspezialisten für Windows 95, Windows NT, Netzwerke und das Web sowie für Verschlüsselung.

CobWeb Applications

3000 Hilliswood Drive

Hilliswood Business Park

Chertsey

Surrey, U.K. KT16 0RS

Tel.: +44 – 1972-796-031

Fax: +44 – 1972-796-699

E-Mail: `connect@cobweb.co.uk`

URL: `http://www.cobweb.co.uk`

D.2.13 Command Systems (USA)

Firewalls, Verschlüsselung, VPN und Audits, schwerpunktmäßig für Windows NT. Unterstützte Firewalls sind Digital Altavista, Gauntlet und Firewall-1.

Command Systems

Pond View Corporate Center

76 Batterson Park Road

Farmington, CT 06032, USA

Tel.: +1 – 860-409-2000

Fax: +1 – 860-409-2099

URL: `http://www.commandsys.com`

D.2.14 Computer Associates Services eTrust (weltweit)

CA Services eTrust bietet Lösungen für die Sicherheitsbedürfnisse von Unternehmen an und bedient Organisationen jeder Größe in aller Welt.

CA Services

One Computer Associates Plaza

Islandia, NY 11749, USA

Tel.: +1 – 800-225-5224

URL: `http://www.computerassociates.com/`

D.2.15 CorpNet Security (USA)

CorpNet Security arbeitet schwerpunktmäßig im Bereich der professionellen Sicherheits-Audits und der Risikoanalyse. Ferner verfügt das Unternehmen über umfassendes Expertenwissen zu IDS und VPNs.

CorpNet Security

Tel.: +1 – 888-666-9216

E-Mail: `info@corpnetsecurity.com`

URL: `http://www.corpnetsecurity.com/`

D.2.16 Counterpane Internet Security (USA)

Counterpane Internet Security bietet Dienstleistungen im Bereich der Sicherheitsüberwachung an und hilft bei geeigneten Reaktionen auf Angriffe.

Counterpane Internet Security

3031 Tisch Way, Suite 100 PE

San Jose, CA 95128, USA

Tel.: +1 – 408-260-7500

Fax: +1 – 408-556-0889

E-Mail: `info@sj.counterpane.com`

URL: `http://www.counterpane.com/`

D.2.17 Cryptek Secure Communications LLC (USA)

Cryptek entwickelt und offeriert von der NSA geprüfte Produkte zur Netzwerksicherheit für den Einsatz bei Behörden und in der Privatwirtschaft. Im Sortiment gibt es beispielsweise Lösungen für Verschlüsselung, Identifikation, Authentifizierung, Zugriffssteuerung, Auditing und Datenintegrität.

Cryptek Secure Communications LLC

14130-C Sullyfield Circle

Chantilly, VA 20151, USA

Tel.: +1 – 703-802-9300

Fax: +1 – 703-818-3706

E-Mail: `net.info@cryptek.com`

URL: `http://www.cryptek.com`

D.2.18 CygnaCom Solutions (USA)

CygnaCom Solutions ist spezialisiert auf PKI, Sicherheits-Consulting, -analyse und -bewertung.

CygnaCom Solutions

7927 Jones Branch Drive

McLean, VA 22102-3305, USA

Tel.: +1 – 703-848-0883

Fax: +1 – 703-848-0960

E-Mail: `corpinfo@cygnacom.com`

URL: `http://www.cygnacom.com`

D.2.19 Data Fellows (Europa, Nordamerika, Asien)

Data Fellows (ehemals F-Secure, Inc.) entwickelt Antiviren- und Verschlüsselungsprodukte (Produkte der Reihen »F-Secure« und »F-PROT Professional«).

Data Fellows

Pyyntile 7, Espoo

PL 24

02231 ESPOO

Finnland

Tel.: +358 – 9-2520-0700

E-Mail: `info@f-secure.com`

URL: `http://www.f-secure.com/`

F-Secure, Inc.

675 N. First Street, 5th Floor

San Jose, CA 95112

Tel.: +1 – 408-438-6700

Fax: +1 – 408-438-6701

D.2.20 Data Systems West (USA)

Planung und Implementierung von Firewalls, Sicherheits-Audits, Richtlinienabfassung, Zugriffskontrollen, Netzwerk- und Sicherheitsverwaltung, VPN, TACACS+, ICSA-Web-Zertifizierung, Anwendungsentwicklung und E-Commerce.

Data Systems West

6110 Variel Avenue, 2nd Floor

Woodland Hills, CA 91367, USA

Tel.: +1 – 800-366-4379

E-Mail: `info@dsw.net`

URL: `http://www.dsw.net`

D.2.21 DataLynx, Inc. (USA)

Das mehrstufige Sicherheitssystem von DataLynx für UNIX und Windows NT beinhaltet Funktionen zur Zugriffssteuerung, für Alarmsysteme, für die Berichtserstellung und Verwaltung von Benutzerkonten und -kennwörtern und eine ganze Reihe anderer Merkmale.

DataLynx, Inc.

Tel.: +1 – 858-560-8112

Fax: +1 – 858-560-8114

E-Mail: `sales@dli-security.com`

URL: `http://www.dlxguard.com`

D.2.22 Dataway, Inc. (USA, Irland)

Dataway hat sich auf Lösungen für den Finanzmarkt im Internet spezialisiert. Dazu gehören neben Sicherheitslösungen auch verwaltete VPNs mit hoher Verfügbarkeit.

Dataway, Inc.

180 Redwood Street, 3rd Floor

San Francisco, CA 94102, USA

Tel.: +1 – 415-882-8700

Fax: +1 – 415-882-8787

E-Mail: sales@dataway.com

67 Lower Baggot Street

Dublin 2, Irland

Tel.: +353 – 1-676-0307

Fax: +353 – 1-676-0309

E-Mail: euresales@dataway.com

URL: http://www.dataway.com

D.2.23 debis Systemhaus Information Security Services GmbH (Deutschland)

Beim debis Systemhaus sind die Arbeiten und Projekte zur IT-Sicherheit in den debis IT Security Services konzentriert. Das Unternehmen bietet vor allem Risikoanalysen, Konzeption, Evaluationen und Zertifizierungen in diesem Bereich an.

debis Systemhaus Information Security Services GmbH

Tel.: +49 – 0228-9841501

Fax: +49 – 0228-984160

E-Mail: info@itsec-debis.de

URL: http://www.itsec-debis.de und http://www.dcert.de

D.2.24 Delphi Consulting, LLC (USA)

Delphi ist ein Consulting-Unternehmen mit viel Erfahrung bei der Entwicklung von Sicherheits- und Verschlüsselungslösungen im Bereich der Programmiersprache Java.

Delphi Consultants, LLC

10000 N. Central Expressway, Suite 1325

Dallas, TX 75231, USA

Tel.: +1 – 800-DELPHIS

E-Mail: info@delphis.com

URL: http://www.delphis.com

D.2.25 EAC Network Integrators (USA)

EAC offeriert drei unterschiedliche Arten der Sicherheitsdienstleistungen: Intensive Netzwerk- und System-Audits, IR (wahlweise zum Festpreis oder pro Fall) und die Entwicklung und Implementierung offensiver Sicherheitskonzepte.

EAC Network Integrators

56 Quarry Road

Trumbull, CT 06611, USA

Tel.: +1 – 203-371-4774

Fax: +1 – 203-372-4199

URL: http://www.eac.com

D.2.26 ECG Management Consultants (USA)

Consulting im Bereich IT-Management und -Sicherheit vorzugsweise im Justizvollzug.

ECG Management Consultants

1111 3rd Avenue, Suite 2700

Seattle, WA 98101, USA

Tel.: +1 – 206-689-2200

Fax: +1 – 206-689-2201

E-Mail: ecg@ecgmc.com

URL: http://www.ecgmc.com

D.2.27 EGAN Group Pty Limited (Australien)

Entwicklung und Implementierung von Firewalls, Sicherheits-Audits, Testeinbrüche, Verfassen von Richtlinien und Standarddokumentationen. Allgemeine Internet- und Intranetsicherheit.

EGAN Group Pty Limited

Melbourne, Australien

Tel.: +61 (0)414-916-632

E-Mail: webmaster@egan.com.au

URL: http://www.egan.com.au

D.2.28 Energis (Großbritannien)

Entwicklung, Konfiguration, Implementierung und Verwaltung von Sicherheitsdiensten in den Bereichen Internet, Intranet und Extranet.

Energis

Ansprechpartner: Sales Department

The White House, Melbourne Street

Leeds, West Yorkshire

LS2 7PS United Kingdom

Tel.: +44 (0)1494-441256

Fax: +44 (0)1494-438319

E-Mail: info@energis-eis.co.uk

URL: http://www.theplanet.net/

D.2.29 EnGarde Systems, Inc. (USA)

EnGarde bietet Risikoanalyse und Tools für Netzwerküberwachung und IR an.

EnGarde Systems

4848 Tramway Ridge Drive NE, Suite 122

Albuquerque, NM 87111, USA

Tel.: +1 – 505-346-1760

Fax: +1 – 505-346-1719

E-Mail: info@engarde.com

URL: http://www.engarde.com/

D.2.30 EnterEdge Technology LLC (USA)

EnterEdge offeriert Produkte und Tools, »damit Sie eine umfassende Antwort auf alle Ihre Sicherheitsfragen finden«.

EnterEdge

5500 Interstate North Parkway, Suite 440

Atlanta, GA 30328, USA

Tel.: +1 – 770-955-9899

Fax: +1 – 770-955-9896

URL: `http://www.enteredge.com`

D.2.31 Ernst & Young LLP (USA)

Strategien zur Internetsicherheit, sicherer E-Commerce, elektronische Unterschrift, Sicherheitsanalysen und -Audits, Testeinbrüche und Benchmarking.

Ernst & Young LLP

Information Security Services

370 17th Street, Suite 4300

Denver, CO 80202, USA

Tel.: +1 – 303-628-4344

URL: `http://www.ey.com`

D.2.32 eSoft (USA, Großbritannien, Singapur)

eSoft ist nicht nur Hersteller der Firewall InstaGate, sondern bietet außerdem Consulting für Internetsicherheit, VPNs, Sicherheits-Audits und Testeinbrüche an.

eSoft

295 Interlocken Boulevard, Suite 500

Broomfield, CO 80021, USA

Tel.: +1 – 888-903-7638

Fax: +1 – 303-444-1640

E-Mail: `sales@esoft.com`

URL: `http://www.tlogic.com`

D.2.33 Espiria (USA)

Consulting-Dienstleistungen zur Entwicklung, Implementierung, Analyse und Verwaltung angepasster Sicherheitslösungen.

Espiria

123 North Third Street, Suite 604

Minneapolis, MN 55401, USA

Tel.: +1 – 612-395-6600

E-Mail: info@espiria.com

URL: http://www.espiria.com

D.2.34 ESTec Systems Corporation (Nord- und Lateinamerika, Asien)

Überwachung, Bewertung, Verwaltung und Entwicklung von Datensicherheitssystemen und Informationsrichtlinien für Unternehmen. Zu den Produkten und Dienstleistungen gehören eine Software zur Datensicherheitsverwaltung, Schulungen im Bereich des Informationsschutzes sowie umfassende Netzwerksicherheits-Audits.

ESTec Systems Corporation

17510-102 Avenue, 2nd Floor Suite

Edmonton, AB T5S 1K2, Kanada

Tel.: +1 – 780-483-7120

Fax: +1 – 780-489-9557

E-Mail: abnelson@estec.com

URL: http://www.estec.com

D.2.35 Flavio Marcelo Amaral (Brasilien)

Verschlüsselungen, Proxies, Zugriffskontrollen, Audits, Testeinbrüche und Installation von Sicherheitsprogrammen.

Flavio Marcelo Amaral

R. CEL. Glicerio Cicero, 55

Natal, RN 59030-040, Brasilien

Tel.: +55 – 84-221-0007

E-Mail: fmca@eol.com.br

D.2.36 FMJ/PADLOCK Computer Security Systems (USA)

Hersteller und Vertrieb von Sicherheitseinrichtungen und Kabelgeräten für Computer und Büromaschinen. FMJ bietet schlüsselfertige Lösungen und patentierte Produkte zum Schutz von Servern, Scannern, Druckern, Kopierern und Faxgeräten sowie von medizinischen und wissenschaftlichen Geräten.

FMJ/PADLOCK Computer Security Systems

741 E. 223rd St.

Carson, CA 90745, USA

Tel.: +1 – 310-549-3221

E-Mail: `info@fmjpadlock.com`

URL: `http://www.fmjpadlock.com`

D.2.37 Galaxy Computer Services, Inc. (USA)

Firewall-Implementierung (für verschiedene UNIX-Varianten) in einer heterogenen Umgebung. Testeinbrüche und Risikoanalysen, Sicherheitslösungen für Client/Server-Anwendungen in einer Windows NT-Umgebung. Patentiertes Netzwerksicherheitsprodukt »Information Diode« als eine Art »Einbahnverbindung« von untergeordneten zu übergeordneten Netzwerken.

Galaxy Computer Services, Inc.

10366 Battleview Parkway

Manassas, VA 20109, USA

Tel.: +1 – 703-393-1464

E-Mail: `info@gcsi.com`

D.2.38 Gemini Computers, Inc. (USA)

Support für sichere Systemanwendungen auf der Basis des Al-zertifizierten GTNP (Gemini Trusted Network Processor, vertrauenswürdiger Gemini-Netzwerkprozessor) mit integrierter Verschlüsselung. Die End-to-End-Verschlüsselungstechnologie von Gemini »bildet eine vorschriftsmäßige Grundlage für die elektronische Welt in Übereinstimmung mit gültigen Standards, Vorschriften und Gesetzen«.

Gemini Computers, Inc.

P.O. Box 222417

Carmel, CA 93922-2417, USA

Tel.: +1 – 831-373-850

Fax: +1 – 831-373-5792

E-Mail: tft@geminisecure.com

URL: http://www.geminisecure.com

D.2.39 GeNUA (Deutschland)

GeNUA bietet Firewall- und Hochverfügbarkeitslösungen an und schützt dabei Ihr Netz vor Eindringlingen. Die Lösung ist für größere Netze beliebig skalierbar.

GeNUA

Tel.: +49 – 089-9919500

Fax: +49 – 089-99195099

E-Mail: info@genua.de

URL: http://www.genua.de

D.2.40 Getronics Government Services (USA)

Anbieter des von der NSA verwendeten B3 Trusted Computer System, des SAGE (Secure Automated Guard Environment, sichere automatisierte Wachumgebung) und verschiedener vertrauenswürdiger Dienste zur Anwendungsentwicklung. Zu den Kunden von Getronics gehören neben der NSA auch das amerikanische Verteidigungsministerium, alle Teilstreitkräfte der amerikanischen Armee (Heer, Marine, Luftwaffe), das amerikanische Außenministerium, das FBI, das amerikanische Wirtschaftsministerium, die US-Steuerbehörden, die NATO und die Regierungen von Großbritannien, Kanada und Norwegen.

Getronics Government Services

7900 Westpark Drive MS 700

McLean, VA 22102-4299, USA

Tel.: +1 – 703-827-3000

E-Mail: webmanager@getronicsgov.com

URL: http://www.getronicsgov.com

HINWEIS

Getronics Government Services gilt als einer der Provider mit der stärksten Verschlüsselungstechnologie. Hierbei wird sogar das Erfassen elektronischer Emissionen unterbunden, die von einem Monitor (oder Computer) abgestrahlt werden.

D.2.41 GlobalCenter (USA)

Sicherheitsberatungen zu Firewalls, Sicherheitsrichtlinien, Verschlüsselung, VPNs, Spam-Erkennung und -Eindämmung sowie Verhinderung des Missbrauchs.

GlobalCenter

141 Caspian Court

Sunnyvale, CA 94089, USA

Tel.: +1 – 800-530-6557

Fax: +1 – 408-543-0074

E-Mail: `sales@globalcenter.net`

D.2.42 Global Privacy Solutions (USA)

Systeme zum Schutz von persönlichen Kunden- und Patientendaten.

Global Privacy Solutions

Crystal Plaza, Suite N303

2111 Jefferson Davis Highway

Arlington, VA 22202, USA

Tel.: +1 – 703-418-1956

Fax: +1 – 703-418-0224

E-Mail: `info@privacysolutions.com`

URL: `http://www.privacysolutions.com`

D.2.43 Graham Information Security and Management Services (Australien)

Beratung und Schulungen zu Internet-, Intranet- und Workstation-Sicherheit. Spezialisiert auf Verschlüsselung, damit verbundene Protokolle und Schlüsselverwaltung, Zugriffssteuerung sowie Benutzerauthentifizierung und -verifikation.

Graham Information Security and Management Services

Suite 12a Tamborine Plaza

Beacon Road

North Tamborine, Queensland, 4272, Australien

Ansprechpartner: Dr. Ian G. Graham

Tel.: +61 – 7-55452200

E-Mail: grahamis@onthenet.com.au

URL: http://www.onthenet.com.au/~grahamis/

D.2.44 Grand Designs Ltd./ConfluX.net (USA)

Netzwerk- und Softwaretechnik, sichere Netzwerktechnologien und Systemsicherheit (u.a. für Militärtechnik-Unternehmen). Die ConfluX.net-Lösung bietet Webhosting und sicheren Internetzugriff über VPNs.

Grand Designs Ltd./ConfluX.net

4917 Evergreen Way, Suite 10

Everett, WA 98203, USA

Tel.: +1 – 206-710-9006

E-Mail: info@gdltd.com

URL: http://www.gdltd.com/ oder http://www.conflux.net

D.2.45 Gregory R. Block (Großbritannien)

Berater für UNIX/Windows-NT-Sicherheit und -Netzwerke. Tiger-Team-Analysen, Firewalls, Topologie, Planung und Implementierung auf allen Ebenen.

> **HINWEIS**
> Hinweis zu Kontaktaufnahmen: Besorgen Sie sich zunächst einen Schlüssel für Pretty Good Privacy, und senden Sie erst dann eine Mail.

Gregory R. Block

48A Hendon Lane

London, N3 1TT, U.K.

E-Mail: gblock@lemon.net

D.2.46 The GSR Consulting Group Inc. (Kanada)

GSR bietet Dienstleistungen in allen Bereichen der Datensicherheit und -wiederherstellung.

The GSR Consulting Group Inc.

1255 University Street, Suite 1107

Montreal, Quebec H3B 3W7

Tel.: +1 – 514-876-4040

Fax: +1 – 514-876-4009

E-Mail: `gsr@sympatico.ca`

URL: `http://www.gsrinc.com/`

D.2.47 Guardent Inc (Nordamerika, Großbritannien)

Sicherheitslösungen mit lebenslanger Garantie.

Guardent Inc

75 Third Avenue

Waltham, MA 02451

Tel.: +1 – 888-413-4344

Fax: +1 – 781-577-6600

URL: `http://www.guardent.com/`

D.2.48 Hyperon Consulting (USA)

Sicherheitslösungen für Internet und E-Commerce für die Industrie. CISSP-zertifiziert und erfahren im Umgang mit Vorschriften im Finanzbereich.

Hyperon Consulting

3422 Old Capitol Trail, Suite 1245

Wilmington, DE 19808, USA

Tel.: +1 – 302-996-3047

Fax: +1 – 302-996-5818

URL: `http://www.hyperon.com`

D.2.49 I.T. NetworX Ltd. (Irland)

Internet- und Intranetsicherheit für UNIX und Windows NT. Firewalls, Testeinbrüche sowie Beratung, Entwicklung und Konfiguration von Freeware-Lösungen.

I.T. NetworX Ltd.

Stonebridge House

Shankill, Co.

Dublin, Irland

Ansprechpartner: Michael Ryan

Tel.: +353 – (01)28-27-233

Fax: +353 – (01)28-27-230

E-Mail: webmaster@NetworX.ie

URL: http://www.networx.ie

D.2.50 Infoconcept GmbH (Deutschland)

Raptor-Security-, ISS- und IBM-Business-Lösungen, einschließlich Installation von und Support für Firewalls; Testeinbrüche, Sicherheitsberatung und Internetintegration.

Infoconcept GmbH

Mörscher Straße 17-25

76275 Ettlingen, Deutschland

Ansprechpartner: Thorsten Bruchhäuser

Tel.: +49 – 07243-5380-0

E-Mail: TBruchhaeuser@infoconcept.com

URL: http://www.infoconcept.com

D.2.51 INFOSEC Engineering (USA)

INFOSEC ist Anbieter von Lösungen für Computer- und Netzwerksicherheit.

INFOSEC Engineering

Tel.: +1 – 978-256-4494

E-Mail: info@infoseceng.com

URL: http://www.infoseceng.com

D.2.52 Infosecure Australia (Australien)

Richtlinienentwicklung, Implementierung von Sicherheitsrichtlinien, Testeinbrüche, Sicherheitsanalysen und Forschungen auf dem Gebiet der Computersicherheit.

Infosecure Australia

PO Box 7104

Cloisters Square, Western Australia 6850

Tel.: 041 4636732

E-Mail: dave@infosecure.com.au

URL: http://www.infosecure.com.au

D.2.53 Ingenieurbüro Dr. Ing. Markus a Campo (Deutschland)

Sicherheits-Audits, Testeinbrüche, Firewalls, Beratung und Netzwerkanalyse.

Ingenieurbüro Dr. Ing. Markus a Campo

Försterstr. 25

D-52072 Aachen, Deutschland

Ansprechpartner: Markus a Campo

Tel.: +49 – 0241-1580-80

Fax: +49 – 0241-1580-89

E-Mail: `mac.ac@t-online.de`

URL: `http://home.t-online.de/home/mac.ac/index.htm`

D.2.54 Integrity Sciences, Inc. (USA)

Beratung und Softwareentwicklung für sichere Netzwerke mit Schwerpunkt auf Protokollen zur komplexen, gegen Netzwerkangriffe unanfälligen Kennwortauthentifizierung.

Integrity Sciences, Inc.

Westboro, MA 01581, USA

Ansprechpartner: David Jablon

Tel.: +1 – 508-898-9024

Fax: +1 – 508-561-1953

E-Mail: `info@integritysciences.com`

URL: `http://www.integritysciences.com`

D.2.55 InterNet Guide Service, Inc. (USA)

Consulting und Schulungen speziell in den Bereichen Internetstrategie und -sicherheit sowie E-Commerce. InterNet Guide Service ist Mitglied der NCSA und ein zertifizierter Spezialist für IBM-Firewalls.

InterNet Guide Service, Inc.

90 Stony Brook Road

Westford, MA 01886, USA

Tel.: +1 – 978-392-3650

Fax: +1 – 978-392-5878

E-Mail: esj@inguide.com

URL: http://www.inguide.com

D.2.56 Internet Security Systems, Inc. (ISS) (USA)

Tools zur Beurteilung der Netzwerksicherheit. Umfassende Audit-, Überwachungs- und IR-Software. Das Vorzeigeobjekt des Unternehmens ist der »Internet Scanner«, ein führendes Programm zur Simulation von Angriffen und zur Durchführung von Sicherheits-Audits.

Internet Security Systems, Inc. (ISS)

6303 Barfield Road

Atlanta, GA 30328, USA

Tel.: +1 – 404-236-2600

Fax: +1 – 404-236-2626

E-Mail: info@iss.net

URL: http://www.iss.net

D.2.57 Interpact, Inc./Infowar.Com (USA)

Interpact entwickelt, strukturiert und simuliert umfassende Sicherheitslösungen und führt Testeinbrüche aus. Zu den Kunden gehören zahlreiche amerikanische Unternehmen und Behörden.

Interpact, Inc./Infowar.Com

11511 Pine Street

Seminole, FL 33772, USA

Ansprechpartner: Winn Schwartai

Tel.: +1 – 813-393-6600

Fax: +1 – 813-393-6361

E-Mail: winn@infowar.com

URL: http://www.infowar.com

D.2.58 Jerboa, Inc. (USA)

UNIX, Firewalls, Produkttests, Beratung, Topologie, Entwicklung von Richtlinien, Produktintegration, Kompatibilitätsprüfung, Schulungen und Seminare, Unternehmensplanung, Webtechnologien, Verschlüsselung und Tunneling.

Jerboa, Inc.

P.O. Box 382648

Cambridge, MA 02238, USA

Tel.: +1 – 617-492-8084

Fax: +1 – 617-492-8089

E-Mail: `info@jerboa.com`

URL: `http://www.jerboa.com`

D.2.59 Karl Nagel & Company (USA)

Absicherung von E-Commerce-Lösungen und Consulting in diesem Bereich.

Karl Nagel & Company

P.O. Box 3255

Manhattan Beach, CA 90266, USA

Tel.: +1 – 310-546-6138

Fax: +1 – 310-546-7048

E-Mail: `info@karlnagel.com`

URL: `http://www.karlnagel.com`

D.2.60 Kinetic, Inc. (USA)

Beratung zu offenen Systemen und Computersicherheit im Internet. Sicherheits-Audits für UNIX-Systeme, Planung von Firewalls und sicheren Funktionen für die Remotespeicherung und -verwaltung von Websites.

Kinetic, Inc.

289 East Fifth Street, Suite 205

St. Paul, MN 55101, USA

Tel.: +1 – 651-848-0477

Fax: +1 – 651-848-0478

URL: `http://www.kinetic.com`

D.2.61 Learning Tree International (USA)

Learning Tree bietet Praxiskurse zu mehr als 130 Themenbereichen der Informationssicherheit an, darunter etwa UNIX-Sicherheit, Windows NT-Sicherheit, Sicherheit im Internet und Intranet oder Firewalls.

Learning Tree International

1805 Library Street

Reston, VA 20190-5630, USA

Ansprechpartner: Linda Trude

Tel.: +1 – 800-843-8733

Fax: +1 – 800-709-6405

E-Mail: uscourses@learningtree.com

URL: http://www.learningtree.com

D.2.62 Livermore Software Labs (weltweit)

Entwickler der PORTUS Secure Firewall für AIX, HP, SOLARIS und Apple. Netzwerkberatungen.

Livermore Software Labs

1830 S. Kirkland Suite 205

Houston, TX 77077, USA

Tel.: +1 – 281-759-3274

Fax: +1 – 281-759-8558

E-Mail: portusinfo@lsli.com

URL: http://www.lsli.com

D.2.63 Lucent Worldwide Services Security Consulting (USA und UK)

Lucent bietet Unternehmen eine umfassende Paketlösung an, die an spezielle Unternehmensausrichtungen, -bedürfnisse und -ziele angepasst und auf eine optimale Nutzung der vorhandenen Ressourcen ausgerichtet werden kann. Auch Produktanwendungen unterschiedlicher Hersteller werden unterstützt.

Lucent Worldwide Services Security Consulting

1213 Innsbruck Drive

Sunnyvale, CA 94089

Tel.: +1 – 650-318-1000

Fax: +1 – 650-318-1001

URL: `http://www.lucent-networkcare.com`

Lucent Worldwide Services Security Consulting

London

Malvern House

14/18 Bell Street 2nd Floor

Maidenhead, Berkshire SL6 1BR

Tel.: +44 – 1628-503000

Fax: +44 – 1628-503001

D.2.64 Lunux Network Security Services (USA)

Consulting zur Netzwerksicherheit mit Schwerpunkt auf Hightech-Unternehmen.

Lunux Network Security Services

Los Angeles, CA, USA

E-Mail: `sales@www.lunux.com`

URL: `http://www.lunux.com/`

D.2.65 Lurhq Corporation (USA)

Netzwerksicherheitsanbieter. Spezialisiert auf Firewalls, Webserver-Sicherheit, E-Commerce-Implementierungen und Testeinbrüche.

Lurhq Corporation

850 Hwy 501

PO Box 2861

Conway, SC 29526, USA

Tel.: +1 – 843-347-1075

Fax: +1 – 843-347-1076

E-Mail: `info@lurhq.com`

URL: `http://www.lurhq.com/`

D.2.66 marchFIRST (USA)

marchFIRST bietet eine Vielzahl von Dienstleistungen an, um Unternehmen abzusichern.

marchFIRST

311 S. Wacker Drive Suite 35000

Chicago, IL 60605-6621, USA

Ansprechpartner: Tucker McDonagh, (Geschäftsführer)

Tel.: +1 – 312-922-9200

Fax: +1 – 313-913-3020

URL: http://www.marchfirst.com

D.2.67 Maxon Services (Kanada)

Consulting und Integration von Netzwerksicherheitssystemen (Windows NT, UNIX, Cisco, Checkpoint Firewall 1 und Security Dynamics Ace Server).

Maxon Services

Ansprechpartner: Eric Tremblay

8550 Marie-Victorin

Brossard, Quebec

Kanada, J4X 1A1

Tel.: +1 – 514-466 2422

Fax: +1 – 514-466 2113

URL: http://www.maxon.ca

D.2.68 Merdan Group, Inc. (USA)

Anbieter von Sicherheitsimplementierungen und -produkten.

Merdan Group, Inc

4617 Ruffner Street

San Diego, CA 92111, USA

Tel.: +1 – 800-608-6029

Fax: +1 – 858-279-8893

E-Mail: merdan@merdan.com

URL: http://www.merdan.com

D.2.69 Merilus Technologies (USA)

Lösungen für die sichere Verbindung von Unternehmenscomputern mit dem Internet. Angeboten werden etwa »verstärkte« Firewalls, VPNs, E-Commerce-Implementierungen, Hochgeschwindigkeitsverbindungen und nach Kundenwünschen konfigurierte Linux-Systeme.

Merilus Technologies

46165 Yale Road

Chilliwack, BC V2P 2P2, USA

Tel.: +1 – 604-792-0100

Fax: +1 – 604-792-0911

E-Mail: `sales@merilus.com`

URL: `http://www.merilus.com`

D.2.70 Milvets System Technology, Inc. (USA)

Systemintegration von Netzwerksicherheitsprodukten und Implementierung marktführender Firewall-Lösungen insbesondere für UNIX- und Windows NT-Systeme.

Milvets System Technology, Inc.

4600 Forbes Boulevard, Suite 104

Lanham, MD 20706, USA

Ansprechpartner: Greg Simpson

Tel.: +1 – 301-731-9130

Fax: +1 – 301-731-4773

E-Mail: `Milvets@milvets.com`

URL: `http://www.milvets.com`

D.2.71 MIS Corporate Defence Solutions (Niederlande und Großbritannien)

MIS bietet die gesamte Bandbreite der Consulting-Dienste, etwa für die Verwaltung von Sicherheitsimplementierungen, sowie spezielle Fachberatungen im Sicherheitsbereich an.

MIS Corporate Defence Solutions

MIS House

Hermitage Court, Hermitage Lane

Maidstone, Kent

England ME16 9NT

Tel.: +44 – 1622-727400

Fax: +44 – 1622-28580

E-Mail: `pr@mis-cds.com`

URL: `http://www.mis-cds.com`

D.2.72 Myxa Corporation (USA)

Technologiedienstleistungen für UNIX, Client/Server-Systeme und Netzwerke (Intranet und Internet) einschließlich Firewalls und Sicherheit.

Myxa Corporation

654 Red Lion Road, Suite 200

Huntingdon Valley, PA 19006, USA

Tel.: +1 – 215-947-9900

Fax: +1 – 215-935-0235

E-Mail: `info@myxa.com`

URL: `http://www.myxa.com`

D.2.73 NetraCorp LLC. (USA)

NetraCorp LLC vergibt Zertifikate unterschiedlichen Grades an Unternehmen, die bestimmte, sehr strikte Sicherheitsstandards erfüllen.

NetraCorp LLC

15050 W. 138th Street #3406

Olatha, KS 66063-3406, USA

Tel.: +1 – 816-898-3448

Fax: +1 – 978-285-5909

URL: `http://www.netracorp.com/`

D.2.74 Nett & So GmbH (Deutschland)

Firewalls (TIS-Gauntlet, Raptor Eagle, Firewall-1), Virenprüfung mit Firewall-Systemen, PGP, Speziallösungen für Unternehmen, UNIX und Windows NT. Zertifiziert von Raptor Systems.

Nett & So GmbH

Ansprechpartner: Bogdan Pelc

Friedbergstraße 29

14057 Berlin, Deutschland

Tel.: +49 – 030-3227572

E-Mail: `info@nett.de`

URL: `http://www.nett.de`

D.2.75 Network Associates, Inc. (USA)

Network Associates führt vertrauliche Untersuchungen im Bereich Netzwerksicherheit durch. Zum weiteren Angebot gehören Schwachstellenanalysen, Testeinbrüche, Entwicklung und Prüfung von Sicherheitsprodukten und -richtlinien, Consulting zum Thema Verschlüsselung, Softwarebewertungen, Architektur- und Diagnosesicherheitsanalysen sowie Firewall-Konfigurationen.

Network Associates, Inc.

Ansprechpartner: Alice Westerfield

3965 Freedom Circle

Santa Carla, CA 95054, USA

Tel.: +1 – 770-492-7807

E-Mail: `consulting@tis.com`

URL: `http://www.nai.com`

D.2.76 Network Security Assurance Group (USA)

Daten- und Netzwerksicherheit, Audits, Risikoanalysen, IR-Dienstleistungen und allgemeine Beratungen zum Bereich Datensicherheit.

Network Security Assurance Group

Magnificent Mile Center

980 North Michigan Avenue, 14th Floor

Chicago, IL 60611-4501, USA

Tel.: +1 – 877-NSA-GROUP

Fax: +1 – 312-214-3510

E-Mail: info@nsag.net

URL: http://www.nsag.net

D.2.77 Network Technology Solutions, Inc. (USA)

NTS bietet vorzugsweise Management- und Sicherheitslösungen für Datensysteme von Unternehmen an.

Network Technology Solutions, Inc.

4125 Mohr Avenue, Suite 6

Pleasanton, CA 94566, USA

Tel.: +1 – 209-839-0936

Fax: +1 – 209-839-0936

E-Mail: nts@ntsinc.com

URL: http://www.ntsinc.com/info.html

D.2.78 NH&A (USA)

Spezialisiert auf Antiviren-, Sicherheits- und Netzwerkmanagement.

NH&A

577 Isham Street, Suite 2-B

New York City, NY 10034, USA

Ansprechpartner: Norman Hirsch

Tel.: +1 – 212-304-9660

Fax: +1 – 212-304-9759

E-Mail: nhirsch@nha.com

URL: http://www.nha.com

D.2.79 NovaTech Internet Security (Australien)

Australische Consulting-Firma im Bereich Internet- und Netzwerksicherheit. Der Schwerpunkt liegt hier auf TCP/IP-Netzwerken und sicherem Internetzugriff.

NovaTech Internet Security

P.O. Box 487

Ermingham, NSW 2115

Australien

Tel.: +61 – 418-227646

E-Mail: `novatech@novatech.com.au`

URL: `http://www.novatech.com.au`

D.2.80 Pacificnet Internet Services (USA)

Vor-Ort-Konfiguration von Firewalls, Protokollierung, Audits, Untersuchung und Analysen.

Pacificnet

19725 Sherman Way, Suite 395

Canoga Park, CA 91306, USA

Tel.: +1 – 818-464-2600

E-Mail: `info@pacificnet.net`

URL: `http://www.pacificnet.net`

D.2.81 Pangeia Informatica LTDA (Brasilien)

Firewalls, Verschlüsselung, VPN, Zugriffssteuerung, Audits, Testeinbrüche, Entwicklung von kostenlosen und kostenpflichtigen Sicherheitstools (z.B. chkexploit, chk{root,demon}kit, Coordenation 2 und seguranca).

SRTVS 701 Ed. Palacio do Radio II S/304

Brasilia, DF, 70340000, Brasilien

Ansprechpartner: Nelson Murilo

Tel.: +55 – 61-223-5625

E-Mail: `info@pangeia.com.br` oder `nelson@pangeia.com.br`

URL: `http://www.pangeia.com.br`

D.2.82 Pentex Net, Inc. (USA)

Firewalls, physikalische Zugriffssteuerung, Testeinbrüche u.a.

Pentex Net, Inc.

805 W. Oregon Street

Urbana, IL 61801, USA

Ansprechpartner: Dr. John C. A. Bambenek

Tel.: +1 – 217-239-3760

E-Mail: `jbamb@pentex-net.com`

URL: `http://www.pentex-net.com`

D.2.83 Predictive Systems (USA)

Werte- und Risikoanalyse, Richtlinienentwicklung und -implementierung, PKI, Sicherheitszertifikate, IR und Computerforensik.

Predictive Systems

417 Fifth Avenue

New York, NY 10016, USA

Tel.: +1 – 212-659-3400

Fax: +1 – 212-659-3499

URL: `http://www.predictive.com`

D.2.84 PSINet Consulting Solutions (weltweit)

Einer der weltweit größten Anbieter von End-to-End-Lösungen. Der Schwerpunkt liegt hier auf dem Markt der mittelgroßen Unternehmen, wobei man sich insbesondere auf fünf Industriebereiche (Transportwesen, Finanzdienstleister, fertigende Industrie, öffentlich-rechtlicher Sektor, Telekommunikation) konzentriert.

PSINet Consulting Solutions

44983 Knoll Square

Ashburn, VA 20147, USA

Tel.: +1 – 703-726-4100

Fax: +1 – 703-726-4200

E-Mail: `info@psinetcs.com`

URL: `http://www.psinetcs.com`

D.2.85 R.C. Consulting, Inc. (Kanada)

Sicherheitsberatung für Unternehmen mit Windows NT-Umgebungen. Moderator der *NTBugTraq*-Mailingliste, die sich der Untersuchung von Sicherheits-Exploits und Bugs bei Windows NT widmet.

R.C. Consulting, Inc.

Kenrei Court, R.R. #1

Lindsay, Ontario, K9V 4R1, Kanada

Ansprechpartner: Russ Cooper

Tel.: +1 – 705-878-3405

Fax: +1 – 705-878-1804

E-Mail: `Russ.Cooper@rc.on.ca`

URL: `http://www.NTBugTraq.com/`

D.2.86 Rainbow Technologies, Spectra Division (USA)

Sicherheits- und Virenanalyse, Testeinbrüche, Firewall-Verifikation, Strategien zur Datenwiederherstellung, zur Abwehr von Angriffen und zur Entwicklung von Sicherheitsrichtlinien.

Rainbow Technologies, Spectra Division. (MSC)

P.O. Box 6028

Playa del Rey, CA 90296, USA

8055 W. Manchester Avenue, Suite 450

Playa del Rey, CA 90293, USA

Tel.: +1 – 310-306-1365

Fax: +1 – 310-305-1493

E-Mail: `info@infoseclabs.com`

URL: `http://www.miora.com`

D.2.87 Ritter Software Engineering (USA)

Entwickelt teils patentierte, teils zum Patent angemeldete Codierungstechnologien und bietet außerdem Produkte, Implementierungen und Consulting im Bereich dieser Technologien an.

Ritter Software Engineering

2609 Choctaw Trail

Austin, TX 78745, USA

Ansprechpartner: Terry Ritter, P.E.

Phone/Fax: +1 – 512-892-0494

E-Mail: ritter@io.com

URL: http://www.io.com/~ritter/

D.2.88 Saffire Systems (USA)

Entwicklung sicherer Software, Consulting und Systemintegration. Ferner technische Dienstleistungen (Architektur, Entwicklung, Implementierung und Überprüfung), Beratung, sichere Netzwerktechnik und Sicherheitsschulungen für Windows NT.

Saffire Systems

P.O. Box 11154

Champaign, IL 61826-1154, USA

Ansprechpartner: Michelle A. Ruppel

Tel.: +1 – 217-359-7763

Fax: +1 – 217-359-8753

E-Mail: maruppel@prairienet.org

D.2.89 SAGUS Security, Inc. (Kanada)

SAGUS bietet Produkte zur Sicherung von Desktops, Servern, Gateways und Mainframes an.

SAGUS Security, Inc.

180 Elgin Street, Suite 600

Ontario, K2P 2K3, Kanada

Ansprechpartner: Natasha Hollywood

Tel.: +1 – 888-391-9922

E-Mail: nhollywood@sagus-security.com

URL: http://www.sagus-security.com

D.2.90 Schlumberger Network Solutions (USA)

Zahlreiche Dienstleistungen, etwa zu Firewall-1, Testeinbrüche, Sicherheits-Audits, Tiger-Teams, Verschlüsselung und VPNs. CCSE-Schulungen für Firewall-1.

Schlumberger Network Solutions

5599 San Felipe, Suite 400

Houston, TX 77056, USA

555 Industrial Boulevard,

Sugarland, TX 77478, USA

Tel.: +1 – 713-513-3187

E-Mail: harji@houston.omnes.slb.com

URL: http://www.slb.com/Hub/Docs/tt/nws/index.html

D.2.91 SecTek, Inc. (USA)

INFOSEC, COMPSEC, physikalische Sicherheit, Zugriffssteuerung, Risikoanalysen, Testeinbrüche, Entwicklung/Implementierung von Firewalls, IDS, Intranets.

SecTek, Inc.

208 Elden Street, Suite 201

Herndon, VA 22070, USA

Ansprechpartner: Bruce Moore

Tel.: +1 – 703-834-0507

Fax: +1 – 703-834-0214

E-Mail: operations@sectek.com

URL: http://www.sectek.com

D.2.92 secunet Security Networks AG (Deutschland)

Die secunet Security Networks AG bietet individuelle, umfassende Beratung und Realisierung von Sicherheitslösungen aus einer Hand für Unternehmen aller Branchen.

secunet Security Networks AG

Tel.: +49 – 02054-1230

Fax: +49 – 02054-123123

E-Mail: secunet@secunet.com

URL: http://www.secunet.com

D.2.93 Security First Technologies, Inc. (USA)

B1-Sicherheit, CMW, sichere Betriebssysteme für Behörden und Industrie, UNIX, Windows NT. Planung und Implementierung sicherer Netzwerke, Sicherheits-Audits, Testeinbrüche, Authentifizierungs- und Verschlüsselungs-Software (VirtualVault, HannaH, Troy).

Security First Technologies, Inc.

3390 Peachtree Road, Suite 1700

Atlanta, GA 30326, USA

Tel.: +1 – 404-812-6200

URL: http://www.s1.com

D.2.94 Security Sciences (Europa, Naher Osten, Nordamerika, Afrika)

Testeinbrüche, Audits, Kontrolle von Richtlinien und Systempraxis, Analyse des Internetauftritts des Kunden im Vergleich zur Konkurrenz.

Security Sciences

Tel.: 518-668-9385

E-Mail: info@securitysciences.com

URL: http://www.securitysciences.com

D.2.95 Siam Relay Ltd. (Thailand)

Testeinbrüche, Netzwerkanalysen, Firewalls, Sicherheitsrichtlinien, Audits und Schulungen. Schlüsselfertige E-Commerce-Lösungen.

Siam Relay Ltd.

898/6 Level 5 SV City Office Tower 2

Rama III Road

Bangkok, 10120, Thailand

Tel.: +662 – 682-9508

Fax: +662 – 682-5675

E-Mail: info@siamrelay.com

URL: http://www.siamrelay.com

D.2.96 Slmsoft.com (Kanada)

Bietet das Produkt »ESP-Link/NSS« an, mit dem sich 64.000 TCP- und UDP-Ports überwachen lassen. Sehr benutzerfreundliche Oberfläche.

Slmsoft.com

1 Yorkdale Road, Suite 600

Toronto, ON, Kanada M6A 3A1

Tel.: +1 – 416-787-9884

Fax: +1 – 416-789-3457

E-Mail: `lkiervin@slmsoft.com`

URL: `http://www.slmsoft.com`

D.2.97 SmallWorks, Inc. (USA)

Softwareentwicklung und Beratung. Firewalls, IPSec-Implementierungen und Lösungen für hochsichere Internetanbindungen. Hat TACACS+ und die CiscoSecure UNIX Server für Cisco Systems entwickelt.

SmallWorks, Inc.

4417 Ridge Oak Drive

Austin, TX 78731, USA

Ansprechpartner: Steve Bagwell (Verkaufsleiter)

Tel.: +1 – 512-338-0619

Fax: +1 – 512-689-5852

E-Mail: `info@smallworks.com`

URL: `http://www.smallworks.com`

D.2.98 STRATESEC, Inc. (USA, weltweit)

Sicherheitsanbieter für mittelgroße bis große kommerzielle und staatliche Organisationen. Umfassendes Angebot, darunter Beratung und Planung, Entwicklung und Implementierung, Systemintegration. Wartung und Support.

STRATESEC, Inc.

105 Carpenter Drive Suite C

Sterling, VA 20164

Tel.: +1 – 703-709-8686

Fax: +1 – 703-709-8632

E-Mail: generalinfo@stratesec.com

URL: http://www.stratesec.com

D.2.99 Sword & Shield Enterprise Security, Inc. (USA)

Consulting-Unternehmen, spezialisiert auf die Implementierung von Sicherheitstechnologien für Computer und Netzwerke.

Sword & Shield Enterprise Security

10301A Technology Drive

Knoxville, TN 37932-3342, USA

Tel.: +1 – 865-777-5500

Fax: +1 – 865-777-5599

E-Mail: info@sses.net

URL: http://www.sses.net

D.2.100 Symantec Security Services (weltweit)

Umfassende Consulting-Dienste für Organisationen in aller Welt. Sicherheitsschulungen, Risikoeinschätzung, Technologieimplementierung, Verwaltung von Sicherheitsdiensten.

Symantec Security Services

Cupertino, CA, USA

Tel.: +1 – 800-441-7234

URL: http://enterprisesecurity.symantec.com/content/services.cfm

D.2.101 Sysman Computers (P) Ltd. (Indien)

Risikoanalysen, Sicherheitsplanung, System-Audits, physikalische und logische Sicherheit, Zugriffssteuerung, Testeinbrüche, Firewalls und Verschlüsselung.

Sysman Computers (P) Ltd.

Suite # 7, Habib Terrace, Dr. Ambedkar Road, Lalbaug,

Post Box 6023 Mumbai, Indien 400 012

Tel.: +91 – 22-470-1122

Fax: +91 – 22-417-6207

E-Mail: info@sysman.org

URL: http://www.sysman.org/

D.2.102 Sytex, Inc. (USA)

Sytex behauptet, dass das FBI zu seinen Kunden gehört, die Schulungen in den Bereichen Netzwerksicherheit und IDS/IR in Anspruch nehmen. Firewalls und VPNs, Computerforensik, verdeckte Kommunikation und Entwicklung von Sicherheitssoftware.

Sytex, Inc.

22 Bailiwick Office Campus

Doylestown, PA 18901-2466, USA

Tel.: +1 – 215-348-3395

Fax: +1 – 215-348-5512

E-Mail: webmaster@spops.sytexinc.com

URL: http://www.sytexinc.com

D.2.103 tec-gate.com (USA)

Consulting und Lösungen insbesondere im Bereich der Datensicherheit.

tec-gate.com

5001 Lincoln Drive West, Suite E

Marlton, NJ 08053, USA

Tel.: +1 – 856-797-6758

Fax: +1 – 856-797-6788

E-Mail: info@tec-gate.com

URL: http://www.tec-gate.com

D.2.104 Triumph Technologies, Inc. (USA)

Die Abteilung Internetsicherheit der Firma Triumph Technologies bietet umfangreiche Sicherheitsdienstleistungen für Unternehmen an, darunter schlüsselfertige Lösungen für UNIX und Windows NT, Sicherheitsanalysen, IP-Adressierung und Integration von Spezialprodukten wie etwa eines Content-Managers für SMTP-Mail.

Triumph Technologies, Inc.

130 New Boston Street

Woburn, MA 01801, USA

Tel.: +1 – 781-994-3000

Fax: +1 – 781-994-3010

E-Mail: info@triumph.com

URL: http://www.triumph.com

D.2.105 Utimaco SafeWare AG (weltweit)

Software für VPNs unter Windows 95, Windows NT und Solaris. Implementierung komplexer Verschlüsselungsalgorithmen nach europäischen Standards, GSS-Authentifizierung.

Utimaco SafeWare AG

D-61440 Oberursel

Deutschland

Tel.: + 49 – 06171-9170

E-Mail: info.de@utimaco.de

URL: http://www.utimaco.de

D.2.106 Verio (USA)

Firewall-Dienstleistungen für UNIX und Windows NT, Analyse von Sicherheitslücken, Schulungen in den Bereichen IR, VPN und Sicherheitsbewusstsein.

Verio

Tel.: +1 – 800-438-8374

E-Mail: consulting@verio.net

URL: http://www.nwnet.net/

D.2.107 Visionary Corporate Computing Concepts (USA)

UNIX- und Firewall-Lösungen, Testeinbrüche, Risikoanalysen, Einbruchserkennung, IDS, Fernüberwachung, Notfallstrategien, Beratung und Outsourcing.

Visionary Corporate Computing Concepts

1509 Lady Street

Columbia, SC 29201, USA

Tel.: +1 – 803-733-7333

Fax: +1 – 803-733-5888

E-Mail: `info@vc3.com`

URL: `http://www.vc3.com`

D.2.108 VoteHere.net (USA)

Das Platinum Election System von VoteHere.net ist ein System zur Durchführung von Online-Wahlen. Es könnte dafür sorgen, dass die peinlichen Begleiterscheinungen der amerikanischen Präsidentenwahlen des Jahres 2000 sich nie mehr wiederholen können.

VoteHere.net

3101 Northup Way Suite 250

Bellevue, WA 98004, USA

Voice: +1 – 425-739-2509

Tel.: +1 – 888-45-SOUND

Fax: +1 – 206-329-4351

E-Mail: `info@votehere.net`

URL: `http://www.votehere.net`

D.2.109 WatchGuard Technologies, Inc. (USA)

Das WatchGuard Security System verbindet die fortschrittliche Netzwerksicherheit des 21. Jahrhunderts mit der Schlichtheit einer Plug-In-Lösung. WatchGuard beschreibt seine Firebox II-Plattform mit den folgenden Attributen: »skalierbar, versehen mit leistungsfähigen Funktionen für große Netzwerke, einschließlich verwalteter Sicherheitsdienste und mit der Möglichkeit, elektronische Richtlinien im System zu verteilen«.

WatchGuard Technologies, Inc.

505 Fifth Avenue S. Suite 500

Seattle, WA 98104, USA

Ansprechpartner: Frances Bigley, PR Manager

Tel.: +1 – 206-521-8340

Fax: +1 – 206-521-8341

E-Mail: `information@watchguard.com`

URL: `http://www.watchguard.com`

D.2.110 WorldCom (Großbritannien)

WorldCom/UUNET hat eine Palette von Sicherheitsdienstleistungen entwickelt, mit denen Kunden das Internet »sicher und voll Vertrauen« nutzen können.

WorldCom

14 Grays Inn Road

London, WC1X 8HN, U.K.

Tel.: +44 – 020-7675-5000

Fax: +44 – 020-7675-5711

URL: `http://www.wcom.co.uk`

Anhang E

Anbieterinformationen und Sicherheitsstandards

In diesem Anhang finden Sie eine Antwort auf die Frage, wie man Sicherheitsinformationen von bestimmten Anbietern erhält. Ferner finden Sie eine kommentierte Liste der als RFCs (Requests for Comments) bezeichneten gültigen Internetstandards, die für den Sicherheitsbereich relevant sind.

E.1 Sicherheitsinformationen von Anbietern

In diesem Abschnitt finden Sie keine veraltete Liste mit Sicherheitsbulletins bestimmter Anbieter, sondern es wird erläutert, wie Sie an die *aktuellen* Bulletins und Patches der einzelnen Hersteller gelangen.

Jeder Systemadministrator, der etwas auf sich hält, wird die sicherheitsrelevanten Sites zu den Produkten, mit denen er arbeitet, regelmäßig prüfen und sich möglichst in die entsprechende Sicherheits-Mailingliste eintragen.

E.1.1 Hewlett-Packard

Hewlett-Packard stellt eine Menge Sicherheitshinweise zur Verfügung. Sie müssen sich allerdings zunächst an der Firmen-Site anmelden, bevor Sie darauf zugreifen können. Die Hauptseite finden Sie unter der URL `http://us-support2.external.hp.com/common/bin/doc.pl/`. Wählen Sie dort nach dem Anmelden die Option *Technical Knowledge Base*.

Nun können Sie Bulletins und Patches für HP-UX und MPE suchen. HP-UX ist der Name von Hewlett-Packards UNIX-Version, MPE ist ein altes Betriebssystem für Minicomputer.

Ich empfehle Ihnen, auf der Site von Hewlett-Packard zunächst einmal Ihre Systemreihe und Ihr Betriebssystem auszuwählen. Ändern Sie dann das Listenfeld *Search by Keyword* in *Browser Patch List* ab.

Hinsichtlich der Sicherheitsbulletins sollten Sie die Links oben auf der Seite ignorieren, denn hiermit können Sie nur die Bulletins durchsuchen. Klicken Sie stattdessen auf *Security Bulletin Archive*. Zu der Zeit, als dieses Buch geschrieben wurde, fand sich dieser Link klein gedruckt ganz unten auf der Seite.

E.1.2 IBM

Leider scheint man bei IBM keinen einheitlichen Einstiegspunkt für Sicherheitsfragen und Informationen zu Patches bereitzustellen. Alle Sicherheitsinformationen sind über die verschiedenen Websites verteilt.

Die hauptsächlich mit solchen Fragen befasste Seite ist `http://www.ibm.com/security`. Hier konzentriert man sich auf Neuigkeiten und Produkte zum Bereich Sicherheit. Auf der Seite gibt es aber einen Verweis namens *Library*, über den Sie an gute Informationen zum Thema gelangen.

Die wesentliche Supportseite finden Sie unter `http://www.ibm.com/support/prodsupp.html`. Für jede Produktgruppe gibt es eine eigene Website, und die zu den einzelnen Produkten gegebenen Informationen sind wenig konsistent. Ungeachtet dessen sollten Sie, wenn Sie Sicherheitsinformationen zu bestimmten Produkten benötigen, an diesem Punkt anfangen.

Von der Download-Seite von IBM (`http://www.ibm.com/download`) können Sie sich verschiedene Sicherheitsprodukte herunterladen, nicht jedoch Patches für vorhandene Software.

Lotus, zwischenzeitlich von IBM erworben, hat eine Webseite namens IT Central Security Zone (Zentrale IT-Sicherheitszone). Hier finden Sie zahlreiche sicherheitsrelevante Hinweise zu Lotus-Produkten. Sie finden die Seite unter `http://www.lotus.com/security`.

E.1.3 Linux

Es gibt viele Linux-Distributionen. Sie finden im Folgenden Hinweise zu Sicherheitsressourcen für einige der wichtigeren Anbieter.

Caldera

Calderas Seite für Sicherheitshinweise finden Sie unter `http://www.caldera.com/support/security/`. Die Seite scheint mehr Advisories zu Sicherheitsthemen zu beinhalten als jede andere Linux-Distribution. Was natürlich nicht heißen soll, dass Calderas Linux weniger sicher ist als andere – vielmehr scheint es umgekehrt zu sein. In jedem Advisory finden Sie Hinweise zu allen Paketen, die Sie sich herunterladen müssen, um ein bestimmtes Sicherheitsproblem zu lösen.

Debian

Bei Debian macht man etwas für Anbieter sehr Ungewöhnliches: Sicherheitswarnungen werden bereits auf der Hauptseite bereitgestellt. Wenn Sie auf der Seite `http://www.debian.de/` ans Seitenende springen, dann finden Sie dort die Warnhinweise. Jeder Hinweis beinhaltet einen Link zu der Software, die heruntergeladen werden muss, um das System zu sichern.

Red Hat

Red Hats Ansatz zur Vermittlung von Sicherheitsinformationen ist genauso gut wie der großer professioneller Firmen – wenn nicht sogar besser! Die Supportseite finden Sie unter `http://www.redhat.com/apps/support/`. Vor dort aus können Sie zunächst zu der für Ihre Betriebssystemversion relevanten Seite springen. Auf dieser Seite finden Sie dann Links zu den Sicherheits-Advisories für die gewählte Version. Die Advisories wiederum verfügen über Links zu den neuen Versionen der Software, in der das jeweilige Loch gestopft ist.

Red Hat ist den anderen großen Betriebssystemherstellern in einem Punkt einen Schritt voraus: Sie können die große Bug-Datenbank `http://bugzilla.redhat.com/bugzilla/` durchsuchen und sich dort die derzeit noch offenen Sicherheitslücken anzeigen lassen: Klicken Sie einfach auf *Query existing bug reports*. Sie können nun ein bestimmtes Produkt auswählen. Wenn Sie das nicht tun, erhalten Sie Informationen zu allen Problemen. Im Listenfeld *Status* können Sie zusätzliche Statusdaten hinzufügen, im Feld *Summary* vielleicht das Wort `Security` eintragen. Klicken Sie abschließend auf die Schaltfläche *Submit Query*; damit wird die Liste mit den Bugs ausgegeben.

SuSE

Die bekannteste deutsche Linux-Distribution wird von SuSE herausgegeben. Die Sicherheitsseite für diese Distribution finden Sie unter `http://www.suse.de/de/support/security/index.html`. Von hier aus können Sie die Advisories durchsuchen; jedes Advisory enthält Hinweise auf die Software, die zur Systembereinigung heruntergeladen werden muss.

SuSE bietet auch ein paar nützliche Mailinglisten an. `suse-security@suse.com` etwa behandelt allgemeine Themen zum Bereich Sicherheit. Sie können sich anmelden, indem Sie eine E-Mail an `suse-security-subscribe@suse.com` senden. Wenn Sie nur die Ankündigungen zu Sicherheits-Updates haben wollen, dann schicken Sie eine Mail an `suse-security-announce-subscribe@suse.com`.

E.1.4 Microsoft

Die Meinungen darüber gehen auseinander, ob die Leute bei Microsoft im Bereich Sicherheit gute Arbeit leisten und als Speerspitze in Sicherheitsfragen zu betrachten sind. Man kann ihnen allerdings nicht vorwerfen, dass sie mit Sicherheitsinformationen auf ihrer Website geizten. Die Hauptseite finden Sie unter `http://www.microsoft.com/security/`.

Auf dieser Seite finden Sie Bulletins, Empfehlungen, Tools, Checklisten und Artikel. Die von Microsoft als »Bulletin« bezeichneten Dokumente tun jedoch eigentlich nichts anderes, als Ihnen mitzuteilen, welche Patches gerade verfügbar sind. Wenn Sie sich über andere Sicherheitsfragen schlau machen wollen, dann müssen Sie einen anderen Bereich der Website aufrufen: die Knowledge Base.

Die Microsoft Knowledge Base steckt voller Informationen zu den einzelnen Produkten, und dazu gehören auch Sicherheitsinformationen. Die Suchseite für die Knowledge Base finden Sie unter `http://search.support.microsoft.com/kb/c.asp?ln=en-us`. Wählen Sie das Produkt aus, für das Sie sicherheitsrelevante Fakten benötigen. Wahrscheinlich werden Sie eine Menge von Ergebnissen mit Sicherheitsbezug finden. Vielleicht sollten Sie mit einer einfachen Suche nach dem Begriff `security` starten – so kommen Sie an alle möglichen sicherheitsrelevanten Dokumente.

Eine weitere hilfreiche Ressource ist das TechNet, erreichbar unter `http://www.microsoft.com/TechNet`. Während die Knowledge Base das Durchsuchen einer Datenbank gestattet, ist das TechNet eher artikelbasiert und enthält unter anderem viele Abhandlungen zum Thema Sicherheit.

E.1.5 Sun Microsystems

Bei Sun Microsystems hat man für den Bereich Sicherheit eine separate Website namens SunSolve (`http://sunsolve.sun.com`) eingerichtet. Hier nimmt man das Thema Sicherheit wirklich ernst. Sie finden auf der Hauptseite einen Link, der Sie direkt zu den Sicherheits-Patches bringt; überdies können Sie alle für Ihre Solaris-Version benötigten Patches als eine einzige Datei herunterladen.

Weiterhin sind nicht nur Verweise zum aktuellen Sicherheitsbulletin vorhanden, sondern auch zum Archiv dieser Bulletins. Diese Verweise sind selbst eine empfehlenswerte Lektüre, wenn es um Sicherheitsfragen in Zusammenhang mit den Betriebssystemen von Sun oder mit Java geht.

Wenn Sie der Ansicht sind, dass Sie ein neues Sicherheitsproblem entdeckt haben, können Sie Sun mit einer entsprechenden Warnmeldung via E-Mail an *security-alert@sun.com* informieren. Auf der Website finden Sie auch einen PGP-Schlüssel, mit dem Sie die gesamte Kommunikation verschlüsselt durchführen können. Außerdem können Sie sich die Sun-Bulletins auch via Mail schicken lassen; wie das geht, erfahren Sie ebenfalls auf der Website.

E.2 Sicherheitsrelevante RFCs

Die folgende Liste sicherheitsrelevanter RFCs sowie der zugehörigen URLs wurde in chronologischer Abfolge aufgestellt: Die ältesten Dokumente stehen ganz am Anfang, die neuesten finden Sie am Schluss der Liste. Manchmal ersetzen neuere RFCs ältere Versionen. In diesem Fall wird im Kopf des RFCs angegeben, welche Versionen ersetzt oder erweitert werden.

RFC 912. Authentication Service. M. St. Johns. September 1984. Behandelt die automatische Authentifizierung von Benutzern, z.B. bei einer FTP-Sitzung. URL: `http://info.internet.isi.edu/in-notes/rfc/files/rfc912.txt`

RFC 931. Authentication Server. M. St. Johns. Januar 1985. Behandelt ebenfalls die automatische Authentifizierung von Benutzern. URL: `http://info.internet.isi.edu/in-notes/rfc/files/rfc931.txt`

RFC 1004. A Distributed-Protocol Authentication Scheme. D. L. Mills. April 1987. Behandelt Methoden der Zugriffskontrolle und Authentifizierung in verteilten Umgebungen und Diensten. URL: `http://info.internet.isi.edu/in-notes/rfc/files/rfc1004.txt`

RFC 1038. Draft Revised IP Security Option. M. St. Johns. Januar 1988. Behandelt den Schutz von Datagrammen und die Klassifizierungen eines solchen Schutzes. URL: `http://info.internet.isi.edu/in-notes/rfc/files/rfc1038.txt`

RFC 1040. Privacy Enhancement for Internet Electronic Mail: Part I: Message Encipherment and Authentication Procedures. J. Linn. Januar 1988. Behandelt Verschlüsselungs- und Authentifizierungsmethoden für E-Mail. URL: `http://info.internet.isi.edu/in-notes/rfc/files/rfc1040.txt`

RFC 1108. Security Options for the Internet Protocol. S. Kent. November 1991. Behandelt erweiterte Sicherheitsoptionen für das IP-Protokoll und Richtlinien des amerikanischen Verteidigungsministeriums. URL: `http://info.internet.isi.edu/in-notes/rfc/files/rfc1108.txt`

RFC 1113. Privacy Enhancement for Internet Electronic Mail: Part I: Message Encipherment and Authentication Procedures. J. Linn. August 1989. Löst RFC 1040 ab. URL: `http://info.internet.isi.edu/in-notes/rfc/files/rfc1113.txt`

RFC 1114. Privacy Enhancement for Internet Electronic Mail: Part II: Certificate-Based Key Management. S.T. Kent und J. Linn. August 1989. Definiert verbesserte Datenschutzmechanismen für E-Mails. URL: `http://info.internet.isi.edu/in-notes/rfc/files/rfc1114.txt`

RFC 1115. Privacy Enhancement for Internet Electronic Mail: Part III: Algorithms, Modes, and Identifiers. J. Linn. August 1989. Technischer Support und Informationen zu den RFCs 1113 und 1114. URL: `http://info.internet.isi.edu/in-notes/rfc/files/rfc1115.txt`

RFC 1135. The Helminthiasis of the Internet. J. Reynolds. Dezember 1989. Berühmtes RFC, das den im November 1988 aufgetretenen Internetwurm beschreibt. URL: `http://info.internet.isi.edu/in-notes/rfc/files/rfc1135.txt`

RFC 1170. Public Key Standards and Licenses. R. Fougner. Januar 1991. Bekanntgabe der Patentanmeldung für die Unterlizenz für digitale Signaturen von Public Key Partners. URL: `http://info.internet.isi.edu/in-notes/rfc/files/rfc1170.txt`

RFC 1186. The MD4 Message Digest Algorithm. R. Rivest. Oktober 1990. Die Spezifikation von MD4. URL: `http://info.internet.isi.edu/in-notes/rfc/files/rfc1186.txt`

RFC 1244. The Site Security Handbook. P. Holbrook und J. Reynolds. Juli 1991. Berühmtes RFC, das Sicherheitspraktiken und -verfahren darlegt. Dieses RFC war lange Zeit das maßgebliche Dokument. Es ist nach wie vor praxisnah und hat sogar heute noch Gültigkeit. Hier wird beschrieben, wie Internetserver gegen unbefugten Zugriff abgesichert werden können. URL: `http://info.internet.isi.edu/in-notes/rfc/files/rfc1244.txt`

RFC 1272. Internet Accounting. C. Mills, D. Hirsh und G. Ruth. November 1991. Spezifiziert ein System für die Kontoführung bei Netzwerknutzung, Datentransfer usw. URL: `http://info.internet.isi.edu/in-notes/rfc/files/rfc1272.txt`

RFC 1281. Guidelines for the Secure Operation of the Internet. R. D. Pethia, S. Crocker und B. Y. Fraser. November 1991. Berühmtes Dokument, das Richtlinien für die Sicherheit aufstellt. URL: `http://info.internet.isi.edu/in-notes/rfc/files/rfc1281.txt`

RFC 1319. The MD2 Message-Digest Algorithm. B. Kaliski. April 1992. Beschreibung von MD2 und seiner Funktionsweise. URL: http://info.internet.isi.edu/in-notes/rfc/files/rfc1319.txt

RFC 1320. The MD4 Message-Digest Algorithm. R. Rivest. April 1992. Beschreibung von MD4 und seiner Funktionsweise. URL: http://info.internet.isi.edu/in-notes/rfc/files/rfc1320.txt

RFC 1321. The MD5 Message-Digest Algorithm. R. Rivest. April 1992. Beschreibung von MD5 und seiner Funktionsweise. URL: http://info.internet.isi.edu/in-notes/rfc/files/rfc1321.txt

RFC 1334. PPP Authentication Protocols. B. Lloyd und W. Simpson. Oktober 1992. Definiert das zu PPP gehörende »Password Authentication Protocol« (PAP) und das Challenge-Handshake Authentication Protocol (CHAP). URL: http://info.internet.isi.edu/in-notes/rfc/files/rfc1334.txt

RFC 1352. SNMP Security Protocols. J. Galvin, K. McCloghrie und J. Davin. Juli 1992. Sicherheitsmechanismen des SNMP-Protokolls. URL: http://info.internet.isi.edu/in-notes/rfc/files/rfc1352.txt

RFC 1355. Privacy and Accuracy Issues in Network Information Center Databases. J. Curran und A. Marine. August 1992. Richtlinien für den Betrieb und die Verwaltung eines Netzwerkrechenzentrums. URL: http://info.internet.isi.edu/in-notes/rfc/files/rfc1355.txt

RFC 1409. Telnet Authentication Option. D. Borman. Januar 1993. Experimentelles Protokoll für eine Telnet-Authentifizierung. URL: http://info.internet.isi.edu/in-notes/rfc/files/rfc1409.txt

RFC 1411. Telnet Authentication: Kerberos Version 4. D. Borman. Januar 1993. Einbindung der Kerberos-Authentifizierung in Telnet. URL: http://info.internet.isi.edu/in-notes/rfc/files/rfc1411.txt

RFC 1412. Telnet Authentication: SPX. K. Alagappan. Januar 1993. Experimentelles Protokoll für eine Telnet-Authentifizierung. URL: http://info.internet.isi.edu/in-notes/rfc/files/rfc1412.txt

RFC 1413. Identification Protocol. M. St. Johns. Februar 1993. Vorstellung und Erklärung des IDENT-Protokolls. URL: http://info.internet.isi.edu/in-notes/rfc/files/rfc1413.txt

RFC 1414. Identification MIB. M. St. Johns und M. Rose. Februar 1993. Beschreibt eine MIB zur Identifizierung von Eigentümern von TCP-Verbindungen. URL: http://info.internet.isi.edu/in-notes/rfc/files/rfc1414.txt

RFC 1416. Telnet Authentication Option. D. Borman. Februar 1993. Löst RFC 1409 ab. URL: http://info.internet.isi.edu/in-notes/rfc/files/rfc1416.txt

RFC 1421. Privacy Enhancement for Internet Electronic Mail: Part I: Message Encryption and Authentication Procedures. J. Linn. Februar 1993. Aktualisiert und ersetzt RFC 1113. URL: `http://info.internet.isi.edu/in-notes/rfc/files/rfc1421.txt`.

RFC 1422. Privacy Enhancement for Internet Electronic Mail: Part II: Certificate-Based Key Management. S. T. Kent und J. Linn. Februar 1993. Aktualisiert und ersetzt RFC 1114. URL: `http://info.internet.isi.edu/in-notes/rfc/files/rfc1422.txt`

RFC 1438. Internet Engineering Task Force Statements Of Boredom (SOBs). Chapin und Huitema. April 1993. Dieses RFC hat eigentlich nichts mit Sicherheit zu tun, aber es ist ein Klassiker, so dass ich es einfach erwähnen muss: Das amüsanteste RFC, das je geschrieben wurde. URL: `http://info.internet.isi.edu/in-notes/rfc/files/rfc1438.txt`

RFC 1446. Security Protocols for Version 2 of the Simple Network Management Protocol. J. Galvin und K. McCloghrie. April 1993. Spezifiziert Sicherheitsprotokolle für Version 2 des SNMP-Protokolls. URL: `http://info.internet.isi.edu/in-notes/rfc/files/rfc1446.txt`

RFC 1455. Physical Link Security Type of Service. D. Eastlake. Mai 1993. Experimentelles Protokoll zur Sicherung physikalischer Verbindungen. URL: `http://info.internet.isi.edu/in-notes/rfc/files/rfc1455.txt`

RFC 1457. Security Label Framework for the Internet. R. Housley. Mai 1993. Label-Richtlinie für Netzwerkingenieure. URL: `http://info.internet.isi.edu/in-notes/rfc/files/rfc1457.txt`

RFC 1472. The Definitions of Managed Objects for the Security Protocols of the Point-to-Point Protocol. F. Kastenholz. Juni 1993. Sicherheitsprotokolle an Subnetzschnittstellen, die PPP verwenden. URL: `http://info.internet.isi.edu/in-notes/rfc/files/rfc1472.txt`

RFC 1492. An Access Control Protocol, Sometimes Called TACACS. C. Finseth. Juli 1993. Dokumentiert die Verwendung des TACACS-Protokolls durch Terminalserver von Cisco Systems. URL: `http://info.internet.isi.edu/in-notes/rfc/files/rfc1492.txt`.

RFC 1507. DASS – Distributed Authentication Security Service. C. Kaufman. September 1993. Behandelt neu vorgeschlagene Authentifizierungsmethoden in verteilten Umgebungen. URL: `http://info.internet.isi.edu/in-notes/rfc/files/rfc1507.txt`

RFC 1508. Generic Security Service Application Program Interface. J. Linn. September 1993. Gibt eine generelle Sicherheitsrahmenrichtlinie für die Portierung von Anwendungen in unterschiedliche Umgebungen. URL: `http://info.internet.isi.edu/in-notes/rfc/files/rfc1508.txt`

RFC 1510. The Kerberos Network Authentication Service (V5). J. Kohl und C. Neumann. September 1993. Ein Überblick über Kerberos 5. URL: `http://info.internet.isi.edu/in-notes/rfc/files/rfc1510.txt`

RFC 1511. Common Authentication Technology Overview. J. Linn. September 1993. Überblick über Authentifizierungstechnologien. URL: `http://info.internet.isi.edu/in-notes/rfc/files/rfc1511.txt`

RFC 1535. A Security Problem and Proposed Correction with Widely Deployed DNS Software. E. Gavron. Oktober 1993. Behandelt Fehler einiger DNS-Clients sowie Korrekturen für diese Fehler. URL: `http://info.internet.isi.edu/in-notes/rfc/files/rfc1535.txt`

RFC 1544. The Content-MD5 Header Field. M. Rose. November 1993. Beschreibt die Verwendung des optionalen Header-Feldes *Content-MD5* bei MIME-Nachrichten. URL: `http://info.internet.isi.edu/in-notes/rfc/files/rfc1544.txt`

RFC 1675. Security Concerns for IPNG. S. Bellovin. August 1994. Bellovin schildert seine Bedenken hinsichtlich des Fehlens eines direkten Zugriffes auf Quelladressen in IPNG. URL: `http://info.internet.isi.edu/in-notes/rfc/files/rfc1675.txt`

RFC 1704. On Internet Authentication. N. Haller und R. Atkinson. Oktober 1994. Behandelt eine große Menge von Internetauthentifizierungsverfahren und entsprechenden Ansätzen. URL: `http://info.internet.isi.edu/in-notes/rfc/files/rfc1704.txt`

RFC 1731. IMAP4 Authentication Mechanisms. J. Myers. Dezember 1994. Authentifizierungsprobleme beim IMAP-Protokoll. URL: `http://info.internet.isi.edu/in-notes/rfc/files/rfc1731.txt`

RFC 1750. Randomness Recommendations for Security. D. Eastlake, III, S. Crocker und J. Schiller. Dezember 1994. Ausführliche Behandlung der Schwierigkeiten bei der Ableitung wirklich zufälliger Werte für die Erzeugung von Schlüsseln. URL: `http://info.internet.isi.edu/in-notes/rfc/files/rfc1750.txt`

RFC 1751. A Convention for Human-Readable 128-Bit Keys. D. McDonald. Dezember 1994. Vorschläge zur Verwendung von 128-Bit-Schlüsseln, die aufgrund ihrer Länge schwer zu merken sind. URL: `http://info.internet.isi.edu/in-notes/rfc/files/rfc1751.txt`

RFC 1760. The S/KEY One-Time Password System. N. Haller. Februar 1995. Beschreibt das S/Key-Einmalkennwortsystem von Bellcore. URL: `http://info.internet.isi.edu/in-notes/rfc/files/rfc1760.txt`

RFC 1810. Report on MD5 Performance. J. Touch. Juni 1995. Behandelt die Mängel von MD5 im Hinblick auf Transferraten in Hochgeschwindigkeitsnetzwerken. URL: `http://info.internet.isi.edu/in-notes/rfc/files/rfc1810.txt`

RFC 1824. The Exponential Security System TESS: An Identity-Based Cryptographic Protocol for Authenticated Key-Exchange. H. Danisch. August 1995. Behandelt einen Vorschlag für ein Protokoll für Schlüsselaustausch, Authentifizierung und Erzeugung von Signaturen. URL: `http://info.internet.isi.edu/in-notes/rfc/files/rfc1824.txt`

RFC 1827. IP Encapsulating Security Payload. R. Atkinson. August 1995. Behandelt Verfahren zur Sicherung von Integrität und Vertraulichkeit von IP-Datagrammen. URL: `http://info.internet.isi.edu/in-notes/rfc/files/rfc1827.txt`

RFC 1828. IP Authentication Using Keyed MD5. P. Metzger und W. Simpson. August 1995. Behandelt die Verwendung von Keyed MD5 mit dem IP-Authentifizierungsheader. URL: `http://info.internet.isi.edu/in-notes/rfc/files/rfc1828.txt`

RFC 1847. Security Multiparts for MIME: Multipart/Signed and Multipart/Encrypted. J. Galvin, S. Murphy, S. Crocker und N. Freed. Oktober 1995. Behandelt eine Möglichkeit der Bereitstellung von Sicherheitsdiensten in Teilen des MIME-Textteils. URL: `http://info.internet.isi.edu/in-notes/rfc/files/rfc1847.txt`

RFC 1848. MIME Object Security Services. S. Crocker, N. Freed, J. Galvin und S. Murphy. Oktober 1995. Behandelt ein Protokoll zur Anwendung von digitalen Signaturen und Verschlüsselungsdiensten auf MIME-Objekte. URL: `http://info.internet.isi.edu/in-notes/rfc/files/rfc1848.txt`

RFC 1852. IP Authentication Using Keyed SHA. P. Metzger und W. Simpson. September 1995. Behandelt die Verwendung von Schlüsseln mit dem Secure-Hash-Algorithmus zur Sicherung der Integrität von Datagrammen. URL: `http://info.internet.isi.edu/in-notes/rfc/files/rfc1852.txt`

RFC 1853. IP in IP Tunneling. W. Simpson. Oktober 1995. Behandelt Methoden der IP-Nutzlasteinkapselung für das IP-Tunneling. URL: `http://info.internet.isi.edu/in-notes/rfc/files/rfc1853.txt`

RFC 1858. Security Considerations for IP Fragment Filtering. G. Ziemba, D. Reed und P. Traina. Oktober 1995. Behandelt die IP-Fragmentfilterung und die Gefahren, die mit Fragmentierungsangriffen verbunden sind. URL: `http://info.internet.isi.edu/in-notes/rfc/files/rfc1858.txt`

RFC 1910. User-Based Security Model for SNMPv2. G. Waters. Februar 1996. Beschreibt die Anwendung von Sicherheitsmerkmalen für SNMP. URL: `http://info.internet.isi.edu/in-notes/rfc/files/rfc1910.txt`

RFC 1928. SOCKS Protocol Version 5. M. Leech. März 1996. Behandelt das SOCKS-Protokoll und seine Verwendung zur Sicherung von TCP- und UDP-Kommunikation. URL: `http://info.internet.isi.edu/in-notes/rfc/files/rfc1928.txt`

RFC 1929. Username/Password Authentication for SOCKS V5. M. Leech. März 1996. Behandelt die SOCKS-Authentifizierung. URL: `http://info.internet.isi.edu/in-notes/rfc/files/rfc1929.txt`

RFC 1948. Defending Against Sequence Number Attacks. S. Bellovin. Mai 1996. Behandelt Attacken durch IP-Spoofing und Erraten der TCP-Sequenznummer. URL: `http://info.internet.isi.edu/in-notes/rfc/files/rfc1948.txt`

RFC 1968. The PPP Encryption Control Protocol. G. Meyer. Juni 1996. Behandelt die Verhandlung der Verschlüsselung über PPP. URL: `http://info.internet.isi.edu/in-notes/rfc/files/rfc1968.txt`

RFC 1969. The PPP DES Encryption Protocol. K. Sklower und G. Meyer. Juni. 1996. Behandelt die Verwendung des DES-Standards mit PPP. URL: `http://info.internet.isi.edu/in-notes/rfc/files/rfc1969.txt`

RFC 1991. PGP Message Exchange Formats. D. Atkins, W. Stallings und P. Zimmermann. August 1996. Hinzufügen von PGP zum verschlüsselten Nachrichtenaustausch. URL: `http://info.internet.isi.edu/in-notes/rfc/files/rfc1991.txt`

RFC 2015. MIME Security with Pretty Good Privacy (PGP). M. Elkins. Oktober 1996. Schutz durch Verschlüsselung und Authentifizierung durch Verwendung von MIME mit PGP. URL: `http://info.internet.isi.edu/in-notes/rfc/files/rfc2015.txt`

RFC 2040. The RC5, RC5-CBC, RC5-CBC-Pad, and RC5-CTS Algorithms. R. Baldwin und R. Rivest. Oktober 1996. Definiert ausführlich alle vier Zifferncodes. URL: `http://info.internet.isi.edu/in-notes/rfc/files/rfc2040.txt`

RFC 2057. Source Directed Access Control on the Internet. S. Bradner. November 1996. Behandelt mögliche Zugänge für ein Filtern; eine Antwort auf das CDA. URL: `http://info.internet.isi.edu/in-notes/rfc/files/rfc2057.txt`

RFC 2065. Domain Name System Security Extensions. D. Eastlake, III. und C. Kaufman. Januar 1997. Sicherheitserweiterung für das DNS-System. URL: `http://info.internet.isi.edu/in-notes/rfc/files/rfc2065.txt`

RFC 2069. An Extension to HTTP: Digest Access Authentication. J. Franks, P. Hallam-Baker, J. Hostetler, P. Leach, A. Luotonen, E. Sink und L. Stewart. Januar 1997. Fortgeschrittene Authentifizierung für HTTP. URL: `http://info.internet.isi.edu/in-notes/rfc/files/rfc2069.txt`

RFC 2084. Considerations for Web Transaction Security. G. Bossert, S. Cooper und W. Drummond. Januar 1997. Erweiterte Vertraulichkeit, Authentifizierung und Integrität zur Datenübertragung mit HTTP. URL: `http://info.internet.isi.edu/in-notes/rfc/files/rfc2084.txt`

RFC 2085. HMAC-MD5 IP Authentication with Replay Prevention. M. Oehler und R. Glenn. Februar 1997. Keyed-MD5 gekoppelt mit dem IP-Authentifizierungsheader. URL: http://info.internet.isi.edu/in-notes/rfc/files/rfc2085.txt

RFC 2137. Secure Domain Name System Dynamic Update. D. Eastlake, III. April 1997. Beschreibt die Verwendung von digitalen Signaturen in DNS-Updates zur Verbesserung der Sicherheit des DNS-Systems. URL: http://info.internet.isi.edu/in-notes/rfc/files/rfc2137.txt

RFC 2144. The CAST-128 Encryption Algorithm. C. Adams. Mai 1997. Beschreibung des 128-Bit-Algorithmus, der bei der Authentifizierung über Netzwerke verwendet werden kann. URL: http://info.internet.isi.edu/in-notes/rfc/files/rfc2144.txt

RFC 2179. Network Security for Trade Shows. A. Gwinn. Juli 1997. Behandelt Angriffe, die auf Messen durchgeführt werden, und erläutert, wie man diese verhindern kann. URL: http://info.internet.isi.edu/in-notes/rfc/files/rfc2179.txt

RFC 2196. Site Security Handbook. B. Fraser, Editor. September 1997. Aktualisiert RFC 1244. Eine weitere Version dieses nützlichen Dokuments. URL: http://info.internet.isi.edu/in-notes/rfc/files/rfc2196.txt

RFC 2222. Simple Authentication and Security Layer. J. Myers. Oktober 1997. Beschreibt eine Methode zum Hinzufügen einer Authentifizierung zu verbindungsbasierten Protokollen. URL: http://info.internet.isi.edu/in-notes/rfc/files/rfc2222.txt

RFC 2228. FTP Security Extensions. M. Horowitz und S. Lunt. Oktober 1997. Erweiterung der Sicherheitsmerkmale von FTP. URL: http://info.internet.isi.edu/in-notes/rfc/files/rfc2228.txt

RFC 2230. Key Exchange Delegation Record for the DNS. R. Atkinson. November 1997. Sichern des DNS und sämtlicher während einer Sitzung ausgetauschten Daten. URL: http://info.internet.isi.edu/in-notes/rfc/files/rfc2230.txt

RFC 2245. Anonymous SASL Mechanism. C. Newman. November 1997. Neue Methoden der Authentifizierung in anonymen Diensten – ohne Verwendung der inzwischen verbotenen unverschlüsselten Kennwörter, die bislang mit solchen Diensten verbunden waren. URL: http://info.internet.isi.edu/in-notes/rfc/files/rfc2245.txt

RFC 2246. The TLS Protocol Version 1.0. T. Dierks. Januar 1998. Behandelt eine Möglichkeit zur Verwendung der TLS (Transport Layer Security) für eine sichere Kommunikation URL: http://www.ietf.org/rfc/rfc2246.txt

RFC 2268. A Description of the RC2(r) Encryption Algorithm. R. Rivest. Januar 1998. Beschreibt einen Verschlüsselungsalgorithmus. URL: `http://www.ietf.org/rfc/rfc2268.txt`

RFC 2284. PPP Extensible Authentication Protocol (EAP). L. Blunk und J. Vollbrecht. März 1998. Beschreibt ein Authentifizierungsprotokoll für PPP. URL: `http://www.ietf.org/rfc/rfc2284.txt`

RFC 2289. A One-Time Password System. N. Haller, C. Metz, P. Nesser und M. Straw. Februar 1998. Beschreibt ein Schema, in dem Kennwörter nur einmal verwendet werden. URL: `http://www.ietf.org/rfc/rfc2289.txt`

RFC 2311. S/MIME Version 2 Message Specification. S. Dusse, P. Hoffman, B. Ramsdell, L. Lundblade und L. Repka. März 1998. Spezifiziert verschlüsselten Nachrichtenaustausch mit MIME. URL: `http://www.ietf.org/rfc/rfc2311.txt`

RFC 2312. S/MIME Version 2 Certificate Handling. S. Dusse, P. Hoffman, B. Ramsdell und J. Weinstein. März 1998. Beschreibt die Handhabung von Zertifikaten beim verschlüsselten Austausch von Nachrichten mit dem MIME-Standard. URL: `http://www.ietf.org/rfc/rfc2312.txt`

RFC 2315. PKCS 7: Cryptographic Message Syntax Version 1.5. B. Kaliski. März 1998. Beschreibt das in PKCS 7 verwendete Nachrichtenformat. URL: `http://www.ietf.org/rfc/rfc2315.txt`

RFC 2316. Report of the IAB Security Architecture Workshop. S. Bellovin. April 1998. Beschreibung eines Sicherheitsworkshops vom Internet Architecture Board. URL: `http://www.ietf.org/rfc/rfc2316.txt`

RFC 2350. Expectations for Computer Security Incident Response. N. Brownlee und E. Guttman. Juni 1998. Eine Richtlinienempfehlung für das Verhalten bei sicherheitsrelevanten Ereignissen. URL: `http://www.ietf.org/rfc/rfc2350.txt`

RFC 2356. Sun's SKIP Firewall Traversal for Mobile IP. G. Montenegro und V. Gupta. Juni 1998. Beschreibt, wie ein Gerät mit mobiler IP-Adresse über eine SKIP-Firewall hinweg Zugriff erhält. URL: `http://www.ietf.org/rfc/rfc2356.txt`

RFC 2367. PF_KEY Key Management API, Version 2. D. McDonald, C. Metz und B. Phan. Juli 1998. Beschreibt ein generisches API zur Schlüsselverwaltung. URL: `http://www.ietf.org/rfc/rfc2367.txt`

RFC 2385. Protection of BGP Sessions via the TCP MD5 Signature Option. A. Heffernan. August 1998. Beschreibt eine TCP-Erweiterung zur Sicherung von BGP-Sitzungen. URL: `http://www.ietf.org/rfc/rfc2385.txt`

RFC 2401. Security Architecture for the Internet Protocol. S. Kent und R. Atkinson. November 1998. Beschreibt die Architekturvoraussetzungen für IPSec-Implementierungen. URL: `http://www.ietf.org/rfc/rfc2401.txt`

RFC 2402. IP Authentication Header. S. Kent und R. Atkinson. November 1998. Beschreibt einen Authentifizierungsmechanismus für IP-Datagramme. URL: `http://www.ietf.org/rfc/rfc2402.txt`

RFC 2403. The Use of HMAC-MD5-96 within ESP and AH. C. Madson und R. Glenn. November 1998. Beschreibt die kombinierte Verwendung der HMAC- und MD5-Algorithmen als Authentifizierungsheader in IPSec. URL: `http://www.ietf.org/rfc/rfc2403.txt`

RFC 2404. The Use of HMAC-SHA-1-96 within ESP and AH. C. Madson und R. Glenn. November 1998. Beschreibt die kombinierte Verwendung der HMAC- und MD5-Algorithmen als Authentifizierungsheader in IPSec. URL: `http://www.ietf.org/rfc/rfc2404.txt`

RFC 2405. The ESP DES-CBC Cipher Algorithm with Explicit IV. C. Madson und N. Doraswamy. November 1998. Beschreibt einen Vertraulichkeitsmechanismus für IPSec. URL: `http://www.ietf.org/rfc/rfc2405.txt`

RFC 2406. IP Encapsulating Security Payload (ESP). S. Kent, R. Atkinson. November 1998. Beschreibt die ESP (Encapsulating Security Payload) von IPSec, die zur Realisierung von Sicherheitsdiensten dient. URL: `http://www.ietf.org/rfc/rfc2406.txt`

RFC 2407. The Internet IP Security Domain of Interpretation for ISAKMP. D. Piper. November 1998. Beschreibt eine Zuordnung von ISAKMP zur Internetsicherheitsdomäne. URL: `http://www.ietf.org/rfc/rfc2407.txt`

RFC 2408. Internet Security Association and Key Management Protocol (ISAKMP). D. Maughan, M. Schertler, M. Schneider und J. Turner. November 1998. Beschreibt ein Protokoll zur Herstellung von Sicherheitsverknüpfungen und -schlüsseln. URL: `http://www.ietf.org/rfc/rfc2408.txt`

RFC 2409. The Internet Key Exchange (IKE). D. Harkins und D. Carrel. November 1998. Beschreibt eine Schlüsselaustauschmethode für das Internet. URL: `http://www.ietf.org/rfc/rfc2409.txt`

RFC 2410. The NULL Encryption Algorithm and Its Use with IPsec. R. Glenn und S. Kent. November 1998. Beschreibt eine Möglichkeit, Daten mit IPSec unverschlüsselt zu versenden. URL: `http://www.ietf.org/rfc/rfc2410.txt`

RFC 2411. IP Security Document Roadmap. R. Thayer, N. Doraswamy und R. Glenn. November 1998. Erörtert, wie IPSec-bezogene Spezifikationen zu entwickeln sind. URL: `http://www.ietf.org/rfc/rfc2411.txt`

RFC 2412. The OAKLEY Key Determination Protocol. H. Orman. November 1998. Beschreibt ein Protokoll, das es mehreren Parteien ermöglicht, sich auf einen Schlüssel zu einigen. URL: `http://www.ietf.org/rfc/rfc2412.txt`

RFC 2419. The PPP DES Encryption Protocol, Version 2 (DESE-bis). K. Sklower und G. Meyer. September 1998. Beschreibt, wie man die DES-Verschlüsselung über eine PPP-Verbindung nutzt. URL: `http://www.ietf.org/rfc/rfc2419.txt`

RFC 2420. The PPP Triple-DES Encryption Protocol (3DESE). H. Kummert. September 1998. Beschreibt, wie man die Triple-DES-Verschlüsselung über eine PPP-Verbindung nutzt. URL: `http://www.ietf.org/rfc/rfc2420.txt`

RFC 2433. Microsoft PPP CHAP Extensions. G. Zorn und S. Cobb. Oktober 1998. Beschreibt das PPP-Authentifizierungsprotokoll von Microsoft. URL: `http://www.ietf.org/rfc/rfc2433.txt`

RFC 2437. PKCS #1: RSA Cryptography Specifications Version 2.0. B. Kaliski und J. Staddon. Oktober 1998. Stellt Empfehlungen zur Implementierung einer auf dem RSA-Algorithmus basierenden Kryptographie mit öffentlichen Schlüsseln auf. URL: `http://www.ietf.org/rfc/rfc2437.txt`

RFC 2440. OpenPGP Message Format. J. Callas, L. Donnerhacke, H. Finney und R. Thayer. November 1998. Beschreibt das vom OpenPGP-Mailsystem verwendete Nachrichtenformat. URL: `http://www.ietf.org/rfc/rfc2440.txt`

RFC 2444. The One-Time-Password SASL Mechanism. C. Newman. Oktober 1998. Beschreibt einen Authentifizierungsmechanismus. URL: `http://www.ietf.org/rfc/rfc2444.txt`

RFC 2451. The ESP CBC-Mode Cipher Algorithms. R. Pereira und R. Adams. November 1998. Beschreibt, wie die CBC-Mode-Cipher-Algorithmen mit IPSec genutzt werden können. URL: `http://www.ietf.org/rfc/rfc2451.txt`

RFC 2459. Internet X.509 Public Key Infrastructure Certificate and CRL Profile. R. Housley, W. Ford, W. Polk und D. Solo. Januar 1999. Gibt einen Überblick über das Format der X.509 V3-Zertifikate und der Zertifizierungswiderruflisten nach X.509 V2. URL: `http://www.ietf.org/rfc/rfc2459.txt`

RFC 2504. Users' Security Handbook. Guttman, L. Leong und G. Malkin. Februar 1999. Ein Sicherheitshandbuch für Endanwender. URL: `http://www.ietf.org/rfc/rfc2504.txt`

RFC 2510. Internet X.509 Public Key Infrastructure Certificate Management Protocols. C. Adams und S. Farrell. März 1999. Beschreibt die zur Zertifikatsverwaltung verwendeten Protokolle. URL: `http://www.ietf.org/rfc/rfc2510.txt`

RFC 2511. Internet X.509 Certificate Request Message Format. M. Myers, C. Adams, D. Solo und D. Kemp. März 1999. Beschreibt CRMF (Certificate Request Message Format) – ein Nachrichtenformat, das zur Übermittlung der Anforderung eines Zertifikats bei einer Zertifizierungsstelle benötigt wird. URL: `http://www.ietf.org/rfc/rfc2511.txt`

RFC 2521. ICMP Security Failures Messages. P. Karn und W. Simpson. März 1999. Spezifiziert ICMP-Meldungen zur Ausfallanzeige bei der Verwendung des IP-Sicherheitsprotokolls. URL: `http://www.ietf.org/rfc/rfc2521.txt`

RFC 2522. Photuris: Session-Key Management Protocol. P. Karn und W. Simpson. März 1999. Beschreibt ein experimentelles Protokoll zur Verwaltung von Sitzungsschlüsseln. URL: `http://www.ietf.org/rfc/rfc2522.txt`

RFC 2523. Photuris: Extended Schemes and Attributes. P. Karn und W. Simpson. März 1999. Beschreibt Photuris-Erweiterungen. URL: `http://www.ietf.org/rfc/rfc2523.txt`

RFC 2527. Internet X.509 Public Key Infrastructure Certificate Policy and Certification Practices Framework. S. Chokhani und W. Ford. März 1999. Präsentiert Richtlinien, die bei der Abfassung von Zertifikatsrichtlinien als Grundlage dienen sollen. URL: `http://www.ietf.org/rfc/rfc2527.txt`

RFC 2528. Internet X.509 Public Key Infrastructure Representation of Key Exchange Algorithm (KEA) Keys in Internet X.509 Public Key Infrastructure Certificates. R. Housley und W. Polk. März 1999. Gibt Felder an, die in X.509, V3, für KEA-Schlüssel verwendet werden sollen. URL: `http://www.ietf.org/rfc/rfc2528.txt`

RFC 2535. Domain Name System Security Extensions. D. Eastlake. März 1999. Spezifiziert DNS-Erweiterungen, die Datenintegrität und Authentifizierung bewerten. URL: `http://www.ietf.org/rfc/rfc2535.txt`

RFC 2536. DSA KEYs and SIGs in the Domain Name System (DNS). D. Eastlake. März 1999. Beschreibt die Speicherung von DSA-Daten (Digital Signature Algorithm) im DNS. URL: `http://www.ietf.org/rfc/rfc2536.txt`

RFC 2537. RSA/MD5 KEYs and SIGs in the Domain Name System (DNS). D. Eastlake. März 1999. Beschreibt die Speicherung von RSA- und MD5-Daten im DNS. URL: `http://www.ietf.org/rfc/rfc2537.txt`

RFC 2538. Storing Certificates in the Domain Name System (DNS). D. Eastlake und O. Gudmundsson. März 1999. Beschreibt, wie digitale Zertifikate im DNS gespeichert werden. URL: `http://www.ietf.org/rfc/rfc2538.txt`

RFC 2541. DNS Security Operational Considerations. D. Eastlake. März 1999. Beschreibt verschiedene Ansichten zur Speicherung von Zertifikaten und Schlüsseln im DNS. URL: `http://www.ietf.org/rfc/rfc2541.txt`

RFC 2548. Microsoft Vendor-specific RADIUS Attributes. G. Zorn. März 1999. Beschreibt RADIUS-Attribute, die für Microsoft-Systeme gelten. URL: http://www.ietf.org/rfc/rfc2548.txt

RFC 2554. SMTP Service Extension for Authentication. J. Myers. März 1999. Beschreibt eine SMTP-Erweiterung, die zur Authentifizierung dient. URL: http://www.ietf.org/rfc/rfc2554.txt

RFC 2559. Internet X.509 Public Key Infrastructure Operational Protocols – LDAPv2. S. Boeyen, T. Howes und P. Richard. April 1999. Beschreibt ein Protokoll, das einigen Anforderungen im Internet X.509 PKI-System genügt. URL: http://www.ietf.org/rfc/rfc2559.txt

RFC 2560. X.509 Internet Public Key Infrastructure Online Certificate Status Protocol – OCSP. M. Myers, R. Ankney, A. Malpani, S. Galperin und C. Adams. Juni 1999. Beschreibt ein Protokoll zur Bestimmung des Zertifikatsstatus. URL: http://www.ietf.org/rfc/rfc2560.txt

RFC 2574. User-based Security Model (USM) for version 3 of the Simple Network Management Protocol (SNMPv3). U. Blumenthal und B. Wijnen. April 1999. Definiert einen Prozess für Sicherheitsmaßnahmen auf SNMP-Nachrichtenebene. URL: http://www.ietf.org/rfc/rfc2574.txt

RFC 2575. View-based Access Control Model (VACM) for the Simple Network Management Protocol (SNMP). B. Wijnen, R. Presuhn und K. McCloghrie. April 1999. Definiert einen Prozess zur Steuerung des Zugriffs auf Verwaltungsdaten. URL: http://www.ietf.org/rfc/rfc2575.txt

RFC 2577. FTP Security Considerations. M. Allman und S. Ostermann. Mai 1999. Beinhaltet Empfehlungen, wie Systemadministratoren Ihre FTP-Site und den zugehörigen FTP-Verkehr sicherer gestalten können. URL: http://www.ietf.org/rfc/rfc2577.txt

RFC 2585. Internet X.509 Public Key Infrastructure Operational Protocols: FTP and HTTP. R. Housley und P. Hoffman. Mai 1999. URL: http://www.ietf.org/rfc/rfc2585.txt

RFC 2587. Internet X.509 Public Key Infrastructure LDAPv2 Schema. S. Boeyen, T. Howes und P. Richard. Juni 1999. Beschreibt das in LDAP für PKI verwendete Schema. URL: http://www.ietf.org/rfc/rfc2587.txt

RFC 2588. IP Multicast and Firewalls. R. Finlayson. Mai 1999. Erläutert Probleme, die sich in Zusammenhang mit der firewall-übergreifenden Genehmigung von IP-Multicasts ergeben. URL: http://www.ietf.org/rfc/rfc2588.txt

RFC 2595. Using TLS with IMAP, POP3 and ACAP. C. Newman. Juni 1999. Beschreibt, wie das TLS-Protokoll (früher SSL genannt) in Verbindung mit den verschiedenen Mailprotokollen zu verwenden ist. URL: http://www.ietf.org/rfc/rfc2595.txt

RFC 2617. HTTP Authentication: Basic and Digest Access Authentication. J. Franks, P. Hallam-Baker, J. Hostetler, S. Lawrence, P. Leach, A. Luotonen und L. Stewart. Juni 1999. Beschreibt, wie die Standard- und die Digest-Authentifizierung mit HTTP funktionieren. URL: http://www.ietf.org/rfc/rfc2617.txt

RFC 2618. RADIUS Authentication Client MIB. B. Aboba und G. Zorn. Juni 1999. Beschreibt die von RADIUS-Clients zur Authentifizierung verwendete SNMP-MIB. URL: http://www.ietf.org/rfc/rfc2618.txt

RFC 2619. RADIUS Authentication Server MIB. G. Zorn und B. Aboba. Juni 1999. Beschreibt die von RADIUS-Servern zur Authentifizierung verwendete SNMP-MIB. URL: http://www.ietf.org/rfc/rfc2619.txt

RFC 2630. Cryptographic Message Syntax. R. Housley. Juni 1999. Beschreibt eine Syntax, die zur Verschlüsselung, Zusammenfassung, Unterzeichnung oder Authentifizierung von Nachrichten verwendet werden kann. URL: http://www.ietf.org/rfc/rfc2630.txt

RFC 2631. Diffie-Hellman Key Agreement Method. E. Rescorla. Juni 1999. Beschreibt, wie eine bestimmte Diffie-Hellman-Variante funktioniert. URL: http://www.ietf.org/rfc/rfc2631.txt

RFC 2632. S/MIME Version 3 Certificate Handling. B. Ramsdell (Hrsg.). Juni 1999. Beschreibt, wie das S/MIME-Mailverschlüsselungsstandardzertifikat verarbeitet wird. URL: http://www.ietf.org/rfc/rfc2632.txt

RFC 2633. S/MIME Version 3 Message Specification. B. Ramsdell (Hrsg.). Juni 1999. Beschreibt das Format von S/MIME-Mailnachrichten. URL: http://www.ietf.org/rfc/rfc2633.txt

RFC 2634. Enhanced Security Services for S/MIME. P. Hoffman (Hrsg.). Juni 1999. Beschreibt Sicherheitsdienste, die mit S/MIME verwendet werden können. URL: http://www.ietf.org/rfc/rfc2634.txt

RFC 2659. Security Extensions For HTML. E. Rescorla und A. Schiffman. August 1999. Beschreibt, wie die S/HTTP-Verhandlung in ein HTML-Dokument eingebettet werden kann. URL: http://www.ietf.org/rfc/rfc2659.txt

RFC 2660. The Secure HyperText Transfer Protocol. E. Rescorla und A. Schiffman. August 1999. Beschreibt, wie die sichere Version von HTTP (HTTPS) funktioniert. URL: http://www.ietf.org/rfc/rfc2660.txt

RFC 2661. Layer Two Tunneling Protocol »L2TP.« W. Townsley, A. Valencia, A. Rubens, G. Pall, G. Zorn und B. Palter. August 1999. Beschreibt, wie L2TP (ein VPN-Protokoll) funktioniert. URL: http://www.ietf.org/rfc/rfc2661.txt

RFC 2692. SPKI Requirements. C. Ellison. September 1999. Erörtert die Anforderungen der PKI-Infrastruktur. URL: http://www.ietf.org/rfc/rfc2692.txt

RFC 2693. SPKI Certificate Theory. C. Ellison, B. Frantz, B. Lampson, R. Rivest, B. Thomas und T. Ylonen. September 1999. Stellt die Theorie der PKI-Zertifikate vor. URL: `http://www.ietf.org/rfc/rfc2693.txt`

RFC 2695. Authentication Mechanisms for ONC RPC. A. Chiu. September 1999. Beschreibt zwei Authentifizierungsmechanismen, die durch RPC verwendet werden können. URL: `http://www.ietf.org/rfc/rfc2695.txt`

RFC 2712. Addition of Kerberos Cipher Suites to Transport Layer Security TLS. A. Mevinsky, M. Hur. Oktober 1999. Beschreibt, wie man TLS mit der Kerberos-Chiffrierung erweitert. URL: `http://www.ietf.org/rfc/rfc2712.txt`

RFC 2716. PPP EAP TLS Authentication Protocol. B. Aboba und D. Simon. Oktober 1999. Erläutert die Verwendung von TLS zur PPP-Authentifizierung. URL: `http://www.ietf.org/rfc/rfc2716.txt`

RFC 2726. PGP Authentication for RIPE Database Updates. J. Zsako. Dezember 1999. Beschreibt, wie die PGP-Authentifizierung zur Steuerung von Updates in der IP-Adresszuweisungsdatenbank verwendet werden kann. URL: `http://www.ietf.org/rfc/rfc2726.txt`

RFC 2743. Generic Security Service Application Program Interface Version 2, Update 1. J. Linn. Januar 2000. Beschreibt Updates des GSS-API. URL: `http://www.ietf.org/rfc/rfc2743.txt`

RFC 2744. Generic Security Service API Version 2: C-bindings. J. Wray. Januar 2000. Beschreibt, wie die Programmiersprache C auf das GSS-API zugreifen kann. URL: `http://www.ietf.org/rfc/rfc2744.txt`

RFC 2747. RSVP Cryptographic Authentication. F. Baker, B. Lindell und M. Talwar. Januar 2000. Beschreibt, wie die Authentifizierung zum Schutz eines Ressourcenverwaltungssystems verwendet werden kann. URL: `http://www.ietf.org/rfc/rfc2747.txt`

RFC 2755. Security Negotiation for WebNFS. A. Chiu, M. Eisler und B. Callaghan. Januar 2000. Erörtert, wie WebNFS-Clients mit Servern verhandeln können. URL: `http://www.ietf.org/rfc/rfc2755.txt`

RFC 2759. Microsoft PPP CHAP Extensions, Version 2. G. Zorn. Januar 2000. Beschreibt die zweite Version der PPP-Authentifizierungserweiterungen von Microsoft. URL: `http://www.ietf.org/rfc/rfc2759.txt`

RFC 2773. Encryption using KEA and SKIPJACK. R. Housley, P. Yee und W. Nace. Februar 2000. Erörtert, wie die Verschlüsselung mit den KEA- und SKIPJACK-Algorithmen realisiert wird. URL: `http://www.ietf.org/rfc/rfc2773.txt`

RFC 2792. DSA and RSA Key and Signature Encoding for the KeyNote Trust Management System. M. Blaze, J. Ioannidis und A. Keromytis. März 2000. Erörtert die Schlüssel- und Signaturverarbeitung in einem internetbasierten Vertrauensstellungsverwaltungssystem. URL: `http://www.ietf.org/rfc/rfc2792.txt`

RFC 2808. The SecurIDr SASL Mechanism. M. Nystrom. April 2000. Beschreibt, wie das SecurID-Produkt mit SASL integriert werden kann. URL: `http://www.ietf.org/rfc/rfc2808.txt`

RFC 2809. Implementation of L2TP Compulsory Tunneling via RADIUS. B. Aboba und G. Zorn. April 2000. Erörtert Implementationsfragen bei der Verwendung des zwingenden L2TP-Tunnelings in Einwahlnetzwerken. URL: `http://www.ietf.org/rfc/rfc2809.txt`

RFC 2817. Upgrading to TLS Within HTTP/1.1. R. Khare und S. Lawrence. Mai 2000. Beschreibt, wie eine TCP-Verbindung so aktualisiert werden kann, dass sie TLS in einer HTTP/1.1-Sitzung verwendet. URL: `http://www.ietf.org/rfc/rfc2817.txt`

RFC 2818. HTTP Over TLS. E. Rescorla. Mai 2000. Beschreibt, wie HTTP auf TLS ausgeführt wird. URL: `http://www.ietf.org/rfc/rfc2818.txt`

RFC 2827. Network Ingress Filtering: Defeating Denial of Service Attacks Which Employ IP Source Address Spoofing. P. Ferguson und D. Senie. Mai 2000. Erörtert Empfehlungen zur Vermeidung von DoS-Angriffen. URL: `http://www.ietf.org/rfc/rfc2827.txt`

RFC 2828. Internet Security Glossary. R. Shirey. Mai 2000. Beinhaltet ein Glossar mit Sicherheitstermini für das Internet. URL: `http://www.ietf.org/rfc/rfc2828.txt`

RFC 2829. Authentication Methods for LDAP. M. Wahl, H. Alvestrand, J. Hodges und R. Morgan. Mai 2000. Erörtert Methoden, die zur Authentifizierung in LDAP eingesetzt werden können. URL: `http://www.ietf.org/rfc/rfc2829.txt`

RFC 2831. Using Digest Authentication as an SASL Mechanism. P. Leach und C. Newman. Mai 2000. Beschreibt, wie man die Digest-Authentifizierung mit SASL nutzen kann. URL: `http://www.ietf.org/rfc/rfc2831.txt`

RFC 2841. IP Authentication using Keyed SHA1 with Interleaved Padding IP-MAC. P. Metzger und W. Simpson. November 2000. Beschreibt eine Methode zur Authentifizierung und Integritätssicherstellung von IP-Datagrammen mit Hilfe des Secure-Hash-Algorithmus. URL: `http://www.ietf.org/rfc/rfc2841.txt`

RFC 2845. Secret Key Transaction Authentication for DNS TSIG. P. Vixie, O. Gudmundsson, D. Eastlake und B. Wellington. Mai 2000. Beschreibt, wie man auf der Transaktionsebene eine Authentifizierung mit Hilfe unidirektionalen Hashings und gemeinsamer geheimer Schlüssel realisiert. URL: `http://www.ietf.org/rfc/rfc2845.txt`

RFC 2847. LIPKEY – A Low Infrastructure Public Key Mechanism Using SPKM. M. Eisler. Juni 2000. Beschreibt eine Möglichkeit, mit Hilfe des GSS-API und des SPKM (Simple Public Key Mechanism) einen sicheren Kanal einzurichten. URL: `http://www.ietf.org/rfc/rfc2847.txt`

RFC 2865. Remote Authentication Dial In User Service RADIUS. C. Rigney, S. Willens, A. Rubens und W. Simpson. Juni 2000. Spezifiziert den Authentifizierungsmechanismus, der von vielen Sites für den Einwahlzugriff verwendet wird. URL: `http://www.ietf.org/rfc/rfc2865.txt`

RFC 2876. Use of the KEA and SKIPJACK Algorithms in CMS. J. Pawling. Juli 2000. Erörtert Möglichkeiten zur Verwendung des Key-Exchange- und des SKIPJACK-Algorithmus in Verbindung mit dem Cryptographic-Message-Standard. URL: `http://www.ietf.org/rfc/rfc2876.txt`

RFC 2898. PKCS #5: Password-Based Cryptography Specification Version 2.0. B. Kaliski. September 2000. Enthält Empfehlungen zur Implementierung kennwortgeschützter Kryptographie. URL: `http://www.ietf.org/rfc/rfc2898.txt`

RFC 2930. Secret Key Establishment for DNS TKEY RR. D. Eastlake III. September 2000. Beschreibt eine Möglichkeit zur Authentifizierung unter Zuhilfenahme von DNS-Ressourceneinträgen. URL: `http://www.ietf.org/rfc/rfc2930.txt`

RFC 2941. Telnet Authentication Option. T. Ts'o (Hrsg.) und J. Altman. September 2000. Beschreibt eine Option, die Telnet eine Verhandlung gestattet, wenn Verschlüsselung verwendet werden soll, und beschreibt, welcher Algorithmus ggf. einzusetzen ist. URL: `http://www.ietf.org/rfc/rfc2941.txt`

RFC 2942. Telnet Authentication: Kerberos Version 5. T. Ts'o. September 2000. Beschreibt, wie Kerberos zur Telnet-Authentifizierung eingesetzt werden kann. URL: `http://www.ietf.org/rfc/rfc2942.txt`

RFC 2943. TELNET Authentication Using DSA. R. Housley, T. Horting und P. Yee. September 2000. Beschreibt, wie der DSA-Algorithmus zur Telnet-Authentifizierung eingesetzt werden kann. URL: `http://www.ietf.org/rfc/rfc2943.txt`

RFC 2944. Telnet Authentication: SRP. T. Wu. September 2000. Beschreibt, wie das SRPP-Protokoll (Secure Remote Password Protocol) zur Telnet-Authentifizierung eingesetzt werden kann. URL: `http://www.ietf.org/rfc/rfc2944.txt`

RFC 2945. The SRP Authentication and Key Exchange System. T. Wu. September 2000. Spezifiziert das Secure Remote Password Protocol. URL: `http://www.ietf.org/rfc/rfc2945.txt`

RFC 2946. Telnet Data Encryption Option. T. Ts'o. September 2000. Beschreibt, wie Telnet zur vertraulichen Verschlüsselung von Daten verwendet werden kann. URL: `http://www.ietf.org/rfc/rfc2946.txt`

RFC 2947. Telnet Encryption: DES3 64-bit Cipher Feedback. J. Altman. September 2000. Beschreibt, wie Triple-DES zur Verschlüsselung einer Telnet-Sitzung verwendet werden kann. URL: `http://www.ietf.org/rfc/rfc2947.txt`

RFC 2948. Telnet Encryption: DES3 64-bit Output Feedback. J. Altman. September 2000. Beschreibt, wie Triple-DES im Output-Feedback-Modus zur Verschlüsselung einer Telnet-Sitzung verwendet werden kann. URL: `http://www.ietf.org/rfc/rfc2948.txt`

RFC 2949. Telnet Encryption: CAST-128 64-bit Output Feedback. J. Altman. September 2000. Beschreibt, wie der CAST-128-Verschlüsselungsalgorithmus im Output-Feedback-Modus zur Verschlüsselung einer Telnet-Sitzung verwendet werden kann. URL: `http://www.ietf.org/rfc/rfc2949.txt`

RFC 2950. Telnet Encryption: CAST-128 64-bit Cipher Feedback. J. Altman. September 2000. Beschreibt, wie der CAST-128-Verschlüsselungsalgorithmus im Cipher-Feedback-Modus zur Verschlüsselung einer Telnet-Sitzung verwendet werden kann. URL: `http://www.ietf.org/rfc/rfc2950.txt`

RFC 2951. TELNET Authentication Using KEA and SKIPJACK. R. Housley, T. Horting und P. Yee. September 2000. Beschreibt, wie die KEA- und SKIPJACK-Algorithmen zur Authentifizierung einer Telnet-Sitzung verwendet werden können. URL: `http://www.ietf.org/rfc/rfc2951.txt`

RFC 2952. Telnet Encryption: DES 64-bit Cipher Feedback. T. Ts'o. September 2000. Beschreibt, wie DES im Cipher-Feedback-Modus zur Verschlüsselung einer Telnet-Sitzung verwendet werden kann. URL: `http://www.ietf.org/rfc/rfc2952.txt`

RFC 2953. Telnet Encryption: DES 64-bit Output Feedback. T. Ts'o. September 2000. Beschreibt, wie DES im Output-Feedback-Modus zur Verschlüsselung einer Telnet-Sitzung verwendet werden kann. URL: `http://www.ietf.org/rfc/rfc2953.txt`

RFC 2977. Mobile IP Authentication, Authorization, and Accounting Requirements. S. Glass, T. Hiller, S. Jacobs und C. Perkins. Oktober 2000. Stellt Anforderungen auf, die bei der Authentifizierung, Autorisierung und Kontoführung unterstützt werden müssen, um Mobile-IP-Dienste zu ermöglichen. URL: `http://www.ietf.org/rfc/rfc2977.txt`

RFC 2984. Use of the CAST-128 Encryption Algorithm in CMS. C. Adams. Oktober 2000. Beschreibt die Verwendung von CAST-128 in der S/MIME-Syntax für verschlüsselte Nachrichten. URL: `http://www.ietf.org/rfc/rfc2984.txt`

RFC 2985. PKCS #9: Selected Object Classes and Attribute Types Version 2.0. M. Nystrom und B. Kaliski. November 2000. Beschreibt eine Objektschnittstelle und Attribute für eine Verschlüsselung mit öffentlichen Schlüsseln und LDAP-Verzeichnisse. URL: `http://www.ietf.org/rfc/rfc2985.txt`

RFC 2986. PKCS #10: Certification Request Syntax Specification Version 1.7. M. Nystrom, B. Kaliski. November 2000. Beschreibt die Syntax für Zertifizierungsanforderungen. URL: `http://www.ietf.org/rfc/rfc2986.txt`

RFC 3007. Secure Domain Name System DNS Dynamic Update. B. Wellington. November 2000. Beinhaltet einen Vorschlag zu der Frage, wie dynamische DNS-Aktualisierungen sicher durchgeführt werden können. URL: `http://www.ietf.org/rfc/rfc3007.txt`

RFC 3013. Recommended Internet Service Provider Security Services and Procedures. T. Killalea. November 2000. Definiert die Ansichten der IETF zu der Frage, welche Maßnahmen Internetprovider im Bereich Sicherheit durchführen sollten. URL: `http://www.ietf.org/rfc/rfc3013.txt`

Anhang F

Die CD-ROM

Auf der beiliegenden CD-ROM haben wir für Sie einen Teil der in den vorangegangenen Kapiteln und Anhängen besprochenen Tools zusammengestellt. Bitte beachten Sie beim Einsatz der Software die jeweiligen Lizenzbedingungen.

Auf der Stammebene der CD helfen Ihnen zwei Dateien bei der Orientierung:

- *liesmich.txt* enthält die nachfolgende Inhaltsangabe in Kurzform
- *URLs.html* erleichtert Ihnen das Aufsuchen der im Buch genannten Websites – hier haben wir Ihnen alle URLs nach Kapiteln und Anhängen geordnet in einer Tabelle abgelegt.

F.1 Advanced Administrative Tools

Advanced Administrative Tools ist ein Multithread-Tool zur Netzwerkdiagnose auf Windows-Plattformen.

URL: `http://www.glocksoft.com`

F.2 Bastille

Das Bastille Hardening-Programm soll die Sicherheit von Linux- und Unix-Rechnern stärken. Derzeit funktioniert es gut unter Red Hat und Mandrake Linux. In seinen letzten Versionen kann es leicht für andere Distributionen und Unix-Systeme erweitert werden.

URL: `http://www.bastille-linux.org/`

F.3 DumpSec

DumpSec ist ein Auditing-Tool für Windows NT/2000, das Berechtigungen und Überwachungseinstellungen an eine externe Datei ausgibt, die bei Auftreten von Sicherheitsproblemen vom Systemadministrator analysiert werden kann.

URL: `http://www.systemtools.com/somarsoft/`

F.4 Ethereal

Ethereal ist ein Tool für die Analyse des Datenverkehrs – oder ein Sniffer – für Unix und Unix-artige Betriebssysteme. Es verwendet GTK+, eine GUI-Library, und *libpcap*, eine Library für das Abfangen und Filtern von Paketen. Ein weiteres wichtiges Merkmal ist, dass Ethereal Capturefiles von anderen Sniffern wie etwa *tcpdump* einlesen und grafisch analysieren kann.

URL: `http://www.ethereal.com/`

F.5 FileAudit

FileAudit verwendet die Datei- und Verzeichnisüberwachungsfunktion von Windows NT/2000.

URL: `http://www.copernet.com`

F.6 Fragrouter: Network Intrusion Detection Evasion Toolkit

Fragrouter routet Netzwerkdatenverkehr, um den meisten Netzwerk-Intrusion-Detection-Systemen auszuweichen.

URL: `http://www.anzen.com/research/nidsbench/`

F.7 Libnet Packet Assembly System

Libnet ist ein API, das beim Aufbau und der Verarbeitung von Netzwerkpaketen hilft. Es bietet einen portierbaren Rahmen für das Schreiben und Verarbeiten von Netzwerkpaketen niedrigerer Ebene. (Verwenden Sie Libnet in Verbindung mit *libpcap* und Sie können ein paar wirklich coole Sachen schreiben.) Libnet sorgt für Paketerzeugung auf der IP- und der Verbindungsschicht und bietet eine Menge zusätzlicher und ergänzender Funktionalität. Libnet ist sehr praktisch für das Schreiben von Netzwerk-Tools und Testcode für das Netzwerk. Genauere Informationen finden Sie in der Manpage und dem Beispiel-Testcode.

URL: `http://www.packetfactory.net/Projects/Libnet/`

F.8 Mail Essentials

Mail Essentials ist ein Inhaltsprüfungs- und Antiviren-Gateway für Exchange/SMTP (und damit für Windows-Plattformen verfügbar).

URL: `http://www.gfi.com`

F.9 MRTG (Multi Router Traffic Grapher)

Der Multi Router Traffic Grapher (MRTG) überwacht die Datenverkehrslast auf Netzwerkverbindungen. MRTG generiert HTML-Seiten mit GIF-Grafiken, die eine visuelle Live-Darstellung dieses Datenverkehrs bieten. MRTG ist für Linux/UNIX und Windows verfügbar.

URL: `http://ee-staff.ethz.ch/~oetiker/webtools/mrtg/`

F.10 Nessus

Nessus ist ein modular aufgebauter, zuverlässiger und schneller Sicherheits-Scanner für die Remote-Überwachung, verfügbar für Linux/UNIX und Windows.

URL: `http://www.nessus.org`

F.11 Nmap (Network Mapper)

Nmaps Design ermöglicht Systemadministratoren und neugierigen Menschen das Scannen großer Netzwerke, um zu bestimmen, welche Hosts aktiv sind und welche Dienste diese anbieten. Unter Linux unterstützt Nmap zum Beispiel verschiedene Scanning-Techniken wie UDP, TCP connect(), TCP SYN (halboffen), FTP proxy (Bounce-Angriff), Reverse-ident, ICMP (Ping-Sweep), FIN, ACK-Sweep, Xmas Tree, SYN-Sweep und Null-Scan. (Weitere Informationen finden Sie im Abschnitt über Scan-Typen.)

Nmap bietet außerdem eine Reihe fortschrittlicher Funktionen wie beispielsweise die Remote-Erkennung von Betriebssystemen über TCP/IP-Fingerabdrücke, Stealth-Scanning, Berechnung dynamischer Verzögerungen und erneuter Übertragungen, paralleles Scannen, Erkennung inaktiver Hosts über parallele Ping-Aufrufe, Lockvogel-Scans, Erkennung von Port-Filtern, direktes (nicht über Portmapper) RPC-Scanning, Fragmentierungs-Scans und flexible Ziel- und Port-Spezifizierung.

URL: `http://www.insecure.org/nmap/`

F.12 Npasswd

Npasswd ersetzt den Befehl *passwd* für Unix. Es unterzieht Benutzerpasswörter strengen »Erratbarkeits«-Tests, um die Wahrscheinlichkeit zu reduzieren, dass Benutzer anfällige Passwörter wählen.

F.13 Ntop

Ntop zeigt die aktuelle Netzwerkauslastung. Es gibt eine Liste von Hosts aus, die das Netzwerk benutzen und zeigt Informationen in Bezug auf den IP- und Nicht-IP-Datenverkehr, der von jedem Host generiert wird. Ntop kann entweder in einem Terminal-Fenster im interaktiven Modus oder im Web-Modus gestartet werden. Im letzteren Fall brauchen Benutzer einen Webbrowser, um auf die Ausgabe zuzugreifen. Ntop sortiert die Informationen zum Datenverkehr anhand von Host und Protokoll. Wenn Ntop im Web-Modus (Flag `-w`) gestartet wird, können mehrere Remote-Benutzer auf die Informationen zum Datenverkehr zugreifen.

Ntop ist verfügbar für Linux/UNIX und Windows.

URL: `http://www.ntop.org/ntop.html`

F.14 NTRama

NTRama ist ein Utility zur Netzwerkverwaltung, das alle in Zusammenhang mit einem Windows NT/2000-Netzwerk wesentlichen Daten findet und diese dann in einer zentralen ODBC-Datenbank ablegt.

URL: `http://www.copernet.com`

F.15 OpenSSH

SSH (Secure Shell) loggt sich über ein Netzwerk in andere Rechner ein, um Befehle auf einem Remote-Rechner auszuführen und Dateien von einem Rechner zu einem anderen zu verschieben. Es bietet starke Authentifizierungsmechanismen und sichere Kommunikation über unsichere Kanäle. Es kann *rlogin*, *rsh*, *rcp* und *rdist* ersetzen. Verfügbar für Linux/UNIX.

URL: `http://www.openssh.com`

F.16 OpenSSL

Das OpenSSL-Projekt ist eine kollaborative Bemühung, um ein robustes, kommerziell eingestuftes Open-Source-Toolkit mit vollständiger Funktionalität zu entwickeln, das die Protokolle Secure Sockets Layer (SSL v2/v3) und Transport Layer Security (TLS v1) implementiert. OpenSSL verwaltet außerdem eine umfassende Kryptographie-Bibliothek für allgemeine Zwecke. Das Projekt wird von einer weltweiten Gemeinschaft aus Freiwilligen gemanagt, die das Internet für die Kommunikation, Planung und Entwicklung in Bezug auf das OpenSSL-Toolkit und seine relevante Dokumentation benutzen. Verfügbar für Linux/UNIX.

URL: `http://www.openssl.com`

F.17 SAINT (Security Administrator's Integrated Network Tool)

SAINT ist eine aktualisierte und erweiterte Version von SATAN. Verfügbar für Linux/UNIX.

URL: `http://www.wwdsi.com/saint/`

F.18 SATAN (Security Administrator Tool for Analyzing Networks)

SATAN ist ein Scanner, der zum Auffinden von Sicherheitslücken in der überprüften Umgebung gedacht ist. Verfügbar für UNIX (für Linux kann es kompiliert werden).

URL: `http://www.fish.com/satan/`

F.19 Scotty/Tkined

Scotty ist eine Tcl-Erweiterung für den Aufbau von Netzwerkmanagement-Anwendungen mit Hilfe von Tcl (und Tk). Die Scotty-Erweiterung bietet neue Tcl-Befehle, um ICMP-Pakete zu versenden und zu empfangen, DNS zu befragen, auf UDP-Sockets von Tcl zuzugreifen, einige ausgewählte SUN RPCs zu testen und zu benutzen, Dokumente über HTTP abzurufen und zur Verfügung zu stellen, SNMP-Nachrichten zu versenden und zu empfangen (SNMPv1, SNMPv2USEC, SNMPv2C), SNMP-Agenten für spezielle Zwecke in Tcl zu schreiben, SNMP-MIB-Definitionen zu analysieren und darauf zuzugreifen und Jobs zu planen. Für einige OSI-Leute bietet Scotty optionalen Code für die Analyse und den Zugriff auf GDMO-MIB-Definitionen und den Aufruf von CMIP-Vorgängen auf Basis des osimis/isode-Toolkits.

Tkined ist ein Netzwerkeditor, mit dem Benutzer Karten zeichnen können, die ihre Netzwerkkonfiguration zeigen. Die wichtigste Funktion von Tkined ist sein Programmier-Interface, über das Netzwerkmanagement-Anwendungen die Fähigkeiten von Tkined erweitern können. Die meisten Anwendungen für Tkined werden mit Hilfe von Scotty geschrieben.

Beide Tools sind verfügbar für Linux/UNIX.

URL: `http://wwwhome.cs.utwente.nl/~schoenw/scotty/`

F.20 Security-Enhanced Linux

Die NSA (National Security Agency) hat die Änderungen, die sie am Linux-Kernel zur Verbesserung der Sicherheitseigenschaften vorgenommen hat, der Internetgemeinde zukommen lassen.

URL: `http://www.nsa.gov/selinux/`

F.21 Snort

Snort ist ein Open-Source Netzwerk-Intrusion-Detection-System für Linux/UNIX und Windows, das Echtzeitanalysen des Datenverkehrs und Paketprotokollierung in IP-Netzwerken durchführen kann. Es analysiert Protokolle und sucht Inhalte bzw. ordnet diese zu, um eine Reihe von Angriffen und Einbruchsversuchen zu erkennen, wie beispielsweise Pufferüberläufe, Stealth-Port-Scans, CGI-Angriffe, SMB-Einbruchsversuche, Versuche, Fingerabdrücke des Betriebssystems zu erstellen, und vieles mehr. Snort verwendet eine flexible Regelsprache, um Datenverkehr zu beschreiben, den es sammeln oder außer Acht lassen soll, und eine Erkennungs-Engine mit einer modularen Plug-In-Architektur. Snort bietet außerdem Echtzeit-Alarmierungsfunktionen, die Alarmierungsmechanismen für syslog, durch den Benutzer spezifizierte Dateien, ein Unix-Socket oder Win-Popup-Meldungen an Windows-Clients, die Sambas smbclient benutzen, beinhalten.

URL: `http://www.snort.org/`

F.22 Sudo

Sudo ermöglicht einem Systemadministrator, eingeschränkte root-Privilegien an Benutzer zu geben und root-Aktivitäten zu protokollieren. Die grundlegende Philosophie hinter Sudo ist, so wenige Privilegien wie möglich zu gewähren, es aber den Leuten dennoch zu ermöglichen, ihre Arbeit zu tun.

URL: `http://www.courtesan.com/sudo/`

F.23 TITAN

TITAN ist eine Sammlung von Programmen, von denen jedes ein oder mehrere Sicherheitsprobleme bei der Einrichtung oder Konfiguration eines Unix-Systems entweder behebt oder einengt. TITAN wurde von Brad Powell geplant und erzeugt und in Bourne-Shell geschrieben. Dank TITANs einfachem modularen Aufbau kann jeder es erweitern, der ein Shell-Skript oder ein Programm schreiben kann, und die internen Vorgänge des Systems vollständig verstehen.

TITAN ersetzt keine anderen Sicherheits-Tools, kann aber zusammen mit diesen die Umstellung eines neuen Systems nach der Erstinstallation auf eine Firewall oder ein sicherheitsbewusstes System erheblich vereinfachen. Kurz, TITAN hilft, die Sicherheit des Systems zu verbessern, auf dem es läuft.

URL: `http://www.fish.com/titan/`

F.24 Trinux

Trinux ist eine Ramdisk-basierte Linux-Distribution, die von einer einzelnen Diskette gestartet wird und sich ihre Pakete dann von einem HTTP- oder FTP-Server, einem FAT-, EXT2- oder NTFS-Dateisystem oder zusätzlichen Disketten lädt. Trinux enthält vorkompilierte Versionen verbreiteter Open-Source-Tools zur Netzwerksicherheit, etwa Portscanner, Paket-Sniffer, Scanner für Sicherheitslücken, Sniffer-Erkennungsprogramme, Paketerstellungsprogramme, Utilities zur aktiven oder passiven Erstellung von Betriebssystemsignaturen, Netzwerküberwachungsprogramme, Programme zur Sitzungsentführung, Intrusion-Detection-Systeme und viele andere.

URL: `http://www.trinux.org`

F.25 Tripwire

Tripwire ist ein Tool für Linux-Plattformen, mit dem Sie prüfen können, ob und welche Veränderungen in Ihrem System vorgenommen wurden. Das Programm überwacht die wesentlichen Attribute von Dateien, die nicht geändert werden dürfen, darunter die Binärsignatur, die Dateigröße, erwartete Größenänderungen usw.

URL: `http://www.tripwire.org`

F.26 UserLock

UserLock schließt auf Windows-Plattformen eine potenzielle Sicherheitslücke, indem es mehrere gleichzeitige Anmeldungen ein und desselben Benutzers verhindert.

URL: `http://www.copernet.com`

F.27 YASSP

YASSP ist eine Zusammenstellung von Paketen für die Sicherung von Solaris. Standardmäßig werden die meisten Dienste deaktiviert, was eine angemessene Situation für einen externen (offengelegten) Server wie eine Firewall, einen Webserver oder einen FTP-Server ist. Die Dienste können über eine Konfigurationsdatei leicht wieder aktiviert werden.

YASSP führt ein Sicherheits-Tuning für Betriebssysteme auf verschiedenen Stufen aus: (vernetzte) Dienste deaktivieren, Dateibesitzer/Modus verändern, Protokollierung aktivieren, den Netzwerkstapel tunen, die Systemparameter ändern und eine schlüssige Standardumgebung zur Verfügung stellen, so dass Administratoren wissen, was sie wo erwarten können.

URL: `http://www.yassp.org/`

F.28 Zlib

Zlib 1.1.3 ist eine Allzweck-Library für die Datenkomprimierung unter Linux/UNIX und Windows. Der gesamte Code ist Thread-sicher. Das von der zlib-Library verwendete Datenformat wird in den RFCs 150 bis 152 in den Dateien `ftp://ds.internic.net/rfc/rfc1950.txt` (zlib-Format), `rfc1951.txt` (deflate-Format) und `rfc1952.txt` (gzip-Format) beschrieben.

URL: `http://www.info-zip.org/pub/infozip/zlib/`

Anhang G

Glossar zum Thema Sicherheit

Sie werden vielen der in diesem Glossar aufgelisteten Abkürzungen, Begriffe und Namen begegnen, wenn Sie sich mit dem Thema Internetsicherheit befassen oder diese implementieren.

10Base2 – Ethernet-Koaxialkabel (dünn), das Daten standardmäßig bis zu einer Entfernung von 185 Metern überträgt. Die Übertragungsgeschwindigkeit beträgt hier 10 Mbps.

10Base5 – Ethernet-Koaxialkabel (dick), das Daten standardmäßig bis zu einer Entfernung von 500 Metern überträgt. Wie bei 10Base2 beträgt die Übertragungsgeschwindigkeit 10 Mbps.

10BaseT – Twisted-Pair-Ethernet-Kabel, das Daten standardmäßig bis zu einer Entfernung von 100 Metern und mit einer Geschwindigkeit von 10 Mbps überträgt.

100BaseT – Schnelles Twisted-Pair-Ethernet-Kabel, das Daten mit 100 Mbps überträgt. Die maximale Kabellänge beträgt hier 100 Meter.

802.2 – Ein Ethernet-Standard und Rahmenformat. Weitere Informationen finden Sie unter `http://www.optimized.com/COMPENDI/EN-FrF83.htm`.

802.3 SNAP – Ein Ethernet-Rahmenformat. Weitere Informationen finden Sie unter `http://www.optimized.com/COMPENDI/EN-FrFSn.htm`.

Absturz – Der (plötzliche) Ausfall eines Dienstes oder des ganzen Systems, der einen Neustart erfordert.

Active Server Pages (ASP) – Microsoft-Technologie für die serverseitige Programmierung von Websites. Nicht zu verwechseln mit **Application Service Providern**.

ActiveX – Eine Microsoft-Technologie, die es ermöglicht, dass ausführbarer Code auf Webbrowser heruntergeladen und auf dem Client ausgeführt werden kann. ActiveX hat ein schwaches Sicherheitsmodell und ist ein potenziell sehr gefährliches Sicherheitsloch.

adaptive Pulscode-Modulation – Verfahren zur Codierung von Sprache in ein digitales Format über Kommunikationsleitungen.

Administrator – Im Allgemeinen ein Mensch, der die Aufgabe hat, ein Netzwerk zu verwalten. In speziellerem Sinn der allmächtige Supervisor-Account in Windows NT oder Windows 2000. Wer bei Windows über Administratorenprivilegien verfügt, hat die Kontrolle über das Netzwerk, die Arbeitsgruppe oder Domain.

AES (Advanced Encryption Standard) – Der neue Standard der US-Regierung für die Datenverschlüsselung. AES wurde Ende 2000 ausgewählt und soll bis 2003 installiert sein. Siehe auch **DES (Data Encryption Standard)**, den AES ersetzen wird.

AIM (Ascend Inverse Multiplexing) – Proprietäres Protokoll von Ascend Communications (einem Router-Hersteller) für das Management von Multiplexern. Weitere Informationen finden Sie unter `http://www.lucent.com/ins`.

anlpasswd – Ein Tool zur proaktiven Passwortprüfung, ähnlich zu passwd+. Sie erhalten es unter `ftp://coast.cs.purdue.edu/pub/tools/unix/anlpasswd/`.

anonyme E-Mail – E-Mail, die nicht zurückverfolgt werden kann, weil der Header entfernt oder ausgetauscht wurde.

anonymer Remailer – Ein Rechner, der Header von E-Mail-Nachrichten entfernt oder austauscht und damit den Absender der E-Mail anonym macht. Unter der folgenden Adresse können Sie einen ausprobieren: `http://www.replay.com/`.

ANSI C – Eine Spezifikation der C-Programmierung, die vom American National Standards Institute festgelegt wurde.

Applet – Ein kleines Programm zur Verwendung innerhalb von Webbrowser-Umgebungen, geschrieben in der Programmiersprache Java, die von Sun Microsystems entwickelt wurde. Applets verschönern Ihre Surf-Erlebnisse im Web mit Grafiken, Animationen und Texteffekten. Sie sind aus sicherheitstechnischen Gründen relevant, weil Java ungehindert durch Firewalls dringen kann, wenn keine Vorkehrungen dagegen getroffen werden. Standardmäßig laufen Applets aber in einem so genannten Sandkasten, der einen gefährlichen Zugriff auf das System verhindern soll.

AppleTalk – Eine Netzwerkprogrammfamilie von Apple Computer, die Ethernet und Token Ring unterstützt.

AppleTalk Address Resolution Protocol – Apples Version von ARP. Dieses Protokoll löst IP-Adressen in physikalische Adressen auf.

AppleTalk Data Stream Protocol (ADSP) – Ein gestreamtes Peer-to-Peer-Kommunikationsprotokoll für den Transport von großen Datenmengen über ein Netzwerk (integriert in OpenTransport).

AppleTalk Echo Protocol (AEP) – Apples Version des Echo-Protokolls. Dieses Protokoll wird zum Testen des Netzwerks verwendet, indem man einen entfernten Server zum Zurücksenden von Paketen veranlasst, die man ihm sendet.

AppleTalk Remote Access Protocol (ARAP) – Wenn Sie dieses Protokoll aktivieren, wird Ihr Macintosh zu einem Remote-Access-Server, der es anderen ermöglicht, von Remote-Standorten aus auf Ihr Netzwerk zuzugreifen.

Application Level Gateways (Firewalls) – Firewall-Komponenten, die eine direkte Kommunikation zwischen der Außenwelt und einem internen Netzwerk mit Internet-Anbindung verhindern. Der Informationsfluss nach und von außen wird durch mindestens einen Proxy-Server gefiltert. Stellen Sie sich diese Gateways als Rechtsanwälte der Internetsicherheit vor. Das Gateway spricht für beide Enden, ohne einen direkten Zugriff der beiden aufeinander zu ermöglichen.

Application Service Provider – Unternehmen, die Dienste wie beispielsweise Gehaltsabrechnungen über das Internet anbieten. Die Benutzung dieser Dienste erfordert sichere Verbindungen und eine ganze Menge Vertrauen.

appz – Slang-Ausdruck. Siehe **warez**.

ARP (Address Resolution Protocol) – Löst IP-Adressen in physikalische Adressen (MAC-Adressen) auf.

ASDL (Asymmetric Digital Subscriber Line) – Eine digitale Hochgeschwindigkeitstelefontechnologie, die Ihnen einen sehr schnellen Zugang zum Internet ermöglicht. ASDL ist unglaublich schnell, wenn Sie Daten herunterladen. Beim Hochladen von Daten werden Sie aber auf eine geringere Bandbreite beschränkt.

asynchrones PPP – Allerwelts-PPP, die Sorte, die normalerweise von PPP-Einwählkunden verwendet wird.

ATM (Asynchronous Transfer Mode) – Ein ATM-Netzwerk ist eine Art von Netzwerk, das Informationen in Standardblöcken mit hohen Geschwindigkeiten übertragen kann (nicht zu verwechseln mit Automatic Teller Networks).

Attribut – Der Zustand einer bestimmten Ressource (ob Datei oder Verzeichnis), der angibt, ob diese Ressource lesbar, verborgen, eine Systemdatei oder etwas anderes ist. (Dieser Begriff wird hauptsächlich in Bezug auf Dateien in einem Microsoft-basierten Dateisystem verwendet. Aber auch die Dateisysteme der verschiedenen UNIX-Varianten unterstützen Attribute.) Die Angabe kann sich auch auf den Zustand von Objekten in JavaScript oder sogar HTML beziehen.

Audit – Eine Prüfung – von unabhängiger Stelle oder intern – der bestehenden Sicherheitsrichtlinien und -verfahren. Audits helfen Systemadministratoren und Sicherheitspersonal dabei, Stärken und Schwachpunkte des Sicherheitszustands eines Netzwerks zu bestimmen. Audits werden normalerweise anhand eines sehr straffen, gut entwickelten und vorbestimmten Angriffsplans durchgeführt, der speziell für das Zielsystem ausgearbeitet wurde.

Audit-Trail – Protokolle, schriftliche Dokumente und andere Aufzeichnungen, die die Aktivität und Benutzung eines bestimmten Systems aufzeigen. Audit-Trails sind von besonderer Bedeutung, wenn es zu einer juristischen Untersuchung kommt. Ohne zumindest ein Minimum an solchen Aufzeichnungen hat ein Administrator praktisch keine Chance, Cracker zu erwischen. Ein Audit-Trail ist, einfach ausgedrückt, möglicherweise das Beweismaterial.

AUP (Acceptable Use Policy) – Ursprünglich von der National Science Foundation eingeführt, verbot die AUP die Benutzung des Internets für kommerzielle Zwecke. Heute bezieht sich AUP auf Regeln, an die sich ein Benutzer halten muss, wenn er die Dienste eines Netzwerks in Anspruch nimmt.

Authentication Server Protocol – Ein auf TCP basierender Authentifizierungsdienst, der die Identität eines Benutzers überprüfen kann. Weitere Informationen finden Sie in RFC 931.

Authentifizieren – Das Überprüfen der Identität eines bestimmten Benutzers oder Hosts.

Authentifizierung – Der Vorgang des **Authentifizierens** eines Benutzers oder Hosts. Eine solche Authentifizierung kann einfach sein und auf der Anwendungsebene stattfinden (ein Passwort verlangen) oder sie kann komplex sein (wie bei Challenge-Response-Verfahren zwischen Rechnern, die im Allgemeinen auf Algorithmen oder auf Verschlüsselung auf einer diskreten Ebene des Systems beruhen).

Automatisiertes Informationssystem (AIS) – Jedes System (bestehend aus Hardware und Software), das ein Warten, Speichern und Verarbeiten von Informationen ermöglicht.

Backup – Die Sicherung von Dateisystemen oder Dateien, normalerweise zur Wiederherstellung nach Datenverlusten. Ein Backup wird im Allgemeinen auf Band, Diskette oder anderen portablen Medien erstellt, die für eine spätere Benutzung sicher aufbewahrt werden müssen.

Bastion Host – Ein Server, der gegen Angriffe besonders geschützt ist und deshalb außerhalb einer Firewall verwendet werden kann. Oft eine Art »Opfergabe«.

Bell-La-Padula-Modell – Ein System mit Zugriffskontrollen auf Basis von Formeln, für die berücksichtigt wird, welche Berechtigungen Benutzer brauchen und wie sensibel die Daten sind. (Zum Beispiel greifen weniger Benutzer auf sensible Daten zu und die Mechanismen zum Schutz dieser Daten sind strenger, ebenso wie die Methoden der Zugriffskontrolle und Authentifizierung, die mit ihnen verbunden sind.)

Benutzer – Jeder, der ein Computersystem oder Systemressourcen verwendet.

Benutzer-ID – Im Allgemeinen jeder Wert, mit dem ein Benutzer identifiziert wird, einschließlich seines Benutzernamens. Konkreter, und in Bezug auf UNIX und andere Multiuserumgebungen, jede Prozess-ID – normalerweise ein numerischer Wert –, die den Besitzer eines bestimmten Prozesses identifiziert. Siehe auch **Besitzer** und **Benutzer**.

Besitzer – Die Person (oder der Prozess) mit dem Recht, eine bestimmte Datei, ein Verzeichnis oder einen Prozess zu lesen, zu beschreiben oder anderweitig darauf zuzugreifen. Besitzrechte werden vom Administrator erteilt, können aber in bestimmten Fällen auch automatisch durch das Betriebssystem zugewiesen werden.

biometrische Zugriffskontrollen – Systeme, die Benutzer anhand körperlicher Merkmale authentifizieren, wie beispielsweise durch ihr Gesicht, einen Fingerabdruck, das Netzhautmuster oder die Stimme.

Bug – Ein Fehler, Sicherheitsloch oder eine Schwachstelle in einem Computerprogramm. Siehe auch **Schwachstelle**.

Cast-128 – Ein Verschlüsselungsalgorithmus, der extrem große Schlüssel verwendet und in kryptographische Anwendungen integriert werden kann. (Weitere Informationen finden Sie in RFC 2144.)

CERT – Ein Computer Emergency Response Team. Das CERT ist eine Sicherheitsorganisation, die sich zum Ziel gesetzt hat, den Betreibern von Computernetzwerken zu helfen, die von böswilligen Benutzern oder Crackern angegriffen wurden. Sie finden ein internationales CERT unter `http://www.cert.org/`. Inzwischen haben viele Organisationen und Firmen eigene CERTs ins Leben gerufen. Das CERT des deutschen Forschungsnetzes finden Sie zum Beispiel unter `http://www.cert.dfn.de`.

Certificate Authority – Siehe **Zertifizierungsstelle**.

CGI-basierter Angriff – Ein Angriff, der Schwachstellen in CGI-Programmen ausnutzt, normalerweise über eine WWW-Site.

Challenge Handshake Authentication Protocol (CHAP) – Ein Protokoll, das Benutzer auffordert, ihre Identität zu beweisen. Der Benutzer wird authentifiziert, wenn der Aufforderung mit der richtigen Antwort entsprochen wird. Wenn nicht, wird dem Benutzer der Zugriff auf die gewünschte Ressource verweigert. (Dieses Protokoll wird gewöhnlich für den Aufbau von PPP-Sitzungen verwendet.) Weitere Informationen finden Sie in RFC 1344.

chroot – Eine eingeschränkte Umgebung, in der Prozesse nur mit begrenztem Zugriff auf das System laufen. Auch die Technik (und der Befehl) zum Erzeugen einer solchen Umgebung (UNIX).

Common Gateway Interface (CGI) – Bezieht sich auf einen Programmierstil und Standard, der verwendet wird, um Websites mit einer höheren Funktionalität zu versehen. Suchmaschinen werden im Allgemeinen gemäß den CGI-Spezifikationen programmiert. (CGI-Standards sind nicht plattformspezifisch und stellen einen allgemeinen Standard für jede Art des webbasierten Programmierens zur Verfügung.) Perl ist heute die beliebteste Programmiersprache für die CGI-Programmierung. Aber CGI-Programme können auch in C, C++, Python, Visual Basic, BASIC und verschiedenen Shell-Sprachen geschrieben werden.

COPS – Computer Oracle and Password System. Ein systembasiertes Tool, das Ihren lokalen Host auf weit verbreitete Konfigurationsprobleme und Schwachstellen hin durchsucht. Entwickelt von Gene Spafford und Dan Farmer.

Crack – Eine Software (oder eine Technik), mit der man Sicherheitsmaßnahmen umgehen kann, wie beispielsweise das sehr bekannte Utility zum Knacken von Passwörtern namens Crack.

Cracker – Jemand, der mit böswilligen Absichten und gesetzwidrig die Sicherheit eines Computersystems verletzt, oder jemand, der die Registrierungsschemata von kommerzieller Software überwindet.

Cyberkrieg – Aktiver Informationskrieg, der über das Internet geführt wird.

DAC (Discretionary Access Control) – Ein System, durch das eine zentrale Autorität in einem Computersystem oder -netzwerk Benutzern den Zugriff, basierend auf Uhrzeit, Datum, Datei, Verzeichnis oder Rechner, entweder erlauben oder verweigern kann.

datengesteuerter Angriff – Ein Angriff, der auf verborgenen oder gekapselten Daten beruht, die unerkannt durch eine Firewall gelangen können. (Java und JavaScript können für solche Angriffe verwendet werden.) Um solche Angriffe zu erkennen, kann man sich zum Beispiel eines **Intrusion-Detection-**Systems bedienen.

Datenintegrität (Dateiintegrität) – Der Zustand von Dateien. Wenn Dateien unverändert sind und nicht manipuliert wurden, besitzen sie Integrität. Wurden sie manipuliert, ist ihre Integrität verletzt oder vermindert.

Datenverkehrsanalyse – Die Untersuchung von Mustern in der Kommunikation und weniger des Inhalts der Kommunikation. Es wird beispielsweise untersucht, wann, wo und zu wem bestimmte Nachrichten gesendet werden, ohne den Inhalt dieser Nachrichten zu berücksichtigen. Eine Datenverkehrsanalyse kann aufschlussreich sein, besonders bei der Bestimmung von Beziehungen zwischen Einzelpersonen und Hosts.

DES (Data Encryption Standard) – Verschlüsselungsstandard von IBM, 1974 entwickelt und 1977 veröffentlicht. Derzeit ist DES das Standardtool der US-Regierung für die Verschlüsselung nicht klassifizierter Daten. Siehe auch **AES**.

DDoS (Distributed Denial of Service) – Ein Denial-of-Service-Angriff, der statt von einer einzelnen Ursprungsadresse von einer großen Anzahl von Hosts aus erfolgt.

Digest Access Authentication – Eine Sicherheitserweiterung für das Hypertext Transfer Protocol, die nur eine grundlegende (und nicht verschlüsselte) Authentifizierung von Benutzern über das Web ermöglicht. Weitere Informationen finden Sie in RFC 2069.

digitales Zertifikat – Jeder digitale Wert, der in einer Authentifizierungsprozedur verwendet wird. Digitale Zertifikate sind normalerweise Zahlenwerte, die von kryptographischen Prozessen abgeleitet werden. (Es gibt viele Werte, die als Basis eines digitalen Zertifikats verwendet werden können, unter anderem auch biometrische Werte wie Netzhaut-Scans. Siehe auch **biometrische Zugriffskontrollen**.)

DNS-Spoofing – Eine Technik, durch die ein Angreifer einen DNS-Server kompromittiert. Dies kann entweder durch das Korrumpieren des DNS-Cache oder durch Man-In-The-Middle-Angriffe erfolgen (bei denen Ihr Rechner sich als der legitime DNS-Server ausgibt).

DoD (Department of Defense) – US-Verteidigungsministerium.

DoS (Denial of Service) – Ein Zustand, zu dem es kommt, wenn ein böswilliger Benutzer einen Server außer Gefecht setzt und dadurch legitimen Benutzern den Zugriff auf dessen Dienste versagt.

Dual-Homed-Gateway – Konfiguration oder Rechner, die beziehungsweise der zwei oder mehrere verschiedene Protokolle oder Methoden des Netzwerktransports unterstützt und Paketüberprüfungen zwischen ihnen anbietet. Ein Dual-Homed-Gateway befindet sich immer in mindestens zwei verschiedenen Netzwerksegmenten.

EFT – Electronic Funds Transfer.

Einmalpasswort – Ein während eines Challenge-Response-Austausches dynamisch generiertes Passwort. Derartige Passwörter werden mit Hilfe eines vordefinierten Algorithmus erzeugt. Da sie nur für die aktuelle Sitzung gültig sind, sind sie extrem sicher.

Entführen – Die Kontrolle über die Sitzung eines Benutzers ergreifen. Derartige Angriffe sind selten, und wenn es zu einem Entführen kommt, ist es ein Anzeichen dafür, dass die Sicherheit des Zielsystems durchbrochen wurde.

Ethernet-Spoofing – Jede Methode, mit der man sich die Ethernet-Adresse eines fremden Hosts aneignet, um sich unbefugten Zugriff zum Zielsystem zu verschaffen.

Firewall – Im weitesten Sinne jede Einrichtung oder Technik, die unbefugten Benutzern den Zugriff auf einen bestimmten Host verweigert oder erlaubt. Im einfachsten Fall ein Gerät, das jedes Paket untersucht und seine Ursprungsadresse feststellt. Wenn diese Adresse in einer genehmigten Liste steht, erhalten die Pakete Zutritt. Wenn nicht, werden sie zurückgewiesen. Diese besondere Form nennt man auch Paketfilter.

Flooder – Ein Tool, das die Verbindungswarteschlange von TCP/IP-Systemen zum Überlauf bringt und dadurch einen Denial of Service hervorruft.

Fragmentierung – Der Prozess, ein großes Paket in kleine Teile aufzuteilen, um es über ein Netzwerk zu versenden, das nur kleine Pakete verarbeiten kann. Häufig in Angriffen gegen Systeme verwendet.

Frame Relay – Eine Technologie, die es Netzwerken ermöglicht, Informationen in Übertragungsblöcken zu übermitteln. Es ist eine kostengünstige Methode für die Datenübertragung über Netzwerke, da der Benutzer nur für die genutzten Ressourcen zahlt. (Leider kann es auch sein, dass Benutzer ihre Frame-Relay-Verbindung mit jemand anderem teilen müssen. Die üblichen Frame-Relay-Verbindungen ermöglichen 56 Kbps).

Freigabe – Der Prozess, mit dem es Benutzern auf anderen Rechnern ermöglicht wird, selbst auf Ihre Dateien und Verzeichnisse zuzugreifen. Dateifreigaben sind gerade in LANs, die viele Windows- oder Macintosh-Clients enthalten, recht üblich und können manchmal ein Sicherheitsrisiko darstellen.

FTP-Sicherheitserweiterungen – Erweiterungen für das File Transfer Protocol, die eine Authentifizierung und die Überprüfung der Integrität und Vertraulichkeit für FTP-basierte Sitzungen ermöglichen. Siehe RFC 2228.

Geheimtür – Siehe **Hintertür**.

Gigabit – 1.000.000.000 Bit oder 1024 Megabit, je nachdem, wer den Begriff verwendet.

Granularität – Der Grad der Abstufung von Zugriffskontrollen. Je differenzierter die Zugriffskontrollen eingestellt werden können, desto mehr Granularität hat das System.

Hacken – Alle von einem Hacker durchgeführten Aktivitäten.

Hacker – Jemand, der sich für Betriebssysteme, Software, Sicherheit und das Internet im Allgemeinen interessiert. Auch ein Programmierer; jemand, der mit Programmieren seinen Lebensunterhalt verdient.

Hintertür – Ein verborgenes Programm, das ein Eindringling oder ein verärgerter Mitarbeiter zurückgelassen hat und das ihm später den Zugriff auf einen Opfer-Host ermöglicht. Dieser Begriff ist synonym mit dem eher veralteten Begriff *Geheimtür.*

HTPASSWD – Ein System, das verwendet wird, um Sites im World Wide Web (UNIX) durch ein Passwort zu schützen. Auch als *Basisauthentifizierung* bezeichnet.

Hypertext Transfer Protocol (HTTP) – Das Protokoll, das für die Übertragung von Hypertext über das Internet verwendet wird und das dem WWW zugrunde liegt.

IDEA (International Data Encryption Algorithm) – IDEA ist ein leistungsfähiger, blockweiser Verschlüsselungsalgorithmus, der standardmäßig einen 128-Bit-Schlüssel verwendet. IDEA verschlüsselt Daten schneller als DES und ist wesentlich sicherer.

IDENT (Identification Protocol) – Ein TCP-basiertes Protokoll für die Identifizierung von Benutzern. Es ist eine erweiterte und aktualisierte Version des Authentication Protocol. Weitere Informationen finden Sie in RFC 1413.

IETF (Internet Engineering Task Force) – Die Standardisierungsorganisation für das Internet. Die Website der IETF finden Sie unter `http://www.ietf.org/`.

Informationskrieg – Der Angriff auf Informationen anderer Personen oder Organisationen. Der Begriff wird häufig im Militär- oder Spionage-Umfeld verwendet, um die Zerstörung, Schwächung oder Zerstückelung der Informationsinfrastruktur anderer zu beschreiben.

Internet Protocol Security Option – IP-Sicherheitsoption, die zum Schutz von IP-Datagrammen gemäß den US-Klassifikationen verwendet wird (nicht geheim, als geheim oder als streng geheim eingestuft). Siehe auch RFC 1038 und RFC 1108.

Internetwurm – Auch *Morris-Wurm* genannt. Ein Programm, das im November 1988 das Internet angriff. Einen guten Überblick über diesen Angriff bietet RFC 1135.

Intrusion Detection – Der Einsatz automatisierter Prozeduren und Anwendungen zur Erkennung von Einbruchsversuchen, der üblicherweise die Verwendung intelligenter Systeme oder Agenten beinhaltet.

IP – Internet Protocol.

IPSec – Eine verschlüsselte Form von IP, die derzeit noch keine weite Verbreitung findet, was in einigen Jahren jedoch anders sein könnte.

IP-Spoofing – Jedes Verfahren, bei dem der Angreifer die IP-Adresse eines anderen Hosts vortäuscht, um sich unautorisierten Zugriff auf das Zielsystem zu verschaffen.

IRC (Internet Relay Chat) – Ein beliebtes Chat-Protokoll im Internet.

ISO – International Organization for Standardization. Die internationale Normierungsorganisation.

jack in – Slang-Begriff, den Cracker verwenden, wenn die Sicherheit eines Servers verletzt wird.

Java – Eine von Sun Microsystems entwickelte Netzwerkprogrammiersprache, die C++ geringfügig ähnelt. Sie ist objektorientiert und nutzt die in das Internet integrierte Netzwerkunterstützung aus. Sie kann für die Erzeugung von grafischen Anwendungen, von Multimedia-Anwendungen und sogar von eigenständigen Programmen verwendet werden. Java ist jedoch vorrangig für seine plattformübergreifenden Funktionen bekannt. Java hat ein paar eigene Sicherheitsprobleme.

JavaScript – Programmiersprache, die in Netscape- und Internet-Explorer-Umgebungen verwendet wird. JavaScript wurde von Netscape Communications entwickelt und unterstützt die meisten Programmierfunktionen. (Sie wird auch verwendet, um Webseiten mit erhöhter Funktionalität zu generieren und ist ein Eckpfeiler von Dynamic HTML, einer neuen Form der Webseitenerstellung, die viele Multimedia-Eigenschaften unterstützt.) JavaScript weist viele Sicherheitsprobleme auf.

JScript – Microsofts Version von JavaScript, die jedoch weitgehend kompatibel mit JavaScript ist.

Kerberos – Verschlüsselungs- und Authentifizierungssystem, das vom Massachusetts Institute of Technology (MIT) entwickelt wurde. Es wird in vielen

Netzwerkanwendungen eingesetzt und basiert auf einem System von Tickets und vertrauenswürdigen Drittservern für die Authentifizierung.

Kerberos Network Authentication Service – Ein auf Tickets basierendes Authentifizierungsschema eines Drittanbieters, das sich einfach in Netzwerkanwendungen integrieren lässt (und integriert wurde). Weitere Informationen finden Sie in RFC 1510.

Knacken – Das Verletzen der Sicherheit eines Systems oder das Überwinden des Registrierungsschemas von kommerzieller Software.

Kopierzugriff – Benutzerprivilegien für das Kopieren einer bestimmten Datei.

Lesezugriff – Benutzerprivilegien für das Lesen einer bestimmten Datei.

logische Bombe – Jedes Programm oder Code – im Allgemeinen bösartiger Natur –, das zum Aufhängen oder Absturz eines Systems führt.

MD4 – Ein Message-Digest-Algorithmus, der zur Überprüfung der Integrität von Dateien verwendet wird. RFC 1186 enthält die Originalspezifikation.

MD5 – Ein Message-Digest-Algorithmus, der zur Überprüfung der Integrität von Dateien verwendet wird. RFC 1321 enthält die Originalspezifikation.

Missbrauch von Privilegien – Eine Verletzung der Computernetzwerkrichtlinie oder ein nicht zugelassener Netzwerkzugriff, der die Autorisierung eines Benutzers überschreitet.

MTU – Maximale Übertragungseinheit (Maximum Transmission Unit) – Ein durch den Benutzer definierbarer Parameter, der das größte übertragbare Paket bestimmt. Viele Benutzer passen diesen Wert an ihr Netzwerk an und erzielen dadurch eine bessere Übertragungsleistung.

NASIRC (NASA Automated Systems Incident Response Capability) – Eine Organisation, die für die US-Regierung Sicherheitsvorfälle verfolgt und auf diese reagiert. NASIRC finden Sie unter `http://www-nasirc.nasa.gov/nasa/index.html`.

NCSC – Das National Computer Security Center. Sie finden es unter `http://www.radium.ncsc.mil/`.

NetBEUI – Eine Version von NetBIOS, die über TCP/IP läuft.

NetBIOS – Das Protokoll, das unter Windows für die Freigabe von Dateien benutzt wird.

netstat – UNIX-Befehl (auch in Windows verfügbar), der die aktuellen TCP/IP-Verbindungen und ihre Ursprungsadressen anzeigt.

npasswd – Ein Tool für die vorbeugende Passwortüberprüfung unter UNIX, das potenzielle Passwörter prüft, bevor sie in die Passwortdatei eingefügt werden. Sie erhalten es unter: `ftp://ftp.cc.utexas.edu/pub/npasswd/`.

NSA (National Security Agency) – Die National Security Agency/Central Security Service ist für den Schutz klassifizierter und nicht klassifizierter nationaler Sicherheitssysteme der USA vor Abhören, unbefugtem Zugriff oder ähnlichen Gefahren durch technische Spionage verantwortlich. Sie finden sie unter `http://www.nsa.org`.

Passwort-Shadowing – Eine Technik, mit der man Cracker daran hindert, in der Datei */etc/passwd* gespeicherte, verschlüsselte Passwörter zu lesen und zu knacken. Dabei wird das verschlüsselte Passwort an anderer Stelle auf der Festplatte verborgen (meist in der Datei */etc/shadow*, auf die nur der Administrator lesend zugreifen darf). In der Datei */etc/passwd* wird dieses Passwort abstrakt durch ein Token repräsentiert, das normalerweise aus einem einzigen Zeichen besteht.

Penetration Testing – Der Angriff von außen auf einen Host, um Remote-Schwachstellen zu ermitteln.

Perl – Practical Extraction and Report Language. Eine Programmiersprache, die häufig in der Netzwerk- und CGI-Programmierung eingesetzt wird. Perl verfügt über Eigenschaften, durch die es sich außergewöhnlich gut für Aufgaben der Systemadministration auf UNIX-Plattformen eignet. Eine Haupteigenschaft von Perl ist die Fähigkeit, unüberschaubare Datenmengen (wie beispielsweise Log-Dateien) in ein gut lesbares und verständliches Format zu konvertieren. (Perl bietet auch eine leistungsfähige Netzwerkunterstützung und ist eine ausgezeichnete Wahl, wenn Sie sich der Socket-Programmierung zuwenden wollen.)

Phreaken – Das Manipulieren von Telefonsystemen, normalerweise illegal.

PPP (Point-to-Point Protocol) – PPP ist ein Datenverbindungsprotokoll, das zwischen Rechnern verwendet wird, die serielle Schnittstellen wie Modems unterstützen. PPP wird gewöhnlich für Einwählverbindungen zu Internet Service Providern verwendet.

PPP-Authentifizierungsprotokolle – Eine Sammlung von Protokollen, die zur Erhöhung der Sicherheit des Point-to-Point Protocol verwendet werden können und die sowohl auf Router- als auch Host-Ebene unterstützt werden. Siehe auch RFC 1334.

PPP DES – Ein Protokoll, das Point-to-Point-Verbindungen mit Hilfe des Data Encryption Standard schützt. (Dies ist eine Methode, um PPP-Verkehr gegen Sniffing zu schützen.) Weitere Informationen finden Sie im RFC 1969.

PPTP (Point-to-Point Tunneling Protocol) – PPTP ist eine Spezialversion von PPP. Der einzigartige Aufbau dieses Protokolls macht es möglich, Nicht-TCP/IP-Protokolle innerhalb von PPP einzukapseln oder zu *umschließen (engl. wrap)*. PPTP erlaubt die Verbindung von zwei oder mehreren LANs über das Internet. (Das ist gegenüber PPP ein großer Fortschritt, da keine teuren Mietleitungen mehr notwendig sind, die eine solche Verbindung früher in vielen Fällen unbezahlbar machten.)

Pretty Good Privacy (PGP) – Ein verschlüsseltes E-Mail-Programm und ein Nachrichtenformat, das ursprünglich von Phil Zimmerman entwickelt wurde.

Proxy – Eine Art Firewall, die Clients mit dem Proxy-Server kommunizieren lässt. Dann gibt der Proxy-Server die Anfrage an das Internet weiter. So kommunizieren der Client-Rechner und das Internet nicht direkt, was die Wahrscheinlichkeit von Sicherheitsproblemen reduziert. Siehe auch **Application Level Gateways**.

Prüfsumme – Ein kryptographischer Wert, der den digitalen Fingerabdruck einer Datei darstellt. Virus-Scanner und Audit-Tools verwenden Prüfsummen, um an Dateien vorgenommene Änderungen zu erkennen (Erstere zum Prüfen, ob ein Virus angehängt wurde, und Letztere zur Prüfung auf Trojanische Pferde).

Pufferüberlauf – Ein Angriff, der ein Programm dazu bringt, das Ende eines Datenspeicherbereichs zu überschreiten. Das Ergebnis ist, dass der Angreifer einen Teil des Programms überschreiben und es dazu bringen kann, seinen Code auszuführen. Dies ist primär bei in C und C++ geschriebener Software ein Problem. Andere Sprachen wie Java sind immun gegen derartige Angriffe.

RARP (Reverse Address Resolution Protocol) – Ein Protokoll, das Ethernet-Adressen in IP-Adressen auflöst.

RFC (Request for Comment) – RFCs sind Arbeitsnotizen und Standards der Internet-Entwicklergemeinschaft. Sie werden oft als Vorschläge für neue Standards verwendet und werden von der **IETF** generiert. Eine riesige Sammlung von RFCs finden Sie unter `http://rs.internic.net`.

Risikomanagement – Ein Managementbereich, in dem es darum geht, Sicherheitsrisiken zu bestimmen, Lösungen zu entwickeln und diese Lösungen auf Basis einer Kosten-Nutzen-Analyse zu untersuchen.

Router – Ein Gerät, das Pakete in und aus einem Netzwerk nach bestimmten Regeln an andere Netzwerke weiterleitet. Viele Router sind hoch entwickelt und können als einfache Firewall dienen.

RSA – Ein Public-Key-Verschlüsselungsalgorithmus, benannt nach seinen Entwicklern Rivest, Shamir und Adelman. RSA ist wahrscheinlich der populärste dieser Algorithmen und wurde in viele kommerzielle Anwendungen integriert, unter anderem in Netscape Navigator, Communicator, Secure Shell und sogar Lotus Notes. Mehr über RSA erfahren Sie unter `http://www.rsa.com`.

Rückruf (Callback) – Rückrufsysteme implementieren Sicherheit auf recht interessante Weise: Ein Host verbindet sich mit dem Server, und es folgt ein kurzer Austausch, nach dem die Verbindung gekappt wird. Dann ruft der Server den Host zurück. Auf diese Weise stellt der Server sicher, dass die Verbindung von einem vertrauenswürdigen Host initiiert wurde.

SATAN (Security Administrator's Tool for Analyzing Networks) – Ein TCP/IP-Port-Scanner, der Remote-Hosts auf übliche Fehlkonfigurationen und Schwachstellen überprüft. Eine aktualisierte Version, die als saint bekannt ist, finden Sie unter `http://www.wwdsi.com/saint`.

Scanner – Jedes Utility, das entfernte Hosts untersucht und dabei nach Schwachstellen in deren Sicherheit sucht.

Schreibzugriff – Benutzerprivilegien, die es ermöglichen, eine bestimmte Datei zu ändern.

Schwachstelle – Dieser Begriff bezieht sich auf eine beliebige Schwäche in einem System (Hardware oder Software), über die Eindringlinge nicht autorisierten Zugriff erhalten oder einen Denial of Service verursachen können. Auch *Sicherheitsloch* genannt.

SET (Secured Electronic Transaction) – Ein Standard für sichere Protokolle im Zusammenhang mit E-Commerce und Kreditkartentransaktionen. (Visa und MasterCard sind die Hauptbeteiligten an der Entwicklung des SET-Protokolls.) Sein vorgeblicher Zweck ist es, den elektronischen Handel sicherer zu machen.

Shadowing – Siehe **Passwort-Shadowing**.

Shell – Im Allgemeinen ein Befehlsinterpreter oder jedes Programm, das Standardeingaben annimmt und diese Befehle an das System weitergibt. Konkreter eine der Shells unter UNIX (csh, bash, sh, ash, ksh, tcsh oder zsh), *COMMAND.COM* unter DOS oder *CMD.EXE* unter Windows NT.

Shell-Skript – Shell-Skripten sind kleine, in Shell-Sprachen geschriebene Programme, die ähnlich wie Batch-Dateien unter Windows arbeiten. Sie bestehen aus verschiedenen Operationen mit regulären Ausdrücken, Pipes, Redirects, Systemaufrufen und so weiter.

Sicherheits-Audit – Eine Prüfung (oft durch Dritte) der Sicherheitskontrollen eines Servers und seiner Disaster-Recovery-Mechanismen.

Site Security Handbook – Ein ausgezeichnetes Dokument, das die grundlegenden Sicherheitsmaßnahmen bei der Wartung einer Website beschreibt. Jeder Systemadministrator sollte dieses Dokument haben. Sie finden es in RFC 2196.

S/Key – Einmalpasswortsystem zur Absicherung von Verbindungen. Bei S/Key werden Passwörter nie über das Netzwerk übermittelt und können daher nicht ausspioniert werden. Weitere Informationen finden Sie in RFC 1760.

Smartcards – Kleine Plastikkarten mit winzigen Mikroprozessoren, die Daten speichern können. Sie ähneln Kreditkarten, sind jedoch weiter entwickelt als diese. Smartcards sind in Europa sehr beliebt, haben sich aber in den USA noch nicht durchgesetzt.

Sniffer – Programm, das heimlich Datagramme abfängt, die über ein Netzwerk gesendet werden. Es kann auf legitime Weise verwendet werden (von einem Techniker, der versucht, Netzwerkprobleme zu diagnostizieren) oder unrechtmäßig (von einem Cracker, der darauf aus ist, Benutzernamen und Passwörter zu stehlen).

Sniffing – Die Benutzung eines Sniffers.

SNMP-Sicherheitsprotokolle – Das Simple Network Management Protocol wird für das Remote-Management und den Schutz von Netzwerken und Hosts verwendet. Es gibt innerhalb der SNMP-Familie eine Reihe von Protokollen, die für die Sicherheit relevant sind. Sie finden weitere Informationen in RFC 1352.

Social Engineering (soziale Beeinflussung) – Eine Vorgehensweise, mit der man nichts ahnendes Personal dazu verleitet, Passwörter oder andere Informationen über sein Netzwerk preiszugeben.

SOCKS-Protokoll – Ein Protokoll, das eine ungesicherte Firewall-Durchquerung für TCP-basierte Dienste ermöglicht.

SP3 – Netzwerkschicht-Sicherheitsprotokoll.

SP4 – Transportschicht-Sicherheitsprotokoll.

Spoofing – Jede Vorgehensweise, bei der sich jemand als ein anderer Benutzer oder Host ausgibt, um unautorisierten Zugriff auf das Zielsystem zu erhalten.

SSL (Secure Socket Layer) – Ein Sicherheitsprotokoll (entwickelt von Netscape Communications), das Client/Server-Anwendungen eine Kommunikation ermöglicht, die nicht abgehört, manipuliert oder gefälscht werden kann. SSL wird jetzt auch zur Sicherung von E-Commerce verwendet. Weitere Informationen finden Sie unter `http://home.netscape.com/eng/ssl3/draft302.txt`.

Tastaturaufzeichnung – Die Verwendung eines **Tastatur-Recorders**.

Tastatur-Recorder – Ein Programm, das heimlich die Tastatureingaben eines nichts ahnenden Opfers aufzeichnet. Diese Tools werden verwendet, um Benutzernamen und Passwörter zu stehlen.

tcpdump – Utility für UNIX, das Pakete abfängt. (Dies ist eine Art Paket-Sniffer und wird oft verwendet, um sehr detaillierte Protokolle des Netzverkehrs zu erhalten.) Sie finden die Software unter `http://www.tcpdump.org/`.

Telnet Authentication Option – Protokolloptionen für Telnet, die Telnet-basierten Verbindungen eine grundlegende Sicherheit auf Basis von Regeln auf Source-Routing-Ebene hinzufügen. Siehe auch RFC 1409.

TEMPEST (Transient Electromagnetic Puls Surveillance Technology) – Die Abkürzung TEMPEST bezeichnet die Praxis und die Untersuchung des Abfangens oder Abhörens von elektromagnetischen Signalen, die von einem beliebigen

Gerät ausgehen – in diesem Fall einem Computer. Eine TEMPEST-Abschirmung ist jedes Computersicherheitssystem, das zur Abwehr eines solchen Abhörens entwickelt wurde.

Traceroute – Ein TCP/IP-Programm, das die Route eines IP-Pakets zwischen Ihrem Rechner und einem Remote-Host verfolgt.

Trojanisches Pferd (Trojaner) – Eine Anwendung oder Code, der ohne Wissen des Benutzers heimliche und unautorisierte Aufgaben durchführt. Diese Aufgaben können die Systemsicherheit verletzen.

Tunneling – Der Einsatz von Verschlüsselung in der Datenkommunikation zwischen zwei Punkten, womit die Daten vor Dritten abgeschirmt werden, die möglicherweise das Kabel abhören. Tunneling-Prozeduren verschlüsseln Daten innerhalb von Paketen und machen es so Außenseitern extrem schwer, auf derartige Daten zuzugreifen.

UDP (User Datagram Protocol) – Ein verbindungsloses Protokoll aus der TCP/IP-Familie. (Verbindungslose Protokolle übertragen Daten zwischen zwei Hosts, auch wenn diese Hosts derzeit keine aktive Sitzung haben. Diese Protokolle werden als unzuverlässig angesehen, da es keine absolute Garantie dafür gibt, dass die Daten wie beabsichtigt ankommen.)

UID – Siehe **Benutzer-ID**.

Verschlüsselung – Der Prozess der Codierung von Daten, sodass diese von nichtautorisierten Personen nicht gelesen werden können. Bei den meisten Verschlüsselungsschemata benötigen Sie zum Entschlüsseln der Daten ein Passwort. Verschlüsselung wird vorrangig verwendet, um die Privatsphäre zu erhöhen oder vertrauliche, geheime oder sehr geheime Informationen zu schützen. (Viele Militär- und Satellitenübertragungen sind beispielsweise verschlüsselt, damit Spione oder feindliche Staaten diese nicht analysieren können.)

vertrauenswürdiges System – Ein Betriebssystem oder anderes System, das für Umgebungen sicher genug ist, in denen geheime Informationen aufbewahrt werden.

Virtuelles Privates Netzwerk (VPN) – Die VPN-Technologie ermöglicht es Unternehmen mit unsicheren Verbindungen, untereinander ein geschlossenes und sicheres Leitungssytem über das Internet zu bilden. So stellen Unternehmen sicher, dass Daten zwischen ihnen und ihren Gegenübern sicher (und normalerweise verschlüsselt) übertragen werden.

Virus – Ein sich selbst replizierendes oder sich verbreitendes Programm (manchmal bösartig), das sich an andere ausführbare Dateien, Treiber oder Dokumentvorlagen anhängt und damit den Ziel-Host oder die Datei infiziert.

WAN – Wide Area Network.

warez – Gestohlene Software oder Raubkopien, die häufig im Usenet gehandelt werden.

Wurm – Ein Computerprogramm (nicht unbedingt bösartig), das sich repliziert und sich von Host zu Host über das Netzwerk ausbreitet. Würmer verbrauchen manchmal sehr viele Netzwerkressourcen und sind daher mögliche Werkzeuge für einen DoS-Angriff.

Zeitbombe – Jedes Programm, das auf eine bestimmte Uhrzeit oder ein Ereignis wartet, um mit meist destruktiver Wirkung in Aktion zu treten. Siehe auch **logische Bombe**.

Zertifizierung – Es gibt zwei übliche Definitionen dieses Begriffs. Erstens kann sich Zertifizierung auf das Ergebnis einer erfolgreichen Prüfung eines Sicherheitsprodukts oder -systems beziehen (beispielsweise die Zertifizierung der Produkte in der Evaluated Products List der NSA). In diesem Zusammenhang wurde ein Produkt auf einer bestimmten Ebene der Sicherheit zertifiziert. Die andere Definition ist diese: Die Zertifizierung einer Person, die erfolgreich bestimmte Kurse absolviert hat, die sie auf einem bestimmten Gebiet qualifizieren (wie die Zertifizierung als Novell Network Engineer). Siehe auch **NSA**.

Zertifizierungsstelle (Certificate Authority) – Vertrauenswürdige, unabhängige Stelle, die als zuverlässig und sicher bekannt ist. Diese Stellen geben Sicherheitszertifikate aus und garantieren deren Authentizität. Die wahrscheinlich bekannteste kommerzielle Zertifizierungsstelle ist VeriSign, die unter anderem Zertifikate für Microsoft-kompatible ActiveX-Komponenten ausstellt.

Zugriffskontrolle – Jedes Mittel, Gerät oder jede Technik, mit der ein Administrator Benutzern den Zugriff auf eine bestimmte Ressource wahlweise gewähren oder verweigern kann, unabhängig davon, ob diese Ressource eine Datei, ein Verzeichnis, ein Teilnetz, ein Netzwerk oder ein Server ist.

Zugriffskontrollliste (ACL – Access Control List) – Eine Liste, in der Informationen über Benutzer gespeichert sind und Informationen darüber, auf welche Ressourcen diese Benutzer zugreifen dürfen.

Stichwortverzeichnis

K

L

U

Z